현대과학 역술학의

정해론
만세력

유병국 지음

◆ 목차 ◆

제2장 **만세력**

머리말

현대 과학 역술학은 민속적인 신앙과 현대적 종교와는 이론이 다른 최첨단 과학이다. 과학 명리학은 전통적인 점(占)술이나 영적인 신(神)의 영역을 벗어나 삼라만상, 대우주의 변화하는 자연의 이치에 과학을 접목하여 특수한 방법으로 추론하므로, 막연하고 불확실한 예언은 하지 않는다. 오로지 타고난 사주팔자(四柱八字)와 음양(陰陽)의 조합 그리고 오행(五行)의 배열과 천도천기(天道天氣)의 운행 방향과 운행 질서에 따른 엄격한 진리를 접목하여 정확하게 추명하는 학문(學文)이기 때문이다. 그렇다고 다양한 신앙과 종교의 이론은 더더욱 아니다. 우리나라의 오랜 역사로 보아 종교라는 단어는 본래 없었다. 20세기에 기독교가 들어오면서 종교라는 말을 쓰기 시작했다. 그 이전에는 하느님, 부처님, 조상신 등으로 민속적인 언어에 익숙하게 인식되어 있었다. 하지만 지금은 많은 분야의 종교가 들어오면서 일반적으로 종교라는 말을 쓰게 된 것이다.

현대를 살아가는 인간들은 조금만 아파도 병원을 찾게 되고 인체의 각 부분에 관한 검진을 받아 병명을 찾아내어 그 병명에 맞는 적법한 치료를 한다. 또한, 각박한 사회를 바쁘게 살아가다 보면 크고 작은 사건·사고가 발생하여 관청이나 법원을 들락거리는 사람들이 비일비재하다. 철학관과 역술원에 자주 들락거리는 사람들은 험난한 세상을 살아가면서 갑작스럽게 닥치는 수십, 수백 가지의 답답함과 궁금한 일들을 물어보고 적법한 답을 얻으려는 마음에 인산인해를 이루는 것이다.

사람이 살아가면서 몸이 아프지 않은 사람은 없다. 또한, 마음이 아프고 정신적 고통을 이겨내려는 당사자에게는 마음이 아픈 것이요, 하는 일이 여의치 못해서 방황하는 것도 아픈 것이요, 재물이 부족하여 빈곤하게 허덕이며 살아가는 것도 아픔이라 할 수 있다. 철학관이나 역학원에 찾아오는 사람들의 한결같은 괴로움은 헤아릴 수 없을 만큼 천태만상이다. 무신에 의존하여 수많은 기도와 미신적인 굿으로 풀리지 않은 사람들이 그나마 마지막으로 찾는 곳이 철학관이요 역학원이 될 것이다. 왜냐하면, 모든 인간에게는 타고난 팔자소관이라는 인간 본연의 마음이 잠재되어 있기 때문이다.

다시 한번 말하지만, 사람은 누구나 세상에 생명체로 태어날 때 반드시 형성되는 그 사람의 주어진 운명의 그릇이 존재하고 있다. 그러므로 흔히 말끝마다 "사람은 타고난 팔자대로 산다."라는 말을 입버릇처럼 하는 것이다. 종교적으로 살펴보면 기독교에 종사하는 목사님은 목사가 될 팔자로 태어나고, 천주교의 교주가 되는 신부님은 신부가 될 팔자로 태어났으며, 불교에 입적한 스님은 스님이 될 팔자로 태어났다는 것을 현대 과학역술학에서 분석하면 확실하게 표명할 수 있기 때문이다.

문제는 자신이 가야 할 방향과 선택해야 할 직업 분야를 모르고 뚜렷한 목표도 없이 손쉬운 대로 방황하며 살아간다면 그것은 앞을 못 보는 소경이 지팡이도 없이 허공에 서 있는 것과 같다는 것이다. 필자가 강조하는 중요한 것은 봄, 여름, 가을, 겨울의 뚜렷한 자연적인 사계절이 존재하고, 그 계절에 맞춰 흐르는 우주의 근본적 기운이 있듯이, 사람에게는 반드시 성공하고 실패하는 그 "때"가 있다는 것이다. 현대 과학역술학은 전통적으로 내려오는 미신적 감각으로 점을 치거나 근거 없이 불확실한 예언 따위는 절대 말할 수 없는 것이다. 가끔 필자를 찾아오는 손님 중에 역학을 믿지 않는다고 말하는 사람이 있다. 이때마다 나는 본의 아니게 화를 버럭 내는 경우도 있다. "믿는다" 혹은 "안 믿는다"라고 말하는 것은 자유지만, 그것은 특정한 종교에서나 쓰는 말이지 현대 역학이나 역술은 종교가 아니므로, 믿음에 대한 말은 함부로 하지 말라고. 그렇게 경고한 후에 이해시키고 나서 상담해준다.

다시 한번 말하지만 역학은 종교가 아니다. 기독교는 성경이 있고 불교는 경전이 존재한다. 그러나 역학은 과학적 근거를 내포한 신비한 만세력이 수천 년 동안 변함없이 발전한 결과물이며, 역학자들의 심오한 연구 과정을 거쳐 현대에 정착한 것이다. 만세력 속에는 자연의 풍우설상과 대기의 흐름에 의하여 풍년이 들고 흉년이 드는 것까지 모두 이 속에 들어 있기 때문이다. 우리 과학 역술학은 신께 기도하거나 기원하는 일은 하지 않는다. 오직 천기대요로 타고난 운명의 길흉화복을 가늠하는 도학이 역학이라는 말을 전한다. 마지막으로 필자가 저술한 만세력은 일반인에게 누구나 손쉽게 이해할 수 있도록 연구했으며 필요에 따라 인용하면 큰 덕을 체험하게 될 것이다.

지은이 日

시작하기 전에

제 1 장

역법

1. 태양력(太陽曆)

❶ 율리우스력

기원전 로마의 율리우스 케사르가 역법을 개정하였는데 1년을 365일로 하되, 4년에 한 번씩 윤년을 두어 366일로 정하였다. 이는 1년이 평균 365. 25일이 된다.

❷ 그레고리력

율리우스력은 128년에 1일의 오차가 있어, 서기 1582년 그레고리는 이를 개정하였다. 4년에 한 번씩 윤년을 두되, 서력기원 연도가 100으로 나뉘지 않고 400으로 나누어지는 연도에만 윤년을 두었다. 이는 1년이 평균 365.2422일이 된다. 그러나 이도 3,300년마다 1일의 오차가 있으니, 정확한 1년은 365.242196일이기 때문이다. 하지만 현재, 세계 공통의 표준 역법은 이 그레고리력을 사용하고 있다.

2. 태음력(太陰曆)

음력은 달의 운행을 기준으로 결정한다. 그믐 즉, 합삭일(合朔日: 달이 보이지 않는 날)을 음력 초하루로 정하여, 다음 합삭일까지의 주기는 29.53일이다. 그래서 음력은 큰(大)달과 작은(小)달로 구분된다. 큰 달은 30일, 작은 달은 29일이다.

3. 24절기(節氣)

24절기는 태양의 운행에 의한 것으로 양력이다. 따라서 계절 변화와 정확히 일치한다. 음력은 위에서 본 바와 같이 계절 변화와 일치하지 않기 때문에, 24절기를 만들어 사용하게 된 것이다. 농사를 짓기 위해서는 계절의 변화를 정확히 알아야 하기 때문이다. 따라서 우리 조상들은 태음력과 24절기에 의한 태양력을 동시에 사용했던 것이다. 명리학에서도 이 절기가 가장 중요하며 월을 계산할 때는 이 절기에 의하여 월을 정한다. 즉, 1월은 음력 1월 1일에 시작하는 것이 아니고, 입춘(立春)에서 시작하며, 3월은 청명(淸明)에서 시작하는 것이다.

4. 윤달 결정 방법(무중치윤법: 無中置閏法)

음력은 1년이 354.367일이되므로 태양력보다 11일이나 짧다. 3년이 되면 무려 1달의 차이가 생기게 된다. 따라서 계절의 변화와도 맞지 않게 되므로 19년에 7번 윤달을 두어 24절기와 맞추게 된다. 즉, 어떤 달에는 절기만 있고 중기가 없는 달이 있는데, 이를 윤달로 정하여 이전 달의 이름을 따른다. 이와 같이 중기(中氣)가 없는 달을 윤달로 하는 법을 무중치윤법(無中置閏法)이라 한다. 그런데 간혹 1년에 중기가 없는 달이 2번 들어오는 경우가 있다. 이때는 처음 중기가 없는 달을 윤달로 택한다.

그런데 반드시 지켜져야 하는 룰이 있는데, 그것은 11월에 동지가 들어오도록 해야 한다는 것이다. 이는 불변의 원칙이다. 2033년에는 중기가 없는 달이 3번이나 나타나는데, 일반 만세력에서는 7월을 윤달로 정했지만, 한국천문연구원에서 최근 간행한 만세력에는 11월을 윤달로 정한다.

5. 사주팔자(四柱八字)와 사통팔방(四通八方)

세상 이치에 따라 무에서 유가 창조되고 반복적으로 변하는 것을 역(易)이라 한다. 특히 인간은 만물의 영장으로 하늘의 이치에 따라 세 등분으로 나뉘어 있다. 하늘에는 북극성의 극(極)과 태양의 극(極)이 있고, 태양을 중심으로 9성, 즉 지구·금성·수성·토성·목성·화성·명왕성·해왕성·천왕성이 우주에 흩어져 끊임없이 공전과 자전이 반복되고 있다.

이들의 형상을 사태(四態), 사방(四方) 또는 사상(四象)이라고도 한다. 이렇게 우리 주위에는 사방(四方)과 사태(四態)와 사상(四象)이 한데 어울려 있고, 사상(四象)의 중심에 지금 내가 서 있는 곳이 바로 땅(地)이다. 땅을 더 축소하면 전·후·좌·우·중심이 되고, 전·후·좌·우·중심을 더 축소하면 바로 내 몸이 되는 것이다. 그러므로 인체를 하나의 극점이라고 할 때 이를 세분해보면, 이목구비와 수족과 사지도 모두 음양으로 구성되어 있음을 알 수 있다. 또한 사방(四方)에는 사상(四象)의 형상이 떠나지 않는다.

정상적인 사람은 5개의 손가락이 존재한다. 즉 엄지손가락은 천지(天地)를 뜻하며, 손가락 4개의 각각 마디마다 3마디씩 모두 12마디이며, 이것은 1년의 12절기를 뜻하고 12포태법으로는 1년 12달을 의미한다. 또한, 사지에 음과 양을 곱하면 8괘가 되고, 천지인(天地人) 3정에 음과 양을 곱하면 육의(六儀)를 뜻하고, 사상(四象)과 육의(六儀)를 곱하면 24의 숫자가 작용을 하는 것인데, 이것이 곧 하루 시간이 형성되어 우주의 근본이 형성되는 것이다. 그리고, 지구가 우주를 하루에 한바퀴 360°로 회전하고, 지구가 1년에 태양을 한 바퀴 돌아오는 자전 일수가 365일이 되므로, 인체의 기본 체온이 36. 5℃가 유지되는 것을 알 수 있다. 인간이 우주의 공간에서 생을 살아가면서, 여기에 미치는 그때그때 상황에 따라 길흉화복이 작용하게 되는 바, 인간은 하늘을 우러러 숭배하게 되는 것이다.

6. 음양오행론(陰陽五行論)

❶ 태극(太極)

태극은 지구에 천지만물(天地萬物)이 생기기 이전의 혼돈한 상태의 기운을 말한다. 하늘과 땅을 구분할 수 없으니 일체가 하나요, 어둡고 혼돈한 상태이다.

❷ 음양(陰陽)

태극이 둘로 나누어져서 음(陰)과 양(陽)이 된다. 즉, 태극이 음(陰) 양(陽)으로 나누어져 하늘과 땅이 존재하고 인간은 남자와 여자가 형성된 것이다.

❸ 음(陰)

차가운 기운이 음(陰)이다. 차가운 기운은 무거워서 가라앉는 성질이 있다. 따라서 음기(陰氣)는 하강하는 성질이 있으며 수축하는 성질이 있다. 계절로는 가을(秋), 겨울(冬)이 음(陰)이다. 움직이지 않는 기운이 음(陰)이다. 음(陰)은 땅(地)

으로 보게 되니, 안정되어 움직이지 않으려는 성질이 있다. 어두운 기운이 음(陰)이다. 음기는 춥고 어두우니 밤(夜)으로 보고 달(月)로 본다. 부드럽고 약한 기운이 음(陰)이다. 땅(地)은 유순하여 일체 만물을 싣고 순종하며 어머니와 같이 생명체를 키운다. 음기(陰氣)는 여자(女)와 같아 소극적인 성질이 있다.

❹ 양(陽)

따뜻한 기운이 양(陽)이다. 더운 기운은 가벼워서 위로 올라가는 성질이 있다. 따라서 양기(陽氣)는 상승하는 성질이 있으며 발산하고 퍼지는 성질이 있다. 계절로는 봄(春), 여름(夏)이 양(陽)이다. 움직이는 기운이 양(陽)이다. 양은 하늘(天)로 보게 되니, 바람과 비와 구름, 해와 달이 항상 움직이고 멈추지 않는다. 밝은 기운이 양(陽)이다. 양기는 따뜻하고 밝으니 낮(晝)이고 태양(日)으로 본다. 굳세고 강한 기운이 양(陽)이다. 하늘은 굳세고 강건하여 만물을 지배한다. 남자(男)와 같고 적극적인 성질이다.

7. 오행과 우주와의 관계

목(木)은 목성(木星)의 기운을 의미하며 만물의 생물과 새로운 생명을 대표한다. 목(木)의 작용은 지구상에서 나무의 기실을 갖고 있으며 반드시 수(水) 즉, 물의 기(氣)를 받아야 산소를 배출하고 모든 생명체를 존재하게 하는 것이다. 계절로 보면 봄(春)을 의미하며 곡식을 파종하거나 새로운 일을 시작하고 신선한 많은 일을 구상하게 된다.

세상에 태어나는 태아가 첫 호흡을 하는 것이 목(木)의 기(氣)이며 지구에서 나무가 사는 곳만이 우주의 존재하는 모든 생명체가 살아가게 되는 것이다. 인간은 세상에 태어날 때 첫 숨을 쉬는 순간이 생명을 유지하기 위한 필수인 면역체가 형성이 되는 것이다. 그러므로 물은 7일 동안 마시지 않아도 살 수 있지만, 숨(산소)은 7분만 안 쉬어도 곧 생명을 잃게 되는 것이다.

화(火)는 화성(火星)의 기운을 의미하며 탄소의 물질을 제공하고 있다. 지금 21세기의 인류가 풍요롭게 살아갈 수 있는 것은 지속적인 첨단 과학이 발전하고 그 발전의 원동력은 화(火)의 기운에서 꾸준하게 탄소의 물질을 얻기 때문이다. 계절로 보면 여름(夏)을 의미하며 무성하게 성장을 거듭하여 오로지 결실을 맺기 위해서 끊임없이 발전하는 시기를 말한다.

토(土)는 토성(土星)의 기운을 의미하며 원소로 살펴보면 질소의 물질을 제공한다. 우리가 발을 딛고 살아갈 수 있는 지구상의 근본은 토(土) 즉, 땅이며 이 땅 위에서 모든 생명체가 서로 공존하고 존재하는 중립의 역할을 해주고 있다. 토(土)는 5대 원소 즉, 수성(水星)의 기(氣)와 물(水)의 기(氣)를 받고 화성(火星)의 탄소의 원소와 불의 기(氣)를 받으며 목(木星)의 기(氣)로부터 산소와 공기를 제공하는 바람의 기(氣)를 보존하고, 토(土星)는 질소의 기(氣)와 흙의 기운을 포함한다.

금(金)은 금성(金星)의 기운을 의미하고 원소는 나트륨과 수소의 물질을 제공한다. 계절로 보면 결실의 계절인 가을(秋)을 의미하며 완벽하게 이익을 취하고 야무지게 거두어 실속 위주로 처신을 한다. 수(水)는 수성(水星)의 기운을 의미하며 계절로 살펴보면 겨울(冬)이고 저장하는 습성과 필요 성분을 보충하며 장기적인 계획을 설계하는 특성이 있다. 인간이 살아가는 데 오행의 기운은 반드시 필요하지만 특히 인체의 70%를 차지하는 물의 기운은 생명을 유지하는 데 필수 조건 중에 하나가 된다.

8. 용신(用神)의 작용

용신(用神)이라 함은 사주에 포함하고 있는 오행(五行) 기운(氣運) 중에 사주 내에 내포하고 있는 기운이 부족하거나 지나치게 과대한 기운일 때, 적절히 조정하여 나(日柱)를 도와주고 항상 균형과 견제를 하여 수시로 상호작용함으로써, 작용하는 운의 기운(氣運)을 때에 따라 적절하게 균형을 유지하도록 제공하여 도와주는 것이다.

그러므로 용신(用神)은 지도자이면서 통치자의 역할을 하며 직장으로 비유하면 나에게 알맞은 직업과 만족스러운 직업의 분야를 의미한다. 목(木)이 용신이면 나무 분야를, 금(金)이 용신이면 철이나 금은/보석 분야이고, 식신(食神)이 용신이면 제조 또는 생산 분야의 직업이 어울린다. 다만, 격국(格局)이 용신이면 여러 직업에 종사하거나 혼잡한 직업에 종사하는 것이 단점이고, 특히 관살(官殺)이면 수시로 직업이 변한다. 또한 기신(忌神)이나 용신(用神)이 과다하면 뚜렷한 직업 없이 이 직업, 저 직업 갈피를 잡지 못하고 방황을 한다.

9. 격국(格局)의 작용

격국(格局)이란, 사주(四柱)를 분석했을 때 신강(身强)사주와 신약(身弱)사주로 나타나는데, 사주(四柱)에 격국(格局)이 제대로 형성이 되어 있으면 그 사주에서 나타나는 운의 흐름은 오로지 격국(格局)을 따라 흐르게 된다. 하지만 격국(格局)이 낮거나 불규칙하게 형성된 경우에는 굳이 사주에서 구체적으로 해석할 필요는 없다. 중요한 것은 격국(格局)이 좋다고 해서 반드시 복(福)이 있는 것은 아니므로 격(格)과 복(福)은 별개로 해석해야 한다.

관격(官格)이란, 재자약살(財慈弱殺)의 이치인데 즉, 사주(四柱)에 관(官)이 약한 사람이 돈을 주고 부정적으로 명예를 사는 경우이다. 순조롭게 공직이나 관직(官織)으로 가는 사람은 사주에 관격(官格)이 강하게 작용한다.

재격(財格)이란, 사주(四柱)가 재격(財格)인 경우 겁재운(劫財運)을 만나게 되면 순조롭게 가던 방향에서 이탈하여 전혀 다른 방향의 길로 가게 되는 것인데, 심한 번뇌와 고통이 따르게 된다.

사주(四柱)에 재격(財格)이 없거나 약하면 돈이 많아도 직장을 다니거나 심하면 파출부 생활을 하게 된다. 그러므로 격(格)과 복(福)은 별개임을 알 수 있다. 또한 사주(四柱)에 격(格)이 없거나 부족한 사주는 충분한 돈이 있어도 안정된 삶을 추구하지 못하고 셋방살이를 추구하는 경우가 있는데, 이는 자신의 체면과 인격을 버리고 돈을 따라가기 때문이다. 반대 현상으로 사주(四柱)에 격(格)이 있는 사람은 비록 돈은 없어도 좋은 집에서 살려고 하는데 이는 자신의 인격을 우선으로 생각하고 있기 때문이다.

사주(四柱)에서 일지(日支)는 군주로 보면 된다. 그러므로 남자는 신왕(身旺)하는 것이 유리하고 여자는 신약(身弱)한 것이 좋은 것이다. 또한, 사주(四柱)에서 월지(月支)의 기본적 해석은 자신의 삶에 안정되는 것을 우선으로 보지만, 만약 공망(空亡)이 될 경우 안정된 곳에서 자신의 뜻대로 안주하여 살지 못하고 고향을 떠나 타향에서 성공하는 경우가 많다.

사주에서 용신(用神)의 기(氣)는 나 자신이 살아가는 데 있어 아주 중요한 보조자이자 협조자이기도 하다. 좋은 용신(用神)은 하나이면서 건실해야 크게 발전할 수 있다. 하지만 용신(用神)이 약하거나 지나치게 많을 경우, 직업에 변화가 많고 주관이 없으며 질서가 없고 두서없는 생(生)을 살아간다. 월지(月支)에서 일지(日支)가 통근(通根)하지 못하면 자신의 전공 분야를 활용하지 못하는 경향이 짙다. 만약 희신(喜神)이 들어 있다면 타고난 운(運)의 영향을 받아 남방화운(南方火運)을 원하게 되므로, 내가 가고자 하는 방향을 결정하는 데 희신(喜神)과 운(運)은 상호 절대적 관계가 된다.

10. 일주(日柱)의 강약 분석

사주(四柱)에 일주(日柱)가 강하면 자신의 주관이 확실하기 때문에 용신(用神)을 통솔력으로 다스리며 우두머리 역할을 하고 사업을 하거나 관직에서 높은 직위에서 위엄을 갖는다. 정재격(正財格), 정인격(正印格), 정관격(正官格)이 강하게 작용하면 좋은 직장생활을 하게 되고, 약하거나 불청하면 사업계로 방향을 정하게 된다. 사주(四柱)에 편재(騙財)가 있음에도 직장생활을 고집하는 경우도 가끔 있는데 이는 재(財)가 공재라서 오로지 직장을 추구하며 업무 방향은 큰 자금을 관리하게 되는 것이다.

11. 십신격(十神格)의 성격

❶ 정재격(正財格)

정재(正財)는 유동성이 아니고 노력한 만큼 대가를 반드시 저장하는 고정성이라 한다. 정재격(正財格) 사주인 경우 큰 부자가 되려면 사주에 반드시 관(官)이 있어야 한다. 또한 정재격(正財格) 사주에 관(官)이 지나치게 강하면 현대판 바보라고 볼 수 있는 어리석음이 표출되고, 신약(身弱) 사주이면 오히려 명석한

두뇌와 깊은 지식을 겸비하게 된다. 정재격(正財格)은 재물이 풍부하고 여유가
있어도 돈이 아까워서 유흥이나 여흥을 즐기지 못하고 특히 바람 따위는 절대
피지 못하는 특징이 있다.

❷ 편재격(偏財格)

편재(偏財)는 수단가이며 금전 융통을 잘하는 요소가 작용하며 흥망성쇠의
굴곡이 심하게 작용한다. 또한, 욕정과 욕망이 강하고 계산이 정확하며 이재술
이 탁월하다. 편재(偏財)가 기신(忌神)인데 욕심의 마음으로 편재(偏財)를 탐하게
되면 강도나 절도를 범하게 되거나 도둑이 되어 인생을 망치는 경우가 발생한
다. 상업적인 면에는 능통할 수 있는 재능은 있으나, 가짜를 취급하거나 불법적
인 상업을 하게 된다. 편재(偏財)는 처음에는 미약하거나 만족스럽지 못하지만,
나중에 강하게 작용을 하는 특징이 있다. 종교적으로 분석해보면 불교에 가깝
고, 사주가 편재격(偏財格)이면 스님이 되거나 스님을 따르는 집착적인 신도가
되기도 한다.

❸ 식신격(食神格)

식신(食神)은 인간 생활의 세 가지 기본 요소인 의식주를 관장한다. 사주가 식
신격(食神格)인 경우 여유를 갖고 풍부하게 살아가며 재산을 증시시키는 데 탁
월한 능력이 있다. 또한, 창의력과 개척정신이 뚜렷하고 총명하고 성실하며 덕
망이 있고 설득력과 이해력이 뛰어나다. 식신격(食神格)인 사주는 입에 복이 있
다는 구복교문(口福敎門)이 있다. 다만, 사주 지지에 망신살(亡身殺)과 겁살(劫殺)
이 상충하면 문과보다 이과를 선택해야 성공할 수 있다.

❹ 상관격(像官格)

상관(像官)은 성격상으로 보면 상대를 비판하고 아집과 독선이 강하게 작용하
며, 상대로부터 반발의식이 강하게 작용을 한다. 앞장서서 일을 하는 선봉대 역
할을 선호하고 밖에서는 호의적으로 잘 하지만 가정에서는 소홀하게 행동하므로
가정에 불화가 빈번하다. 항상 타인에게 베풀려는 마음이 발동하여 좋은 일을 해

주고도 뒤에서 지나치게 욕을 먹는다. 좋은 면은 하고자 하는 일에 진취적이고 창의적이며, 진보적인 생산성이 돋보이고 총명하고 봉사정신과 희생정신이 강하게 작용한다. 겨울상관(傷官)은 정화(丁火)가 희신(喜神)의 상관이고 여름상관(傷官)은 수(水)가 희신(喜神)이다.

❺ 정관격(正官格)

정관(正官)은 성격상으로 보면 개인의 처신적인 관리가 철저하고 책임의식이 남다르게 강하다. 특히 정관격(正官格)이 신약(身弱)하면 중심이 없고 신강(身强)하면 자신의 중심이 강하다. 통치적인 수단이 능숙하고 보수적인 기질로 모험심이 있고 순리복종형이므로 사법기관으로 비교한다면 판사 쪽에 속하고 정치에 입문하는 경우가 많다.

❻ 편관격(偏官格)

편관(偏官)은 성격상으로 보면 영웅심리와 권위주의 기질이 다분하고 권모술수에 능하며 자신에게 약점이 되는 일은 절대 하지 않는다. 난세득세형이고 기다리는 인내심이 강하고 투기와 모험심이 있으며, 과감하고 혁신적이며 법관이나 무관 기질이 있다. 현 시대에 시쳇말로 보수 또는 깡패 기질도 포함하고 있다.

❼ 정인격(正印格)

정인격(正印格)은 성격으로 분석한다면 한마디로 깔끔하고 주변 정리정돈이 철저하며 기본적인 질서를 확실하게 실천한다. 남을 속이거나 거짓말을 못 하며, 실수를 하면 자신이 괴로워서 못 견디는 기질이 있다. 문장력이 뛰어나고 박학다식하며 양심적이다. 또한, 선비적 기질이 있고 지식과 학문을 두루 갖추고 있으므로 예의가 바르고 덕망이 돋보인다. 직업적으로는 교수직이나 결재권을 발휘하는 직업이 좋다. 정인격(正印格)에는 정관(正官)이 용신이 되는데 만약 상관(傷官)이 있어서 동행하면 오히려 파격(破格)이 되어 득으로 사용하지 못한다.

❽ 편인격(偏印格)

편인격(偏印格)은 성격으로 분석한다면 육감이 발달하여 계략적이고 남을 기만하고 임기응변이 출중하게 작용한다. 상황에 따라 이해력은 빠르고 강하나 행동이 산만하고 앞뒤 두서없이 행동한다. 한마디로 성격이 고약하다고 표현할 수밖에 없으며 교양이나 지식을 갖춘 학문 쪽이 아니고 편인(偏人)의 길을 간다. 부모 대(代)로 올려본다면 계모, 서모, 편모일 가능성이 강하다.

❿ 비견격(比肩格)

비견(比肩)은 성격으로 본다면 상호부조이며 협상하는 기질이 있고 친교와 우방의 친화적인 기질이 작용한다. 경제적으로 본다면 낭비벽이 강하게 작용하고 내 것을 절대 빼앗기지 않으려고 요령을 부리며 특히, 재(財)를 보면 적당히 분배하려는 기질이 강하다. 모든 일에 실수하거나 그릇된 일을 저지르지 않으며, 상대로부터 절대 손해 보는 일은 없다.

⓫ 겁재격(劫財格)

겁재(劫財)는 성격으로 분석하면 투쟁심이 강하고 불리하면 배신하는 기질이 있으며 손재와 불화를 자초하는 일이 강하다. 분쟁심이 강하고 변덕스러운 마음이 있으며 심하면 폭력이나 강탈을 범하는 경우도 있다. 다만 겁재(劫財)가 사주에 있다고 해서 반드시 망한다고 볼 수는 없다. 오히려 겁재(劫財)가 용신(用神)이면 타인의 도움으로 성공한다. 비겁(比劫)이 월(月)에 통근(通根)하면 감당할 수 없을 정도로 강하다.

12. 만세력의 오해와 오류

만세력의 기본 원리는 삭(朔, 그믐)이 되는 날을 1일로 정한다. 이 날은 현대 과학적으로 분석해보면 지구와 태양과 달이 일직선이 되어 태양의 빛을 지구가 가리게 되니 달이 보이지 않는 것이다. 그러므로 이 삭(朔)이 되는 시각은 국제 표준시에 따라 E135° 동경시를 표준으로 사용한다. 그런데 만약 0시 0분에서 0

시 31분 사이에 삭(朔)이 들어온다면 어떻게 해야 할까? 서울을 기준으로 삼을 경우 전날이 된다. 그러므로 양력 1995년 7월 28일 0시 12분 57초에 삭(朔)이 드는 것으로 되어 있기에 이러한 경우 양력 7월 27일이 음력 7월 1일이 되는 것을 알 수 있다. 그런데 서울 표준시는 동경시를 기준으로 하다 보니 기존 만세력에는 7월 28일이 음력 7월 1일로 되어 있다. 음력 1일이 잘못 기재되어 있는 것이다. 기존 만세력에는 이러한 사례가 상당히 많이 있다. 그러나 과거 달력에는 7월 28일이 음력 7월 1일로 표기되어 있는 것이다. 역법의 원리로 본다면 잘못된 것은 확실하지만 그렇다고 일주가 바뀌는 것은 아니다. 이것에 대하여 자칫 오해하는 사람들이 많아서 확실한 답을 주는 것이다. 현재 일반적인 만세력(천문연구원 자료)으로 예를 들어 보자면 다음과 같다.

양력 1995년 7월 27일 : 음력 6월 30일 : 己未

(정확하게는 음력 7월 1일)

양력 1995년 7월 28일 : 음력 7월 1일 : 庚申

(정확하게는 음력 7월 2일)

위 경우 생일이 음력 7월 1일인 사람은 己未일주를 써야 한다고 잘못 보는 사람이 있다. 하지만 현재 만세력을 그대로 사용해도 사주를 잘못 보는 것은 아니다. 다만, 음력 1일이라는 날짜가 잘못 기재되었다는 것을 참고하면 되는 것이다. 구체적으로 양력 1995년 7월 28일 오전 7시에 태어 난 여자의 사주는 음력 1995년 7월 1일로 되어 있다.

구분	時	日	月	年
사주	己	庚	癸	乙
	卯	申	未	亥

현재 만세력 그대로 적용하면 된다. 그것은 사주 명리학에서는 음력 날짜가 언제 1일이 되건 크게 관계는 없다. 그저 명절(추석, 설 등)을 지내기 위해 필요할 뿐이다. 명리학에서 사주를 분석할 때 중요한 것은 '절기가 언제 들어오느냐'이

므로 가급적 양력으로 활용하면 정확하다는 것이다.

13. 정확한 대운(大運)의 원리

대운이 들어오는 시기는 중요하다. 1년은 365. 242196일이다. 따라서 곤명의 경우를 계산해보면, 26일 18시간 17분이므로 24일은 8대운이라는 숫자는 이미 정해졌다. 문제는 나머지인 2일 18시간 17분이다.

3일을 1년으로 봄으로 2일 18시간 17분을 연(年)기준으로 환산하면 336일 5시간 49분이 된다. 이를 출생일 기준으로 더하면 9대운 4월 2일 19시가 되는 것이다. 양력 2013년 4월 2일 19시부터 대운이 들어오는 것이다. 물론 그 일시에 갑자기 들어오는 것은 아니고 해당 날짜의 전후부터 조금씩 들어오기 시작해서 그때 본격적으로 작용한다는 것이다.

14. 대운(大運) 정하는 계산법

대운의 기준 시각은 출생 일시와 절기 사이의 날짜를 세어서 정한다. 그런데 출생 연도의 간지가 양간이면 양남/양녀이고 음간이면 음남/음녀로서 양남/음녀이면 순행이라 하여 출생 일시로부터 다음 절기까지의 기간을 순서대로 세는 것이고, 음남/양녀라면 역행으로 출생 일시 전달 절기까지의 날짜를 세는 것이다.

양력 2004년 5월 1일 14:00 출생이라면 갑신(甲申)년이므로 갑은 양간이니 양남이므로 순행하여 다음 절기인 5월 5일 입하(立夏) 13:02까지의 기간을 세면 3일 23시간 2분에 대운 기준 시각이 형성된다. 전통적인 방법대로 계산하면 날짜수를 3으로 나눠서 몫을 구한 후 나머지가 1이면 버리고 2이면 몫에 1을 더하여 대운수를 구한다. 그렇다면 대운수는 1(3/3)이 된다. 만약 곤명(坤命)이라면 어떻게 되느냐 하면, 양녀이므로 역행하면 청명(淸明)인 4월 4일 19시 43분까지의 기간은 26일 18시간 17분이 대운 기준 시각이 된다. 3으로 나누면 몫은 8(26/3)인데 2일이 남으므로 1을 더하여 9가 대운(大運)수가 된다.

시주(時柱)는 일간(日干)에 따라 결정된다. 마치 월주(月柱)가 연간(年干)에 따라 결정되는 것과 같고 아래와 같이 된다.

자시(子時)	축시(丑時)	인시(寅時)	묘시(卯時)	진시(辰時)	사시(巳時)
23~01시	01~03시	03~05시	05~07시	07~09시	09~11시
오시(午時)	미시(未時)	신시(申時)	유시(酉時)	술시(戌時)	해시(亥時)
11~13시	13~15시	15~17시	17~19시	19~21시	21~23시

일간에 따라 시의 천간을 결정하는 법은 둔시법(遁時法)에 기준한다.

시간	子時	丑時	寅時	卯時	辰時	巳時	午時	未時	申時	酉時	戌時	亥時
甲/己日	甲子	乙丑	丙寅	丁卯	戊辰	己巳	庚午	辛未	壬申	癸酉	甲戌	乙亥
乙/庚日	丙子	丁丑	戊寅	己卯	庚辰	辛巳	壬午	癸未	甲申	乙酉	丙戌	丁亥
丙/辛日	戊子	己丑	庚寅	辛卯	壬辰	癸巳	甲午	乙未	丙申	丁酉	戊戌	己亥
丁/壬日	庚子	辛丑	壬寅	癸卯	甲辰	乙巳	丙午	丁未	戊申	己酉	庚戌	辛亥
戊/癸日	壬子	癸丑	甲寅	乙卯	丙辰	丁巳	戊午	己未	庚申	辛酉	壬戌	癸亥

15. 시주(時柱) 정하는 법

동경천문대(국제표준시규약)에 따른 것이다. 즉, 지구는 하루에 한 번 자전하는데 이는 360° 회전에 24시간의 시간이 필요하니 즉, 1시간에 15°만큼 회전한다. 따라서 국제간의 시각을 표준화하기 위하여 15°마다 표준시를 정하고 이 시간을 쓰도록 한 것이다. 영국 그리니치 천문대를 0°로 하여 서쪽은 서경 15°, 30°, 45°...165°로 정하고, 동쪽은 동경 15°, 30°, 30°...165°로 정한다. 180°는 동경과 서경이 일치하는데, 이를 날짜 변경선이라 부른다. 우리나라 서울은 동경 126도 58분쯤 되니 이웃한 135° 표준시를 쓰게 된 것이다. 이는 일본 동경 천문대를 기준으로 삼는다 하여 동경시라고 부른다.

원래 우리나라(서울 기준)는 낮 12시에 태양이 남중앙(南中央, 머리 꼭대기)에 위치하게 되는데, 시각을 135° 경도를 씀으로 인하여 32분(서울 기준)을 앞당겨 쓰기 때문에 낮 12시 32분에 태양이 남중앙에 도착하게 된다. 따라서 원래 시간을 찾으려면 현재 시각에서 32분을 빼야 한다. 위에서는 서울 기준으로만 말했으나 지역에 따라 차이가 있다. 따라서 사주를 정확히 뽑으려면 출생지를 반드시 알아야 한다. 예컨대 부산은 동경 129도 3분쯤 되는데 이는 동경 135도와 24분이라는 차이가 있다. 즉, 부산에서는 낮 12시 24분에 태양이 남중앙한다. 따라서 원래 시간을 찾으려면 24분을 빼줘야 한다.

그런데 여기에 변수가 또 있다. 1908년 4월 1일에서 1911년 12월 31일 사이와 1954년 3월 21일, 1961년 8월 9일 사이에는 동경 127도 30분 경도를 사용하였다. 따라서 서울(한국천문연구원 만세력 기준)과의 시각 차이는 +2분, 부산과는 −6분이 생긴다. 이때는 원래 시각을 찾으려면 서울에서는 2분을 빼야하고 부산에서는 6분을 더해야 한다. 위와 같이 시각을 조정한다음, 다음의 시각 판단 기준에 따라 시(時)를 정한다. 즉, 전날 23시~당일 01시 사이는 子時, 당일 01시~03시 사이는 丑時, 당일 03시~05시 사이는 寅時... 등 이처럼 결정하게 된다.

16. 육친의 해석(六親解釋)

육친의 정의(六親定義)는 父·母·兄·弟·妻·子를 말하는데, 사주에서는 일주(日主)를 위주로 각 간지와의 연관된 관계를 말하며, 십신(十神) 또는 육신(六神)이라고도 한다.

육신(六神)은 아신(我神), 비겁(比劫), 식상(食傷), 재성(財星), 관성(官星), 인성(印星)을 말하고, 육격(六格)이라고도 한다.

십신(十神)은 비견(比肩), 겁재(劫財), 식신(食神), 상관(傷官), 편재(偏財), 정재(正財), 편관(偏官), 정관(正官), 편인(偏印), 정인(正印)을 말하고, 십격(十格) 또는 팔격(八格)이라고도 한다.

❶ 비화자 형제(比和者 兄弟)

비견(比肩)은 日主와 음(陰) 양(陽)이 같은 것이고 겁재(劫財)는 日主와 음(陰) 양(陽)이 다른 것이다.

❷ 아생자 자손(我生者 子孫)

식신(食神)은 日主와 음(陰) 양(陽)이 같은 것이고 상관(傷官)은 日主와 음(陰) 양(陽)이 다른 것이다.

❸ 아극자 처재(我剋者 妻財)

편재(偏財)는 日主와 음(陰) 양(陽)이 같은 것이고 정재(正財)는 日主와 음(陰) 양(陽)이 다른 것이다.

❹ 극아자 관귀(剋我者 官鬼)

편관(偏官)은 日主와 음(陰) 양(陽)이 같은 것으로 제압되지 않으면 칠살(七殺)이라 하고, 제압되거나 인수로 화(化)하면 편관(偏官)이라 한다. 정관(正官)은 日主와 음(陰) 양(陽)이 다른 것이다.

❺ 생아자 부모(生我者 父母)

편인(偏印)은 日主와 음(陰) 양(陽)이 같은 것으로 제압되지 않으면 효신(梟神)이라 하고, 식신을 극하면 도신(倒食)이라 하며, 제압되거나 설기되면 편인(偏印)이라 한다. 정인(正印)은 日主와 음(陰) 양(陽)이 다른 것이다. 사주지지(四柱地支)는 지장간 정기를 일간으로 대비하여 육친을 판단한다. 甲木 일간이 巳는 식신, 午는 상관, 子는 정인, 亥는 편인으로 본다.

정인	일주	편재	편관
戊	辛	乙	丁
戌	亥	巳	亥
정인	상관	정관	상관

17. 육친오행(六親五行)

일주(日主)를 기준으로 분석한 오행을 육친오행(六親五行)이라 한다.

❶ 비겁(比劫)= 비견(比肩)+겁재(劫財)

비견(比肩)은 분리나 독립을 뜻한다. 육친으로는 형제, 동료 등 위치가 같은 사람들을 뜻한다. 비견은 편재를 극한다. 따라서 비견이 많으면 부친(편재)과 처를 극한다. 사주에 비견이 많으면 남의 밑에 있기를 꺼려 독립 자영업, 전문직, 자유업을 해야 한다. 비견이 많으면 동업은 실패한다. 대운세운이 비견운이 오면 초년에는 집을 나가거나 분가하게 되고, 중년에는 직장에 다니다가 창업을 하게 된다.

겁재(劫財)는 글자 그대로 재물을 겁탈한다는 뜻이다. 육친으로는 경쟁자, 거래 업체 등을 뜻한다. 비견에 비해 재물을 겁탈하고 재성을 극하는 힘이 두 배나 크다. 겁재는 정재를 극한다. 따라서 겁재가 많으면 처(정재)를 극한다. 사주에 비견겁재가 많으면 남의 밑에 있기를 꺼리니 독립 자영업, 전문직, 자유업을 해야 한다. 비견겁재가 많으면 동업은 역시 실패한다. 신왕한 사주는 대운세운에 겁재운이 오면 재물을 겁탈하니 손재파산한다. 그러나 재다신약한 사주는 오히려 돈을 번다.

비겁(比劫)의 특성은 "주체성", "독립성", "고독성"이다. 길성(吉星)으로 사주에 비겁이 있으면 주체성이 강하고 독립심이 있고 주관성이 강하며 독립심이 있다. 또한 주위의 도움과 인덕이 있다. 악성(惡星)으로 비겁이 너무 많아 제압되어 설기되지 못하면 아집이 너무 강하고 쓸데없는 자존심이 있으며 경쟁 심리가 있어 남을 이기려는 승부욕이 강하다. 비겁운(比劫運)이 오면 주체성이 강화되니 독립(창업), 분가, 가족과 이별 등의 일이 생긴다. 식상과 재성이 약하면 비겁운에 재성을 극하여 손재파산한다. 비겁(比劫) 희신(喜神)운은 주위에서 형제와 동료 기로 가까운 지인으로부터 도움이 있다. 비겁(比劫) 기신(忌神)운은 금전적으로 손재가 있고 사업이 파산한다. 이성과 헤어진다. 단, 재성과 인성이 강하고 비겁이 약한 경우에는 사업이 파산하지 않는다.

❷ 식상(食傷)= 식신(食神)+상관(傷官)

식신(食神)은 글자 그대로 먹을 복과 건강·장수의 활동력을 뜻한다. 여자의 여명(女命)은 자식을 뜻한다. 식신이 사주에 있으면 평생 굶고 살지는 않는다. 그러나 효신에 의해 파극되면 밥그릇을 뺏는 형국이니 막힘이 많다. 식신은 칠살을 제압한다. 사주에서 식신이 칠살을 제압하면 귀격이다. 식신격은 사업가, 요식업, 상업, 연구직 등이 맞다. 대운세운에 식신운이 오면 건강이 회복되고 재물을 얻으며, 여성은 결혼한다. 그러나 식신이 기신이면 금전으로 손재파산한다.

상관(傷官)은 정관(正官)을 극하는 흉신이다. 여자의 여명은 자식을 뜻한다. 상관은 도기(盜氣)라 하니 설기(泄氣)를 많이 한다. 식신에 비해 일주의 기운을 설기하는 것이 두 배는 많다. 상관은 말이나 소리와 연관된 직업이요, 시청각, 방송·연예 계통, 예술 계통의 직업이 많다. 상관격은 총명하다. 연구·개발자도 많고 예술인도 많다. 여자는 남편을 극하니 상관이 많으면 백년해로하기 어렵다. 남자는 상관이 많으면 출세를 못 하니 돈 버는 자영업의 길로 나가야 한다. 대운세운에 상관운이 오면 명예가 실추되고 실직하며, 여자 여명(女命)은 남편을 극하여 이혼하거나 남편에게 안 좋은 일이 생긴다. 그러나 상관이 희신이면 재물을 얻고 명예를 얻는다.

식상(食傷)의 특성은 "활동성", "창조성", "식복", "복덕"이다. 길성(吉星)으로 사주에 식상이 있으면 활동력이 있고 사람을 잘 사귀며 타고난 식복과 복덕이 있다. 식상은 자식을 낳는다는 것이고 창조성을 의미하니 설계와 연구를 잘하고 두뇌 회전이 빠르다. 악성(惡星)으로 식상이 너무 많고 제압되지 못하면 활동력이 넘쳐 방황기가 있고 돌아다니기만 좋아하고 게으르다. 이성 교제도 잘 하고 끼가 있으며 연예인이 많다.

식상운(食傷運)이 오면 활동력이 강화되니 이성 교제를 하게 되고, 식상이 약한 사람은 일거리가 생겨 바빠지고 돈도 들어온다. 하지만 식상이 강한 사람은 오히려 실직하고 놀고먹는 운이 된다. 단, 신왕을 해도 인수가 많고 비겁은 약한데 식상운이 들어오면 재물을 얻지 못한다.

❸ 재성(財星)= 편재(偏財)+정재(正財)

편재(偏財)는 편법적이거나 투기적 재물을 뜻하고, 육친으로는 정부(情婦)를 뜻한다. 편재는 돈욕심이 많고 일확천금을 노리며 낭비벽이 있다. 사업가가 많다. 그러나 편재가 효신(편인)을 극하면 길신 역할을 하며 재물과 명예를 얻는다. 편재가 칠살을 생조하면 흉신역할을 하며 손재파산, 관재구설 등이 있다. 대운세운에 편재운이 되면 돈벌 욕심이 발동하니 투기하는 일이 생긴다. 편재가 희신이 면 돈을 벌지만, 기신이면 손재파산한다.

정재(正財)는 한 푼, 두 푼 모으는 정직한 재물이고 근로를 통해 성실하게 저축하여 모은 돈이다. 낭비를 싫어하고 투기를 싫어한다. 특히 정재격은 꼼꼼하다. 정재격은 금융 계통 종사자와 대기업 회사원이 많다. 대운세운이 정재운이 면 돈을 크게 번다. 남자의 남명은 이성(여자)를 만난다. 만약 정재가 기신이면 손재하고 처와 사이가 나빠진다. 정재가 사주정인을 극하면 가정에 불화가 발 생한다.

재성(財星)의 특성은 "완벽한 계획성", "여유로운 풍요성"이다. 길성(吉星)으로 사주에 재성이 있으면 짜임새 있는 계획성이 있다. 또 재물이 떠나지 않는다. 특히 신왕재왕하면 풍족하고 여유있는 생활을 한다. 악성(惡星)으로 재성이 너무 많고 제압되지 못하면 인성을 극하니 학업에 관심이 없고 공부를 못한다. 그리고 사주에 초년운에 재성운이 오면 학업을 제대로 마치지 못하거나 포기하게 되고 부모의 덕도 보지 못한다. 또한 재성이 너무 강하면 이성 문제로 인해 다 복한 삶을 유지하기 어렵다.

재성(財星) 희신(財星)운은 사주에 인성이 강하고 재운이 오면 인성이 길(吉)해 져서 명예를 얻는다. 재성(財星) 기신(忌神)운이 들어오면 돈은 얻을 수 있으나 바로 흩어지고 여자가 다가와도 바로 헤어진다. 또한 사주에 인성이 약할 때 제가 극하면 부부간에 이별수가 있고 고부간에 심한 갈등도 생긴다.

❹ 관성(官星)= 편관(偏官)+정관(正官)

편관(偏官)은 명예와 권세 그리고 승진을 뜻하고, 여자의 여명은 남편, 남자의 남명은 자식을 뜻한다. 편관은 신약한 사람에게는 가난, 질병, 고통, 허세를 뜻한다. 신왕하고 희신이면 권세와 명예를 가져다준다. 칠살이 있는 사람은 직장 생활을 하거나 장사를 한다. 여자도 칠살이 있으면 집에 있는 것보다는 사회생활을 해야 한다. 칠살이 식신에 제압된 사주는 격국이 좋으니 권력을 얻는 공직자(사법관, 공직자)이다. 대운세운에 편관운이면 신약사주(기신)는 손재파산하고 질병을 얻거나 관재 구설수가 있다. 신약사주라도 식신이 투출하면 나쁘지 않다. 신왕사주(희신)는 재물을 얻거나 명예를 얻는다. 여자의 여명은 칠살운에 남자 즉, 이성이 생기고 가정불화가 생긴다.

정관(正官)은 명예와 권세를 뜻하고 여자의 여명은 남편, 남자의 남명은 자식을 뜻한다. 정관은 길신이 너무 많으면 좋지 않고 칠살이 같이 있어도 관살혼잡이라 하여 나쁘다. 정관은 바른 생활을 하고 예의 바르며 품위가 있고 덕망이 있다. 정관이 길(吉)하면 공직자고, 약하면 회사원이다. 정관은 겁재를 제압하니 뜻밖의 큰 재물을 얻는다. 대운세운이 정관운이면 승진, 취직, 시험 합격, 재물을 얻는 등의 좋은 일이 있다. 그러나 기신이면 오히려 실직하거나 불명예스러운 일을 겪고 시험에 합격하기 어렵다.

관성(官星)의 특성은 "통제성", "합리적인 성격", "강한 보수성"이다. 길성(吉星)으로 관성이 길(吉)하면 출세하거나 승진하여 관직을 얻는다. 여자의 운명은 똑똑한 남편을 얻을 수 있다. 남자의 운명은 똑똑한 자식을 얻고 생각이 합리적이고 명예가 높다. 악성(惡星)으로 관성이 강할 때 제압되지 않거나 관살이 혼잡이 되면 빈곤하고 육신이 질병으로 인한 고통에 신음한다. 관성(官星) 기신(忌神)운이 들어오면 직장에서 실직하거나 좌천한다. 또한 형제와 동료간에 불화가 발생한다. 그리고 질병을 얻어 고통스런 삶을 살아간다.

❺ 인성(印星)= 편인(偏印)+정인(正印)

편인(偏印)은 학문이나 지혜나 자비심을 뜻하고, 육친상으로는 계모를 뜻한다. 편인은 용두사미로 하는 일이 중도에 좌절된다. 변동이 많아 이사나 직장이동이 잦고 이혼도 많다. 그러나 편인이 희신이면 명예를 얻는다. 편인이 편재에 의해 제압되면 길신과 같아 명예를 얻는다. 편인은 길신인 식신을 파극한다. 식신이 파극되면 건강 악화, 손재파산한다. 대운세운이 효신운이면 되는 일이 없다. 시험에도 합격하지 못하고 건강도 악화되고 우울증에 걸리기도 한다. 그러나 희신이면 명예를 얻거나 부동산으로 재물을 얻는다.

정인(正印)은 학문과 지혜와 자비심을 뜻하고, 육친상으로는 정모(正母)를 뜻한다. 정인은 예의 바르고 전통을 중시하고 윗사람을 공경한다. 특히 박식하여 학문(學文)을 좋아한다. 정인은 상관을 제압한다. 따라서 정관이 상관에 의해 파극되면 정인이 있어야 구제된다. 정인이 정재에 의해 파극되면 가정이 위태롭다. 대운세운이 정인운이면 죽을 위기에서 당당하게 살아난다. 표창을 받거나 명예를 얻고, 직장일도 잘 풀린다. 정인이 기신이면 손재하거나 명예가 손상되고 가정이 불화하다.

인성(印星)의 특성은 "글문(文)", "심성의 자비심", "지위와 명예", "명석한 두뇌와 지혜"다. 길성(吉星)으로 인성이 길(吉)하면 학문과 학식이 깊고 똑똑하다. 또한 윗사람을 공경하고 품행이 예의 바르다. 또한, 부모에게 재산을 증여·상속받는다. 악성(惡星)으로 인성이 강한데 제압과 설기가 되지 않으면 식상(食傷)을 극하니 빈곤하고 박복한 삶을 살아간다. 또한 매사 일이 뜻대로 되지 않고 재물을 얻지 못한다. 그리고 각종 문서·계약으로 인하여 손재가 발생한다.

18. 십신(十神)의 상생과 상극(길흉화복)

❶ 십신(十神)의 상생 상극

비견(比肩)은 편재(偏財)를 극한다·····················흉(凶) 또는 길(吉)

겁재(劫財)는 정재(正財)를 극한다·····················흉(凶) 또는 길(吉)

식신(食神)은 편관(偏官)을 제압한다·····················길(吉)

상관(傷官)은 정관(正官)을 극한다·····················흉(凶)

편재(偏財)는 편인(偏印)을 제압한다·····················길(吉)

정재(正財)는 정인(正印)을 극한다·····················흉(凶)

편관(偏官)은 비견(比肩)을 극한다·····················흉(凶)

정관(正官)은 겁재(劫財)를 제압한다·····················길(吉)

편인(偏印)은 식신(食神)을 극한다·····················흉(凶)

정인(正印)은 상관(傷官)을 제압한다·····················길(吉)

❷ 길작용(길신이 흉신을 제압할 때)

식신과 칠살 ····················· 식신이 칠살을 제압하면 좋다.

칠살이 재물, 권세를 가져다준다.

편재와 편인 ···································	편재가 편인을 제압하면 좋다.
	편인이 순화되어 명예를 얻는다.
정관과 겁재 ···································	정관이 겁재를 제압하면 좋다.
	겁재가 순화되어 재물을 얻는다.
정인과 상관 ···································	정인이 상관을 제압하면 좋다.
	상관이 순화되어 재물, 명예를 얻는다.

❸ **흉작용**(흉신이 길신을 극할 때)

겁재와 정재 ···································	겁재가 정재를 극하면 나쁘니,
	극처(剋妻)하고 재물을 잃는다.
상관과 정관 ···································	상관이 정관을 극하면,
	실직, 명예실추, 관재구설, 극부(剋夫)한다.
칠살과 비견 ···································	칠살이 비견을 극하면,
	형제·동료간 불화하고 질병, 몸 상하고 파산한다.
편인과 식신 ···································	편인이 식신을 극하면,
	일이 막히고 건강이 악화된다.
비견과 편재 ···································	재성기신이면 돈을 얻고,
	재성희신이면 돈을 잃는다.
정재와 정인 ···································	재성기신이면 바람나고,
	가정불화, 재성희신이면 명예를 얻는다.

*명리보감, 팔자소관 일부 인용

제 2 장

만
세
력

庚申年

상문 : 戌　대장군 : 南
조객 : 午　삼　재 : 寅午戌
삼살 : 南

서기 1920년
단기 4253년

1月小(戊寅)입춘

절기	경칩													우수
음력	29 28 27 26 25 24 23 22 21 20 19 18 17 **16** 15 14 13 12 11 10 9 8 7 6 5 4 3 2 1
순행	6 6 6 7 7 7 8 8 8 9 9 9 10 / 1 1 1 1 2 2 2 3 3 3 4 4 4 5 5
역행	4 4 4 3 3 3 2 2 2 1 1 1 / 10 9 9 9 8 8 8 7 7 7 6 6 6 5 5
월	03 / 02
일	19 18 17 16 15 14 13 12 11 10 9 8 7 6 5 4 3 2 1 29 28 27 26 25 24 23 22 21 20
일진	丙子 乙亥 甲戌 癸酉 壬申 辛未 庚午 己巳 戊辰 丁卯 丙寅 乙丑 甲子 癸亥 壬戌 辛酉 庚申 己未 戊午 丁巳 丙辰 乙卯 甲寅 癸丑 壬子 辛亥 庚戌 己酉 戊申
요일	금 목 수 화 월 일 토 금 목 수 화 월 일 토 금 목 수 화 월 일 토 금 목 수 화 월 일 토 금

2月大(己卯)경칩

절기	청명													춘분
음력	30 29 28 27 26 25 24 23 22 21 20 19 18 **17** 16 15 14 13 12 11 10 9 8 7 6 5 4 3 2 1
순행	6 6 7 7 7 8 8 8 9 9 9 10 10 / 1 1 1 2 2 2 3 3 3 4 4 4 5 5 5
역행	4 4 3 3 3 2 2 2 1 1 1 / 10 9 9 9 8 8 8 7 7 7 6 6 6 5 5 5
월	04 / 03
일	18 17 16 15 14 13 12 11 10 9 8 7 6 5 4 3 2 1 31 30 29 28 27 26 25 24 23 22 21 20
일진	丙午 乙巳 甲辰 癸卯 壬寅 辛丑 庚子 己亥 戊戌 丁酉 丙申 乙未 甲午 癸巳 壬辰 辛卯 庚寅 己丑 戊子 丁亥 丙戌 乙酉 甲申 癸未 壬午 辛巳 庚辰 己卯 戊寅 丁丑
요일	일 토 금 목 수 화 월 일 토 금 목 수 화 월 일 토 금 목 수 화 월 일 토 금 목 수 화 월 일 토

3月小(庚辰)청명

절기	입하													곡우
음력	29 28 27 26 25 24 23 22 21 20 19 **18** 17 16 15 14 13 12 11 10 9 8 7 6 5 4 3 2 1
순행	7 7 7 8 8 8 9 9 9 10 10 / 1 1 1 1 2 2 2 3 3 3 4 4 4 5 5 5 6
역행	4 3 3 3 2 2 2 1 1 1 / 10 10 9 9 9 8 8 8 7 7 7 6 6 6 5 5 5
월	05 / 04
일	17 16 15 14 13 12 11 10 9 8 7 6 5 4 3 2 1 30 29 28 27 26 25 24 23 22 21 20 19
일진	乙亥 甲戌 癸酉 壬申 辛未 庚午 己巳 戊辰 丁卯 丙寅 乙丑 甲子 癸亥 壬戌 辛酉 庚申 己未 戊午 丁巳 丙辰 乙卯 甲寅 癸丑 壬子 辛亥 庚戌 己酉 戊申 丁未
요일	월 일 토 금 목 수 화 월 일 토 금 목 수 화 월 일 토 금 목 수 화 월 일 토 금 목 수 화 월

4月小(辛巳)입하

절기	망종													소만
음력	29 28 27 26 25 24 23 22 21 **20** 19 18 17 16 15 14 13 12 11 10 9 8 7 6 5 **4** 3 2 1
순행	7 8 8 8 9 9 9 10 10 / 1 1 1 2 2 2 3 3 3 4 4 4 5 5 5 6 6 6 6
역행	3 3 2 2 2 1 1 1 / 10 10 9 9 9 8 8 8 7 7 7 6 6 6 5 5 5 4 4
월	06 / 05
일	15 14 13 12 11 10 9 8 7 6 5 4 3 2 1 30 29 28 27 26 25 24 23 22 21 20 19 18
일진	甲辰 癸卯 壬寅 辛丑 庚子 己亥 戊戌 丁酉 丙申 乙未 甲午 癸巳 壬辰 辛卯 庚寅 己丑 戊子 丁亥 丙戌 乙酉 甲申 癸未 壬午 辛巳 庚辰 己卯 戊寅 丁丑 丙子
요일	화 월 일 토 금 목 수 화 월 일 토 금 목 수 화 월 일 토 금 목 수 화 월 일 토 금 목 수 화

5月大(壬午)망종

절기	소서													하지
음력	30 29 28 27 26 25 24 23 **22** 21 20 19 18 17 16 15 14 13 12 11 10 9 8 **7** 6 5 4 3 2 1
순행	8 8 9 9 10 10 10 / 1 1 1 2 2 2 3 3 3 4 4 4 5 5 5 6 6 6 7 7
역행	3 2 2 1 1 1 / 10 10 9 9 9 8 8 8 7 7 7 6 6 6 5 5 5 4 4 4 3
월	07 / 06
일	15 14 13 12 11 10 9 8 7 6 5 4 3 2 1 30 29 28 27 26 25 24 23 22 21 20 19 18 17 16
일진	甲戌 癸酉 壬申 辛未 庚午 己巳 戊辰 丁卯 丙寅 乙丑 甲子 癸亥 壬戌 辛酉 庚申 己未 戊午 丁巳 丙辰 乙卯 甲寅 癸丑 壬子 辛亥 庚戌 己酉 戊申 丁未 丙午 乙巳
요일	목 수 화 월 일 토 금 목 수 화 월 일 토 금 목 수 화 월 일 토 금 목 수 화 월 일 토 금 목 수

6月小(癸未)소서

절기	입추													대서
음력	29 28 27 26 25 **24** 23 22 21 20 19 18 17 16 15 14 13 12 11 10 9 **8** 7 6 5 4 3 2 1
순행	9 9 9 10 10 / 1 1 1 2 2 3 3 3 4 4 4 5 5 6 6 6 7 7 7 8
역행	2 1 1 1 / 10 10 9 9 8 8 8 7 7 7 6 6 6 5 5 5 4 4 4 3 3
월	08 / 07
일	13 12 11 10 9 8 7 6 5 4 3 2 1 31 30 29 28 27 26 25 24 23 22 21 20 19 18 17 16
일진	癸卯 壬寅 辛丑 庚子 己亥 戊戌 丁酉 丙申 乙未 甲午 癸巳 壬辰 辛卯 庚寅 己丑 戊子 丁亥 丙戌 乙酉 甲申 癸未 壬午 辛巳 庚辰 己卯 戊寅 丁丑 丙子 乙亥
요일	토 금 목 수 화 월 일 토 금 목 수 화 월 일 토 금 목 수 화 월 일 토 금 목 수 화 월 일 토

신약사주에 재가 강한 사람은 가권을 아내가 쥐게 된다.

7月小(甲申)입추 — 백로 / 처서

음력	29	28	27	26	25	24	23	22	21	20	19	18	17	16	15	14	13	12	11	10	9	8	7	6	5	4	3	2	1
순행	9	9	10		1	1	1	1	2	2	2	3	3	3	4	4	4	5	5	5	6	6	6	7	7	7	8	8	8
역행	1	1	1		10	10	9	9	9	8	8	8	7	7	7	6	6	6	5	5	5	4	4	4	3	3	3	2	2
월																			09									08	
일	11	10	9	8	7	6	5	4	3	2	1	31	30	29	28	27	26	25	24	23	22	21	20	19	18	17	16	15	14
일진(간)	壬	辛	庚	己	戊	丁	丙	乙	甲	癸	壬	辛	庚	己	戊	丁	丙	乙	甲	癸	壬	辛	庚	己	戊	丁	丙	乙	甲
일진(지)	申	未	午	巳	辰	卯	寅	丑	子	亥	戌	酉	申	未	午	巳	辰	卯	寅	丑	子	亥	戌	酉	申	未	午	巳	辰
요일	토	금	목	수	화	월	일	토	금	목	수	화	월	일	토	금	목	수	화	월	일	토	금	목	수	화	월	일	토

8月大(乙酉)백로 — 한로 / 추분

음력	30	29	28	27	26	25	24	23	22	21	20	19	18	17	16	15	14	13	12	11	10	9	8	7	6	5	4	3	2	1
순행	9	10	10		1	1	1	2	2	2	3	3	3	4	4	4	5	5	5	6	6	6	7	7	7	8	8	8	9	
역행	1	1		10	9	9	9	8	8	8	7	7	7	6	6	6	5	5	5	4	4	4	3	3	3	2	2	2	1	
월																			10										09	
일	11	10	9	8	7	6	5	4	3	2	1	30	29	28	27	26	25	24	23	22	21	20	19	18	17	16	15	14	13	12
일진(간)	壬	辛	庚	己	戊	丁	丙	乙	甲	癸	壬	辛	庚	己	戊	丁	丙	乙	甲	癸	壬	辛	庚	己	戊	丁	丙	乙	甲	癸
일진(지)	寅	丑	子	亥	戌	酉	申	未	午	巳	辰	卯	寅	丑	子	亥	戌	酉	申	未	午	巳	辰	卯	寅	丑	子	亥	戌	酉
요일	월	일	토	금	목	수	화	월	일	토	금	목	수	화	월	일	토	금	목	수	화	월	일	토	금	목	수	화	월	일

9月大(丙戌)한로 — 입동 / 상강

음력	30	29	28	27	26	25	24	23	22	21	20	19	18	17	16	15	14	13	12	11	10	9	8	7	6	5	4	3	2	1
순행	9	9		1	1	1	1	2	2	2	3	3	3	4	4	4	5	5	5	6	6	6	7	7	7	8	8	8	9	9
역행	1	1		10	10	9	9	9	8	8	8	7	7	7	6	6	6	5	5	5	4	4	4	3	3	3	2	2	2	1
월																			11											10
일	10	9	8	7	6	5	4	3	2	1	31	30	29	28	27	26	25	24	23	22	21	20	19	18	17	16	15	14	13	12
일진(간)	壬	辛	庚	己	戊	丁	丙	乙	甲	癸	壬	辛	庚	己	戊	丁	丙	乙	甲	癸	壬	辛	庚	己	戊	丁	丙	乙	甲	癸
일진(지)	申	未	午	巳	辰	卯	寅	丑	子	亥	戌	酉	申	未	午	巳	辰	卯	寅	丑	子	亥	戌	酉	申	未	午	巳	辰	卯
요일	수	화	월	일	토	금	목	수	화	월	일	토	금	목	수	화	월	일	토	금	목	수	화	월	일	토	금	목	수	화

10月小(丁亥)입동 — 대설 / 소설

음력	29	28	27	26	25	24	23	22	21	20	19	18	17	16	15	14	13	12	11	10	9	8	7	6	5	4	3	2	1
순행	9	10		1	1	1	2	2	2	3	3	3	4	4	4	5	5	5	6	6	6	7	7	7	8	8	8	9	9
역행	1	1		10	9	9	9	8	8	8	7	7	7	6	6	6	5	5	5	4	4	4	3	3	3	2	2	2	1
월																			12										11
일	9	8	7	6	5	4	3	2	1	30	29	28	27	26	25	24	23	22	21	20	19	18	17	16	15	14	13	12	11
일진(간)	辛	庚	己	戊	丁	丙	乙	甲	癸	壬	辛	庚	己	戊	丁	丙	乙	甲	癸	壬	辛	庚	己	戊	丁	丙	乙	甲	癸
일진(지)	丑	子	亥	戌	酉	申	未	午	巳	辰	卯	寅	丑	子	亥	戌	酉	申	未	午	巳	辰	卯	寅	丑	子	亥	戌	酉
요일	목	수	화	월	일	토	금	목	수	화	월	일	토	금	목	수	화	월	일	토	금	목	수	화	월	일	토	금	목

11月大(戊子)대설 — 소한 / 동지

음력	30	29	28	27	26	25	24	23	22	21	20	19	18	17	16	15	14	13	12	11	10	9	8	7	6	5	4	3	2	1
순행	9	9		1	1	1	2	2	2	3	3	4	4	4	5	5	6	6	6	7	7	7	8	8	8	9	9	9		
역행	1	1		10	9	9	9	8	8	8	7	7	7	6	6	5	5	5	4	4	4	3	3	3	2	2	2	1	1	
월																			01											12
일	8	7	6	5	4	3	2	1	31	30	29	28	27	26	25	24	23	22	21	20	19	18	17	16	15	14	13	12	11	10
일진(간)	辛	庚	己	戊	丁	丙	乙	甲	癸	壬	辛	庚	己	戊	丁	丙	乙	甲	癸	壬	辛	庚	己	戊	丁	丙	乙	甲	癸	壬
일진(지)	未	午	巳	辰	卯	寅	丑	子	亥	戌	酉	申	未	午	巳	辰	卯	寅	丑	子	亥	戌	酉	申	未	午	巳	辰	卯	寅
요일	토	금	목	수	화	월	일	토	금	목	수	화	월	일	토	금	목	수	화	월	일	토	금	목	수	화	월	일	토	금

12月大(己丑)소한 — 입춘 / 대한

음력	30	29	28	27	26	25	24	23	22	21	20	19	18	17	16	15	14	13	12	11	10	9	8	7	6	5	4	3	2	1
순행	9	9	10		1	1	1	2	2	2	3	3	3	4	4	4	5	5	5	6	6	6	7	7	7	8	8	8	9	
역행	1	1	1		10	9	9	8	8	8	7	7	7	6	6	6	5	5	5	4	4	4	3	3	3	2	2	2	1	
월																			02										01	
일	7	6	5	4	3	2	1	31	30	29	28	27	26	25	24	23	22	21	20	19	18	17	16	15	14	13	12	11	10	9
일진(간)	辛	庚	己	戊	丁	丙	乙	甲	癸	壬	辛	庚	己	戊	丁	丙	乙	甲	癸	壬	辛	庚	己	戊	丁	丙	乙	甲	癸	壬
일진(지)	丑	子	亥	戌	酉	申	未	午	巳	辰	卯	寅	丑	子	亥	戌	酉	申	未	午	巳	辰	卯	寅	丑	子	亥	戌	酉	申
요일	일	토	금	목	수	화	월	일	토	금	목	수	화	월	일	토	금	목	수	화	월	일	토	금	목	수	화	월	일	토

사주 내 일주가 약하고 官이 많아도 자식이 없거나 귀하다.

상문 : 亥　대장군 : 南
조객 : 未　삼　재 : 寅午戌
삼살 : 東

辛酉年

서기 1921년
단기 4254년

			경칩													우수														절 기	
30	29	28	**27**	26	25	24	23	22	21	20	19	18	17	16	15	14	13	**12**	11	10	9	8	7	6	5	4	3	2	1	음 력	1月大(庚寅)입춘
9	9	10		1	1	1	1	2	2	2	3	3	3	4	4	4	5	5	5	6	6	6	7	7	7	8	8	8	9	순행	
1	1	1		10	9	9	9	8	8	8	7	7	7	6	6	6	5	5	5	4	4	4	3	3	3	2	2	2	1	역행	
			03																									**02**		월 음	
9	8	7	6	5	4	3	2	1	28	27	26	25	24	23	22	21	20	19	18	17	16	15	14	13	12	11	10	9	8	일	
辛	庚	己	戊	丁	丙	乙	甲	癸	壬	辛	庚	己	戊	丁	丙	乙	甲	癸	壬	辛	庚	己	戊	丁	丙	乙	甲	癸	壬	일 진	
未	午	巳	辰	卯	寅	丑	子	亥	戌	酉	申	未	午	巳	辰	卯	寅	丑	子	亥	戌	酉	申	未	午	巳	辰	卯	寅		
수	화	월	일	토	금	목	수	화	월	일	토	금	목	수	화	월	일	토	금	목	수	화	월	일	토	금	목	수	화	요 일	

	청명														춘분															절 기	
29	**27**	26	25	24	23	22	21	20	19	18	17	16	15	14	13	**11**	10	9	8	7	6	5	4	3	2	1				음 력	2月小(辛卯)경칩
10	10		1	1	1	2	2	2	3	3	3	4	4	4	5	5	6	6	6	7	7	7	8	8	8	9				순행	
1	1		10	9	9	9	8	8	8	7	7	7	6	6	6	5	5	4	4	4	3	3	3	2	2	1				역행	
		04																								**03**				월 음	
7	6	5	4	3	2	1	31	30	29	28	27	26	25	24	23	22	21	20	19	18	17	16	15	14	13	12	11	10		일	
庚	己	戊	丁	丙	乙	甲	癸	壬	辛	庚	己	戊	丁	丙	乙	甲	癸	壬	辛	庚	己	戊	丁	丙	乙	甲	癸	壬		일 진	
子	亥	戌	酉	申	未	午	巳	辰	卯	寅	丑	子	亥	戌	酉	申	未	午	巳	辰	卯	寅	丑	子	亥	戌	酉	申			
목	수	화	월	일	토	금	목	수	화	월	일	토	금	목	수	화	월	일	토	금	목	수	화	월	일	토	금	목		요 일	

	입하													곡우																절 기	
30	**29**	28	27	26	25	24	23	22	21	20	19	18	17	16	15	**14**	13	12	11	10	9	8	7	6	5	4	3	2	1	음 력	3月大(壬辰)청명
10		1	1	1	1	2	2	2	3	3	3	4	4	4	5	5	5	6	6	6	7	7	7	8	8	8	9	9	9	순행	
1		10	10	9	9	9	8	8	8	7	7	7	6	6	6	5	5	5	4	4	4	3	3	3	2	2	2	1	1	역행	
					05																						**04**			월 음	
7	6	5	4	3	2	1	30	29	28	27	26	25	24	23	22	21	20	19	18	17	16	15	14	13	12	11	10	9	8	일	
庚	己	戊	丁	丙	乙	甲	癸	壬	辛	庚	己	戊	丁	丙	乙	甲	癸	壬	辛	庚	己	戊	丁	丙	乙	甲	癸	壬	辛	일 진	
午	巳	辰	卯	寅	丑	子	亥	戌	酉	申	未	午	巳	辰	卯	寅	丑	子	亥	戌	酉	申	未	午	巳	辰	卯	寅	丑		
토	금	목	수	화	월	일	토	금	목	수	화	월	일	토	금	목	수	화	월	일	토	금	목	수	화	월	일	토	금	요 일	

													소만															절 기	
29	28	27	26	25	24	23	22	21	20	19	18	17	16	**15**	14	13	12	11	10	9	8	7	6	5	4	3	2	1	음 력	4月小(癸巳)입하
1	1	1	1	2	2	2	3	3	3	4	4	4	5	5	5	6	6	6	7	7	7	8	8	8	9	9	9	10	순행	
10	10	9	9	9	8	8	8	7	7	7	6	6	6	5	5	5	4	4	4	3	3	3	2	2	2	1	1	1	역행	
				06																					**05**				월 음	
5	4	3	2	1	30	29	28	27	26	25	24	23	22	21	20	19	18	17	16	15	14	13	12	11	10	9	8	4	일	
己	戊	丁	丙	乙	甲	癸	壬	辛	庚	己	戊	丁	丙	乙	甲	癸	壬	辛	庚	己	戊	丁	丙	乙	甲	癸	壬	辛	일 진	
亥	戌	酉	申	未	午	巳	辰	卯	寅	丑	子	亥	戌	酉	申	未	午	巳	辰	卯	寅	丑	子	亥	戌	酉	申	未		
일	토	금	목	수	화	월	일	토	금	목	수	화	월	일	토	금	목	수	화	월	일	토	금	목	수	화	월	일	요 일	

												하지														망종		절 기	
29	28	**27**	26	25	24	23	22	21	20	19	18	**17**	16	15	14	13	12	11	10	9	8	7	6	5	4	3	2	1	음 력	5月小(甲午)망종
1	2	2	2	3	3	3	4	4	4	5	5	5	6	6	6	7	7	7	8	8	8	9	9	9	10	10	10		순행	
9	9	8	8	8	7	7	7	6	6	6	5	5	5	4	4	4	3	3	3	2	2	2	1	1	1				역행	
			07																								**06**		월 음	
4	3	2	1	30	29	28	27	26	25	24	23	22	21	20	19	18	17	16	15	14	13	12	11	10	9	8	7	6	일	
戊	丁	丙	乙	甲	癸	壬	辛	庚	己	戊	丁	丙	乙	甲	癸	壬	辛	庚	己	戊	丁	丙	乙	甲	癸	壬	辛	庚	일 진	
戌	酉	申	未	午	巳	辰	卯	寅	丑	子	亥	戌	酉	申	未	午	巳	辰	卯	寅	丑	子	亥	戌	酉	申	未	午		
월	일	토	금	목	수	화	월	일	토	금	목	수	화	월	일	토	금	목	수	화	월	일	토	금	목	수	화	월	요 일	

								대서															소서					절 기	
30	29	28	27	26	25	24	23	22	21	20	**19**	18	17	16	15	14	13	12	11	10	9	8	7	6	**5**	4	3	2	1	음 력	6月大(乙未)소서
2	2	2	3	3	3	4	4	4	5	5	5	6	6	6	7	7	7	8	8	8	9	9	9	10	10	10		1	1	순행	
9	8	8	8	7	7	7	6	6	6	5	5	5	4	4	4	3	3	3	2	2	2	1	1	1			10	10	10	역행	
		08																									**07**			월 음	
3	2	1	31	30	29	28	27	26	25	24	23	22	21	20	19	18	17	16	15	14	13	12	11	10	9	8	7	6	5	일	
戊	丁	丙	乙	甲	癸	壬	辛	庚	己	戊	丁	丙	乙	甲	癸	壬	辛	庚	己	戊	丁	丙	乙	甲	癸	壬	辛	庚	己	일 진	
戌	酉	申	未	午	巳	辰	卯	寅	丑	子	亥	戌	酉	申	未	午	巳	辰	卯	寅	丑	子	亥	戌	酉	申	未	午	巳		
수	화	월	일	토	금	목	수	화	월	일	토	금	목	수	화	월	일	토	금	목	수	화	월	일	토	금	목	수	화	요 일	

정재보다 편재가 강한 사람은 공처가 팔자이다.

7月 小 (丙申) 입추

절기: 처서(음력 21일 위치), 입추(음력 5일 위치)

음력	29	28	27	26	25	24	23	22	21	20	19	18	17	16	15	14	13	12	11	10	9	8	7	6	5	4	3	2	1
순행	2	3	3	4	4	4	5	5	5	6	6	6	7	7	7	8	8	8	9	9	9	10	10			1	1	1	1
역행	8	8	7	7	7	6	6	6	5	5	5	4	4	4	3	3	3	2	2	2	1	1	1			10	10	9	9
양력(월)	09																												08
일	1	31	30	29	28	27	26	25	24	23	22	21	20	19	18	17	16	15	14	13	12	11	10	9	8	7	6	5	4
일진	丁卯	丙寅	乙丑	甲子	癸亥	壬戌	辛酉	庚申	己未	戊午	丁巳	丙辰	乙卯	甲寅	癸丑	壬子	辛亥	庚戌	己酉	戊申	丁未	丙午	乙巳	甲辰	癸卯	壬寅	辛丑	庚子	己亥
요일	목	수	화	월	일	토	금	목	수	화	월	일	토	금	목	수	화	월	일	토	금	목	수	화	월	일	토	금	목

8月 小 (丁酉) 백로

절기: 추분(음력 22일 위치), 백로(음력 7일 위치)

음력	29	28	27	26	25	24	23	22	21	20	19	18	17	16	15	14	13	12	11	10	9	8	7	6	5	4	3	2	1
순행	3	3	4	4	4	5	5	5	6	6	6	7	7	7	8	8	8	9	9	9	10	10			1	1	1	2	2
역행	7	7	7	6	6	6	5	5	5	4	4	4	3	3	3	2	2	2	1	1	1			10	10	9	9	9	8
양력(월)																												09	
일	30	29	28	27	26	25	24	23	22	21	20	19	18	17	16	15	14	13	12	11	10	9	8	7	6	5	4	3	2
일진	丙申	乙未	甲午	癸巳	壬辰	辛卯	庚寅	己丑	戊子	丁亥	丙戌	乙酉	甲申	癸未	壬午	辛巳	庚辰	己卯	戊寅	丁丑	丙子	乙亥	甲戌	癸酉	壬申	辛未	庚午	己巳	戊辰
요일	금	목	수	화	월	일	토	금	목	수	화	월	일	토	금	목	수	화	월	일	토	금	목	수	화	월	일	토	금

9月 大 (戊戌) 한로

절기: 상강(음력 24일 위치), 한로(음력 9일 위치)

음력	30	29	28	27	26	25	24	23	22	21	20	19	18	17	16	15	14	13	12	11	10	9	8	7	6	5	4	3	2	1
순행	3	3	4	4	4	5	5	5	6	6	6	7	7	7	8	8	8	9	9	9	10		1	1	1	1	2	2	2	3
역행	7	7	6	6	6	5	5	5	4	4	4	3	3	3	2	2	2	1	1	1		10	10	9	9	9	8	8	8	
양력(월)																													10	
일	30	29	28	27	26	25	24	23	22	21	20	19	18	17	16	15	14	13	12	11	10	9	8	7	6	5	4	3	2	1
일진	丙寅	乙丑	甲子	癸亥	壬戌	辛酉	庚申	己未	戊午	丁巳	丙辰	乙卯	甲寅	癸丑	壬子	辛亥	庚戌	己酉	戊申	丁未	丙午	乙巳	甲辰	癸卯	壬寅	辛丑	庚子	己亥	戊戌	丁酉
요일	토	금	목	수	화	월	일	토	금	목	수	화	월	일	토	금	목	수	화	월	일	토	금	목	수	화	월	일	토	금

10月 大 (己亥) 입동

절기: 소설(음력 24일 위치), 입동(음력 9일 위치)

음력	29	28	27	26	25	24	23	22	21	20	19	18	17	16	15	14	13	12	11	10	9	8	7	6	5	4	3	2	1
순행	3	4	4	4	5	5	5	6	6	6	7	7	7	8	8	8	9	9	9	10		1	1	1	1	2	2	2	3
역행	7	6	6	6	5	5	5	4	4	4	3	3	3	2	2	2	1	1	1		10	9	9	9	8	8	8	7	7
양력(월)																												11	10
일	28	27	26	25	24	23	22	21	20	19	18	17	16	15	14	13	12	11	10	9	8	7	6	5	4	3	2	1	31
일진	乙未	甲午	癸巳	壬辰	辛卯	庚寅	己丑	戊子	丁亥	丙戌	乙酉	甲申	癸未	壬午	辛巳	庚辰	己卯	戊寅	丁丑	丙子	乙亥	甲戌	癸酉	壬申	辛未	庚午	己巳	戊辰	丁卯
요일	월	일	토	금	목	수	화	월	일	토	금	목	수	화	월	일	토	금	목	수	화	월	일	토	금	목	수	화	월

11月 大 (庚子) 대설

절기: 동지(음력 24일 위치), 대설(음력 10일 위치)

음력	30	29	28	27	26	25	24	23	22	21	20	19	18	17	16	15	14	13	12	11	10	9	8	7	6	5	4	3	2	1
순행	3	3	4	4	4	5	5	5	6	6	6	7	7	7	8	8	8	9	9	9	10		1	1	1	2	2	2	3	3
역행	7	6	6	6	5	5	5	4	4	4	3	3	3	2	2	2	1	1	1		10	9	9	9	8	8	8	7	7	
양력(월)																													12	11
일	28	27	26	25	24	23	22	21	20	19	18	17	16	15	14	13	12	11	10	9	8	7	6	5	4	3	2	1	30	29
일진	乙丑	甲子	癸亥	壬戌	辛酉	庚申	己未	戊午	丁巳	丙辰	乙卯	甲寅	癸丑	壬子	辛亥	庚戌	己酉	戊申	丁未	丙午	乙巳	甲辰	癸卯	壬寅	辛丑	庚子	己亥	戊戌	丁酉	丙申
요일	수	화	월	일	토	금	목	수	화	월	일	토	금	목	수	화	월	일	토	금	목	수	화	월	일	토	금	목	수	화

12月 大 (辛丑) 소한

절기: 대한(음력 24일 위치), 소한(음력 9일 위치)

음력	30	29	28	27	26	25	24	23	22	21	20	19	18	17	16	15	14	13	12	11	10	9	8	7	6	5	4	3	2	1
순행	3	3	4	4	4	5	5	5	6	6	6	7	7	7	8	8	8	9	9	9	10		1	1	1	2	2	2	3	3
역행	7	7	6	6	6	5	5	5	4	4	4	3	3	3	2	2	2	1	1	1		10	9	9	9	8	8	8	7	7
양력(월)																												01		12
일	27	26	25	24	23	22	21	20	19	18	17	16	15	14	13	12	11	10	9	8	7	6	5	4	3	2	1	31	30	29
일진	乙未	甲午	癸巳	壬辰	辛卯	庚寅	己丑	戊子	丁亥	丙戌	乙酉	甲申	癸未	壬午	辛巳	庚辰	己卯	戊寅	丁丑	丙子	乙亥	甲戌	癸酉	壬申	辛未	庚午	己巳	戊辰	丁卯	丙寅
요일	금	목	수	화	월	일	토	금	목	수	화	월	일	토	금	목	수	화	월	일	토	금	목	수	화	월	일	토	금	목

사주 내에 일주가 왕하고 상관이 많고 인수가 없으면 자식 두기가 어렵다.

상문 : 子 대장군 : 南
조객 : 申 삼 재 : 寅午戌
삼살 : 北

壬戌年

서기 1922년
단기 4255년

1月大(壬寅)입춘

절기								우수													입춘								
음력	30	29	28	27	26	25	24	23	22	21	20	19	18	17	16	15	14	13	12	11	10	9	8	7	6	5	4	3	2	1
순행	3	3	3	4	4	4	5	5	5	6	6	6	7	7	7	8	8	8	9	9	10		1	1	1	1	2	2	2	
역행	7	7	7	6	6	6	5	5	5	4	4	4	3	3	3	2	2	2	1	1	1		10	9	9	9	8	8	7	
월																					02									01
일진	乙丑	甲子	癸亥	壬戌	辛酉	庚申	己未	戊午	丁巳	丙辰	乙卯	甲寅	癸丑	壬子	辛亥	庚戌	己酉	戊申	丁未	丙午	乙巳	甲辰	癸卯	壬寅	辛丑	庚子	己亥	戊戌	丁酉	丙申
일	26	25	24	23	22	21	20	19	18	17	16	15	14	13	12	11	10	9	8	7	6	5	4	3	2	1	31	30	29	28
요일	일	토	금	목	수	화	월	일	토	금	목	수	화	월	일	토	금	목	수	화	월	일	토	금	목	수	화	월	일	토

2月小(癸卯)경칩

절기							춘분													경칩									
음력	29	28	27	26	25	24	23	22	21	20	19	18	17	16	15	14	13	12	11	10	9	8	7	6	5	4	3	2	1
순행	3	3	4	4	4	5	5	5	6	6	6	7	7	7	8	8	8	9	9	9	10		1	1	1	1	2	2	2
역행	7	7	6	6	6	5	5	5	4	4	4	3	3	3	2	2	2	1	1	1		10	9	9	9	9	8	8	
월																			03									02	
일진	甲午	癸巳	壬辰	辛卯	庚寅	己丑	戊子	丁亥	丙戌	乙酉	甲申	癸未	壬午	辛巳	庚辰	己卯	戊寅	丁丑	丙子	乙亥	甲戌	癸酉	壬申	辛未	庚午	己巳	戊辰	丁卯	丙寅
일	27	26	25	24	23	22	21	20	19	18	17	16	15	14	13	12	11	10	9	8	7	6	5	4	3	2	1	28	27
요일	월	일	토	금	목	수	화	월	일	토	금	목	수	화	월	일	토	금	목	수	화	월	일	토	금	목	수	화	월

3月大(甲辰)청명

절기					곡우																청명									
음력	30	29	28	27	26	25	24	23	22	21	20	19	18	17	16	15	14	13	12	11	10	9	8	7	6	5	4	3	2	1
순행	3	4	4	4	5	5	6	6	6	7	7	7	8	8	8	9	9	9	10		1		1	1	1	2	2	2	2	3
역행	7	6	6	6	5	5	5	4	4	4	3	3	3	2	2	2	1	1	1		10		9	9	9	8	8	8	8	7
월																				04									03	
일진	甲子	癸亥	壬戌	辛酉	庚申	己未	戊午	丁巳	丙辰	乙卯	甲寅	癸丑	壬子	辛亥	庚戌	己酉	戊申	丁未	丙午	乙巳	甲辰	癸卯	壬寅	辛丑	庚子	己亥	戊戌	丁酉	丙申	乙未
일	26	25	24	23	22	21	20	19	18	17	16	15	14	13	12	11	10	9	8	7	6	5	4	3	2	1	31	30	29	28
요일	수	화	월	일	토	금	목	수	화	월	일	토	금	목	수	화	월	일	토	금	목	수	화	월	일	토	금	목	수	화

4月大(乙巳)입하

절기					소만																입하									
음력	30	29	28	27	26	25	24	23	22	21	20	19	18	17	16	15	14	13	12	11	10	9	8	7	6	5	4	3	2	1
순행	4	4	4	5	5	5	6	6	6	7	7	7	8	8	8	9	9			1		1	1	1	1	2	2	2	3	3
역행	7	6	6	6	5	5	5	4	4	4	3	3	3	2	2	2	1			10		9	9	9	8	8	8	7	7	7
월																				05									04	
일진	甲午	癸巳	壬辰	辛卯	庚寅	己丑	戊子	丁亥	丙戌	乙酉	甲申	癸未	壬午	辛巳	庚辰	己卯	戊寅	丁丑	丙子	乙亥	甲戌	癸酉	壬申	辛未	庚午	己巳	戊辰	丁卯	丙寅	乙丑
일	26	25	24	23	22	21	20	19	18	17	16	15	14	13	12	11	10	9	8	7	6	5	4	3	2	1	30	29	28	27
요일	금	목	수	화	월	일	토	금	목	수	화	월	일	토	금	목	수	화	월	일	토	금	목	수	화	월	일	토	금	목

5月小(丙午)망종

절기			하지																망종										
음력	29	28	27	26	25	24	23	22	21	20	19	18	17	16	15	14	13	12	11	10	9	8	7	6	5	4	3	2	1
순행	5	5	5	6	6	6	7	7	7	8	8	8	9	9	10	10	10			1		1	1	2	2	2	3	3	3
역행	6	5	5	4	4	4	3	3	3	2	2	2	1	1	1	10	10			9		8	8	7	7	7	6	6	6
월																			06									05	
일진	癸亥	壬戌	辛酉	庚申	己未	戊午	丁巳	丙辰	乙卯	甲寅	癸丑	壬子	辛亥	庚戌	己酉	戊申	丁未	丙午	乙巳	甲辰	癸卯	壬寅	辛丑	庚子	己亥	戊戌	丁酉	丙申	乙未
일	24	23	22	21	20	19	18	17	16	15	14	13	12	11	10	9	8	7	6	5	4	3	2	1	31	30	29	28	27
요일	토	금	목	수	화	월	일	토	금	목	수	화	월	일	토	금	목	수	화	월	일	토	금	목	수	화	월	일	토

윤5月小

절기															소서														
음력	29	28	27	26	25	24	23	22	21	20	19	18	17	16	15	14	13	12	11	10	9	8	7	6	5	4	3	2	1
순행	5	5	6	6	6	7	7	7	8	8	9	9	9	10	10		1	1	1	1	2	2	2	3	3	3	4	4	4
역행	5	5	4	4	4	3	3	3	2	2	1	1	1	10	10		9	9	9	8	8	8	7	7	7	6	6	6	6
월																				07									06
일진	壬辰	辛卯	庚寅	己丑	戊子	丁亥	丙戌	乙酉	甲申	癸未	壬午	辛巳	庚辰	己卯	戊寅	丁丑	丙子	乙亥	甲戌	癸酉	壬申	辛未	庚午	己巳	戊辰	丁卯	丙寅	乙丑	甲子
일	23	22	21	20	19	18	17	16	15	14	13	12	11	10	9	8	7	6	5	4	3	2	1	30	29	28	27	26	25
요일	일	토	금	목	수	화	월	일	토	금	목	수	화	월	일	토	금	목	수	화	월	일	토	금	목	수	화	월	일

庚日生 사주에 戊寅·戊辰이 있으면 부자 팔자이다.

6月大(丁未)소서

절기	입추																													대서
음력	30	29	28	27	26	25	24	23	22	21	20	19	18	17	16	15	14	13	12	11	10	9	8	7	6	5	4	3	2	1
순행	6	6	6	7	7	7	8	8	8	9	9	9	10	10		1	1	1	1	2	2	2	3	3	3	4	4	4	5	5
역행	5	4	4	4	3	3	3	2	2	2	1	1	1		10	10	9	9	9	8	8	8	7	7	7	6	6	6	6	5
월								08																07						
일	22	21	20	19	18	17	16	15	14	13	12	11	10	9	8	7	6	5	4	3	2	1	31	30	29	28	27	26	25	24
일진	壬	辛	庚	己	戊	丁	丙	乙	甲	癸	壬	辛	庚	己	戊	丁	丙	乙	甲	癸	壬	辛	庚	己	戊	丁	丙	乙	甲	癸
	戌	酉	申	未	午	巳	辰	卯	寅	丑	子	亥	戌	酉	申	未	午	巳	辰	卯	寅	丑	子	亥	戌	酉	申	未	午	巳
요일	화	월	일	토	금	목	수	화	월	일	토	금	목	수	화	월	일	토	금	목	수	화	월	일	토	금	목	수	화	월

7月小(戊申)입추

절기	백로																												처서
음력	29	28	27	26	25	24	23	22	21	20	19	18	17	16	15	14	13	12	11	10	9	8	7	6	5	4	3	2	1
순행	6	7	7	7	8	8	8	9	9	9	10	10		1	1	1	1	2	2	2	3	3	3	4	4	4	5	5	5
역행	4	4	3	3	3	2	2	2	1	1	1		10	10	9	9	9	8	8	8	7	7	7	6	6	6	5	5	5
월							09															08							
일	20	19	18	17	16	15	14	13	12	11	10	9	8	7	6	5	4	3	2	1	31	30	29	28	27	26	25	24	23
일진	辛	庚	己	戊	丁	丙	乙	甲	癸	壬	辛	庚	己	戊	丁	丙	乙	甲	癸	壬	辛	庚	己	戊	丁	丙	乙	甲	癸
	卯	寅	丑	子	亥	戌	酉	申	未	午	巳	辰	卯	寅	丑	子	亥	戌	酉	申	未	午	巳	辰	卯	寅	丑	子	亥
요일	수	화	월	일	토	금	목	수	화	월	일	토	금	목	수	화	월	일	토	금	목	수	화	월	일	토	금	목	수

8月小(己酉)백로

절기	한로																							추분					
음력	29	28	27	26	25	24	23	22	21	20	19	18	17	16	15	14	13	12	11	10	9	8	7	6	5	4	3	2	1
순행	7	7	7	8	8	8	9	9	9	10		1	1	1	1	2	2	2	3	3	3	4	4	4	5	5	5	6	6
역행	3	3	3	2	2	2	1	1	1		10	10	9	9	9	8	8	8	7	7	7	6	6	6	5	5	5	4	4
월							10															09							
일	19	18	17	16	15	14	13	12	11	10	9	8	7	6	5	4	3	2	1	30	29	28	27	26	25	24	23	22	21
일진	庚	己	戊	丁	丙	乙	甲	癸	壬	辛	庚	己	戊	丁	丙	乙	甲	癸	壬	辛	庚	己	戊	丁	丙	乙	甲	癸	壬
	申	未	午	巳	辰	卯	寅	丑	子	亥	戌	酉	申	未	午	巳	辰	卯	寅	丑	子	亥	戌	酉	申	未	午	巳	辰
요일	목	수	화	월	일	토	금	목	수	화	월	일	토	금	목	수	화	월	일	토	금	목	수	화	월	일	토	금	목

9月大(庚戌)한로

절기	입동																							상강						
음력	30	29	28	27	26	25	24	23	22	21	20	19	18	17	16	15	14	13	12	11	10	9	8	7	6	5	4	3	2	1
순행	7	7	7	8	8	8	9	9	9	10		1	1	1	1	2	2	2	3	3	3	4	4	4	5	5	5	6	6	6
역행	3	3	3	2	2	2	1	1	1		10	9	9	9	8	8	8	7	7	7	6	6	6	5	5	5	4	4	4	4
월								11													10									
일	18	17	16	15	14	13	12	11	10	9	8	7	6	5	4	3	2	1	31	30	29	28	27	26	25	24	23	22	21	20
일진	庚	己	戊	丁	丙	乙	甲	癸	壬	辛	庚	己	戊	丁	丙	乙	甲	癸	壬	辛	庚	己	戊	丁	丙	乙	甲	癸	壬	辛
	寅	丑	子	亥	戌	酉	申	未	午	巳	辰	卯	寅	丑	子	亥	戌	酉	申	未	午	巳	辰	卯	寅	丑	子	亥	戌	酉
요일	토	금	목	수	화	월	일	토	금	목	수	화	월	일	토	금	목	수	화	월	일	토	금	목	수	화	월	일	토	금

10月小(辛亥)입동

절기	대설																							소설						
음력	29	28	27	26	25	24	23	22	21	20	19	18	17	16	15	14	13	12	11	10	9	8	7	6	5	4	3	2	1
순행	7	7	7	8	8	8	9	9	9		1	1	1	1	2	2	2	3	3	3	4	4	4	5	5	5	6	6	6
역행	3	3	3	2	2	2	1	1	1		10	9	9	9	8	8	8	7	7	7	6	6	6	5	5	5	4	4	4
월							12															11							
일	17	16	15	14	13	12	11	10	9	8	7	6	5	4	3	2	1	30	29	28	27	26	25	24	23	22	21	20	19
일진	己	戊	丁	丙	乙	甲	癸	壬	辛	庚	己	戊	丁	丙	乙	甲	癸	壬	辛	庚	己	戊	丁	丙	乙	甲	癸	壬	辛
	未	午	巳	辰	卯	寅	丑	子	亥	戌	酉	申	未	午	巳	辰	卯	寅	丑	子	亥	戌	酉	申	未	午	巳	辰	卯
요일	일	토	금	목	수	화	월	일	토	금	목	수	화	월	일	토	금	목	수	화	월	일	토	금	목	수	화	월	일

11月大(壬子)대설

절기	소한																							동지						
음력	30	29	28	27	26	25	24	23	22	21	20	19	18	17	16	15	14	13	12	11	10	9	8	7	6	5	4	3	2	1
순행	7	7	7	8	8	8	9	9	9	10		1	1	1	1	2	2	2	3	3	3	4	4	4	5	5	5	6	6	6
역행	3	3	3	2	2	2	1	1	1		9	9	9	8	8	8	7	7	7	6	6	6	5	5	5	4	4	4	4	3
월								01													12									
일	16	15	14	13	12	11	10	9	8	7	6	5	4	3	2	1	31	30	29	28	27	26	25	24	23	22	21	20	19	18
일진	己	戊	丁	丙	乙	甲	癸	壬	辛	庚	己	戊	丁	丙	乙	甲	癸	壬	辛	庚	己	戊	丁	丙	乙	甲	癸	壬	辛	庚
	丑	子	亥	戌	酉	申	未	午	巳	辰	卯	寅	丑	子	亥	戌	酉	申	未	午	巳	辰	卯	寅	丑	子	亥	戌	酉	申
요일	화	월	일	토	금	목	수	화	월	일	토	금	목	수	화	월	일	토	금	목	수	화	월	일	토	금	목	수	화	월

12月大(癸丑)소한

절기	입춘																							대한						
음력	30	29	28	27	26	25	24	23	22	21	20	19	18	17	16	15	14	13	12	11	10	9	8	7	6	5	4	3	2	1
순행	6	7	7	7	8	8	8	9	9	9		1	1	1	1	2	2	2	3	3	3	4	4	4	5	5	5	6	6	6
역행	3	3	3	2	2	2	1	1	1		10	9	9	9	8	8	8	7	7	7	6	6	6	5	5	5	4	4	4	4
월								02													01									
일	15	14	13	12	11	10	9	8	7	6	5	4	3	2	1	31	30	29	28	27	26	25	24	23	22	21	20	19	18	17
일진	己	戊	丁	丙	乙	甲	癸	壬	辛	庚	己	戊	丁	丙	乙	甲	癸	壬	辛	庚	己	戊	丁	丙	乙	甲	癸	壬	辛	庚
	未	午	巳	辰	卯	寅	丑	子	亥	戌	酉	申	未	午	巳	辰	卯	寅	丑	子	亥	戌	酉	申	未	午	巳	辰	卯	寅
요일	목	수	화	월	일	토	금	목	수	화	월	일	토	금	목	수	화	월	일	토	금	목	수	화	월	일	토	금	목	수

사주 내 일주가 왕하고 인수가 많고 財가 없으면 역시 자식 두기가 어렵다.

상문 : 丑　　대장군 : 酉
조객 : 酉　　삼　재 : 巳酉丑
삼살 : 酉

癸亥年

서기 1923년
단기 4256년

1月小(甲寅)입춘

절기									경칩															우수				
음력	29	28	27	26	25	24	23	22	21	20	19	18	17	16	15	14	13	12	11	10	9	8	7	6	5	4	3	2	1
순행	7	7	8	8	8	9	9	10	10		1	1	1	1	2	2	3	3	4	4	4	5	5	5	5	4	4	5	6
역행	3	3	3	2	2	2	1	1	1		9	9	9	9	8	8	7	7	7	6	6	6	5	5	5	5	5	4	4
월										03															02				
일	16	15	14	13	12	11	10	9	8	7	6	5	4	3	2	1	28	27	26	25	24	23	22	21	20	19	18	17	16
일진	戊	丁	丙	乙	甲	癸	壬	辛	庚	己	戊	丁	丙	乙	甲	癸	壬	辛	庚	己	戊	丁	丙	乙	甲	癸	壬	辛	庚
	子	亥	戌	酉	申	未	午	巳	辰	卯	寅	丑	子	亥	戌	酉	申	未	午	巳	辰	卯	寅	丑	子	亥	戌	酉	申
요일	금	목	수	화	월	일	토	금	목	수	화	월	일	토	금	목	수	화	월	일	토	금	목	수	화	월	일	토	금

2月大(乙卯)경칩

절기										청명														춘분						
음력	30	29	28	27	26	25	24	23	22	21	20	19	18	17	16	15	14	13	12	11	10	9	8	7	6	5	4	3	2	1
순행	7	7	8	8	8	9	9	9	10		1	1	1	1	2	2	2	3	3	3	4	4	4	5	5	5	6	6	6	7
역행	3	3	2	2	2	1	1	1		10	10	9	9	9	8	8	8	7	7	7	6	6	6	5	5	5	4	4	4	3
월											04														03					
일	15	14	13	12	11	10	9	8	7	6	5	4	3	2	1	31	30	29	28	27	26	25	24	23	22	21	20	19	18	17
일진	戊	丁	丙	乙	甲	癸	壬	辛	庚	己	戊	丁	丙	乙	甲	癸	壬	辛	庚	己	戊	丁	丙	乙	甲	癸	壬	辛	庚	己
	午	巳	辰	卯	寅	丑	子	亥	戌	酉	申	未	午	巳	辰	卯	寅	丑	子	亥	戌	酉	申	未	午	巳	辰	卯	寅	丑
요일	일	토	금	목	수	화	월	일	토	금	목	수	화	월	일	토	금	목	수	화	월	일	토	금	목	수	화	월	일	토

3月大(丙辰)청명

절기										입하														곡우						
음력	30	29	28	27	26	25	24	23	22	21	20	19	18	17	16	15	14	13	12	11	10	9	8	7	6	5	4	3	2	1
순행	8	8	8	9	9	9	10	10	10		1	1	1	1	2	2	2	3	3	4	4	4	5	5	5	6	6	6	6	7
역행	3	3	2	2	2	1	1	1		10	9	9	9	8	8	8	7	7	7	6	6	6	5	5	5	5	5	4	4	3
월											05														04					
일	15	14	13	12	11	10	9	8	7	6	5	4	3	2	1	30	29	28	27	26	25	24	23	22	21	20	19	18	17	16
일진	戊	丁	丙	乙	甲	癸	壬	辛	庚	己	戊	丁	丙	乙	甲	癸	壬	辛	庚	己	戊	丁	丙	乙	甲	癸	壬	辛	庚	己
	子	亥	戌	酉	申	未	午	巳	辰	卯	寅	丑	子	亥	戌	酉	申	未	午	巳	辰	卯	寅	丑	子	亥	戌	酉	申	未
요일	화	월	일	토	금	목	수	화	월	일	토	금	목	수	화	월	일	토	금	목	수	화	월	일	토	금	목	수	화	월

4月小(丁巳)입하

절기						망종																	소만					
음력	29	28	27	26	25	24	23	22	21	20	19	18	17	16	15	14	13	12	11	10	9	8	7	6	5	4	3	2	1
순행	8	8	9	9	10	10		1	1	1	1	2	2	2	3	3	3	4	4	4	5	5	5	6	6	6	7	7	
역행	3	2	2	1	1	1		10	9	9	9	8	8	8	7	7	7	6	6	6	5	5	5	5	5	4	4	3	
월							06																	05				
일	13	12	11	10	9	8	7	6	5	4	3	2	1	31	30	29	28	27	26	25	24	23	22	21	20	19	18	17	16
일진	丁	丙	乙	甲	癸	壬	辛	庚	己	戊	丁	丙	乙	甲	癸	壬	辛	庚	己	戊	丁	丙	乙	甲	癸	壬	辛	庚	己
	巳	辰	卯	寅	丑	子	亥	戌	酉	申	未	午	巳	辰	卯	寅	丑	子	亥	戌	酉	申	未	午	巳	辰	卯	寅	丑
요일	수	화	월	일	토	금	목	수	화	월	일	토	금	목	수	화	월	일	토	금	목	수	화	월	일	토	금	목	수

5月大(戊午)망종

절기						소서																하지								
음력	30	29	28	27	26	25	24	23	22	21	20	19	18	17	16	15	14	13	12	11	10	9	8	7	6	5	4	3	2	1
순행	9	9	9	10	10		1	1	1	1	2	2	2	3	3	3	4	4	4	5	5	5	6	6	6	7	7	7	8	8
역행	2	1	1	1		10	10	9	9	9	8	8	8	7	7	7	6	6	6	5	5	5	4	4	4	3	3	3	2	2
월							07																	06						
일	13	12	11	10	9	8	7	6	5	4	3	2	1	30	29	28	27	26	25	24	23	22	21	20	19	18	17	16	15	14
일진	丁	丙	乙	甲	癸	壬	辛	庚	己	戊	丁	丙	乙	甲	癸	壬	辛	庚	己	戊	丁	丙	乙	甲	癸	壬	辛	庚	己	戊
	亥	戌	酉	申	未	午	巳	辰	卯	寅	丑	子	亥	戌	酉	申	未	午	巳	辰	卯	寅	丑	子	亥	戌	酉	申	未	午
요일	금	목	수	화	월	일	토	금	목	수	화	월	일	토	금	목	수	화	월	일	토	금	목	수	화	월	일	토	금	목

6月小(己未)소서

절기			입추																대서									
음력	29	28	27	26	25	24	23	22	21	20	19	18	17	16	15	14	13	12	11	10	9	8	7	6	5	4	3	2	1
순행	10	10	10		1	1	1	1	2	2	2	3	3	3	4	4	4	5	5	5	6	6	6	7	7	7	8	8	8
역행	1	1	1		10	10	9	9	9	8	8	8	7	7	7	6	6	6	5	5	5	4	4	4	3	3	3	2	2
월				08															07									
일	11	10	9	8	7	6	5	4	3	2	1	31	30	29	28	27	26	25	24	23	22	21	20	19	18	17	16	15	14
일진	丙	乙	甲	癸	壬	辛	庚	己	戊	丁	丙	乙	甲	癸	壬	辛	庚	己	戊	丁	丙	乙	甲	癸	壬	辛	庚	己	戊
	辰	卯	寅	丑	子	亥	戌	酉	申	未	午	巳	辰	卯	寅	丑	子	亥	戌	酉	申	未	午	巳	辰	卯	寅	丑	子
요일	토	금	목	수	화	월	일	토	금	목	수	화	월	일	토	금	목	수	화	월	일	토	금	목	수	화	월	일	토

己日生 사주에 丁亥가 있으면 부자 팔자이다.

7月大(庚申) 양력

절기	백로																	처서												
음력	30	29	28	27	26	25	24	23	22	21	20	19	18	17	16	15	14	13	12	11	10	9	8	7	6	5	4	3	2	1
순행	10	1	1	1	1	2	2	2	3	3	3	4	4	4	5	5	5	6	6	6	7	7	7	8	8	8	9	9	9	9
역행	1	10	10	10	9	9	9	8	8	8	7	7	7	6	6	6	5	5	5	4	4	4	3	3	3	2	2	2	2	1
월(양력)	09																													08
일	10	9	8	7	6	5	4	3	2	1	31	30	29	28	27	26	25	24	23	22	21	20	19	18	17	16	15	14	13	12
일진	丙戌	乙酉	甲申	癸未	壬午	辛巳	庚辰	己卯	戊寅	丁丑	丙子	乙亥	甲戌	癸酉	壬申	辛未	庚午	己巳	戊辰	丁卯	丙寅	乙丑	甲子	癸亥	壬戌	辛酉	庚申	己未	戊午	丁巳
요일	월	토	금	목	수	화	일	토	금	목	수	화	월	일	토	금	목	수	화	월	일	토	금	목	수	화	월	일	토	금

8月小(辛酉) 양력

절기	한로														추분														
음력	29	28	27	26	25	24	23	22	21	20	19	18	17	16	15	14	13	12	11	10	9	8	7	6	5	4	3	2	1
순행	1	1	1	1	2	2	2	3	3	3	4	4	4	5	5	5	6	6	6	7	7	7	8	8	8	9	9	9	9
역행	10	9	9	9	8	8	8	7	7	7	6	6	6	5	5	5	4	4	4	3	3	3	2	2	2	1	1	1	1
월(양력)	10																												09
일	9	8	7	6	5	4	3	2	1	30	29	28	27	26	25	24	23	22	21	20	19	18	17	16	15	14	13	12	11
일진	乙卯	甲寅	癸丑	壬子	辛亥	庚戌	己酉	戊申	丁未	丙午	乙巳	甲辰	癸卯	壬寅	辛丑	庚子	己亥	戊戌	丁酉	丙申	乙未	甲午	癸巳	壬辰	辛卯	庚寅	己丑	戊子	丁亥
요일	화	월	일	토	금	목	수	화	월	일	토	금	목	수	화	월	일	토	금	목	수	화	월	일	토	금	목	수	화

9月大(壬戌) 양력

절기	입동															상강														
음력	30	29	28	27	26	25	24	23	22	21	20	19	18	17	16	15	14	13	12	11	10	9	8	7	6	5	4	3	2	1
순행	1	1	1	1	2	2	2	3	3	3	4	4	4	5	5	5	6	6	6	7	7	7	8	8	8	9	9	9	9	10
역행	10	9	9	9	8	8	8	7	7	7	6	6	6	5	5	5	4	4	4	3	3	3	2	2	2	1	1	1	1	1
월(양력)	11																													10
일	8	7	6	5	4	3	2	1	31	30	29	28	27	26	25	24	23	22	21	20	19	18	17	16	15	14	13	12	11	10
일진	乙酉	甲申	癸未	壬午	辛巳	庚辰	己卯	戊寅	丁丑	丙子	乙亥	甲戌	癸酉	壬申	辛未	庚午	己巳	戊辰	丁卯	丙寅	乙丑	甲子	癸亥	壬戌	辛酉	庚申	己未	戊午	丁巳	丙辰
요일	목	수	화	월	일	토	금	목	수	화	월	일	토	금	목	수	화	월	일	토	금	목	수	화	월	일	토	금	목	수

10月小(癸亥) 양력

절기															소설														
음력	29	28	27	26	25	24	23	22	21	20	19	18	17	16	15	14	13	12	11	10	9	8	7	6	5	4	3	2	1
순행	1	1	1	1	2	2	2	3	3	3	4	4	4	5	5	5	6	6	6	7	7	7	8	8	8	9	9	9	10
역행	10	9	9	9	8	8	8	7	7	7	6	6	6	5	5	5	4	4	4	3	3	3	2	2	2	1	1	1	1
월(양력)	12																												11
일	7	6	5	4	3	2	1	30	29	28	27	26	25	24	23	22	21	20	19	18	17	16	15	14	13	12	11	10	9
일진	甲寅	癸丑	壬子	辛亥	庚戌	己酉	戊申	丁未	丙午	乙巳	甲辰	癸卯	壬寅	辛丑	庚子	己亥	戊戌	丁酉	丙申	乙未	甲午	癸巳	壬辰	辛卯	庚寅	己丑	戊子	丁亥	丙戌
요일	금	목	수	화	월	일	토	금	목	수	화	월	일	토	금	목	수	화	월	일	토	금	목	수	화	월	일	토	금

11月小(甲子) 양력

절기														동지															대설
음력	29	28	27	26	25	24	23	22	21	20	19	18	17	16	15	14	13	12	11	10	9	8	7	6	5	4	3	2	1
순행	1	1	1	1	2	2	2	3	3	3	4	4	4	5	5	5	6	6	6	7	7	7	8	8	8	9	9	9	
역행	9	9	9	8	8	8	7	7	7	6	6	6	5	5	5	4	4	4	3	3	3	2	2	2	1	1	1	1	
월(양력)	01																												12
일	5	4	3	2	1	31	30	29	28	27	26	25	24	23	22	21	20	19	18	17	16	15	14	13	12	11	10	9	8
일진	癸未	壬午	辛巳	庚辰	己卯	戊寅	丁丑	丙子	乙亥	甲戌	癸酉	壬申	辛未	庚午	己巳	戊辰	丁卯	丙寅	乙丑	甲子	癸亥	壬戌	辛酉	庚申	己未	戊午	丁巳	丙辰	乙卯
요일	토	금	목	수	화	월	일	토	금	목	수	화	월	일	토	금	목	수	화	월	일	토	금	목	수	화	월	일	토

12月大(乙丑) 양력

절기															대한															소한
음력	30	29	28	27	26	25	24	23	22	21	20	19	18	17	16	15	14	13	12	11	10	9	8	7	6	5	4	3	2	1
순행	1	1	1	1	2	2	2	3	3	3	4	4	4	5	5	5	6	6	6	7	7	7	8	8	8	9	9	9	9	10
역행	10	9	9	9	8	8	8	7	7	7	6	6	6	5	5	5	4	4	4	3	3	3	2	2	2	1	1	1	1	1
월(양력)	02																													01
일	4	3	2	1	31	30	29	28	27	26	25	24	23	22	21	20	19	18	17	16	15	14	13	12	11	10	9	8	7	6
일진	癸丑	壬子	辛亥	庚戌	己酉	戊申	丁未	丙午	乙巳	甲辰	癸卯	壬寅	辛丑	庚子	己亥	戊戌	丁酉	丙申	乙未	甲午	癸巳	壬辰	辛卯	庚寅	己丑	戊子	丁亥	丙戌	乙酉	甲申
요일	월	토	금	목	수	화	월	일	토	금	목	수	화	월	일	토	금	목	수	화	월	일	토	금	목	수	화	월	일	토

사주 내 官과 財가 약하고 비견·겁재가 많으면 남편을 속이는 기질이 있다.

상문 : 寅　대장군 : 西
조객 : 戌　삼　재 : 巳酉丑
삼살 : 南

甲子年

서기 1924년
단기 4257년

1月大(丙寅)입춘

절기															우수														입춘
음력	30	29	28	27	26	25	24	23	22	21	20	19	18	17	16	15	14	13	12	11	10	9	8	7	6	5	4	3	2	1
순행	1	1	1	1	2	2	2	3	3	3	4	4	4	5	5	5	6	6	7	7	7	8	8	8	9	9	9	10		
역행	10	9	9	9	8	8	8	7	7	7	6	6	6	5	5	5	4	4	3	3	3	2	2	2	1	1	1	1		
월		03																									02			
일	5	4	3	2	1	29	28	27	26	25	24	23	22	21	20	19	18	17	16	15	14	13	12	11	10	9	8	7	6	5
일진	癸未	壬午	辛巳	庚辰	己卯	戊寅	丁丑	丙子	乙亥	甲戌	癸酉	壬申	辛未	庚午	己巳	戊辰	丁卯	丙寅	乙丑	甲子	癸亥	壬戌	辛酉	庚申	己未	戊午	丁巳	丙辰	乙卯	甲寅
요일	수	화	월	일	토	금	목	수	화	월	일	토	금	목	수	화	월	일	토	금	목	수	화	월	일	토	금	목	수	화

2月小(丁卯)경칩

절기														춘분														경칩
음력	29	28	27	26	25	24	23	22	21	20	19	18	17	16	15	14	13	12	11	10	9	8	7	6	5	4	3	2	1
순행	1	1	1	2	2	2	3	3	3	4	4	4	5	5	5	6	6	6	7	7	7	8	8	8	9	9	9	10	
역행	9	9	9	8	8	8	7	7	7	6	6	6	5	5	5	4	4	4	3	3	3	2	2	2	1	1	1	1	
월		04																						03					
일	3	2	1	31	30	29	28	27	26	25	24	23	22	21	20	19	18	17	16	15	14	13	12	11	10	9	8	7	6
일진	壬子	辛亥	庚戌	己酉	戊申	丁未	丙午	乙巳	甲辰	癸卯	壬寅	辛丑	庚子	己亥	戊戌	丁酉	丙申	乙未	甲午	癸巳	壬辰	辛卯	庚寅	己丑	戊子	丁亥	丙戌	乙酉	甲申
요일	목	수	화	월	일	토	금	목	수	화	월	일	토	금	목	수	화	월	일	토	금	목	수	화	월	일	토	금	목

3月大(戊辰)청명

절기														곡우															청명
음력	30	29	28	27	26	25	24	23	22	21	20	19	18	17	16	15	14	13	12	11	10	9	8	7	6	5	4	3	2	1
순행	1	1	2	2	2	3	3	3	4	4	4	5	5	6	6	6	7	7	7	8	8	8	9	9	9	10	10			
역행	9	9	8	8	8	7	7	7	6	6	6	5	5	4	4	4	3	3	3	2	2	2	1	1	1	1	10			
월		05																							04					
일	3	2	1	31	30	29	28	27	26	25	24	23	22	21	20	19	18	17	16	15	14	13	12	11	10	9	8	7	6	5
일진	壬午	辛巳	庚辰	己卯	戊寅	丁丑	丙子	乙亥	甲戌	癸酉	壬申	辛未	庚午	己巳	戊辰	丁卯	丙寅	乙丑	甲子	癸亥	壬戌	辛酉	庚申	己未	戊午	丁巳	丙辰	乙卯	甲寅	癸丑
요일	토	금	목	수	화	월	일	토	금	목	수	화	월	일	토	금	목	수	화	월	일	토	금	목	수	화	월	일	토	금

4月小(己巳)입하

절기												소만															입하	
음력	29	28	27	26	25	24	23	22	21	20	19	18	17	16	15	14	13	12	11	10	9	8	7	6	5	4	3	2	1
순행	2	2	2	3	3	3	4	4	4	5	5	5	6	6	6	7	7	7	8	8	8	9	9	9	10	10	1	1	1
역행	9	8	8	8	7	7	7	6	6	6	5	5	5	4	4	4	3	3	3	2	2	2	1	1	1	10	10		
월	06																							05					
일	1	31	30	29	28	27	26	25	24	23	22	21	20	19	18	17	16	15	14	13	12	11	10	9	8	7	6	5	4
일진	辛亥	庚戌	己酉	戊申	丁未	丙午	乙巳	甲辰	癸卯	壬寅	辛丑	庚子	己亥	戊戌	丁酉	丙申	乙未	甲午	癸巳	壬辰	辛卯	庚寅	己丑	戊子	丁亥	丙戌	乙酉	甲申	癸未
요일	일	토	금	목	수	화	월	일	토	금	목	수	화	월	일	토	금	목	수	화	월	일	토	금	목	수	화	월	일

5月大(庚午)망종

절기									하지															망종					
음력	30	29	28	27	26	25	24	23	22	21	20	19	18	17	16	15	14	13	12	11	10	9	8	7	6	5	4	3	2	1
순행	2	2	3	3	3	4	4	4	5	5	5	6	6	6	7	7	7	8	8	8	9	9	9	10	10	10		1	1	1
역행	8	8	7	7	7	6	6	6	5	5	5	4	4	4	3	3	3	2	2	2	1	1	1			10	10	9		
월	07																							06					
일	1	30	29	28	27	26	25	24	23	22	21	20	19	18	17	16	15	14	13	12	11	10	9	8	7	6	5	4	3	2
일진	辛巳	庚辰	己卯	戊寅	丁丑	丙子	乙亥	甲戌	癸酉	壬申	辛未	庚午	己巳	戊辰	丁卯	丙寅	乙丑	甲子	癸亥	壬戌	辛酉	庚申	己未	戊午	丁巳	丙辰	乙卯	甲寅	癸丑	壬子
요일	화	월	일	토	금	목	수	화	월	일	토	금	목	수	화	월	일	토	금	목	수	화	월	일	토	금	목	수	화	월

6月大(辛未)소서

절기								대서																소서				
음력	30	29	28	27	26	25	24	23	22	21	20	19	18	17	16	15	14	13	12	11	10	9	8	7	6	5	4	3	2	1
순행	3	3	3	4	4	4	5	5	5	6	6	6	7	7	7	8	8	8	9	9	10	10	10			1	1	1	2	2
역행	8	8	7	7	7	6	6	6	5	5	5	4	4	4	3	3	3	2	2	2	1	1	1			10	10	9	9	9
월																								07					
일	31	30	29	28	27	26	25	24	23	22	21	20	19	18	17	16	15	14	13	12	11	10	9	8	7	6	5	4	3	2
일진	辛亥	庚戌	己酉	戊申	丁未	丙午	乙巳	甲辰	癸卯	壬寅	辛丑	庚子	己亥	戊戌	丁酉	丙申	乙未	甲午	癸巳	壬辰	辛卯	庚寅	己丑	戊子	丁亥	丙戌	乙酉	甲申	癸未	壬午
요일	목	수	화	월	일	토	금	목	수	화	월	일	토	금	목	수	화	월	일	토	금	목	수	화	월	일	토	금	목	수

戊日生 사주에 丙子·丙辰·丙申이 있으면 부자 팔자이다.

7月小(壬申) 입추

구분	29	28	27	26	25	24	23	22	21	20	19	18	17	16	15	14	13	12	11	10	9	8	7	6	5	4	3	2	1
절기							처서															입추							
음력	29	28	27	26	25	24	23	22	21	20	19	18	17	16	15	14	13	12	11	10	9	8	7	6	5	4	3	2	1
순행	3	4	4	4	5	5	5	6	6	6	7	7	7	8	8	8	9	9	9	10	10		1	1	1	1	2	2	2
역행	7	7	6	6	6	5	5	5	4	4	4	3	3	3	2	2	2	1	1	1	1		10	10	10	9	9	9	8
양력 월																													08
양력 일	29	28	27	26	25	24	23	22	21	20	19	18	17	16	15	14	13	12	11	10	9	8	7	6	5	4	3	2	1
일진(천간)	庚	己	戊	丁	丙	乙	甲	癸	壬	辛	庚	己	戊	丁	丙	乙	甲	癸	壬	辛	庚	己	戊	丁	丙	乙	甲	癸	壬
일진(지지)	辰	卯	寅	丑	子	亥	戌	酉	申	未	午	巳	辰	卯	寅	丑	子	亥	戌	酉	申	未	午	巳	辰	卯	寅	丑	子
요일	금	목	수	화	월	일	토	금	목	수	화	월	일	토	금	목	수	화	월	일	토	금	목	수	화	월	일	토	금

8月大(癸酉) 백로

구분	30	29	28	27	26	25	24	23	22	21	20	19	18	17	16	15	14	13	12	11	10	9	8	7	6	5	4	3	2	1
절기						추분															백로									
음력	30	29	28	27	26	25	24	23	22	21	20	19	18	17	16	15	14	13	12	11	10	9	8	7	6	5	4	3	2	1
순행	3	4	4	4	5	5	5	6	6	6	7	7	7	8	8	8	9	9	9	10		1	1	1	1	2	2	2	3	3
역행	7	7	6	6	6	5	5	5	4	4	4	3	3	3	2	2	2	1	1	1		10	10	9	9	9	8	8	8	7
양력 월																												09		08
양력 일	28	27	26	25	24	23	22	21	20	19	18	17	16	15	14	13	12	11	10	9	8	7	6	5	4	3	2	1	31	30
일진(천간)	庚	己	戊	丁	丙	乙	甲	癸	壬	辛	庚	己	戊	丁	丙	乙	甲	癸	壬	辛	庚	己	戊	丁	丙	乙	甲	癸	壬	辛
일진(지지)	戌	酉	申	未	午	巳	辰	卯	寅	丑	子	亥	戌	酉	申	未	午	巳	辰	卯	寅	丑	子	亥	戌	酉	申	未	午	巳
요일	일	토	금	목	수	화	월	일	토	금	목	수	화	월	일	토	금	목	수	화	월	일	토	금	목	수	화	월	일	토

9月小(甲戌) 한로

구분	29	28	27	26	25	24	23	22	21	20	19	18	17	16	15	14	13	12	11	10	9	8	7	6	5	4	3	2	1
절기				상강															한로										
음력	29	28	27	26	25	24	23	22	21	20	19	18	17	16	15	14	13	12	11	10	9	8	7	6	5	4	3	2	1
순행	4	4	5	5	6	6	6	7	7	7	8	8	8	9	9	9	10	10		1	1	1	1	2	2	2	3	3	3
역행	6	6	6	5	5	5	4	4	4	3	3	3	2	2	2	1	1	1		10	9	9	9	8	8	8	7	7	7
양력 월																											10		09
양력 일	27	26	25	24	23	22	21	20	19	18	17	16	15	14	13	12	11	10	9	8	7	6	5	4	3	2	1	30	29
일진(천간)	己	戊	丁	丙	乙	甲	癸	壬	辛	庚	己	戊	丁	丙	乙	甲	癸	壬	辛	庚	己	戊	丁	丙	乙	甲	癸	壬	辛
일진(지지)	卯	寅	丑	子	亥	戌	酉	申	未	午	巳	辰	卯	寅	丑	子	亥	戌	酉	申	未	午	巳	辰	卯	寅	丑	子	亥
요일	월	일	토	금	목	수	화	월	일	토	금	목	수	화	월	일	토	금	목	수	화	월	일	토	금	목	수	화	월

10月大(乙亥) 입동

구분	30	29	28	27	26	25	24	23	22	21	20	19	18	17	16	15	14	13	12	11	10	9	8	7	6	5	4	3	2	1
절기				소설															입동											
음력	30	29	28	27	26	25	24	23	22	21	20	19	18	17	16	15	14	13	12	11	10	9	8	7	6	5	4	3	2	1
순행	4	4	5	5	6	6	6	7	7	7	8	8	8	9	9	9	10	10		1	1	1	1	2	2	2	3	3	3	4
역행	6	6	6	5	5	5	4	4	4	3	3	3	2	2	2	1	1	1		10	10	10	9	9	9	8	8	8	7	7
양력 월																										11				10
양력 일	26	25	24	23	22	21	20	19	18	17	16	15	14	13	12	11	10	9	8	7	6	5	4	3	2	1	31	30	29	28
일진(천간)	己	戊	丁	丙	乙	甲	癸	壬	辛	庚	己	戊	丁	丙	乙	甲	癸	壬	辛	庚	己	戊	丁	丙	乙	甲	癸	壬	辛	庚
일진(지지)	酉	申	未	午	巳	辰	卯	寅	丑	子	亥	戌	酉	申	未	午	巳	辰	卯	寅	丑	子	亥	戌	酉	申	未	午	巳	辰
요일	수	화	월	일	토	금	목	수	화	월	일	토	금	목	수	화	월	일	토	금	목	수	화	월	일	토	금	목	수	화

11月小(丙子) 대설

구분	29	28	27	26	25	24	23	22	21	20	19	18	17	16	15	14	13	12	11	10	9	8	7	6	5	4	3	2	1
절기				동지														대설											
음력	29	28	27	26	25	24	23	22	21	20	19	18	17	16	15	14	13	12	11	10	9	8	7	6	5	4	3	2	1
순행	4	4	5	5	5	6	6	6	7	7	7	8	8	8	9	9	9		1	1	1	1	2	2	2	3	3	3	4
역행	6	6	6	5	5	5	4	4	4	3	3	3	2	2	2	1	1		10	10	9	9	9	8	8	8	7	7	6
양력 월																									12				11
양력 일	25	24	23	22	21	20	19	18	17	16	15	14	13	12	11	10	9	8	7	6	5	4	3	2	1	30	29	28	27
일진(천간)	戊	丁	丙	乙	甲	癸	壬	辛	庚	己	戊	丁	丙	乙	甲	癸	壬	辛	庚	己	戊	丁	丙	乙	甲	癸	壬	辛	庚
일진(지지)	寅	丑	子	亥	戌	酉	申	未	午	巳	辰	卯	寅	丑	子	亥	戌	酉	申	未	午	巳	辰	卯	寅	丑	子	亥	戌
요일	목	수	화	월	일	토	금	목	수	화	월	일	토	금	목	수	화	월	일	토	금	목	수	화	월	일	토	금	목

12月小(丁丑) 소한

구분	29	28	27	26	25	24	23	22	21	20	19	18	17	16	15	14	13	12	11	10	9	8	7	6	5	4	3	2	1
절기				대한														소한											
음력	29	28	27	26	25	24	23	22	21	20	19	18	17	16	15	14	13	12	11	10	9	8	7	6	5	4	3	2	1
순행	4	4	5	5	6	6	6	7	7	7	8	8	8	9	9	9	10		1	1	1	1	2	2	2	3	3	3	4
역행	6	6	6	5	5	5	4	4	4	3	3	3	2	2	2	1	1		10	10	9	9	9	8	8	8	7	7	6
양력 월																						01							12
양력 일	23	22	21	20	19	18	17	16	15	14	13	12	11	10	9	8	7	6	5	4	3	2	1	31	30	29	28	27	26
일진(천간)	丁	丙	乙	甲	癸	壬	辛	庚	己	戊	丁	丙	乙	甲	癸	壬	辛	庚	己	戊	丁	丙	乙	甲	癸	壬	辛	庚	己
일진(지지)	未	午	巳	辰	卯	寅	丑	子	亥	戌	酉	申	未	午	巳	辰	卯	寅	丑	子	亥	戌	酉	申	未	午	巳	辰	卯
요일	금	목	수	화	월	일	토	금	목	수	화	월	일	토	금	목	수	화	월	일	토	금	목	수	화	월	일	토	금

여자사주에 寅·巳·申·亥가 모두 있으면 음란하다.

상문:卯　대장군:西
조객:亥　삼　재:巳酉丑
삼살:東

乙丑年

1月大(戊寅)입춘 — 우수 / 입춘

절기	우수 … 입춘
음력	30 29 28 27 26 25 24 23 22 21 20 19 18 17 16 15 14 13 12 11 10 9 8 7 6 5 4 3 2 1
순행 대운	4 4 5 5 6 6 7 7 8 8 9 9 10 1 1 1 2 2 2 3 3 3 4
역행 대운	6 6 5 5 5 4 4 4 3 3 3 2 2 2 1 1 1 9 9 9 8 8 8 7 7 7 6
월(양력)	02 … 01
일진	丁丑 丙子 乙亥 甲戌 癸酉 壬申 辛未 庚午 己巳 戊辰 丁卯 丙寅 乙丑 甲子 癸亥 壬戌 辛酉 庚申 己未 戊午 丁巳 丙辰 乙卯 甲寅 癸丑 壬子 辛亥 庚戌 己酉 戊申
요일	일 토 금 목 수 화 월 일 토 금 목 수 화 월 일 토 금 목 수 화 월 일 토 금 목 수 화 월 일 토

2月小(己卯)경칩 — 춘분 / 경칩

절기	춘분 … 경칩
음력	29 28 27 26 25 24 23 22 21 20 19 18 17 16 15 14 13 12 11 10 9 8 7 6 5 4 3 2 1
순행 대운	4 5 5 5 6 6 6 7 7 7 8 8 8 9 9 9 10 1 1 1 1 2 2 2 3 3 3 4
역행 대운	6 5 5 5 4 4 4 3 3 3 2 2 2 1 1 1 10 9 9 9 8 8 8 7 7 7 6
월(양력)	03 … 02
일진	丙午 乙巳 甲辰 癸卯 壬寅 辛丑 庚子 己亥 戊戌 丁酉 丙申 乙未 甲午 癸巳 壬辰 辛卯 庚寅 己丑 戊子 丁亥 丙戌 乙酉 甲申 癸未 壬午 辛巳 庚辰 己卯 戊寅
요일	월 일 토 금 목 수 화 월 일 토 금 목 수 화 월 일 토 금 목 수 화 월 일 토 금 목 수 화 월

3月大(庚辰)청명 — 곡우 / 청명

절기	곡우 … 청명
음력	30 29 28 27 26 25 24 23 22 21 20 19 18 17 16 15 14 13 12 11 10 9 8 7 6 5 4 3 2 1
순행 대운	5 5 5 6 6 6 7 7 7 8 8 8 9 9 10 10 1 1 1 2 2 2 3 3 3 4
역행 대운	6 5 5 5 4 4 4 3 3 3 2 2 2 1 1 1 10 9 9 9 8 8 8 7 7 7 6
월(양력)	04 … 03
일진	丙子 乙亥 甲戌 癸酉 壬申 辛未 庚午 己巳 戊辰 丁卯 丙寅 乙丑 甲子 癸亥 壬戌 辛酉 庚申 己未 戊午 丁巳 丙辰 乙卯 甲寅 癸丑 壬子 辛亥 庚戌 己酉 戊申 丁未
요일	수 화 월 일 토 금 목 수 화 월 일 토 금 목 수 화 월 일 토 금 목 수 화 월 일 토 금 목 수 화

4月大(辛巳)입하 — 소만 / 입하

절기	소만 … 입하
음력	30 29 28 27 26 25 24 23 22 21 20 19 18 17 16 15 14 13 12 11 10 9 8 7 6 5 4 3 2 1
순행 대운	5 5 6 6 6 7 7 7 8 8 8 9 9 10 10 1 1 1 2 2 2 3 3 3 4 4
역행 대운	5 5 4 4 4 3 3 3 2 2 2 1 1 1 10 9 9 9 8 8 8 7 7 7 6
월(양력)	05 … 04
일진	丙午 乙巳 甲辰 癸卯 壬寅 辛丑 庚子 己亥 戊戌 丁酉 丙申 乙未 甲午 癸巳 壬辰 辛卯 庚寅 己丑 戊子 丁亥 丙戌 乙酉 甲申 癸未 壬午 辛巳 庚辰 己卯 戊寅 丁丑
요일	금 목 수 화 월 일 토 금 목 수 화 월 일 토 금 목 수 화 월 일 토 금 목 수 화 월 일 토 금 목

윤4月小 — 망종

절기	망종
음력	29 28 27 26 25 24 23 22 21 20 19 18 17 16 15 14 13 12 11 10 9 8 7 6 5 4 3 2 1
순행 대운	6 6 7 7 7 8 8 8 9 9 10 10 1 1 1 1 2 2 2 3 3 3 4 4 5
역행 대운	5 4 4 4 3 3 3 2 2 2 1 1 1 10 10 9 9 9 8 8 8 7 7 7 6 6 5
월(양력)	06 … 05
일진	乙亥 甲戌 癸酉 壬申 辛未 庚午 己巳 戊辰 丁卯 丙寅 乙丑 甲子 癸亥 壬戌 辛酉 庚申 己未 戊午 丁巳 丙辰 乙卯 甲寅 癸丑 壬子 辛亥 庚戌 己酉 戊申 丁未
요일	토 금 목 수 화 월 일 토 금 목 수 화 월 일 토 금 목 수 화 월 일 토 금 목 수 화 월 일 토

5月大(壬午)망종 — 소서 / 하지

절기	소서 … 하지
음력	30 29 28 27 26 25 24 23 22 21 20 19 18 17 16 15 14 13 12 11 10 9 8 7 6 5 4 3 2 1
순행 대운	6 7 7 7 8 8 8 9 9 10 10 1 1 1 2 2 2 3 3 3 4 4 5 5
역행 대운	4 4 3 3 3 2 2 2 1 1 1 10 10 9 9 9 8 8 8 7 7 7 6 6 5 5
월(양력)	07 … 06
일진	乙巳 甲辰 癸卯 壬寅 辛丑 庚子 己亥 戊戌 丁酉 丙申 乙未 甲午 癸巳 壬辰 辛卯 庚寅 己丑 戊子 丁亥 丙戌 乙酉 甲申 癸未 壬午 辛巳 庚辰 己卯 戊寅 丁丑 丙子
요일	월 일 토 금 목 수 화 월 일 토 금 목 수 화 월 일 토 금 목 수 화 월 일 토 금 목 수 화 월 일

丁日生 사주에 乙巳·乙酉가 있으면 부자 팔자이다.

6月小(癸未)소서

절기	입추 … 대서
음력	29 28 27 26 25 24 23 22 21 20 **19** 18 17 16 15 14 13 12 11 10 9 8 7 6 5 4 **3** 2 1
순행	7 7 8 8 8 9 9 9 10 10 1 1 1 1 2 2 2 3 3 3 4 4 4 5 5 5 6 6 6
역행	3 3 3 2 2 2 1 1 1 10 10 9 9 9 8 8 8 7 7 7 6 6 6 5 5 5 4
월·양력	08 … 07 / 18 17 16 15 14 13 12 11 10 9 8 7 6 5 4 3 2 1 31 30 29 28 27 26 25 24 23 22 21
일진	甲 癸 壬 辛 庚 己 戊 丁 丙 乙 甲 癸 壬 辛 庚 己 戊 丁 丙 乙 甲 癸 壬 辛 庚 己 戊 丁 丙
	戌 酉 申 未 午 巳 辰 卯 寅 丑 子 亥 戌 酉 申 未 午 巳 辰 卯 寅 丑 子 亥 戌 酉 申 未 午
요일	화 월 일 토 금 목 수 화 월 일 토 금 목 수 화 월 일 토 금 목 수 화 월 일 토 금 목 수 화

7月大(甲申)입추

절기	백로 … 처서
음력	30 29 28 27 26 25 24 23 22 **21** 20 19 18 17 16 15 14 13 12 11 10 9 8 7 **6** 5 4 3 2 1
순행	7 8 8 8 9 9 9 10 10 1 1 1 1 2 2 2 3 3 3 4 4 4 5 5 5 6 6 6 7
역행	3 3 2 2 2 1 1 1 10 10 9 9 9 8 8 8 7 7 7 6 6 6 5 5 5 4 . 4
월·양력	09 … 08 / 17 16 15 14 13 12 11 10 9 8 7 6 5 4 3 2 1 31 30 29 28 27 26 25 24 23 22 21 20 19
일진	甲 癸 壬 辛 庚 己 戊 丁 丙 乙 甲 癸 壬 辛 庚 己 戊 丁 丙 乙 甲 癸 壬 辛 庚 己 戊 丁 丙 乙
	辰 卯 寅 丑 子 亥 戌 酉 申 未 午 巳 辰 卯 寅 丑 子 亥 戌 酉 申 未 午 巳 辰 卯 寅 丑 子 亥
요일	목 수 화 월 일 토 금 목 수 화 월 일 토 금 목 수 화 월 일 토 금 목 수 화 월 일 토 금 목 수

8月大(乙酉)백로

절기	한로 … 추분
음력	30 29 28 27 26 25 24 23 **22** 20 19 18 17 16 15 14 13 12 11 10 9 8 7 6 **5** 4 3 2 1
순행	7 8 8 8 9 9 9 10 1 1 1 1 2 2 2 3 3 3 4 4 4 5 5 5 6 6 6 7 7
역행	3 2 2 2 1 1 1 10 10 9 9 9 8 8 8 7 7 7 6 6 6 5 5 5 4 4 4 3
월·양력	10 … 09 / 17 16 15 14 13 12 11 10 9 8 7 6 5 4 3 2 1 30 29 28 27 26 25 24 23 22 21 20 19 18
일진	甲 癸 壬 辛 庚 己 戊 丁 丙 乙 甲 癸 壬 辛 庚 己 戊 丁 丙 乙 甲 癸 壬 辛 庚 己 戊 丁 丙 乙
	戌 酉 申 未 午 巳 辰 卯 寅 丑 子 亥 戌 酉 申 未 午 巳 辰 卯 寅 丑 子 亥 戌 酉 申 未 午 巳
요일	토 금 목 수 화 월 일 토 금 목 수 화 월 일 토 금 목 수 화 월 일 토 금 목 수 화 월 일 토 금

9月小(丙戌)한로

절기	입동 … 상강
음력	29 28 27 26 25 24 23 22 21 20 19 18 17 16 15 14 13 12 11 10 9 **8** 7 6 5 4 3 2 1
순행	7 8 8 8 9 9 9 1 1 1 1 2 2 2 3 3 3 4 4 4 5 5 5 6 6 6 7 7
역행	2 2 2 1 1 1 10 9 9 9 8 8 8 7 7 7 6 6 6 5 5 5 4 4 4 3
월·양력	11 … 10 / 15 14 13 12 11 10 9 8 7 6 5 4 3 2 1 31 30 29 28 27 26 25 24 23 22 21 20 19 18
일진	癸 壬 辛 庚 己 戊 丁 丙 乙 甲 癸 壬 辛 庚 己 戊 丁 丙 乙 甲 癸 壬 辛 庚 己 戊 丁 丙 乙
	卯 寅 丑 子 亥 戌 酉 申 未 午 巳 辰 卯 寅 丑 子 亥 戌 酉 申 未 午 巳 辰 卯 寅 丑 子 亥
요일	일 토 금 목 수 화 월 일 토 금 목 수 화 월 일 토 금 목 수 화 월 일 토 금 목 수 화 월 일

10月大(丁亥)입동

절기	대설 … 소설
음력	30 29 28 27 26 25 24 23 **22** 21 20 19 18 17 16 15 14 13 12 11 10 9 **8** 7 6 5 4 3 2 1
순행	7 8 8 8 9 9 9 10 1 1 1 1 2 2 2 3 3 3 4 4 4 5 5 5 6 6 6 7 7
역행	3 2 2 2 1 1 1 9 9 9 8 8 8 7 7 7 6 6 6 5 5 5 4 4 4 3
월·양력	12 … 11 / 15 14 13 12 11 10 9 8 7 6 5 4 3 2 1 30 29 28 27 26 25 24 23 22 21 20 19 18 17 16
일진	癸 壬 辛 庚 己 戊 丁 丙 乙 甲 癸 壬 辛 庚 己 戊 丁 丙 乙 甲 癸 壬 辛 庚 己 戊 丁 丙 乙 甲
	酉 申 未 午 巳 辰 卯 寅 丑 子 亥 戌 酉 申 未 午 巳 辰 卯 寅 丑 子 亥 戌 酉 申 未 午 巳 辰
요일	화 월 일 토 금 목 수 화 월 일 토 금 목 수 화 월 일 토 금 목 수 화 월 일 토 금 목 수 화 월

11月小(戊子)대설

절기	소한 … 동지
음력	29 28 27 26 25 24 23 **22** 21 20 19 18 17 16 15 14 13 12 11 10 9 **8** 7 6 5 4 3 2 1
순행	7 8 8 8 9 9 9 1 1 1 1 2 2 2 3 3 4 4 4 5 5 5 6 6 6 7 7
역행	2 2 2 1 1 1 10 9 9 8 8 8 7 7 7 6 6 6 5 5 5 4 4 4 3
월·양력	01 … 12 / 13 12 11 10 9 8 7 6 5 4 3 2 1 31 30 29 28 27 26 25 24 23 22 21 20 19 18 17 16
일진	壬 辛 庚 己 戊 丁 丙 乙 甲 癸 壬 辛 庚 己 戊 丁 丙 乙 甲 癸 壬 辛 庚 己 戊 丁 丙 乙 甲
	寅 丑 子 亥 戌 酉 申 未 午 巳 辰 卯 寅 丑 子 亥 戌 酉 申 未 午 巳 辰 卯 寅 丑 子 亥 戌
요일	수 화 월 일 토 금 목 수 화 월 일 토 금 목 수 화 월 일 토 금 목 수 화 월 일 토 금 목 수

12月大(己丑)소한

절기	입춘 … 대한
음력	30 29 28 27 26 25 24 23 **22** 21 20 19 18 17 16 15 14 13 12 11 10 9 **8** 7 6 5 4 3 2 1
순행	7 8 8 8 9 9 9 10 1 1 1 1 2 2 2 3 3 3 4 4 4 5 5 5 6 6 6 7 7
역행	3 2 2 2 1 1 1 9 9 9 8 8 8 7 7 7 6 6 6 5 5 5 4 4 4 3
월·양력	02 … 01 / 12 11 10 9 8 7 6 5 4 3 2 1 31 30 29 28 27 26 25 24 23 22 21 20 19 18 17 16 15 14
일진	壬 辛 庚 己 戊 丁 丙 乙 甲 癸 壬 辛 庚 己 戊 丁 丙 乙 甲 癸 壬 辛 庚 己 戊 丁 丙 乙 甲 癸
	申 未 午 巳 辰 卯 寅 丑 子 亥 戌 酉 申 未 午 巳 辰 卯 寅 丑 子 亥 戌 酉 申 未 午 巳 辰 卯
요일	금 목 수 화 월 일 토 금 목 수 화 월 일 토 금 목 수 화 월 일 토 금 목 수 화 월 일 토 금 목

남·여 모두 사주 내에 辰·戌·丑·未가 있으면 부부싸움이 잦다.

상문 : 辰　대장군 : 北
조객 : 子　삼　재 : 申子辰
삼살 : 北

丙寅年

서기 1926년
단기 4259년

1月小(庚寅)입춘

절기	경칩		우수	
음력	29 28 27 26 25 24 **22** 21 20 19 18 17 16 15 14 13 12 11 10 9 8 **7** 6 5 4 3 2 1			
순행	8 8 8 8 8 / 1 1 1 1 2 2 2 2 3 3 3 4 4 4 5 5 5 5 6 6 6 7 7			
역행	2 2 2 1 1 1 1 / 10 9 9 9 8 8 8 7 7 7 6 6 6 5 5 5 4 4 4 3			
월	03			02
일	13 12 11 10 9 8 7 6 5 4 3 2 1 28 27 26 25 24 23 22 21 20 19 18 17 16 15 14 13			
일진	辛丑 庚子 己亥 戊戌 丁酉 丙申 乙未 甲午 癸巳 壬辰 辛卯 庚寅 己丑 戊子 丁亥 丙戌 乙酉 甲申 癸未 壬午 辛巳 庚辰 己卯 戊寅 丁丑 丙子 乙亥 甲戌 癸酉			
요일	토 금 목 수 화 월 일 토 금 목 수 화 월 일 토 금 목 수 화 월 일 토 금 목 수 화 월 일 토			

2月小(辛卯)경칩

절기	청명		춘분	
음력	29 28 27 26 25 **24 23** 22 21 20 19 18 17 16 15 14 13 12 11 10 9 8 7 6 5 4 3 2 1			
순행	8 9 9 9 10 10 / 1 1 1 1 2 2 2 3 3 3 4 4 4 5 5 5 6 6 6 7 7 7			
역행	2 2 1 1 1 1 / 10 10 9 9 9 8 8 8 7 7 7 6 6 6 5 5 5 4 4 4 3 3			
월	04			03
일	11 10 9 8 7 6 5 4 3 2 1 31 30 29 28 27 26 25 24 23 22 21 20 19 18 17 16 15 14			
일진	庚午 己巳 戊辰 丁卯 丙寅 乙丑 甲子 癸亥 壬戌 辛酉 庚申 己未 戊午 丁巳 丙辰 乙卯 甲寅 癸丑 壬子 辛亥 庚戌 己酉 戊申 丁未 丙午 乙巳 甲辰 癸卯 壬寅			
요일	일 토 금 목 수 화 월 일 토 금 목 수 화 월 일 토 금 목 수 화 월 일 토 금 목 수 화 월 일			

3月大(壬辰)청명

절기	입하		곡우	
음력	30 29 28 27 26 **25** 24 23 22 21 20 19 18 17 16 15 14 13 12 11 **10** 9 8 7 6 5 4 3 2 1			
순행	9 9 9 10 10 / 1 1 1 1 2 2 2 3 3 3 4 4 4 5 5 5 6 6 6 7 7 7 8			
역행	2 1 1 1 1 / 10 10 9 9 9 8 8 8 7 7 7 6 6 6 5 5 5 4 4 4 3 3 3 2			
월	05			04
일	11 10 9 8 7 6 5 4 3 2 1 30 29 28 27 26 25 24 23 22 21 20 19 18 17 16 15 14 13			
일진	庚子 己亥 戊戌 丁酉 丙申 乙未 甲午 癸巳 壬辰 辛卯 庚寅 己丑 戊子 丁亥 丙戌 乙酉 甲申 癸未 壬午 辛巳 庚辰 己卯 戊寅 丁丑 丙子 乙亥 甲戌 癸酉 壬申 辛未			
요일	화 월 일 토 금 목 수 화 월 일 토 금 목 수 화 월 일 토 금 목 수 화 월 일 토 금 목 수 화 월			

4月小(癸巳)입하

절기	망종		소만	
음력	29 28 27 **26** 25 24 23 22 21 20 19 18 17 16 15 14 13 12 11 10 9 8 7 6 5 4 3 2 1			
순행	10 10 10 / 1 1 1 1 2 2 2 3 3 3 4 4 4 5 5 5 6 6 6 7 7 7 8 8 8			
역행	1 1 1 / 10 10 9 9 9 8 8 8 7 7 7 6 6 6 5 5 5 4 4 4 3 3 3 2 2			
월	06			05
일	9 8 7 6 5 4 3 2 1 31 30 29 28 27 26 25 24 23 22 21 20 19 18 17 16 15 14 13 12			
일진	己巳 戊辰 丁卯 丙寅 乙丑 甲子 癸亥 壬戌 辛酉 庚申 己未 戊午 丁巳 丙辰 乙卯 甲寅 癸丑 壬子 辛亥 庚戌 己酉 戊申 丁未 丙午 乙巳 甲辰 癸卯 壬寅 辛丑			
요일	수 화 월 일 토 금 목 수 화 월 일 토 금 목 수 화 월 일 토 금 목 수 화 월 일 토 금 목 수			

5月大(甲午)망종

절기	소서		하지	
음력	**30** 29 28 27 26 25 24 23 22 21 20 19 18 17 16 15 14 **13** 12 11 10 9 8 7 6 5 4 3 2 1			
순행	10 / 1 1 1 1 2 2 2 3 3 3 4 4 4 5 5 6 6 6 7 7 7 8 8 8 9 9 9			
역행	1 / 10 10 10 9 9 9 8 8 8 7 7 7 6 6 5 5 5 4 4 4 3 3 3 2 2 2 1			
월	07			06
일	9 8 7 6 5 4 3 2 1 30 29 28 27 26 25 24 23 22 21 20 19 18 17 16 15 14 13 12 11 10			
일진	己亥 戊戌 丁酉 丙申 乙未 甲午 癸巳 壬辰 辛卯 庚寅 己丑 戊子 丁亥 丙戌 乙酉 甲申 癸未 壬午 辛巳 庚辰 己卯 戊寅 丁丑 丙子 乙亥 甲戌 癸酉 壬申 辛未 庚午			
요일	금 목 수 화 월 일 토 금 목 수 화 월 일 토 금 목 수 화 월 일 토 금 목 수 화 월 일 토 금 목			

6月小(乙未)소서

절기			대서	
음력	29 28 27 26 25 24 23 22 21 20 19 18 17 16 **15** 14 13 12 11 10 9 8 7 6 5 4 3 2 1			
순행	1 1 1 1 2 2 2 3 3 3 4 4 4 5 5 6 6 6 7 7 7 8 8 8 9 9 9 10 10			
역행	10 10 9 9 9 8 8 8 7 7 6 6 6 5 5 4 4 4 3 3 3 2 2 2 1 1 1			
월	08			07
일	7 6 5 4 3 2 1 31 30 29 28 27 26 25 24 23 22 21 20 19 18 17 16 15 14 13 12			
일진	戊辰 丁卯 丙寅 乙丑 甲子 癸亥 壬戌 辛酉 庚申 己未 戊午 丁巳 丙辰 乙卯 甲寅 癸丑 壬子 辛亥 庚戌 己酉 戊申 丁未 丙午 乙巳 甲辰 癸卯 壬寅 辛丑 庚子			
요일	토 금 목 수 화 월 일 토 금 목 수 화 월 일 토 금 목 수 화 월 일 토 금 목 수 화 월 일 토			

丙日生 사주에 甲申이 있으면 부자 팔자이다.

7月大(丙申)입추

절기													처서																입추
음력	30	29	28	27	26	25	24	23	22	21	20	19	18	**17**	16	15	14	13	12	11	10	9	8	7	6	5	4	3	2	1
순행	1	1	1	2	2	2	3	3	3	4	4	5	5	5	6	6	6	7	7	7	8	8	8	9	9	9	10	10		
역행	10	9	9	9	8	8	8	7	7	7	6	6	6	5	5	5	4	4	4	3	3	3	2	2	2	1	1	1		
월	**09**																												**08**	
일	6	5	4	3	2	1	31	30	29	28	27	26	25	24	23	22	21	20	19	18	17	16	15	14	13	12	11	10	9	8
일진	戊戌	丁酉	丙申	乙未	甲午	癸巳	壬辰	辛卯	庚寅	己丑	戊子	丁亥	丙戌	乙酉	甲申	癸未	壬午	辛巳	庚辰	己卯	戊寅	丁丑	丙子	乙亥	甲戌	癸酉	壬申	辛未	庚午	己巳
요일	월	일	토	금	목	수	화	월	일	토	금	목	수	화	월	일	토	금	목	수	화	월	일	토	금	목	수	화	월	일

8月大(丁酉)백로

절기													추분																백로	
음력	30	29	28	27	26	25	24	23	22	21	20	19	**18**	17	16	15	14	13	12	11	10	9	8	7	6	5	4	3	2	1
순행	1	1	2	2	2	3	3	3	4	4	4	5	5	5	6	6	6	7	7	7	8	8	8	9	9	9	10	10		1
역행	9	9	9	8	8	8	7	7	7	6	6	6	5	5	5	4	4	4	3	3	3	2	2	2	1	1	1			
월					**10**																								**09**	
일	6	5	4	3	2	1	30	29	28	27	26	25	24	23	22	21	20	19	18	17	16	15	14	13	12	11	10	9	8	7
일진	戊辰	丁卯	丙寅	乙丑	甲子	癸亥	壬戌	辛酉	庚申	己未	戊午	丁巳	丙辰	乙卯	甲寅	癸丑	壬子	辛亥	庚戌	己酉	戊申	丁未	丙午	乙巳	甲辰	癸卯	壬寅	辛丑	庚子	己亥
요일	수	화	월	일	토	금	목	수	화	월	일	토	금	목	수	화	월	일	토	금	목	수	화	월	일	토	금	목	수	화

9月小(戊戌)한로

절기												상강														한로			
음력	29	28	27	26	25	24	23	22	21	20	19	**18**	17	16	15	14	13	12	11	10	9	8	7	6	5	**4**	3	2	1
순행	1	2	2	2	3	3	3	4	4	5	5	5	6	6	6	7	7	8	8	8	9	9	9	10	1	1		1	1
역행	9	8	8	8	7	7	6	6	6	5	5	5	4	4	4	3	3	3	2	2	2	1	1	1			10	10	
월			**11**																									**10**	
일	4	3	2	1	31	30	29	28	27	26	25	24	23	22	21	20	19	18	17	16	15	14	13	12	11	10	9	8	7
일진	丁酉	丙申	乙未	甲午	癸巳	壬辰	辛卯	庚寅	己丑	戊子	丁亥	丙戌	乙酉	甲申	癸未	壬午	辛巳	庚辰	己卯	戊寅	丁丑	丙子	乙亥	甲戌	癸酉	壬申	辛未	庚午	己巳
요일	목	수	화	월	일	토	금	목	수	화	월	일	토	금	목	수	화	월	일	토	금	목	수	화	월	일	토	금	목

10月大(己亥)입동

절기												소설														입동			
음력	30	29	28	27	26	25	24	23	22	21	20	**19**	18	17	16	15	14	13	12	11	10	9	8	7	6	5	**4**	3	2	1
순행	1	2	2	2	3	3	3	4	4	4	5	5	6	6	6	7	7	7	8	8	8	9	9	9	10		1	1	1	
역행	9	8	8	8	7	7	7	6	6	6	5	5	4	4	4	3	3	3	2	2	2	1	1	1		10	10		
월					**12**																								**11**	
일	4	3	2	1	30	29	28	27	26	25	24	23	22	21	20	19	18	17	16	15	14	13	12	11	10	9	8	7	6	5
일진	丁卯	丙寅	乙丑	甲子	癸亥	壬戌	辛酉	庚申	己未	戊午	丁巳	丙辰	乙卯	甲寅	癸丑	壬子	辛亥	庚戌	己酉	戊申	丁未	丙午	乙巳	甲辰	癸卯	壬寅	辛丑	庚子	己亥	戊戌
요일	토	금	목	수	화	월	일	토	금	목	수	화	월	일	토	금	목	수	화	월	일	토	금	목	수	화	월	일	토	금

11月大(庚子)대설

절기													동지														대설			
음력	30	29	28	27	26	25	24	23	22	21	20	19	**18**	17	16	15	14	13	12	11	10	9	8	7	6	5	**4**	3	2	1
순행	1	1	2	2	2	3	3	3	4	4	4	5	5	6	6	6	7	7	7	8	8	8	9	9		1	1	1		
역행	9	8	8	8	7	7	6	6	6	5	5	5	4	4	4	3	3	2	2	2	1	1	1		10	9	9			
월	**01**																												**12**	
일	3	2	1	31	30	29	28	27	26	25	24	23	22	21	20	19	18	17	16	15	14	13	12	11	10	9	8	7	6	5
일진	丁酉	丙申	乙未	甲午	癸巳	壬辰	辛卯	庚寅	己丑	戊子	丁亥	丙戌	乙酉	甲申	癸未	壬午	辛巳	庚辰	己卯	戊寅	丁丑	丙子	乙亥	甲戌	癸酉	壬申	辛未	庚午	己巳	戊辰
요일	월	일	토	금	목	수	화	월	일	토	금	목	수	화	월	일	토	금	목	수	화	월	일	토	금	목	수	화	월	일

12月小(辛丑)소한

절기												대한															소한		
음력	29	28	27	26	25	24	23	22	21	20	19	**18**	17	16	15	14	13	12	11	10	9	8	7	6	5	4	**3**	2	1
순행	1	2	2	2	3	3	3	4	4	4	5	5	6	6	6	7	7	7	8	8	9	9	9	10		1	1		
역행	9	8	8	8	7	7	6	6	6	5	5	5	4	4	4	3	3	3	2	2	2	1	1	1		9	9		
월	**02**																											**01**	
일	1	31	30	29	28	27	26	25	24	23	22	21	20	19	18	17	16	15	14	13	12	11	10	9	8	7	6	5	4
일진	丙寅	乙丑	甲子	癸亥	壬戌	辛酉	庚申	己未	戊午	丁巳	丙辰	乙卯	甲寅	癸丑	壬子	辛亥	庚戌	己酉	戊申	丁未	丙午	乙巳	甲辰	癸卯	壬寅	辛丑	庚子	己亥	戊戌
요일	화	월	일	토	금	목	수	화	월	일	토	금	목	수	화	월	일	토	금	목	수	화	월	일	토	금	목	수	화

사주에 子·午·卯·酉가 있으면 간부와 눈이 맞아 가출한다.

상문 : 巳 대장군 : 北
조객 : 丑 삼 재 : 申子辰
삼살 : 酉

丁卯年

서기 1927년
단기 4260년

1月大(壬寅)입춘

절기											우수															입춘			
음력	30	29	28	27	26	25	24	23	22	21	20	**19**	18	17	16	15	14	13	12	11	10	9	8	7	6	5	**4**	3	2	1
순행	1	1	2	2	2	3	3	3	4	4	4	5	5	5	6	6	6	7	7	7	8	8	8	9	9	9		1	1	1
역행	9	8	8	8	7	7	7	6	6	6	5	5	5	4	4	4	3	3	3	2	2	2	1	1	1		10	9	9	
월	03																										02			
일	3	2	1	28	27	26	25	24	23	22	21	20	19	18	17	16	15	14	13	12	11	10	9	8	7	6	5	4	3	2
일진	丙申	乙未	甲午	癸巳	壬辰	辛卯	庚寅	己丑	戊子	丁亥	丙戌	乙酉	甲申	癸未	壬午	辛巳	庚辰	己卯	戊寅	丁丑	丙子	乙亥	甲戌	癸酉	壬申	辛未	庚午	己巳	戊辰	丁卯
요일	목	수	화	월	일	토	금	목	수	화	월	일	토	금	목	수	화	월	일	토	금	목	수	화	월	일	토	금	목	수

2月小(癸卯)경칩

절기											춘분																경칩		
음력	29	28	27	26	25	24	23	22	21	20	19	**18**	17	16	15	14	13	12	11	10	9	8	7	6	5	4	**3**	2	1
순행	2	2	2	3	3	3	4	4	4	5	5	5	6	6	6	7	7	7	8	8	8	9	9	9	10	10		1	1
역행	9	8	8	8	7	7	7	6	6	6	5	5	5	4	4	4	3	3	3	2	2	2	1	1	1		10	9	
월	04																										03		
일	1	31	30	29	28	27	26	25	24	23	22	21	20	19	18	17	16	15	14	13	12	11	10	9	8	7	6	5	4
일진	乙丑	甲子	癸亥	壬戌	辛酉	庚申	己未	戊午	丁巳	丙辰	乙卯	甲寅	癸丑	壬子	辛亥	庚戌	己酉	戊申	丁未	丙午	乙巳	甲辰	癸卯	壬寅	辛丑	庚子	己亥	戊戌	丁酉
요일	금	목	수	화	월	일	토	금	목	수	화	월	일	토	금	목	수	화	월	일	토	금	목	수	화	월	일	토	금

3月小(甲辰)청명

절기									곡우															청명				
음력	29	28	27	26	25	24	23	22	21	**20**	19	18	17	16	15	14	13	12	11	10	9	8	7	6	**5**	4	3	2	1
순행	2	2	3	3	3	4	4	4	5	5	6	6	6	7	7	7	8	8	8	9	9	9	10		1	1	1	1
역행	8	8	7	7	7	6	6	6	5	5	4	4	4	3	3	3	2	2	2	1	1	1		10	10	9		
월																								04				
일	30	29	28	27	26	25	24	23	22	21	20	19	18	17	16	15	14	13	12	11	10	9	8	7	6	5	4	3	2
일진	甲午	癸巳	壬辰	辛卯	庚寅	己丑	戊子	丁亥	丙戌	乙酉	甲申	癸未	壬午	辛巳	庚辰	己卯	戊寅	丁丑	丙子	乙亥	甲戌	癸酉	壬申	辛未	庚午	己巳	戊辰	丁卯	丙寅
요일	토	금	목	수	화	월	일	토	금	목	수	화	월	일	토	금	목	수	화	월	일	토	금	목	수	화	월	일	토

4月大(乙巳)입하

절기								소만															입하					
음력	30	29	28	27	26	25	24	23	**22**	21	20	19	18	17	16	15	14	13	12	11	10	9	8	**7**	6	5	4	3	2	1
순행	3	3	4	4	4	5	5	5	6	6	6	7	7	7	8	8	9	9	10	10		1	1	1	1	2
역행	8	8	7	7	7	6	6	6	5	5	4	4	4	3	3	2	2	2	1	1	1		10	9	9
월																								05				
일	30	29	28	27	26	25	24	23	22	21	20	19	18	17	16	15	14	13	12	11	10	9	8	7	6	5	4	3	2	1
일진	甲子	癸亥	壬戌	辛酉	庚申	己未	戊午	丁巳	丙辰	乙卯	甲寅	癸丑	壬子	辛亥	庚戌	己酉	戊申	丁未	丙午	乙巳	甲辰	癸卯	壬寅	辛丑	庚子	己亥	戊戌	丁酉	丙申	乙未
요일	일	일	토	금	목	수	화	월	일	토	금	목	수	화	월	일	토	금	목	수	화	월	일	토	금	목	수	화	월	일

5月小(丙午)망종

절기						하지														망종								
음력	29	28	27	26	25	24	**23**	22	21	20	19	18	17	16	15	14	13	12	11	10	9	**8**	7	6	5	4	3	2	1
순행	3	4	4	4	5	5	5	6	6	6	7	7	7	8	8	9	9	10	10		1	1	1	1	2	2	2
역행	7	7	6	6	6	5	5	5	4	4	3	3	3	2	2	1	1	1	10	10	9	9	8
월																								06	05			
일	28	27	26	25	24	23	22	21	20	19	18	17	16	15	14	13	12	11	10	9	8	7	6	5	4	3	2	1	31
일진	癸巳	壬辰	辛卯	庚寅	己丑	戊子	丁亥	丙戌	乙酉	甲申	癸未	壬午	辛巳	庚辰	己卯	戊寅	丁丑	丙子	乙亥	甲戌	癸酉	壬申	辛未	庚午	己巳	戊辰	丁卯	丙寅	乙丑
요일	화	월	일	토	금	목	수	화	월	일	토	금	목	수	화	월	일	토	금	목	수	화	월	일	토	금	목	수	화

6月大(丁未)대서

절기				대서													소서												
음력	30	29	28	27	**26**	25	24	23	22	21	20	19	18	17	16	15	14	13	12	11	**10**	9	8	7	6	5	4	3	2	1
순행	4	4	5	5	6	6	7	7	7	8	8	8	9	9	9	10		1	1	1	2	2	2	3	3	3
역행	7	6	6	5	5	5	4	4	4	3	3	3	2	2	1	1	1	10	9	9	9	8	8	7
월																								07		06		
일	28	27	26	25	24	23	22	21	20	19	18	17	16	15	14	13	12	11	10	9	8	7	6	5	4	3	2	1	30	29
일진	癸亥	壬戌	辛酉	庚申	己未	戊午	丁巳	丙辰	乙卯	甲寅	癸丑	壬子	辛亥	庚戌	己酉	戊申	丁未	丙午	乙巳	甲辰	癸卯	壬寅	辛丑	庚子	己亥	戊戌	丁酉	丙申	乙未	甲午
요일	목	수	화	월	일	토	금	목	수	화	월	일	토	금	목	수	화	월	일	토	금	목	수	화	월	일	토	금	목	수

乙日生 사주에 癸丑·癸未가 있으면 부자 팔자이다.

처서 / 입추 절기표 (만세력)

7月小(戊申)입추

절기	처서 … 입추
음력	29 28 27 26 25 24 23 22 21 20 19 18 17 16 15 14 13 12 **11** 10 9 8 7 6 5 4 3 2 1
순행	5 5 5 6 6 6 7 7 7 8 8 8 9 9 9 10 10 10 1 1 1 1 2 2 2 3 3 3
역행	6 6 5 5 5 5 4 4 4 3 3 3 2 2 2 1 1 1 10 10 9 9 9 9 8 8 8 7 7
월(양력)	**08** **07**
일	26 25 24 23 22 21 20 19 18 17 16 15 14 13 12 11 10 9 8 7 6 5 4 3 2 1 31 30 29
일진	壬辰 辛卯 庚寅 己丑 戊子 丁亥 丙戌 乙酉 甲申 癸未 壬午 辛巳 庚辰 己卯 戊寅 丁丑 丙子 乙亥 甲戌 癸酉 壬申 辛未 庚午 己巳 戊辰 丁卯 丙寅 乙丑 甲子
요일	금 목 수 화 월 일 토 금 목 수 화 월 일 토 금 목 수 화 월 일 토 금 목 수 화 월 일 토 금

8月大(己酉)백로

절기	추분 … 백로
음력	30 29 28 27 26 25 24 23 22 21 20 19 18 17 16 15 **14** 13 12 11 10 9 8 7 6 5 4 3 2 1
순행	5 5 5 6 6 6 7 7 7 8 8 8 9 9 9 10 1 1 1 1 2 2 2 3 3 3 4 4 4
역행	5 5 5 4 4 4 3 3 3 2 2 2 1 1 1 10 10 10 9 9 9 8 8 8 7 7 7 6
월(양력)	**09** **08**
일	25 24 23 22 21 20 19 18 17 16 15 14 13 12 11 10 9 8 7 6 5 4 3 2 1 31 30 29 28 27
일진	壬戌 辛酉 庚申 己未 戊午 丁巳 丙辰 乙卯 甲寅 癸丑 壬子 辛亥 庚戌 己酉 戊申 丁未 丙午 乙巳 甲辰 癸卯 壬寅 辛丑 庚子 己亥 戊戌 丁酉 丙申 乙未 甲午 癸巳
요일	일 토 금 목 수 화 월 일 토 금 목 수 화 월 일 토 금 목 수 화 월 일 토 금 목 수 화 월 일 토

9月大(庚戌)한로

절기	상강 … 한로
음력	30 29 28 27 26 25 24 23 22 21 20 19 18 17 16 15 **14** 13 12 11 10 9 8 7 6 5 4 3 2 1
순행	5 5 5 6 6 6 7 7 7 8 8 8 9 9 9 10 1 1 1 1 2 2 2 3 3 3 4 4 4
역행	5 5 5 4 4 4 3 3 3 2 2 2 1 1 1 10 9 9 9 8 8 8 7 7 7 6 6 6
월(양력)	**10** **09**
일	25 24 23 22 21 20 19 18 17 16 15 14 13 12 11 10 9 8 7 6 5 4 3 2 1 30 29 28 27 26
일진	壬辰 辛卯 庚寅 己丑 戊子 丁亥 丙戌 乙酉 甲申 癸未 壬午 辛巳 庚辰 己卯 戊寅 丁丑 丙子 乙亥 甲戌 癸酉 壬申 辛未 庚午 己巳 戊辰 丁卯 丙寅 乙丑 甲子 癸亥
요일	화 월 일 토 금 목 수 화 월 일 토 금 목 수 화 월 일 토 금 목 수 화 월 일 토 금 목 수 화 월

10月小(辛亥)입동

절기	소설 … 입동
음력	29 28 27 26 25 24 23 22 21 20 19 18 17 16 15 **14** 13 12 11 10 9 8 7 6 5 4 3 2 1
순행	5 5 6 6 6 7 7 7 8 8 8 9 9 9 10 1 1 1 2 2 2 3 3 3 4 4 4
역행	5 5 4 4 4 3 3 3 2 2 2 1 1 1 10 9 9 9 8 8 8 7 7 7 6 6 6
월(양력)	**11** **10**
일	23 22 21 20 19 18 17 16 15 14 13 12 11 10 9 8 7 6 5 4 3 2 1 31 30 29 28 27 26
일진	辛酉 庚申 己未 戊午 丁巳 丙辰 乙卯 甲寅 癸丑 壬子 辛亥 庚戌 己酉 戊申 丁未 丙午 乙巳 甲辰 癸卯 壬寅 辛丑 庚子 己亥 戊戌 丁酉 丙申 乙未 甲午 癸巳
요일	수 화 월 일 토 금 목 수 화 월 일 토 금 목 수 화 월 일 토 금 목 수 화 월 일 토 금 목 수

11月大(壬子)대설

절기	동지 … 대설
음력	30 29 28 27 26 25 24 23 22 21 20 19 18 17 16 **15** 14 13 12 11 10 9 8 7 6 5 4 3 2 1
순행	5 5 5 6 6 6 7 7 7 8 8 8 9 9 9 1 1 1 1 2 2 2 3 3 3 4 4 4 5
역행	5 5 4 4 4 3 3 3 2 2 2 1 1 1 10 9 9 9 8 8 8 7 7 7 6 6 6 5
월(양력)	**12** **11**
일	23 22 21 20 19 18 17 16 15 14 13 12 11 10 9 8 7 6 5 4 3 2 1 30 29 28 27 26 25 24
일진	辛卯 庚寅 己丑 戊子 丁亥 丙戌 乙酉 甲申 癸未 壬午 辛巳 庚辰 己卯 戊寅 丁丑 丙子 乙亥 甲戌 癸酉 壬申 辛未 庚午 己巳 戊辰 丁卯 丙寅 乙丑 甲子 癸亥 壬戌
요일	금 목 수 화 월 일 토 금 목 수 화 월 일 토 금 목 수 화 월 일 토 금 목 수 화 월 일 토 금 목

12月大(癸丑)소한

절기	대한 … 소한
음력	30 29 28 27 26 25 24 23 22 21 20 19 18 17 16 15 **14** 13 12 11 10 9 8 7 6 5 4 3 2 1
순행	5 5 5 6 6 6 7 7 7 8 8 8 9 9 9 10 1 1 1 2 2 2 3 3 3 4 4 4
역행	5 5 4 4 4 3 3 3 2 2 2 1 1 1 10 9 9 9 8 8 8 7 7 7 6 6 6
월(양력)	**01** **12**
일	22 21 20 19 18 17 16 15 14 13 12 11 10 9 8 7 6 5 4 3 2 1 31 30 29 28 27 26 25 24
일진	辛酉 庚申 己未 戊午 丁巳 丙辰 乙卯 甲寅 癸丑 壬子 辛亥 庚戌 己酉 戊申 丁未 丙午 乙巳 甲辰 癸卯 壬寅 辛丑 庚子 己亥 戊戌 丁酉 丙申 乙未 甲午 癸巳 壬辰
요일	일 토 금 목 수 화 월 일 토 금 목 수 화 월 일 토 금 목 수 화 월 일 토 금 목 수 화 월 일 토

여자 사주에 상관과 도화살이 같이 있으면 기생 팔자이다.

상문 : 午   대장군 : 北
조객 : 寅   삼 재 : 申子辰
삼살 : 南

戊辰年

서기 1928년
단기 4261년

1月小(甲寅)입춘

절기	우수 ... 입춘 (14)
음력	29 28 27 26 25 24 23 22 21 20 19 18 17 16 15 14 13 12 11 10 9 8 7 6 5 4 3 2 1
순행	5 5 6 6 6 7 7 7 8 8 8 9 9 9 / 1 1 1 2 2 2 3 3 3 4 4 4
역행	5 5 4 4 4 3 3 3 2 2 2 1 1 1 / 10 9 9 9 8 8 8 7 7 7 6 6 6
월(양력)	02 ... 01
일	20 19 18 17 16 15 14 13 12 11 10 9 8 7 6 5 4 3 2 1 31 30 29 28 27 26 25 24 23
일진(천간)	庚 己 戊 丁 丙 乙 甲 癸 壬 辛 庚 己 戊 丁 丙 乙 甲 癸 壬 辛 庚 己 戊 丁 丙 乙 甲 癸 壬
일진(지지)	寅 丑 子 亥 戌 酉 申 未 午 巳 辰 卯 寅 丑 子 亥 戌 酉 申 未 午 巳 辰 卯 寅 丑 子 亥 戌
요일	월 일 토 금 목 수 화 월 일 토 금 목 수 화 월 일 토 금 목 수 화 월 일 토 금 목 수 화 월

2月大(乙卯)경칩

절기	춘분 ... 경칩 (15)
음력	30 29 28 27 26 25 24 23 22 21 20 19 18 17 16 15 14 13 12 11 10 9 8 7 6 5 4 3 2 1
순행	5 5 6 6 6 7 7 7 8 8 8 9 9 9 10 / 1 1 1 1 2 2 2 3 3 3 4 4 4 5
역행	5 5 4 4 4 3 3 3 2 2 2 1 1 1 / 10 9 9 9 8 8 8 7 7 7 6 6 6 5
월(양력)	03 ... 02
일	21 20 19 18 17 16 15 14 13 12 11 10 9 8 7 6 5 4 3 2 1 29 28 27 26 25 24 23 22 21
일진(천간)	庚 己 戊 丁 丙 乙 甲 癸 壬 辛 庚 己 戊 丁 丙 乙 甲 癸 壬 辛 庚 己 戊 丁 丙 乙 甲 癸 壬 辛
일진(지지)	申 未 午 巳 辰 卯 寅 丑 子 亥 戌 酉 申 未 午 巳 辰 卯 寅 丑 子 亥 戌 酉 申 未 午 巳 辰 卯
요일	수 화 월 일 토 금 목 수 화 월 일 토 금 목 수 화 월 일 토 금 목 수 화 월 일 토 금 목 수 화

윤2月小

절기	... 청명 (15)
음력	29 28 27 26 25 24 23 22 21 20 19 18 17 16 15 14 13 12 11 10 9 8 7 6 5 4 3 2 1
순행	6 6 6 7 7 7 8 8 8 9 9 9 10 / 1 1 1 2 2 2 3 3 3 4 4 4 5
역행	5 4 4 4 3 3 3 2 2 2 1 1 1 / 10 9 9 9 8 8 8 7 7 7 6 6 6 5
월(양력)	04 ... 03
일	19 18 17 16 15 14 13 12 11 10 9 8 7 6 5 4 3 2 1 31 30 29 28 27 26 25 24 23 22
일진(천간)	己 戊 丁 丙 乙 甲 癸 壬 辛 庚 己 戊 丁 丙 乙 甲 癸 壬 辛 庚 己 戊 丁 丙 乙 甲 癸 壬 辛
일진(지지)	丑 子 亥 戌 酉 申 未 午 巳 辰 卯 寅 丑 子 亥 戌 酉 申 未 午 巳 辰 卯 寅 丑 子 亥 戌 酉
요일	목 수 화 월 일 토 금 목 수 화 월 일 토 금 목 수 화 월 일 토 금 목 수 화 월 일 토 금

3月小(丙辰)청명

절기	입하 (17) ... 곡우
음력	29 28 27 26 25 24 23 22 21 20 19 18 17 16 15 14 13 12 11 10 9 8 7 6 5 4 3 2 1
순행	6 7 7 7 8 8 8 9 9 10 10 / 1 1 1 2 2 2 3 3 3 4 4 5 5 5
역행	4 4 3 3 3 2 2 2 1 1 1 / 10 9 9 9 8 8 8 7 7 7 6 6 6 5 5
월(양력)	05 ... 04
일	18 17 16 15 14 13 12 11 10 9 8 7 6 5 4 3 2 1 30 29 28 27 26 25 24 23 22 21 20
일진(천간)	戊 丁 丙 乙 甲 癸 壬 辛 庚 己 戊 丁 丙 乙 甲 癸 壬 辛 庚 己 戊 丁 丙 乙 甲 癸 壬 辛 庚
일진(지지)	午 巳 辰 卯 寅 丑 子 亥 戌 酉 申 未 午 巳 辰 卯 寅 丑 子 亥 戌 酉 申 未 午 巳 辰 卯 寅
요일	금 목 수 화 월 일 토 금 목 수 화 월 일 토 금 목 수 화 월 일 토 금 목 수 화 월 일 토 금

4月大(丁巳)입하

절기	망종 (19) ... 소만 (3)
음력	30 29 28 27 26 25 24 23 22 21 20 19 18 17 16 15 14 13 12 11 10 9 8 7 6 5 4 3 2 1
순행	7 7 7 8 8 8 9 9 9 10 10 / 1 1 1 2 2 2 3 3 3 4 4 4 5 5
역행	4 3 3 3 2 2 2 1 1 1 / 10 10 9 9 9 8 8 8 7 7 7 6 6 6 5 5 5 4
월(양력)	06 ... 05
일	17 16 15 14 13 12 11 10 9 8 7 6 5 4 3 2 1 31 30 29 28 27 26 25 24 23 22 21 20 19
일진(천간)	戊 丁 丙 乙 甲 癸 壬 辛 庚 己 戊 丁 丙 乙 甲 癸 壬 辛 庚 己 戊 丁 丙 乙 甲 癸 壬 辛 庚 己
일진(지지)	子 亥 戌 酉 申 未 午 巳 辰 卯 寅 丑 子 亥 戌 酉 申 未 午 巳 辰 卯 寅 丑 子 亥 戌 酉 申 未
요일	일 토 금 목 수 화 월 일 토 금 목 수 화 월 일 토 금 목 수 화 월 일 토 금 목 수 화 월 일 토

5月小(戊午)망종

절기	소서 (20) ... 하지 (5)
음력	29 28 27 26 25 24 23 22 21 20 19 18 17 16 15 14 13 12 11 10 9 8 7 6 5 4 3 2 1
순행	8 8 8 9 9 9 1 1 1 1 2 2 2 3 3 3 4 4 5 5 5 6 6 6
역행	3 3 2 2 2 1 1 1 / 10 10 9 9 9 8 8 8 7 7 7 6 6 6 5 5 5 4 4
월(양력)	07 ... 06
일	16 15 14 13 12 11 10 9 8 7 6 5 4 3 2 1 30 29 28 27 26 25 24 23 22 21 20 19 18
일진(천간)	丁 丙 乙 甲 癸 壬 辛 庚 己 戊 丁 丙 乙 甲 癸 壬 辛 庚 己 戊 丁 丙 乙 甲 癸 壬 辛 庚 己
일진(지지)	巳 辰 卯 寅 丑 子 亥 戌 酉 申 未 午 巳 辰 卯 寅 丑 子 亥 戌 酉 申 未 午 巳 辰 卯 寅 丑
요일	월 일 토 금 목 수 화 월 일 토 금 목 수 화 월 일 토 금 목 수 화 월 일 토 금 목 수 화 월

甲日生 사주에 甲寅·丙午·壬戌이 있으면 부자 팔자이다.

	절기: 입추															절기: 대서												

만세력 표 — 6月小(己未)소서 ~ 12月大(乙丑)소한

6月小(己未)소서

절기: 입추 (좌) · 대서 (우)

음력: 29 28 27 26 25 24 **23** 22 21 20 19 18 17 16 15 14 13 12 11 10 9 8 **7** 6 5 4 3 2 1
순행: 8 9 9 9 10 10 1 1 1 1 2 2 2 3 3 3 4 4 5 5 5 6 6 6 7 7 7
역행: 2 2 1 1 1 1 10 10 10 9 9 9 8 8 7 7 7 6 6 6 5 5 5 4 4 4 3
월: **08** … **07**
일: 14 13 12 11 10 9 8 7 6 5 4 3 2 1 31 30 29 28 27 26 25 24 23 22 21 20 19 18 17
일진: 丙戌 乙酉 甲申 癸未 壬午 辛巳 庚辰 己卯 戊寅 丁丑 丙子 乙亥 甲戌 癸酉 壬申 辛未 庚午 己巳 戊辰 丁卯 丙寅 乙丑 甲子 癸亥 壬戌 辛酉 庚申 己未 戊午
요일: 화 월 일 토 금 목 수 화 월 일 토 금 목 수 화 월 일 토 금 목 수 화 월 일 토 금 목 수 화

7月大(庚申)입추

절기: 백로 (좌) · 처서 (우)

음력: 30 29 28 27 26 **25** 24 23 22 21 20 19 18 17 16 15 14 13 12 11 10 **9** 8 7 6 5 4 3 2 1
순행: 8 9 9 9 10 1 1 1 2 2 2 3 3 3 4 4 4 5 5 5 6 6 6 7 7 7 8
역행: 2 1 1 1 1 10 10 9 9 9 8 8 8 7 7 6 6 6 5 5 5 4 4 4 3 3 3 2
월: **09** … **08**
일: 13 12 11 10 9 8 7 6 5 4 3 2 1 31 30 29 28 27 26 25 24 23 22 21 20 19 18 17 16 15
일진: 丙辰 乙卯 甲寅 癸丑 壬子 辛亥 庚戌 己酉 戊申 丁未 丙午 乙巳 甲辰 癸卯 壬寅 辛丑 庚子 己亥 戊戌 丁酉 丙申 乙未 甲午 癸巳 壬辰 辛卯 庚寅 己丑 戊子 丁亥
요일: 목 수 화 월 일 토 금 목 수 화 월 일 토 금 목 수 화 월 일 토 금 목 수 화 월 일 토 금 목 수

8月大(辛酉)백로

절기: 한로 (좌) · 추분 (우)

음력: 30 29 28 27 26 **25** 24 23 22 21 20 19 18 17 16 15 14 13 12 11 10 **9** 8 7 6 5 4 3 2 1
순행: 9 9 9 10 10 1 1 1 1 2 2 3 3 4 4 4 5 5 5 6 6 6 7 7 8 8
역행: 2 1 1 1 1 10 10 9 9 9 8 8 8 7 7 6 6 6 5 5 5 4 4 4 3 3 3 2
월: **10** … **09**
일: 13 12 11 10 9 8 7 6 5 4 3 2 1 30 29 28 27 26 25 24 23 22 21 20 19 18 17 16 15 14
일진: 丙戌 乙酉 甲申 癸未 壬午 辛巳 庚辰 己卯 戊寅 丁丑 丙子 乙亥 甲戌 癸酉 壬申 辛未 庚午 己巳 戊辰 丁卯 丙寅 乙丑 甲子 癸亥 壬戌 辛酉 庚申 己未 戊午 丁巳
요일: 토 금 목 수 화 월 일 토 금 목 수 화 월 일 토 금 목 수 화 월 일 토 금 목 수 화 월 일 토 금

9月小(壬戌)한로

절기: 입동 (좌) · 상강 (우)

음력: 29 28 27 **26** 25 24 23 22 21 20 19 18 17 16 15 14 13 12 **11** 10 9 8 7 6 5 4 3 2 1
순행: 9 9 9 1 1 1 1 2 2 2 3 3 3 4 4 4 5 5 6 6 7 7 7 8 8 8
역행: 1 1 1 10 10 9 9 9 8 8 7 7 7 6 6 6 5 5 4 4 4 3 3 2 2 2
월: **11** … **10**
일: 11 10 9 8 7 6 5 4 3 2 1 30 29 28 27 26 25 24 23 22 21 20 19 18 17 16 15 14 13
일진: 乙卯 甲寅 癸丑 壬子 辛亥 庚戌 己酉 戊申 丁未 丙午 乙巳 甲辰 癸卯 壬寅 辛丑 庚子 己亥 戊戌 丁酉 丙申 乙未 甲午 癸巳 壬辰 辛卯 庚寅 己丑 戊子 丁亥
요일: 일 토 금 목 수 화 월 일 토 금 목 수 화 월 일 토 금 목 수 화 월 일 토 금 목 수 화 월 일

10月大(癸亥)입동

절기: 대설 (좌) · 소설 (우)

음력: 30 29 28 27 **26** 25 24 23 22 21 20 19 18 17 16 15 14 13 12 **11** 10 9 8 7 6 5 4 3 2 1
순행: 9 9 9 10 1 1 1 2 2 2 3 3 3 4 4 4 5 5 5 6 6 6 7 7 7 8 8 8 8
역행: 1 1 1 1 10 10 9 9 8 8 7 7 6 6 6 5 5 5 4 4 4 3 3 3 2 2 2 1
월: **12** … **11**
일: 11 10 9 8 7 6 5 4 3 2 1 30 29 28 27 26 25 24 23 22 21 20 19 18 17 16 15 14 13 12
일진: 乙酉 甲申 癸未 壬午 辛巳 庚辰 己卯 戊寅 丁丑 丙子 乙亥 甲戌 癸酉 壬申 辛未 庚午 己巳 戊辰 丁卯 丙寅 乙丑 甲子 癸亥 壬戌 辛酉 庚申 己未 戊午 丁巳 丙辰
요일: 화 월 일 토 금 목 수 화 월 일 토 금 목 수 화 월 일 토 금 목 수 화 월 일 토 금 목 수 화 월

11月大(甲子)대설

절기: 소한 (좌) · 동지 (우)

음력: 30 29 28 27 **26** 25 24 23 22 21 20 19 18 17 16 15 14 13 12 **11** 10 9 8 7 6 5 4 3 2 1
순행: 8 9 9 9 1 1 1 2 2 2 3 3 3 4 4 4 5 5 5 6 6 6 7 7 7 8 8 8 8
역행: 1 1 1 1 10 9 9 9 8 8 8 7 7 6 6 6 5 5 5 4 4 4 3 3 3 2 2 2 2
월: **01** … **12**
일: 10 9 8 7 6 5 4 3 2 1 31 30 29 28 27 26 25 24 23 22 21 20 19 18 17 16 15 14 13 12
일진: 乙卯 甲寅 癸丑 壬子 辛亥 庚戌 己酉 戊申 丁未 丙午 乙巳 甲辰 癸卯 壬寅 辛丑 庚子 己亥 戊戌 丁酉 丙申 乙未 甲午 癸巳 壬辰 辛卯 庚寅 己丑 戊子 丁亥 丙戌
요일: 수 화 월 일 토 금 목 수 화 월 일 토 금 목 수 화 월 일 토 금 목 수 화 월 일 토 금 목 수 화

12月大(乙丑)소한

절기: 입춘 (좌) · 대한 (우)

음력: 30 29 28 27 26 **25** 24 23 22 21 20 19 18 17 16 15 14 13 12 11 **10** 9 8 7 6 5 4 3 2 1
순행: 8 9 9 9 10 1 1 1 1 2 2 2 3 3 3 4 4 4 5 5 5 6 6 6 7
역행: 2 1 1 1 1 9 9 9 8 8 8 7 7 7 6 6 6 5 5 5 4 4 4 3 3 3 2
월: **02** … **01**
일: 9 8 7 6 5 4 3 2 1 31 30 29 28 27 26 25 24 23 22 21 20 19 18 17 16 15 14 13 12 11
일진: 乙酉 甲申 癸未 壬午 辛巳 庚辰 己卯 戊寅 丁丑 丙子 乙亥 甲戌 癸酉 壬申 辛未 庚午 己巳 戊辰 丁卯 丙寅 乙丑 甲子 癸亥 壬戌 辛酉 庚申 己未 戊午 丁巳 丙辰
요일: 토 금 목 수 화 월 일 토 금 목 수 화 월 일 토 금 목 수 화 월 일 토 금 목 수 화 월 일 토 금

사주 내에 일지에 상관이 있고 타주에 상관이 또 있으면 틀림없는 과부 팔자다.

상문 : 未 대장군 : 東
조객 : 卯 삼 재 : 亥卯未
삼살 : 東

己巳年

서기 1929년
단기 4262년

1月小(丙寅)입춘

절기	경칩																			우수									
음력	29	28	27	26	25	24	23	22	21	20	19	18	17	16	15	14	13	12	11	10	9	8	7	6	5	4	3	2	1
순행	9	9	9	10		1	1	1	1	2	2	2	3	3	3	3	4	4	4	5	5	5	6	6	6	7	7	7	8
역행	1	1	1		10	9	9	9	8	8	8	7	7	7	6	6	6	5	5	5	4	4	4	3	3	3	2	2	
월							03																		02				
일	10	9	8	7	6	5	4	3	2	1	28	27	26	25	24	23	22	21	20	19	18	17	16	15	14	13	12	11	10
일진(간)	甲	癸	壬	辛	庚	己	戊	丁	丙	乙	甲	癸	壬	辛	庚	己	戊	丁	丙	乙	甲	癸	壬	辛	庚	己	戊	丁	丙
일진(지)	寅	丑	子	亥	戌	酉	申	未	午	巳	辰	卯	寅	丑	子	亥	戌	酉	申	未	午	巳	辰	卯	寅	丑	子	亥	戌
요일	일	토	금	목	수	화	월	일	토	금	목	수	화	월	일	토	금	목	수	화	월	일	토	금	목	수	화	월	일

2月大(丁卯)경칩

절기	청명																		춘분											
음력	30	29	28	27	26	25	24	23	22	21	20	19	18	17	16	15	14	13	12	11	10	9	8	7	6	5	4	3	2	1
순행	9	9	10	10		1	1	1	1	2	2	2	3	3	3	4	4	4	5	5	5	6	6	6	7	7	7	8	8	8
역행	1	1	1		10	9	9	9	8	8	8	7	7	7	6	6	6	5	5	5	4	4	4	3	3	3	2	2	2	
월						04																	03							
일	9	8	7	6	5	4	3	2	1	31	30	29	28	27	26	25	24	23	22	21	20	19	18	17	16	15	14	13	12	11
일진(간)	甲	癸	壬	辛	庚	己	戊	丁	丙	乙	甲	癸	壬	辛	庚	己	戊	丁	丙	乙	甲	癸	壬	辛	庚	己	戊	丁	丙	乙
일진(지)	申	未	午	巳	辰	卯	寅	丑	子	亥	戌	酉	申	未	午	巳	辰	卯	寅	丑	子	亥	戌	酉	申	未	午	巳	辰	卯
요일	화	월	일	토	금	목	수	화	월	일	토	금	목	수	화	월	일	토	금	목	수	화	월	일	토	금	목	수	화	월

3月小(戊辰)청명

절기	입하																		곡우										
음력	29	28	27	26	25	24	23	22	21	20	19	18	17	16	15	14	13	12	11	10	9	8	7	6	5	4	3	2	1
순행	10	10		1	1	1	1	2	2	2	3	3	3	4	4	4	5	5	5	6	6	6	7	7	7	8	8	8	9
역행	1	1		10	10	9	9	9	8	8	8	7	7	7	6	6	6	5	5	5	4	4	4	3	3	3	2	2	2
월					05																	04							
일	8	7	6	5	4	3	2	1	30	29	28	27	26	25	24	23	22	21	20	19	18	17	16	15	14	13	12	11	10
일진(간)	癸	壬	辛	庚	己	戊	丁	丙	乙	甲	癸	壬	辛	庚	己	戊	丁	丙	乙	甲	癸	壬	辛	庚	己	戊	丁	丙	乙
일진(지)	丑	子	亥	戌	酉	申	未	午	巳	辰	卯	寅	丑	子	亥	戌	酉	申	未	午	巳	辰	卯	寅	丑	子	亥	戌	酉
요일	수	화	월	일	토	금	목	수	화	월	일	토	금	목	수	화	월	일	토	금	목	수	화	월	일	토	금	목	수

4月小(己巳)입하

절기	망종																소만												
음력	29	28	27	26	25	24	23	22	21	20	19	18	17	16	15	14	13	12	11	10	9	8	7	6	5	4	3	2	1
순행		1	1	1	1	2	2	2	3	3	3	4	4	4	5	5	5	6	6	6	7	7	7	8	8	8	9	9	9
역행		10	10	9	9	9	8	8	8	7	7	7	6	6	6	5	5	5	4	4	4	3	3	3	2	2	2	1	1
월						06																05							
일	6	5	4	3	2	1	31	30	29	28	27	26	25	24	23	22	21	20	19	18	17	16	15	14	13	12	11	10	9
일진(간)	壬	辛	庚	己	戊	丁	丙	乙	甲	癸	壬	辛	庚	己	戊	丁	丙	乙	甲	癸	壬	辛	庚	己	戊	丁	丙	乙	甲
일진(지)	午	巳	辰	卯	寅	丑	子	亥	戌	酉	申	未	午	巳	辰	卯	寅	丑	子	亥	戌	酉	申	未	午	巳	辰	卯	寅
요일	목	수	화	월	일	토	금	목	수	화	월	일	토	금	목	수	화	월	일	토	금	목	수	화	월	일	토	금	목

5月大(庚午)망종

절기	하지														16															
음력	30	29	28	27	26	25	24	23	22	21	20	19	18	17	16	15	14	13	12	11	10	9	8	7	6	5	4	3	2	1
순행	1	1	1	2	2	2	3	3	4	4	4	5	5	5	6	6	6	7	7	7	8	8	8	9	9	9	10	10	10	10
역행	10	10	9	9	8	8	8	7	7	7	6	6	6	5	5	5	4	4	4	3	3	3	2	2	2	1	1	1	1	
월					07																	06								
일	6	5	4	3	2	1	30	29	28	27	26	25	24	23	22	21	20	19	18	17	16	15	14	13	12	11	10	9	8	7
일진(간)	壬	辛	庚	己	戊	丁	丙	乙	甲	癸	壬	辛	庚	己	戊	丁	丙	乙	甲	癸	壬	辛	庚	己	戊	丁	丙	乙	甲	癸
일진(지)	子	亥	戌	酉	申	未	午	巳	辰	卯	寅	丑	子	亥	戌	酉	申	未	午	巳	辰	卯	寅	丑	子	亥	戌	酉	申	未
요일	토	금	목	수	화	월	일	토	금	목	수	화	월	일	토	금	목	수	화	월	일	토	금	목	수	화	월	일	토	금

6月小(辛未)소서

절기	대서												17												소서				
음력	29	28	27	26	25	24	23	22	21	20	19	18	17	16	15	14	13	12	11	10	9	8	7	6	5	4	3	2	1
순행	1	2	2	2	3	3	3	4	4	4	5	5	5	6	6	6	7	7	7	8	8	8	9	9	9	10	10	10	1
역행	9	9	8	8	8	7	7	7	6	6	6	5	5	5	4	4	4	3	3	3	2	2	2	1	1	1	1		9
월					08																	07							
일	4	3	2	1	31	30	29	28	27	26	25	24	23	22	21	20	19	18	17	16	15	14	13	12	11	10	9	8	7
일진(간)	辛	庚	己	戊	丁	丙	乙	甲	癸	壬	辛	庚	己	戊	丁	丙	乙	甲	癸	壬	辛	庚	己	戊	丁	丙	乙	甲	癸
일진(지)	巳	辰	卯	寅	丑	子	亥	戌	酉	申	未	午	巳	辰	卯	寅	丑	子	亥	戌	酉	申	未	午	巳	辰	卯	寅	丑
요일	일	토	금	목	수	화	월	일	토	금	목	수	화	월	일	토	금	목	수	화	월	일	토	금	목	수	화	월	일

癸日生 사주에 辛巳·辛未가 있으면 부자 팔자이다.

7月小(壬申)입추

절기	처서																입추												
음력	29	28	27	26	25	24	23	22	21	**20**	19	18	17	16	15	14	13	12	11	10	9	8	7	6	5	**4**	3	2	1
순행	2	2	3	3	3	4	4	4	5	5	5	6	6	6	7	7	7	8	8	8	9	9	9	10	10		1	1	1
역행	8	8	8	7	7	7	6	6	6	5	5	5	4	4	4	3	3	3	2	2	2	1	1	1	1		10	10	9
월(09/08)	09																										08		
일	2	1	31	30	29	28	27	26	25	24	23	22	21	20	19	18	17	16	15	14	13	12	11	10	9	8	7	6	5
일진	庚戌	己酉	戊申	丁未	丙午	乙巳	甲辰	癸卯	壬寅	辛丑	庚子	己亥	戊戌	丁酉	丙申	乙未	甲午	癸巳	壬辰	辛卯	庚寅	己丑	戊子	丁亥	丙戌	乙酉	甲申	癸未	壬午
요일	월	일	토	금	목	수	화	월	일	토	금	목	수	화	월	일	토	금	목	수	화	월	일	토	금	목	수	화	월

8月大(癸酉)백로

절기	추분									백로																				
음력	30	29	28	27	26	25	24	23	22	**21**	20	19	18	17	16	15	14	13	12	11	10	9	8	7	**6**	5	4	3	2	1
순행	2	3	3	3	4	4	4	5	5	5	6	6	6	7	7	7	8	8	8	9	9	9	10	10		1	1	1	1	2
역행	8	8	7	7	7	6	6	6	5	5	5	4	4	4	3	3	3	2	2	2	1	1	1	1		10	10	9	9	9
월(10/09)	10																										09			
일	2	1	30	29	28	27	26	25	24	23	22	21	20	19	18	17	16	15	14	13	12	11	10	9	8	7	6	5	4	3
일진	庚辰	己卯	戊寅	丁丑	丙子	乙亥	甲戌	癸酉	壬申	辛未	庚午	己巳	戊辰	丁卯	丙寅	乙丑	甲子	癸亥	壬戌	辛酉	庚申	己未	戊午	丁巳	丙辰	乙卯	甲寅	癸丑	壬子	辛亥
요일	수	화	월	일	토	금	목	수	화	월	일	토	금	목	수	화	월	일	토	금	목	수	화	월	일	토	금	목	수	화

9月小(甲戌)한로

절기	상강							한로																					
음력	29	28	27	26	25	24	23	**22**	21	20	19	18	17	16	15	14	13	12	11	10	9	8	**7**	6	5	4	3	2	1
순행	3	3	4	4	4	5	5	6	6	6	7	7	7	8	8	8	9	9		1	1	1	1	2	2				
역행	7	7	7	6	6	6	5	5	5	4	4	4	3	3	3	2	2	2	1	1	1	1		10	10	9	9	9	8
월																							10						
일	31	30	29	28	27	26	25	24	23	22	21	20	19	18	17	16	15	14	13	12	11	10	9	8	7	6	5	4	3
일진	己酉	戊申	丁未	丙午	乙巳	甲辰	癸卯	壬寅	辛丑	庚子	己亥	戊戌	丁酉	丙申	乙未	甲午	癸巳	壬辰	辛卯	庚寅	己丑	戊子	丁亥	丙戌	乙酉	甲申	癸未	壬午	辛巳
요일	목	수	화	월	일	토	금	목	수	화	월	일	토	금	목	수	화	월	일	토	금	목	수	화	월	일	토	금	목

10月大(乙亥)입동

절기	소설							입동																						
음력	30	29	28	27	26	25	24	**23**	22	21	20	19	18	17	16	15	14	13	12	11	10	9	**8**	7	6	5	4	3	2	1
순행	2	3	3	3	4	4	5	5	5	6	6	6	7	7	7	8	8	8	9	9		1	1	1	2	2				
역행	7	7	7	6	6	6	5	5	5	4	4	4	3	3	3	2	2	2	1	1	1		10	10	9	9	8	8	8	
월																							11							
일	30	29	28	27	26	25	24	23	22	21	20	19	18	17	16	15	14	13	12	11	10	9	8	7	6	5	4	3	2	1
일진	己卯	戊寅	丁丑	丙子	乙亥	甲戌	癸酉	壬申	辛未	庚午	己巳	戊辰	丁卯	丙寅	乙丑	甲子	癸亥	壬戌	辛酉	庚申	己未	戊午	丁巳	丙辰	乙卯	甲寅	癸丑	壬子	辛亥	庚戌
요일	토	금	목	수	화	월	일	토	금	목	수	화	월	일	토	금	목	수	화	월	일	토	금	목	수	화	월	일	토	금

11月大(丙子)대설

절기	동지							대설																						
음력	30	29	28	27	26	25	24	23	**22**	21	20	19	18	17	16	15	14	13	12	11	10	9	**7**	6	5	4	3	2	1	
순행	2	3	3	4	4	4	5	5	5	6	6	6	7	7	7	8	8	8	9	9	10		1	1	1	2	2	2		
역행	8	7	7	6	6	6	5	5	5	4	4	4	3	3	3	2	2	2	1	1		9	9	9	8	8	8			
월																							12							
일	30	29	28	27	26	25	24	23	22	21	20	19	18	17	16	15	14	13	12	11	10	9	8	7	6	5	4	3	2	1
일진	己酉	戊申	丁未	丙午	乙巳	甲辰	癸卯	壬寅	辛丑	庚子	己亥	戊戌	丁酉	丙申	乙未	甲午	癸巳	壬辰	辛卯	庚寅	己丑	戊子	丁亥	丙戌	乙酉	甲申	癸未	壬午	辛巳	庚辰
요일	월	일	토	금	목	수	화	월	일	토	금	목	수	화	월	일	토	금	목	수	화	월	일	토	금	목	수	화	월	일

12月大(丁丑)소한

절기	대한							소한																						
음력	30	29	28	27	26	25	24	23	**22**	21	20	19	18	17	16	15	14	13	12	11	10	9	**7**	6	5	4	3	2	1	
순행	2	2	3	3	4	4	5	5	5	6	6	6	7	7	7	8	8	8	9	9		1	1	1	2	2	2			
역행	8	7	7	7	6	6	5	5	5	4	4	4	3	3	3	2	2	2	1	1		10	9	9	8	8	8			
월																							01	12						
일	29	28	27	26	25	24	23	22	21	20	19	18	17	16	15	14	13	12	11	10	9	8	7	6	5	4	3	2	1	31
일진	己卯	戊寅	丁丑	丙子	乙亥	甲戌	癸酉	壬申	辛未	庚午	己巳	戊辰	丁卯	丙寅	乙丑	甲子	癸亥	壬戌	辛酉	庚申	己未	戊午	丁巳	丙辰	乙卯	甲寅	癸丑	壬子	辛亥	庚戌
요일	수	화	월	일	토	금	목	수	화	월	일	토	금	목	수	화	월	일	토	금	목	수	화	월	일	토	금	목	수	화

여자 사주에 官이 刑·沖·派·害를 당하면 남편 덕이 전혀 없다.

상문 : 申   대장군 : 東
조객 : 辰   삼 재 : 亥卯未
삼살 : 北

庚午年

서기 1930년
단기 4263년

1月小(戊寅)입춘

절기	우수																							입춘					
음력	29	28	27	26	25	24	23	22	21	20	19	18	17	16	15	14	13	12	11	10	9	8	7	6	5	4	3	2	1
순행	2	3	3	3	4	4	4	5	5	5	6	6	6	7	7	7	8	8	8	9	10				1	1	1	1	2
역행	8	7	7	7	6	6	6	5	5	5	4	4	4	3	3	3	2	2	2	1	1				9	9	9	9	8
월																								02				01	
일	27	26	25	24	23	22	21	20	19	18	17	16	15	14	13	12	11	10	9	8	7	6	5	4	3	2	1	31	30
일진	戊申	丁未	丙午	乙巳	甲辰	癸卯	壬寅	辛丑	庚子	己亥	戊戌	丁酉	丙申	乙未	甲午	癸巳	壬辰	辛卯	庚寅	己丑	戊子	丁亥	丙戌	乙酉	甲申	癸未	壬午	辛巳	庚辰
요일	목	수	화	월	일	토	금	목	수	화	월	일	토	금	목	수	화	월	일	토	금	목	수	화	월	일	토	금	목

2月大(己卯)경칩

절기	춘분																						경칩						
음력	30	29	28	27	26	25	24	23	22	21	20	19	18	17	16	15	14	13	12	11	10	9	8	7	6	5	4	3	2	1
순행	2	3	3	3	4	4	4	5	5	5	6	6	7	7	7	8	8	9	9	9	10			1	1	1	1	2	2	
역행	7	7	7	6	6	6	5	5	5	4	4	4	3	3	3	2	2	2	1	1	1			10	9	9	9	8	8	
월																								03		02				
일	29	28	27	26	25	24	23	22	21	20	19	18	17	16	15	14	13	12	11	10	9	8	7	6	5	4	3	2	1	28
일진	戊寅	丁丑	丙子	乙亥	甲戌	癸酉	壬申	辛未	庚午	己巳	戊辰	丁卯	丙寅	乙丑	甲子	癸亥	壬戌	辛酉	庚申	己未	戊午	丁巳	丙辰	乙卯	甲寅	癸丑	壬子	辛亥	庚戌	己酉
요일	토	금	목	수	화	월	일	토	금	목	수	화	월	일	토	금	목	수	화	월	일	토	금	목	수	화	월	일	토	금

3月大(庚辰)청명

절기	곡우																						청명						
음력	30	29	28	27	26	25	24	23	22	21	20	19	18	17	16	15	14	13	12	11	10	9	8	7	6	5	4	3	2	1
순행	3	3	3	4	4	4	5	5	5	6	6	6	7	7	7	8	8	8	9	9	10			1	1	1	1	2		
역행	8	7	7	7	6	6	6	5	5	5	4	4	4	3	3	3	2	2	2	1	1			10	9	9	9	8		
월																								04		03				
일	28	27	26	25	24	23	22	21	20	19	18	17	16	15	14	13	12	11	10	9	8	7	6	5	4	3	2	1	30
일진	戊申	丁未	丙午	乙巳	甲辰	癸卯	壬寅	辛丑	庚子	己亥	戊戌	丁酉	丙申	乙未	甲午	癸巳	壬辰	辛卯	庚寅	己丑	戊子	丁亥	丙戌	乙酉	甲申	癸未	壬午	辛巳	庚辰	己卯
요일	월	일	토	금	목	수	화	월	일	토	금	목	수	화	월	일	토	금	목	수	화	월	일	토	금	목	수	화	월

4月小(辛巳)입하

절기	소만																						입하					
음력	29	28	27	26	25	24	23	22	21	20	19	18	17	16	15	14	13	12	11	10	9	8	7	6	5	4	3	2	1
순행	3	4	4	4	5	5	5	6	6	6	7	7	7	8	8	8	9	9			1	1	1	1	2	2			
역행	6	6	6	5	5	5	4	4	4	3	3	3	2	2	2	1	1	1			10	9	9	9	8	8			
월																								05		04			
일	27	26	25	24	23	22	21	20	19	18	17	16	15	14	13	12	11	10	9	8	7	6	5	4	3	2	1	30	29
일진	丁丑	丙子	乙亥	甲戌	癸酉	壬申	辛未	庚午	己巳	戊辰	丁卯	丙寅	乙丑	甲子	癸亥	壬戌	辛酉	庚申	己未	戊午	丁巳	丙辰	乙卯	甲寅	癸丑	壬子	辛亥	庚戌	己酉
요일	화	월	일	토	금	목	수	화	월	일	토	금	목	수	화	월	일	토	금	목	수	화	월	일	토	금	목	수	화

5月小(壬午)망종

절기	하지																					망종						
음력	29	28	27	26	25	24	23	22	21	20	19	18	17	16	15	14	13	12	11	10	9	8	7	6	5	4	3	2	1
순행	4	4	4	5	5	6	6	6	7	7	7	8	8	8	9	9	10	10		1	1	1	1	2	2	2	3		
역행	6	6	5	5	5	4	4	4	3	3	3	2	2	2	1	1	1			10	9	9	9	8	8	8	7		
월																							06		05				
일	25	24	23	22	21	20	19	18	17	16	15	14	13	12	11	10	9	8	7	6	5	4	3	2	1	31	30	29	28
일진	丙午	乙巳	甲辰	癸卯	壬寅	辛丑	庚子	己亥	戊戌	丁酉	丙申	乙未	甲午	癸巳	壬辰	辛卯	庚寅	己丑	戊子	丁亥	丙戌	乙酉	甲申	癸未	壬午	辛巳	庚辰	己卯	戊寅
요일	수	화	월	일	토	금	목	수	화	월	일	토	금	목	수	화	월	일	토	금	목	수	화	월	일	토	금	목	수

6月大(癸未)소서

절기	대서																	소서												
음력	30	29	28	27	26	25	24	23	22	21	20	19	18	17	16	15	14	13	12	11	10	9	8	7	6	5	4	3	2	1
순행	5	5	5	5	6	6	6	7	7	8	8	9	9	9	10	10		1	1	1	2	2	2	3	3	3	4	4		
역행	6	5	5	5	4	4	4	3	3	2	2	2	1	1	1			10	10	9	9	9	8	8	8	7	7	7		
월																							07		06					
일	25	24	23	22	21	20	19	18	17	16	15	14	13	12	11	10	9	8	7	6	5	4	3	2	1	30	29	28	27	26
일진	丙子	乙亥	甲戌	癸酉	壬申	辛未	庚午	己巳	戊辰	丁卯	丙寅	乙丑	甲子	癸亥	壬戌	辛酉	庚申	己未	戊午	丁巳	丙辰	乙卯	甲寅	癸丑	壬子	辛亥	庚戌	己酉	戊申	丁未
요일	금	목	수	화	월	일	토	금	목	수	화	월	일	토	금	목	수	화	월	일	토	금	목	수	화	월	일	토	금	목

壬日生 사주에 庚午·庚戌이 있으면 부자 팔자이다.

음6月小

절기															입추														
음력	29	28	27	26	25	24	23	22	21	20	19	18	17	16	15	**14**	13	12	11	10	9	8	7	6	5	4	3	2	1
순행	5	6	6	6	7	7	7	8	8	8	9	9	9	10	10		1	1	1	1	2	2	2	3	3	3	4	4	4
역행	5	5	4	4	4	3	3	3	2	2	2	1	1	1		10	10	9	9	9	8	8	8	7	7	7	6	6	
월/양력																**08**												**07**	
일	23	22	21	20	19	18	17	16	15	14	13	12	11	10	9	8	7	6	5	4	3	2	1	31	30	29	28	27	26
일진	乙巳	甲辰	癸卯	壬寅	辛丑	庚子	己亥	戊戌	丁酉	丙申	乙未	甲午	癸巳	壬辰	辛卯	庚寅	己丑	戊子	丁亥	丙戌	乙酉	甲申	癸未	壬午	辛巳	庚辰	己卯	戊寅	丁丑
요일	토	금	목	수	화	월	일	토	금	목	수	화	일	토	금	목	수	화	월	일	토	금	목	수	화	월	일	일	토

7月小(甲申)입추

절기	백로													처서														
음력	29	28	27	26	25	24	23	22	21	20	19	18	17	**16**	15	14	13	12	11	10	9	8	7	6	5	4	3	2	1
순행	6	6	7	7	7	8	8	8	9	9	9	10	10		1	1	1	1	2	2	2	3	3	3	4	4	4	5	5
역행	4	4	4	3	3	3	2	2	2	1	1	1		10	10	9	9	9	8	8	7	7	7	6	6	6	5	5	
월/양력														**09**														**08**
일	21	20	19	18	17	16	15	14	13	12	11	10	9	8	7	6	5	4	3	2	1	31	30	29	28	27	26	25	24
일진	甲戌	癸酉	壬申	辛未	庚午	己巳	戊辰	丁卯	丙寅	乙丑	甲子	癸亥	壬戌	辛酉	庚申	己未	戊午	丁巳	丙辰	乙卯	甲寅	癸丑	壬子	辛亥	庚戌	己酉	戊申	丁未	丙午
요일	일	토	금	목	수	화	월	일	토	금	목	수	화	월	일	토	금	목	수	화	월	일	토	금	목	수	화	월	일

8月大(乙酉)백로

절기	한로											추분																
음력	30	29	28	27	26	25	24	23	22	21	20	19	**18**	17	16	15	14	13	12	11	10	9	8	7	6	5	4	3	2	1
순행	6	6	7	7	7	8	8	8	9	9	9	10		1	1	1	2	2	2	3	3	3	4	4	4	5	5	5	6
역행	4	4	3	3	3	2	2	2	1	1	1		10	10	10	9	9	8	8	8	7	7	7	6	6	6	5	5	5
월/양력													**10**														**09**	
일	21	20	19	18	17	16	15	14	13	12	11	10	9	8	7	6	5	4	3	2	1	30	29	28	27	26	25	24	23	22
일진	甲辰	癸卯	壬寅	辛丑	庚子	己亥	戊戌	丁酉	丙申	乙未	甲午	癸巳	壬辰	辛卯	庚寅	己丑	戊子	丁亥	丙戌	乙酉	甲申	癸未	壬午	辛巳	庚辰	己卯	戊寅	丁丑	丙子	乙亥
요일	화	월	일	토	금	수	화	월	일	토	금	목	수	화	월	일	토	금	목	수	화	월	일	토	금	목	수	화	월	

9月小(丙戌)한로

절기	입동											상강																
음력	29	28	27	26	25	24	23	22	21	20	19	**18**	17	16	15	14	13	12	11	10	9	8	7	6	5	4	3	2	1
순행	6	7	7	7	8	8	8	9	9	9	10		1	1	1	1	2	2	2	3	3	3	4	4	4	5	5	5
역행	4	3	3	3	2	2	2	1	1	1		10	9	9	9	8	8	7	7	7	6	6	6	5	5	5	4	
월/양력													**11**													**10**		
일	19	18	17	16	15	14	13	12	11	10	9	8	7	6	5	4	3	2	1	31	30	29	28	27	26	25	24	23	22
일진	癸酉	壬申	辛未	庚午	己巳	戊辰	丁卯	丙寅	乙丑	甲子	癸亥	壬戌	辛酉	庚申	己未	戊午	丁巳	丙辰	乙卯	甲寅	癸丑	壬子	辛亥	庚戌	己酉	戊申	丁未	丙午	乙巳
요일	수	화	월	일	토	금	목	수	화	월	일	토	금	목	수	화	월	일	토	금	목	수	화	월	일	토	금	목	수

10月大(丁亥)입동

절기	대설											소설																
음력	30	29	28	27	26	25	24	23	22	21	20	**19**	18	17	16	15	14	13	12	11	10	9	8	7	6	5	4	3	2	1
순행	6	6	7	7	7	8	8	8	9	9	9		1	1	1	1	2	2	2	3	3	3	4	4	4	5	5	5	6
역행	4	3	3	3	2	2	2	1	1	1		10	9	9	9	8	8	7	7	7	6	6	6	5	5	5	4	4	
월/양력													**12**													**11**		
일	19	18	17	16	15	14	13	12	11	10	9	8	7	6	5	4	3	2	1	30	29	28	27	26	25	24	23	22	21	20
일진	癸卯	壬寅	辛丑	庚子	己亥	戊戌	丁酉	丙申	乙未	甲午	癸巳	壬辰	辛卯	庚寅	己丑	戊子	丁亥	丙戌	乙酉	甲申	癸未	壬午	辛巳	庚辰	己卯	戊寅	丁丑	丙子	乙亥	甲戌
요일	금	목	수	화	월	일	토	금	목	수	화	월	일	토	금	목	수	화	월	일	토	금	목	수	화	월	일	토	금	목

11月大(戊子)대설

절기	소한											동지																
음력	30	29	28	27	26	25	24	23	22	21	20	**19**	18	17	16	15	14	13	12	11	10	9	8	7	6	5	4	3	2	1
순행	6	6	7	7	7	8	8	8	9	9	9		1	1	1	1	2	2	2	3	3	3	4	4	4	5	5	5	6
역행	4	4	3	3	3	2	2	2	1	1	1		9	9	9	8	8	7	7	7	6	6	6	5	5	5	4	4	
월/양력													**01**													**12**		
일	18	17	16	15	14	13	12	11	10	9	8	7	6	5	4	3	2	1	31	30	29	28	27	26	25	24	23	22	21	20
일진	癸酉	壬申	辛未	庚午	己巳	戊辰	丁卯	丙寅	乙丑	甲子	癸亥	壬戌	辛酉	庚申	己未	戊午	丁巳	丙辰	乙卯	甲寅	癸丑	壬子	辛亥	庚戌	己酉	戊申	丁未	丙午	乙巳	甲辰
요일	토	금	목	수	화	월	일	토	금	목	수	화	월	일	토	금	목	수	화	월	일	토	금	목	수	화	월	일	토	금

12月大(己丑)소한

절기	입춘											대한																
음력	29	28	27	26	25	24	23	22	21	20	19	**18**	17	16	15	14	13	12	11	10	9	8	7	6	5	4	3	2	1
순행	6	6	7	7	7	8	8	8	9	9	9		1	1	1	1	2	2	2	3	3	3	4	4	4	5	5	5
역행	4	4	3	3	3	2	2	2	1	1	1		10	9	9	8	8	7	7	7	6	6	6	5	5	5	4	
월/양력													**02**													**01**		
일	16	15	14	13	12	11	10	9	8	7	6	5	4	3	2	1	31	30	29	28	27	26	25	24	23	22	21	20	19
일진	壬寅	辛丑	庚子	己亥	戊戌	丁酉	丙申	乙未	甲午	癸巳	壬辰	辛卯	庚寅	己丑	戊子	丁亥	丙戌	乙酉	甲申	癸未	壬午	辛巳	庚辰	己卯	戊寅	丁丑	丙子	乙亥	甲戌
요일	일	일	토	금	목	수	화	월	일	토	금	목	수	화	월	일	토	금	목	수	화	월	일	토	금	목	수	화	월

남자 사주에 財가 용신이면 처는 예쁘고 처로 인하여 출세한다.

상문 : 酉 대장군 : 東
조객 : 巳 삼 재 : 亥卯未
삼살 : 西

辛未年

서기 1931년
단기 4264년

1月大(庚寅)입춘

절기														경칩														우수		
음력	30	29	28	27	26	25	24	23	22	21	20	19	**18**	17	16	15	14	13	12	11	10	9	8	7	6	5	4	**3**	2	1
순행	6	7	7	7	8	8	8	9	9	9	10	10		1	1	1	1	2	2	2	3	3	3	4	4	4	5	5	5	5
역행	4	4	3	3	3	2	2	2	1	1	1		9	9	9	8	8	8	7	7	7	6	6	6	5	5	5	4		
월	03																											02		
일	18	17	16	15	14	13	12	11	10	9	8	7	6	5	4	3	2	1	28	27	26	25	24	23	22	21	20	19	18	17
일진	壬申	辛未	庚午	己巳	戊辰	丁卯	丙寅	乙丑	甲子	癸亥	壬戌	辛酉	庚申	己未	戊午	丁巳	丙辰	乙卯	甲寅	癸丑	壬子	辛亥	庚戌	己酉	戊申	丁未	丙午	乙巳	甲辰	癸卯
요일	수	화	일	토	금	목	수	화	월	일	토	금	목	수	화	월	일	토	금	목	수	화	월	일	토	금	목	수	화	

2月大(辛卯)경칩

절기											청명																춘분			
음력	30	29	28	27	26	25	24	23	22	21	**19**	18	17	16	15	14	13	12	11	10	9	8	7	6	5	4	**3**	2	1	
순행	6	7	7	7	8	8	8	9	9	9	10		1	1	1	1	2	2	2	3	3	3	4	4	4	5	5	6	6	
역행	4	3	3	3	2	2	2	1	1	1		10	9	9	9	8	8	8	7	7	7	6	6	6	5	5	5	4		
월	04																										03			
일	17	16	15	14	13	12	11	10	9	8	7	6	5	4	3	2	1	31	30	29	28	27	26	25	24	23	22	21	20	19
일진	壬寅	辛丑	庚子	己亥	戊戌	丁酉	丙申	乙未	甲午	癸巳	壬辰	辛卯	庚寅	己丑	戊子	丁亥	丙戌	乙酉	甲申	癸未	壬午	辛巳	庚辰	己卯	戊寅	丁丑	丙子	乙亥	甲戌	癸酉
요일	금	목	수	화	월	일	토	금	목	수	화	월	일	토	금	목	수	화	월	일	토	금	목	수	화	월	일	토	금	목

3月大(壬辰)청명

절기											입하																곡우			
음력	30	29	28	27	26	25	24	23	22	21	**19**	18	17	16	15	14	13	12	11	10	9	8	7	6	5	**4**	3	2	1	
순행	7	7	8	8	8	9	9	9	10	10	10		1	1	1	1	2	2	2	3	3	3	4	4	4	5	5	5	5	
역행	4	3	3	3	2	2	2	1	1	1		10	9	9	9	8	8	8	7	7	7	6	6	6	5	5	5	4		
월	05																										04			
일	17	16	15	14	13	12	11	10	9	8	7	6	5	4	3	2	1	31	30	29	28	27	26	25	24	23	22	21	20	19
일진	壬申	辛未	庚午	己巳	戊辰	丁卯	丙寅	乙丑	甲子	癸亥	壬戌	辛酉	庚申	己未	戊午	丁巳	丙辰	乙卯	甲寅	癸丑	壬子	辛亥	庚戌	己酉	戊申	丁未	丙午	乙巳	甲辰	癸卯
요일	일	토	금	목	수	화	월	일	토	금	목	수	화	월	일	토	금	목	수	화	월	일	토	금	목	수	화	월	일	토

4月小(癸巳)입하

절기								망종																소만					
음력	29	28	27	26	25	24	23	22	**21**	20	19	18	17	16	15	14	13	12	11	10	9	8	7	6	5	**4**	3	2	1
순행	8	8	8	9	9	10	10	10		1	1	1	2	2	2	3	3	4	4	4	5	5	5	6	6	6	6		
역행	3	2	2	2	1	1	1		10	9	9	9	8	8	8	7	7	7	6	6	6	5	5	5	4	4	4	3	
월	06																							05					
일	15	14	13	12	11	10	9	8	7	6	5	4	3	2	1	31	30	29	28	27	26	25	24	23	22	21	20	19	18
일진	辛丑	庚子	己亥	戊戌	丁酉	丙申	乙未	甲午	癸巳	壬辰	辛卯	庚寅	己丑	戊子	丁亥	丙戌	乙酉	甲申	癸未	壬午	辛巳	庚辰	己卯	戊寅	丁丑	丙子	乙亥	甲戌	癸酉
요일	월	일	토	금	목	수	화	월	일	토	금	목	수	화	월	일	토	금	목	수	화	월	일	토	금	목	수	화	월

5月小(甲午)망종

절기					소서																		하지						
음력	29	28	27	26	25	**23**	22	21	20	19	18	17	16	15	14	13	12	11	10	9	8	**7**	6	5	4	3	2	1	
순행	8	9	9	9	10	10		1	1	1	2	2	2	3	3	3	4	4	4	5	5	5	6	6	6	7	7	7	
역행	2	2	1	1	1		10	10	9	9	9	8	8	8	7	7	7	6	6	6	5	5	5	4	4	4	3	3	
월	07																						06						
일	14	13	12	11	10	9	8	7	6	5	4	3	2	1	31	30	29	28	27	26	25	24	23	22	21	20	19	18	17	16
일진	庚午	己巳	戊辰	丁卯	丙寅	乙丑	甲子	癸亥	壬戌	辛酉	庚申	己未	戊午	丁巳	丙辰	乙卯	甲寅	癸丑	壬子	辛亥	庚戌	己酉	戊申	丁未	丙午	乙巳	甲辰	癸卯	壬寅
요일	화	월	일	토	금	목	수	화	월	일	토	금	목	수	화	월	일	토	금	목	수	화	월	일	토	금	목	수	화

6月大(乙未)소서

절기				입추																대서									
음력	30	29	28	27	**25**	24	23	22	21	20	19	18	17	16	15	14	13	12	11	**10**	9	8	7	6	5	4	3	2	1
순행	9	9	10	10	10		1	1	1	2	2	3	3	3	4	4	4	5	5	5	6	6	6	7	7	7	8	8	8
역행	2	1	1	1		10	10	9	9	8	8	8	7	7	7	6	6	6	5	5	5	4	4	4	3	3	3	2	
월	08																							07					
일	13	12	11	10	9	8	7	6	5	4	3	2	1	31	30	29	28	27	26	25	24	23	22	21	20	19	18	17	16	15
일진	庚子	己亥	戊戌	丁酉	丙申	乙未	甲午	癸巳	壬辰	辛卯	庚寅	己丑	戊子	丁亥	丙戌	乙酉	甲申	癸未	壬午	辛巳	庚辰	己卯	戊寅	丁丑	丙子	乙亥	甲戌	癸酉	壬申	辛未
요일	목	수	화	월	일	토	금	목	수	화	월	일	토	금	목	수	화	월	일	토	금	목	수	화	월	일	토	금	목	수

辛日生 사주에 己卯·己亥가 있으면 부자 팔자이다.

7月小(丙申)입추 — 절기: 백로 / 처서

절기	백로 (27) / 처서 (11)
음력	29 28 **27** 26 25 24 23 22 21 20 19 18 17 16 15 14 13 12 **11** 10 9 8 7 6 5 4 3 2 1
순행	9 10 · 1 1 1 1 2 2 2 3 3 3 4 4 4 5 5 5 6 6 6 7 7 7 8 8 8 9
역행	1 1 · 10 10 10 9 9 9 8 8 8 7 7 7 6 6 6 5 5 5 4 4 4 3 3 3 2 2
월	09 … 08
일	11 10 9 8 7 6 5 4 3 2 1 31 30 29 28 27 26 25 24 23 22 21 20 19 18 17 16 15 14
일진	己 戊 丁 丙 乙 甲 癸 壬 辛 庚 己 戊 丁 丙 乙 甲 癸 壬 辛 庚 己 戊 丁 丙 乙 甲 癸 壬 辛
	巳 辰 卯 寅 丑 子 亥 戌 酉 申 未 午 巳 辰 卯 寅 丑 子 亥 戌 酉 申 未 午 巳 辰 卯 寅 丑
요일	금 목 수 화 월 일 토 금 목 수 화 월 일 토 금 목 수 화 월 일 토 금 목 수 화 월 일 토 금

8月小(丁酉)백로 — 절기: 한로 / 추분

절기	한로 (28) / 추분 (13)
음력	29 **28** 27 26 25 24 23 22 21 20 19 18 17 16 15 14 **13** 12 11 10 9 8 7 6 5 4 3 2 1
순행	10 · 1 1 1 1 2 2 2 3 3 3 4 4 4 5 5 5 6 6 6 7 7 7 8 8 8 9 9
역행	1 · 10 9 9 9 8 8 8 7 7 7 6 6 6 5 5 5 4 4 4 3 3 3 2 2 2 1 1
월	10 … 09
일	10 9 8 7 6 5 4 3 2 1 30 29 28 27 26 25 24 23 22 21 20 19 18 17 16 15 14 13 12
일진	戊 丁 丙 乙 甲 癸 壬 辛 庚 己 戊 丁 丙 乙 甲 癸 壬 辛 庚 己 戊 丁 丙 乙 甲 癸 壬 辛 庚
	戌 酉 申 未 午 巳 辰 卯 寅 丑 子 亥 戌 酉 申 未 午 巳 辰 卯 寅 丑 子 亥 戌 酉 申 未 午
요일	토 금 목 수 화 월 일 토 금 목 수 화 월 일 토 금 목 수 화 월 일 토 금 목 수 화 월 일 토

9月大(戊戌)한로 — 절기: 입동 / 상강

절기	입동 (29) / 상강 (14)
음력	30 **29** 28 27 26 25 24 23 22 21 20 19 18 17 16 15 **14** 13 12 11 10 9 8 7 6 5 4 3 2 1
순행	10 · 1 1 1 1 2 2 2 3 3 3 4 4 4 5 5 5 6 6 6 7 7 7 8 8 8 9 9 9
역행	1 · 10 9 9 9 8 8 8 7 7 7 6 6 6 5 5 5 4 4 4 3 3 3 2 2 2 1 1 1
월	11 … 10
일	9 8 7 6 5 4 3 2 1 31 30 29 28 27 26 25 24 23 22 21 20 19 18 17 16 15 14 13 12 11
일진	戊 丁 丙 乙 甲 癸 壬 辛 庚 己 戊 丁 丙 乙 甲 癸 壬 辛 庚 己 戊 丁 丙 乙 甲 癸 壬 辛 庚 己
	辰 卯 寅 丑 子 亥 戌 酉 申 未 午 巳 辰 卯 寅 丑 子 亥 戌 酉 申 未 午 巳 辰 卯 寅 丑 子 亥
요일	월 일 토 금 목 수 화 월 일 토 금 목 수 화 월 일 토 금 목 수 화 월 일 토 금 목 수 화 월 일

10月小(己亥)입동 — 절기: 대설 / 소설

절기	대설 (29) / 소설 (14)
음력	**29** 28 27 26 25 24 23 22 21 20 19 18 17 16 15 **14** 13 12 11 10 9 8 7 6 5 4 3 2 1
순행	1 1 1 1 2 2 2 3 3 3 4 4 4 5 5 5 6 6 6 7 7 7 8 8 8 9 9 9
역행	10 9 9 9 8 8 8 7 7 7 6 6 6 5 5 5 4 4 4 3 3 3 2 2 2 1 1 1
월	12 … 11
일	8 7 6 5 4 3 2 1 30 29 28 27 26 25 24 23 22 21 20 19 18 17 16 15 14 13 12 11 10
일진	丁 丙 乙 甲 癸 壬 辛 庚 己 戊 丁 丙 乙 甲 癸 壬 辛 庚 己 戊 丁 丙 乙 甲 癸 壬 辛 庚 己
	酉 申 未 午 巳 辰 卯 寅 丑 子 亥 戌 酉 申 未 午 巳 辰 卯 寅 丑 子 亥 戌 酉 申 未 午 巳
요일	화 월 일 토 금 목 수 화 월 일 토 금 목 수 화 월 일 토 금 목 수 화 월 일 토 금 목 수 화

11月大(庚子)대설 — 절기: 소한 / 동지

절기	소한 (29) / 동지 (15)
음력	30 **29** 28 27 26 25 24 23 22 21 20 19 18 17 16 **15** 14 13 12 11 10 9 8 7 6 5 4 3 2 1
순행	10 · 1 1 1 1 2 2 2 3 3 3 4 4 4 5 5 5 6 6 6 7 7 7 8 8 8 9 9 9
역행	1 · 9 9 9 8 8 8 7 7 7 6 6 6 5 5 5 4 4 4 3 3 3 2 2 2 1 1 1 1
월	01 … 12
일	7 6 5 4 3 2 1 31 30 29 28 27 26 25 24 23 22 21 20 19 18 17 16 15 14 13 12 11 10 9
일진	丁 丙 乙 甲 癸 壬 辛 庚 己 戊 丁 丙 乙 甲 癸 壬 辛 庚 己 戊 丁 丙 乙 甲 癸 壬 辛 庚 己 戊
	卯 寅 丑 子 亥 戌 酉 申 未 午 巳 辰 卯 寅 丑 子 亥 戌 酉 申 未 午 巳 辰 卯 寅 丑 子 亥 戌
요일	목 수 화 월 일 토 금 목 수 화 월 일 토 금 목 수 화 월 일 토 금 목 수 화 월 일 토 금 목 수

12月小(辛丑)소한 — 절기: 입춘 / 대한

절기	입춘 (29) / 대한 (14)
음력	**29** 28 27 26 25 24 23 22 21 20 19 18 17 16 15 **14** 13 12 11 10 9 8 7 6 5 4 3 2 1
순행	1 1 1 1 2 2 2 3 3 3 4 4 4 5 5 5 6 6 6 7 7 7 8 8 8 9 9 9
역행	10 9 9 9 8 8 8 7 7 7 6 6 6 5 5 5 4 4 4 3 3 3 2 2 2 1 1 1
월	02 … 01
일	5 4 3 2 1 31 30 29 28 27 26 25 24 23 22 21 20 19 18 17 16 15 14 13 12 11 10 9 8
일진	丙 乙 甲 癸 壬 辛 庚 己 戊 丁 丙 乙 甲 癸 壬 辛 庚 己 戊 丁 丙 乙 甲 癸 壬 辛 庚 己 戊
	申 未 午 巳 辰 卯 寅 丑 子 亥 戌 酉 申 未 午 巳 辰 卯 寅 丑 子 亥 戌 酉 申 未 午 巳 辰
요일	금 목 수 화 월 일 토 금 목 수 화 월 일 토 금 목 수 화 월 일 토 금 목 수 화 월 일 토

여자 사주에 편관이 암합하고 있으면 사통(간통)할 염려가 있다.

상문:戌 대장군:南
조객:午 삼재:寅午戌
삼살:南

壬申年

서기 1932년
단기 4265년

1月大(壬寅)입춘

절기: 경칩(음력30, 양력 3.6), 우수(음력15, 양력 2.20)
순행: 1 1 1 1 2 2 2 3 3 4 4 5 5 5 6 6 7 7 7 8 8 9 9 10
역행: 10 9 9 9 8 8 8 7 7 6 6 6 5 5 5 4 4 3 3 2 2 1 1 1
양력 월: 03 / 02

음력	양력	일진	요일
1	2.6	丁酉	토
2	2.7	戊戌	일
3	2.8	己亥	월
4	2.9	庚子	화
5	2.10	辛丑	수
6	2.11	壬寅	목
7	2.12	癸卯	금
8	2.13	甲辰	토
9	2.14	乙巳	일
10	2.15	丙午	월
11	2.16	丁未	화
12	2.17	戊申	수
13	2.18	己酉	목
14	2.19	庚戌	금
15	2.20	辛亥	토 (우수)
16	2.21	壬子	일
17	2.22	癸丑	월
18	2.23	甲寅	화
19	2.24	乙卯	수
20	2.25	丙辰	목
21	2.26	丁巳	금
22	2.27	戊午	토
23	2.28	己未	일
24	2.29	庚申	월
25	3.1	辛酉	화
26	3.2	壬戌	수
27	3.3	癸亥	목
28	3.4	甲子	금
29	3.5	乙丑	토
30	3.6	丙寅	일 (경칩)

2月大(癸卯)경칩

절기: 청명(음력30, 양력 4.5), 춘분(음력15, 양력 3.21)
양력 월: 04 / 03

음력	양력	일진	요일
1	3.7	丁卯	월
2	3.8	戊辰	화
3	3.9	己巳	수
4	3.10	庚午	목
5	3.11	辛未	금
6	3.12	壬申	토
7	3.13	癸酉	일
8	3.14	甲戌	월
9	3.15	乙亥	화
10	3.16	丙子	수
11	3.17	丁丑	목
12	3.18	戊寅	금
13	3.19	己卯	토
14	3.20	庚辰	일
15	3.21	辛巳	월 (춘분)
16	3.22	壬午	화
17	3.23	癸未	수
18	3.24	甲申	목
19	3.25	乙酉	금
20	3.26	丙戌	토
21	3.27	丁亥	일
22	3.28	戊子	월
23	3.29	己丑	화
24	3.30	庚寅	수
25	3.31	辛卯	목
26	4.1	壬辰	금
27	4.2	癸巳	토
28	4.3	甲午	일
29	4.4	乙未	월
30	4.5	丙申	화 (청명)

3月大(甲辰)청명

절기: 곡우(음력15, 양력 4.20)
양력 월: 05 / 04

음력	양력	일진	요일
1	4.6	丁酉	수
2	4.7	戊戌	목
3	4.8	己亥	금
4	4.9	庚子	토
5	4.10	辛丑	일
6	4.11	壬寅	월
7	4.12	癸卯	화
8	4.13	甲辰	수
9	4.14	乙巳	목
10	4.15	丙午	금
11	4.16	丁未	토
12	4.17	戊申	일
13	4.18	己酉	월
14	4.19	庚戌	화
15	4.20	辛亥	수 (곡우)
16	4.21	壬子	목
17	4.22	癸丑	금
18	4.23	甲寅	토
19	4.24	乙卯	일
20	4.25	丙辰	월
21	4.26	丁巳	화
22	4.27	戊午	수
23	4.28	己未	목
24	4.29	庚申	금
25	4.30	辛酉	토
26	5.1	壬戌	일
27	5.2	癸亥	월
28	5.3	甲子	화
29	5.4	乙丑	수
30	5.5	丙寅	목

4月小(乙巳)입하

절기: 소만(음력16, 양력 5.21), 입하(음력1, 양력 5.6)
양력 월: 06 / 05

음력	양력	일진	요일
1	5.6	丁卯	금 (입하)
2	5.7	戊辰	토
3	5.8	己巳	일
4	5.9	庚午	월
5	5.10	辛未	화
6	5.11	壬申	수
7	5.12	癸酉	목
8	5.13	甲戌	금
9	5.14	乙亥	토
10	5.15	丙子	일
11	5.16	丁丑	월
12	5.17	戊寅	화
13	5.18	己卯	수
14	5.19	庚辰	목
15	5.20	辛巳	금
16	5.21	壬午	토 (소만)
17	5.22	癸未	일
18	5.23	甲申	월
19	5.24	乙酉	화
20	5.25	丙戌	수
21	5.26	丁亥	목
22	5.27	戊子	금
23	5.28	己丑	토
24	5.29	庚寅	일
25	5.30	辛卯	월
26	5.31	壬辰	화
27	6.1	癸巳	수
28	6.2	甲午	목
29	6.3	乙未	금

5月大(丙午)망종

절기: 하지(음력19, 양력 6.22), 망종(음력3, 양력 6.6)
양력 월: 07 / 06

음력	양력	일진	요일
1	6.4	丙申	토
2	6.5	丁酉	일
3	6.6	戊戌	월 (망종)
4	6.7	己亥	화
5	6.8	庚子	수
6	6.9	辛丑	목
7	6.10	壬寅	금
8	6.11	癸卯	토
9	6.12	甲辰	일
10	6.13	乙巳	월
11	6.14	丙午	화
12	6.15	丁未	수
13	6.16	戊申	목
14	6.17	己酉	금
15	6.18	庚戌	토
16	6.19	辛亥	일
17	6.20	壬子	월
18	6.21	癸丑	화
19	6.22	甲寅	수 (하지)
20	6.23	乙卯	목
21	6.24	丙辰	금
22	6.25	丁巳	토
23	6.26	戊午	일
24	6.27	己未	월
25	6.28	庚申	화
26	6.29	辛酉	수
27	6.30	壬戌	목
28	7.1	癸亥	금
29	7.2	甲子	토
30	7.3	乙丑	일

6月小(丁未)소서

절기: 대서(음력20, 양력 7.23), 소서(음력4, 양력 7.7)
양력 월: 08 / 07

음력	양력	일진	요일
1	7.4	丙寅	월
2	7.5	丁卯	화
3	7.6	戊辰	수
4	7.7	己巳	목 (소서)
5	7.8	庚午	금
6	7.9	辛未	토
7	7.10	壬申	일
8	7.11	癸酉	월
9	7.12	甲戌	화
10	7.13	乙亥	수
11	7.14	丙子	목
12	7.15	丁丑	금
13	7.16	戊寅	토
14	7.17	己卯	일
15	7.18	庚辰	월
16	7.19	辛巳	화
17	7.20	壬午	수
18	7.21	癸未	목
19	7.22	甲申	금
20	7.23	乙酉	토 (대서)
21	7.24	丙戌	일
22	7.25	丁亥	월
23	7.26	戊子	화
24	7.27	己丑	수
25	7.28	庚寅	목
26	7.29	辛卯	금
27	7.30	壬辰	토
28	7.31	癸巳	일
29	8.1	甲午	월

一支나 時支에 戌이나 亥가 있고 천을귀인이 되면 머리가 비상하다.

7月大(戊申)입추

절기								처서																입추						
음력	30	29	28	27	26	25	24	22	21	20	19	18	17	16	15	14	13	12	11	10	9	8	7	6	5	4	3	2	1	
순행	3	3	3	4	4	4	5	5	6	6	6	7	7	7	8	8	8	9	9	9	10	10	1	1	1	1	2	2		
역행	8	7	7	7	6	6	6	5	5	5	4	4	4	3	3	3	2	2	2	1	1	1	10	10	10	9	9	9		
양력(월)	08																													
일	31	30	29	28	27	26	25	24	23	22	21	20	19	18	17	16	15	14	13	12	11	10	9	8	7	6	5	4	3	2
일진	甲	癸	壬	辛	庚	己	戊	丁	丙	乙	甲	癸	壬	辛	庚	己	戊	丁	丙	乙	甲	癸	壬	辛	庚	己	戊	丁	丙	乙
	子	亥	戌	酉	申	未	午	巳	辰	卯	寅	丑	子	亥	戌	酉	申	未	午	巳	辰	卯	寅	丑	子	亥	戌	酉	申	未
요일	수	화	월	일	토	금	목	수	화	월	일	토	금	목	수	화	월	일	토	금	목	수	화	월	일	토	금	목	수	화

8月小(己酉)백로

절기						추분														백로								
음력	29	28	27	26	25	24	23	22	21	20	19	18	17	16	15	14	13	12	11	10	9	8	7	6	5	4	3	2	1
순행	3	3	4	4	5	5	5	6	6	6	7	7	7	8	8	8	9	9	9	10	1	1	1	2	2	2		
역행	7	7	6	6	5	5	5	4	4	4	3	3	3	2	2	2	1	1	1	10	10	9	9	9	8	8		
양력(월)	09																												
일	29	28	27	26	25	24	23	22	21	20	19	18	17	16	15	14	13	12	11	10	9	8	7	6	5	4	3	2	1
일진	癸	壬	辛	庚	己	戊	丁	丙	乙	甲	癸	壬	辛	庚	己	戊	丁	丙	乙	甲	癸	壬	辛	庚	己	戊	丁	丙	乙
	巳	辰	卯	寅	丑	子	亥	戌	酉	申	未	午	巳	辰	卯	寅	丑	子	亥	戌	酉	申	未	午	巳	辰	卯	寅	丑
요일	목	수	화	월	일	토	금	목	수	화	월	일	토	금	목	수	화	월	일	토	금	목	수	화	월	일	토	금	목

9月小(庚戌)한로

절기					상강														한로									
음력	29	28	27	26	25	24	23	22	21	20	19	18	17	16	15	14	13	12	11	10	9	8	7	6	5	4	3	2	1
순행	3	4	4	5	5	5	6	6	6	7	7	7	8	8	8	9	9	9	10	1	1	1	1	2	2	2	3	
역행	7	6	6	6	5	5	5	4	4	4	3	3	3	2	2	2	1	1	1	10	9	9	9	8	8	8	7	
양력(월)	10	09																										
일	28	27	26	25	24	23	22	21	20	19	18	17	16	15	14	13	12	11	10	9	8	7	6	5	4	3	2	1	30
일진	壬	辛	庚	己	戊	丁	丙	乙	甲	癸	壬	辛	庚	己	戊	丁	丙	乙	甲	癸	壬	辛	庚	己	戊	丁	丙	乙	甲
	戌	酉	申	未	午	巳	辰	卯	寅	丑	子	亥	戌	酉	申	未	午	巳	辰	卯	寅	丑	子	亥	戌	酉	申	未	午
요일	금	목	수	화	월	일	토	금	목	수	화	월	일	토	금	목	수	화	월	일	토	금	목	수	화	월	일	토	금

10月大(辛亥)입동

절기						소설													입동											
음력	30	29	28	27	26	25	24	23	22	21	20	19	18	17	16	15	14	13	12	11	10	9	8	7	6	5	4	3	2	1
순행	3	4	4	4	5	5	5	6	6	6	7	7	7	8	8	8	9	9	9	10	1	1	1	2	2	2	3	3		
역행	7	6	6	6	5	5	5	4	4	4	3	3	3	2	2	2	1	1	1	10	9	9	9	8	8	8	7	7		
양력(월)	11	10																												
일	27	26	25	24	23	22	21	20	19	18	17	16	15	14	13	12	11	10	9	8	7	6	5	4	3	2	1	31	30	29
일진	壬	辛	庚	己	戊	丁	丙	乙	甲	癸	壬	辛	庚	己	戊	丁	丙	乙	甲	癸	壬	辛	庚	己	戊	丁	丙	乙	甲	癸
	辰	卯	寅	丑	子	亥	戌	酉	申	未	午	巳	辰	卯	寅	丑	子	亥	戌	酉	申	未	午	巳	辰	卯	寅	丑	子	亥
요일	일	토	금	목	수	화	월	일	토	금	목	수	화	월	일	토	금	목	수	화	월	일	토	금	목	수	화	월	일	토

11月小(壬子)대설

절기					동지														대설										
음력	29	28	27	26	25	24	23	22	21	20	19	18	17	16	15	14	13	12	11	10	9	8	7	6	5	4	3	2	1
순행	4	4	5	5	6	6	6	7	7	7	8	8	8	9	9	9	10	1	1	1	2	2	2	3	3	3			
역행	6	6	5	5	4	4	4	3	3	3	2	2	2	1	1	1	10	9	9	9	8	8	8	7	7	7			
양력(월)	12	11																											
일	26	25	24	23	22	21	20	19	18	17	16	15	14	13	12	11	10	9	8	7	6	5	4	3	2	1	30	29	28
일진	辛	庚	己	戊	丁	丙	乙	甲	癸	壬	辛	庚	己	戊	丁	丙	乙	甲	癸	壬	辛	庚	己	戊	丁	丙	乙	甲	癸
	酉	申	未	午	巳	辰	卯	寅	丑	子	亥	戌	酉	申	未	午	巳	辰	卯	寅	丑	子	亥	戌	酉	申	未	午	巳
요일	월	일	토	금	목	수	화	월	일	토	금	목	수	화	월	일	토	금	목	수	화	월	일	토	금	목	수	화	월

12月大(癸丑)소한

절기						대한														소한										
음력	30	29	28	27	26	25	24	23	22	21	20	19	18	17	16	15	14	13	12	11	10	9	8	7	6	5	4	3	2	1
순행	3	4	4	4	5	5	5	6	6	7	7	7	8	8	8	9	9	9	1	1	1	1	2	2	2	3	3	3		
역행	6	6	5	5	5	4	4	4	3	3	3	2	2	2	1	1	1	10	9	9	9	8	8	8	7	7	7			
양력(월)	01	12																												
일	25	24	23	22	21	20	19	18	17	16	15	14	13	12	11	10	9	8	7	6	5	4	3	2	1	31	30	29	28	27
일진	辛	庚	己	戊	丁	丙	乙	甲	癸	壬	辛	庚	己	戊	丁	丙	乙	甲	癸	壬	辛	庚	己	戊	丁	丙	乙	甲	癸	壬
	卯	寅	丑	子	亥	戌	酉	申	未	午	巳	辰	卯	寅	丑	子	亥	戌	酉	申	未	午	巳	辰	卯	寅	丑	子	亥	戌
요일	수	화	월	일	토	금	목	수	화	월	일	토	금	목	수	화	월	일	토	금	목	수	화	월	일	토	금	목	수	화

여자 사주에 子·午·卯·酉가 있고 合이 많으면 천한 여자 팔자이다.

상문 : 亥   대장군 : 南
조객 : 未   삼 재 : 寅午戌
삼살 : 東

癸酉年

서기 1933년
단기 4266년

1月小(甲寅)입춘

절기	우수 … 입춘
음력	29 28 27 26 **25** 24 23 22 21 20 19 18 17 16 15 14 13 12 11 **10** 9 8 7 6 5 4 3 2 1
순행(무응)	4 4 4 5 5 5 6 6 6 7 7 7 8 8 8 9 9 9 1 1 1 2 2 2 3 3 3
역행	6 6 6 5 5 5 4 4 4 3 3 3 2 2 2 1 1 1 9 9 9 8 8 8 7 7 7
월	02 … 01
일	23 22 21 20 19 18 17 16 15 14 13 12 11 10 9 8 7 6 5 4 3 2 1 31 30 29 28 27 26
일진 (천간)	庚 己 戊 丁 丙 乙 甲 癸 壬 辛 庚 己 戊 丁 丙 乙 甲 癸 壬 辛 庚 己 戊 丁 丙 乙 甲 癸 壬
일진 (지지)	申 未 午 巳 辰 卯 寅 丑 子 亥 戌 酉 申 未 午 巳 辰 卯 寅 丑 子 亥 戌 酉 申 未 午 巳 辰
요일	목 수 화 월 일 토 금 목 수 화 월 일 토 금 목 수 화 월 일 토 금 목 수 화 월 일 토 금 목

2月大(乙卯)경칩

절기	춘분 … 경칩
음력	30 29 28 27 **26** 25 24 23 22 21 20 19 18 17 16 15 14 13 12 **11** 10 9 8 7 6 5 4 3 2 1
순행	4 4 5 5 5 6 6 6 7 7 7 8 8 8 9 9 9 10 1 1 1 1 2 2 2 3 3 3
역행	6 6 5 5 5 4 4 4 3 3 3 2 2 2 1 1 1 10 9 9 9 9 8 8 8 7 7 7
월	03 … 02
일	25 24 23 22 21 20 19 18 17 16 15 14 13 12 11 10 9 8 7 6 5 4 3 2 1 28 27 26 25 24
일진 (천간)	庚 己 戊 丁 丙 乙 甲 癸 壬 辛 庚 己 戊 丁 丙 乙 甲 癸 壬 辛 庚 己 戊 丁 丙 乙 甲 癸 壬 辛
일진 (지지)	寅 丑 子 亥 戌 酉 申 未 午 巳 辰 卯 寅 丑 子 亥 戌 酉 申 未 午 巳 辰 卯 寅 丑 子 亥 戌 酉
요일	토 금 목 수 화 월 일 토 금 목 수 화 월 일 토 금 목 수 화 월 일 토 금 목 수 화 월 일 토 금

3月大(丙辰)청명

절기	곡우 … 청명
음력	30 29 28 27 26 25 24 23 22 21 20 19 18 17 16 15 14 13 12 **11** 10 9 8 7 6 5 4 3 2 1
순행	4 4 5 5 5 6 6 6 7 7 7 8 8 8 9 9 9 10 1 1 1 1 2 2 2 3 3 3
역행	6 6 6 5 5 5 4 4 4 3 3 3 2 2 2 1 1 1 10 9 9 9 8 8 8 7 7 7
월	04 … 03
일	24 23 22 21 20 19 18 17 16 15 14 13 12 11 10 9 8 7 6 5 4 3 2 1 31 30 29 28 27 26
일진 (천간)	庚 己 戊 丁 丙 乙 甲 癸 壬 辛 庚 己 戊 丁 丙 乙 甲 癸 壬 辛 庚 己 戊 丁 丙 乙 甲 癸 壬 辛
일진 (지지)	申 未 午 巳 辰 卯 寅 丑 子 亥 戌 酉 申 未 午 巳 辰 卯 寅 丑 子 亥 戌 酉 申 未 午 巳 辰 卯
요일	월 일 토 금 목 수 화 월 일 토 금 목 수 화 월 일 토 금 목 수 화 월 일 토 금 목 수 화 월 일

4月小(丁巳)입하

절기	소만 … 입하
음력	29 28 **27** 26 25 24 23 22 21 20 19 18 17 16 15 14 13 **12** 11 10 9 8 7 6 5 4 3 2 1
순행	5 5 5 6 6 7 7 7 8 8 8 9 9 9 10 10 1 1 1 2 2 2 3 3 3 4 4
역행	5 5 5 4 4 3 3 3 2 2 2 1 1 1 10 10 9 9 9 8 8 8 7 7 7 6 6
월	05 … 04
일	23 22 21 20 19 18 17 16 15 14 13 12 11 10 9 8 7 6 5 4 3 2 1 30 29 28 27 26 25
일진 (천간)	己 戊 丁 丙 乙 甲 癸 壬 辛 庚 己 戊 丁 丙 乙 甲 癸 壬 辛 庚 己 戊 丁 丙 乙 甲 癸 壬 辛
일진 (지지)	丑 子 亥 戌 酉 申 未 午 巳 辰 卯 寅 丑 子 亥 戌 酉 申 未 午 巳 辰 卯 寅 丑 子 亥 戌 酉
요일	화 월 일 토 금 목 수 화 월 일 토 금 목 수 화 월 일 토 금 목 수 화 월 일 토 금 목 수 화

5月大(戊午)망종

절기	하지 … 망종
음력	**30** 29 28 27 26 25 24 23 22 21 20 19 18 17 16 15 **14** 13 12 11 10 9 8 7 6 5 4 3 2 1
순행	5 5 6 6 6 7 7 7 8 8 8 9 9 9 10 10 1 1 1 2 2 2 3 3 3 4 4 4
역행	5 5 5 4 4 4 3 3 3 2 2 2 1 1 1 10 9 9 9 8 8 8 7 7 7 6 6 6
월	06 … 05
일	22 21 20 19 18 17 16 15 14 13 12 11 10 9 8 7 6 5 4 3 2 1 31 30 29 28 27 26 25 24
일진 (천간)	己 戊 丁 丙 乙 甲 癸 壬 辛 庚 己 戊 丁 丙 乙 甲 癸 壬 辛 庚 己 戊 丁 丙 乙 甲 癸 壬 辛 庚
일진 (지지)	未 午 巳 辰 卯 寅 丑 子 亥 戌 酉 申 未 午 巳 辰 卯 寅 丑 子 亥 戌 酉 申 未 午 巳 辰 卯 寅
요일	목 수 화 월 일 토 금 목 수 화 월 일 토 금 목 수 화 월 일 토 금 목 수 화 월 일 토 금 목 수

윤5月大

절기	… 소서
음력	30 29 28 27 26 25 24 23 22 21 20 19 18 17 **15** 14 13 12 11 10 9 8 7 6 5 4 3 2 1
순행	6 6 6 7 7 7 8 8 9 9 10 10 1 1 1 2 2 2 3 3 3 4 4 4 5 5 5 6
역행	5 5 4 4 3 3 3 2 2 1 1 10 10 9 9 9 8 8 8 7 7 7 6 6 6
월	07 … 06
일	22 21 20 19 18 17 16 15 14 13 12 11 10 9 8 7 6 5 4 3 2 1 31 30 29 28 27 26 25 24
일진 (천간)	己 戊 丁 丙 乙 甲 癸 壬 辛 庚 己 戊 丁 丙 乙 甲 癸 壬 辛 庚 己 戊 丁 丙 乙 甲 癸 壬 辛 庚
일진 (지지)	丑 子 亥 戌 酉 申 未 午 巳 辰 卯 寅 丑 子 亥 戌 酉 申 未 午 巳 辰 卯 寅 丑 子 亥 戌 酉 申
요일	토 금 목 수 화 월 일 토 금 목 수 화 월 일 토 금 목 수 화 월 일 토 금 목 수 화 월 일 토 금

편재가 己申인데 편재운을 만나면 사기를 당한다.

6月小(己未)소서

절기	입추(17)																											대서
음력	29	28	27	26	25	24	23	22	21	20	19	18	17	16	15	14	13	12	11	10	9	8	7	6	5	4	3	2	1
순행	6	7	7	7	8	8	8	9	9	9	10	10		1	1	1	1	2	2	2	3	3	3	4	4	4	5	5	5
역행	4	4	3	3	3	2	2	2	1	1	1		10	10	10	9	9	9	8	8	8	7	7	7	6	6	6	5
월	08																		07
일	20	19	18	17	16	15	14	13	12	11	10	9	8	7	6	5	4	3	2	1	31	30	29	28	27	26	25	24	23
일진	戊	丁	丙	乙	甲	癸	壬	辛	庚	己	戊	丁	丙	乙	甲	癸	壬	辛	庚	己	戊	丁	丙	乙	甲	癸	壬	辛	庚
	午	巳	辰	卯	寅	丑	子	亥	戌	酉	申	未	午	巳	辰	卯	寅	丑	子	亥	戌	酉	申	未	午	巳	辰	卯	寅
요일	일	토	금	목	수	화	월	일	토	금	목	수	화	월	일	토	금	목	수	화	월	일	토	금	목	수	화	월	일

7月大(庚申)입추

절기	백로(19)																												처서
음력	30	29	28	27	26	25	24	23	22	21	20	19	18	17	16	15	14	13	12	11	10	9	8	7	6	5	4	3	2	1
순행	7	7	7	8	8	8	9	9	9	10	10		1	1	1	1	2	2	2	3	3	3	4	4	4	5	5	5	6	6
역행	4	3	3	3	2	2	2	1	1	1		10	10	9	9	9	8	8	8	7	7	7	6	6	6	5	5	5	4
월	09																		08
일	19	18	17	16	15	14	13	12	11	10	9	8	7	6	5	4	3	2	1	31	30	29	28	27	26	25	24	23	22	21
일진	戊	丁	丙	乙	甲	癸	壬	辛	庚	己	戊	丁	丙	乙	甲	癸	壬	辛	庚	己	戊	丁	丙	乙	甲	癸	壬	辛	庚	己
	子	亥	戌	酉	申	未	午	巳	辰	卯	寅	丑	子	亥	戌	酉	申	未	午	巳	辰	卯	寅	丑	子	亥	戌	酉	申	未
요일	화	월	일	토	금	목	수	화	월	일	토	금	목	수	화	월	일	토	금	목	수	화	월	일	토	금	목	수	화	월

8月小(辛酉)백로

절기	한로(20)																											추분
음력	29	28	27	26	25	24	23	22	21	20	19	18	17	16	15	14	13	12	11	10	9	8	7	6	5	4	3	2	1
순행	7	7	8	8	8	9	9	9	10		1	1	1	2	2	2	3	3	3	4	4	4	5	5	5	6	6	6
역행	3	3	2	2	2	1	1	1	10		10	10	9	9	9	8	8	8	7	7	7	6	6	6	5	5	5	4
월	10																	09
일	18	17	16	15	14	13	12	11	10	9	8	7	6	5	4	3	2	1	30	29	28	27	26	25	24	23	22	21	20
일진	丁	丙	乙	甲	癸	壬	辛	庚	己	戊	丁	丙	乙	甲	癸	壬	辛	庚	己	戊	丁	丙	乙	甲	癸	壬	辛	庚	己
	巳	辰	卯	寅	丑	子	亥	戌	酉	申	未	午	巳	辰	卯	寅	丑	子	亥	戌	酉	申	未	午	巳	辰	卯	寅	丑
요일	수	화	월	일	토	금	목	수	화	월	일	토	금	목	수	화	월	일	토	금	목	수	화	월	일	토	금	목	수

9月大(壬戌)한로

절기	입동(21)																												상강
음력	30	29	28	27	26	25	24	23	22	21	20	19	18	17	16	15	14	13	12	11	10	9	8	7	6	5	4	3	2	1
순행	7	7	7	8	8	8	9	9	9		1	1	1	2	2	2	3	3	4	4	4	5	5	5	6	6	6	7
역행	3	3	2	2	2	1	1	1		10	9	9	9	8	8	8	7	7	7	6	6	6	5	5	5	4	4	4	3
월	11																		10
일	17	16	15	14	13	12	11	10	9	8	7	6	5	4	3	2	1	31	30	29	28	27	26	25	24	23	22	21	20	19
일진	丁	丙	乙	甲	癸	壬	辛	庚	己	戊	丁	丙	乙	甲	癸	壬	辛	庚	己	戊	丁	丙	乙	甲	癸	壬	辛	庚	己	戊
	亥	戌	酉	申	未	午	巳	辰	卯	寅	丑	子	亥	戌	酉	申	未	午	巳	辰	卯	寅	丑	子	亥	戌	酉	申	未	午
요일	금	목	수	화	월	일	토	금	목	수	화	월	일	토	금	목	수	화	월	일	토	금	목	수	화	월	일	토	금	목

10月小(癸亥)입동

절기	대설(20)																											소설
음력	29	28	27	26	25	24	23	22	21	20	19	18	17	16	15	14	13	12	11	10	9	8	7	6	5	4	3	2	1
순행	7	7	8	8	8	9	9	9	10		1	1	1	2	2	2	3	3	4	4	4	5	5	6	6	6
역행	3	3	2	2	2	1	1	1		9	9	9	8	8	7	7	7	6	6	6	5	5	5	4	4
월	12																	11
일	16	15	14	13	12	11	10	9	8	7	6	5	4	3	2	1	30	29	28	27	26	25	24	23	22	21	20	19	18
일진	丙	乙	甲	癸	壬	辛	庚	己	戊	丁	丙	乙	甲	癸	壬	辛	庚	己	戊	丁	丙	乙	甲	癸	壬	辛	庚	己	戊
	辰	卯	寅	丑	子	亥	戌	酉	申	未	午	巳	辰	卯	寅	丑	子	亥	戌	酉	申	未	午	巳	辰	卯	寅	丑	子
요일	토	금	목	수	화	월	일	토	금	목	수	화	월	일	토	금	목	수	화	월	일	토	금	목	수	화	월	일	토

11月小(甲子)대설

절기	소한(21)																											동지
음력	29	28	27	26	25	24	23	22	21	20	19	18	17	16	15	14	13	12	11	10	9	8	7	6	5	4	3	2	1
순행	7	7	8	8	8	9	9	9		1	1	1	2	2	2	3	3	4	4	4	5	5	6	6	6	7
역행	3	2	2	2	1	1	1		10	9	9	8	8	8	7	7	6	6	6	5	5	4	4	4	3
월	01																	12
일	14	13	12	11	10	9	8	7	6	5	4	3	2	1	31	30	29	28	27	26	25	24	23	22	21	20	19	18	17
일진	乙	甲	癸	壬	辛	庚	己	戊	丁	丙	乙	甲	癸	壬	辛	庚	己	戊	丁	丙	乙	甲	癸	壬	辛	庚	己	戊	丁
	酉	申	未	午	巳	辰	卯	寅	丑	子	亥	戌	酉	申	未	午	巳	辰	卯	寅	丑	子	亥	戌	酉	申	未	午	巳
요일	일	토	금	목	수	화	월	일	토	금	목	수	화	월	일	토	금	목	수	화	월	일	토	금	목	수	화	월	일

12月大(乙丑)소한

절기	입춘(21)																												대한
음력	30	29	28	27	26	25	24	23	22	21	20	19	18	17	16	15	14	13	12	11	10	9	8	7	6	5	4	3	2	1
순행	7	7	7	8	8	8	9	9	9	10		1	1	1	2	2	2	3	4	4	4	5	5	6	6	6	7	7
역행	3	3	2	2	2	1	1	1		9	9	9	8	8	7	7	7	6	6	5	5	5	4	4	4	3	3
월	02																		01
일	13	12	11	10	9	8	7	6	5	4	3	2	1	31	30	29	28	27	26	25	24	23	22	21	20	19	18	17	16	15
일진	乙	甲	癸	壬	辛	庚	己	戊	丁	丙	乙	甲	癸	壬	辛	庚	己	戊	丁	丙	乙	甲	癸	壬	辛	庚	己	戊	丁	丙
	卯	寅	丑	子	亥	戌	酉	申	未	午	巳	辰	卯	寅	丑	子	亥	戌	酉	申	未	午	巳	辰	卯	寅	丑	子	亥	戌
요일	화	월	일	토	금	목	수	화	월	일	토	금	목	수	화	월	일	토	금	목	수	화	월	일	토	금	목	수	화	월

남자 사주에 財가 주격에 앉으면 처는 색욕이 강하다.

상문 : 子　대장군 : 南
조객 : 申　삼　재 : 寅午戌
삼살 : 北

甲戌年

서기 1934년
단기 4267년

1月小(丙寅)입춘

절기	경칩															우수					
음력	29 28 27 26 25 24 23 22 **21**				20 19 18 17 16 15 14 13 12 11 10 9 8 7 **6** 5 4 3 2 1																
순행	7 8 8 8 9 9 9 10				1 1 1 2 2 2 3 3 3 4 4 4 5 5 5 6 6 6 7																
역행	3 2 2 2 1 1 1				10 9 9 9 8 8 8 7 7 7 6 6 6 5 5 5 4 4 4 3																
월/음양	**03**															**02**					
일	14 13 12 11 10 9 8 7 6 5 4 3 2 1				28 27 26 25 24 23 22 21 20 19 18 17 16 15														
일진(간)	甲癸壬辛庚己戊丁丙乙甲癸壬辛				庚己戊丁丙乙甲癸壬辛庚己戊丁丙														
일진(지)	申未午巳辰卯寅丑子戌酉申未午				巳辰卯寅丑子亥戌酉申未午巳辰														
요일	수 화 금 일 토 금 목 수 화 월 일 토 금 목				수 화 월 일 토 금 목 수 화 월 일 토 금 목														

2月大(丁卯)경칩

절기	청명															춘분					
음력	30 29 28 27 26 25 24 23 **22**				21 20 19 18 17 16 15 14 13 12 11 10 9 8 7 **6** 5 4 3 2 1																
순행	8 8 8 9 9 9 10 10				1 1 1 2 2 2 3 3 3 4 4 4 5 5 5 6 6 6 7 7														
역행	3 2 2 2 1 1 1				10 9 9 9 8 8 8 7 7 7 6 6 6 5 5 5 4 4 4 3														
월/음양	**04**															**03**					
일	13 12 11 10 9 8 7 6 5 4 3 2 1				31 30 29 28 27 26 25 24 23 22 21 20 19 18 17 16 15														
일진(간)	甲癸壬辛庚己戊丁丙乙甲癸壬				辛庚己戊丁丙乙甲癸壬辛庚己戊丁丙乙														
일진(지)	寅丑子亥戌酉申未午巳辰卯寅				丑子亥戌酉申未午巳辰卯寅丑子亥戌酉														
요일	금 목 수 화 월 일 토 금 목 수 화 월 일				토 금 목 수 화 월 일 토 금 목 수 화 월 일 토 금 목														

3月小(戊辰)청명

절기	입하															곡우					
음력	29 28 27 26 25 24 **23**				22 21 20 19 18 17 16 15 14 13 12 11 10 9 **8** 7 6 5 4 3 2 1																
순행	8 9 9 9 10 10				1 1 1 2 2 2 3 3 3 4 4 4 5 5 5 6 6 6 7 7 7														
역행	2 2 1 1 1				10 10 9 9 9 8 8 8 7 7 7 6 6 6 5 5 5 4 4 4 3														
월/음양	**05**															**04**					
일	12 11 10 9 8 7 6 5 4 3 2 1				30 29 28 27 26 25 24 23 22 21 20 19 18 17 16 15 14														
일진(간)	癸壬辛庚己戊丁丙乙甲癸壬				辛庚己戊丁丙乙甲癸壬辛庚己戊丁丙乙														
일진(지)	未午巳辰卯寅丑子亥戌酉申				未午巳辰卯寅丑子亥戌酉申未午巳辰卯														
요일	토 금 목 수 화 월 일 토 금 목 수 화				월 일 토 금 목 수 화 월 일 토 금 목 수 화 월 일 토														

4月大(己巳)입하

절기	망종															소만					
음력	30 29 28 27 26 **25**				24 23 22 21 20 19 18 17 16 15 14 13 12 11 **10** 9 8 7 6 5 4 3 2 1																
순행	9 9 10 10 10				1 1 1 2 2 2 3 3 3 4 4 4 5 5 5 6 6 6 7 7 7 8														
역행	2 1 1 1				10 10 9 9 9 8 8 8 7 7 7 6 6 6 5 5 5 4 4 4 3														
월/음양	**06**															**05**					
일	11 10 9 8 7 6 5 4 3 2 1				31 30 29 28 27 26 25 24 23 22 21 20 19 18 17 16 15 14 13														
일진(간)	癸壬辛庚己戊丁丙乙甲癸				壬辛庚己戊丁丙乙甲癸壬辛庚己戊丁丙乙甲														
일진(지)	丑子亥戌酉申未午巳辰卯				寅丑子亥戌酉申未午巳辰卯寅丑子亥戌酉申														
요일	월 일 토 금 목 수 화 월 일 토 금				목 수 화 월 일 토 금 목 수 화 월 일 토 금 목 수 화 월 일														

5月大(庚午)망종

절기	소서															하지					
음력	30 29 28 **27**				26 25 24 23 22 21 20 19 18 17 16 15 14 13 12 **11** 10 9 8 7 6 5 4 3 2 1																
순행	9 10 10				1 1 1 2 2 2 3 3 3 4 4 4 5 5 5 6 6 6 7 7 7 8 8 8 9														
역행	1 1 1				10 10 9 9 9 8 8 8 7 7 7 6 6 6 5 5 5 4 4 4 3 3 3 2														
월/음양	**07**															**06**					
일	11 10 9 8 7 6 5 4 3 2 1				30 29 28 27 26 25 24 23 22 21 20 19 18 17 16 15 14 13 12														
일진(간)	癸壬辛庚己戊丁丙乙甲癸				壬辛庚己戊丁丙乙甲癸壬辛庚己戊丁丙乙甲														
일진(지)	未午巳辰卯寅丑子亥戌酉				申未午巳辰卯寅丑子亥戌酉申未午巳辰卯寅														
요일	수 화 월 일 토 금 목 수 화 월 일				토 금 목 수 화 월 일 토 금 목 수 화 월 일 토 금 목 수 화														

6月小(辛未)소서

절기	입추															대서					
음력	29 **28**				27 26 25 24 23 22 21 20 19 18 17 16 15 14 13 **12** 11 10 9 8 7 6 5 4 3 2 1																
순행	10				1 1 1 2 2 2 3 3 3 4 4 4 5 5 5 6 6 6 7 7 7 8 8 8														
역행	1				10 10 9 9 9 8 8 8 7 7 7 6 6 6 5 5 5 4 4 4 3 3 3 2 2 2														
월/음양	**08**															**07**					
일	9 8 7 6 5 4 3 2 1				31 30 29 28 27 26 25 24 23 22 21 20 19 18 17 16 15 14 13 12														
일진(간)	壬辛庚己戊丁丙乙甲				癸壬辛庚己戊丁丙乙甲癸壬辛庚己戊丁丙乙甲														
일진(지)	子亥戌酉申未午巳辰				卯寅丑子亥戌酉申未午巳辰卯寅丑子亥戌酉申														
요일	수 화 월 일 토 금 목 수 화				월 일 토 금 목 수 화 월 일 토 금 목 수 화 월 일 토 금 목 수														

편관이 己申인데 편관운을 만나면 강간을 당한다.

7月大(壬申)입추

절기: 백로 · 처서(음력 15)

음력	30	29	28	27	26	25	24	23	22	21	20	19	18	17	16	15	14	13	12	11	10	9	8	7	6	5	4	3	2	1
순행		1	1	1	1	2	2	2	3	3	3	4	4	4	5	5	5	6	6	6	7	7	7	8	8	8	9	9	9	10
역행		10	10	9	9	9	8	8	8	7	7	7	6	6	6	5	5	5	4	4	4	3	3	3	2	2	2	1	1	1
양력월										09											08									
양력일	8	7	6	5	4	3	2	1	31	30	29	28	27	26	25	24	23	22	21	20	19	18	17	16	15	14	13	12	11	10
일진	壬午	辛巳	庚辰	己卯	戊寅	丁丑	丙子	乙亥	甲戌	癸酉	壬申	辛未	庚午	己巳	戊辰	丁卯	丙寅	乙丑	甲子	癸亥	壬戌	辛酉	庚申	己未	戊午	丁巳	丙辰	乙卯	甲寅	癸丑
요일	토	금	목	수	화	월	일	토	금	목	수	화	월	일	토	금	목	수	화	월	일	토	금	목	수	화	월	일	토	금

8月大(癸酉)백로

절기: 추분(음력 16)

음력	30	29	28	27	26	25	24	23	22	21	20	19	18	17	16	15	14	13	12	11	10	9	8	7	6	5	4	3	2	1
순행	1	1	1	1	2	2	2	3	3	3	4	4	4	5	5	5	6	6	6	7	7	7	8	8	8	9	9	9	10	10
역행	10	10	9	9	9	8	8	8	7	7	7	6	6	6	5	5	5	4	4	4	3	3	3	2	2	2	1	1	1	1
양력월										10											09									
양력일	8	7	6	5	4	3	2	1	30	29	28	27	26	25	24	23	22	21	20	19	18	17	16	15	14	13	12	11	10	9
일진	壬子	辛亥	庚戌	己酉	戊申	丁未	丙午	乙巳	甲辰	癸卯	壬寅	辛丑	庚子	己亥	戊戌	丁酉	丙申	乙未	甲午	癸巳	壬辰	辛卯	庚寅	己丑	戊子	丁亥	丙戌	乙酉	甲申	癸未
요일	월	일	토	금	목	수	화	월	일	토	금	목	수	화	월	일	토	금	목	수	화	월	일	토	금	목	수	화	월	일

9月小(甲戌)한로

절기: 상강(음력 17) · 한로

음력	29	28	27	26	25	24	23	22	21	20	19	18	17	16	15	14	13	12	11	10	9	8	7	6	5	4	3	2	1
순행	1	1	1	2	2	2	3	3	3	4	4	4	5	5	5	6	6	6	7	7	7	8	8	8	9	9	9	10	10
역행	9	9	9	8	8	8	7	7	7	6	6	6	5	5	5	4	4	4	3	3	3	2	2	2	1	1	1	1	
양력월										11										10										
양력일	6	5	4	3	2	1	31	30	29	28	27	26	25	24	23	22	21	20	19	18	17	16	15	14	13	12	11	10	9
일진	辛巳	庚辰	己卯	戊寅	丁丑	丙子	乙亥	甲戌	癸酉	壬申	辛未	庚午	己巳	戊辰	丁卯	丙寅	乙丑	甲子	癸亥	壬戌	辛酉	庚申	己未	戊午	丁巳	丙辰	乙卯	甲寅	癸丑
요일	화	월	일	토	금	목	수	화	월	일	토	금	목	수	화	월	일	토	금	목	수	화	월	일	토	금	목	수	화

10月大(乙亥)입동

절기: 소설(음력 17) · 입동(음력 2)

음력	30	29	28	27	26	25	24	23	22	21	20	19	18	17	16	15	14	13	12	11	10	9	8	7	6	5	4	3	2	1
순행	1	1	2	2	2	3	3	3	4	4	4	5	5	5	6	6	6	7	7	7	8	8	8	9	9	9	10	10	10	1
역행	9	9	8	8	8	7	7	7	6	6	6	5	5	5	4	4	4	3	3	3	2	2	2	1	1	1	1			11
양력월										12										11										
양력일	6	5	4	3	2	1	30	29	28	27	26	25	24	23	22	21	20	19	18	17	16	15	14	13	12	11	10	9	8	7
일진	辛亥	庚戌	己酉	戊申	丁未	丙午	乙巳	甲辰	癸卯	壬寅	辛丑	庚子	己亥	戊戌	丁酉	丙申	乙未	甲午	癸巳	壬辰	辛卯	庚寅	己丑	戊子	丁亥	丙戌	乙酉	甲申	癸未	壬午
요일	목	수	화	월	일	토	금	목	수	화	월	일	토	금	목	수	화	월	일	토	금	목	수	화	월	일	토	금	목	수

11月小(丙子)대설

절기: 동지(음력 16) · 대설(음력 2)

음력	29	28	27	26	25	24	23	22	21	20	19	18	17	16	15	14	13	12	11	10	9	8	7	6	5	4	3	2	1
순행	1	1	1	2	2	2	3	3	3	4	4	4	5	5	5	6	6	6	7	7	7	8	8	8	9	9	9		1
역행	9	9	8	8	8	7	7	7	6	6	6	5	5	5	4	4	4	3	3	3	2	2	2	1	1	1			10
양력월										01										12									
양력일	4	3	2	1	31	30	29	28	27	26	25	24	23	22	21	20	19	18	17	16	15	14	13	12	11	10	9	8	7
일진	庚辰	己卯	戊寅	丁丑	丙子	乙亥	甲戌	癸酉	壬申	辛未	庚午	己巳	戊辰	丁卯	丙寅	乙丑	甲子	癸亥	壬戌	辛酉	庚申	己未	戊午	丁巳	丙辰	乙卯	甲寅	癸丑	壬子
요일	금	목	수	화	월	일	토	금	목	수	화	월	일	토	금	목	수	화	월	일	토	금	목	수	화	월	일	토	금

12月大(丁丑)소한

절기: 대한(음력 17) · 소한(음력 2)

음력	30	29	28	27	26	25	24	23	22	21	20	19	18	17	16	15	14	13	12	11	10	9	8	7	6	5	4	3	2	1
순행	1	1	1	2	2	2	3	3	3	4	4	4	5	5	5	6	6	6	7	7	7	8	8	8	9	9	9	10	10	1
역행	9	9	9	8	8	8	7	7	7	6	6	6	5	5	5	4	4	4	3	3	3	2	2	2	1	1	1			10
양력월										02										01										
양력일	3	2	1	31	30	29	28	27	26	25	24	23	22	21	20	19	18	17	16	15	14	13	12	11	10	9	8	7	6	5
일진	庚戌	己酉	戊申	丁未	丙午	乙巳	甲辰	癸卯	壬寅	辛丑	庚子	己亥	戊戌	丁酉	丙申	乙未	甲午	癸巳	壬辰	辛卯	庚寅	己丑	戊子	丁亥	丙戌	乙酉	甲申	癸未	壬午	辛巳
요일	일	토	금	목	수	화	월	일	토	금	목	수	화	월	일	토	금	목	수	화	월	일	토	금	목	수	화	월	일	토

남자 사주에 겁재도 있고 재도 왕하면 그의 처는 지나친 욕심쟁이다.

상문 : 丑 대장군 : 酉
조객 : 酉 삼 재 : 巳酉丑
삼살 : 酉

乙亥年

서기 1935년
단기 4268년

1月小(戊寅)입춘 — 우수 / 입춘

음력	29	28	27	26	25	24	23	22	21	20	19	18	17	16	15	14	13	12	11	10	9	8	7	6	5	4	3	2	1
순행	1	1	1	2	2	2	3	3	3	4	4	4	5	5	6	6	6	7	7	7	8	8	8	9	9	9		1	
역행	9	9	8	8	8	7	7	7	6	6	6	5	5	5	4	4	4	3	3	3	2	2	2	1	1	1		1	10
월			03																							02			
일	4	3	2	1	28	27	26	25	24	23	22	21	20	19	18	17	16	15	14	13	12	11	10	9	8	7	6	5	4
일진	己	戊	丁	丙	乙	甲	癸	壬	辛	庚	己	戊	丁	丙	乙	甲	癸	壬	辛	庚	己	戊	丁	丙	乙	甲	癸	壬	辛
	卯	寅	丑	子	亥	戌	酉	申	未	午	巳	辰	卯	寅	丑	子	亥	戌	酉	申	未	午	巳	辰	卯	寅	丑	子	亥
요일	월	일	토	금	목	수	화	월	일	토	금	목	수	화	월	일	토	금	목	수	화	월	일	토	금	목	수	화	월

2月小(己卯)경칩 — 춘분 / 경칩

음력	29	28	27	26	25	24	23	22	21	20	19	18	17	16	15	14	13	12	11	10	9	8	7	6	5	4	3	2	1
순행	1	2	2	2	3	3	4	4	4	5	5	5	6	6	6	7	7	7	8	8	9	9	9	10	10				1
역행	9	9	8	8	8	7	7	7	6	6	6	5	5	5	4	4	4	3	3	3	2	2	2	1	1				9
월			04																								03		
일	2	1	31	30	29	28	27	26	25	24	23	22	21	20	19	18	17	16	15	14	13	12	11	10	9	8	7	6	5
일진	戊	丁	丙	乙	甲	癸	壬	辛	庚	己	戊	丁	丙	乙	甲	癸	壬	辛	庚	己	戊	丁	丙	乙	甲	癸	壬	辛	庚
	申	未	午	巳	辰	卯	寅	丑	子	亥	戌	酉	申	未	午	巳	辰	卯	寅	丑	子	亥	戌	酉	申	未	午	巳	辰
요일	화	월	일	토	금	목	수	화	월	일	토	금	목	수	화	월	일	토	금	목	수	화	월	일	토	금	목	수	화

3月大(庚辰)청명 — 곡우 / 청명

음력	30	29	28	27	26	25	24	23	22	21	20	19	18	17	16	15	14	13	12	11	10	9	8	7	6	5	4	3	2	1
순행	1	2	2	2	3	3	4	4	4	5	5	6	6	6	7	7	7	8	8	8	9	9	10				1	1	1	
역행	9	8	8	8	7	7	7	6	6	6	5	5	4	4	4	3	3	3	2	2	2	1	1	1			10	10	9	
월			05																							04				
일	2	1	30	29	28	27	26	25	24	23	22	21	20	19	18	17	16	15	14	13	12	11	10	9	8	7	6	5	4	3
일진	戊	丁	丙	乙	甲	癸	壬	辛	庚	己	戊	丁	丙	乙	甲	癸	壬	辛	庚	己	戊	丁	丙	乙	甲	癸	壬	辛	庚	己
	寅	丑	子	亥	戌	酉	申	未	午	巳	辰	卯	寅	丑	子	亥	戌	酉	申	未	午	巳	辰	卯	寅	丑	子	亥	戌	酉
요일	목	수	화	월	일	토	금	목	수	화	월	일	토	금	목	수	화	월	일	토	금	목	수	화	월	일	토	금	목	수

4月小(辛巳)입하 — 소만 / 입하

음력	29	28	27	26	25	24	23	22	21	20	19	18	17	16	15	14	13	12	11	10	9	8	7	6	5	4	3	2	1
순행	2	3	3	3	4	4	4	5	5	5	6	6	6	7	7	7	8	8	8	9	9	10	10				1	1	1
역행	8	8	8	7	7	7	6	6	6	5	5	5	4	4	4	3	3	3	2	2	2	1	1				10	10	9
월																									05				
일	31	30	29	28	27	26	25	24	23	22	21	20	19	18	17	16	15	14	13	12	11	10	9	8	7	6	5	4	3
일진	丁	丙	乙	甲	癸	壬	辛	庚	己	戊	丁	丙	乙	甲	癸	壬	辛	庚	己	戊	丁	丙	乙	甲	癸	壬	辛	庚	己
	未	午	巳	辰	卯	寅	丑	子	亥	戌	酉	申	未	午	巳	辰	卯	寅	丑	子	亥	戌	酉	申	未	午	巳	辰	卯
요일	금	목	수	화	월	일	토	금	목	수	화	월	일	토	금	목	수	화	월	일	토	금	목	수	화	월	일	토	금

5月大(壬午)망종 — 하지 / 망종

음력	30	29	28	27	26	25	24	23	22	21	20	19	18	17	16	15	14	13	12	11	10	9	8	7	6	5	4	3	2	1
순행	3	3	4	4	4	5	5	6	6	6	7	7	7	8	8	8	9	9	10	10				1	1	1	1	2	2	
역행	8	7	7	7	6	6	6	5	5	4	4	4	3	3	3	2	2	2	1	1			10	10	10	9	9			
월																										06				
일	30	29	28	27	26	25	24	23	22	21	20	19	18	17	16	15	14	13	12	11	10	9	8	7	6	5	4	3	2	1
일진	丁	丙	乙	甲	癸	壬	辛	庚	己	戊	丁	丙	乙	甲	癸	壬	辛	庚	己	戊	丁	丙	乙	甲	癸	壬	辛	庚	己	戊
	丑	子	亥	戌	酉	申	未	午	巳	辰	卯	寅	丑	子	亥	戌	酉	申	未	午	巳	辰	卯	寅	丑	子	亥	戌	酉	申
요일	일	토	금	목	수	화	월	일	토	금	목	수	화	월	일	토	금	목	수	화	월	일	토	금	목	수	화	월	일	토

6月小(癸未)소서 — 대서 / 소서

음력	29	28	27	26	25	24	23	22	21	20	19	18	17	16	15	14	13	12	11	10	9	8	7	6	5	4	3	2	1
순행	3	4	4	4	5	5	6	6	6	7	7	7	8	8	9	9	10	10				1	1	1	2	2	3		
역행	7	7	6	6	6	5	5	4	4	4	3	3	3	2	2	1	1			10	10	9	9	8					
월																										07			
일	29	28	27	26	25	24	23	22	21	20	19	18	17	16	15	14	13	12	11	10	9	8	7	6	5	4	3	2	1
일진	丙	乙	甲	癸	壬	辛	庚	己	戊	丁	丙	乙	甲	癸	壬	辛	庚	己	戊	丁	丙	乙	甲	癸	壬	辛	庚	己	戊
	午	巳	辰	卯	寅	丑	子	亥	戌	酉	申	未	午	巳	辰	卯	寅	丑	子	亥	戌	酉	申	未	午	巳	辰	卯	寅
요일	일	토	금	목	수	화	월	일	토	금	목	수	화	월	일	토	금	목	수	화	월	일	토	금	목	수	화	월	일

月支가 寅이나 亡身殺이 있으면 그의 어머니는 재취팔자이다.

7月大(甲)입추

절기: 처서 … 입추

음력	30	29	28	27	26	25	24	23	22	21	20	19	18	17	16	15	14	13	12	11	10	9	8	7	6	5	4	3	2	1
순행	4	4	4	5	5	5	6	6	6	7	7	7	8	8	8	9	9	9	10	10	1	1	1	1	2	2	2	3	3	3
역행	7	6	6	6	5	5	5	4	4	4	3	3	3	2	2	2	1	1	1		10	10	9	9	9	8	8	8	7	
월																				08		07								
일	28	27	26	25	24	23	22	21	20	19	18	17	16	15	14	13	12	11	10	9	8	7	6	5	4	3	2	1	31	30
일진	丙子	乙亥	甲戌	癸酉	壬申	辛未	庚午	己巳	戊辰	丁卯	丙寅	乙丑	甲子	癸亥	壬戌	辛酉	庚申	己未	戊午	丁巳	丙辰	乙卯	甲寅	癸丑	壬子	辛亥	庚戌	己酉	戊申	丁未
요일	수	화	월	일	토	금	목	수	화	월	일	토	금	목	수	화	월	일	토	금	목	수	화	월	일	토	금	목	수	화

8月大(乙酉)백로

절기: 추분 … 백로

음력	30	29	28	27	26	25	24	23	22	21	20	19	18	17	16	15	14	13	12	11	10	9	8	7	6	5	4	3	2	1
순행	4	4	5	5	5	6	6	6	7	7	7	8	8	8	9	9	9	10	10		1	1	1	1	2	2	2	3	3	3
역행	6	6	6	5	5	5	4	4	4	3	3	3	2	2	2	1	1	1		10	10	9	9	9	8	8	8	7	7	
월																				09		08								
일	27	26	25	24	23	22	21	20	19	18	17	16	15	14	13	12	11	10	9	8	7	6	5	4	3	2	1	31	30	29
일진	丙午	乙巳	甲辰	癸卯	壬寅	辛丑	庚子	己亥	戊戌	丁酉	丙申	乙未	甲午	癸巳	壬辰	辛卯	庚寅	己丑	戊子	丁亥	丙戌	乙酉	甲申	癸未	壬午	辛巳	庚辰	己卯	戊寅	丁丑
요일	금	목	수	화	월	일	토	금	목	수	화	월	일	토	금	목	수	화	월	일	토	금	목	수	화	월	일	토	금	목

9月小(丙戌)한로

절기: 상강 … 한로

음력	29	28	27	26	25	24	23	22	21	20	19	18	17	16	15	14	13	12	11	10	9	8	7	6	5	4	3	2	1
순행	4	5	5	5	6	6	6	7	7	7	8	8	8	9	9	9	10	10		1	1	1	1	2	2	2	3	3	4
역행	6	5	5	5	4	4	4	3	3	3	2	2	2	1	1	1		10	10	9	9	9	8	8	8	7	7	7	
월																				10		09							
일	26	25	24	23	22	21	20	19	18	17	16	15	14	13	12	11	10	9	8	7	6	5	4	3	2	1	30	29	28
일진	乙亥	甲戌	癸酉	壬申	辛未	庚午	己巳	戊辰	丁卯	丙寅	乙丑	甲子	癸亥	壬戌	辛酉	庚申	己未	戊午	丁巳	丙辰	乙卯	甲寅	癸丑	壬子	辛亥	庚戌	己酉	戊申	丁未
요일	토	금	목	수	화	월	일	토	금	목	수	화	월	일	토	금	목	수	화	월	일	토	금	목	수	화	월	일	토

10月大(丁亥)입동

절기: 소설 … 입동

음력	30	29	28	27	26	25	24	23	22	21	20	19	18	17	16	15	14	13	12	11	10	9	8	7	6	5	4	3	2	1
순행	4	5	5	5	6	6	6	7	7	7	8	8	8	9	9	9	10		1	1	1	2	2	2	3	3	3	4	4	4
역행	6	5	5	5	4	4	4	3	3	3	2	2	2	1	1	1		10	9	9	9	8	8	8	7	7	7	6		
월																		11		10										
일	25	24	23	22	21	20	19	18	17	16	15	14	13	12	11	10	9	8	7	6	5	4	3	2	1	31	30	29	28	27
일진	乙巳	甲辰	癸卯	壬寅	辛丑	庚子	己亥	戊戌	丁酉	丙申	乙未	甲午	癸巳	壬辰	辛卯	庚寅	己丑	戊子	丁亥	丙戌	乙酉	甲申	癸未	壬午	辛巳	庚辰	己卯	戊寅	丁丑	丙子
요일	월	일	토	금	목	수	화	월	일	토	금	목	수	화	월	일	토	금	목	수	화	월	일	토	금	목	수	화	월	일

11月大(戊子)대설

절기: 동지 … 대설

음력	30	29	28	27	26	25	24	23	22	21	20	19	18	17	16	15	14	13	12	11	10	9	8	7	6	5	4	3	2	1
순행	4	5	5	5	6	6	6	7	7	7	8	8	8	9	9	9	10		1	1	1	2	2	2	3	3	4	4	4	
역행	6	5	5	5	4	4	4	3	3	2	2	2	1	1	1		10	9	9	9	8	8	8	7	7	7	6	6	6	
월																		12		11										
일	25	24	23	22	21	20	19	18	17	16	15	14	13	12	11	10	9	8	7	6	5	4	3	2	1	31	30	29	28	27
일진	乙亥	甲戌	癸酉	壬申	辛未	庚午	己巳	戊辰	丁卯	丙寅	乙丑	甲子	癸亥	壬戌	辛酉	庚申	己未	戊午	丁巳	丙辰	乙卯	甲寅	癸丑	壬子	辛亥	庚戌	己酉	戊申	丁未	丙午
요일	수	화	월	일	토	금	목	수	화	월	일	토	금	목	수	화	월	일	토	금	목	수	화	월	일	토	금	목	수	화

12月小(己丑)소한

절기: 대한 … 소한

음력	29	28	27	26	25	24	23	22	21	20	19	18	17	16	15	14	13	12	11	10	9	8	7	6	5	4	3	2	1
순행	4	5	5	5	6	6	6	7	7	7	8	8	8	9	9	9	10		1	1	1	2	2	2	3	3	3	4	4
역행	6	5	5	5	4	4	4	3	3	3	2	2	2	1	1	1		9	9	9	8	8	8	7	7	7	6	6	
월																		01		12									
일	23	22	21	20	19	18	17	16	15	14	13	12	11	10	9	8	7	6	5	4	3	2	1	31	30	29	28	27	26
일진	甲辰	癸卯	壬寅	辛丑	庚子	己亥	戊戌	丁酉	丙申	乙未	甲午	癸巳	壬辰	辛卯	庚寅	己丑	戊子	丁亥	丙戌	乙酉	甲申	癸未	壬午	辛巳	庚辰	己卯	戊寅	丁丑	丙子
요일	목	수	화	월	일	토	금	목	수	화	월	일	토	금	목	수	화	월	일	토	금	목	수	화	월	일	토	금	목

남자 사주에 일지에 역마가 있고 재가 있으면, 처는 게으르고 공상가다.

상문 : 寅   대장군 : 酉
조객 : 戌   삼 재 : 巳酉丑
삼살 : 南

丙子年

1月大(庚寅)입춘

절기	우수 … 입춘
음력	30 29 **28** 27 26 25 24 23 22 21 20 19 18 17 16 15 14 **13** 12 11 10 9 8 7 6 5 4 3 2 1
순행	4 5 5 5 5 4 6 6 6 7 7 7 8 8 8 9 9 10 / 1 1 1 2 2 2 3 3 3 4
역행	6 5 5 5 4 4 4 3 3 3 2 2 2 1 1 1 1 / 10 9 9 9 8 8 8 7 7 7 6
월	02 … 01
일	22 21 20 19 18 17 16 15 14 13 12 11 10 9 8 7 6 5 4 3 2 1 / 31 30 29 28 27 26 25 24
일진(天)	甲 癸 壬 辛 庚 己 戊 丁 丙 乙 甲 癸 壬 辛 庚 己 戊 丁 丙 乙 甲 癸 壬 辛 庚 己 戊 丁 丙 乙
일진(地)	戌 酉 申 未 午 巳 辰 卯 寅 丑 子 亥 戌 酉 申 未 午 巳 辰 卯 寅 丑 子 亥 戌 酉 申 未 午 巳
요일	토 금 목 수 화 월 일 토 금 목 수 화 월 일 토 금 목 수 화 월 일 토 금 목 수 화 월 일 토 금

2月小(辛卯)경칩

절기	춘분 … 경칩
음력	29 **28** 27 26 25 24 23 22 21 20 19 18 17 16 15 14 **13** 12 11 10 9 8 7 6 5 4 3 2 1
순행	5 5 5 6 6 6 7 7 7 8 8 8 9 9 9 10 / 1 1 1 1 2 2 2 3 3 3 4 4
역행	5 5 5 5 4 4 4 3 3 3 2 2 2 1 1 1 / 10 9 9 9 8 8 8 7 7 7 6 6
월	03 … 02
일	22 21 20 19 18 17 16 15 14 13 12 11 10 9 8 7 6 5 4 3 2 1 / 29 28 27 26 25 24 23
일진(天)	癸 壬 辛 庚 己 戊 丁 丙 乙 甲 癸 壬 辛 庚 己 戊 丁 丙 乙 甲 癸 壬 辛 庚 己 戊 丁 丙 乙
일진(地)	卯 寅 丑 子 亥 戌 酉 申 未 午 巳 辰 卯 寅 丑 子 亥 戌 酉 申 未 午 巳 辰 卯 寅 丑 子 亥
요일	일 토 금 목 수 화 월 일 토 금 목 수 화 월 일 토 금 목 수 화 월 일 토 금 목 수 화 월 일

3月小(壬辰)청명

절기	곡우 … 청명
음력	29 **28** 27 26 25 24 23 22 21 20 19 18 17 16 15 **14** 13 12 11 10 9 8 7 6 5 4 3 2 1
순행	5 6 6 6 7 7 7 8 8 8 9 9 10 10 / 1 1 1 1 2 2 2 3 3 3 4 4 4
역행	5 5 4 4 4 3 3 3 2 2 2 1 1 1 / 10 9 9 9 8 8 8 7 7 7 6 6 6
월	04 … 03
일	20 19 18 17 16 15 14 13 12 11 10 9 8 7 6 5 4 3 2 1 / 31 30 29 28 27 26 25 24 23
일진(天)	壬 辛 庚 己 戊 丁 丙 乙 甲 癸 壬 辛 庚 己 戊 丁 丙 乙 甲 癸 壬 辛 庚 己 戊 丁 丙 乙 甲
일진(地)	申 未 午 巳 辰 卯 寅 丑 子 亥 戌 酉 申 未 午 巳 辰 卯 寅 丑 子 亥 戌 酉 申 未 午 巳 辰
요일	월 일 토 금 목 수 화 월 일 토 금 목 수 화 월 일 토 금 목 수 화 월 일 토 금 목 수 화 월

윤3月大 (입하)

절기	입하
음력	30 29 28 27 26 25 24 23 22 21 20 19 18 17 **16** 15 14 13 12 11 10 9 8 7 6 5 4 3 2 1
순행	6 6 6 7 7 7 8 8 8 9 9 10 10 1 / 1 1 1 2 2 2 3 3 3 4 4 4 5 5
역행	5 4 4 4 3 3 3 2 2 2 1 1 1 / 10 9 9 9 8 8 8 7 7 7 6 6 6 5
월	05 … 04
일	20 19 18 17 16 15 14 13 12 11 10 9 8 7 6 5 4 3 2 1 / 30 29 28 27 26 25 24 23 22 21
일진(天)	壬 辛 庚 己 戊 丁 丙 乙 甲 癸 壬 辛 庚 己 戊 丁 丙 乙 甲 癸 壬 辛 庚 己 戊 丁 丙 乙 甲 癸
일진(地)	寅 丑 子 亥 戌 酉 申 未 午 巳 辰 卯 寅 丑 子 亥 戌 酉 申 未 午 巳 辰 卯 寅 丑 子 亥 戌 酉
요일	수 화 월 일 토 금 목 수 화 월 일 토 금 목 수 화 월 일 토 금 목 수 화 월 일 토 금 목 수 화

4月小(癸巳)입하

절기	망종 … 소만
음력	29 28 27 26 25 24 23 22 21 20 19 **18** 17 16 15 14 13 12 11 10 9 8 7 6 5 4 3 2 1
순행	6 7 7 7 8 8 8 9 9 9 10 10 / 1 1 1 2 2 2 3 3 3 4 4 4 5 5 5
역행	4 4 4 3 3 3 2 2 2 1 1 1 / 10 9 9 9 8 8 8 7 7 7 6 6 6 5 5
월	06 … 05
일	18 17 16 15 14 13 12 11 10 9 8 7 6 5 4 3 2 1 / 31 30 29 28 27 26 25 24 23 22 21
일진(天)	辛 庚 己 戊 丁 丙 乙 甲 癸 壬 辛 庚 己 戊 丁 丙 乙 甲 癸 壬 辛 庚 己 戊 丁 丙 乙 甲 癸
일진(地)	未 午 巳 辰 卯 寅 丑 子 亥 戌 酉 申 未 午 巳 辰 卯 寅 丑 子 亥 戌 酉 申 未 午 巳 辰 卯
요일	목 수 화 월 일 토 금 목 수 화 월 일 토 금 목 수 화 월 일 토 금 목 수 화 월 일 토 금 목

5月大(甲午)망종

절기	소서 … 하지
음력	30 29 28 27 26 25 24 23 22 21 20 **19** 18 17 16 15 14 13 12 11 10 9 8 7 6 5 4 **3** 2 1
순행	7 7 8 8 8 9 9 9 10 10 / 1 1 1 2 2 2 3 3 3 4 4 4 5 5 5 6 6
역행	4 3 3 3 2 2 2 1 1 1 / 10 10 9 9 9 8 8 8 7 7 7 6 6 6 5 5 5
월	07 … 06
일	18 17 16 15 14 13 12 11 10 9 8 7 6 5 4 3 2 1 / 30 29 28 27 26 25 24 23 22 21 20
일진(天)	辛 庚 己 戊 丁 丙 乙 甲 癸 壬 辛 庚 己 戊 丁 丙 乙 甲 癸 壬 辛 庚 己 戊 丁 丙 乙 甲 癸 壬
일진(地)	丑 子 亥 戌 酉 申 未 午 巳 辰 卯 寅 丑 子 亥 戌 酉 申 未 午 巳 辰 卯 寅 丑 子 亥 戌 酉 申
요일	토 금 목 수 화 월 일 토 금 목 수 화 월 일 토 금 목 수 화 월 일 토 금 목 수 화 월 일 토 금

인수가 官과 合되고 일지와 合 된 사주는 어머니가 재취로 들어왔다.

6月小(乙未)소서

절기	입추																			대서									
음력	29	28	27	26	25	24	23	22	**21**	20	19	18	17	16	15	14	13	12	11	10	9	8	7	6	**5**	4	3	2	1
순행	8	8	8	9	9	9	10	10			1	1	1	1	2	2	2	3	3	3	4	4	4	5	5	5	6	6	6	7
역행	3	2	2	2	1	1	1			10	10	10	9	9	9	8	8	7	7	7	6	6	6	5	5	5	4
월											08																		07
일	16	15	14	13	12	11	10	9	8	7	6	5	4	3	2	1	31	30	29	28	27	26	25	24	23	22	21	20	19
일진	庚午	己巳	戊辰	丁卯	丙寅	乙丑	甲子	癸亥	壬戌	辛酉	庚申	己未	戊午	丁巳	丙辰	乙卯	甲寅	癸丑	壬子	辛亥	庚戌	己酉	戊申	丁未	丙午	乙巳	甲辰	癸卯	壬寅
요일	일	토	금	목	수	화	월	일	토	금	목	수	화	월	일	토	금	목	수	화	월	일	토	금	목	수	화	월	일

7月大(丙申)입추

절기	백로																				처서									
음력	30	29	28	27	26	25	24	**23**	22	21	20	19	18	17	16	15	14	13	12	11	10	9	8	**7**	6	5	4	3	2	1
순행	8	8	8	9	9	9	10		1	1	1	1	2	2	2	3	3	3	4	4	4	5	5	5	6	6	6	7	7	7
역행	2	2	2	1	1	1		10	10	10	9	9	9	8	8	7	7	7	6	6	6	5	5	5	4	4	4	3
월											09													08
일	15	14	13	12	11	10	9	8	7	6	5	4	3	2	1	31	30	29	28	27	26	25	24	23	22	21	20	19	18	17
일진	庚子	己亥	戊戌	丁酉	丙申	乙未	甲午	癸巳	壬辰	辛卯	庚寅	己丑	戊子	丁亥	丙戌	乙酉	甲申	癸未	壬午	辛巳	庚辰	己卯	戊寅	丁丑	丙子	乙亥	甲戌	癸酉	壬申	辛未
요일	화	월	일	토	금	목	수	화	월	일	토	금	목	수	화	월	일	토	금	목	수	화	월	일	토	금	목	수	화	월

8月小(丁酉)백로

절기	한로																			추분									
음력	29	28	27	26	25	24	**23**	22	21	20	19	18	17	16	15	14	13	12	11	10	9	**8**	7	6	5	4	3	2	1
순행	8	8	9	9	9	10		1	1	1	2	2	2	3	3	3	4	4	4	5	5	5	6	6	6	7	7	7
역행	2	2	1	1	1		10	9	9	9	8	8	8	7	7	6	6	6	5	5	5	4	4	4	3	3	3
월											10													09
일	14	13	12	11	10	9	8	7	6	5	4	3	2	1	31	30	29	28	27	26	25	24	23	22	21	20	19	18	17	16
일진	己巳	戊辰	丁卯	丙寅	乙丑	甲子	癸亥	壬戌	辛酉	庚申	己未	戊午	丁巳	丙辰	乙卯	甲寅	癸丑	壬子	辛亥	庚戌	己酉	戊申	丁未	丙午	乙巳	甲辰	癸卯	壬寅	辛丑
요일	수	화	월	일	토	금	목	수	화	월	일	토	금	목	수	화	월	일	토	금	목	수	화	월	일	토	금	목	수

9月大(戊戌)한로

절기	입동																			상강									
음력	30	29	28	27	26	25	**24**	23	22	21	20	19	18	17	16	15	14	13	12	11	10	**9**	8	7	6	5	4	3	2	1
순행	8	8	9	9	9	10		1	1	1	2	2	2	3	3	3	4	4	4	5	5	5	6	6	6	7	7	7
역행	2	2	1	1	1		10	9	9	9	8	8	8	7	7	6	6	6	5	5	5	4	4	4	3	3	2
월											11													10
일	13	12	11	10	9	8	7	6	5	4	3	2	1	31	30	29	28	27	26	25	24	23	22	21	20	19	18	17	16	15
일진	己亥	戊戌	丁酉	丙申	乙未	甲午	癸巳	壬辰	辛卯	庚寅	己丑	戊子	丁亥	丙戌	乙酉	甲申	癸未	壬午	辛巳	庚辰	己卯	戊寅	丁丑	丙子	乙亥	甲戌	癸酉	壬申	辛未	庚午
요일	금	목	수	화	월	일	토	금	목	수	화	월	일	토	금	목	수	화	월	일	토	금	목	수	화	월	일	토	금	목

10月大(己亥)입동

절기	대설																			소설									
음력	30	29	28	27	26	25	**24**	23	22	21	20	19	18	17	16	15	14	13	12	11	10	**9**	8	7	6	5	4	3	2	1
순행	8	8	8	9	9	9	10		1	1	1	2	2	2	3	3	3	4	4	4	5	5	5	6	6	6	7	7	7	8
역행	2	2	1	1	1		10	9	9	9	8	8	8	7	7	6	6	6	5	5	5	4	4	4	3	3	2
월											12													11
일	13	12	11	10	9	8	7	6	5	4	3	2	1	30	29	28	27	26	25	24	23	22	21	20	19	18	17	16	15	14
일진	己巳	戊辰	丁卯	丙寅	乙丑	甲子	癸亥	壬戌	辛酉	庚申	己未	戊午	丁巳	丙辰	乙卯	甲寅	癸丑	壬子	辛亥	庚戌	己酉	戊申	丁未	丙午	乙巳	甲辰	癸卯	壬寅	辛丑	庚子
요일	일	토	금	목	수	화	월	일	토	금	목	수	화	월	일	토	금	목	수	화	월	일	토	금	목	수	화	월	일	토

11月大(庚子)대설

절기	소한																			동지									
음력	30	29	28	27	26	25	**24**	23	22	21	20	19	18	17	16	15	14	13	12	11	10	**9**	8	7	6	5	4	3	2	1
순행	8	8	8	9	9	9	10		1	1	1	2	2	2	3	3	3	4	4	4	5	5	5	6	6	6	7	7	7	8
역행	2	2	1	1	1		10	9	9	9	8	8	8	7	7	6	6	6	5	5	5	4	4	4	3	3	2
월											01													12
일	12	11	10	9	8	7	6	5	4	3	2	1	31	30	29	28	27	26	25	24	23	22	21	20	19	18	17	16	15	14
일진	己亥	戊戌	丁酉	丙申	乙未	甲午	癸巳	壬辰	辛卯	庚寅	己丑	戊子	丁亥	丙戌	乙酉	甲申	癸未	壬午	辛巳	庚辰	己卯	戊寅	丁丑	丙子	乙亥	甲戌	癸酉	壬申	辛未	庚午
요일	월	일	토	금	목	수	화	월	일	토	금	목	수	화	월	일	토	금	목	수	화	월	일	토	금	목	수	화	월	일

12月小(辛丑)소한

절기	입춘																			대한									
음력	29	28	27	26	25	24	**23**	22	21	20	19	18	17	16	15	14	13	12	11	10	9	**8**	7	6	5	4	3	2	1
순행	8	8	9	9	9	10		1	1	1	2	2	2	3	3	3	4	4	4	5	5	5	6	6	6	7	7	7
역행	2	2	1	1	1		9	9	9	8	8	8	7	7	6	6	6	5	5	5	4	4	4	3	3	3	2
월											02													01
일	10	9	8	7	6	5	4	3	2	1	31	30	29	28	27	26	25	24	23	22	21	20	19	18	17	16	15	14	13
일진	戊辰	丁卯	丙寅	乙丑	甲子	癸亥	壬戌	辛酉	庚申	己未	戊午	丁巳	丙辰	乙卯	甲寅	癸丑	壬子	辛亥	庚戌	己酉	戊申	丁未	丙午	乙巳	甲辰	癸卯	壬寅	辛丑	庚子
요일	수	화	월	일	토	금	목	수	화	월	일	토	금	목	수	화	월	일	토	금	목	수	화	월	일	토	금	목	수

남자 사주에 재가 많고 합이 많으면 여자들에게 정이 많다.

상문 : 卯　대장군 : 西
조객 : 亥　삼　재 : 巳酉丑
삼살 : 東

丁丑年

서기 1937년
단기 4270년

1月大 壬寅월 입춘

절기: 경칩 … 우수

음력	30	29	28	27	26	25	**24**	23	22	21	20	19	18	17	16	15	14	13	12	11	10	**9**	8	7	6	5	4	3	2	1
순행	8	8	9	9	10	10		1	1	1	2	2	2	3	3	3	4	4	4	5	5	5	6	6	6	7	7	7	8	
역행	2	2	1	1	1	1		10	9	9	9	8	8	8	7	7	7	6	6	6	5	5	5	4	4	4	3	3	3	2
월							03															02								
일	12	11	10	9	8	7	6	5	4	3	2	1	28	27	26	25	24	23	22	21	20	19	18	17	16	15	14	13	12	11
일진	戊	丁	丙	乙	甲	癸	壬	辛	庚	己	戊	丁	丙	乙	甲	癸	壬	辛	庚	己	戊	丁	丙	乙	甲	癸	壬	辛	庚	己
일진	戌	酉	申	未	午	巳	辰	卯	寅	丑	子	亥	戌	酉	申	未	午	巳	辰	卯	寅	丑	子	亥	戌	酉	申	未	午	巳
요일	금	목	수	화	월	일	토	금	목	수	화	월	일	토	금	목	수	화	월	일	토	금	목	수	화	월	일	토	금	목

2月小 癸卯월 경칩

절기: 청명 … 춘분

음력	29	28	27	26	25	**24**	23	22	21	20	19	18	17	16	15	14	13	12	11	10	**9**	8	7	6	5	4	3	2	1
순행	9	9	9	10	10		1	1	1	1	2	2	2	3	3	3	4	4	4	5	5	5	6	6	6	7	7	7	8
역행	2	1	1	1	1		10	9	9	9	8	8	8	7	7	7	6	6	6	5	5	5	4	4	4	3	3	3	2
월					04													03											
일	10	9	8	7	6	5	4	3	2	1	31	30	29	28	27	26	25	24	23	22	21	20	19	18	17	16	15	14	13
일진	丁	丙	乙	甲	癸	壬	辛	庚	己	戊	丁	丙	乙	甲	癸	壬	辛	庚	己	戊	丁	丙	乙	甲	癸	壬	辛	庚	己
일진	卯	寅	丑	子	亥	戌	酉	申	未	午	巳	辰	卯	寅	丑	子	亥	戌	酉	申	未	午	巳	辰	卯	寅	丑	子	亥
요일	토	금	목	수	화	월	일	토	금	목	수	화	월	일	토	금	목	수	화	월	일	토	금	목	수	화	월	일	토

3月小 甲辰월 청명

절기: 입하 … 곡우

음력	29	28	27	**26**	25	24	23	22	21	20	19	18	17	16	15	14	13	12	11	10	**9**	8	7	6	5	4	3	2	1
순행	9	10	10		1	1	1	2	2	2	3	3	3	4	4	4	5	5	5	6	6	6	7	7	7	8	8	8	
역행	1	1	1		10	10	9	9	9	8	8	8	7	7	7	6	6	6	5	5	5	4	4	4	3	3	3	2	2
월				05														04											
일	9	8	7	6	5	4	3	2	1	30	29	28	27	26	25	24	23	22	21	20	19	18	17	16	15	14	13	12	11
일진	丙	乙	甲	癸	壬	辛	庚	己	戊	丁	丙	乙	甲	癸	壬	辛	庚	己	戊	丁	丙	乙	甲	癸	壬	辛	庚	己	戊
일진	申	未	午	巳	辰	卯	寅	丑	子	亥	戌	酉	申	未	午	巳	辰	卯	寅	丑	子	亥	戌	酉	申	未	午	巳	辰
요일	일	토	금	목	수	화	월	일	토	금	목	수	화	월	일	토	금	목	수	화	월	일	토	금	목	수	화	월	일

4月大 乙巳월 입하

절기: 망종 … 소만

음력	30	29	**28**	27	26	25	24	23	22	21	20	19	18	17	16	15	14	13	**12**	11	10	9	8	7	6	5	4	3	2	1
순행	10	10		1	1	1	2	2	2	3	3	3	4	4	4	5	5	5	6	6	6	7	7	7	8	8	8	9	9	
역행	1	1		10	9	9	9	8	8	8	7	7	7	6	6	6	5	5	5	4	4	4	3	3	3	2	2	2	1	
월			06																05											
일	8	7	6	5	4	3	2	1	31	30	29	28	27	26	25	24	23	22	21	20	19	18	17	16	15	14	13	12	11	10
일진	丙	乙	甲	癸	壬	辛	庚	己	戊	丁	丙	乙	甲	癸	壬	辛	庚	己	戊	丁	丙	乙	甲	癸	壬	辛	庚	己	戊	丁
일진	寅	丑	子	亥	戌	酉	申	未	午	巳	辰	卯	寅	丑	子	亥	戌	酉	申	未	午	巳	辰	卯	寅	丑	子	亥	戌	酉
요일	화	월	일	토	금	목	수	화	월	일	토	금	목	수	화	월	일	토	금	목	수	화	월	일	토	금	목	수	화	월

5月小 丙午월 망종

절기: 소서 … 하지

음력	29	28	27	26	25	24	23	22	21	20	19	18	17	16	15	**14**	13	12	11	10	9	8	7	6	5	4	3	2	1
순행	1	1	1	1	2	2	2	3	3	3	4	4	4	5	5		5	6	6	6	7	7	7	8	8	8	9	9	9
역행	10	10	9	9	9	8	8	8	7	7	7	6	6	6	5		5	4	4	4	3	3	3	2	2	2	1	1	1
월					07														06										
일	7	6	5	4	3	2	1	30	29	28	27	26	25	24	23	22	21	20	19	18	17	16	15	14	13	12	11	10	9
일진	乙	甲	癸	壬	辛	庚	己	戊	丁	丙	乙	甲	癸	壬	辛	庚	己	戊	丁	丙	乙	甲	癸	壬	辛	庚	己	戊	丁
일진	未	午	巳	辰	卯	寅	丑	子	亥	戌	酉	申	未	午	巳	辰	卯	寅	丑	子	亥	戌	酉	申	未	午	巳	辰	卯
요일	수	화	월	일	토	금	목	수	화	월	일	토	금	목	수	화	월	일	토	금	목	수	화	월	일	토	금	목	수

6月小 丁未월 소서

절기: 대서

음력	29	28	27	26	25	24	23	22	21	20	19	18	17	**16**	15	14	13	12	11	10	9	8	7	6	5	4	3	2	1
순행	1	1	2	2	2	3	3	3	4	4	4	5	5		5	6	6	6	7	7	7	8	8	8	9	9	10	10	10
역행	10	9	9	9	8	8	8	7	7	7	6	6	6		5	5	5	4	4	4	3	3	3	2	2	2	1	1	1
월			08																07										
일	5	4	3	2	1	30	29	28	27	26	25	24	23	22	21	20	19	18	17	16	15	14	13	12	11	10	9	8	
일진	甲	癸	壬	辛	庚	己	戊	丁	丙	乙	甲	癸	壬	辛	庚	己	戊	丁	丙	乙	甲	癸	壬	辛	庚	己	戊	丁	
일진	子	亥	戌	酉	申	未	午	巳	辰	卯	寅	丑	子	亥	戌	酉	申	未	午	巳	辰	卯	寅	丑	子	亥	戌	酉	
요일	목	수	화	월	일	토	금	목	수	화	월	일	토	금	목	수	화	월	일	토	금	목	수	화	월	일	토	금	

일간이 년간·일지가 년지를 훼해도 조상을 몰라보는 불효자식이 있다.

7月大(戊申)입추

절기													처서															입추		
음력	30	29	28	27	26	25	24	23	22	21	20	19	18	17	16	15	14	13	12	11	10	9	8	7	6	5	4	3	2	1
순행	1	2	2	2	3	3	3	4	4	4	5	5	5	6	6	6	7	7	7	8	8	8	9	9	9	10	10		1	1
역행	9	9	8	8	8	7	7	7	6	6	6	5	5	5	4	4	4	3	3	3	2	2	2	1	1	1			10	10
월 (양력)			09																									08		
일	4	3	2	1	31	30	29	28	27	26	25	24	23	22	21	20	19	18	17	16	15	14	13	12	11	10	9	8	7	6
일진	甲午	癸巳	壬辰	辛卯	庚寅	己丑	戊子	丁亥	丙戌	乙酉	甲申	癸未	壬午	辛巳	庚辰	己卯	戊寅	丁丑	丙子	乙亥	甲戌	癸酉	壬申	辛未	庚午	己巳	戊辰	丁卯	丙寅	乙丑
요일	토	금	목	수	화	월	일	토	금	목	수	화	월	일	토	금	목	수	화	월	일	토	금	목	수	화	월	일	토	금

8月小(己酉)백로

절기											추분															백로		
음력	29	28	27	26	25	24	23	22	21	20	19	18	17	16	15	14	13	12	11	10	9	8	7	6	5	4	3	2	1
순행	2	2	3	3	3	4	4	4	5	5	5	6	6	6	7	7	7	8	8	8	9	9	9	10	10		1	1	1
역행	8	8	8	7	7	7	6	6	6	5	5	5	4	4	4	3	3	3	2	2	2	1	1	1			10	10	9
월 (양력)		10																								09			
일	3	2	1	30	29	28	27	26	25	24	23	22	21	20	19	18	17	16	15	14	13	12	11	10	9	8	7	6	5
일진	癸亥	壬戌	辛酉	庚申	己未	戊午	丁巳	丙辰	乙卯	甲寅	癸丑	壬子	辛亥	庚戌	己酉	戊申	丁未	丙午	乙巳	甲辰	癸卯	壬寅	辛丑	庚子	己亥	戊戌	丁酉	丙申	乙未
요일	일	토	금	목	수	화	월	일	토	금	목	수	화	월	일	토	금	목	수	화	월	일	토	금	목	수	화	월	일

9月大(庚戌)한로

절기										상강															한로				
음력	30	29	28	27	26	25	24	23	22	21	20	19	18	17	16	15	14	13	12	11	10	9	8	7	6	5	4	3	2	1
순행	2	2	3	3	3	4	4	4	5	5	6	6	6	7	7	7	8	8	8	9			1	1	1	1	2			
역행	8	8	7	7	7	6	6	6	5	5	5	4	4	4	3	3	3	2	2	2	1	1	1			10	10	9	9	9
월 (양력)		11																								10				
일	2	1	31	30	29	28	27	26	25	24	23	22	21	20	19	18	17	16	15	14	13	12	11	10	9	8	7	6	5	4
일진	癸巳	壬辰	辛卯	庚寅	己丑	戊子	丁亥	丙戌	乙酉	甲申	癸未	壬午	辛巳	庚辰	己卯	戊寅	丁丑	丙子	乙亥	甲戌	癸酉	壬申	辛未	庚午	己巳	戊辰	丁卯	丙寅	乙丑	甲子
요일	화	월	일	토	금	목	수	화	월	일	토	금	목	수	화	월	일	토	금	목	수	화	월	일	토	금	목	수	화	월

10月大(辛亥)입동

절기										소설															입동				
음력	30	29	28	27	26	25	24	23	22	21	20	19	18	17	16	15	14	13	12	11	10	9	8	7	6	5	4	3	2	1
순행	2	2	2	3	3	4	4	4	5	5	6	6	6	7	7	7	8	8	8	9	9	9		1	1	1	1	2		
역행	8	8	7	7	7	6	6	6	5	5	5	4	4	4	3	3	3	2	2	2	1	1	1		10			9	9	9
월 (양력)		12																								11				
일	2	1	30	29	28	27	26	25	24	23	22	21	20	19	18	17	16	15	14	13	12	11	10	9	8	7	6	5	4	3
일진	癸亥	壬戌	辛酉	庚申	己未	戊午	丁巳	丙辰	乙卯	甲寅	癸丑	壬子	辛亥	庚戌	己酉	戊申	丁未	丙午	乙巳	甲辰	癸卯	壬寅	辛丑	庚子	己亥	戊戌	丁酉	丙申	乙未	甲午
요일	목	수	화	월	일	토	금	목	수	화	월	일	토	금	목	수	화	월	일	토	금	목	수	화	월	일	토	금	목	수

11月大(壬子)대설

절기											동지														대설				
음력	30	29	28	27	26	25	24	23	22	21	20	19	18	17	16	15	14	13	12	11	10	9	8	7	6	5	4	3	2	1
순행	2	2	2	3	3	4	4	4	5	5	5	6	6	7	7	7	8	8	8	9	9	10		1	1	1	1			
역행	8	8	8	7	7	6	6	6	5	5	5	4	4	4	3	3	3	2	2	2	1	1	1		9	9	9	8		
월 (양력)	01																									12				
일	1	31	30	29	28	27	26	25	24	23	22	21	20	19	18	17	16	15	14	13	12	11	10	9	8	7	6	5	4	3
일진	癸巳	壬辰	辛卯	庚寅	己丑	戊子	丁亥	丙戌	乙酉	甲申	癸未	壬午	辛巳	庚辰	己卯	戊寅	丁丑	丙子	乙亥	甲戌	癸酉	壬申	辛未	庚午	己巳	戊辰	丁卯	丙寅	乙丑	甲子
요일	토	금	목	수	화	월	일	토	금	목	수	화	월	일	토	금	목	수	화	월	일	토	금	목	수	화	월	일	토	금

12月小(癸丑)소한

절기											대한													소한				
음력	29	28	27	26	25	24	23	22	21	20	19	18	17	16	15	14	13	12	11	10	9	8	7	6	5	4	3	2	1
순행	2	2	2	3	3	4	4	4	5	5	5	6	6	7	7	7	8	8	9	9		1	1	1	1			
역행	8	8	7	7	7	6	6	6	5	5	5	4	4	4	3	3	2	2	1	1	1		10	9	9	9		
월 (양력)																								01				
일	30	29	28	27	26	25	24	23	22	21	20	19	18	17	16	15	14	13	12	11	10	9	8	7	6	5	4	3	2
일진	壬戌	辛酉	庚申	己未	戊午	丁巳	丙辰	乙卯	甲寅	癸丑	壬子	辛亥	庚戌	己酉	戊申	丁未	丙午	乙巳	甲辰	癸卯	壬寅	辛丑	庚子	己亥	戊戌	丁酉	丙申	乙未	甲午
요일	일	토	금	목	수	화	월	일	토	금	목	수	화	월	일	토	금	목	수	화	월	일	토	금	목	수	화	월	일

여자 신약 사주에 편관이 많으면 혼전에 정조를 잃기 쉽다.

상문 : 辰　대장군 : 北
조객 : 子　삼　재 : 申子辰
삼살 : 北

戊寅年

서기 1938년
단기 4271년

1月大(甲寅)입춘

절기	우수										입춘					

음력	30	29	28	27	26	25	24	23	22	21	20	19	18	17	16	15	14	13	12	11	10	9	8	7	6	5	4	3	2	1
순행	2	2	2	3	3	3	4	4	4	5	5	5	6	6	6	7	7	7	8	8	8	9				1	1	1		
역행	8	8	8	7	7	7	6	6	6	5	5	5	4	4	4	3	3	3	2	2	2	1	1	1			9	9	9	8
월	03																												02	01
일	1	28	27	26	25	24	23	22	21	20	19	18	17	16	15	14	13	12	11	10	9	8	7	6	5	4	3	2	1	31
일진	壬辰	辛卯	庚寅	己丑	戊子	丁亥	丙戌	乙酉	甲申	癸未	壬午	辛巳	庚辰	己卯	戊寅	丁丑	丙子	乙亥	甲戌	癸酉	壬申	辛未	庚午	己巳	戊辰	丁卯	丙寅	乙丑	甲子	癸亥
요일	화	월	일	토	금	목	수	화	월	일	토	금	목	수	화	월	일	토	금	목	수	화	월	일	토	금	목	수	화	월

2月大(乙卯)경칩

절기	춘분										경칩					

음력	30	29	28	27	26	25	24	23	22	21	20	19	18	17	16	15	14	13	12	11	10	9	8	7	6	5	4	3	2	1
순행	2	2	2	3	3	3	4	4	4	5		5	6	6	6	7	7	8	8	8	9	9	9	10			1	1	1	1
역행	8	8	8	7	7	7	6	6	6	5		5	4	4	4	3	3	2	2	2	1	1	1				10	9	9	9
월																													03	
일	31	30	29	28	27	26	25	24	23	22	21	20	19	18	17	16	15	14	13	12	11	10	9	8	7	6	5	4	3	2
일진	壬戌	辛酉	庚申	己未	戊午	丁巳	丙辰	乙卯	甲寅	癸丑	壬子	辛亥	庚戌	己酉	戊申	丁未	丙午	乙巳	甲辰	癸卯	壬寅	辛丑	庚子	己亥	戊戌	丁酉	丙申	乙未	甲午	癸巳
요일	목	수	화	월	일	토	금	목	수	화	월	일	토	금	목	수	화	월	일	토	금	목	수	화	월	일	토	금	목	수

3月小(丙辰)청명

절기	곡우									청명					

음력	29	28	27	26	25	24	23	22	21	20	19	18	17	16	15	14	13	12	11	10	9	8	7	6	5	4	3	2	1
순행	2	3	3	3	4	4	4	5	5	5	6	6	6	7	7	7	8	8	8	9	9	9	10			1	1	1	1
역행	8	7	7	7	6	6	6	5	5	5	4	4	4	3	3	3	2	2	2	1	1	1				10	9	9	
월																											04		
일	29	28	27	26	25	24	23	22	21	20	19	18	17	16	15	14	13	12	11	10	9	8	7	6	5	4	3	2	1
일진	辛卯	庚寅	己丑	戊子	丁亥	丙戌	乙酉	甲申	癸未	壬午	辛巳	庚辰	己卯	戊寅	丁丑	丙子	乙亥	甲戌	癸酉	壬申	辛未	庚午	己巳	戊辰	丁卯	丙寅	乙丑	甲子	癸亥
요일	금	목	수	화	월	일	토	금	목	수	화	월	일	토	금	목	수	화	월	일	토	금	목	수	화	월	일	토	금

4月小(丁巳)입하

절기	소만									입하					

음력	29	28	27	26	25	24	23	22	21	20	19	18	17	16	15	14	13	12	11	10	9	8	7	6	5	4	3	2	1
순행	3	3	4	4	4	5	5	5	6	6	6	7	7	7	8	8	8	9	9	9	10	10		1	1	1	1	2	2
역행	7	7	6	6	6	5	5	5	4	4	4	3	3	3	2	2	2	1	1	1				10	9	9	9	8	8
월																									05	04			
일	28	27	26	25	24	23	22	21	20	19	18	17	16	15	14	13	12	11	10	9	8	7	6	5	4	3	2	1	30
일진	庚申	己未	戊午	丁巳	丙辰	乙卯	甲寅	癸丑	壬子	辛亥	庚戌	己酉	戊申	丁未	丙午	乙巳	甲辰	癸卯	壬寅	辛丑	庚子	己亥	戊戌	丁酉	丙申	乙未	甲午	癸巳	壬辰
요일	토	금	목	수	화	월	일	토	금	목	수	화	월	일	토	금	목	수	화	월	일	토	금	목	수	화	월	일	토

5月大(戊午)망종

절기	하지									망종					

음력	30	29	28	27	26	25	24	23	22	21	20	19	18	17	16	15	14	13	12	11	10	9	8	7	6	5	4	3	2	1
순행	4	4	4	5	5	5	6	6	6	7	7	7	8	8	9	9	9	10	10	10		1	1	1	1	2	2	2	3	
역행	7	7	7	6	6	6	5	5	5	4	4	4	3	3	2	2	2	1	1	1		10	10	9	9	9	8	8	8	7
월																									06		05			
일	27	26	25	24	23	22	21	20	19	18	17	16	15	14	13	12	11	10	9	8	7	6	5	4	3	2	1	31	30	29
일진	庚寅	己丑	戊子	丁亥	丙戌	乙酉	甲申	癸未	壬午	辛巳	庚辰	己卯	戊寅	丁丑	丙子	乙亥	甲戌	癸酉	壬申	辛未	庚午	己巳	戊辰	丁卯	丙寅	乙丑	甲子	癸亥	壬戌	辛酉
요일	월	일	토	금	목	수	화	월	일	토	금	목	수	화	월	일	토	금	목	수	화	월	일	토	금	목	수	화	월	일

6月小(己未)소서

절기	대서									소서					

음력	29	28	27	26	25	24	23	22	21	20	19	18	17	16	15	14	13	12	11	10	9	8	7	6	5	4	3	2	1
순행	4	5	5	5	6	6	6	7	7	7	8	8	8	9	9	10	10	11		1	1	1	1	2	2	2	3	3	3
역행	6	6	5	5	5	4	4	4	3	3	3	2	2	1	1	1		10	10	9	9	9	8	8	8	7	7	7	
월																									07		06		
일	26	25	24	23	22	21	20	19	18	17	16	15	14	13	12	11	10	9	8	7	6	5	4	3	2	1	30	29	28
일진	己未	戊午	丁巳	丙辰	乙卯	甲寅	癸丑	壬子	辛亥	庚戌	己酉	戊申	丁未	丙午	乙巳	甲辰	癸卯	壬寅	辛丑	庚子	己亥	戊戌	丁酉	丙申	乙未	甲午	癸巳	壬辰	辛卯
요일	화	월	일	토	금	목	수	화	월	일	토	금	목	수	화	월	일	토	금	목	수	화	월	일	토	금	목	수	화

년지와 일지가 沖·공망살이 있으면 조상을 몰라보는 불효자식이 있다.

표 오른쪽 세로 라벨: 7月小(庚申)입추 · 윤7月大 · 8月小(辛酉)백로 · 9月大(壬戌)한로 · 10月大(癸亥)입동 · 11月小(甲子)대설 · 12月大(乙丑)소한

7月小(庚申) / 윤7月大 — 처서 · 입추

절기	처서														입추														
음력	29	28	27	26	25	24	23	22	21	20	19	18	17	16	15	**13**	12	11	10	9	8	7	6	5	4	3	2	1
순행	5	5	6	6	6	7	7	7	8	8	8	9	9	9	10	10	1	1	1	1	2	2	2	3	3	3	4	4
역행	5	5	5	4	4	4	3	3	3	2	2	2	1	1	1	1	10	10	9	9	9	8	8	8	7	7	7	6
월															**08**												**07**	
일	24	23	22	21	20	19	18	17	16	15	14	13	12	11	10	9	8	7	6	5	4	3	2	1	31	30	29	28	27
일진	戊子	丁亥	丙戌	乙酉	甲申	癸未	壬午	辛巳	庚辰	己卯	戊寅	丁丑	丙子	乙亥	甲戌	癸酉	壬申	辛未	庚午	己巳	戊辰	丁卯	丙寅	乙丑	甲子	癸亥	壬戌	辛酉	庚申
요일	수	화	월	일	토	금	목	수	화	월	일	토	금	목	수	화	월	일	토	금	목	수	화	월	일	토	금	목	수

8月小(辛酉) — 백로

절기													백로															
음력	30	29	28	27	26	25	24	23	22	21	20	19	18	17	**15**	14	13	12	11	10	9	8	7	6	5	4	3	2	1
순행	5	6	6	6	7	7	7	8	8	8	9	9	9	10	10	1	1	1	1	2	2	2	3	3	3	4	4	4
역행	5	5	4	4	4	3	3	3	2	2	2	1	1	1	1	10	10	9	9	9	8	8	8	7	7	7	6	6
월															**09**												**08**	
일	23	22	21	20	19	18	17	16	15	14	13	12	11	10	9	8	7	6	5	4	3	2	1	31	30	29	28	27	26	25
일진	戊午	丁巳	丙辰	乙卯	甲寅	癸丑	壬子	辛亥	庚戌	己酉	戊申	丁未	丙午	乙巳	甲辰	癸卯	壬寅	辛丑	庚子	己亥	戊戌	丁酉	丙申	乙未	甲午	癸巳	壬辰	辛卯	庚寅	己丑
요일	금	목	수	화	월	일	토	금	목	수	화	월	일	토	금	목	수	화	월	일	토	금	목	수	화	월	일	토	금	목

9月大(壬戌) — 한로 · 추분

절기													한로											추분				
음력	29	28	27	26	25	24	23	22	21	20	19	18	17	**16**	15	14	13	12	11	10	9	8	7	6	5	4	3	2	1
순행	6	6	6	7	7	8	8	8	9	9	9	10	1	1	1	2	2	2	3	3	3	4	4	4	5	5
역행	4	4	4	3	3	3	2	2	2	1	1	1	1	10	9	9	9	8	8	8	7	7	7	6	6	6	5
월															**10**												**09**	
일	22	21	20	19	18	17	16	15	14	13	12	11	10	9	8	7	6	5	4	3	2	1	30	29	28	27	26	25	24
일진	丁亥	丙戌	乙酉	甲申	癸未	壬午	辛巳	庚辰	己卯	戊寅	丁丑	丙子	乙亥	甲戌	癸酉	壬申	辛未	庚午	己巳	戊辰	丁卯	丙寅	乙丑	甲子	癸亥	壬戌	辛酉	庚申	己未
요일	토	금	목	수	화	월	일	토	금	목	수	화	월	일	토	금	목	수	화	월	일	토	금	목	수	화	월	일	토

10月大(癸亥) — 입동 · 상강

절기													입동											상강				
음력	30	29	28	27	26	25	24	23	22	21	20	19	18	**17**	16	15	14	13	12	11	10	9	8	7	6	5	4	3	2	1
순행	6	6	6	7	7	7	8	8	8	9	9	9	10	1	1	1	2	2	2	3	3	3	4	4	4	5	5	5
역행	4	4	4	3	3	3	2	2	2	1	1	1	1	10	9	9	9	8	8	8	7	7	7	6	6	6	5	5
월															**11**												**10**	
일	21	20	19	18	17	16	15	14	13	12	11	10	9	8	7	6	5	4	3	2	1	31	30	29	28	27	26	25	24	23
일진	丁巳	丙辰	乙卯	甲寅	癸丑	壬子	辛亥	庚戌	己酉	戊申	丁未	丙午	乙巳	甲辰	癸卯	壬寅	辛丑	庚子	己亥	戊戌	丁酉	丙申	乙未	甲午	癸巳	壬辰	辛卯	庚寅	己丑	戊子
요일	월	일	토	금	목	수	화	월	일	토	금	목	수	화	월	일	토	금	목	수	화	월	일	토	금	목	수	화	월	일

11月小(甲子) — 대설 · 소설

절기													대설											소설				
음력	30	29	28	27	26	25	24	23	22	21	20	19	18	**17**	16	15	14	13	12	11	10	9	8	7	6	5	4	3	2	1
순행	5	6	6	6	7	7	8	8	8	9	9	1	1	1	2	2	2	3	3	3	4	4	5	5	5
역행	4	4	4	3	3	3	2	2	2	1	1	1	10	9	9	9	8	8	8	7	7	7	6	6	6	5	5
월															**12**												**11**	
일	21	20	19	18	17	16	15	14	13	12	11	10	9	8	7	6	5	4	3	2	1	31	30	29	28	27	26	25	24	23	22
일진	丁亥	丙戌	乙酉	甲申	癸未	壬午	辛巳	庚辰	己卯	戊寅	丁丑	丙子	乙亥	甲戌	癸酉	壬申	辛未	庚午	己巳	戊辰	丁卯	丙寅	乙丑	甲子	癸亥	壬戌	辛酉	庚申	己未	戊午
요일	수	화	월	일	토	금	목	수	화	월	일	토	금	목	수	화	월	일	토	금	목	수	화	월	일	토	금	목	수	화

12月大(乙丑) — 소한 · 동지

절기													소한											동지				
음력	29	28	27	26	25	24	23	22	21	20	19	18	**16**	15	14	13	12	11	10	9	8	7	6	5	4	3	2	1
순행	6	6	6	7	7	8	8	8	9	9	10	1	1	1	2	2	3	3	3	4	4	4	5	5	5
역행	4	4	4	3	3	3	2	2	2	1	1	1	9	9	9	8	8	8	7	7	7	6	6	6	5	5	5
월														**01**													**12**	
일	19	18	17	16	15	14	13	12	11	10	9	8	7	6	5	4	3	2	1	31	30	29	28	27	26	25	24	23	22
일진	丙辰	乙卯	甲寅	癸丑	壬子	辛亥	庚戌	己酉	戊申	丁未	丙午	乙巳	甲辰	癸卯	壬寅	辛丑	庚子	己亥	戊戌	丁酉	丙申	乙未	甲午	癸巳	壬辰	辛卯	庚寅	己丑	戊子
요일	목	수	화	월	일	토	금	목	수	화	월	일	토	금	목	수	화	월	일	토	금	목	수	화	월	일	토	금	목

12月大(乙丑)소한 — 입춘 · 대한

절기													입춘											대한				
음력	30	29	28	27	26	25	24	23	22	21	20	19	18	**17**	16	15	14	13	12	11	10	9	8	7	6	5	4	3	2	1
순행	5	6	6	6	7	7	8	8	8	9	9	1	1	1	2	2	2	3	3	3	4	4	5	5	5
역행	4	4	4	3	3	3	2	2	2	1	1	1	10	9	9	9	8	8	8	7	7	7	6	6	6	5	5
월															**02**												**01**	
일	18	17	16	15	14	13	12	11	10	9	8	7	6	5	4	3	2	1	31	30	29	28	27	26	25	24	23	22	21	20
일진	丙戌	乙酉	甲申	癸未	壬午	辛巳	庚辰	己卯	戊寅	丁丑	丙子	乙亥	甲戌	癸酉	壬申	辛未	庚午	己巳	戊辰	丁卯	丙寅	乙丑	甲子	癸亥	壬戌	辛酉	庚申	己未	戊午	丁巳
요일	토	금	목	수	화	월	일	토	금	목	수	화	월	일	토	금	목	수	화	월	일	토	금	목	수	화	월	일	토	금

여자 사주에 편인이 많으면 낙태를 자주한다.

상문 : 巳   대장군 : 北
조객 : 丑   삼 재 : 申子辰
삼살 : 西

己卯年

서기 1939년
단기 4272년

1月大(丙寅)입춘

절기	경칩													우수																
음력	30	29	28	27	26	25	24	23	22	21	20	19	18	17	**16**	15	14	13	12	11	10	9	8	7	6	5	4	3	2	1
순행(대운)	6	6	6	7	7	7	8	8	8	9	9	9	10	10		1	1	1	1	2	2	2	3	3	3	4	4	4	5	5
역행	5	4	4	4	3	3	3	2	2	2	1	1	1	1		9	9	9	8	8	8	7	7	7	6	6	6	5	5	5
월/양력															03															02
양력 일	20	19	18	17	16	15	14	13	12	11	10	9	8	7	6	5	4	3	2	1	28	27	26	25	24	23	22	21	20	19
일진	丙	乙	甲	癸	壬	辛	庚	己	戊	丁	丙	乙	甲	癸	壬	辛	庚	己	戊	丁	丙	乙	甲	癸	壬	辛	庚	己	戊	丁
	辰	卯	寅	丑	子	亥	戌	酉	申	未	午	巳	辰	卯	寅	丑	子	亥	戌	酉	申	未	午	巳	辰	卯	寅	丑	子	亥
요일	월	일	토	금	목	수	화	월	일	토	금	목	수	화	월	일	토	금	목	수	화	월	일	토	금	목	수	화	월	일

2月大(丁卯)경칩

절기	청명													춘분																
음력	30	29	28	27	26	25	24	23	22	21	20	19	18	**17**	16	15	14	13	12	11	10	9	8	7	6	5	4	3	2	1
순행(대운)	6	6	6	7	7	7	8	8	8	9	9	9	10		1	1	1	1	2	2	2	3	3	3	4	4	4	5	5	5
역행	4	4	4	3	3	3	2	2	2	1	1	1		10	9	9	9	8	8	8	7	7	7	6	6	6	5	5	5	
월/양력															04															03
양력 일	19	18	17	16	15	14	13	12	11	10	9	8	7	6	5	4	3	2	1	31	30	29	28	27	26	25	24	23	22	21
일진	丙	乙	甲	癸	壬	辛	庚	己	戊	丁	丙	乙	甲	癸	壬	辛	庚	己	戊	丁	丙	乙	甲	癸	壬	辛	庚	己	戊	丁
	戌	酉	申	未	午	巳	辰	卯	寅	丑	子	亥	戌	酉	申	未	午	巳	辰	卯	寅	丑	子	亥	戌	酉	申	未	午	巳
요일	수	화	월	일	토	금	목	수	화	월	일	토	금	목	수	화	월	일	토	금	목	수	화	월	일	토	금	목	수	화

3月小(戊辰)청명

절기	입하												곡우																
음력	29	28	27	26	25	24	23	22	21	20	19	18	**17**	16	15	14	13	12	11	10	9	8	7	6	5	4	3	2	1
순행(대운)	6	7	7	7	8	8	8	9	9	9	10	10		1	1	1	1	2	2	2	3	3	3	4	4	4	5	5	5
역행	4	4	3	3	3	2	2	2	1	1	1		10	9	9	9	8	8	8	7	7	7	6	6	6	5	5	5	
월/양력													05																04
양력 일	18	17	16	15	14	13	12	11	10	9	8	7	6	5	4	3	2	1	31	30	29	28	27	26	25	24	23	22	21
일진	乙	甲	癸	壬	辛	庚	己	戊	丁	丙	乙	甲	癸	壬	辛	庚	己	戊	丁	丙	乙	甲	癸	壬	辛	庚	己	戊	丁
	卯	寅	丑	子	亥	戌	酉	申	未	午	巳	辰	卯	寅	丑	子	亥	戌	酉	申	未	午	巳	辰	卯	寅	丑	子	亥
요일	목	수	화	월	일	토	금	목	수	화	월	일	토	금	목	수	화	월	일	토	금	목	수	화	월	일	토	금	목

4月小(己巳)입하

절기	망종										소만																		
음력	29	28	27	26	25	24	23	22	21	20	**19**	18	17	16	15	14	13	12	11	10	9	8	7	6	5	**4**	3	2	1
순행(대운)	7	7	7	8	8	8	9	9		1	1	1	2	2	2	3	3	3	4	4	4	5	5	5	6	6	6		
역행	3	3	3	2	2	2	1	1		10	9	9	9	8	8	8	7	7	7	6	6	6	5	5	5	4	4	4	
월/양력										06																05			
양력 일	16	15	14	13	12	11	10	9	8	7	6	5	4	3	2	1	31	30	29	28	27	26	25	24	23	22	21	20	19
일진	甲	癸	壬	辛	庚	己	戊	丁	丙	乙	甲	癸	壬	辛	庚	己	戊	丁	丙	乙	甲	癸	壬	辛	庚	己	戊	丁	丙
	申	未	午	巳	辰	卯	寅	丑	子	亥	戌	酉	申	未	午	巳	辰	卯	寅	丑	子	亥	戌	酉	申	未	午	巳	辰
요일	금	목	수	화	월	일	토	금	목	수	화	월	일	토	금	목	수	화	월	일	토	금	목	수	화	월	일	토	금

5月大(庚午)망종

절기	소서								하지																					
음력	30	29	28	27	26	25	24	23	**22**	21	20	19	18	17	16	15	14	13	12	11	10	9	8	7	**6**	5	4	3	2	1
순행(대운)	8	8	8	9	9	9	10	10		1	1	1	2	2	2	3	3	3	4	4	4	5	5	5	6	6	6	7	7	7
역행	3	2	2	2	1	1	1		10	10	9	9	9	8	8	8	7	7	7	6	6	6	5	5	5	4	4	4		
월/양력									07																06					
양력 일	16	15	14	13	12	11	10	9	8	7	6	5	4	3	2	1	31	30	29	28	27	26	25	24	23	22	21	20	19	18
일진	甲	癸	壬	辛	庚	己	戊	丁	丙	乙	甲	癸	壬	辛	庚	己	戊	丁	丙	乙	甲	癸	壬	辛	庚	己	戊	丁	丙	乙
	寅	丑	子	亥	戌	酉	申	未	午	巳	辰	卯	寅	丑	子	亥	戌	酉	申	未	午	巳	辰	卯	寅	丑	子	亥	戌	酉
요일	일	토	금	목	수	화	월	일	토	금	목	수	화	월	일	토	금	목	수	화	월	일	토	금	목	수	화	월	일	토

6月小(辛未)소서

절기	입추														대서														
음력	29	28	27	26	25	24	**23**	22	21	20	19	18	17	16	15	14	13	12	11	10	**9**	8	7	6	5	4	3	2	1
순행(대운)	8	9	9	9	10	10		1	1	1	2	2	2	3	3	3	4	4	4	5	5	5	6	6	6	7	7	7	
역행	2	2	1	1	1		10	9	9	9	8	8	8	7	7	7	6	6	6	5	5	5	4	4	4	3	3	3	
월/양력							08																			07			
양력 일	14	13	12	11	10	9	8	7	6	5	4	3	2	1	31	30	29	28	27	26	25	24	23	22	21	20	19	18	17
일진	癸	壬	辛	庚	己	戊	丁	丙	乙	甲	癸	壬	辛	庚	己	戊	丁	丙	乙	甲	癸	壬	辛	庚	己	戊	丁	丙	乙
	未	午	巳	辰	卯	寅	丑	子	亥	戌	酉	申	未	午	巳	辰	卯	寅	丑	子	亥	戌	酉	申	未	午	巳	辰	卯
요일	월	일	토	금	목	수	화	월	일	토	금	목	수	화	월	일	토	금	목	수	화	월	일	토	금	목	수	화	월

사주에 丑·寅·午가 있으면 음독할 염려가 많다.

7月小(壬申)입추

절기	백로(25) · 처서(10)
음력	29 28 27 26 25 24 23 22 21 20 19 18 17 16 15 14 13 12 11 10 9 8 7 6 5 4 3 2 1
순행	9 9 10 10 · 1 1 1 1 2 2 2 3 3 3 4 4 4 5 5 5 6 6 6 7 7 7 8 8 8
역행	1 1 1 1 · 10 10 9 9 9 8 8 8 7 7 7 6 6 6 5 5 5 4 4 4 3 3 3 2
월(양력)	09 … 08
일	12 11 10 9 8 7 6 5 4 3 2 1 31 30 29 28 27 26 25 24 23 22 21 20 19 18 17 16 15
일진	壬 辛 庚 己 戊 丁 丙 乙 甲 癸 壬 辛 庚 己 戊 丁 丙 乙 甲 癸 壬 辛 庚 己 戊 丁 丙 乙 甲
	子 亥 戌 酉 申 未 午 巳 辰 卯 寅 丑 子 亥 戌 酉 申 未 午 巳 辰 卯 寅 丑 子 亥 戌 酉 申
요일	화 월 일 토 금 목 수 화 월 일 토 금 목 수 화 월 일 토 금 목 수 화 월 일 토 금 목 수 화

8月大(癸酉)백로

절기	한로(27) · 추분(12)
음력	30 29 28 27 26 25 24 23 22 21 20 19 18 17 16 15 14 13 12 11 10 9 8 7 6 5 4 3 2 1
순행	9 9 10 · 1 1 1 1 2 2 2 3 3 3 4 4 4 5 5 5 6 6 6 7 7 7 8 8 8 9
역행	1 1 1 · 10 9 9 9 8 8 8 7 7 7 6 6 6 5 5 5 4 4 4 3 3 3 2 2 2 1
월(양력)	10 … 09
일	12 11 10 9 8 7 6 5 4 3 2 1 30 29 28 27 26 25 24 23 22 21 20 19 18 17 16 15 14 13
일진	壬 辛 庚 己 戊 丁 丙 乙 甲 癸 壬 辛 庚 己 戊 丁 丙 乙 甲 癸 壬 辛 庚 己 戊 丁 丙 乙 甲 癸
	午 巳 辰 卯 寅 丑 子 亥 戌 酉 申 未 午 巳 辰 卯 寅 丑 子 亥 戌 酉 申 未 午 巳 辰 卯 寅 丑
요일	목 수 화 월 일 토 금 목 수 화 월 일 토 금 목 수 화 월 일 토 금 목 수 화 월 일 토 금 목 수

9月小(甲戌)한로

절기	입동(27) · 상강(12)
음력	29 28 27 26 25 24 23 22 21 20 19 18 17 16 15 14 13 12 11 10 9 8 7 6 5 4 3 2 1
순행	9 10 · 1 1 1 1 2 2 2 3 3 3 4 4 4 5 5 5 6 6 6 7 7 7 8 8 8 9
역행	1 1 · 10 9 9 9 8 8 8 7 7 7 6 6 6 5 5 5 4 4 4 3 3 3 2 2 2 1
월(양력)	11 … 10
일	10 9 8 7 6 5 4 3 2 1 31 30 29 28 27 26 25 24 23 22 21 20 19 18 17 16 15 14 13
일진	辛 庚 己 戊 丁 丙 乙 甲 癸 壬 辛 庚 己 戊 丁 丙 乙 甲 癸 壬 辛 庚 己 戊 丁 丙 乙 甲 癸
	亥 戌 酉 申 未 午 巳 辰 卯 寅 丑 子 亥 戌 酉 申 未 午 巳 辰 卯 寅 丑 子 亥 戌 酉 申 未
요일	금 목 수 화 월 일 토 금 목 수 화 월 일 토 금 목 수 화 월 일 토 금 목 수 화 월 일 토 금

10月大(乙亥)입동

절기	대설(28) · 소설(13)
음력	30 29 28 27 26 25 24 23 22 21 20 19 18 17 16 15 14 13 12 11 10 9 8 7 6 5 4 3 2 1
순행	9 9 · 1 1 1 1 2 2 2 3 3 3 4 4 4 5 5 5 6 6 6 7 7 7 8 8 8 9 9
역행	1 1 · 10 9 9 9 8 8 8 7 7 7 6 6 6 5 5 5 4 4 4 3 3 3 2 2 2 1 1
월(양력)	12 … 11
일	10 9 8 7 6 5 4 3 2 1 30 29 28 27 26 25 24 23 22 21 20 19 18 17 16 15 14 13 12 11
일진	辛 庚 己 戊 丁 丙 乙 甲 癸 壬 辛 庚 己 戊 丁 丙 乙 甲 癸 壬 辛 庚 己 戊 丁 丙 乙 甲 癸 壬
	巳 辰 卯 寅 丑 子 亥 戌 酉 申 未 午 巳 辰 卯 寅 丑 子 亥 戌 酉 申 未 午 巳 辰 卯 寅 丑 子
요일	일 토 금 목 수 화 월 일 토 금 목 수 화 월 일 토 금 목 수 화 월 일 토 금 목 수 화 월 일 토

11月小(丙子)대설

절기	소한(27) · 동지(13)
음력	29 28 27 26 25 24 23 22 21 20 19 18 17 16 15 14 13 12 11 10 9 8 7 6 5 4 3 2 1
순행	9 10 · 1 1 1 1 2 2 2 3 3 3 4 4 4 5 5 5 6 6 6 7 7 7 8 8 8 9
역행	1 1 · 9 9 9 8 8 8 7 7 7 6 6 6 5 5 5 4 4 4 3 3 3 2 2 2 1 1
월(양력)	01 … 12
일	8 7 6 5 4 3 2 1 31 30 29 28 27 26 25 24 23 22 21 20 19 18 17 16 15 14 13 12 11
일진	庚 己 戊 丁 丙 乙 甲 癸 壬 辛 庚 己 戊 丁 丙 乙 甲 癸 壬 辛 庚 己 戊 丁 丙 乙 甲 癸 壬
	戌 酉 申 未 午 巳 辰 卯 寅 丑 子 亥 戌 酉 申 未 午 巳 辰 卯 寅 丑 子 亥 戌 酉 申 未 午
요일	월 일 토 금 목 수 화 월 일 토 금 목 수 화 월 일 토 금 목 수 화 월 일 토 금 목 수 화 월

12月大(丁丑)소한

절기	입춘(28) · 대한(13)
음력	30 29 28 27 26 25 24 23 22 21 20 19 18 17 16 15 14 13 12 11 10 9 8 7 6 5 4 3 2 1
순행	9 10 · 1 1 1 1 2 2 2 3 3 3 4 4 4 5 5 5 6 6 6 7 7 7 8 8 8 9 9
역행	1 1 · 9 9 9 8 8 8 7 7 7 6 6 6 5 5 5 4 4 4 3 3 3 2 2 2 1 1
월(양력)	02 … 01
일	7 6 5 4 3 2 1 31 30 29 28 27 26 25 24 23 22 21 20 19 18 17 16 15 14 13 12 11 10 9
일진	庚 己 戊 丁 丙 乙 甲 癸 壬 辛 庚 己 戊 丁 丙 乙 甲 癸 壬 辛 庚 己 戊 丁 丙 乙 甲 癸 壬 辛
	辰 卯 寅 丑 子 亥 戌 酉 申 未 午 巳 辰 卯 寅 丑 子 亥 戌 酉 申 未 午 巳 辰 卯 寅 丑 子 亥
요일	수 화 월 일 토 금 목 수 화 월 일 토 금 목 수 화 월 일 토 금 목 수 화 월 일 토 금 목 수 화

인수가 長生이면 문필가로 명성을 떨친다.

상문 : 午　대장군 : 北
조객 : 寅　삼　재 : 申子辰
삼살 : 南

庚辰年

서기 1940년
단기 4273년

1月大(戊寅)입춘

절기	경칩																	우수												
음력	30	29	28	27	26	25	24	23	22	21	20	19	18	17	16	15	14	13	12	11	10	9	8	7	6	5	4	3	2	1
순행	9	10			1	1	1	2	2	2	3	3	3	4	4	4	5	5	5	6	6	6	7	7	7	8	8	8	8	9
역행	1	1			10	9	9	9	8	8	8	7	7	7	6	6	6	5	5	5	4	4	4	3	3	3	2	2	2	1	1
월(음/양)			03																										02	
일	8	7	6	5	4	3	2	1	29	28	27	26	25	24	23	22	21	20	19	18	17	16	15	14	13	12	11	10	9	8
일진	庚	己	戊	丁	丙	乙	甲	癸	壬	辛	庚	己	戊	丁	丙	乙	甲	癸	壬	辛	庚	己	戊	丁	丙	乙	甲	癸	壬	辛
	戌	酉	申	未	午	巳	辰	卯	寅	丑	子	亥	戌	酉	申	未	午	巳	辰	卯	寅	丑	子	亥	戌	酉	申	未	午	巳
요일	금	목	수	화	월	일	토	금	목	수	화	월	일	토	금	목	수	화	월	일	토	금	목	수	화	월	일	토	금	목

2月大(己卯)경칩

절기	청명																	춘분												
음력	30	29	28	27	26	25	24	23	22	21	20	19	18	17	16	15	14	13	12	11	10	9	8	7	6	5	4	3	2	1
순행	10	10			1	1	1	1	2	2	2	3	3	3	4	4	4	5	5	5	6	6	6	7	7	7	8	8	9	9
역행	1	1			10	9	9	9	8	8	8	7	7	7	6	6	6	5	5	5	4	4	4	3	3	3	2	2	1	1
월(음/양)			04																										03	
일	7	6	5	4	3	2	1	31	30	29	28	27	26	25	24	23	22	21	20	19	18	17	16	15	14	13	12	11	10	9
일진	庚	己	戊	丁	丙	乙	甲	癸	壬	辛	庚	己	戊	丁	丙	乙	甲	癸	壬	辛	庚	己	戊	丁	丙	乙	甲	癸	壬	辛
	辰	卯	寅	丑	子	亥	戌	酉	申	未	午	巳	辰	卯	寅	丑	子	亥	戌	酉	申	未	午	巳	辰	卯	寅	丑	子	亥
요일	일	토	금	목	수	화	월	일	토	금	목	수	화	월	일	토	금	목	수	화	월	일	토	금	목	수	화	월	일	토

3月小(庚辰)청명

절기	입하																	곡우											
음력	29	28	27	26	25	24	23	22	21	20	19	18	17	16	15	14	13	12	11	10	9	8	7	6	5	4	3	2	1
순행		1	1	1	1	2	2	2	3	3	3	4	4	4	5	5	5	6	6	6	7	7	7	8	8	8	9	9	9
역행		10	10	9	9	9	8	8	8	7	7	7	6	6	6	5	5	5	4	4	4	3	3	3	2	2	2	1	1
월(음/양)		05																										04	
일	6	5	4	3	2	1	30	29	28	27	26	25	24	23	22	21	20	19	18	17	16	15	14	13	12	11	10	9	8
일진	己	戊	丁	丙	乙	甲	癸	壬	辛	庚	己	戊	丁	丙	乙	甲	癸	壬	辛	庚	己	戊	丁	丙	乙	甲	癸	壬	辛
	酉	申	未	午	巳	辰	卯	寅	丑	子	亥	戌	酉	申	未	午	巳	辰	卯	寅	丑	子	亥	戌	酉	申	未	午	巳
요일	월	토	금	목	수	화	월	일	토	금	목	수	화	월	일	토	금	목	수	화	월	일	토	금	목	수	화	월	일

4月大(辛巳)입하

절기	소만																													
음력	30	29	28	27	26	25	24	23	22	21	20	19	18	17	16	15	14	13	12	11	10	9	8	7	6	5	4	3	2	1
순행	1	1	1	2	2	2	3	3	3	4	4	4	5	5	5	6	6	6	7	7	7	8	8	8	9	9	9	1	1	1
역행	10	10	9	9	9	8	8	8	7	7	7	6	6	6	5	5	5	4	4	4	3	3	3	2	2	2	1	1	1	1
월(음/양)				06																									05	
일	5	4	3	2	1	31	30	29	28	27	26	25	24	23	22	21	20	19	18	17	16	15	14	13	12	11	10	9	8	7
일진	己	戊	丁	丙	乙	甲	癸	壬	辛	庚	己	戊	丁	丙	乙	甲	癸	壬	辛	庚	己	戊	丁	丙	乙	甲	癸	壬	辛	庚
	卯	寅	丑	子	亥	戌	酉	申	未	午	巳	辰	卯	寅	丑	子	亥	戌	酉	申	未	午	巳	辰	卯	寅	丑	子	亥	戌
요일	수	화	월	일	토	금	목	수	화	월	일	토	금	목	수	화	월	일	토	금	목	수	화	월	일	토	금	목	수	화

5月小(壬午)망종

절기	하지																												망종
음력	29	28	27	26	25	24	23	22	21	20	19	18	17	16	15	14	13	12	11	10	9	8	7	6	5	4	3	2	1
순행	1	1	2	2	2	3	3	4	4	4	5	5	5	6	6	6	7	7	7	8	8	9	9	9	10	10	1	1	1
역행	9	9	9	8	8	7	7	7	6	6	6	5	5	5	4	4	4	3	3	3	2	2	2	1	1	1	1	1	1
월(음/양)			07																									06	
일	4	3	2	1	30	29	28	27	26	25	24	23	22	21	20	19	18	17	16	15	14	13	12	11	10	9	8	7	6
일진	戊	丁	丙	乙	甲	癸	壬	辛	庚	己	戊	丁	丙	乙	甲	癸	壬	辛	庚	己	戊	丁	丙	乙	甲	癸	壬	辛	庚
	申	未	午	巳	辰	卯	寅	丑	子	亥	戌	酉	申	未	午	巳	辰	卯	寅	丑	子	亥	戌	酉	申	未	午	巳	辰
요일	목	수	화	월	일	토	금	목	수	화	월	일	토	금	목	수	화	월	일	토	금	목	수	화	월	일	토	금	목

6月大(癸未)소서

절기	대서																									소서				
음력	30	29	28	27	26	25	24	23	22	21	20	19	18	17	16	15	14	13	12	11	10	9	8	7	6	5	4	3	2	1
순행	2	2	3	3	4	4	4	5	5	5	6	6	6	7	7	7	8	8	9	9	9	10	10	10			1	1	2	2
역행	9	9	8	8	7	7	7	6	6	6	5	5	5	4	4	4	3	3	3	2	2	2	1	1			10	10		
월(음/양)			08																									07		
일	3	2	1	31	30	29	28	27	26	25	24	23	22	21	20	19	18	17	16	15	14	13	12	11	10	9	8	7	6	5
일진	戊	丁	丙	乙	甲	癸	壬	辛	庚	己	戊	丁	丙	乙	甲	癸	壬	辛	庚	己	戊	丁	丙	乙	甲	癸	壬	辛	庚	己
	寅	丑	子	亥	戌	酉	申	未	午	巳	辰	卯	寅	丑	子	亥	戌	酉	申	未	午	巳	辰	卯	寅	丑	子	亥	戌	酉
요일	토	금	목	수	화	월	일	토	금	목	수	화	월	일	토	금	목	수	화	월	일	토	금	목	수	화	월	일	토	금

己日生이 사주가 약하고 귀문관살이 있으면 정신질환이 있다.

7月小(甲申)입추

절기		처서																		입추								
음력	29	28	27	26	25	24	23	22	21	20	19	18	17	16	15	14	13	12	11	10	9	8	7	6	5	4	3	2	1
순행	2	3	3	3	4	4	4	5	5	5	6	6	6	7	7	7	8	8	8	9	9	9	10	10		1	1	1	1
역행	8	8	7	7	7	6	6	6	5	5	5	4	4	4	3	3	3	2	2	2	1	1	1	1		10	10	10	9
월	09																								08				
일	1	31	30	29	28	27	26	25	24	23	22	21	20	19	18	17	16	15	14	13	12	11	10	9	8	7	6	5	4
일진	丁	丙	乙	甲	癸	壬	辛	庚	己	戊	丁	丙	乙	甲	癸	壬	辛	庚	己	戊	丁	丙	乙	甲	癸	壬	辛	庚	己
	未	午	巳	辰	卯	寅	丑	子	亥	戌	酉	申	未	午	巳	辰	卯	寅	丑	子	亥	戌	酉	申	未	午	巳	辰	卯
요일	일	토	금	목	수	화	월	일	토	금	목	수	화	월	일	토	금	목	수	화	월	일	토	금	목	수	화	월	일

8月小(乙酉)백로

절기			추분																백로									
음력	29	28	27	26	25	24	23	22	21	20	19	18	17	16	15	14	13	12	11	10	9	8	7	6	5	4	3	2	1
순행	3	3	3	4	4	4	5		5	5	6	6	6	7	7	7	8	8	8	9	9	9	10		1	1	1	1	2	2
역행	7	7	7	6	6	6	5		5	5	4	4	4	3	3	3	2	2	2	1	1	1	1		10	10	9	9	8
월																			09										
일	30	29	28	27	26	25	24	23	22	21	20	19	18	17	16	15	14	13	12	11	10	9	8	7	6	5	4	3	2
일진	丙	乙	甲	癸	壬	辛	庚	己	戊	丁	丙	乙	甲	癸	壬	辛	庚	己	戊	丁	丙	乙	甲	癸	壬	辛	庚	己	戊
	子	亥	戌	酉	申	未	午	巳	辰	卯	寅	丑	子	亥	戌	酉	申	未	午	巳	辰	卯	寅	丑	子	亥	戌	酉	申
요일	월	일	토	금	목	수	화	월	일	토	금	목	수	화	월	일	토	금	목	수	화	월	일	토	금	목	수	화	월

9月大(丙戌)한로

절기				상강															한로									
음력	30	29	28	27	26	25	24	23	22	21	20	19	18	17	16	15	14	13	12	11	10	9	8	7	6	5	4	3	2	1
순행	3	3	3	4	4		5	5	5	6	6	6	7	7	7	8	8	8	9	9	9	10		1	1	1	1	2	2	2
역행	7	7	7	6	6	6	5	5	5	4	4	4	3	3	3	2	2	2	1	1	1	1		10	9	9	9	8	8
월																				10										
일	30	29	28	27	26	25	24	23	22	21	20	19	18	17	16	15	14	13	12	11	10	9	8	7	6	5	4	3	2	1
일진	丙	乙	甲	癸	壬	辛	庚	己	戊	丁	丙	乙	甲	癸	壬	辛	庚	己	戊	丁	丙	乙	甲	癸	壬	辛	庚	己	戊	丁
	午	巳	辰	卯	寅	丑	子	亥	戌	酉	申	未	午	巳	辰	卯	寅	丑	子	亥	戌	酉	申	未	午	巳	辰	卯	寅	丑
요일	수	화	월	일	토	금	목	수	화	월	일	토	금	목	수	화	월	일	토	금	목	수	화	월	일	토	금	목	수	화

10月小(丁亥)입동

절기				소설															입동									
음력	29	28	27	26	25	24	23	22	21	20	19	18	17	16	15	14	13	12	11	10	9	8	7	6	5	4	3	2	1
순행	3	3	4	4	4	5		5	6	6	6	7	7	7	8	8	8	9	9	9	10		1	1	1	2	2	2
역행	7	7	7	6	6	5		5	4	4	4	3	3	3	2	2	2	1	1	1	1		10	9	9	9	8	8
월																			11	10									
일	28	27	26	25	24	23	22	21	20	19	18	17	16	15	14	13	12	11	10	9	8	7	6	5	4	3	2	1	31
일진	乙	甲	癸	壬	辛	庚	己	戊	丁	丙	乙	甲	癸	壬	辛	庚	己	戊	丁	丙	乙	甲	癸	壬	辛	庚	己	戊	丁
	亥	戌	酉	申	未	午	巳	辰	卯	寅	丑	子	亥	戌	酉	申	未	午	巳	辰	卯	寅	丑	子	亥	戌	酉	申	未
요일	목	수	화	월	일	토	금	목	수	화	월	일	토	금	목	수	화	월	일	토	금	목	수	화	월	일	토	금	목

11月大(戊子)대설

절기					동지														대설									
음력	30	29	28	27	26	25	24	23	22	21	20	19	18	17	16	15	14	13	12	11	10	9	8	7	6	5	4	3	2	1
순행	3	3	4	4	4	5		5	6	6	6	7	7	7	8	8	8	9	9	10	1	1	1	1	2	2	2	3
역행	7	7	6	6	6	5		5	4	4	3	3	3	2	2	2	1	1	1	1	10	9	9	9	8	8	8	7
월																			12	11										
일	28	27	26	25	24	23	22	21	20	19	18	17	16	15	14	13	12	11	10	9	8	7	6	5	4	3	2	1	30	29
일진	乙	甲	癸	壬	辛	庚	己	戊	丁	丙	乙	甲	癸	壬	辛	庚	己	戊	丁	丙	乙	甲	癸	壬	辛	庚	己	戊	丁	丙
	巳	辰	卯	寅	丑	子	亥	戌	酉	申	未	午	巳	辰	卯	寅	丑	子	亥	戌	酉	申	未	午	巳	辰	卯	寅	丑	子
요일	토	금	목	수	화	월	일	토	금	목	수	화	월	일	토	금	목	수	화	월	일	토	금	목	수	화	월	일	토	금

12月小(己丑)소한

절기					대한														소한									
음력	29	28	27	26	25	24	23	22	21	20	19	18	17	16	15	14	13	12	11	10	9	8	7	6	5	4	3	2	1
순행	3	4	4	4	5		5	6	6	6	7	7	7	8	8	8	9	9	10		1	1	1	2	2	2	3
역행	7	6	6	6	5		5	4	4	3	3	3	2	2	2	1	1	1	1		10	9	9	9	8	8	8	7
월																			01	12									
일	26	25	24	23	22	21	20	19	18	17	16	15	14	13	12	11	10	9	8	7	6	5	4	3	2	1	31	30	29
일진	甲	癸	壬	辛	庚	己	戊	丁	丙	乙	甲	癸	壬	辛	庚	己	戊	丁	丙	乙	甲	癸	壬	辛	庚	己	戊	丁	丙
	戌	酉	申	未	午	巳	辰	卯	寅	丑	子	亥	戌	酉	申	未	午	巳	辰	卯	寅	丑	子	亥	戌	酉	申	未	午
요일	일	토	금	목	수	화	월	일	토	금	목	수	화	월	일	토	금	목	수	화	월	일	토	금	목	수	화	월	일

편인이 長生이면 예술가로 명성을 떨친다.

상문 : 未　대장군 : 東
조객 : 卯　삼 재 : 亥卯未
삼살 : 東

辛巳年

서기 1941년
단기 4274년

1月大(庚寅)입춘

절기						우수												입춘											
음력	30	29	28	27	26	25	24	23	22	21	20	19	18	17	16	15	14	13	12	11	10	9	8	7	6	5	4	3	2	1
순행	3	3	4	4	4	5	5	5	5	6	6	7	7	7	8	8	8	9				9		1	1	1	2	2	2	3
역행	7	7	6	6	6	5	5	5	4	4	4	3	3	3	2	2	2	1	1	1		9	9	9	8	8	8	7	7
월													02													01			
일	25	24	23	22	21	20	19	18	17	16	15	14	13	12	11	10	9	8	7	6	5	4	3	2	1	31	30	29	28	27
일진	甲辰	癸卯	壬寅	辛丑	庚子	己亥	戊戌	丁酉	丙申	乙未	甲午	癸巳	壬辰	辛卯	庚寅	己丑	戊子	丁亥	丙戌	乙酉	甲申	癸未	壬午	辛巳	庚辰	己卯	戊寅	丁丑	丙子	乙亥
요일	화	월	일	토	금	목	수	화	월	일	토	금	목	수	화	월	일	토	금	목	수	화	월	일	토	금	목	수	화	월

2月大(辛卯)경칩

절기						춘분												경칩											
음력	30	29	28	27	26	25	24	23	22	21	20	19	18	17	16	15	14	13	12	11	10	9	8	7	6	5	4	3	2	1
순행	3	3	4	4	4	5	5	5	6	6	6	7	7	7	8	8	9	9	9	10		1	1	1	1	2	2	2	3	3
역행	7	7	6	6	6	5	5	5	4	4	3	3	3	2	2	2	1	1	1		10	9	9	9	8	8	8	7	7
월													03													02			
일	27	26	25	24	23	22	21	20	19	18	17	16	15	14	13	12	11	10	9	8	7	6	5	4	3	2	1	28	27	26
일진	甲戌	癸酉	壬申	辛未	庚午	己巳	戊辰	丁卯	丙寅	乙丑	甲子	癸亥	壬戌	辛酉	庚申	己未	戊午	丁巳	丙辰	乙卯	甲寅	癸丑	壬子	辛亥	庚戌	己酉	戊申	丁未	丙午	乙巳
요일	목	수	화	월	일	토	금	목	수	화	월	일	토	금	목	수	화	월	일	토	금	목	수	화	월	일	토	금	목	수

3月小(壬辰)청명

절기						곡우												청명											
음력	29	28	27	26	25	24	23	22	21	20	19	18	17	16	15	14	13	12	11	10	9	8	7	6	5	4	3	2	1
순행	4	4	4	5	5	6	6	6	7	7	7	8	8	8	9	9	9	10		1	1	1	2	2	2	3
역행	7	6	6	6	5	5	5	4	4	4	3	3	3	2	2	2	1	1	1		10	9	9	9	8	8	7
월												04												03			
일	25	24	23	22	21	20	19	18	17	16	15	14	13	12	11	10	9	8	7	6	5	4	3	2	1	31	30	29	28
일진	癸卯	壬寅	辛丑	庚子	己亥	戊戌	丁酉	丙申	乙未	甲午	癸巳	壬辰	辛卯	庚寅	己丑	戊子	丁亥	丙戌	乙酉	甲申	癸未	壬午	辛巳	庚辰	己卯	戊寅	丁丑	丙子	乙亥
요일	금	목	수	화	월	일	토	금	목	수	화	월	일	토	금	목	수	화	월	일	토	금	목	수	화	월	일	토	금

4月大(癸巳)입하

절기					소만												입하												
음력	30	29	28	27	26	25	24	23	22	21	20	19	18	17	16	15	14	13	12	11	10	9	8	7	6	5	4	3	2	1
순행	4	4	5	5	5	6	6	7	7	7	8	8	8	9	9	10	10		1	1	1	2	2	3	3	3	4
역행	6	6	5	5	5	4	4	4	3	3	2	2	2	1	1	1		10	10	9	9	8	8	8	7	7	6
월												05												04			
일	25	24	23	22	21	20	19	18	17	16	15	14	13	12	11	10	9	8	7	6	5	4	3	2	1	29	28	27	26
일진	癸酉	壬申	辛未	庚午	己巳	戊辰	丁卯	丙寅	乙丑	甲子	癸亥	壬戌	辛酉	庚申	己未	戊午	丁巳	丙辰	乙卯	甲寅	癸丑	壬子	辛亥	庚戌	己酉	戊申	丁未	丙午	乙巳	甲辰
요일	일	토	금	목	수	화	월	일	토	금	목	수	화	월	일	토	금	목	수	화	월	일	토	금	목	수	화	월	일	토

5月大(甲午)망종

절기			하지												망종														
음력	30	29	28	27	26	25	24	23	22	21	20	19	18	17	16	15	14	13	12	11	10	9	8	7	6	5	4	3	2	1
순행	4	5	5	5	6	6	7	7	7	8	8	9	9	9	10		1	1	1	1	2	2	3	3	3	4
역행	6	6	5	5	5	4	4	4	3	3	2	2	2	1	1		10	10	9	9	8	8	8	7	7	6
월												06												05			
일	24	23	22	21	20	19	18	17	16	15	14	13	12	11	10	9	8	7	6	5	4	3	2	1	31	30	29	28	27	26
일진	癸卯	壬寅	辛丑	庚子	己亥	戊戌	丁酉	丙申	乙未	甲午	癸巳	壬辰	辛卯	庚寅	己丑	戊子	丁亥	丙戌	乙酉	甲申	癸未	壬午	辛巳	庚辰	己卯	戊寅	丁丑	丙子	乙亥	甲戌
요일	화	월	일	토	금	목	수	화	월	일	토	금	목	수	화	월	일	토	금	목	수	화	월	일	토	금	목	수	화	월

6月小(乙未)소서

절기		대서												소서														
음력	29	28	27	26	25	24	23	22	21	20	19	18	17	16	15	14	13	12	11	10	9	8	7	6	5	4	3	2	1
순행	5	6	6	6	7	7	7	8	8	9	9	9	10	10		1	1	1	2	2	3	3	3	4	4	4
역행	5	5	4	4	4	3	3	3	2	2	1	1	1		10	10	9	9	9	8	8	7	7	7	6	6
월											07												06			
일	23	22	21	20	19	18	17	16	15	14	13	12	11	10	9	8	7	6	5	4	3	2	1	30	29	28	27	26	25
일진	壬申	辛未	庚午	己巳	戊辰	丁卯	丙寅	乙丑	甲子	癸亥	壬戌	辛酉	庚申	己未	戊午	丁巳	丙辰	乙卯	甲寅	癸丑	壬子	辛亥	庚戌	己酉	戊申	丁未	丙午	乙巳	甲辰
요일	수	화	월	일	토	금	목	수	화	월	일	토	금	목	수	화	월	일	토	금	목	수	화	월	일	토	금	목	수

辛日生 사주에 財나 官이 많으면 맹장염을 앓는다.

윤6月大

	절기(입주)	음력	순행	역행	월	일	일진		요일
30		6	5		22	壬	寅	금
29		6	4		21	辛	丑	목
28		6	4		20	庚	子	수
27		7	4		19	己	亥	화
26		7	3		18	戊	戌	월
25		7	3		17	丁	酉	일
24		8	3		16	丙	申	토
23		8	2		15	乙	未	금
22		8	2		14	甲	午	목
21		9	2		13	癸	巳	수
20		9	1		12	壬	辰	화
19		9	1		11	辛	卯	월
18		10	1		10	庚	寅	일
17		10			9	己	丑	토
16	입주		10		8 (08)	戊	子	금
15		1	10		7	丁	亥	목
14		1	10		6	丙	戌	수
13		1	9		5	乙	酉	화
12		1	9		4	甲	申	월
11		2	9		3	癸	未	일
10		2	8		2	壬	午	토
9		2	8		1	辛	巳	금
8		3	8		31	庚	辰	목
7		3	7		30	己	卯	수
6		3	7		29	戊	寅	화
5		4	7		28	丁	丑	월
4		4	6		27	丙	子	일
3		4	6		26	乙	亥	토
2		5	6		25	甲	戌	금
1		5	6	(07)	24	癸	酉	목

7月小(戊申) 백로

절기: 백로(17), 처서

음력	순행	역행	일	일진		요일
29	6	4	20	辛	未	토
28	7	4	19	庚	午	금
27	7	3	18	己	巳	목
26	7	3	17	戊	辰	수
25	8	3	16	丁	卯	화
24	8	2	15	丙	寅	월
23	8	2	14	乙	丑	일
22	9	2	13	甲	子	토
21	9	1	12	癸	亥	금
20	9	1	11	壬	戌	목
19	10	1	10	辛	酉	수
18	10		9	庚	申	화
17		10	8 (09)	己	未	월
16	1	10	7	戊	午	일
15	1	9	6	丁	巳	토
14	1	9	5	丙	辰	금
13	1	9	4	乙	卯	목
12	2	8	3	甲	寅	수
11	2	8	2	癸	丑	화
10	2	8	1	壬	子	월
9	3	7	31	辛	亥	일
8	3	7	30	庚	戌	토
7	3	7	29	己	酉	금
6	4	6	28	戊	申	목
5	4	6	27	丁	未	수
4	4	6	26	丙	午	화
3	5	5	25	乙	巳	월
2	5	5	24	甲	辰	일
1	5	5	(08) 23	癸	卯	토

8月小(丁酉) 한로

절기: 한로(19), 추분(3)

음력	순행	역행	일	일진		요일
29	7	3	19	庚	子	일
28	7	3	18	己	亥	토
27	7	3	17	戊	戌	금
26	8	2	16	丁	酉	목
25	8	2	15	丙	申	수
24	8	2	14	乙	未	화
23	9	1	13	甲	午	월
22	9	1	12	癸	巳	일
21	9	1	11	壬	辰	토
20	10		10	辛	卯	금
19		10	9 (10)	庚	寅	목
18	1	10	8	己	丑	수
17	1	9	7	戊	子	화
16	1	9	6	丁	亥	월
15	2	9	5	丙	戌	일
14	2	8	4	乙	酉	토
13	2	8	3	甲	申	금
12	3	8	2	癸	未	목
11	3	7	1	壬	午	수
10	3	7	30	辛	巳	화
9	4	7	29	庚	辰	월
8	4	6	28	己	卯	일
7	4	6	27	戊	寅	토
6	5	6	26	丁	丑	금
5	5	5	25	丙	子	목
4	5	5	24	乙	亥	수
3	6	5	23	甲	戌	화
2	6		22	癸	酉	월
1	6		(09) 21	壬	申	일

9月大(戊戌) 입동

절기: 입동(20), 상강(5)

음력	순행	역행	일	일진		요일
30	6	3	18	庚	午	화
29	7	3	17	己	巳	월
28	7	3	16	戊	辰	일
27	7	2	15	丁	卯	토
26	8	2	14	丙	寅	금
25	8	1	13	乙	丑	목
24	8	1	12	甲	子	수
23	9	1	11	癸	亥	화
22	9		10	壬	戌	월
21	9	10	9	辛	酉	일
20		9	8 (11)	庚	申	토
19	1	9	7	己	未	금
18	1	8	6	戊	午	목
17	1	8	5	丁	巳	수
16	1	8	4	丙	辰	화
15	2	7	3	乙	卯	월
14	2	7	2	甲	寅	일
13	2	7	1	癸	丑	토
12	3	6	31	壬	子	금
11	3	6	30	辛	亥	목
10	3	6	29	庚	戌	수
9	4	5	28	己	酉	화
8	4	5	27	戊	申	월
7	4	5	26	丁	未	일
6	5	4	25	丙	午	토
5	5	4	24	乙	巳	금
4	5	4	23	甲	辰	목
3	6		22	癸	卯	수
2	6		21	壬	寅	화
1	6		(10) 20	辛	丑	월

10月小(己亥) 대설

절기: 대설(19), 소설(5)

음력	순행	역행	일	일진		요일
29	7	3	17	己	亥	수
28	7	3	16	戊	戌	화
27	8	2	15	丁	酉	월
26	8	2	14	丙	申	일
25	8	2	13	乙	未	토
24	9	1	12	甲	午	금
23	9	1	11	癸	巳	목
22	9	1	10	壬	辰	수
21	10		9	辛	卯	화
20		10	8	庚	寅	월
19	1	9	7 (12)	己	丑	일
18	1	9	6	戊	子	토
17	1	9	5	丁	亥	금
16	2	8	4	丙	戌	목
15	2	8	3	乙	酉	수
14	2	8	2	甲	申	화
13	3	7	1	癸	未	월
12	3	7	30	壬	午	일
11	3	7	29	辛	巳	토
10	4	6	28	庚	辰	금
9	4	6	27	己	卯	목
8	4	6	26	戊	寅	수
7	5	5	25	丁	丑	화
6	5	5	24	丙	子	월
5	5	5	23	乙	亥	일
4	6	4	22	甲	戌	토
3	6	4	21	癸	酉	금
2	6		20	壬	申	목
1	6		(11) 19	辛	未	수

11月大(庚子) 소한

절기: 소한(20), 동지(5)

음력	순행	역행	일	일진		요일
30	6	3	16	己	巳	금
29	7	3	15	戊	辰	목
28	7	2	14	丁	卯	수
27	7	2	13	丙	寅	화
26	8	2	12	乙	丑	월
25	8	1	11	甲	子	일
24	9	1	10	癸	亥	토
23	9	1	9	壬	戌	금
22	9		8	辛	酉	목
21		10	7	庚	申	수
20	1	9	6 (01)	己	未	화
19	1	9	5	戊	午	월
18	1	9	4	丁	巳	일
17	1	8	3	丙	辰	토
16	2	8	2	乙	卯	금
15	2	8	1	甲	寅	목
14	3	7	31	癸	丑	수
13	3	7	30	壬	子	화
12	3	7	29	辛	亥	월
11	4	6	28	庚	戌	일
10	4	6	27	己	酉	토
9	4	6	26	戊	申	금
8	5	5	25	丁	未	목
7	5	5	24	丙	午	수
6	5	5	23	乙	巳	화
5	6	4	22	甲	辰	월
4	6	4	21	癸	卯	일
3	6	4	20	壬	寅	토
2			19	辛	丑	금
1		(12)	18	庚	子	목

12月小(辛丑) 입춘

절기: 입춘(19), 대한(5)

음력	순행	역행	일	일진		요일
29	7	3	14	戊	戌	토
28	7	3	13	丁	酉	금
27	7	2	12	丙	申	목
26	8	2	11	乙	未	수
25	8	2	10	甲	午	화
24	8	1	9	癸	巳	월
23	9	1	8	壬	辰	일
22	9	1	7	辛	卯	토
21	9		6	庚	寅	금
20	10	9	5	己	丑	목
19		9	4 (02)	戊	子	수
18	1	9	3	丁	亥	화
17	1	8	2	丙	戌	월
16	1	8	1	乙	酉	일
15	2	8	31	甲	申	토
14	2	7	30	癸	未	금
13	2	7	29	壬	午	목
12	3	7	28	辛	巳	수
11	3	6	27	庚	辰	화
10	3	6	26	己	卯	월
9	4	6	25	戊	寅	일
8	4	5	24	丁	丑	토
7	4	5	23	丙	子	금
6	5	5	22	乙	亥	목
5	5	4	21	甲	戌	수
4	5	4	20	癸	酉	화
3	6	4	19	壬	申	월
2	6		18	辛	未	일
1	6	(01)	17	庚	午	토

관이 長生이면 직위가 높고 직업운이 좋다.

壬午年

서기 1942년
단기 4275년

1月大(壬寅)입춘 / 2月小(癸卯)경칩 / 3月大(甲辰)청명 / 4月大(乙巳)입하 / 5月小(丙午)망종 / 6月大(丁未)소서

1月 (경칩 / 우수)

절기	경칩 ... 우수																												
음력	30 29 28 27 26 25 24 23 22 21 **20** 19 18 17 16 15 14 13 12 11 10 9 8 7 6 **5** 4 3 2 1																												
월	03 / 02																												
일	16 15 14 13 12 11 10 9 8 7 6 5 4 3 2 1 28 27 26 25 24 23 22 21 20 19 18 17 16 15																												
일진(天干)	戊 丁 丙 乙 甲 癸 壬 辛 庚 己 戊 丁 丙 乙 甲 癸 壬 辛 庚 己 戊 丁 丙 乙 甲 癸 壬 辛 庚 己																												
일진(地支)	辰 卯 寅 丑 子 亥 戌 酉 申 未 午 巳 辰 卯 寅 丑 子 亥 戌 酉 申 未 午 巳 辰 卯 寅 丑 子 亥																												
요일	월 일 토 금 목 수 화 월 일 토 금 목 수 화 월 일 토 금 목 수 화 월 일 토 금 목 수 화 월 일																												

2月 (청명 / 춘분)

절기	청명 ... 춘분																												
음력	29 28 27 26 25 24 23 22 21 **20** 19 18 17 16 15 14 13 12 11 10 9 8 7 6 **5** 4 3 2 1																												
월	04 / 03																												
일	14 13 12 11 10 9 8 7 6 5 4 3 2 1 31 30 29 28 27 26 25 24 23 22 21 20 19 18 17																												
일진(天干)	丁 丙 乙 甲 癸 壬 辛 庚 己 戊 丁 丙 乙 甲 癸 壬 辛 庚 己 戊 丁 丙 乙 甲 癸 壬 辛 庚 己																												
일진(地支)	酉 申 未 午 巳 辰 卯 寅 丑 子 亥 戌 酉 申 未 午 巳 辰 卯 寅 丑 子 亥 戌 酉 申 未 午 巳																												
요일	화 월 일 토 금 목 수 화 월 일 토 금 목 수 화 월 일 토 금 목 수 화 월 일 토 금 목 수 화																												

3月 (입하 / 곡우)

절기	입하 ... 곡우																												
음력	30 29 28 27 26 25 24 23 **22** 21 20 19 18 17 16 15 14 13 12 11 10 9 8 **7** 6 5 4 3 2 1																												
월	05 / 04																												
일	14 13 12 11 10 9 8 7 6 5 4 3 2 1 30 29 28 27 26 25 24 23 22 21 20 19 18 17 16 15																												
일진(天干)	丁 丙 乙 甲 癸 壬 辛 庚 己 戊 丁 丙 乙 甲 癸 壬 辛 庚 己 戊 丁 丙 乙 甲 癸 壬 辛 庚 己 戊																												
일진(地支)	卯 寅 丑 子 亥 戌 酉 申 未 午 巳 辰 卯 寅 丑 子 亥 戌 酉 申 未 午 巳 辰 卯 寅 丑 子 亥 戌																												
요일	목 수 화 월 일 토 금 목 수 화 월 일 토 금 목 수 화 월 일 토 금 목 수 화 월 일 토 금 목 수																												

4月 (망종 / 소만)

절기	망종 ... 소만																												
음력	30 29 28 27 26 25 24 **23** 22 21 20 19 18 17 16 15 14 13 12 11 10 9 **8** 7 6 5 4 3 2 1																												
월	06 / 05																												
일	13 12 11 10 9 8 7 6 5 4 3 2 1 31 30 29 28 27 26 25 24 23 22 21 20 19 18 17 16 15																												
일진(天干)	丁 丙 乙 甲 癸 壬 辛 庚 己 戊 丁 丙 乙 甲 癸 壬 辛 庚 己 戊 丁 丙 乙 甲 癸 壬 辛 庚 己 戊																												
일진(地支)	酉 申 未 午 巳 辰 卯 寅 丑 子 亥 戌 酉 申 未 午 巳 辰 卯 寅 丑 子 亥 戌 酉 申 未 午 巳 辰																												
요일	토 금 목 수 화 월 일 토 금 목 수 화 월 일 토 금 목 수 화 월 일 토 금 목 수 화 월 일 토 금																												

5月 (소서 / 하지)

절기	소서 ... 하지																												
음력	29 28 27 26 **25** 24 23 22 21 20 19 18 17 16 15 14 13 12 11 10 **9** 8 7 6 5 4 3 2 1																												
월	07 / 06																												
일	12 11 10 9 8 7 6 5 4 3 2 1 31 30 29 28 27 26 25 24 23 22 21 20 19 18 17 16 15 14																												
일진(天干)	丙 乙 甲 癸 壬 辛 庚 己 戊 丁 丙 乙 甲 癸 壬 辛 庚 己 戊 丁 丙 乙 甲 癸 壬 辛 庚 己 戊 丁																												
일진(地支)	寅 丑 子 亥 戌 酉 申 未 午 巳 辰 卯 寅 丑 子 亥 戌 酉 申 未 午 巳 辰 卯 寅 丑 子 亥 戌 酉																												
요일	일 토 금 목 수 화 월 일 토 금 목 수 화 월 일 토 금 목 수 화 월 일 토 금 목 수 화 월 일 토																												

6月 (입추 / 대서)

절기	입추 ... 대서																												
음력	30 29 28 **27** 26 25 24 23 22 21 20 19 18 17 16 15 14 13 12 **11** 10 9 8 7 6 5 4 3 2 1																												
월	08 / 07																												
일	11 10 9 8 7 6 5 4 3 2 1 31 30 29 28 27 26 25 24 23 22 21 20 19 18 17 16 15 14 13																												
일진(天干)	丙 乙 甲 癸 壬 辛 庚 己 戊 丁 丙 乙 甲 癸 壬 辛 庚 己 戊 丁 丙 乙 甲 癸 壬 辛 庚 己 戊 丁																												
일진(地支)	申 未 午 巳 辰 卯 寅 丑 子 亥 戌 酉 申 未 午 巳 辰 卯 寅 丑 子 亥 戌 酉 申 未 午 巳 辰 卯																												
요일	화 월 일 토 금 목 수 화 월 일 토 금 목 수 화 월 일 토 금 목 수 화 월 일 토 금 목 수 화 월																												

庚日生이 地支에 火가 많으면 치질이 있다.

Perpetual calendar (만세력) — six monthly blocks. Row labels (left→): 절기 (solar terms), 음력 (lunar date), 순행, 역행, 월 (양력 month), 일 (solar day), 일진 (stem/branch), 요일 (weekday). Right-margin vertical labels give the lunar month name, 음력, and 대운/소운.

7月大(戊申)입추

절기: 백로 … 처서 (col 13 highlighted)

음력	30	29	28	27	26	25	24	23	22	21	20	19	18	17	16	15	14	13	12	11	10	9	8	7	6	5	4	3	2	1
순행	10	10		1	1	1	1	2	2	2	3	3	3	4	4	4	5	5	6	6	6	7	7	7	8	8	8	9	9	9
역행	1	1		10	10	9	9	9	8	8	8	7	7	7	6	6	6	5	5	5	4	4	4	3	3	3	2	2	2	1
월	09																													08
일	10	9	8	7	6	5	4	3	2	1	31	30	29	28	27	26	25	24	23	22	21	20	19	18	17	16	15	14	13	12
일진	丙寅	乙丑	甲子	癸亥	壬戌	辛酉	庚申	己未	戊午	丁巳	丙辰	乙卯	甲寅	癸丑	壬子	辛亥	庚戌	己酉	戊申	丁未	丙午	乙巳	甲辰	癸卯	壬寅	辛丑	庚子	己亥	戊戌	丁酉
요일	목	화	수	월	일	토	금	목	수	화	월	일	토	금	목	수	화	월	일	토	금	목	수	화	월	일	토	금	목	수

8月小(己酉)백로

절기: 한로 … 추분 (col 14 highlighted)

음력	29	28	27	26	25	24	23	22	21	20	19	18	17	16	15	14	13	12	11	10	9	8	7	6	5	4	3	2	1
순행	1	1	1	1	2	2	2	3	3	3	4	4	4	5	5	5	6	6	6	7	7	7	8	8	8	9	9	9	
역행	10	10	9	9	9	8	8	8	7	7	7	6	6	6	5	5	5	4	4	4	3	3	3	2	2	2	1	1	1
월	10																												09
일	9	8	7	6	5	4	3	2	1	30	29	28	27	26	25	24	23	22	21	20	19	18	17	16	15	14	13	12	11
일진	乙未	甲午	癸巳	壬辰	辛卯	庚寅	己丑	戊子	丁亥	丙戌	乙酉	甲申	癸未	壬午	辛巳	庚辰	己卯	戊寅	丁丑	丙子	乙亥	甲戌	癸酉	壬申	辛未	庚午	己巳	戊辰	丁卯
요일	금	목	수	화	월	일	토	금	목	수	화	월	일	토	금	목	수	화	월	일	토	금	목	수	화	월	일	토	금

9月大(庚戌)한로

절기: 입동 … 상강 (col 15 highlighted)

음력	30	29	28	27	26	25	24	23	22	21	20	19	18	17	16	15	14	13	12	11	10	9	8	7	6	5	4	3	2	1
순행	1	1	1	1	2	2	2	3	3	3	4	4	5	5	6	6	6	7	7	8	8	8	9	9	9	10				
역행	10	9	9	9	8	8	8	7	7	7	6	6	6	5	5	5	4	4	4	3	3	3	2	2	2	1	1	1	1	
월	11																													10
일	8	7	6	5	4	3	2	1	31	30	29	28	27	26	25	24	23	22	21	20	19	18	17	16	15	14	13	12	11	10
일진	乙丑	甲子	癸亥	壬戌	辛酉	庚申	己未	戊午	丁巳	丙辰	乙卯	甲寅	癸丑	壬子	辛亥	庚戌	己酉	戊申	丁未	丙午	乙巳	甲辰	癸卯	壬寅	辛丑	庚子	己亥	戊戌	丁酉	丙申
요일	일	토	금	목	수	화	월	일	토	금	목	수	화	월	일	토	금	목	수	화	월	일	토	금	목	수	화	월	일	토

10月小(辛亥)입동

절기: 소설 (col 15 highlighted)

음력	29	28	27	26	25	24	23	22	21	20	19	18	17	16	15	14	13	12	11	10	9	8	7	6	5	4	3	2	1
순행	1	1	1	1	2	2	2	3	3	4	4	4	5	5	5	6	6	6	7	7	7	8	8	9	9	9	10		
역행	10	9	9	9	8	8	8	7	7	7	6	6	6	5	5	5	4	4	4	3	3	3	2	2	2	1	1	1	
월	12																												11
일	7	6	5	4	3	2	1	30	29	28	27	26	25	24	23	22	21	20	19	18	17	16	15	14	13	12	11	10	9
일진	甲午	癸巳	壬辰	辛卯	庚寅	己丑	戊子	丁亥	丙戌	乙酉	甲申	癸未	壬午	辛巳	庚辰	己卯	戊寅	丁丑	丙子	乙亥	甲戌	癸酉	壬申	辛未	庚午	己巳	戊辰	丁卯	丙寅
요일	월	일	토	금	목	수	화	월	일	토	금	목	수	화	월	일	토	금	목	수	화	월	일	토	금	목	수	화	월

11月小(壬子)대설

절기: 동지 … 대설 (col 15 highlighted)

음력	29	28	27	26	25	24	23	22	21	20	19	18	17	16	15	14	13	12	11	10	9	8	7	6	5	4	3	2	1
순행	1	1	1	1	2	2	2	3	3	3	4	4	4	5	5	6	6	6	7	7	7	8	8	8	9	9	9		
역행	9	9	9	8	8	8	7	7	7	6	6	6	5	5	5	4	4	4	3	3	3	2	2	2	1	1	1	1	
월	01																												12
일	5	4	3	2	1	31	30	29	28	27	26	25	24	23	22	21	20	19	18	17	16	15	14	13	12	11	10	9	8
일진	癸亥	壬戌	辛酉	庚申	己未	戊午	丁巳	丙辰	乙卯	甲寅	癸丑	壬子	辛亥	庚戌	己酉	戊申	丁未	丙午	乙巳	甲辰	癸卯	壬寅	辛丑	庚子	己亥	戊戌	丁酉	丙申	乙未
요일	화	월	일	토	금	목	수	화	월	일	토	금	목	수	화	월	일	토	금	목	수	화	월	일	토	금	목	수	화

12月大(癸丑)소한

절기: 대한 … 소한 (col 16 highlighted)

음력	30	29	28	27	26	25	24	23	22	21	20	19	18	17	16	15	14	13	12	11	10	9	8	7	6	5	4	3	2	1
순행	1	1	1	2	2	2	3	3	3	4	4	4	5	5	6	6	6	7	7	7	8	8	8	9	9	9	10			
역행	10	9	9	9	8	8	8	7	7	7	6	6	6	5	5	5	4	4	4	3	3	3	2	2	2	1	1	1	1	
월	02																													01
일	4	3	2	1	31	30	29	28	27	26	25	24	23	22	21	20	19	18	17	16	15	14	13	12	11	10	9	8	7	6
일진	癸巳	壬辰	辛卯	庚寅	己丑	戊子	丁亥	丙戌	乙酉	甲申	癸未	壬午	辛巳	庚辰	己卯	戊寅	丁丑	丙子	乙亥	甲戌	癸酉	壬申	辛未	庚午	己巳	戊辰	丁卯	丙寅	乙丑	甲子
요일	목	수	화	월	일	토	금	목	수	화	월	일	토	금	목	수	화	월	일	토	금	목	수	화	월	일	토	금	목	수

식신이 長生이면 의·식·주가 풍부하다.

상문 : 酉   대장군 : 東
조객 : 巳   삼 재 : 亥卯未
삼살 : 西

癸未年

서기 1943년
단기 4276년

1月小(甲寅)입춘 — 절기: 우수 · 입춘

음력	29	28	27	26	25	24	23	22	21	20	19	18	15	14	13	12	11	10	9	8	7	6	5	4	3	2	1		
순행	1	1	1	2	2	2	3	3	3	4	4	4	5	5	6	6	6	7	7	7	8	8	8	9	9	9			
역행	9	9	9	8	8	8	7	7	7	6	6	6	5	5	5	4	4	4	3	3	3	2	2	2	1	1	1		
월	03																									02			
일	5	4	3	2	1	28	27	26	25	24	23	22	21	20	19	18	17	16	15	14	13	12	11	10	9	8	7	6	5
일진	壬	辛	庚	己	戊	丁	丙	乙	甲	癸	壬	辛	庚	己	戊	丁	丙	乙	甲	癸	壬	辛	庚	己	戊	丁	丙	乙	甲
	戌	酉	申	未	午	巳	辰	卯	寅	丑	子	亥	戌	酉	申	未	午	巳	辰	卯	寅	丑	子	亥	戌	酉	申	未	午
요일	금	목	수	화	월	일	토	금	목	수	화	월	일	토	금	목	수	화	월	일	토	금	목	수	화	월	일	토	금

2月大(乙卯)경칩 — 절기: 춘분 · 경칩

음력	30	29	28	27	26	25	24	23	22	21	20	19	18	17	16	15	14	13	12	11	10	9	8	7	6	5	4	3	2	1
순행	1	1	1	2	2	2	3	3	3	4	4	5	5	5	6	6	7	7	7	8	8	8	9	9	9	10	10			
역행	10	9	9	9	8	8	8	7	7	7	6	6	5	5	5	4	4	4	3	3	3	2	2	2	1	1	1			
월	04																									03				
일	4	3	2	1	31	30	29	28	27	26	25	24	23	22	21	20	19	18	17	16	15	14	13	12	11	10	9	8	7	6
일진	壬	辛	庚	己	戊	丁	丙	乙	甲	癸	壬	辛	庚	己	戊	丁	丙	乙	甲	癸	壬	辛	庚	己	戊	丁	丙	乙	甲	癸
	辰	卯	寅	丑	子	亥	戌	酉	申	未	午	巳	辰	卯	寅	丑	子	亥	戌	酉	申	未	午	巳	辰	卯	寅	丑	子	亥
요일	일	토	금	목	수	화	월	일	토	금	목	수	화	월	일	토	금	목	수	화	월	일	토	금	목	수	화	월	일	토

3月小(丙辰)청명 — 절기: 곡우 · 청명

음력	29	28	27	26	25	24	23	22	21	20	19	18	17	16	15	14	13	12	11	10	9	8	7	6	5	4	3	2	1
순행	1	1	2	2	2	3	3	3	4	4	4	5	5	6	6	6	7	7	7	8	8	8	9	9	9	10			
역행	9	9	8	8	8	7	7	7	6	6	5	5	5	4	4	4	3	3	3	2	2	2	1	1	1	10			
월	05																									04			
일	3	2	1	30	29	28	27	26	25	24	23	22	21	20	19	18	17	16	15	14	13	12	11	10	9	8	7	6	5
일진	辛	庚	己	戊	丁	丙	乙	甲	癸	壬	辛	庚	己	戊	丁	丙	乙	甲	癸	壬	辛	庚	己	戊	丁	丙	乙	甲	癸
	酉	申	未	午	巳	辰	卯	寅	丑	子	亥	戌	酉	申	未	午	巳	辰	卯	寅	丑	子	亥	戌	酉	申	未	午	巳
요일	월	일	토	금	목	수	화	월	일	토	금	목	수	화	월	일	토	금	목	수	화	월	일	토	금	목	수	화	월

4月大(丁巳)입하 — 절기: 소만 · 입하

음력	30	29	28	27	26	25	24	23	22	21	20	19	18	17	16	15	14	13	12	11	10	9	8	7	6	5	4	3	2	1
순행	1	2	2	2	3	3	3	4	4	5	5	5	6	6	6	7	7	7	8	8	8	9	9	9	10	10			1	1
역행	9	9	8	8	7	7	7	6	6	6	5	5	4	4	4	3	3	3	2	2	2	1	1	1	10	9			
월	06																									05				
일	2	1	31	30	29	28	27	26	25	24	23	22	21	20	19	18	17	16	15	14	13	12	11	10	9	8	7	6	5	4
일진	辛	庚	己	戊	丁	丙	乙	甲	癸	壬	辛	庚	己	戊	丁	丙	乙	甲	癸	壬	辛	庚	己	戊	丁	丙	乙	甲	癸	壬
	卯	寅	丑	子	亥	戌	酉	申	未	午	巳	辰	卯	寅	丑	子	亥	戌	酉	申	未	午	巳	辰	卯	寅	丑	子	亥	戌
요일	수	화	월	일	토	금	목	수	화	월	일	토	금	목	수	화	월	일	토	금	목	수	화	월	일	토	금	목	수	화

5月小(戊午)망종 — 절기: 하지 · 망종

음력	29	28	27	26	25	24	23	22	21	20	19	18	17	16	15	14	13	12	11	10	9	8	7	6	5	4	3	2	1
순행	2	3	3	3	4	4	4	5	5	6	6	6	7	7	7	8	8	8	9	9	9	10	10	10			1	1	1
역행	8	8	7	7	7	6	6	6	5	5	4	4	4	3	3	3	2	2	2	1	1	1	10	10	9			
월	07																									06			
일	1	30	29	28	27	26	25	24	23	22	21	20	19	18	17	16	15	14	13	12	11	10	9	8	7	6	5	4	3
일진	庚	己	戊	丁	丙	乙	甲	癸	壬	辛	庚	己	戊	丁	丙	乙	甲	癸	壬	辛	庚	己	戊	丁	丙	乙	甲	癸	壬
	申	未	午	巳	辰	卯	寅	丑	子	亥	戌	酉	申	未	午	巳	辰	卯	寅	丑	子	亥	戌	酉	申	未	午	巳	辰
요일	목	수	화	월	일	토	금	목	수	화	월	일	토	금	목	수	화	월	일	토	금	목	수	화	월	일	토	금	목

6月大(己未)소서 — 절기: 대서 · 소서

음력	30	29	28	27	26	25	24	23	22	21	20	19	18	17	16	15	14	13	12	11	10	9	8	7	6	5	4	3	2	1
순행	3	3	4	4	4	5	5	6	6	6	7	7	7	8	8	8	9	9	10	10			1	1	1	1	2	2		
역행	8	7	7	6	6	6	5	5	4	4	4	3	3	3	2	2	2	1	1	10	10	10	9						
월																											07			
일	31	30	29	28	27	26	25	24	23	22	21	20	19	18	17	16	15	14	13	12	11	10	9	8	7	6	5	4	3	2
일진	庚	己	戊	丁	丙	乙	甲	癸	壬	辛	庚	己	戊	丁	丙	乙	甲	癸	壬	辛	庚	己	戊	丁	丙	乙	甲	癸	壬	辛
	寅	丑	子	亥	戌	酉	申	未	午	巳	辰	卯	寅	丑	子	亥	戌	酉	申	未	午	巳	辰	卯	寅	丑	子	亥	戌	酉
요일	토	금	목	수	화	월	일	토	금	목	수	화	월	일	토	금	목	수	화	월	일	토	금	목	수	화	월	일	토	금

사주 내 地支속에 화개살이 많으면 예술가 팔자이다.

7月大(庚申)입추

절기					처서																	입추							
음력	30	29	28	27	26	24	23	22	21	20	19	18	17	16	15	14	13	12	11	10	9	8	7	6	5	4	3	2	1
순행	3	3	4	4	4	5	5	5	6	6	6	7	7	7	8	8	8	9	9	9	10	10	1	1	1	1	2	2	2	2
역행	7	7	7	6	6	6	5	5	5	4	4	4	3	3	3	2	2	2	1	1	1	10	10	9	9	9	8	8	8	
월(양력)	08																													
일	30	29	28	27	26	25	24	23	22	21	20	19	18	17	16	15	14	13	12	11	10	9	8	7	6	5	4	3	2	1
일진	庚申	己未	戊午	丁巳	丙辰	乙卯	甲寅	癸丑	壬子	辛亥	庚戌	己酉	戊申	丁未	丙午	乙巳	甲辰	癸卯	壬寅	辛丑	庚子	己亥	戊戌	丁酉	丙申	乙未	甲午	癸巳	壬辰	辛卯
요일	월	일	토	금	목	수	화	월	일	토	금	목	수	화	월	일	토	금	목	수	화	월	일	토	금	목	수	화	월	일

8月小(辛酉)백로

절기				추분															백로								
음력	29	28	27	26	25	24	23	22	21	20	19	18	17	16	15	14	13	12	11	10	9	8	7	6	5	4	3	2	1
순행	4	4	4	5	5	5	6	6	6	7	7	7	8	8	8	9	9	9	10	10	1	1	1	1	2	2	2	3
역행	7	6	6	6	5	5	5	4	4	4	3	3	3	2	2	2	1	1	1	10	10	9	9	9	8	8	8
월(양력)	09	08																										
일	28	27	26	25	24	23	22	21	20	19	18	17	16	15	14	13	12	11	10	9	8	7	6	5	4	3	2	1	31
일진	己丑	戊子	丁亥	丙戌	乙酉	甲申	癸未	壬午	辛巳	庚辰	己卯	戊寅	丁丑	丙子	乙亥	甲戌	癸酉	壬申	辛未	庚午	己巳	戊辰	丁卯	丙寅	乙丑	甲子	癸亥	壬戌	辛酉
요일	화	월	일	토	금	목	수	화	월	일	토	금	목	수	화	월	일	토	금	목	수	화	월	일	토	금	목	수	화

9月大(壬戌)한로

절기				상강															한로									
음력	30	29	28	27	26	25	24	23	22	21	20	19	18	17	16	15	14	13	12	11	10	9	8	7	6	5	4	3	2	1
순행	4	4	4	5	5	5	6	6	6	7	7	7	8	8	8	9	9	9	1	1	1	1	2	2	2	3	3	3
역행	6	6	6	5	5	5	4	4	4	3	3	3	2	2	2	1	1	1	10	10	9	9	9	8	8	8	7	7
월(양력)	10	09																												
일	28	27	26	25	24	23	22	21	20	19	18	17	16	15	14	13	12	11	10	9	8	7	6	5	4	3	2	1	30	29
일진	己未	戊午	丁巳	丙辰	乙卯	甲寅	癸丑	壬子	辛亥	庚戌	己酉	戊申	丁未	丙午	乙巳	甲辰	癸卯	壬寅	辛丑	庚子	己亥	戊戌	丁酉	丙申	乙未	甲午	癸巳	壬辰	辛卯	庚寅
요일	목	수	화	월	일	토	금	목	수	화	월	일	토	금	목	수	화	월	일	토	금	목	수	화	월	일	토	금	목	수

10月大(癸亥)입동

절기				소설															입동								
음력	30	29	28	27	26	25	24	23	22	21	20	19	18	17	16	15	14	13	12	11	10	9	8	7	6	5	4	3	2	1
순행	4	4	4	5	5	5	6	6	6	7	7	7	8	8	8	9	9	10	1	1	1	2	2	2	3	3	3
역행	6	6	6	5	5	5	4	4	4	3	3	3	2	2	2	1	1	1	10	9	9	9	8	8	8	7	7
월(양력)	11	10																												
일	27	26	25	24	23	22	21	20	19	18	17	16	15	14	13	12	11	10	9	8	7	6	5	4	3	2	1	31	30	29
일진	己丑	戊子	丁亥	丙戌	乙酉	甲申	癸未	壬午	辛巳	庚辰	己卯	戊寅	丁丑	丙子	乙亥	甲戌	癸酉	壬申	辛未	庚午	己巳	戊辰	丁卯	丙寅	乙丑	甲子	癸亥	壬戌	辛酉	庚申
요일	토	금	목	수	화	월	일	토	금	목	수	화	월	일	토	금	목	수	화	월	일	토	금	목	수	화	월	일	토	금

11月小(甲子)대설

절기				동지															대설								
음력	29	28	27	26	25	24	23	22	21	20	19	18	17	16	15	14	13	12	11	10	9	8	7	6	5	4	3	2	1
순행	4	4	5	5	5	6	6	6	7	7	7	8	8	8	9	9	1	1	1	1	2	2	2	3	3	3
역행	6	6	5	5	5	4	4	4	3	3	3	2	2	2	1	1	10	10	9	9	9	8	8	8	7	7	7
월(양력)	12	11																											
일	26	25	24	23	22	21	20	19	18	17	16	15	14	13	12	11	10	9	8	7	6	5	4	3	2	1	30	29	28
일진	戊午	丁巳	丙辰	乙卯	甲寅	癸丑	壬子	辛亥	庚戌	己酉	戊申	丁未	丙午	乙巳	甲辰	癸卯	壬寅	辛丑	庚子	己亥	戊戌	丁酉	丙申	乙未	甲午	癸巳	壬辰	辛卯	庚寅
요일	일	토	금	목	수	화	월	일	토	금	목	수	화	월	일	토	금	목	수	화	월	일	토	금	목	수	화	월	일

12月大(乙丑)소한

절기				대한															소한								
음력	30	29	28	27	26	25	24	23	22	21	20	19	18	17	16	15	14	13	12	11	10	9	8	7	6	5	4	3	2	1
순행	4	4	5	5	5	6	6	6	7	7	7	8	8	8	9	9	10	1	1	1	2	2	2	3	3	3
역행	6	6	5	5	5	4	4	4	3	3	3	2	2	2	1	1	9	9	9	8	8	8	7	7	7
월(양력)	01	12																												
일	25	24	23	22	21	20	19	18	17	16	15	14	13	12	11	10	9	8	7	6	5	4	3	2	1	31	30	29	28	27
일진	戊子	丁亥	丙戌	乙酉	甲申	癸未	壬午	辛巳	庚辰	己卯	戊寅	丁丑	丙子	乙亥	甲戌	癸酉	壬申	辛未	庚午	己巳	戊辰	丁卯	丙寅	乙丑	甲子	癸亥	壬戌	辛酉	庚申	己未
요일	화	월	일	토	금	목	수	화	월	일	토	금	목	수	화	월	일	토	금	목	수	화	월	일	토	금	목	수	화	월

비견·겁재가 養이면 형제들이 온순하다.

상문 : 戌 대장군 : 南
조객 : 午 삼 재 : 寅午戌
삼살 : 南

甲申年

서기 1944년
단기 4277년

1月小(丙寅) 입춘

절기	우수 … 입춘		
음력	29 28 27 26 25 24 23 22 21 20 19 18 17 16 15 14 13 12 11 10 9 8 7 6 5 4 3 2 1		
순행(묘음)	4 4 5 5 5 6 6 6 7 7 7 8 8 8 9 9 9 10 … 1 1 1 1 2 2 2 3 3 3		
역행(묘음)	6 6 5 5 5 5 4 4 4 3 3 3 2 2 2 1 1 1 … 10 9 9 9 8 8 8 7 7 7		
월(양둔)	02 … 01		
일	23 22 21 20 19 18 17 16 15 14 13 12 11 10 9 8 7 6 5 4 3 2 1 31 30 29 28 27 26		
일진	丁巳 丙辰 乙卯 甲寅 癸丑 壬子 辛亥 庚戌 己酉 戊申 丁未 丙午 乙巳 甲辰 癸卯 壬寅 辛丑 庚子 己亥 戊戌 丁酉 丙申 乙未 甲午 癸巳 壬辰 辛卯 庚寅 己丑		
요일	수 화 월 일 토 금 목 수 화 월 일 토 금 목 수 화 월 일 토 금 목 수 화 월 일 토 금 목 수		

2月小(丁卯) 경칩

절기	춘분 … 경칩		
음력	29 28 27 26 25 24 23 22 21 20 19 18 17 16 15 14 13 12 11 10 9 8 7 6 5 4 3 2 1		
순행(묘음)	4 5 5 5 6 6 6 7 7 7 8 8 8 9 9 9 10 … 1 1 1 2 2 2 3 3 3 4		
역행(묘음)	6 5 5 5 4 4 4 3 3 3 2 2 2 1 1 1 … 10 9 9 9 8 8 8 7 7 7		
월(양둔)	03 … 02		
일	23 22 21 20 19 18 17 16 15 14 13 12 11 10 9 8 7 6 5 4 3 2 1 29 28 27 26 25 24		
일진	丙戌 乙酉 甲申 癸未 壬午 辛巳 庚辰 己卯 戊寅 丁丑 丙子 乙亥 甲戌 癸酉 壬申 辛未 庚午 己巳 戊辰 丁卯 丙寅 乙丑 甲子 癸亥 壬戌 辛酉 庚申 己未 戊午		
요일	목 수 화 월 일 토 금 목 수 화 월 일 토 금 목 수 화 월 일 토 금 목 수 화 월 일 토 금 목		

3月大(戊辰) 청명

절기	곡우 … 청명		
음력	30 29 28 27 26 25 24 23 22 21 20 19 18 17 16 15 14 13 12 11 10 9 8 7 6 5 4 3 2 1		
순행(묘음)	5 5 6 6 6 7 7 7 8 8 8 9 9 10 10 … 1 1 1 2 2 2 3 3 3 4		
역행(묘음)	6 5 5 5 4 4 3 3 3 2 2 2 1 1 1 … 10 9 9 9 8 8 8 7 7 7 6		
월(양둔)	04 … 03		
일	22 21 20 19 18 17 16 15 14 13 12 11 10 9 8 7 6 5 4 3 2 1 31 30 29 28 27 26 25 24		
일진	丙辰 乙卯 甲寅 癸丑 壬子 辛亥 庚戌 己酉 戊申 丁未 丙午 乙巳 甲辰 癸卯 壬寅 辛丑 庚子 己亥 戊戌 丁酉 丙申 乙未 甲午 癸巳 壬辰 辛卯 庚寅 己丑 戊子 丁亥		
요일	토 금 목 수 화 월 일 토 금 목 수 화 월 일 토 금 목 수 화 월 일 토 금 목 수 화 월 일 토 금		

4月小(己巳) 입하

절기	소만 … 입하		
음력	29 28 27 26 25 24 23 22 21 20 19 18 17 16 15 14 13 12 11 10 9 8 7 6 5 4 3 2 1		
순행(묘음)	5 6 6 6 7 7 7 8 8 8 9 9 10 10 … 1 1 1 2 2 2 3 3 3 4 4 4		
역행(묘음)	5 5 4 4 4 3 3 3 2 2 2 1 1 1 … 10 9 9 9 8 8 8 7 7 7 6 6		
월(양둔)	05 … 04		
일	21 20 19 18 17 16 15 14 13 12 11 10 9 8 7 6 5 4 3 2 1 30 29 28 27 26 25 24 23		
일진	乙酉 甲申 癸未 壬午 辛巳 庚辰 己卯 戊寅 丁丑 丙子 乙亥 甲戌 癸酉 壬申 辛未 庚午 己巳 戊辰 丁卯 丙寅 乙丑 甲子 癸亥 壬戌 辛酉 庚申 己未 戊午 丁巳		
요일	일 토 금 목 수 화 월 일 토 금 목 수 화 월 일 토 금 목 수 화 월 일 토 금 목 수 화 월 일		

윤4月大

절기	… 망종		
음력	30 29 28 27 26 25 24 23 22 21 20 19 18 17 16 15 14 13 12 11 10 9 8 7 6 5 4 3 2 1		
순행(묘음)	6 6 6 7 7 7 8 8 8 9 9 9 10 10 … 1 1 1 1 2 2 2 3 3 3 4 4 4 5		
역행(묘음)	6 6 7 7 7 8 8 9 9 9 10 … 1 1 1 2 2 3 3 3 4 4 4 5		
월(양둔)	06 … 05		
일	20 19 18 17 16 15 14 13 12 11 10 9 8 7 6 5 4 3 2 1 31 30 29 28 27 26 25 24 23 22		
일진	乙卯 甲寅 癸丑 壬子 辛亥 庚戌 己酉 戊申 丁未 丙午 乙巳 甲辰 癸卯 壬寅 辛丑 庚子 己亥 戊戌 丁酉 丙申 乙未 甲午 癸巳 壬辰 辛卯 庚寅 己丑 戊子 丁亥 丙戌		
요일	화 월 일 토 금 목 수 화 월 일 토 금 목 수 화 월 일 토 금 목 수 화 월 일 토 금 목 수 화 월		

5月小(庚午) 망종

절기	소서 … 하지		
음력	29 28 27 26 25 24 23 22 21 20 19 18 17 16 15 14 13 12 11 10 9 8 7 6 5 4 3 2 1		
순행(묘음)	7 7 7 8 8 8 9 9 10 10 … 1 1 1 2 2 2 3 3 3 4 4 4 5		
역행(묘음)	4 4 3 3 3 2 2 2 1 1 1 … 10 10 9 9 9 8 8 8 7 7 7 6 6 6 5		
월(양둔)	07 … 06		
일	19 18 17 16 15 14 13 12 11 10 9 8 7 6 5 4 3 2 1 30 29 28 27 26 25 24 23 22 21		
일진	甲申 癸未 壬午 辛巳 庚辰 己卯 戊寅 丁丑 丙子 乙亥 甲戌 癸酉 壬申 辛未 庚午 己巳 戊辰 丁卯 丙寅 乙丑 甲子 癸亥 壬戌 辛酉 庚申 己未 戊午 丁巳 丙辰		
요일	수 화 월 일 토 금 목 수 화 월 일 토 금 목 수 화 월 일 토 금 목 수 화 월 일 토 금 목 수		

사주 내 地支속에 화개살이 공망살을 맞으면 승려(스님)팔자이다.

6月大(辛未)소서

절기	입추																										대서			
음력	30	29	28	27	26	25	24	23	22	21	**20**	19	18	17	16	15	14	13	12	11	10	9	8	7	6	5	**4**	3	2	1
순행	7	7	8	8	8	9	9	9	10	10		1	1	1	1	2	2	2	3	3	3	4	4	4	5	5	5	6	6	6
역행	3	3	3	2	2	2	1	1	1			10	10	10	9	9	9	8	8	8	7	7	7	6	6	6	5	5	5	4
월												**08**															**07**			
일	18	17	16	15	14	13	12	11	10	9	8	7	6	5	4	3	2	1	31	30	29	28	27	26	25	24	23	22	21	20
일진	甲寅	癸丑	壬子	辛亥	庚戌	己酉	戊申	丁未	丙午	乙巳	甲辰	癸卯	壬寅	辛丑	庚子	己亥	戊戌	丁酉	丙申	乙未	甲午	癸巳	壬辰	辛卯	庚寅	己丑	戊子	丁亥	丙戌	乙酉
요일	금	목	수	화	월	일	토	금	목	수	화	월	일	토	금	목	수	화	월	일	토	금	목	수	화	월	일	토	금	목

7月小(壬申)입추

절기	백로																					처서							
음력	29	28	27	26	25	24	23	22	**21**	20	19	18	17	16	15	14	13	12	11	10	9	8	7	6	**5**	4	3	2	1
순행	7	8	8	8	9	9	9	10		1	1	1	1	2	2	2	3	3	3	4	4	4	5	5	5	5	6	6	6
역행	3	2	2	2	1	1	1			10	10	9	9	9	8	8	8	7	7	7	6	6	6	5	5	5	4	4	4
월											**09**														**08**				
일	16	15	14	13	12	11	10	9	8	7	6	5	4	3	2	1	31	30	29	28	27	26	25	24	23	22	21	20	19
일진	癸未	壬午	辛巳	庚辰	己卯	戊寅	丁丑	丙子	乙亥	甲戌	癸酉	壬申	辛未	庚午	己巳	戊辰	丁卯	丙寅	乙丑	甲子	癸亥	壬戌	辛酉	庚申	己未	戊午	丁巳	丙辰	乙卯
요일	토	금	목	수	화	월	일	토	금	목	수	화	월	일	토	금	목	수	화	월	일	토	금	목	수	화	월	일	토

8月大(癸酉)백로

절기	한로																					추분								
음력	30	29	28	27	26	25	24	23	**22**	21	20	19	18	17	16	15	14	13	12	11	10	9	8	7	6	**5**	4	3	2	1
순행	7	8	8	8	9	9	9	10		1	1	1	1	2	2	2	3	3	3	4	4	4	5	5	5	6	6	6	7	7
역행	3	2	2	2	1	1	1			10	10	9	9	9	8	8	8	7	7	7	6	6	6	5	5	5	4	4	3	3
월											**10**														**09**					
일	16	15	14	13	12	11	10	9	8	7	6	5	4	3	2	1	30	29	28	27	26	25	24	23	22	21	20	19	18	17
일진	癸丑	壬子	辛亥	庚戌	己酉	戊申	丁未	丙午	乙巳	甲辰	癸卯	壬寅	辛丑	庚子	己亥	戊戌	丁酉	丙申	乙未	甲午	癸巳	壬辰	辛卯	庚寅	己丑	戊子	丁亥	丙戌	乙酉	甲申
요일	월	일	토	금	목	수	화	월	일	토	금	목	수	화	월	일	토	금	목	수	화	월	일	토	금	목	수	화	월	일

9月大(甲戌)한로

절기	입동																					상강								
음력	30	29	28	27	26	25	24	23	**22**	21	20	19	18	17	16	15	14	13	12	11	10	9	8	7	**6**	5	4	3	2	1
순행	7	8	8	8	9	9	9	10		1	1	1	2	2	2	3	3	3	4	4	4	5	5	5	6	6	6	7	7	
역행	3	2	2	2	1	1	1			10	9	9	9	8	8	8	7	7	7	6	6	6	5	5	5	4	4	4	3	3
월											**11**														**10**					
일	15	14	13	12	11	10	9	8	7	6	5	4	3	2	1	30	29	28	27	26	25	24	23	22	21	20	19	18	17	16
일진	癸未	壬午	辛巳	庚辰	己卯	戊寅	丁丑	丙子	乙亥	甲戌	癸酉	壬申	辛未	庚午	己巳	戊辰	丁卯	丙寅	乙丑	甲子	癸亥	壬戌	辛酉	庚申	己未	戊午	丁巳	丙辰	乙卯	甲寅
요일	수	화	월	일	토	금	목	수	화	월	일	토	금	목	수	화	월	일	토	금	목	수	화	월	일	토	금	목	수	화

10月小(乙亥)입동

절기	대설																				소설								
음력	29	28	27	26	25	24	23	**22**	21	20	19	18	17	16	15	14	13	12	11	10	9	8	**7**	6	5	4	3	2	1
순행	8	8	8	9	9	9	10		1	1	1	2	2	2	3	3	3	4	4	4	5	5	5	5	6	6	6	7	7
역행	2	2	2	1	1	1			10	9	9	9	8	8	8	7	7	7	6	6	6	5	5	5	4	4	4	3	3
월										**12**													**11**						
일	14	13	12	11	10	9	8	7	6	5	4	3	2	1	30	29	28	27	26	25	24	23	22	21	20	19	18	17	16
일진	壬子	辛亥	庚戌	己酉	戊申	丁未	丙午	乙巳	甲辰	癸卯	壬寅	辛丑	庚子	己亥	戊戌	丁酉	丙申	乙未	甲午	癸巳	壬辰	辛卯	庚寅	己丑	戊子	丁亥	丙戌	乙酉	甲申
요일	목	수	화	월	일	토	금	목	수	화	월	일	토	금	목	수	화	월	일	토	금	목	수	화	월	일	토	금	목

11月大(丙子)대설

절기	소한																					동지								
음력	30	29	28	27	26	25	24	**23**	22	21	20	19	18	17	16	15	14	13	12	11	10	9	**8**	7	6	5	4	3	2	1
순행	7	8	8	8	9	9	9		1	1	1	1	2	2	2	3	3	3	4	4	5	5	5	6	6	6	7	7	7	
역행	2	2	2	1	1	1			10	9	9	9	8	8	8	7	7	7	6	6	6	5	5	4	4	4	3	3	3	
월										**01**													**12**							
일	13	12	11	10	9	8	7	6	5	4	3	2	1	31	30	29	28	27	26	25	24	23	22	21	20	19	18	17	16	15
일진	壬午	辛巳	庚辰	己卯	戊寅	丁丑	丙子	乙亥	甲戌	癸酉	壬申	辛未	庚午	己巳	戊辰	丁卯	丙寅	乙丑	甲子	癸亥	壬戌	辛酉	庚申	己未	戊午	丁巳	丙辰	乙卯	甲寅	癸丑
요일	토	금	목	수	화	월	일	토	금	목	수	화	월	일	토	금	목	수	화	월	일	토	금	목	수	화	월	일	토	금

12月大(丁丑)소한

절기	입춘																					대한								
음력	30	29	28	27	26	25	24	23	**22**	21	20	19	18	17	16	15	14	13	12	11	10	9	**8**	7	6	5	4	3	2	1
순행	7	8	8	8	9	9	9	10		1	1	1	2	2	2	3	3	3	4	4	4	5	5	5	6	6	6	7	7	
역행	3	2	2	2	1	1	1			10	9	9	9	8	8	8	7	7	7	6	6	6	5	5	5	4	4	4	3	3
월											**02**													**01**						
일	12	11	10	9	8	7	6	5	4	3	2	1	31	30	29	28	27	26	25	24	23	22	21	20	19	18	17	16	15	14
일진	壬子	辛亥	庚戌	己酉	戊申	丁未	丙午	乙巳	甲辰	癸卯	壬寅	辛丑	庚子	己亥	戊戌	丁酉	丙申	乙未	甲午	癸巳	壬辰	辛卯	庚寅	己丑	戊子	丁亥	丙戌	乙酉	甲申	癸未
요일	일	토	금	목	수	화	월	일	토	금	목	수	화	월	일	토	금	목	수	화	월	일	토	금	목	수	화	월	일	토

일주에 편관이 있으면 남·녀간에 변태적인 이성관계를 즐긴다.

상문 : 亥   대장군 : 南
조객 : 未   삼 재 : 寅午戌
삼살 : 東

乙酉年

서기 1945년
단기 4278년

1月小(戊寅)입춘

절기	경칩														우수														
음력	29	28	27	26	25	24	23	22	21	20	19	18	17	16	15	14	13	12	11	10	9	8	7	6	5	4	3	2	1
순행	8	8	8	9	9	9	10		1	1	1	1	2	2	2	3	3	3	4	4	4		5	5	5	6	6	6	7
역행	2	2	2	1	1	1	1		10	9	9	9	8	8	8	7	7	7	6	6	6		5	5	5	4	4	4	3
월							03															02							
일	13	12	11	10	9	8	7	6	5	4	3	2	1	28	27	26	25	24	23	22	21	20	19	18	17	16	15	14	13
일진	辛巳	庚辰	己卯	戊寅	丁丑	丙子	乙亥	甲戌	癸酉	壬申	辛未	庚午	己巳	戊辰	丁卯	丙寅	乙丑	甲子	癸亥	壬戌	辛酉	庚申	己未	戊午	丁巳	丙辰	乙卯	甲寅	癸丑
요일	화	월	일	토	금	목	수	화	월	일	토	금	목	수	화	월	일	토	금	목	수	화	월	일	토	금	목	수	화

2月小(己卯)경칩

절기	청명															춘분													
음력	29	28	27	26	25	24	23	22	21	20	19	18	17	16	15	14	13	12	11	10	9	8	7	6	5	4	3	2	1
순행	8	9	9	9	10	10		1	1	1	1	2	2	2	3	3	3	4	4	4	5		5	5	6	6	6	7	7
역행	2	2	1	1	1	1		10	9	9	9	8	8	8	7	7	7	6	6	6	5		5	5	4	4	4	3	3
월							04															03							
일	11	10	9	8	7	6	5	4	3	2	1	31	30	29	28	27	26	25	24	23	22	21	20	19	18	17	16	15	14
일진	庚戌	己酉	戊申	丁未	丙午	乙巳	甲辰	癸卯	壬寅	辛丑	庚子	己亥	戊戌	丁酉	丙申	乙未	甲午	癸巳	壬辰	辛卯	庚寅	己丑	戊子	丁亥	丙戌	乙酉	甲申	癸未	壬午
요일	수	화	월	일	토	금	목	수	화	월	일	토	금	목	수	화	월	일	토	금	목	수	화	월	일	토	금	목	수

3月大(庚辰)청명

절기	입하																곡우													
음력	30	29	28	27	26	25	24	23	22	21	20	19	18	17	16	15	14	13	12	11	10	9	8	7	6	5	4	3	2	1
순행	9	9	9	10		1	1	1	1	2	2	2	3	3	3	4	4	4	5	5	5		6	6	6	7	7	7	8	8
역행	2	1	1	1	1		10	10	9	9	9	8	8	8	7	7	7	6	6	6	5		5	5	4	4	4	3	3	2
월					05																	04								
일	11	10	9	8	7	6	5	4	3	2	1	30	29	28	27	26	25	24	23	22	21	20	19	18	17	16	15	14	13	
일진	庚辰	己卯	戊寅	丁丑	丙子	乙亥	甲戌	癸酉	壬申	辛未	庚午	己巳	戊辰	丁卯	丙寅	乙丑	甲子	癸亥	壬戌	辛酉	庚申	己未	戊午	丁巳	丙辰	乙卯	甲寅	癸丑	壬子	辛亥
요일	금	목	수	화	월	일	토	금	목	수	화	월	일	토	금	목	수	화	월	일	토	금	목	수	화	월	일	토	금	목

4月小(辛巳)입하

절기	망종																소만												
음력	29	28	27	26	25	24	23	22	21	20	19	18	17	16	15	14	13	12	11	10	9	8	7	6	5	4	3	2	1
순행	9	10	10		1	1	1	2	2	2	3	3	3	4	4	4	5	5	5		6	6	6	7	7	7	8	8	8
역행	1	1	1		10	10	9	9	9	8	8	8	7	7	7	6	6	6	5		5	5	4	4	4	3	3	3	2
월				06																05									
일	9	8	7	6	5	4	3	2	1	31	30	29	28	27	26	25	24	23	22	21	20	19	18	17	16	15	14	13	12
일진	己酉	戊申	丁未	丙午	乙巳	甲辰	癸卯	壬寅	辛丑	庚子	己亥	戊戌	丁酉	丙申	乙未	甲午	癸巳	壬辰	辛卯	庚寅	己丑	戊子	丁亥	丙戌	乙酉	甲申	癸未	壬午	辛巳
요일	토	금	목	수	화	월	일	토	금	목	수	화	월	일	토	금	목	수	화	월	일	토	금	목	수	화	월	일	토

5月小(壬午)망종

절기	소서															하지													
음력	29	28	27	26	25	24	23	22	21	20	19	18	17	16	15	14	13	12	11	10	9	8	7	6	5	4	3	2	1
순행	10		1	1	1	2	2	2	3	3	3	4	4	4	5	5		6	6	6	7	7	7	8	8	8	9	9	9
역행	1		10	10	9	9	9	8	8	7	7	7	6	6	6	5		5	5	4	4	4	3	3	3	2	2	2	1
월							07															06							
일	8	7	6	5	4	3	2	1	30	29	28	27	26	25	24	23	22	21	20	19	18	17	16	15	14	13	12	11	10
일진	戊寅	丁丑	丙子	乙亥	甲戌	癸酉	壬申	辛未	庚午	己巳	戊辰	丁卯	丙寅	乙丑	甲子	癸亥	壬戌	辛酉	庚申	己未	戊午	丁巳	丙辰	乙卯	甲寅	癸丑	壬子	辛亥	庚戌
요일	일	토	금	목	수	화	월	일	토	금	목	수	화	월	일	토	금	목	수	화	월	일	토	금	목	수	화	월	일

6月大(癸未)소서

절기															대서															
음력	30	29	28	27	26	25	24	23	22	21	20	19	18	17	16	15	14	13	12	11	10	9	8	7	6	5	4	3	2	1
순행	1	1	1	1	2	2	2	3	3	3	4	4	4	5	5		6	6	6	7	7	7	8	8	8	9	9	9	10	10
역행	10	10	10	9	9	9	8	8	8	7	7	7	6	6	6		5	5	5	4	4	4	3	3	3	2	2	2	1	1
월															08													07		
일	7	6	5	4	3	2	1	31	30	29	28	27	26	25	24	23	22	21	20	19	18	17	16	15	14	13	12	11	10	9
일진	戊申	丁未	丙午	乙巳	甲辰	癸卯	壬寅	辛丑	庚子	己亥	戊戌	丁酉	丙申	乙未	甲午	癸巳	壬辰	辛卯	庚寅	己丑	戊子	丁亥	丙戌	乙酉	甲申	癸未	壬午	辛巳	庚辰	己卯
요일	화	월	일	토	금	목	수	화	월	일	토	금	목	수	화	월	일	토	금	목	수	화	월	일	토	금	목	수	화	월

사주 내에 財가 역마살에 해당하면 장사꾼 팔자이다.

7月小(甲申)입추

절기	처서 → 16																											입추
음력	29 28 27 26 25 24 23 22 21 20 19 18 17 **16** 15 14 13 12 11 10 9 8 7 6 5 4 3 2 1
순행	1 1 2 2 2 3 3 3 4 4 4 5 5 5 6 6 6 7 7 7 8 8 8 9 9 9 10 10
역행	9 9 9 8 8 8 7 7 7 6 6 6 5 5 5 4 4 4 3 3 3 2 2 2 1 1 1
월	09 … 08
일	5 4 3 2 1 31 30 29 28 27 26 25 24 23 22 21 20 19 18 17 16 15 14 13 12 11 10 9 8
일진	丁丑 丙子 乙亥 甲戌 癸酉 辛申 庚未 己午 戊巳 丁辰 丙卯 乙寅 甲丑 癸子 壬亥 辛戌 庚申 己未 戊午 丁巳 丙辰 乙卯 甲寅 癸丑 壬子 辛亥 庚戌 己酉
요일	수 화 월 일 토 금 목 수 화 월 일 토 금 목 수 화 월 일 토 금 목 수 화 월 일 토 금 목 수

8月大(乙酉)백로

절기	주분 → 18																												백로
음력	30 29 28 27 26 25 24 23 22 21 20 19 **18** 17 16 15 14 13 12 11 10 9 8 7 6 5 4 3 2 1
순행	1 2 2 2 3 3 3 4 4 4 5 5 5 6 6 6 7 7 7 8 8 9 9 9 10 10 … 1 1
역행	9 9 8 8 8 7 7 7 6 6 6 5 5 5 4 4 4 3 3 3 2 2 1 1 1 … 10 10
월	10 … 09
일	5 4 3 2 1 30 29 28 27 26 25 24 23 22 21 20 19 18 17 16 15 14 13 12 11 10 9 8 7 6
일진	丁未 丙午 乙巳 甲辰 癸卯 壬寅 辛丑 庚子 己亥 戊戌 丁酉 丙申 乙未 甲午 癸巳 壬辰 辛卯 庚寅 己丑 戊子 丁亥 丙戌 乙酉 甲申 癸未 壬午 辛巳 庚辰 己卯 戊寅
요일	금 목 수 화 월 일 토 금 목 수 화 월 일 토 금 목 수 화 월 일 토 금 목 수 화 월 일 토 금 목

9月大(丙戌)한로

절기	상강 → 19																												한로
음력	30 29 28 27 26 25 24 23 22 21 20 **19** 18 17 16 15 14 13 12 11 10 9 8 7 6 5 4 3 2 1
순행	1 2 2 2 3 3 3 4 4 4 5 5 6 6 6 7 7 8 8 9 9 9 10 … 1 1 1
역행	9 8 8 8 7 7 7 6 6 6 5 5 4 4 4 3 3 2 2 1 1 1 … 10 10 9
월	11 … 10
일	4 3 2 1 31 30 29 28 27 26 25 24 23 22 21 20 19 18 17 16 15 14 13 12 11 10 9 8 7 6
일진	丁丑 丙子 乙亥 甲戌 癸酉 壬申 辛未 庚午 己巳 戊辰 丁卯 丙寅 乙丑 甲子 癸亥 壬戌 辛酉 庚申 己未 戊午 丁巳 丙辰 乙卯 甲寅 癸丑 壬子 辛亥 庚戌 己酉 戊申
요일	일 토 금 목 수 화 월 일 토 금 목 수 화 월 일 토 금 목 수 화 월 일 토 금 목 수 화 월 일 토

10月大(丁亥)입동

절기	소설 → 19																												입동
음력	30 29 28 27 26 25 24 23 22 21 20 **19** 18 17 16 15 14 13 12 11 10 9 8 7 6 5 4 3 2 1
순행	1 1 2 2 2 3 3 3 4 4 4 5 5 5 6 6 6 7 7 8 8 9 9 9 … 1 1 1
역행	9 8 8 8 7 7 7 6 6 6 5 5 5 4 4 4 3 3 2 2 1 1 1 … 10 10 9
월	12 … 11
일	4 3 2 1 30 29 28 27 26 25 24 23 22 21 20 19 18 17 16 15 14 13 12 11 10 9 8 7 6 5
일진	丁未 丙午 乙巳 甲辰 癸卯 壬寅 辛丑 庚子 己亥 戊戌 丁酉 丙申 乙未 甲午 癸巳 壬辰 辛卯 庚寅 己丑 戊子 丁亥 丙戌 乙酉 甲申 癸未 壬午 辛巳 庚辰 己卯 戊寅
요일	화 월 일 토 금 목 수 화 월 일 토 금 목 수 화 월 일 토 금 목 수 화 월 일 토 금 목 수 화 월

11月小(戊子)대설

절기	동지 → 18																											대설
음력	29 28 27 26 25 24 23 22 21 20 19 **18** 17 16 15 14 13 12 11 10 9 8 7 6 5 4 3 2 1
순행	1 2 2 2 3 3 4 4 4 5 5 5 6 6 6 7 7 7 8 8 9 9 9 10 … 1 1
역행	9 8 8 8 7 7 6 6 6 5 5 5 4 4 4 3 3 3 2 2 1 1 1 … 9 9
월	01 … 12
일	2 1 31 30 29 28 27 26 25 24 23 22 21 20 19 18 17 16 15 14 13 12 11 10 9 8 7 6 5
일진	丙子 乙亥 甲戌 癸酉 壬申 辛未 庚午 己巳 戊辰 丁卯 丙寅 乙丑 甲子 癸亥 壬戌 辛酉 庚申 己未 戊午 丁巳 丙辰 乙卯 甲寅 癸丑 壬子 辛亥 庚戌 己酉 戊申
요일	수 화 월 일 토 금 목 수 화 월 일 토 금 목 수 화 월 일 토 금 목 수 화 월 일 토 금 목 수

12月大(己丑)소한

절기	대한 → 19																											소한
음력	30 29 28 27 26 25 24 23 22 21 20 **19** 18 17 16 15 14 13 12 11 10 9 8 7 6 5 4 3 2 1
순행	1 1 2 2 2 3 3 3 4 4 4 5 5 5 6 6 6 7 7 8 8 9 9 9 … 1 1
역행	9 8 8 8 7 7 7 6 6 6 5 5 5 4 4 4 3 3 2 2 1 1 1 … 9 9
월	02 … 01
일	1 31 30 29 28 27 26 25 24 23 22 21 20 19 18 17 16 15 14 13 12 11 10 9 8 7 6 5 4 3
일진	丙午 乙巳 甲辰 癸卯 壬寅 辛丑 庚子 己亥 戊戌 丁酉 丙申 乙未 甲午 癸巳 壬辰 辛卯 庚寅 己丑 戊子 丁亥 丙戌 乙酉 甲申 癸未 壬午 辛巳 庚辰 己卯 戊寅 丁丑
요일	금 목 수 화 월 일 토 금 목 수 화 월 일 토 금 목 수 화 월 일 토 금 목 수 화 월 일 토 금 목

일주가 壬戌이면 남자는 무관직이 좋고, 여자는 남편이 위태롭고 고집쟁이다.

상문 : 子   대장군 : 南
조객 : 申   삼   재 : 寅午戌
삼살 : 北

丙戌年

1月大(庚寅)입춘

절기	우수	입춘
음력	30 29 28 27 26 25 24 23 22 21 20 19 **18** 17 16 15 14 13 12 11 10 9 8 7 6 5 4 **3** 2 1	
순행	1 1 2 2 2 3 3 3 4 4 4 5 5 5 6 6 6 7 7 7 8 8 8 8 9 9 9 10 — 1 1	
역행	9 9 8 8 8 7 7 7 6 6 6 5 5 5 4 4 4 3 3 3 2 2 2 1 1 1 — 9 9	
월	03 … 02	
일	3 2 1 28 27 26 25 24 23 22 21 20 19 18 17 16 15 14 13 12 11 10 9 8 7 6 5 4 3 2 1	
일진	丙 乙 甲 癸 壬 辛 庚 己 戊 丁 丙 乙 甲 癸 壬 辛 庚 己 戊 丁 丙 乙 甲 癸 壬 辛 庚 己 戊 丁	
	子 亥 戌 酉 申 未 午 巳 辰 卯 寅 丑 子 亥 戌 酉 申 未 午 巳 辰 卯 寅 丑 子 亥 戌 酉 申 未	
요일	토 금 목 수 화 월 일 토 금 목 수 화 월 일 토 금 목 수 화 월 일 토 금 목 수 화 월 일 토	

2月小(辛卯)경칩

절기	춘분	경칩
음력	29 28 27 26 25 24 23 22 21 20 19 **18** 17 16 15 14 13 12 11 10 9 8 7 6 5 4 **3** 2 1	
순행	1 2 2 2 3 3 3 4 4 4 5 5 5 6 6 6 7 7 7 8 8 9 9 9 10 — 1 1	
역행	9 8 8 8 7 7 7 6 6 6 5 5 5 4 4 4 3 3 3 2 2 1 1 1 — 10 9	
월	04 … 03	
일	1 31 30 29 28 27 26 25 24 23 22 21 20 19 18 17 16 15 14 13 12 11 10 9 8 7 6 5 4 3	
일진	乙 甲 癸 壬 辛 庚 己 戊 丁 丙 乙 甲 癸 壬 辛 庚 己 戊 丁 丙 乙 甲 癸 壬 辛 庚 己 戊 丁	
	巳 辰 卯 寅 丑 子 亥 戌 酉 申 未 午 巳 辰 卯 寅 丑 子 亥 戌 酉 申 未 午 巳 辰 卯 寅 丑	
요일	월 일 토 금 목 수 화 월 일 토 금 목 수 화 월 일 토 금 목 수 화 월 일 토 금 목 수 화 월	

3月小(壬辰)청명

절기	곡우	청명
음력	29 28 27 26 25 24 23 22 21 **20** 19 18 17 16 15 14 13 12 11 10 9 8 7 6 5 **4** 3 2 1	
순행	2 2 3 3 3 4 4 4 5 5 6 6 6 7 7 7 8 8 8 9 9 10 10 — 1 1 1	
역행	8 8 7 7 7 6 6 6 5 5 4 4 4 3 3 3 2 2 2 1 1 1 — 10 9 9	
월	… 04	
일	30 29 28 27 26 25 24 23 22 21 20 19 18 17 16 15 14 13 12 11 10 9 8 7 6 5 4 3 2	
일진	甲 癸 壬 辛 庚 己 戊 丁 丙 乙 甲 癸 壬 辛 庚 己 戊 丁 丙 乙 甲 癸 壬 辛 庚 己 戊 丁 丙	
	戌 酉 申 未 午 巳 辰 卯 寅 丑 子 亥 戌 酉 申 未 午 巳 辰 卯 寅 丑 子 亥 戌 酉 申 未 午	
요일	화 월 일 토 금 목 수 화 월 일 토 금 목 수 화 월 일 토 금 목 수 화 월 일 토 금 목 수 화	

4月大(癸巳)입하

절기	소만	입하
음력	30 29 28 27 26 25 24 23 **22** 21 20 19 18 17 16 15 14 13 12 11 10 9 8 7 6 5 **4** 3 2 1	
순행	2 3 3 3 4 4 4 5 5 6 6 6 7 7 7 8 8 9 9 9 10 10 — 1 1 1 1	
역행	8 7 7 7 6 6 6 5 5 4 4 4 3 3 3 2 2 1 1 1 — 10 9 9	
월	… 05	
일	30 29 28 27 26 25 24 23 22 21 20 19 18 17 16 15 14 13 12 11 10 9 8 7 6 5 4 3 2 1	
일진	甲 癸 壬 辛 庚 己 戊 丁 丙 乙 甲 癸 壬 辛 庚 己 戊 丁 丙 乙 甲 癸 壬 辛 庚 己 戊 丁 丙 乙	
	辰 卯 寅 丑 子 亥 戌 酉 申 未 午 巳 辰 卯 寅 丑 子 亥 戌 酉 申 未 午 巳 辰 卯 寅 丑 子 亥	
요일	목 수 화 월 일 토 금 목 수 화 월 일 토 금 목 수 화 월 일 토 금 목 수 화 월 일 토 금 목 수	

5月小(甲午)망종

절기	하지	망종
음력	29 28 27 26 25 24 **23** 22 21 20 19 18 17 16 15 14 13 12 11 10 9 8 **7** 6 5 4 3 2 1	
순행	3 4 4 4 5 5 6 6 6 7 7 7 8 8 8 9 9 10 10 10 — 1 1 1 1 2	
역행	7 7 6 6 6 5 5 4 4 4 3 3 2 2 2 1 1 1 — 10 9 9 9 8	
월	… 06 05	
일	28 27 26 25 24 23 22 21 20 19 18 17 16 15 14 13 12 11 10 9 8 7 6 5 4 3 2 1 31	
일진	癸 壬 辛 庚 己 戊 丁 丙 乙 甲 癸 壬 辛 庚 己 戊 丁 丙 乙 甲 癸 壬 辛 庚 己 戊 丁 丙 乙	
	酉 申 未 午 巳 辰 卯 寅 丑 子 亥 戌 酉 申 未 午 巳 辰 卯 寅 丑 子 亥 戌 酉 申 未 午 巳	
요일	금 목 수 화 월 일 토 금 목 수 화 월 일 토 금 목 수 화 월 일 토 금 목 수 화 월 일 토 금	

6月小(乙未)소서

절기	대서	소서
음력	29 28 27 26 **25** 24 23 22 21 20 19 18 17 16 15 14 13 12 11 **10** 9 8 7 6 5 4 3 2 1	
순행	4 4 5 5 5 5 4 4 7 7 7 8 8 9 9 9 10 10 — 1 1 1 2 2 2	
역행	6 6 5 5 5 5 4 4 3 3 3 2 2 1 1 1 — 10 10 9 9 9 8 8 8	
월	… 07 06	
일	27 26 25 24 23 22 21 20 19 18 17 16 15 14 13 12 11 10 9 8 7 6 5 4 3 2 1 30 29	
일진	壬 辛 庚 己 戊 丁 丙 乙 甲 癸 壬 辛 庚 己 戊 丁 丙 乙 甲 癸 壬 辛 庚 己 戊 丁 丙 乙 甲	
	寅 丑 子 亥 戌 酉 申 未 午 巳 辰 卯 寅 丑 子 亥 戌 酉 申 未 午 巳 辰 卯 寅 丑 子 亥 戌	
요일	금 목 수 화 월 일 토 금 목 수 화 월 일 토 금 목 수 화 월 일 토 금 목 수 화 월 일 토	

사주 내에 寅·巳·申 三刑을 잘 갖추고 있으면 판·검사 팔자이다.

7月大丙申의주

절기	처서																	입추												
음력	30	29	28	27	26	25	24	23	22	21	20	19	18	17	16	15	14	13	12	11	10	9	8	7	6	5	4	3	2	1
순행	4	5	5	5	6	6	7	7	7	8	8	8	9	9	9	10	10		1	1	1	1	2	2	2	3	3	3		4
역행	6	6	5	5	5	4	4	4	3	3	3	2	2	2	1	1	1		10	10	9	9	9	8	8	8	7	7		7
월(음양력)																		08							07					
일	26	25	24	23	22	21	20	19	18	17	16	15	14	13	12	11	10	9	8	7	6	5	4	3	2	1	31	30	29	28
일진	壬	辛	庚	己	戊	丁	丙	乙	甲	癸	壬	辛	庚	己	戊	丁	丙	乙	甲	癸	壬	辛	庚	己	戊	丁	丙	乙	甲	癸
	申	未	午	巳	辰	卯	寅	丑	子	亥	戌	酉	申	未	午	巳	辰	卯	寅	丑	子	亥	戌	酉	申	未	午	巳	辰	卯
요일	월	일	토	금	목	수	화	월	일	토	금	목	수	화	월	일	토	금	목	수	화	월	일	토	금	목	수	화	월	일

8月小丁酉백로

절기	추분																백로												
음력	29	28	27	26	25	24	23	22	21	20	19	18	17	16	15	14	13	12	11	10	9	8	7	6	5	4	3	2	1
순행	5	5	6	6	6	7	7	7	8	8	8	9	9	9	10	10		1	1	1	1	2	2	2	3	3	3	4	4
역행	5	5	5	4	4	4	3	3	3	2	2	2	1	1	1		10	10	9	9	9	8	8	8	7	7	7	6	
월(음양력)																	09							08					
일	24	23	22	21	20	19	18	17	16	15	14	13	12	11	10	9	8	7	6	5	4	3	2	1	31	30	29	28	27
일진	辛	庚	己	戊	丁	丙	乙	甲	癸	壬	辛	庚	己	戊	丁	丙	乙	甲	癸	壬	辛	庚	己	戊	丁	丙	乙	甲	癸
	丑	子	亥	戌	酉	申	未	午	巳	辰	卯	寅	丑	子	亥	戌	酉	申	未	午	巳	辰	卯	寅	丑	子	亥	戌	酉
요일	화	월	일	토	금	목	수	화	월	일	토	금	목	수	화	월	일	토	금	목	수	화	월	일	토	금	목	수	화

9月大戊戌한로

절기	상강														한로															
음력	30	29	28	27	26	25	24	23	22	21	20	19	18	17	16	15	14	13	12	11	10	9	8	7	6	5	4	3	2	1
순행	5	5	6	6	6	7	7	7	8	8	8	9	9	9		1	1	1	1	2	2	2	3	3	3	4	4	4		5
역행	5	5	4	4	4	3	3	3	2	2	2	1	1	1		10	10	9	9	9	8	8	8	7	7	7	6	6		6
월(음양력)															10									09						
일	24	23	22	21	20	19	18	17	16	15	14	13	12	11	10	9	8	7	6	5	4	3	2	1	30	29	28	27	26	25
일진	辛	庚	己	戊	丁	丙	乙	甲	癸	壬	辛	庚	己	戊	丁	丙	乙	甲	癸	壬	辛	庚	己	戊	丁	丙	乙	甲	癸	壬
	未	午	巳	辰	卯	寅	丑	子	亥	戌	酉	申	未	午	巳	辰	卯	寅	丑	子	亥	戌	酉	申	未	午	巳	辰	卯	寅
요일	목	수	화	월	일	토	금	목	수	화	월	일	토	금	목	수	화	월	일	토	금	목	수	화	월	일	토	금	목	수

10月大己亥입동

절기	소설														입동															
음력	30	29	28	27	26	25	24	23	22	21	20	19	18	17	16	15	14	13	12	11	10	9	8	7	6	5	4	3	2	1
순행	5	5	6	6	6	7	7	7	8	8	8	9	9	9	10		1	1	1	2	2	2	3	3	3	4	4	4		5
역행	5	5	4	4	4	3	3	3	2	2	2	1	1	1		10	9	9	9	8	8	8	7	7	7	6	6	6		5
월(음양력)																11								10						
일	23	22	21	20	19	18	17	16	15	14	13	12	11	10	9	8	7	6	5	4	3	2	1	31	30	29	28	27	26	25
일진	辛	庚	己	戊	丁	丙	乙	甲	癸	壬	辛	庚	己	戊	丁	丙	乙	甲	癸	壬	辛	庚	己	戊	丁	丙	乙	甲	癸	壬
	丑	子	亥	戌	酉	申	未	午	巳	辰	卯	寅	丑	子	亥	戌	酉	申	未	午	巳	辰	卯	寅	丑	子	亥	戌	酉	申
요일	토	금	목	수	화	월	일	토	금	목	수	화	월	일	토	금	목	수	화	월	일	토	금	목	수	화	월	일	토	금

11月小庚子대설

절기	동지														대설														
음력	29	28	27	26	25	24	23	22	21	20	19	18	17	16	15	14	13	12	11	10	9	8	7	6	5	4	3	2	1
순행	5	5	6	6	6	7	7	7	8	8	8	9	9	9		1	1	1	2	2	2	3	3	3	4	4	4		5
역행	5	4	4	4	3	3	3	2	2	2	1	1	1		10	9	9	9	8	8	8	7	7	7	6	6	6		5
월(음양력)															12								11						
일	22	21	20	19	18	17	16	15	14	13	12	11	10	9	8	7	6	5	4	3	2	1	30	29	28	27	26	25	24
일진	庚	己	戊	丁	丙	乙	甲	癸	壬	辛	庚	己	戊	丁	丙	乙	甲	癸	壬	辛	庚	己	戊	丁	丙	乙	甲	癸	壬
	午	巳	辰	卯	寅	丑	子	亥	戌	酉	申	未	午	巳	辰	卯	寅	丑	子	亥	戌	酉	申	未	午	巳	辰	卯	寅
요일	일	토	금	목	수	화	월	일	토	금	목	수	화	월	일	토	금	목	수	화	월	일	토	금	목	수	화	월	일

12月大辛丑소한

절기	대한														소한															
음력	30	29	28	27	26	25	24	23	22	21	20	19	18	17	16	15	14	13	12	11	10	9	8	7	6	5	4	3	2	1
순행	5	5	6	6	6	7	7	7	8	8	8	9	9	9		1	1	1	1	2	2	2	3	3	3	4	4	4		5
역행	5	4	4	4	3	3	3	2	2	2	1	1	1		10	9	9	9	8	8	8	7	7	7	6	6	6		5
월(음양력)															01										12					
일	21	20	19	18	17	16	15	14	13	12	11	10	9	8	7	6	5	4	3	2	1	31	30	29	28	27	26	25	24	23
일진	庚	己	戊	丁	丙	乙	甲	癸	壬	辛	庚	己	戊	丁	丙	乙	甲	癸	壬	辛	庚	己	戊	丁	丙	乙	甲	癸	壬	辛
	子	亥	戌	酉	申	未	午	巳	辰	卯	寅	丑	子	亥	戌	酉	申	未	午	巳	辰	卯	寅	丑	子	亥	戌	酉	申	未
요일	화	월	일	토	금	목	수	화	월	일	토	금	목	수	화	월	일	토	금	목	수	화	월	일	토	금	목	수	화	월

사주 내에 子·午·沖 사주에 말더듬이 많다.

상문 : 丑　대장군 : 酉
조객 : 酉　삼　재 : 巳酉丑
삼살 : 西

丁亥年

서기 1947년
단기 4280년

1月大(壬寅)입춘

절기		우수														입춘														
음력	30	29	28	27	26	25	24	23	22	21	20	19	18	17	16	15	14	13	12	11	10	9	8	7	6	5	4	3	2	1
대운 순행	5	5	5	6	6	6	7	7	7	8	8	8	9	9	9		1	1	1	1	2	2	2	3	3	3	4	4	4	5
대운 역행	5	5	4	4	4	3	3	3	2	2	2	1	1	1	1		10	9	9	9	8	8	8	7	7	7	6	6	6	5
양력 월																				02										01
양력 일	20	19	18	17	16	15	14	13	12	11	10	9	8	7	6	5	4	3	2	1	31	30	29	28	27	26	25	24	23	22
일진	庚	己	戊	丁	丙	乙	甲	癸	壬	辛	庚	己	戊	丁	丙	乙	甲	癸	壬	辛	庚	己	戊	丁	丙	乙	甲	癸	壬	辛
	午	巳	辰	卯	寅	丑	子	亥	戌	酉	申	未	午	巳	辰	卯	寅	丑	子	亥	戌	酉	申	未	午	巳	辰	卯	寅	丑
요일	목	수	화	월	일	토	금	목	수	화	월	일	토	금	목	수	화	월	일	토	금	목	수	화	월	일	토	금	목	수

2月大(癸卯)경칩

절기		춘분															경칩													
음력	30	29	28	27	26	25	24	23	22	21	20	19	18	17	16	15	14	13	12	11	10	9	8	7	6	5	4	3	2	1
대운 순행	5	5	6	6	6	7	7	7	8	8	8	9	9	9	10	10		1	1	1	1	2	2	2	3	3	3	4	4	4
대운 역행	5	5	5	4	4	4	3	3	3	2	2	2	1	1	1	1		9	9	9	8	8	8	7	7	7	6	6	6	5
양력 월																						03								02
양력 일	22	21	20	19	18	17	16	15	14	13	12	11	10	9	8	7	6	5	4	3	2	1	28	27	26	25	24	23	22	21
일진	庚	己	戊	丁	丙	乙	甲	癸	壬	辛	庚	己	戊	丁	丙	乙	甲	癸	壬	辛	庚	己	戊	丁	丙	乙	甲	癸	壬	辛
	子	亥	戌	酉	申	未	午	巳	辰	卯	寅	丑	子	亥	戌	酉	申	未	午	巳	辰	卯	寅	丑	子	亥	戌	酉	申	未
요일	토	금	목	수	화	월	일	토	금	목	수	화	월	일	토	금	목	수	화	월	일	토	금	목	수	화	월	일	토	금

윤2月小

절기																청명														
음력		29	28	27	26	25	24	23	22	21	20	19	18	17	16	15	14	13	12	11	10	9	8	7	6	5	4	3	2	1
대운 순행		5	6	6	6	7	7	7	8	8	8	9	9	9	10		1	1	1	1	2	2	2	3	3	3	4	4	4	5
대운 역행		5	4	4	4	3	3	3	2	2	2	1	1	1	1		10	10	9	9	9	8	8	8	7	7	7	6	6	6
양력 월																					04									03
양력 일		20	19	18	17	16	15	14	13	12	11	10	9	8	7	6	5	4	3	2	1	31	30	29	28	27	26	25	24	23
일진		己	戊	丁	丙	乙	甲	癸	壬	辛	庚	己	戊	丁	丙	乙	甲	癸	壬	辛	庚	己	戊	丁	丙	乙	甲	癸	壬	辛
		巳	辰	卯	寅	丑	子	亥	戌	酉	申	未	午	巳	辰	卯	寅	丑	子	亥	戌	酉	申	未	午	巳	辰	卯	寅	丑
요일		일	토	금	목	수	화	월	일	토	금	목	수	화	월	일	토	금	목	수	화	월	일	토	금	목	수	화	월	일

3月小(甲辰)청명

절기															입하															곡우
음력		29	28	27	26	25	24	23	22	21	20	19	18	17	16	15	14	13	12	11	10	9	8	7	6	5	4	3	2	1
대운 순행		6	6	7	7	7	8	8	8	9	9	9	10	10		1	1	1	1	2	2	2	3	3	3	4	4	4	5	5
대운 역행		4	4	4	3	3	3	2	2	2	1	1	1	1		10	9	9	9	8	8	8	7	7	7	6	6	6	5	5
양력 월																				05										04
양력 일		19	18	17	16	15	14	13	12	11	10	9	8	7	6	5	4	3	2	1	30	29	28	27	26	25	24	23	22	21
일진		戊	丁	丙	乙	甲	癸	壬	辛	庚	己	戊	丁	丙	乙	甲	癸	壬	辛	庚	己	戊	丁	丙	乙	甲	癸	壬	辛	庚
		戌	酉	申	未	午	巳	辰	卯	寅	丑	子	亥	戌	酉	申	未	午	巳	辰	卯	寅	丑	子	亥	戌	酉	申	未	午
요일		월	일	토	금	목	수	화	월	일	토	금	목	수	화	월	일	토	금	목	수	화	월	일	토	금	목	수	화	월

4月大(乙巳)입하

절기													망종															소만		
음력	30	29	28	27	26	25	24	23	22	21	20	19	18	17	16	15	14	13	12	11	10	9	8	7	6	5	4	3	2	1
대운 순행	7	7	7	8	8	8	9	9	9	10	10	10		1	1	1	1	2	2	2	3	3	3	4	4	4	5	5	5	6
대운 역행	4	4	3	3	3	2	2	2	1	1	1	1		10	10	9	9	9	8	8	8	7	7	7	6	6	6	5	5	5
양력 월																		06												05
양력 일	18	17	16	15	14	13	12	11	10	9	8	7	6	5	4	3	2	1	31	30	29	28	27	26	25	24	23	22	21	20
일진	戊	丁	丙	乙	甲	癸	壬	辛	庚	己	戊	丁	丙	乙	甲	癸	壬	辛	庚	己	戊	丁	丙	乙	甲	癸	壬	辛	庚	己
	辰	卯	寅	丑	子	亥	戌	酉	申	未	午	巳	辰	卯	寅	丑	子	亥	戌	酉	申	未	午	巳	辰	卯	寅	丑	子	亥
요일	수	화	월	일	토	금	목	수	화	월	일	토	금	목	수	화	월	일	토	금	목	수	화	월	일	토	금	목	수	화

5月小(丙午)망종

절기											소서																하지			
음력		29	28	27	26	25	24	23	22	21	20	19	18	17	16	15	14	13	12	11	10	9	8	7	6	5	4	3	2	1
대운 순행		7	8	8	8	9	9	9	10	10		1	1	1	1	2	2	2	3	3	3	4	4	4	5	5	5	6	6	6
대운 역행		3	3	2	2	2	1	1	1	1		10	10	10	9	9	9	8	8	8	7	7	7	6	6	6	5	5	5	4
양력 월																		07												06
양력 일		17	16	15	14	13	12	11	10	9	8	7	6	5	4	3	2	1	30	29	28	27	26	25	24	23	22	21	20	19
일진		丁	丙	乙	甲	癸	壬	辛	庚	己	戊	丁	丙	乙	甲	癸	壬	辛	庚	己	戊	丁	丙	乙	甲	癸	壬	辛	庚	己
		酉	申	未	午	巳	辰	卯	寅	丑	子	亥	戌	酉	申	未	午	巳	辰	卯	寅	丑	子	亥	戌	酉	申	未	午	巳
요일		목	수	화	월	일	토	금	목	수	화	월	일	토	금	목	수	화	월	일	토	금	목	수	화	월	일	토	금	목

사주에 土가 雪氣를 많이 당하면 小農八字에 불과하다.

6月小(丁未)소서 · 절기: 입추(음력 22), 대서(음력 7)

항목	29	28	27	26	25	24	23	**22**	21	20	19	18	17	16	15	14	13	12	11	10	9	8	**7**	6	5	4	3	2	1
순행	8	8	9	9	9	10	10		1	1	1	1	2	2	2	3	3	3	4	4	4	5	5	5	6	6	6	7	7
역행	2	2	2	1	1	1	1		10	10	9	9	9	8	8	8	7	7	7	6	6	6	5	5	5	4	4	4	3
월(양력)															08														07
양력일	15	14	13	12	11	10	9	8	7	6	5	4	3	2	1	31	30	29	28	27	26	25	24	23	22	21	20	19	18
일진	丙寅	乙丑	甲子	癸亥	壬戌	辛酉	庚申	己未	戊午	丁巳	丙辰	乙卯	甲寅	癸丑	壬子	辛亥	庚戌	己酉	戊申	丁未	丙午	乙巳	甲辰	癸卯	壬寅	辛丑	庚子	己亥	戊戌
요일	금	목	수	화	월	일	토	금	목	수	화	월	일	토	금	목	수	화	월	일	토	금	목	수	화	월	일	토	금

7月大(戊申)입추 · 절기: 백로(음력 24), 처서(음력 9)

항목	30	29	28	27	26	25	**24**	23	22	21	20	19	18	17	16	15	14	13	12	11	10	**9**	8	7	6	5	4	3	2	1
순행	8	9	9	9	10	10		1	1	1	1	2	2	2	3	3	3	4	4	4	5	5	5	6	6	6	7	7	7	8
역행	2	2	1	1	1	1		10	10	9	9	9	8	8	8	7	7	7	6	6	6	5	5	5	4	4	4	3	3	3
월(양력)														09																08
양력일	14	13	12	11	10	9	8	7	6	5	4	3	2	1	31	30	29	28	27	26	25	24	23	22	21	20	19	18	17	16
일진	丙申	乙未	甲午	癸巳	壬辰	辛卯	庚寅	己丑	戊子	丁亥	丙戌	乙酉	甲申	癸未	壬午	辛巳	庚辰	己卯	戊寅	丁丑	丙子	乙亥	甲戌	癸酉	壬申	辛未	庚午	己巳	戊辰	丁卯
요일	일	토	금	목	수	화	월	일	토	금	목	수	화	월	일	토	금	목	수	화	월	일	토	금	목	수	화	월	일	토

8月小(己酉)백로 · 절기: 한로(음력 25), 추분(음력 10)

항목	29	28	27	26	**25**	24	23	22	21	20	19	18	17	16	15	14	13	12	11	**10**	9	8	7	6	5	4	3	2	1
순행	9	9	9	10		1	1	1	1	2	2	2	3	3	3	4	4	4	5	5	5	6	6	6	7	7	7	8	8
역행	1	1	1	1		10	10	9	9	9	8	8	8	7	7	7	6	6	6	5	5	5	4	4	4	3	3	3	2
월(양력)													10																09
양력일	13	12	11	10	9	8	7	6	5	4	3	2	1	30	29	28	27	26	25	24	23	22	21	20	19	18	17	16	15
일진	乙丑	甲子	癸亥	壬戌	辛酉	庚申	己未	戊午	丁巳	丙辰	乙卯	甲寅	癸丑	壬子	辛亥	庚戌	己酉	戊申	丁未	丙午	乙巳	甲辰	癸卯	壬寅	辛丑	庚子	己亥	戊戌	丁酉
요일	월	일	토	금	목	수	화	월	일	토	금	목	수	화	월	일	토	금	목	수	화	월	일	토	금	목	수	화	월

9月大(庚戌)한로 · 절기: 입동(음력 26), 상강(음력 11)

항목	30	29	28	27	**26**	25	24	23	22	21	20	19	18	17	16	15	14	13	12	**11**	10	9	8	7	6	5	4	3	2	1
순행	9	9	9	10		1	1	1	1	2	2	2	3	3	3	4	4	4	5	5	5	6	6	6	7	7	7	8	8	8
역행	1	1	1	1		10	10	9	9	9	8	8	8	7	7	7	6	6	6	5	5	5	4	4	4	3	3	3	2	2
월(양력)												11																		10
양력일	12	11	10	9	8	7	6	5	4	3	2	1	31	30	29	28	27	26	25	24	23	22	21	20	19	18	17	16	15	14
일진	乙未	甲午	癸巳	壬辰	辛卯	庚寅	己丑	戊子	丁亥	丙戌	乙酉	甲申	癸未	壬午	辛巳	庚辰	己卯	戊寅	丁丑	丙子	乙亥	甲戌	癸酉	壬申	辛未	庚午	己巳	戊辰	丁卯	丙寅
요일	수	화	월	일	토	금	목	수	화	월	일	토	금	목	수	화	월	일	토	금	목	수	화	월	일	토	금	목	수	화

10月小(辛亥)입동 · 절기: 대설(음력 26), 소설(음력 11)

항목	29	28	27	**26**	25	24	23	22	21	20	19	18	17	16	15	14	13	12	**11**	10	9	8	7	6	5	4	3	2	1
순행	9	9	10		1	1	1	1	2	2	2	3	3	3	4	4	4	5	5	5	6	6	6	7	7	7	8	8	8
역행	1	1	1		10	10	9	9	9	8	8	8	7	7	7	6	6	6	5	5	5	4	4	4	3	3	3	2	2
월(양력)											12																		11
양력일	11	10	9	8	7	6	5	4	3	2	1	30	29	28	27	26	25	24	23	22	21	20	19	18	17	16	15	14	13
일진	甲子	癸亥	壬戌	辛酉	庚申	己未	戊午	丁巳	丙辰	乙卯	甲寅	癸丑	壬子	辛亥	庚戌	己酉	戊申	丁未	丙午	乙巳	甲辰	癸卯	壬寅	辛丑	庚子	己亥	戊戌	丁酉	丙申
요일	목	수	화	월	일	토	금	목	수	화	월	일	토	금	목	수	화	월	일	토	금	목	수	화	월	일	토	금	목

11月大(壬子)대설 · 절기: 소한(음력 26), 동지(음력 12)

항목	30	29	28	27	**26**	25	24	23	22	21	20	19	18	17	16	15	14	13	**12**	11	10	9	8	7	6	5	4	3	2	1
순행	9	9	9	10		1	1	1	1	2	2	2	3	3	3	4	4	4	5	5	5	6	6	6	7	7	7	8	8	8
역행	1	1	1	1		10	10	9	9	9	8	8	8	7	7	7	6	6	6	5	5	5	4	4	4	3	3	3	2	2
월(양력)										01																				12
양력일	10	9	8	7	6	5	4	3	2	1	31	30	29	28	27	26	25	24	23	22	21	20	19	18	17	16	15	14	13	12
일진	甲午	癸巳	壬辰	辛卯	庚寅	己丑	戊子	丁亥	丙戌	乙酉	甲申	癸未	壬午	辛巳	庚辰	己卯	戊寅	丁丑	丙子	乙亥	甲戌	癸酉	壬申	辛未	庚午	己巳	戊辰	丁卯	丙寅	乙丑
요일	토	금	목	수	화	월	일	토	금	목	수	화	월	일	토	금	목	수	화	월	일	토	금	목	수	화	월	일	토	금

12月大(癸丑)소한 · 절기: 입춘(음력 26), 대한(음력 11)

항목	30	29	28	27	**26**	25	24	23	22	21	20	19	18	17	16	15	14	13	12	**11**	10	9	8	7	6	5	4	3	2	1
순행	9	9	9	10		1	1	1	1	2	2	2	3	3	3	4	4	4	5	5	5	6	6	6	7	7	7	8	8	8
역행	1	1	1	1		10	10	9	9	9	8	8	8	7	7	7	6	6	6	5	5	5	4	4	4	3	3	3	2	2
월(양력)									02																					01
양력일	9	8	7	6	5	4	3	2	1	31	30	29	28	27	26	25	24	23	22	21	20	19	18	17	16	15	14	13	12	11
일진	甲子	癸亥	壬戌	辛酉	庚申	己未	戊午	丁巳	丙辰	乙卯	甲寅	癸丑	壬子	辛亥	庚戌	己酉	戊申	丁未	丙午	乙巳	甲辰	癸卯	壬寅	辛丑	庚子	己亥	戊戌	丁酉	丙申	乙未
요일	월	일	토	금	목	수	화	월	일	토	금	목	수	화	월	일	토	금	목	수	화	월	일	토	금	목	수	화	월	일

사주에 인수만 있고 관이 없으면, 춤추고 노래하는 것을 좋아한다.

상문 : 寅	대장군 : 西	**戊子年**	**서기 1948년**
조객 : 戌	삼 재 : 巳酉丑		**단기 4281년**
삼살 : 南			

1月大(甲寅)입춘

절기	경칩																			우수										
음력	30	29	28	27	26	25	24	23	22	21	20	19	18	17	16	15	14	13	12	11	10	9	8	7	6	5	4	3	2	1
순행 묘운	9	9	9	10		1	1	1	1	2	2	2	3	3	3	4	4	4	5	5	5	6	6	6	7	7	7	8	8	8
역행 묘운	1	1	1		10	9	9	9	8	8	8	7	7	7	6	6	6	5	5	5	4	4	4	3	3	3	2	2	2	
월 / 응종	03																												02	
일	10	9	8	7	6	5	4	3	2	1	28	27	26	25	24	23	22	21	20	19	18	17	16	15	14	13	12	11		10
일진(天)	甲	癸	壬	辛	庚	己	戊	丁	丙	乙	甲	癸	壬	辛	庚	己	戊	丁	丙	乙	甲	癸	壬	辛	庚	己	戊	丁	丙	乙
일진(地)	午	巳	辰	卯	寅	丑	子	亥	戌	酉	申	未	午	巳	辰	卯	寅	丑	子	亥	戌	酉	申	未	午	巳	辰	卯	寅	丑
요일	수	화	월	일	토	금	목	수	화	월	일	토	금	목	수	화	월	일	토	금	목	수	화	월	일	토	금	목	수	화

2月小(乙卯)경칩

절기	청명																		춘분										
음력	29	28	27	26	25	24	23	22	21	20	19	18	17	16	15	14	13	12	11	10	9	8	7	6	5	4	3	2	1
순행 묘운	9	9	10		1	1	1	1	2	2	2	3	3	3	4	4	4	5	5	5	6	6	6	7	7	7	8	8	8
역행 묘운	1	1	1		10	9	9	9	8	8	8	7	7	7	6	6	6	5	5	5	4	4	4	3	3	3	2	2	2
월 / 응종	04																											03	
일	8	7	6	5	4	3	2	1	31	30	29	28	27	26	25	24	23	22	21	20	19	18	17	16	15	14	13	12	11
일진(天)	癸	壬	辛	庚	己	戊	丁	丙	乙	甲	癸	壬	辛	庚	己	戊	丁	丙	乙	甲	癸	壬	辛	庚	己	戊	丁	丙	乙
일진(地)	亥	戌	酉	申	未	午	巳	辰	卯	寅	丑	子	亥	戌	酉	申	未	午	巳	辰	卯	寅	丑	子	亥	戌	酉	申	未
요일	목	수	화	월	일	토	금	목	수	화	월	일	토	금	목	수	화	월	일	토	금	목	수	화	월	일	토	금	목

3月大(丙辰)청명

절기	입하																		곡우											
음력	30	29	28	27	26	25	24	23	22	21	20	19	18	17	16	15	14	13	12	11	10	9	8	7	6	5	4	3	2	1
순행 묘운	10	10	10		1	1	1	1	2	2	2	3	3	3	4	4	4	5	5	5	6	6	6	7	7	7	8	8	8	9
역행 묘운	1	1	1		10	9	9	9	8	8	8	7	7	7	6	6	6	5	5	5	4	4	4	3	3	3	2	2	2	1
월 / 응종	05																												04	
일	8	7	6	5	4	3	2	1	30	29	28	27	26	25	24	23	22	21	20	19	18	17	16	15	14	13	12	11	10	9
일진(天)	癸	壬	辛	庚	己	戊	丁	丙	乙	甲	癸	壬	辛	庚	己	戊	丁	丙	乙	甲	癸	壬	辛	庚	己	戊	丁	丙	乙	甲
일진(地)	巳	辰	卯	寅	丑	子	亥	戌	酉	申	未	午	巳	辰	卯	寅	丑	子	亥	戌	酉	申	未	午	巳	辰	卯	寅	丑	子
요일	토	금	목	수	화	월	일	토	금	목	수	화	월	일	토	금	목	수	화	월	일	토	금	목	수	화	월	일	토	금

4月小(丁巳)입하

절기	망종																	소만											
음력	29	28	27	26	25	24	23	22	21	20	19	18	17	16	15	14	13	12	11	10	9	8	7	6	5	4	3	2	1
순행 묘운		1	1	1	2	2	2	3	3	3	4	4	4	5	5	5	6	6	6	7	7	7	8	8	8	9	9	9	9
역행 묘운		10	10	10	9	9	9	8	8	8	7	7	7	6	6	6	5	5	5	4	4	4	3	3	3	2	2	2	1
월 / 응종	06																											05	
일	6	5	4	3	2	1	31	30	29	28	27	26	25	24	23	22	21	20	19	18	17	16	15	14	13	12	11	10	9
일진(天)	壬	辛	庚	己	戊	丁	丙	乙	甲	癸	壬	辛	庚	己	戊	丁	丙	乙	甲	癸	壬	辛	庚	己	戊	丁	丙	乙	甲
일진(地)	戌	酉	申	未	午	巳	辰	卯	寅	丑	子	亥	戌	酉	申	未	午	巳	辰	卯	寅	丑	子	亥	戌	酉	申	未	午
요일	일	토	금	목	수	화	월	일	토	금	목	수	화	월	일	토	금	목	수	화	월	일	토	금	목	수	화	월	일

5月大(戊午)망종

절기															하지															
음력	30	29	28	27	26	25	24	23	22	21	20	19	18	17	16	15	14	13	12	11	10	9	8	7	6	5	4	3	2	1
순행 묘운	1	1	1	2	2	2	3	3	3	4	4	4	5	5	5	6	6	6	7	7	7	8	8	8	9	9	9	10	10	10
역행 묘운	10	10	9	9	9	8	8	8	7	7	7	6	6	6	5	5	5	4	4	4	3	3	3	2	2	2	1	1	1	1
월 / 응종	07																												06	
일	6	5	4	3	2	1	30	29	28	27	26	25	24	23	22	21	20	19	18	17	16	15	14	13	12	11	10	9	8	7
일진(天)	壬	辛	庚	己	戊	丁	丙	乙	甲	癸	壬	辛	庚	己	戊	丁	丙	乙	甲	癸	壬	辛	庚	己	戊	丁	丙	乙	甲	癸
일진(地)	辰	卯	寅	丑	子	亥	戌	酉	申	未	午	巳	辰	卯	寅	丑	子	亥	戌	酉	申	未	午	巳	辰	卯	寅	丑	子	亥
요일	화	월	일	토	금	목	수	화	월	일	토	금	목	수	화	월	일	토	금	목	수	화	월	일	토	금	목	수	화	월

6月小(己未)소서

절기														대서														소서	
음력	29	28	27	26	25	24	23	22	21	20	19	18	17	16	15	14	13	12	11	10	9	8	7	6	5	4	3	2	1
순행 묘운	1	2	2	2	3	3	3	4	4	4	5	5	5	6	6	6	7	7	7	8	8	8	9	9	9	10	1	1	1
역행 묘운	9	9	8	8	8	7	7	7	6	6	6	5	5	5	4	4	4	3	3	3	2	2	2	1	1	1	1	1	1
월 / 응종	08																											07	
일	4	3	2	1	31	30	29	28	27	26	25	24	23	22	21	20	19	18	17	16	15	14	13	12	11	10	9	8	7
일진(天)	辛	庚	己	戊	丁	丙	乙	甲	癸	壬	辛	庚	己	戊	丁	丙	乙	甲	癸	壬	辛	庚	己	戊	丁	丙	乙	甲	癸
일진(地)	酉	申	未	午	巳	辰	卯	寅	丑	子	亥	戌	酉	申	未	午	巳	辰	卯	寅	丑	子	亥	戌	酉	申	未	午	巳
요일	일	토	금	목	수	화	월	일	토	금	목	수	화	월	일	토	금	목	수	화	월	일	토	금	목	수	화	월	일

사주에 土가 왕하면 大農八字이다.

만세력 표 (육십갑자 일진력)

7月小(庚申)입추

절기											처서														입추			
음력	29	28	27	26	25	24	23	22	21	20	19	18	17	16	15	14	13	12	11	10	9	8	7	6	5	4	3	2	1
순행	2	2	3	3	3	4	4	4	5	5	5	6	6	6	7	7	7	8	8	8	9	9	9	10	10		1	1	1
역행	8	8	8	7	7	7	6	6	6	5	5	5	4	4	4	3	3	3	2	2	2	1	1	1		10	10	10	
월(양)	09																									08			
일	2	1	31	30	29	28	27	26	25	24	23	22	21	20	19	18	17	16	15	14	13	12	11	10	9	8	7	6	5
일진	庚寅	己丑	戊子	丁亥	丙戌	乙酉	甲申	癸未	壬午	辛巳	庚辰	己卯	戊寅	丁丑	丙子	乙亥	甲戌	癸酉	壬申	辛未	庚午	己巳	戊辰	丁卯	丙寅	乙丑	甲子	癸亥	壬戌
요일	목	수	화	월	일	토	금	목	수	화	월	일	토	금	목	수	화	월	일	토	금	목	수	화	월	일	토	금	목

8月大(辛酉)백로

절기									추분															백로					
음력	30	29	28	27	26	25	24	23	22	21	20	19	18	17	16	15	14	13	12	11	10	9	8	7	6	5	4	3	2	1
순행	2	2	3	3	3	4	4	4	5	5	5	6	6	6	7	7	7	8	8	8	9	9	9	10		1	1	1	1	2
역행	2	2	7	7	7	6	6	6	5	5	5	4	4	4	3	3	3	2	2	2	1	1	1		10	10	9	9	9	
월(양)	10																										09			
일	2	1	30	29	28	27	26	25	24	23	22	21	20	19	18	17	16	15	14	13	12	11	10	9	8	7	6	5	4	3
일진	庚申	己未	戊午	丁巳	丙辰	乙卯	甲寅	癸丑	壬子	辛亥	庚戌	己酉	戊申	丁未	丙午	乙巳	甲辰	癸卯	壬寅	辛丑	庚子	己亥	戊戌	丁酉	丙申	乙未	甲午	癸巳	壬辰	辛卯
요일	토	금	목	수	화	월	일	토	금	목	수	화	월	일	토	금	목	수	화	월	일	토	금	목	수	화	월	일	토	금

9月小(壬戌)한로

절기									상강															한로					
음력	29	28	27	26	25	24	23	22	21	20	19	18	17	16	15	14	13	12	11	10	9	8	7	6	5	4	3	2	1
순행	2	3	3	3	4	4	4	5	5	5	6	6	6	7	7	7	8	8	8	9	9	9	10		1	1	1	1	2
역행	8	7	7	7	6	6	6	5	5	5	4	4	4	3	3	3	2	2	2	1	1	1		10	9	9	9	9	8
월(양)																											10		
일	31	30	29	28	27	26	25	24	23	22	21	20	19	18	17	16	15	14	13	12	11	10	9	8	7	6	5	4	3
일진	己丑	戊子	丁亥	丙戌	乙酉	甲申	癸未	壬午	辛巳	庚辰	己卯	戊寅	丁丑	丙子	乙亥	甲戌	癸酉	壬申	辛未	庚午	己巳	戊辰	丁卯	丙寅	乙丑	甲子	癸亥	壬戌	辛酉
요일	일	토	금	목	수	화	월	일	토	금	목	수	화	월	일	토	금	목	수	화	월	일	토	금	목	수	화	월	일

10月大(癸亥)입동

절기								소설																입동						
음력	30	29	28	27	26	25	24	23	22	21	20	19	18	17	16	15	14	13	12	11	10	9	8	7	6	5	4	3	2	1
순행	2	3	3	3	4	4	4	5	5	5	6	6	6	7	7	7	8	8	8	9	9	9	10		1	1	1	1	2	2
역행	8	7	7	7	6	6	6	5	5	5	4	4	4	3	3	3	2	2	2	1	1	1		10	9	9	9	9	8	
월(양)																												11		
일	30	29	28	27	26	25	24	23	22	21	20	19	18	17	16	15	14	13	12	11	10	9	8	7	6	5	4	3	2	1
일진	己未	戊午	丁巳	丙辰	乙卯	甲寅	癸丑	壬子	辛亥	庚戌	己酉	戊申	丁未	丙午	乙巳	甲辰	癸卯	壬寅	辛丑	庚子	己亥	戊戌	丁酉	丙申	乙未	甲午	癸巳	壬辰	辛卯	庚寅
요일	화	월	일	토	금	목	수	화	월	일	토	금	목	수	화	월	일	토	금	목	수	화	월	일	토	금	목	수	화	월

11月小(甲子)대설

절기								동지																대설					
음력	29	28	27	26	25	24	23	22	21	20	19	18	17	16	15	14	13	12	11	10	9	8	7	6	5	4	3	2	1
순행	3	3	4	4	4	5	5	5	6	6	6	7	7	7	8	8	8	9	9	9	10		1	1	1	1	2	2
역행	7	7	6	6	6	5	5	5	4	4	4	3	3	3	2	2	2	1	1	1		10	9	9	9	9	8	8
월(양)																												12	
일진	戊子	丁亥	丙戌	乙酉	甲申	癸未	壬午	辛巳	庚辰	己卯	戊寅	丁丑	丙子	乙亥	甲戌	癸酉	壬申	辛未	庚午	己巳	戊辰	丁卯	丙寅	乙丑	甲子	癸亥	壬戌	辛酉	庚申
요일	수	화	월	일	토	금	목	수	화	월	일	토	금	목	수	화	월	일	토	금	목	수	화	월	일	토	금	목	수

12月大(乙丑)소한

절기								대한														소한								
음력	30	29	28	27	26	25	24	23	22	21	20	19	18	17	16	15	14	13	12	11	10	9	8	7	6	5	4	3	2	1
순행	2	3	3	3	4	4	4	5	5	5	6	6	6	7	7	7	8	8	9	9		1	1	1	1	2	2	2
역행	7	7	7	6	6	6	5	5	5	4	4	4	3	3	3	2	2	1	1	1		10	9	9	9	8	8	8
월(양)																						01						12		
일	28	27	26	25	24	23	22	21	20	19	18	17	16	15	14	13	12	11	10	9	8	7	6	5	4	3	2	1	31	30
일진	戊午	丁巳	丙辰	乙卯	甲寅	癸丑	壬子	辛亥	庚戌	己酉	戊申	丁未	丙午	乙巳	甲辰	癸卯	壬寅	辛丑	庚子	己亥	戊戌	丁酉	丙申	乙未	甲午	癸巳	壬辰	辛卯	庚寅	己丑
요일	금	목	수	화	월	일	토	금	목	수	화	월	일	토	금	목	수	화	월	일	토	금	목	수	화	월	일	토	금	목

사주 내 乙(木) 일주는 바람 잘 피고 노래를 잘한다.

상문 : 卯　대장군 : 酉
조객 : 亥　삼　재 : 巳酉丑
삼살 : 東

己丑年

서기 1949년
단기 4282년

1月大(丙寅)입춘

절기								우수															입춘						
음력	30	29	28	27	26	25	24	23	22	21	20	19	18	17	16	15	14	13	12	11	10	9	8	7	6	5	4	3	2	1
순행	2	3	3	3	4	4	4	5	5	5	6	6	6	7	7	7	8	8	8	9	9	9	10		1	1	1	1	2	2
역행	8	7	7	7	6	6	6	5	5	5	4	4	4	3	3	3	2	2	2	1	1	1		9	9	9	8	8	8	
월																						02					01			
일	27	26	25	24	23	22	21	20	19	18	17	16	15	14	13	12	11	10	9	8	7	6	5	4	3	2	1	31	30	29
일진	戊子	丁亥	丙戌	乙酉	甲申	癸未	壬午	辛巳	庚辰	己卯	戊寅	丁丑	丙子	乙亥	甲戌	癸酉	壬申	辛未	庚午	己巳	戊辰	丁卯	丙寅	乙丑	甲子	癸亥	壬戌	辛酉	庚申	己未
요일	일	토	금	목	수	화	월	일	토	금	목	수	화	월	일	토	금	목	수	화	월	일	토	금	목	수	화	월	일	토

2月大(丁卯)경칩

절기								춘분															경칩						
음력	30	29	28	27	26	25	24	23	22	21	20	19	18	17	16	15	14	13	12	11	10	9	8	7	6	5	4	3	2	1
순행	2	3	3	4	4	4	5	5	5	6	6	6	7	7	7	8	8	8	9	9	9	10		1	1	1	1	2		
역행																								10	9	9	9	8	8	8
월																							03				02			
일	29	28	27	26	25	24	23	22	21	20	19	18	17	16	15	14	13	12	11	10	9	8	7	6	5	4	3	2	1	28
일진	戊午	丁巳	丙辰	乙卯	甲寅	癸丑	壬子	辛亥	庚戌	己酉	戊申	丁未	丙午	乙巳	甲辰	癸卯	壬寅	辛丑	庚子	己亥	戊戌	丁酉	丙申	乙未	甲午	癸巳	壬辰	辛卯	庚寅	己丑
요일	화	월	일	토	금	목	수	화	월	일	토	금	목	수	화	월	일	토	금	목	수	화	월	일	토	금	목	수	화	월

3月小(戊辰)청명

절기							곡우															청명						
음력	29	28	27	26	25	24	23	22	21	20	19	18	17	16	15	14	13	12	11	10	9	8	7	6	5	4	3	2	1
순행		3	3	4	4	4	5	5	5	6	6	6	7	7	7	8	8	8	9	9	9	10	10		1	1	1	1	2
역행		7	7	7	6	6	6	5	5	5	4	4	4	3	3	3	2	2	2	1	1	1		10	9	9	9	8	8
월																						04				03			
일		27	26	25	24	23	22	21	20	19	18	17	16	15	14	13	12	11	10	9	8	7	6	5	4	3	2	1	31	30
일진		丁亥	丙戌	乙酉	甲申	癸未	壬午	辛巳	庚辰	己卯	戊寅	丁丑	丙子	乙亥	甲戌	癸酉	壬申	辛未	庚午	己巳	戊辰	丁卯	丙寅	乙丑	甲子	癸亥	壬戌	辛酉	庚申	己未
요일		수	화	월	일	토	금	목	수	화	월	일	토	금	목	수	화	월	일	토	금	목	수	화	월	일	토	금	목	수

4月大(己巳)입하

절기						소만															입하								
음력	30	29	28	27	26	25	24	23	22	21	20	19	18	17	16	15	14	13	12	11	10	9	8	7	6	5	4	3	2	1
순행	3	4	4	4	5	5	5	6	6	6	7	7	7	8	8	8	9	9	9	10		1	1	1	1	2	2	2		
역행	7	7	6	6	6	5	5	5	4	4	4	3	3	3	2	2	2	1	1	1		10	9	9	9	8	8	8		
월																					05				04					
일	27	26	25	24	23	22	21	20	19	18	17	16	15	14	13	12	11	10	9	8	7	6	5	4	3	2	1	30	29	28
일진	丁巳	丙辰	乙卯	甲寅	癸丑	壬子	辛亥	庚戌	己酉	戊申	丁未	丙午	乙巳	甲辰	癸卯	壬寅	辛丑	庚子	己亥	戊戌	丁酉	丙申	乙未	甲午	癸巳	壬辰	辛卯	庚寅	己丑	戊子
요일	금	목	수	화	월	일	토	금	목	수	화	월	일	토	금	목	수	화	월	일	토	금	목	수	화	월	일	토	금	목

5月小(庚午)망종

절기				하지															망종									
음력	29	28	27	26	25	24	23	22	21	20	19	18	17	16	15	14	13	12	11	10	9	8	7	6	5	4	3	2	1
순행		4	4	5	5	5	6	6	6	7	7	7	8	8	8	9	9	10	10		1	1	1	1	2	2	2	3	3
역행		6	6	6	5	5	5	4	4	4	3	3	3	2	2	2	1	1		10	10	9	9	9	8	8	8	7	
월																			06				05						
일		25	24	23	22	21	20	19	18	17	16	15	14	13	12	11	10	9	8	7	6	5	4	3	2	1	31	30	29	28
일진		丙戌	乙酉	甲申	癸未	壬午	辛巳	庚辰	己卯	戊寅	丁丑	丙子	乙亥	甲戌	癸酉	壬申	辛未	庚午	己巳	戊辰	丁卯	丙寅	乙丑	甲子	癸亥	壬戌	辛酉	庚申	己未	戊午
요일		토	금	목	수	화	월	일	토	금	목	수	화	월	일	토	금	목	수	화	월	일	토	금	목	수	화	월	일	토

6月大(辛未)소서

절기		대서																소서											
음력	30	29	28	27	26	25	24	23	22	21	20	19	18	17	16	15	14	13	12	11	10	9	8	7	6	5	4	3	2	1
순행	5	5	5	6	6	6	7	7	7	8	8	9	9	10	10		1	1	1	2	2	2	3	3	3	4				
역행	6	6	5	5	5	4	4	4	3	3	3	2	2	1	1		10	10	9	9	9	8	8	8	7	7				
월																			07					06						
일	25	24	23	22	21	20	19	18	17	16	15	14	13	12	11	10	9	8	7	6	5	4	3	2	1	31	30	29	28	27
일진	丙辰	乙卯	甲寅	癸丑	壬子	辛亥	庚戌	己酉	戊申	丁未	丙午	乙巳	甲辰	癸卯	壬寅	辛丑	庚子	己亥	戊戌	丁酉	丙申	乙未	甲午	癸巳	壬辰	辛卯	庚寅	己丑	戊子	丁亥
요일	월	일	토	금	목	수	화	월	일	토	금	목	수	화	월	일	토	금	목	수	화	월	일	토	금	목	수	화	월	일

집에 창문이 많으면 지출이 많다

7月小(壬申) 임신추

절기	처서 ‥‥ 입추
음력	29 28 27 26 25 24 23 22 21 20 19 18 17 16 14 13 12 11 10 9 8 7 6 5 4 3 2 1
순행	5 6 6 6 7 7 7 8 8 8 9 9 9 10 10 1 1 1 1 2 2 2 3 3 3 4 4 4
역행	5 5 4 4 4 3 3 3 2 2 2 1 1 1 10 10 10 9 9 9 8 8 8 7 7 7 6
월(양력)	08 ‥‥ 07
일	23 22 21 20 19 18 17 16 15 14 13 12 11 10 9 8 7 6 5 4 3 2 1 31 30 29 28 27 26
일진	乙酉 甲申 癸未 壬午 辛巳 庚辰 己卯 戊寅 丁丑 丙子 乙戌 甲酉 癸申 壬未 辛午 庚巳 己辰 戊卯 丁寅 丙丑 乙子 甲戌 癸酉 壬申 辛未 庚午 己巳 戊辰 丁卯
요일	화 일 일 토 목 목 수 화 월 일 토 금 목 수 화 월 일 토 금 목 수 화 월 일 토 금 목 수 화

윤7月小

절기	백로
음력	29 28 27 26 25 24 23 22 21 20 19 18 17 16 15 14 13 12 11 10 9 8 7 6 5 4 3 2 1
순행	6 6 6 7 7 7 8 8 8 9 9 9 10 10 1 1 1 1 2 2 2 3 3 3 4 4 4 5 5
역행	4 4 4 3 3 3 2 2 2 1 1 1 10 10 9 9 9 8 8 8 7 7 7 6 6 6 5
월(양력)	09 ‥‥ 08
일	21 20 19 18 17 16 15 14 13 12 11 10 9 8 7 6 5 4 3 2 1 31 30 29 28 27 26 25 24
일진	甲寅 癸丑 壬子 辛亥 庚戌 己酉 戊申 丁未 丙午 乙巳 甲辰 癸卯 壬寅 辛丑 庚子 己亥 戊戌 丁酉 丙申 乙未 甲午 癸巳 壬辰 辛卯 庚寅 己丑 戊子 丁亥 丙戌
요일	수 화 월 일 토 금 목 수 화 월 일 토 금 목 수 화 월 일 토 금 목 수 화 월 일 토 금 목 수

8月大(癸酉) 백로

절기	한로 ‥‥ 추분
음력	30 29 28 27 26 25 24 23 22 21 20 19 18 17 16 15 14 13 12 11 10 9 8 7 6 5 4 3 2 1
순행	6 6 7 7 7 8 8 8 9 9 9 10 1 1 1 1 2 2 2 3 3 3 4 4 4 5 5 5 6
역행	4 4 3 3 3 2 2 2 1 1 1 10 10 9 9 9 8 8 8 7 7 7 6 6 6 5 5 4
월(양력)	10 ‥‥ 09
일	21 20 19 18 17 16 15 14 13 12 11 10 9 8 7 6 5 4 3 2 1 30 29 28 27 26 25 24 23 22
일진	甲申 癸未 壬午 辛巳 庚辰 己卯 戊寅 丁丑 丙子 乙亥 甲戌 癸酉 壬申 辛未 庚午 己巳 戊辰 丁卯 丙寅 乙丑 甲子 癸亥 壬戌 辛酉 庚申 己未 戊午 丁巳 丙辰 乙卯
요일	금 목 수 화 월 일 토 금 목 수 화 월 일 토 금 목 수 화 월 일 토 금 목 수 화 월 일 토 금 목

9月小(甲戌) 한로

절기	입동 ‥‥ 상강
음력	29 28 27 26 25 24 23 22 21 20 19 18 17 16 15 14 13 12 11 10 9 8 7 6 5 4 3 2 1
순행	6 6 7 7 7 8 8 8 9 9 9 10 1 1 1 1 2 2 2 3 3 3 4 4 4 5 5 5
역행	4 3 3 3 2 2 2 1 1 1 10 9 9 9 8 8 8 7 7 7 6 6 6 5 5 5 4
월(양력)	11 ‥‥ 10
일	19 18 17 16 15 14 13 12 11 10 9 8 7 6 5 4 3 2 1 31 30 29 28 27 26 25 24 23 22
일진	癸丑 壬子 辛亥 庚戌 己酉 戊申 丁未 丙午 乙巳 甲辰 癸卯 壬寅 辛丑 庚子 己亥 戊戌 丁酉 丙申 乙未 甲午 癸巳 壬辰 辛卯 庚寅 己丑 戊子 丁亥 丙戌 乙酉
요일	토 금 목 수 화 월 일 토 금 목 수 화 월 일 토 금 목 수 화 월 일 토 금 목 수 화 월 일 토

10月大(乙亥) 입동

절기	대설 ‥‥ 소설
음력	30 29 28 27 26 25 24 23 22 21 20 19 18 17 16 15 14 13 12 11 10 9 8 7 6 5 4 3 2 1
순행	6 6 7 7 7 8 8 8 9 9 9 10 1 1 1 1 2 2 2 3 3 3 4 4 4 5 5 5 6
역행	4 4 3 3 3 2 2 2 1 1 1 9 9 9 8 8 8 7 7 7 6 6 6 5 5 5 4
월(양력)	12 ‥‥ 11
일	19 18 17 16 15 14 13 12 11 10 9 8 7 6 5 4 3 2 1 30 29 28 27 26 25 24 23 22 21 20
일진	癸未 壬午 辛巳 庚辰 己卯 戊寅 丁丑 丙子 乙亥 甲戌 癸酉 壬申 辛未 庚午 己巳 戊辰 丁卯 丙寅 乙丑 甲子 癸亥 壬戌 辛酉 庚申 己未 戊午 丁巳 丙辰 乙卯 甲寅
요일	월 일 토 금 목 수 화 월 일 토 금 목 수 화 월 일 토 금 목 수 화 월 일 토 금 목 수 화 월 일

11月小(丙子) 대설

절기	소한 ‥‥ 동지
음력	29 28 27 26 25 24 23 22 21 20 19 18 17 16 15 14 13 12 11 10 9 8 7 6 5 4 3 2 1
순행	6 6 7 7 7 8 8 8 9 9 9 10 1 1 1 1 2 2 2 3 3 3 4 4 4 5 5 5 6
역행	4 3 3 3 2 2 2 1 1 1 10 9 9 9 8 8 8 7 7 7 6 6 6 5 5 5 4
월(양력)	01 ‥‥ 12
일	17 16 15 14 13 12 11 10 9 8 7 6 5 4 3 2 1 31 30 29 28 27 26 25 24 23 22 21 20
일진	壬子 辛亥 庚戌 己酉 戊申 丁未 丙午 乙巳 甲辰 癸卯 壬寅 辛丑 庚子 己亥 戊戌 丁酉 丙申 乙未 甲午 癸巳 壬辰 辛卯 庚寅 己丑 戊子 丁亥 丙戌 乙酉 甲申
요일	화 월 일 토 금 목 수 화 월 일 토 금 목 수 화 월 일 토 금 목 수 화 월 일 토 금 목 수 화

12月大(丁丑) 소한

절기	입춘 ‥‥ 대한
음력	30 29 28 27 26 25 24 23 22 21 20 19 18 17 16 15 14 13 12 11 10 9 8 7 6 5 4 3 2 1
순행	6 6 7 7 7 8 8 8 9 9 9 10 1 1 1 1 2 2 2 3 3 3 4 4 4 5 5 5 6
역행	4 4 3 3 3 2 2 2 1 1 1 9 9 9 8 8 8 7 7 7 6 6 6 5 5 5 4
월(양력)	02 ‥‥ 01
일	16 15 14 13 12 11 10 9 8 7 6 5 4 3 2 1 31 30 29 28 27 26 25 24 23 22 21 20 19 18
일진	壬午 辛巳 庚辰 己卯 戊寅 丁丑 丙子 乙亥 甲戌 癸酉 壬申 辛未 庚午 己巳 戊辰 丁卯 丙寅 乙丑 甲子 癸亥 壬戌 辛酉 庚申 己未 戊午 丁巳 丙辰 乙卯 甲寅 癸丑
요일	목 수 화 월 일 토 금 목 수 화 월 일 토 금 목 수 화 월 일 토 금 목 수 화 월 일 토 금 목 수

사주와 상관없이 남녀가 모두 예쁘면 자식이 귀하다.

상문 : 辰   대장군 : 北
조객 : 子   삼 재 : 申子辰
삼살 : 北

庚寅年

서기 1950년
단기 4283년

1月大(戊寅)입춘

절기	경칩											우수																		
음력	30	29	28	27	26	25	24	23	22	21	20	19	**18**	17	16	15	14	13	12	11	10	9	8	7	6	5	4	**3**	2	1
순행	6	6	7	7	7	8	8	8	9	9	10		1	1	1	1	2	2	2	3	3	3	4	4	4	5	5	5	5	6
역행	4	4	3	3	3	2	2	2	1	1	1		10	9	9	9	8	8	8	7	7	7	6	6	6	5	5	5	5	6
월												03																02		
일	18	17	16	15	14	13	12	11	10	9	8	7	6	5	4	3	2	1	28	27	26	25	24	23	22	21	20	19	18	17
일진	壬子	辛亥	庚戌	己酉	戊申	丁未	丙午	乙巳	甲辰	癸卯	壬寅	辛丑	庚子	己亥	戊戌	丁酉	丙申	乙未	甲午	癸巳	壬辰	辛卯	庚寅	己丑	戊子	丁亥	丙戌	乙酉	甲申	癸未
요일	토	금	목	수	화	월	일	토	금	목	수	화	월	일	토	금	목	수	화	월	일	토	금	목	수	화	월	일	토	금

2月大(己卯)경칩

절기	청명											춘분																	
음력	29	28	27	26	25	24	23	22	21	20	19	**18**	17	16	15	14	13	12	11	10	9	8	7	6	5	4	3	2	1
순행	7	7	7	8	8	8	9	9	9	10	10		1	1	1	1	2	2	2	3	3	3	4	4	4	5	5	5	6
역행	4	3	3	3	2	2	2	1	1	1		10	9	9	9	8	8	8	7	7	7	6	6	6	5	5	5	5	6
월											04																03		
일	16	15	14	13	12	11	10	9	8	7	6	5	4	3	2	1	31	30	29	28	27	26	25	24	23	22	21	20	19
일진	辛巳	庚辰	己卯	戊寅	丁丑	丙子	乙亥	甲戌	癸酉	壬申	辛未	庚午	己巳	戊辰	丁卯	丙寅	乙丑	甲子	癸亥	壬戌	辛酉	庚申	己未	戊午	丁巳	丙辰	乙卯	甲寅	癸丑
요일	일	토	목	수	화	월	일	토	금	목	수	화	월	일	토	금	목	수	화	월	일	토	금	목	수	화	월	일	일

3月大(庚辰)청명

절기	입하									곡우																				
음력	30	29	28	27	26	25	24	23	22	21	**20**	19	18	17	16	15	14	13	12	11	10	9	8	7	6	**5**	4	3	2	1
순행	7	7	8	8	8	9	9	9	10	10		1	1	1	1	2	2	2	3	3	3	4	4	4	5	5	6	6	6	7
역행	3	3	3	2	2	2	1	1	1		10	10	9	9	9	8	8	8	7	7	7	6	6	6	5	5	5	4	4	4
월										05																	04			
일	16	15	14	13	12	11	10	9	8	7	6	5	4	3	2	1	30	29	28	27	26	25	24	23	22	21	20	19	18	17
일진	辛亥	庚戌	己酉	戊申	丁未	丙午	乙巳	甲辰	癸卯	壬寅	辛丑	庚子	己亥	戊戌	丁酉	丙申	乙未	甲午	癸巳	壬辰	辛卯	庚寅	己丑	戊子	丁亥	丙戌	乙酉	甲申	癸未	壬午
요일	화	월	일	토	금	목	수	화	월	일	토	금	목	수	화	월	일	토	금	목	수	화	월	일	토	금	목	수	화	월

4月大(辛巳)입하

절기	망종								소만																					
음력	30	29	28	27	26	25	24	23	22	**21**	20	19	18	17	16	15	14	13	12	11	10	9	8	7	**6**	5	4	3	2	1
순행	8	8	8	9	9	9	10	10		1	1	1	1	2	2	2	3	3	3	4	4	4	5	5	5	6	6	6	7	7
역행	3	2	2	2	1	1	1		10	10	9	9	9	8	8	8	7	7	7	6	6	6	5	5	5	4	4	4	4	4
월								06																	05					
일	15	14	13	12	11	10	9	8	7	6	5	4	3	2	1	30	29	28	27	26	25	24	23	22	21	20	19	18	17	16
일진	辛巳	庚辰	己卯	戊寅	丁丑	丙子	乙亥	甲戌	癸酉	壬申	辛未	庚午	己巳	戊辰	丁卯	丙寅	乙丑	甲子	癸亥	壬戌	辛酉	庚申	己未	戊午	丁巳	丙辰	乙卯	甲寅	癸丑	壬子
요일	목	수	화	월	일	토	금	목	수	화	월	일	토	금	목	수	화	월	일	토	금	목	수	화	월	일	토	금	목	수

5月大(壬午)망종

절기	소서						하지																						
음력	29	28	27	26	25	24	**23**	22	21	20	19	18	17	16	15	14	13	12	11	10	9	8	**7**	6	5	4	3	2	1
순행	8	9	9	9	10	10		1	1	1	2	2	2	3	3	3	4	4	4	5	5	5	6	6	6	7	7	7	7
역행	2	2	1	1	1		10	10	9	9	9	8	8	8	7	7	7	6	6	6	5	5	5	4	4	4	3	3	3
월						07																	06						
일	14	13	12	11	10	9	8	7	6	5	4	3	2	1	30	29	28	27	26	25	24	23	22	21	20	19	18	17	16
일진	庚戌	己酉	戊申	丁未	丙午	乙巳	甲辰	癸卯	壬寅	辛丑	庚子	己亥	戊戌	丁酉	丙申	乙未	甲午	癸巳	壬辰	辛卯	庚寅	己丑	戊子	丁亥	丙戌	乙酉	甲申	癸未	壬午
요일	금	목	수	화	월	일	토	금	목	수	화	월	일	토	금	목	수	화	월	일	토	금	목	수	화	월	일	토	금

6月大(癸未)소서

절기	입추					대서																								
음력	30	29	28	27	26	**25**	24	23	22	21	20	19	18	17	16	15	14	13	12	11	10	**9**	8	7	6	5	4	3	2	1
순행	9	9	9	10	10		1	1	1	2	2	2	3	3	3	4	4	4	5	5	5	6	6	6	7	7	7	8	8
역행	2	1	1	1		10	10	9	9	9	8	8	8	7	7	7	6	6	6	5	5	5	4	4	4	3	3	3	2
월						08																					07			
일	13	12	11	10	9	8	7	6	5	4	3	2	1	31	30	29	28	27	26	25	24	23	22	21	20	19	18	17	16	15
일진	庚辰	己卯	戊寅	丁丑	丙子	乙亥	甲戌	癸酉	壬申	辛未	庚午	己巳	戊辰	丁卯	丙寅	乙丑	甲子	癸亥	壬戌	辛酉	庚申	己未	戊午	丁巳	丙辰	乙卯	甲寅	癸丑	壬子	辛亥
요일	일	토	금	목	수	화	월	일	토	금	목	수	화	월	일	토	금	목	수	화	월	일	토	금	목	수	화	월	일	토

사주에 乙·己·癸가 있으면 수족(손발)이 상하든가 눈병이 있다.

7月小(甲申)입추

절기	백로 … 처서
음력	29 28 27 **26** 25 24 23 22 21 20 19 18 17 16 15 14 13 12 **11** 10 9 8 7 6 5 4 3 2 1
순행	9 10 10 · 1 1 1 1 2 2 2 3 3 3 4 4 4 5 5 5 6 6 6 7 7 7 8 8 8
역행	1 1 1 · 10 10 9 9 9 8 8 8 7 7 7 6 6 6 5 5 5 4 4 4 3 3 3 2 2 2
월	09 … 08
일	11 10 9 8 7 6 5 4 3 2 1 31 30 29 28 27 26 25 24 23 22 21 20 19 18 17 16 15 14
일진	己酉 戊申 丁未 丙午 乙巳 甲辰 癸卯 壬寅 辛丑 庚子 己亥 戊戌 丁酉 丙申 乙未 甲午 癸巳 壬辰 辛卯 庚寅 己丑 戊子 丁亥 丙戌 乙酉 甲申 癸未 壬午 辛巳
요일	월 일 토 금 목 수 화 월 일 토 금 목 수 화 월 일 토 금 목 수 화 월 일 토 금 목 수 화 월

8月小(乙酉)백로

절기	한로 … 추분
음력	29 **28** 27 26 25 24 23 22 21 20 19 18 17 16 15 14 13 **12** 11 10 9 8 7 6 5 4 3 2 1
순행	10 · 1 1 1 1 2 2 2 3 3 3 4 4 4 5 5 5 6 6 6 7 7 7 8 8 8 9 9
역행	1 · 10 10 9 9 9 8 8 8 7 7 7 6 6 6 5 5 5 4 4 4 3 3 3 2 2 2
월	10 … 09
일	10 9 8 7 6 5 4 3 2 1 30 29 28 27 26 25 24 23 22 21 20 19 18 17 16 15 14 13 12
일진	戊寅 丁丑 丙子 乙亥 甲戌 癸酉 壬申 辛未 庚午 己巳 戊辰 丁卯 丙寅 乙丑 甲子 癸亥 壬戌 辛酉 庚申 己未 戊午 丁巳 丙辰 乙卯 甲寅 癸丑 壬子 辛亥 庚戌
요일	화 월 일 토 금 목 수 화 월 일 토 금 목 수 화 월 일 토 금 목 수 화 월 일 토 금 목 수 화

9月大(丙戌)한로

절기	입동 … 상강
음력	30 **29** 28 27 26 25 24 23 22 21 20 19 18 17 16 15 **14** 13 12 11 10 9 8 7 6 5 4 3 2 1
순행	10 · 1 1 1 1 2 2 2 3 3 3 4 4 4 5 5 5 6 6 6 7 7 7 8 8 8 9 9 9
역행	1 · 10 9 9 9 8 8 8 7 7 7 6 6 6 5 5 5 4 4 4 3 3 3 2 2 2 1 1 1
월	11 … 10
일	9 8 7 6 5 4 3 2 1 31 30 29 28 27 26 25 24 23 22 21 20 19 18 17 16 15 14 13 12 11
일진	戊申 丁未 丙午 乙巳 甲辰 癸卯 壬寅 辛丑 庚子 己亥 戊戌 丁酉 丙申 乙未 甲午 癸巳 壬辰 辛卯 庚寅 己丑 戊子 丁亥 丙戌 乙酉 甲申 癸未 壬午 辛巳 庚辰 己卯
요일	목 수 화 월 일 토 금 목 수 화 월 일 토 금 목 수 화 월 일 토 금 목 수 화 월 일 토 금 목 수

10月小(丁亥)입동

절기	대설 … 소설
음력	29 28 27 26 25 24 23 22 21 20 19 18 17 16 15 **14** 13 12 11 10 9 8 7 6 5 4 3 2 1
순행	1 1 1 1 2 2 2 3 3 3 4 4 4 5 5 5 6 6 6 7 7 7 8 8 8 9 9 9
역행	10 9 9 9 8 8 8 7 7 7 6 6 6 5 5 5 4 4 4 3 3 3 2 2 2 1 1 1
월	12 … 11
일	8 7 6 5 4 3 2 1 30 29 28 27 26 25 24 23 22 21 20 19 18 17 16 15 14 13 12 11 10
일진	丁丑 丙子 乙亥 甲戌 癸酉 壬申 辛未 庚午 己巳 戊辰 丁卯 丙寅 乙丑 甲子 癸亥 壬戌 辛酉 庚申 己未 戊午 丁巳 丙辰 乙卯 甲寅 癸丑 壬子 辛亥 庚戌 己酉
요일	금 목 수 화 월 일 토 금 목 수 화 월 일 토 금 목 수 화 월 일 토 금 목 수 화 월 일 토 금

11月大(戊子)대설

절기	소한 … 동지
음력	30 **29** 28 27 26 25 24 23 22 21 20 19 18 17 16 15 **14** 13 12 11 10 9 8 7 6 5 4 3 2 1
순행	10 · 1 1 1 1 2 2 2 3 3 3 4 4 4 5 5 5 6 6 6 7 7 7 8 8 8 9 9 9
역행	1 · 9 9 9 8 8 8 7 7 7 6 6 6 5 5 5 4 4 4 3 3 3 2 2 2 1 1 1
월	01 … 12
일	7 6 5 4 3 2 1 31 30 29 28 27 26 25 24 23 22 21 20 19 18 17 16 15 14 13 12 11 10 9
일진	丁未 丙午 乙巳 甲辰 癸卯 壬寅 辛丑 庚子 己亥 戊戌 丁酉 丙申 乙未 甲午 癸巳 壬辰 辛卯 庚寅 己丑 戊子 丁亥 丙戌 乙酉 甲申 癸未 壬午 辛巳 庚辰 己卯 戊寅
요일	일 토 금 목 수 화 월 일 토 금 목 수 화 월 일 토 금 목 수 화 월 일 토 금 목 수 화 월 일 토

12月小(己丑)소한

절기	입춘 … 대한
음력	29 28 27 26 25 24 23 22 21 20 19 18 17 16 15 **14** 13 12 11 10 9 8 7 6 5 4 3 2 1
순행	1 1 1 1 2 2 2 3 3 3 4 4 4 5 5 5 6 6 6 7 7 7 8 8 8 9 9 9
역행	10 9 9 9 8 8 8 7 7 7 6 6 6 5 5 5 4 4 4 3 3 3 2 2 2 1 1 1
월	02 … 01
일	5 4 3 2 1 31 30 29 28 27 26 25 24 23 22 21 20 19 18 17 16 15 14 13 12 11 10 9 8
일진	丙子 乙亥 甲戌 癸酉 壬申 辛未 庚午 己巳 戊辰 丁卯 丙寅 乙丑 甲子 癸亥 壬戌 辛酉 庚申 己未 戊午 丁巳 丙辰 乙卯 甲寅 癸丑 壬子 辛亥 庚戌 己酉 戊申
요일	월 일 토 금 목 수 화 월 일 토 금 목 수 화 월 일 토 금 목 수 화 월 일 토 금 목 수 화 월

사주 내에 癸亥 일주는 머리가 총명하다.

상문 : 巳　대장군 : 北
조객 : 丑　삼 재 : 申子辰
삼살 : 西

辛卯年

서기 1951년
단기 4284년

1月大(庚寅)입춘

절기	경칩															우수														
음력	30	29	28	27	26	25	24	23	22	21	20	19	18	17	16	15	14	13	12	11	10	9	8	7	6	5	4	3	2	1
순행	10		1	1	1	2	2	2	3	3	3	4	4	4	5	5	5	6	6	6	7	7	7	8	8	8	9	9	9	
역행	1		9	9	9	8	8	8	7	7	7	6	6	6	5	5	5	4	4	4	3	3	3	2	2	2	1	1	1	
월				03																							02			
일	7	6	5	4	3	2	1	28	27	26	25	24	23	22	21	20	19	18	17	16	15	14	13	12	11	10	9	8	7	6
일진	丙午	乙巳	甲辰	癸卯	壬寅	辛丑	庚子	己亥	戊戌	丁酉	丙申	乙未	甲午	癸巳	壬辰	辛卯	庚寅	己丑	戊子	丁亥	丙戌	乙酉	甲申	癸未	壬午	辛巳	庚辰	己卯	戊寅	丁丑
요일	수	화	월	일	토	금	목	수	화	월	일	토	금	목	수	화	월	일	토	금	목	수	화	월	일	토	금	목	수	화

2月小(辛卯)경칩

절기	청명														춘분														
음력	29	28	27	26	25	24	23	22	21	20	19	18	17	16	15	14	13	12	11	10	9	8	7	6	5	4	3	2	1
순행		1	1	1	1	2	2	2	3	3	3	4	4	4	5	5	5	6	6	6	7	7	7	8	8	8	9	9	9
역행		10	9	9	9	8	8	8	7	7	7	6	6	6	5	5	5	4	4	4	3	3	3	2	2	2	1	1	1
월			04																							03			
일	5	4	3	2	1	31	30	29	28	27	26	25	24	23	22	21	20	19	18	17	16	15	14	13	12	11	10	9	8
일진	乙亥	甲戌	癸酉	壬申	辛未	庚午	己巳	戊辰	丁卯	丙寅	乙丑	甲子	癸亥	壬戌	辛酉	庚申	己未	戊午	丁巳	丙辰	乙卯	甲寅	癸丑	壬子	辛亥	庚戌	己酉	戊申	丁未
요일	목	수	화	월	일	토	금	목	수	화	월	일	토	금	목	수	화	월	일	토	금	목	수	화	월	일	토	금	목

3月大(壬辰)청명

절기													곡우																	
음력	30	29	28	27	26	25	24	23	22	21	20	19	18	17	16	15	14	13	12	11	10	9	8	7	6	5	4	3	2	1
순행	1	1	1	1	2	2	2	3	3	3	4	4	4	5	5	5	6	6	6	7	7	7	8	8	8	9	9	9	10	10
역행	10	10	9	9	9	8	8	8	7	7	7	6	6	6	5	5	5	4	4	4	3	3	3	2	2	2	1	1	1	1
월				05																							04			
일	5	4	3	2	1	30	29	28	27	26	25	24	23	22	21	20	19	18	17	16	15	14	13	12	11	10	9	8	7	6
일진	乙巳	甲辰	癸卯	壬寅	辛丑	庚子	己亥	戊戌	丁酉	丙申	乙未	甲午	癸巳	壬辰	辛卯	庚寅	己丑	戊子	丁亥	丙戌	乙酉	甲申	癸未	壬午	辛巳	庚辰	己卯	戊寅	丁丑	丙子
요일	토	금	목	수	화	월	일	토	금	목	수	화	월	일	토	금	목	수	화	월	일	토	금	목	수	화	월	일	토	금

4月大(癸巳)입하

절기											소만															입하				
음력	30	29	28	27	26	25	24	23	22	21	20	19	18	17	16	15	14	13	12	11	10	9	8	7	6	5	4	3	2	1
순행	1	1	1	2	2	2	3	3	3	4	4	4	5	5	5	6	6	6	7	7	7	8	8	8	9	9	9			
역행	10	9	9	9	8	8	8	7	7	7	6	6	6	5	5	5	4	4	4	3	3	3	2	2	2	1	1	1		
월			06																							05			
일	4	3	2	1	31	30	29	28	27	26	25	24	23	22	21	20	19	18	17	16	15	14	13	12	11	10	9	8	7	6
일진	乙亥	甲戌	癸酉	壬申	辛未	庚午	己巳	戊辰	丁卯	丙寅	乙丑	甲子	癸亥	壬戌	辛酉	庚申	己未	戊午	丁巳	丙辰	乙卯	甲寅	癸丑	壬子	辛亥	庚戌	己酉	戊申	丁未	丙午
요일	월	일	토	금	목	수	화	월	일	토	금	목	수	화	월	일	토	금	목	수	화	월	일	토	금	목	수	화	월	일

5月小(甲午)망종

절기												하지														망종				
음력		29	28	27	26	25	24	23	22	21	20	19	18	17	16	15	14	13	12	11	10	9	8	7	6	5	4	3	2	1
순행		2	2	2	3	3	3	4	4	4	5	5	5	6	6	6	7	7	7	8	8	8	9	9	9	10	10	10		
역행		9	9	8	8	8	7	7	7	6	6	6	5	5	5	4	4	4	3	3	3	2	2	2	1	1	1			10
월			07																							06			
일		3	2	1	30	29	28	27	26	25	24	23	22	21	20	19	18	17	16	15	14	13	12	11	10	9	8	7	6	5
일진		甲辰	癸卯	壬寅	辛丑	庚子	己亥	戊戌	丁酉	丙申	乙未	甲午	癸巳	壬辰	辛卯	庚寅	己丑	戊子	丁亥	丙戌	乙酉	甲申	癸未	壬午	辛巳	庚辰	己卯	戊寅	丁丑	丙子
요일		화	월	일	토	금	목	수	화	월	일	토	금	목	수	화	월	일	토	금	목	수	화	월	일	토	금	목	수	화

6月大(乙未)소서

절기								대서																	소서					
음력	30	29	28	27	26	25	24	23	22	21	20	19	18	17	16	15	14	13	12	11	10	9	8	7	6	5	4	3	2	1
순행	2	2	3	3	3	4	4	4	5	5	5	6	6	6	7	7	7	8	8	8	9	9	9	10	10		1	1	1	1
역행	8	8	8	7	7	7	6	6	6	5	5	5	4	4	4	3	3	3	2	2	2	1	1	1		10	10	10	9
월		08																								07			
일	2	1	31	30	29	28	27	26	25	24	23	22	21	20	19	18	17	16	15	14	13	12	11	10	9	8	7	6	5	4
일진	甲戌	癸酉	壬申	辛未	庚午	己巳	戊辰	丁卯	丙寅	乙丑	甲子	癸亥	壬戌	辛酉	庚申	己未	戊午	丁巳	丙辰	乙卯	甲寅	癸丑	壬子	辛亥	庚戌	己酉	戊申	丁未	丙午	乙巳
요일	목	수	화	월	일	토	금	목	수	화	월	일	토	금	목	수	화	월	일	토	금	목	수	화	월	일	토	금	목	수

사주에 乙이 3개 있으면 예술인 팔자이다.

절기							처서														입주							
음력	29	28	27	26	25	24	23	22	21	20	19	18	17	16	15	14	13	12	11	10	9	8	7	6	5	4	3	2	1
순행	3	3	3	4	4	4	5	5	5	6	6	6	7	7	7	8	8	8	9	9	9	10	10		1	1	1	1	2
역행	8	7	7	7	6	6	6	5	5	5	4	4	4	3	3	3	2	2	2	1	1	1		10	10	9	9	9	
월(양력)																						08							
일	31	30	29	28	27	26	25	24	23	22	21	20	19	18	17	16	15	14	13	12	11	10	9	8	7	6	5	4	3
일진	癸卯	壬寅	辛丑	庚子	己亥	戊戌	丁酉	丙申	乙未	甲午	癸巳	壬辰	辛卯	庚寅	己丑	戊子	丁亥	丙戌	乙酉	甲申	癸未	壬午	辛巳	庚辰	己卯	戊寅	丁丑	丙子	乙亥
요일	금	목	수	화	월	일	토	금	목	수	화	월	일	토	금	목	수	화	월	일	토	금	목	수	화	월	일	토	금

절기						추분														백로								
음력	30	29	28	27	26	25	24	23	22	21	20	19	18	17	16	15	14	13	12	11	10	9	8	7	6	5	4	3	2	1
순행	3	3	4	4	4	5	5	5	6	6	6	7	7	7	8	8	8	9	9	9	10	10		1	1	1	1	2	2	2
역행	7	7	7	6	6	6	5	5	5	4	4	4	3	3	3	2	2	2	1	1	1		10	10	9	9	9			
월(양력)																						09								
일	30	29	28	27	26	25	24	23	22	21	20	19	18	17	16	15	14	13	12	11	10	9	8	7	6	5	4	3	2	1
일진	癸酉	壬申	辛未	庚午	己巳	戊辰	丁卯	丙寅	乙丑	甲子	癸亥	壬戌	辛酉	庚申	己未	戊午	丁巳	丙辰	乙卯	甲寅	癸丑	壬子	辛亥	庚戌	己酉	戊申	丁未	丙午	乙巳	甲辰
요일	일	토	금	목	수	화	월	일	토	금	목	수	화	월	일	토	금	목	수	화	월	일	토	금	목	수	화	월	일	토

절기						상강													한로									
음력	29	28	27	26	25	24	23	22	21	20	19	18	17	16	15	14	13	12	11	10	9	8	7	6	5	4	3	2	1
순행	3	4	4	4	5	5	5	6	6	6	7	7	7	8	8	8	9	9	9	10		1	1	1	1	2	2	2	3
역행	7	6	6	6	5	5	5	4	4	4	3	3	3	2	2	2	1	1	1		10	10	9	9	9	8	8	8	
월(양력)																				10									
일	29	28	27	26	25	24	23	22	21	20	19	18	17	16	15	14	13	12	11	10	9	8	7	6	5	4	3	2	1
일진	壬寅	辛丑	庚子	己亥	戊戌	丁酉	丙申	乙未	甲午	癸巳	壬辰	辛卯	庚寅	己丑	戊子	丁亥	丙戌	乙酉	甲申	癸未	壬午	辛巳	庚辰	己卯	戊寅	丁丑	丙子	乙亥	甲戌
요일	월	일	토	금	목	수	화	월	일	토	금	목	수	화	월	일	토	금	목	수	화	월	일	토	금	목	수	화	월

절기						소설												입동										
음력	30	29	28	27	26	25	24	23	22	21	20	19	18	17	16	15	14	13	12	11	10	9	8	7	6	5	4	3	2	1
순행	3	4	4	4	5	5	5	6	6	6	7	7	7	8	8	8	9	9	9	10		1	1	1	2	2	2	3	3	3
역행	7	6	6	6	5	5	5	4	4	4	3	3	3	2	2	2	1	1	1		10	9	9	9	8	8	8	7	7	7
월(양력)																				11	10									
일	28	27	26	25	24	23	22	21	20	19	18	17	16	15	14	13	12	11	10	9	8	7	6	5	4	3	2	1	31	30
일진	壬申	辛未	庚午	己巳	戊辰	丁卯	丙寅	乙丑	甲子	癸亥	壬戌	辛酉	庚申	己未	戊午	丁巳	丙辰	乙卯	甲寅	癸丑	壬子	辛亥	庚戌	己酉	戊申	丁未	丙午	乙巳	甲辰	癸卯
요일	수	화	월	일	토	금	목	수	화	월	일	토	금	목	수	화	월	일	토	금	목	수	화	월	일	토	금	목	수	화

절기						동지												대설										
음력	29	28	27	26	25	24	23	22	21	20	19	18	17	16	15	14	13	12	11	10	9	8	7	6	5	4	3	2	1
순행	3	4	4	4	5	5	5	6	6	6	7	7	7	8	8	8	9	9	9		1	1	1	2	2	2	3	3	3
역행	6	6	5	5	5	4	4	4	3	3	3	2	2	2	1	1	1		10	9	9	9	8	8	8	7	7	7	
월(양력)																			12	11									
일	27	26	25	24	23	22	21	20	19	18	17	16	15	14	13	12	11	10	9	8	7	6	5	4	3	2	1	30	29
일진	辛丑	庚子	己亥	戊戌	丁酉	丙申	乙未	甲午	癸巳	壬辰	辛卯	庚寅	己丑	戊子	丁亥	丙戌	乙酉	甲申	癸未	壬午	辛巳	庚辰	己卯	戊寅	丁丑	丙子	乙亥	甲戌	癸酉
요일	목	수	화	월	일	토	금	목	수	화	월	일	토	금	목	수	화	월	일	토	금	목	수	화	월	일	토	금	목

절기						대한												소한										
음력	30	29	28	27	26	25	24	23	22	21	20	19	18	17	16	15	14	13	12	11	10	9	8	7	6	5	4	3	2	1
순행	3	4	4	4	5	5	5	6	6	6	7	7	7	8	8	8	9	9	9	10		1	1	1	2	2	2	3	3	3
역행	7	6	6	6	5	5	5	4	4	4	3	3	3	2	2	2	1	1		9	9	9	8	8	8	7	7	7		
월(양력)																			01	12										
일	26	25	24	23	22	21	20	19	18	17	16	15	14	13	12	11	10	9	8	7	6	5	4	3	2	1	31	30	29	28
일진	辛未	庚午	己巳	戊辰	丁卯	丙寅	乙丑	甲子	癸亥	壬戌	辛酉	庚申	己未	戊午	丁巳	丙辰	乙卯	甲寅	癸丑	壬子	辛亥	庚戌	己酉	戊申	丁未	丙午	乙巳	甲辰	癸卯	壬寅
요일	토	금	목	수	화	월	일	토	금	목	수	화	월	일	토	금	목	수	화	월	일	토	금	목	수	화	월	일	토	금

일지에 식신이나 상관이 있고 官과 합하고 있으면 처녀몸으로 잉태한다.

壬辰年

서기 1952년

단기 4285년

1月小(壬寅)입춘

절 기	우수																			입춘									
음력	29	28	27	26	25	24	23	22	21	20	19	18	17	16	15	14	13	12	11	10	9	8	7	6	5	4	3	2	1
순행	4	4	4		5	5	5	5	6	6	6	7	7	7	8	8	9	9	9	10		1	1	1	1	2	2	2	3
역행	6	6	6		5	5	5	4	4	4	3	3	3	2	2	2	1	1	1			10	9	9	9	8	8	8	7
월/윤																		02											01
일	24	23	22	21	20	19	18	17	16	15	14	13	12	11	10	9	8	7	6	5	4	3	2	1	31	30	29	28	27
일진	庚	己	戊	丁	丙	乙	甲	癸	壬	辛	庚	己	戊	丁	丙	乙	甲	癸	壬	辛	庚	己	戊	丁	丙	乙	甲	癸	壬
	子	亥	戌	酉	申	未	午	巳	辰	卯	寅	丑	子	亥	戌	酉	申	未	午	巳	辰	卯	寅	丑	子	亥	戌	酉	申
요일	일	토	금	목	수	화	월	일	토	금	목	수	화	월	일	토	금	목	수	화	월	일	토	금	목	수	화	월	일

2月大(癸卯)경칩

절 기			춘분															경칩												
음력	30	29	28	27	26	25	24	23	22	21	20	19	18	17	16	15	14	13	12	11	10	9	8	7	6	5	4	3	2	1
순행	4	4	4	5	5	5	6	6	6	7	7	7	8	8	9	9	9	10		1	1	1	1	2	2	2	3	3	3	
역행	6	6	6	5	5	5	4	4	4	3	3	3	2	2	2	1	1	1			10	9	9	9	8	8	8	7	7	
월/윤																03													02	
일	25	24	23	22	21	20	19	18	17	16	15	14	13	12	11	10	9	8	7	6	5	4	3	2	1	29	28	27	26	25
일진	庚	己	戊	丁	丙	乙	甲	癸	壬	辛	庚	己	戊	丁	丙	乙	甲	癸	壬	辛	庚	己	戊	丁	丙	乙	甲	癸	壬	辛
	午	巳	辰	卯	寅	丑	子	亥	戌	酉	申	未	午	巳	辰	卯	寅	丑	子	亥	戌	酉	申	未	午	巳	辰	卯	寅	丑
요일	화	월	일	토	금	목	수	화	월	일	토	금	목	수	화	월	일	토	금	목	수	화	월	일	토	금	목	수	화	월

3月小(甲辰)청명

절 기		곡우																청명												
음력		29	28	27	26	25	24	23	22	21	20	19	18	17	16	15	14	13	12	11	10	9	8	7	6	5	4	3	2	1
순행		4	4	5	5	5	6	6	6	7	7	7	8	8	9	9	9	10		1	1	1	1	2	2	2	3	3	3	
역행		6	6	5	5	5	4	4	4	3	3	3	2	2	2	1	1	1			10	9	9	9	8	8	8	7	7	
월/윤																04													03	
일		23	22	21	20	19	18	17	16	15	14	13	12	11	10	9	8	7	6	5	4	3	2	1	31	30	29	28	27	26
일진		己	戊	丁	丙	乙	甲	癸	壬	辛	庚	己	戊	丁	丙	乙	甲	癸	壬	辛	庚	己	戊	丁	丙	乙	甲	癸	壬	辛
		亥	戌	酉	申	未	午	巳	辰	卯	寅	丑	子	亥	戌	酉	申	未	午	巳	辰	卯	寅	丑	子	亥	戌	酉	申	未
요일		수	화	월	일	토	금	목	수	화	월	일	토	금	목	수	화	월	일	토	금	목	수	화	월	일	토	금	목	수

4月大(乙巳)입하

절 기		소만															입하													
음력	30	29	28	27	26	25	24	23	22	21	20	19	18	17	16	15	14	13	12	11	10	9	8	7	6	5	4	3	2	1
순행	5	5	5	6	6	6	7	7	7	8	8	9	9	9	10		1	1	1	1	2	2	2	3	3	3	4	4	4	
역행	5	5	5	4	4	4	3	3	3	2	2	1	1	1			10	9	9	9	8	8	8	7	7	7	6	6	6	
월/윤															05													04		
일	23	22	21	20	19	18	17	16	15	14	13	12	11	10	9	8	7	6	5	4	3	2	1	30	29	28	27	26	25	24
일진	己	戊	丁	丙	乙	甲	癸	壬	辛	庚	己	戊	丁	丙	乙	甲	癸	壬	辛	庚	己	戊	丁	丙	乙	甲	癸	壬	辛	庚
	巳	辰	卯	寅	丑	子	亥	戌	酉	申	未	午	巳	辰	卯	寅	丑	子	亥	戌	酉	申	未	午	巳	辰	卯	寅	丑	子
요일	금	목	수	화	월	일	토	금	목	수	화	월	일	토	금	목	수	화	월	일	토	금	목	수	화	월	일	토	금	목

5月小(丙午)망종

절 기		하지													망종															
음력		29	28	27	26	25	24	23	22	21	20	19	18	17	16	15	14	13	12	11	10	9	8	7	6	5	4	3	2	1
순행		5	6	6	6	7	7	7	8	8	8	9	9	10	10		1	1	1	2	2	2	3	3	3	4	4	4	4	
역행		5	5	4	4	4	3	3	3	2	2	2	1	1			10	10	9	9	8	8	8	7	7	7	6	6	6	
월/윤														06															05	
일		21	20	19	18	17	16	15	14	13	12	11	10	9	8	7	6	5	4	3	2	1	31	30	29	28	27	26	25	24
일진		戊	丁	丙	乙	甲	癸	壬	辛	庚	己	戊	丁	丙	乙	甲	癸	壬	辛	庚	己	戊	丁	丙	乙	甲	癸	壬	辛	庚
		戌	酉	申	未	午	巳	辰	卯	寅	丑	子	亥	戌	酉	申	未	午	巳	辰	卯	寅	丑	子	亥	戌	酉	申	未	午
요일		토	금	목	수	화	월	일	토	금	목	수	화	월	일	토	금	목	수	화	월	일	토	금	목	수	화	월	일	토

윤5月大

절 기														소서																
음력	30	29	28	27	26	25	24	23	22	21	20	19	18	17	16	15	14	13	12	11	10	9	8	7	6	5	4	3	2	1
순행	6	6	6	7	7	7	8	8	8	9	9	9	10	10		1	1	1	2	2	2	3	3	3	4	4	4	5	5	5
역행	5	4	4	4	3	3	3	2	2	2	1	1	1			10	10	9	9	8	8	8	7	7	7	6	6	6	5	5
월/윤															07													06		
일	21	20	19	18	17	16	15	14	13	12	11	10	9	8	7	6	5	4	3	2	1	30	29	28	27	26	25	24	23	22
일진	戊	丁	丙	乙	甲	癸	壬	辛	庚	己	戊	丁	丙	乙	甲	癸	壬	辛	庚	己	戊	丁	丙	乙	甲	癸	壬	辛	庚	己
	辰	卯	寅	丑	子	亥	戌	酉	申	未	午	巳	辰	卯	寅	丑	子	亥	戌	酉	申	未	午	巳	辰	卯	寅	丑	子	亥
요일	월	일	토	금	목	수	화	월	일	토	금	목	수	화	월	일	토	금	목	수	화	월	일	토	금	목	수	화	월	일

신약사주에 편관이 강하면 시모와 남편이 공모하여 나를 구박한다.

만세력 달력 표 (7개 월 블록)

6月大(丁未) 소서 — 절기: 입추(左) / 대서(右)

구분	값 (30 → 1)
음력	30 29 28 27 26 25 24 23 22 21 20 19 18 **17** 16 15 14 13 12 11 10 9 8 7 6 5 4 3 2 1
순행	6 7 7 7 8 8 8 9 9 9 10 10 10 / 1 1 1 1 2 2 2 3 3 3 4 4 4 5 5 5
역행	4 4 4 3 3 3 2 2 2 1 1 1 / 10 10 9 9 9 8 8 8 7 7 7 6 6 6 5 5 5
월	[08] … [07]
일	20 19 18 17 16 15 14 13 12 11 10 9 8 7 6 5 4 3 2 1 31 30 29 28 27 26 25 24 23 22
일진(간)	戊 丁 丙 乙 甲 癸 壬 辛 庚 己 戊 丁 丙 乙 甲 癸 壬 辛 庚 己 戊 丁 丙 乙 甲 癸 壬 辛 庚 己
일진(지)	戌 酉 申 未 午 巳 辰 卯 寅 丑 子 亥 戌 酉 申 未 午 巳 辰 卯 寅 丑 子 亥 戌 酉 申 未 午 巳
요일	수 화 월 일 토 금 목 수 화 월 일 토 금 목 수 화 월 일 토 금 목 수 화 월 일 토 금 목 수 화

7月小(戊申) 입추 — 절기: 백로(左) / 처서(右)

구분	값 (29 → 1)
음력	29 28 27 26 25 24 23 22 21 20 **19** 18 17 16 15 14 13 12 11 10 9 8 7 6 5 4 **3** 2 1
순행	7 7 7 8 8 8 9 9 9 10 / 1 1 1 1 2 2 2 3 3 3 4 4 4 5 5 5 6 6 6
역행	3 3 3 2 2 2 1 1 1 / 10 10 9 9 9 8 8 8 7 7 7 6 6 6 5 5 5
월	[09] … [08]
일	18 17 16 15 14 13 12 11 10 9 8 7 6 5 4 3 2 1 31 30 29 28 27 26 25 24 23 22 21
일진(간)	丁 丙 乙 甲 癸 壬 辛 庚 己 戊 丁 丙 乙 甲 癸 壬 辛 庚 己 戊 丁 丙 乙 甲 癸 壬 辛 庚 己
일진(지)	卯 寅 丑 子 亥 戌 酉 申 未 午 巳 辰 卯 寅 丑 子 亥 戌 酉 申 未 午 巳 辰 卯 寅 丑 子 亥
요일	목 수 화 월 일 토 금 목 수 화 월 일 토 금 목 수 화 월 일 토 금 목 수 화 월 일 토 금 목

8月大(己酉) 백로 — 절기: 한로(左) / 추분(右)

구분	값 (30 → 1)
음력	30 29 28 27 26 25 24 23 22 21 **20** 19 18 17 16 15 14 13 12 11 10 9 8 7 6 **5** 4 3 2 1
순행	7 7 7 8 8 8 9 9 9 10 / 1 1 1 1 2 2 2 3 3 3 4 4 4 5 5 6 6 6 6
역행	3 3 3 2 2 2 1 1 1 / 10 9 9 9 8 8 8 7 7 7 6 6 6 5 5 5 4 4 4
월	[10] … [09]
일	18 17 16 15 14 13 12 11 10 9 8 7 6 5 4 3 2 1 30 29 28 27 26 25 24 23 22 21 20 19
일진(간)	丁 丙 乙 甲 癸 壬 辛 庚 己 戊 丁 丙 乙 甲 癸 壬 辛 庚 己 戊 丁 丙 乙 甲 癸 壬 辛 庚 己 戊
일진(지)	酉 申 未 午 巳 辰 卯 寅 丑 子 亥 戌 酉 申 未 午 巳 辰 卯 寅 丑 子 亥 戌 酉 申 未 午 巳 辰
요일	토 금 목 수 화 월 일 토 금 목 수 화 월 일 토 금 목 수 화 월 일 토 금 목 수 화 월 일 토 금

9月小(庚戌) 한로 — 절기: 입동(左) / 상강(右)

구분	값 (29 → 1)
음력	29 28 27 26 25 24 23 22 21 **20** 19 18 17 16 15 14 13 12 11 10 9 8 7 6 **5** 4 3 2 1
순행	7 7 8 8 8 9 9 9 10 / 1 1 1 1 2 2 2 3 3 3 4 4 4 5 5 5 6 6 6
역행	3 3 2 2 2 1 1 1 / 10 9 9 9 8 8 8 7 7 7 6 6 6 5 5 5 4 4 4
월	[11] … [10]
일	16 15 14 13 12 11 10 9 8 7 6 5 4 3 2 1 31 30 29 28 27 26 25 24 23 22 21 20 19
일진(간)	丙 乙 甲 癸 壬 辛 庚 己 戊 丁 丙 乙 甲 癸 壬 辛 庚 己 戊 丁 丙 乙 甲 癸 壬 辛 庚 己 戊
일진(지)	寅 丑 子 亥 戌 酉 申 未 午 巳 辰 卯 寅 丑 子 亥 戌 酉 申 未 午 巳 辰 卯 寅 丑 子 亥 戌
요일	일 토 금 목 수 화 월 일 토 금 목 수 화 월 일 토 금 목 수 화 월 일 토 금 목 수 화 월 일

10月大(辛亥) 입동 — 절기: 대설(左) / 소설(右)

구분	값 (30 → 1)
음력	30 29 28 27 26 25 24 23 22 **21** 20 19 18 17 16 15 14 13 12 11 10 9 8 7 6 **5** 4 3 2 1
순행	7 7 8 8 8 9 9 9 10 / 1 1 1 1 2 2 2 3 3 3 4 4 4 5 5 6 6 6 7
역행	3 3 2 2 2 1 1 1 / 10 9 9 9 8 8 8 7 7 7 6 6 6 5 5 5 4 4 4
월	[12] … [11]
일	16 15 14 13 12 11 10 9 8 7 6 5 4 3 2 1 30 29 28 27 26 25 24 23 22 21 20 19 18 17
일진(간)	丙 乙 甲 癸 壬 辛 庚 己 戊 丁 丙 乙 甲 癸 壬 辛 庚 己 戊 丁 丙 乙 甲 癸 壬 辛 庚 己 戊 丁
일진(지)	申 未 午 巳 辰 卯 寅 丑 子 亥 戌 酉 申 未 午 巳 辰 卯 寅 丑 子 亥 戌 酉 申 未 午 巳 辰 卯
요일	화 월 일 토 금 목 수 화 월 일 토 금 목 수 화 월 일 토 금 목 수 화 월 일 토 금 목 수 화 월

11月小(壬子) 대설 — 절기: 소한(左) / 동지(右)

구분	값 (29 → 1)
음력	29 28 27 26 25 24 23 22 **21** 20 19 18 17 16 15 14 13 12 11 10 9 8 7 **6** 5 4 3 2 1
순행	7 7 8 8 8 9 9 9 / 1 1 1 1 2 2 2 3 3 3 4 4 4 5 5 5 6 6 6 7
역행	3 2 2 2 1 1 1 / 10 9 9 9 8 8 8 7 7 7 6 6 6 5 5 5 4 4 4 3
월	[01] … [12]
일	14 13 12 11 10 9 8 7 6 5 4 3 2 1 31 30 29 28 27 26 25 24 23 22 21 20 19 18 17
일진(간)	乙 甲 癸 壬 辛 庚 己 戊 丁 丙 乙 甲 癸 壬 辛 庚 己 戊 丁 丙 乙 甲 癸 壬 辛 庚 己 戊 丁
일진(지)	丑 子 亥 戌 酉 申 未 午 巳 辰 卯 寅 丑 子 亥 戌 酉 申 未 午 巳 辰 卯 寅 丑 子 亥 戌 酉
요일	수 화 월 일 토 금 목 수 화 월 일 토 금 목 수 화 월 일 토 금 목 수 화 월 일 토 금 목 수

12月大(癸丑) 소한 — 절기: 입춘(左) / 대한(右)

구분	값 (30 → 1)
음력	30 29 28 27 26 25 24 23 22 **21** 20 19 18 17 16 15 14 13 12 11 10 9 8 7 **6** 5 4 3 2 1
순행	7 7 8 8 8 9 9 9 10 / 1 1 1 2 2 2 3 3 3 4 4 4 5 5 5 6 6 6 7
역행	3 3 2 2 2 1 1 1 / 9 9 9 8 8 7 7 7 6 6 6 5 5 5 4 4 4 3 3
월	[02] … [01]
일	13 12 11 10 9 8 7 6 5 4 3 2 1 31 30 29 28 27 26 25 24 23 22 21 20 19 18 17 16 15
일진(간)	乙 甲 癸 壬 辛 庚 己 戊 丁 丙 乙 甲 癸 壬 辛 庚 己 戊 丁 丙 乙 甲 癸 壬 辛 庚 己 戊 丁 丙
일진(지)	未 午 巳 辰 卯 寅 丑 子 亥 戌 酉 申 未 午 巳 辰 卯 寅 丑 子 亥 戌 酉 申 未 午 巳 辰 卯 寅
요일	금 목 수 화 월 일 토 금 목 수 화 월 일 토 금 목 수 화 월 일 토 금 목 수 화 월 일 토 금 목

일지에 재와 다른 주에 官이 合하고 있으면 총각이 자식을 낳는다.

상문 : 未 대장군 : 東
조객 : 卯 삼 재 : 亥卯未
삼살 : 東

癸巳年

서기 1953년
단기 4286년

1月小(甲寅) 입춘 — 절기: 경칩 / 우수

음력	29	28	27	26	25	24	23	22	21	20	19	18	17	16	15	14	13	12	11	10	9	8	7	6	5	4	3	2	1
순행	7	8	8	9	9				1	1	1	1	2	2	2	3	3	3	4	4	4	5	5	5	6	6	6	6	7
역행	3	2	2	2	1	1	1		1		10	9	9	9	8	8	8	7	7	7	6	6	6	5	5	5	4	4	3
월									03															02					
일	14	13	12	11	10	9	8	7	6	5	4	3	2	1	28	27	26	25	24	23	22	21	20	19	18	17	16	15	14
일진(干)	甲	癸	壬	辛	庚	己	戊	丁	丙	乙	甲	癸	壬	辛	庚	己	戊	丁	丙	乙	甲	癸	壬	辛	庚	己	戊	丁	丙
일진(支)	子	亥	戌	酉	申	未	午	巳	辰	卯	寅	丑	子	亥	戌	酉	申	未	午	巳	辰	卯	寅	丑	子	亥	戌	酉	申
요일	토	금	목	수	화	월	일	토	금	목	수	화	월	일	토	금	목	수	화	월	일	토	금	목	수	화	월	일	토

2月大(乙卯) 경칩 — 절기: 청명 / 춘분

음력	30	29	28	27	26	25	24	23	22	21	20	19	18	17	16	15	14	13	12	11	10	9	8	7	6	5	4	3	2	1
순행	8	8	8	9	9	9	10	10			1	1	1	1	2	2	2	3	3	3	4	4	5	5	5	6	6	6	7	7
역행	3	2	2	2	1	1	1				10	9	9	9	8	8	8	7	7	7	6	6	5	5	5	4	4	3	3	
월									04														03							
일	13	12	11	10	9	8	7	6	5	4	3	2	1	31	30	29	28	27	26	25	24	23	22	21	20	19	18	17	16	15
일진(干)	甲	癸	壬	辛	庚	己	戊	丁	丙	乙	甲	癸	壬	辛	庚	己	戊	丁	丙	乙	甲	癸	壬	辛	庚	己	戊	丁	丙	乙
일진(支)	午	巳	辰	卯	寅	丑	子	亥	戌	酉	申	未	午	巳	辰	卯	寅	丑	子	亥	戌	酉	申	未	午	巳	辰	卯	寅	丑
요일	월	일	토	금	목	수	화	월	일	토	금	목	수	화	월	일	토	금	목	수	화	월	일	토	금	목	수	화	월	일

3月小(丙辰) 청명 — 절기: 입하 / 곡우

음력	29	28	27	26	25	24	23	22	21	20	19	18	17	16	15	14	13	12	11	10	9	8	7	6	5	4	3	2	1
순행	8	9	9	9	10	10			1	1	1	1	2	2	2	3	3	4	4	4	5	5	6	6	6	7	7	7	
역행	2	2	1	1	1				10	10	9	9	9	8	8	8	7	7	6	6	6	5	5	5	4	4	3		
월							05														04								
일	12	11	10	9	8	7	6	5	4	3	2	1	30	29	28	27	26	25	24	23	22	21	20	19	18	17	16	15	14
일진(干)	癸	壬	辛	庚	己	戊	丁	丙	乙	甲	癸	壬	辛	庚	己	戊	丁	丙	乙	甲	癸	壬	辛	庚	己	戊	丁	丙	乙
일진(支)	亥	戌	酉	申	未	午	巳	辰	卯	寅	丑	子	亥	戌	酉	申	未	午	巳	辰	卯	寅	丑	子	亥	戌	酉	申	未
요일	화	월	일	토	금	목	수	화	월	일	토	금	목	수	화	월	일	토	금	목	수	화	월	일	토	금	목	수	화

4月小(丁巳) 입하 — 절기: 망종 / 소만

음력	29	28	27	26	25	24	23	22	21	20	19	18	17	16	15	14	13	12	11	10	9	8	7	6	5	4	3	2	1
순행	9	9	10	10			1	1	1	1	2	2	2	3	3	3	4	4	4	5	5	6	6	6	7	7	7	8	
역행	1	1	1				10	10	9	9	9	8	8	7	7	7	6	6	5	5	5	4	4	3	3	3	2		
월					06															05									
일	10	9	8	7	6	5	4	3	2	1	31	30	29	28	27	26	25	24	23	22	21	20	19	18	17	16	15	14	13
일진(干)	壬	辛	庚	己	戊	丁	丙	乙	甲	癸	壬	辛	庚	己	戊	丁	丙	乙	甲	癸	壬	辛	庚	己	戊	丁	丙	乙	甲
일진(支)	辰	卯	寅	丑	子	亥	戌	酉	申	未	午	巳	辰	卯	寅	丑	子	亥	戌	酉	申	未	午	巳	辰	卯	寅	丑	子
요일	수	화	월	일	토	금	목	수	화	월	일	토	금	목	수	화	월	일	토	금	목	수	화	월	일	토	금	목	수

5月大(戊午) 망종 — 절기: 소서 / 하지

음력	30	29	28	27	26	25	24	23	22	21	20	19	18	17	16	15	14	13	12	11	10	9	8	7	6	5	4	3	2	1
순행	10	10	10			1	1	1	2	2	2	3	3	4	4	5	5	6	6	6	7	7	7	8	8	8	9			
역행	1	1				10	9	9	9	8	8	8	7	7	6	6	5	5	5	4	4	4	3	3	2	2	2			
월							07													06										
일	10	9	8	7	6	5	4	3	2	1	30	29	28	27	26	25	24	23	22	21	20	19	18	17	16	15	14	13	12	11
일진(干)	壬	辛	庚	己	戊	丁	丙	乙	甲	癸	壬	辛	庚	己	戊	丁	丙	乙	甲	癸	壬	辛	庚	己	戊	丁	丙	乙	甲	癸
일진(支)	戌	酉	申	未	午	巳	辰	卯	寅	丑	子	亥	戌	酉	申	未	午	巳	辰	卯	寅	丑	子	亥	戌	酉	申	未	午	巳
요일	금	목	수	화	월	일	토	금	목	수	화	월	일	토	금	목	수	화	월	일	토	금	목	수	화	월	일	토	금	목

6月大(己未) 소서 — 절기: 입추 / 대서

음력	30	29	28	27	26	25	24	23	22	21	20	19	18	17	16	15	14	13	12	11	10	9	8	7	6	5	4	3	2	1
순행	10			1	1	1	2	2	2	3	3	3	4	4	5	5	6	6	6	7	7	7	8	8	8	9				
역행	1			10	10	9	9	9	8	8	8	7	7	6	6	5	5	5	4	4	4	3	3	2	2	1				
월					08														07											
일	9	8	7	6	5	4	3	2	1	31	30	29	28	27	26	25	24	23	22	21	20	19	18	17	16	15	14	13	12	11
일진(干)	壬	辛	庚	己	戊	丁	丙	乙	甲	癸	壬	辛	庚	己	戊	丁	丙	乙	甲	癸	壬	辛	庚	己	戊	丁	丙	乙	甲	癸
일진(支)	辰	卯	寅	丑	子	亥	戌	酉	申	未	午	巳	辰	卯	寅	丑	子	亥	戌	酉	申	未	午	巳	辰	卯	寅	丑	子	亥
요일	일	토	금	목	수	화	월	일	토	금	목	수	화	월	일	토	금	목	수	화	월	일	토	금	목	수	화	월	일	토

사주에 인수가 많고 財가 없으면 노름꾼이다.

7月小(庚申)입추

절기													처서															입추
음력	29	28	27	26	25	24	23	22	21	20	19	18	17	16	14	13	12	11	10	9	8	7	6	5	4	3	2	1
순행	1	1	1	1	2	2	2	3	3	3	4	4	4	5	5	5	6	6	6	7	7	7	8	8	8	9	9	9	10
역행	10	10	9	9	9	8	8	8	7	7	7	6	6	6	5	5	5	4	4	4	3	3	3	2	2	2	1	1	1
월							09																		08				
일	7	6	5	4	3	2	1	31	30	29	28	27	26	25	24	23	22	21	20	19	18	17	16	15	14	13	12	11	10
일진	辛酉	庚申	己未	戊午	丁巳	丙辰	乙卯	甲寅	癸丑	壬子	辛亥	庚戌	己酉	戊申	丁未	丙午	乙巳	甲辰	癸卯	壬寅	辛丑	庚子	己亥	戊戌	丁酉	丙申	乙未	甲午	癸巳
요일	월	일	토	금	목	수	화	월	일	토	금	목	수	화	월	일	토	금	목	수	화	월	일	토	금	목	수	화	월

8月大(辛酉)백로

절기														추분																백로
음력	30	29	28	27	26	25	24	23	22	21	20	19	18	17	16	15	14	13	12	11	10	9	8	7	6	5	4	3	2	1
순행	1	1	1	1	2	2	2	3	3	3	4	4	4	5	5	5	6	6	6	7	7	7	8	8	8	9	9	9	10	10
역행	10	9	9	9	8	8	8	7	7	7	6	6	6	5	5	5	4	4	4	3	3	3	2	2	2	1	1	1		
월						10																						09		
일	7	6	5	4	3	2	1	30	29	28	27	26	25	24	23	22	21	20	19	18	17	16	15	14	13	12	11	10	9	8
일진	辛卯	庚寅	己丑	戊子	丁亥	丙戌	乙酉	甲申	癸未	壬午	辛巳	庚辰	己卯	戊寅	丁丑	丙子	乙亥	甲戌	癸酉	壬申	辛未	庚午	己巳	戊辰	丁卯	丙寅	乙丑	甲子	癸亥	壬戌
요일	수	화	월	일	토	금	목	수	화	월	일	토	금	목	수	화	월	일	토	금	목	수	화	월	일	토	금	목	수	화

9月大(壬戌)한로

절기														상강																한로
음력	30	29	28	27	26	25	24	23	22	21	20	19	18	17	16	15	14	13	12	11	10	9	8	7	6	5	4	3	2	1
순행	1	1	1	2	2	2	3	3	3	4	4	4	5	5	5	6	6	6	7	7	7	8	8	8	9	9	9	10	10	10
역행	10	9	9	9	8	8	8	7	7	7	6	6	6	5	5	5	4	4	3	3	3	2	2	2	1	1	1			
월					11																						10			
일	6	5	4	3	2	1	31	30	29	28	27	26	25	24	23	22	21	20	19	18	17	16	15	14	13	12	11	10	9	8
일진	辛酉	庚申	己未	戊午	丁巳	丙辰	乙卯	甲寅	癸丑	壬子	辛亥	庚戌	己酉	戊申	丁未	丙午	乙巳	甲辰	癸卯	壬寅	辛丑	庚子	己亥	戊戌	丁酉	丙申	乙未	甲午	癸巳	壬辰
요일	금	목	수	화	월	일	토	금	목	수	화	월	일	토	금	목	수	화	월	일	토	금	목	수	화	월	일	토	금	목

10月小(癸亥)입동

절기													소설														입동	
음력	29	28	27	26	25	24	23	22	21	20	19	18	17	16	15	14	13	12	11	10	9	8	7	6	5	4	3	2	1
순행	1	1	1	2	2	2	3	3	3	4	4	4	5	5	5	6	6	6	7	7	7	8	8	8	9	9	9	10	10
역행	9	9	8	8	8	7	7	7	6	6	6	5	5	5	4	4	4	3	3	3	2	2	2	1	1	1			10
월					12																				11				
일	5	4	3	2	1	30	29	28	27	26	25	24	23	22	21	20	19	18	17	16	15	14	13	12	11	10	9	8	7
일진	庚寅	己丑	戊子	丁亥	丙戌	乙酉	甲申	癸未	壬午	辛巳	庚辰	己卯	戊寅	丁丑	丙子	乙亥	甲戌	癸酉	壬申	辛未	庚午	己巳	戊辰	丁卯	丙寅	乙丑	甲子	癸亥	壬戌
요일	토	금	목	수	화	월	일	토	금	목	수	화	월	일	토	금	목	수	화	월	일	토	금	목	수	화	월	일	토

11月大(甲子)대설

절기														동지															대설	
음력	30	29	28	27	26	25	24	23	22	21	20	19	18	17	16	15	14	13	12	11	10	9	8	7	6	5	4	3	2	1
순행	1	1	1	2	2	2	3	3	3	4	4	4	5	5	5	6	6	6	7	7	8	8	8	9	9	9	10	10		1
역행	9	9	9	8	8	8	7	7	6	6	6	5	5	5	4	4	4	3	3	3	2	2	2	1	1	1	1			9
월					01																					12				
일	4	3	2	1	31	30	29	28	27	26	25	24	23	22	21	20	19	18	17	16	15	14	13	12	11	10	9	8	7	6
일진	庚申	己未	戊午	丁巳	丙辰	乙卯	甲寅	癸丑	壬子	辛亥	庚戌	己酉	戊申	丁未	丙午	乙巳	甲辰	癸卯	壬寅	辛丑	庚子	己亥	戊戌	丁酉	丙申	乙未	甲午	癸巳	壬辰	辛卯
요일	월	일	토	금	목	수	화	월	일	토	금	목	수	화	월	일	토	금	목	수	화	월	일	토	금	목	수	화	월	일

12月大(乙丑)소한

절기														대한													소한		
음력	30	29	28	27	26	25	24	23	22	21	20	19	18	17	16	15	14	13	12	11	10	9	8	7	6	5	4	3	2	1
순행	1	1	1	2	2	2	3	3	3	4	4	4	5	5	5	6	6	6	7	7	7	8	8	8	9	9	9			
역행	9	9	9	8	8	8	7	7	7	6	6	6	5	5	5	4	4	4	3	3	3	2	2	2	1	1	1			10
월					02																					01				
일	3	2	1	31	30	29	28	27	26	25	24	23	22	21	20	19	18	17	16	15	14	13	12	11	10	9	8	7	6	5
일진	庚寅	己丑	戊子	丁亥	丙戌	乙酉	甲申	癸未	壬午	辛巳	庚辰	己卯	戊寅	丁丑	丙子	乙亥	甲戌	癸酉	壬申	辛未	庚午	己巳	戊辰	丁卯	丙寅	乙丑	甲子	癸亥	壬戌	辛酉
요일	수	화	월	일	토	금	목	수	화	월	일	토	금	목	수	화	월	일	토	금	목	수	화	월	일	토	금	목	수	화

일지와 식신이 습하고 있으면 처갓집 장모를 모시고 산다.

만세력 97

상문 : 申　대장군 : 東
조객 : 辰　삼　재 : 亥卯未
삼살 : 北

甲午年

서기 1954년
단기 4287년

1月 小(丙寅)입춘

절기	우수 ← → 입춘
음력	29 28 27 26 25 24 23 22 21 20 19 18 **17** 16 15 14 13 12 11 10 9 8 7 6 5 4 3 2 1
순행	1 1 1 2 2 2 3 3 3 4 4 4 5 5 5 6 6 6 7 7 7 8 8 8 9 9 9 10
역행	9 9 9 8 8 8 7 7 7 6 6 6 5 5 5 4 4 4 3 3 3 2 2 2 1 1 1 1
월	03 … 02
일	4 3 2 1 28 27 26 25 24 23 22 21 20 19 18 17 16 15 14 13 12 11 10 9 8 7 6 5 4
일진(간)	己 戊 丁 丙 乙 甲 癸 壬 辛 庚 己 戊 丁 丙 乙 甲 癸 壬 辛 庚 己 戊 丁 丙 乙 甲 癸 壬 辛
일진(지)	未 午 巳 辰 卯 寅 丑 子 亥 戌 酉 申 未 午 巳 辰 卯 寅 丑 子 亥 戌 酉 申 未 午 巳 辰 卯
요일	목 수 화 월 일 토 금 목 수 화 월 일 토 금 목 수 화 월 일 토 금 목 수 화 월 일 토 금 목

2月 小(丁卯)경칩

절기	춘분 ← → 경칩
음력	29 28 27 26 25 24 23 22 21 20 19 18 **17** 16 15 14 13 12 11 10 9 8 7 6 5 4 3 2 1
순행	1 1 2 2 2 3 3 3 4 4 4 5 5 5 6 6 6 7 7 7 8 8 8 9 9 9 10
역행	9 9 9 8 8 8 7 7 7 6 6 6 5 5 5 4 4 4 3 3 3 2 2 2 1 1 1 10
월	04 … 03
일	2 1 31 30 29 28 27 26 25 24 23 22 21 20 19 18 17 16 15 14 13 12 11 10 9 8 7 6 5
일진(간)	戊 丁 丙 乙 甲 癸 壬 辛 庚 己 戊 丁 丙 乙 甲 癸 壬 辛 庚 己 戊 丁 丙 乙 甲 癸 壬 辛 庚
일진(지)	子 亥 戌 酉 申 未 午 巳 辰 卯 寅 丑 子 亥 戌 酉 申 未 午 巳 辰 卯 寅 丑 子 亥 戌 酉 申
요일	금 목 수 화 월 일 토 금 목 수 화 월 일 토 금 목 수 화 월 일 토 금 목 수 화 월 일 토 금

3月 大(戊辰)청명

절기	곡우 ← → 청명
음력	30 29 28 27 26 25 24 23 22 21 20 **19** 18 17 16 15 14 13 12 11 10 9 8 7 6 5 4 3 2 1
순행	1 2 2 2 3 3 3 4 4 4 5 5 5 6 6 6 7 7 7 8 8 8 9 9 9 10 1 1
역행	9 9 8 8 8 7 7 7 6 6 6 5 5 5 4 4 4 3 3 3 2 2 2 1 1 1 10 9
월	05 … 04
일	2 1 30 29 28 27 26 25 24 23 22 21 20 19 18 17 16 15 14 13 12 11 10 9 8 7 6 5 4 3
일진(간)	戊 丁 丙 乙 甲 癸 壬 辛 庚 己 戊 丁 丙 乙 甲 癸 壬 辛 庚 己 戊 丁 丙 乙 甲 癸 壬 辛 庚 己
일진(지)	午 巳 辰 卯 寅 丑 子 亥 戌 酉 申 未 午 巳 辰 卯 寅 丑 子 亥 戌 酉 申 未 午 巳 辰 卯 寅 丑
요일	일 토 금 목 수 화 월 일 토 금 목 수 화 월 일 토 금 목 수 화 월 일 토 금 목 수 화 월 일 토

4月 小(己巳)입하

절기	소만 ← → 입하
음력	29 28 27 26 25 24 23 22 21 20 **19** 18 17 16 15 14 13 12 11 10 9 8 7 6 5 4 3 2 1
순행	2 2 3 3 3 4 4 4 5 5 5 6 6 6 7 7 7 8 8 8 9 9 9 10 1 1 1
역행	8 8 8 7 7 7 6 6 6 5 5 5 4 4 4 3 3 3 2 2 2 1 1 1 10 10 9
월	… 05
일	31 30 29 28 27 26 25 24 23 22 21 20 19 18 17 16 15 14 13 12 11 10 9 8 7 6 5 4 3
일진(간)	丁 丙 乙 甲 癸 壬 辛 庚 己 戊 丁 丙 乙 甲 癸 壬 辛 庚 己 戊 丁 丙 乙 甲 癸 壬 辛 庚 己
일진(지)	亥 戌 酉 申 未 午 巳 辰 卯 寅 丑 子 亥 戌 酉 申 未 午 巳 辰 卯 寅 丑 子 亥 戌 酉 申 未
요일	월 일 토 금 목 수 화 월 일 토 금 목 수 화 월 일 토 금 목 수 화 월 일 토 금 목 수 화 월

5月 小(庚午)망종

절기	하지 ← → 망종
음력	29 28 27 26 25 24 23 **22** 21 20 19 18 17 16 15 14 13 12 11 10 9 8 **7** 6 5 4 3 2 1
순행	3 3 4 4 4 5 5 6 6 6 7 7 7 8 8 8 9 9 9 10 10 1 1 1 1 2
역행	8 7 7 6 6 6 5 5 5 4 4 4 3 3 3 2 2 2 1 1 1 10 10 9 9 9
월	… 06
일	29 28 27 26 25 24 23 22 21 20 19 18 17 16 15 14 13 12 11 10 9 8 7 6 5 4 3 2 1
일진(간)	丙 乙 甲 癸 壬 辛 庚 己 戊 丁 丙 乙 甲 癸 壬 辛 庚 己 戊 丁 丙 乙 甲 癸 壬 辛 庚 己 戊
일진(지)	辰 卯 寅 丑 子 亥 戌 酉 申 未 午 巳 辰 卯 寅 丑 子 亥 戌 酉 申 未 午 巳 辰 卯 寅 丑 子
요일	화 월 일 토 금 목 수 화 월 일 토 금 목 수 화 월 일 토 금 목 수 화 월 일 토 금 목 수 화

6月 大(辛未)소서

절기	대서 ← → 소서
음력	30 29 28 27 26 25 **24** 23 22 21 20 19 18 17 16 15 14 13 12 11 10 **9** 8 7 6 5 4 3 2 1
순행	3 4 4 5 5 5 6 6 6 7 7 7 8 8 9 9 9 10 10 1 1 1 2 2 3
역행	7 6 6 5 5 5 4 4 4 3 3 3 2 2 1 1 1 10 10 10 9 9 9 8
월	07 06
일	29 28 27 26 25 24 23 22 21 20 19 18 17 16 15 14 13 12 11 10 9 8 7 6 5 4 3 2 1
일진(간)	丙 乙 甲 癸 壬 辛 庚 己 戊 丁 丙 乙 甲 癸 壬 辛 庚 己 戊 丁 丙 乙 甲 癸 壬 辛 庚 己 丁
일진(지)	戌 酉 申 未 午 巳 辰 卯 寅 丑 子 亥 戌 酉 申 未 午 巳 辰 卯 寅 丑 子 亥 戌 酉 申 未 午
요일	목 수 화 월 일 토 금 목 수 화 월 일 토 금 목 수 화 월 일 토 금 목 수 화 월 일 토 금 목

사주에 비견·겁재가 많고 식신·상관이 없으면 도박꾼이다.

7月小(壬申)입추

절기: 처서 … 입추

음력	29	28	27	**26**	25	24	23	22	21	20	19	18	17	16	15	14	13	12	11	**10**	9	8	7	6	5	4	3	2	1
순행	4	4	5	5	5	6	6	6	7	7	7	8	8	8	9	9	9	10	10		1	1	1	1	2	2	2	3	3
역행	6	6	6	5	5	5	5	4	4	4	3	3	3	2	2	2	1	1	1		10	10	9	9	9	8	8	8	7
월																												08	07
일	27	26	25	24	23	22	21	20	19	18	17	16	15	14	13	12	11	10	9	8	7	6	5	4	3	2	1	31	30
일진	乙卯	甲寅	癸丑	壬子	辛亥	庚戌	己酉	戊申	丁未	丙午	乙巳	甲辰	癸卯	壬寅	辛丑	庚子	己亥	戊戌	丁酉	丙申	乙未	甲午	癸巳	壬辰	辛卯	庚寅	己丑	戊子	丁亥
요일	금	목	수	화	월	일	토	금	목	수	화	월	일	토	금	목	수	화	월	일	토	금	목	수	화	월	일	토	금

8月大(癸酉)백로

절기: 추분 … 백로

음력	30	29	28	**27**	26	25	24	23	22	21	20	19	18	17	16	15	14	13	**12**	11	10	9	8	7	6	5	4	3	2	1
순행	4	5	5	5	6	6	6	7	7	7	8	8	8	9	9	9	10	10		1	1	1	1	2	2	2	3	3	3	4
역행	6	6	5	5	5	4	4	4	3	3	3	2	2	2	1	1	1		10	10	9	9	9	8	8	8	7	7	7	
월																												09		08
일	26	25	24	23	22	21	20	19	18	17	16	15	14	13	12	11	10	9	8	7	6	5	4	3	2	1	31	30	29	28
일진	乙酉	甲申	癸未	壬午	辛巳	庚辰	己卯	戊寅	丁丑	丙子	乙亥	甲戌	癸酉	壬申	辛未	庚午	己巳	戊辰	丁卯	丙寅	乙丑	甲子	癸亥	壬戌	辛酉	庚申	己未	戊午	丁巳	丙辰
요일	일	토	금	목	수	화	월	일	토	금	목	수	화	월	일	토	금	목	수	화	월	일	토	금	목	수	화	월	일	토

9月大(甲戌)한로

절기: 상강 … 한로

음력	30	**29**	28	27	26	25	24	23	22	21	20	19	18	17	16	15	14	**13**	12	11	10	9	8	7	6	5	4	3	2	1
순행	4	5	5	5	6	6	6	7	7	7	8	8	8	9	9	9		1	1	1	1	2	2	2	3	3	3	4	4	
역행	6	5	5	5	4	4	4	3	3	3	2	2	2	1	1	1		10	10	9	9	9	8	8	8	7	7	7	6	
월																												10		09
일	26	25	24	23	22	21	20	19	18	17	16	15	14	13	12	11	10	9	8	7	6	5	4	3	2	1	30	29	28	27
일진	乙卯	甲寅	癸丑	壬子	辛亥	庚戌	己酉	戊申	丁未	丙午	乙巳	甲辰	癸卯	壬寅	辛丑	庚子	己亥	戊戌	丁酉	丙申	乙未	甲午	癸巳	壬辰	辛卯	庚寅	己丑	戊子	丁亥	丙戌
요일	화	월	일	토	금	목	수	화	월	일	토	금	목	수	화	월	일	토	금	목	수	화	월	일	토	금	목	수	화	

10月小(乙亥)입동

절기: 소설 … 입동

음력	29	**28**	27	26	25	24	23	22	21	20	19	18	17	16	15	14	**13**	12	11	10	9	8	7	6	5	4	3	2	1
순행	5	5	6	6	6	7	7	7	8	8	8	9	9	9	10		1	1	1	1	2	2	2	3	3	3	4	4	
역행	5	5	5	4	4	4	3	3	3	2	2	2	1	1	1		10	10	9	9	9	8	8	8	7	7	7	6	
월																												11	10
일	24	23	22	21	20	19	18	17	16	15	14	13	12	11	10	9	8	7	6	5	4	3	2	1	31	30	29	28	27
일진	甲申	癸未	壬午	辛巳	庚辰	己卯	戊寅	丁丑	丙子	乙亥	甲戌	癸酉	壬申	辛未	庚午	己巳	戊辰	丁卯	丙寅	乙丑	甲子	癸亥	壬戌	辛酉	庚申	己未	戊午	丁巳	丙辰
요일	수	화	월	일	토	금	목	수	화	월	일	토	금	목	수	화	월	일	토	금	목	수	화	월	일	토	금	목	수

11月大(丙子)대설

절기: 동지 … 대설

음력	30	29	**28**	27	26	25	24	23	22	21	20	19	18	17	16	15	**14**	13	12	11	10	9	8	7	6	5	4	3	2	1
순행	4	5	5	5	6	6	6	7	7	7	8	8	8	9	9	9		1	1	1	2	2	2	3	3	3	4	4	4	
역행	5	5	4	4	4	3	3	3	2	2	2	1	1	1		10	9	9	9	8	8	8	7	7	7	6	6	6	
월																			12		11
일	24	23	22	21	20	19	18	17	16	15	14	13	12	11	10	9	8	7	6	5	4	3	2	1	30	29	28	27	26	25
일진	甲寅	癸丑	壬子	辛亥	庚戌	己酉	戊申	丁未	丙午	乙巳	甲辰	癸卯	壬寅	辛丑	庚子	己亥	戊戌	丁酉	丙申	乙未	甲午	癸巳	壬辰	辛卯	庚寅	己丑	戊子	丁亥	丙戌	乙酉
요일	금	목	수	화	월	일	토	금	목	수	화	월	일	토	금	목	수	화	월	일	토	금	목	수	화	월	일	토	금	목

12月大(丁丑)소한

절기: 대한 … 소한

음력	30	29	**28**	27	26	25	24	23	22	21	20	19	18	17	16	15	14	**13**	12	11	10	9	8	7	6	5	4	3	2	1
순행	4	5	5	5	6	6	6	7	7	7	8	8	8	9	9	9		1	1	1	2	2	2	3	3	3	4	4	4	
역행	5	5	4	4	4	3	3	3	2	2	2	1	1	1		10	9	9	9	8	8	8	7	7	7	6	6	6	
월																		01		12
일	23	22	21	20	19	18	17	16	15	14	13	12	11	10	9	8	7	6	5	4	3	2	1	31	30	29	28	27	26	25
일진	甲申	癸未	壬午	辛巳	庚辰	己卯	戊寅	丁丑	丙子	乙亥	甲戌	癸酉	壬申	辛未	庚午	己巳	戊辰	丁卯	丙寅	乙丑	甲子	癸亥	壬戌	辛酉	庚申	己未	戊午	丁巳	丙辰	乙卯
요일	일	토	금	목	수	화	월	일	토	금	목	수	화	월	일	토	금	목	수	화	월	일	토	금	목	수	화	월	일	토

여자 사주에 官이 약하고 水가 많으면 남편이 익사할 위험이 있다.

상문 : 酉　대장군 : 東
조객 : 巳　삼　재 : 亥卯未
삼살 : 西

乙未年

서기 1955년
단기 4288년

1月大(戊寅)입춘

절기	우수																	입춘												
음력	30	29	28	27	26	25	24	23	22	21	20	19	18	17	16	15	14	13	12	11	10	9	8	7	6	5	4	3	2	1
순행	4	4	5	5	5	6	6	6	7	7	7	8	8	8	9	9	9	10	1	1	1	1	2	2	2	3	3	3	4	
역행	6	6	5	5	5	4	4	4	3	3	3	2	2	2	1	1	1	1	9	9	9	8	8	8	7	7	7	6		
월																			02											01
일	22	21	20	19	18	17	16	15	14	13	12	11	10	9	8	7	6	5	4	3	2	1	31	30	29	28	27	26	25	24
일진	甲寅	癸丑	壬子	辛亥	庚戌	己酉	戊申	丁未	丙午	乙巳	甲辰	癸卯	壬寅	辛丑	庚子	己亥	戊戌	丁酉	丙申	乙未	甲午	癸巳	壬辰	辛卯	庚寅	己丑	戊子	丁亥	丙戌	乙酉
요일	화	월	일	토	금	목	수	화	월	일	토	금	목	수	화	월	일	토	금	목	수	화	월	일	토	금	목	수	화	월

2月小(己卯)경칩

절기	춘분																	경칩											
음력	29	28	27	26	25	24	23	22	21	20	19	18	17	16	15	14	13	12	11	10	9	8	7	6	5	4	3	2	1
순행	4	5	5	5	6	6	6	7	7	7	8	8	8	9	9	9	10	1	1	1	2	2	2	3	3	3	4		
역행	6	5	5	5	4	4	4	3	3	3	2	2	2	1	1	1	10	9	9	9	8	8	8	7	7	7	6		
월																		03											02
일	23	22	21	20	19	18	17	16	15	14	13	12	11	10	9	8	7	6	5	4	3	2	1	28	27	26	25	24	23
일진	癸未	壬午	辛巳	庚辰	己卯	戊寅	丁丑	丙子	乙亥	甲戌	癸酉	壬申	辛未	庚午	己巳	戊辰	丁卯	丙寅	乙丑	甲子	癸亥	壬戌	辛酉	庚申	己未	戊午	丁巳	丙辰	乙卯
요일	수	화	월	일	토	금	목	수	화	월	일	토	금	목	수	화	월	일	토	금	목	수	화	월	일	토	금	목	수

3月小(庚辰)청명

절기	곡우																청명												
음력	29	28	27	26	25	24	23	22	21	20	19	18	17	16	15	14	13	12	11	10	9	8	7	6	5	4	3	2	1
순행	5	5	6	6	6	7	7	7	8	8	8	9	9	9	10	10	1	1	1	2	2	2	3	3	3	4			
역행	5	5	5	4	4	4	3	3	3	2	2	2	1	1	1	10	9	9	9	8	8	8	7	7	7	6			
월																	04											03	
일	21	20	19	18	17	16	15	14	13	12	11	10	9	8	7	6	5	4	3	2	1	31	30	29	28	27	26	25	24
일진	壬子	辛亥	庚戌	己酉	戊申	丁未	丙午	乙巳	甲辰	癸卯	壬寅	辛丑	庚子	己亥	戊戌	丁酉	丙申	乙未	甲午	癸巳	壬辰	辛卯	庚寅	己丑	戊子	丁亥	丙戌	乙酉	甲申
요일	목	수	화	월	일	토	금	목	수	화	월	일	토	금	목	수	화	월	일	토	금	목	수	화	월	일	토	금	목

윤3月大 입하

절기															입하															
음력	30	29	28	27	26	25	24	23	22	21	20	19	18	17	16	15	14	13	12	11	10	9	8	7	6	5	4	3	2	1
순행	5	6	6	6	7	7	7	8	8	8	9	9	9	10	10	1	1	1	2	2	2	3	3	3	4	4	4	5		
역행	5	5	4	4	4	3	3	3	2	2	2	1	1	1	1	10	10	9	9	9	8	8	8	7	7	7	6	6	5	
월															05												04			
일	21	20	19	18	17	16	15	14	13	12	11	10	9	8	7	6	5	4	3	2	1	30	29	28	27	26	25	24	23	22
일진	壬午	辛巳	庚辰	己卯	戊寅	丁丑	丙子	乙亥	甲戌	癸酉	壬申	辛未	庚午	己巳	戊辰	丁卯	丙寅	乙丑	甲子	癸亥	壬戌	辛酉	庚申	己未	戊午	丁巳	丙辰	乙卯	甲寅	癸丑
요일	토	금	목	수	화	월	일	토	금	목	수	화	월	일	토	금	목	수	화	월	일	토	금	목	수	화	월	일	토	금

4月小(辛巳)망종

절기	망종													소만															
음력	29	28	27	26	25	24	23	22	21	20	19	18	17	16	15	14	13	12	11	10	9	8	7	6	5	4	3	2	1
순행	6	7	7	7	8	8	8	9	9	10	10	1	1	1	2	2	2	3	3	3	4	4	4	5	5				
역행											10	10	9	9	9	8	8	8	7	7	7	6	6	5	5				
월											06														05				
일	19	18	17	16	15	14	13	12	11	10	9	8	7	6	5	4	3	2	1	31	30	29	28	27	26	25	24	23	22
일진	辛亥	庚戌	己酉	戊申	丁未	丙午	乙巳	甲辰	癸卯	壬寅	辛丑	庚子	己亥	戊戌	丁酉	丙申	乙未	甲午	癸巳	壬辰	辛卯	庚寅	己丑	戊子	丁亥	丙戌	乙酉	甲申	癸未
요일	일	토	금	목	수	화	월	일	토	금	목	수	화	월	일	토	금	목	수	화	월	일	토	금	목	수	화	월	일

5月小(壬午)망종

절기	소서									19										하지									
음력	29	28	27	26	25	24	23	22	21	20	19	18	17	16	15	14	13	12	11	10	9	8	7	6	5	4	3	2	1
순행	7	7	8	8	8	9	9	9	10	10	1	1	1	2	2	2	3	3	4	4	4	5	5	5					
역행	3	3	2	2	1	1	1			10	10	9	9	9	8	8	8	7	7	7	6	6	5	5					
월											07													06					
일	18	17	16	15	14	13	12	11	10	9	8	7	6	5	4	3	2	1	30	29	28	27	26	25	24	23	22	21	20
일진	庚辰	己卯	戊寅	丁丑	丙子	乙亥	甲戌	癸酉	壬申	辛未	庚午	己巳	戊辰	丁卯	丙寅	乙丑	甲子	癸亥	壬戌	辛酉	庚申	己未	戊午	丁巳	丙辰	乙卯	甲寅	癸丑	壬子
요일	월	일	토	금	목	수	화	월	일	토	금	목	수	화	월	일	토	금	목	수	화	월	일	토	금	목	수	화	월

일주가 火일이고 수가 있는데, 財가 刑·冲이 되면 남편은 주정뱅이다.

6月大(癸未)소서

절기	입추																									대서				
음력	30	29	28	27	26	25	24	23	22	**21**	20	19	18	17	16	15	14	13	12	11	10	9	8	7	6	**5**	4	3	2	1
순행	7	8	8	8	9	9	9	10	10	1	1	1	1	2	2	2	3	3	3	4	4	4	5	5	5	6	6	6	7	7
역행	3	3	2	2	2	1	1	1	1	10	10	9	9	9	8	8	8	7	7	7	6	6	6	5	5	5	4	4	4	4
월(양력)														08																07
일	17	16	15	14	13	12	11	10	9	8	7	6	5	4	3	2	1	31	30	29	28	27	26	25	24	23	22	21	20	19
일진	庚	己	戊	丁	丙	乙	甲	癸	壬	辛	庚	己	戊	丁	丙	乙	甲	癸	壬	辛	庚	己	戊	丁	丙	乙	甲	癸	壬	辛
	戌	酉	申	未	午	巳	辰	卯	寅	丑	子	亥	戌	酉	申	未	午	巳	辰	卯	寅	丑	子	亥	戌	酉	申	未	午	巳
요일	수	화	월	일	토	금	목	수	화	월	일	토	금	목	수	화	월	일	토	금	목	수	화	월	일	토	금	목	수	화

7月小(甲申)입추

절기	백로																						처서						
음력	29	28	27	26	25	24	23	**22**	21	20	19	18	17	16	15	14	13	12	11	10	9	8	**7**	6	5	4	3	2	1
순행	8	8	9	9	10	10	1	1	1	2	2	2	3	3	3	4	4	4	5	5	5	6	6	6	7	7	7	8	8
역행	2	2	1	1	1	10	9	9	9	8	8	8	7	7	7	6	6	6	5	5	5	4	4	4	3	3	3	2	2
월(양력)														09															08
일	15	14	13	12	11	10	9	8	7	6	5	4	3	2	1	31	30	29	28	27	26	25	24	23	22	21	20	19	18
일진	己	戊	丁	丙	乙	甲	癸	壬	辛	庚	己	戊	丁	丙	乙	甲	癸	壬	辛	庚	己	戊	丁	丙	乙	甲	癸	壬	辛
	卯	寅	丑	子	亥	戌	酉	申	未	午	巳	辰	卯	寅	丑	子	亥	戌	酉	申	未	午	巳	辰	卯	寅	丑	子	亥
요일	목	수	화	월	일	토	금	목	수	화	월	일	토	금	목	수	화	월	일	토	금	목	수	화	월	일	토	금	목

8月大(乙酉)백로

절기	한로																					추분								
음력	30	29	28	27	26	25	**24**	23	22	21	20	19	18	17	16	15	14	13	12	11	10	**9**	8	7	6	5	4	3	2	1
순행	8	8	9	9	9	10	1	1	1	1	2	2	2	3	3	3	4	4	4	5	5	5	6	6	6	7	7	7	8	8
역행	2	2	1	1	1	10	9	9	9	8	8	8	7	7	7	6	6	6	5	5	5	4	4	4	3	3	3	2	2	2
월(양력)														10																09
일	15	14	13	12	11	10	9	8	7	6	5	4	3	2	1	30	29	28	27	26	25	24	23	22	21	20	19	18	17	16
일진	己	戊	丁	丙	乙	甲	癸	壬	辛	庚	己	戊	丁	丙	乙	甲	癸	壬	辛	庚	己	戊	丁	丙	乙	甲	癸	壬	辛	庚
	酉	申	未	午	巳	辰	卯	寅	丑	子	亥	戌	酉	申	未	午	巳	辰	卯	寅	丑	子	亥	戌	酉	申	未	午	巳	辰
요일	토	금	목	수	화	월	일	토	금	목	수	화	월	일	토	금	목	수	화	월	일	토	금	목	수	화	월	일	토	금

9月小(丙戌)한로

절기	입동																					상강							
음력	29	28	27	26	25	**24**	23	22	21	20	19	18	17	16	15	14	13	12	11	10	**9**	8	7	6	5	4	3	2	1
순행	8	9	9	9	10	1	1	1	2	2	2	3	3	3	4	4	4	5	5	5	6	6	6	7	7	7	8	8	8
역행	2	1	1	1	10	9	9	9	8	8	8	7	7	7	6	6	6	5	5	5	4	4	4	3	3	3	2	2	2
월(양력)													11																10
일	13	12	11	10	9	8	7	6	5	4	3	2	1	31	30	29	28	27	26	25	24	23	22	21	20	19	18	17	16
일진	戊	丁	丙	乙	甲	癸	壬	辛	庚	己	戊	丁	丙	乙	甲	癸	壬	辛	庚	己	戊	丁	丙	乙	甲	癸	壬	辛	庚
	寅	丑	子	亥	戌	酉	申	未	午	巳	辰	卯	寅	丑	子	亥	戌	酉	申	未	午	巳	辰	卯	寅	丑	子	亥	戌
요일	일	토	금	목	수	화	월	일	토	금	목	수	화	월	일	토	금	목	수	화	월	일	토	금	목	수	화	월	일

10月大(丁亥)입동

절기	대설																					소설								
음력	30	29	28	27	26	**25**	24	23	22	21	20	19	18	17	16	15	14	13	12	11	**10**	9	8	7	6	5	4	3	2	1
순행	8	8	9	9	9	1	1	1	2	2	2	3	3	3	4	4	4	5	5	5	6	6	6	7	7	7	8	8	8	8
역행	2	1	1	1	10	9	9	9	8	8	8	7	7	7	6	6	6	5	5	5	4	4	4	3	3	3	2	2	2	2
월(양력)													12																	11
일	13	12	11	10	9	8	7	6	5	4	3	2	1	30	29	28	27	26	25	24	23	22	21	20	19	18	17	16	15	14
일진	戊	丁	丙	乙	甲	癸	壬	辛	庚	己	戊	丁	丙	乙	甲	癸	壬	辛	庚	己	戊	丁	丙	乙	甲	癸	壬	辛	庚	己
	申	未	午	巳	辰	卯	寅	丑	子	亥	戌	酉	申	未	午	巳	辰	卯	寅	丑	子	亥	戌	酉	申	未	午	巳	辰	卯
요일	화	월	일	토	금	목	수	화	월	일	토	금	목	수	화	월	일	토	금	목	수	화	월	일	토	금	목	수	화	월

11月大(戊子)대설

절기	소한																					동지								
음력	30	29	28	27	26	**25**	24	23	22	21	20	19	18	17	16	15	14	13	12	11	**10**	9	8	7	6	5	4	3	2	1
순행	8	8	9	9	9	10	1	1	1	2	2	2	3	3	3	4	4	4	5	5	5	6	6	6	7	7	7	8	8	8
역행	2	2	1	1	1	10	9	9	9	8	8	8	7	7	7	6	6	6	5	5	5	4	4	4	3	3	3	2	2	2
월(양력)												01																		12
일	12	11	10	9	8	7	6	5	4	3	2	1	31	30	29	28	27	26	25	24	23	22	21	20	19	18	17	16	15	14
일진	戊	丁	丙	乙	甲	癸	壬	辛	庚	己	戊	丁	丙	乙	甲	癸	壬	辛	庚	己	戊	丁	丙	乙	甲	癸	壬	辛	庚	己
	寅	丑	子	亥	戌	酉	申	未	午	巳	辰	卯	寅	丑	子	亥	戌	酉	申	未	午	巳	辰	卯	寅	丑	子	亥	戌	酉
요일	목	수	화	월	일	토	금	목	수	화	월	일	토	금	목	수	화	월	일	토	금	목	수	화	월	일	토	금	목	수

12月大(己丑)소한

절기	입춘																					대한								
음력	30	29	28	27	26	**24**	23	22	21	20	19	18	17	16	15	14	13	12	11	10	**9**	8	7	6	5	4	3	2	1	
순행	8	8	9	9	9	10	1	1	1	2	2	2	3	3	3	4	4	4	5	5	5	6	6	6	7	7	7	8	8	
역행	2	2	1	1	1	10	9	9	9	8	8	8	7	7	7	6	6	6	5	5	5	4	4	4	3	3	3	2	2	
월(양력)											02																		01	
일	11	10	9	8	7	6	5	4	3	2	1	31	30	29	28	27	26	25	24	23	22	21	20	19	18	17	16	15	14	13
일진	戊	丁	丙	乙	甲	癸	壬	辛	庚	己	戊	丁	丙	乙	甲	癸	壬	辛	庚	己	戊	丁	丙	乙	甲	癸	壬	辛	庚	己
	申	未	午	巳	辰	卯	寅	丑	子	亥	戌	酉	申	未	午	巳	辰	卯	寅	丑	子	亥	戌	酉	申	未	午	巳	辰	卯
요일	토	금	목	수	화	월	일	토	금	목	수	화	월	일	토	금	목	수	화	월	일	토	금	목	수	화	월	일	토	금

인수가 용신인 여자는 친정을 갔다오면 화가 풀린다.

상문 : 戌　대장군 : 南
조객 : 午　삼 재 : 寅午戌
삼살 : 南

丙申年

서기 1956년
단기 4289년

1月小(庚寅)입춘

절기: 경칩 / 우수

절기	음력	순행	역행	월	일	일진	요일
	29	8	2	03	11	丁丑	일
	28	9	2		10	丙子	토
	27	9	1		9	乙亥	금
	26	9	1		8	甲戌	목
	25	10	1		7	癸酉	수
	24	10	1		6	壬申	화
경칩	23				5	辛未	월
	22	1	9		4	庚午	일
	21	1	9		3	己巳	토
	20	1	9		2	戊辰	금
	19	1	8		1	丁卯	목
	18	2	8	02	29	丙寅	수
	17	2	8		28	乙丑	화
	16	2	7		27	甲子	월
	15	3	7		26	癸亥	일
	14	3	7		25	壬戌	토
	13	3	6		24	辛酉	금
	12	4	6		23	庚申	목
	11	4	6		22	己未	수
	10	4	5		21	戊午	화
우수	9				20	丁巳	월
	8	5	5		19	丙辰	일
	7	5	4		18	乙卯	토
	6	5	4		17	甲寅	금
	5	6	4		16	癸丑	목
	4	6	3		15	壬子	수
	3	6	3		14	辛亥	화
	2	7	2		13	庚戌	월
	1	7			12	己酉	일

2月大(辛卯)경칩

절기: 청명 / 춘분

절기	음력	순행	역행	월	일	일진	요일
	30	8	2	04	10	丁未	화
	29	9	1		9	丙午	월
	28	9	1		8	乙巳	일
	27	9	1		7	甲辰	토
	26	10	1		6	癸卯	금
청명	25				5	壬寅	목
	24	1	10		4	辛丑	수
	23	1	10		3	庚子	화
	22	1			2	己亥	월
	21	1			1	戊戌	일
	20	2	9	03	31	丁酉	토
	19	2	9		30	丙申	금
	18	2	9		29	乙未	목
	17	3	8		28	甲午	수
	16	3	8		27	癸巳	화
	15	3	8		26	壬辰	월
	14	4	7		25	辛卯	일
	13	4	7		24	庚寅	토
	12	4	7		23	己丑	금
	11	5	6		22	戊子	목
춘분	10	5	6		21	丁亥	수
	9	5	6		20	丙戌	화
	8	6	5		19	乙酉	월
	7	6	5		18	甲申	일
	6	6	5		17	癸未	토
	5	7	4		16	壬午	금
	4	7	4		15	辛巳	목
	3	7	4		14	庚辰	수
	2	8	3		13	己卯	화
	1	8			12	戊寅	월

3月小(壬辰)청명

절기: 입하 / 곡우

절기	음력	순행	역행	월	일	일진	요일
	29	9	1	05	9	丙子	수
	28	10	1		8	乙亥	화
	27	10	1		7	甲戌	월
	26	10	1		6	癸酉	일
입하	25				5	壬申	토
	24	1	10		4	辛未	금
	23	1	9		3	庚午	목
	22	1	9		2	己巳	수
	21	1	9		1	戊辰	화
	20	2	8	04	30	丁卯	월
	19	2	8		29	丙寅	일
	18	2	8		28	乙丑	토
	17	3	7		27	甲子	금
	16	3	7		26	癸亥	목
	15	3	7		25	壬戌	수
	14	4	6		24	辛酉	화
	13	4	6		23	庚申	월
	12	4	6		22	己未	일
	11	5	5		21	戊午	토
곡우	10	5	5		20	丁巳	금
	9	5	5		19	丙辰	목
	8	6	4		18	乙卯	수
	7	6	4		17	甲寅	화
	6	6	4		16	癸丑	월
	5	7	3		15	壬子	일
	4	7	3		14	辛亥	토
	3	7	3		13	庚戌	금
	2	8	2		12	己酉	목
	1	8	2		11	戊申	수

4月大(癸巳)입하

절기: 망종 / 소만

절기	음력	순행	역행	월	일	일진	요일
	30	10	1	06	8	丙午	금
	29	10	1		7	乙巳	목
망종	28				6	甲辰	수
	27	1	10		5	癸卯	화
	26	1	10		4	壬寅	월
	25	1	9		3	辛丑	일
	24	2	9		2	庚子	토
	23	2	9		1	己亥	금
	22	2	8	05	31	戊戌	목
	21	3	8		30	丁酉	수
	20	3	8		29	丙申	화
	19	3	7		28	乙未	월
	18	4	7		27	甲午	일
	17	4	7		26	癸巳	토
	16	4	6		25	壬辰	금
	15	5	6		24	辛卯	목
	14	5	6		23	庚寅	수
	13	5	5		22	己丑	화
소만	12				21	戊子	월
	11	6	5		20	丁亥	일
	10	6	4		19	丙戌	토
	9	6	4		18	乙酉	금
	8	7	4		17	甲申	목
	7	7	3		16	癸未	수
	6	7	3		15	壬午	화
	5	8	3		14	辛巳	월
	4	8	2		13	庚辰	일
	3	8	2		12	己卯	토
	2	9	1		11	戊寅	금
	1	9	1		10	丁丑	목

5月小(甲午)망종

절기: 소서 / 하지

절기	음력	순행	역행	월	일	일진	요일
소서	29			07	7	乙亥	토
	28	1	10		6	甲戌	금
	27	1	10		5	癸酉	목
	26	1	9		4	壬申	수
	25	2	9		3	辛未	화
	24	2	9		2	庚午	월
	23	2	8		1	己巳	일
	22	3	8	06	30	戊辰	토
	21	3	8		29	丁卯	금
	20	3	7		28	丙寅	목
	19	4	7		27	乙丑	수
	18	4	7		26	甲子	화
	17	4	6		25	癸亥	월
	16	5	6		24	壬戌	일
	15	5	6		23	辛酉	토
	14	5	5		22	庚申	금
하지	13				21	己未	목
	12	6	5		20	戊午	수
	11	6	4		19	丁巳	화
	10	6	4		18	丙辰	월
	9	7	4		17	乙卯	일
	8	7	3		16	甲寅	토
	7	7	3		15	癸丑	금
	6	8	3		14	壬子	목
	5	8	2		13	辛亥	수
	4	8	2		12	庚戌	화
	3	9	2		11	己酉	월
	2	9	1		10	戊申	일
	1	9	1		9	丁未	토

6月小(乙未)소서

절기: 대서

절기	음력	순행	역행	월	일	일진	요일
	29	1	10	08	5	甲辰	일
	28	1	9		4	癸卯	토
	27	1	9		3	壬寅	금
	26	2	9		2	辛丑	목
	25	2	8		1	庚子	수
	24	2	8	07	31	己亥	화
	23	3	8		30	戊戌	월
	22	3	7		29	丁酉	일
	21	3	7		28	丙申	토
	20	4	7		27	乙未	금
	19	4	6		26	甲午	목
	18	4	6		25	癸巳	수
	17	5	6		24	壬辰	화
대서	16				23	辛卯	월
	15	5	5		22	庚寅	일
	14	5	5		21	己丑	토
	13	6	4		20	戊子	금
	12	6	4		19	丁亥	목
	11	6	4		18	丙戌	수
	10	7	3		17	乙酉	화
	9	7	3		16	甲申	월
	8	7	3		15	癸未	일
	7	8	2		14	壬午	토
	6	8	2		13	辛巳	금
	5	8	2		12	庚辰	목
	4	9	1		11	己卯	수
	3	9	1		10	戊寅	화
	2	10	1		9	丁丑	월
	1	10	1		8	丙子	일

사주에 상관과 정관이 있고, 財가 없으면 여자는 임신 후 남편을 미워한다.

7月大(丙申) 입추

절기: 처서(음력 18) · 입추(음력 2)

순행(좌→우, 음력 30→1): 1 1 2 2 2 3 3 3 4 4 4 5 5 5 6 6 6 7 7 7 8 8 8 9 9 9 10 10 10 1
역행(좌→우): 9 9 9 8 8 8 7 7 7 6 6 6 5 5 5 4 4 4 3 3 3 2 2 2 1 1 1 1 1 10

음력	양력	일진	요일
30	9/4	甲戌	화
29	9/3	癸酉	월
28	9/2	壬申	일
27	9/1	辛未	토
26	8/31	庚午	금
25	8/30	己巳	목
24	8/29	戊辰	수
23	8/28	丁卯	화
22	8/27	丙寅	월
21	8/26	乙丑	일
20	8/25	甲子	토
19	8/24	癸亥	금
18	8/23	壬戌	목
17	8/22	辛酉	수
16	8/21	庚申	화
15	8/20	己未	월
14	8/19	戊午	일
13	8/18	丁巳	토
12	8/17	丙辰	금
11	8/16	乙卯	목
10	8/15	甲寅	수
9	8/14	癸丑	화
8	8/13	壬子	월
7	8/12	辛亥	일
6	8/11	庚戌	토
5	8/10	己酉	금
4	8/9	戊申	목
3	8/8	丁未	수
2	8/7	丙午	화
1	8/6	乙巳	월

8月小(丁酉) 백로

절기: 추분(음력 19) · 백로(음력 4)

순행(좌→우, 음력 29→1): 2 2 2 3 3 3 4 4 4 5 5 5 6 6 6 7 7 7 8 8 8 9 9 9 10 1 1 1
역행(좌→우): 8 8 8 7 7 7 6 6 6 5 5 5 4 4 4 3 3 3 2 2 2 1 1 1 10 10 10

음력	양력	일진	요일
29	10/3	癸卯	수
28	10/2	壬寅	화
27	10/1	辛丑	월
26	9/30	庚子	일
25	9/29	己亥	토
24	9/28	戊戌	금
23	9/27	丁酉	목
22	9/26	丙申	수
21	9/25	乙未	화
20	9/24	甲午	월
19	9/23	癸巳	일
18	9/22	壬辰	토
17	9/21	辛卯	금
16	9/20	庚寅	목
15	9/19	己丑	수
14	9/18	戊子	화
13	9/17	丁亥	월
12	9/16	丙戌	일
11	9/15	乙酉	토
10	9/14	甲申	금
9	9/13	癸未	목
8	9/12	壬午	수
7	9/11	辛巳	화
6	9/10	庚辰	월
5	9/9	己卯	일
4	9/8	戊寅	토
3	9/7	丁丑	금
2	9/6	丙子	목
1	9/5	乙亥	수

9月大(戊戌) 한로

절기: 상강(음력 20) · 한로(음력 5)

순행(좌→우, 음력 30→1): 2 2 2 3 3 3 4 4 4 5 5 5 6 6 6 7 7 7 8 8 8 9 9 9 10 1 1 1 1 1
역행(좌→우): 8 8 8 7 7 7 6 6 6 5 5 5 4 4 4 3 3 3 2 2 2 1 1 1 10 9 9 9 9 9

음력	양력	일진	요일
30	11/2	癸酉	금
29	11/1	壬申	목
28	10/31	辛未	수
27	10/30	庚午	화
26	10/29	己巳	월
25	10/28	戊辰	일
24	10/27	丁卯	토
23	10/26	丙寅	금
22	10/25	乙丑	목
21	10/24	甲子	수
20	10/23	癸亥	화
19	10/22	壬戌	월
18	10/21	辛酉	일
17	10/20	庚申	토
16	10/19	己未	금
15	10/18	戊午	목
14	10/17	丁巳	수
13	10/16	丙辰	화
12	10/15	乙卯	월
11	10/14	甲寅	일
10	10/13	癸丑	토
9	10/12	壬子	금
8	10/11	辛亥	목
7	10/10	庚戌	수
6	10/9	己酉	화
5	10/8	戊申	월
4	10/7	丁未	일
3	10/6	丙午	토
2	10/5	乙巳	금
1	10/4	甲辰	목

10月小(己亥) 입동

절기: 소설(음력 20) · 입동(음력 5)

순행(좌→우, 음력 29→1): 2 2 2 3 3 3 4 4 4 5 5 5 6 6 6 7 7 7 8 8 8 9 9 9 10 1 1 1
역행(좌→우): 8 8 8 7 7 7 6 6 6 5 5 5 4 4 4 3 3 3 2 2 2 1 1 1 10 9 9 9

음력	양력	일진	요일
29	12/1	壬寅	토
28	11/30	辛丑	금
27	11/29	庚子	목
26	11/28	己亥	수
25	11/27	戊戌	화
24	11/26	丁酉	월
23	11/25	丙申	일
22	11/24	乙未	토
21	11/23	甲午	금
20	11/22	癸巳	목
19	11/21	壬辰	수
18	11/20	辛卯	화
17	11/19	庚寅	월
16	11/18	己丑	일
15	11/17	戊子	토
14	11/16	丁亥	금
13	11/15	丙戌	목
12	11/14	乙酉	수
11	11/13	甲申	화
10	11/12	癸未	월
9	11/11	壬午	일
8	11/10	辛巳	토
7	11/9	庚辰	금
6	11/8	己卯	목
5	11/7	戊寅	수
4	11/6	丁丑	화
3	11/5	丙子	월
2	11/4	乙亥	일
1	11/3	甲戌	토

11月大(庚子) 대설

절기: 동지(음력 21) · 대설(음력 6)

순행(좌→우, 음력 30→1): 2 2 2 3 3 3 4 4 4 5 5 5 6 6 6 7 7 7 8 8 8 9 9 1 1 1 1 1 1 1
역행(좌→우): 8 8 8 7 7 7 6 6 6 5 5 5 4 4 4 3 3 3 2 2 2 1 1 10 9 9 9 9 9 8

음력	양력	일진	요일
30	12/31	壬申	월
29	12/30	辛未	일
28	12/29	庚午	토
27	12/28	己巳	금
26	12/27	戊辰	목
25	12/26	丁卯	수
24	12/25	丙寅	화
23	12/24	乙丑	월
22	12/23	甲子	일
21	12/22	癸亥	토
20	12/21	壬戌	금
19	12/20	辛酉	목
18	12/19	庚申	수
17	12/18	己未	화
16	12/17	戊午	월
15	12/16	丁巳	일
14	12/15	丙辰	토
13	12/14	乙卯	금
12	12/13	甲寅	목
11	12/12	癸丑	수
10	12/11	壬子	화
9	12/10	辛亥	월
8	12/9	庚戌	일
7	12/8	己酉	토
6	12/7	戊申	금
5	12/6	丁未	목
4	12/5	丙午	수
3	12/4	乙巳	화
2	12/3	甲辰	월
1	12/2	癸卯	일

12月大(辛丑) 소한

절기: 대한(음력 20) · 소한(음력 6)

순행(좌→우, 음력 30→1): 2 2 2 3 3 3 4 4 4 5 5 5 6 6 6 7 7 7 8 8 8 9 9 9 10 1 1 1 1 1
역행(좌→우): 8 8 8 7 7 7 6 6 6 5 5 5 4 4 4 3 3 3 2 2 2 1 1 1 9 9 9 9 9 9

음력	양력	일진	요일
30	1/30	壬寅	수
29	1/29	辛丑	화
28	1/28	庚子	월
27	1/27	己亥	일
26	1/26	戊戌	토
25	1/25	丁酉	금
24	1/24	丙申	목
23	1/23	乙未	수
22	1/22	甲午	화
21	1/21	癸巳	월
20	1/20	壬辰	일
19	1/19	辛卯	토
18	1/18	庚寅	금
17	1/17	己丑	목
16	1/16	戊子	수
15	1/15	丁亥	화
14	1/14	丙戌	월
13	1/13	乙酉	일
12	1/12	甲申	토
11	1/11	癸未	금
10	1/10	壬午	목
9	1/9	辛巳	수
8	1/8	庚辰	화
7	1/7	己卯	월
6	1/6	戊寅	일
5	1/5	丁丑	토
4	1/4	丙子	금
3	1/3	乙亥	목
2	1/2	甲戌	수
1	1/1	癸酉	화

재와 인수가 沖·원진이면 고부간에 만나기만 하면 싸운다.

상문 : 亥　대장군 : 南
조객 : 未　삼　재 : 寅午戌
삼살 : 東

丁酉年

서기 1957년
단기 4290년

1月大(壬寅)입춘

절기	우수(20) … 입춘(5)
음력	30 29 28 27 26 25 24 23 22 21 20 19 18 17 16 15 14 13 12 11 10 9 8 7 6 5 4 3 2 1
순행(卯)	2 2 3 3 4 4 5 5 5 6 6 6 7 7 7 8 8 8 9 9 10 … 1 1 1
역행(酉)	8 8 8 7 7 7 6 6 6 5 5 5 4 4 4 3 3 3 2 2 2 1 1 1 … 10 9 9
월	03 … 02 01
일	1 28 27 26 25 24 23 22 21 20 19 18 17 16 15 14 13 12 11 10 9 8 7 6 5 4 3 2 1 31
일진	壬申 辛未 庚午 己巳 戊辰 丁卯 丙寅 乙丑 甲子 癸亥 壬戌 辛酉 庚申 己未 戊午 丁巳 丙辰 乙卯 甲寅 癸丑 壬子 辛亥 庚戌 己酉 戊申 丁未 丙午 乙巳 甲辰 癸卯
요일	금 목 수 화 월 일 토 금 목 수 화 월 일 토 금 목 수 화 월 일 토 금 목 수 화 월 일 토 금 목

2月小(癸卯)경칩

절기	춘분(20) … 경칩(5)
음력	29 28 27 26 25 24 23 22 21 20 19 18 17 16 15 14 13 12 11 10 9 8 7 6 5 4 3 2 1
순행(卯)	2 2 3 3 3 4 4 4 5 5 6 6 6 7 7 7 8 8 9 9 9 10 … 1 1
역행(酉)	8 8 7 7 7 6 6 6 5 5 5 4 4 4 3 3 3 2 2 2 1 1 1 … 10 9
월	03
일	30 29 28 27 26 25 24 23 22 21 20 19 18 17 16 15 14 13 12 11 10 9 8 7 6 5 4 3 2
일진	辛丑 庚子 己亥 戊戌 丁酉 丙申 乙未 甲午 癸巳 壬辰 辛卯 庚寅 己丑 戊子 丁亥 丙戌 乙酉 甲申 癸未 壬午 辛巳 庚辰 己卯 戊寅 丁丑 丙子 乙亥 甲戌 癸酉
요일	토 금 목 수 화 월 일 토 금 목 수 화 월 일 토 금 목 수 화 월 일 토 금 목 수 화 월 일 토

3月大(甲辰)청명

절기	곡우(21) … 청명(6)
음력	30 29 28 27 26 25 24 23 22 21 20 19 18 17 16 15 14 13 12 11 10 9 8 7 6 5 4 3 2 1
순행(卯)	2 3 3 3 4 4 4 5 5 5 6 6 6 7 7 7 8 8 9 9 9 10 10 … 1 1 1 1 2
역행(酉)	8 8 7 7 7 6 6 6 5 5 5 4 4 4 3 3 3 2 2 2 1 1 1 … 10 9 9 8
월	04 03
일	29 28 27 26 25 24 23 22 21 20 19 18 17 16 15 14 13 12 11 10 9 8 7 6 5 4 3 2 1 31
일진	辛未 庚午 己巳 戊辰 丁卯 丙寅 乙丑 甲子 癸亥 壬戌 辛酉 庚申 己未 戊午 丁巳 丙辰 乙卯 甲寅 癸丑 壬子 辛亥 庚戌 己酉 戊申 丁未 丙午 乙巳 甲辰 癸卯 壬寅
요일	월 일 토 금 목 수 화 월 일 토 금 목 수 화 월 일 토 금 목 수 화 월 일 토 금 목 수 화 월 일

4月小(乙巳)입하

절기	소만(20) … 입하(7)
음력	29 28 27 26 25 24 23 22 21 20 19 18 17 16 15 14 13 12 11 10 9 8 7 6 5 4 3 2 1
순행(卯)	3 3 4 4 4 5 5 6 6 6 7 7 7 8 8 8 9 9 10 10 … 1 1 1 2 2
역행(酉)	7 7 6 6 6 5 5 5 4 4 4 3 3 3 2 2 2 1 1 … 10 9 9 8 8
월	05 04
일	28 27 26 25 24 23 22 21 20 19 18 17 16 15 14 13 12 11 10 9 8 7 6 5 4 3 2 1 30
일진	庚子 己亥 戊戌 丁酉 丙申 乙未 甲午 癸巳 壬辰 辛卯 庚寅 己丑 戊子 丁亥 丙戌 乙酉 甲申 癸未 壬午 辛巳 庚辰 己卯 戊寅 丁丑 丙子 乙亥 甲戌 癸酉 壬申
요일	화 월 일 토 금 목 수 화 월 일 토 금 목 수 화 월 일 토 금 목 수 화 월 일 토 금 목 수 화

5月大(丙午)망종

절기	하지(25) … 망종(9)
음력	30 29 28 27 26 25 24 23 22 21 20 19 18 17 16 15 14 13 12 11 10 9 8 7 6 5 4 3 2 1
순행(卯)	3 4 4 4 5 5 6 6 6 7 7 7 8 8 8 9 9 … 1 1 1 2 2 2 3
역행(酉)	7 7 6 6 6 5 5 5 4 4 4 3 3 3 2 2 2 1 1 … 10 10 9 9 8 8 7
월	06 05
일	27 26 25 24 23 22 21 20 19 18 17 16 15 14 13 12 11 10 9 8 7 6 5 4 3 2 1 31 30 29
일진	庚午 己巳 戊辰 丁卯 丙寅 乙丑 甲子 癸亥 壬戌 辛酉 庚申 己未 戊午 丁巳 丙辰 乙卯 甲寅 癸丑 壬子 辛亥 庚戌 己酉 戊申 丁未 丙午 乙巳 甲辰 癸卯 壬寅 辛丑
요일	목 수 화 월 일 토 금 목 수 화 월 일 토 금 목 수 화 월 일 토 금 목 수 화 월 일 토 금 목 수

6月小(丁未)소서

절기	대서(26) … 소서(10)
음력	29 28 27 26 25 24 23 22 21 20 19 18 17 16 15 14 13 12 11 10 9 8 7 6 5 4 3 2 1
순행(卯)	4 5 5 5 6 6 6 7 7 7 8 8 9 9 9 10 10 … 1 1 1 2 2 2 3 3
역행(酉)	6 6 5 5 5 4 4 4 3 3 3 2 2 … 10 10 9 9 8 8 7
월	07 06
일	26 25 24 23 22 21 20 19 18 17 16 15 14 13 12 11 10 9 8 7 6 5 4 3 2 1 30 29 28
일진	己亥 戊戌 丁酉 丙申 乙未 甲午 癸巳 壬辰 辛卯 庚寅 己丑 戊子 丁亥 丙戌 乙酉 甲申 癸未 壬午 辛巳 庚辰 己卯 戊寅 丁丑 丙子 乙亥 甲戌 癸酉 壬申 辛未
요일	금 목 수 화 월 일 토 금 목 수 화 월 일 토 금 목 수 화 월 일 토 금 목 수 화 월 일 토 금

사주에 인수가 刑·沖을 맞으면 그릇을 잘 깬다.

절기																													
29	28	27	26	25	24	23	22	21	20	19	18	17	16	15	14	13	12	11	10	9	8	7	6	5	4	3	2	1	음력
5	5	6	6	6	7	7	7	8	8	8	9	9	9	10	10		1	1	1	1	2	2	2	3	3	3	4	4	순행
5	5	5	4	4	4	3	3	3	2	2	2	1	1	1			10	10	10	9	9	9	8	8	8	7	7	7	역행

절기: 처서 / 입주(입추) — 월 07, 08

하단 간지: 戊辰 丁卯 丙寅 乙丑 甲子 癸亥 壬戌 辛酉 庚申 己未 戊午 丁巳 丙辰 乙卯 甲寅 癸丑 壬子 辛亥 庚戌 己酉 戊申 丁未 丙午 乙巳 甲辰 癸卯 壬寅 辛丑 庚子

절기: 추분 / 백로 — 월 09, 08

절기: 한로 — 월 10, 09

절기: 입동 / 상강 — 월 11, 10

절기: 대설 / 소설 — 월 12, 11

절기: 소한 / 동지 — 월 01, 12

절기: 입춘 / 대한 — 월 02, 01

우측 세로 표기: 7月小(戊申)입추 · 8月大(己酉)백로 · 윤8月小 · 9月大(庚戌)한로 · 10月小(辛亥)입동 · 11月大(壬子)대설 · 12月大(癸丑)소한

사주에 財가 약하고 인수가 강하면 며느리를 못살게 볶는다.

상문 : 子　대장군 : 南
조객 : 申　삼　재 : 寅午戌
삼살 : 北

戊戌年

서기 1958년
단기 4291년

1月小(甲寅)입춘

절기: 경칩 (16) · 우수 (1)

음력	29 28 27 26 25 24 23 22 21 20 19 18 17 **16** 15 14 13 12 11 10 9 8 7 6 5 4 3 2 1
순행(묘운)	6 6 6 7 7 7 8 8 8 9 9 9 10	1 1 1 1 2 2 2 3 3 3 4 4 4 5 5
역행(묘운)	4 4 4 3 3 3 2 2 2 1 1 1	10 9 9 9 8 8 8 7 7 7 6 6 6 5 5
월(양둔)	03 … 02
일	19 18 17 16 15 14 13 12 11 10 9 8 7 6 5 4 3 2 1 28 27 26 25 24 23 22 21 20
일진	乙 甲 癸 壬 辛 庚 己 戊 丁 丙 乙 甲 癸 壬 辛 庚 己 戊 丁 丙 乙 甲 癸 壬 辛 庚 己 戊 丁
	未 午 巳 辰 卯 寅 丑 子 亥 戌 酉 申 未 午 巳 辰 卯 寅 丑 子 亥 戌 酉 申 未 午 巳 辰 卯
요일	수 화 월 일 토 금 목 수 화 월 일 토 금 목 수 화 월 일 토 금 목 수 화 월 일 토 금 목 수

2月大(乙卯)경칩

절기: 청명 (17) · 춘분 (2)

음력	30 29 28 27 26 25 24 23 22 21 20 19 18 **17** 16 15 14 13 12 11 10 9 8 7 6 5 4 3 2 1
순행(묘운)	6 6 7 7 7 8 8 8 9 9 9 10 10	1 1 1 1 2 2 2 3 3 3 4 4 4 5 5 5
역행(묘운)	4 4 3 3 3 2 2 2 1 1 1	10 9 9 9 8 8 8 7 7 7 6 6 6 5 5 5
월(양둔)	04 … 03
일	18 17 16 15 14 13 12 11 10 9 8 7 6 5 4 3 2 1 31 30 29 28 27 26 25 24 23 22 21 20
일진	乙 甲 癸 壬 辛 庚 己 戊 丁 丙 乙 甲 癸 壬 辛 庚 己 戊 丁 丙 乙 甲 癸 壬 辛 庚 己 戊 丁 丙
	丑 子 亥 戌 酉 申 未 午 巳 辰 卯 寅 丑 子 亥 戌 酉 申 未 午 巳 辰 卯 寅 丑 子 亥 戌 酉 申
요일	금 목 수 화 월 일 토 금 목 수 화 월 일 토 금 목 수 화 월 일 토 금 목 수 화 월 일 토 금 목

3月大(丙辰)청명

절기: 입하 (18) · 곡우 (2)

음력	30 29 28 27 26 25 24 23 22 21 20 19 **18** 17 16 15 14 13 12 11 10 9 8 7 6 5 4 3 2 1
순행(묘운)	6 7 7 7 8 8 8 9 9 9 10 10	1 1 1 1 2 2 2 3 3 3 4 4 4 5 5 5
역행(묘운)	4 3 3 3 2 2 2 1 1 1	10 10 9 9 8 8 8 7 7 7 6 6 6 5 5 5
월(양둔)	05 … 04
일	18 17 16 15 14 13 12 11 10 9 8 7 6 5 4 3 2 1 30 29 28 27 26 25 24 23 22 21 20 19
일진	乙 甲 癸 壬 辛 庚 己 戊 丁 丙 乙 甲 癸 壬 辛 庚 己 戊 丁 丙 乙 甲 癸 壬 辛 庚 己 戊 丁 丙
	未 午 巳 辰 卯 寅 丑 子 亥 戌 酉 申 未 午 巳 辰 卯 寅 丑 子 亥 戌 酉 申 未 午 巳 辰 卯 寅
요일	토 금 목 수 화 월 일 토 금 목 수 화 월 일 토 금 목 수 화 월 일 토 금 목 수 화 월 일 토 금

4月小(丁巳)입하

절기: 망종 (19) · 소만 (3)

음력	29 28 27 26 25 24 23 22 21 20 **19** 18 17 16 15 14 13 12 11 10 9 8 7 6 5 4 3 2 1
순행(묘운)	7 8 8 8 9 9 9 10 10	1 1 1 2 2 2 3 3 3 4 4 4 5 5 5 6 6
역행(묘운)	3 3 3 2 2 2 1 1 1	10 10 9 9 8 8 8 7 7 7 6 6 6 5 5 5
월(양둔)	06 … 05
일	16 15 14 13 12 11 10 9 8 7 6 5 4 3 2 1 31 30 29 28 27 26 25 24 23 22 21 20 19
일진	甲 癸 壬 辛 庚 己 戊 丁 丙 乙 甲 癸 壬 辛 庚 己 戊 丁 丙 乙 甲 癸 壬 辛 庚 己 戊 丁 丙
	子 亥 戌 酉 申 未 午 巳 辰 卯 寅 丑 子 亥 戌 酉 申 未 午 巳 辰 卯 寅 丑 子 亥 戌 酉 申
요일	월 일 토 금 목 수 화 월 일 토 금 목 수 화 월 일 토 금 목 수 화 월 일 토 금 목 수 화 월

5月大(戊午)망종

절기: 소서 (22) · 하지 (7)

음력	30 29 28 27 26 25 24 23 **22** 21 20 19 18 17 16 15 14 13 12 11 10 9 8 **7** 6 5 4 3 2 1
순행(묘운)	8 8 8 9 9 9 10	1 1 1 1 2 2 2 3 3 3 4 4 4 5 5 6 6 6 7 7
역행(묘운)	3 2 2 2 1 1 1	10 9 9 9 8 8 8 7 7 7 6 6 6 5 5 5 4 4 4
월(양둔)	07 … 06
일	16 15 14 13 12 11 10 9 8 7 6 5 4 3 2 1 31 30 29 28 27 26 25 24 23 22 21 20 19 18
일진	甲 癸 壬 辛 庚 己 戊 丁 丙 乙 甲 癸 壬 辛 庚 己 戊 丁 丙 乙 甲 癸 壬 辛 庚 己 戊 丁 丙 乙
	午 巳 辰 卯 寅 丑 子 亥 戌 酉 申 未 午 巳 辰 卯 寅 丑 子 亥 戌 酉 申 未 午 巳 辰 卯 寅 丑
요일	수 화 월 일 토 금 목 수 화 월 일 토 금 목 수 화 월 일 토 금 목 수 화 월 일 토 금 목 수 화

6月大(己未)소서

절기: 입추 (23) · 대서 (7)

음력	29 28 27 26 25 24 **23** 22 21 20 19 18 17 16 15 14 13 12 11 10 9 8 **7** 6 5 4 3 2 1
순행(묘운)	8 9 9 9 10 10	1 1 1 2 2 2 3 3 3 4 4 4 5 5 5 6 6 6 7 7 7
역행(묘운)	2 2 1 1 1	10 10 9 9 8 8 8 7 7 7 6 6 6 5 5 5 4 4 4 3 3 3
월(양둔)	08 … 07
일	14 13 12 11 10 9 8 7 6 5 4 3 2 1 30 29 28 27 26 25 24 23 22 21 20 19 18 17 16
일진	癸 壬 辛 庚 己 戊 丁 丙 乙 甲 癸 壬 辛 庚 己 戊 丁 丙 乙 甲 癸 壬 辛 庚 己 戊 丁 丙 乙
	亥 戌 酉 申 未 午 巳 辰 卯 寅 丑 子 亥 戌 酉 申 未 午 巳 辰 卯 寅 丑 子 亥 戌 酉 申 未
요일	목 수 화 월 일 토 금 목 수 화 월 일 토 금 목 수 화 월 일 토 금 목 수 화 월 일 토 금 목

사주에 財가 약한데 식신·상관을 돕는 것이 없으면 처가가 패망한다.

7月小(庚申)입추

절기	백로 … 처서
음력	29 28 27 26 **25** 24 23 22 21 20 19 18 17 16 15 14 13 12 11 **10** 9 8 7 6 5 4 3 2 1
순행	9 9 10 10 1 1 1 1 2 2 2 3 3 3 4 4 4 5 5 6 6 6 7 7 7 8 8 8 8
역행	1 1 1 1 10 10 9 9 9 8 8 8 7 7 7 6 6 6 5 5 5 4 4 4 3 3 3 2
월	09 … 08
일	12 11 10 9 8 7 6 5 4 3 2 1 31 30 29 28 27 26 25 24 23 22 21 20 19 18 17 16 15
일진	壬 辛 庚 己 戊 丁 丙 乙 甲 癸 壬 辛 庚 己 戊 丁 丙 乙 甲 癸 壬 辛 庚 己 戊 丁 丙 乙 甲
	辰 卯 寅 丑 子 亥 戌 酉 申 未 午 巳 辰 卯 寅 丑 子 亥 戌 酉 申 未 午 巳 辰 卯 寅 丑 子
요일	금 목 수 화 월 일 토 금 목 수 화 월 일 토 금 목 수 화 월 일 토 금 목 수 화 월 일 토 금

8月大(辛酉)백로

절기	한로 … 추분
음력	30 29 28 **27** 26 25 24 23 22 21 20 19 18 17 16 15 14 13 12 **11** 10 9 8 7 6 5 4 3 2 1
순행	9 9 10 1 1 1 1 2 2 2 3 3 3 4 4 4 5 5 5 6 6 6 7 7 7 8 8 8 9
역행	1 1 1 10 10 9 9 9 8 8 8 7 7 7 6 6 6 5 5 5 4 4 4 3 3 3 2 2 2
월	10 … 09
일	12 11 10 9 8 7 6 5 4 3 2 1 30 29 28 27 26 25 24 23 22 21 20 19 18 17 16 15 14 13
일진	壬 辛 庚 己 戊 丁 丙 乙 甲 癸 壬 辛 庚 己 戊 丁 丙 乙 甲 癸 壬 辛 庚 己 戊 丁 丙 乙 甲 癸
	戌 酉 申 未 午 巳 辰 卯 寅 丑 子 亥 戌 酉 申 未 午 巳 辰 卯 寅 丑 子 亥 戌 酉 申 未 午 巳
요일	일 토 금 목 수 화 월 일 토 금 목 수 화 월 일 토 금 목 수 화 월 일 토 금 목 수 화 월 일 토

9月小(壬戌)한로

절기	입동 … 상강
음력	29 28 **27** 26 25 24 23 22 21 20 19 18 17 16 15 14 13 **12** 11 10 9 8 7 6 5 4 3 2 1
순행	9 9 1 1 1 1 2 2 2 3 3 3 4 4 4 5 5 6 6 6 7 7 7 8 8
역행	1 1 10 9 9 9 8 8 8 7 7 7 6 6 6 5 5 5 4 4 4 3 3 3 2 2 2 1
월	11 … 10
일	10 9 8 7 6 5 4 3 2 1 31 30 29 28 27 26 25 24 23 22 21 20 19 18 17 16 15 14 13
일진	辛 庚 己 戊 丁 丙 乙 甲 癸 壬 辛 庚 己 戊 丁 丙 乙 甲 癸 壬 辛 庚 己 戊 丁 丙 乙 甲 癸
	卯 寅 丑 子 亥 戌 酉 申 未 午 巳 辰 卯 寅 丑 子 亥 戌 酉 申 未 午 巳 辰 卯 寅 丑 子 亥
요일	월 일 토 금 목 수 화 월 일 토 금 목 수 화 월 일 토 금 목 수 화 월 일 토 금 목 수 화 월

10月大(癸亥)입동

절기	대설 … 소설
음력	30 29 28 **27** 26 25 24 23 22 21 20 19 18 17 16 15 14 **13** 12 11 10 9 8 7 6 5 4 3 2 1
순행	9 9 10 1 1 1 1 2 2 2 3 3 3 4 4 4 5 5 6 6 6 7 7 7 8 8 8 9
역행	1 1 1 10 9 9 9 8 8 8 7 7 7 6 6 6 5 5 5 4 4 4 3 3 3 2 2 1 1
월	12 … 11
일	10 9 8 7 6 5 4 3 2 1 30 29 28 27 26 25 24 23 22 21 20 19 18 17 16 15 14 13 12 11
일진	辛 庚 己 戊 丁 丙 乙 甲 癸 壬 辛 庚 己 戊 丁 丙 乙 甲 癸 壬 辛 庚 己 戊 丁 丙 乙 甲 癸 壬
	酉 申 未 午 巳 辰 卯 寅 丑 子 亥 戌 酉 申 未 午 巳 辰 卯 寅 丑 子 亥 戌 酉 申 未 午 巳 辰
요일	수 화 월 일 토 금 목 수 화 월 일 토 금 목 수 화 월 일 토 금 목 수 화 월 일 토 금 목 수 화

11月小(甲子)대설

절기	소한 … 동지
음력	29 28 **27** 26 25 24 23 22 21 20 19 18 17 16 15 14 13 **12** 11 10 9 8 7 6 5 4 3 2 1
순행	9 9 1 1 1 1 2 2 2 3 3 3 4 4 5 5 6 6 6 7 7 7 8 8 8 9
역행	1 1 10 9 9 9 8 8 8 7 7 7 6 6 6 5 5 5 4 4 4 3 3 3 2 2 2 1
월	01 … 12
일	8 7 6 5 4 3 2 1 31 30 29 28 27 26 25 24 23 22 21 20 19 18 17 16 15 14 13 12 11
일진	庚 己 戊 丁 丙 乙 甲 癸 壬 辛 庚 己 戊 丁 丙 乙 甲 癸 壬 辛 庚 己 戊 丁 丙 乙 甲 癸 壬
	寅 丑 子 亥 戌 酉 申 未 午 巳 辰 卯 寅 丑 子 亥 戌 酉 申 未 午 巳 辰 卯 寅 丑 子 亥 戌
요일	목 수 화 월 일 토 금 목 수 화 월 일 토 금 목 수 화 월 일 토 금 목 수 화 월 일 토 금 목

12月大(乙丑)소한

절기	입춘 … 대한
음력	30 29 28 **27** 26 25 24 23 22 21 20 19 18 17 16 15 14 **13** 12 11 10 9 8 7 6 5 4 3 2 1
순행	9 9 10 1 1 1 2 2 2 3 3 3 4 4 5 5 6 6 6 7 7 7 8 8 8 9
역행	1 1 1 9 9 9 8 8 8 7 7 7 6 6 6 5 5 5 4 4 4 3 3 3 2 2 2 1 1
월	02 … 01
일	7 6 5 4 3 2 1 31 30 29 28 27 26 25 24 23 22 21 20 19 18 17 16 15 14 13 12 11 10 9
일진	庚 己 戊 丁 丙 乙 甲 癸 壬 辛 庚 己 戊 丁 丙 乙 甲 癸 壬 辛 庚 己 戊 丁 丙 乙 甲 癸 壬 辛
	申 未 午 巳 辰 卯 寅 丑 子 亥 戌 酉 申 未 午 巳 辰 卯 寅 丑 子 亥 戌 酉 申 未 午 巳 辰 卯
요일	토 금 목 수 화 월 일 토 금 목 수 화 월 일 토 금 목 수 화 월 일 토 금 목 수 화 월 일 토 금

사주에 財가 많고 인수가 약하면 며느리가 시어머니를 못살게 볶는다.

상문 : 丑　대장군 : 西
조객 : 酉　삼　재 : 巳酉丑
삼살 : 西

己亥年

1月小(丙寅)입춘

절기	경칩																	우수											
음력	29	28	27	26	25	24	23	22	21	20	19	18	17	16	15	14	13	12	11	10	9	8	7	6	5	4	3	2	1
순행	9	10		1	1	1	1	2	2	2	3	3	4	4	4	5	5	5	6	6	6	7	7	7	8	8	8	9	
역행	1	1		10	9	9	9	8	8	8	7	7	7	6	6	6	5	5	5	4	4	4	3	3	3	2	2	2	1
월			03																									02	
일	8	7	6	5	4	3	2	1	28	27	26	25	24	23	22	21	20	19	18	17	16	15	14	13	12	11	10	9	8
일진	己丑	戊子	丁亥	丙戌	乙酉	甲申	癸未	壬午	辛巳	庚辰	己卯	戊寅	丁丑	丙子	乙亥	甲戌	癸酉	壬申	辛未	庚午	己巳	戊辰	丁卯	丙寅	乙丑	甲子	癸亥	壬戌	辛酉
요일	일	토	금	목	수	화	월	일	토	금	목	수	화	월	일	토	금	목	수	화	월	일	토	금	목	수	화	월	일

2月大(丁卯)경칩

절기	청명																춘분													
음력	30	29	28	27	26	25	24	23	22	21	20	19	18	17	16	15	14	13	12	11	10	9	8	7	6	5	4	3	2	1
순행	10	10		1	1	1	1	2	2	2	3	3	3	4	4	4	5	5	6	6	6	7	7	7	8	8	8	9	
역행	1	1		10	9	9	9	8	8	8	7	7	7	6	6	6	5	5	5	4	4	4	3	3	3	2	2	2	1
월				04																								03	
일	7	6	5	4	3	2	1	31	30	29	28	27	26	25	24	23	22	21	20	19	18	17	16	15	14	13	12	11	10	9
일진	己未	戊午	丁巳	丙辰	乙卯	甲寅	癸丑	壬子	辛亥	庚戌	己酉	戊申	丁未	丙午	乙巳	甲辰	癸卯	壬寅	辛丑	庚子	己亥	戊戌	丁酉	丙申	乙未	甲午	癸巳	壬辰	辛卯	庚寅
요일	화	월	일	토	금	목	수	화	월	일	토	금	목	수	화	월	일	토	금	목	수	화	월	일	토	금	목	수	화	월

3月大(戊辰)청명

절기	입하															곡우														
음력	30	29	28	27	26	25	24	23	22	21	20	19	18	17	16	15	14	13	12	11	10	9	8	7	6	5	4	3	2	1
순행	10		1	1	1	1	2	2	2	3	3	3	4	4	4	5	5	5	6	6	7	7	7	8	8	8	9	9	9	
역행	1		10	9	9	9	8	8	8	7	7	7	6	6	6	5	5	5	4	4	4	3	3	3	2	2	2	1	1
월				05																								04	
일	7	6	5	4	3	2	1	30	29	28	27	26	25	24	23	22	21	20	19	18	17	16	15	14	13	12	11	10	9	8
일진	己丑	戊子	丁亥	丙戌	乙酉	甲申	癸未	壬午	辛巳	庚辰	己卯	戊寅	丁丑	丙子	乙亥	甲戌	癸酉	壬申	辛未	庚午	己巳	戊辰	丁卯	丙寅	乙丑	甲子	癸亥	壬戌	辛酉	庚申
요일	목	수	화	월	일	토	금	목	수	화	월	일	토	금	목	수	화	월	일	토	금	목	수	화	월	일	토	금	목	수

4月小(己巳)입하

절기														소만																
음력	29	28	27	26	25	24	23	22	21	20	19	18	17	16	15	14	13	12	11	10	9	8	7	6	5	4	3	2	1
순행	1	1	1	1	2	2	2	3	3	3	4	4	4	5	5	6	6	6	7	7	7	8	8	8	9	9	9	10	
역행	10	10	9	9	9	8	8	8	7	7	7	6	6	6	5	5	5	4	4	4	3	3	3	2	2	2	1	1
월			06																								05	
일	5	4	3	2	1	31	30	29	28	27	26	25	24	23	22	21	20	19	18	17	16	15	14	13	12	11	10	9	8
일진	戊午	丁巳	丙辰	乙卯	甲寅	癸丑	壬子	辛亥	庚戌	己酉	戊申	丁未	丙午	乙巳	甲辰	癸卯	壬寅	辛丑	庚子	己亥	戊戌	丁酉	丙申	乙未	甲午	癸巳	壬辰	辛卯	庚寅
요일	금	목	수	화	월	일	토	금	목	수	화	월	일	토	금	목	수	화	월	일	토	금	목	수	화	월	일	토	금

5月大(庚午)망종

절기	하지													망종																
음력	30	29	28	27	26	25	24	23	22	21	20	19	18	17	16	15	14	13	12	11	10	9	8	7	6	5	4	3	2	1
순행	1	1	2	2	2	3	3	4	4	4	5	5	5	6	6	6	7	7	7	8	8	8	9	9	9	10	10	10	
역행	10	9	9	8	8	8	7	7	7	6	6	6	5	5	5	4	4	4	3	3	3	2	2	2	1	1	1	
월				07																								06	
일	5	4	3	2	1	30	29	28	27	26	25	24	23	22	21	20	19	18	17	16	15	14	13	12	11	10	9	8	7	6
일진	戊子	丁亥	丙戌	乙酉	甲申	癸未	壬午	辛巳	庚辰	己卯	戊寅	丁丑	丙子	乙亥	甲戌	癸酉	壬申	辛未	庚午	己巳	戊辰	丁卯	丙寅	乙丑	甲子	癸亥	壬戌	辛酉	庚申	己未
요일	일	토	금	목	수	화	월	일	토	금	목	수	화	월	일	토	금	목	수	화	월	일	토	금	목	수	화	월	일	토

6月小(辛未)소서

절기											대서												소서							
음력	29	28	27	26	25	24	23	22	21	20	19	18	17	16	15	14	13	12	11	10	9	8	7	6	5	4	3	2	1
순행	2	2	2	3	3	3	4	4	5	5	5	6	6	6	7	7	7	8	8	8	9	9	9	10	10	10		
역행	9	8	8	8	7	7	6	6	6	5	5	5	4	4	4	3	3	3	2	2	2	1	1	1		10	10
월			08																									07	
일	3	2	1	31	30	29	28	27	26	25	24	23	22	21	20	19	18	17	16	15	14	13	12	11	10	9	8	7	6
일진	丁巳	丙辰	乙卯	甲寅	癸丑	壬子	辛亥	庚戌	己酉	戊申	丁未	丙午	乙巳	甲辰	癸卯	壬寅	辛丑	庚子	己亥	戊戌	丁酉	丙申	乙未	甲午	癸巳	壬辰	辛卯	庚寅	己丑
요일	금	목	수	화	월	일	토	금	목	수	화	월	일	토	금	목	수	화	월	일	토	금	목	수	화	월	일	토	금

일주나 시주에 인수와 도화가 함께 있으면 처갓집을 도와줄 팔자다.

7月大(庚申)입추

절기: 처서 (21), 입추 (5)

음력	30	29	28	27	26	25	24	23	22	21	20	19	18	17	16	15	14	13	12	11	10	9	8	7	6	5	4	3	2	1
순행	2	2	3	3	3	4	4	4	5	5	5	6	6	6	7	7	7	8	8	8	9	9	9	10	10			1	1	1	1
역행	8	8	8	7	7	7	6	6	6	5	5	5	4	4	4	3	3	3	2	2	2	1	1	1		10	10	9	9	
월	09																									08				
일	2	1	31	30	29	28	27	26	25	24	23	22	21	20	19	18	17	16	15	14	13	12	11	10	9	8	7	6	5	4
일진	丁亥	丙戌	乙酉	甲申	癸未	壬午	辛巳	庚辰	己卯	戊寅	丁丑	丙子	乙亥	甲戌	癸酉	壬申	辛未	庚午	己巳	戊辰	丁卯	丙寅	乙丑	甲子	癸亥	壬戌	辛酉	庚申	己未	戊午
요일	수	화	월	일	토	금	목	수	화	월	일	토	금	목	수	화	월	일	토	금	목	수	화	월	일	토	금	목	수	화

8月小(癸酉)백로

절기: 추분 (22), 백로 (6)

음력	29	28	27	26	25	24	23	22	21	20	19	18	17	16	15	14	13	12	11	10	9	8	7	6	5	4	3	2	1
순행	3	3	3	4	4	4	5	5	5	6	6	6	7	7	7	8	8	8	9	9	9	10	10		1	1	1	1	2
역행	8	7	7	7	6	6	6	5	5	5	4	4	4	3	3	3	2	2	2	1	1	1		10	10	9	9		
월	10																								09				
일	1	30	29	28	27	26	25	24	23	22	21	20	19	18	17	16	15	14	13	12	11	10	9	8	7	6	5	4	3
일진	丙辰	乙卯	甲寅	癸丑	壬子	辛亥	庚戌	己酉	戊申	丁未	丙午	乙巳	甲辰	癸卯	壬寅	辛丑	庚子	己亥	戊戌	丁酉	丙申	乙未	甲午	癸巳	壬辰	辛卯	庚寅	己丑	戊子
요일	목	수	화	월	일	토	금	목	수	화	월	일	토	금	목	수	화	월	일	토	금	목	수	화	월	일	토	금	목

9月大(甲戌)한로

절기: 상강 (23), 한로 (8)

음력	30	29	28	27	26	25	24	23	22	21	20	19	18	17	16	15	14	13	12	11	10	9	8	7	6	5	4	3	2	1
순행	3	3	3	4	4	4	5	5	6	6	6	7	7	7	8	8	8	9	9	9		1	1	1	1	2	2	2		
역행	7	7	7	6	6	6	5	5	5	4	4	4	3	3	3	2	2	2	1	1	1	10	10	9	9	9	8			
월																						10								
일	31	30	29	28	27	26	25	24	23	22	21	20	19	18	17	16	15	14	13	12	11	10	9	8	7	6	5	4	3	2
일진	丙戌	乙酉	甲申	癸未	壬午	辛巳	庚辰	己卯	戊寅	丁丑	丙子	乙亥	甲戌	癸酉	壬申	辛未	庚午	己巳	戊辰	丁卯	丙寅	乙丑	甲子	癸亥	壬戌	辛酉	庚申	己未	戊午	丁巳
요일	토	금	목	수	화	월	일	토	금	목	수	화	월	일	토	금	목	수	화	월	일	토	금	목	수	화	월	일	토	금

10月小(乙亥)입동

절기: 소설 (23), 입동 (8)

음력	29	28	27	26	25	24	23	22	21	20	19	18	17	16	15	14	13	12	11	10	9	8	7	6	5	4	3	2	1
순행	3	4	4	4	5	5	5	6	6	7	7	7	8	8	8	9	9	9		1	1	1	1	2	2	2			
역행	7	7	7	6	6	6	5	5	5	4	4	4	3	3	3	2	2	2	1	1	1	10	9	9	9	8	8		
월																						11							
일	29	28	27	26	25	24	23	22	21	20	19	18	17	16	15	14	13	12	11	10	9	8	7	6	5	4	3	2	1
일진	乙卯	甲寅	癸丑	壬子	辛亥	庚戌	己酉	戊申	丁未	丙午	乙巳	甲辰	癸卯	壬寅	辛丑	庚子	己亥	戊戌	丁酉	丙申	乙未	甲午	癸巳	壬辰	辛卯	庚寅	己丑	戊子	丁亥
요일	일	토	금	목	수	화	월	일	토	금	목	수	화	월	일	토	금	목	수	화	월	일	토	금	목	수	화	월	일

11月大(丙子)대설

절기: 동지 (23), 대설 (9)

음력	30	29	28	27	26	25	24	23	22	21	20	19	18	17	16	15	14	13	12	11	10	9	8	7	6	5	4	3	2	1
순행	3	3	3	4	4	4	5	5	6	6	6	7	7	7	8	8	9	9	9		1	1	1	1	2	2	2			3
역행	7	7	6	6	6	5	5	5	4	4	4	3	3	3	2	2	2	1	1	1	10	9	9	8	8	8	7			
월																					12	11								
일	29	28	27	26	25	24	23	22	21	20	19	18	17	16	15	14	13	12	11	10	9	8	7	6	5	4	3	2	1	30
일진	乙酉	甲申	癸未	壬午	辛巳	庚辰	己卯	戊寅	丁丑	丙子	乙亥	甲戌	癸酉	壬申	辛未	庚午	己巳	戊辰	丁卯	丙寅	乙丑	甲子	癸亥	壬戌	辛酉	庚申	己未	戊午	丁巳	丙辰
요일	화	월	일	토	금	목	수	화	월	일	토	금	목	수	화	월	일	토	금	목	수	화	월	일	토	금	목	수	화	월

12月小(丁丑)소한

절기: 대한 (23), 소한 (8)

음력	29	28	27	26	25	24	23	22	21	20	19	18	17	16	15	14	13	12	11	10	9	8	7	6	5	4	3	2	1
순행	3	3	4	4	4	5	5	5	6	6	7	7	7	8	8	9	9	9		1	1	1	1	2	2	2			
역행	7	7	6	6	6	5	5	5	4	4	4	3	3	3	2	2	2	1	1	1	10	9	9	8	8	8	7		
월																						01						12	
일	27	26	25	24	23	22	21	20	19	18	17	16	15	14	13	12	11	10	9	8	7	6	5	4	3	2	1	31	30
일진	甲寅	癸丑	壬子	辛亥	庚戌	己酉	戊申	丁未	丙午	乙巳	甲辰	癸卯	壬寅	辛丑	庚子	己亥	戊戌	丁酉	丙申	乙未	甲午	癸巳	壬辰	辛卯	庚寅	己丑	戊子	丁亥	丙戌
요일	수	화	월	일	토	금	목	수	화	월	일	토	금	목	수	화	월	일	토	금	목	수	화	월	일	토	금	목	수

사주 내 日柱가 약하면 단명할 팔자이다.

상문 : 寅   대장군 : 酉
조객 : 戌   삼   재 : 巳酉丑
삼살 : 南

庚子年

서기 1960년
단기 4293년

1月大(戊寅)입춘

절기	우수							입춘																						
음력	30	29	28	27	26	25	24	23	22	21	20	19	18	17	16	15	14	13	12	11	10	9	8	7	6	5	4	3	2	1
순행	3	3	3	4	4	4	5	5	5	6	6	6	7	7	7	8	8	8	9	9	9		1	1	1	1	2	2	2	3
역행	7	7	6	6	6	5	5	5	4	4	4	3	3	3	2	2	2	1	1	1		10	9	9	9	8	8	8	7	
월													02											01						
일	26	25	24	23	22	21	20	19	18	17	16	15	14	13	12	11	10	9	8	7	6	5	4	3	2	1	31	30	29	28
일진	甲申	癸未	壬午	辛巳	庚辰	己卯	戊寅	丁丑	丙子	乙亥	甲戌	癸酉	壬申	辛未	庚午	己巳	戊辰	丁卯	丙寅	乙丑	甲子	癸亥	壬戌	辛酉	庚申	己未	戊午	丁巳	丙辰	乙卯
요일	금	목	수	화	월	일	토	금	목	수	화	월	일	토	금	목	수	화	월	일	토	금	목	수	화	월	일	토	금	목

2月小(己卯)경칩

절기	춘분							경칩																					
음력	29	28	27	26	25	24	23	22	21	20	19	18	17	16	15	14	13	12	11	10	9	8	7	6	5	4	3	2	1
순행	3	4	4	4	5	5	5	6	6	6	7	7	7	8	8	8	9	9	9	10	10		1	1	1	1	2	2	2
역행	7	7	6	6	6	5	5	5	4	4	4	3	3	3	2	2	2	1	1	1		10	9	9	9	8	8	8	7
월												03										02							
일	26	25	24	23	22	21	20	19	18	17	16	15	14	13	12	11	10	9	8	7	6	5	4	3	2	1	29	28	27
일진	癸丑	壬子	辛亥	庚戌	己酉	戊申	丁未	丙午	乙巳	甲辰	癸卯	壬寅	辛丑	庚子	己亥	戊戌	丁酉	丙申	乙未	甲午	癸巳	壬辰	辛卯	庚寅	己丑	戊子	丁亥	丙戌	乙酉
요일	토	금	목	수	화	월	일	토	금	목	수	화	월	일	토	금	목	수	화	월	일	토	금	목	수	화	월	일	토

3月大(庚辰)청명

절기	곡우							청명																						
음력	30	29	28	27	26	25	24	23	22	21	20	19	18	17	16	15	14	13	12	11	10	9	8	7	6	5	4	3	2	1
순행	3	4	4	4	5	5	5	6	6	6	7	7	7	8	8	9	9	9	10		1	1	1	1	2	2	2	3	3	
역행	7	6	6	6	5	5	5	4	4	4	3	3	3	2	2	2	1	1	1		10	10	9	9	9	8	8	8	7	
월													04											03						
일	25	24	23	22	21	20	19	18	17	16	15	14	13	12	11	10	9	8	7	6	5	4	3	2	1	31	30	29	28	27
일진	癸未	壬午	辛巳	庚辰	己卯	戊寅	丁丑	丙子	乙亥	甲戌	癸酉	壬申	辛未	庚午	己巳	戊辰	丁卯	丙寅	乙丑	甲子	癸亥	壬戌	辛酉	庚申	己未	戊午	丁巳	丙辰	乙卯	甲寅
요일	월	일	토	금	목	수	화	월	일	토	금	목	수	화	월	일	토	금	목	수	화	월	일	토	금	목	수	화	월	일

4月小(辛巳)입하

절기	소만							입하																					
음력	29	28	27	26	25	24	23	22	21	20	19	18	17	16	15	14	13	12	11	10	9	8	7	6	5	4	3	2	1
순행	4	5	5	5	6	6	6	7	7	7	8	8	8	9	9	9	10	10	10		1	1	1	1	2	2	2	3	3
역행	6	6	5	5	5	4	4	4	3	3	3	2	2	2	1	1	1		10	9	9	9	8	8	8	7	7		
월												05										04							
일	24	23	22	21	20	19	18	17	16	15	14	13	12	11	10	9	8	7	6	5	4	3	2	1	30	29	28	27	26
일진	壬子	辛亥	庚戌	己酉	戊申	丁未	丙午	乙巳	甲辰	癸卯	壬寅	辛丑	庚子	己亥	戊戌	丁酉	丙申	乙未	甲午	癸巳	壬辰	辛卯	庚寅	己丑	戊子	丁亥	丙戌	乙酉	甲申
요일	화	월	일	토	금	목	수	화	월	일	토	금	목	수	화	월	일	토	금	목	수	화	월	일	토	금	목	수	화

5月大(壬午)망종

절기	하지							망종																						
음력	30	29	28	27	26	25	24	23	22	21	20	19	18	17	16	15	14	13	12	11	10	9	8	7	6	5	4	3	2	1
순행	5	5	5	6	6	6	7	7	7	8	8	8	9	9	9	10	10		1	1	1	2	2	2	3	3	3	4	4	
역행	6	6	5	5	5	4	4	4	3	3	3	2	2	2	1	1	1		10	10	9	9	9	8	8	8	7	7	7	
월													06											05						
일	23	22	21	20	19	18	17	16	15	14	13	12	11	10	9	8	7	6	5	4	3	2	1	31	30	29	28	27	26	25
일진	壬午	辛巳	庚辰	己卯	戊寅	丁丑	丙子	乙亥	甲戌	癸酉	壬申	辛未	庚午	己巳	戊辰	丁卯	丙寅	乙丑	甲子	癸亥	壬戌	辛酉	庚申	己未	戊午	丁巳	丙辰	乙卯	甲寅	癸丑
요일	목	수	화	월	일	토	금	목	수	화	월	일	토	금	목	수	화	월	일	토	금	목	수	화	월	일	토	금	목	수

6月大(癸未)소서

절기	대서							소서																						
음력	30	29	28	27	26	25	24	23	22	21	20	19	18	17	16	15	14	13	12	11	10	9	8	7	6	5	4	3	2	1
순행	5	6	6	6	7	7	7	8	8	8	9	9	9	10	10		1	1	1	2	2	2	3	3	3	4	4	4		
역행	5	5	5	4	4	4	3	3	3	2	2	2	1	1	1		10	10	9	9	9	8	8	8	7	7	7	6	6	
월													07											06						
일	23	22	21	20	19	18	17	16	15	14	13	12	11	10	9	8	7	6	5	4	3	2	1	31	30	29	28	27	26	25	24
일진	壬子	辛亥	庚戌	己酉	戊申	丁未	丙午	乙巳	甲辰	癸卯	壬寅	辛丑	庚子	己亥	戊戌	丁酉	丙申	乙未	甲午	癸巳	壬辰	辛卯	庚寅	己丑	戊子	丁亥	丙戌	乙酉	甲申	癸未
요일	토	금	목	수	화	월	일	토	금	목	수	화	월	일	토	금	목	수	화	월	일	토	금	목	수	화	월	일	토	금

財가 식신 또는 상관과 合이된 사주는 처갓집을 도와준다.

윤8月小

절기															입추														
음력	29	28	27	26	25	24	23	22	21	20	19	18	17	16	15	14	13	12	11	10	9	8	7	6	5	4	3	2	1
순행	6	6	7	7	7	8	8	8	9	9	9	10	10	10		1	1	1	1	2	2	2	3	3	3	4	4	4	5
역행	5	4	4	4	3	3	3	2	2	2	1	1	1	1		10	10	9	9	9	8	8	8	7	7	7	6	6	6
월(양력)																					08								07
일	21	20	19	18	17	16	15	14	13	12	11	10	9	8	7	6	5	4	3	2	1	31	30	29	28	27	26	25	24
일진	辛巳	庚辰	己卯	戊寅	丁丑	丙子	乙亥	甲戌	癸酉	壬申	辛未	庚午	己巳	戊辰	丁卯	丙寅	乙丑	甲子	癸亥	壬戌	辛酉	庚申	己未	戊午	丁巳	丙辰	乙卯	甲寅	癸丑
요일	일	토	금	목	수	화	월	일	토	금	목	수	화	월	일	토	금	목	수	화	월	일	토	금	목	수	화	월	일

7月大(甲申)입추

절기												백로																처서		
음력	30	29	28	27	26	25	24	23	22	21	20	19	18	17	16	15	14	13	12	11	10	9	8	7	6	5	4	3	2	1
순행	6	6	7	7	7	8	8	8	9	9	9	10		1	1	1	1	2	2	2	3	3	3	4	4	4	5	5	5	6
역행	4	4	3	3	3	2	2	2	1	1	1	1		10	10	10	9	9	9	8	8	8	7	7	7	6	6	6	5	5
월(양력)																				09									08	
일	20	19	18	17	16	15	14	13	12	11	10	9	8	7	6	5	4	3	2	1	31	30	29	28	27	26	25	24	23	22
일진	辛亥	庚戌	己酉	戊申	丁未	丙午	乙巳	甲辰	癸卯	壬寅	辛丑	庚子	己亥	戊戌	丁酉	丙申	乙未	甲午	癸巳	壬辰	辛卯	庚寅	己丑	戊子	丁亥	丙戌	乙酉	甲申	癸未	壬午
요일	화	월	일	토	금	목	수	화	월	일	토	금	목	수	화	월	일	토	금	목	수	화	월	일	토	금	목	수	화	월

8月小(乙酉)백로

절기												한로														추분				
음력	29	28	27	26	25	24	23	22	21	20	19	18	17	16	15	14	13	12	11	10	9	8	7	6	5	4	3	2	1	
순행	6	7	7	7	8	8	8	9	9	9	10		1	1	1	1	2	2	2	3	3	3	4	4	4	5	5	5	6	
역행	4	3	3	3	2	2	2	1	1	1	1		10	9	9	9	8	8	8	7	7	7	6	6	6	5	5	5	4	
월(양력)																		10									09			
일	19	18	17	16	15	14	13	12	11	10	9	8	7	6	5	4	3	2	1	30	29	28	27	26	25	24	23	22	21	
일진	庚辰	己卯	戊寅	丁丑	丙子	乙亥	甲戌	癸酉	壬申	辛未	庚午	己巳	戊辰	丁卯	丙寅	乙丑	甲子	癸亥	壬戌	辛酉	庚申	己未	戊午	丁巳	丙辰	乙卯	甲寅	癸丑	壬子	
요일	수	화	월	일	토	금	목	수	화	월	일	토	금	목	수	화	월	일	토	금	목	수	화	월	일	토	금	목	수	

9月大(丙戌)한로

절기											입동															상강				
음력	30	29	28	27	26	25	24	23	22	21	20	19	18	17	16	15	14	13	12	11	10	9	8	7	6	5	4	3	2	1
순행	6	7	7	7	8	8	8	9	9	9	10		1	1	1	1	2	2	2	3	3	4	4	4	5	5	5	6		
역행	4	3	3	3	2	2	2	1	1	1	1		10	9	9	9	8	8	8	7	7	7	6	6	6	5	5	5	4	
월(양력)																		11									10			
일	18	17	16	15	14	13	12	11	10	9	8	7	6	5	4	3	2	1	31	30	29	28	27	26	25	24	23	22	21	20
일진	庚戌	己酉	戊申	丁未	丙午	乙巳	甲辰	癸卯	壬寅	辛丑	庚子	己亥	戊戌	丁酉	丙申	乙未	甲午	癸巳	壬辰	辛卯	庚寅	己丑	戊子	丁亥	丙戌	乙酉	甲申	癸未	壬午	辛巳
요일	금	목	수	화	월	일	토	금	목	수	화	월	일	토	금	목	수	화	월	일	토	금	목	수	화	월	일	토	금	목

10月小(乙亥)입동

절기											대설															소설				
음력	29	28	27	26	25	24	23	22	21	20	19	18	17	16	15	14	13	12	11	10	9	8	7	6	5	4	3	2	1	
순행	6	7	7	7	8	8	8	9	9	9		1	1	1	1	2	2	2	3	3	4	4	4	5	5	5	6	6	6	
역행	3	3	3	2	2	2	1	1	1		10	9	9	9	8	8	8	7	7	7	6	6	6	5	5	5	4	4		
월(양력)																		12									11			
일	17	16	15	14	13	12	11	10	9	8	7	6	5	4	3	2	1	30	29	28	27	26	25	24	23	22	21	20	19	
일진	己卯	戊寅	丁丑	丙子	乙亥	甲戌	癸酉	壬申	辛未	庚午	己巳	戊辰	丁卯	丙寅	乙丑	甲子	癸亥	壬戌	辛酉	庚申	己未	戊午	丁巳	丙辰	乙卯	甲寅	癸丑	壬子	辛亥	
요일	토	금	목	수	화	월	일	토	금	목	수	화	월	일	토	금	목	수	화	월	일	토	금	목	수	화	월	일	토	

11月大(戊子)대설

절기											소한													동지						
음력	30	29	28	27	26	25	24	23	22	21	20	19	18	17	16	15	14	13	12	11	10	9	8	7	6	5	4	3	2	1
순행	6	7	7	7	8	8	8	9	9	9		1	1	1	1	2	2	2	3	3	4	4	4	5	5	5	6	6	6	
역행	4	3	3	3	2	2	2	1	1	1		10	9	9	9	8	8	8	7	7	7	6	6	6	5	5	5	4	4	
월(양력)																		01									12			
일	16	15	14	13	12	11	10	9	8	7	6	5	4	3	2	1	31	30	29	28	27	26	25	24	23	22	21	20	19	18
일진	己酉	戊申	丁未	丙午	乙巳	甲辰	癸卯	壬寅	辛丑	庚子	己亥	戊戌	丁酉	丙申	乙未	甲午	癸巳	壬辰	辛卯	庚寅	己丑	戊子	丁亥	丙戌	乙酉	甲申	癸未	壬午	辛巳	庚辰
요일	일	토	금	목	수	화	월	일	토	금	목	수	화	월	일	토	금	목	수	화	월	일	토	금	목	수	화	월	일	토

12月小(己丑)소한

절기											입춘															대한				
음력	29	28	27	26	25	24	23	22	21	20	19	18	17	16	15	14	13	12	11	10	9	8	7	6	5	4	3	2	1	
순행	7	7	7	8	8	8	9	9	9		1	1	1	1	2	2	2	3	3	4	4	4	5	5	5	6	6	6		
역행	3	3	3	2	2	2	1	1	1		10	9	9	9	8	8	8	7	7	7	6	6	6	5	5	5	4	4		
월(양력)																		02									01			
일	14	13	12	11	10	9	8	7	6	5	4	3	2	1	31	30	29	28	27	26	25	24	23	22	21	20	19	18	17	
일진	戊寅	丁丑	丙子	乙亥	甲戌	癸酉	壬申	辛未	庚午	己巳	戊辰	丁卯	丙寅	乙丑	甲子	癸亥	壬戌	辛酉	庚申	己未	戊午	丁巳	丙辰	乙卯	甲寅	癸丑	壬子	辛亥	庚戌	
요일	화	월	일	토	금	목	수	화	월	일	토	금	목	수	화	월	일	토	금	목	수	화	월	일	토	금	목	수	화	

신약 사주 내에 官이 너무 왕해도 가난하고 빈천하다.

상문 : 卯   대장군 : 西
조객 : 亥   삼 재 : 巳酉丑
삼살 : 東

辛丑年

서기 1961년
단기 4294년

1月大(庚寅)입춘

절기	경칩										우수						
음력	30 29 28 27 26 25 24 23 22 21 **20** 19 18 17 16 15 14 13 12 11 10 9 8 7 6 **5** 4 3 2 1
순행	7 7 7 8 8 8 9 9 9 10 1 1 1 1 2 2 2 3 3 3 4 4 5 5 5 6 6 6
역행	3 3 3 2 2 2 1 1 1 10 9 9 9 8 8 8 7 7 7 6 6 5 5 5 4 4
월(양력)	03 ... 02
일	16 15 14 13 12 11 10 9 8 7 6 5 4 3 2 1 28 27 26 25 24 23 22 21 20 19 18 17 16 15
일진	戊申 丁未 丙午 乙巳 甲辰 癸卯 壬寅 辛丑 庚子 己亥 戊戌 丁酉 丙申 乙未 甲午 癸巳 壬辰 辛卯 庚寅 己丑 戊子 丁亥 丙戌 乙酉 甲申 癸未 壬午 辛巳 庚辰 己卯
요일	목 수 화 월 일 토 금 목 수 화 월 일 토 금 목 수 화 월 일 토 금 목 수 화 월 일 토 금 목 수

2月小(辛卯)경칩

절기	청명								춘분				
음력	29 28 27 26 25 24 23 22 21 **20** 19 18 17 16 15 14 13 12 11 10 9 8 7 6 5 4 3 2 1
순행	7 8 8 8 9 9 9 10 1 1 1 1 2 2 2 3 3 3 4 4 5 5 5 6 6 6
역행	3 3 2 2 2 1 1 1 10 9 9 9 8 8 8 7 7 7 6 6 5 5 5 4 4
월(양력)	04 ... 03
일	14 13 12 11 10 9 8 7 6 5 4 3 2 1 31 30 29 28 27 26 25 24 23 22 21 20 19 18 17
일진	丁丑 丙子 乙亥 甲戌 癸酉 壬申 辛未 庚午 己巳 戊辰 丁卯 丙寅 乙丑 甲子 癸亥 壬戌 辛酉 庚申 己未 戊午 丁巳 丙辰 乙卯 甲寅 癸丑 壬子 辛亥 庚戌 己酉
요일	금 목 수 화 월 일 토 금 목 수 화 월 일 토 금 목 수 화 월 일 토 금 목 수 화 월 일 토 금

3月大(壬辰)청명

절기	입하									곡우			
음력	30 29 28 27 26 25 24 23 **22** 21 20 19 18 17 16 15 14 13 12 11 10 9 8 7 **6** 5 4 3 2 1
순행	8 8 8 9 9 9 10 10 1 1 1 2 2 2 3 3 4 4 4 5 5 5 6 6 6 7 7
역행	3 2 2 2 1 1 1 10 9 9 9 8 8 8 7 7 7 6 6 5 5 5 4 4 4 3
월(양력)	05 ... 04
일	14 13 12 11 10 9 8 7 6 5 4 3 2 1 30 29 28 27 26 25 24 23 22 21 20 19 18 17 16 15
일진	丁未 丙午 乙巳 甲辰 癸卯 壬寅 辛丑 庚子 己亥 戊戌 丁酉 丙申 乙未 甲午 癸巳 壬辰 辛卯 庚寅 己丑 戊子 丁亥 丙戌 乙酉 甲申 癸未 壬午 辛巳 庚辰 己卯 戊寅
요일	일 토 금 목 수 화 월 일 토 금 목 수 화 월 일 토 금 목 수 화 월 일 토 금 목 수 화 월 일 토

4月小(癸巳)입하

절기	망종								소만			
음력	29 28 27 26 25 24 **23** 22 21 20 19 18 17 16 15 14 13 12 11 10 9 8 **7** 6 5 4 3 2 1
순행	8 9 9 9 10 10 1 1 1 1 2 2 2 3 3 4 4 4 5 5 6 6 6 7 7 7
역행	2 2 1 1 1 1 10 9 9 9 8 8 8 7 7 7 6 6 5 5 5 4 4 4 3 3
월(양력)	06 ... 05
일	12 11 10 9 8 7 6 5 4 3 2 1 31 30 29 28 27 26 25 24 23 22 21 20 19 18 17 16 15
일진	丙子 乙亥 甲戌 癸酉 壬申 辛未 庚午 己巳 戊辰 丁卯 丙寅 乙丑 甲子 癸亥 壬戌 辛酉 庚申 己未 戊午 丁巳 丙辰 乙卯 甲寅 癸丑 壬子 辛亥 庚戌 己酉 戊申
요일	월 일 토 금 목 수 화 월 일 토 금 목 수 화 월 일 토 금 목 수 화 월 일 토 금 목 수 화 월

5月大(甲午)망종

절기	소서								하지			
음력	30 29 28 27 26 **25** 24 23 22 21 20 19 18 17 16 15 14 13 12 11 **10** 9 8 7 6 5 4 3 2 1
순행	9 9 10 10 10 1 1 1 2 2 2 3 3 3 4 4 4 5 5 6 6 6 7 7 7 8 8
역행	2 1 1 1 1 10 10 9 9 9 8 8 8 7 7 7 6 6 5 5 5 4 4 4 3 3 2
월(양력)	07 ... 06
일	12 11 10 9 8 7 6 5 4 3 2 1 31 30 29 28 27 26 25 24 23 22 21 20 19 18 17 16 15 14 13
일진	丙午 乙巳 甲辰 癸卯 壬寅 辛丑 庚子 己亥 戊戌 丁酉 丙申 乙未 甲午 癸巳 壬辰 辛卯 庚寅 己丑 戊子 丁亥 丙戌 乙酉 甲申 癸未 壬午 辛巳 庚辰 己卯 戊寅 丁丑
요일	수 화 월 일 토 금 목 수 화 월 일 토 금 목 수 화 월 일 토 금 목 수 화 월 일 토 금 목 수 화

6月小(乙未)소서

절기	입추								대서			
음력	29 28 **27** 26 25 24 23 22 21 20 19 18 17 16 15 14 13 12 **11** 10 9 8 7 6 5 4 3 2 1
순행	10 10 1 1 1 2 2 2 3 3 3 4 4 4 5 5 5 6 6 7 7 7 8 8 8 9
역행	1 1 10 10 10 9 9 9 8 8 8 7 7 7 6 6 5 5 5 4 4 4 3 3 3 2
월(양력)	08 ... 07
일	10 9 8 7 6 5 4 3 2 1 31 30 29 28 27 26 25 24 23 22 21 20 19 18 17 16 15 14 13
일진	乙亥 甲戌 癸酉 壬申 辛未 庚午 己巳 戊辰 丁卯 丙寅 乙丑 甲子 癸亥 壬戌 辛酉 庚申 己未 戊午 丁巳 丙辰 乙卯 甲寅 癸丑 壬子 辛亥 庚戌 己酉 戊申 丁未
요일	목 수 화 월 일 토 금 목 수 화 월 일 토 금 목 수 화 월 일 토 금 목 수 화 월 일 토 금 목

인수와 재가 刑殺을 맞으면 어린 여자를 좋아한다.

7月大(丙申) 입추

절기	백로															처서													
음력	30	29	28	27	26	25	24	23	22	21	20	19	18	17	16	13	12	11	10	9	8	7	6	5	4	3	2	1	
순행	10	1	1	1	1	2	2	2	3	3	3	4	4	4	5	5	5	6	6	6	7	7	7	8	8	8	9	9	9
역행	1	10	10	9	9	9	8	8	8	7	7	7	6	6	6	5	5	5	4	4	4	3	3	3	2	2	2	1	1
월									09														08						
일	9	8	7	6	5	4	3	2	1	31	30	29	28	27	26	25	24	23	22	21	20	19	18	17	16	15	14	13	12	11
일진	乙巳	甲辰	癸卯	壬寅	辛丑	庚子	己亥	戊戌	丁酉	丙申	乙未	甲午	癸巳	壬辰	辛卯	庚寅	己丑	戊子	丁亥	丙戌	乙酉	甲申	癸未	壬午	辛巳	庚辰	己卯	戊寅	丁丑	丙子
요일	토	금	목	수	화	월	일	토	금	목	수	화	월	일	토	금	목	수	화	월	일	토	금	목	수	화	월	일	토	금

8月大(丁酉) 백로

절기	한로															추분													
음력	30	29	28	27	26	25	24	23	22	21	20	19	18	17	16	14	13	12	11	10	9	8	7	6	5	4	3	2	1
순행	10	1	1	1	1	2	2	2	3	3	3	4	4	4	5	5	5	6	6	6	7	7	7	8	8	8	9	9	9
역행	1	10	9	9	9	8	8	8	7	7	7	6	6	6	5	5	5	4	4	4	3	3	3	2	2	2	1	1	1
월								10														09							
일	9	8	7	6	5	4	3	2	1	30	29	28	27	26	25	24	23	22	21	20	19	18	17	16	15	14	13	12	11	10
일진	乙亥	甲戌	癸酉	壬申	辛未	庚午	己巳	戊辰	丁卯	丙寅	乙丑	甲子	癸亥	壬戌	辛酉	庚申	己未	戊午	丁巳	丙辰	乙卯	甲寅	癸丑	壬子	辛亥	庚戌	己酉	戊申	丁未	丙午
요일	월	일	토	금	목	수	화	월	일	토	금	목	수	화	월	일	토	금	목	수	화	월	일	토	금	목	수	화	월	일

9月小(戊戌) 한로

절기														상강															
음력	29	28	27	26	25	24	23	22	21	20	19	18	17	16	15	14	13	12	11	10	9	8	7	6	5	4	3	2	1
순행	1	1	1	2	2	2	3	3	3	4	4	4	5	5	5	6	6	6	7	7	7	8	8	8	9	9	9	10	
역행	10	10	9	9	9	8	8	8	7	7	7	6	6	6	5	5	5	4	4	4	3	3	3	2	2	2	1	1	1
월					11																10								
일	7	6	5	4	3	2	1	31	30	29	28	27	26	25	24	23	22	21	20	19	18	17	16	15	14	13	12	11	10
일진	甲辰	癸卯	壬寅	辛丑	庚子	己亥	戊戌	丁酉	丙申	乙未	甲午	癸巳	壬辰	辛卯	庚寅	己丑	戊子	丁亥	丙戌	乙酉	甲申	癸未	壬午	辛巳	庚辰	己卯	戊寅	丁丑	丙子
요일	화	월	일	토	금	목	수	화	월	일	토	금	목	수	화	월	일	토	금	목	수	화	월	일	토	금	목	수	화

10月大(己亥) 입동

절기	대설														소설														입동
음력	30	29	28	27	26	25	24	23	22	21	20	19	18	17	16	15	14	13	12	11	10	9	8	7	6	5	4	3	2	1
순행	1	1	1	1	2	2	2	3	3	3	4	4	4	5	5	5	6	6	6	7	7	7	8	8	8	9	9	9		
역행	10	9	9	9	8	8	8	7	7	7	6	6	6	5	5	5	4	4	4	3	3	3	2	2	2	1	1	1		
월								12															11							
일	7	6	5	4	3	2	1	30	29	28	27	26	25	24	23	22	21	20	19	18	17	16	15	14	13	12	11	10	9	8
일진	甲戌	癸酉	壬申	辛未	庚午	己巳	戊辰	丁卯	丙寅	乙丑	甲子	癸亥	壬戌	辛酉	庚申	己未	戊午	丁巳	丙辰	乙卯	甲寅	癸丑	壬子	辛亥	庚戌	己酉	戊申	丁未	丙午	乙巳
요일	목	수	화	월	일	토	금	목	수	화	월	일	토	금	목	수	화	월	일	토	금	목	수	화	월	일	토	금	목	수

11月小(庚子) 대설

절기														동지															
음력	29	28	27	26	25	24	23	22	21	20	19	18	17	16	15	14	13	12	11	10	9	8	7	6	5	4	3	2	1
순행	1	1	1	2	2	2	3	3	3	4	4	4	5	5	5	6	6	6	7	7	7	8	8	8	9	9	9	10	
역행	10	9	9	9	8	8	8	7	7	7	6	6	6	5	5	5	4	4	4	3	3	3	2	2	2	1	1	1	
월					01																12								
일	5	4	3	2	1	31	30	29	28	27	26	25	24	23	22	21	20	19	18	17	16	15	14	13	12	11	10	9	8
일진	癸卯	壬寅	辛丑	庚子	己亥	戊戌	丁酉	丙申	乙未	甲午	癸巳	壬辰	辛卯	庚寅	己丑	戊子	丁亥	丙戌	乙酉	甲申	癸未	壬午	辛巳	庚辰	己卯	戊寅	丁丑	丙子	乙亥
요일	금	목	수	화	월	일	토	금	목	수	화	월	일	토	금	목	수	화	월	일	토	금	목	수	화	월	일	토	금

12月大(辛丑) 소한

절기	입춘														대한														소한
음력	30	29	28	27	26	25	24	23	22	21	20	19	18	17	16	15	14	13	12	11	10	9	8	7	6	5	4	3	2	1
순행	1	1	1	1	2	2	2	3	3	3	4	4	4	5	5	5	6	6	6	7	7	7	8	8	8	9	9	9		
역행	9	9	9	8	8	8	7	7	7	6	6	6	5	5	5	4	4	4	3	3	3	2	2	2	1	1	1			
월								02															01							
일	4	3	2	1	31	30	29	28	27	26	25	24	23	22	21	20	19	18	17	16	15	14	13	12	11	10	9	8	7	6
일진	癸酉	壬申	辛未	庚午	己巳	戊辰	丁卯	丙寅	乙丑	甲子	癸亥	壬戌	辛酉	庚申	己未	戊午	丁巳	丙辰	乙卯	甲寅	癸丑	壬子	辛亥	庚戌	己酉	戊申	丁未	丙午	乙巳	甲辰
요일	일	토	금	수	화	월	일	토	금	목	수	화	월	일	토	금	목	수	화	월	일	토	금	목	수	화	월	일	토	금

신왕 사주에 財가 암장되어 있으면 지독한 노랭이 알부자이다.

상문 : 辰　　대장군 : 北
조객 : 子　　삼 재 : 申子辰
삼살 : 北

壬寅年

서기 1962년
단기 4295년

1月小(壬寅)입춘 — 절기: 우수

절기	우수
음력	29 28 27 26 25 24 23 22 21 20 19 18 17 16 **15** 14 13 12 11 10 9 8 7 6 5 4 3 2 1
순행	1 1 1 2 2 2 3 3 3 4 4 4 5 5 5 6 6 6 7 7 7 8 8 8 9 9 9 10
역행	10 9 9 9 8 8 8 7 7 7 6 6 6 5 5 5 4 4 4 3 3 3 2 2 2 1 1 1
월	03 … 02
일	5 4 3 2 1 28 27 26 25 24 23 22 21 20 19 18 17 16 15 14 13 12 11 10 9 8 7 6 5
일진	壬寅 辛丑 庚子 己亥 戊戌 丁酉 丙申 乙未 甲午 癸巳 壬辰 辛卯 庚寅 己丑 戊子 丁亥 丙戌 乙酉 甲申 癸未 壬午 辛巳 庚辰 己卯 戊寅 丁丑 丙子 乙亥 甲戌
요일	월 토 금 목 수 화 월 일 토 금 목 수 화 월 일 토 금 목 수 화 월 일 토 금 목 수 화 월

2月大(癸卯)경칩 — 절기: 춘분 / 경칩

절기	춘분　　　　경칩
음력	30 29 28 27 26 25 24 23 22 21 20 19 18 17 **16** 15 14 13 12 11 10 9 8 7 6 5 4 3 2 1
순행	1 1 1 2 2 2 3 3 3 4 4 4 5 5 5 6 6 6 7 7 7 8 8 8 9 9 9 10
역행	10 9 9 9 8 8 8 7 7 7 6 6 6 5 5 5 4 4 4 3 3 3 2 2 2 1 1 1
월	04 … 03
일	4 3 2 1 31 30 29 28 27 26 25 24 23 22 21 20 19 18 17 16 15 14 13 12 11 10 9 8 7 6
일진	壬申 辛未 庚午 己巳 戊辰 丁卯 丙寅 乙丑 甲子 癸亥 壬戌 辛酉 庚申 己未 戊午 丁巳 丙辰 乙卯 甲寅 癸丑 壬子 辛亥 庚戌 己酉 戊申 丁未 丙午 乙巳 甲辰 癸卯
요일	수 화 월 일 토 금 목 수 화 월 일 토 금 목 수 화 월 일 토 금 목 수 화 월 일 토 금 목 수 화

3月小(甲辰)청명 — 절기: 곡우 / 청명

절기	곡우　　　　청명
음력	29 28 27 26 25 24 23 22 21 20 19 18 17 **16** 15 14 13 12 11 10 9 8 7 6 5 4 3 2 1
순행	1 1 2 2 2 3 3 3 4 4 4 5 5 5 6 6 6 7 7 7 8 8 8 9 9 9 10 10
역행	9 9 9 8 8 8 7 7 7 6 6 6 5 5 5 4 4 4 3 3 3 2 2 2 1 1 1
월	05 … 04
일	3 2 1 30 29 28 27 26 25 24 23 22 21 20 19 18 17 16 15 14 13 12 11 10 9 8 7 6 5
일진	辛丑 庚子 己亥 戊戌 丁酉 丙申 乙未 甲午 癸巳 壬辰 辛卯 庚寅 己丑 戊子 丁亥 丙戌 乙酉 甲申 癸未 壬午 辛巳 庚辰 己卯 戊寅 丁丑 丙子 乙亥 甲戌 癸酉
요일	목 수 화 월 일 토 금 목 수 화 월 일 토 금 목 수 화 월 일 토 금 목 수 화 월 일 토 금 목

4月小(乙巳)입하 — 절기: 소만 / 입하

절기	소만　　　　입하
음력	29 28 27 26 25 24 23 22 21 20 19 **18** 17 16 15 14 13 12 11 10 9 8 7 6 5 4 3 2 1
순행	2 2 2 3 3 3 4 4 4 5 5 5 6 6 6 7 7 7 8 8 8 9 9 9 10 10 10
역행	9 8 8 8 7 7 7 6 6 6 5 5 5 4 4 4 3 3 3 2 2 2 1 1 1 10
월	06 … 05
일	1 31 30 29 28 27 26 25 24 23 22 21 20 19 18 17 16 15 14 13 12 11 10 9 8 7 6 5 4
일진	庚午 己巳 戊辰 丁卯 丙寅 乙丑 甲子 癸亥 壬戌 辛酉 庚申 己未 戊午 丁巳 丙辰 乙卯 甲寅 癸丑 壬子 辛亥 庚戌 己酉 戊申 丁未 丙午 乙巳 甲辰 癸卯 壬寅
요일	금 목 수 화 월 일 토 금 목 수 화 월 일 토 금 목 수 화 월 일 토 금 목 수 화 월 일 토 금

5月大(丙午)망종 — 절기: 하지 / 망종

절기	하지　　　　망종
음력	30 29 28 27 26 25 24 23 22 **21** 20 19 18 17 16 15 14 13 12 11 10 9 8 7 6 5 4 3 2 1
순행	2 2 3 3 3 4 4 4 5 5 5 6 6 6 7 7 7 8 8 8 9 9 9 10
역행	8 8 8 7 7 7 6 6 6 5 5 5 4 4 4 3 3 3 2 2 2 1 1 1 10 10 9
월	07 … 06
일	1 30 29 28 27 26 25 24 23 22 21 20 19 18 17 16 15 14 13 12 11 10 9 8 7 6 5 4 3 2
일진	庚子 己亥 戊戌 丁酉 丙申 乙未 甲午 癸巳 壬辰 辛卯 庚寅 己丑 戊子 丁亥 丙戌 乙酉 甲申 癸未 壬午 辛巳 庚辰 己卯 戊寅 丁丑 丙子 乙亥 甲戌 癸酉 壬申 辛未
요일	일 토 금 목 수 화 월 일 토 금 목 수 화 월 일 토 금 목 수 화 월 일 토 금 목 수 화 월 일 토

6月小(丁未)소서 — 절기: 대서 / 소서

절기	대서　　　　소서
음력	29 28 27 26 25 24 23 **22** 21 20 19 18 17 16 15 14 13 12 11 10 9 8 **7** 6 5 4 3 2 1
순행	3 3 4 4 4 5 5 5 6 6 6 7 7 7 8 8 8 9 9 10 10 1 1 1 1 2
역행	8 7 7 7 6 6 6 5 5 5 4 4 4 3 3 3 2 2 2 1 1 10 10 9
월	07
일	30 29 28 27 26 25 24 23 22 21 20 19 18 17 16 15 14 13 12 11 10 9 8 7 6 5 4 3 2
일진	己巳 戊辰 丁卯 丙寅 乙丑 甲子 癸亥 壬戌 辛酉 庚申 己未 戊午 丁巳 丙辰 乙卯 甲寅 癸丑 壬子 辛亥 庚戌 己酉 戊申 丁未 丙午 乙巳 甲辰 癸卯 壬寅 辛丑
요일	월 일 토 금 목 수 화 월 일 토 금 목 수 화 월 일 토 금 목 수 화 월 일 토 금 목 수 화 월

土日生으로 신왕 팔자는 어린 여자를 좋아한다.

7月大戊申입추

절기	처서																					입추								
음력	30	29	28	27	26	25	24	23	22	21	20	19	18	17	16	15	14	13	12	11	10	9	8	7	6	5	4	3	2	1
순행	3	4	4	4	5	5	6	6	7	7	7	8	8	9	9	9	10	10			1	1	1	1	2	2	2	3		
역행	7	7	6	6	6	5	5	5	4	4	4	3	3	3	2	2	2	1	1	1		10	10	10	9	9	9	8	8	
월																					08	07								
일	29	28	27	26	25	24	23	22	21	20	19	18	17	16	15	14	13	12	11	10	9	8	7	6	5	4	3	2	1	31
일진	己亥	戊戌	丁酉	丙申	乙未	甲午	癸巳	壬辰	辛卯	庚寅	己丑	戊子	丁亥	丙戌	乙酉	甲申	癸未	壬午	辛巳	庚辰	己卯	戊寅	丁丑	丙子	乙亥	甲戌	癸酉	壬申	辛未	庚午
요일	수	화	월	일	토	금	목	수	화	월	일	토	금	목	수	화	월	일	토	금	목	수	화	월	일	토	금	목	수	화

8月大己酉백로

절기	추분																				백로									
음력	30	29	28	27	26	25	24	23	22	21	20	19	18	17	16	15	14	13	12	11	10	9	8	7	6	5	4	3	2	1
순행	4	4	4	5	5	5	6	6	7	7	7	8	8	8	9	9	9	10	10			1	1	1	2	2	2	3	3	
역행	7	6	6	6	5	5	5	4	4	4	3	3	3	2	2	2	1	1	1		10	10	9	9	9	8	8	8	7	
월																					09	08								
일	28	27	26	25	24	23	22	21	20	19	18	17	16	15	14	13	12	11	10	9	8	7	6	5	4	3	2	1	31	30
일진	己巳	戊辰	丁卯	丙寅	乙丑	甲子	癸亥	壬戌	辛酉	庚申	己未	戊午	丁巳	丙辰	乙卯	甲寅	癸丑	壬子	辛亥	庚戌	己酉	戊申	丁未	丙午	乙巳	甲辰	癸卯	壬寅	辛丑	庚子
요일	금	목	수	화	월	일	토	금	목	수	화	월	일	토	금	목	수	화	월	일	토	금	목	수	화	월	일	토	금	목

9月大庚戌한로

절기	상강																		한로											
음력	29	28	27	26	25	24	23	22	21	20	19	18	17	16	15	14	13	12	11	10	9	8	7	6	5	4	3	2	1	
순행		4	4	5	5	5	6	6	6	7	7	7	8	8	9	9	9	10		1	1	1	2	2	2	3	3			
역행		6	6	5	5	5	4	4	3	3	3	2	2	2	1	1	1		10	10	9	9	9	8	8	8	7	7		
월																			10	09										
일	27	26	25	24	23	22	21	20	19	18	17	16	15	14	13	12	11	10	9	8	7	6	5	4	3	2	1	30	29	
일진	戊戌	丁酉	丙申	乙未	甲午	癸巳	壬辰	辛卯	庚寅	己丑	戊子	丁亥	丙戌	乙酉	甲申	癸未	壬午	辛巳	庚辰	己卯	戊寅	丁丑	丙子	乙亥	甲戌	癸酉	壬申	辛未	庚午	
요일	토	금	목	수	화	월	일	토	금	목	수	화	월	일	토	금	목	수	화	월	일	토	금	목	수	화	월	일	토	

10月大辛亥입동

절기	소설																	입동												
음력	30	29	28	27	26	25	24	23	22	21	20	19	18	17	16	15	14	13	12	11	10	9	8	7	6	5	4	3	2	1
순행	4	4	4	5	5	6	6	6	7	7	7	8	8	9	9	9		1	1	1	2	2	3	3	3	4				
역행	6	6	5	5	5	4	4	3	3	3	2	2	2	1	1	1		10	9	9	9	8	8	8	7	7	6			
월																		11	10											
일	26	25	24	23	22	21	20	19	18	17	16	15	14	13	12	11	10	9	8	7	6	5	4	3	2	1	31	30	29	28
일진	戊辰	丁卯	丙寅	乙丑	甲子	癸亥	壬戌	辛酉	庚申	己未	戊午	丁巳	丙辰	乙卯	甲寅	癸丑	壬子	辛亥	庚戌	己酉	戊申	丁未	丙午	乙巳	甲辰	癸卯	壬寅	辛丑	庚子	己亥
요일	월	일	토	금	목	수	화	월	일	토	금	목	수	화	월	일	토	금	목	수	화	월	일	토	금	목	수	화	월	일

11月大壬子대설

절기	동지																	대설												
음력	30	29	28	27	26	25	24	23	22	21	20	19	18	17	16	15	14	13	12	11	10	9	8	7	6	5	4	3	2	1
순행	4	4	4	5	5	5	6	6	7	7	7	8	8	9	9	9	10		1	1	1	2	2	2	3	3				
역행	6	6	6	5	5	5	4	4	3	3	3	2	2	2	1	1	1		9	9	8	8	8	7	7	7	6			
월																		12	11											
일	26	25	24	23	22	21	20	19	18	17	16	15	14	13	12	11	10	9	8	7	6	5	4	3	2	1	30	29	28	27
일진	戊戌	丁酉	丙申	乙未	甲午	癸巳	壬辰	辛卯	庚寅	己丑	戊子	丁亥	丙戌	乙酉	甲申	癸未	壬午	辛巳	庚辰	己卯	戊寅	丁丑	丙子	乙亥	甲戌	癸酉	壬申	辛未	庚午	己巳
요일	수	화	월	일	토	금	목	수	화	월	일	토	금	목	수	화	월	일	토	금	목	수	화	월	일	토	금	목	수	화

12月大癸丑소한

절기	대한																	소한												
음력	29	28	27	26	25	24	23	22	21	20	19	18	17	16	15	14	13	12	11	10	9	8	7	6	5	4	3	2	1	
순행		4	4	4	5	5	5	6	6	7	7	8	8	9	9	9		1	1	1	2	2	2	3	3	3				
역행		6	6	5	5	5	4	4	4	3	3	3	2	2	1	1	1		10	9	9	9	8	8	8	7	7			
월																		01	12											
일	24	23	22	21	20	19	18	17	16	15	14	13	12	11	10	9	8	7	6	5	4	3	2	1	31	30	29	28	27	
일진	丁卯	丙寅	乙丑	甲子	癸亥	壬戌	辛酉	庚申	己未	戊午	丁巳	丙辰	乙卯	甲寅	癸丑	壬子	辛亥	庚戌	己酉	戊申	丁未	丙午	乙巳	甲辰	癸卯	壬寅	辛丑	庚子	己亥	
요일	목	수	화	월	일	토	금	목	수	화	월	일	토	금	목	수	화	월	일	토	금	목	수	화	월	일	토	금	목	

신왕 사주에 財가 없어도 식신·상관운을 만나면 큰 부자가 된다.

상문 : 巳　대장군 : 北
조객 : 丑　삼　재 : 申子辰
삼살 : 西

癸卯年

서기 1963년
단기 4296년

1月大(甲寅) 입춘

절기	우수(26) / 입춘(11)		
음력	30 29 28 27 **26** 25 24 23 22 21 20 19 18 17 16 15 14 13 12 **11** 10 9 8 7 6 5 4 3 2 1
순행	4 4 4 5 5 5 5 5 6 6 6 7 7 7 8 8 8 9 9 10 1 1 1 2 2 2 3 3 3
역행	6 6 6 5 5 5 4 4 4 3 3 3 2 2 2 1 1 1 9 9 9 8 8 8 7 7 7 6
월(음/양)	02 … 01
일	23 22 21 20 19 18 17 16 15 14 13 12 11 10 9 8 7 6 5 4 3 2 1 31 30 29 28 27 26 25
일진(천간)	丁 丙 乙 甲 癸 壬 辛 庚 己 戊 丁 丙 乙 甲 癸 壬 辛 庚 己 戊 丁 丙 乙 甲 癸 壬 辛 庚 己 戊
일진(지지)	酉 申 未 午 巳 辰 卯 寅 丑 子 亥 戌 酉 申 未 午 巳 辰 卯 寅 丑 子 亥 戌 酉 申 未 午 巳 辰
요일	토 금 목 수 화 월 일 토 금 목 수 화 월 일 토 금 목 수 화 월 일 토 금 목 수 화 월 일 토 금

2月小(乙卯) 경칩

절기	춘분(26) / 경칩(11)		
음력	29 28 27 **26** 25 24 23 22 21 20 19 18 17 16 15 14 13 12 **11** 10 9 8 7 6 5 4 3 2 1
순행	4 4 5 5 5 6 6 6 7 7 7 8 8 8 9 9 9 10 1 1 1 1 2 2 2 3 3 3 3
역행	6 6 5 5 5 4 4 4 3 3 3 2 2 2 1 1 1 10 9 9 9 8 8 8 7 7 6 6
월(음/양)	03 … 02
일	24 23 22 21 20 19 18 17 16 15 14 13 12 11 10 9 8 7 6 5 4 3 2 1 28 27 26 25 24
일진(천간)	丙 乙 甲 癸 壬 辛 庚 己 戊 丁 丙 乙 甲 癸 壬 辛 庚 己 戊 丁 丙 乙 甲 癸 壬 辛 庚 己 戊
일진(지지)	寅 丑 子 亥 戌 酉 申 未 午 巳 辰 卯 寅 丑 子 亥 戌 酉 申 未 午 巳 辰 卯 寅 丑 子 亥 戌
요일	일 토 금 목 수 화 월 일 토 금 목 수 화 월 일 토 금 목 수 화 월 일 토 금 목 수 화 월 일

3月大(丙辰) 청명

절기	곡우(28) / 청명(12)		
음력	30 29 **28** 27 26 25 24 23 22 21 20 19 18 17 16 15 14 13 **12** 11 10 9 8 7 6 5 4 3 2 1
순행	4 5 5 5 6 6 7 7 7 8 8 8 9 9 9 10 10 1 1 1 1 2 2 2 3 3 3 3 4
역행	6 6 5 5 5 4 4 4 3 3 3 2 2 2 1 1 1 10 9 9 9 8 8 8 7 7 7 6
월(음/양)	04 … 03
일	23 22 21 20 19 18 17 16 15 14 13 12 11 10 9 8 7 6 5 4 3 2 1 31 30 29 28 27 26 25
일진(천간)	丙 乙 甲 癸 壬 辛 庚 己 戊 丁 丙 乙 甲 癸 壬 辛 庚 己 戊 丁 丙 乙 甲 癸 壬 辛 庚 己 戊 丁
일진(지지)	申 未 午 巳 辰 卯 寅 丑 子 亥 戌 酉 申 未 午 巳 辰 卯 寅 丑 子 亥 戌 酉 申 未 午 巳 辰 卯
요일	화 월 일 토 금 목 수 화 월 일 토 금 목 수 화 월 일 토 금 목 수 화 월 일 토 금 목 수 화 월

4月小(丁巳) 입하

절기	소만(29) / 입하(13)		
음력	**29** 28 27 26 25 24 23 22 21 20 19 18 17 16 15 14 **13** 12 11 10 9 8 7 6 5 4 3 2 1
순행	5 5 5 6 6 7 7 7 8 8 8 9 9 9 10 1 1 1 1 2 2 2 3 3 3 4 4
역행	5 5 5 4 4 4 3 3 3 2 2 2 1 1 1 10 9 9 9 8 8 8 7 7 7 6 6
월(음/양)	05 … 04
일	22 21 20 19 18 17 16 15 14 13 12 11 10 9 8 7 6 5 4 3 2 1 30 29 28 27 26 25 24
일진(천간)	乙 甲 癸 壬 辛 庚 己 戊 丁 丙 乙 甲 癸 壬 辛 庚 己 戊 丁 丙 乙 甲 癸 壬 辛 庚 己 戊 丁
일진(지지)	丑 子 亥 戌 酉 申 未 午 巳 辰 卯 寅 丑 子 亥 戌 酉 申 未 午 巳 辰 卯 寅 丑 子 亥 戌 酉
요일	수 화 월 일 토 금 목 수 화 월 일 토 금 목 수 화 월 일 토 금 목 수 화 월 일 토 금 목 수

윤4月小 망종

절기	망종(15)		
음력	29 28 27 26 25 24 23 22 21 20 19 18 17 16 **15** 14 13 12 11 10 9 8 7 6 5 4 3 2 1
순행	6 6 7 7 7 8 8 9 9 9 10 10 1 1 1 1 2 2 2 3 3 3 4 4 4 4 5
역행	5 4 4 3 3 3 2 2 2 1 1 1 10 9 9 9 8 8 8 7 7 7 6 6 6
월(음/양)	06 … 05
일	20 19 18 17 16 15 14 13 12 11 10 9 8 7 6 5 4 3 2 1 31 30 29 28 27 26 25 24 23
일진(천간)	甲 癸 壬 辛 庚 己 戊 丁 丙 乙 甲 癸 壬 辛 庚 己 戊 丁 丙 乙 甲 癸 壬 辛 庚 己 戊 丁 丙
일진(지지)	午 巳 辰 卯 寅 丑 子 亥 戌 酉 申 未 午 巳 辰 卯 寅 丑 子 亥 戌 酉 申 未 午 巳 辰 卯 寅
요일	목 수 화 월 일 토 금 목 수 화 월 일 토 금 목 수 화 월 일 토 금 목 수 화 월 일 토 금 목

5月大(戊午) 망종

절기	소서(18) / 하지		
음력	30 29 28 27 26 25 24 23 22 21 20 19 **18** 17 16 15 14 13 12 11 10 9 8 7 6 5 4 3 2 1
순행	6 7 7 7 8 8 9 9 9 10 1 1 1 1 2 2 2 3 3 3 4 4 4 5 5 5 6
역행	4 4 3 3 3 2 2 2 1 1 1 10 9 9 9 8 8 8 7 7 7 6 6 6 5 5
월(음/양)	07 … 06
일	20 19 18 17 16 15 14 13 12 11 10 9 8 7 6 5 4 3 2 1 30 29 28 27 26 25 24 23 22 21
일진(천간)	甲 癸 壬 辛 庚 己 戊 丁 丙 乙 甲 癸 壬 辛 庚 己 戊 丁 丙 乙 甲 癸 壬 辛 庚 己 戊 丁 丙 乙
일진(지지)	子 亥 戌 酉 申 未 午 巳 辰 卯 寅 丑 子 亥 戌 酉 申 未 午 巳 辰 卯 寅 丑 子 亥 戌 酉 申 未
요일	토 금 목 수 화 월 일 토 금 목 수 화 월 일 토 금 목 수 화 월 일 토 금 목 수 화 월 일 토 금

남자 사주에 子·午·卯·酉가 있고 이중 어느 하나가 財에 해당하면 어린 여자를 좋아한다.

절기표 (만세력)

6月小(己未)소서

절기	입추											대서																	
음력	29	28	27	26	25	24	23	22	21	20	19	18	17	16	15	14	13	12	11	10	9	8	7	6	5	4	3	2	1
순행	7	7	8	8	8	9	9	9	10	10		1	1	1	1	2	2	2	3	3	3	4	4	4	5	5	5	6	6
역행	3	3	3	2	2	2	1	1	1	1		10	10	9	9	9	8	8	8	7	7	7	6	6	6	5	5	5	4
월										08																			07
일	18	17	16	15	14	13	12	11	10	9	8	7	6	5	4	3	2	1	31	30	29	28	27	26	25	24	23	22	21
일진	癸巳	壬辰	辛卯	庚寅	己丑	戊子	丁亥	丙戌	乙酉	甲申	癸未	壬午	辛巳	庚辰	己卯	戊寅	丁丑	丙子	乙亥	甲戌	癸酉	壬申	辛未	庚午	己巳	戊辰	丁卯	丙寅	乙丑
요일	일	토	금	목	수	화	월	일	토	금	목	수	화	월	일	토	금	목	수	화	월	일	토	금	목	수	화	월	일

7月大(庚申)입추

절기	백로												처서																
음력	30	29	28	27	26	25	24	23	22	21	20	19	18	17	16	15	14	13	12	11	10	9	8	7	6	5	4	3	2	1
순행	7	8	8	8	9	9	10	10		1	1	1	1	2	2	2	3	3	4	4	4	5	5	5	6	6	6	7	7
역행	3	3	2	2	2	1	1	1		10	10	9	9	9	8	8	8	7	7	6	6	6	5	5	5	4	4	4	3
월									09																			08
일	17	16	15	14	13	12	11	10	9	8	7	6	5	4	3	2	1	31	30	29	28	27	26	25	24	23	22	21	20	19
일진	癸亥	壬戌	辛酉	庚申	己未	戊午	丁巳	丙辰	乙卯	甲寅	癸丑	壬子	辛亥	庚戌	己酉	戊申	丁未	丙午	乙巳	甲辰	癸卯	壬寅	辛丑	庚子	己亥	戊戌	丁酉	丙申	乙未	甲午
요일	화	월	일	토	금	목	수	화	월	일	토	금	목	수	화	월	일	토	금	목	수	화	월	일	토	금	목	수	화	월

8月小(辛酉)백로

절기	한로												추분																
음력	29	28	27	26	25	24	23	22	21	20	19	18	17	16	15	14	13	12	11	10	9	8	7	6	5	4	3	2	1
순행	8	8	8	9	9	9	10		1	1	1	1	2	2	2	3	3	3	4	4	5	5	5	6	6	6	7	7
역행	2	2	2	1	1	1		10	10	9	9	9	8	8	8	7	7	7	6	6	5	5	5	4	4	4	3
월								10																			09
일	16	15	14	13	12	11	10	9	8	7	6	5	4	3	2	1	31	30	29	28	27	26	25	24	23	22	21	20	19	18
일진	壬辰	辛卯	庚寅	己丑	戊子	丁亥	丙戌	乙酉	甲申	癸未	壬午	辛巳	庚辰	己卯	戊寅	丁丑	丙子	乙亥	甲戌	癸酉	壬申	辛未	庚午	己巳	戊辰	丁卯	丙寅	乙丑	甲子
요일	수	화	월	일	토	금	목	수	화	월	일	토	금	목	수	화	월	일	토	금	목	수	화	월	일	토	금	목	수

9月大(壬戌)한로

절기	입동												상강																
음력	30	29	28	27	26	25	24	23	22	21	20	19	18	17	16	15	14	13	12	11	10	9	8	7	6	5	4	3	2	1
순행	8	8	8	9	9	10		1	1	1	1	2	2	2	3	3	3	4	4	4	5	5	5	6	6	6	7	7
역행	2	2	2	1	1	1		10	9	9	9	8	8	8	7	7	7	6	6	6	5	5	5	4	4	4	3	3
월								11																			10
일	15	14	13	12	11	10	9	8	7	6	5	4	3	2	1	31	30	29	28	27	26	25	24	23	22	21	20	19	18	17
일진	壬戌	辛酉	庚申	己未	戊午	丁巳	丙辰	乙卯	甲寅	癸丑	壬子	辛亥	庚戌	己酉	戊申	丁未	丙午	乙巳	甲辰	癸卯	壬寅	辛丑	庚子	己亥	戊戌	丁酉	丙申	乙未	甲午	癸巳
요일	금	목	수	화	월	일	토	금	목	수	화	월	일	토	금	목	수	화	월	일	토	금	목	수	화	월	일	토	금	목

10月大(癸亥)입동

절기	대설												소설																
음력	30	29	28	27	26	25	24	23	22	21	20	19	18	17	16	15	14	13	12	11	10	9	8	7	6	5	4	3	2	1
순행	7	8	8	8	9	9	9		1	1	1	1	2	2	2	3	3	3	4	4	4	5	5	5	6	6	7	7	7
역행	2	2	2	1	1	1		10	9	9	9	8	8	8	7	7	7	6	6	6	5	5	5	4	4	4	3	3
월								12																			11
일	15	14	13	12	11	10	9	8	7	6	5	4	3	2	1	31	30	29	28	27	26	25	24	23	22	21	20	19	18	17	16
일진	壬辰	辛卯	庚寅	己丑	戊子	丁亥	丙戌	乙酉	甲申	癸未	壬午	辛巳	庚辰	己卯	戊寅	丁丑	丙子	乙亥	甲戌	癸酉	壬申	辛未	庚午	己巳	戊辰	丁卯	丙寅	乙丑	甲子	癸亥
요일	일	토	금	목	수	화	월	일	토	금	목	수	화	월	일	토	금	목	수	화	월	일	토	금	목	수	화	월	일	토

11月大(甲子)대설

절기	소한												동지																
음력	30	29	28	27	26	25	24	23	22	21	20	19	18	17	16	15	14	13	12	11	10	9	8	7	6	5	4	3	2	1
순행	7	8	8	8	9	9	9	10		1	1	1	1	2	2	2	3	3	4	4	4	5	5	5	6	6	6	7	7
역행	3	2	2	2	1	1	1		9	9	9	8	8	8	7	7	7	6	6	6	5	5	5	4	4	4	3	3	3
월								01																			12
일	14	13	12	11	10	9	8	7	6	5	4	3	2	1	31	30	29	28	27	26	25	24	23	22	21	20	19	18	17	16
일진	壬戌	辛酉	庚申	己未	戊午	丁巳	丙辰	乙卯	甲寅	癸丑	壬子	辛亥	庚戌	己酉	戊申	丁未	丙午	乙巳	甲辰	癸卯	壬寅	辛丑	庚子	己亥	戊戌	丁酉	丙申	乙未	甲午	癸巳
요일	화	월	일	토	금	목	수	화	월	일	토	금	목	수	화	월	일	토	금	목	수	화	월	일	토	금	목	수	화	월

12月小(乙丑)소한

절기	입춘												대한																
음력	29	28	27	26	25	24	23	22	21	20	19	18	17	16	15	14	13	12	11	10	9	8	7	6	5	4	3	2	1
순행	7	8	8	8	9	9	9	10		1	1	1	1	2	2	2	3	3	3	4	4	5	5	5	6	6	6	7	7
역행	2	2	2	1	1	1	1		10	9	9	9	8	8	7	7	7	6	6	6	5	5	5	4	4	4	3	3
월								02																			01
일	12	11	10	9	8	7	6	5	4	3	2	1	31	30	29	28	27	26	25	24	23	22	21	20	19	18	17	16	15
일진	辛卯	庚寅	己丑	戊子	丁亥	丙戌	乙酉	甲申	癸未	壬午	辛巳	庚辰	己卯	戊寅	丁丑	丙子	乙亥	甲戌	癸酉	壬申	辛未	庚午	己巳	戊辰	丁卯	丙寅	乙丑	甲子	癸亥
요일	수	화	월	일	토	금	목	수	화	월	일	토	금	목	수	화	월	일	토	금	목	수	화	월	일	토	금	목	수

사주 내에 공망살이 없으면 일생을 허송세월 한다.

상문 : 午   대장군 : 北
조객 : 寅   삼 재 : 申子辰
삼살 : 南

甲辰年

서기 1964년

단기 4297년

1月大(丙寅)입춘

절기		경칩													우수							
음력	30 29 28 27 26 25 24 23 **22** 21 20 19 18 17 16 15 14 13 12 11 10 9 **7** 6 5 4 3 2 1
순행	8 8 9 9 10 · · 1 1 1 1 · · 9 9 9 8 8 8 7 7 7 6 6 6 5 5 5
역행	3 2 2 2 1 1 1 · · · 9 9 9 8 8 8 7 7 7 6 6 6 5 5 5 4 4 3 3
월	03 ·· 02
일	13 12 11 10 9 8 7 6 5 4 3 2 1 29 28 27 26 25 24 23 22 21 20 19 18 17 16 15 14
일진	辛酉 庚申 己未 戊午 丁巳 丙辰 乙卯 甲寅 癸丑 壬子 辛亥 庚戌 己酉 戊申 丁未 丙午 乙巳 甲辰 癸卯 壬寅 辛丑 庚子 己亥 戊戌 丁酉 丙申 乙未 甲午 癸巳 壬辰
요일	금 목 수 화 월 일 토 금 목 수 화 월 일 토 금 목 수 화 월 일 토 금 목 수 화 월 일 토 금 목

2月小(丁卯)경칩

절기		청명													춘분							
음력	29 28 27 26 25 24 **23** 22 21 20 19 18 17 16 15 14 13 12 11 10 9 **7** 6 5 4 3 2 1
순행	8 8 9 9 9 10 · 1 1 1 1 2 2 2 3 3 3 4 4 4 5 5 5 6 6 6 7 7 7
역행	2 2 1 1 1 · 10 10 9 9 9 8 8 8 7 7 7 6 6 6 5 5 5 4 4 4 3 3 3
월	04 ·· 03
일	11 10 9 8 7 6 5 4 3 2 1 31 30 29 28 27 26 25 24 23 22 21 20 19 18 17 16 15 14
일진	庚寅 己丑 戊子 丁亥 丙戌 乙酉 甲申 癸未 壬午 辛巳 庚辰 己卯 戊寅 丁丑 丙子 乙亥 甲戌 癸酉 壬申 辛未 庚午 己巳 戊辰 丁卯 丙寅 乙丑 甲子 癸亥 戌戌 辛酉
요일	토 금 목 수 화 월 일 토 금 목 수 화 월 일 토 금 목 수 화 월 일 토 금 목 수 화 월 일 토

3月大(戊辰)청명

절기		입하													곡우							
음력	30 29 28 27 26 25 **24** 23 22 21 20 19 18 17 16 15 14 13 12 11 10 **9** 8 7 6 5 4 3 2 1
순행	9 9 9 10 10 10 · 1 1 1 1 2 2 2 3 3 3 4 4 4 5 5 5 6 6 6 7 7
역행	2 2 1 1 1 · 10 9 9 9 8 8 8 7 7 7 6 6 6 5 5 5 4 4 4 3 3
월	05 ·· 04
일	11 10 9 8 7 6 5 4 3 2 1 30 29 28 27 26 25 24 23 22 21 20 19 18 17 16 15 14 13 12
일진	庚申 己未 戊午 丁巳 丙辰 乙卯 甲寅 癸丑 壬子 辛亥 庚戌 己酉 戊申 丁未 丙午 乙巳 甲辰 癸卯 壬寅 辛丑 庚子 己亥 戊戌 丁酉 丙申 乙未 甲午 癸巳 壬辰 辛卯
요일	월 일 토 금 목 수 화 월 일 토 금 목 수 화 월 일 토 금 목 수 화 월 일 토 금 목 수 화 월 일

4月小(己巳)입하

절기		망종													소만							
음력	29 28 27 **26** 25 24 23 22 21 20 19 18 17 16 15 14 13 12 11 **10** 9 8 7 6 5 4 3 2 1
순행	9 10 10 · 1 1 1 2 2 2 3 3 3 4 4 4 5 5 6 6 6 7 7 7 8 8 8
역행	1 1 1 · 10 9 9 9 8 8 8 7 7 7 6 6 6 5 5 5 4 4 4 3 3 3 2
월	06 ·· 05
일	9 8 7 6 5 4 3 2 1 30 29 28 27 26 25 24 23 22 21 20 19 18 17 16 15 14 13 12 11
일진	己丑 戊子 丁亥 丙戌 乙酉 甲申 癸未 壬午 辛巳 庚辰 己卯 戊寅 丁丑 丙子 乙亥 甲戌 癸酉 壬申 辛未 庚午 己巳 戊辰 丁卯 丙寅 乙丑 甲子 癸亥 壬戌 辛酉
요일	화 월 일 토 금 목 수 화 월 일 토 금 목 수 화 월 일 토 금 목 수 화 월 일 토 금 목 수 화

5月小(庚午)망종

절기		소서													하지							
음력	29 **28** 27 26 25 24 23 22 21 20 19 18 17 16 15 14 13 **12** 11 10 9 8 7 6 5 4 3 2 1
순행	10 · 1 1 1 2 2 2 3 3 3 4 4 4 5 5 5 6 6 6 7 7 7 8 8 8 9 9
역행	1 · 10 10 9 9 9 8 8 8 7 7 7 6 6 6 5 5 5 4 4 4 3 3 3 2 2 2 1
월	07 ·· 06
일	8 7 6 5 4 3 2 1 30 29 28 27 26 25 24 23 22 21 20 19 18 17 16 15 14 13 12 11 10
일진	戊午 丁巳 丙辰 乙卯 甲寅 癸丑 壬子 辛亥 庚戌 己酉 戊申 丁未 丙午 乙巳 甲辰 癸卯 壬寅 辛丑 庚子 己亥 戊戌 丁酉 丙申 乙未 甲午 癸巳 壬辰 辛卯 庚寅
요일	수 화 월 일 토 금 목 수 화 월 일 토 금 목 수 화 월 일 토 금 목 수 화 월 일 토 금 목 수

6月大(壬申)소서·대서

절기	입추															대서							
음력	30 29 28 27 26 25 24 23 22 21 20 19 18 17 16 **15** 14 13 12 11 10 9 8 7 6 5 4 3 2 1
순행	1 1 1 1 2 2 2 3 3 3 4 4 4 5 5 5 6 6 6 7 7 7 8 8 8 9 9 9 10
역행	10 10 9 9 9 8 8 8 7 7 7 6 6 6 5 5 5 4 4 4 3 3 3 2 2 2 1 1 1
월	08 ·· 07
일	7 6 5 4 3 2 1 31 30 29 28 27 26 25 24 23 22 21 20 19 18 17 16 15 14 13 12 11 10 9
일진	戊子 丁亥 丙戌 乙酉 甲申 癸未 壬午 辛巳 庚辰 己卯 戊寅 丁丑 丙子 乙亥 甲戌 癸酉 壬申 辛未 庚午 己巳 戊辰 丁卯 丙寅 乙丑 甲子 癸亥 壬戌 辛酉 庚申 己未
요일	금 목 수 화 월 일 토 금 목 수 화 월 일 토 금 목 수 화 월 일 토 금 목 수 화 월 일 토 금 목

신왕 사주에 財와 슘이 많은 사람은 바람둥이 팔자이다.

7月小 壬申(임신) — 절기: 처서

음력	29	28	27	26	25	24	23	22	21	20	19	18	17	**16**	15	14	13	12	11	10	9	8	7	6	5	4	3	2	1
대운 순행	1	1	1	2	2	2	3	3	3	4	4	4	5	5	6	6	6	7	7	7	8	8	8	9	9	9	10	10	
대운 역행	10	9	9	9	8	8	8	7	7	7	6	6	6	5	5	5	4	4	4	3	3	3	2	2	2	1	1	1	1
월(음력)	09																											08	
일	5	4	3	2	1	31	30	29	28	27	26	25	24	23	22	21	20	19	18	17	16	15	14	13	12	11	10	9	8
일진	丁巳	丙辰	乙卯	甲寅	癸丑	壬子	辛亥	庚戌	己酉	戊申	丁未	丙午	乙巳	甲辰	癸卯	壬寅	辛丑	庚子	己亥	戊戌	丁酉	丙申	乙未	甲午	癸巳	壬辰	辛卯	庚寅	己丑
요일	토	금	목	수	화	월	일	토	금	목	수	화	월	일	토	금	목	수	화	월	일	토	금	목	수	화	월	일	토

8月大 癸酉(계유) — 절기: 추분 / 백로

음력	30	29	28	27	26	25	24	23	22	21	20	19	**18**	17	16	15	14	13	12	11	10	9	8	7	6	5	4	3	**2**	1
대운 순행	1	1	2	2	2	3	3	3	4	4	5	5	5	6	6	6	7	7	7	8	8	8	9	9	9	10	10			1
대운 역행	9	9	9	8	8	8	7	7	7	6	6	6	5	5	5	4	4	4	3	3	3	2	2	2	1	1	1			10
월(음력)	10																											09		
일	5	4	3	2	1	30	29	28	27	26	25	24	23	22	21	20	19	18	17	16	15	14	13	12	11	10	9	8	7	6
일진	丁亥	丙戌	乙酉	甲申	癸未	壬午	辛巳	庚辰	己卯	戊寅	丁丑	丙子	乙亥	甲戌	癸酉	壬申	辛未	庚午	己巳	戊辰	丁卯	丙寅	乙丑	甲子	癸亥	壬戌	辛酉	庚申	己未	戊午
요일	월	일	토	금	목	수	화	월	일	토	금	목	수	화	월	일	토	금	목	수	화	월	일	토	금	목	수	화	월	일

9月小 甲戌(갑술) — 절기: 상강 / 한로

음력	29	28	27	26	25	24	23	22	21	20	19	**18**	17	16	15	14	13	12	11	10	9	8	7	6	5	4	**3**	2	1
대운 순행	1	2	2	2	3	3	3	4	4	4	5	5	6	6	6	7	7	7	8	8	8	9	9	9	10		1	1	
대운 역행	9	8	8	8	7	7	7	6	6	6	5	5	5	4	4	4	3	3	3	2	2	2	1	1	1		10	10	
월(음력)	11																										10		
일	3	2	1	31	30	29	28	27	26	25	24	23	22	21	20	19	18	17	16	15	14	13	12	11	10	9	8	7	6
일진	丙辰	乙卯	甲寅	癸丑	壬子	辛亥	庚戌	己酉	戊申	丁未	丙午	乙巳	甲辰	癸卯	壬寅	辛丑	庚子	己亥	戊戌	丁酉	丙申	乙未	甲午	癸巳	壬辰	辛卯	庚寅	己丑	戊子
요일	화	월	일	토	금	목	수	화	월	일	토	금	목	수	화	월	일	토	금	목	수	화	월	일	토	금	목	수	화

10月大 乙亥(을해) — 절기: 소설 / 입동

음력	30	29	28	27	26	25	24	23	22	21	20	**19**	18	17	16	15	14	13	12	11	10	9	8	7	6	5	**4**	3	2	1
대운 순행	1	2	2	2	3	3	3	4	4	4	5	5	5	6	6	6	7	7	7	8	8	8	9	9	10		1	1	1	
대운 역행	9	8	8	8	7	7	7	6	6	6	5	5	5	4	4	4	3	3	3	2	2	2	1	1	1		10	9	9	
월(음력)	12																										11			
일	3	2	1	30	29	28	27	26	25	24	23	22	21	20	19	18	17	16	15	14	13	12	11	10	9	8	7	6	5	4
일진	丙戌	乙酉	甲申	癸未	壬午	辛巳	庚辰	己卯	戊寅	丁丑	丙子	乙亥	甲戌	癸酉	壬申	辛未	庚午	己巳	戊辰	丁卯	丙寅	乙丑	甲子	癸亥	壬戌	辛酉	庚申	己未	戊午	丁巳
요일	목	수	화	월	일	토	금	목	수	화	월	일	토	금	목	수	화	월	일	토	금	목	수	화	월	일	토	금	목	수

11月大 丙子(병자) — 절기: 동지 / 대설

음력	30	29	28	27	26	25	24	23	22	21	20	**19**	18	17	16	15	14	13	12	11	10	9	8	7	6	5	**4**	3	2	1
대운 순행	1	1	2	2	2	3	3	3	4	4	4	5	5	6	6	6	7	7	7	8	8	8	9	9			1	1	1	
대운 역행	9	8	8	8	7	7	7	6	6	6	5	5	5	4	4	4	3	3	3	2	2	2	1	1			10	9	9	
월(음력)	01																										12			
일	2	1	31	30	29	28	27	26	25	24	23	22	21	20	19	18	17	16	15	14	13	12	11	10	9	8	7	6	5	4
일진	丙辰	乙卯	甲寅	癸丑	壬子	辛亥	庚戌	己酉	戊申	丁未	丙午	乙巳	甲辰	癸卯	壬寅	辛丑	庚子	己亥	戊戌	丁酉	丙申	乙未	甲午	癸巳	壬辰	辛卯	庚寅	己丑	戊子	丁亥
요일	토	금	목	수	화	월	일	토	금	목	수	화	월	일	토	금	목	수	화	월	일	토	금	목	수	화	월	일	토	금

12月大 丁丑(정축) — 절기: 대한 / 소한

음력	30	29	28	27	26	25	24	23	22	21	20	**19**	18	17	16	15	14	13	12	11	10	9	8	7	6	5	**4**	3	2	1
대운 순행	1	1	2	2	2	3	3	3	4	4	4	5	5	6	6	6	7	7	7	8	8	8	9	9	10		1	1		
대운 역행	9	8	8	8	7	7	7	6	6	6	5	5	5	4	4	4	3	3	3	2	2	2	1	1	1		9	9		
월(음력)	02																										01			
일	1	31	30	29	28	27	26	25	24	23	22	21	20	19	18	17	16	15	14	13	12	11	10	9	8	7	6	5	4	3
일진	丙戌	乙酉	甲申	癸未	壬午	辛巳	庚辰	己卯	戊寅	丁丑	丙子	乙亥	甲戌	癸酉	壬申	辛未	庚午	己巳	戊辰	丁卯	丙寅	乙丑	甲子	癸亥	壬戌	辛酉	庚申	己未	戊午	丁巳
요일	월	일	토	금	목	수	화	월	일	토	금	목	수	화	월	일	토	금	목	수	화	월	일	토	금	목	수	화	월	일

편재격 사주가 왕하지만 않으면 큰 부자가 된다.

상문 : 未　　대장군 : 東
조객 : 卯　　삼　재 : 亥卯未
삼살 : 東

乙巳年

서기 1965년
단기 4298년

																													절기	
										우수								입춘												
29	28	27	26	25	24	23	22	21	20	19	18	17	16	15	14	13	12	11	10	9	8	7	6	5	4	3	2	1	음력	1월小(戊寅)입춘
1	2	2	3	3	4	4	5	5	6	6	7	7	7	8	8	9	9	10			1	1		순행					대남	
9	8	8	8	7	7	7	6	6	6	5	5	5	4	4	4	3	3	3	2	2	2	1	1	1	1		1	9	역행	
		03																							02				월	음력
2	1	28	27	26	25	24	23	22	21	20	19	18	17	16	15	14	13	12	11	10	9	8	7	6	5	4	3	2	일	
乙	甲	癸	壬	辛	庚	己	戊	丁	丙	乙	甲	癸	壬	辛	庚	己	戊	丁	丙	乙	甲	癸	壬	辛	庚	己	戊	丁	일 진	
卯	寅	丑	子	亥	戌	酉	申	未	午	巳	辰	卯	寅	丑	子	亥	戌	酉	申	未	午	巳	辰	卯	寅	丑	子	亥		
화	월	일	토	금	목	수	화	월	일	토	금	목	수	화	월	일	토	금	목	수	화	월	일	토	금	목	수	화	요 일	

																														절기	
								춘분											경칩												
30	29	28	27	26	25	24	23	22	21	20	19	18	17	16	15	14	13	12	11	10	9	8	7	6	5	4	3	2	1	음력	2월大(己卯)경칩
1	2	2	2	3	3	3	4	4	4	5	5	6	6	6	7	7	7	8	8	9	9	9	10			1	1	1		순행	대남
9	8	8	8	7	7	7	6	6	6	5	5	5	4	4	4	3	3	3	2	2	2	1	1	1	1		10	9		역행	
04																										03				월	음력
1	31	30	29	28	27	26	25	24	23	22	21	20	19	18	17	16	15	14	13	12	11	10	9	8	7	6	5	4	3	일	
乙	甲	癸	壬	辛	庚	己	戊	丁	丙	乙	甲	癸	壬	辛	庚	己	戊	丁	丙	乙	甲	癸	壬	辛	庚	己	戊	丁	일 진	
酉	申	未	午	巳	辰	卯	寅	丑	子	亥	戌	酉	申	未	午	巳	辰	卯	寅	丑	子	亥	戌	酉	申	未	午	巳		
목	수	화	월	일	토	금	목	수	화	월	일	토	금	목	수	화	월	일	토	금	목	수	화	월	일	토	금	목	수	요 일	

																													절기	
									곡우									청명												
29	28	27	26	25	24	23	22	21	20	19	18	17	16	15	14	13	12	11	10	9	8	7	6	5	4	3	2	1	음력	3월小(庚辰)청명
2	2	3	3	3	4	4	4	5	5	6	6	6	7	7	7	8	8	8	9	9	10	10			1	1	1		순행	대남
8	8	8	7	7	7	6	6	6	5	5	5	4	4	4	3	3	3	2	2	2	1	1	1	1		10	9		역행	
																									04				월	음력
30	29	28	27	26	25	24	23	22	21	20	19	18	17	16	15	14	13	12	11	10	9	8	7	6	5	4	3	2	일	
甲	癸	壬	辛	庚	己	戊	丁	丙	乙	甲	癸	壬	辛	庚	己	戊	丁	丙	乙	甲	癸	壬	辛	庚	己	戊	丁	丙	일 진	
寅	丑	子	亥	戌	酉	申	未	午	巳	辰	卯	寅	丑	子	亥	戌	酉	申	未	午	巳	辰	卯	寅	丑	子	亥	戌		
금	목	수	화	월	일	토	금	목	수	화	월	일	토	금	목	수	화	월	일	토	금	목	수	화	월	일	토	금	요 일	

																														절기	
									소만									입하													
30	29	28	27	26	25	24	23	22	21	20	19	18	17	16	15	14	13	12	11	10	9	8	7	6	5	4	3	2	1	음력	4월大(辛巳)입하
2	3	3	3	4	4	4	5	5	5	6	6	7	7	7	8	8	8	9	9	9	10			1	1	1	2		순행	대남
8	8	7	7	7	6	6	6	5	5	5	4	4	4	3	3	3	2	2	2	1	1	1	1		10	10	9		역행	
																									05				월	음력
30	29	28	27	26	25	24	23	22	21	20	19	18	17	16	15	14	13	12	11	10	9	8	7	6	5	4	3	2	일	
甲	癸	壬	辛	庚	己	戊	丁	丙	乙	甲	癸	壬	辛	庚	己	戊	丁	丙	乙	甲	癸	壬	辛	庚	己	戊	丁	丙	일 진	
申	未	午	巳	辰	卯	寅	丑	子	亥	戌	酉	申	未	午	巳	辰	卯	寅	丑	子	亥	戌	酉	申	未	午	巳	辰	卯		
일	토	금	목	수	화	월	일	토	금	목	수	화	월	일	토	금	목	수	화	월	일	토	금	목	수	화	월	일	토	요 일	

																													절기	
							하지											망종												
29	28	27	26	25	24	23	22	21	20	19	18	17	16	15	14	13	12	11	10	9	8	7	6	5	4	3	2	1	음력	5월小(壬午)망종
3	3	4	4	4	5	5	5	6	6	6	7	7	8	8	8	9	9	9	10			1	1	1	2	2		순행	대남
7	7	7	6	6	6	5	5	5	4	4	4	3	3	3	2	2	2	1	1	1	1		10	10	9	9	8		역행	
																						06	05						월	음력
28	27	26	25	24	23	22	21	20	19	18	17	16	15	14	13	12	11	10	9	8	7	6	5	4	3	2	1	31	일	
癸	壬	辛	庚	己	戊	丁	丙	乙	甲	癸	壬	辛	庚	己	戊	丁	丙	乙	甲	癸	壬	辛	庚	己	戊	丁	丙	乙	일 진	
丑	子	亥	戌	酉	申	未	午	巳	辰	卯	寅	丑	子	亥	戌	酉	申	未	午	巳	辰	卯	寅	丑	子	亥	戌	酉		
월	일	토	금	목	수	화	월	일	토	금	목	수	화	월	일	토	금	목	수	화	월	일	토	금	목	수	화	월	요 일	

																													절기	
				대서													소서												
29	28	27	26	25	24	23	22	21	20	19	18	17	16	15	14	13	12	11	10	9	8	7	6	5	4	3	2	1	음력	6월小(癸未)소서
4	4	5	5	5	6	6	6	7	7	7	8	8	8	9	9	10	10	10			1	1	1	1	2	2	2		순행	대남
7	6	6	6	5	5	5	4	4	4	3	3	3	2	2	2	1	1	1		10	10	9	9	9	8	8	8		역행	
																					07		06						월	음력
27	26	25	24	23	22	21	20	19	18	17	16	15	14	13	12	11	10	9	8	7	6	5	4	3	2	1	30	29	일	
壬	辛	庚	己	戊	丁	丙	乙	甲	癸	壬	辛	庚	己	戊	丁	丙	乙	甲	癸	壬	辛	庚	己	戊	丁	丙	乙	甲	일 진	
午	巳	辰	卯	寅	丑	子	亥	戌	酉	申	未	午	巳	辰	卯	寅	丑	子	亥	戌	酉	申	未	午	巳	辰	卯	寅		
화	월	일	토	금	목	수	화	월	일	토	금	목	수	화	월	일	토	금	목	수	화	월	일	토	금	목	수	화	요 일	

사주에 도화살·목욕살이 있으면 색정을 밝히는 사람이다.

7月大(甲申)입추

절기	30	29	28	27	26	25	24	23	22	21	20	19	18	17	16	15	14	13	12	11	10	9	8	7	6	5	4	3	2	1
음력	30	29	28	27(처서)	26	25	24	23	22	21	20	19	18	17	16	15	14	13	12(입추)	11	10	9	8	7	6	5	4	3	2	1
순행	4	5	5	5	6	6	6	7	7	7	8	8	8	9	9	9	10	10		1	1	1	1	2	2	2	3	3	3	4
역행	6	6	5	5	5	4	4	4	3	3	3	2	2	2	1	1	1	1		10	10	10	9	9	9	8	8	8	7	7
월													08								07									
일	26	25	24	23	22	21	20	19	18	17	16	15	14	13	12	11	10	9	8	7	6	5	4	3	2	1	31	30	29	28
일진	壬子	辛亥	庚戌	己酉	戊申	丁未	丙午	乙巳	甲辰	癸卯	壬寅	辛丑	庚子	己亥	戊戌	丁酉	丙申	乙未	甲午	癸巳	壬辰	辛卯	庚寅	己丑	戊子	丁亥	丙戌	乙酉	甲申	癸未
요일	목	수	화	월	일	토	금	목	수	화	월	일	토	금	목	수	화	월	일	토	금	목	수	화	월	일	토	금	목	수

8月小(乙酉)백로

절기	29	28	27	26	25	24	23	22	21	20	19	18	17	16	15	14	13	12	11	10	9	8	7	6	5	4	3	2	1
음력	29	28(추분)	27	26	25	24	23	22	21	20	19	18	17	16	15	14	13(백로)	12	11	10	9	8	7	6	5	4	3	2	1
순행	5	5	5	6	6	6	7	7	7	8	8	8	9	9	9	10		1	1	1	1	2	2	2	3	3	3	4	4
역행	5	5	5	4	4	4	3	3	3	2	2	2	1	1	1	1		10	10	9	9	9	8	8	8	7	7	7	6
월												09								08									
일	24	23	22	21	20	19	18	17	16	15	14	13	12	11	10	9	8	7	6	5	4	3	2	1	31	30	29	28	27
일진	辛巳	庚辰	己卯	戊寅	丁丑	丙子	乙亥	甲戌	癸酉	壬申	辛未	庚午	己巳	戊辰	丁卯	丙寅	乙丑	甲子	癸亥	壬戌	辛酉	庚申	己未	戊午	丁巳	丙辰	乙卯	甲寅	癸丑
요일	금	목	수	화	월	일	토	금	목	수	화	월	일	토	금	목	수	화	월	일	토	금	목	수	화	월	일	토	금

9月小(丙戌)한로

절기	29	28	27	26	25	24	23	22	21	20	19	18	17	16	15	14	13	12	11	10	9	8	7	6	5	4	3	2	1
음력	29	28	27	26	25	24	23	22	21	20	19	18	17	16	15	14(한로)	13	12	11	10	9	8	7	6	5	4	3	2	1
순행	5	6	6	6	7	7	7	8	8	8	9	9	9	10	10		1	1	1	1	2	2	2	3	3	3	4	4	4
역행	5	5	4	4	4	3	3	3	2	2	2	1	1	1	1		10	9	9	9	8	8	8	7	7	7	6	6	6
월													10							09									
일	23	22	21	20	19	18	17	16	15	14	13	12	11	10	9	8	7	6	5	4	3	2	1	30	29	28	27	26	25
일진	庚戌	己酉	戊申	丁未	丙午	乙巳	甲辰	癸卯	壬寅	辛丑	庚子	己亥	戊戌	丁酉	丙申	乙未	甲午	癸巳	壬辰	辛卯	庚寅	己丑	戊子	丁亥	丙戌	乙酉	甲申	癸未	壬午
요일	토	금	목	수	화	월	일	토	금	목	수	화	월	일	토	금	목	수	화	월	일	토	금	목	수	화	월	일	토

10月大(丁亥)입동

절기	30	29	28	27	26	25	24	23	22	21	20	19	18	17	16	15	14	13	12	11	10	9	8	7	6	5	4	3	2	1
음력	30(소설)	29	28	27	26	25	24	23	22	21	20	19	18	17	16(입동)	15	14	13	12	11	10	9	8	7	6	5	4	3	2	1(상강)
순행	5	5	6	6	6	7	7	7	8	8	8	9	9	9		1	1	1	2	2	2	3	3	3	4	4	4	5	5	5
역행	5	4	4	4	3	3	3	2	2	2	1	1	1	1		10	10	9	9	9	8	8	8	7	7	7	6	6	6	5
월												11							10											
일	22	21	20	19	18	17	16	15	14	13	12	11	10	9	8	7	6	5	4	3	2	1	31	30	29	28	27	26	25	24
일진	庚辰	己卯	戊寅	丁丑	丙子	乙亥	甲戌	癸酉	壬申	辛未	庚午	己巳	戊辰	丁卯	丙寅	乙丑	甲子	癸亥	壬戌	辛酉	庚申	己未	戊午	丁巳	丙辰	乙卯	甲寅	癸丑	壬子	辛亥
요일	월	일	토	금	목	수	화	월	일	토	금	목	수	화	월	일	토	금	목	수	화	월	일	토	금	목	수	화	월	일

11月大(戊子)대설

절기	30	29	28	27	26	25	24	23	22	21	20	19	18	17	16	15	14	13	12	11	10	9	8	7	6	5	4	3	2	1
음력	30(동지)	29	28	27	26	25	24	23	22	21	20	19	18	17	16	15(대설)	14	13	12	11	10	9	8	7	6	5	4	3	2	1
순행	5	5	6	6	6	7	7	7	8	8	8	9	9	10		1	1	1	1	2	2	2	3	3	3	4	4	4	4	5
역행	5	5	4	4	4	3	3	3	2	2	2	1	1	1		9	9	9	8	8	8	7	7	7	6	6	6	5	5	5
월												12							11											
일	22	21	20	19	18	17	16	15	14	13	12	11	10	9	8	7	6	5	4	3	2	1	30	29	28	27	26	25	24	23
일진	庚戌	己酉	戊申	丁未	丙午	乙巳	甲辰	癸卯	壬寅	辛丑	庚子	己亥	戊戌	丁酉	丙申	乙未	甲午	癸巳	壬辰	辛卯	庚寅	己丑	戊子	丁亥	丙戌	乙酉	甲申	癸未	壬午	辛巳
요일	수	화	월	일	토	금	목	수	화	월	일	토	금	목	수	화	월	일	토	금	목	수	화	월	일	토	금	목	수	화

12月大(己丑)소한

절기	30	29	28	27	26	25	24	23	22	21	20	19	18	17	16	15	14	13	12	11	10	9	8	7	6	5	4	3	2	1
음력	30	29(대한)	28	27	26	25	24	23	22	21	20	19	18	17	16	15(소한)	14	13	12	11	10	9	8	7	6	5	4	3	2	1
순행	5	5	5	6	6	7	7	7	8	8	8	9	9	9		1	1	1	2	2	3	3	3	4	4	4	5	5	5	5
역행	5	5	5	4	4	3	3	3	2	2	2	1	1	1		10	9	9	9	8	8	8	7	7	7	6	6	6	5	5
월												01							12											
일	21	20	19	18	17	16	15	14	13	12	11	10	9	8	7	6	5	4	3	2	1	31	30	29	28	27	26	25	24	23
일진	庚辰	己卯	戊寅	丁丑	丙子	乙亥	甲戌	癸酉	壬申	辛未	庚午	己巳	戊辰	丁卯	丙寅	乙丑	甲子	癸亥	壬戌	辛酉	庚申	己未	戊午	丁巳	丙辰	乙卯	甲寅	癸丑	壬子	辛亥
요일	금	목	수	화	월	일	토	금	목	수	화	월	일	토	금	목	수	화	월	일	토	금	목	수	화	월	일	토	금	목

사주에 상관이 많으면 반드시 첫 자식을 잃는다.

상문 : 申   대장군 : 東
조객 : 辰   삼 재 : 亥卯未
삼살 : 北

丙午年

서기 1966년
단기 4299년

1月小(庚寅)입춘

절기	우수															입춘													
음력	29	28	27	26	25	24	23	22	21	20	19	18	17	16	15	14	13	12	11	10	9	8	7	6	5	4	3	2	1
순행	5	5	6	6	6	7	7	7	8	8	8	9	9	9	10		1	1	1	1	2	2	2	3	3	3	4	4	4
역행	5	5	4	4	4	3	3	3	2	2	2	1	1	1	1		9	9	9	8	8	8	7	7	7	6	6	6	5
월													02														01		
일	19	18	17	16	15	14	13	12	11	10	9	8	7	6	5	4	3	2	1	31	30	29	28	27	26	25	24	23	22
일진	己酉	戊申	丁未	丙午	乙巳	甲辰	癸卯	壬寅	辛丑	庚子	己亥	戊戌	丁酉	丙申	乙未	甲午	癸巳	壬辰	辛卯	庚寅	己丑	戊子	丁亥	丙戌	乙酉	甲申	癸未	壬午	辛巳
요일	토	금	목	수	화	월	일	토	금	목	수	화	월	일	토	금	목	수	화	월	일	토	금	목	수	화	월	일	토

2月大(辛卯)경칩

절기	춘분															경칩														
음력	30	29	28	27	26	25	24	23	22	21	20	19	18	17	16	15	14	13	12	11	10	9	8	7	6	5	4	3	2	1
순행	5	5	6	6	6	7	7	7	8	8	8	9	9	9	10		1	1	1	1	2	2	2	3	3	3	4	4	4	5
역행	5	5	4	4	4	3	3	3	2	2	2	1	1	1	1		10	9	9	9	8	8	8	7	7	7	6	6	6	5
월													03														02			
일	21	20	19	18	17	16	15	14	13	12	11	10	9	8	7	6	5	4	3	2	1	28	27	26	25	24	23	22	21	20
일진	己卯	戊寅	丁丑	丙子	乙亥	甲戌	癸酉	壬申	辛未	庚午	己巳	戊辰	丁卯	丙寅	乙丑	甲子	癸亥	壬戌	辛酉	庚申	己未	戊午	丁巳	丙辰	乙卯	甲寅	癸丑	壬子	辛亥	庚戌
요일	월	일	토	금	목	수	화	월	일	토	금	목	수	화	월	일	토	금	목	수	화	월	일	토	금	목	수	화	월	일

3月大(壬辰)청명

절기	곡우															청명														
음력	30	29	28	27	26	25	24	23	22	21	20	19	18	17	16	15	14	13	12	11	10	9	8	7	6	5	4	3	2	1
순행	5	6	6	6	7	7	7	8	8	8	9	9	9	10		1	1	1	1	2	2	2	3	3	3	4	4	4	5	
역행	5	5	4	4	4	3	3	3	2	2	2	1	1	1		10	9	9	9	8	8	8	7	7	7	6	6	6	5	
월													04														03			
일	20	19	18	17	16	15	14	13	12	11	10	9	8	7	6	5	4	3	2	1	31	30	29	28	27	26	25	24	23	22
일진	己酉	戊申	丁未	丙午	乙巳	甲辰	癸卯	壬寅	辛丑	庚子	己亥	戊戌	丁酉	丙申	乙未	甲午	癸巳	壬辰	辛卯	庚寅	己丑	戊子	丁亥	丙戌	乙酉	甲申	癸未	壬午	辛巳	庚辰
요일	수	화	월	일	토	금	목	수	화	월	일	토	금	목	수	화	월	일	토	금	목	수	화	월	일	토	금	목	수	화

윤3月小

절기																입하													
음력	29	28	27	26	25	24	23	22	21	20	19	18	17	16	15	14	13	12	11	10	9	8	7	6	5	4	3	2	1
순행	6	6	7	7	7	8	8	8	9	9	9	10	10		1	1	1	2	2	2	3	3	3	4	4	4	5		
역행	4	4	4	3	3	3	2	2	2	1	1	1	10		10	9	9	9	8	8	8	7	7	7	6	6	6	5	
월													05														04		
일	19	18	17	16	15	14	13	12	11	10	9	8	7	6	5	4	3	2	1	31	30	29	28	27	26	25	24	23	22
일진	戊寅	丁丑	丙子	乙亥	甲戌	癸酉	壬申	辛未	庚午	己巳	戊辰	丁卯	丙寅	乙丑	甲子	癸亥	壬戌	辛酉	庚申	己未	戊午	丁巳	丙辰	乙卯	甲寅	癸丑	壬子	辛亥	庚戌
요일	목	수	화	월	일	토	금	목	수	화	월	일	토	금	목	수	화	월	일	토	금	목	수	화	월	일	토	금	목

4月大(癸巳)입하

절기	망종																	18									소만			
음력	30	29	28	27	26	25	24	23	22	21	20	19	18	17	16	15	14	13	12	11	10	9	8	7	6	5	4	3	2	1
순행	6	7	7	7	8	8	8	9	9	9	10	10		1	1	1	1	2	2	2	3	3	3	4	4	4	5	5		
역행	4	4	4	3	3	3	2	2	2	1	1		10	9	9	9	8	8	8	7	7	7	6	6	6	5	5			
월													06														05			
일	18	17	16	15	14	13	12	11	10	9	8	7	6	5	4	3	2	1	31	30	29	28	27	26	25	24	23	22	21	20
일진	戊申	丁未	丙午	乙巳	甲辰	癸卯	壬寅	辛丑	庚子	己亥	戊戌	丁酉	丙申	乙未	甲午	癸巳	壬辰	辛卯	庚寅	己丑	戊子	丁亥	丙戌	乙酉	甲申	癸未	壬午	辛巳	庚辰	己卯
요일	토	금	목	수	화	월	일	토	금	목	수	화	월	일	토	금	목	수	화	월	일	토	금	목	수	화	월	일	토	금

5月小(甲午)망종

절기	소서									19									하지						4				
음력	29	28	27	26	25	24	23	22	21	20	19	18	17	16	15	14	13	12	11	10	9	8	7	6	5	4	3	2	1
순행	7	8	8	8	9	9	10	10	10		1	1	1	1	2	2	3	3	3	4	4	5	5						
역행	3	3	3	2	2	2	1	1	1		10	10	9	8	8	7	7	7	6	6	5	5							
월												07													06				
일	17	16	15	14	13	12	11	10	9	8	7	6	5	4	3	2	1	30	29	28	27	26	25	24	23	22	21	20	19
일진	丁丑	丙子	乙亥	甲戌	癸酉	壬申	辛未	庚午	己巳	戊辰	丁卯	丙寅	乙丑	甲子	癸亥	壬戌	辛酉	庚申	己未	戊午	丁巳	丙辰	乙卯	甲寅	癸丑	壬子	辛亥	庚戌	己酉
요일	일	토	금	목	수	화	월	일	토	금	목	수	화	월	일	토	금	목	수	화	월	일	토	금	목	수	화	월	일

사주에 財가 약한 사람은 부인이 홀쭉하고 야위다.

6月小(乙未)소서

구분	29	28	27	26	25	24	23	22	21	20	19	18	17	16	15	14	13	12	11	10	9	8	7	6	5	4	3	2	1
순행	8	8	9	9	9	10	10		1	1	1	1	2	2	2	3	3	3	4	4	4	5	5	5	6	6	6	7	7
역행	2	2	2	1	1	1	1		10	10	10	9	9	9	8	8	8	7	7	7	6	6	6	5	5	5	4	4	4
월(08)																													07
일	15	14	13	12	11	10	9	8	7	6	5	4	3	2	1	31	30	29	28	27	26	25	24	23	22	21	20	19	18
일진	丙午	乙巳	甲辰	癸卯	壬寅	辛丑	庚子	己亥	戊戌	丁酉	丙申	乙未	甲午	癸巳	壬辰	辛卯	庚寅	己丑	戊子	丁亥	丙戌	乙酉	甲申	癸未	壬午	辛巳	庚辰	己卯	戊寅
요일	월	일	토	금	목	수	화	월	일	토	금	목	수	화	월	일	토	금	목	수	화	월	일	토	금	목	수	화	월

절기: 입추(22), 대서(6)

7月大(丙申)입추

백로   처서

구분	30	29	28	27	26	25	24	23	22	21	20	19	18	17	16	15	14	13	12	11	10	9	8	7	6	5	4	3	2	1
순행	8	9	9	9	10		1	1	1	1	2	2	2	2	3	3	3	4	4	4	5	5		5	6	6	6	7	7	7	8
역행	2	2	1	1	1		1	10	10	10	9	9	9	8	8	8	7	7	7	6	6	6		5	5	5	4	4	4	3	3
월(09)																														08
일	14	13	12	11	10	9	8	7	6	5	4	3	2	1	31	30	29	28	27	26	25	24	23	22	21	20	19	18	17	16
일진	丙子	乙亥	甲戌	癸酉	壬申	辛未	庚午	己巳	戊辰	丁卯	丙寅	乙丑	甲子	癸亥	壬戌	辛酉	庚申	己未	戊午	丁巳	丙辰	乙卯	甲寅	癸丑	壬子	辛亥	庚戌	己酉	戊申	丁未
요일	수	화	월	일	토	금	목	수	화	월	일	토	금	목	수	화	월	일	토	금	목	수	화	월	일	토	금	목	수	화

절기: 백로(24), 처서(8)

8月小(丁酉)백로

한로   추분

구분	29	28	27	26	25	24	23	22	21	20	19	18	17	16	15	14	13	12	11	10	9	8	7	6	5	4	3	2	1
순행	9	9	9	10		1	1	1	1	2	2	2	3	3	3	4	4	4	5	5		5	6	6	6	7	7	7	8	8
역행	1	1	1	1		10	10	9	9	9	8	8	8	7	7	7	6	6	6	5		5	5	4	4	4	3	3	3	2
월(10)																													09
일	13	12	11	10	9	8	7	6	5	4	3	2	1	30	29	28	27	26	25	24	23	22	21	20	19	18	17	16	15
일진	乙巳	甲辰	癸卯	壬寅	辛丑	庚子	己亥	戊戌	丁酉	丙申	乙未	甲午	癸巳	壬辰	辛卯	庚寅	己丑	戊子	丁亥	丙戌	乙酉	甲申	癸未	壬午	辛巳	庚辰	己卯	戊寅	丁丑
요일	목	수	화	월	일	토	금	목	수	화	월	일	토	금	목	수	화	월	일	토	금	목	수	화	월	일	토	금	목

절기: 한로(25), 추분(9)

9月小(戊戌)한로

입동   상강

구분	29	28	27	26	25	24	23	22	21	20	19	18	17	16	15	14	13	12	11	10	9	8	7	6	5	4	3	2	1
순행	9	9	9		1	1	1	1	2	2	2	3	3	3	4	4	4	5	5		5	6	6	6	7	7	7	8	8
역행	1	1	1		10	9	9	9	8	8	8	7	7	7	6	6	6	5	5		5	4	4	4	3	3	3	2	2
월(11)																													10
일	11	10	9	8	7	6	5	4	3	2	1	31	30	29	28	27	26	25	24	23	22	21	20	19	18	17	16	15	14
일진	甲戌	癸酉	壬申	辛未	庚午	己巳	戊辰	丁卯	丙寅	乙丑	甲子	癸亥	壬戌	辛酉	庚申	己未	戊午	丁巳	丙辰	乙卯	甲寅	癸丑	壬子	辛亥	庚戌	己酉	戊申	丁未	丙午
요일	금	목	수	화	월	일	토	금	목	수	화	월	일	토	금	목	수	화	월	일	토	금	목	수	화	월	일	토	금

절기: 입동(26), 상강(11)

10月大(己亥)입동

대설   소설

구분	30	29	28	27	26	25	24	23	22	21	20	19	18	17	16	15	14	13	12	11	10	9	8	7	6	5	4	3	2	1
순행	9	9	9		1	1	1	1	2	2	2	3	3	3	4	4	4	5	5		5	6	6	6	7	7	7	8	8	8
역행	1	1	1		9	9	8	8	8	7	7	7	6	6	6	5	5	5	4		4	4	3	3	3	2	2	2	1	1
월(12)																														11
일	11	10	9	8	7	6	5	4	3	2	1	30	29	28	27	26	25	24	23	22	21	20	19	18	17	16	15	14	13	12
일진	甲辰	癸卯	壬寅	辛丑	庚子	己亥	戊戌	丁酉	丙申	乙未	甲午	癸巳	壬辰	辛卯	庚寅	己丑	戊子	丁亥	丙戌	乙酉	甲申	癸未	壬午	辛巳	庚辰	己卯	戊寅	丁丑	丙子	乙亥
요일	일	토	금	목	수	화	월	일	토	금	목	수	화	월	일	토	금	목	수	화	월	일	토	금	목	수	화	월	일	토

절기: 대설(26), 소설(12)

11月大(庚子)대설

소한   동지

구분	30	29	28	27	26	25	24	23	22	21	20	19	18	17	16	15	14	13	12	11	10	9	8	7	6	5	4	3	2	1
순행	8	9	9	9		1	1	1	1	2	2	2	3	3	3	4	4	4	5	5		5	6	6	6	7	7	7	8	8
역행	1	1	1	1		10	9	9	9	8	8	8	7	7	7	6	6	6	5	5		5	4	4	4	3	3	3	2	2
월(01)																														12
일	10	9	8	7	6	5	4	3	2	1	31	30	29	28	27	26	25	24	23	22	21	20	19	18	17	16	15	14	13	12
일진	甲戌	癸酉	壬申	辛未	庚午	己巳	戊辰	丁卯	丙寅	乙丑	甲子	癸亥	壬戌	辛酉	庚申	己未	戊午	丁巳	丙辰	乙卯	甲寅	癸丑	壬子	辛亥	庚戌	己酉	戊申	丁未	丙午	乙巳
요일	화	월	일	토	금	목	수	화	월	일	토	금	목	수	화	월	일	토	금	목	수	화	월	일	토	금	목	수	화	월

절기: 소한(26), 동지(11)

12月小(辛丑)소한

입춘   대한

구분	29	28	27	26	25	24	23	22	21	20	19	18	17	16	15	14	13	12	11	10	9	8	7	6	5	4	3	2	1
순행	9	9	10		1	1	1	1	2	2	2	3	3	3	4	4	4	5	5		5	6	6	6	7	7	7	8	8
역행	1	1	1		9	9	9	8	8	8	7	7	7	6	6	6	5	5	5		4	4	4	3	3	3	2	2	2
월(02)																													01
일	8	7	6	5	4	3	2	1	31	30	29	28	27	26	25	24	23	22	21	20	19	18	17	16	15	14	13	12	11
일진	癸卯	壬寅	辛丑	庚子	己亥	戊戌	丁酉	丙申	乙未	甲午	癸巳	壬辰	辛卯	庚寅	己丑	戊子	丁亥	丙戌	乙酉	甲申	癸未	壬午	辛巳	庚辰	己卯	戊寅	丁丑	丙子	乙亥
요일	수	화	월	일	토	금	목	수	화	월	일	토	금	목	수	화	월	일	토	금	목	수	화	월	일	토	금	목	수

절기: 입춘(25), 대한(11)

사주 내 일지에서 시지를 冲하면 부자지간에 싸움이 많다.

상문 : 酉 대장군 : 東
조객 : 巳 삼 재 : 亥卯未
삼살 : 西

丁未年

서기 1967년
단기 4300년

1月大(壬寅)입춘

절기	경칩(26)															우수(11)														
음력	30	29	28	27	26	25	24	23	22	21	20	19	18	17	16	15	14	13	12	11	10	9	8	7	6	5	4	3	2	1
순행	9	9	9	10			1	1		2	2	2	3	3	3	4	4	4	5	5	5	6	6	6	7	7	7	8	8	8
역행	1	1	1				10	9	9	9	8	8	8	7	7	7	6	6	6	5	5	5	4	4	4	3	3	3	2	2
월	03																			02										
일	10	9	8	7	6	5	4	3	2	1	28	27	26	25	24	23	22	21	20	19	18	17	16	15	14	13	12	11	10	9
일진	癸酉	壬申	辛未	庚午	己巳	戊辰	丁卯	丙寅	乙丑	甲子	癸亥	壬戌	辛酉	庚申	己未	戊午	丁巳	丙辰	乙卯	甲寅	癸丑	壬子	辛亥	庚戌	己酉	戊申	丁未	丙午	乙巳	甲辰
요일	금	목	수	화	월	일	토	금	목	수	화	월	일	토	금	목	수	화	월	일	토	금	목	수	화	월	일	토	금	목

2月大(癸卯)경칩

절기	청명(26)															춘분(11)														
음력	30	29	28	27	26	25	24	23	22	21	20	19	18	17	16	15	14	13	12	11	10	9	8	7	6	5	4	3	2	1
순행	9	9	10	10			1	1	1	1	2	2	2	3	3	3	4	4	4	5	5	5	6	6	6	7	7	7	8	8
역행	1	1	1	1			10	9	9	9	8	8	8	7	7	7	6	6	6	5	5	5	4	4	4	3	3	3	2	2
월	04																		03											
일	9	8	7	6	5	4	3	2	1	31	30	29	28	27	26	25	24	23	22	21	20	19	18	17	16	15	14	13	12	11
일진	癸卯	壬寅	辛丑	庚子	己亥	戊戌	丁酉	丙申	乙未	甲午	癸巳	壬辰	辛卯	庚寅	己丑	戊子	丁亥	丙戌	乙酉	甲申	癸未	壬午	辛巳	庚辰	己卯	戊寅	丁丑	丙子	乙亥	甲戌
요일	일	토	금	목	수	화	월	일	토	금	목	수	화	월	일	토	금	목	수	화	월	일	토	금	목	수	화	월	일	토

3月小(甲辰)청명

절기	입하(27)														곡우(12)														
음력	29	28	27	26	25	24	23	22	21	20	19	18	17	16	15	14	13	12	11	10	9	8	7	6	5	4	3	2	1
순행	10	10		1	1	1	1	2	2	2	3	3	3	4	4	4	5	5	5	6	6	6	7	7	7	8	8	8	9
역행	1	1		10	10	9	9	9	8	8	8	7	7	7	6	6	6	5	5	5	4	4	4	3	3	3	2	2	2
월	05																	04											
일	8	7	6	5	4	3	2	1	30	29	28	27	26	25	24	23	22	21	20	19	18	17	16	15	14	13	12	11	10
일진	壬申	辛未	庚午	己巳	戊辰	丁卯	丙寅	乙丑	甲子	癸亥	壬戌	辛酉	庚申	己未	戊午	丁巳	丙辰	乙卯	甲寅	癸丑	壬子	辛亥	庚戌	己酉	戊申	丁未	丙午	乙巳	甲辰
요일	월	일	토	금	목	수	화	월	일	토	금	목	수	화	월	일	토	금	목	수	화	월	일	토	금	목	수	화	월

4月大(乙巳)입하

절기	망종(29)															소만(14)														
음력	30	29	28	27	26	25	24	23	22	21	20	19	18	17	16	15	14	13	12	11	10	9	8	7	6	5	4	3	2	1
순행	10		1	1	1	1	2	2	2	3	3	3	4	4	4	5	5	5	6	6	6	7	7	7	8	8	8	9	9	9
역행	1		10	10	9	9	9	8	8	8	7	7	7	6	6	6	5	5	5	4	4	4	3	3	3	2	2	2	1	
월	06																		05											
일	7	6	5	4	3	2	1	31	30	29	28	27	26	25	24	23	22	21	20	19	18	17	16	15	14	13	12	11	10	9
일진	壬寅	辛丑	庚子	己亥	戊戌	丁酉	丙申	乙未	甲午	癸巳	壬辰	辛卯	庚寅	己丑	戊子	丁亥	丙戌	乙酉	甲申	癸未	壬午	辛巳	庚辰	己卯	戊寅	丁丑	丙子	乙亥	甲戌	癸酉
요일	수	화	월	일	토	금	목	수	화	월	일	토	금	목	수	화	월	일	토	금	목	수	화	월	일	토	금	목	수	화

5月大(丙午)망종

절기																하지(15)														
음력	30	29	28	27	26	25	24	23	22	21	20	19	18	17	16	15	14	13	12	11	10	9	8	7	6	5	4	3	2	1
순행	1	1	1	2	2	2	3	3	3	4	4	4	5	5	6	6	6	7	7	7	8	8	8	9	9	9	10	10		
역행	10	10	10	9	9	9	8	8	8	7	7	7	6	6	5	5	5	4	4	4	3	3	3	2	2	2	1	1		
월	07																		06											
일	7	6	5	4	3	2	1	30	29	28	27	26	25	24	23	22	21	20	19	18	17	16	15	14	13	12	11	10	9	8
일진	壬申	辛未	庚午	己巳	戊辰	丁卯	丙寅	乙丑	甲子	癸亥	壬戌	辛酉	庚申	己未	戊午	丁巳	丙辰	乙卯	甲寅	癸丑	壬子	辛亥	庚戌	己酉	戊申	丁未	丙午	乙巳	甲辰	癸卯
요일	금	목	수	화	월	일	토	금	목	수	화	월	일	토	금	목	수	화	월	일	토	금	목	수	화	월	일	토	금	목

6月小(丁未)소서

절기														대서(16)															소서(1)
음력	29	28	27	26	25	24	23	22	21	20	19	18	17	16	15	14	13	12	11	10	9	8	7	6	5	4	3	2	1
순행	1	1	2	2	2	3	3	3	4	4	4	5	5	5	6	6	6	7	7	7	8	8	9	9	9	10	10	10	
역행	9	9	9	8	8	8	7	7	7	6	6	6	5	5	5	4	4	4	3	3	3	2	2	2	1	1	1	1	
월	08																	07											
일	5	4	3	2	1	31	30	29	28	27	26	25	24	23	22	21	20	19	18	17	16	15	14	13	12	11	10	9	8
일진	辛丑	庚子	己亥	戊戌	丁酉	丙申	乙未	甲午	癸巳	壬辰	辛卯	庚寅	己丑	戊子	丁亥	丙戌	乙酉	甲申	癸未	壬午	辛巳	庚辰	己卯	戊寅	丁丑	丙子	乙亥	甲戌	癸酉
요일	토	금	목	수	화	월	일	토	금	목	수	화	월	일	토	금	목	수	화	월	일	토	금	목	수	화	월	일	토

사주에 官이 약하거나 없는 사람은 그의 아내가 출쭉하다.

만세력 표 (7月~12月)

7月小(戊申)입추

절기											처서																입추		
음력	29	28	27	26	25	24	23	22	21	20	19	18	17	16	15	14	13	12	11	10	9	8	7	6	5	4	3	2	1
순행	2	2	2	3	3	3	4	4	4	5	5	5	6	6	6	7	7	7	8	8	8	9	9	9	10	10		1	1
역행	9	8	8	8	7	7	7	6	6	6	5	5	5	4	4	4	3	3	3	2	2	2	1	1	1		10	10	
월(양력)	09																										08		
일	3	2	1	31	30	29	28	27	26	25	24	23	22	21	20	19	18	17	16	15	14	13	12	11	10	9	8	7	6
일진	庚午	己巳	戊辰	丁卯	丙寅	乙丑	甲子	癸亥	壬戌	辛酉	庚申	己未	戊午	丁巳	丙辰	乙卯	甲寅	癸丑	壬子	辛亥	庚戌	己酉	戊申	丁未	丙午	乙巳	甲辰	癸卯	壬寅
요일	일	토	금	목	수	화	월	일	토	금	목	수	화	월	일	토	금	목	수	화	월	일	토	금	목	수	화	월	일

8月大(己酉)백로

절기									추분																백로				
음력	30	29	28	27	26	25	24	23	22	21	20	19	18	17	16	15	14	13	12	11	10	9	8	7	6	5	4	3	2	1
순행	2	2	3	3	3	4	4	4	5	5	5	6	6	6	7	7	7	8	8	8	9	9	10	10			1	1	1	1
역행	8	8	8	7	7	7	6	6	6	5	5	5	4	4	4	3	3	3	2	2	2	1	1		10	10				
월(양력)	10																									09				
일	3	2	1	30	29	28	27	26	25	24	23	22	21	20	19	18	17	16	15	14	13	12	11	10	9	8	7	6	5	4
일진	庚子	己亥	戊戌	丁酉	丙申	乙未	甲午	癸巳	壬辰	辛卯	庚寅	己丑	戊子	丁亥	丙戌	乙酉	甲申	癸未	壬午	辛巳	庚辰	己卯	戊寅	丁丑	丙子	乙亥	甲戌	癸酉	壬申	辛未
요일	화	월	일	토	금	목	수	화	월	일	토	금	목	수	화	월	일	토	금	목	수	화	월	일	토	금	목	수	화	월

9月小(庚戌)한로

절기								상강																한로					
음력	29	28	27	26	25	24	23	22	21	20	19	18	17	16	15	14	13	12	11	10	9	8	7	6	5	4	3	2	1
순행	2	3	3	3	4	4	4	5	5	5	6	6	6	7	7	7	8	8	8	9	9	9		1	1	1	1		
역행	8	7	7	7	6	6	6	5	5	5	4	4	4	3	3	3	2	2	2	1	1	1	10	10	9	9			
월(양력)	11																										10		
일	1	31	30	29	28	27	26	25	24	23	22	21	20	19	18	17	16	15	14	13	12	11	10	9	8	7	6	5	4
일진	己巳	戊辰	丁卯	丙寅	乙丑	甲子	癸亥	壬戌	辛酉	庚申	己未	戊午	丁巳	丙辰	乙卯	甲寅	癸丑	壬子	辛亥	庚戌	己酉	戊申	丁未	丙午	乙巳	甲辰	癸卯	壬寅	辛丑
요일	수	화	월	일	토	금	목	수	화	월	일	토	금	목	수	화	월	일	토	금	목	수	화	월	일	토	금	목	수

10月大(辛亥)입동

절기								소설																입동					
음력	30	29	28	27	26	25	24	23	22	21	20	19	18	17	16	15	14	13	12	11	10	9	8	7	6	5	4	3	2	1
순행	2	3	3	3	4	4	5	5	5	6	6	6	7	7	8	8	8	9	9	9	10			1	1	1	2	2		
역행	8	7	7	7	6	6	6	5	5	5	4	4	4	3	3	3	2	2	2	1	1		10	9	9	9	8	8		
월(양력)	12																										11		
일	1	30	29	28	27	26	25	24	23	22	21	20	19	18	17	16	15	14	13	12	11	10	9	8	7	6	5	4	3	2
일진	己亥	戊戌	丁酉	丙申	乙未	甲午	癸巳	壬辰	辛卯	庚寅	己丑	戊子	丁亥	丙戌	乙酉	甲申	癸未	壬午	辛巳	庚辰	己卯	戊寅	丁丑	丙子	乙亥	甲戌	癸酉	壬申	辛未	庚午
요일	금	목	수	화	월	일	토	금	목	수	화	월	일	토	금	목	수	화	월	일	토	금	목	수	화	월	일	토	금	목

11月小(壬子)대설

절기									동지														대설						
음력	29	28	27	26	25	24	23	22	21	20	19	18	17	16	15	14	13	12	11	10	9	8	7	6	5	4	3	2	1
순행	2	3	3	3	4	4	5	5	5	6	6	6	7	7	7	8	8	9	9	9	10			1	1	1	2	2	
역행	7	7	7	6	6	6	5	5	5	4	4	4	3	3	3	2	2	2	1	1	1	10	9	9	9	8	8	8	
월(양력)																							12						
일	30	29	28	27	26	25	24	23	22	21	20	19	18	17	16	15	14	13	12	11	10	9	8	7	6	5	4	3	2
일진	戊辰	丁卯	丙寅	乙丑	甲子	癸亥	壬戌	辛酉	庚申	己未	戊午	丁巳	丙辰	乙卯	甲寅	癸丑	壬子	辛亥	庚戌	己酉	戊申	丁未	丙午	乙巳	甲辰	癸卯	壬寅	辛丑	庚子
요일	토	금	목	수	화	월	일	토	금	목	수	화	월	일	토	금	목	수	화	월	일	토	금	목	수	화	월	일	토

12月大(癸丑)소한

절기								대한																소한					
음력	30	29	28	27	26	25	24	23	22	21	20	19	18	17	16	15	14	13	12	11	10	9	8	7	6	5	4	3	2	1
순행	2	3	3	3	4	4	5	5	5	6	6	6	7	7	7	8	8	9	9	10			1	1	1	2	2		
역행	8	7	7	7	6	6	6	5	5	5	4	4	4	3	3	3	2	2	2	1	1	1	10	9	9	9	8	8	8	
월(양력)																								01	12				
일	29	28	27	26	25	24	23	22	21	20	19	18	17	16	15	14	13	12	11	10	9	8	7	6	5	4	3	2	1	31
일진	戊戌	丁酉	丙申	乙未	甲午	癸巳	壬辰	辛卯	庚寅	己丑	戊子	丁亥	丙戌	乙酉	甲申	癸未	壬午	辛巳	庚辰	己卯	戊寅	丁丑	丙子	乙亥	甲戌	癸酉	壬申	辛未	庚午	己巳
요일	월	일	토	금	목	수	화	월	일	토	금	목	수	화	월	일	토	금	목	수	화	월	일	토	금	목	수	화	월	일

사주 내 지지가 일지를 沖하면 불효자식을 둔다.

상문 : 戌 대장군 : 南
조객 : 午 삼 재 : 寅午戌
삼살 : 南

戊申年

서기 1968년
단기 4301년

1月小(甲寅)입춘

절기		우수																					입춘					
음력	29	28	27	26	25	24	23	22	21	20	19	18	17	16	15	14	13	12	11	10	9	8	7	6	5	4	3	2	1
순행	2	3	3	3	4	4	5	5	5	6	6	6	7	7	7	8	8	8	9	9	9			1	1	1	1		
역행	7	7	7	6	6	6	5	5	5	4	4	4	3	3	3	2	2	2	1	1	1	10	9	9	9	8	8		
월/양력																						02	01						
일	27	26	25	24	23	22	21	20	19	18	17	16	15	14	13	12	11	10	9	8	7	6	5	4	3	2	1	31	30
일진	丁卯	丙寅	乙丑	甲子	癸亥	壬戌	辛酉	庚申	己未	戊午	丁巳	丙辰	乙卯	甲寅	癸丑	壬子	辛亥	庚戌	己酉	戊申	丁未	丙午	乙巳	甲辰	癸卯	壬寅	辛丑	庚子	己亥
요일	화	월	일	토	금	목	수	화	월	일	토	금	목	수	화	월	일	토	금	목	수	화	월	일	토	금	목	수	화

2月大(乙卯)경칩

절기			춘분																				경칩						
음력	30	29	28	27	26	25	24	23	22	21	20	19	18	17	16	15	14	13	12	11	10	9	8	7	6	5	4	3	2	1
순행	3	3	3	4	4	4	5	5	5	6	6	6	7	7	7	8	8	9	9	9	10	10			1	1	1	1	2	2
역행	8	7	7	7	6	6	6	5	5	5	4	4	4	3	3	3	2	2	2	1	1	1	10	9	9	9	8	8		
월/양력																							03	02						
일	28	27	26	25	24	23	22	21	20	19	18	17	16	15	14	13	12	11	10	9	8	7	6	5	4	3	2	1	29	28
일진	丁酉	丙申	乙未	甲午	癸巳	壬辰	辛卯	庚寅	己丑	戊子	丁亥	丙戌	乙酉	甲申	癸未	壬午	辛巳	庚辰	己卯	戊寅	丁丑	丙子	乙亥	甲戌	癸酉	壬申	辛未	庚午	己巳	戊辰
요일	목	수	화	월	일	토	금	목	수	화	월	일	토	금	목	수	화	월	일	토	금	목	수	화	월	일	토	금	목	수

3月大(丙辰)청명

절기				곡우																				청명						
음력	30	29	28	27	26	25	24	23	22	21	20	19	18	17	16	15	14	13	12	11	10	9	8	7	6	5	4	3	2	1
순행	3	3	3	4	4	4	5	5	5	6	6	6	7	7	7	8	8	8	9	9	10			1	1	1	1			
역행	7	7	7	6	6	6	5	5	5	4	4	4	3	3	3	2	2	2	1	1	1	10	9	9	9	8	8			
월/양력																							04	03						
일	27	26	25	24	23	22	21	20	19	18	17	16	15	14	13	12	11	10	9	8	7	6	5	4	3	2	1	31	30	29
일진	丁卯	丙寅	乙丑	甲子	癸亥	壬戌	辛酉	庚申	己未	戊午	丁巳	丙辰	乙卯	甲寅	癸丑	壬子	辛亥	庚戌	己酉	戊申	丁未	丙午	乙巳	甲辰	癸卯	壬寅	辛丑	庚子	己亥	戊戌
요일	토	금	목	수	화	월	일	토	금	목	수	화	월	일	토	금	목	수	화	월	일	토	금	목	수	화	월	일	토	금

4月小(丁巳)입하

절기					소만																		입하						
음력	29	28	27	26	25	24	23	22	21	20	19	18	17	16	15	14	13	12	11	10	9	8	7	6	5	4	3	2	1
순행	4	4	4	5	5	5	6	6	6	7	7	7	8	8	8	9	9	9			1	1	1	1					
역행	7	7	6	6	6	5	5	5	4	4	4	3	3	3	2	2	2	1	1	1	10	9	9	9	8	8			
월/양력																							05	04					
일	26	25	24	23	22	21	20	19	18	17	16	15	14	13	12	11	10	9	8	7	6	5	4	3	2	1	30	29	28
일진	丙申	乙未	甲午	癸巳	壬辰	辛卯	庚寅	己丑	戊子	丁亥	丙戌	乙酉	甲申	癸未	壬午	辛巳	庚辰	己卯	戊寅	丁丑	丙子	乙亥	甲戌	癸酉	壬申	辛未	庚午	己巳	戊辰
요일	일	토	금	목	수	화	월	일	토	금	목	수	화	월	일	토	금	목	수	화	월	일	토	금	목	수	화	월	일

5月大(戊午)망종

절기					하지															망종										
음력	30	29	28	27	26	25	24	23	22	21	20	19	18	17	16	15	14	13	12	11	10	9	8	7	6	5	4	3	2	1
순행	4	4	5	5	5	6	6	6	7	7	7	8	8	8	9	9	10	10			1	1	1	2	2	2	3	3	3	
역행	6	6	5	5	5	4	4	4	3	3	3	2	2	2	1	1	1	10	10	10	9	9	8	8	8	7	7	7		
월/양력																					06							05		
일	25	24	23	22	21	20	19	18	17	16	15	14	13	12	11	10	9	8	7	6	5	4	3	2	1	31	30	29	28	27
일진	丙寅	乙丑	甲子	癸亥	壬戌	辛酉	庚申	己未	戊午	丁巳	丙辰	乙卯	甲寅	癸丑	壬子	辛亥	庚戌	己酉	戊申	丁未	丙午	乙巳	甲辰	癸卯	壬寅	辛丑	庚子	己亥	戊戌	丁酉
요일	화	월	일	토	금	목	수	화	월	일	토	금	목	수	화	월	일	토	금	목	수	화	월	일	토	금	목	수	화	월

6月小(己未)소서

절기		대서																소서											
음력	29	28	27	26	25	24	23	22	21	20	19	18	17	16	15	14	13	12	11	10	9	8	7	6	5	4	3	2	1
순행	5	5	5	6	6	6	7	7	7	8	8	9	9	9	10	10			1	1	1	2	2	2	3	3	3	4	4
역행	6	5	5	5	4	4	4	3	3	3	2	2	2	1	1	1	10	10	9	9	9	8	8	8	7	7	7		
월/양력																		07										06	
일	24	23	22	21	20	19	18	17	16	15	14	13	12	11	10	9	8	7	6	5	4	3	2	1	30	29	28	27	26
일진	乙未	甲午	癸巳	壬辰	辛卯	庚寅	己丑	戊子	丁亥	丙戌	乙酉	甲申	癸未	壬午	辛巳	庚辰	己卯	戊寅	丁丑	丙子	乙亥	甲戌	癸酉	壬申	辛未	庚午	己巳	戊辰	丁卯
요일	수	화	월	일	토	금	목	수	화	월	일	토	금	목	수	화	월	일	토	금	목	수	화	월	일	토	금	목	수

사주에 식신, 상관이 왕하면 그의 아내는 뚱뚱하다.

7月大(庚申) 입추

절기	처서		...	입추				

음력: 30 29 28 27 26 25 24 23 22 21 20 19 18 17 16 15 **14** 13 12 11 10 9 8 7 6 5 4 3 2 1
순행: 5 5 6 6 6 7 7 7 8 8 8 9 9 9 10 10 │ 1 1 1 1 2 2 2 3 3 3 4 4 4
역행: 5 5 5 4 4 4 3 3 3 2 2 2 1 1 1 │ 10 10 9 9 9 8 8 8 7 7 7 6
월: 08 … 07
일: 23 22 21 20 19 18 17 16 15 14 13 12 11 10 9 8 7 6 5 4 3 2 1 31 30 29 28 27 26 25
일진: 乙甲癸壬辛庚己戊丁丙乙甲癸壬辛庚己戊丁丙乙甲癸壬辛庚己戊丁丙 / 丑子亥戌酉申未午巳辰卯寅丑子亥戌酉申未午巳辰卯寅丑子亥戌酉申
요일: 금목수화월일토금목수화월일토금목수화월일토금목수화월일토금목

閏7月小

절기: 백로 (15)
음력: 29 28 27 26 25 24 23 22 21 20 19 18 17 16 **15** 14 13 12 11 10 9 8 7 6 5 4 3 2 1
순행: 6 6 6 7 7 7 8 8 8 9 9 9 10 │ 1 1 1 1 2 2 2 3 3 3 4 4 4 5
역행: 5 4 4 4 3 3 3 2 2 2 1 1 1 │ 10 10 9 9 9 8 8 8 7 7 7 6 6
월: 09 … 08
일: 21 20 19 18 17 16 15 14 13 12 11 10 9 8 7 6 5 4 3 2 1 31 30 29 28 27 26 25 24
일진: 甲癸壬辛庚己戊丁丙乙甲癸壬辛庚己戊丁丙乙甲癸壬辛庚己戊丁丙 / 午巳辰卯寅丑子亥戌酉申未午巳辰卯寅丑子亥戌酉申未午巳辰卯寅
요일: 토금목수화월일토금목수화월일토금목수화월일토금목수화월일토

8月大(辛酉) 백로

절기: 한로 (17), 추분 (2)
음력: 30 29 28 27 26 25 24 23 22 21 20 19 18 **17** 16 15 14 13 12 11 10 9 8 7 6 5 4 3 **2** 1
순행: 6 6 6 7 7 7 8 8 8 9 9 9 10 │ 1 1 1 1 2 2 2 3 3 3 4 4 4 4 5
역행: 4 4 4 3 3 3 2 2 2 1 1 1 │ 10 10 9 9 9 8 8 8 7 7 7 6 6 5
월: 10 … 09
일: 21 20 19 18 17 16 15 14 13 12 11 10 9 8 7 6 5 4 3 2 1 31 30 29 28 27 26 25 24 23 22
일진: 甲癸壬辛庚己戊丁丙乙甲癸壬辛庚己戊丁丙乙甲癸壬辛庚己戊丁丙乙 / 子亥戌酉申未午巳辰卯寅丑子亥戌酉申未午巳辰卯寅丑子亥戌酉申未午
요일: 월일토금목수화월일토금목수화월일토금목수화월일토금목수화월일

9月小(壬戌) 한로

절기: 입동 (17), 상강 (2)
음력: 29 28 27 26 25 24 23 22 21 20 19 18 **17** 16 15 14 13 12 11 10 9 8 7 6 5 4 3 **2** 1
순행: 6 6 7 7 7 8 8 8 9 9 9 10 │ 1 1 1 2 2 2 3 3 3 4 4 4 5 5 5
역행: 4 4 3 3 3 2 2 2 1 1 1 │ 10 9 9 9 8 8 8 7 7 7 6 6 5 5 5
월: 11 … 10
일: 19 18 17 16 15 14 13 12 11 10 9 8 7 6 5 4 3 2 1 31 30 29 28 27 26 25 24 23 22
일진: 癸壬辛庚己戊丁丙乙甲癸壬辛庚己戊丁丙乙甲癸壬辛庚己戊丁丙乙 / 巳辰卯寅丑子亥戌酉申未午巳辰卯寅丑子亥戌酉申未午巳辰卯寅丑
요일: 화월일토금목수화월일토금목수화월일토금목수화월일토금목수화

10月大(癸亥) 입동

절기: 대설 (18), 소설 (3)
음력: 30 29 28 27 26 25 24 23 22 21 20 19 **18** 17 16 15 14 13 12 11 10 9 8 7 6 5 4 **3** 2 1
순행: 6 6 7 7 7 8 8 8 9 9 9 │ 1 1 1 2 2 2 3 3 3 4 4 4 5 5 5 6
역행: 4 4 3 3 3 2 2 2 1 1 1 │ 10 9 9 9 8 8 8 7 7 7 6 6 5 5 5 4
월: 12 … 11
일: 19 18 17 16 15 14 13 12 11 10 9 8 7 6 5 4 3 2 1 31 30 29 28 27 26 25 24 23 22 21 20
일진: 癸壬辛庚己戊丁丙乙甲癸壬辛庚己戊丁丙乙甲癸壬辛庚己戊丁丙乙甲 / 亥戌酉申未午巳辰卯寅丑子亥戌酉申未午巳辰卯寅丑子亥戌酉申未午巳辰
요일: 목수화월일토금목수화월일토금목수화월일토금목수화월일토금목수

11月小(甲子) 대설

절기: 소한 (17), 동지 (3)
음력: 29 28 27 26 25 24 23 22 21 20 19 18 **17** 16 15 14 13 12 11 10 9 8 7 6 5 4 **3** 2 1
순행: 6 6 7 7 7 8 8 8 9 9 9 │ 1 1 1 2 2 2 3 3 3 4 4 4 5 5 5
역행: 4 4 3 3 3 2 2 2 1 1 1 │ 9 9 9 8 8 8 7 7 7 6 6 5 5 5 4
월: 01 … 12
일: 17 16 15 14 13 12 11 10 9 8 7 6 5 4 3 2 1 31 30 29 28 27 26 25 24 23 22 21 20
일진: 壬辛庚己戊丁丙乙甲癸壬辛庚己戊丁丙乙甲癸壬辛庚己戊丁丙乙甲 / 辰卯寅丑子亥戌酉申未午巳辰卯寅丑子亥戌酉申未午巳辰卯寅丑子
요일: 금목수화월일토금목수화월일토금목수화월일토금목수화월일토금

12月大(乙丑) 소한

절기: 입춘 (18), 대한 (3)
음력: 30 29 28 27 26 25 24 23 22 21 20 19 **18** 17 16 15 14 13 12 11 10 9 8 7 6 5 4 **3** 2 1
순행: 6 6 7 7 7 8 8 8 9 9 9 10 │ 1 1 1 2 2 2 3 3 3 4 4 4 5 5 5
역행: 4 4 3 3 3 2 2 2 1 1 1 │ 10 9 9 9 8 8 8 7 7 7 6 6 5 5 5 4
월: 02 … 01
일: 16 15 14 13 12 11 10 9 8 7 6 5 4 3 2 1 31 30 29 28 27 26 25 24 23 22 21 20 19 18
일진: 壬辛庚己戊丁丙乙甲癸壬辛庚己戊丁丙乙甲癸壬辛庚己戊丁丙乙甲癸 / 戌酉申未午巳辰卯寅丑子亥戌酉申未午巳辰卯寅丑子亥戌酉申未午巳辰
요일: 일토금목수화월일토금목수화월일토금목수화월일토금목수화월일토

여자 사주 내 陽이 많으면 아들, 陰이 많으면 딸이 많다.

상문:亥　대장군:南
조객:未　삼　재:寅午戌
삼살:東

己酉年

1月小(丙寅)입춘

절기	경칩																				우수								
음력	29	28	27	26	25	24	23	22	21	20	19	18	17	16	15	14	13	12	11	10	9	8	7	6	5	4	3	2	1
순행	6	7	7	7	8	8	8	9	9	10			1	1	1	1	2	2	2	3	3	3	4	4	4	5	5	5	6
역행	4	3	3	3	2	2	2	1	1	1			10	9	9	9	8	8	8	7	7	7	6	6	6	5	5	5	4
월	03																				02								
일	17	16	15	14	13	12	11	10	9	8	7	6	5	4	3	2	1	28	27	26	25	24	23	22	21	20	19	18	17
일진	辛卯	庚寅	己丑	戊子	丁亥	丙戌	乙酉	甲申	癸未	壬午	辛巳	庚辰	己卯	戊寅	丁丑	丙子	乙亥	甲戌	癸酉	壬申	辛未	庚午	己巳	戊辰	丁卯	丙寅	乙丑	甲子	癸亥
요일	월	일	토	금	목	수	화	월	일	토	금	목	수	화	월	일	토	금	목	수	화	월	일	토	금	목	수	화	

2月大(丁卯)경칩

절기	청명																				춘분									
음력	30	29	28	27	26	25	24	23	22	21	20	19	18	17	16	15	14	13	12	11	10	9	8	7	6	5	4	3	2	1
순행	7	7	7	8	8	8	9	9	9	10		1	1	1	1	2	2	2	3	3	3	4	4	4	5	5	5	6	6	6
역행	4	3	3	3	2	2	2	1	1	1		10	9	9	9	8	8	8	7	7	7	6	6	6	5	5	5	4	4	4
월	04																				03									
일	16	15	14	13	12	11	10	9	8	7	6	5	4	3	2	1	31	30	29	28	27	26	25	24	23	22	21	20	19	18
일진	辛酉	庚申	己未	戊午	丁巳	丙辰	乙卯	甲寅	癸丑	壬子	辛亥	庚戌	己酉	戊申	丁未	丙午	乙巳	甲辰	癸卯	壬寅	辛丑	庚子	己亥	戊戌	丁酉	丙申	乙未	甲午	癸巳	壬辰
요일	수	화	월	일	토	금	목	수	화	월	일	토	금	목	수	화	월	일	토	금	목	수	화	월	일	토	금	목	수	화

3月小(戊辰)청명

절기	입하																				곡우								
음력	29	28	27	26	25	24	23	22	21	20	19	18	17	16	15	14	13	12	11	10	9	8	7	6	5	4	3	2	1
순행	7	8	8	8	9	9	9	10		1	1	1	1	2	2	2	3	3	3	4	4	4	5	5	5	6	6	6	7
역행	3	3	2	2	2	1	1	1		10	10	9	9	9	8	8	8	7	7	7	6	6	6	5	5	5	4	4	4
월	05																				04								
일	15	14	13	12	11	10	9	8	7	6	5	4	3	2	1	30	29	28	27	26	25	24	23	22	21	20	19	18	17
일진	庚寅	己丑	戊子	丁亥	丙戌	乙酉	甲申	癸未	壬午	辛巳	庚辰	己卯	戊寅	丁丑	丙子	乙亥	甲戌	癸酉	壬申	辛未	庚午	己巳	戊辰	丁卯	丙寅	乙丑	甲子	癸亥	壬戌
요일	목	수	화	월	일	토	금	목	수	화	월	일	토	금	목	수	화	월	일	토	금	목	수	화	월	일	토	금	목

4月大(己巳)입하

절기	망종																				소만									
음력	30	29	28	27	26	25	24	23	22	21	20	19	18	17	16	15	14	13	12	11	10	9	8	7	6	5	4	3	2	1
순행	8	8	8	9	9	9	10	10		1	1	1	2	2	2	3	3	3	4	4	4	5	5	5	6	6	6	7	7	7
역행	3	2	2	2	1	1	1	10		10	9	9	9	8	8	8	7	7	7	6	6	6	5	5	5	4	4	4	3	3
월	06																				05									
일	14	13	12	11	10	9	8	7	6	5	4	3	2	1	31	30	29	28	27	26	25	24	23	22	21	20	19	18	17	16
일진	庚申	己未	戊午	丁巳	丙辰	乙卯	甲寅	癸丑	壬子	辛亥	庚戌	己酉	戊申	丁未	丙午	乙巳	甲辰	癸卯	壬寅	辛丑	庚子	己亥	戊戌	丁酉	丙申	乙未	甲午	癸巳	壬辰	辛卯
요일	토	금	목	수	화	월	일	토	금	목	수	화	월	일	토	금	목	수	화	월	일	토	금	목	수	화	월	일	토	금

5月小(庚午)망종

절기	소서																				하지								
음력	29	28	27	26	25	24	23	22	21	20	19	18	17	16	15	14	13	12	11	10	9	8	7	6	5	4	3	2	1
순행	9	9	9	10	10	10		1	1	1	1	2	2	2	3	3	3	4	4	4	5	5	6	6	6	7	7	7	7
역행	2	2	1	1	1			10	10	9	9	9	8	8	8	7	7	7	6	6	6	5	5	5	4	4	4	3	3
월	07																				06								
일	13	12	11	10	9	8	7	6	5	4	3	2	1	30	29	28	27	26	25	24	23	22	21	20	19	18	17	16	15
일진	己丑	戊子	丁亥	丙戌	乙酉	甲申	癸未	壬午	辛巳	庚辰	己卯	戊寅	丁丑	丙子	乙亥	甲戌	癸酉	壬申	辛未	庚午	己巳	戊辰	丁卯	丙寅	乙丑	甲子	癸亥	壬戌	辛酉
요일	일	토	금	목	수	화	월	일	토	금	목	수	화	월	일	토	금	목	수	화	월	일	토	금	목	수	화	월	일

6月大(辛未)소서

절기	입추																				대서									
음력	30	29	28	27	26	25	24	23	22	21	20	19	18	17	16	15	14	13	12	11	10	9	8	7	6	5	4	3	2	1
순행	9	9	10		1	1	1	2	2	2	3	3	3	4	4	4	5	5	5	6	6	6	7	7	7	8	8	8	8	
역행	1	1	1		10	10	10	9	9	8	8	8	7	7	7	6	6	5	5	5	4	4	4	3	3	3	2	2	2	
월	08																				07									
일	12	11	10	9	8	7	6	5	4	3	2	1	31	30	29	28	27	26	25	24	23	22	21	20	19	18	17	16	15	14
일진	己未	戊午	丁巳	丙辰	乙卯	甲寅	癸丑	壬子	辛亥	庚戌	己酉	戊申	丁未	丙午	乙巳	甲辰	癸卯	壬寅	辛丑	庚子	己亥	戊戌	丁酉	丙申	乙未	甲午	癸巳	壬辰	辛卯	庚寅
요일	화	월	일	토	금	목	수	화	월	일	토	금	목	수	화	월	일	토	금	목	수	화	월	일	토	금	목	수	화	월

사주에 官이 왕하면 역시 그의 아내는 뚱뚱하다.

7月大壬申입추

절기										백로																			처서
음력	30	29	28	27	26	25	24	23	22	21	20	19	18	17	16	15	14	13	12	11	10	9	8	7	6	5	4	3	2	1
순행(대운)	9	9	10		1	1	1	1	2	2	2	3	3	3	4	4	4	5	5	6	6	6	7	7	7	8	8	8	9	
역행(대운)	1	1	1		10	10	9	9	9	8	8	8	7	7	7	6	6	6	5	5	5	4	4	4	3	3	3	2	2	2
월									09														08							
일	11	10	9	8	7	6	5	4	3	2	1	31	30	29	28	27	26	25	24	23	22	21	20	19	18	17	16	15	14	13
일진	己丑	戊子	丁亥	丙戌	乙酉	甲申	癸未	壬午	辛巳	庚辰	己卯	戊寅	丁丑	丙子	乙亥	甲戌	癸酉	壬申	辛未	庚午	己巳	戊辰	丁卯	丙寅	乙丑	甲子	癸亥	壬戌	辛酉	庚申
요일	목	수	화	월	일	토	금	목	수	화	월	일	토	금	목	수	화	월	일	토	금	목	수	화	월	일	토	금	목	수

8月小癸酉백로

절기			한로																추분										
음력	29	28	27	26	25	24	23	22	21	20	19	18	17	16	15	14	13	12	11	10	9	8	7	6	5	4	3	2	1
순행(대운)	9	10		1	1	1	1	2	2	2	3	3	3	4	4	4	5	5	5	6	6	6	7	7	7	8	8	8	9
역행(대운)	1	1		10	9	9	9	8	8	8	7	7	7	6	6	6	5	5	5	4	4	4	3	3	3	2	2	2	1
월			10																		09								
일	10	9	8	7	6	5	4	3	2	1	31	30	29	28	27	26	25	24	23	22	21	20	19	18	17	16	15	14	13
일진	戊午	丁巳	丙辰	乙卯	甲寅	癸丑	壬子	辛亥	庚戌	己酉	戊申	丁未	丙午	乙巳	甲辰	癸卯	壬寅	辛丑	庚子	己亥	戊戌	丁酉	丙申	乙未	甲午	癸巳	壬辰	辛卯	庚寅
요일	금	목	수	화	월	일	토	금	목	수	화	월	일	토	금	목	수	화	월	일	토	금	목	수	화	월	일	토	금

9月大甲戌한로

절기		입동																상강											
음력	30	29	28	27	26	25	24	23	22	21	20	19	18	17	16	15	14	13	12	11	10	9	8	7	6	5	4	3	2	1
순행(대운)	9	10		1	1	1	2	2	2	3	3	3	4	4	4	5	5	5	6	6	6	7	7	7	8	8	8	9	9	
역행(대운)	1	1		10	9	9	9	8	8	8	7	7	7	6	6	6	5	5	5	4	4	4	3	3	3	2	2	2	1	1
월			11																			10								
일	9	8	7	6	5	4	3	2	1	31	30	29	28	27	26	25	24	23	22	21	20	19	18	17	16	15	14	13	12	11
일진	戊子	丁亥	丙戌	乙酉	甲申	癸未	壬午	辛巳	庚辰	己卯	戊寅	丁丑	丙子	乙亥	甲戌	癸酉	壬申	辛未	庚午	己巳	戊辰	丁卯	丙寅	乙丑	甲子	癸亥	壬戌	辛酉	庚申	己未
요일	일	토	금	목	수	화	월	일	토	금	목	수	화	월	일	토	금	목	수	화	월	일	토	금	목	수	화	월	일	토

10月小乙亥입동

절기		대설															소설												
음력	29	28	27	26	25	24	23	22	21	20	19	18	17	16	15	14	13	12	11	10	9	8	7	6	5	4	3	2	1
순행(대운)	10		1	1	1	2	2	2	3	3	3	4	4	4	5	5	5	6	6	6	7	7	7	8	8	8	9	9	
역행(대운)	1		10	9	9	9	8	8	8	7	7	7	6	6	6	5	5	5	4	4	4	3	3	3	2	2	2	1	1
월			12																		11								
일	8	7	6	5	4	3	2	1	31	30	29	28	27	26	25	24	23	22	21	20	19	18	17	16	15	14	13	12	11
일진	丁巳	丙辰	乙卯	甲寅	癸丑	壬子	辛亥	庚戌	己酉	戊申	丁未	丙午	乙巳	甲辰	癸卯	壬寅	辛丑	庚子	己亥	戊戌	丁酉	丙申	乙未	甲午	癸巳	壬辰	辛卯	庚寅	己丑
요일	월	일	토	금	목	수	화	월	일	토	금	목	수	화	월	일	토	금	목	수	화	월	일	토	금	목	수	화	월

11月大丙子대설

절기		소한														동지													
음력	30	29	28	27	26	25	24	23	22	21	20	19	18	17	16	15	14	13	12	11	10	9	8	7	6	5	4	3	2	1
순행(대운)	9		1	1	1	2	2	2	3	3	3	4	4	4	5	5	6	6	6	7	7	7	8	8	8	9	9	9		
역행(대운)	1		10	9	9	9	8	8	8	7	7	7	6	6	6	5	5	4	4	4	3	3	3	2	2	2	1	1	1	
월			01																			12								
일	7	6	5	4	3	2	1	31	30	29	28	27	26	25	24	23	22	21	20	19	18	17	16	15	14	13	12	11	10	9
일진	丁亥	丙戌	乙酉	甲申	癸未	壬午	辛巳	庚辰	己卯	戊寅	丁丑	丙子	乙亥	甲戌	癸酉	壬申	辛未	庚午	己巳	戊辰	丁卯	丙寅	乙丑	甲子	癸亥	壬戌	辛酉	庚申	己未	戊午
요일	수	화	월	일	토	금	목	수	화	월	일	토	금	목	수	화	월	일	토	금	목	수	화	월	일	토	금	목	수	화

12月小丁丑소한

절기		입춘															대한												
음력	29	28	27	26	25	24	23	22	21	20	19	18	17	16	15	14	13	12	11	10	9	8	7	6	5	4	3	2	1
순행(대운)	10		1	1	1	2	2	2	3	3	3	4	4	4	5	5	5	6	6	6	7	7	7	8	8	8	9	9	
역행(대운)	1		10	9	9	9	8	8	8	7	7	7	6	6	6	5	5	5	4	4	4	3	3	3	2	2	2	1	1
월			02																		01								
일	5	4	3	2	1	31	30	29	28	27	26	25	24	23	22	21	20	19	18	17	16	15	14	13	12	11	10	9	8
일진	丙辰	乙卯	甲寅	癸丑	壬子	辛亥	庚戌	己酉	戊申	丁未	丙午	乙巳	甲辰	癸卯	壬寅	辛丑	庚子	己亥	戊戌	丁酉	丙申	乙未	甲午	癸巳	壬辰	辛卯	庚寅	己丑	戊子
요일	목	수	화	월	일	토	금	목	수	화	월	일	토	금	목	수	화	월	일	토	금	목	수	화	월	일	토	금	목

사주 내 자식자리에 刑·沖이나 공망살을 맞으면 자식 때문에 속 썩는다.

상문 : 子   대장군 : 南
조객 : 申   삼 재 : 寅午戌
삼살 : 北

庚戌年

서기 1970년
단기 4303년

1月大(戊寅) 입춘

음력	30	29	28	27	26	25	24	23	22	21	20	19	18	17	16	15	14	13	12	11	10	9	8	7	6	5	4	3	2	1
절기		경칩															우수													
순행	10	1	1	1	1	2	2	2	3	3	3	4	4	4	5	5	5	6	6	6	7	7	7	8	8	8	9	9	9	9
역행	1	10	9	9	9	8	8	8	7	7	7	6	6	6	5	5	5	4	4	4	3	3	3	2	2	2	1	1	1	9
양력월	03							02																						
양력일	7	6	5	4	3	2	1	28	27	26	25	24	23	22	21	20	19	18	17	16	15	14	13	12	11	10	9	8	7	6
일진	丙戌	乙酉	甲申	癸未	壬午	辛巳	庚辰	己卯	戊寅	丁丑	丙子	乙亥	甲戌	癸酉	壬申	辛未	庚午	己巳	戊辰	丁卯	丙寅	乙丑	甲子	癸亥	壬戌	辛酉	庚申	己未	戊午	丁巳
요일	토	금	목	수	화	월	일	토	금	목	수	화	월	일	토	금	목	수	화	월	일	토	금	목	수	화	월	일	토	금

2月小(己卯) 경칩

음력	29	28	27	26	25	24	23	22	21	20	19	18	17	16	15	14	13	12	11	10	9	8	7	6	5	4	3	2	1
절기	청명														춘분														
순행	1	1	1	1	2	2	2	3	3	3	4	4	4	5	5	5	6	6	6	7	7	7	8	8	8	9	9	9	9
역행	10	9	9	9	8	8	8	7	7	7	6	6	6	5	5	5	4	4	4	3	3	3	2	2	2	1	1	1	9
양력월	04				03																								
양력일	5	4	3	2	1	31	30	29	28	27	26	25	24	23	22	21	20	19	18	17	16	15	14	13	12	11	10	9	8
일진	乙卯	甲寅	癸丑	壬子	辛亥	庚戌	己酉	戊申	丁未	丙午	乙巳	甲辰	癸卯	壬寅	辛丑	庚子	己亥	戊戌	丁酉	丙申	乙未	甲午	癸巳	壬辰	辛卯	庚寅	己丑	戊子	丁亥
요일	일	토	금	목	수	화	월	일	토	금	목	수	화	월	일	토	금	목	수	화	월	일	토	금	목	수	화	월	일

3月小(庚辰) 청명

음력	29	28	27	26	25	24	23	22	21	20	19	18	17	16	15	14	13	12	11	10	9	8	7	6	5	4	3	2	1
절기															곡우														
순행	1	1	1	2	2	2	3	3	3	4	4	4	5	5	5	6	6	6	7	7	7	8	8	8	9	9	9	10	10
역행	10	9	9	9	8	8	8	7	7	7	6	6	6	5	5	5	4	4	4	3	3	3	2	2	2	1	1	1	10
양력월	05				04																								
양력일	4	3	2	1	30	29	28	27	26	25	24	23	22	21	20	19	18	17	16	15	14	13	12	11	10	9	8	7	6
일진	甲申	癸未	壬午	辛巳	庚辰	己卯	戊寅	丁丑	丙子	乙亥	甲戌	癸酉	壬申	辛未	庚午	己巳	戊辰	丁卯	丙寅	乙丑	甲子	癸亥	壬戌	辛酉	庚申	己未	戊午	丁巳	丙辰
요일	월	일	토	금	목	수	화	월	일	토	금	목	수	화	월	일	토	금	목	수	화	월	일	토	금	목	수	화	월

4月大(辛巳) 입하

음력	30	29	28	27	26	25	24	23	22	21	20	19	18	17	16	15	14	13	12	11	10	9	8	7	6	5	4	3	2	1
절기														소만															입하	
순행	1	1	2	2	2	3	3	3	4	4	4	5	5	5	6	6	6	7	7	7	8	8	8	9	9	9	9	10	1	1
역행	9	9	9	8	8	8	7	7	7	6	6	6	5	5	5	4	4	4	3	3	3	2	2	2	1	1	1	9	10	10
양력월	06		05																											
양력일	3	2	1	31	30	29	28	27	26	25	24	23	22	21	20	19	18	17	16	15	14	13	12	11	10	9	8	7	6	5
일진	甲寅	癸丑	壬子	辛亥	庚戌	己酉	戊申	丁未	丙午	乙巳	甲辰	癸卯	壬寅	辛丑	庚子	己亥	戊戌	丁酉	丙申	乙未	甲午	癸巳	壬辰	辛卯	庚寅	己丑	戊子	丁亥	丙戌	乙酉
요일	수	화	월	일	토	금	목	수	화	월	일	토	금	목	수	화	월	일	토	금	목	수	화	월	일	토	금	목	수	화

5月大(壬午) 망종

음력	30	29	28	27	26	25	24	23	22	21	20	19	18	17	16	15	14	13	12	11	10	9	8	7	6	5	4	3	2	1
절기												하지															망종			
순행	1	2	2	2	3	3	3	4	4	4	5	5	5	6	6	6	7	7	7	8	8	8	9	9	9	10	1	1	1	1
역행	9	9	8	8	8	7	7	7	6	6	6	5	5	5	4	4	4	3	3	3	2	2	2	1	1	1	10	10	1	1
양력월	07		06																											
양력일	3	2	1	30	29	28	27	26	25	24	23	22	21	20	19	18	17	16	15	14	13	12	11	10	9	8	7	6	5	4
일진	甲申	癸未	壬午	辛巳	庚辰	己卯	戊寅	丁丑	丙子	乙亥	甲戌	癸酉	壬申	辛未	庚午	己巳	戊辰	丁卯	丙寅	乙丑	甲子	癸亥	壬戌	辛酉	庚申	己未	戊午	丁巳	丙辰	乙卯
요일	금	목	수	화	월	일	토	금	목	수	화	월	일	토	금	목	수	화	월	일	토	금	목	수	화	월	일	토	금	목

6月小(癸未) 소서

음력	29	28	27	26	25	24	23	22	21	20	19	18	17	16	15	14	13	12	11	10	9	8	7	6	5	4	3	2	1
절기										대서																소서			
순행	2	3	3	3	4	4	4	5	5	5	6	6	6	7	7	7	8	8	8	9	9	10	10	1	1	1	1	1	1
역행	8	8	8	7	7	7	6	6	6	5	5	5	4	4	4	3	3	3	2	2	2	1	1	1	10	10	10	1	9
양력월	08		07																										
양력일	1	31	30	29	28	27	26	25	24	23	22	21	20	19	18	17	16	15	14	13	12	11	10	9	8	7	6	5	4
일진	癸丑	壬子	辛亥	庚戌	己酉	戊申	丁未	丙午	乙巳	甲辰	癸卯	壬寅	辛丑	庚子	己亥	戊戌	丁酉	丙申	乙未	甲午	癸巳	壬辰	辛卯	庚寅	己丑	戊子	丁亥	丙戌	乙酉
요일	토	금	목	수	화	월	일	토	금	목	수	화	월	일	토	금	목	수	화	월	일	토	금	목	수	화	월	일	토

재와 건록살과 도화살이 있으면 처로 인하여 부자가 된다.

7月大(甲申)입추

절기	처서								입추
음력	30 29 28 27 26 25 24 23 **22** 21 20 19 18 17 16 15 14 13 12 11 10 9 8 **7** 6 5 4 3 2 1
순행	3 3 3 4 4 4 5 5 5 6 6 6 7 7 7 8 8 8 9 9 9 10 10 · 1 1 1 1 2 2
역행	8 7 7 7 6 6 6 5 5 5 4 4 4 3 3 3 2 2 2 1 1 1 · 10 10 10 9 9 9
월(양력)	08
일	31 30 29 28 27 26 25 24 23 22 21 20 19 18 17 16 15 14 13 12 11 10 9 8 7 6 5 4 3 2
일진	癸 壬 辛 庚 己 戊 丁 丙 乙 甲 癸 壬 辛 庚 己 戊 丁 丙 乙 甲 癸 壬 辛 庚 己 戊 丁 丙 乙 甲
	未 午 巳 辰 卯 寅 丑 子 亥 戌 酉 申 未 午 巳 辰 卯 寅 丑 子 亥 戌 酉 申 未 午 巳 辰 卯 寅
요일	월 일 토 금 목 수 화 월 일 토 금 목 수 화 월 일 토 금 목 수 화 월 일 토 금 목 수 화 월 일

8月小(乙酉)백로

절기	추분								백로
음력	29 28 27 26 25 24 **23** 22 21 20 19 18 17 16 15 14 13 12 11 10 9 **8** 7 6 5 4 3 2 1
순행	3 4 4 4 5 5 5 6 6 6 7 7 7 8 8 8 9 9 9 10 10 · 1 1 1 1 2 2 2
역행	7 7 6 6 6 5 5 5 4 4 4 3 3 3 2 2 2 1 1 1 · 10 10 9 9 9 8 8
월(양력)	09
일	29 28 27 26 25 24 23 22 21 20 19 18 17 16 15 14 13 12 11 10 9 8 7 6 5 4 3 2 1
일진	壬 辛 庚 己 戊 丁 丙 乙 甲 癸 壬 辛 庚 己 戊 丁 丙 乙 甲 癸 壬 辛 庚 己 戊 丁 丙 乙 甲
	子 亥 戌 酉 申 未 午 巳 辰 卯 寅 丑 子 亥 戌 酉 申 未 午 巳 辰 卯 寅 丑 子 亥 戌 酉 申
요일	화 월 일 토 금 목 수 화 월 일 토 금 목 수 화 월 일 토 금 목 수 화 월 일 토 금 목 수 화

9月大(丙戌)한로

절기	상강								한로
음력	30 29 28 27 26 **25** 24 23 22 21 20 19 18 17 16 15 14 13 12 11 **10** 9 8 7 6 5 4 3 2 1
순행	3 4 4 4 5 5 5 6 6 6 7 7 7 8 8 8 9 9 9 10 · 1 1 1 1 2 2 2 3 3
역행	7 6 6 6 5 5 5 4 4 4 3 3 3 2 2 2 1 1 1 · 10 10 9 9 9 8 8 8 7
월(양력)	10 / 09
일	29 28 27 26 25 24 23 22 21 20 19 18 17 16 15 14 13 12 11 10 9 8 7 6 5 4 3 2 1 30
일진	壬 辛 庚 己 戊 丁 丙 乙 甲 癸 壬 辛 庚 己 戊 丁 丙 乙 甲 癸 壬 辛 庚 己 戊 丁 丙 乙 甲 癸
	午 巳 辰 卯 寅 丑 子 亥 戌 酉 申 未 午 巳 辰 卯 寅 丑 子 亥 戌 酉 申 未 午 巳 辰 卯 寅 丑
요일	목 수 화 월 일 토 금 목 수 화 월 일 토 금 목 수 화 월 일 토 금 목 수 화 월 일 토 금 목 수

10月大(丁亥)입동

절기	소설								입동
음력	30 29 28 27 **26** 25 24 23 22 21 20 19 18 17 16 15 14 13 12 11 **10** 9 8 7 6 5 4 3 2 1
순행	3 3 4 4 4 5 5 5 6 6 6 7 7 7 8 8 8 9 9 9 · 1 1 1 2 2 2 3 3 3
역행	7 6 6 6 5 5 5 4 4 4 3 3 3 2 2 2 1 1 1 · 10 10 9 9 9 8 8 8 7 7
월(양력)	11 / 10
일	28 27 26 25 24 23 22 21 20 19 18 17 16 15 14 13 12 11 10 9 8 7 6 5 4 3 2 1 31 30
일진	壬 辛 庚 己 戊 丁 丙 乙 甲 癸 壬 辛 庚 己 戊 丁 丙 乙 甲 癸 壬 辛 庚 己 戊 丁 丙 乙 甲 癸
	子 亥 戌 酉 申 未 午 巳 辰 卯 寅 丑 子 亥 戌 酉 申 未 午 巳 辰 卯 寅 丑 子 亥 戌 酉 申 未
요일	토 금 목 수 화 월 일 토 금 목 수 화 월 일 토 금 목 수 화 월 일 토 금 목 수 화 월 일 토 금

11月小(戊子)대설

절기	동지								대설
음력	29 28 27 26 25 **24** 23 22 21 20 19 18 17 16 15 14 13 12 11 10 **9** 8 7 6 5 4 3 2 1
순행	3 4 4 4 5 5 5 6 6 7 7 7 8 8 8 9 9 9 10 · 1 1 1 2 2 2 3 3
역행	7 6 6 6 5 5 4 4 4 3 3 3 2 2 2 1 1 1 · 9 9 9 8 8 8 7 7 7
월(양력)	12 / 11
일	27 26 25 24 23 22 21 20 19 18 17 16 15 14 13 12 11 10 9 8 7 6 5 4 3 2 1 30 29
일진	辛 庚 己 戊 丁 丙 乙 甲 癸 壬 辛 庚 己 戊 丁 丙 乙 甲 癸 壬 辛 庚 己 戊 丁 丙 乙 甲 癸
	巳 辰 卯 寅 丑 子 亥 戌 酉 申 未 午 巳 辰 卯 寅 丑 子 亥 戌 酉 申 未 午 巳 辰 卯 寅 丑
요일	일 토 금 목 수 화 월 일 토 금 목 수 화 월 일 토 금 목 수 화 월 일 토 금 목 수 화 월 일

12月大(己丑)소한

절기	대한								소한
음력	30 29 28 27 26 **25** 24 23 22 21 20 19 18 17 16 15 14 13 12 11 **10** 9 8 7 6 5 4 3 2 1
순행	3 3 4 4 4 5 5 5 6 6 6 7 7 7 8 8 8 9 9 · 1 1 1 2 2 2 3 3 3
역행	7 6 6 6 5 5 5 4 4 4 3 3 3 2 2 2 1 1 · 10 9 9 9 8 8 8 7 7 7
월(양력)	01 / 12
일	26 25 24 23 22 21 20 19 18 17 16 15 14 13 12 11 10 9 8 7 6 5 4 3 2 1 31 30 29 28
일진	辛 庚 己 戊 丁 丙 乙 甲 癸 壬 辛 庚 己 戊 丁 丙 乙 甲 癸 壬 辛 庚 己 戊 丁 丙 乙 甲 癸 壬
	亥 戌 酉 申 未 午 巳 辰 卯 寅 丑 子 亥 戌 酉 申 未 午 巳 辰 卯 寅 丑 子 亥 戌 酉 申 未 午
요일	화 월 일 토 금 목 수 화 월 일 토 금 목 수 화 월 일 토 금 목 수 화 월 일 토 금 목 수 화 월

사주 내 상관이 있고 財와 암합하면 남편을 내 집으로 데려와서 산다.

상문 : 丑　대장군 : 酉
조객 : 酉　삼　재 : 巳酉丑
삼살 : 酉

辛亥年

서기 1971년
단기 4304년

1月小(庚寅)입춘

절기	우수 / 입춘
음력	29 28 27 26 **25** 24 23 22 21 20 19 18 17 16 15 14 13 12 11 10 **9** 8 7 6 5 4 3 2 1
순행	3 4 4 4 5 5 5 6 6 6 7 7 7 8 8 8 9 9 9 10 1 1 1 1 2 2 2 3
역행	7 6 6 6 5 5 5 4 4 4 3 3 3 2 2 2 1 1 1 9 9 9 8 8 8 7 7
월	02 … 01
일	24 23 22 21 20 19 18 17 16 15 14 13 12 11 10 9 8 7 6 5 4 3 2 1 31 30 29 28 27
일진(干)	庚 己 戊 丁 丙 乙 甲 癸 壬 辛 庚 己 戊 丁 丙 乙 甲 癸 壬 辛 庚 己 戊 丁 丙 乙 甲 癸 壬
일진(支)	辰 卯 寅 丑 子 亥 戌 酉 申 未 午 巳 辰 卯 寅 丑 子 亥 戌 酉 申 未 午 巳 辰 卯 寅 丑 子
요일	수 화 월 일 토 금 목 수 화 월 일 토 금 목 수 화 월 일 토 금 목 수 화 월 일 토 금 목 수

2月大(辛卯)경칩

절기	춘분 / 경칩
음력	30 29 28 27 26 25 24 23 22 21 20 19 18 17 16 15 14 13 12 11 **10** 9 8 7 6 5 4 3 2 1
순행	3 4 4 4 5 5 5 6 6 6 7 7 7 8 8 8 9 9 9 10 1 1 1 1 2 2 2 3 3
역행	7 6 6 6 5 5 5 4 4 4 3 3 3 2 2 2 1 1 1 10 9 9 9 8 8 8 7 7
월	03 … 02
일	26 25 24 23 22 21 20 19 18 17 16 15 14 13 12 11 10 9 8 7 6 5 4 3 2 1 28 27 26 25
일진(干)	庚 己 戊 丁 丙 乙 甲 癸 壬 辛 庚 己 戊 丁 丙 乙 甲 癸 壬 辛 庚 己 戊 丁 丙 乙 甲 癸 壬 辛
일진(支)	戌 酉 申 未 午 巳 辰 卯 寅 丑 子 亥 戌 酉 申 未 午 巳 辰 卯 寅 丑 子 亥 戌 酉 申 未 午 巳
요일	금 목 수 화 월 일 토 금 목 수 화 월 일 토 금 목 수 화 월 일 토 금 목 수 화 월 일 토 금 목

3月小(壬辰)청명

절기	곡우 / 청명
음력	29 28 27 **26** 25 24 23 22 21 20 19 18 17 16 15 14 13 12 11 **10** 9 8 7 6 5 4 3 2 1
순행	4 4 4 5 5 5 6 6 6 7 7 7 8 8 8 9 9 10 1 1 1 1 2 2 2 3 3
역행	6 6 6 5 5 5 4 4 4 3 3 3 2 2 2 1 1 10 9 9 9 8 8 8 7 7
월	04 … 03
일	24 23 22 21 20 19 18 17 16 15 14 13 12 11 10 9 8 7 6 5 4 3 2 1 31 30 29 28 27
일진(干)	己 戊 丁 丙 乙 甲 癸 壬 辛 庚 己 戊 丁 丙 乙 甲 癸 壬 辛 庚 己 戊 丁 丙 乙 甲 癸 壬 辛
일진(支)	卯 寅 丑 子 亥 戌 酉 申 未 午 巳 辰 卯 寅 丑 子 亥 戌 酉 申 未 午 巳 辰 卯 寅 丑 子 亥
요일	토 금 목 수 화 월 일 토 금 목 수 화 월 일 토 금 목 수 화 월 일 토 금 목 수 화 월 일 토

4月小(癸巳)입하

절기	소만 / 입하
음력	29 **28** 27 26 25 24 23 22 21 20 19 18 17 16 15 14 13 **12** 11 10 9 8 7 6 5 4 3 2 1
순행	5 5 5 6 6 6 7 7 7 8 8 8 9 9 10 10 1 1 1 2 2 2 3 3 3 4
역행	6 5 5 5 4 4 4 3 3 3 2 2 2 1 1 10 9 9 9 8 8 8 7 7 7 6
월	05 … 04
일	23 22 21 20 19 18 17 16 15 14 13 12 11 10 9 8 7 6 5 4 3 2 1 30 29 28 27 26 25
일진(干)	戊 丁 丙 乙 甲 癸 壬 辛 庚 己 戊 丁 丙 乙 甲 癸 壬 辛 庚 己 戊 丁 丙 乙 甲 癸 壬 辛 庚
일진(支)	申 未 午 巳 辰 卯 寅 丑 子 亥 戌 酉 申 未 午 巳 辰 卯 寅 丑 子 亥 戌 酉 申 未 午 巳 辰
요일	일 토 금 목 수 화 월 일 토 금 목 수 화 월 일 토 금 목 수 화 월 일 토 금 목 수 화 월 일

5月大(甲午)망종

절기	하지 / 망종
음력	30 29 28 27 26 25 24 23 22 21 20 19 18 17 16 15 14 13 12 11 10 9 8 7 6 5 4 3 2 1
순행	5 6 6 6 7 7 7 8 8 8 9 9 10 10 1 1 1 2 2 2 3 3 3 4 4 4
역행	5 5 5 4 4 4 3 3 3 2 2 2 1 1 10 9 9 9 8 8 8 7 7 7 6 6
월	06 … 05
일	22 21 20 19 18 17 16 15 14 13 12 11 10 9 8 7 6 5 4 3 2 1 31 30 29 28 27 26 25 24
일진(干)	戊 丁 丙 乙 甲 癸 壬 辛 庚 己 戊 丁 丙 乙 甲 癸 壬 辛 庚 己 戊 丁 丙 乙 甲 癸 壬 辛 庚 己
일진(支)	寅 丑 子 亥 戌 酉 申 未 午 巳 辰 卯 寅 丑 子 亥 戌 酉 申 未 午 巳 辰 卯 寅 丑 子 亥 戌 酉
요일	화 월 일 토 금 목 수 화 월 일 토 금 목 수 화 월 일 토 금 목 수 화 월 일 토 금 목 수 화 월

윤5月小

절기	소서
음력	29 28 27 26 25 24 23 22 21 20 19 18 17 **16** 15 14 13 12 11 10 9 8 7 6 5 4 3 2 1
순행	6 6 7 7 7 8 8 8 9 9 10 10 1 1 1 2 2 2 3 3 3 4 4 4 5
역행	4 4 3 3 3 2 2 2 1 1 10 10 9 9 9 8 8 8 7 7 7 6 6 6
월	07 … 06
일	21 20 19 18 17 16 15 14 13 12 11 10 9 8 7 6 5 4 3 2 1 30 29 28 27 26 25 24 23
일진(干)	丁 丙 乙 甲 癸 壬 辛 庚 己 戊 丁 丙 乙 甲 癸 壬 辛 庚 己 戊 丁 丙 乙 甲 癸 壬 辛 庚 己
일진(支)	未 午 巳 辰 卯 寅 丑 子 亥 戌 酉 申 未 午 巳 辰 卯 寅 丑 子 亥 戌 酉 申 未 午 巳 辰 卯
요일	수 화 월 일 토 금 목 수 화 월 일 토 금 목 수 화 월 일 토 금 목 수 화 월 일 토 금 목 수

재가 희신이나 용신이면 처의 덕이 크다.

6月大(乙未) 소서

절기: 입추 … 대서

음력	30	29	28	27	26	25	24	23	22	21	20	19	18	17	16	15	14	13	12	11	10	9	8	7	6	5	4	3	2	1
순행	6	7	7	7	8	8	8	9	9	9	10	10		1	1	1	1	2	2	2	3	3	3	4	4	4	5	5	5	5
역행	4	4	3	3	3	2	2	2	1	1	1		10	10	9	9	9	8	8	8	7	7	7	6	6	6	5	5	5	5
월(양력)													08														07			
일	20	19	18	17	16	15	14	13	12	11	10	9	8	7	6	5	4	3	2	1	31	30	29	28	27	26	25	24	23	22
일진	丁	丙	乙	甲	癸	壬	辛	庚	己	戊	丁	丙	乙	甲	癸	壬	辛	庚	己	戊	丁	丙	乙	甲	癸	壬	辛	庚	己	戊
	丑	子	亥	戌	酉	申	未	午	巳	辰	卯	寅	丑	子	亥	戌	酉	申	未	午	巳	辰	卯	寅	丑	子	亥	戌	酉	申
요일	금	목	수	화	월	일	토	금	목	수	화	월	일	토	금	목	수	화	월	일	토	금	목	수	화	월	일	토	금	목

7月小(丙申) 입추

절기: 백로 … 처서

음력	29	28	27	26	25	24	23	22	21	20	19	18	17	16	15	14	13	12	11	10	9	8	7	6	5	4	3	2	1
순행	7	7	8	8	8	9	9	9	10	10		1	1	1	1	2	2	2	3	3	3	4	4	5	5	5	5	5
역행	3	3	3	2	2	2	1	1	1		10	10	9	9	9	8	8	8	7	7	7	6	6	6	5	5	5	5	4
월(양력)											09																08		
일	18	17	16	15	14	13	12	11	10	9	8	7	6	5	4	3	2	1	31	30	29	28	27	26	25	24	23	22	21
일진	丙	乙	甲	癸	壬	辛	庚	己	戊	丁	丙	乙	甲	癸	壬	辛	庚	己	戊	丁	丙	乙	甲	癸	壬	辛	庚	己	戊
	午	巳	辰	卯	寅	丑	子	亥	戌	酉	申	未	午	巳	辰	卯	寅	丑	子	亥	戌	酉	申	未	午	巳	辰	卯	寅
요일	토	금	목	수	화	월	일	토	금	목	수	화	월	일	토	금	목	수	화	월	일	토	금	목	수	화	월	일	토

8月大(丁酉) 백로

절기: 한로 … 추분

음력	30	29	28	27	26	25	24	23	22	21	20	19	18	17	16	15	14	13	12	11	10	9	8	7	6	5	4	3	2	1
순행	7	7	8	8	8	9	9	9	10		1	1	1	1	2	2	2	3	3	3	4	4	4	5	5	5	6	6	6	7
역행	3	3	2	2	2	1	1	1		10	10	9	9	9	8	8	8	7	7	7	6	6	6	5	5	5	4	4	4	4
월(양력)											10																09			
일	18	17	16	15	14	13	12	11	10	9	8	7	6	5	4	3	2	1	30	29	28	27	26	25	24	23	22	21	20	19
일진	丙	乙	甲	癸	壬	辛	庚	己	戊	丁	丙	乙	甲	癸	壬	辛	庚	己	戊	丁	丙	乙	甲	癸	壬	辛	庚	己	戊	丁
	子	亥	戌	酉	申	未	午	巳	辰	卯	寅	丑	子	亥	戌	酉	申	未	午	巳	辰	卯	寅	丑	子	亥	戌	酉	申	未
요일	월	일	토	금	목	수	화	월	일	토	금	목	수	화	월	일	토	금	목	수	화	월	일	토	금	목	수	화	월	일

9月大(戊戌) 한로

절기: 입동 … 상강

음력	30	29	28	27	26	25	24	23	22	21	20	19	18	17	16	15	14	13	12	11	10	9	8	7	6	5	4	3	2	1
순행	7	7	8	8	8	9	9	9	10		1	1	1	1	2	2	2	3	3	3	4	4	4	5	5	5	6	6	6	
역행	3	3	2	2	2	1	1	1		10	9	9	9	8	8	8	7	7	6	6	6	5	5	5	4	4	4	3		
월(양력)											11																10			
일	17	16	15	14	13	12	11	10	9	8	7	6	5	4	3	2	1	31	30	29	28	27	26	25	24	23	22	21	20	19
일진	丙	乙	甲	癸	壬	辛	庚	己	戊	丁	丙	乙	甲	癸	壬	辛	庚	己	戊	丁	丙	乙	甲	癸	壬	辛	庚	己	戊	丁
	午	巳	辰	卯	寅	丑	子	亥	戌	酉	申	未	午	巳	辰	卯	寅	丑	子	亥	戌	酉	申	未	午	巳	辰	卯	寅	丑
요일	수	화	월	일	토	금	목	수	화	월	일	토	금	목	수	화	월	일	토	금	목	수	화	월	일	토	금	목	수	화

10月大(乙亥) 입동

절기: 대설 … 소설

음력	30	29	28	27	26	25	24	23	22	21	20	19	18	17	16	15	14	13	12	11	10	9	8	7	6	5	4	3	2	1
순행	7	7	7	8	8	8	9	9	9		1	1	1	1	2	2	2	3	3	4	4	4	5	5	5	6	6	6	7	
역행	3	3	2	2	2	1	1	1		10	9	9	9	8	8	8	7	7	7	6	6	6	5	5	5	4	4	4	3	
월(양력)											12																11			
일	17	16	15	14	13	12	11	10	9	8	7	6	5	4	3	2	1	31	30	29	28	27	26	25	24	23	22	21	20	19	18
일진	丙	乙	甲	癸	壬	辛	庚	己	戊	丁	丙	乙	甲	癸	壬	辛	庚	己	戊	丁	丙	乙	甲	癸	壬	辛	庚	己	戊	丁
	子	亥	戌	酉	申	未	午	巳	辰	卯	寅	丑	子	亥	戌	酉	申	未	午	巳	辰	卯	寅	丑	子	亥	戌	酉	申	未
요일	금	목	수	화	월	일	토	금	목	수	화	월	일	토	금	목	수	화	월	일	토	금	목	수	화	월	일	토	금	목

11月小(庚子) 대설

절기: 소한 … 동지

음력	29	28	27	26	25	24	23	22	21	20	19	18	17	16	15	14	13	12	11	10	9	8	7	6	5	4	3	2	1
순행		7	7	8	8	8	9	9	9	10		1	1	1	1	2	2	2	3	3	3	4	4	5	5	5	6	6	
역행		3	3	2	2	2	1	1	1		9	9	9	8	8	8	7	7	7	6	6	6	5	5	5	4	4	3	
월(양력)											01																12		
일	15	14	13	12	11	10	9	8	7	6	5	4	3	2	1	31	30	29	28	27	26	25	24	23	22	21	20	19	18
일진	乙	甲	癸	壬	辛	庚	己	戊	丁	丙	乙	甲	癸	壬	辛	庚	己	戊	丁	丙	乙	甲	癸	壬	辛	庚	己	戊	丁
	巳	辰	卯	寅	丑	子	亥	戌	酉	申	未	午	巳	辰	卯	寅	丑	子	亥	戌	酉	申	未	午	巳	辰	卯	寅	丑
요일	토	금	목	수	화	월	일	토	금	목	수	화	월	일	토	금	목	수	화	월	일	토	금	목	수	화	월	일	토

12月大(辛丑) 소한

절기: 입춘 … 대한

음력	30	29	28	27	26	25	24	23	22	21	20	19	18	17	16	15	14	13	12	11	10	9	8	7	6	5	4	3	2	1
순행	7	7	8	8	8	9	9	9		1	1	1	1	2	2	2	3	3	3	4	4	4	5	5	5	6	6	6	7	
역행	3	3	2	2	2	1	1	1		10	9	9	9	8	8	8	7	7	7	6	6	6	5	5	5	4	4	4	3	
월(양력)											02																01			
일	14	13	12	11	10	9	8	7	6	5	4	3	2	1	31	30	29	28	27	26	25	24	23	22	21	20	19	18	17	16
일진	乙	甲	癸	壬	辛	庚	己	戊	丁	丙	乙	甲	癸	壬	辛	庚	己	戊	丁	丙	乙	甲	癸	壬	辛	庚	己	戊	丁	丙
	亥	戌	酉	申	未	午	巳	辰	卯	寅	丑	子	亥	戌	酉	申	未	午	巳	辰	卯	寅	丑	子	亥	戌	酉	申	未	午
요일	월	일	토	금	목	수	화	월	일	토	금	목	수	화	월	일	토	금	목	수	화	월	일	토	금	목	수	화	월	일

사주 내 편재격 사주는 성질이 불같이 급하다.

상문 : 寅 대장군 : 西
조객 : 戌 삼 재 : 巳酉丑
삼살 : 南

壬子年

서기 1972년
단기 4305년

1月小壬寅입춘

절기										경칩															우수				
음력	29	28	27	26	25	24	23	22	21	20	19	18	17	16	15	14	13	12	11	10	9	8	7	6	5	4	3	2	1
순행	7	8	8	8	9	9	9	10	10		1	1	1	1	2	2	2	3	3	3	4	4	4	5	5	5	6	6	6
역행	3	3	2	2	2	1	1	1	1		9	9	9	8	8	8	7	7	7	6	6	6	5	5	5	4	4	4	3
월											03															02			
일	14	13	12	11	10	9	8	7	6	5	4	3	2	1	29	28	27	26	25	24	23	22	21	20	19	18	17	16	15
일진	甲辰	癸卯	壬寅	辛丑	庚子	己亥	戊戌	丁酉	丙申	乙未	甲午	癸巳	壬辰	辛卯	庚寅	己丑	戊子	丁亥	丙戌	乙酉	甲申	癸未	壬午	辛巳	庚辰	己卯	戊寅	丁丑	丙子
요일	화	월	일	토	금	목	수	화	월	일	토	금	목	수	화	월	일	토	금	목	수	화	월	일	토	금	목	수	화

2月大癸卯경칩

절기								청명																춘분					
음력	30	29	28	27	26	25	24	23	22	21	20	19	18	17	16	15	14	13	12	11	10	9	8	7	6	5	4	3	2	1
순행	7	8	8	8	9	9	9	10		1	1	1	1	2	2	2	3	3	3	4	4	4	5	5	5	6	6	6	7	7
역행	3	2	2	2	1	1	1	1		10	9	9	9	8	8	8	7	7	7	6	6	6	5	5	5	4	4	4	3	3
월										04															03					
일	13	12	11	10	9	8	7	6	5	4	3	2	1	31	30	29	28	27	26	25	24	23	22	21	20	19	18	17	16	15
일진	甲戌	癸酉	壬申	辛未	庚午	己巳	戊辰	丁卯	丙寅	乙丑	甲子	癸亥	壬戌	辛酉	庚申	己未	戊午	丁巳	丙辰	乙卯	甲寅	癸丑	壬子	辛亥	庚戌	己酉	戊申	丁未	丙午	乙巳
요일	목	수	화	월	일	토	금	목	수	화	월	일	토	금	목	수	화	월	일	토	금	목	수	화	월	일	토	금	목	수

3月小甲辰청명

절기							입하																곡우					
음력	29	28	27	26	25	24	23	22	21	20	19	18	17	16	15	14	13	12	11	10	9	8	7	6	5	4	3	2	1
순행	8	8	9	9	10	10		1	1	1	2	2	2	3	3	3	4	4	4	5	5	5	6	6	6	7	7	7	
역행	2	2	1	1	1		10	9	9	9	8	8	8	7	7	7	6	6	6	5	5	5	4	4	4	3	3	3	
월										05														04					
일	12	11	10	9	8	7	6	5	4	3	2	1	30	29	28	27	26	25	24	23	22	21	20	19	18	17	16	15	14
일진	癸卯	壬寅	辛丑	庚子	己亥	戊戌	丁酉	丙申	乙未	甲午	癸巳	壬辰	辛卯	庚寅	己丑	戊子	丁亥	丙戌	乙酉	甲申	癸未	壬午	辛巳	庚辰	己卯	戊寅	丁丑	丙子	乙亥
요일	금	목	수	화	월	일	토	금	목	수	화	월	일	토	금	목	수	화	월	일	토	금	목	수	화	월	일	토	금

4月小乙巳입하

절기					망종															소만									
음력	29	28	27	26	25	24	23	22	21	20	19	18	17	16	15	14	13	12	11	10	9	8	7	6	5	4	3	2	1
순행	9	9	10	10	10		1	1	1	2	2	2	2	3	3	3	4	4	4	5	5	5	6	6	6	7	7	7	
역행	2	1	1	1	1		10	9	9	9	8	8	8	7	7	7	6	6	6	5	5	5	4	4	4	3	3	3	
월										06														05					
일	10	9	8	7	6	5	4	3	2	1	31	30	29	28	27	26	25	24	23	22	21	20	19	18	17	16	15	14	13
일진	壬申	辛未	庚午	己巳	戊辰	丁卯	丙寅	乙丑	甲子	癸亥	壬戌	辛酉	庚申	己未	戊午	丁巳	丙辰	乙卯	甲寅	癸丑	壬子	辛亥	庚戌	己酉	戊申	丁未	丙午	乙巳	甲辰
요일	토	금	목	수	화	월	일	토	금	목	수	화	월	일	토	금	목	수	화	월	일	토	금	목	수	화	월	일	토

5月大丙午망종

절기			소서														하지													
음력	30	29	28	27	26	25	24	23	22	21	20	19	18	17	16	15	14	13	12	11	10	9	8	7	6	5	4	3	2	1
순행	9	10	10		1	1	1	2	2	2	3	3	3	4	4	4	5	5	5	6	6	6	7	7	7	8	8	8	9	
역행	1	1	1		10	10	9	9	9	8	8	8	7	7	7	6	6	6	5	5	5	4	4	4	3	3	3	2		
월									07															06						
일	10	9	8	7	6	5	4	3	2	1	30	29	28	27	26	25	24	23	22	21	20	19	18	17	16	15	14	13	12	11
일진	壬寅	辛丑	庚子	己亥	戊戌	丁酉	丙申	乙未	甲午	癸巳	壬辰	辛卯	庚寅	己丑	戊子	丁亥	丙戌	乙酉	甲申	癸未	壬午	辛巳	庚辰	己卯	戊寅	丁丑	丙子	乙亥	甲戌	癸酉
요일	월	일	토	금	목	수	화	월	일	토	금	목	수	화	월	일	토	금	목	수	화	월	일	토	금	목	수	화	월	일

6月小丁未소서

절기		입추															대서												
음력	29	28	27	26	25	24	23	22	21	20	19	18	17	16	15	14	13	12	11	10	9	8	7	6	5	4	3	2	1
순행	10		1	1	1	2	2	2	3	3	3	4	4	4	5	5	5	6	6	6	7	7	7	8	8	8	9	9	
역행	1		10	10	9	9	9	8	8	8	7	7	7	6	6	6	5	5	5	4	4	4	3	3	3	2	2	2	1
월									08														07						
일	8	7	6	5	4	3	2	1	31	30	29	28	27	26	25	24	23	22	21	20	19	18	17	16	15	14	13	12	11
일진	辛未	庚午	己巳	戊辰	丁卯	丙寅	乙丑	甲子	癸亥	壬戌	辛酉	庚申	己未	戊午	丁巳	丙辰	乙卯	甲寅	癸丑	壬子	辛亥	庚戌	己酉	戊申	丁未	丙午	乙巳	甲辰	癸卯
요일	화	월	일	토	금	목	수	화	월	일	토	금	목	수	화	월	일	토	금	목	수	화	월	일	토	금	목	수	화

일지에 원진살이 있으면 부부싸움이 많다.

백로 / 처서 / 추분 / 상강 / 한로 / 소설 / 입동 / 동지 / 대설 / 대한 / 소한

7月大戊申월

절기	백로														처서															
음력	30	29	28	27	26	25	24	23	22	21	20	19	18	17	16	15	14	13	12	11	10	9	8	7	6	5	4	3	2	1
순행	1	1	1	1	2	2	2	3	3	3	4	4	4	5	5	5	6	6	6	7	7	7	8	8	8	9	9	9		10
역행	10	10	9	9	9	8	8	8	7	7	7	6	6	6	5	5	5	4	4	4	3	3	3	2	2	2	1	1	1	
월			09																											08
일	7	6	5	4	3	2	1	31	30	29	28	27	26	25	24	23	22	21	20	19	18	17	16	15	14	13	12	11	10	9
일진(천간)	辛	庚	己	戊	丁	丙	乙	甲	癸	壬	辛	庚	己	戊	丁	丙	乙	甲	癸	壬	辛	庚	己	戊	丁	丙	乙	甲	癸	壬
일진(지지)	丑	子	亥	戌	酉	申	未	午	巳	辰	卯	寅	丑	子	亥	戌	酉	申	未	午	巳	辰	卯	寅	丑	子	亥	戌	酉	申
요일	목	수	화	월	일	토	금	목	수	화	월	일	토	금	목	수	화	월	일	토	금	목	수	화	월	일	토	금	목	수

8月小己酉월

절기														추분															
음력	29	28	27	26	25	24	23	22	21	20	19	18	17	16	15	14	13	12	11	10	9	8	7	6	5	4	3	2	1
순행	1	1	1	2	2	2	3	3	3	4	4	4	5	5	5	6	6	6	7	7	7	8	8	8	9	9	9	10	10
역행	10	9	9	9	8	8	8	7	7	7	6	6	6	5	5	5	4	4	4	3	3	3	2	2	2	1	1	1	1
월			10																										09
일	6	5	4	3	2	1	30	29	28	27	26	25	24	23	22	21	20	19	18	17	16	15	14	13	12	11	10	9	8
일진(천간)	庚	己	戊	丁	丙	乙	甲	癸	壬	辛	庚	己	戊	丁	丙	乙	甲	癸	壬	辛	庚	己	戊	丁	丙	乙	甲	癸	壬
일진(지지)	午	巳	辰	卯	寅	丑	子	亥	戌	酉	申	未	午	巳	辰	卯	寅	丑	子	亥	戌	酉	申	未	午	巳	辰	卯	寅
요일	금	목	수	화	월	일	토	금	목	수	화	월	일	토	금	목	수	화	월	일	토	금	목	수	화	월	일	토	금

9月大庚戌월

절기													상강															한로		
음력	30	29	28	27	26	25	24	23	22	21	20	19	18	17	16	15	14	13	12	11	10	9	8	7	6	5	4	3	2	1
순행	1	1	1	2	2	2	3	3	3	4	4	4	5	5	5	6	6	7	7	7	8	8	8	9	9	9	10			
역행	9	9	9	8	8	8	7	7	7	6	6	6	5	5	4	4	4	3	3	3	2	2	2	1	1	1	1			10
월			11																											10
일	5	4	3	2	1	31	30	29	28	27	26	25	24	23	22	21	20	19	18	17	16	15	14	13	12	11	10	9	8	7
일진(천간)	庚	己	戊	丁	丙	乙	甲	癸	壬	辛	庚	己	戊	丁	丙	乙	甲	癸	壬	辛	庚	己	戊	丁	丙	乙	甲	癸	壬	辛
일진(지지)	子	亥	戌	酉	申	未	午	巳	辰	卯	寅	丑	子	亥	戌	酉	申	未	午	巳	辰	卯	寅	丑	子	亥	戌	酉	申	未
요일	일	토	금	목	수	화	월	일	토	금	목	수	화	월	일	토	금	목	수	화	월	일	토	금	목	수	화	월	일	토

10月大辛亥월

절기													소설															입동		
음력	30	29	28	27	26	25	24	23	22	21	20	19	18	17	16	15	14	13	12	11	10	9	8	7	6	5	4	3	2	1
순행	1	1	1	2	2	2	3	3	3	4	4	5	5	5	6	6	6	7	7	7	8	8	8	9	9	9	10			1
역행	9	9	8	8	8	7	7	7	6	6	6	5	5	5	4	4	4	3	3	3	2	2	2	1	1	1				10
월			12																											11
일	5	4	3	2	1	30	29	28	27	26	25	24	23	22	21	20	19	18	17	16	15	14	13	12	11	10	9	8	7	6
일진(천간)	庚	己	戊	丁	丙	乙	甲	癸	壬	辛	庚	己	戊	丁	丙	乙	甲	癸	壬	辛	庚	己	戊	丁	丙	乙	甲	癸	壬	辛
일진(지지)	午	巳	辰	卯	寅	丑	子	亥	戌	酉	申	未	午	巳	辰	卯	寅	丑	子	亥	戌	酉	申	未	午	巳	辰	卯	寅	丑
요일	화	월	일	토	금	목	수	화	월	일	토	금	목	수	화	월	일	토	금	목	수	화	월	일	토	금	목	수	화	월

11月大壬子월

절기													동지															대설		
음력	30	29	28	27	26	25	24	23	22	21	20	19	18	17	16	15	14	13	12	11	10	9	8	7	6	5	4	3	2	1
순행	1	1	1	2	2	2	3	3	3	4	4	4	5	5	6	6	6	7	7	7	8	8	8	9	9	9	10			1
역행	9	9	8	8	8	7	7	7	6	6	6	5	5	5	4	4	4	3	3	3	2	2	2	1	1	1				10
월			01																											12
일	4	3	2	1	31	30	29	28	27	26	25	24	23	22	21	20	19	18	17	16	15	14	13	12	11	10	9	8	7	6
일진(천간)	庚	己	戊	丁	丙	乙	甲	癸	壬	辛	庚	己	戊	丁	丙	乙	甲	癸	壬	辛	庚	己	戊	丁	丙	乙	甲	癸	壬	辛
일진(지지)	子	亥	戌	酉	申	未	午	巳	辰	卯	寅	丑	子	亥	戌	酉	申	未	午	巳	辰	卯	寅	丑	子	亥	戌	酉	申	未
요일	목	수	화	월	일	토	금	목	수	화	월	일	토	금	목	수	화	월	일	토	금	목	수	화	월	일	토	금	목	수

12月小癸丑월

절기														대한														소한	
음력	29	28	27	26	25	24	23	22	21	20	19	18	17	16	15	14	13	12	11	10	9	8	7	6	5	4	3	2	1
순행	1	1	1	2	2	2	3	3	4	4	4	5	5	5	6	6	6	7	7	7	8	8	8	9	9	9	10		
역행	9	9	9	8	8	8	7	7	7	6	6	5	5	5	4	4	4	3	3	3	2	2	2	1	1	1	1		
월			02																										01
일	2	1	31	30	29	28	27	26	25	24	23	22	21	20	19	18	17	16	15	14	13	12	11	10	9	8	7	6	5
일진(천간)	己	戊	丁	丙	乙	甲	癸	壬	辛	庚	己	戊	丁	丙	乙	甲	癸	壬	辛	庚	己	戊	丁	丙	乙	甲	癸	壬	辛
일진(지지)	巳	辰	卯	寅	丑	子	亥	戌	酉	申	未	午	巳	辰	卯	寅	丑	子	亥	戌	酉	申	未	午	巳	辰	卯	寅	丑
요일	금	목	수	화	월	일	토	금	목	수	화	월	일	토	금	목	수	화	월	일	토	금	목	수	화	월	일	토	금

흔히 종아격 사주에 자식이 없는 무자식 팔자이다.

상문 : 卯　대장군 : 西
조객 : 亥　삼　재 : 巳酉丑
삼살 : 東

癸丑年

서기 1973년
단기 4306년

1月大(甲寅)입춘

절기	우수													입춘																
음력	30	29	28	27	26	25	24	23	22	21	20	19	18	17	16	15	14	13	12	11	10	9	8	7	6	5	4	3	2	1
순행	1	1	1	2	2	2	3	3	3	4	4	4	5	5	5	6	6	6	7	7	7	8	8	8	9	9	9	10		1
역행	9	9	9	8	8	8	7	7	7	6	6	6	5	5	5	4	4	4	3	3	3	2	2	2	1	1	1			10
월		03																											02	
일	4	3	2	1	28	27	26	25	24	23	22	21	20	19	18	17	16	15	14	13	12	11	10	9	8	7	6	5	4	3
일진	己	戊	丁	丙	乙	甲	癸	壬	辛	庚	己	戊	丁	丙	乙	甲	癸	壬	辛	庚	己	戊	丁	丙	乙	甲	癸	壬	辛	庚
	亥	戌	酉	申	未	午	巳	辰	卯	寅	丑	子	亥	戌	酉	申	未	午	巳	辰	卯	寅	丑	子	亥	戌	酉	申	未	午
요일	일	토	금	목	수	화	월	일	토	금	목	수	화	월	일	토	금	목	수	화	월	일	토	금	목	수	화	월	일	토

2月小(乙卯)경칩

절기	춘분											경칩																	
음력	29	28	27	26	25	24	23	22	21	20	19	18	17	16	15	14	13	12	11	10	9	8	7	6	5	4	3	2	1
순행	1	1	2	2	3	3	4	4	5	5	6	6	7	7	8	8	9	9	10		1
역행	9	9	8	8	7	7	6	6	5	5	4	4	3	3	2	2	1	1		10
월		04																							03
일	2	1	31	30	29	28	27	26	25	24	23	22	21	20	19	18	17	16	15	14	13	12	11	10	9	8	7	6	5
일진	戊	丁	丙	乙	甲	癸	壬	辛	庚	己	戊	丁	丙	乙	甲	癸	壬	辛	庚	己	戊	丁	丙	乙	甲	癸	壬	辛	庚
	辰	卯	寅	丑	子	亥	戌	酉	申	未	午	巳	辰	卯	寅	丑	子	亥	戌	酉	申	未	午	巳	辰	卯	寅	丑	子
요일	월	일	토	금	목	수	화	월	일	토	금	목	수	화	월	일	토	금	목	수	화	월	일	토	금	목	수	화	월

3月大(丙辰)청명

절기	곡우											청명																		
음력	30	29	28	27	26	25	24	23	22	21	20	19	18	17	16	15	14	13	12	11	10	9	8	7	6	5	4	3	2	1
순행	1	2	2	2	3	3	4	4	4	5	5	6	6	6	7	7	8	8	8	9	9	10	10		1	1
역행	9	9	8	8	8	7	7	6	6	6	5	5	4	4	4	3	3	2	2	2	1	1	1		10	9
월		05																								04
일	2	1	30	29	28	27	26	25	24	23	22	21	20	19	18	17	16	15	14	13	12	11	10	9	8	7	6	5	4	3
일진	戊	丁	丙	乙	甲	癸	壬	辛	庚	己	戊	丁	丙	乙	甲	癸	壬	辛	庚	己	戊	丁	丙	乙	甲	癸	壬	辛	庚	己
	戌	酉	申	未	午	巳	辰	卯	寅	丑	子	亥	戌	酉	申	未	午	巳	辰	卯	寅	丑	子	亥	戌	酉	申	未	午	巳
요일	수	화	월	일	토	금	목	수	화	월	일	토	금	목	수	화	월	일	토	금	목	수	화	월	일	토	금	목	수	화

4月小(丁巳)입하

절기	소만										입하																		
음력	29	28	27	26	25	24	23	22	21	20	19	18	17	16	15	14	13	12	11	10	9	8	7	6	5	4	3	2	1
순행	2	2	3	3	3	4	4	5	5	5	6	6	7	7	7	8	8	9	9	9	10	10		1	1	1
역행	8	8	7	7	7	6	6	5	5	5	4	4	3	3	3	2	2	1	1	1		10	10	9	9
월																									05
일	31	30	29	28	27	26	25	24	23	22	21	20	19	18	17	16	15	14	13	12	11	10	9	8	7	6	5	4	3
일진	丁	丙	乙	甲	癸	壬	辛	庚	己	戊	丁	丙	乙	甲	癸	壬	辛	庚	己	戊	丁	丙	乙	甲	癸	壬	辛	庚	己
	卯	寅	丑	子	亥	戌	酉	申	未	午	巳	辰	卯	寅	丑	子	亥	戌	酉	申	未	午	巳	辰	卯	寅	丑	子	亥
요일	목	수	화	월	일	토	금	목	수	화	월	일	토	금	목	수	화	월	일	토	금	목	수	화	월	일	토	금	목

5月大(戊午)망종

절기	하지										망종																		
음력	29	28	27	26	25	24	23	22	21	20	19	18	17	16	15	14	13	12	11	10	9	8	7	6	5	4	3	2	1
순행	3	3	3	4	4	5	5	5	6	6	7	7	7	8	8	9	9	9	10		6		1	1	1	2
역행	8	7	7	7	6	6	5	5	4	4	4	3	3	2	2	2	1	1		10	10	9	9
월																									06
일	29	28	27	26	25	24	23	22	21	20	19	18	17	16	15	14	13	12	11	10	9	8	7	6	5	4	3	2	1
일진	丙	乙	甲	癸	壬	辛	庚	己	戊	丁	丙	乙	甲	癸	壬	辛	庚	己	戊	丁	丙	乙	甲	癸	壬	辛	庚	己	戊
	申	未	午	巳	辰	卯	寅	丑	子	亥	戌	酉	申	未	午	巳	辰	卯	寅	丑	子	亥	戌	酉	申	未	午	巳	辰
요일	금	목	수	화	월	일	토	금	목	수	화	월	일	토	금	목	수	화	월	일	토	금	목	수	화	월	일	토	금

6月大(己未)소서

절기	대서																					소서								
음력	30	29	28	27	26	25	24	23	22	21	20	19	18	17	16	15	14	13	12	11	10	9	8	7	6	5	4	3	2	1
순행	3	4	4	4	5	5	6	6	7	7	7	8	8	9	9	10	10	10		1	1	1	2	2	2
역행	7	7	6	6	6	5	5	4	4	3	3	3	2	2	1	1		10	10	9	9	9	8	8
월																									07	06
일	29	28	27	26	25	24	23	22	21	20	19	18	17	16	15	14	13	12	11	10	9	8	7	6	5	4	3	2	1	30
일진	丙	乙	甲	癸	壬	辛	庚	己	戊	丁	丙	乙	甲	癸	壬	辛	庚	己	戊	丁	丙	乙	甲	癸	壬	辛	庚	己	戊	丁
	寅	丑	子	亥	戌	酉	申	未	午	巳	辰	卯	寅	丑	子	亥	戌	酉	申	未	午	巳	辰	卯	寅	丑	子	亥	戌	酉
요일	일	토	금	목	수	화	월	일	토	금	목	수	화	월	일	토	금	목	수	화	월	일	토	금	목	수	화	월	일	토

일지에 刑·沖을 맞으면 부부싸움이 많다.

7月小(庚申)입추

절기	처서										입추																				
음력	29	28	27	26	25	24	23	22	21	20	19	18	17	16	15	14	13	12	11	10	9	8	7	6	5	4	3	2	1
순행	4	4	5	5	5	6	6	6	7	7	7	8	8	8	9	9	10	10		1	1	1	1	2	2	2	3	3	3
역행	6	6	6	5	5	5	4	4	4	3	3	3	2	2	2	1	1	1		10	10	10	9	9	9	8	8	8
월																		08	07										
일	27	26	25	24	23	22	21	20	19	18	17	16	15	14	13	12	11	10	9	8	7	6	5	4	3	2	1	31	30
일진	乙未	甲午	癸巳	壬辰	辛卯	庚寅	己丑	戊子	丁亥	丙戌	乙酉	甲申	癸未	壬午	辛巳	庚辰	己卯	戊寅	丁丑	丙子	乙亥	甲戌	癸酉	壬申	辛未	庚午	己巳	戊辰	丁卯
요일	월	일	토	금	수	화	월	일	토	금	목	수	화	월	일	토	금	목	수	화	월	일	토	금	목	수	화	월	월

8月小(辛酉)백로

절기	추분													백로															
음력	29	28	27	26	25	24	23	22	21	20	19	18	17	16	15	14	13	12	11	10	9	8	7	6	5	4	3	2	1
순행	4	5	5	5	6	6	6	7	7	7	8	8	8	9	9	10		1	1	1	1	2	2	2	3	3	3	4
역행	6	5	5	5	4	4	4	3	3	3	2	2	2	1	1	1		10	10	9	9	9	8	8	8	7	7	7
월																	09	08											
일	25	24	23	22	21	20	19	18	17	16	15	14	13	12	11	10	9	8	7	6	5	4	3	2	1	31	30	29	28
일진	甲子	癸亥	壬戌	辛酉	庚申	己未	戊午	丁巳	丙辰	乙卯	甲寅	癸丑	壬子	辛亥	庚戌	己酉	戊申	丁未	丙午	乙巳	甲辰	癸卯	壬寅	辛丑	庚子	己亥	戊戌	丁酉	丙申
요일	화	월	일	토	금	목	수	화	월	일	토	금	목	수	화	월	일	토	금	목	수	화	월	일	토	금	목	수	화

9月大(壬戌)한로

절기	상강														한로															
음력	30	29	28	27	26	25	24	23	22	21	20	19	18	17	16	15	14	13	12	11	10	9	8	7	6	5	4	3	2	1
순행	4	5	5	5	6	6	6	7	7	7	8	8	8	9	9	10		1	1	1	1	2	2	2	3	3	3	4
역행	6	5	5	5	4	4	4	3	3	3	2	2	2	1	1	1		10	9	9	9	8	8	8	7	7	7	6
월																	10	09											
일	25	24	23	22	21	20	19	18	17	16	15	14	13	12	11	10	9	8	7	6	5	4	3	2	1	30	29	28	27	26
일진	甲午	癸巳	壬辰	辛卯	庚寅	己丑	戊子	丁亥	丙戌	乙酉	甲申	癸未	壬午	辛巳	庚辰	己卯	戊寅	丁丑	丙子	乙亥	甲戌	癸酉	壬申	辛未	庚午	己巳	戊辰	丁卯	丙寅	乙丑
요일	목	수	화	월	일	토	금	목	수	화	월	일	토	금	목	수	화	월	일	토	금	목	수	화	월	일	토	금	목	수

10月大(癸亥)입동

절기	소설														입동															
음력	30	29	28	27	26	25	24	23	22	21	20	19	18	17	16	15	14	13	12	11	10	9	8	7	6	5	4	3	2	1
순행	4	5	5	5	6	6	6	7	7	7	8	8	8	9	9	10		1	1	1	1	2	2	2	3	3	3	4
역행	6	5	5	5	4	4	4	3	3	3	2	2	2	1	1	1		10	9	9	9	8	8	8	7	7	7	6
월																	11	10											
일	24	23	22	21	20	19	18	17	16	15	14	13	12	11	10	9	8	7	6	5	4	3	2	1	31	30	29	28	27	26
일진	甲子	癸亥	壬戌	辛酉	庚申	己未	戊午	丁巳	丙辰	乙卯	甲寅	癸丑	壬子	辛亥	庚戌	己酉	戊申	丁未	丙午	乙巳	甲辰	癸卯	壬寅	辛丑	庚子	己亥	戊戌	丁酉	丙申	乙未
요일	토	금	목	수	화	월	일	토	금	목	수	화	월	일	토	금	목	수	화	월	일	토	금	목	수	화	월	일	토	금

11月大(甲子)대설

절기	동지														대설															
음력	30	29	28	27	26	25	24	23	22	21	20	19	18	17	16	15	14	13	12	11	10	9	8	7	6	5	4	3	2	1
순행	4	5	5	5	6	6	6	7	7	7	8	8	8	9	9	10		1	1	1	1	2	2	2	3	3	3	4
역행	6	5	5	5	4	4	4	3	3	3	2	2	2	1	1	1		10	9	9	9	8	8	8	7	7	7	6
월																	12	11											
일	24	23	22	21	20	19	18	17	16	15	14	13	12	11	10	9	8	7	6	5	4	3	2	1	30	29	28	27	26	25
일진	甲午	癸巳	壬辰	辛卯	庚寅	己丑	戊子	丁亥	丙戌	乙酉	甲申	癸未	壬午	辛巳	庚辰	己卯	戊寅	丁丑	丙子	乙亥	甲戌	癸酉	壬申	辛未	庚午	己巳	戊辰	丁卯	丙寅	乙丑
요일	월	일	토	금	목	수	화	월	일	토	금	목	수	화	월	일	토	금	목	수	화	월	일	토	금	목	수	화	월	일

12月小(乙丑)소한

절기	대한														소한															
음력		29	28	27	26	25	24	23	22	21	20	19	18	17	16	15	14	13	12	11	10	9	8	7	6	5	4	3	2	1
순행		4	5	5	5	6	6	6	7	7	7	8	8	9		1	1	1	1	2	2	2	3	3	3	4	4
역행		5	5	5	4	4	4	3	3	3	2	2	2	1	1	1		10	9	9	9	8	8	8	7	7	7	6	6
월																	01	12											
일	22	21	20	19	18	17	16	15	14	13	12	11	10	9	8	7	6	5	4	3	2	1	31	30	29	28	27	26	25
일진	癸亥	壬戌	辛酉	庚申	己未	戊午	丁巳	丙辰	乙卯	甲寅	癸丑	壬子	辛亥	庚戌	己酉	戊申	丁未	丙午	乙巳	甲辰	癸卯	壬寅	辛丑	庚子	己亥	戊戌	丁酉	丙申	乙未
요일	화	월	일	토	금	목	수	화	월	일	토	금	목	수	화	월	일	토	금	목	수	화	월	일	토	금	목	수	화

여자 사주에 官이 약하고 비견·겁재가 많으면, 남편 말을 거역하고 거짓과 속이는 기질이 있다.

상문 : 辰　대장군 : 北
조객 : 子　삼　재 : 申子辰
삼살 : 北

甲寅年

서기 1974년
단기 4307년

1月大(丙寅)입춘

절기	우수 (28)	입춘 (13)
음력	30 29 28 27 26 25 24 23 22 21 20 19 18 17 16 15 14	13 12 11 10 9 8 7 6 5 4 3 2 1
순행	4 5 5 5 5 6 6 6 7 7 7 8 8 8 9 9 10	1 1 1 1 2 2 2 3 3 3 4 4
역행	6 5 5 5 4 4 4 3 3 3 2 2 2 1 1 1	9 9 9 8 8 8 7 7 7 6 6
월	02	01
일	21 20 19 18 17 16 15 14 13 12 11 10 9 8 7	6 5 4 3 2 1 31 30 29 28 27 26 25 24 23
일진(干)	癸 壬 辛 庚 己 戊 丁 丙 乙 甲 癸 壬 辛 庚 己	戊 丁 丙 乙 甲 癸 壬 辛 庚 己 戊 丁 丙 乙 甲
일진(支)	巳 辰 卯 寅 丑 子 亥 戌 酉 申 未 午 巳 辰 卯	寅 丑 子 亥 戌 酉 申 未 午 巳 辰 卯 寅 丑 子
요일	목 수 화 월 일 토 금 목 수 화 월 일 토 금 목	수 화 월 일 토 금 목 수 화 월 일 토 금 목 수

2月大(丁卯)경칩

절기	춘분 (28)	경칩 (13)
음력	30 29 28 27 26 25 24 23 22 21 20 19 18 17 16 15 14	13 12 11 10 9 8 7 6 5 4 3 2 1
순행	4 5 5 5 6 6 6 7 7 7 8 8 8 9 9 10	1 1 1 1 2 2 2 3 3 3 4 4
역행	6 5 5 5 4 4 4 3 3 3 2 2 1 1 1	10 9 9 9 8 8 8 7 7 7 6
월	03	02
일	23 22 21 20 19 18 17 16 15 14 13 12 11 10 9 8 7	6 5 4 3 2 1 28 27 26 25 24 23 22
일진(干)	癸 壬 辛 庚 己 戊 丁 丙 乙 甲 癸 壬 辛 庚 己 戊 丁	丙 乙 甲 癸 壬 辛 庚 己 戊 丁 丙 乙 甲
일진(支)	亥 戌 酉 申 未 午 巳 辰 卯 寅 丑 子 亥 戌 酉 申 未	午 巳 辰 卯 寅 丑 子 亥 戌 酉 申 未 午
요일	토 금 목 수 화 월 일 토 금 목 수 화 월 일 토 금 목	수 화 월 일 토 금 목 수 화 월 일 토 금

3月小(戊辰)청명

절기	곡우 (28)	청명 (13)
음력	29 28 27 26 25 24 23 22 21 20 19 18 17 16 15 14	13 12 11 10 9 8 7 6 5 4 3 2 1
순행	5 6 6 6 7 7 7 8 8 8 9 9 10 10	1 1 1 1 2 2 2 3 3 3 4 4
역행	5 5 5 4 4 4 3 3 3 2 2 2 1 1 1	10 9 9 9 8 8 8 7 7 7 6
월	04	03
일	21 20 19 18 17 16 15 14 13 12 11 10 9 8 7 6	5 4 3 2 1 31 30 29 28 27 26 25 24 23
일진(干)	壬 辛 庚 己 戊 丁 丙 乙 甲 癸 壬 辛 庚 己 戊 丁	丙 乙 甲 癸 壬 辛 庚 己 戊 丁 丙 乙 甲
일진(支)	辰 卯 寅 丑 子 亥 戌 酉 申 未 午 巳 辰 卯 寅 丑	子 亥 戌 酉 申 未 午 巳 辰 卯 寅 丑 子
요일	월 일 토 금 목 수 화 월 일 토 금 목 수 화 월 일	토 금 목 수 화 월 일 토 금 목 수 화 월

4月大(己巳)입하

절기	소만 (29)	입하 (15)
음력	30 29 28 27 26 25 24 23 22 21 20 19 18 17 16	15 14 13 12 11 10 9 8 7 6 5 4 3 2 1
순행	5 6 6 6 7 7 7 8 8 8 9 9 10 10	1 1 1 2 2 2 3 3 3 4 4 5
역행	5 5 4 4 4 3 3 3 2 2 2 1 1 1	10 9 9 9 8 8 8 7 7 7 6 6
월	05	04
일	21 20 19 18 17 16 15 14 13 12 11 10 9 8 7	6 5 4 3 2 1 30 29 28 27 26 25 24 23 22
일진(干)	壬 辛 庚 己 戊 丁 丙 乙 甲 癸 壬 辛 庚 己 戊	丁 丙 乙 甲 癸 壬 辛 庚 己 戊 丁 丙 乙 甲 癸
일진(支)	戌 酉 申 未 午 巳 辰 卯 寅 丑 子 亥 戌 酉 申	未 午 巳 辰 卯 寅 丑 子 亥 戌 酉 申 未 午 巳
요일	화 월 일 토 금 목 수 화 월 일 토 금 목 수 화	월 일 토 금 목 수 화 월 일 토 금 목 수 화 월

윤4月小

절기		망종 (16)
음력	29 28 27 26 25 24 23 22 21 20 19 18 17	16 15 14 13 12 11 10 9 8 7 6 5 4 3 2 1
순행	6 6 7 7 7 8 8 8 9 9 9 10 10	1 1 1 1 2 2 2 3 3 3 4 4 5 5
역행	4 4 3 3 3 2 2 2 1 1 1	10 9 9 9 8 8 8 7 7 7 6 6 6 5
월	06	05
일	19 18 17 16 15 14 13 12 11 10 9 8 7	6 5 4 3 2 1 31 30 29 28 27 26 25 24 23
일진(干)	辛 庚 己 戊 丁 丙 乙 甲 癸 壬 辛 庚 己	戊 丁 丙 乙 甲 癸 壬 辛 庚 己 戊 丁 丙 乙 甲 癸
일진(支)	卯 寅 丑 子 亥 戌 酉 申 未 午 巳 辰 卯	寅 丑 子 亥 戌 酉 申 未 午 巳 辰 卯 寅 丑 子 亥
요일	수 화 월 일 토 금 목 수 화 월 일 토 금	목 수 화 월 일 토 금 목 수 화 월 일 토 금

5月大(庚午)망종

절기	소서 (18)	하지 (3)
음력	29 28 27 26 25 24 23 22 21 20 19	18 17 16 15 14 13 12 11 10 9 8 7 6 5 4	3 2 1
순행	7 7 8 8 8 9 9 10 10 10	1 1 1 1 2 2 2 3 3 3 4 4 4 5 5 5 6
역행	4 3 3 2 2 2 1 1 1	10 9 9 9 8 8 8 7 7 7 6 6 6
월	07	06
일	18 17 16 15 14 13 12 11 10 9 8 7	6 5 4 3 2 1 30 29 28 27 26 25 24 23 22 21
일진(干)	庚 己 戊 丁 丙 乙 甲 癸 壬 辛 庚 己	戊 丁 丙 乙 甲 癸 壬 辛 庚 己 戊 丁 丙 乙 甲 癸 壬
일진(支)	申 未 午 巳 辰 卯 寅 丑 子 亥 戌 酉	申 未 午 巳 辰 卯 寅 丑 子 亥 戌 酉 申 未 午 巳 辰
요일	목 수 화 월 일 토 금 목 수 화 월 일	토 금 목 수 화 월 일 토 금 목 수 화 월 일 토 금

비견·겁재가 재와 암합되면 형수·계수와 같이 사는 팔자이다.

6月大(辛未)소서

절기	입추																						대서							
음력	30	29	28	27	26	25	24	23	22	21	20	19	18	17	16	15	14	13	12	11	10	9	8	7	6	5	4	3	2	1
순행	7	8	8	8	9	9	9	10	10		1	1	1	1	2	2	2	3	3	3	4	4	4	5	5	5	6	6	6	7
역행	3	3	2	2	2	1	1	1	1		10	10	10	9	9	9	8	8	8	7	7	7	6	6	6	5	5	5	4	4
월(양력)												08															07			
일	17	16	15	14	13	12	11	10	9	8	7	6	5	4	3	2	1	31	30	29	28	27	26	25	24	23	22	21	20	19
일진	庚	己	戊	丁	丙	乙	甲	癸	壬	辛	庚	己	戊	丁	丙	乙	甲	癸	壬	辛	庚	己	戊	丁	丙	乙	甲	癸	壬	辛
	寅	丑	子	亥	戌	酉	申	未	午	巳	辰	卯	寅	丑	子	亥	戌	酉	申	未	午	巳	辰	卯	寅	丑	子	亥	戌	酉
요일	토	금	목	수	화	월	일	토	금	목	수	화	월	일	토	금	목	수	화	월	일	토	금	목	수	화	월	일	토	금

7月小(壬申)입추

절기	백로																						처서						
음력	29	28	27	26	25	24	23	22	21	20	19	18	17	16	15	14	13	12	11	10	9	8	7	6	5	4	3	2	1
순행	8	8	9	9	10	10		1	1	1	1	2	2	2	3	3	3	4	4	4	5	5	5	6	6	6	7	7	7
역행	2	2	2	1	1		10	10	9	9	9	8	8	8	7	7	7	6	6	6	5	5	5	4	4	4	3	3	3
월(양력)											09													08					
일	15	14	13	12	11	10	9	8	7	6	5	4	3	2	1	31	30	29	28	27	26	25	24	23	22	21	20	19	18
일진	己	戊	丁	丙	乙	甲	癸	壬	辛	庚	己	戊	丁	丙	乙	甲	癸	壬	辛	庚	己	戊	丁	丙	乙	甲	癸	壬	辛
	未	午	巳	辰	卯	寅	丑	子	亥	戌	酉	申	未	午	巳	辰	卯	寅	丑	子	亥	戌	酉	申	未	午	巳	辰	卯
요일	일	토	금	목	수	화	월	일	토	금	목	수	화	월	일	토	금	목	수	화	월	일	토	금	목	수	화	월	일

8月小(癸酉)백로

절기	한로																						추분						
음력	29	28	27	26	25	24	23	22	21	20	19	18	17	16	15	14	13	12	11	10	9	8	7	6	5	4	3	2	1
순행	8	9	9	9	10		1	1	1	1	2	2	2	3	3	4	4	4	5	5	6	6	6	7	7	7	8
역행	2	1	1	1	1		10	10	9	9	9	8	8	8	7	7	7	6	6	5	5	5	4	4	4	3	3	3
월(양력)											10													09					
일	14	13	12	11	10	9	8	7	6	5	4	3	2	1	30	29	28	27	26	25	24	23	22	21	20	19	18	17	16
일진	戊	丁	丙	乙	甲	癸	壬	辛	庚	己	戊	丁	丙	乙	甲	癸	壬	辛	庚	己	戊	丁	丙	乙	甲	癸	壬	辛	庚
	子	亥	戌	酉	申	未	午	巳	辰	卯	寅	丑	子	亥	戌	酉	申	未	午	巳	辰	卯	寅	丑	子	亥	戌	酉	申
요일	월	일	토	금	목	수	화	월	일	토	금	목	수	화	월	일	토	금	목	수	화	월	일	토	금	목	수	화	월

9月大(甲戌)한로

절기	입동																						상강							
음력	30	29	28	27	26	25	24	23	22	21	20	19	18	17	16	15	14	13	12	11	10	9	8	7	6	5	4	3	2	1
순행	8	8	9	9	9		1	1	1	1	2	2	2	3	3	4	4	4	5	5	6	6	6	7	7	7	8	8
역행	2	1	1	1	1		10	9	9	9	8	8	8	7	7	7	6	6	5	5	5	4	4	4	3	3	3	2	2
월(양력)											11													10						
일	13	12	11	10	9	8	7	6	5	4	3	2	1	31	30	29	28	27	26	25	24	23	22	21	20	19	18	17	16	15
일진	戊	丁	丙	乙	甲	癸	壬	辛	庚	己	戊	丁	丙	乙	甲	癸	壬	辛	庚	己	戊	丁	丙	乙	甲	癸	壬	辛	庚	己
	午	巳	辰	卯	寅	丑	子	亥	戌	酉	申	未	午	巳	辰	卯	寅	丑	子	亥	戌	酉	申	未	午	巳	辰	卯	寅	丑
요일	수	화	월	일	토	금	목	수	화	월	일	토	금	목	수	화	월	일	토	금	목	수	화	월	일	토	금	목	수	화

10月大(乙亥)입동

절기	대설																						소설							
음력	30	29	28	27	26	25	24	23	22	21	20	19	18	17	16	15	14	13	12	11	10	9	8	7	6	5	4	3	2	1
순행	8	8	9	9	10		1	1	1	2	2	2	3	3	4	4	4	5	5	6	6	6	7	7	7	8	8
역행	2	2	1	1	1		10	9	9	9	8	8	8	7	7	6	6	6	5	5	4	4	4	3	3	3	2	2
월(양력)											12													11						
일	13	12	11	10	9	8	7	6	5	4	3	2	1	30	29	28	27	26	25	24	23	22	21	20	19	18	17	16	15	14
일진	戊	丁	丙	乙	甲	癸	壬	辛	庚	己	戊	丁	丙	乙	甲	癸	壬	辛	庚	己	戊	丁	丙	乙	甲	癸	壬	辛	庚	己
	子	亥	戌	酉	申	未	午	巳	辰	卯	寅	丑	子	亥	戌	酉	申	未	午	巳	辰	卯	寅	丑	子	亥	戌	酉	申	未
요일	금	목	수	화	월	일	토	금	목	수	화	월	일	토	금	목	수	화	월	일	토	금	목	수	화	월	일	토	금	목

11月小(丙子)대설

절기	소한																						동지						
음력	29	28	27	26	25	24	23	22	21	20	19	18	17	16	15	14	13	12	11	10	9	8	7	6	5	4	3	2	1
순행	8	8	9	9	10		1	1	1	2	2	2	3	3	4	4	5	5	6	6	6	7	7	7	8	8
역행	2	1	1	1	1		10	9	9	9	8	8	8	7	7	6	6	5	5	5	4	4	4	3	3	2	2
월(양력)											01													12					
일	11	10	9	8	7	6	5	4	3	2	1	31	30	29	28	27	26	25	24	23	22	21	20	19	18	17	16	15	14
일진	丁	丙	乙	甲	癸	壬	辛	庚	己	戊	丁	丙	乙	甲	癸	壬	辛	庚	己	戊	丁	丙	乙	甲	癸	壬	辛	庚	己
	巳	辰	卯	寅	丑	子	亥	戌	酉	申	未	午	巳	辰	卯	寅	丑	子	亥	戌	酉	申	未	午	巳	辰	卯	寅	丑
요일	토	금	목	수	화	월	일	토	금	목	수	화	월	일	토	금	목	수	화	월	일	토	금	목	수	화	월	일	토

12月大(丁丑)소한

절기	입춘																						대한							
음력	30	29	28	27	26	25	24	23	22	21	20	19	18	17	16	15	14	13	12	11	10	9	8	7	6	5	4	3	2	1
순행	8	8	9	9	10		1	1	1	2	2	2	3	3	4	4	5	5	6	6	6	7	7	7	8	8
역행	2	2	1	1	1		9	9	9	8	8	8	7	7	6	6	6	5	5	4	4	4	3	3	3	2	2
월(양력)											02													01						
일	10	9	8	7	6	5	4	3	2	1	31	30	29	28	27	26	25	24	23	22	21	20	19	18	17	16	15	14	13	12
일진	丁	丙	乙	甲	癸	壬	辛	庚	己	戊	丁	丙	乙	甲	癸	壬	辛	庚	己	戊	丁	丙	乙	甲	癸	壬	辛	庚	己	戊
	亥	戌	酉	申	未	午	巳	辰	卯	寅	丑	子	亥	戌	酉	申	未	午	巳	辰	卯	寅	丑	子	亥	戌	酉	申	未	午
요일	일	토	금	목	수	화	월	일	토	금	목	수	화	월	일	토	금	목	수	화	월	일	토	금	목	수	화	월	일	토

남자 사주에 官이없고 식신·상관이 왕하면 불효자식을 둔다.

상문 : 巳　대장군 : 北
조객 : 丑　삼　재 : 申子辰
삼살 : 西

乙卯年

서기 1975년
단기 4308년

1月大(戊寅)입춘 — 절기: 경칩 / 우수

음력	30	29	28	27	26	25	24	23	22	21	20	19	18	17	16	15	14	13	12	11	10	9	8	7	6	5	4	3	2	1
순행	8	8	9	9	9	10			1	1	1	1	2	2	2	3	3	4	4	4	5	5	5	6	6	6	7	7	7	7
역행	2	2	1	1	1	1			10	9	9	9	8	8	8	7	7	6	6	6	5	5	5	4	4	4	3	3	3	2
월						03																02								
일	12	11	10	9	8	7	6	5	4	3	2	1	28	27	26	25	24	23	22	21	20	19	18	17	16	15	14	13	12	11
일진	丁	丙	乙	甲	癸	壬	辛	庚	己	戊	丁	丙	乙	甲	癸	壬	辛	庚	己	戊	丁	丙	乙	甲	癸	壬	辛	庚	己	戊
	巳	辰	卯	寅	丑	子	亥	戌	酉	申	未	午	巳	辰	卯	寅	丑	子	亥	戌	酉	申	未	午	巳	辰	卯	寅	丑	子
요일	수	화	월	토	금	목	수	화	월	일	토	금	목	수	화	월	일	토	금	목	수	화	월	일	토	금	목	수	화

2月大(己卯)경칩 — 절기: 청명 / 춘분

음력	30	29	28	27	26	25	24	23	22	21	20	19	18	17	16	15	14	13	12	11	10	9	8	7	6	5	4	3	2	1
순행	8	9	9	9	10	10			1	1	1	1	2	2	2	3	3	4	4	4	5	5	5	6	6	6	7	7	7	8
역행	2	2	1	1	1	1			10	9	9	9	8	8	8	7	7	6	6	6	5	5	5	4	4	4	3	3	3	2
월							04															03								
일	11	10	9	8	7	6	5	4	3	2	1	31	30	29	28	27	26	25	24	23	22	21	20	19	18	17	16	15	14	13
일진	丁	丙	乙	甲	癸	壬	辛	庚	己	戊	丁	丙	乙	甲	癸	壬	辛	庚	己	戊	丁	丙	乙	甲	癸	壬	辛	庚	己	戊
	亥	戌	酉	申	未	午	巳	辰	卯	寅	丑	子	亥	戌	酉	申	未	午	巳	辰	卯	寅	丑	子	亥	戌	酉	申	未	午
요일	금	목	수	화	월	일	토	금	목	수	화	월	일	토	금	목	수	화	월	일	토	금	목	수	화	월	일	토	금	목

3月小(庚辰)청명 — 절기: 입하 / 곡우

음력	29	28	27	26	25	24	23	22	21	20	19	18	17	16	15	14	13	12	11	10	9	8	7	6	5	4	3	2	1
순행	9	9	10	10			1	1	1	1	2	2	2	3	3	4	4	4	5	5	5	6	6	6	7	7	7	8	8
역행	1	1	1	1			10	10	9	9	9	8	8	8	7	7	6	6	6	5	5	5	4	4	4	3	3	3	2
월						05														04									
일	10	9	8	7	6	5	4	3	2	1	30	29	28	27	26	25	24	23	22	21	20	19	18	17	16	15	14	13	12
일진	丙	乙	甲	癸	壬	辛	庚	己	戊	丁	丙	乙	甲	癸	壬	辛	庚	己	戊	丁	丙	乙	甲	癸	壬	辛	庚	己	戊
	辰	卯	寅	丑	子	亥	戌	酉	申	未	午	巳	辰	卯	寅	丑	子	亥	戌	酉	申	未	午	巳	辰	卯	寅	丑	子
요일	토	금	목	수	화	월	일	토	금	목	수	화	월	일	토	금	목	수	화	월	일	토	금	목	수	화	월	일	토

4月大(辛巳)입하 — 절기: 망종 / 소만

음력	30	29	28	27	26	25	24	23	22	21	20	19	18	17	16	15	14	13	12	11	10	9	8	7	6	5	4	3	2	1
순행	10	10	10			1	1	1	2	2	2	3	3	4	4	4	5	5	5	6	6	6	7	7	7	8	8	8	9	9
역행	1	1	1			10	10	9	9	9	8	8	8	7	7	6	6	6	5	5	5	4	4	4	3	3	3	2	2	2
월				06															05											
일	9	8	7	6	5	4	3	2	1	31	30	29	28	27	26	25	24	23	22	21	20	19	18	17	16	15	14	13	12	11
일진	丙	乙	甲	癸	壬	辛	庚	己	戊	丁	丙	乙	甲	癸	壬	辛	庚	己	戊	丁	丙	乙	甲	癸	壬	辛	庚	己	戊	丁
	戌	酉	申	未	午	巳	辰	卯	寅	丑	子	亥	戌	酉	申	未	午	巳	辰	卯	寅	丑	子	亥	戌	酉	申	未	午	巳
요일	월	일	토	금	목	수	화	월	일	토	금	목	수	화	월	일	토	금	목	수	화	월	일	토	금	목	수	화	월	일

5月小(壬午)망종 — 절기: 소서 / 하지

음력	29	28	27	26	25	24	23	22	21	20	19	18	17	16	15	14	13	12	11	10	9	8	7	6	5	4	3	2	1
순행		1	1	1	1	2	2	2	3	3	3	4	4		5	5	6	6	6	7	7	7	8	8	8	9	9	9	9
역행		10	10	10	9	9	9	8	8	8	7	7	7		6	6	5	5	5	4	4	4	3	3	3	2	2	2	1
월						07													06										
일	8	7	6	5	4	3	2	1	30	29	28	27	26	25	24	23	22	21	20	19	18	17	16	15	14	13	12	11	10
일진	乙	甲	癸	壬	辛	庚	己	戊	丁	丙	乙	甲	癸	壬	辛	庚	己	戊	丁	丙	乙	甲	癸	壬	辛	庚	己	戊	丁
	卯	寅	丑	子	亥	戌	酉	申	未	午	巳	辰	卯	寅	丑	子	亥	戌	酉	申	未	午	巳	辰	卯	寅	丑	子	亥
요일	화	월	일	토	금	목	수	화	월	일	토	금	목	수	화	월	일	토	금	목	수	화	월	일	토	금	목	수	화

6月小(癸未)소서 — 절기: 대서

음력	29	28	27	26	25	24	23	22	21	20	19	18	17	16	15	14	13	12	11	10	9	8	7	6	5	4	3	2	1
순행	1	1	1	2	2	2	3	3	3	4	4	5	5	5		6	6	7	7	7	8	8	8	9	9	9	10	10	10
역행	10	9	9	9	8	8	8	7	7	7	6	6	6	5		4	4	4	3	3	3	2	2	2	1	1	1	1	1
월						08													07										
일	6	5	4	3	2	1	31	30	29	28	27	26	25	24	23	22	21	20	19	18	17	16	15	14	13	12	11	10	9
일진	甲	癸	壬	辛	庚	己	戊	丁	丙	乙	甲	癸	壬	辛	庚	己	戊	丁	丙	乙	甲	癸	壬	辛	庚	己	戊	丁	丙
	申	未	午	巳	辰	卯	寅	丑	子	亥	戌	酉	申	未	午	巳	辰	卯	寅	丑	子	亥	戌	酉	申	未	午	巳	辰
요일	수	화	월	일	토	금	목	수	화	월	일	토	금	목	수	화	월	일	토	금	목	수	화	월	일	토	금	목	수

남자 사주에 재가 역마에 해당하고 刑·冲을 맞으면 아내가 가출한다.

절기 column header: 절 기 | 음 력 | 순행 | 역행 | 월 | 일 | 일 진 | 요 일

7月大(甲申)입추

절기												처서																입추	
음력	30	29	28	27	26	25	24	23	22	21	20	19	18	17	16	15	14	13	12	11	10	9	8	7	6	5	4	3	2	1
순행	1	1	2	2	2	3	3	3	4	4	4	5	5	5	6	6	6	7	7	7	8	8	8	9	9	9	10	10		1
역행	9	9	9	8	8	8	7	7	7	6	6	6	5	5	5	4	4	4	3	3	3	2	2	2	1	1	1			10
월		09																								08				
일	5	4	3	2	1	31	30	29	28	27	26	25	24	23	22	21	20	19	18	17	16	15	14	13	12	11	10	9	8	7
일진	甲寅	癸丑	壬子	辛亥	庚戌	己酉	戊申	丁未	丙午	乙巳	甲辰	癸卯	壬寅	辛丑	庚子	己亥	戊戌	丁酉	丙申	乙未	甲午	癸巳	壬辰	辛卯	庚寅	己丑	戊子	丁亥	丙戌	乙酉
요일	금	목	수	화	월	일	토	금	목	수	화	월	일	토	금	목	수	화	월	일	토	금	목	수	화	월	일	토	금	목

8月小(乙酉)백로

절기											추분																	백로	
음력	29	28	27	26	25	24	23	22	21	20	19	18	17	16	15	14	13	12	11	10	9	8	7	6	5	4	3	2	1
순행	2	2	2	3	3	3	4	4	4	5	5	5	6	6	6	7	7	7	8	8	8	9	9	9	10	10		1	1
역행	9	8	8	8	7	7	7	6	6	6	5	5	5	4	4	4	3	3	3	2	2	2	1	1	1		10	10	9
월		10																									09		
일	4	3	2	1	30	29	28	27	26	25	24	23	22	21	20	19	18	17	16	15	14	13	12	11	10	9	8	7	6
일진	癸未	壬午	辛巳	庚辰	己卯	戊寅	丁丑	丙子	乙亥	甲戌	癸酉	壬申	辛未	庚午	己巳	戊辰	丁卯	丙寅	乙丑	甲子	癸亥	壬戌	辛酉	庚申	己未	戊午	丁巳	丙辰	乙卯
요일	토	금	목	수	화	월	일	토	금	목	수	화	월	일	토	금	목	수	화	월	일	토	금	목	수	화	월	일	토

9月小(丙戌)한로

절기										상강																	한로	
음력	29	28	27	26	25	24	23	22	21	20	19	18	17	16	15	14	13	12	11	10	9	8	7	6	5	4	3	2	1
순행	2	2	3	3	3	4	4	4	5	5	5	6	6	6	7	7	7	8	8	8	9	9	9	10		1	1	1	1
역행	8	8	7	7	7	6	6	6	5	5	5	4	4	4	3	3	3	2	2	2	1	1	1	10		9	9	9
월		11																									10		
일	2	1	31	30	29	28	27	26	25	24	23	22	21	20	19	18	17	16	15	14	13	12	11	10	9	8	7	6	5
일진	壬子	辛亥	庚戌	己酉	戊申	丁未	丙午	乙巳	甲辰	癸卯	壬寅	辛丑	庚子	己亥	戊戌	丁酉	丙申	乙未	甲午	癸巳	壬辰	辛卯	庚寅	己丑	戊子	丁亥	丙戌	乙酉	甲申
요일	일	토	금	목	수	화	월	일	토	금	목	수	화	월	일	토	금	목	수	화	월	일	토	금	목	수	화	월	일

10月大(丁亥)입동

절기									소설															입동					
음력	30	29	28	27	26	25	24	23	22	21	20	19	18	17	16	15	14	13	12	11	10	9	8	7	6	5	4	3	2	1
순행	2	2	3	3	3	4	4	4	5	5	5	6	6	6	7	7	7	8	8	8	9	9	10		1	1	1	1		
역행	8	8	7	7	7	6	6	6	5	5	5	4	4	4	3	3	3	2	2	2	1	1	10		9	9	9			
월	12																							11						
일	2	1	30	29	28	27	26	25	24	23	22	21	20	19	18	17	16	15	14	13	12	11	10	9	8	7	6	5	4	3
일진	壬午	辛巳	庚辰	己卯	戊寅	丁丑	丙子	乙亥	甲戌	癸酉	壬申	辛未	庚午	己巳	戊辰	丁卯	丙寅	乙丑	甲子	癸亥	壬戌	辛酉	庚申	己未	戊午	丁巳	丙辰	乙卯	甲寅	癸丑
요일	화	월	일	토	금	목	수	화	월	일	토	금	목	수	화	월	일	토	금	목	수	화	월	일	토	금	목	수	화	월

11月小(戊子)대설

절기									동지															대설					
음력	29	28	27	26	25	24	23	22	21	20	19	18	17	16	15	14	13	12	11	10	9	8	7	6	5	4	3	2	1
순행	2	2	3	3	3	4	4	5	5	5	6	6	6	7	7	7	8	8	9	9	9		1	1	1	1		2	
역행	8	7	7	7	6	6	5	5	5	4	4	4	3	3	3	2	2	1	1	1		10	9	9	9	8			
월																								12					
일	31	30	29	28	27	26	25	24	23	22	21	20	19	18	17	16	15	14	13	12	11	10	9	8	7	6	5	4	3
일진	辛亥	庚戌	己酉	戊申	丁未	丙午	乙巳	甲辰	癸卯	壬寅	辛丑	庚子	己亥	戊戌	丁酉	丙申	乙未	甲午	癸巳	壬辰	辛卯	庚寅	己丑	戊子	丁亥	丙戌	乙酉	甲申	癸未
요일	수	화	월	일	토	금	목	수	화	월	일	토	금	목	수	화	월	일	토	금	목	수	화	월	일	토	금	목	수

12月大(己丑)소한

절기									대한															소한					
음력	30	29	28	27	26	25	24	23	22	21	20	19	18	17	16	15	14	13	12	11	10	9	8	7	6	5	4	3	2	1
순행	2	2	3	3	4	4	4	5	5	5	6	6	6	7	7	7	8	8	9	9	10		1	1	1	1		2		
역행	8	8	7	7	6	6	6	5	5	5	4	4	4	3	3	3	2	2	1	1	10		9	9	9	8				
월																								01						
일	30	29	28	27	26	25	24	23	22	21	20	19	18	17	16	15	14	13	12	11	10	9	8	7	6	5	4	3	2	1
일진	辛巳	庚辰	己卯	戊寅	丁丑	丙子	乙亥	甲戌	癸酉	壬申	辛未	庚午	己巳	戊辰	丁卯	丙寅	乙丑	甲子	癸亥	壬戌	辛酉	庚申	己未	戊午	丁巳	丙辰	乙卯	甲寅	癸丑	壬子
요일	금	목	수	화	월	일	토	금	목	수	화	월	일	토	금	목	수	화	월	일	토	금	목	수	화	월	일	토	금	목

남자 사주에 官이 왕하면 똑똑한 자식을 둔다.

상문 : 午　　대장군 : 北
조객 : 寅　　삼　재 : 申子辰
삼살 : 南

丙辰年

서기 1976년
단기 4309년

1月大(庚寅) 입춘

절기										우수														입춘					
음력	30	29	28	27	26	25	24	23	22	21	20	19	18	17	16	15	14	13	12	11	10	9	8	7	6	5	4	3	2	1
순행	2	2	2	3	3	3	4	4	5	5	6	6	6	7	7	7	8	8	8	9	9	9				1	1	1	1	
역행	8	8	7	7	7	6	6	6	5	5	5	4	4	4	3	3	3	2	2	2	1	1	1		10	9	9	9	8	
월																									02	01				
일	29	28	27	26	25	24	23	22	21	20	19	18	17	16	15	14	13	12	11	10	9	8	7	6	5	4	3	2	1	31
일진	辛	庚	己	戊	丁	丙	乙	甲	癸	壬	辛	庚	己	戊	丁	丙	乙	甲	癸	壬	辛	庚	己	戊	丁	丙	乙	甲	癸	壬
	亥	戌	酉	申	未	午	巳	辰	卯	寅	丑	子	亥	戌	酉	申	未	午	巳	辰	卯	寅	丑	子	亥	戌	酉	申	未	午
요일	일	토	금	목	수	화	월	일	토	금	목	수	화	월	일	토	금	목	수	화	월	일	토	금	목	수	화	월	일	토

2月大(辛卯) 경칩

절기										춘분															경칩				
음력	30	29	28	27	26	25	24	23	22	21	20	19	18	17	16	15	14	13	12	11	10	9	8	7	6	5	4	3	2	1
순행	2	2	3	3	4	4	4	5	5	5	6	6	6	7	7	7	8	8	8	9	9	10	10			1	1	1	1	
역행	8	8	7	7	6	6	6	5	5	5	4	4	4	3	3	3	2	2	2	1	1	1			9	9	9	8		
월																									03					
일진	辛	庚	己	戊	丁	丙	乙	甲	癸	壬	辛	庚	己	戊	丁	丙	乙	甲	癸	壬	辛	庚	己	戊	丁	丙	乙	甲	癸	壬
	巳	辰	卯	寅	丑	子	亥	戌	酉	申	未	午	巳	辰	卯	寅	丑	子	亥	戌	酉	申	未	午	巳	辰	卯	寅	丑	子
요일	화	월	일	토	금	목	수	화	월	일	토	금	목	수	화	월	일	토	금	목	수	화	월	일	토	금	목	수	화	월

3月小(壬辰) 청명

절기									곡우															청명					
음력	29	28	27	26	25	24	23	22	21	20	19	18	17	16	15	14	13	12	11	10	9	8	7	6	5	4	3	2	1
순행	2	3	3	4	4	4	5	5	6	6	6	7	7	7	8	8	8	9	9	9	10			1	1	1	1	2	
역행	8	7	7	6	6	6	5	5	4	4	4	3	3	3	2	2	2	1	1	1			10	10	9	9	9		
월																								04	03				
일	28	27	26	25	24	23	22	21	20	19	18	17	16	15	14	13	12	11	10	9	8	7	6	5	4	3	2	1	31
일진	庚	己	戊	丁	丙	乙	甲	癸	壬	辛	庚	己	戊	丁	丙	乙	甲	癸	壬	辛	庚	己	戊	丁	丙	乙	甲	癸	壬
	戌	酉	申	未	午	巳	辰	卯	寅	丑	子	亥	戌	酉	申	未	午	巳	辰	卯	寅	丑	子	亥	戌	酉	申	未	午
요일	수	화	월	일	토	금	목	수	화	월	일	토	금	목	수	화	월	일	토	금	목	수	화	월	일	토	금	목	수

4月大(癸巳) 입하

절기							소만															입하							
음력	30	29	28	27	26	25	24	23	22	21	20	19	18	17	16	15	14	13	12	11	10	9	8	7	6	5	4	3	2	1
순행	3	3	4	4	4	5	5	5	6	6	6	7	7	7	8	8	8	9	9	10	10			1	1	1	1			
역행	8	7	7	7	6	6	6	5	5	5	4	4	4	3	3	3	2	2	2	1	1			9	9	9	8			
월																							05	04						
일	28	27	26	25	24	23	22	21	20	19	18	17	16	15	14	13	12	11	10	9	8	7	6	5	4	3	2	1	30	29
일진	庚	己	戊	丁	丙	乙	甲	癸	壬	辛	庚	己	戊	丁	丙	乙	甲	癸	壬	辛	庚	己	戊	丁	丙	乙	甲	癸	壬	辛
	辰	卯	寅	丑	子	亥	戌	酉	申	未	午	巳	辰	卯	寅	丑	子	亥	戌	酉	申	未	午	巳	辰	卯	寅	丑	子	亥
요일	금	목	수	화	월	일	토	금	목	수	화	월	일	토	금	목	수	화	월	일	토	금	목	수	화	월	일	토	금	목

5月小(甲午) 망종

절기						하지																망종							
음력	29	28	27	26	25	24	23	22	21	20	19	18	17	16	15	14	13	12	11	10	9	8	7	6	5	4	3	2	1
순행	4	4	5	5	6	6	6	7	7	7	8	8	8	9	9	10	10	10			1	1	1	1	2	2	2		
역행	7	7	6	6	5	5	5	4	4	4	3	3	3	2	2	2	1	1	1			10	10	9	9	8	8	7	
월																			06	05									
일	26	25	24	23	22	21	20	19	18	17	16	15	14	13	12	11	10	9	8	7	6	5	4	3	2	1	31	30	29
일진	己	戊	丁	丙	乙	甲	癸	壬	辛	庚	己	戊	丁	丙	乙	甲	癸	壬	辛	庚	己	戊	丁	丙	乙	甲	癸	壬	辛
	酉	申	未	午	巳	辰	卯	寅	丑	子	亥	戌	酉	申	未	午	巳	辰	卯	寅	丑	子	亥	戌	酉	申	未	午	巳
요일	토	금	목	수	화	월	일	토	금	목	수	화	월	일	토	금	목	수	화	월	일	토	금	목	수	화	월	일	토

6月大(乙未) 소서

절기			대서																	소서									
음력	30	29	28	27	26	25	24	23	22	21	20	19	18	17	16	15	14	13	12	11	10	9	8	7	6	5	4	3	2	1
순행	4	4	5	5	6	6	6	7	7	7	8	8	8	9	9	10	10			1	1	1	2	2	3	3				
역행	6	6	5	5	4	4	4	3	3	3	2	2	2	1	1	1	10	10	10			9	9	8	8	7	7			
월																			07			06								
일	26	25	24	23	22	21	20	19	18	17	16	15	14	13	12	11	10	9	8	7	6	5	4	3	2	1	30	29	28	27
일진	己	戊	丁	丙	乙	甲	癸	壬	辛	庚	己	戊	丁	丙	乙	甲	癸	壬	辛	庚	己	戊	丁	丙	乙	甲	癸	壬	辛	庚
	卯	寅	丑	子	亥	戌	酉	申	未	午	巳	辰	卯	寅	丑	子	亥	戌	酉	申	未	午	巳	辰	卯	寅	丑	子	亥	戌
요일	월	일	토	금	목	수	화	월	일	토	금	목	수	화	월	일	토	금	목	수	화	월	일	토	금	목	수	화	월	일

신약사주에 재가 강한 사람은 가권을 아내가 쥐게 된다.

7月小(丙申) 입추

절기		처서															입추											
음력	29	28	27	26	25	24	23	22	21	20	19	18	17	16	15	14	13	12	11	10	9	8	7	6	5	4	3	2	1
순행	5	5	5	6	6	6	7	7	7	8	8	8	9	9	9	10	10		1	1	1	1	2	2	2	3	3	3	4
역행	6	5	5	5	4	4	4	3	3	3	2	2	2	1	1	1	1		10	10	9	9	9	8	8	8	7	7	7
월											08										07								
일	24	23	22	21	20	19	18	17	16	15	14	13	12	11	10	9	8	7	6	5	4	3	2	1	31	30	29	28	27
일진	戊申	丁未	丙午	乙巳	甲辰	癸卯	壬寅	辛丑	庚子	己亥	戊戌	丁酉	丙申	乙未	甲午	癸巳	壬辰	辛卯	庚寅	己丑	戊子	丁亥	丙戌	乙酉	甲申	癸未	壬午	辛巳	庚辰
요일	화	월	일	토	금	목	수	화	월	일	토	금	목	수	화	월	일	토	금	목	수	화	월	일	토	금	목	수	화

8月大(丁酉) 백로

절기		추분															백로												
음력	30	29	28	27	26	25	24	23	22	21	20	19	18	17	16	15	14	13	12	11	10	9	8	7	6	5	4	3	2	1
순행	5	5	6	6	6	7	7	7	8	8	8	9	9	9	10	10		1	1	1	2	2	2	3	3	3	4	4	4	4
역행	5	5	5	4	4	4	3	3	3	2	2	2	1	1	1	1		10	10	9	9	9	8	8	8	7	7	7	6	6
월									09													08								
일	23	22	21	20	19	18	17	16	15	14	13	12	11	10	9	8	7	6	5	4	3	2	1	31	30	29	28	27	26	25
일진	戊寅	丁丑	丙子	乙亥	甲戌	癸酉	壬申	辛未	庚午	己巳	戊辰	丁卯	丙寅	乙丑	甲子	癸亥	壬戌	辛酉	庚申	己未	戊午	丁巳	丙辰	乙卯	甲寅	癸丑	壬子	辛亥	庚戌	己酉
요일	목	수	화	월	일	토	금	목	수	화	월	일	토	금	목	수	화	월	일	토	금	목	수	화	월	일	토	금	목	수

윤8月小 한로

절기															한로														
음력	29	28	27	26	25	24	23	22	21	20	19	18	17	16	15	14	13	12	11	10	9	8	7	6	5	4	3	2	1
순행	5	6	6	6	7	7	7	8	8	8	9	9	9	10		1	1	1	2	2	2	3	3	3	4	4	4	4	5
역행	5	5	4	4	4	3	3	3	2	2	2	1	1	1		10	10	9	9	9	8	8	8	7	7	7	6	6	6
월								10													09								
일	22	21	20	19	18	17	16	15	14	13	12	11	10	9	8	7	6	5	4	3	2	1	30	29	28	27	26	25	24
일진	丁未	丙午	乙巳	甲辰	癸卯	壬寅	辛丑	庚子	己亥	戊戌	丁酉	丙申	乙未	甲午	癸巳	壬辰	辛卯	庚寅	己丑	戊子	丁亥	丙戌	乙酉	甲申	癸未	壬午	辛巳	庚辰	己卯
요일	금	목	수	화	월	일	토	금	목	수	화	월	일	토	금	목	수	화	월	일	토	금	목	수	화	월	일	토	금

9月大(戊戌) 입동

절기															입동															상강
음력	30	29	28	27	26	25	24	23	22	21	20	19	18	17	16	15	14	13	12	11	10	9	8	7	6	5	4	3	2	1
순행	6	6	6	7	7	7	8	8	8	9	9	9	10		1	1	1	2	2	2	3	3	3	4	4	4	5	5	5	1
역행	5	4	4	4	3	3	3	2	2	2	1	1	1		10	9	9	9	8	8	8	7	7	7	6	6	6	5	5	5
월										11											10									
일	21	20	19	18	17	16	15	14	13	12	11	10	9	8	7	6	5	4	3	2	1	31	30	29	28	27	26	25	24	23
일진	丁丑	丙子	乙亥	甲戌	癸酉	壬申	辛未	庚午	己巳	戊辰	丁卯	丙寅	乙丑	甲子	癸亥	壬戌	辛酉	庚申	己未	戊午	丁巳	丙辰	乙卯	甲寅	癸丑	壬子	辛亥	庚戌	己酉	戊申
요일	일	토	금	목	수	화	월	일	토	금	목	수	화	월	일	토	금	목	수	화	월	일	토	금	목	수	화	월	일	토

10月小(己亥) 대설

절기															대설															소설
음력	29	28	27	26	25	24	23	22	21	20	19	18	17	16	15	14	13	12	11	10	9	8	7	6	5	4	3	2	1	
순행	5	6	6	6	7	7	7	8	8	8	9	9	9	10		1	1	1	2	2	2	3	3	3	4	4	4	5	5	5
역행	4	4	4	3	3	3	2	2	2	1	1	1	1		10	9	9	9	8	8	8	7	7	7	6	6	6	5	5	5
월										12											11									
일	20	19	18	17	16	15	14	13	12	11	10	9	8	7	6	5	4	3	2	1	31	30	29	28	27	26	25	24	23	22
일진	丙午	乙巳	甲辰	癸卯	壬寅	辛丑	庚子	己亥	戊戌	丁酉	丙申	乙未	甲午	癸巳	壬辰	辛卯	庚寅	己丑	戊子	丁亥	丙戌	乙酉	甲申	癸未	壬午	辛巳	庚辰	己卯	戊寅	丁丑
요일	월	일	토	금	목	수	화	월	일	토	금	목	수	화	월	일	토	금	목	수	화	월	일	토	금	목	수	화	월	일

11月小(庚子) 대설

절기															소한														동지
음력	29	28	27	26	25	24	23	22	21	20	19	18	17	16	15	14	13	12	11	10	9	8	7	6	5	4	3	2	1
순행	6	6	7	7	7	8	8	8	9	9	9	10		1	1	1	2	2	2	3	3	3	4	4	4	5	5	5	5
역행	4	4	4	3	3	3	2	2	2	1	1	1		9	9	9	8	8	8	7	7	7	6	6	6	5	5	5	5
월										01											12								
일	18	17	16	15	14	13	12	11	10	9	8	7	6	5	4	3	2	1	31	30	29	28	27	26	25	24	23	22	21
일진	乙亥	甲戌	癸酉	壬申	辛未	庚午	己巳	戊辰	丁卯	丙寅	乙丑	甲子	癸亥	壬戌	辛酉	庚申	己未	戊午	丁巳	丙辰	乙卯	甲寅	癸丑	壬子	辛亥	庚戌	己酉	戊申	丁未
요일	화	월	일	토	금	목	수	화	월	일	토	금	목	수	화	월	일	토	금	목	수	화	월	일	토	금	목	수	화

12月大(辛丑) 소한

절기														입춘																대한
음력	30	29	28	27	26	25	24	23	22	21	20	19	18	17	16	15	14	13	12	11	10	9	8	7	6	5	4	3	2	1
순행	6	6	6	7	7	7	8	8	8	9	9	9	10		1	1	1	2	2	2	3	3	3	4	4	4	5	5	5	5
역행	4	4	4	3	3	3	2	2	2	1	1	1	1		10	9	9	9	8	8	8	7	7	7	6	6	6	5	5	5
월										02											01									
일	17	16	15	14	13	12	11	10	9	8	7	6	5	4	3	2	1	31	30	29	28	27	26	25	24	23	22	21	20	19
일진	乙巳	甲辰	癸卯	壬寅	辛丑	庚子	己亥	戊戌	丁酉	丙申	乙未	甲午	癸巳	壬辰	辛卯	庚寅	己丑	戊子	丁亥	丙戌	乙酉	甲申	癸未	壬午	辛巳	庚辰	己卯	戊寅	丁丑	丙子
요일	목	수	화	월	일	토	금	목	수	화	월	일	토	금	목	수	화	월	일	토	금	목	수	화	월	일	토	금	목	수

사주 내 일주가 약하고 官이 많아도 자식이 없거나 귀하다.

상문 : 未　대장군 : 東
조객 : 卯　삼　재 : 亥卯未
삼살 : 東

丁巳年

서기 1977년
단기 4310년

1月大壬寅立春

절기														경칩															우수
30	29	28	27	26	25	24	23	22	21	20	19	18	17	16	15	14	13	12	11	10	9	8	7	6	5	4	3	2	1
6	6	6	7	7	7	8	8	8	9	9	9	10		1	1	1	2	2	2	3	3	3	4	4	4	5	5	5	
4	4	4	3	3	3	2	2	2	1	1	1		10	9	9	9	8	8	8	7	7	7	6	6	6	5	5	5	
월 03																										02			
19	18	17	16	15	14	13	12	11	10	9	8	7	6	5	4	3	2	1	28	27	26	25	24	23	22	21	20	19	18
乙	甲	癸	壬	辛	庚	己	戊	丁	丙	乙	甲	癸	壬	辛	庚	己	戊	丁	丙	乙	甲	癸	壬	辛	庚	己	戊	丁	丙
亥	戌	酉	申	未	午	巳	辰	卯	寅	丑	子	亥	戌	酉	申	未	午	巳	辰	卯	寅	丑	子	亥	戌	酉	申	未	午
토	금	목	수	화	월	일	토	금	목	수	화	월	일	토	금	목	수	화	월	일	토	금	목	수	화	월	일	토	금

2月小癸卯경칩

절기										청명																		춘분
29	28	27	26	25	24	23	22	21	20	19	18	17	16	15	14	13	12	11	10	9	8	7	6	5	4	3	2	1
6	7	7	7	8	8	8	9	9	9	10	10		1	1	1	2	2	2	3	3	3	4	4	4	5	5	5	5
4	4	3	3	3	2	2	2	1	1	1		10	9	9	9	8	8	8	7	7	7	6	6	6	5	5	5	
월 04																									03			
17	16	15	14	13	12	11	10	9	8	7	6	5	4	3	2	1	31	30	29	28	27	26	25	24	23	22	21	20
甲	癸	壬	辛	庚	己	戊	丁	丙	乙	甲	癸	壬	辛	庚	己	戊	丁	丙	乙	甲	癸	壬	辛	庚	己	戊	丁	丙
辰	卯	寅	丑	子	亥	戌	酉	申	未	午	巳	辰	卯	寅	丑	子	亥	戌	酉	申	未	午	巳	辰	卯	寅	丑	子
일	토	금	목	수	화	월	일	토	금	목	수	화	월	일	토	금	목	수	화	월	일	토	금	목	수	화	월	일

3月大甲辰청명

절기											입하															곡우			
30	29	28	27	26	25	24	23	22	21	20	19	18	17	16	15	14	13	12	11	10	9	8	7	6	5	4	3	2	1
7	7	7	8	8	8	9	9	9	10		1	1	1	2	2	2	3	3	3	4	4	4	5	5	5	6	6	6	
4	3	3	3	2	2	2	1	1	1		10	9	9	9	8	8	8	7	7	7	6	6	6	5	5	5	4	4	
월 05																							04					
17	16	15	14	13	12	11	10	9	8	7	6	5	4	3	2	1	30	29	28	27	26	25	24	23	22	21	20	19	18
甲	癸	壬	辛	庚	己	戊	丁	丙	乙	甲	癸	壬	辛	庚	己	戊	丁	丙	乙	甲	癸	壬	辛	庚	己	戊	丁	丙	乙
戌	酉	申	未	午	巳	辰	卯	寅	丑	子	亥	戌	酉	申	未	午	巳	辰	卯	寅	丑	子	亥	戌	酉	申	未	午	巳
화	월	일	토	금	목	수	화	월	일	토	금	목	수	화	월	일	토	금	목	수	화	월	일	토	금	목	수	화	월

4月大乙巳입하

절기										망종																소만			
30	29	28	27	26	25	24	23	22	21	20	19	18	17	16	15	14	13	12	11	10	9	8	7	6	5	4	3	2	1
7	7	8	8	8	9	9	9	10		1	1	1	2	2	2	3	3	3	4	4	4	5	5	5	6	6	6	7	
3	3	3	2	2	2	1	1	1		10	9	9	9	8	8	8	7	7	7	6	6	6	5	5	5	4	4	4	
월 06																						05						
16	15	14	13	12	11	10	9	8	7	6	5	4	3	2	1	31	30	29	28	27	26	25	24	23	22	21	20	19	18
甲	癸	壬	辛	庚	己	戊	丁	丙	乙	甲	癸	壬	辛	庚	己	戊	丁	丙	乙	甲	癸	壬	辛	庚	己	戊	丁	丙	乙
辰	卯	寅	丑	子	亥	戌	酉	申	未	午	巳	辰	卯	寅	丑	子	亥	戌	酉	申	未	午	巳	辰	卯	寅	丑	子	亥
목	수	화	월	일	토	금	목	수	화	월	일	토	금	목	수	화	월	일	토	금	목	수	화	월	일	토	금	목	수

5月小丙午망종

절기								소서															하지					
29	28	27	26	25	24	23	22	21	20	19	18	17	16	15	14	13	12	11	10	9	8	7	6	5	4	3	2	1
8	8	9	9	9	10	10	10		1	1	1	2	2	2	3	3	4	4	4	5	5	5	6	6	6	7	7	
3	2	2	2	1	1	1		10	9	9	9	8	8	8	7	7	6	6	6	5	5	5	4	4	4	3	3	
월 07																					06						
15	14	13	12	11	10	9	8	7	6	5	4	3	2	1	30	29	28	27	26	25	24	23	22	21	20	19	18	17
癸	壬	辛	庚	己	戊	丁	丙	乙	甲	癸	壬	辛	庚	己	戊	丁	丙	乙	甲	癸	壬	辛	庚	己	戊	丁	丙	乙
酉	申	未	午	巳	辰	卯	寅	丑	子	亥	戌	酉	申	未	午	巳	辰	卯	寅	丑	子	亥	戌	酉	申	未	午	巳
금	목	수	화	월	일	토	금	목	수	화	월	일	토	금	목	수	화	월	일	토	금	목	수	화	월	일	토	금

6月大丁未소서

절기					입추																	대서							
30	29	28	27	26	25	24	23	22	21	20	19	18	17	16	15	14	13	12	11	10	9	8	7	6	5	4	3	2	1
8	9	9	9	10	10		1	1	1	2	2	2	3	3	3	4	4	4	5	5	5	6	6	6	7	7	7	
2	2	1	1	1		10	10	10	9	9	8	8	8	7	7	7	6	6	6	5	5	5	4	4	4	3	3	3	
월 08																					07						
14	13	12	11	10	9	8	7	6	5	4	3	2	1	31	30	29	28	27	26	25	24	23	22	21	20	19	18	17	16
癸	壬	辛	庚	己	戊	丁	丙	乙	甲	癸	壬	辛	庚	己	戊	丁	丙	乙	甲	癸	壬	辛	庚	己	戊	丁	丙	乙	甲
卯	寅	丑	子	亥	戌	酉	申	未	午	巳	辰	卯	寅	丑	子	亥	戌	酉	申	未	午	巳	辰	卯	寅	丑	子	亥	戌
일	토	금	목	수	화	월	일	토	금	목	수	화	월	일	토	금	목	수	화	월	일	토	금	목	수	화	월	일	토

정재보다 편재가 강한 사람은 공처가 팔자이다.

절기 / 음력 만세력 (萬歲曆)

7월小 戊申 입추

절기	백로													처서															
음력	29	28	27	26	25	24	23	22	21	20	19	18	17	16	15	14	13	12	11	10	9	8	7	6	5	4	3	2	1
순행	9	9	9	10	1	1	1	1	2	2	3	3	4	4	5	5	6	6	7	7	7	8	8						
역행	1	1	1	1	10	10	9	9	9	8	8	8	7	7	7	6	6	5	5	5	4	4	4	3	3	3	2		
월	09																					08							
일	12	11	10	9	8	7	6	5	4	3	2	1	31	30	29	28	27	26	25	24	23	22	21	20	19	18	17	16	15
일진	壬申	辛未	庚午	己巳	戊辰	丁卯	丙寅	乙丑	甲子	癸亥	壬戌	辛酉	庚申	己未	戊午	丁巳	丙辰	乙卯	甲寅	癸丑	壬子	辛亥	庚戌	己酉	戊申	丁未	丙午	乙巳	甲辰
요일	월	일	토	금	목	수	화	월	일	토	금	목	수	화	월	일	토	금	목	수	화	월	일	토	금	목	수	화	월

8월大 己酉 백로

절기	한로				추분																									
음력	30	29	28	27	26	25	24	23	22	21	20	19	18	17	16	15	14	13	12	11	10	9	8	7	6	5	4	3	2	1
순행	9	9	9	10	1	1	1	1	2	2	2	3	3	4	4	5	5	6	6	6	7	7	8	8	8					
역행	1	1	1	1	10	9	9	9	8	8	7	7	7	6	6	6	5	5	4	4	4	3	3	3	2	2	2			
월	10																			09										
일	12	11	10	9	8	7	6	5	4	3	2	1	30	29	28	27	26	25	24	23	22	21	20	19	18	17	16	15	14	13
일진	壬寅	辛丑	庚子	己亥	戊戌	丁酉	丙申	乙未	甲午	癸巳	壬辰	辛卯	庚寅	己丑	戊子	丁亥	丙戌	乙酉	甲申	癸未	壬午	辛巳	庚辰	己卯	戊寅	丁丑	丙子	乙亥	甲戌	癸酉
요일	수	화	월	일	토	금	목	수	화	월	일	토	금	목	수	화	월	일	토	금	목	수	화	월	일	토	금	목	수	화

9월小 庚戌 한로

절기	입동				상강																								
음력	29	28	27	26	25	24	23	22	21	20	19	18	17	16	15	14	13	12	11	10	9	8	7	6	5	4	3	2	1
순행	9	9	10	1	1	1	1	2	2	2	3	3	4	4	4	5	5	6	6	6	7	7	7	8	8				
역행	1	1	1	10	9	9	9	8	8	8	7	7	6	6	6	5	5	5	4	4	3	3	3	2	2	2			
월	11																		10										
일	10	9	8	7	6	5	4	3	2	1	31	30	29	28	27	26	25	24	23	22	21	20	19	18	17	16	15	14	13
일진	辛未	庚午	己巳	戊辰	丁卯	丙寅	乙丑	甲子	癸亥	壬戌	辛酉	庚申	己未	戊午	丁巳	丙辰	乙卯	甲寅	癸丑	壬子	辛亥	庚戌	己酉	戊申	丁未	丙午	乙巳	甲辰	癸卯
요일	목	수	화	월	일	토	금	목	수	화	월	일	토	금	목	수	화	월	일	토	금	목	수	화	월	일	토	금	목

10월大 辛亥 입동

절기	대설				소설																									
음력	30	29	28	27	26	25	24	23	22	21	20	19	18	17	16	15	14	13	12	11	10	9	8	7	6	5	4	3	2	1
순행	9	9	10	1	1	1	1	2	2	2	3	3	4	4	5	5	6	6	6	7	7	7	8	8	9					
역행	1	1	1	10	9	9	9	8	8	8	7	7	6	6	6	5	5	5	4	4	4	3	3	3	2	2	2	1		
월	12																		11											
일	10	9	8	7	6	5	4	3	2	1	30	29	28	27	26	25	24	23	22	21	20	19	18	17	16	15	14	13	12	11
일진	辛丑	庚子	己亥	戊戌	丁酉	丙申	乙未	甲午	癸巳	壬辰	辛卯	庚寅	己丑	戊子	丁亥	丙戌	乙酉	甲申	癸未	壬午	辛巳	庚辰	己卯	戊寅	丁丑	丙子	乙亥	甲戌	癸酉	壬申
요일	토	금	목	수	화	월	일	토	금	목	수	화	월	일	토	금	목	수	화	월	일	토	금	목	수	화	월	일	토	금

11월小 壬子 대설

절기	소한			동지																									
음력	29	28	27	26	25	24	23	22	21	20	19	18	17	16	15	14	13	12	11	10	9	8	7	6	5	4	3	2	1
순행	9	9	1	1	1	1	2	2	2	3	3	4	4	5	5	6	6	6	7	7	8	8	9						
역행	1	1	10	9	9	8	8	8	7	7	7	6	6	5	5	4	4	4	3	3	2	2	1						
월	01																	12											
일	8	7	6	5	4	3	2	1	31	30	29	28	27	26	25	24	23	22	21	20	19	18	17	16	15	14	13	12	11
일진	庚午	己巳	戊辰	丁卯	丙寅	乙丑	甲子	癸亥	壬戌	辛酉	庚申	己未	戊午	丁巳	丙辰	乙卯	甲寅	癸丑	壬子	辛亥	庚戌	己酉	戊申	丁未	丙午	乙巳	甲辰	癸卯	壬寅
요일	일	토	금	목	수	화	월	일	토	금	목	수	화	월	일	토	금	목	수	화	월	일	토	금	목	수	화	월	일

12월小 癸丑 소한

절기	입춘			대한																									
음력	29	28	27	26	25	24	23	22	21	20	19	18	17	16	15	14	13	12	11	10	9	8	7	6	5	4	3	2	1
순행	9	10	1	1	1	2	2	2	3	3	4	4	5	5	6	6	7	7	7	8	8	9							
역행	1	9	9	8	8	7	7	7	6	6	5	5	5	4	4	3	3	3	2	2	1	1							
월	02																	01											
일	6	5	4	3	2	1	31	30	29	28	27	26	25	24	23	22	21	20	19	18	17	16	15	14	13	12	11		
일진	己亥	戊戌	丁酉	丙申	乙未	甲午	癸巳	壬辰	辛卯	庚寅	己丑	戊子	丁亥	丙戌	乙酉	甲申	癸未	壬午	辛巳	庚辰	己卯	戊寅	丁丑	丙子	乙亥	甲戌	癸酉	壬申	辛未
요일	월	일	토	금	목	수	화	월	일	토	금	목	수	화	월	일	토	금	목	수	화	월	일	토	금	목	수	화	월

사주 내에 일주가 왕하고 상관이 많고 인수가 없으면 자식 두기가 어렵다.

상문:申 　대장군:東
조객:辰 　삼 재:亥卯未
삼살:北

戊午年

1月大(甲寅)입춘

절기			경칩														우수												
음력	30	29	28	27	26	25	24	23	22	21	20	19	18	17	16	15	14	13	12	11	10	9	8	7	6	5	4	3	2	1
순행	9	10	1	1	1	1	2	2	2	3	3	3	4	4	4	5	5	5	6	6	6	7	7	7	8	8	8	9	9	
역행	1	1		10	9	9	9	8	8	8	7	7	7	6	6	6	5	5	5	4	4	4	3	3	3	2	2	2	1	1
월			03																									02		
일	8	7	6	5	4	3	2	1	28	27	26	25	24	23	22	21	20	19	18	17	16	15	14	13	12	11	10	9	8	7
일진	己巳	戊辰	丁卯	丙寅	乙丑	甲子	癸亥	壬戌	辛酉	庚申	己未	戊午	丁巳	丙辰	乙卯	甲寅	癸丑	壬子	辛亥	庚戌	己酉	戊申	丁未	丙午	乙巳	甲辰	癸卯	壬寅	辛丑	庚子
요일	수	화	월	일	토	금	목	수	화	월	일	토	금	목	수	화	월	일	토	금	목	수	화	월	일	토	금	목	수	화

2月大(乙卯)경칩

절기			청명															춘분												
음력	30	29	28	27	26	25	24	23	22	21	20	19	18	17	16	15	14	13	12	11	10	9	8	7	6	5	4	3	2	1
순행	10	10	1	1	1	1	2	2	2	3	3	3	4	4	4	5	5	5	6	6	6	7	7	7	8	8	8	9	9	
역행	1	1		10	9	9	9	8	8	8	7	7	7	6	6	6	5	5	5	4	4	4	3	3	3	2	2	2	1	1
월			04																									03		
일	7	6	5	4	3	2	1	31	30	29	28	27	26	25	24	23	22	21	20	19	18	17	16	15	14	13	12	11	10	9
일진	己亥	戊戌	丁酉	丙申	乙未	甲午	癸巳	壬辰	辛卯	庚寅	己丑	戊子	丁亥	丙戌	乙酉	甲申	癸未	壬午	辛巳	庚辰	己卯	戊寅	丁丑	丙子	乙亥	甲戌	癸酉	壬申	辛未	庚午
요일	금	목	수	화	월	일	토	금	목	수	화	월	일	토	금	목	수	화	월	일	토	금	목	수	화	월	일	토	금	목

3月小(丙辰)청명

절기		입하															곡우												
음력	29	28	27	26	25	24	23	22	21	20	19	18	17	16	15	14	13	12	11	10	9	8	7	6	5	4	3	2	1
순행		1	1	1	2	2	2	3	3	3	4	4	4	5	5	5	6	6	6	7	7	7	8	8	8	9	9	9	
역행		10	10	9	9	9	8	8	8	7	7	7	6	6	6	5	5	5	4	4	4	3	3	3	2	2	2	1	1
월		05																									04		
일	6	5	4	3	2	1	30	29	28	27	26	25	24	23	22	21	20	19	18	17	16	15	14	13	12	11	10	9	
일진	戊辰	丁卯	丙寅	乙丑	甲子	癸亥	壬戌	辛酉	庚申	己未	戊午	丁巳	丙辰	乙卯	甲寅	癸丑	壬子	辛亥	庚戌	己酉	戊申	丁未	丙午	乙巳	甲辰	癸卯	壬寅	辛丑	庚子
요일	토	금	목	수	화	월	일	토	금	목	수	화	월	일	토	금	목	수	화	월	일	토	금	목	수	화	월	일	토

4月大(丁巳)입하

절기															소만															
음력	30	29	28	27	26	25	24	23	22	21	20	19	18	17	16	15	14	13	12	11	10	9	8	7	6	5	4	3	2	1
순행	1	1	1	2	2	2	3	3	3	4	4	4	5	5	5	6	6	6	7	7	7	8	8	8	9	9	9	10	10	
역행	10	10	9	9	9	8	8	8	7	7	7	6	6	6	5	5	5	4	4	4	3	3	3	2	2	2	1	1		
월			06																									05		
일	5	4	3	2	1	31	30	29	28	27	26	25	24	23	22	21	20	19	18	17	16	15	14	13	12	11	10	9	8	7
일진	戊戌	丁酉	丙申	乙未	甲午	癸巳	壬辰	辛卯	庚寅	己丑	戊子	丁亥	丙戌	乙酉	甲申	癸未	壬午	辛巳	庚辰	己卯	戊寅	丁丑	丙子	乙亥	甲戌	癸酉	壬申	辛未	庚午	己巳
요일	월	일	토	금	목	수	화	월	일	토	금	목	수	화	월	일	토	금	목	수	화	월	일	토	금	목	수	화	월	일

5月小(戊午)망종

절기													하지															망종
음력	29	28	27	26	25	24	23	22	21	20	19	18	17	16	15	14	13	12	11	10	9	8	7	6	5	4	3	2	1
순행	1	1	2	2	2	3	3	3	4	4	4	5	5	5	6	6	6	7	7	7	8	8	8	9	9	9	10	10	
역행	9	9	9	8	8	8	7	7	7	6	6	6	5	5	5	4	4	4	3	3	3	2	2	2	1	1	1		
월		07																									06		
일	4	3	2	1	30	29	28	27	26	25	24	23	22	21	20	19	18	17	16	15	14	13	12	11	10	9	8	7	6
일진	丁卯	丙寅	乙丑	甲子	癸亥	壬戌	辛酉	庚申	己未	戊午	丁巳	丙辰	乙卯	甲寅	癸丑	壬子	辛亥	庚戌	己酉	戊申	丁未	丙午	乙巳	甲辰	癸卯	壬寅	辛丑	庚子	己亥
요일	화	월	일	토	금	목	수	화	월	일	토	금	목	수	화	월	일	토	금	목	수	화	월	일	토	금	목	수	화

6月大(己未)소서

절기												대서														소서			
음력	30	29	28	27	26	25	24	23	22	21	20	19	18	17	16	15	14	13	12	11	10	9	8	7	6	5	4	3	2	1
순행	2	2	2	3	3	3	4	4	4	5	5	5	6	6	6	7	7	7	8	8	8	9	9	9	10	10	10	1	1	1
역행	9	9	8	8	8	7	7	7	6	6	6	5	5	5	4	4	4	3	3	3	2	2	2	1	1	1		10	10	
월			08																									07		
일	3	2	1	31	30	29	28	27	26	25	24	23	22	21	20	19	18	17	16	15	14	13	12	11	10	9	8	7	6	5
일진	丁酉	丙申	乙未	甲午	癸巳	壬辰	辛卯	庚寅	己丑	戊子	丁亥	丙戌	乙酉	甲申	癸未	壬午	辛巳	庚辰	己卯	戊寅	丁丑	丙子	乙亥	甲戌	癸酉	壬申	辛未	庚午	己巳	戊辰
요일	목	수	화	월	일	토	금	목	수	화	월	일	토	금	목	수	화	월	일	토	금	목	수	화	월	일	토	금	목	수

庚日生 사주에 戊寅·戊辰이 있으면 부자 팔자이다.

7月大(庚申) 입추

절기										처서														입주						절기	
30	29	28	27	26	25	24	23	22	21	20	19	18	17	16	15	14	13	12	11	10	9	8	7	6	5	4	3	2	1	음력	
2	2	3	3	3	4	4	4	5	5	6	6	6	7	7	7	8	8	8	9	9	9	10	10			1	1	1	1	순행	대운
8	8	8	7	7	7	6	6	6	5	5	5	4	4	4	3	3	3	2	2	2	1	1	1		10	10	10	9		역행	음양
	09																											08		월	음력
2	1	31	30	29	28	27	26	25	24	23	22	21	20	19	18	17	16	15	14	13	12	11	10	9	8	7	6	5	4	일	
丁	丙	乙	甲	癸	壬	辛	庚	己	戊	丁	丙	乙	甲	癸	壬	辛	庚	己	戊	丁	丙	乙	甲	癸	壬	辛	庚	己	戊	일진	
卯	寅	丑	子	亥	戌	酉	申	未	午	巳	辰	卯	寅	丑	子	亥	戌	酉	申	未	午	巳	辰	卯	寅	丑	子	亥	戌		
토	금	목	수	화	월	일	토	금	목	수	화	월	일	토	금	목	수	화	월	일	토	금	목	수	화	월	일	토	금	요일	

8月小(辛酉) 백로

절기								추분													백로								절기	
29	28	27	26	25	24	23	22	21	20	19	18	17	16	15	14	13	12	11	10	9	8	7	6	5	4	3	2	1	음력	
3	3	3	4	4	4	5	5	5	6	6	6	7	7	7	8	8	8	9	9	10	10			1	1	1	1	2	순행	대운
8	7	7	7	6	6	6	5	5	4	4	4	3	3	3	2	2	2	1	1	1			10	10	9	9	9		역행	음양
	10																											09	월	음력
1	30	29	28	27	26	25	24	23	22	21	20	19	18	17	16	15	14	13	12	11	10	9	8	7	6	5	4	3	일	
丙	乙	甲	癸	壬	辛	庚	己	戊	丁	丙	乙	甲	癸	壬	辛	庚	己	戊	丁	丙	乙	甲	癸	壬	辛	庚	己	戊	일진	
申	未	午	巳	辰	卯	寅	丑	子	亥	戌	酉	申	未	午	巳	辰	卯	寅	丑	子	亥	戌	酉	申	未	午	巳	辰		
일	토	금	목	수	화	월	일	토	금	목	수	화	월	일	토	금	목	수	화	월	일	토	금	목	수	화	월	일	요일	

9月大(壬戌) 한로

절기							상강												한로										절기	
30	29	28	27	26	25	24	23	22	21	20	19	18	17	16	15	14	13	12	11	10	9	8	7	6	5	4	3	2	1	음력	
3	3	3	4	4	4	5	5	5	6	6	7	7	7	8	8	8	9	9	9	10			1	1	1	1	2	2	1	순행	대운
7	7	7	6	6	6	5	5	4	4	4	3	3	3	2	2	2	1	1	1		10	10	9	9	9	8	8			역행	음양
																												10	월	음력
31	30	29	28	27	26	25	24	23	22	21	20	19	18	17	16	15	14	13	12	11	10	9	8	7	6	5	4	3	2	일	
丙	乙	甲	癸	壬	辛	庚	己	戊	丁	丙	乙	甲	癸	壬	辛	庚	己	戊	丁	丙	乙	甲	癸	壬	辛	庚	己	戊	丁	일진	
寅	丑	子	亥	戌	酉	申	未	午	巳	辰	卯	寅	丑	子	亥	戌	酉	申	未	午	巳	辰	卯	寅	丑	子	亥	戌	酉		
화	월	일	토	금	목	수	화	월	일	토	금	목	수	화	월	일	토	금	목	수	화	월	일	토	금	목	수	화	월	요일	

10月小(癸亥) 입동

절기						소설												입동											절기	
29	28	27	26	25	24	23	22	21	20	19	18	17	16	15	14	13	12	11	10	9	8	7	6	5	4	3	2	1	음력	
3	3	3	4	4	5	5	5	6	6	6	7	7	7	8	8	8	9	9			1	1	1	1	2	2	2		순행	대운
7	7	6	6	6	5	5	5	4	4	3	3	3	2	2	2	1	1	1		10	9	9	9	8	8	8			역행	음양
																												11	월	음력
29	28	27	26	25	24	23	22	21	20	19	18	17	16	15	14	13	12	11	10	9	8	7	6	5	4	3	2	1	일	
乙	甲	癸	壬	辛	庚	己	戊	丁	丙	乙	甲	癸	壬	辛	庚	己	戊	丁	丙	乙	甲	癸	壬	辛	庚	己	戊	丁	일진	
未	午	巳	辰	卯	寅	丑	子	亥	戌	酉	申	未	午	巳	辰	卯	寅	丑	子	亥	戌	酉	申	未	午	巳	辰	卯		
부	화	쳘	븰	노	뵥	수	화	월	일	토	금	목	수	화	월	일	토	금	목	수	화	월	일	토	금	목	수		요일	

11月大(甲子) 대설

절기						동지												대설											절기	
30	29	28	27	26	25	24	23	22	21	20	19	18	17	16	15	14	13	12	11	10	9	8	7	6	5	4	3	2	1	음력	
3	3	3	4	4	4	5	5	6	6	6	7	7	7	8	8	8	9	9	9	10			1	1	1	2	2	2		순행	대운
7	7	7	6	6	6	5	5	4	4	4	3	3	3	2	2	2	1	1	1		9	9	9	8	8	8	7			역행	음양
																												12 11	월	음력
29	28	27	26	25	24	23	22	21	20	19	18	17	16	15	14	13	12	11	10	9	8	7	6	5	4	3	2	1	30	일	
乙	甲	癸	壬	辛	庚	己	戊	丁	丙	乙	甲	癸	壬	辛	庚	己	戊	丁	丙	乙	甲	癸	壬	辛	庚	己	戊	丁	丙	일진	
丑	子	亥	戌	酉	申	未	午	巳	辰	卯	寅	丑	子	亥	戌	酉	申	未	午	巳	辰	卯	寅	丑	子	亥	戌	酉	申		
금	목	수	화	월	일	토	금	목	수	화	월	일	토	금	목	수	화	월	일	토	금	목	수	화	월	일	토	금	목	요일	

12月小(乙丑) 소한

절기						대한												소한											절기	
29	28	27	26	25	24	23	22	21	20	19	18	17	16	15	14	13	12	11	10	9	8	7	6	5	4	3	2	1	음력	
3	3	3	4	4	5	5	5	6	6	6	7	7	7	8	8	8	9	9			1	1	1	1	2	2	2		순행	대운
7	7	6	6	6	5	5	5	4	4	3	3	3	2	2	2	1	1	1		10	9	9	9	8	8	8			역행	음양
																											01	12	월	음력
27	26	25	24	23	22	21	20	19	18	17	16	15	14	13	12	11	10	9	8	7	6	5	4	3	2	1	31	30	일	
甲	癸	壬	辛	庚	己	戊	丁	丙	乙	甲	癸	壬	辛	庚	己	戊	丁	丙	乙	甲	癸	壬	辛	庚	己	戊	丁	丙	일진	
午	巳	辰	卯	寅	丑	子	亥	戌	酉	申	未	午	巳	辰	卯	寅	丑	子	亥	戌	酉	申	未	午	巳	辰	卯	寅		
토	금	목	수	화	월	일	토	금	목	수	화	월	일	토	금	목	수	화	월	일	토	금	목	수	화	월	일	토	요일	

사주 내 일주가 왕하고 인수가 많고 財가 없으면 역시 자식 두기가 어렵다.

상문 : 酉　대장군 : 東
조객 : 巳　삼 재 : 亥卯未
삼살 : 西

己未年

서기 1979년
단기 4312년

1月大(丙寅)입춘

	우수																						입춘								절기
음력	30	29	28	27	26	25	24	23	22	21	20	19	18	17	16	15	14	13	12	11	10	9	8	7	6	5	4	3	2	1	
순행	3	3	4	4	4	5	5	5	6	6	6	7	7	7	7	8	8	8	9	9	9	10		1	1	1	1	2	2	2	묘운
역행	7	7	7	6	6	6	5	5	5	4	4	4	3	3	3	2	2	2	1	1	1		9	9	9	9	8	8	7		
월																			02								01				양둔
일	26	25	24	23	22	21	20	19	18	17	16	15	14	13	12	11	10	9	8	7	6	5	4	3	2	1	31	30	29	28	
일진	甲	癸	壬	辛	庚	己	戊	丁	丙	乙	甲	癸	壬	辛	庚	己	戊	丁	丙	乙	甲	癸	壬	辛	庚	己	戊	丁	丙	乙	
	子	亥	戌	酉	申	未	午	巳	辰	卯	寅	丑	子	亥	戌	酉	申	未	午	巳	辰	卯	寅	丑	子	亥	戌	酉	申	未	
요일	월	일	토	금	목	수	화	월	일	토	금	목	수	화	월	일	토	금	목	수	화	월	일	토	금	목	수	화	월	일	

2月小(丁卯)경칩

	춘분																					경칩								절기
음력	29	28	27	26	25	24	23	22	21	20	19	18	17	16	15	14	13	12	11	10	9	8	7	6	5	4	3	2	1	
순행		3	3	4	4	4	5	5	5	6	6	6	7	7	7	8	8	8	9	9	9	10	1	1	1	1	2	2	2	묘운
역행		7	7	6	6	6	5	5	5	4	4	4	3	3	3	2	2	2	1	1	1	10	9	9	9	8	8	8	7	
월																			03							02				양둔
일	27	26	25	24	23	22	21	20	19	18	17	16	15	14	13	12	11	10	9	8	7	6	5	4	3	2	1	28	27	
일진	癸	壬	辛	庚	己	戊	丁	丙	乙	甲	癸	壬	辛	庚	己	戊	丁	丙	乙	甲	癸	壬	辛	庚	己	戊	丁	丙	乙	
	巳	辰	卯	寅	丑	子	亥	戌	酉	申	未	午	巳	辰	卯	寅	丑	子	亥	戌	酉	申	未	午	巳	辰	卯	寅	丑	
요일	화	월	일	토	금	목	수	화	월	일	토	금	목	수	화	월	일	토	금	목	수	화	월	일	토	금	목	수	화	

3月小(戊辰)청명

	곡우																				청명									절기
음력	29	28	27	26	25	24	23	22	21	20	19	18	17	16	15	14	13	12	11	10	9	8	7	6	5	4	3	2	1	
순행	4	4	4	5	5	5	6	6	6	7	7	7	8	8	8	9	9	9	10	10	1	1	1	1	2	2	2	2	3	묘운
역행	7	6	6	6	5	5	5	4	4	4	3	3	3	2	2	2	1	1	1	10	9	9	9	8	8	8	7	7		
월																		04							03					양둔
일	25	24	23	22	21	20	19	18	17	16	15	14	13	12	11	10	9	8	7	6	5	4	3	2	1	31	30	29	28	
일진	壬	辛	庚	己	戊	丁	丙	乙	甲	癸	壬	辛	庚	己	戊	丁	丙	乙	甲	癸	壬	辛	庚	己	戊	丁	丙	乙	甲	
	戌	酉	申	未	午	巳	辰	卯	寅	丑	子	亥	戌	酉	申	未	午	巳	辰	卯	寅	丑	子	亥	戌	酉	申	未	午	
요일	수	화	월	일	토	금	목	수	화	월	일	토	금	목	수	화	월	일	토	금	목	수	화	월	일	토	금	목	수	

4月大(己巳)입하

	소만																			입하										절기
음력	30	29	28	27	26	25	24	23	22	21	20	19	18	17	16	15	14	13	12	11	10	9	8	7	6	5	4	3	2	1
순행	4	4	5	5	5	6	6	6	7	7	7	8	8	8	9	9	9	10	11	1	1	1	2	2	2	3	3	3	묘운	
역행	6	6	5	5	5	4	4	4	3	3	3	2	2	2	1	1	1	10	9	9	9	8	8	8	7	7	7			
월																	05							04					양둔	
일	25	24	23	22	21	20	19	18	17	16	15	14	13	12	11	10	9	8	7	6	5	4	3	2	1	30	29	28	27	26
일진	壬	辛	庚	己	戊	丁	丙	乙	甲	癸	壬	辛	庚	己	戊	丁	丙	乙	甲	癸	壬	辛	庚	己	戊	丁	丙	乙	甲	癸
	辰	卯	寅	丑	子	亥	戌	酉	申	未	午	巳	辰	卯	寅	丑	子	亥	戌	酉	申	未	午	巳	辰	卯	寅	丑	子	亥
요일	금	목	수	화	월	일	토	금	목	수	화	월	일	토	금	목	수	화	월	일	토	금	목	수	화	월	일	토	금	목

5月小(庚午)망종

	하지																		망종											절기
음력	29	28	27	26	25	24	23	22	21	20	19	18	17	16	15	14	13	12	11	10	9	8	7	6	5	4	3	2	1	
순행	5	5	6	6	6	7	7	7	8	8	8	9	9	9	10	10	11	12	1	1	1	2	2	2	3	3	3	3	묘운	
역행	6	5	5	5	4	4	4	3	3	3	2	2	2	1	1	1	10	9	9	9	8	8	8	7	7	7				
월																	06							05				양둔		
일	23	22	21	20	19	18	17	16	15	14	13	12	11	10	9	8	7	6	5	4	3	2	1	31	30	29	28	27		
일진	辛	庚	己	戊	丁	丙	乙	甲	癸	壬	辛	庚	己	戊	丁	丙	乙	甲	癸	壬	辛	庚	己	戊	丁	丙	乙	甲		
	酉	申	未	午	巳	辰	卯	寅	丑	子	亥	戌	酉	申	未	午	巳	辰	卯	寅	丑	子	亥	戌	酉	申	未	午		
요일	토	금	목	수	화	월	일	토	금	목	수	화	월	일	토	금	목	수	화	월	일	토	금	목	수	화	월	일		

6月大(辛未)소서

	대서															소서														절기
음력	30	29	28	27	26	25	24	23	22	21	20	19	18	17	16	15	14	13	12	11	10	9	8	7	6	5	4	3	2	1
순행	5	6	6	6	7	7	7	8	8	8	9	9	10	10	10	1	1	1	2	2	2	3	3	3	4	4	4	묘운		
역행	5	5	4	4	4	3	3	3	2	2	2	1	1	1	10	10	10	9	9	9	8	8	8	7	7	7	6	6		
월																	07								06				양둔	
일	23	22	21	20	19	18	17	16	15	14	13	12	11	10	9	8	7	6	5	4	3	2	1	30	29	28	27	26	25	24
일진	辛	庚	己	戊	丁	丙	乙	甲	癸	壬	辛	庚	己	戊	丁	丙	乙	甲	癸	壬	辛	庚	己	戊	丁	丙	乙	甲	癸	壬
	卯	寅	丑	子	亥	戌	酉	申	未	午	巳	辰	卯	寅	丑	子	亥	戌	酉	申	未	午	巳	辰	卯	寅	丑	子	亥	戌
요일	월	일	토	금	목	수	화	월	일	토	금	목	수	화	월	일	토	금	목	수	화	월	일	토	금	목	수	화	월	일

己日生 사주에 丁亥가 있으면 부자 팔자이다.

윤6月大

절기: 입추 (16)

음력	30	29	28	27	26	25	24	23	22	21	20	19	18	17	16	15	14	13	12	11	10	9	8	7	6	5	4	3	2	1
순행	6	6	6	7	7	7	8	8	8	9	9	9	10	10		1	1	1	1	2	2	2	3	3	3	4	4	4	5	5
역행	5	4	4	4	3	3	3	2	2	2	1	1	1		10	10	9	9	9	8	8	8	7	7	7	6	6	6	5	
월											08																		07	
일	22	21	20	19	18	17	16	15	14	13	12	11	10	9	8	7	6	5	4	3	2	1	31	30	29	28	27	26	25	24
일진	辛酉	庚申	己未	戊午	丁巳	丙辰	乙卯	甲寅	癸丑	壬子	辛亥	庚戌	己酉	戊申	丁未	丙午	乙巳	甲辰	癸卯	壬寅	辛丑	庚子	己亥	戊戌	丁酉	丙申	乙未	甲午	癸巳	壬辰
요일	수	화	월	일	토	금	목	수	화	월	일	토	금	목	수	화	월	일	토	금	목	수	화	월	일	토	금	목	수	화

7月小(壬申)

절기: 백로 (17), 처서 (2)

음력	29	28	27	26	25	24	23	22	21	20	19	18	17	16	15	14	13	12	11	10	9	8	7	6	5	4	3	2	1
순행	6	7	7	7	8	8	8	9	9	9	10	10		1	1	1	2	2	2	3	3	3	4	4	4	5	5	5	
역행	4	4	3	3	3	2	2	2	1	1	1		10	10	9	9	9	8	8	8	7	7	7	6	6	6	5	5	
월										09																	08		
일	20	19	18	17	16	15	14	13	12	11	10	9	8	7	6	5	4	3	2	1	31	30	29	28	27	26	25	24	23
일진	庚寅	己丑	戊子	丁亥	丙戌	乙酉	甲申	癸未	壬午	辛巳	庚辰	己卯	戊寅	丁丑	丙子	乙亥	甲戌	癸酉	壬申	辛未	庚午	己巳	戊辰	丁卯	丙寅	乙丑	甲子	癸亥	壬戌
요일	목	수	화	월	일	토	금	목	수	화	월	일	토	금	목	수	화	월	일	토	금	목	수	화	월	일	토	금	목

8月大(癸酉)

절기: 한로 (19), 추분 (4)

음력	30	29	28	27	26	25	24	23	22	21	20	19	18	17	16	15	14	13	12	11	10	9	8	7	6	5	4	3	2	1
순행	6	7	7	7	8	8	8	9	9	9	10		1	1	1	1	2	2	2	3	3	3	4	4	4	5	5	6	6	
역행	4	3	3	3	2	2	2	1	1	1		10	10	9	9	9	8	8	8	7	7	7	6	6	6	5	5	5	4	
월											10																09			
일	20	19	18	17	16	15	14	13	12	11	10	9	8	7	6	5	4	3	2	1	30	29	28	27	26	25	24	23	22	21
일진	庚申	己未	戊午	丁巳	丙辰	乙卯	甲寅	癸丑	壬子	辛亥	庚戌	己酉	戊申	丁未	丙午	乙巳	甲辰	癸卯	壬寅	辛丑	庚子	己亥	戊戌	丁酉	丙申	乙未	甲午	癸巳	壬辰	辛卯
요일	토	금	목	수	화	월	일	토	금	목	수	화	월	일	토	금	목	수	화	월	일	토	금	목	수	화	월	일	토	금

9月大(甲戌)

절기: 입동 (19), 상강 (4)

음력	30	29	28	27	26	25	24	23	22	21	20	19	18	17	16	15	14	13	12	11	10	9	8	7	6	5	4	3	2	1
순행	6	7	7	7	8	8	8	9	9	9	10		1	1	1	1	2	2	2	3	3	3	4	4	4	5	5	6	6	
역행	4	3	3	3	2	2	2	1	1	1		10	9	9	9	8	8	8	7	7	7	6	6	6	5	5	5	4	4	
월											11																10			
일	19	18	17	16	15	14	13	12	11	10	9	8	7	6	5	4	3	2	1	31	30	29	28	27	26	25	24	23	22	21
일진	庚寅	己丑	戊子	丁亥	丙戌	乙酉	甲申	癸未	壬午	辛巳	庚辰	己卯	戊寅	丁丑	丙子	乙亥	甲戌	癸酉	壬申	辛未	庚午	己巳	戊辰	丁卯	丙寅	乙丑	甲子	癸亥	壬戌	辛酉
요일	월	일	토	금	목	수	화	월	일	토	금	목	수	화	월	일	토	금	목	수	화	월	일	토	금	목	수	화	월	일

10月小(乙亥)

절기: 대설 (18), 소설 (3)

음력	29	28	27	26	25	24	23	22	21	20	19	18	17	16	15	14	13	12	11	10	9	8	7	6	5	4	3	2	1
순행	6	7	7	7	8	8	8	9	9	9	10		1	1	1	2	2	2	3	3	3	4	4	4	5	5	6	6	6
역행	3	3	3	2	2	2	1	1	1		10	9	9	9	8	8	8	7	7	7	6	6	6	5	5	5	4	4	4
월										12															11				
일	18	17	16	15	14	13	12	11	10	9	8	7	6	5	4	3	2	1	30	29	28	27	26	25	24	23	22	21	20
일진	己未	戊午	丁巳	丙辰	乙卯	甲寅	癸丑	壬子	辛亥	庚戌	己酉	戊申	丁未	丙午	乙巳	甲辰	癸卯	壬寅	辛丑	庚子	己亥	戊戌	丁酉	丙申	乙未	甲午	癸巳	壬辰	辛卯
요일	화	월	일	토	금	목	수	화	월	일	토	금	목	수	화	월	일	토	금	목	수	화	월	일	토	금	목	수	화

11月大(丙子)

절기: 소한 (19), 동지 (4)

음력	30	29	28	27	26	25	24	23	22	21	20	19	18	17	16	15	14	13	12	11	10	9	8	7	6	5	4	3	2	1
순행	6	7	7	7	8	8	8	9	9	9	10		1	1	1	1	2	2	2	3	3	3	4	4	4	5	5	6	6	
역행	4	3	3	3	2	2	2	1	1	1		10	9	9	9	8	8	8	7	7	7	6	6	6	5	5	5	4	4	
월											01																12			
일	17	16	15	14	13	12	11	10	9	8	7	6	5	4	3	2	1	30	29	28	27	26	25	24	23	22	21	20	19	18
일진	己丑	戊子	丁亥	丙戌	乙酉	甲申	癸未	壬午	辛巳	庚辰	己卯	戊寅	丁丑	丙子	乙亥	甲戌	癸酉	壬申	辛未	庚午	己巳	戊辰	丁卯	丙寅	乙丑	甲子	癸亥	壬戌	辛酉	庚申
요일	수	화	월	일	토	금	목	수	화	월	일	토	금	목	수	화	월	일	토	금	목	수	화	월	일	토	금	목	수	화

12月小(丁丑)

절기: 입춘 (19), 대한 (4)

음력	29	28	27	26	25	24	23	22	21	20	19	18	17	16	15	14	13	12	11	10	9	8	7	6	5	4	3	2	1
순행	6	7	7	7	8	8	8	9	9	9	10		1	1	1	1	2	2	3	3	3	4	4	4	5	5	6	6	6
역행	3	3	3	2	2	2	1	1	1		10	9	9	9	8	8	8	7	7	7	6	6	6	5	5	5	4	4	4
월										02															01				
일	15	14	13	12	11	10	9	8	7	6	5	4	3	2	1	31	30	29	28	27	26	25	24	23	22	21	20	19	18
일진	戊午	丁巳	丙辰	乙卯	甲寅	癸丑	壬子	辛亥	庚戌	己酉	戊申	丁未	丙午	乙巳	甲辰	癸卯	壬寅	辛丑	庚子	己亥	戊戌	丁酉	丙申	乙未	甲午	癸巳	壬辰	辛卯	庚寅
요일	금	목	수	화	월	일	토	금	목	수	화	월	일	토	금	목	수	화	월	일	토	금	목	수	화	월	일	토	금

사주 내 官과 財가 약하고 비견·겁재가 많으면 남편을 속이는 기질이 있다.

상문 : 戌　　대장군 : 南
조객 : 午　　삼　재 : 寅午戌
삼살 : 南

庚申年

서기 1980년
단기 4313년

1月大(戊寅)입춘

절기										경칩														우수					
음력	30	29	28	27	26	25	24	23	22	21	20	19	18	17	16	15	14	13	12	11	10	9	8	7	6	5	4	3	2	1
순행	7	7	7	8	8	8	9	9	10	10		1	1	1	2	2	2	3	3	4	4	4	5	5	5	6	6	6		
역행	4	3	3	3	2	2	2	1	1	1		9	9	9	8	8	8	7	7	7	6	6	6	5	5	5	4	4	4	
월 양력											03														02					
일 양력	16	15	14	13	12	11	10	9	8	7	6	5	4	3	2	1	29	28	27	26	25	24	23	22	21	20	19	18	17	16
일진	戊子	丁亥	丙戌	乙酉	甲申	癸未	壬午	辛巳	庚辰	己卯	戊寅	丁丑	丙子	乙亥	甲戌	癸酉	壬申	辛未	庚午	己巳	戊辰	丁卯	丙寅	乙丑	甲子	癸亥	壬戌	辛酉	庚申	己未
요일	일	토	금	목	수	화	월	일	토	금	목	수	화	월	일	토	금	목	수	화	월	일	토	금	목	수	화	월	일	토

2月小(己卯)경칩

절기									청명															춘분					
음력	29	28	27	26	25	24	23	22	21	20	19	18	17	16	15	14	13	12	11	10	9	8	7	6	5	4	3	2	1
순행	7	7	8	8	8	9	9	10		1	1	1	2	2	2	3	3	4	4	4	5	5	5	6	6	6	6		
역행	3	3	2	2	2	1	1	1		10	9	9	9	8	8	8	7	7	7	6	6	6	5	5	5	4	4	4	
월 양력										04														03					
일 양력	14	13	12	11	10	9	8	7	6	5	4	3	2	1	31	30	29	28	27	26	25	24	23	22	21	20	19	18	17
일진	丁巳	丙辰	乙卯	甲寅	癸丑	壬子	辛亥	庚戌	己酉	戊申	丁未	丙午	乙巳	甲辰	癸卯	壬寅	辛丑	庚子	己亥	戊戌	丁酉	丙申	乙未	甲午	癸巳	壬辰	辛卯	庚寅	己丑
요일	월	일	토	금	목	수	화	월	일	토	금	목	수	화	월	일	토	금	목	수	화	월	일	토	금	목	수	화	월

3月小(庚辰)청명

절기								입하															곡우					
음력	29	28	27	26	25	24	23	22	21	20	19	18	17	16	15	14	13	12	11	10	9	8	7	6	5	4	3	2	1
순행	8	8	8	9	9	9	10	10		1	1	1	2	2	2	3	3	3	4	4	5	5	5	6	6	6	7		
역행	3	2	2	2	1	1	1		10	9	9	9	8	8	8	7	7	7	6	6	5	5	5	4	4	4		
월 양력										05														04					
일 양력	13	12	11	10	9	8	7	6	5	4	3	2	1	30	29	28	27	26	25	24	23	22	21	20	19	18	17	16	15
일진	丙戌	乙酉	甲申	癸未	壬午	辛巳	庚辰	己卯	戊寅	丁丑	丙子	乙亥	甲戌	癸酉	壬申	辛未	庚午	己巳	戊辰	丁卯	丙寅	乙丑	甲子	癸亥	壬戌	辛酉	庚申	己未	戊午
요일	화	월	일	토	금	목	수	화	월	일	토	금	목	수	화	월	일	토	금	목	수	화	월	일	토	금	목	수	화

4月大(辛巳)입하

절기							망종																소만						
음력	30	29	28	27	26	25	24	23	22	21	20	19	18	17	16	15	14	13	12	11	10	9	8	7	6	5	4	3	2	1
순행	8	9	9	10	10	10		1	1	1	2	2	2	3	3	3	4	4	5	5	5	6	6	6	7	7	7		
역행	2	2	1	1	1		10	10	9	9	8	8	8	7	7	7	6	6	5	5	5	4	4	4	3	3	3		
월 양력											06													05						
일 양력	12	11	10	9	8	7	6	5	4	3	2	1	31	30	29	28	27	26	25	24	23	22	21	20	19	18	17	16	15	14
일진	丙辰	乙卯	甲寅	癸丑	壬子	辛亥	庚戌	己酉	戊申	丁未	丙午	乙巳	甲辰	癸卯	壬寅	辛丑	庚子	己亥	戊戌	丁酉	丙申	乙未	甲午	癸巳	壬辰	辛卯	庚寅	己丑	戊子	丁亥
요일	목	수	화	월	일	토	금	목	수	화	월	일	토	금	목	수	화	월	일	토	금	목	수	화	월	일	토	금	목	수

5月小(壬午)망종

절기					소서																하지								
음력	29	28	27	26	25	24	23	22	21	20	19	18	17	16	15	14	13	12	11	10	9	8	7	6	5	4	3	2	1
순행	9	9	10	10		1	1	1	1	2	2	2	3	3	4	4	4	5	5	5	6	6	6	7	7	7	8	8	
역행	1	1	1		10	10	10	9	9	8	8	8	7	7	6	6	6	5	5	5	4	4	4	3	3	3	2		
월 양력												07												06					
일 양력	11	10	9	8	7	6	5	4	3	2	1	30	29	28	27	26	25	24	23	22	21	20	19	18	17	16	15	14	13
일진	乙酉	甲申	癸未	壬午	辛巳	庚辰	己卯	戊寅	丁丑	丙子	乙亥	甲戌	癸酉	壬申	辛未	庚午	己巳	戊辰	丁卯	丙寅	乙丑	甲子	癸亥	壬戌	辛酉	庚申	己未	戊午	丁巳
요일	금	목	수	화	월	일	토	금	목	수	화	월	일	토	금	목	수	화	월	일	토	금	목	수	화	월	일	토	금

6月大(癸未)소서

절기			입추																대서										
음력	30	29	28	27	26	25	24	23	22	21	20	19	18	17	16	15	14	13	12	11	10	9	8	7	6	5	4	3	2	1
순행	9	10	10		1	1	1	1	2	2	3	3	3	4	4	4	5	5	5	6	6	6	7	7	7	8	8	8		
역행	1	1	1		10	10	9	9	9	8	8	7	7	7	6	6	6	5	5	5	4	4	4	3	3	3	2	2	2	
월 양력										08														07						
일 양력	10	9	8	7	6	5	4	3	2	1	31	30	29	28	27	26	25	24	23	22	21	20	19	18	17	16	15	14	13
일진	乙卯	甲寅	癸丑	壬子	辛亥	庚戌	己酉	戊申	丁未	丙午	乙巳	甲辰	癸卯	壬寅	辛丑	庚子	己亥	戊戌	丁酉	丙申	乙未	甲午	癸巳	壬辰	辛卯	庚寅	己丑	戊子	丁亥
요일	일	토	금	목	수	화	월	일	토	금	목	수	화	월	일	토	금	목	수	화	월	일	토	금	목	수	화	월	일

戊日生 사주에 丙子·丙辰·丙申이 있으면 부자 팔자이다.

7月小甲申일주

절기		백로														처서													
음력	29	28	27	26	25	24	23	22	21	20	19	18	17	16	15	14	13	12	11	10	9	8	7	6	5	4	3	2	1
순행	10		1	1	1	1	2	2	2	3	3	3	4	4	4	5	5	5	6	6	6	7	7	7	8	8	8	9	9
역행	1		10	10	9	9	9	8	8	8	7	7	7	6	6	6	5	5	5	4	4	4	3	3	3	2	2	2	1
월(양력)		09																											08
일	8	7	6	5	4	3	2	1	31	30	29	28	27	26	25	24	23	22	21	20	19	18	17	16	15	14	13	12	11
일진	甲	癸	壬	辛	庚	己	戊	丁	丙	乙	甲	癸	壬	辛	庚	己	戊	丁	丙	乙	甲	癸	壬	辛	庚	己	戊	丁	丙
	申	未	午	巳	辰	卯	寅	丑	子	亥	戌	酉	申	未	午	巳	辰	卯	寅	丑	子	亥	戌	酉	申	未	午	巳	辰
요일	월	일	토	금	목	수	화	월	일	토	금	목	수	화	월	일	토	금	목	수	화	월	일	토	금	목	수	화	월

8月大乙酉벽로

절기		한로													추분															
음력	30	29	28	27	26	25	24	23	22	21	20	19	18	17	16	15	14	13	12	11	10	9	8	7	6	5	4	3	2	1
순행	1	1	1	1	2	2	2	3	3	3	4	4	4	5	5	5	6	6	6	7	7	7	8	8	8	9	9	9	9	10
역행	10	10	9	9	9	8	8	8	7	7	7	6	6	6	5	5	5	4	4	4	3	3	3	2	2	2	1	1	1	1
월(양력)					10																									09
일	8	7	6	5	4	3	2	1	30	29	28	27	26	25	24	23	22	21	20	19	18	17	16	15	14	13	12	11	10	9
일진	甲	癸	壬	辛	庚	己	戊	丁	丙	乙	甲	癸	壬	辛	庚	己	戊	丁	丙	乙	甲	癸	壬	辛	庚	己	戊	丁	丙	乙
	寅	丑	子	亥	戌	酉	申	未	午	巳	辰	卯	寅	丑	子	亥	戌	酉	申	未	午	巳	辰	卯	寅	丑	子	亥	戌	酉
요일	수	화	월	일	토	금	목	수	화	월	일	토	금	목	수	화	월	일	토	금	목	수	화	월	일	토	금	목	수	화

9月大丙戌한로

절기		입동													상강															
음력	30	29	28	27	26	25	24	23	22	21	20	19	18	17	16	15	14	13	12	11	10	9	8	7	6	5	4	3	2	1
순행	1	1	1	2	2	2	3	3	3	4	4	4	5	5	5	6	6	6	7	7	7	8	8	8	9	9	9	9	9	10
역행	10	9	9	9	8	8	8	7	7	7	6	6	6	5	5	5	4	4	4	3	3	3	2	2	2	1	1	1	1	1
월(양력)					11																									10
일	7	6	5	4	3	2	1	31	30	29	28	27	26	25	24	23	22	21	20	19	18	17	16	15	14	13	12	11	10	9
일진	甲	癸	壬	辛	庚	己	戊	丁	丙	乙	甲	癸	壬	辛	庚	己	戊	丁	丙	乙	甲	癸	壬	辛	庚	己	戊	丁	丙	乙
	申	未	午	巳	辰	卯	寅	丑	子	亥	戌	酉	申	未	午	巳	辰	卯	寅	丑	子	亥	戌	酉	申	未	午	巳	辰	卯
요일	금	목	수	화	월	일	토	금	목	수	화	월	일	토	금	목	수	화	월	일	토	금	목	수	화	월	일	토	금	목

10月小丁亥입동

절기															소설															
음력		29	28	27	26	25	24	23	22	21	20	19	18	17	16	15	14	13	12	11	10	9	8	7	6	5	4	3	2	1
순행		1	1	1	1	2	2	2	3	3	3	4	4	4	5	5	5	6	6	6	7	7	7	8	8	8	9	9	9	10
역행		10	9	9	9	8	8	8	7	7	7	6	6	6	5	5	5	4	4	4	3	3	3	2	2	2	1	1	1	1
월(양력)					12																									11
일		6	5	4	3	2	1	30	29	28	27	26	25	24	23	22	21	20	19	18	17	16	15	14	13	12	11	10	9	8
일진		癸	壬	辛	庚	己	戊	丁	丙	乙	甲	癸	壬	辛	庚	己	戊	丁	丙	乙	甲	癸	壬	辛	庚	己	戊	丁	丙	乙
		丑	子	亥	戌	酉	申	未	午	巳	辰	卯	寅	丑	子	亥	戌	酉	申	未	午	巳	辰	卯	寅	丑	子	亥	戌	酉
요일		토	금	목	수	화	월	일	토	금	목	수	화	월	일	토	금	목	수	화	월	일	토	금	목	수	화	월	일	토

11月大戊子대설

절기	소한														동지															대설
음력	30	29	28	27	26	25	24	23	22	21	20	19	18	17	16	15	14	13	12	11	10	9	8	7	6	5	4	3	2	1
순행	1	1	1	1	2	2	2	3	3	3	4	4	4	5	5	5	6	6	6	7	7	7	8	8	8	9	9	9		
역행	9	9	9	8	8	8	7	7	7	6	6	6	5	5	5	4	4	4	3	3	3	2	2	2	1	1	1	1		
월(양력)				01																										12
일	5	4	3	2	1	31	30	29	28	27	26	25	24	23	22	21	20	19	18	17	16	15	14	13	12	11	10	9	8	7
일진	癸	壬	辛	庚	己	戊	丁	丙	乙	甲	癸	壬	辛	庚	己	戊	丁	丙	乙	甲	癸	壬	辛	庚	己	戊	丁	丙	乙	甲
	未	午	巳	辰	卯	寅	丑	子	亥	戌	酉	申	未	午	巳	辰	卯	寅	丑	子	亥	戌	酉	申	未	午	巳	辰	卯	寅
요일	월	일	토	금	목	수	화	월	일	토	금	목	수	화	월	일	토	금	목	수	화	월	일	토	금	목	수	화	월	일

12月大己丑소한

절기	입춘														대한															
음력	30	29	28	27	26	25	24	23	22	21	20	19	18	17	16	15	14	13	12	11	10	9	8	7	6	5	4	3	2	1
순행	1	1	1	1	2	2	2	3	3	3	4	4	4	5	5	5	6	6	6	7	7	7	8	8	8	9	9	9	9	10
역행	10	9	9	9	8	8	8	7	7	7	6	6	6	5	5	5	4	4	4	3	3	3	2	2	2	1	1	1	1	1
월(양력)				02																										01
일	4	3	2	1	31	30	29	28	27	26	25	24	23	22	21	20	19	18	17	16	15	14	13	12	11	10	9	8	7	6
일진	癸	壬	辛	庚	己	戊	丁	丙	乙	甲	癸	壬	辛	庚	己	戊	丁	丙	乙	甲	癸	壬	辛	庚	己	戊	丁	丙	乙	甲
	丑	子	亥	戌	酉	申	未	午	巳	辰	卯	寅	丑	子	亥	戌	酉	申	未	午	巳	辰	卯	寅	丑	子	亥	戌	酉	申
요일	수	화	월	일	토	금	목	수	화	월	일	토	금	목	수	화	월	일	토	금	목	수	화	월	일	토	금	목	수	화

여자사주에 寅·巳·申·亥가 모두 있으면 음란하다.

상문 : 亥　　대장군 : 南
조객 : 未　　삼 재 : 寅午戌
삼살 : 東

辛酉年

서기 1981년
단기 4314년

1月小(庚寅) 입춘 — 절기: 우수(음력 15)

음력	29	28	27	26	25	24	23	22	21	20	19	18	17	16	**15**	14	13	12	11	10	9	8	7	6	5	4	3	2	1
순행	1	1	1	1	2	2	2	3	3	3	4	4	4	5	5	5	6	6	6	7	7	7	8	8	8	9	9	9	10
역행	10	9	9	9	8	8	8	7	7	7	6	6	6	5	5	5	4	4	4	3	3	3	2	2	2	1	1	1	1
월					03																								02
일	5	4	3	2	1	28	27	26	25	24	23	22	21	20	19	18	17	16	15	14	13	12	11	10	9	8	7	6	5
일진	壬午	辛巳	庚辰	己卯	戊寅	丁丑	丙子	乙亥	甲戌	癸酉	壬申	辛未	庚午	己巳	戊辰	丁卯	丙寅	乙丑	甲子	癸亥	壬戌	辛酉	庚申	己未	戊午	丁巳	丙辰	乙卯	甲寅
요일	목	수	화	월	일	토	금	목	수	화	월	일	토	금	목	수	화	월	일	토	금	목	수	화	월	일	토	금	목

2月大(辛卯) 경칩 — 절기: 춘분(음력 16), 경칩

음력	30	29	28	27	26	25	24	23	22	21	20	19	18	17	**16**	15	14	13	12	11	10	9	8	7	6	5	4	3	2	1
순행	1	1	1	1	2	2	2	3	3	3	4	4	4	5	5	5	6	6	6	7	7	7	8	8	8	9	9	9	9	10
역행	10	9	9	9	8	8	8	7	7	7	6	6	6	5	5	5	4	4	4	3	3	3	2	2	2	1	1	1	1	1
월				04																								03		
일	4	3	2	1	31	30	29	28	27	26	25	24	23	22	21	20	19	18	17	16	15	14	13	12	11	10	9	8	7	6
일진	壬子	辛亥	庚戌	己酉	戊申	丁未	丙午	乙巳	甲辰	癸卯	壬寅	辛丑	庚子	己亥	戊戌	丁酉	丙申	乙未	甲午	癸巳	壬辰	辛卯	庚寅	己丑	戊子	丁亥	丙戌	乙酉	甲申	癸未
요일	토	금	목	수	화	월	일	토	금	목	수	화	월	일	토	금	목	수	화	월	일	토	금	목	수	화	월	일	토	금

3月小(壬辰) 청명 — 절기: 곡우(음력 16), 청명

음력	29	28	27	26	25	24	23	22	21	20	19	18	17	**16**	15	14	13	12	11	10	9	8	7	6	5	4	3	2	1
순행	1	1	1	2	2	2	3	3	3	4	4	4	5	5	5	6	6	6	7	7	7	8	8	8	9	9	9	10	10
역행	9	9	9	8	8	8	7	7	7	6	6	6	5	5	5	4	4	4	3	3	3	2	2	2	1	1	1	1	1
월					05																								04
일	3	2	1	30	29	28	27	26	25	24	23	22	21	20	19	18	17	16	15	14	13	12	11	10	9	8	7	6	5
일진	辛巳	庚辰	己卯	戊寅	丁丑	丙子	乙亥	甲戌	癸酉	壬申	辛未	庚午	己巳	戊辰	丁卯	丙寅	乙丑	甲子	癸亥	壬戌	辛酉	庚申	己未	戊午	丁巳	丙辰	乙卯	甲寅	癸丑
요일	일	토	금	목	수	화	월	일	토	금	목	수	화	월	일	토	금	목	수	화	월	일	토	금	목	수	화	월	일

4月小(癸巳) 입하 — 절기: 소만(음력 18), 입하

음력	29	28	27	26	25	24	23	22	21	20	19	**18**	17	16	15	14	13	12	11	10	9	8	7	6	5	4	3	2	1
순행	2	2	2	3	3	3	4	4	4	5	5	5	6	6	6	7	7	7	8	8	8	9	9	9	10	10	10	1	1
역행	9	9	8	8	8	7	7	7	6	6	6	5	5	5	4	4	4	3	3	3	2	2	2	1	1	1	10	10	10
월	06																												05
일	1	31	30	29	28	27	26	25	24	23	22	21	20	19	18	17	16	15	14	13	12	11	10	9	8	7	6	5	4
일진	庚戌	己酉	戊申	丁未	丙午	乙巳	甲辰	癸卯	壬寅	辛丑	庚子	己亥	戊戌	丁酉	丙申	乙未	甲午	癸巳	壬辰	辛卯	庚寅	己丑	戊子	丁亥	丙戌	乙酉	甲申	癸未	壬午
요일	월	일	토	금	목	수	화	월	일	토	금	목	수	화	월	일	토	금	목	수	화	월	일	토	금	목	수	화	월

5月大(甲午) 망종 — 절기: 하지(음력 20), 망종(음력 5)

음력	30	29	28	27	26	25	24	23	22	21	**20**	19	18	17	16	15	14	13	12	11	10	9	8	7	6	**5**	4	3	2	1
순행	2	2	3	3	3	4	4	4	5	5	5	6	6	6	7	7	7	8	8	8	9	9	10	10	1	1	1	1	1	1
역행	8	8	7	7	7	6	6	6	5	5	5	4	4	4	3	3	3	2	2	2	1	1	1	1	10	10	10	10	10	9
월	07																													06
일	1	30	29	28	27	26	25	24	23	22	21	20	19	18	17	16	15	14	13	12	11	10	9	8	7	6	5	4	3	2
일진	庚辰	己卯	戊寅	丁丑	丙子	乙亥	甲戌	癸酉	壬申	辛未	庚午	己巳	戊辰	丁卯	丙寅	乙丑	甲子	癸亥	壬戌	辛酉	庚申	己未	戊午	丁巳	丙辰	乙卯	甲寅	癸丑	壬子	辛亥
요일	수	화	월	일	토	금	목	수	화	월	일	토	금	목	수	화	월	일	토	금	목	수	화	월	일	토	금	목	수	화

6月小(乙未) 소서 — 절기: 대서(음력 22), 소서(음력 6)

음력	29	28	27	26	25	24	23	**22**	21	20	19	18	17	16	15	14	13	12	11	10	9	8	7	**6**	5	4	3	2	1
순행	3	3	3	4	4	4	5	5	5	6	6	6	7	7	7	8	8	9	9	9	10	10	1	1	1	1	1	1	2
역행	8	7	7	7	6	6	6	5	5	5	4	4	4	3	3	2	2	2	1	1	1	1	10	10	10	10	10	9	9
월	08																												07
일	1	31	30	29	28	27	26	25	24	23	22	21	20	19	18	17	16	15	14	13	12	11	10	9	8	7	6	5	4
일진	己酉	戊申	丁未	丙午	乙巳	甲辰	癸卯	壬寅	辛丑	庚子	己亥	戊戌	丁酉	丙申	乙未	甲午	癸巳	壬辰	辛卯	庚寅	己丑	戊子	丁亥	丙戌	乙酉	甲申	癸未	壬午	辛巳
요일	목	수	화	월	일	토	금	목	수	화	월	일	토	금	목	수	화	월	일	토	금	목	수	화	월	일	토	금	목

丁日生 사주에 乙巳·乙酉가 있으면 부자 팔자이다.

7月 小(丙申)입추

절기	처서 (24) / 입추 (8)
음력	29 28 27 26 25 **24** 23 22 21 20 19 18 17 16 15 14 13 12 11 10 9 **8** 7 6 5 4 3 2 1
순행	4 4 4 5 5 5 6 6 6 7 7 7 8 8 8 9 9 9 10 10 10 1 1 1 1 2 2 2
역행	7 7 6 6 6 5 5 5 4 4 4 3 3 3 2 2 2 1 1 1 1 10 10 9 9 9 8 8
월(음력)	08 07
일	28 27 26 25 24 23 22 21 20 19 18 17 16 15 14 13 12 11 10 9 8 7 6 5 4 3 2 1 31
일진	戊寅 丁丑 丙子 乙亥 甲戌 癸酉 壬申 辛未 庚午 己巳 戊辰 丁卯 丙寅 乙丑 甲子 癸亥 壬戌 辛酉 庚申 己未 戊午 丁巳 丙辰 乙卯 甲寅 癸丑 壬子 辛亥 庚戌
요일	금 목 수 화 월 일 토 금 목 수 화 월 일 토 금 목 수 화 월 일 토 금 목 수 화 월 일 토 금

8月 大(丁酉)백로

절기	추분 (26) / 백로 (11)
음력	30 29 28 27 **26** 25 24 23 22 21 20 19 18 17 16 15 14 13 12 **11** 10 9 8 7 6 5 4 3 2 1
순행	4 4 4 5 5 5 6 6 6 7 7 7 8 8 8 9 9 9 10 1 1 1 1 2 2 2 3 3 3
역행	6 6 6 5 5 5 4 4 4 3 3 3 2 2 2 1 1 1 10 10 10 9 9 9 8 8 8 7
월(음력)	09 08
일	27 26 25 24 23 22 21 20 19 18 17 16 15 14 13 12 11 10 9 8 7 6 5 4 3 2 1 31 30 29
일진	戊申 丁未 丙午 乙巳 甲辰 癸卯 壬寅 辛丑 庚子 己亥 戊戌 丁酉 丙申 乙未 甲午 癸巳 壬辰 辛卯 庚寅 己丑 戊子 丁亥 丙戌 乙酉 甲申 癸未 壬午 辛巳 庚辰 己卯
요일	일 토 금 목 수 화 월 일 토 금 목 수 화 월 일 토 금 목 수 화 월 일 토 금 목 수 화 월 일 토

9月 大(戊戌)한로

절기	상강 (26) / 한로 (11)
음력	30 29 28 27 **26** 25 24 23 22 21 20 19 18 17 16 15 14 13 12 **11** 10 9 8 7 6 5 4 3 2 1
순행	4 4 4 5 5 5 6 6 6 7 7 7 8 8 8 9 9 9 10 1 1 1 1 2 2 2 3 3 3
역행	6 6 6 5 5 5 4 4 4 3 3 3 2 2 2 1 1 1 10 9 9 9 8 8 8 7 7 7
월(음력)	10 09
일	27 26 25 24 23 22 21 20 19 18 17 16 15 14 13 12 11 10 9 8 7 6 5 4 3 2 1 30 29 28
일진	戊寅 丁丑 丙子 乙亥 甲戌 癸酉 壬申 辛未 庚午 己巳 戊辰 丁卯 丙寅 乙丑 甲子 癸亥 壬戌 辛酉 庚申 己未 戊午 丁巳 丙辰 乙卯 甲寅 癸丑 壬子 辛亥 庚戌 己酉
요일	화 월 일 토 금 목 수 화 월 일 토 금 목 수 화 월 일 토 금 목 수 화 월 일 토 금 목 수 화 월

10月 小(己亥)입동

절기	소설 (26) / 입동 (11)
음력	29 28 27 **26** 25 24 23 22 21 20 19 18 17 16 15 14 13 12 **11** 10 9 8 7 6 5 4 3 2 1
순행	4 4 5 5 5 6 6 6 7 7 7 8 8 8 9 9 9 10 1 1 1 1 2 2 2 3 3 3
역행	6 6 5 5 5 4 4 4 3 3 3 2 2 2 1 1 1 10 9 9 9 8 8 8 7 7 7 6
월(음력)	11 10
일	25 24 23 22 21 20 19 18 17 16 15 14 13 12 11 10 9 8 7 6 5 4 3 2 1 31 30 29 28
일진	丁未 丙午 乙巳 甲辰 癸卯 壬寅 辛丑 庚子 己亥 戊戌 丁酉 丙申 乙未 甲午 癸巳 壬辰 辛卯 庚寅 己丑 戊子 丁亥 丙戌 乙酉 甲申 癸未 壬午 辛巳 庚辰 己卯
요일	수 화 월 일 토 금 목 수 화 월 일 토 금 목 수 화 월 일 토 금 목 수 화 월 일 토 금 목 수

11月 大(庚子)대설

절기	동지 (27) / 대설 (11)
음력	30 29 28 **27** 26 25 24 23 22 21 20 19 18 17 16 15 14 13 12 **11** 10 9 8 7 6 5 4 3 2 1
순행	4 4 5 5 6 6 6 7 7 7 8 8 8 9 9 10 1 1 1 1 2 2 2 3 3 3 4
역행	6 6 5 5 4 4 4 3 3 3 2 2 2 1 1 1 10 9 9 9 8 8 8 7 7 7 6
월(음력)	12 11
일	25 24 23 22 21 20 19 18 17 16 15 14 13 12 11 10 9 8 7 6 5 4 3 2 1 30 29 28 27 26
일진	丁丑 丙子 乙亥 甲戌 癸酉 壬申 辛未 庚午 己巳 戊辰 丁卯 丙寅 乙丑 甲子 癸亥 壬戌 辛酉 庚申 己未 戊午 丁巳 丙辰 乙卯 甲寅 癸丑 壬子 辛亥 庚戌 己酉 戊申
요일	금 목 수 화 월 일 토 금 목 수 화 월 일 토 금 목 수 화 월 일 토 금 목 수 화 월 일 토 금 목

12月 大(辛丑)소한

절기	대한 (26) / 소한 (12)
음력	30 29 28 27 **26** 25 24 23 22 21 20 19 18 17 16 15 14 13 **12** 11 10 9 8 7 6 5 4 3 2 1
순행	4 4 5 5 5 6 6 6 7 7 7 8 8 8 9 9 1 1 1 2 2 2 3 3 3 4
역행	6 6 5 5 5 4 4 4 3 3 3 2 2 2 1 1 10 9 9 9 8 8 8 7 7 7 6
월(음력)	01 12
일	24 23 22 21 20 19 18 17 16 15 14 13 12 11 10 9 8 7 6 5 4 3 2 1 31 30 29 28 27 26
일진	丁未 丙午 乙巳 甲辰 癸卯 壬寅 辛丑 庚子 己亥 戊戌 丁酉 丙申 乙未 甲午 癸巳 壬辰 辛卯 庚寅 己丑 戊子 丁亥 丙戌 乙酉 甲申 癸未 壬午 辛巳 庚辰 己卯 戊寅
요일	일 토 금 목 수 화 월 일 토 금 목 수 화 월 일 토 금 목 수 화 월 일 토 금 목 수 화 월 일 토

남·여 모두 사주 내에 辰·戌·丑·未가 있으면 부부싸움이 잦다.

상문 : 子　대장군 : 南
조객 : 申　삼　재 : 寅午戌
삼살 : 北

壬戌年

서기 1982년
단기 4315년

1月大(壬寅)입춘

절기: 우수 … 입춘

음력	30	29	28	27	**26**	25	24	23	22	21	20	19	18	17	16	15	14	13	**11**	10	9	8	7	6	5	4	3	2	1	
순행(묘운)	4	4	4	5	5	5	5	6	6	6	7	7	7	8	8	8	9	9			1	1	1	1	2	2	2	3	3	3
역행(묘운)	6	6	6	5	5	5	4	4	4	3	3	3	2	2	2	1	1	1			9	9	9	8	8	8	7	7	7
월(양력)																			02										01
일	23	22	21	20	19	18	17	16	15	14	13	12	11	10	9	8	7	6	5	4	3	2	1	31	30	29	28	27	26	25
일진	丁	丙	乙	甲	癸	壬	辛	庚	己	戊	丁	丙	乙	甲	癸	壬	辛	庚	己	戊	丁	丙	乙	甲	癸	壬	辛	庚	己	戊
	丑	子	亥	戌	酉	申	未	午	巳	辰	卯	寅	丑	子	亥	戌	酉	申	未	午	巳	辰	卯	寅	丑	子	亥	戌	酉	申
요일	화	월	일	토	금	목	수	화	월	일	토	금	목	수	화	월	일	토	금	목	수	화	월	일	토	금	목	수	화	월

2月小(癸卯)경칩

절기: 춘분 … 경칩

음력	29	28	27	**26**	25	24	23	22	21	20	19	18	17	16	15	14	13	12	**11**	10	9	8	7	6	5	4	3	2	1
순행	4	4	5	5	5	6	6	6	7	7	7	8	8	8	9	9	9			1	1	1	1	2	2	2	3	3	3
역행	6	6	5	5	5	4	4	4	3	3	3	2	2	2	1	1	1		10	9	9	9	8	8	8	7	7	7
월																		03										02
일	24	23	22	21	20	19	18	17	16	15	14	13	12	11	10	9	8	7	6	5	4	3	2	1	28	27	26	25	24
일진	丙	乙	甲	癸	壬	辛	庚	己	戊	丁	丙	乙	甲	癸	壬	辛	庚	己	戊	丁	丙	乙	甲	癸	壬	辛	庚	己	戊
	午	巳	辰	卯	寅	丑	子	亥	戌	酉	申	未	午	巳	辰	卯	寅	丑	子	亥	戌	酉	申	未	午	巳	辰	卯	寅
요일	수	화	월	일	토	금	목	수	화	월	일	토	금	목	수	화	월	일	토	금	목	수	화	월	일	토	금	목	수

3月大(甲辰)청명

절기: 곡우 … 청명

음력	30	29	28	**27**	26	25	24	23	22	21	20	19	18	17	16	15	14	13	**12**	11	10	9	8	7	6	5	4	3	2	1
순행	4	5	5	5	6	6	6	7	7	7	8	8	8	9	9	9	10			1	1	1	1	2	2	2	3	3	3	
역행	6	5	5	5	4	4	4	3	3	3	2	2	2	1	1	1		10	9	9	9	8	8	8	7	7	7
월																		04										03
일	23	22	21	20	19	18	17	16	15	14	13	12	11	10	9	8	7	6	5	4	3	2	1	31	30	29	28	27	26	25
일진	丙	乙	甲	癸	壬	辛	庚	己	戊	丁	丙	乙	甲	癸	壬	辛	庚	己	戊	丁	丙	乙	甲	癸	壬	辛	庚	己	戊	丁
	子	亥	戌	酉	申	未	午	巳	辰	卯	寅	丑	子	亥	戌	酉	申	未	午	巳	辰	卯	寅	丑	子	亥	戌	酉	申	未
요일	금	목	수	화	월	일	토	금	목	수	화	월	일	토	금	목	수	화	월	일	토	금	목	수	화	월	일	토	금	목

4月小(乙巳)입하

절기: 소만 … 입하

음력	29	28	27	26	25	24	23	22	21	20	19	18	17	16	15	14	**13**	12	11	10	9	8	7	6	5	4	3	2	1
순행	5	5	6	6	7	7	7	8	8	8	9	9	9	10			1	1	1	2	2	2	3	3	3	3	4	4	
역행																												
월																		05										04
일	22	21	20	19	18	17	16	15	14	13	12	11	10	9	8	7	6	5	4	3	2	1	30	29	28	27	26	25	24
일진	乙	甲	癸	壬	辛	庚	己	戊	丁	丙	乙	甲	癸	壬	辛	庚	己	戊	丁	丙	乙	甲	癸	壬	辛	庚	己	戊	丁
	巳	辰	卯	寅	丑	子	亥	戌	酉	申	未	午	巳	辰	卯	寅	丑	子	亥	戌	酉	申	未	午	巳	辰	卯	寅	丑
요일	토	금	목	수	화	월	일	토	금	목	수	화	월	일	토	금	목	수	화	월	일	토	금	목	수	화	월	일	토

윤4月小

절기: 망종

음력	29	28	27	26	25	24	23	22	21	20	19	18	17	16	**15**	14	13	12	11	10	9	8	7	6	5	4	3	2	1
순행	6	6	6	7	7	7	8	8	8	9	9	9	10			1	1	1	2	2	2	3	3	3	3	4	4	4	5
역행	5	4	4	4	3	3	3	2	2	2	1	1	1		10	10	9	9	9	8	8	8	7	7	7	6	6	6	5
월																		06										05
일	20	19	18	17	16	15	14	13	12	11	10	9	8	7	6	5	4	3	2	1	31	30	29	28	27	26	25	24	23
일진	甲	癸	壬	辛	庚	己	戊	丁	丙	乙	甲	癸	壬	辛	庚	己	戊	丁	丙	乙	甲	癸	壬	辛	庚	己	戊	丁	丙
	戌	酉	申	未	午	巳	辰	卯	寅	丑	子	亥	戌	酉	申	未	午	巳	辰	卯	寅	丑	子	亥	戌	酉	申	未	午
요일	일	토	금	목	수	화	월	일	토	금	목	수	화	월	일	토	금	목	수	화	월	일	토	금	목	수	화	월	일

5月大(丙午)소서

절기: 소서 … 하지

음력	30	29	28	27	26	25	24	23	22	21	20	19	18	**17**	16	15	14	13	12	11	10	9	8	7	6	5	4	3	2	1
순행	6	7	7	7	8	8	8	9	9	10	10	10			1	1	1	2	2	2	3	3	3	3	4	4	4	5	5	5
역행	4	4	3	3	3	2	2	2	1	1	1		10	10	9	9	9	8	8	8	7	7	7	6	6	6	5	5	5
월																		07										06
일	20	19	18	17	16	15	14	13	12	11	10	9	8	7	6	5	4	3	2	1	30	29	28	27	26	25	24	23	22	21
일진	甲	癸	壬	辛	庚	己	戊	丁	丙	乙	甲	癸	壬	辛	庚	己	戊	丁	丙	乙	甲	癸	壬	辛	庚	己	戊	丁	丙	乙
	辰	卯	寅	丑	子	亥	戌	酉	申	未	午	巳	辰	卯	寅	丑	子	亥	戌	酉	申	未	午	巳	辰	卯	寅	丑	子	亥
요일	화	월	일	토	금	목	수	화	월	일	토	금	목	수	화	월	일	토	금	목	수	화	월	일	토	금	목	수	화	월

丙日生 사주에 甲申이 있으면 부자 팔자이다.

6月小(丁未)소서

절기									입추																	대서			
음력	29	28	27	26	25	24	23	22	21	20	**19**	18	17	16	15	14	13	12	11	10	9	8	7	6	5	4	**3**	2	1
순행	7	7	8	8	8	9	9	9	10	10		1	1	1	1	2	2	2	3	3	3	4	4	4	5	5	5	6	
역행	3	3	3	2	2	2	1	1	1		10	10	10	9	9	9	8	8	8	7	7	7	6	6	6	5	5	5	5
월											08																07		
일	18	17	16	15	14	13	12	11	10	9	8	7	6	5	4	3	2	1	31	30	29	28	27	26	25	24	23	22	21
일진	癸	壬	辛	庚	己	戊	丁	丙	乙	甲	癸	壬	辛	庚	己	戊	丁	丙	乙	甲	癸	壬	辛	庚	己	戊	丁	丙	乙
	酉	申	未	午	巳	辰	卯	寅	丑	子	亥	戌	酉	申	未	午	巳	辰	卯	寅	丑	子	亥	戌	酉	申	未	午	巳
요일	수	화	월	일	토	금	목	수	화	월	일	토	금	목	수	화	월	일	토	금	목	수	화	월	일	토	금	목	수

7月小(戊申)입추

절기								백로																	처서				
음력	29	28	27	26	25	24	23	22	**21**	20	19	18	17	16	15	14	13	12	11	10	9	8	7	6	**5**	4	3	2	1
순행	8	8	8	9	9	10	10		1	1	1	1	2	2	2	3	3	3	4	4	4	5	5	5	6	6	6	7	7
역행	3	2	2	2	1	1	1		10	10	9	9	9	8	8	8	7	7	7	6	6	6	5	5	5	4	4	4	4
월											09														08				
일	16	15	14	13	12	11	10	9	8	7	6	5	4	3	2	1	31	30	29	28	27	26	25	24	23	22	21	20	19
일진	壬	辛	庚	己	戊	丁	丙	乙	甲	癸	壬	辛	庚	己	戊	丁	丙	乙	甲	癸	壬	辛	庚	己	戊	丁	丙	乙	甲
	寅	丑	子	亥	戌	酉	申	未	午	巳	辰	卯	寅	丑	子	亥	戌	酉	申	未	午	巳	辰	卯	寅	丑	子	亥	戌
요일	목	수	화	월	일	토	금	목	수	화	월	일	토	금	목	수	화	월	일	토	금	목	수	화	월	일	토	금	목

8月大(己酉)백로

절기							한로																추분							
음력	30	29	28	27	26	25	24	**23**	22	21	20	19	18	17	16	15	14	13	12	11	10	9	8	7	**6**	5	4	3	2	1
순행	8	8	8	9	9	9	10		1	1	1	1	2	2	2	3	3	3	4	4	4	5	5	5	6	6	6	7	7	7
역행	2	2	1	1	1		10	10	9	9	9	8	8	8	7	7	7	6	6	6	5	5	5	4	4	4	3	3	3	
월												10													09					
일	16	15	14	13	12	11	10	9	8	7	6	5	4	3	2	1	30	29	28	27	26	25	24	23	22	21	20	19	18	17
일진	壬	辛	庚	己	戊	丁	丙	乙	甲	癸	壬	辛	庚	己	戊	丁	丙	乙	甲	癸	壬	辛	庚	己	戊	丁	丙	乙	甲	癸
	申	未	午	巳	辰	卯	寅	丑	子	亥	戌	酉	申	未	午	巳	辰	卯	寅	丑	子	亥	戌	酉	申	未	午	巳	辰	卯
요일	토	금	목	수	화	월	일	토	금	목	수	화	월	일	토	금	목	수	화	월	일	토	금	목	수	화	월	일	토	금

9月大(庚戌)한로

절기							입동																상강							
음력	30	29	28	27	26	25	24	**23**	22	21	20	19	18	17	16	15	14	13	12	11	10	9	**8**	7	6	5	4	3	2	1
순행	7	8	8	8	9	9	9		1	1	1	1	2	2	2	3	3	3	4	4	4	5	5	5	6	6	6	7	7	7
역행	2	2	2	1	1	1		10	9	9	9	8	8	8	7	7	7	6	6	6	5	5	5	4	4	4	3	3	3	3
월											11															10				
일	15	14	13	12	11	10	9	8	7	6	5	4	3	2	1	31	30	29	28	27	26	25	24	23	22	21	20	19	18	17
일진	壬	辛	庚	己	戊	丁	丙	乙	甲	癸	壬	辛	庚	己	戊	丁	丙	乙	甲	癸	壬	辛	庚	己	戊	丁	丙	乙	甲	癸
	寅	丑	子	亥	戌	酉	申	未	午	巳	辰	卯	寅	丑	子	亥	戌	酉	申	未	午	巳	辰	卯	寅	丑	子	亥	戌	酉
요일	월	일	토	금	목	수	화	월	일	토	금	목	수	화	월	일	토	금	목	수	화	월	일	토	금	목	수	화	월	일

10月小(辛亥)입동

절기							대설																소설						
음력	29	28	27	26	25	24	23	**22**	21	20	19	18	17	16	15	14	13	12	11	10	9	**8**	7	6	5	4	3	2	1
순행	8	8	8	9	9	9	10		1	1	1	2	2	2	3	3	3	4	4	4	5	5	5	6	6	6	7	7	7
역행	2	2	2	1	1	1		10	9	9	9	8	8	8	7	7	7	6	6	6	5	5	5	4	4	4	3	3	3
월											12															11			
일	14	13	12	11	10	9	8	7	6	5	4	3	2	1	30	29	28	27	26	25	24	23	22	21	20	19	18	17	16
일진	辛	庚	己	戊	丁	丙	乙	甲	癸	壬	辛	庚	己	戊	丁	丙	乙	甲	癸	壬	辛	庚	己	戊	丁	丙	乙	甲	癸
	丑	子	亥	戌	酉	申	未	午	巳	辰	卯	寅	丑	子	亥	戌	酉	申	未	午	巳	辰	卯	寅	丑	子	亥	戌	酉
요일	화	월	일	토	금	목	수	화	월	일	토	금	목	수	화	월	일	토	금	목	수	화	월	일	토	금	목	수	화

11月大(壬子)대설

절기							소한																동지							
음력	30	29	28	27	26	25	24	**23**	22	21	20	19	18	17	16	15	14	13	12	11	10	9	**8**	7	6	5	4	3	2	1
순행	7	8	8	8	9	9	9		1	1	1	2	2	2	3	3	3	4	4	4	5	5	5	6	6	6	7	7	7	
역행	2	2	2	1	1	1		10	9	9	9	8	8	8	7	7	7	6	6	6	5	5	5	4	4	4	3	3	3	
월											01														12					
일	13	12	11	10	9	8	7	6	5	4	3	2	1	31	30	29	28	27	26	25	24	23	22	21	20	19	18	17	16	15
일진	辛	庚	己	戊	丁	丙	乙	甲	癸	壬	辛	庚	己	戊	丁	丙	乙	甲	癸	壬	辛	庚	己	戊	丁	丙	乙	甲	癸	壬
	丑	子	亥	戌	酉	申	未	午	巳	辰	卯	寅	丑	子	亥	戌	酉	申	未	午	巳	辰	卯	寅	丑	子	亥	戌	酉	申
요일	목	수	화	월	일	토	금	목	수	화	월	일	토	금	목	수	화	월	일	토	금	목	수	화	월	일	토	금	목	수

12月大(癸丑)소한

절기							입춘																대한							
음력	30	29	28	27	26	25	24	**22**	21	20	19	18	17	16	15	14	13	12	11	10	9	**8**	7	6	5	4	3	2	1
순행	7	8	8	8	9	9	9		1	1	1	1	2	2	2	3	3	3	4	4	4	5	5	5	6	6	6	7	7	7
역행	3	2	2	2	1	1	1		9	9	9	8	8	8	7	7	7	6	6	6	5	5	5	4	4	4	3	3	3	3
월											02														01					
일	12	11	10	9	8	7	6	5	4	3	2	1	31	30	29	28	27	26	25	24	23	22	21	20	19	18	17	16	15	14
일진	辛	庚	己	戊	丁	丙	乙	甲	癸	壬	辛	庚	己	戊	丁	丙	乙	甲	癸	壬	辛	庚	己	戊	丁	丙	乙	甲	癸	壬
	未	午	巳	辰	卯	寅	丑	子	亥	戌	酉	申	未	午	巳	辰	卯	寅	丑	子	亥	戌	酉	申	未	午	巳	辰	卯	寅
요일	토	금	목	수	화	월	일	토	금	목	수	화	월	일	토	금	목	수	화	월	일	토	금	목	수	화	월	일	토	금

사주에 子·午·卯·酉가 있으면 간부와 눈이 맞아 가출한다.

상문 : 丑　대장군 : 酉
조객 : 酉　삼　재 : 巳酉丑
삼살 : 酉

癸亥年

서기 1983년
단기 4316년

1月大(甲寅) 입춘 — 절기: 경칩 / 우수

절기	경칩 (22) / 우수 (7)																													
음력	30	29	28	27	26	25	24	23	22	21	20	19	18	17	16	15	14	13	12	11	10	9	8	7	6	5	4	3	2	1
순행	7	8	8	8	9	9	9			1	1	1	1	2	2	2	3	3	3	4	4	4	5	5	5	6	6	6	7	
역행	3	2	2	2	1	1	1			10	9	9	9	8	8	8	7	7	7	6	6	6	5	5	5	4	4	4	3	
월											03																		02	
일	14	13	12	11	10	9	8	7	6	5	4	3	2	1	28	27	26	25	24	23	22	21	20	19	18	17	16	15	14	13
일진	辛丑	庚子	己亥	戊戌	丁酉	丙申	乙未	甲午	癸巳	壬辰	辛卯	庚寅	己丑	戊子	丁亥	丙戌	乙酉	甲申	癸未	壬午	辛巳	庚辰	己卯	戊寅	丁丑	丙子	乙亥	甲戌	癸酉	壬申
요일	월	일	금	목	수	화	월	일	토	금	목	수	화	월	일	토	금	목	수	화	월	일	토	금	목	수	화	월	일	토

2月小(乙卯) 경칩 — 절기: 청명 / 춘분

절기	청명 (22) / 춘분 (7)																												
음력	29	28	27	26	25	24	23	22	21	20	19	18	17	16	15	14	13	12	11	10	9	8	7	6	5	4	3	2	1
순행	8	8	9	9	9	10			1	1	1	1	2	2	2	3	3	3	4	4	4	5	5	5	6	6	6	7	7
역행	2	2	1	1	1			10	9	9	9	8	8	8	7	7	7	6	6	6	5	5	5	4	4	4	3	3	
월											04																	03	
일	12	11	10	9	8	7	6	5	4	3	2	1	31	30	29	28	27	26	25	24	23	22	21	20	19	18	17	16	15
일진	庚午	己巳	戊辰	丁卯	丙寅	乙丑	甲子	癸亥	壬戌	辛酉	庚申	己未	戊午	丁巳	丙辰	乙卯	甲寅	癸丑	壬子	辛亥	庚戌	己酉	戊申	丁未	丙午	乙巳	甲辰	癸卯	壬寅
요일	화	월	일	토	금	목	수	화	월	일	토	금	목	수	화	월	일	토	금	목	수	화	월	일	토	금	목	수	화

3月大(丙辰) 청명 — 절기: 입하 / 곡우

절기	입하 (24) / 곡우 (9)																													
음력	30	29	28	27	26	25	24	23	22	21	20	19	18	17	16	15	14	13	12	11	10	9	8	7	6	5	4	3	2	1
순행	8	9	9	9	10	10			1	1	1	1	2	2	2	3	3	3	4	4	4	5	5	5	6	6	6	7	7	8
역행	2	2	1	1	1			10	10	9	9	9	8	8	8	7	7	7	6	6	6	5	5	5	4	4	4	3	3	
월											05																		04	
일	12	11	10	9	8	7	6	5	4	3	2	1	30	29	28	27	26	25	24	23	22	21	20	19	18	17	16	15	14	13
일진	庚子	己亥	戊戌	丁酉	丙申	乙未	甲午	癸巳	壬辰	辛卯	庚寅	己丑	戊子	丁亥	丙戌	乙酉	甲申	癸未	壬午	辛巳	庚辰	己卯	戊寅	丁丑	丙子	乙亥	甲戌	癸酉	壬申	辛未
요일	수	화	월	일	토	금	목	수	화	월	일	토	금	목	수	화	월	일	토	금	목	수	화	월	일	토	금	목	수	화

4月小(丁巳) 입하 — 절기: 망종 / 소만

절기	망종 (25) / 소만 (10)																												
음력	29	28	27	26	25	24	23	22	21	20	19	18	17	16	15	14	13	12	11	10	9	8	7	6	5	4	3	2	1
순행	9	10	10	10			1	1	1	2	2	2	3	3	3	4	4	4	5	5	5	6	6	6	7	7	7	8	8
역행	1	1	1			10	10	9	9	9	8	8	8	7	7	7	6	6	6	5	5	5	4	4	4	3	3	3	
월											06																	05	
일	10	9	8	7	6	5	4	3	2	1	31	30	29	28	27	26	25	24	23	22	21	20	19	18	17	16	15	14	13
일진	己巳	戊辰	丁卯	丙寅	乙丑	甲子	癸亥	壬戌	辛酉	庚申	己未	戊午	丁巳	丙辰	乙卯	甲寅	癸丑	壬子	辛亥	庚戌	己酉	戊申	丁未	丙午	乙巳	甲辰	癸卯	壬寅	辛丑
요일	금	목	수	화	월	일	토	금	목	수	화	월	일	토	금	목	수	화	월	일	토	금	목	수	화	월	일	토	금

5月小(戊午) 망종 — 절기: 소서 / 하지

절기	소서 (28) / 하지 (12)																												
음력	29	28	27	26	25	24	23	22	21	20	19	18	17	16	15	14	13	12	11	10	9	8	7	6	5	4	3	2	1
순행	10			1	1	1	2	2	2	3	3	3	4	4	4	5	5	5	6	6	6	7	7	7	8	8	8	9	
역행	1			10	10	9	9	9	8	8	8	7	7	7	6	6	6	5	5	5	4	4	4	3	3	3	2	2	2
월											07																	06	
일	9	8	7	6	5	4	3	2	1	30	29	28	27	26	25	24	23	22	21	20	19	18	17	16	15	14	13	12	11
일진	戊戌	丁酉	丙申	乙未	甲午	癸巳	壬辰	辛卯	庚寅	己丑	戊子	丁亥	丙戌	乙酉	甲申	癸未	壬午	辛巳	庚辰	己卯	戊寅	丁丑	丙子	乙亥	甲戌	癸酉	壬申	辛未	庚午
요일	토	금	목	수	화	월	일	토	금	목	수	화	월	일	토	금	목	수	화	월	일	토	금	목	수	화	월	일	토

6月大(己未) 소서 — 절기: 입추 / 대서

절기	입추 (30) / 대서 (14)																													
음력	30	29	28	27	26	25	24	23	22	21	20	19	18	17	16	15	14	13	12	11	10	9	8	7	6	5	4	3	2	1
순행		1	1	1	2	2	2	3	3	3	4	4	4	5	5	5	6	6	6	7	7	7	8	8	8	9	9	9	10	
역행		10	10	9	9	9	8	8	8	7	7	7	6	6	6	5	5	5	4	4	4	3	3	3	2	2	2	1	1	
월											08																		07	
일	8	7	6	5	4	3	2	1	31	30	29	28	27	26	25	24	23	22	21	20	19	18	17	16	15	14	13	12	11	10
일진	戊辰	丁卯	丙寅	乙丑	甲子	癸亥	壬戌	辛酉	庚申	己未	戊午	丁巳	丙辰	乙卯	甲寅	癸丑	壬子	辛亥	庚戌	己酉	戊申	丁未	丙午	乙巳	甲辰	癸卯	壬寅	辛丑	庚子	己亥
요일	월	일	토	금	목	수	화	월	일	토	금	목	수	화	월	일	토	금	목	수	화	월	일	토	금	목	수	화	월	일

乙日生 사주에 癸丑·癸未가 있으면 부자 팔자이다.

처서 / 백로 月 (7月小(庚申)입추)

절기												처서																	
음력	29	28	27	26	25	24	23	22	21	20	19	18	17	16	15	14	13	12	11	10	9	8	7	6	5	4	3	2	1
순행	1	1	1	2	2	2	3	3	3	4	4	4	5	5	5	6	6	6	7	7	7	8	8	8	9	9	9	10	10
역행	10	9	9	9	8	8	8	7	7	7	6	6	6	5	5	5	4	4	4	3	3	3	2	2	2	1	1	1	1
월					09																				08				
일	6	5	4	3	2	1	31	30	29	28	27	26	25	24	23	22	21	20	19	18	17	16	15	14	13	12	11	10	9
일진	丁酉	丙申	乙未	甲午	癸巳	壬辰	辛卯	庚寅	己丑	戊子	丁亥	丙戌	乙酉	甲申	癸未	壬午	辛巳	庚辰	己卯	戊寅	丁丑	丙子	乙亥	甲戌	癸酉	壬申	辛未	庚午	己巳
요일	화	월	일	토	금	목	수	화	월	일	토	금	목	수	화	월	일	토	금	목	수	화	월	일	토	금	목	수	화

추분 / 백로 月 (8月小(辛酉)백로)

절기												추분											백로						
음력	29	28	27	26	25	24	23	22	21	20	19	18	17	16	15	14	13	12	11	10	9	8	7	6	5	4	3	2	1
순행	1	2	2	2	3	3	3	4	4	4	5	5	5	6	6	6	7	7	7	8	8	8	9	9	10	10			1
역행	9	9	8	8	8	7	7	7	6	6	6	5	5	5	4	4	4	3	3	3	2	2	2	1	1	1			10
월					10																			09					
일	5	4	3	2	1	30	29	28	27	26	25	24	23	22	21	20	19	18	17	16	15	14	13	12	11	10	9	8	7
일진	丙寅	乙丑	甲子	癸亥	壬戌	辛酉	庚申	己未	戊午	丁巳	丙辰	乙卯	甲寅	癸丑	壬子	辛亥	庚戌	己酉	戊申	丁未	丙午	乙巳	甲辰	癸卯	壬寅	辛丑	庚子	己亥	戊戌
요일	수	화	월	일	토	금	목	수	화	월	일	토	금	목	수	화	월	일	토	금	목	수	화	월	일	토	금	목	수

상강 / 한로 月 (9月大(壬戌)한로)

절기												상강										한로								
음력	30	29	28	27	26	25	24	23	22	21	20	19	18	17	16	15	14	13	12	11	10	9	8	7	6	5	4	3	2	1
순행	1	2	2	2	3	3	3	4	4	4	5	5	5	6	6	6	7	7	7	8	8	8	9	9	9	10		1	1	1
역행	9	8	8	8	7	7	7	6	6	6	5	5	5	4	4	4	3	3	3	2	2	2	1	1	1	1		10	10	9
월				11																					10					
일	4	3	2	1	31	30	29	28	27	26	25	24	23	22	21	20	19	18	17	16	15	14	13	12	11	10	9	8	7	6
일진	丙申	乙未	甲午	癸巳	壬辰	辛卯	庚寅	己丑	戊子	丁亥	丙戌	乙酉	甲申	癸未	壬午	辛巳	庚辰	己卯	戊寅	丁丑	丙子	乙亥	甲戌	癸酉	壬申	辛未	庚午	己巳	戊辰	丁卯
요일	금	목	수	화	월	일	토	금	목	수	화	월	일	토	금	목	수	화	월	일	토	금	목	수	화	월	일	토	금	목

소설 / 입동 月 (10月小(癸亥)입동)

절기												소설										입동							
음력	29	28	27	26	25	24	23	22	21	20	19	18	17	16	15	14	13	12	11	10	9	8	7	6	5	4	3	2	1
순행	2	2	2	3	3	3	4	4	4	5	5	5	6	6	6	7	7	7	8	8	8	9	9	9	10		1	1	1
역행	8	8	8	7	7	7	6	6	6	5	5	5	4	4	4	3	3	3	2	2	2	1	1	1	1		10	9	9
월			12																						11				
일	3	2	1	30	29	28	27	26	25	24	23	22	21	20	19	18	17	16	15	14	13	12	11	10	9	8	7	6	5
일진	乙丑	甲子	癸亥	壬戌	辛酉	庚申	己未	戊午	丁巳	丙辰	乙卯	甲寅	癸丑	壬子	辛亥	庚戌	己酉	戊申	丁未	丙午	乙巳	甲辰	癸卯	壬寅	辛丑	庚子	己亥	戊戌	丁酉
요일	토	금	목	수	화	월	일	토	금	목	수	화	월	일	토	금	목	수	화	월	일	토	금	목	수	화	월	일	토

동지 / 대설 月 (11月大(甲子)대설)

절기												동지										대설								
음력	30	29	28	27	26	25	24	23	22	21	20	19	18	17	16	15	14	13	12	11	10	9	8	7	6	5	4	3	2	1
순행	1	2	2	2	3	3	3	4	4	4	5	5	5	6	6	6	7	7	7	8	8	8	9	9	9		1	1	1	
역행	8	8	8	7	7	7	6	6	6	5	5	5	4	4	3	3	3	2	2	2	1	1	1		10	9	9	9		
월	01																								12					
일	2	1	31	30	29	28	27	26	25	24	23	22	21	20	19	18	17	16	15	14	13	12	11	10	9	8	7	6	5	4
일진	乙未	甲午	癸巳	壬辰	辛卯	庚寅	己丑	戊子	丁亥	丙戌	乙酉	甲申	癸未	壬午	辛巳	庚辰	己卯	戊寅	丁丑	丙子	乙亥	甲戌	癸酉	壬申	辛未	庚午	己巳	戊辰	丁卯	丙寅
요일	월	일	토	금	목	수	화	월	일	토	금	목	수	화	월	일	토	금	목	수	화	월	일	토	금	목	수	화	월	일

대한 / 소한 月 (12月大(乙丑)소한)

절기												대한										소한								
음력	30	29	28	27	26	25	24	23	22	21	20	19	18	17	16	15	14	13	12	11	10	9	8	7	6	5	4	3	2	1
순행	1	2	2	2	3	3	3	4	4	4	5	5	5	6	6	6	7	7	8	8	8	9	9	10		1	1	1		
역행	9	8	8	8	7	7	7	6	6	6	5	5	5	4	4	4	3	3	2	2	2	1	1	1		10	9	9		
월	02																							01						
일	1	31	30	29	28	27	26	25	24	23	22	21	20	19	18	17	16	15	14	13	12	11	10	9	8	7	6	5	4	3
일진	乙丑	甲子	癸亥	壬戌	辛酉	庚申	己未	戊午	丁巳	丙辰	乙卯	甲寅	癸丑	壬子	辛亥	庚戌	己酉	戊申	丁未	丙午	乙巳	甲辰	癸卯	壬寅	辛丑	庚子	己亥	戊戌	丁酉	丙申
요일	수	화	월	일	토	금	목	수	화	월	일	토	금	목	수	화	월	일	토	금	목	수	화	월	일	토	금	목	수	화

여자 사주에 상관과 도화살이 같이 있으면 기생 팔자이다.

상문 : 寅　대장군 : 西
조객 : 戌　삼　재 : 巳酉丑
삼살 : 南

甲子年

서기 1984년

단기 4317년

								우수									입춘							절 기	
30	29	28	27	26	25	24	23	22	21	20	19	18	17	16	15	14	13	12	11	10	9	8	7	6	5	4	3	2	1	음 력	1月大(丙寅)입춘
1	1	2	2	2	3	3	3	4	4	4	5	5	5	6	6	6	7	7	7	8	8	8	9	9	9			1	1	1	순행	
9	8	8	8	7	7	7	6	6	6	5	5	5	4	4	4	3	3	3	2	2	2	1	1	1			10	9	9	역행	
03																										02				월	
2	1	31	30	29	28	27	26	25	24	23	22	21	20	19	18	17	16	15	14	13	12	11	10	9	8	7	6	5	4	3	2	일	
乙未	甲午	癸巳	壬辰	辛卯	庚寅	己丑	戊子	丁亥	丙戌	乙酉	甲申	癸未	壬午	辛巳	庚辰	己卯	戊寅	丁丑	丙子	乙亥	甲戌	癸酉	壬申	辛未	庚午	己巳	戊辰	丁卯	丙寅	일 진	
금	목	수	화	월	일	토	금	목	수	화	월	일	토	금	목	수	화	월	일	토	금	목	수	화	월	일	토	금	목	요 일	

								춘분									경칩							절 기	
29	28	27	26	25	24	23	22	21	20	19	18	17	16	15	14	13	12	11	10	9	8	7	6	5	4	3	2	1	음 력	2月小(丁卯)경칩
	1	2	2	2	3	3	3	4	4	4	5	5	5	6	6	6	7	7	7	8	8	8	9	9	9	10		1	1	순행	
	9	8	8	8	7	7	7	6	6	6	5	5	5	4	4	4	3	3	3	2	2	2	1	1	1			9	9	역행	
																											03		월	
31	30	29	28	27	26	25	24	23	22	21	20	19	18	17	16	15	14	13	12	11	10	9	8	7	6	5	4	3	일	
甲子	癸亥	壬戌	辛酉	庚申	己未	戊午	丁巳	丙辰	乙卯	甲寅	癸丑	壬子	辛亥	庚戌	己酉	戊申	丁未	丙午	乙巳	甲辰	癸卯	壬寅	辛丑	庚子	己亥	戊戌	丁酉	丙申	일 진	
토	금	목	수	화	월	일	토	금	목	수	화	월	일	토	금	목	수	화	월	일	토	금	목	수	화	월	일	토	요 일	

								곡우									청명							절 기	
30	29	28	27	26	25	24	23	22	21	20	19	18	17	16	15	14	13	12	11	10	9	8	7	6	5	4	3	2	1	음 력	3月大(戊辰)청명
2	2	2	3	3	3	4	4	4	5	5	5	6	6	6	7	7	7	8	8	8	9	9	9	10			1	1	1	순행	
9	8	8	8	7	7	7	6	6	6	5	5	5	4	4	4	3	3	3	2	2	2	1	1	1			10	9	9	역행	
																												04		월	
30	29	28	27	26	25	24	23	22	21	20	19	18	17	16	15	14	13	12	11	10	9	8	7	6	5	4	3	2	1	일	
甲午	癸巳	壬辰	辛卯	庚寅	己丑	戊子	丁亥	丙戌	乙酉	甲申	癸未	壬午	辛巳	庚辰	己卯	戊寅	丁丑	丙子	乙亥	甲戌	癸酉	壬申	辛未	庚午	己巳	戊辰	丁卯	丙寅	乙丑	일 진	
월	일	토	금	목	수	화	월	일	토	금	목	수	화	월	일	토	금	목	수	화	월	일	토	금	목	수	화	월	일	요 일	

								소만									입하							절 기	
30	29	28	27	26	25	24	23	22	21	20	19	18	17	16	15	14	13	12	11	10	9	8	7	6	5	4	3	2	1	음 력	4月大(己巳)입하
2	2	3	3	3	4	4	4	5	5	5	6	6	6	7	7	7	8	8	8	9	9	9	10			1	1	1	1	순행	
8	8	8	7	7	7	6	6	6	5	5	5	4	4	4	3	3	3	2	2	2	1	1	1			10	9	9	9	역행	
																												05		월	
30	29	28	27	26	25	24	23	22	21	20	19	18	17	16	15	14	13	12	11	10	9	8	7	6	5	4	3	2	1	일	
甲子	癸亥	壬戌	辛酉	庚申	己未	戊午	丁巳	丙辰	乙卯	甲寅	癸丑	壬子	辛亥	庚戌	己酉	戊申	丁未	丙午	乙巳	甲辰	癸卯	壬寅	辛丑	庚子	己亥	戊戌	丁酉	丙申	乙未	일 진	
수	화	월	일	토	금	목	수	화	월	일	토	금	목	수	화	월	일	토	금	목	수	화	월	일	토	금	목	수	화	요 일	

								하지									망종							절 기	
29	28	27	26	25	24	23	22	21	20	19	18	17	16	15	14	13	12	11	10	9	8	7	6	5	4	3	2	1	음 력	5月小(庚午)망종
3	3	4	4	4	5	5	5	6	6	6	7	7	7	8	8	8	9	9	9	10	10		1	1	1	1	2		순행	
8	7	7	7	6	6	6	5	5	5	4	4	4	3	3	3	2	2	2	1	1	1		10	10	9	9	9		역행	
																							06	05					월	
28	27	26	25	24	23	22	21	20	19	18	17	16	15	14	13	12	11	10	9	8	7	6	5	4	3	2	1	31	일	
癸巳	壬辰	辛卯	庚寅	己丑	戊子	丁亥	丙戌	乙酉	甲申	癸未	壬午	辛巳	庚辰	己卯	戊寅	丁丑	丙子	乙亥	甲戌	癸酉	壬申	辛未	庚午	己巳	戊辰	丁卯	丙寅	乙丑	일 진	
목	수	화	월	일	토	금	목	수	화	월	일	토	금	목	수	화	월	일	토	금	목	수	화	월	일	토	금	목	요 일	

								대서									소서							절 기	
29	28	27	26	25	24	23	22	21	20	19	18	17	16	15	14	13	12	11	10	9	8	7	6	5	4	3	2	1	음 력	6月小(辛未)소서
4	4	4	5	5	5	6	6	6	7	7	7	8	8	8	9	9	9	10	10		1	1	1	1	2	2	2	3	순행	
7	6	6	6	5	5	5	4	4	4	3	3	3	2	2	2	1	1	1		10	10	9	9	9	8	8	8	7	역행	
																				07	06								월	
27	26	25	24	23	22	21	20	19	18	17	16	15	14	13	12	11	10	9	8	7	6	5	4	3	2	1	30	29	일	
壬戌	辛酉	庚申	己未	戊午	丁巳	丙辰	乙卯	甲寅	癸丑	壬子	辛亥	庚戌	己酉	戊申	丁未	丙午	乙巳	甲辰	癸卯	壬寅	辛丑	庚子	己亥	戊戌	丁酉	丙申	乙未	甲午	일 진	
금	목	수	화	월	일	토	금	목	수	화	월	일	토	금	목	수	화	월	일	토	금	목	수	화	월	일	토	금	요 일	

甲日生 사주에 甲寅·丙午·壬戌이 있으면 부자 팔자이다.

7月大(壬申) 입추 — 처서 / 입추

절기	처서																			입추										
음력	30	29	28	27	26	25	24	23	22	21	20	19	18	17	16	15	14	13	12	11	10	9	8	7	6	5	4	3	2	1
순행	4	4	5	5	5	6	6	6	7	7	7	8	8	8	9	9	9	10	10		1	1	1	1	2	2	2	3	3	3
역행	6	6	6	5	5	5	4	4	4	3	3	3	2	2	2	1	1	1		10	10	9	9	9	8	8	8	7	7	
월																			08								07			
일진	26	25	24	23	22	21	20	19	18	17	16	15	14	13	12	11	10	9	8	7	6	5	4	3	2	1	31	30	29	28
	壬	辛	庚	己	戊	丁	丙	乙	甲	癸	壬	辛	庚	己	戊	丁	丙	乙	甲	癸	壬	辛	庚	己	戊	丁	丙	乙	甲	癸
	辰	卯	寅	丑	子	亥	戌	酉	申	未	午	巳	辰	卯	寅	丑	子	亥	戌	酉	申	未	午	巳	辰	卯	寅	丑	子	亥
요일	일	토	금	목	수	화	월	일	토	금	목	수	화	월	일	토	금	목	수	화	월	일	토	금	목	수	화	월	일	토

8月小(癸酉) 백로 — 추분 / 백로

절기	추분																	백로										
음력	29	28	27	26	25	24	23	22	21	20	19	18	17	16	15	14	13	12	11	10	9	8	7	6	5	4	3	2	1
순행	5	5	5	6	6	6	7	7	7	8	8	8	9	9	9	10	10		1	1	1	2	2	2	3	3	3	
역행	6	5	5	5	4	4	4	3	3	3	2	2	2	1	1	1		10	10	9	9	9	8	8	8	7	7	
월																		09							08			
일진	24	23	22	21	20	19	18	17	16	15	14	13	12	11	10	9	8	7	6	5	4	3	2	1	31	30	29	28	27
	辛	庚	己	戊	丁	丙	乙	甲	癸	壬	辛	庚	己	戊	丁	丙	乙	甲	癸	壬	辛	庚	己	戊	丁	丙	乙	甲	癸
	酉	申	未	午	巳	辰	卯	寅	丑	子	亥	戌	酉	申	未	午	巳	辰	卯	寅	丑	子	亥	戌	酉	申	未	午	巳
요일	월	일	토	금	목	수	화	월	일	토	금	목	수	화	월	일	토	금	목	수	화	월	일	토	금	목	수	화	월

9月小(甲戌) 한로 — 상강 / 한로

절기	상강															한로												
음력	29	28	27	26	25	24	23	22	21	20	19	18	17	16	15	14	13	12	11	10	9	8	7	6	5	4	3	2	1
순행	5	5	6	6	6	7	7	7	8	8	8	9	9	9	10		1	1	1	2	2	2	3	3	3	4	4	4
역행	5	4	4	4	3	3	3	2	2	2	1	1	1		10		9	9	9	8	8	8	7	7	7	6	6	
월															10								09					
일진	23	22	21	20	19	18	17	16	15	14	13	12	11	10	9	8	7	6	5	4	3	2	1	30	29	28	27	26	25
	庚	己	戊	丁	丙	乙	甲	癸	壬	辛	庚	己	戊	丁	丙	乙	甲	癸	壬	辛	庚	己	戊	丁	丙	乙	甲	癸	壬
	寅	丑	子	亥	戌	酉	申	未	午	巳	辰	卯	寅	丑	子	亥	戌	酉	申	未	午	巳	辰	卯	寅	丑	子	亥	戌
요일	화	월	일	토	금	목	수	화	월	일	토	금	목	수	화	월	일	토	금	목	수	화	월	일	토	금	목	수	화

10月大(乙亥) 입동 — 소설 / 입동

절기	소설															입동														
음력	30	29	28	27	26	25	24	23	22	21	20	19	18	17	16	15	14	13	12	11	10	9	8	7	6	5	4	3	2	1
순행	5	5	6	6	6	7	7	7	8	8	8	9	9		1	1	1	2	2	2	3	3	3	4	4	4	5			
역행	5	5	4	4	4	3	3	3	2	2	2	1	1	1		10	9	9	9	8	8	8	7	7	7	6	6	6	5	
월															11									10						
일진	22	21	20	19	18	17	16	15	14	13	12	11	10	9	8	7	6	5	4	3	2	1	31	30	29	28	27	26	25	24
	庚	己	戊	丁	丙	乙	甲	癸	壬	辛	庚	己	戊	丁	丙	乙	甲	癸	壬	辛	庚	己	戊	丁	丙	乙	甲	癸	壬	辛
	申	未	午	巳	辰	卯	寅	丑	子	亥	戌	酉	申	未	午	巳	辰	卯	寅	丑	子	亥	戌	酉	申	未	午	巳	辰	卯
요일	목	수	화	월	일	토	금	목	수	화	월	일	토	금	목	수	화	월	일	토	금	목	수	화	월	일	토	금	목	수

윤10月小 — 대설

절기																대설													
음력	29	28	27	26	25	24	23	22	21	20	19	18	17	16	15	14	13	12	11	10	9	8	7	6	5	4	3	2	1
순행	5	5	6	6	6	7	7	7	8	8	8	9	9		1	1	1	2	2	2	3	3	3	4	4	4	5		
역행	5	4	4	4	3	3	3	2	2	2	1	1	1		10	9	9	9	8	8	8	7	7	7	6	6	6		
월															12								11						
일진	21	20	19	18	17	16	15	14	13	12	11	10	9	8	7	6	5	4	3	2	1	30	29	28	27	26	25	24	23
	己	戊	丁	丙	乙	甲	癸	壬	辛	庚	己	戊	丁	丙	乙	甲	癸	壬	辛	庚	己	戊	丁	丙	乙	甲	癸	壬	辛
	丑	子	亥	戌	酉	申	未	午	巳	辰	卯	寅	丑	子	亥	戌	酉	申	未	午	巳	辰	卯	寅	丑	子	亥	戌	酉
요일	금	목	수	화	월	일	토	금	목	수	화	월	일	토	금	목	수	화	월	일	토	금	목	수	화	월	일	토	금

11月大(丙子) 대설 — 대한 / 소한 / 동지

절기	대한															소한												동지		
음력	30	29	28	27	26	25	24	23	22	21	20	19	18	17	16	15	14	13	12	11	10	9	8	7	6	5	4	3	2	1
순행	5	5	6	6	7	7	7	8	8	8	9	9	10		1	1	1	2	2	2	3	3	3	4	4	4	5			
역행	5	5	4	4	4	3	3	3	2	2	2	1	1		9	9	9	8	8	8	7	7	7	6	6	6	5	5		
월														01										12						
일진	20	19	18	17	16	15	14	13	12	11	10	9	8	7	6	5	4	3	2	1	31	30	29	28	27	26	25	24	23	22
	己	戊	丁	丙	乙	甲	癸	壬	辛	庚	己	戊	丁	丙	乙	甲	癸	壬	辛	庚	己	戊	丁	丙	乙	甲	癸	壬	辛	庚
	未	午	巳	辰	卯	寅	丑	子	亥	戌	酉	申	未	午	巳	辰	卯	寅	丑	子	亥	戌	酉	申	未	午	巳	辰	卯	寅
요일	일	토	금	목	수	화	월	일	토	금	목	수	화	월	일	토	금	목	수	화	월	일	토	금	목	수	화	월	일	토

12月大(丁丑) 소한 — 우수 / 입춘

절기	우수															입춘														
음력	30	29	28	27	26	25	24	23	22	21	20	19	18	17	16	15	14	13	12	11	10	9	8	7	6	5	4	3	2	1
순행	5	5	6	6	7	7	8	8	8	9	9	10		1	1	1	2	2	2	3	3	3	4	4	4	5				
역행	5	4	4	4	3	3	3	2	2	2	1	1		10	9	9	9	8	8	8	7	7	7	6	6	6	5			
월													02											01						
일진	19	18	17	16	15	14	13	12	11	10	9	8	7	6	5	4	3	2	1	31	30	29	28	27	26	25	24	23	22	21
	己	戊	丁	丙	乙	甲	癸	壬	辛	庚	己	戊	丁	丙	乙	甲	癸	壬	辛	庚	己	戊	丁	丙	乙	甲	癸	壬	辛	庚
	丑	子	亥	戌	酉	申	未	午	巳	辰	卯	寅	丑	子	亥	戌	酉	申	未	午	巳	辰	卯	寅	丑	子	亥	戌	酉	申
요일	화	월	일	토	금	목	수	화	월	일	토	금	목	수	화	월	일	토	금	목	수	화	월	일	토	금	목	수	화	

사주 내에 일지에 상관이 있고 타주에 상관이 또 있으면 틀림없는 과부 팔자다.

상문 : 卯　대장군 : 西
조객 : 亥　삼　재 : 巳酉丑
삼살 : 東

乙丑年

서기 1985년
단기 4318년

경칩 (1月小(戊寅)입춘)

절기	경칩
음력	29 28 27 26 25 24 23 22 21 20 19 18 17 16 **15** 14 13 12 11 10 9 8 7 6 5 4 3 2 1
순행 묘운	5 6 6 6 7 7 7 8 8 8 9 9 9 10 1 1 1 1 2 2 2 3 3 3 4 4 4 5
역행 묘운	5 4 4 4 3 3 3 2 2 2 1 1 1 10 9 9 9 8 8 8 7 7 7 6 6 6 5
월(양둔·음둔)	03 … 02
일진	戊午 丁巳 丙辰 乙卯 甲寅 癸丑 壬子 辛亥 庚戌 己酉 戊申 丁未 丙午 乙巳 甲辰 癸卯 壬寅 辛丑 庚子 己亥 戊戌 丁酉 丙申 乙未 甲午 癸巳 壬辰 辛卯 庚寅
요일	수 화 월 일 토 금 목 수 화 월 일 토 금 목 수 화 월 일 토 금 목 수 화 월 일 토 금 목 수

청명 / 춘분 (2月大(己卯)경칩)

절기	청명 … 춘분
음력	30 29 28 27 26 25 24 23 22 21 20 19 18 17 **16** 15 14 13 12 11 10 9 8 7 6 5 4 3 2 1
순행 묘운	5 6 6 6 7 7 7 8 8 8 9 9 9 10 1 1 1 1 2 2 2 3 3 3 4 4 4 5 5
역행 묘운	5 4 4 4 3 3 3 2 2 2 1 1 1 10 9 9 9 8 8 8 7 7 7 6 6 6 5
월(양둔·음둔)	04 … 03
일	19 18 17 16 15 14 13 12 11 10 9 8 7 6 5 4 3 2 1 31 30 29 28 27 26 25 24 23 22 21
일진	戊子 丁亥 丙戌 乙酉 甲申 癸未 壬午 辛巳 庚辰 己卯 戊寅 丁丑 丙子 乙亥 甲戌 癸酉 壬申 辛未 庚午 己巳 戊辰 丁卯 丙寅 乙丑 甲子 癸亥 壬戌 辛酉 庚申 己未
요일	금 목 수 화 월 일 토 금 목 수 화 월 일 토 금 목 수 화 월 일 토 금 목 수 화 월 일 토 금 목

입하 / 곡우 (3月大(庚辰)청명)

절기	입하 … 곡우
음력	30 29 28 27 26 25 24 23 22 21 20 19 18 17 **16** 15 14 13 12 11 10 9 8 7 6 5 4 3 2 1
순행 묘운	6 6 7 7 7 8 8 8 9 9 9 10 10 1 1 1 2 2 2 3 3 3 4 4 4 5 5
역행 묘운	5 4 4 4 3 3 3 2 2 2 1 1 1 10 9 9 9 8 8 8 7 7 7 6 6 5 5
월(양둔·음둔)	05 … 04
일	19 18 17 16 15 14 13 12 11 10 9 8 7 6 5 4 3 2 1 31 30 29 28 27 26 25 24 23 22 21
일진	戊午 丁巳 丙辰 乙卯 甲寅 癸丑 壬子 辛亥 庚戌 己酉 戊申 丁未 丙午 乙巳 甲辰 癸卯 壬寅 辛丑 庚子 己亥 戊戌 丁酉 丙申 乙未 甲午 癸巳 壬辰 辛卯 庚寅 己丑
요일	일 토 금 목 수 화 월 일 토 금 목 수 화 월 일 토 금 목 수 화 월 일 토 금 목 수 화 월 일 토

망종 / 소만 (4月小(辛巳)입하)

절기	망종 … 소만
음력	29 28 27 26 25 24 23 22 21 20 19 **18** 17 16 15 14 13 12 11 10 9 8 7 6 5 4 3 2 1
순행 묘운	7 7 8 8 8 9 9 9 10 10 1 1 1 2 2 2 3 3 3 4 4 4 5 5
역행 묘운	4 3 3 3 2 2 2 1 1 1 10 9 9 9 8 8 8 7 7 7 6 6 5 5
월(양둔·음둔)	06 … 05
일	17 16 15 14 13 12 11 10 9 8 7 6 5 4 3 2 1 31 30 29 28 27 26 25 24 23 22 21 20
일진	丁亥 丙戌 乙酉 甲申 癸未 壬午 辛巳 庚辰 己卯 戊寅 丁丑 丙子 乙亥 甲戌 癸酉 壬申 辛未 庚午 己巳 戊辰 丁卯 丙寅 乙丑 甲子 癸亥 壬戌 辛酉 庚申 己未
요일	월 일 토 금 목 수 화 월 일 토 금 목 수 화 월 일 토 금 목 수 화 월 일 토 금 목 수 화 월

소서 / 하지 (5月大(壬午)망종)

절기	소서 … 하지
음력	30 29 28 27 26 25 24 23 22 21 **20** 19 18 17 16 15 14 13 12 11 10 9 8 7 6 5 **4** 3 2 1
순행 묘운	7 7 8 8 8 9 9 10 10 1 1 1 1 2 2 2 3 3 3 4 4 4 5 5 5 6 6
역행 묘운	3 3 3 2 2 2 1 1 1 10 10 9 9 9 8 8 8 7 7 7 6 6 6 5 5 5 4 4
월(양둔·음둔)	07 … 06
일	17 16 15 14 13 12 11 10 9 8 7 6 5 4 3 2 1 31 30 29 28 27 26 25 24 23 22 21 20 19 18
일진	丁巳 丙辰 乙卯 甲寅 癸丑 壬子 辛亥 庚戌 己酉 戊申 丁未 丙午 乙巳 甲辰 癸卯 壬寅 辛丑 庚子 己亥 戊戌 丁酉 丙申 乙未 甲午 癸巳 壬辰 辛卯 庚寅 己丑 戊子
요일	수 화 월 일 토 금 목 수 화 월 일 토 금 목 수 화 월 일 토 금 목 수 화 월 일 토 금 목 수 화

입추 / 대서 (6月小(癸未)소서)

절기	입추 … 대서
음력	29 28 27 26 25 24 23 22 **21** 20 19 18 17 16 15 14 13 12 11 10 9 8 7 **6** 5 4 3 2 1
순행 묘운	8 8 9 9 9 10 10 1 1 1 2 2 2 3 3 3 4 4 4 5 5 5 6 6 6 7 7
역행 묘운	3 2 2 2 1 1 1 10 10 9 9 9 8 8 8 7 7 7 6 6 6 5 5 5 4 4 4
월(양둔·음둔)	08 … 07
일	15 14 13 12 11 10 9 8 7 6 5 4 3 2 1 31 30 29 28 27 26 25 24 23 22 21 20 19 18
일진	丙戌 乙酉 甲申 癸未 壬午 辛巳 庚辰 己卯 戊寅 丁丑 丙子 乙亥 甲戌 癸酉 壬申 辛未 庚午 己巳 戊辰 丁卯 丙寅 乙丑 甲子 癸亥 壬戌 辛酉 庚申 己未 戊午
요일	목 수 화 월 일 토 금 목 수 화 월 일 토 금 목 수 화 월 일 토 금 목 수 화 월 일 토 금 목

癸日生 사주에 辛巳·辛未가 있으면 부자 팔자이다.

7月大甲申 입추

절기					백로																	처서							
음력	30	29	28	27	26	25	**24**	23	22	21	20	19	18	17	16	15	14	13	12	11	10	9	**8**	7	6	5	4	3	2	1
순행	8	8	9	9	9	10		1	1	1	1	1	2	2	3	3	3	4	4	4	5	5	5	6	6	6	7	7	7	7
역행	2	2	1	1	1	1		10	10	10	9	9	9	8	8	7	7	7	6	6	5	5	5	5	4	4	4	4	3	3
월							**09**																**08**							
일	14	13	12	11	10	9	8	7	6	5	4	3	2	1	31	30	29	28	27	26	25	24	23	22	21	20	19	18	17	16
일진	丙辰	乙卯	甲寅	癸丑	壬子	辛亥	庚戌	己酉	戊申	丁未	丙午	乙巳	甲辰	癸卯	壬寅	辛丑	庚子	己亥	戊戌	丁酉	丙申	乙未	甲午	癸巳	壬辰	辛卯	庚寅	己丑	戊子	丁亥
요일	토	금	목	수	화	월	일	토	금	목	수	화	월	일	토	금	목	수	화	월	일	토	금	목	수	화	월	일	토	금

8月小乙酉 백로

절기					한로																	추분							
음력	29	28	27	26	25	**24**	23	22	21	20	19	18	17	16	15	14	13	12	11	10	**9**	8	7	6	5	4	3	2	1
순행	8	9	9	9	10		1	1	1	1	2	2	2	3	3	4	4	4	5	5	5	6	6	6	7	7	7	7	8
역행	2	1	1	1	1		10	9	9	9	8	8	7	7	7	6	6	6	5	5	5	4	4	4	3	3	3	2	2
월						**10**															**09**								
일	13	12	11	10	9	8	7	6	5	4	3	2	1	30	29	28	27	26	25	24	23	22	21	20	19	18	17	16	15
일진	乙酉	甲申	癸未	壬午	辛巳	庚辰	己卯	戊寅	丁丑	丙子	乙亥	甲戌	癸酉	壬申	辛未	庚午	己巳	戊辰	丁卯	丙寅	乙丑	甲子	癸亥	壬戌	辛酉	庚申	己未	戊午	丁巳
요일	일	토	금	목	수	화	월	일	토	금	목	수	화	월	일	토	금	목	수	화	월	일	토	금	목	수	화	월	일

9月小丙戌 한로

절기				입동																	상강								
음력	29	28	27	26	**25**	24	23	22	21	20	19	18	17	16	15	14	13	12	11	10	**9**	8	7	6	5	4	3	2	1
순행	9	9	9		1	1	1	1	2	2	3	3	4	4	4	5	5	5	6	6	6	7	7	7	8	8			
역행	1	1	1		10	9	9	9	8	8	8	7	7	7	6	6	6	5	5	5	4	4	4	3	3	2	2		
월				**11**																	**10**								
일	11	10	9	8	7	6	5	4	3	2	1	31	30	29	28	27	26	25	24	23	22	21	20	19	18	17	16	15	14
일진	甲寅	癸丑	壬子	辛亥	庚戌	己酉	戊申	丁未	丙午	乙巳	甲辰	癸卯	壬寅	辛丑	庚子	己亥	戊戌	丁酉	丙申	乙未	甲午	癸巳	壬辰	辛卯	庚寅	己丑	戊子	丁亥	丙戌
요일	월	일	토	금	목	수	화	월	일	토	금	목	수	화	월	일	토	금	목	수	화	월	일	토	금	목	수	화	월

10月大丁亥 입동

절기				대설																소설									
음력	30	29	28	27	**26**	25	24	23	22	21	20	19	18	17	16	15	14	13	12	**11**	10	9	8	7	6	5	4	3	2	1
순행	9	9	9	10		1	1	1	1	2	2	2	3	3	4	4	4	5	5	5	6	6	6	7	7	8	8	8		
역행	1	1	1	1		10	9	9	9	8	8	8	7	7	7	6	6	6	5	5	5	4	4	4	3	3	2	2	2	
월					**12**															**11**										
일	11	10	9	8	7	6	5	4	3	2	1	31	30	29	28	27	26	25	24	23	22	21	20	19	18	17	16	15	14	13
일진	甲申	癸未	壬午	辛巳	庚辰	己卯	戊寅	丁丑	丙子	乙亥	甲戌	癸酉	壬申	辛未	庚午	己巳	戊辰	丁卯	丙寅	乙丑	甲子	癸亥	壬戌	辛酉	庚申	己未	戊午	丁巳	丙辰	乙卯
요일	수	화	월	일	토	금	목	수	화	월	일	토	금	목	수	화	월	일	토	금	목	수	화	월	일	토	금	목	수	화

11月小戊子 대설

절기			소한																	동지									
음력	29	28	27	**26**	25	24	23	22	21	20	19	18	17	16	15	14	13	12	**11**	10	9	8	7	6	5	4	3	2	1
순행	9	9	9		1	1	1	1	2	2	2	3	3	4	4	4	5	5	5	6	6	6	7	7	7	8	8	8	
역행	1	1	1		10	9	9	9	8	8	7	7	7	6	6	6	5	5	5	4	4	4	3	3	3	2	2	2	
월				**01**															**12**										
일	9	8	7	6	5	4	3	2	1	31	30	29	28	27	26	25	24	23	22	21	20	19	18	17	16	15	14	13	12
일진	癸丑	壬子	辛亥	庚戌	己酉	戊申	丁未	丙午	乙巳	甲辰	癸卯	壬寅	辛丑	庚子	己亥	戊戌	丁酉	丙申	乙未	甲午	癸巳	壬辰	辛卯	庚寅	己丑	戊子	丁亥	丙戌	乙酉
요일	목	수	화	월	일	토	금	목	수	화	월	일	토	금	목	수	화	월	일	토	금	목	수	화	월	일	토	금	목

12月大己丑 소한

절기				입춘																대한									
음력	30	29	28	27	**26**	25	24	23	22	21	20	19	18	17	16	15	14	13	12	**11**	10	9	8	7	6	5	4	3	2	1
순행	9	9	9	10		1	1	1	1	2	2	2	3	3	4	4	4	5	5	5	6	6	6	7	7	7	8	8	8	
역행	1	1	1	1		10	9	9	9	8	8	8	7	7	7	6	6	6	5	5	5	4	4	4	3	3	3	2	2	
월					**02**															**01**										
일	8	7	6	5	4	3	2	1	31	30	29	28	27	26	25	24	23	22	21	20	19	18	17	16	15	14	13	12	11	10
일진	癸未	壬午	辛巳	庚辰	己卯	戊寅	丁丑	丙子	乙亥	甲戌	癸酉	壬申	辛未	庚午	己巳	戊辰	丁卯	丙寅	乙丑	甲子	癸亥	壬戌	辛酉	庚申	己未	戊午	丁巳	丙辰	乙卯	甲寅
요일	토	금	목	수	화	월	일	토	금	목	수	화	월	일	토	금	목	수	화	월	일	토	금	목	수	화	월	일	토	금

여자 사주에 官이 刑·沖·派·害를 당하면 남편 덕이 전혀 없다.

상문 : 辰 　대장군 : 北
조객 : 子 　삼　재 : 申子辰
삼살 : 北

丙寅年

서기 **1986년**
단기 **4319년**

1月小(庚寅)입춘

절기			경칩															우수											
음력	29	28	27	26	25	24	23	22	21	20	19	18	17	16	15	14	13	12	11	10	9	8	7	6	5	4	3	2	1
순행(묘운)	9	9	10		1	1	1	1	2	2	2	3	3	3	4	4	4	5	5	5	6	6	6	7	7	7	8	8	8
역행	1	1	1		10	9	9	9	8	8	8	7	7	7	6	6	6	5	5	5	4	4	4	3	3	3	2	2	2
월(양력)	03																												02
일	9	8	7	6	5	4	3	2	1	28	27	26	25	24	23	22	21	20	19	18	17	16	15	14	13	12	11	10	9
일진	壬子	辛亥	庚戌	己酉	戊申	丁未	丙午	乙巳	甲辰	癸卯	壬寅	辛丑	庚子	己亥	戊戌	丁酉	丙申	乙未	甲午	癸巳	壬辰	辛卯	庚寅	己丑	戊子	丁亥	丙戌	乙酉	甲申
요일	토	금	목	수	화	월	일	토	금	목	수	화	월	일	토	금	목	수	화	월	일	토	금	목	수	화	월	일	일

2月大(辛卯)경칩

절기			청명																춘분											
음력	30	29	28	27	26	25	24	23	22	21	20	19	18	17	16	15	14	13	12	11	10	9	8	7	6	5	4	3	2	1
순행(묘운)	9	10	10		1	1	1	1	2	2	2	3	3	3	4	4	4	5	5	5	6	6	6	7	7	7	8	8	8	9
역행	1	1	1		10	9	9	9	8	8	8	7	7	7	6	6	6	5	5	5	4	4	4	3	3	3	2	2	2	1
월(양력)	04																													03
일	8	7	6	5	4	3	2	1	31	30	29	28	27	26	25	24	23	22	21	20	19	18	17	16	15	14	13	12	11	10
일진	壬午	辛巳	庚辰	己卯	戊寅	丁丑	丙子	乙亥	甲戌	癸酉	壬申	辛未	庚午	己巳	戊辰	丁卯	丙寅	乙丑	甲子	癸亥	壬戌	辛酉	庚申	己未	戊午	丁巳	丙辰	乙卯	甲寅	癸丑
요일	화	월	일	토	금	목	수	화	월	일	토	금	목	수	화	월	일	토	금	목	수	화	월	일	토	금	목	수	화	월

3月大(壬辰)청명

절기		입하															곡우													
음력	30	29	28	27	26	25	24	23	22	21	20	19	18	17	16	15	14	13	12	11	10	9	8	7	6	5	4	3	2	1
순행(묘운)	10	10		1	1	1	2	2	2	3	3	3	4	4	4	5	5	5	6	6	6	7	7	7	8	8	8	9	9	9
역행	1	1		10	10	9	9	9	8	8	8	7	7	7	6	6	6	5	5	5	4	4	4	3	3	3	2	2	2	1
월(양력)	05																													04
일	8	7	6	5	4	3	2	1	30	29	28	27	26	25	24	23	22	21	20	19	18	17	16	15	14	13	12	11	10	9
일진	壬子	辛亥	庚戌	己酉	戊申	丁未	丙午	乙巳	甲辰	癸卯	壬寅	辛丑	庚子	己亥	戊戌	丁酉	丙申	乙未	甲午	癸巳	壬辰	辛卯	庚寅	己丑	戊子	丁亥	丙戌	乙酉	甲申	癸未
요일	목	수	화	월	일	토	금	목	수	화	월	일	토	금	목	수	화	월	일	토	금	목	수	화	월	일	토	금	목	수

4月小(癸巳)입하

절기	망종																소만												
음력	29	28	27	26	25	24	23	22	21	20	19	18	17	16	15	14	13	12	11	10	9	8	7	6	5	4	3	2	1
순행(묘운)		1	1	1	2	2	2	3	3	3	4	4	4	5	5	5	6	6	6	7	7	7	8	8	8	9	9	9	
역행		10	10	9	9	8	8	8	7	7	7	6	6	6	5	5	5	4	4	4	3	3	3	2	2	2	1	1	
월(양력)	06																												05
일	6	5	4	3	2	1	30	29	28	27	26	25	24	23	22	21	20	19	18	17	16	15	14	13	12	11	10	9	8
일진	辛巳	庚辰	己卯	戊寅	丁丑	丙子	乙亥	甲戌	癸酉	壬申	辛未	庚午	己巳	戊辰	丁卯	丙寅	乙丑	甲子	癸亥	壬戌	辛酉	庚申	己未	戊午	丁巳	丙辰	乙卯	甲寅	癸丑
요일	금	목	수	화	월	일	토	금	목	수	화	월	일	토	금	목	수	화	월	일	토	금	목	수	화	월	일	토	금

5月大(甲午)망종

절기															하지															
음력	30	29	28	27	26	25	24	23	22	21	20	19	18	17	16	15	14	13	12	11	10	9	8	7	6	5	4	3	2	1
순행(묘운)	1	1	1	2	2	2	3	3	4	4	4	5	5	5	6	6	6	7	7	7	8	8	8	9	9	9	10	10	10	
역행	10	10	9	9	8	8	8	7	7	6	6	6	5	5	5	4	4	4	3	3	3	2	2	2	1	1	1	1		
월(양력)	07																													06
일	6	5	4	3	2	1	30	29	28	27	26	25	24	23	22	21	20	19	18	17	16	15	14	13	12	11	10	9	8	7
일진	辛亥	庚戌	己酉	戊申	丁未	丙午	乙巳	甲辰	癸卯	壬寅	辛丑	庚子	己亥	戊戌	丁酉	丙申	乙未	甲午	癸巳	壬辰	辛卯	庚寅	己丑	戊子	丁亥	丙戌	乙酉	甲申	癸未	壬午
요일	일	토	금	목	수	화	월	일	토	금	목	수	화	월	일	토	금	목	수	화	월	일	토	금	목	수	화	월	일	토

6月大(乙未)소서

절기												대서															소서			
음력	30	29	28	27	26	25	24	23	22	21	20	19	18	17	16	15	14	13	12	11	10	9	8	7	6	5	4	3	2	1
순행(묘운)	1	1	2	2	2	3	3	3	4	4	5	5	5	6	6	6	7	7	7	8	8	8	9	9	9	10	10	10		
역행	10	9	9	9	8	8	7	7	6	6	6	5	5	5	4	4	4	3	3	2	2	2	1	1	1	1				
월(양력)	08																													07
일	5	4	3	2	1	31	30	29	28	27	26	25	24	23	22	21	20	19	18	17	16	15	14	13	12	11	10	9	8	7
일진	辛巳	庚辰	己卯	戊寅	丁丑	丙子	乙亥	甲戌	癸酉	壬申	辛未	庚午	己巳	戊辰	丁卯	丙寅	乙丑	甲子	癸亥	壬戌	辛酉	庚申	己未	戊午	丁巳	丙辰	乙卯	甲寅	癸丑	壬子
요일	화	월	일	토	금	목	수	화	월	일	토	금	목	수	화	월	일	토	금	목	수	화	월	일	토	금	목	수	화	월

壬日生 사주에 庚午·庚戌이 있으면 부자 팔자이다.

7月小(丙申)입추

절기: 처서 … 입추

음력	29	28	27	26	25	24	23	22	21	20	19	18	17	16	15	14	13	12	11	10	9	8	7	6	5	4	3	2	1
순행	2	2	2	3	3	3	4	4	4	5	5	5	6	6	6	7	7	7	8	8	8	9	9	9	10	10			1	1
역행	9	8	8	8	7	7	7	6	6	6	5	5	5	4	4	4	3	3	3	2	2	2	1	1	1			10	10
월 양력			09																								08		
일	3	2	1	31	30	29	28	27	26	25	24	23	22	21	20	19	18	17	16	15	14	13	12	11	10	9	8	7	6
일진	庚	己	戊	丁	丙	乙	甲	癸	壬	辛	庚	己	戊	丁	丙	乙	甲	癸	壬	辛	庚	己	戊	丁	丙	乙	甲	癸	壬
일진	戌	酉	申	未	午	巳	辰	卯	寅	丑	子	亥	戌	酉	申	未	午	巳	辰	卯	寅	丑	子	亥	戌	酉	申	未	午
요일	수	화	월	일	토	금	목	수	화	월	일	토	금	목	수	화	월	일	토	금	목	수	화	월	일	토	금	목	수

8月大(丁酉)백로

절기: 추분 … 백로

음력	30	29	28	27	26	25	24	23	22	21	20	19	18	17	16	15	14	13	12	11	10	9	8	7	6	5	4	3	2	1
순행	2	2	2	3	3	3	4	4	4	5	5	5	6	6	6	7	7	7	8	8	8	9	9	9	10			1	1	1
역행	8	8	8	7	7	7	6	6	6	5	5	5	4	4	4	3	3	3	2	2	2	1	1	1			10	10	9	9
월 양력			10																									09		
일	3	2	1	30	29	28	27	26	25	24	23	22	21	20	19	18	17	16	15	14	13	12	11	10	9	8	7	6	5	4
일진	庚	己	戊	丁	丙	乙	甲	癸	壬	辛	庚	己	戊	丁	丙	乙	甲	癸	壬	辛	庚	己	戊	丁	丙	乙	甲	癸	壬	辛
일진	辰	卯	寅	丑	子	亥	戌	酉	申	未	午	巳	辰	卯	寅	丑	子	亥	戌	酉	申	未	午	巳	辰	卯	寅	丑	子	亥
요일	금	목	수	화	월	일	토	금	목	수	화	월	일	토	금	목	수	화	월	일	토	금	목	수	화	월	일	토	금	목

9月小(戊戌)한로

절기: 상강 … 한로

음력	29	28	27	26	25	24	23	22	21	20	19	18	17	16	15	14	13	12	11	10	9	8	7	6	5	4	3	2	1
순행	2	3	3	3	4	4	4	5	5	5	6	6	6	7	7	7	8	8	8	9	9	9	10	10		1	1	1	1
역행	8	8	7	7	7	6	6	6	5	5	5	4	4	4	3	3	3	2	2	2	1	1	1		10	9	9	9	
월 양력	11																										10		
일	1	31	30	29	28	27	26	25	24	23	22	21	20	19	18	17	16	15	14	13	12	11	10	9	8	7	6	5	4
일진	己	戊	丁	丙	乙	甲	癸	壬	辛	庚	己	戊	丁	丙	乙	甲	癸	壬	辛	庚	己	戊	丁	丙	乙	甲	癸	壬	辛
일진	酉	申	未	午	巳	辰	卯	寅	丑	子	亥	戌	酉	申	未	午	巳	辰	卯	寅	丑	子	亥	戌	酉	申	未	午	巳
요일	토	금	목	수	화	월	일	토	금	목	수	화	월	일	토	금	목	수	화	월	일	토	금	목	수	화	월	일	토

10月大(己亥)입동

절기: 소설 … 입동

음력	30	29	28	27	26	25	24	23	22	21	20	19	18	17	16	15	14	13	12	11	10	9	8	7	6	5	4	3	2	1
순행	2	2	3	3	3	4	4	4	5	5	5	6	6	6	7	7	7	8	8	8	9	9	9		1	1	1	1	2	2
역행	8	8	7	7	7	6	6	6	5	5	5	4	4	4	3	3	3	2	2	2	1	1	1		10	9	9	9	9	8
월 양력	12																											11		
일	1	30	29	28	27	26	25	24	23	22	21	20	19	18	17	16	15	14	13	12	11	10	9	8	7	6	5	4	3	2
일진	己	戊	丁	丙	乙	甲	癸	壬	辛	庚	己	戊	丁	丙	乙	甲	癸	壬	辛	庚	己	戊	丁	丙	乙	甲	癸	壬	辛	庚
일진	卯	寅	丑	子	亥	戌	酉	申	未	午	巳	辰	卯	寅	丑	子	亥	戌	酉	申	未	午	巳	辰	卯	寅	丑	子	亥	戌
요일	월	일	토	금	목	수	화	월	일	토	금	목	수	화	월	일	토	금	목	수	화	월	일	토	금	목	수	화	월	일

11月小(庚子)대설

절기: 동지 … 대설

음력	29	28	27	26	25	24	23	22	21	20	19	18	17	16	15	14	13	12	11	10	9	8	7	6	5	4	3	2	1
순행	2	3	3	3	4	4	4	5	5	5	6	6	6	7	7	7	8	8	8	9	9	10		1	1	1	1	2	
역행	8	7	7	7	6	6	6	5	5	5	4	4	4	3	3	3	2	2	2	1	1	1		9	9	9	8	8	
월 양력																											12		
일	30	29	28	27	26	25	24	23	22	21	20	19	18	17	16	15	14	13	12	11	10	9	8	7	6	5	4	3	2
일진	戊	丁	丙	乙	甲	癸	壬	辛	庚	己	戊	丁	丙	乙	甲	癸	壬	辛	庚	己	戊	丁	丙	乙	甲	癸	壬	辛	庚
일진	申	未	午	巳	辰	卯	寅	丑	子	亥	戌	酉	申	未	午	巳	辰	卯	寅	丑	子	亥	戌	酉	申	未	午	巳	辰
요일	화	월	일	토	금	목	수	화	월	일	토	금	목	수	화	월	일	토	금	목	수	화	월	일	토	금	목	수	화

12月小(辛丑)소한

절기: 대한 … 소한

음력	29	28	27	26	25	24	23	22	21	20	19	18	17	16	15	14	13	12	11	10	9	8	7	6	5	4	3	2	1
순행	2	3	3	3	4	4	4	5	5	5	6	6	6	7	7	7	8	8	8	9	9		1	1	1	1	2	2	
역행	7	7	7	6	6	6	5	5	5	4	4	4	3	3	3	2	2	2	1	1		10	9	9	8	8			
월 양력																								01	12				
일	28	27	26	25	24	23	22	21	20	19	18	17	16	15	14	13	12	11	10	9	8	7	6	5	4	3	2	1	31
일진	丁	丙	乙	甲	癸	壬	辛	庚	己	戊	丁	丙	乙	甲	癸	壬	辛	庚	己	戊	丁	丙	乙	甲	癸	壬	辛	庚	己
일진	丑	子	亥	戌	酉	申	未	午	巳	辰	卯	寅	丑	子	亥	戌	酉	申	未	午	巳	辰	卯	寅	丑	子	亥	戌	酉
요일	수	화	월	일	토	금	목	수	화	월	일	토	금	목	수	화	월	일	토	금	목	수	화	월	일	토	금	목	수

남자 사주에 財가 용신이면 처는 예쁘고 처로 인하여 출세한다.

상문 : 巳   대장군 : 北
조객 : 丑   삼 재 : 申子辰
삼살 : 酉

丁卯年

서기 1987년
단기 4320년

1月大壬寅입춘 — 절기: 우수 / 입춘

음력	30	29	28	27	26	25	24	23	22	21	20	19	18	17	16	15	14	13	12	11	10	9	8	7	6	5	4	3	2	1
순행		2	3	3	3	4	4	4	5	5	5	6	6	6	7	7	7	8	8	8	9	9		1	1	1	1	2	2	
역행	8	7	7	7	6	6	6	5	5	5	4	4	4	3	3	3	2	2	2	1	1	1		9	9	9	8	8	8	
월													02										01							
일	27	26	25	24	23	22	21	20	19	18	17	16	15	14	13	12	11	10	9	8	7	6	5	4	3	2	1	31	30	29
일진	丁未	丙午	乙巳	甲辰	癸卯	壬寅	辛丑	庚子	己亥	戊戌	丁酉	丙申	乙未	甲午	癸巳	壬辰	辛卯	庚寅	己丑	戊子	丁亥	丙戌	乙酉	甲申	癸未	壬午	辛巳	庚辰	己卯	戊寅
요일	금	목	수	화	월	일	토	금	목	수	화	월	일	토	금	목	수	화	월	일	토	금	목	수	화	월	일	토	금	목

2月小癸卯경칩 — 절기: 춘분 / 경칩

음력	29	28	27	26	25	24	23	22	21	20	19	18	17	16	15	14	13	12	11	10	9	8	7	6	5	4	3	2	1
순행	3	3	3	4	4	4	5	5	5	6	6	6	7	7	7	8	8	8	9	9	9		1	1	1	1	2	2	
역행	7	7	7	6	6	6	5	5	5	4	4	4	3	3	3	2	2	2	1	1	1		10	9	9	9	8	8	
월												03											02						
일	28	27	26	25	24	23	22	21	20	19	18	17	16	15	14	13	12	11	10	9	8	7	6	5	4	3	2	1	28
일진	丙子	乙亥	甲戌	癸酉	壬申	辛未	庚午	己巳	戊辰	丁卯	丙寅	乙丑	甲子	癸亥	壬戌	辛酉	庚申	己未	戊午	丁巳	丙辰	乙卯	甲寅	癸丑	壬子	辛亥	庚戌	己酉	戊申
요일	토	금	목	수	화	월	일	토	금	목	수	화	월	일	토	금	목	수	화	월	일	토	금	목	수	화	월	일	토

3月大甲辰청명 — 절기: 곡우 / 청명

음력	30	29	28	27	26	25	24	23	22	21	20	19	18	17	16	15	14	13	12	11	10	9	8	7	6	5	4	3	2	1
순행	3	3	4	4	4	5	5	5	6	6	6	7	7	7	8	8	8	9	9	9	10	10		1	1	1	1	2	2	
역행	7	7	7	6	6	6	5	5	5	4	4	4	3	3	3	2	2	2	1	1	1		10	9	9	8	8	8	
월												04										03								
일	27	26	25	24	23	22	21	20	19	18	17	16	15	14	13	12	11	10	9	8	7	6	5	4	3	2	1	31	30	29
일진	丙午	乙巳	甲辰	癸卯	壬寅	辛丑	庚子	己亥	戊戌	丁酉	丙申	乙未	甲午	癸巳	壬辰	辛卯	庚寅	己丑	戊子	丁亥	丙戌	乙酉	甲申	癸未	壬午	辛巳	庚辰	己卯	戊寅	丁丑
요일	월	일	토	금	목	수	화	월	일	토	금	목	수	화	월	일	토	금	목	수	화	월	일	토	금	목	수	화	월	일

4月大乙巳입하 — 절기: 소만 / 입하

음력	30	29	28	27	26	25	24	23	22	21	20	19	18	17	16	15	14	13	12	11	10	9	8	7	6	5	4	3	2	1
순행	3	4	4	4	5	5	5	6	6	6	7	7	7	8	8	8	9	9	9	10		1	1	1	1	2	2			
역행	7	7	7	6	6	5	5	5	4	4	4	3	3	3	2	2	2	1	1	1	10	9	9	8	8					
월												05									04									
일	27	26	25	24	23	22	21	20	19	18	17	16	15	14	13	12	11	10	9	8	7	6	5	4	3	2	1	30	29	28
일진	丙子	乙亥	甲戌	癸酉	壬申	辛未	庚午	己巳	戊辰	丁卯	丙寅	乙丑	甲子	癸亥	壬戌	辛酉	庚申	己未	戊午	丁巳	丙辰	乙卯	甲寅	癸丑	壬子	辛亥	庚戌	己酉	戊申	丁未
요일	수	화	월	일	토	금	목	수	화	월	일	토	금	목	수	화	월	일	토	금	목	수	화	월	일	토	금	목	수	화

5月小丙午망종 — 절기: 하지 / 망종

음력	29	28	27	26	25	24	23	22	21	20	19	18	17	16	15	14	13	12	11	10	9	8	7	6	5	4	3	2	1
순행	4	5	5	5	6	6	6	7	7	7	8	8	8	9	9	9	10	10		1	1	1	2	2	2	3	3	3	
역행	6	6	6	5	5	5	4	4	4	3	3	3	2	2	2	1	1	1	10	10	9	9	9	8	8	8	7		
월												06									05								
일	25	24	23	22	21	20	19	18	17	16	15	14	13	12	11	10	9	8	7	6	5	4	3	2	1	31	30	29	28
일진	乙巳	甲辰	癸卯	壬寅	辛丑	庚子	己亥	戊戌	丁酉	丙申	乙未	甲午	癸巳	壬辰	辛卯	庚寅	己丑	戊子	丁亥	丙戌	乙酉	甲申	癸未	壬午	辛巳	庚辰	己卯	戊寅	丁丑
요일	목	수	화	월	일	토	금	목	수	화	월	일	토	금	목	수	화	월	일	토	금	목	수	화	월	일	토	금	목

6月大丁未소서 — 절기: 대서 / 소서

음력	30	29	28	27	26	25	24	23	22	21	20	19	18	17	16	15	14	13	12	11	10	9	8	7	6	5	4	3	2	1
순행	5	5	5	6	6	6	7	7	8	8	8	9	9	9	10	10		1	1	1	1	2	2	2	3	3	3	4		
역행	6	5	5	5	4	4	4	3	3	2	2	2	1	1	1		10	10	9	9	8	8	8	7	7	7				
월													07									06								
일	25	24	23	22	21	20	19	18	17	16	15	14	13	12	11	10	9	8	7	6	5	4	3	2	1	31	30	29	28	27
일진	乙亥	甲戌	癸酉	壬申	辛未	庚午	己巳	戊辰	丁卯	丙寅	乙丑	甲子	癸亥	壬戌	辛酉	庚申	己未	戊午	丁巳	丙辰	乙卯	甲寅	癸丑	壬子	辛亥	庚戌	己酉	戊申	丁未	丙午
요일	토	금	목	수	화	월	일	토	금	목	수	화	월	일	토	금	목	수	화	월	일	토	금	목	수	화	월	일	토	금

辛日生 사주에 己卯·己亥가 있으면 부자 팔자이다.

윤6月小 — 절기: 입추 (음력 14)

음력	29	28	27	26	25	24	23	22	21	20	19	18	17	16	15	**14**	13	12	11	10	9	8	7	6	5	4	3	2	1
순행	5	6	6	6	7	7	7	8	8	8	9	9	9	10	10	입추	1	1	1	1	2	2	2	3	3	3	4	4	4
역행	5	5	4	4	4	3	3	3	2	2	2	1	1	1	1		10	10	9	9	9	8	8	8	7	7	7	6	6
월																					08		07						
일	23	22	21	20	19	18	17	16	15	14	13	12	11	10	9	8	7	6	5	4	3	2	1	31	30	29	28	27	26
일진	甲辰	癸卯	壬寅	辛丑	庚子	己亥	戊戌	丁酉	丙申	乙未	甲午	癸巳	壬辰	辛卯	庚寅	己丑	戊子	丁亥	丙戌	乙酉	甲申	癸未	壬午	辛巳	庚辰	己卯	戊寅	丁丑	丙子
요일	일	토	금	목	수	화	월	일	토	금	목	수	화	월	일	토	금	목	수	화	월	일	토	금	목	수	화	월	일

7月大(戊申) — 절기: 백로 (음력 16) / 처서

음력	30	29	28	27	26	25	24	23	22	21	20	19	18	17	**16**	15	14	13	12	11	10	9	8	7	6	5	4	3	2	1
순행	6	6	6	7	7	7	8	8	8	9	9	9	10	10	백로	1	1	1	2	2	2	3	3	3	4	4	4	5	5	5
역행	5	4	4	4	3	3	3	2	2	2	1	1	1	1	처서	10	10	9	9	9	8	8	8	7	7	7	6	6	6	5
월																						09		08						
일	22	21	20	19	18	17	16	15	14	13	12	11	10	9	8	7	6	5	4	3	2	1	31	30	29	28	27	26	25	24
일진	甲戌	癸酉	壬申	辛未	庚午	己巳	戊辰	丁卯	丙寅	乙丑	甲子	癸亥	壬戌	辛酉	庚申	己未	戊午	丁巳	丙辰	乙卯	甲寅	癸丑	壬子	辛亥	庚戌	己酉	戊申	丁未	丙午	乙巳
요일	화	월	일	토	금	목	수	화	월	일	토	금	목	수	화	월	일	토	금	목	수	화	월	일	토	금	목	수	화	월

8月大(己酉) — 절기: 한로 (음력 17) / 추분

음력	30	29	28	27	26	25	24	23	22	21	20	19	18	**17**	16	15	14	13	12	11	10	9	8	7	6	5	4	3	2	1
순행	6	6	6	7	7	7	8	8	8	9	9	9	10	한로	1	1	1	1	2	2	2	3	3	3	4	4	4	5	5	5
역행	4	4	4	3	3	3	2	2	2	1	1	1	1	추분	10	10	9	9	9	8	8	8	7	7	7	6	6	6	5	5
월																						10		09						
일	22	21	20	19	18	17	16	15	14	13	12	11	10	9	8	7	6	5	4	3	2	1	30	29	28	27	26	25	24	23
일진	甲辰	癸卯	壬寅	辛丑	庚子	己亥	戊戌	丁酉	丙申	乙未	甲午	癸巳	壬辰	辛卯	庚寅	己丑	戊子	丁亥	丙戌	乙酉	甲申	癸未	壬午	辛巳	庚辰	己卯	戊寅	丁丑	丙子	乙亥
요일	목	수	화	월	일	토	금	목	수	화	월	일	토	금	목	수	화	월	일	토	금	목	수	화	월	일	토	금	목	수

9月小(庚戌) — 절기: 입동 (음력 17) / 상강

음력	29	28	27	26	25	24	23	22	21	20	19	18	**17**	16	15	14	13	12	11	10	9	8	7	6	5	4	3	2	1
순행	6	6	7	7	7	8	8	8	9	9	9	10	입동	1	1	1	2	2	2	3	3	3	4	4	4	5	5	5	6
역행	4	4	3	3	3	2	2	2	1	1	1	1	상강	10	9	9	9	8	8	8	7	7	7	6	6	6	5	5	5
월																				11		10							
일	20	19	18	17	16	15	14	13	12	11	10	9	8	7	6	5	4	3	2	1	31	30	29	28	27	26	25	24	23
일진	癸酉	壬申	辛未	庚午	己巳	戊辰	丁卯	丙寅	乙丑	甲子	癸亥	壬戌	辛酉	庚申	己未	戊午	丁巳	丙辰	乙卯	甲寅	癸丑	壬子	辛亥	庚戌	己酉	戊申	丁未	丙午	乙巳
요일	금	목	수	화	월	일	토	금	목	수	화	월	일	토	금	목	수	화	월	일	토	금	목	수	화	월	일	토	금

10月大(辛亥) — 절기: 대설 (음력 18) / 소설 (음력 3)

음력	30	29	28	27	26	25	24	23	22	21	20	19	**18**	17	16	15	14	13	12	11	10	9	8	7	6	5	4	**3**	2	1
순행	6	6	6	7	7	7	8	8	8	9	9	9	대설	1	1	1	1	2	2	2	3	3	3	4	4	4	5	소설	5	6
역행	4	4	3	3	3	2	2	2	1	1	1	1		10	9	9	9	8	8	8	7	7	7	6	6	6	5		5	5
월																				12		11								
일	20	19	18	17	16	15	14	13	12	11	10	9	8	7	6	5	4	3	2	1	30	29	28	27	26	25	24	23	22	21
일진	癸卯	壬寅	辛丑	庚子	己亥	戊戌	丁酉	丙申	乙未	甲午	癸巳	壬辰	辛卯	庚寅	己丑	戊子	丁亥	丙戌	乙酉	甲申	癸未	壬午	辛巳	庚辰	己卯	戊寅	丁丑	丙子	乙亥	甲戌
요일	일	토	금	목	수	화	월	일	토	금	목	수	화	월	일	토	금	목	수	화	월	일	토	금	목	수	화	월	일	토

11月小(壬子) — 절기: 소한 (음력 17) / 동지 (음력 2)

음력	29	28	27	26	25	24	23	22	21	20	19	18	**17**	16	15	14	13	12	11	10	9	8	7	6	5	4	3	**2**	1
순행	6	6	7	7	7	8	8	8	9	9	9	10	소한	1	1	1	2	2	2	3	3	3	4	4	4	5	5	동지	6
역행	4	4	3	3	3	2	2	2	1	1	1	1		10	9	9	9	8	8	8	7	7	7	6	6	6	5		4
월																		01		12									
일	18	17	16	15	14	13	12	11	10	9	8	7	6	5	4	3	2	1	31	30	29	28	27	26	25	24	23	22	21
일진	壬申	辛未	庚午	己巳	戊辰	丁卯	丙寅	乙丑	甲子	癸亥	壬戌	辛酉	庚申	己未	戊午	丁巳	丙辰	乙卯	甲寅	癸丑	壬子	辛亥	庚戌	己酉	戊申	丁未	丙午	乙巳	甲辰
요일	월	일	토	금	목	수	화	월	일	토	금	목	수	화	월	일	토	금	목	수	화	월	일	토	금	목	수	화	월

12月大(癸丑) — 절기: 입춘 (음력 17) / 대한 (음력 4)

음력	30	29	28	27	26	25	24	23	22	21	20	19	18	**17**	16	15	14	13	12	11	10	9	8	7	6	5	**4**	3	2	1
순행	6	6	6	7	7	7	8	8	8	9	9	10	10	입춘	1	1	1	2	2	2	3	3	3	4	4	4	대한	5	5	6
역행	4	4	4	3	3	3	2	2	2	1	1	1		9	9	9	8	8	8	7	7	7	6	6	6	5		5	5	4
월																		02		01										
일	17	16	15	14	13	12	11	10	9	8	7	6	5	4	3	2	1	31	30	29	28	27	26	25	24	23	22	21	20	19
일진	壬寅	辛丑	庚子	己亥	戊戌	丁酉	丙申	乙未	甲午	癸巳	壬辰	辛卯	庚寅	己丑	戊子	丁亥	丙戌	乙酉	甲申	癸未	壬午	辛巳	庚辰	己卯	戊寅	丁丑	丙子	乙亥	甲戌	癸酉
요일	수	화	월	일	토	금	목	수	화	월	일	토	금	목	수	화	월	일	토	금	목	수	화	월	일	토	금	목	수	화

여자 사주에 편관이 암합하고 있으면 사통(간통)할 염려가 있다.

상문:午 대장군:北
조객:寅 삼 재:申子辰
삼살:南

戊辰年

1月小(甲寅)입춘

절기	경칩 ←																											→ 우수
음력	29	28	27	26	25	24	23	22	21	20	19	18	**17**	16	15	14	13	12	11	10	9	8	7	6	5	4	3	**2**	1
순행(묘운)	6	6	7	7	7	8	8	8	9	9	9	10		1	1	1	1	2	2	2	3	3	3	4	4	4	5	5	5
역행	4	4	3	3	3	2	2	2	1	1	1	1		10	9	9	9	8	8	8	7	7	6	6	6	5	5	5	
월(응용)													03															02	
일	17	16	15	14	13	12	11	10	9	8	7	6	5	4	3	2	1	29	28	27	26	25	24	23	22	21	20	19	18
일진	辛未	庚午	己巳	戊辰	丁卯	丙寅	乙丑	甲子	癸亥	壬戌	辛酉	庚申	己未	戊午	丁巳	丙辰	乙卯	甲寅	癸丑	壬子	辛亥	庚戌	己酉	戊申	丁未	丙午	乙巳	甲辰	癸卯
요일	목	수	화	월	일	토	금	목	수	화	월	일	토	금	목	수	화	월	일	토	금	목	수	화	월	일	토	금	목

2月小(乙卯)경칩

절기	청명 ←																											→ 춘분
음력	29	28	27	26	25	24	23	22	21	20	19	**18**	17	16	15	14	13	12	11	10	9	8	7	6	5	4	**3**	2	1
순행(묘운)	7	7	7	8	8	8	9	9	9	10	10		1	1	1	1	2	2	2	3	3	3	4	4	4	5	5	5	6
역행	4	3	3	3	2	2	2	1	1	1	1		10	9	9	9	8	8	8	7	7	6	6	6	5	5	5		
월(응용)												04															03		
일	15	14	13	12	11	10	9	8	7	6	5	4	3	2	1	31	30	29	28	27	26	25	24	23	22	21	20	19	18
일진	庚子	己亥	戊戌	丁酉	丙申	乙未	甲午	癸巳	壬辰	辛卯	庚寅	己丑	戊子	丁亥	丙戌	乙酉	甲申	癸未	壬午	辛巳	庚辰	己卯	戊寅	丁丑	丙子	乙亥	甲戌	癸酉	壬申
요일	금	목	수	화	월	일	토	금	목	수	화	월	일	토	금	목	수	화	월	일	토	금	목	수	화	월	일	토	금

3月大(丙辰)청명

절기	입하 ←																												→ 곡우
음력	30	29	28	27	26	25	24	23	22	21	**20**	19	18	17	16	15	14	13	12	11	10	9	8	7	6	**5**	4	3	2	1
순행(묘운)	7	7	8	8	8	9	9	9	10	10		1	1	1	1	2	2	2	3	3	3	4	4	4	5	5	5	5	6	
역행	3	3	3	2	2	2	1	1	1	1		10	10	9	9	8	8	8	7	7	6	6	6	5	5	5	4	4		
월(응용)											05															04				
일	15	14	13	12	11	10	9	8	7	6	5	4	3	2	1	31	30	29	28	27	26	25	24	23	22	21	20	19	18	17
일진	庚午	己巳	戊辰	丁卯	丙寅	乙丑	甲子	癸亥	壬戌	辛酉	庚申	己未	戊午	丁巳	丙辰	乙卯	甲寅	癸丑	壬子	辛亥	庚戌	己酉	戊申	丁未	丙午	乙巳	甲辰	癸卯	壬寅	辛丑
요일	일	토	금	목	수	화	월	일	토	금	목	수	화	월	일	토	금	목	수	화	월	일	토	금	목	수	화	월	일	토

4月小(丁巳)입하

절기	망종 ←																											→ 소만
음력	29	28	27	26	25	24	23	22	**21**	20	19	18	17	16	15	14	13	12	11	10	9	8	7	**6**	5	4	3	2	1
순행(묘운)	8	8	9	9	10	10		1	1	1	1	2	2	3	3	3	4	4	4	5	5	5	6	6	6	7	7	7	8
역행	3	2	2	2	1	1	1		10	10	9	9	9	8	8	8	7	7	6	6	6	5	5	5	4	4	4	3	
월(응용)									06															05					
일	13	12	11	10	9	8	7	6	5	4	3	2	1	31	30	29	28	27	26	25	24	23	22	21	20	19	18	17	16
일진	己亥	戊戌	丁酉	丙申	乙未	甲午	癸巳	壬辰	辛卯	庚寅	己丑	戊子	丁亥	丙戌	乙酉	甲申	癸未	壬午	辛巳	庚辰	己卯	戊寅	丁丑	丙子	乙亥	甲戌	癸酉	壬申	辛未
요일	월	일	토	금	목	수	화	월	일	토	금	목	수	화	월	일	토	금	목	수	화	월	일	토	금	목	수	화	월

5月大(戊午)망종

절기	소서 ←																												→ 하지
음력	30	29	28	27	26	25	**24**	23	22	21	20	19	18	17	16	15	14	13	12	11	10	**9**	8	7	6	5	4	3	2	1
순행(묘운)	8	9	9	9	10	10		1	1	1	2	2	3	3	4	4	4	5	5	6	6		6	7	7	7	8	8	8	
역행	2	2	1	1	1		10	10	9	9	8	8	8	7	7	6	6	5	5	5		4	4	4	3	3				
월(응용)							07															06								
일	13	12	11	10	9	8	7	6	5	4	3	2	1	31	30	29	28	27	26	25	24	23	22	21	20	19	18	17	16	15
일진	己巳	戊辰	丁卯	丙寅	乙丑	甲子	癸亥	壬戌	辛酉	庚申	己未	戊午	丁巳	丙辰	乙卯	甲寅	癸丑	壬子	辛亥	庚戌	己酉	戊申	丁未	丙午	乙巳	甲辰	癸卯	壬寅	辛丑	庚子
요일	수	화	월	일	토	금	목	수	화	월	일	토	금	목	수	화	월	일	토	금	목	수	화	월	일	토	금	목	수	화

6月小(己未)소서

절기	입추 ←																											→ 대서
음력	29	28	27	26	**25**	24	23	22	21	20	19	18	17	16	15	14	13	12	11	10	**9**	8	7	6	5	4	3	2	1
순행(묘운)	9	9	10	10		1	1	1	2	2	3	3	3	4	4	5	5	5	6	6		7	7	7	8	8	8	9	
역행	1	1			10	10	9	9	8	8	8	7	7	6	6	5	5	5	4	4	4	3	3	3	2				
월(응용)					08																07								
일	11	10	9	8	7	6	5	4	3	2	1	31	30	29	28	27	26	25	24	23	22	21	20	19	18	17	16	15	14
일진	戊戌	丁酉	丙申	乙未	甲午	癸巳	壬辰	辛卯	庚寅	己丑	戊子	丁亥	丙戌	乙酉	甲申	癸未	壬午	辛巳	庚辰	己卯	戊寅	丁丑	丙子	乙亥	甲戌	癸酉	壬申	辛未	庚午
요일	목	수	화	월	일	토	금	목	수	화	월	일	토	금	목	수	화	월	일	토	금	목	수	화	월	일	토	금	목

一支나 時支에 戌이나 亥가있고 천을귀인이 되면 머리가 비상하다.

7月大庚申 (음력 / 입추)

절기: 백로 / 처서

음력	30	29	28	27	26	25	24	23	22	21	20	19	18	17	16	15	14	13	12	11	10	9	8	7	6	5	4	3	2	1
순행	9	10	10		1	1	1	1	2	2	2	3	3	3	4	4	4	5	5	5	6	6	6	7	7	7	8	8	8	9
역행	1	1	1		10	10	9	9	9	8	8	8	7	7	7	6	6	6	5	5	5	4	4	4	3	3	3	2	2	2
월(양력)				09																									08	
일	10	9	8	7	6	5	4	3	2	1	31	30	29	28	27	26	25	24	23	22	21	20	19	18	17	16	15	14	13	12
일진	戊辰	丁卯	丙寅	乙丑	甲子	癸亥	壬戌	辛酉	庚申	己未	戊午	丁巳	丙辰	乙卯	甲寅	癸丑	壬子	辛亥	庚戌	己酉	戊申	丁未	丙午	乙巳	甲辰	癸卯	壬寅	辛丑	庚子	己亥
요일	토	금	목	수	화	월	일	토	금	목	수	화	월	일	토	금	목	수	화	월	일	토	금	목	수	화	월	일	토	금

8月大辛酉 (음력 / 백로)

절기: 한로 / 추분

음력	30	29	28	27	26	25	24	23	22	21	20	19	18	17	16	15	14	13	12	11	10	9	8	7	6	5	4	3	2	1
순행	9	10		1	1	1	1	2	2	2	3	3	3	4	4	4	5	5	5	6	6	6	7	7	7	8	8	8	9	9
역행	1	1		10	10	9	9	9	8	8	8	7	7	7	6	6	6	5	5	5	4	4	4	3	3	3	2	2	2	1
월(양력)					10																								09	
일	10	9	8	7	6	5	4	3	2	1	30	29	28	27	26	25	24	23	22	21	20	19	18	17	16	15	14	13	12	11
일진	戊戌	丁酉	丙申	乙未	甲午	癸巳	壬辰	辛卯	庚寅	己丑	戊子	丁亥	丙戌	乙酉	甲申	癸未	壬午	辛巳	庚辰	己卯	戊寅	丁丑	丙子	乙亥	甲戌	癸酉	壬申	辛未	庚午	己巳
요일	월	일	토	금	목	수	화	월	일	토	금	목	수	화	월	일	토	금	목	수	화	월	일	토	금	목	수	화	월	일

9月小壬戌 (음력 / 한로)

절기: 입동 / 상강

음력	29	28	27	26	25	24	23	22	21	20	19	18	17	16	15	14	13	12	11	10	9	8	7	6	5	4	3	2	1
순행	10		1	1	1	1	2	2	2	3	3	3	4	4	4	5	5	5	6	6	6	7	7	7	8	8	8	9	9
역행	1		10	9	9	9	8	8	8	7	7	7	6	6	6	5	5	5	4	4	4	3	3	3	2	2	2	1	1
월(양력)				11																								10	
일	8	7	6	5	4	3	2	1	31	30	29	28	27	26	25	24	23	22	21	20	19	18	17	16	15	14	13	12	11
일진	丁卯	丙寅	乙丑	甲子	癸亥	壬戌	辛酉	庚申	己未	戊午	丁巳	丙辰	乙卯	甲寅	癸丑	壬子	辛亥	庚戌	己酉	戊申	丁未	丙午	乙巳	甲辰	癸卯	壬寅	辛丑	庚子	己亥
요일	화	월	일	토	금	목	수	화	월	일	토	금	목	수	화	월	일	토	금	목	수	화	월	일	토	금	목	수	화

10月大癸亥 (음력 / 입동)

절기: 대설 / 소설

음력	30	29	28	27	26	25	24	23	22	21	20	19	18	17	16	15	14	13	12	11	10	9	8	7	6	5	4	3	2	1
순행	9		1	1	1	1	2	2	2	3	3	3	4	4	4	5	5	5	6	6	6	7	7	7	8	8	8	9	9	9
역행	1		10	9	9	9	8	8	8	7	7	7	6	6	6	5	5	5	4	4	4	3	3	3	2	2	2	1	1	1
월(양력)					12																								11	
일	8	7	6	5	4	3	2	1	30	29	28	27	26	25	24	23	22	21	20	19	18	17	16	15	14	13	12	11	10	9
일진	丁酉	丙申	乙未	甲午	癸巳	壬辰	辛卯	庚寅	己丑	戊子	丁亥	丙戌	乙酉	甲申	癸未	壬午	辛巳	庚辰	己卯	戊寅	丁丑	丙子	乙亥	甲戌	癸酉	壬申	辛未	庚午	己巳	戊辰
요일	목	수	화	일	일	토	금	목	수	화	월	일	토	금	목	수	화	월	일	토	금	목	수	화	월	일	토	금	목	수

11月大甲子 (음력 / 대설)

절기: 소한 / 동지

음력	30	29	28	27	26	25	24	23	22	21	20	19	18	17	16	15	14	13	12	11	10	9	8	7	6	5	4	3	2	1
순행	9	10		1	1	1	1	2	2	2	3	3	3	4	4	4	5	5	5	6	6	6	7	7	7	8	8	8	9	9
역행	1	9		9	9	8	8	8	7	7	7	6	6	6	5	5	5	4	4	4	3	3	3	2	2	2	1	1	1	1
월(양력)				01																									12	
일	7	6	5	4	3	2	1	31	30	29	28	27	26	25	24	23	22	21	20	19	18	17	16	15	14	13	12	11	10	9
일진	丁卯	丙寅	乙丑	甲子	癸亥	壬戌	辛酉	庚申	己未	戊午	丁巳	丙辰	乙卯	甲寅	癸丑	壬子	辛亥	庚戌	己酉	戊申	丁未	丙午	乙巳	甲辰	癸卯	壬寅	辛丑	庚子	己亥	戊戌
요일	토	금	목	수	화	월	일	토	금	목	수	화	월	일	토	금	목	수	화	월	일	토	금	목	수	화	월	일	토	금

12月小乙丑 (음력 / 소한)

절기: 입춘 / 대한

음력	29	28	27	26	25	24	23	22	21	20	19	18	17	16	15	14	13	12	11	10	9	8	7	6	5	4	3	2	1
순행	9		1	1	1	1	2	2	2	3	3	3	4	4	4	5	5	5	6	6	6	7	7	7	8	8	8	9	9
역행	1		10	9	9	9	8	8	8	7	7	7	6	6	6	5	5	5	4	4	4	3	3	3	2	2	2	1	1
월(양력)				02																								01	
일	5	4	3	2	1	31	30	29	28	27	26	25	24	23	22	21	20	19	18	17	16	15	14	13	12	11	10	9	8
일진	丙申	乙未	甲午	癸巳	壬辰	辛卯	庚寅	己丑	戊子	丁亥	丙戌	乙酉	甲申	癸未	壬午	辛巳	庚辰	己卯	戊寅	丁丑	丙子	乙亥	甲戌	癸酉	壬申	辛未	庚午	己巳	戊辰
요일	일	토	금	목	수	화	월	일	토	금	목	수	화	월	일	토	금	목	수	화	월	일	토	금	목	수	화	월	일

여자 사주에 子·午·卯·酉가 있고 合이 많으면 천한 여자 팔자이다.

상문 : 未 대장군 : 東
조객 : 卯 삼 재 : 亥卯未
삼살 : 東

己巳年

서기 1989년
단기 4322년

1月大(丙寅)입춘

절기: 경칩(28) ~ 우수(14)

음력	30	29	28	27	26	25	24	23	22	21	20	19	18	17	16	15	14	13	12	11	10	9	8	7	6	5	4	3	2	1
순행(대운)	10	10		1	1	1	1	2	2	2	2	3	3	3	4	4	4	5	5	5	6	6	6	7	7	7	8	8	8	9
역행(대운)	1	1		9	9	9	8	8	8	7	7	7	6	6	6	5	5	5	4	4	4	3	3	3	2	2	2	1	1	1
월(음력)			03																										02	
일	7	6	5	4	3	2	1	28	27	26	25	24	23	22	21	20	19	18	17	16	15	14	13	12	11	10	9	8	7	6
일진(간)	丙	乙	甲	癸	壬	辛	庚	己	戊	丁	丙	乙	甲	癸	壬	辛	庚	己	戊	丁	丙	乙	甲	癸	壬	辛	庚	己	戊	丁
일진(지)	寅	丑	子	亥	戌	酉	申	未	午	巳	辰	卯	寅	丑	子	亥	戌	酉	申	未	午	巳	辰	卯	寅	丑	子	亥	戌	酉
요일	화	월	일	토	금	목	수	화	월	일	토	금	목	수	화	월	일	토	금	목	수	화	월	일	토	금	목	수	화	월

2月小(丁卯)경칩

절기: 청명 ~ 춘분(14)

음력	29	28	27	26	25	24	23	22	21	20	19	18	17	16	15	14	13	12	11	10	9	8	7	6	5	4	3	2	1
순행(대운)	1	1	1	1	2	2	2	3	3	3	4	4	4	5	5	5	6	6	6	7	7	7	8	8	8	9	9	9	
역행(대운)		10	10	9	9	9	8	8	8	7	7	7	6	6	6	5	5	5	4	4	4	3	3	3	2	2	2	1	1
월(음력)			04																									03	
일	5	4	3	2	1	31	30	29	28	27	26	25	24	23	22	21	20	19	18	17	16	15	14	13	12	11	10	9	8
일진(간)	乙	甲	癸	壬	辛	庚	己	戊	丁	丙	乙	甲	癸	壬	辛	庚	己	戊	丁	丙	乙	甲	癸	壬	辛	庚	己	戊	丁
일진(지)	未	午	巳	辰	卯	寅	丑	子	亥	戌	酉	申	未	午	巳	辰	卯	寅	丑	子	亥	戌	酉	申	未	午	巳	辰	卯
요일	수	화	월	일	토	금	목	수	화	월	일	토	금	목	수	화	월	일	토	금	목	수	화	월	일	토	금	목	수

3月小(戊辰)청명

절기: 곡우(15)

음력	29	28	27	26	25	24	23	22	21	20	19	18	17	16	15	14	13	12	11	10	9	8	7	6	5	4	3	2	1
순행(대운)	1	1	1	1	2	2	2	3	3	3	4	4	4	5	5	6	6	6	7	7	7	8	8	8	9	9	9	10	
역행(대운)	10	9	9	9	8	8	8	7	7	7	6	6	6	5	5	5	4	4	4	3	3	3	2	2	2	1	1	1	
월(음력)			05																									04	
일	4	3	2	1	30	29	28	27	26	25	24	23	22	21	20	19	18	17	16	15	14	13	12	11	10	9	8	7	
일진(간)	甲	癸	壬	辛	庚	己	戊	丁	丙	乙	甲	癸	壬	辛	庚	己	戊	丁	丙	乙	甲	癸	壬	辛	庚	己	戊	丁	丙
일진(지)	子	亥	戌	酉	申	未	午	巳	辰	卯	寅	丑	子	亥	戌	酉	申	未	午	巳	辰	卯	寅	丑	子	亥	戌	酉	申
요일	목	수	화	월	일	토	금	목	수	화	월	일	토	금	목	수	화	월	일	토	금	목	수	화	월	일	토	금	목

4月大(己巳)입하

절기: 소만(17) ~ 입하(1)

음력	30	29	28	27	26	25	24	23	22	21	20	19	18	17	16	15	14	13	12	11	10	9	8	7	6	5	4	3	2	1
순행(대운)	1	1	2	2	2	3	3	3	4	4	4	5	5	5	6	6	6	7	7	7	8	8	8	9	9	9	10	10	10	
역행(대운)	10	9	9	9	8	8	8	7	7	7	6	6	6	5	5	5	4	4	4	3	3	3	2	2	2	1	1	1	10	10
월(음력)		06																											05	
일	3	2	1	31	30	29	28	27	26	25	24	23	22	21	20	19	18	17	16	15	14	13	12	11	10	9	8	7	6	5
일진(간)	甲	癸	壬	辛	庚	己	戊	丁	丙	乙	甲	癸	壬	辛	庚	己	戊	丁	丙	乙	甲	癸	壬	辛	庚	己	戊	丁	丙	乙
일진(지)	午	巳	辰	卯	寅	丑	子	亥	戌	酉	申	未	午	巳	辰	卯	寅	丑	子	亥	戌	酉	申	未	午	巳	辰	卯	寅	丑
요일	토	금	목	수	화	월	일	토	금	목	수	화	월	일	토	금	목	수	화	월	일	토	금	목	수	화	월	일	토	금

5月小(庚午)망종

절기: 하지(18) ~ 망종

음력	29	28	27	26	25	24	23	22	21	20	19	18	17	16	15	14	13	12	11	10	9	8	7	6	5	4	3	2	1
순행(대운)	2	2	2	3	3	3	4	4	4	5	5	6	6	6	7	7	7	8	8	8	9	9	9	10	10			1	1
역행(대운)	9	8	8	8	7	7	7	6	6	6	5	5	5	4	4	4	3	3	3	2	2	2	1	1	1			10	10
월(음력)		07																										06	
일	2	1	30	29	28	27	26	25	24	23	22	21	20	19	18	17	16	15	14	13	12	11	10	9	8	7	6	5	4
일진(간)	癸	壬	辛	庚	己	戊	丁	丙	乙	甲	癸	壬	辛	庚	己	戊	丁	丙	乙	甲	癸	壬	辛	庚	己	戊	丁	丙	乙
일진(지)	亥	戌	酉	申	未	午	巳	辰	卯	寅	丑	子	亥	戌	酉	申	未	午	巳	辰	卯	寅	丑	子	亥	戌	酉	申	未
요일	일	토	금	목	수	화	월	일	토	금	목	수	화	월	일	토	금	목	수	화	월	일	토	금	목	수	화	월	일

6月大(辛未)소서

절기: 대서(21) ~ 소서(6)

음력	30	29	28	27	26	25	24	23	22	21	20	19	18	17	16	15	14	13	12	11	10	9	8	7	6	5	4	3	2	1
순행(대운)	2	2	3	3	3	4	4	4	5	5	5	6	6	6	7	7	7	8	8	8	9	9	9	10	6	5	4	3	2	1
역행(대운)	8	8	7	7	7	6	6	6	5	5	5	4	4	4	3	3	3	2	2	2	1	1	1			10	10	9		
월(음력)	08																											07		
일	1	31	30	29	28	27	26	25	24	23	22	21	20	19	18	17	16	15	14	13	12	11	10	9	8	7	6	5	4	3
일진(간)	癸	壬	辛	庚	己	戊	丁	丙	乙	甲	癸	壬	辛	庚	己	戊	丁	丙	乙	甲	癸	壬	辛	庚	己	戊	丁	丙	乙	甲
일진(지)	巳	辰	卯	寅	丑	子	亥	戌	酉	申	未	午	巳	辰	卯	寅	丑	子	亥	戌	酉	申	未	午	巳	辰	卯	寅	丑	子
요일	화	월	일	토	금	목	수	화	월	일	토	금	목	수	화	월	일	토	금	목	수	화	월	일	토	금	목	수	화	월

편재가 己申인데 편재운을 만나면 사기를 당한다.

7月小(壬申)입추

절기	처서 → 입추
음력	29 28 27 26 25 24 23 **22** 21 20 19 18 17 16 15 14 13 12 11 10 9 8 7 **6** 5 4 3 2 1
순행	3 3 4 4 4 5 5 5 6 6 6 7 7 7 8 8 8 9 9 9 10 10 10 1 1 1 1 2
역행	8 7 7 7 6 6 6 5 5 5 4 4 4 3 3 3 2 2 2 1 1 1 10 10 9 9 9
월(양력)	08
일	30 29 28 27 26 25 24 23 22 21 20 19 18 17 16 15 14 13 12 11 10 9 8 7 6 5 4 3 2
일진	壬戌 辛酉 庚申 己未 戊午 丁巳 丙辰 乙卯 甲寅 癸丑 壬子 辛亥 庚戌 己酉 戊申 丁未 丙午 乙巳 甲辰 癸卯 壬寅 辛丑 庚子 己亥 戊戌 丁酉 丙申 乙未 甲午
요일	수 화 월 일 토 금 목 수 화 월 일 토 금 목 수 화 월 일 토 금 목 수 화 월 일 토 금 목 수

8月大(癸酉)백로

절기	추분 → 백로
음력	30 29 28 27 26 25 **24** 23 22 21 20 19 18 17 16 15 14 13 12 11 10 **9** 8 7 6 5 4 3 2 1
순행	3 3 4 4 4 5 5 5 6 6 6 7 7 7 8 8 8 9 9 9 10 1 1 1 1 2 2 2 3
역행	7 7 6 6 6 5 5 5 4 4 4 3 3 3 2 2 2 1 1 1 10 10 10 9 9 9 8 8
월(양력)	09 08
일	29 28 27 26 25 24 23 22 21 20 19 18 17 16 15 14 13 12 11 10 9 8 7 6 5 4 3 2 1 31
일진	壬辰 辛卯 庚寅 己丑 戊子 丁亥 丙戌 乙酉 甲申 癸未 壬午 辛巳 庚辰 己卯 戊寅 丁丑 丙子 乙亥 甲戌 癸酉 壬申 辛未 庚午 己巳 戊辰 丁卯 丙寅 乙丑 甲子 癸亥
요일	금 목 수 화 월 일 토 금 목 수 화 월 일 토 금 목 수 화 월 일 토 금 목 수 화 월 일 토 금 목

9月大(甲戌)한로

절기	상강 → 한로
음력	30 29 28 27 26 25 **24** 23 22 21 20 19 18 17 16 15 14 13 12 11 10 **9** 8 7 6 5 4 3 2 1
순행	3 3 4 4 4 5 5 5 6 6 6 7 7 7 8 8 8 9 9 9 10 1 1 1 1 2 2 2 3
역행	7 7 6 6 6 5 5 5 4 4 4 3 3 3 2 2 2 1 1 1 10 9 9 9 8 8 8 7
월(양력)	10 09
일	29 28 27 26 25 24 23 22 21 20 19 18 17 16 15 14 13 12 11 10 9 8 7 6 5 4 3 2 1 30
일진	壬戌 辛酉 庚申 己未 戊午 丁巳 丙辰 乙卯 甲寅 癸丑 壬子 辛亥 庚戌 己酉 戊申 丁未 丙午 乙巳 甲辰 癸卯 壬寅 辛丑 庚子 己亥 戊戌 丁酉 丙申 乙未 甲午 癸巳
요일	일 토 금 목 수 화 월 일 토 금 목 수 화 월 일 토 금 목 수 화 월 일 토 금 목 수 화 월 일 토

10月小(乙亥)입동

절기	소설 → 입동
음력	29 28 27 26 25 **24** 23 22 21 20 19 18 17 16 15 14 13 12 11 10 **9** 8 7 6 5 4 3 2 1
순행	3 4 4 4 5 5 5 6 6 6 7 7 7 8 8 8 9 9 9 10 1 1 1 1 2 2 2 3
역행	7 6 6 6 5 5 5 4 4 4 3 3 3 2 2 2 1 1 1 10 9 9 9 8 8 8 7
월(양력)	11 10
일	27 26 25 24 23 22 21 20 19 18 17 16 15 14 13 12 11 10 9 8 7 6 5 4 3 2 1 31 30
일진	辛卯 庚寅 己丑 戊子 丁亥 丙戌 乙酉 甲申 癸未 壬午 辛巳 庚辰 己卯 戊寅 丁丑 丙子 乙亥 甲戌 癸酉 壬申 辛未 庚午 己巳 戊辰 丁卯 丙寅 乙丑 甲子 癸亥
요일	월 일 토 금 목 수 화 월 일 토 금 목 수 화 월 일 토 금 목 수 화 월 일 토 금 목 수 화 월

11月大(丙子)대설

절기	동지 → 대설
음력	30 29 28 27 26 **25** 24 23 22 21 20 19 18 17 16 15 14 13 12 11 **10** 9 8 7 6 5 4 3 2 1
순행	3 3 4 4 4 5 5 5 6 6 6 7 7 7 8 8 8 9 9 9 1 1 1 1 2 2 2 3 3
역행	7 6 6 6 5 5 5 4 4 4 3 3 3 2 2 2 1 1 1 10 9 9 9 8 8 8 7 7
월(양력)	12 11
일	27 26 25 24 23 22 21 20 19 18 17 16 15 14 13 12 11 10 9 8 7 6 5 4 3 2 1 30 29 28
일진	辛酉 庚申 己未 戊午 丁巳 丙辰 乙卯 甲寅 癸丑 壬子 辛亥 庚戌 己酉 戊申 丁未 丙午 乙巳 甲辰 癸卯 壬寅 辛丑 庚子 己亥 戊戌 丁酉 丙申 乙未 甲午 癸巳 壬辰
요일	수 화 월 일 토 금 목 수 화 월 일 토 금 목 수 화 월 일 토 금 목 수 화 월 일 토 금 목 수 화

12月大(丁丑)소한

절기	대한 → 소한
음력	30 29 28 27 26 **25** 24 23 22 21 20 19 18 17 16 15 14 13 12 11 **10** 9 8 7 6 5 4 3 2 1
순행	3 3 4 4 4 5 5 5 6 6 6 7 7 7 8 8 8 9 9 9 1 1 1 1 2 2 2 3 3
역행	7 7 6 6 6 5 5 5 4 4 4 3 3 3 2 2 2 1 1 1 9 9 9 8 8 8 7 7
월(양력)	01 12
일	26 25 24 23 22 21 20 19 18 17 16 15 14 13 12 11 10 9 8 7 6 5 4 3 2 1 31 30 29 28
일진	辛卯 庚寅 己丑 戊子 丁亥 丙戌 乙酉 甲申 癸未 壬午 辛巳 庚辰 己卯 戊寅 丁丑 丙子 乙亥 甲戌 癸酉 壬申 辛未 庚午 己巳 戊辰 丁卯 丙寅 乙丑 甲子 癸亥 壬戌
요일	금 목 수 화 월 일 토 금 목 수 화 월 일 토 금 목 수 화 월 일 토 금 목 수 화 월 일 토 금 목

남자 사주에 財가 주격에 앉으면 처는 색욕이 강하다.

상문 : 申　대장군 : 東
조객 : 辰　삼　재 : 亥卯未
삼살 : 北

庚午年

서기 1990년
단기 4323년

1月小(戊寅) 입춘

절기	우수 / 입춘
음력	29 28 27 26 25 **24** 23 22 21 20 19 18 17 16 15 14 13 12 11 10 9 8 7 6 5 4 3 2 1
순행	3 4 4 4 5 5 5 6 6 6 7 7 7 8 8 8 9 9 9 10　1 1 1 2 2 2 3
역행	7 6 6 6 5 5 5 4 4 4 3 3 3 2 2 2 1 1 1　10 9 9 9 8 8 8 7
월	02　01
일	24 23 22 21 20 19 18 17 16 15 14 13 12 11 10 9 8 7 6 5 4 3 2 1 31 30 29 28 27
일진	庚 己 戊 丁 丙 乙 甲 癸 壬 辛 庚 己 戊 丁 丙 乙 甲 癸 壬 辛 庚 己 戊 丁 丙 乙 甲 癸 壬
	申 未 午 巳 辰 卯 寅 丑 子 亥 戌 酉 申 未 午 巳 辰 卯 寅 丑 子 亥 戌 酉 申 未 午 巳 辰
요일	토 금 목 수 화 월 일 토 금 목 수 화 월 일 토 금 목 수 화 월 일 토 금 목 수 화 월 일 토

2月大(己卯) 경칩

절기	춘분 / 경칩
음력	30 29 28 27 26 **25** 24 23 22 21 20 19 18 17 16 15 14 13 12 11 10 9 8 7 6 5 4 3 2 1
순행	3 4 4 4 5 5 5 6 6 6 7 7 7 8 8 8 9 9 9 10　1 1 1 2 2 2 3 3
역행	7 6 6 6 5 5 5 4 4 4 3 3 3 2 2 2 1 1 1　10 9 9 9 8 8 8 7
월	03　02
일	26 25 24 23 22 21 20 19 18 17 16 15 14 13 12 11 10 9 8 7 6 5 4 3 2 1 28 27 26 25
일진	庚 己 戊 丁 丙 乙 甲 癸 壬 辛 庚 己 戊 丁 丙 乙 甲 癸 壬 辛 庚 己 戊 丁 丙 乙 甲 癸 壬 辛
	寅 丑 子 亥 戌 酉 申 未 午 巳 辰 卯 寅 丑 子 亥 戌 酉 申 未 午 巳 辰 卯 寅 丑 子 亥 戌 酉
요일	월 일 토 금 목 수 화 월 일 토 금 목 수 화 월 일 토 금 목 수 화 월 일 토 금 목 수 화 월 일

3月小(庚辰) 청명

절기	곡우 / 청명
음력	29 28 27 26 **25** 24 23 22 21 20 19 18 17 16 15 14 13 12 11 10 9 8 7 6 5 4 3 2 1
순행	4 4 4 5 5 5 6 6 6 7 7 7 8 8 8 9 9 9 10 10　1 1 1 2 2 2 3 3
역행	6 6 6 5 5 5 4 4 4 3 3 3 2 2 2 1 1 1　10 9 9 9 8 8 8 7 7
월	04　03
일	24 23 22 21 20 19 18 17 16 15 14 13 12 11 10 9 8 7 6 5 4 3 2 1 31 30 29 28 27
일진	己 戊 丁 丙 乙 甲 癸 壬 辛 庚 己 戊 丁 丙 乙 甲 癸 壬 辛 庚 己 戊 丁 丙 乙 甲 癸 壬 辛
	未 午 巳 辰 卯 寅 丑 子 亥 戌 酉 申 未 午 巳 辰 卯 寅 丑 子 亥 戌 酉 申 未 午 巳 辰 卯
요일	화 월 일 토 금 목 수 화 월 일 토 금 목 수 화 월 일 토 금 목 수 화 월 일 토 금 목 수 화

4月小(辛巳) 입하

절기	소만 / 입하
음력	29 28 **27** 26 25 24 23 22 21 20 19 18 17 16 15 14 13 **12** 11 10 9 8 7 6 5 4 3 2 1
순행	5 5 6 6 6 7 7 7 8 8 8 9 9 9 10 10　1 1 1 1 2 2 2 3 3 3 4
역행	6 5 5 5 4 4 4 3 3 3 2 2 2 1 1 1　10 10 9 9 9 8 8 8 7 7 7 6
월	05　04
일	23 22 21 20 19 18 17 16 15 14 13 12 11 10 9 8 7 6 5 4 3 2 1 30 29 28 27 26 25
일진	戊 丁 丙 乙 甲 癸 壬 辛 庚 己 戊 丁 丙 乙 甲 癸 壬 辛 庚 己 戊 丁 丙 乙 甲 癸 壬 辛 庚
	子 亥 戌 酉 申 未 午 巳 辰 卯 寅 丑 子 亥 戌 酉 申 未 午 巳 辰 卯 寅 丑 子 亥 戌 酉 申
요일	수 화 월 일 토 금 목 수 화 월 일 토 금 목 수 화 월 일 토 금 목 수 화 월 일 토 금 목 수

5月大(壬午) 망종

절기	하지 / 망종
음력	30 29 28 27 26 25 24 23 22 21 20 19 18 17 16 15 **14** 13 12 11 10 9 8 7 6 5 4 3 2 1
순행	5 6 6 6 7 7 7 8 8 8 9 9 9 10 10　1 1 1 1 2 2 2 3 3 3 4 4 4
역행	5 5 4 4 4 3 3 3 2 2 2 1 1 1　10 10 9 9 9 8 8 8 7 7 7 6 6 6
월	06　05
일	22 21 20 19 18 17 16 15 14 13 12 11 10 9 8 7 6 5 4 3 2 1 31 30 29 28 27 26 25
일진	戊 丁 丙 乙 甲 癸 壬 辛 庚 己 戊 丁 丙 乙 甲 癸 壬 辛 庚 己 戊 丁 丙 乙 甲 癸 壬 辛 庚 己
	午 巳 辰 卯 寅 丑 子 亥 戌 酉 申 未 午 巳 辰 卯 寅 丑 子 亥 戌 酉 申 未 午 巳 辰 卯 寅 丑
요일	금 목 수 화 월 일 토 금 목 수 화 월 일 토 금 목 수 화 월 일 토 금 목 수 화 월 일 토 금

윤5月小 소서

절기	소서
음력	29 28 27 26 25 24 23 22 21 20 19 18 17 16 **15** 14 13 12 11 10 9 8 7 6 5 4 3 2 1
순행	6 6 7 7 7 8 8 8 9 9 10 10　1 1 1 2 2 2 3 3 3 4 4 4 5
역행	5 4 4 4 3 3 3 2 2 2 1 1 1　10 10 9 9 9 8 8 8 7 7 7 6 6 6 5
월	07　06
일	21 20 19 18 17 16 15 14 13 12 11 10 9 8 7 6 5 4 3 2 1 31 30 29 28 27 26 25 24 23
일진	丁 丙 乙 甲 癸 壬 辛 庚 己 戊 丁 丙 乙 甲 癸 壬 辛 庚 己 戊 丁 丙 乙 甲 癸 壬 辛 庚 己
	亥 戌 酉 申 未 午 巳 辰 卯 寅 丑 子 亥 戌 酉 申 未 午 巳 辰 卯 寅 丑 子 亥 戌 酉 申 未
요일	토 금 목 수 화 월 일 토 금 목 수 화 월 일 토 금 목 수 화 월 일 토 금 목 수 화 월 일 토

편관이 己申인데 편관운을 만나면 강간을 당한다.

										입추																		대서	절 기	
29	28	27	26	25	24	23	22	21	20	19	18	17	16	15	14	13	12	11	10	9	8	7	6	5	4	3	2	1	음 력	6月小癸未소서
7	7	7	8	8	8	9	9	9	10	10		18		1	1	1	1	2	2	2	3	3	3	4	4	4	5	5	순행	
4	3	3	3	2	2	2	1	1	1		10	10	10	9	9	9	8	8	8	7	7	7	6	6	6	5	5	5	역행	
												08													07				월일	
19	18	17	16	15	14	13	12	11	10	9	8	7	6	5	4	3	2	1	31	30	29	28	27	26	25	24	23	22	일 진	
丙	乙	甲	癸	壬	辛	庚	己	戊	丁	丙	乙	甲	癸	壬	辛	庚	己	戊	丁	丙	乙	甲	癸	壬	辛	庚	己	戊		
辰	卯	寅	丑	子	亥	戌	酉	申	未	午	巳	辰	卯	寅	丑	子	亥	戌	酉	申	未	午	巳	辰	卯	寅	丑	子		
일	토	금	목	수	화	월	일	토	금	목	수	화	월	일	토	금	목	수	화	월	일	토	금	목	수	화	월	일	요 일	

									백로														처서					절 기	
30	29	28	27	26	25	24	23	22	21	20	19	18	17	16	15	14	13	12	11	10	9	8	7	6	5	4	3	2	1	음 력	7月大甲申입추
7	7	7	8	8	8	9	9	9	10			1	1	1	1	2	2	2	3	3	3	4	4	4	5	5	5	6	6	순행	
3	3	3	2	2	2	1	1	1		10	10	10	9	9	9	8	8	8	7	7	7	6	6	6	5	5	5	4	4	역행	
											09														08					월일	
18	17	16	15	14	13	12	11	10	9	8	7	6	5	4	3	2	1	31	30	29	28	27	26	25	24	23	22	21	20	일 진	
丙	乙	甲	癸	壬	辛	庚	己	戊	丁	丙	乙	甲	癸	壬	辛	庚	己	戊	丁	丙	乙	甲	癸	壬	辛	庚	己	戊	丁		
戌	酉	申	未	午	巳	辰	卯	寅	丑	子	亥	戌	酉	申	未	午	巳	辰	卯	寅	丑	子	亥	戌	酉	申	未	午	巳		
화	월	일	토	금	목	수	화	월	일	토	금	목	수	화	월	일	토	금	목	수	화	월	일	토	금	목	수	화	월	요 일	

									한로														추분					절 기	
30	29	28	27	26	25	24	23	22	21	20	19	18	17	16	15	14	13	12	11	10	9	8	7	6	5	4	3	2	1	음 력	8月大乙酉백로
7	7	8	8	8	9	9	9	10				1	1	1	1	2	2	2	3	3	3	4	4	4	5	5	5	6	6	순행	
3	3	3	2	2	2	1	1	1		10	9	9	9	8	8	8	7	7	7	6	6	6	5	5	5	4	4	4	4	역행	
											10														09					월일	
18	17	16	15	14	13	12	11	10	9	8	7	6	5	4	3	2	1	30	29	28	27	26	25	24	23	22	21	20	19	일 진	
丙	乙	甲	癸	壬	辛	庚	己	戊	丁	丙	乙	甲	癸	壬	辛	庚	己	戊	丁	丙	乙	甲	癸	壬	辛	庚	己	戊	丁		
辰	卯	寅	丑	子	亥	戌	酉	申	未	午	巳	辰	卯	寅	丑	子	亥	戌	酉	申	未	午	巳	辰	卯	寅	丑	子	亥		
수	화	월	일	토	금	목	수	화	월	일	토	금	목	수	화	월	일	토	금	목	수	화	월	일	토	금	목	수		요 일	

								입동														상강					절 기	
29	28	27	26	25	24	23	22	21	20	19	18	17	16	15	14	13	12	11	10	9	8	7	6	5	4	3	2	1	음 력	9月小丙戌한로
7	7	7	8	8	8	9	9		1	1	1	1	2	2	2	3	3	4	4	4	5	5	5	6	6	7	순행		
3	2	2	2	1	1	1		10	10	9	9	9	8	8	8	7	7	6	6	6	5	5	5	4	4	4	역행		
										11												10					월일		
16	15	14	13	12	11	10	9	8	7	6	5	4	3	2	1	31	30	29	28	27	26	25	24	23	22	21	20	일 진		
乙	甲	癸	壬	辛	庚	己	戊	丁	丙	乙	甲	癸	壬	辛	庚	己	戊	丁	丙	乙	甲	癸	壬	辛	庚	己	戊			
酉	申	未	午	巳	辰	卯	寅	丑	子	亥	戌	酉	申	未	午	巳	辰	卯	寅	丑	子	亥	戌	酉	申	未	午			
금	목	수	화	월	일	토	금	목	수	화	월	일	토	금	목	수	화	월	일	토	금	목	수	화	월	일	금	요 일		

								대설														소설					절 기	
30	29	28	27	26	25	24	23	22	21	20	19	18	17	16	15	14	13	12	11	10	9	8	7	6	5	4	3	2	1	음 력	10月大丁亥입동
7	7	7	8	8	8	9	9	9	10				1	1	1	1	2	2	2	3	3	4	4	4	5	5	6	6	7	순행	
3	3	2	2	2	1	1	1		10	10	9	9	9	8	8	8	7	7	6	6	6	5	5	5	4	4	4	3	역행	
											12													11					월일	
16	15	14	13	12	11	10	9	8	7	6	5	4	3	2	1	30	29	28	27	26	25	24	23	22	21	20	19	18	17	일 진	
乙	甲	癸	壬	辛	庚	己	戊	丁	丙	乙	甲	癸	壬	辛	庚	己	戊	丁	丙	乙	甲	癸	壬	辛	庚	己	戊	丁	丙		
卯	寅	丑	子	亥	戌	酉	申	未	午	巳	辰	卯	寅	丑	子	亥	戌	酉	申	未	午	巳	辰	卯	寅	丑	子	亥	戌		
일	토	금	목	수	화	월	일	토	금	목	수	화	월	일	토	금	목	수	화	월	일	토	금	목	수	화	월	일	토	요 일	

								소한														동지					절 기	
30	29	28	27	26	25	24	23	22	21	20	19	18	17	16	15	14	13	12	11	10	9	8	7	6	5	4	3	2	1	음 력	11月大戊子대설
7	7	7	8	8	9	9	9		1	1	1	1	2	2	2	3	3	4	4	4	5	5	5	6	6	7	순행		
3	3	2	2	2	1	1	1		10	9	9	9	8	8	8	7	7	6	6	6	5	5	5	4	4	3	역행		
										01												12					월일		
15	14	13	12	11	10	9	8	7	6	5	4	3	2	1	31	30	29	28	27	26	25	24	23	22	21	20	19	18	17	일 진	
乙	甲	癸	壬	辛	庚	己	戊	丁	丙	乙	甲	癸	壬	辛	庚	己	戊	丁	丙	乙	甲	癸	壬	辛	庚	己	戊	丁	丙		
酉	申	未	午	巳	辰	卯	寅	丑	子	亥	戌	酉	申	未	午	巳	辰	卯	寅	丑	子	亥	戌	酉	申	未	午	巳	辰		
화	월	일	토	금	목	수	화	월	일	토	금	목	수	화	월	일	토	금	목	수	화	월	일	토	금	목	수	화	월	요 일	

								입춘														대한					절 기	
30	29	28	27	26	25	24	23	22	21	20	19	18	17	16	15	14	13	12	11	10	9	8	7	6	5	4	3	2	1	음 력	12月大己丑소한
7	7	8	8	8	9	9	9	10				1	1	1	1	2	2	2	3	3	3	4	4	4	5	5	5	6	6	순행	
3	3	2	2	2	1	1	1		10	9	9	9	8	8	8	7	7	7	6	6	6	5	5	5	4	4	4	3	역행	
											02													01					월일	
14	13	12	11	10	9	8	7	6	5	4	3	2	1	31	30	29	28	27	26	25	24	23	22	21	20	19	18	17	16	일 진	
乙	甲	癸	壬	辛	庚	己	戊	丁	丙	乙	甲	癸	壬	辛	庚	己	戊	丁	丙	乙	甲	癸	壬	辛	庚	己	戊	丁	丙		
卯	寅	丑	子	亥	戌	酉	申	未	午	巳	辰	卯	寅	丑	子	亥	戌	酉	申	未	午	巳	辰	卯	寅	丑	子	亥	戌		
목	수	화	월	일	토	금	목	수	화	월	일	토	금	목	수	화	월	일	토	금	목	수	화	월	일	토	금	목	수	요 일	

남자 사주에 겁재도 있고 재도 왕하면 그의 처는 지나친 욕심쟁이다.

상문 : 酉　대장군 : 東
조객 : 巳　삼　재 : 亥卯未
삼살 : 酉

辛未年

서기 1991년
단기 4324년

1月小(庚寅)입춘

절기	경칩 (20)	우수 (5)
음력	29 28 27 26 25 24 23 22 21 **20**	19 18 17 16 15 14 13 12 11 10 9 8 7 6 5 4 3 2 1
순행	7 7 8 8 8 9 9 9 10	1 1 1 2 2 2 3 3 3 4 4 4 5 5 5 6 6 6 6
역행	3 3 2 2 2 1 1 1	10 9 9 9 8 8 8 7 7 7 6 6 6 5 5 5 4 4 4
월	03	02
일	15 14 13 12 11 10 9 8 7 6	5 4 3 2 1 28 27 26 25 24 23 22 21 20 19 18 17 16 15
일진	甲申 癸未 壬午 辛巳 庚辰 己卯 戊寅 丁丑 丙子 乙亥	甲戌 癸酉 壬申 辛未 庚午 己巳 戊辰 丁卯 丙寅 乙丑 甲子 癸亥 壬戌 辛酉 庚申 己未 戊午 丁巳 丙辰
요일	금 목 수 화 월 일 토 금 목 수	화 월 일 토 금 목 수 화 월 일 토 금 목 수 화 월 일 토 금

2月大(辛卯)경칩

절기	청명 (21)	춘분 (6)
음력	30 29 28 27 26 25 24 23 22 **21**	20 19 18 17 16 15 14 13 12 11 10 9 8 7 6 5 4 3 2 1
순행	7 8 8 8 9 9 9 10 10	1 1 1 1 2 2 2 3 3 3 4 4 4 5 5 5 6 6 6 7
역행	3 3 2 2 2 1 1 1	10 9 9 9 9 8 8 8 7 7 7 6 6 6 5 5 5 4 4
월	04	03
일	14 13 12 11 10 9 8 7 6 5	4 3 2 1 31 30 29 28 27 26 25 24 23 22 21 20 19 18 17 16
일진	甲寅 癸丑 壬子 辛亥 庚戌 己酉 戊申 丁未 丙午 乙巳	甲辰 癸卯 壬寅 辛丑 庚子 己亥 戊戌 丁酉 丙申 乙未 甲午 癸巳 壬辰 辛卯 庚寅 己丑 戊子 丁亥 丙戌 乙酉
요일	일 토 금 목 수 화 월 일 토 금	목 수 화 월 일 토 금 목 수 화 월 일 토 금 목 수 화 월 일 토

3月小(壬辰)청명

절기	입하 (22)	곡우 (6)
음력	29 28 27 26 25 24 23 **22**	21 20 19 18 17 16 15 14 13 12 11 10 9 8 7 6 5 4 3 2 1
순행	8 8 9 9 9 10 10	1 1 1 1 2 2 2 3 3 3 4 4 4 5 5 5 6 6 6 7 7
역행	2 2 2 1 1 1	10 10 9 9 9 8 8 8 7 7 7 6 6 6 5 5 5 4 4 3
월	05	04
일	13 12 11 10 9 8 7 6	5 4 3 2 1 31 30 29 28 27 26 25 24 23 22 21 20 19 18 17 16 15
일진	癸未 壬午 辛巳 庚辰 己卯 戊寅 丁丑 丙子	乙亥 甲戌 癸酉 壬申 辛未 庚午 己巳 戊辰 丁卯 丙寅 乙丑 甲子 癸亥 壬戌 辛酉 庚申 己未 戊午 丁巳 丙辰 乙卯
요일	월 일 토 금 목 수 화 월	일 토 금 목 수 화 월 일 토 금 목 수 화 월 일 토 금 목 수 화 월

4月小(癸巳)입하

절기	망종 (24)	소만 (8)
음력	29 28 27 26 25 **24** 23 22 21 20	19 18 17 16 15 14 13 12 11 10 9 **8** 7 6 5 4 3 2 1
순행	9 9 9 10 10	1 1 1 2 2 2 3 3 3 4 4 4 5 5 5 6 6 6 7 7 7
역행	2 1 1 1	10 10 9 9 9 8 8 8 7 7 7 6 6 6 5 5 5 4 4 3
월	06	05
일	11 10 9 8 7 6 5 4 3 2	1 31 30 29 28 27 26 25 24 23 22 21 20 19 18 17 16 15 14 13
일진	壬子 辛亥 庚戌 己酉 戊申 丁未 丙午 乙巳 甲辰 癸卯	壬寅 辛丑 庚子 己亥 戊戌 丁酉 丙申 乙未 甲午 癸巳 壬辰 辛卯 庚寅 己丑 戊子 丁亥 丙戌 乙酉 甲申
요일	화 월 일 토 금 목 수 화 월 일	토 금 목 수 화 월 일 토 금 목 수 화 월 일 토 금 목 수 화

5月大(甲午)망종

절기	소서 (26)	하지 (11)
음력	30 29 28 27 **26** 25 24 23 22 21 20	19 18 17 16 15 14 13 12 **11** 10 9 8 7 6 5 4 3 2 1
순행	9 10 10 10	1 1 1 1 2 2 2 3 3 4 4 4 5 5 5 6 6 6 7 7 7 8 8
역행	1 1	10 10 9 9 9 8 8 8 7 7 7 6 6 6 5 5 4 4 4 3 3
월	07	06
일	11 10 9 8 7 6 5 4 3 2 1	30 29 28 27 26 25 24 23 22 21 20 19 18 17 16 15 14 13 12
일진	壬午 辛巳 庚辰 己卯 戊寅 丁丑 丙子 乙亥 甲戌 癸酉 壬申	辛未 庚午 己巳 戊辰 丁卯 丙寅 乙丑 甲子 癸亥 壬戌 辛酉 庚申 己未 戊午 丁巳 丙辰 乙卯 甲寅 癸丑
요일	목 수 화 월 일 토 금 목 수 화 월	일 토 금 목 수 화 월 일 토 금 목 수 화 월 일 토 금 목 수

6月小(乙未)소서

절기	입추	대서 (12)
음력	29 **28** 27 26 25 24 23 22 21 20	19 18 17 16 15 14 13 **12** 11 10 9 8 7 6 5 4 3 2 1
순행	10	1 1 1 2 2 2 3 3 3 4 4 5 5 5 6 6 6 7 7 7 8 8
역행	1	10 10 10 9 9 9 8 8 8 7 7 7 6 6 5 5 5 4 4 3 3 2
월	08	07
일	9 8 7 6 5 4 3 2 1	31 30 29 28 27 26 25 24 23 22 21 20 19 18 17 16 15 14 13 12
일진	辛亥 庚戌 己酉 戊申 丁未 丙午 乙巳 甲辰 癸卯	壬寅 辛丑 庚子 己亥 戊戌 丁酉 丙申 乙未 甲午 癸巳 壬辰 辛卯 庚寅 己丑 戊子 丁亥 丙戌 乙酉 甲申 癸未
요일	금 목 수 화 월 일 토 금 목	수 화 월 일 토 금 목 수 화 월 일 토 금 목 수 화 월 일 토 금

月支가 寅이나 亡身殺이 있으면 그의 어머니는 재취팔자이다.

만세력 (음력 7月~12月)

절기: 처서 — (7月小(丙申) 입추)

음력	29	28	27	26	25	24	23	22	21	20	19	18	17	16	**15**	14	13	12	11	10	9	8	7	6	5	4	3	2	1
순행	1	1	1	1	2	2	2	3	3	3	4	4	4	5	5	5	6	6	6	7	7	7	8	8	8	9	9	9	10
역행	10	10	9	9	9	8	8	8	7	7	7	6	6	6	5	5	5	4	4	4	3	3	3	2	2	2	1	1	1
양력월	09																					08							
양력일	7	6	5	4	3	2	1	31	30	29	28	27	26	25	24	23	22	21	20	19	18	17	16	15	14	13	12	11	10
천간	庚	己	戊	丁	丙	乙	甲	癸	壬	辛	庚	己	戊	丁	丙	乙	甲	癸	壬	辛	庚	己	戊	丁	丙	乙	甲	癸	壬
지지	辰	卯	寅	丑	子	亥	戌	酉	申	未	午	巳	辰	卯	寅	丑	子	亥	戌	酉	申	未	午	巳	辰	卯	寅	丑	子
요일	토	금	목	수	화	월	일	토	금	목	수	화	월	일	토	금	목	수	화	월	일	토	금	목	수	화	월	일	토

절기: 추분 / 백로 — (8月大(丁酉) 백로)

음력	30	29	28	27	26	25	24	23	22	21	20	19	18	17	**16**	15	14	13	12	11	10	9	8	7	6	5	4	3	2	1
순행	1	1	1	2	2	2	3	3	3	4	4	4	5	5	5	6	6	6	7	7	7	8	8	8	9	9	9	10	10	10
역행	10	9	9	9	8	8	8	7	7	7	6	6	6	5	5	5	4	4	4	3	3	3	2	2	2	1	1	1	1	1
양력월	10																						09							
양력일	7	6	5	4	3	2	1	30	29	28	27	26	25	24	23	22	21	20	19	18	17	16	15	14	13	12	11	10	9	8
천간	庚	己	戊	丁	丙	乙	甲	癸	壬	辛	庚	己	戊	丁	丙	乙	甲	癸	壬	辛	庚	己	戊	丁	丙	乙	甲	癸	壬	辛
지지	戌	酉	申	未	午	巳	辰	卯	寅	丑	子	亥	戌	酉	申	未	午	巳	辰	卯	寅	丑	子	亥	戌	酉	申	未	午	巳
요일	월	일	토	금	목	수	화	월	일	토	금	목	수	화	월	일	토	금	목	수	화	월	일	토	금	목	수	화	월	일

절기: 상강 / 한로 — (9月小(戊戌) 한로)

음력	29	28	27	26	25	24	23	22	21	20	19	18	**17**	16	15	14	13	12	11	10	9	8	7	6	5	4	3	2	1
순행	1	1	2	2	2	3	3	3	4	4	4	5	5	5	6	6	6	7	7	7	8	8	8	9	9	9	10	10	10
역행	9	9	8	8	8	7	7	7	6	6	6	5	5	5	4	4	4	3	3	3	2	2	2	1	1	1	1	1	10
양력월	11																						10						
양력일	5	4	3	2	1	31	30	29	28	27	26	25	24	23	22	21	20	19	18	17	16	15	14	13	12	11	10	9	8
천간	己	戊	丁	丙	乙	甲	癸	壬	辛	庚	己	戊	丁	丙	乙	甲	癸	壬	辛	庚	己	戊	丁	丙	乙	甲	癸	壬	辛
지지	卯	寅	丑	子	亥	戌	酉	申	未	午	巳	辰	卯	寅	丑	子	亥	戌	酉	申	未	午	巳	辰	卯	寅	丑	子	亥
요일	화	월	일	토	금	목	수	화	월	일	토	금	목	수	화	월	일	토	금	목	수	화	월	일	토	금	목	수	화

절기: 소설 / 입동 — (10月大(己亥) 입동)

음력	30	29	28	27	26	25	24	23	22	21	20	19	**18**	17	16	15	14	13	12	11	10	9	8	7	6	5	**4**	3	2	1
순행	1	1	1	2	2	2	3	3	3	4	4	4	5	5	6	6	6	7	7	7	8	8	8	9	9	9	10	1	1	1
역행	9	9	9	8	8	8	7	7	7	6	6	6	5	5	5	4	4	4	3	3	3	2	2	2	1	1	1	10	10	9
양력월	12																						11							
양력일	5	4	3	2	1	30	29	28	27	26	25	24	23	22	21	20	19	18	17	16	15	14	13	12	11	10	9	8	7	6
천간	己	戊	丁	丙	乙	甲	癸	壬	辛	庚	己	戊	丁	丙	乙	甲	癸	壬	辛	庚	己	戊	丁	丙	乙	甲	癸	壬	辛	庚
지지	酉	申	未	午	巳	辰	卯	寅	丑	子	亥	戌	酉	申	未	午	巳	辰	卯	寅	丑	子	亥	戌	酉	申	未	午	巳	辰
요일	목	수	화	월	일	토	금	목	수	화	월	일	토	금	목	수	화	월	일	토	금	목	수	화	월	일	토	금	목	수

절기: 동지 / 대설 — (11月大(庚子) 대설)

음력	30	29	28	27	26	25	24	23	22	21	20	19	18	**17**	16	15	14	13	12	11	10	9	8	7	6	5	4	3	2	1
순행	1	1	1	2	2	2	3	3	3	4	4	4	5	5	5	6	6	6	7	7	7	8	8	8	9	9	10			1
역행	9	9	9	8	8	8	7	7	7	6	6	6	5	5	5	4	4	4	3	3	3	2	2	2	1	1	1	1		9
양력월	01																						12							
양력일	4	3	2	1	31	30	29	28	27	26	25	24	23	22	21	20	19	18	17	16	15	14	13	12	11	10	9	8	7	6
천간	己	戊	丁	丙	乙	甲	癸	壬	辛	庚	己	戊	丁	丙	乙	甲	癸	壬	辛	庚	己	戊	丁	丙	乙	甲	癸	壬	辛	庚
지지	卯	寅	丑	子	亥	戌	酉	申	未	午	巳	辰	卯	寅	丑	子	亥	戌	酉	申	未	午	巳	辰	卯	寅	丑	子	亥	戌
요일	토	금	목	수	화	월	일	토	금	목	수	화	월	일	토	금	목	수	화	월	일	토	금	목	수	화	월	일	토	금

절기: 대한 / 소한 — (12月大(辛丑) 소한)

음력	30	29	28	27	26	25	24	23	22	21	20	19	18	**17**	16	15	14	13	12	11	10	9	8	7	6	5	4	3	2	1
순행	1	1	1	1	2	2	2	3	3	3	4	4	4	5	5	5	6	6	6	7	7	7	8	8	8	9	9	9	9	9
역행	9	9	9	8	8	8	7	7	7	6	6	6	5	5	5	4	4	4	3	3	3	2	2	2	1	1	1	1	1	10
양력월	02																						01							
양력일	3	2	1	31	30	29	28	27	26	25	24	23	22	21	20	19	18	17	16	15	14	13	12	11	10	9	8	7	6	5
천간	己	戊	丁	丙	乙	甲	癸	壬	辛	庚	己	戊	丁	丙	乙	甲	癸	壬	辛	庚	己	戊	丁	丙	乙	甲	癸	壬	辛	庚
지지	酉	申	未	午	巳	辰	卯	寅	丑	子	亥	戌	酉	申	未	午	巳	辰	卯	寅	丑	子	亥	戌	酉	申	未	午	巳	辰
요일	월	일	토	금	목	수	화	월	일	토	금	목	수	화	월	일	토	금	목	수	화	월	일	토	금	목	수	화	월	일

남자 사주에 일지에 역마가 있고 재가 있으면, 처는 게으르고 공상가다.

상문 : 戌	대장군 : 南
조객 : 午	삼 재 : 寅午戌
삼살 : 南	

壬申年

서기 1992년
단기 4325년

1月 小(壬寅)입춘

절기	우수(16) … 입춘(1)
음력	29 28 27 26 25 24 23 22 21 20 19 18 17 **16** 15 14 13 12 11 10 9 8 7 6 5 4 3 2 1
순행	1 1 1 2 2 2 3 3 3 4 4 4 5 5 5 6 6 6 7 7 7 8 8 8 9 9 9 10
역행	9 9 9 8 8 8 7 7 7 6 6 6 5 5 5 4 4 4 3 3 3 2 2 2 1 1 1
월	03 … 02
일	3 2 1 29 28 27 26 25 24 23 22 21 20 19 18 17 16 15 14 13 12 11 10 9 8 7 6 5 4
일진	戊寅 丁丑 丙子 乙亥 甲戌 癸酉 壬申 辛未 庚午 己巳 戊辰 丁卯 丙寅 乙丑 甲子 癸亥 壬戌 辛酉 庚申 己未 戊午 丁巳 丙辰 乙卯 甲寅 癸丑 壬子 辛亥 庚戌
요일	화 월 일 토 금 목 수 화 월 일 토 금 목 수 화 월 일 토 금 목 수 화 월 일 토 금 목 수 화

2月 大(癸卯)경칩

절기	춘분(17) … 경칩(2)
음력	30 29 28 27 26 25 24 23 22 21 20 19 18 **17** 16 15 14 13 12 11 10 9 8 7 6 5 4 3 2 1
순행	1 1 1 2 2 2 3 3 3 4 4 4 5 5 5 6 6 6 7 7 7 8 8 8 9 9 9 10
역행	9 9 9 8 8 8 7 7 7 6 6 6 5 5 5 4 4 4 3 3 3 2 2 2 1 1 10
월	04 … 03
일	2 1 31 30 29 28 27 26 25 24 23 22 21 20 19 18 17 16 15 14 13 12 11 10 9 8 7 6 5 4
일진	戊申 丁未 丙午 乙巳 甲辰 癸卯 壬寅 辛丑 庚子 己亥 戊戌 丁酉 丙申 乙未 甲午 癸巳 壬辰 辛卯 庚寅 己丑 戊子 丁亥 丙戌 乙酉 甲申 癸未 壬午 辛巳 庚辰 己卯
요일	목 수 화 월 일 토 금 목 수 화 월 일 토 금 목 수 화 월 일 토 금 목 수 화 월 일 토 금 목 수

3月 大(甲辰)청명

절기	곡우(18) … 청명(3)
음력	30 29 28 27 26 25 24 23 22 21 20 19 **18** 17 16 15 14 13 12 11 10 9 8 7 6 5 4 3 2 1
순행	1 1 2 2 2 3 3 3 4 4 4 5 5 5 6 6 6 7 7 7 8 8 8 9 9 10 10
역행	9 9 8 8 8 7 7 7 6 6 6 5 5 5 4 4 4 3 3 3 2 2 2 1 1 1 10
월	05 … 04
일	2 1 30 29 28 27 26 25 24 23 22 21 20 19 18 17 16 15 14 13 12 11 10 9 8 7 6 5 4 3
일진	戊寅 丁丑 丙子 乙亥 甲戌 癸酉 壬申 辛未 庚午 己巳 戊辰 丁卯 丙寅 乙丑 甲子 癸亥 壬戌 辛酉 庚申 己未 戊午 丁巳 丙辰 乙卯 甲寅 癸丑 壬子 辛亥 庚戌 己酉
요일	토 금 목 수 화 월 일 토 금 목 수 화 월 일 토 금 목 수 화 월 일 토 금 목 수 화 월 일 토 금

4月 小(乙巳)입하

절기	소만(19) … 입하(4)
음력	29 28 27 26 25 24 23 22 21 20 **19** 18 17 16 15 14 13 12 11 10 9 8 7 6 5 4 3 2 1
순행	2 2 2 3 3 4 4 4 5 5 5 6 6 6 7 7 7 8 8 9 9 10 10 … 1
역행	9 8 8 8 7 7 6 6 6 5 5 5 4 4 4 3 3 3 2 2 2 1 1 … 10 10
월	… 05
일	31 30 29 28 27 26 25 24 23 22 21 20 19 18 17 16 15 14 13 12 11 10 9 8 7 6 5 4 3
일진	丁未 丙午 乙巳 甲辰 癸卯 壬寅 辛丑 庚子 己亥 戊戌 丁酉 丙申 乙未 甲午 癸巳 壬辰 辛卯 庚寅 己丑 戊子 丁亥 丙戌 乙酉 甲申 癸未 壬午 辛巳 庚辰 己卯
요일	일 토 금 목 수 화 월 일 토 금 목 수 화 월 일 토 금 목 수 화 월 일 토 금 목 수 화 월 일

5月 小(丙午)망종

절기	하지(21) … 망종(4)
음력	29 28 27 26 25 24 23 22 **21** 20 19 18 17 16 15 14 13 12 11 10 9 8 7 6 5 4 3 2 1
순행	3 3 3 4 4 4 5 5 5 6 6 7 7 7 8 8 8 9 9 10 10 10 … 1 1 1 1
역행	8 8 8 7 7 7 6 6 6 5 5 4 4 4 3 3 3 2 2 2 1 1 … 10 10 9 9
월	… 06
일	29 28 27 26 25 24 23 22 21 20 19 18 17 16 15 14 13 12 11 10 9 8 7 6 5 4 3 2 1
일진	丙子 乙亥 甲戌 癸酉 壬申 辛未 庚午 己巳 戊辰 丁卯 丙寅 乙丑 甲子 癸亥 壬戌 辛酉 庚申 己未 戊午 丁巳 丙辰 乙卯 甲寅 癸丑 壬子 辛亥 庚戌 己酉 戊申
요일	월 일 토 금 목 수 화 월 일 토 금 목 수 화 월 일 토 금 목 수 화 월 일 토 금 목 수 화 월

6月 大(丁未)소서

절기	대서(23) … 소서(7)
음력	30 29 28 27 26 25 24 **23** 22 21 20 19 18 17 16 15 14 13 12 11 10 9 8 **7** 6 5 4 3 2 1
순행	3 3 4 4 4 5 5 5 6 6 7 7 7 8 8 8 9 9 10 10 10 … 1 1 1 2 2 2
역행	7 7 7 6 6 6 5 5 5 4 4 4 3 3 3 2 2 2 1 1 … 10 10 10 9 9 9 8
월	… 07 1 30
일	29 28 27 26 25 24 23 22 21 20 19 18 17 16 15 14 13 12 11 10 9 8 7 6 5 4 3 2 1 30
일진	丙午 乙巳 甲辰 癸卯 壬寅 辛丑 庚子 己亥 戊戌 丁酉 丙申 乙未 甲午 癸巳 壬辰 辛卯 庚寅 己丑 戊子 丁亥 丙戌 乙酉 甲申 癸未 壬午 辛巳 庚辰 己卯 戊寅 丁丑
요일	월 일 토 금 목 수 화 월 일 토 금 목 수 화 월 일 토 금 목 수 화 월 일 토 금 목 수 화 월 일

인수가 官과 슴되고 일지와 합 된 사주는 어머니가 재취로 들어왔다.

7月小(戊申)입추

절기	처서																입추												
음력	29	28	27	26	**25**	24	23	22	21	20	19	18	17	16	15	14	13	12	11	10	**9**	8	7	6	5	4	3	2	1
순행	4	4	4	5	5	5	6	6	6	7	7	7	8	8	8	9	9	9	10	10		1	1	1	1	2	2	2	3
역행	7	6	6	6	5	5	5	4	4	4	3	3	3	2	2	2	1	1	1	1		10	10	9	9	9	8	8	8
월																					08	07							
일	27	26	25	24	23	22	21	20	19	18	17	16	15	14	13	12	11	10	9	8	7	6	5	4	3	2	1	31	30
일진	乙亥	甲戌	癸酉	壬申	辛未	庚午	己巳	戊辰	丁卯	丙寅	乙丑	甲子	癸亥	壬戌	辛酉	庚申	己未	戊午	丁巳	丙辰	乙卯	甲寅	癸丑	壬子	辛亥	庚戌	己酉	戊申	丁未
요일	목	수	화	월	일	토	금	목	수	화	월	일	토	금	목	수	화	월	일	토	금	목	수	화	월	일	토	금	목

8月小(己酉)백로

절기	추분																백로												
음력	29	28	**27**	26	25	24	23	22	21	20	19	18	17	16	15	14	13	12	**11**	10	9	8	7	6	5	4	3	2	1
순행	4	5	5	5	6	6	6	7	7	7	8	8	8	9	9	9	10	10		1	1	1	1	2	2	2	3	3	3
역행	6	6	5	5	5	4	4	4	3	3	3	2	2	2	1	1	1	1		10	10	9	9	9	8	8	8		
월																			09	08									
일	25	24	23	22	21	20	19	18	17	16	15	14	13	12	11	10	9	8	7	6	5	4	3	2	1	31	30	29	28
일진	甲辰	癸卯	壬寅	辛丑	庚子	己亥	戊戌	丁酉	丙申	乙未	甲午	癸巳	壬辰	辛卯	庚寅	己丑	戊子	丁亥	丙戌	乙酉	甲申	癸未	壬午	辛巳	庚辰	己卯	戊寅	丁丑	丙子
요일	금	목	수	화	월	일	토	금	목	수	화	월	일	토	금	목	수	화	월	일	토	금	목	수	화	월	일	토	금

9月大(庚戌)한로

절기	상강																	한로												
음력	30	29	**28**	27	26	25	24	23	22	21	20	19	18	17	16	15	14	**13**	12	11	10	9	8	7	6	5	4	3	2	1
순행	4	5	5	5	6	6	6	7	7	7	8	8	8	9	9	10		1	1	1	1	2	2	2	3	3	3	4	4	4
역행	6	5	5	5	4	4	4	3	3	3	2	2	2	1	1	1		10	10	9	9	9	8	8	8	7	7	7	7	6
월																	10	09												
일	25	24	23	22	21	20	19	18	17	16	15	14	13	12	11	10	9	8	7	6	5	4	3	2	1	31	30	29	28	27	26
일진	甲戌	癸酉	壬申	辛未	庚午	己巳	戊辰	丁卯	丙寅	乙丑	甲子	癸亥	壬戌	辛酉	庚申	己未	戊午	丁巳	丙辰	乙卯	甲寅	癸丑	壬子	辛亥	庚戌	己酉	戊申	丁未	丙午	乙巳
요일	일	토	금	목	수	화	월	일	토	금	목	수	화	월	일	토	금	목	수	화	월	일	토	금	목	수	화	월	일	토

10月小(辛亥)입동

절기	소설																입동												
음력	29	**28**	27	26	25	24	23	22	21	20	19	18	17	16	15	14	**13**	12	11	10	9	8	7	6	5	4	3	2	1
순행	5	5	6	6	6	7	7	7	8	8	8	9	9	9		1	1	1	1	2	2	2	3	3	3	4	4	4	
역행	5	5	5	4	4	4	3	3	3	2	2	2	1	1		10	10	9	9	9	8	8	8	7	7	7	6	6	
월																	11	10											
일	23	22	21	20	19	18	17	16	15	14	13	12	11	10	9	8	7	6	5	4	3	2	1	31	30	29	28	27	26
일진	癸卯	壬寅	辛丑	庚子	己亥	戊戌	丁酉	丙申	乙未	甲午	癸巳	壬辰	辛卯	庚寅	己丑	戊子	丁亥	丙戌	乙酉	甲申	癸未	壬午	辛巳	庚辰	己卯	戊寅	丁丑	丙子	乙亥
요일	월	일	토	금	목	수	화	월	일	토	금	목	수	화	월	일	토	금	녹	수	화	월	일	토	금	목	수	화	월

11月大(壬子)대설

절기	동지																대설													
음력	30	**29**	28	27	26	25	24	23	22	21	20	19	18	17	16	15	**14**	13	12	11	10	9	8	7	6	5	4	3	2	1
순행	4	5	5	5	6	6	6	7	7	7	8	8	8	9	9		1	1	1	2	2	2	3	3	3	4	4	4		
역행	5	5	5	4	4	4	3	3	3	2	2	2	1	1	1		10	9	9	9	8	8	8	7	7	7	6	6	6	
월																	12	11												
일	23	22	21	20	19	18	17	16	15	14	13	12	11	10	9	8	7	6	5	4	3	2	1	31	30	29	28	27	26	25	24
일진	癸酉	壬申	辛未	庚午	己巳	戊辰	丁卯	丙寅	乙丑	甲子	癸亥	壬戌	辛酉	庚申	己未	戊午	丁巳	丙辰	乙卯	甲寅	癸丑	壬子	辛亥	庚戌	己酉	戊申	丁未	丙午	乙巳	甲辰
요일	수	화	월	일	토	금	목	수	화	월	일	토	금	목	수	화	월	일	토	금	목	수	화	월	일	토	금	목	수	화

12月大(癸丑)소한

절기	대한																소한													
음력	30	29	**28**	27	26	25	24	23	22	21	20	19	18	17	16	15	**13**	12	11	10	9	8	7	6	5	4	3	2	1
순행	4	5	5	5	6	6	6	7	7	7	8	8	8	9	9	10		1	1	1	2	2	2	3	3	3	4	4	4
역행	6	5	5	5	4	4	4	3	3	3	2	2	2	1	1	1		9	9	9	8	8	8	7	7	7	6	6	6
월																	01	12											
일	22	21	20	19	18	17	16	15	14	13	12	11	10	9	8	7	6	5	4	3	2	1	31	30	29	28	27	26	25	24
일진	癸卯	壬寅	辛丑	庚子	己亥	戊戌	丁酉	丙申	乙未	甲午	癸巳	壬辰	辛卯	庚寅	己丑	戊子	丁亥	丙戌	乙酉	甲申	癸未	壬午	辛巳	庚辰	己卯	戊寅	丁丑	丙子	乙亥	甲戌
요일	금	목	수	화	월	일	토	금	목	수	화	월	일	토	금	목	수	화	월	일	토	금	목	수	화	월	일	토	금	목

남자 사주에 재가 많고 합이 많으면 여자들에게 정이 많다.

상문 : 亥   대장군 : 南
조객 : 未   삼 재 : 寅午戌
삼살 : 東

癸酉年

서기 1993년
단기 4326년

1月小(甲寅)입춘

절기	우수																입춘											
음력	29	28	27	26	25	24	23	22	21	20	19	18	17	16	15	14	13	12	11	10	9	8	7	6	5	4	3	2	1
순행	4	5	5	5	6	6	6	7	7	7	8	8	8	9	9	9		1	1	1	1	2	2	2	3	3	3	4
역행	5	5	5	4	4	4	3	3	3	2	2	2	1	1	1	1		10	9	9	9	8	8	8	7	7	7	6	6
월													02														01	
일	20	19	18	17	16	15	14	13	12	11	10	9	8	7	6	5	4	3	2	1	31	30	29	28	27	26	25	24	23
일진	壬申	辛未	庚午	己巳	戊辰	丁卯	丙寅	乙丑	甲子	癸亥	壬戌	辛酉	庚申	己未	戊午	丁巳	丙辰	乙卯	甲寅	癸丑	壬子	辛亥	庚戌	己酉	戊申	丁未	丙午	乙巳	甲辰
요일	토	금	목	수	화	월	일	토	금	목	수	화	월	일	토	금	목	수	화	월	일	토	금	목	수	화	월	일	토

2月大(乙卯)경칩

절기	춘분																경칩											
음력	30	29	28	27	26	25	24	23	22	21	20	19	18	17	16	15	14	13	12	11	10	9	8	7	6	5	4	3	2	1
순행	5	5	5	6	6	6	7	7	7	8	8	8	9	9	9	10	10		1	1	1	1	2	2	2	3	3	3	4
역행	5	5	5	4	4	4	3	3	3	2	2	2	2	1	1	1		9	9	8	8	8	7	7	7	6	6	6
월														03													02
일	22	21	20	19	18	17	16	15	14	13	12	11	10	9	8	7	6	5	4	3	2	1	28	27	26	25	24	23	22	21
일진	壬寅	辛丑	庚子	己亥	戊戌	丁酉	丙申	乙未	甲午	癸巳	壬辰	辛卯	庚寅	己丑	戊子	丁亥	丙戌	乙酉	甲申	癸未	壬午	辛巳	庚辰	己卯	戊寅	丁丑	丙子	乙亥	甲戌	癸酉
요일	월	일	토	금	목	수	화	월	일	토	금	목	수	화	월	일	토	금	목	수	화	월	일	토	금	목	수	화	월	일

3月大(丙辰)청명

절기	곡우																청명											
음력	30	29	28	27	26	25	24	23	22	21	20	19	18	17	16	15	14	13	12	11	10	9	8	7	6	5	4	3	2	1
순행	5	5	5	6	6	6	7	7	7	8	8	8	9	9	9	10		1	1	1	1	2	2	2	3	3	3	4
역행	5	5	5	4	4	4	3	3	3	2	2	2	1	1	1	1		10	10	9	9	8	8	8	7	7	7	6	6
월														04												03
일	21	20	19	18	17	16	15	14	13	12	11	10	9	8	7	6	5	4	3	2	1	31	30	29	28	27	26	25	24	23
일진	壬申	辛未	庚午	己巳	戊辰	丁卯	丙寅	乙丑	甲子	癸亥	壬戌	辛酉	庚申	己未	戊午	丁巳	丙辰	乙卯	甲寅	癸丑	壬子	辛亥	庚戌	己酉	戊申	丁未	丙午	乙巳	甲辰	癸卯
요일	수	화	월	일	토	금	목	수	화	월	일	토	금	목	수	화	월	일	토	금	목	수	화	월	일	토	금	목	수	화

윤3月小

절기															입하													
음력	29	28	27	26	25	24	23	22	21	20	19	18	17	16	15	14	13	12	11	10	9	8	7	6	5	4	3	2	1
순행		6	6	6	7	7	7	8	8	8	9	9	10	10		1	1	1	2	2	2	3	3	3	4	4	4	5
역행		4	4	4	3	3	3	2	2	2	1	1	1	1		10	9	9	9	8	8	8	7	7	7	6	6	6
월													05													04
일	20	19	18	17	16	15	14	13	12	11	10	9	8	7	6	5	4	3	2	1	30	29	28	27	26	25	24	23	22
일진	辛丑	庚子	己亥	戊戌	丁酉	丙申	乙未	甲午	癸巳	壬辰	辛卯	庚寅	己丑	戊子	丁亥	丙戌	乙酉	甲申	癸未	壬午	辛巳	庚辰	己卯	戊寅	丁丑	丙子	乙亥	甲戌	癸酉
요일	목	수	화	월	일	토	금	목	수	화	월	일	토	금	목	수	화	월	일	토	금	목	수	화	월	일	토	금	목

4月大(丁巳)입하

절기													망종														소만	
음력	30	29	28	27	26	25	24	23	22	21	20	19	18	17	16	15	14	13	12	11	10	9	8	7	6	5	4	3	2	1
순행	6	6	7	7	7	8	8	8	9	9	9	10	10		1	1	1	1	2	2	2	3	3	3	4	4	4	5	5	5
역행	4	4	4	3	3	3	2	2	2	1	1	1	1		10	10	10	9	9	8	8	8	7	7	7	6	6	6	5	5
월														06												05
일	19	18	17	16	15	14	13	12	11	10	9	8	7	6	5	4	3	2	1	31	30	29	28	27	26	25	24	23	22	21
일진	辛未	庚午	己巳	戊辰	丁卯	丙寅	乙丑	甲子	癸亥	壬戌	辛酉	庚申	己未	戊午	丁巳	丙辰	乙卯	甲寅	癸丑	壬子	辛亥	庚戌	己酉	戊申	丁未	丙午	乙巳	甲辰	癸卯	壬寅
요일	토	금	목	수	화	월	일	토	금	목	수	화	월	일	토	금	목	수	화	월	일	토	금	목	수	화	월	일	토	금

5月小(戊午)망종

절기												소서															하지	
음력	29	28	27	26	25	24	23	22	21	20	19	18	17	16	15	14	13	12	11	10	9	8	7	6	5	4	3	2	1
순행	7	7	7	8	8	8	9	9	9	10	10		1	1	1	1	2	2	2	3	3	3	4	4	4	5	5	5	6
역행	4	3	3	3	2	2	2	1	1	1	1		10	10	9	9	9	8	8	8	7	7	7	6	6	6	5	5	5
월												07														06
일	18	17	16	15	14	13	12	11	10	9	8	7	6	5	4	3	2	1	30	29	28	27	26	25	24	23	22	21	20
일진	庚子	己亥	戊戌	丁酉	丙申	乙未	甲午	癸巳	壬辰	辛卯	庚寅	己丑	戊子	丁亥	丙戌	乙酉	甲申	癸未	壬午	辛巳	庚辰	己卯	戊寅	丁丑	丙子	乙亥	甲戌	癸酉	壬申
요일	일	토	금	목	수	화	월	일	토	금	목	수	화	월	일	토	금	목	수	화	월	일	토	금	목	수	화	월	일

일간이 년간·일지가 년지를 훼해도 조상을 몰라보는 불효자식이 있다.

6月 大(己未) 소서

절 기	입추																				대서									
음력	30	29	28	27	26	25	24	23	22	21	20	19	18	17	16	15	14	13	12	11	10	9	8	7	6	5	4	3	2	1
순행	7	8	8	8	9	9	9	10	10	10		1	1	1	1	2	2	2	3	3	3	4	4	5	5	5	6	6	6	6
역행	3	3	3	2	2	2	1	1	1	1		10	10	9	9	9	8	8	8	7	7	7	6	6	6	5	5	5	4	4
월										08																	07			
일	17	16	15	14	13	12	11	10	9	8	7	6	5	4	3	2	1	31	30	29	28	27	26	25	24	23	22	21	20	19
일진	庚	己	戊	丁	丙	乙	甲	癸	壬	辛	庚	己	戊	丁	丙	乙	甲	癸	壬	辛	庚	己	戊	丁	丙	乙	甲	癸	壬	辛
	午	巳	辰	卯	寅	丑	子	亥	戌	酉	申	未	午	巳	辰	卯	寅	丑	子	亥	戌	酉	申	未	午	巳	辰	卯	寅	丑
요일	화	월	일	토	금	목	수	화	월	일	토	금	목	수	화	월	일	토	금	목	수	화	월	일	토	금	목	수	화	월

7月 小(庚申) 입추

절 기	백로																						처서						
음력	29	28	27	26	25	24	23	22	21	20	19	18	17	16	15	14	13	12	11	10	9	8	7	6	5	4	3	2	1
순행	8	8	9	9	9	10		1	1	1	2	2	2	3	3	3	4	4	5	5	5	6	6	6	7	7	
역행	2	2	2	1	1	1		10	10	10	9	9	8	8	8	7	7	7	6	6	6	5	5	5	4	4	
월							09																08				
일	15	14	13	12	11	10	9	8	7	6	5	4	3	2	1	31	30	29	28	27	26	25	24	23	22	21	20	19	18
일진	己	戊	丁	丙	乙	甲	癸	壬	辛	庚	己	戊	丁	丙	乙	甲	癸	壬	辛	庚	己	戊	丁	丙	乙	甲	癸	壬	辛
	亥	戌	酉	申	未	午	巳	辰	卯	寅	丑	子	亥	戌	酉	申	未	午	巳	辰	卯	寅	丑	子	亥	戌	酉	申	未
요일	수	화	월	일	토	금	목	수	화	월	일	토	금	목	수	화	월	일	토	금	목	수	화	월	일	토	금	목	수

8月 小(辛酉) 백로

절 기	한로																				추분								
음력	29	28	27	26	25	24	23	22	21	20	19	18	17	16	15	14	13	12	11	10	9	8	7	6	5	4	3	2	1
순행	8	8	9	9	9	10		1	1	1	1	2	2	2	3	3	3	4	4	5	5	5	6	6	6	7	7	7
역행	2	2	1	1	1		10	9	9	9	8	8	8	7	7	6	6	6	5	5	5	4	4	4	3	3	
월							10																09				
일	14	13	12	11	10	9	8	7	6	5	4	3	2	1	30	29	28	27	26	25	24	23	22	21	20	19	18	17	16
일진	戊	丁	丙	乙	甲	癸	壬	辛	庚	己	戊	丁	丙	乙	甲	癸	壬	辛	庚	己	戊	丁	丙	乙	甲	癸	壬	辛	庚
	辰	卯	寅	丑	子	亥	戌	酉	申	未	午	巳	辰	卯	寅	丑	子	亥	戌	酉	申	未	午	巳	辰	卯	寅	丑	子
요일	목	수	화	월	일	토	금	목	수	화	월	일	토	금	목	수	화	월	일	토	금	목	수	화	월	일	토	금	목

9月 大(壬戌) 한로

절 기	입동																				상강									
음력	30	29	28	27	26	25	24	23	22	21	20	19	18	17	16	15	14	13	12	11	10	9	8	7	6	5	4	3	2	1
순행	8	8	9	9	9	10		1	1	1	1	2	2	2	3	3	3	4	4	5	5	5	6	6	6	7	7	7	
역행	2	2	1	1	1		10	9	9	9	8	8	8	7	7	6	6	6	5	5	5	4	4	4	3	3	3	2	
월							11																10				
일	13	12	11	10	9	8	7	6	5	4	3	2	1	31	30	29	28	27	26	25	24	23	22	21	20	19	18	17	16	15
일진	戊	丁	丙	乙	甲	癸	壬	辛	庚	己	戊	丁	丙	乙	甲	癸	壬	辛	庚	己	戊	丁	丙	乙	甲	癸	壬	辛	庚	己
	戌	酉	申	未	午	巳	辰	卯	寅	丑	子	亥	戌	酉	申	未	午	巳	辰	卯	寅	丑	子	亥	戌	酉	申	未	午	巳
요일	토	금	목	수	화	월	일	토	금	목	수	화	월	일	토	금	목	수	화	월	일	토	금	목	수	화	월	일	토	금

10月 小(癸亥) 입동

절 기	대설																				소설								
음력	29	28	27	26	25	24	23	22	21	20	19	18	17	16	15	14	13	12	11	10	9	8	7	6	5	4	3	2	1
순행	8	8	9	9	9		1	1	1	2	2	2	3	3	3	4	4	5	5	5	6	6	6	7	7	7	8	
역행	2	1	1	1		10	9	9	9	8	8	7	7	7	6	6	6	5	5	5	4	4	4	3	3	3	2	
월						12																11					
일	12	11	10	9	8	7	6	5	4	3	2	1	30	29	28	27	26	25	24	23	22	21	20	19	18	17	16	15	14
일진	丁	丙	乙	甲	癸	壬	辛	庚	己	戊	丁	丙	乙	甲	癸	壬	辛	庚	己	戊	丁	丙	乙	甲	癸	壬	辛	庚	己
	卯	寅	丑	子	亥	戌	酉	申	未	午	巳	辰	卯	寅	丑	子	亥	戌	酉	申	未	午	巳	辰	卯	寅	丑	子	亥
요일	일	토	금	목	수	화	월	일	토	금	목	수	화	월	일	토	금	목	수	화	월	일	토	금	목	수	화	월	일

11月 大(甲子) 대설

절 기	소한																				동지									
음력	30	29	28	27	26	25	24	23	22	21	20	19	18	17	16	15	14	13	12	11	10	9	8	7	6	5	4	3	2	1
순행	8	8	9	9	9	10		1	1	1	2	2	2	3	3	3	4	4	5	5	5	6	6	6	7	7	7	8	
역행	2	1	1	1		9	9	9	8	8	7	7	7	6	6	6	5	5	5	4	4	4	3	3	3	2		
월						01																12					
일	11	10	9	8	7	6	5	4	3	2	1	31	30	29	28	27	26	25	24	23	22	21	20	19	18	17	16	15	14	13
일진	丁	丙	乙	甲	癸	壬	辛	庚	己	戊	丁	丙	乙	甲	癸	壬	辛	庚	己	戊	丁	丙	乙	甲	癸	壬	辛	庚	己	戊
	酉	申	未	午	巳	辰	卯	寅	丑	子	亥	戌	酉	申	未	午	巳	辰	卯	寅	丑	子	亥	戌	酉	申	未	午	巳	辰
요일	화	월	일	토	금	목	수	화	월	일	토	금	목	수	화	월	일	토	금	목	수	화	월	일	토	금	목	수	화	월

12月 小(乙丑) 소한

절 기	입춘																				대한								
음력	29	28	27	26	25	24	23	22	21	20	19	18	17	16	15	14	13	12	11	10	9	8	7	6	5	4	3	2	1
순행	8	8	9	9	10		1	1	1	2	2	2	3	3	3	4	4	4	5	5	5	6	6	6	7	7	7	8	
역행	2	1	1	1		10	9	9	8	8	8	7	7	6	6	6	5	5	5	4	4	4	3	3	3	2		
월					02																	01					
일	9	8	7	6	5	4	3	2	1	31	30	29	28	27	26	25	24	23	22	21	20	19	18	17	16	15	14	13	12
일진	丙	乙	甲	癸	壬	辛	庚	己	戊	丁	丙	乙	甲	癸	壬	辛	庚	己	戊	丁	丙	乙	甲	癸	壬	辛	庚	己	戊
	寅	丑	子	亥	戌	酉	申	未	午	巳	辰	卯	寅	丑	子	亥	戌	酉	申	未	午	巳	辰	卯	寅	丑	子	亥	戌
요일	수	화	월	일	토	금	목	수	화	월	일	토	금	목	수	화	월	일	토	금	목	수	화	월	일	토	금	목	수

여자 신약 사주에 편관이 많으면 혼전에 정조를 잃기 쉽다.

상문 : 子　대장군 : 南
조객 : 申　삼　재 : 寅午戌
삼살 : 北

甲戌年

서기 1994년
단기 4327년

1月大(丙寅) — 음력 1월

절기: 경칩(3/6, 음력25) · 우수(2/19, 음력10) ｜ 양력월 구분: 03월(음력30~20) · 02월(음력19~1)

음력	순행	역행	양력	일진	요일	절기
30	8	2	3/11	丙申	금	
29	9	1	3/10	乙未	목	
28	9	1	3/9	甲午	수	
27	9	1	3/8	癸巳	화	
26	10	1	3/7	壬辰	월	
25			3/6	辛卯	일	경칩
24	1	10	3/5	庚寅	토	
23	1	9	3/4	己丑	금	
22	1	9	3/3	戊子	목	
21	1	9	3/2	丁亥	수	
20	2	8	3/1	丙戌	화	
19	2	8	2/28	乙酉	월	
18	2	8	2/27	甲申	일	
17	3	7	2/26	癸未	토	
16	3	7	2/25	壬午	금	
15	3	7	2/24	辛巳	목	
14	4	6	2/23	庚辰	수	
13	4	6	2/22	己卯	화	
12	4	6	2/21	戊寅	월	
11	5	5	2/20	丁丑	일	
10	5	5	2/19	丙子	토	우수
9	5	5	2/18	乙亥	금	
8	6	4	2/17	甲戌	목	
7	6	4	2/16	癸酉	수	
6	6	4	2/15	壬申	화	
5	7	3	2/14	辛未	월	
4	7	3	2/13	庚午	일	
3	7	3	2/12	己巳	토	
2	8	2	2/11	戊辰	금	
1	8	2	2/10	丁卯	목	

2月大(丁卯) — 음력 2월

절기: 청명(4/5, 음력25) · 춘분(3/21, 음력10) ｜ 양력월 구분: 04월(음력30~21) · 03월(음력20~1)

음력	순행	역행	양력	일진	요일	절기
30	9	2	4/10	丙寅	일	
29	9	1	4/9	乙丑	토	
28	9	1	4/8	甲子	금	
27	10	1	4/7	癸亥	목	
26	10	1	4/6	壬戌	수	
25			4/5	辛酉	화	청명
24	1	10	4/4	庚申	월	
23	1	9	4/3	己未	일	
22	1	9	4/2	戊午	토	
21	1	9	4/1	丁巳	금	
20	2	8	3/31	丙辰	목	
19	2	8	3/30	乙卯	수	
18	2	8	3/29	甲寅	화	
17	3	7	3/28	癸丑	월	
16	3	7	3/27	壬子	일	
15	3	7	3/26	辛亥	토	
14	4	6	3/25	庚戌	금	
13	4	6	3/24	己酉	목	
12	4	6	3/23	戊申	수	
11	5	5	3/22	丁未	화	
10	5	5	3/21	丙午	월	춘분
9	5	5	3/20	乙巳	일	
8	6	4	3/19	甲辰	토	
7	6	4	3/18	癸卯	금	
6	6	4	3/17	壬寅	목	
5	7	3	3/16	辛丑	수	
4	7	3	3/15	庚子	화	
3	7	3	3/14	己亥	월	
2	8	2	3/13	戊戌	일	
1	8	2	3/12	丁酉	토	

3月大(戊辰) — 음력 3월

절기: 입하(5/6, 음력26) · 곡우(4/20, 음력10) ｜ 양력월 구분: 05월(음력30~21) · 04월(음력20~1)

음력	순행	역행	양력	일진	요일	절기
30	9	1	5/10	丙申	화	
29	9	1	5/9	乙未	월	
28	10	1	5/8	甲午	일	
27	10	1	5/7	癸巳	토	
26			5/6	壬辰	금	입하
25	1	10	5/5	辛卯	목	
24	1	10	5/4	庚寅	수	
23	1	9	5/3	己丑	화	
22	1	9	5/2	戊子	월	
21	2	9	5/1	丁亥	일	
20	2	8	4/30	丙戌	토	
19	2	8	4/29	乙酉	금	
18	3	8	4/28	甲申	목	
17	3	7	4/27	癸未	수	
16	3	7	4/26	壬午	화	
15	4	7	4/25	辛巳	월	
14	4	6	4/24	庚辰	일	
13	4	6	4/23	己卯	토	
12	5	6	4/22	戊寅	금	
11	5	5	4/21	丁丑	목	
10	5	5	4/20	丙子	수	곡우
9	6	5	4/19	乙亥	화	
8	6	4	4/18	甲戌	월	
7	6	4	4/17	癸酉	일	
6	7	4	4/16	壬申	토	
5	7	3	4/15	辛未	금	
4	7	3	4/14	庚午	목	
3	8	3	4/13	己巳	수	
2	8	2	4/12	戊辰	화	
1	8	2	4/11	丁卯	월	

4月小(己巳) — 음력 4월

절기: 망종(6/6, 음력27) · 소만(5/21, 음력11) ｜ 양력월 구분: 06월(음력29~22) · 05월(음력21~1)

음력	순행	역행	양력	일진	요일	절기
29	10	1	6/8	乙丑	수	
28	10	1	6/7	甲子	화	
27			6/6	癸亥	월	망종
26	1	10	6/5	壬戌	일	
25	1	10	6/4	辛酉	토	
24	1	9	6/3	庚申	금	
23	1	9	6/2	己未	목	
22	2	9	6/1	戊午	수	
21	2	8	5/31	丁巳	화	
20	2	8	5/30	丙辰	월	
19	3	8	5/29	乙卯	일	
18	3	7	5/28	甲寅	토	
17	3	7	5/27	癸丑	금	
16	4	7	5/26	壬子	목	
15	4	6	5/25	辛亥	수	
14	4	6	5/24	庚戌	화	
13	5	6	5/23	己酉	월	
12	5	5	5/22	戊申	일	
11	5	5	5/21	丁未	토	소만
10	6	5	5/20	丙午	금	
9	6	4	5/19	乙巳	목	
8	6	4	5/18	甲辰	수	
7	7	4	5/17	癸卯	화	
6	7	3	5/16	壬寅	월	
5	7	3	5/15	辛丑	일	
4	8	3	5/14	庚子	토	
3	8	2	5/13	己亥	금	
2	8	2	5/12	戊戌	목	
1	9	2	5/11	丁酉	수	

5月大(庚午) — 음력 5월

절기: 소서(7/7, 음력29) · 하지(6/21, 음력13) ｜ 양력월 구분: 07월(음력30~23) · 06월(음력22~1)

음력	순행	역행	양력	일진	요일	절기
30	10	1	7/8	乙未	금	
29			7/7	甲午	목	소서
28	1	10	7/6	癸巳	수	
27	1	10	7/5	壬辰	화	
26	1	9	7/4	辛卯	월	
25	1	9	7/3	庚寅	일	
24	2	9	7/2	己丑	토	
23	2	8	7/1	戊子	금	
22	2	8	6/30	丁亥	목	
21	3	8	6/29	丙戌	수	
20	3	7	6/28	乙酉	화	
19	3	7	6/27	甲申	월	
18	4	7	6/26	癸未	일	
17	4	6	6/25	壬午	토	
16	4	6	6/24	辛巳	금	
15	5	6	6/23	庚辰	목	
14	5	5	6/22	己卯	수	
13	5	5	6/21	戊寅	화	하지
12	6	5	6/20	丁丑	월	
11	6	4	6/19	丙子	일	
10	6	4	6/18	乙亥	토	
9	7	4	6/17	甲戌	금	
8	7	3	6/16	癸酉	목	
7	7	3	6/15	壬申	수	
6	8	3	6/14	辛未	화	
5	8	2	6/13	庚午	월	
4	8	2	6/12	己巳	일	
3	9	2	6/11	戊辰	토	
2	9	1	6/10	丁卯	금	
1	9	1	6/9	丙寅	목	

6月小(辛未) — 음력 6월

절기: 대서(7/23, 음력15) ｜ 양력월 구분: 08월(음력29~24) · 07월(음력23~1)

음력	순행	역행	양력	일진	요일	절기
29	1	10	8/6	甲子	토	
28	1	10	8/5	癸亥	금	
27	1	9	8/4	壬戌	목	
26	1	9	8/3	辛酉	수	
25	2	9	8/2	庚申	화	
24	2	8	8/1	己未	월	
23	2	8	7/31	戊午	일	
22	3	8	7/30	丁巳	토	
21	3	7	7/29	丙辰	금	
20	3	7	7/28	乙卯	목	
19	4	7	7/27	甲寅	수	
18	4	6	7/26	癸丑	화	
17	4	6	7/25	壬子	월	
16	5	6	7/24	辛亥	일	
15	5	5	7/23	庚戌	토	대서
14	5	5	7/22	己酉	금	
13	6	5	7/21	戊申	목	
12	6	4	7/20	丁未	수	
11	6	4	7/19	丙午	화	
10	7	4	7/18	乙巳	월	
9	7	3	7/17	甲辰	일	
8	7	3	7/16	癸卯	토	
7	8	3	7/15	壬寅	금	
6	8	2	7/14	辛丑	목	
5	8	2	7/13	庚子	수	
4	9	2	7/12	己亥	화	
3	9	1	7/11	戊戌	월	
2	9	1	7/10	丁酉	일	
1	10	1	7/9	丙申	토	

년지와 일지가 沖·공망살이 있으면 조상을 몰라보는 불효자식이 있다.

7月大壬申의주 (대운)

절기															처서													입추		절기
30	29	28	27	26	25	24	23	22	21	20	19	18	17	16	15	14	13	12	11	10	9	8	7	6	5	4	3	2	1	음력
1	1	2	2	2	3	3	3	4	4	4	5	5	5	6	6	6	7	7	7	8	8	8	9	9	9	10	10		1	순행
9	9	9	8	8	8	7	7	7	6	6	6	5	5	5	4	4	4	3	3	3	2	2	2	1	1	1	1		10	역행
			09																								08			월
5	4	3	2	1	31	30	29	28	27	26	25	24	23	22	21	20	19	18	17	16	15	14	13	12	11	10	9	8	7	일
甲	癸	壬	辛	庚	己	戊	丁	丙	乙	甲	癸	壬	辛	庚	己	戊	丁	丙	乙	甲	癸	壬	辛	庚	己	戊	丁	丙	乙	일진
午	巳	辰	卯	寅	丑	子	亥	戌	酉	申	未	午	巳	辰	卯	寅	丑	子	亥	戌	酉	申	未	午	巳	辰	卯	寅	丑	
월	일	토	금	목	수	화	월	일	토	금	목	수	화	월	일	토	금	목	수	화	월	일	토	금	목	수	화	월	일	요일

8月小癸酉백로 (대운)

절기										추분														백로			절기
29	28	27	26	25	24	23	22	21	20	19	18	17	16	15	14	13	12	11	10	9	8	7	6	5	4	3	2	1	음력
1	2	2	2	3	3	4	4	4	5	5	5	6	6	6	7	7	7	8	8	8	9	9	9	10			1	1	순행
9	8	8	8	7	7	7	6	6	5	5	5	4	4	4	3	3	3	2	2	2	1	1	1				10	10	역행
			10																								09		월
4	3	2	1	30	29	28	27	26	25	24	23	22	21	20	19	18	17	16	15	14	13	12	11	10	9	8	7	6	일
癸	壬	辛	庚	己	戊	丁	丙	乙	甲	癸	壬	辛	庚	己	戊	丁	丙	乙	甲	癸	壬	辛	庚	己	戊	丁	丙	乙	일진
亥	戌	酉	申	未	午	巳	辰	卯	寅	丑	子	亥	戌	酉	申	未	午	巳	辰	卯	寅	丑	子	亥	戌	酉	申	未	
화	월	일	토	금	목	수	화	월	일	토	금	목	수	화	월	일	토	금	목	수	화	월	일	토	금	목	수	화	요일

9月小甲戌한로 (대운)

절기									상강															한로			절기
29	28	27	26	25	24	23	22	21	20	19	18	17	16	15	14	13	12	11	10	9	8	7	6	5	4	3	2	1	음력
2	2	3	3	3	4	4	5	5	5	6	6	6	7	7	8	8	8	9	9	9	10	10			1	1	1		순행
8	8	8	7	7	6	6	5	5	5	4	4	3	3	3	2	2	2	1	1			10	9	9					역행
			11																									10	월
2	1	31	30	29	28	27	26	25	24	23	22	21	20	19	18	17	16	15	14	13	12	11	10	9	8	7	6	5	일
壬	辛	庚	己	戊	丁	丙	乙	甲	癸	壬	辛	庚	己	戊	丁	丙	乙	甲	癸	壬	辛	庚	己	戊	丁	丙	乙	甲	일진
辰	卯	寅	丑	子	亥	戌	酉	申	未	午	巳	辰	卯	寅	丑	子	亥	戌	酉	申	未	午	巳	辰	卯	寅	丑	子	
수	화	월	일	토	금	목	수	화	월	일	토	금	목	수	화	월	일	토	금	목	수	화	월	일	토	금	목	수	요일

10月大乙亥입동 (대운)

절기									소설														입동							절기
30	29	28	27	26	25	24	23	22	21	20	19	18	17	16	15	14	13	12	11	10	9	8	7	6	5	4	3	2	1	음력
2	2	2	3	3	4	4	4	5	5	6	6	6	7	7	8	8	8	9	9			1	1	1	1	2				순행
8	8	7	7	6	6	6	5	5	4	4	4	3	3	2	2	2	1	1			10	10	9	9						역행
		12																								11				월
2	1	30	29	28	27	26	25	24	23	22	21	20	19	18	17	16	15	14	13	12	11	10	9	8	7	6	5	4	3	일
壬	辛	庚	己	戊	丁	丙	乙	甲	癸	壬	辛	庚	己	戊	丁	丙	乙	甲	癸	壬	辛	庚	己	戊	丁	丙	乙	甲	癸	일진
戌	酉	申	未	午	巳	辰	卯	寅	丑	子	亥	戌	酉	申	未	午	巳	辰	卯	寅	丑	子	亥	戌	酉	申	未	午	巳	
목	수	수	화	월	일	토	금	목	수	화	월	일	토	금	목	수	화	월	일	토	금	목	수	화	월	일	토	금	목	요일

11月小丙子대설 (대운)

절기									동지															대설			절기
29	28	27	26	25	24	23	22	21	20	19	18	17	16	15	14	13	12	11	10	9	8	7	6	5	4	3	2	1	음력
2	2	3	3	4	4	4	5	5	6	6	7	7	7	8	8	9	9	10			1	1	1			1	1		순행
8	8	7	7	6	6	5	5	5	4	4	3	3	3	2	2	2	1	1			10	9	9			9	9		역행
																											12		월
31	30	29	28	27	26	25	24	23	22	21	20	19	18	17	16	15	14	13	12	11	10	9	8	7	6	5	4	3	일
辛	庚	己	戊	丁	丙	乙	甲	癸	壬	辛	庚	己	戊	丁	丙	乙	甲	癸	壬	辛	庚	己	戊	丁	丙	乙	甲	癸	일진
卯	寅	丑	子	亥	戌	酉	申	未	午	巳	辰	卯	寅	丑	子	亥	戌	酉	申	未	午	巳	辰	卯	寅	丑	子	亥	
토	금	목	수	화	월	일	토	금	목	수	화	월	일	토	금	목	수	화	월	일	토	금	목	수	화	월	일	토	요일

12月大丁丑소한 (대운)

절기									대한														소한							절기
30	29	28	27	26	25	24	23	22	21	20	19	18	17	16	15	14	13	12	11	10	9	8	7	6	5	4	3	2	1	음력
2	2	2	3	3	4	4	4	5	5	6	6	6	7	7	8	8	9	9			1	1	1	1	2					순행
8	8	7	7	6	6	6	5	5	4	4	3	3	3	2	2	2	1	1			10	9	9	9						역행
																												01		월
30	29	28	27	26	25	24	23	22	21	20	19	18	17	16	15	14	13	12	11	10	9	8	7	6	5	4	3	2	1	일
辛	庚	己	戊	丁	丙	乙	甲	癸	壬	辛	庚	己	戊	丁	丙	乙	甲	癸	壬	辛	庚	己	戊	丁	丙	乙	甲	癸	壬	일진
酉	申	未	午	巳	辰	卯	寅	丑	子	亥	戌	酉	申	未	午	巳	辰	卯	寅	丑	子	亥	戌	酉	申	未	午	巳	辰	
월	일	토	금	목	수	화	월	일	토	금	목	수	화	월	일	토	금	목	수	화	월	일	토	금	목	수	화	월	일	요일

여자 사주에 편인이 많으면 낙태를 자주한다.

상문 : 丑   대장군 : 酉
조객 : 酉   삼 재 : 巳酉丑
삼살 : 酉

乙亥年

서기 1995년
단기 4328년

1月小(戊寅) 입춘

절기	우수																				입춘								
음력	29	28	27	26	25	24	23	22	21	20	19	18	17	16	15	14	13	12	11	10	9	8	7	6	5	4	3	2	1
월/일																									02	01			
일	28	27	26	25	24	23	22	21	20	19	18	17	16	15	14	13	12	11	10	9	8	7	6	5	4	3	2	1	31
일진	庚寅	己丑	戊子	丁亥	丙戌	乙酉	甲申	癸未	壬午	辛巳	庚辰	己卯	戊寅	丁丑	丙子	乙亥	甲戌	癸酉	壬申	辛未	庚午	己巳	戊辰	丁卯	丙寅	乙丑	甲子	癸亥	壬戌
요일	화	월	일	토	금	목	수	화	월	일	토	금	목	수	화	월	일	토	금	목	수	화	월	일	토	금	목	수	화

2月大(己卯) 경칩

절기	춘분																				경칩									
음력	30	29	28	27	26	25	24	23	22	21	20	19	18	17	16	15	14	13	12	11	10	9	8	7	6	5	4	3	2	1
월/일																												03		
일	30	29	28	27	26	25	24	23	22	21	20	19	18	17	16	15	14	13	12	11	10	9	8	7	6	5	4	3	2	1
일진	庚申	己未	戊午	丁巳	丙辰	乙卯	甲寅	癸丑	壬子	辛亥	庚戌	己酉	戊申	丁未	丙午	乙巳	甲辰	癸卯	壬寅	辛丑	庚子	己亥	戊戌	丁酉	丙申	乙未	甲午	癸巳	壬辰	辛卯
요일	목	수	화	월	일	토	금	목	수	화	월	일	토	금	목	수	화	월	일	토	금	목	수	화	월	일	토	금	목	수

3月大(庚辰) 청명

절기	곡우																				청명									
음력	30	29	28	27	26	25	24	23	22	21	20	19	18	17	16	15	14	13	12	11	10	9	8	7	6	5	4	3	2	1
월/일																									04	03				
일	29	28	27	26	25	24	23	22	21	20	19	18	17	16	15	14	13	12	11	10	9	8	7	6	5	4	3	2	1	31
일진	庚寅	己丑	戊子	丁亥	丙戌	乙酉	甲申	癸未	壬午	辛巳	庚辰	己卯	戊寅	丁丑	丙子	乙亥	甲戌	癸酉	壬申	辛未	庚午	己巳	戊辰	丁卯	丙寅	乙丑	甲子	癸亥	壬戌	辛酉
요일	금	목	수	화	월	일	토	금	목	수	화	월	일	토	금	목	수	화	월	일	토	금	목	수	화	월	일	토	금	목

4月小(辛巳) 입하

절기	소만																				입하								
음력	29	28	27	26	25	24	23	22	21	20	19	18	17	16	15	14	13	12	11	10	9	8	7	6	5	4	3	2	1
월/일																									05	04			
일	28	27	26	25	24	23	22	21	20	19	18	17	16	15	14	13	12	11	10	9	8	7	6	5	4	3	2	1	30
일진	己未	戊午	丁巳	丙辰	乙卯	甲寅	癸丑	壬子	辛亥	庚戌	己酉	戊申	丁未	丙午	乙巳	甲辰	癸卯	壬寅	辛丑	庚子	己亥	戊戌	丁酉	丙申	乙未	甲午	癸巳	壬辰	辛卯
요일	일	토	금	목	수	화	월	일	토	금	목	수	화	월	일	토	금	목	수	화	월	일	토	금	목	수	화	월	일

5月大(壬午) 망종

절기	하지																				망종									
음력	30	29	28	27	26	25	24	23	22	21	20	19	18	17	16	15	14	13	12	11	10	9	8	7	6	5	4	3	2	1
월/일																									06				05	
일	27	26	25	24	23	22	21	20	19	18	17	16	15	14	13	12	11	10	9	8	7	6	5	4	3	2	1	31	30	29
일진	己丑	戊子	丁亥	丙戌	乙酉	甲申	癸未	壬午	辛巳	庚辰	己卯	戊寅	丁丑	丙子	乙亥	甲戌	癸酉	壬申	辛未	庚午	己巳	戊辰	丁卯	丙寅	乙丑	甲子	癸亥	壬戌	辛酉	庚申
요일	화	월	일	토	금	목	수	화	월	일	토	금	목	수	화	월	일	토	금	목	수	화	월	일	토	금	목	수	화	월

6月大(癸未) 소서

절기	대서																				소서									
음력	30	29	28	27	26	25	24	23	22	21	20	19	18	17	16	15	14	13	12	11	10	9	8	7	6	5	4	3	2	1
월/일																									07				06	
일	27	26	25	24	23	22	21	20	19	18	17	16	15	14	13	12	11	10	9	8	7	6	5	4	3	2	1	30	29	28
일진	己未	戊午	丁巳	丙辰	乙卯	甲寅	癸丑	壬子	辛亥	庚戌	己酉	戊申	丁未	丙午	乙巳	甲辰	癸卯	壬寅	辛丑	庚子	己亥	戊戌	丁酉	丙申	乙未	甲午	癸巳	壬辰	辛卯	庚寅
요일	목	수	화	월	일	토	금	목	수	화	월	일	토	금	목	수	화	월	일	토	금	목	수	화	월	일	토	금	목	수

사주에 丑·寅·午가 있으면 음독할 염려가 많다.

7月小(甲申) 입추

절기	처서																	입추											
음력	29	28	27	26	25	24	23	22	21	20	19	18	17	16	15	14	13	12	11	10	9	8	7	6	5	4	3	2	1
순행	5	5	5	6	6	6	7	7	7	8	8	8	9	9	9	10	10			1	1	1	1	2	2	2	3	3	3	4
역행	6	5	5	5	4	4	4	3	3	3	2	2	2	1	1	1		10	10	10	9	9	9	8	8	8	7	7	7
월	08																	07											
일	25	24	23	22	21	20	19	18	17	16	15	14	13	12	11	10	9	8	7	6	5	4	3	2	1	31	30	29	28
일진	戊子	丁亥	丙戌	乙酉	甲申	癸午	壬巳	辛辰	庚卯	己寅	戊丑	丁子	丙亥	乙戌	甲申	癸未	壬午	辛巳	庚辰	己卯	戊寅	丁丑	丙子	乙亥	甲戌	癸酉	壬申	辛申	庚申
요일	금	목	수	화	월	일	토	금	목	수	화	월	일	토	금	목	수	화	월	일	토	금	목	수	화	월	일	토	금

8月大(乙酉) 백로

절기	추분																		백로											
음력	30	29	28	27	26	25	24	23	22	21	20	19	18	17	16	15	14	13	12	11	10	9	8	7	6	5	4	3	2	1
순행	5	5	6	6	6	7	7	7	8	8	8	9	9	9	10	10			1	1	1	2	2	2	3	3	3	4	4	4
역행	5	5	5	4	4	4	3	3	3	2	2	2	1	1	1		10	10	10	9	9	9	8	8	8	7	7	7	6	6
월															09								08							
일	24	23	22	21	20	19	18	17	16	15	14	13	12	11	10	9	8	7	6	5	4	3	2	1	31	30	29	28	27	26
일진	戊午	丁巳	丙辰	乙卯	甲寅	癸丑	壬子	辛亥	庚戌	己酉	戊申	丁未	丙午	乙巳	甲辰	癸卯	壬寅	辛丑	庚子	己亥	戊戌	丁酉	丙申	乙未	甲午	癸巳	壬辰	辛卯	庚寅	己丑
요일	일	토	금	목	수	화	월	일	토	금	목	수	화	월	일	토	금	목	수	화	월	일	토	금	목	수	화	월	일	토

윤8月小 한로

절기														한로															
음력	29	28	27	26	25	24	23	22	21	20	19	18	17	16	15	14	13	12	11	10	9	8	7	6	5	4	3	2	1
순행	5	6	6	6	7	7	7	8	8	8	9	9	9	10		1	1	1	1	2	2	2	3	3	3	4	4	4	5
역행	5	4	4	4	3	3	3	2	2	2	1	1	1		10	10	10	9	9	9	8	8	8	7	7	7	6	6	6
월														10								09							
일	23	22	21	20	19	18	17	16	15	14	13	12	11	10	9	8	7	6	5	4	3	2	1	30	29	28	27	26	25
일진	丁亥	丙戌	乙酉	甲申	癸未	壬午	辛巳	庚辰	己卯	戊寅	丁丑	丙子	乙亥	甲戌	癸酉	壬申	辛未	庚午	己巳	戊辰	丁卯	丙寅	乙丑	甲子	癸亥	壬戌	辛酉	庚申	己未
요일	월	일	토	금	목	수	화	월	일	토	금	목	수	화	월	일	토	금	목	수	화	월	일	토	금	목	수	화	월

9月大(丙戌) 한로

절기														입동													상강			
음력	30	29	28	27	26	25	24	23	22	21	20	19	18	17	16	15	14	13	12	11	10	9	8	7	6	5	4	3	2	1
순행	5	6	6	6	7	7	7	8	8	8	9	9	9		1	1	1	1	2	2	2	3	3	3	4	4	4	5	5	5
역행	5	4	4	4	3	3	3	2	2	2	1	1	1		10	9	9	9	8	8	8	7	7	7	6	6	6	5	5	5
월														11								10							
일	22	21	20	19	18	17	16	15	14	13	12	11	10	9	8	7	6	5	4	3	2	1	31	30	29	28	27	26	25	24
일진	丁巳	丙辰	乙卯	甲寅	癸丑	壬子	辛亥	庚戌	己酉	戊申	丁未	丙午	乙巳	甲辰	癸卯	壬寅	辛丑	庚子	己亥	戊戌	丁酉	丙申	乙未	甲午	癸巳	壬辰	辛卯	庚寅	己丑	戊子
요일	수	화	월	일	토	금	목	수	화	월	일	토	금	목	수	화	월	일	토	금	목	수	화	월	일	토	금	목	수	화

10月小(丁亥) 입동

절기														대설													소설			
음력	29	28	27	26	25	24	23	22	21	20	19	18	17	16	15	14	13	12	11	10	9	8	7	6	5	4	3	2	1
순행	5	6	6	6	7	7	7	8	8	8	9	9	9	10		1	1	1	1	2	2	2	3	3	3	4	4	4	5
역행	5	4	4	4	3	3	3	2	2	2	1	1	1		9	9	9	8	8	8	7	7	7	6	6	6	5	5	5
월														12								11							
일	21	20	19	18	17	16	15	14	13	12	11	10	9	8	7	6	5	4	3	2	1	30	29	28	27	26	25	24	23
일진	丙戌	乙酉	甲申	癸未	壬午	辛巳	庚辰	己卯	戊寅	丁丑	丙子	乙亥	甲戌	癸酉	壬申	辛未	庚午	己巳	戊辰	丁卯	丙寅	乙丑	甲子	癸亥	壬戌	辛酉	庚申	己未	戊午
요일	목	수	화	월	일	토	금	목	수	화	월	일	토	금	목	수	화	월	일	토	금	목	수	화	월	일	토	금	목

11月小(戊子) 대설

절기														소한													동지			
음력	29	28	27	26	25	24	23	22	21	20	19	18	17	16	15	14	13	12	11	10	9	8	7	6	5	4	3	2	1
순행	5	6	6	6	7	7	7	8	8	8	9	9	9	10		1	1	1	2	2	2	3	3	3	4	4	4	5	5	1
역행	4	4	4	3	3	3	2	2	2	1	1	1		10	9	9	9	8	8	8	7	7	7	6	6	6	5	5	5
월														01								12							
일	19	18	17	16	15	14	13	12	11	10	9	8	7	6	5	4	3	2	1	31	30	29	28	27	26	25	24	23	22
일진	乙卯	甲寅	癸丑	壬子	辛亥	庚戌	己酉	戊申	丁未	丙午	乙巳	甲辰	癸卯	壬寅	辛丑	庚子	己亥	戊戌	丁酉	丙申	乙未	甲午	癸巳	壬辰	辛卯	庚寅	己丑	戊子	丁亥
요일	금	목	수	화	월	일	토	금	목	수	화	월	일	토	금	목	수	화	월	일	토	금	목	수	화	월	일	토	금

12月大(己丑) 소한

절기														입춘													대한			
음력	30	29	28	27	26	25	24	23	22	21	20	19	18	17	16	15	14	13	12	11	10	9	8	7	6	5	4	3	2	1
순행	5	6	6	6	7	7	7	8	8	8	9	9	9	10		1	1	1	2	2	2	3	3	3	4	4	4	5	5	1
역행	5	4	4	4	3	3	3	2	2	2	1	1	1		9	9	9	8	8	8	7	7	7	6	6	6	5	5	5	5
월														02								01							
일	18	17	16	15	14	13	12	11	10	9	8	7	6	5	4	3	2	1	31	30	29	28	27	26	25	24	23	22	21	20
일진	乙酉	甲申	癸未	壬午	辛巳	庚辰	己卯	戊寅	丁丑	丙子	乙亥	甲戌	癸申	壬未	辛午	庚巳	己辰	戊卯	丁寅	丙丑	乙子	甲亥	癸戌	壬酉	辛申	庚未	己午	戊巳	丁辰	丙辰
요일	일	토	금	목	수	화	월	일	토	금	목	수	화	월	일	토	금	목	수	화	월	일	토	금	목	수	화	월	일	토

인수가 長生이면 문필가로 명성을 떨친다.

상문 : 寅 대장군 : 西
조객 : 戌 삼 재 : 巳酉丑
삼살 : 南

丙子年

서기 1996년
단기 4329년

1月小(庚寅) 입춘

절기	경칩													우수															
음력	29	28	27	26	25	24	23	22	21	20	19	18	17	16	15	14	13	12	11	10	9	8	7	6	5	4	3	2	1
순행	6	6	6	7	7	7	8	8	8	9	9	9	10		1	1	1	1	2	2	2	3	3	3	4	4	4	5	5
역행	4	4	4	3	3	3	2	2	2	1	1	1			10	9	9	9	8	8	8	7	7	7	6	6	6	5	5
월	03																02												
일	18	17	16	15	14	13	12	11	10	9	8	7	6	5	4	3	2	1	29	28	27	26	25	24	23	22	21	20	19
일진	甲	癸	壬	辛	庚	己	戊	丁	丙	乙	甲	癸	壬	辛	庚	己	戊	丁	丙	乙	甲	癸	壬	辛	庚	己	戊	丁	丙
	寅	丑	子	亥	戌	酉	申	未	午	巳	辰	卯	寅	丑	子	亥	戌	酉	申	未	午	巳	辰	卯	寅	丑	子	亥	戌
요일	월	일	토	금	목	수	화	월	일	토	금	목	수	화	월	일	토	금	목	수	화	월	일	토	금	목	수	화	

2月大(辛卯) 경칩

절기	청명														춘분															
음력	30	29	28	27	26	25	24	23	22	21	20	19	18	17	16	15	14	13	12	11	10	9	8	7	6	5	4	3	2	1
순행	6	6	7	7	7	8	8	8	9	9	9	10	10		1	1	1	1	2	2	2	3	3	3	4	4	4	5	5	
역행	4	4	3	3	3	2	2	2	1	1	1			10	9	9	9	8	8	8	7	7	7	6	6	6	5	5		
월	04																	03												
일	17	16	15	14	13	12	11	10	9	8	7	6	5	4	3	2	1	31	30	29	28	27	26	25	24	23	22	21	20	19
일진	甲	癸	壬	辛	庚	己	戊	丁	丙	乙	甲	癸	壬	辛	庚	己	戊	丁	丙	乙	甲	癸	壬	辛	庚	己	戊	丁	丙	乙
	申	未	午	巳	辰	卯	寅	丑	子	亥	戌	酉	申	未	午	巳	辰	卯	寅	丑	子	亥	戌	酉	申	未	午	巳	辰	卯
요일	수	화	월	일	토	금	목	수	화	월	일	토	금	목	수	화	월	일	토	금	목	수	화	월	일	토	금	목	수	화

3月小(壬辰) 청명

절기	입하																	곡우												
음력	29	28	27	26	25	24	23	22	21	20	19	18	17	16	15	14	13	12	11	10	9	8	7	6	5	4	3	2	1	
순행	7	7	7	8	8	8	9	9	9	10	10		1	1	1	2	2	2	3	3	3	4	4	4	5	5	5			
역행	4	3	3	3	2	2	2	1	1	1		10	10	9	9	9	8	8	8	7	7	7	6	6	6	5	5			
월	05																	04												
일	16	15	14	13	12	11	10	9	8	7	6	5	4	3	2	1	30	29	28	27	26	25	24	23	22	21	20	19	18	
일진	癸	壬	辛	庚	己	戊	丁	丙	乙	甲	癸	壬	辛	庚	己	戊	丁	丙	乙	甲	癸	壬	辛	庚	己	戊	丁	丙	乙	
	丑	子	亥	戌	酉	申	未	午	巳	辰	卯	寅	丑	子	亥	戌	酉	申	未	午	巳	辰	卯	寅	丑	子	亥	戌	酉	
요일	목	수	화	월	일	토	금	목	수	화	월	일	토	금	목	수	화	월	일	토	금	목	수	화	월	일	토	금	목	

4月大(癸巳) 입하

절기	망종										소만																			
음력	30	29	28	27	26	25	24	23	22	21	20	19	18	17	16	15	14	13	12	11	10	9	8	7	6	5	4	3	2	1
순행	7	8	8	8	9	9	9	10	10	10		1	1	1	1	2	2	2	3	3	3	4	4	4	5	5	5	6	6	6
역행	3	3	2	2	2	1	1	1			10	10	9	9	9	8	8	8	7	7	7	6	6	6	5	5	5	4	4	
월	06																			05										
일	15	14	13	12	11	10	9	8	7	6	5	4	3	2	1	31	30	29	28	27	26	25	24	23	22	21	20	19	18	17
일진	癸	壬	辛	庚	己	戊	丁	丙	乙	甲	癸	壬	辛	庚	己	戊	丁	丙	乙	甲	癸	壬	辛	庚	己	戊	丁	丙	乙	甲
	未	午	巳	辰	卯	寅	丑	子	亥	戌	酉	申	未	午	巳	辰	卯	寅	丑	子	亥	戌	酉	申	未	午	巳	辰	卯	寅
요일	토	금	목	수	화	월	일	토	금	목	수	화	월	일	토	금	목	수	화	월	일	토	금	목	수	화	월	일	토	금

5月大(甲午) 망종

절기	소서								하지																					
음력	30	29	28	27	26	25	24	23	22	21	20	19	18	17	16	15	14	13	12	11	10	9	8	7	6	5	4	3	2	1
순행	8	8	8	9	9	9	10	10		1	1	1	1	2	2	2	3	3	3	4	4	4	5	5	5	6	6	6	7	7
역행	3	2	2	2	1	1	1		10	10	9	9	9	8	8	8	7	7	7	6	6	6	5	5	5	4	4	4	3	
월	07																		06											
일	15	14	13	12	11	10	9	8	7	6	5	4	3	2	1	30	29	28	27	26	25	24	23	22	21	20	19	18	17	16
일진	癸	壬	辛	庚	己	戊	丁	丙	乙	甲	癸	壬	辛	庚	己	戊	丁	丙	乙	甲	癸	壬	辛	庚	己	戊	丁	丙	乙	甲
	丑	子	亥	戌	酉	申	未	午	巳	辰	卯	寅	丑	子	亥	戌	酉	申	未	午	巳	辰	卯	寅	丑	子	亥	戌	酉	申
요일	월	일	토	금	목	수	화	월	일	토	금	목	수	화	월	일	토	금	목	수	화	월	일	토	금	목	수	화	월	일

6月小(乙未) 소서

절기	입추						대서																							
음력	29	28	27	26	25	24	23	22	21	20	19	18	17	16	15	14	13	12	11	10	9	8	7	6	5	4	3	2	1	
순행	8	9	9	9	10	10		1	1	1	2	2	2	3	3	3	4	4	4	5	5	5	6	6	6	7	7	7		
역행	2	1	1	1		10	10	9	9	9	8	8	8	7	7	7	6	6	6	5	5	5	4	4	4	3	3			
월	08																	07												
일	13	12	11	10	9	8	7	6	5	4	3	2	1	31	30	29	28	27	26	25	24	23	22	21	20	19	18	17	16	
일진	壬	辛	庚	己	戊	丁	丙	乙	甲	癸	壬	辛	庚	己	戊	丁	丙	乙	甲	癸	壬	辛	庚	己	戊	丁	丙	乙	甲	
	午	巳	辰	卯	寅	丑	子	亥	戌	酉	申	未	午	巳	辰	卯	寅	丑	子	亥	戌	酉	申	未	午	巳	辰	卯	寅	
요일	화	월	일	토	금	목	수	화	월	일	토	금	목	수	화	월	일	토	금	목	수	화	월	일	토	금	목	수	화	

己巳生이 사주가 약하고 귀문관살이 있으면 정신질환이 있다.

7月大(丙申)입추

절기	백로														처서															
음력	30	29	28	27	26	25	24	23	22	21	20	19	18	17	16	15	14	13	12	11	10	9	8	7	6	5	4	3	2	1
순행	9	9	9	10	10		1	1	1	1	2	2	2	3	3	3	4	4	4	5	5	5	6	6	6	7	7	7	8	8
역행	2	1	1	1	1		10	10	9	9	9	8	8	8	7	7	7	6	6	6	5	5	5	4	4	4	3	3	3	2
월												09									08									
일	12	11	10	9	8	7	6	5	4	3	2	1	31	30	29	28	27	26	25	24	23	22	21	20	19	18	17	16	15	14
일진	壬子	辛亥	庚戌	己酉	戊申	丁未	丙午	乙巳	甲辰	癸卯	壬寅	辛丑	庚子	己亥	戊戌	丁酉	丙申	乙未	甲午	癸巳	壬辰	辛卯	庚寅	己丑	戊子	丁亥	丙戌	乙酉	甲申	癸未
요일	목	수	화	월	일	토	금	목	수	화	월	일	토	금	목	수	화	월	일	토	금	목	수	화	월	일	토	금	목	수

8月小(丁酉)백로

절기	한로													추분															
음력	29	28	27	26	25	24	23	22	21	20	19	18	17	16	15	14	13	12	11	10	9	8	7	6	5	4	3	2	1
순행	9	9	10		1	1	1	1	2	2	2	3	3	3	4	4	4	5	5	5	6	6	6	7	7	7	8	8	8
역행	1	1	1		10	10	9	9	9	8	8	8	7	7	7	6	6	6	5	5	5	4	4	4	3	3	3	2	2
월										10									09										
일	11	10	9	8	7	6	5	4	3	2	1	30	29	28	27	26	25	24	23	22	21	20	19	18	17	16	15	14	13
일진	辛巳	庚辰	己卯	戊寅	丁丑	丙子	乙亥	甲戌	癸酉	壬申	辛未	庚午	己巳	戊辰	丁卯	丙寅	乙丑	甲子	癸亥	壬戌	辛酉	庚申	己未	戊午	丁巳	丙辰	乙卯	甲寅	癸丑
요일	금	목	수	화	월	일	토	금	목	수	화	월	일	토	금	목	수	화	월	일	토	금	목	수	화	월	일	토	금

9月大(戊戌)한로

절기	입동														상강															
음력	30	29	28	27	26	25	24	23	22	21	20	19	18	17	16	15	14	13	12	11	10	9	8	7	6	5	4	3	2	1
순행	9	9	10		1	1	1	1	2	2	2	3	3	3	4	4	4	5	5	5	6	6	6	7	7	7	8	8	8	9
역행	1	1	1		10	9	9	9	8	8	8	7	7	7	6	6	6	5	5	5	4	4	4	3	3	3	2	2	2	1
월											11									10										
일	10	9	8	7	6	5	4	3	2	1	31	30	29	28	27	26	25	24	23	22	21	20	19	18	17	16	15	14	13	12
일진	辛亥	庚戌	己酉	戊申	丁未	丙午	乙巳	甲辰	癸卯	壬寅	辛丑	庚子	己亥	戊戌	丁酉	丙申	乙未	甲午	癸巳	壬辰	辛卯	庚寅	己丑	戊子	丁亥	丙戌	乙酉	甲申	癸未	壬午
요일	일	토	금	목	수	화	월	일	토	금	목	수	화	월	일	토	금	목	수	화	월	일	토	금	목	수	화	월	일	토

10月大(己亥)입동

절기	대설														소설															
음력	30	29	28	27	26	25	24	23	22	21	20	19	18	17	16	15	14	13	12	11	10	9	8	7	6	5	4	3	2	1
순행	9	9	9		1	1	1	2	2	2	3	3	3	4	4	4	5	5	5	6	6	6	7	7	7	8	8	8	9	9
역행	1	1	1		10	9	9	9	8	8	8	7	7	7	6	6	6	5	5	5	4	4	4	3	3	3	2	2	2	1
월											12									11										
일	10	9	8	7	6	5	4	3	2	1	30	29	28	27	26	25	24	23	22	21	20	19	18	17	16	15	14	13	12	11
일진	辛巳	庚辰	己卯	戊寅	丁丑	丙子	乙亥	甲戌	癸酉	壬申	辛未	庚午	己巳	戊辰	丁卯	丙寅	乙丑	甲子	癸亥	壬戌	辛酉	庚申	己未	戊午	丁巳	丙辰	乙卯	甲寅	癸丑	壬子
요일	화	월	일	토	금	목	수	화	월	일	토	금	목	수	화	월	일	토	금	목	수	화	월	일	토	금	목	수	화	월

11月小(庚子)대설

절기	소한													동지															
음력	29	28	27	26	25	24	23	22	21	20	19	18	17	16	15	14	13	12	11	10	9	8	7	6	5	4	3	2	1
순행	9	9	10		1	1	1	2	2	2	3	3	3	4	4	4	5	5	5	6	6	6	7	7	7	8	8	8	8
역행	1	1	1		9	9	9	8	8	8	7	7	7	6	6	6	5	5	5	4	4	4	3	3	3	2	2	2	1
월										01									12										
일	8	7	6	5	4	3	2	1	31	30	29	28	27	26	25	24	23	22	21	20	19	18	17	16	15	14	13	12	11
일진	庚戌	己酉	戊申	丁未	丙午	乙巳	甲辰	癸卯	壬寅	辛丑	庚子	己亥	戊戌	丁酉	丙申	乙未	甲午	癸巳	壬辰	辛卯	庚寅	己丑	戊子	丁亥	丙戌	乙酉	甲申	癸未	壬午
요일	수	화	월	일	토	금	목	수	화	월	일	토	금	목	수	화	월	일	토	금	목	수	화	월	일	토	금	목	수

12月大(辛丑)소한

절기	입춘														대한															
음력	30	29	28	27	26	25	24	23	22	21	20	19	18	17	16	15	14	13	12	11	10	9	8	7	6	5	4	3	2	1
순행	9	9	9		1	1	1	2	2	2	3	3	3	4	4	4	5	5	5	6	6	6	7	7	7	8	8	8	9	9
역행	1	1	1		10	9	9	9	8	8	8	7	7	7	6	6	6	5	5	5	4	4	4	3	3	3	2	2	2	1
월											02									01										
일	7	6	5	4	3	2	1	31	30	29	28	27	26	25	24	23	22	21	20	19	18	17	16	15	14	13	12	11	10	9
일진	庚辰	己卯	戊寅	丁丑	丙子	乙亥	甲戌	癸酉	壬申	辛未	庚午	己巳	戊辰	丁卯	丙寅	乙丑	甲子	癸亥	壬戌	辛酉	庚申	己未	戊午	丁巳	丙辰	乙卯	甲寅	癸丑	壬子	辛亥
요일	금	목	수	화	월	일	토	금	목	수	화	월	일	토	금	목	수	화	월	일	토	금	목	수	화	월	일	토	금	목

편인이 長生이면 예술가로 명성을 떨친다.

상문 : 卯   대장군 : 西
조객 : 亥   삼 재 : 巳酉丑
삼살 : 東

丁丑年

서기 1997년

단기 4330년

1月小壬寅立春

절기			경칩															우수										
음력	29	28	27	**26**	25	24	23	22	21	20	19	18	17	16	15	14	13	12	**11**	10	9	8	7	6	5	4	3	2	1
순행(대설)	9	10	10		1	1	1		2	2	3	3		3	4	4	4	5	5	5	6	6	6	7	7	7	8	8	8
역행	1	1	1		9	9	9		8	8	8	7	7	7	6	6	6	5	5	5	4	4	4	3	3	3	2	2	2	1
월				03																									02
일	8	7	6	5	4	3	2	1	28	27	26	25	24	23	22	21	20	19	18	17	16	15	14	13	12	11	10	9	8
일진	己酉	戊申	丁未	丙午	乙巳	甲辰	癸卯	壬寅	辛丑	庚子	己亥	戊戌	丁酉	丙申	乙未	甲午	癸巳	壬辰	辛卯	庚寅	己丑	戊子	丁亥	丙戌	乙酉	甲申	癸未	壬午	辛巳
요일	토	금	목	수	화	월	일	토	금	목	수	화	월	일	토	금	목	수	화	월	일	토	금	목	수	화	월	일	토

2月小癸卯경칩

절기		청명																춘분											
음력	29	**28**	27	26	25	24	23	22	21	20	19	18	17	16	15	14	13	**12**	11	10	9	8	7	6	5	4	3	2	1
순행	10		1	1	1		1	2	2		2	3	3		3	4	4	4	5	5	5	6	6	6	7	7	7	8	8	9
역행	1		10	10	9		9	9	8		8	8	7	7	7	6	6	6	5	5	5	4	4	4	3	3	3	2	2	1
월				04																								03	
일	6	5	4	3	2	1	31	30	29	28	27	26	25	24	23	22	21	20	19	18	17	16	15	14	13	12	11	10	9
일진	戊寅	丁丑	丙子	乙亥	甲戌	癸酉	壬申	辛未	庚午	己巳	戊辰	丁卯	丙寅	乙丑	甲子	癸亥	壬戌	辛酉	庚申	己未	戊午	丁巳	丙辰	乙卯	甲寅	癸丑	壬子	辛亥	庚戌
요일	일	토	금	목	수	화	월	일	토	금	목	수	화	월	일	토	금	목	수	화	월	일	토	금	목	수	화	월	일

3月大甲辰청명

절기	입하															곡우														
음력	30	**29**	28	27	26	25	24	23	22	21	20	19	18	17	16	15	**14**	13	12	11	10	9	8	7	6	5	4	3	2	1
순행	10		1	1	1		2	2	3		3	3	4	4		5	5	6	6	6	7	7	7	8	8	8	9	9	9	
역행	1		10	9	9		9	8	8		8	7	7	7	6	6	6	5	5	5	4	4	4	3	3	3	2	2	1	1
월				05																									04	
일	6	5	4	3	2	1	30	29	28	27	26	25	24	23	22	21	20	19	18	17	16	15	14	13	12	11	10	9	8	7
일진	戊申	丁未	丙午	乙巳	甲辰	癸卯	壬寅	辛丑	庚子	己亥	戊戌	丁酉	丙申	乙未	甲午	癸巳	壬辰	辛卯	庚寅	己丑	戊子	丁亥	丙戌	乙酉	甲申	癸未	壬午	辛巳	庚辰	己卯
요일	화	월	일	토	금	목	수	화	월	일	토	금	목	수	화	월	일	토	금	목	수	화	월	일	토	금	목	수	화	월

4月小乙巳입하

절기															소만														
음력	29	28	27	26	25	24	23	22	21	20	19	18	17	16	**15**	14	13	12	11	10	9	8	7	6	5	4	3	2	1
순행	1	1	1		2	2	3		3	4	4		4	5	5	5	6	6	6	7	7	7	8	8	8	9	9	10	10
역행	10	10	9		9	8	8		8	7	7	7	6	6	6	5	5	5	4	4	4	3	3	3	2	2	1	1	1
월				06																								05	
일	4	3	2	1	31	30	29	28	27	26	25	24	23	22	21	20	19	18	17	16	15	14	13	12	11	10	9	8	7
일진	丁丑	丙子	乙亥	甲戌	癸酉	壬申	辛未	庚午	己巳	戊辰	丁卯	丙寅	乙丑	甲子	癸亥	壬戌	辛酉	庚申	己未	戊午	丁巳	丙辰	乙卯	甲寅	癸丑	壬子	辛亥	庚戌	己酉
요일	수	화	월	일	토	금	목	수	화	월	일	토	금	목	수	화	월	일	토	금	목	수	화	월	일	토	금	목	수

5月大丙午망종

절기													하지																망종	
음력	30	29	28	27	26	25	24	23	22	21	20	19	18	**17**	16	15	14	13	12	11	10	9	8	7	6	5	4	3	2	1
순행	1	1	2		2	2	3		3	4	4		4	5	5	5	6	6	6	7	7	7	8	8	8	9	9	10	10	1
역행	9	9	8		8	8	7		7	6	6		6	5	5	5	4	4	4	3	3	3	2	2	2	1	1	1		10
월		07																												06
일	4	3	2	1	30	29	28	27	26	25	24	23	22	21	20	19	18	17	16	15	14	13	12	11	10	9	8	7	6	5
일진	丁未	丙午	乙巳	甲辰	癸卯	壬寅	辛丑	庚子	己亥	戊戌	丁酉	丙申	乙未	甲午	癸巳	壬辰	辛卯	庚寅	己丑	戊子	丁亥	丙戌	乙酉	甲申	癸未	壬午	辛巳	庚辰	己卯	戊寅
요일	금	목	수	화	월	일	토	금	목	수	화	월	일	토	금	목	수	화	월	일	토	금	목	수	화	월	일	토	금	목

6月小丁未소서

절기											대서															소서			
음력	29	28	27	26	25	24	23	22	21	20	**19**	18	17	16	15	14	13	12	11	10	9	8	7	6	5	4	3	2	1
순행	2	2	2		3	3	3		4	4	5		5	5	6	6	6	7	7	7	8	8	9	9	9	10	10	10	11	1
역행	9	8	8		8	7	7		7	6	6		6	5	5	5	4	4	4	3	3	3	2	2	2	1	1	1	10	10
월		08																										07	
일	2	1	31	30	29	28	27	26	25	24	23	22	21	20	19	18	17	16	15	14	13	12	11	10	9	8	7	6	5
일진	丙子	乙亥	甲戌	癸酉	壬申	辛未	庚午	己巳	戊辰	丁卯	丙寅	乙丑	甲子	癸亥	壬戌	辛酉	庚申	己未	戊午	丁巳	丙辰	乙卯	甲寅	癸丑	壬子	辛亥	庚戌	己酉	戊申
요일	토	금	목	수	화	월	일	토	금	목	수	화	월	일	토	금	목	수	화	월	일	토	금	목	수	화	월	일	토

辛日生 사주에 財나 官이 많으면 맹장염을 잃는다.

									처서														입추							절 기	
30	29	28	27	26	25	24	23	22	21	20	19	18	17	16	15	14	13	12	11	10	9	8	7	6	5	4	3	2	1	음 력	
2	2	3	3	3	4	4	4	5	5	5	6	6	6	7	7	7	8	8	8	9	9	10	10			1	1	1	1	순행	
8	8	8	7	7	7	6	6	6	5	5	5	4	4	4	3	3	3	2	2	2	1	1	1			10	10	9	9	역행	
09																												08		월	
1	31	30	29	28	27	26	25	24	23	22	21	20	19	18	17	16	15	14	13	12	11	10	9	8	7	6	5	4	3	일	
丙	乙	甲	癸	壬	辛	庚	己	戊	丁	丙	乙	甲	癸	壬	辛	庚	己	戊	丁	丙	乙	甲	癸	壬	辛	庚	己	戊	丁	일 진	
午	巳	辰	卯	寅	丑	子	亥	戌	酉	申	未	午	巳	辰	卯	寅	丑	子	亥	戌	酉	申	未	午	巳	辰	卯	寅	丑		
월	일	토	금	목	수	화	월	일	토	금	목	수	화	월	일	토	금	목	수	화	월	일	토	금	목	수	화	월	일	요 일	

							추분														백로									절 기	
30	29	28	27	26	25	24	23	22	21	20	19	18	17	16	15	14	13	12	11	10	9	8	7	6	5	4	3	2	1	음 력	
2	3	3	3	4	4	4	5	5	5	6	6	6	7	7	7	8	8	8	9	9	9	10	10			1	1	1	2	순행	
8	8	7	7	7	6	6	6	5	5	5	4	4	4	3	3	3	2	2	2	1	1	1	1			10	10	9	9	역행	
10																												09		월	
1	30	29	28	27	26	25	24	23	22	21	20	19	18	17	16	15	14	13	12	11	10	9	8	7	6	5	4	3	2	일	
丙	乙	甲	癸	壬	辛	庚	己	戊	丁	丙	乙	甲	癸	壬	辛	庚	己	戊	丁	丙	乙	甲	癸	壬	辛	庚	己	戊	丁	일 진	
子	亥	戌	酉	申	未	午	巳	辰	卯	寅	丑	子	亥	戌	酉	申	未	午	巳	辰	卯	寅	丑	子	亥	戌	酉	申	未		
수	화	월	일	토	금	목	수	화	월	일	토	금	목	수	화	월	일	토	금	목	수	화	월	일	토	금	목	수	화	요 일	

						상강														한로									절 기	
29	28	27	26	25	24	23	22	21	20	19	18	17	16	15	14	13	12	11	10	9	8	7	6	5	4	3	2	1	음 력	
3	3	3	4	4	4	5	5	5	6	6	6	7	7	7	8	8	8	9	9	9	10			1	1	1	2	2	순행	
7	7	7	6	6	6	5	5	5	4	4	4	3	3	3	2	2	2	1	1	1	1			10	10	9	9	8	역행	
																												10	월	
30	29	28	27	26	25	24	23	22	21	20	19	18	17	16	15	14	13	12	11	10	9	8	7	6	5	4	3	2	일	
乙	甲	癸	壬	辛	庚	己	戊	丁	丙	乙	甲	癸	壬	辛	庚	己	戊	丁	丙	乙	甲	癸	壬	辛	庚	己	戊	丁	일 진	
巳	辰	卯	寅	丑	子	亥	戌	酉	申	未	午	巳	辰	卯	寅	丑	子	亥	戌	酉	申	未	午	巳	辰	卯	寅	丑		
목	수	화	월	일	토	금	목	수	화	월	일	토	금	목	수	화	월	일	토	금	목	수	화	월	일	토	금	목	요 일	

						소설													입동										절 기	
30	29	28	27	26	25	24	23	22	21	20	19	18	17	16	15	14	13	12	11	10	9	8	7	6	5	4	3	2	1	음 력	
3	3	3	4	4	4	5	5	5	6	6	6	7	7	7	8	8	8	9	9	10			1	1	1	1	2	2	2	순행	
7	7	7	6	6	6	5	5	5	4	4	4	3	3	3	2	2	2	1	1	1			10	10	9	9	8	8	8	역행	
																												11	10	월	
29	28	27	26	25	24	23	22	21	20	19	18	17	16	15	14	13	12	11	10	9	8	7	6	5	4	3	2	1	31	일	
乙	甲	癸	壬	辛	庚	己	戊	丁	丙	乙	甲	癸	壬	辛	庚	己	戊	丁	丙	乙	甲	癸	壬	辛	庚	己	戊	丁	丙	일 진	
亥	戌	酉	申	未	午	巳	辰	卯	寅	丑	子	亥	戌	酉	申	未	午	巳	辰	卯	寅	丑	子	亥	戌	酉	申	未	午		
토	금	목	수	화	월	일	토	금	목	수	화	월	일	토	금	목	수	화	월	일	토	금	목	수	화	월	일	토	금	요 일	

						동지													대설										절 기	
30	29	28	27	26	25	24	23	22	21	20	19	18	17	16	15	14	13	12	11	10	9	8	7	6	5	4	3	2	1	음 력	
2	3	3	3	4	4	4	5	5	5	6	6	6	7	7	7	8	8	8	9	9			1	1	1	1	2	2	2	순행	
7	7	7	6	6	6	5	5	5	4	4	4	3	3	3	2	2	2	1	1			10	9	9	9	8	8	8	8	역행	
																												12	11	월	
29	28	27	26	25	24	23	22	21	20	19	18	17	16	15	14	13	12	11	10	9	8	7	6	5	4	3	2	1	30	일	
乙	甲	癸	壬	辛	庚	己	戊	丁	丙	乙	甲	癸	壬	辛	庚	己	戊	丁	丙	乙	甲	癸	壬	辛	庚	己	戊	丁	丙	일 진	
巳	辰	卯	寅	丑	子	亥	戌	酉	申	未	午	巳	辰	卯	寅	丑	子	亥	戌	酉	申	未	午	巳	辰	卯	寅	丑	子		
월	일	토	금	목	수	화	월	일	토	금	목	수	화	월	일	토	금	목	수	화	월	일	토	금	목	수	화	월	일	요 일	

						대한													소한									절 기	
29	28	27	26	25	24	23	22	21	20	19	18	17	16	15	14	13	12	11	10	9	8	7	6	5	4	3	2	1	음 력	
3	3	3	4	4	4	5	5	5	6	6	6	7	7	7	8	8	9	9	10			1	1	1	1	2	2	2	순행	
7	7	7	6	6	6	5	5	5	4	4	4	3	3	3	2	2	1	1	1			9	9	9	8	8	8	8	역행	
																										01		12	월	
27	26	25	24	23	22	21	20	19	18	17	16	15	14	13	12	11	10	9	8	7	6	5	4	3	2	1	31	30	일	
甲	癸	壬	辛	庚	己	戊	丁	丙	乙	甲	癸	壬	辛	庚	己	戊	丁	丙	乙	甲	癸	壬	辛	庚	己	戊	丁	丙	일 진	
戌	酉	申	未	午	巳	辰	卯	寅	丑	子	亥	戌	酉	申	未	午	巳	辰	卯	寅	丑	子	亥	戌	酉	申	未	午		
화	월	일	토	금	목	수	화	월	일	토	금	목	수	화	월	일	토	금	목	수	화	월	일	토	금	목	수	화	요 일	

관이 長生이면 직위가 높고 직업운이 좋다.

상문 : 辰 대장군 : 北
조객 : 子 삼 재 : 申子辰
삼살 : 北

戊寅年

서기 1998년
단기 4331년

1月大甲寅입춘

절기	우수							입춘							
음력	30 29 28 27 26 25 24 23 22 21 20 19 18 17 16 15 14 13 12 11 10 9	8	7 6 5 4 3 2 1
순행 대음	3 3 3 4 4 4 5 5 5 6 6 6 7 7 7 8 8 8 9 9 9 10		1 1 1 1 2 2 2
역행 대음	7 7 7 6 6 6 5 5 5 4 4 4 3 3 3 2 2 2 1 1 1		10 9 9 9 8 8 8
월 음양	02		01
일	26 25 24 23 22 21 20 19 18 17 16 15 14 13 12 11 10 9 8 7 6 5 4 3 2 1 31 30 29 28
일진	甲 癸 壬 辛 庚 己 戊 丁 丙 乙 甲 癸 壬 辛 庚 己 戊 丁 丙 乙 甲 癸 壬 辛 庚 己 戊 丁 丙 乙
	辰 卯 寅 丑 子 亥 戌 酉 申 未 午 巳 辰 卯 寅 丑 子 亥 戌 酉 申 未 午 巳 辰 卯 寅 丑 子 亥
요일	목 수 화 월 일 토 금 목 수 화 월 일 토 금 목 수 화 월 일 토 금 목 수 화 월 일 토 금 목 수

2月小乙卯경칩

절기	춘분						경칩					
음력	29 28 27 26 25 24 23 22 21 20 19 18 17 16 15 14 13 12 11 10 9	8	7 6 5 4 3 2 1
순행 대음	3 3 4 4 4 5 5 5 6 6 6 7 7 7 8 8 8 9 9 9 10		1 1 1 1 2 2 2
역행 대음	7 7 6 6 6 5 5 5 4 4 4 3 3 3 2 2 2 1 1 1		10 9 9 9 8 8 8
월 음양	03		02
일	27 26 25 24 23 22 21 20 19 18 17 16 15 14 13 12 11 10 9 8 7 6 5 4 3 2 1 28 27
일진	癸 壬 辛 庚 己 戊 丁 丙 乙 甲 癸 壬 辛 庚 己 戊 丁 丙 乙 甲 癸 壬 辛 庚 己 戊 丁 丙 乙
	酉 申 未 午 巳 辰 卯 寅 丑 子 亥 戌 酉 申 未 午 巳 辰 卯 寅 丑 子 亥 戌 酉 申 未 午 巳
요일	금 목 수 화 월 일 토 금 목 수 화 월 일 토 금 목 수 화 월 일 토 금 목 수 화 월 일 토 금

3月大丙辰청명

절기	곡우						청명					
음력	29 28 27 26 25 24 23 22 21 20 19 18 17 16 15 14 13 12 11 10	9	8 7 6 5 4 3 2 1
순행 대음	4 4 4 5 5 5 6 6 6 7 7 7 8 8 8 9 9 9 10 10		1 1 1 1 2 2 2 3
역행 대음	7 6 6 6 5 5 5 4 4 4 3 3 3 2 2 2 1 1 1		10 9 9 9 8 8 8 7
월 음양	04		03
일	25 24 23 22 21 20 19 18 17 16 15 14 13 12 11 10 9 8 7 6 5 4 3 2 1 31 30 29 28
일진	壬 辛 庚 己 戊 丁 丙 乙 甲 癸 壬 辛 庚 己 戊 丁 丙 乙 甲 癸 壬 辛 庚 己 戊 丁 丙 乙 甲
	寅 丑 子 亥 戌 酉 申 未 午 巳 辰 卯 寅 丑 子 亥 戌 酉 申 未 午 巳 辰 卯 寅 丑 子 亥 戌
요일	토 금 목 수 화 월 일 토 금 목 수 화 월 일 토 금 목 수 화 월 일 토 금 목 수 화 월 일 토

4月大丁巳입하

절기	소만							입하					
음력	30 29 28 27 26 25 24 23 22 21 20 19 18 17 16 15 14 13 12	11	10 9 8 7 6 5 4 3 2 1
순행 대음	4 4 5 5 5 6 6 6 7 7 7 8 8 8 9 9 9 10		1 1 1 2 2 2 3 3
역행 대음	6 6 6 5 5 5 4 4 4 3 3 3 2 2 2 1 1 1		10 9 9 9 8 8 8 7 7
월 음양	05		04
일	25 24 23 22 21 20 19 18 17 16 15 14 13 12 11 10 9 8 7 6 5 4 3 2 1 30 29 28 27 26
일진	壬 辛 庚 己 戊 丁 丙 乙 甲 癸 壬 辛 庚 己 戊 丁 丙 乙 甲 癸 壬 辛 庚 己 戊 丁 丙 乙 甲 癸
	申 未 午 巳 辰 卯 寅 丑 子 亥 戌 酉 申 未 午 巳 辰 卯 寅 丑 子 亥 戌 酉 申 未 午 巳 辰 卯
요일	월 일 토 금 목 수 화 월 일 토 금 목 수 화 월 일 토 금 목 수 화 월 일 토 금 목 수 화 월 일

5月小戊午망종

절기	하지						망종					
음력	29 28 27 26 25 24 23 22 21 20 19 18 17 16 15 14 13	12	11 10 9 8 7 6 5 4 3 2 1
순행 대음	5 5 5 6 6 6 7 7 7 8 8 8 9 9 9 10 10		1 1 1 2 2 2 3 3 3 4
역행 대음	6 5 5 5 4 4 4 3 3 3 2 2 2 1 1 1		10 9 9 9 8 8 8 7 7 7 6
월 음양	06		05
일	23 22 21 20 19 18 17 16 15 14 13 12 11 10 9 8 7 6 5 4 3 2 1 31 30 29 28 27 26
일진	辛 庚 己 戊 丁 丙 乙 甲 癸 壬 辛 庚 己 戊 丁 丙 乙 甲 癸 壬 辛 庚 己 戊 丁 丙 乙 甲 癸
	丑 子 亥 戌 酉 申 未 午 巳 辰 卯 寅 丑 子 亥 戌 酉 申 未 午 巳 辰 卯 寅 丑 子 亥 戌 酉
요일	화 월 일 토 금 목 수 화 월 일 토 금 목 수 화 월 일 토 금 목 수 화 월 일 토 금 목 수 화

윤5月小

절기						소서						
음력	29 28 27 26 25 24 23 22 21 20 19 18 17 16 15	14	13 12 11 10 9 8 7 6 5 4 3 2 1
순행 대음	6 6 6 7 7 7 8 8 8 9 9 10 10		1 1 1 2 2 2 3 3 3 4 4 4
역행 대음	5 5 4 4 4 3 3 3 2 2 2 1 1		10 10 9 9 9 8 8 8 7 7 7 6 6 6
월 음양	07		06
일	22 21 20 19 18 17 16 15 14 13 12 11 10 9 8 7 6 5 4 3 2 1 30 29 28 27 26 25 24
일진	庚 己 戊 丁 丙 乙 甲 癸 壬 辛 庚 己 戊 丁 丙 乙 甲 癸 壬 辛 庚 己 戊 丁 丙 乙 甲 癸 壬
	午 巳 辰 卯 寅 丑 子 亥 戌 酉 申 未 午 巳 辰 卯 寅 丑 子 亥 戌 酉 申 未 午 巳 辰 卯 寅
요일	수 화 월 일 토 금 목 수 화 월 일 토 금 목 수 화 월 일 토 금 목 수 화 월 일 토 금 목 수

庚日生이 地支에 火가 많으면 치질이 있다.

6月大(己未)소서

절기	입추 (17)																												대서 (1)
음력	30	29	28	27	26	25	24	23	22	21	20	19	18	17	16	15	14	13	12	11	10	9	8	7	6	5	4	3	2	1
순행	6	6	7	7	7	8	8	8	9	9	9	10	10		1	1	1	1	2	2	2	3	3	4	4	4	5	5	5	
역행	4	4	4	3	3	3	2	2	2	1	1	1		10	10	10	9	9	9	8	8	8	7	7	7	6	6	6	6	5
월														08													07			
日	21	20	19	18	17	16	15	14	13	12	11	10	9	8	7	6	5	4	3	2	1	31	30	29	28	27	26	25	24	23
일진	庚子	己亥	戊戌	丁酉	丙申	乙未	甲午	癸巳	壬辰	辛卯	庚寅	己丑	戊子	丁亥	丙戌	乙酉	甲申	癸未	壬午	辛巳	庚辰	己卯	戊寅	丁丑	丙子	乙亥	甲戌	癸酉	壬申	辛未
요일	금	목	수	화	월	일	토	금	목	수	화	월	일	토	금	목	수	화	월	일	토	금	목	수	화	월	일	토	금	목

7月大(庚申)입추

절기: 백로 (18)   처서 (1)

음력	30	29	28	27	26	25	24	23	22	21	20	19	18	17	16	15	14	13	12	11	10	9	8	7	6	5	4	3	2	1
순행	6	6	7	7	7	8	8	8	9	9	9	10		1	1	1	1	2	2	2	3	3	4	4	4	5	5	5	6	
역행	4	4	3	3	3	2	2	2	1	1	1		10	10	9	9	9	9	8	8	8	7	7	7	6	6	6	6		
월											09															08				
日	20	19	18	17	16	15	14	13	12	11	10	9	8	7	6	5	4	3	2	1	31	30	29	28	27	26	25	24	23	22
일진	庚午	己巳	戊辰	丁卯	丙寅	乙丑	甲子	癸亥	壬戌	辛酉	庚申	己未	戊午	丁巳	丙辰	乙卯	甲寅	癸丑	壬子	辛亥	庚戌	己酉	戊申	丁未	丙午	乙巳	甲辰	癸卯	壬寅	辛丑
요일	일	토	금	목	수	화	월	일	토	금	목	수	화	월	일	토	금	목	수	화	월	일	토	금	목	수	화	월	일	토

8月小(辛酉)백로

절기: 한로 (18)   추분 (3)

음력	29	28	27	26	25	24	23	22	21	20	19	18	17	16	15	14	13	12	11	10	9	8	7	6	5	4	3	2	1
순행	7	7	7	8	8	8	9	9	9	10		1	1	1	1	2	2	2	3	3	3	4	4	4	5	5	5	6	
역행	4	3	3	3	2	2	2	1	1	1		10	10	9	9	9	8	8	8	7	7	7	6	6	6	6	5	5	
월										10														09					
日	19	18	17	16	15	14	13	12	11	10	9	8	7	6	5	4	3	2	1	30	29	28	27	26	25	24	23	22	21
일진	己亥	戊戌	丁酉	丙申	乙未	甲午	癸巳	壬辰	辛卯	庚寅	己丑	戊子	丁亥	丙戌	乙酉	甲申	癸未	壬午	辛巳	庚辰	己卯	戊寅	丁丑	丙子	乙亥	甲戌	癸酉	壬申	辛未
요일	월	일	토	금	목	수	화	월	일	토	금	목	수	화	월	일	토	금	목	수	화	월	일	토	금	목	수	화	월

9月大(壬戌)한로

절기: 입동 (20)   상강 (4)

음력	30	29	28	27	26	25	24	23	22	21	20	19	18	17	16	15	14	13	12	11	10	9	8	7	6	5	4	3	2	1
순행	6	7	7	7	8	8	8	9	9	9		1	1	1	1	2	2	2	3	3	3	4	4	4	5	5	5	6		
역행	3	3	3	2	2	2	1	1	1		10	10	9	9	9	8	8	8	7	7	7	6	6	6	5	5	5	4		
월											11														10					
日	18	17	16	15	14	13	12	11	10	9	8	7	6	5	4	3	2	1	31	30	29	28	27	26	25	24	23	22	21	20
일진	己巳	戊辰	丁卯	丙寅	乙丑	甲子	癸亥	壬戌	辛酉	庚申	己未	戊午	丁巳	丙辰	乙卯	甲寅	癸丑	壬子	辛亥	庚戌	己酉	戊申	丁未	丙午	乙巳	甲辰	癸卯	壬寅	辛丑	庚子
요일	수	화	월	일	토	금	목	수	화	월	일	토	금	목	수	화	월	일	토	금	목	수	화	월	일	토	금	목	수	화

10月大(癸亥)입동

절기: 대설 (19)   소설 (4)

음력	30	29	28	27	26	25	24	23	22	21	20	19	18	17	16	15	14	13	12	11	10	9	8	7	6	5	4	3	2	1
순행	6	7	7	7	8	8	8	9	9	9		1	1	1	1	2	2	3	3	4	4	4	5	5	5	6				
역행	4	3	3	3	2	2	2	1	1		9	9	9	8	8	7	7	7	6	6	6	5	5	5	4					
월											12													11						
日	18	17	16	15	14	13	12	11	10	9	8	7	6	5	4	3	2	1	30	29	28	27	26	25	24	23	22	21	20	19
일진	己亥	戊戌	丁酉	丙申	乙未	甲午	癸巳	壬辰	辛卯	庚寅	己丑	戊子	丁亥	丙戌	乙酉	甲申	癸未	壬午	辛巳	庚辰	己卯	戊寅	丁丑	丙子	乙亥	甲戌	癸酉	壬申	辛未	庚午
요일	금	목	수	화	월	일	토	금	목	수	화	월	일	토	금	목	수	화	월	일	토	금	목	수	화	월	일	토	금	목

11月大(甲子)대설

절기: 소한 (19)   동지 (4)

음력	30	29	28	27	26	25	24	23	22	21	20	19	18	17	16	15	14	13	12	11	10	9	8	7	6	5	4	3	2	1
순행	6	7	7	7	8	8	8	9	9	9		1	1	1	2	2	2	3	3	4	4	4	5	5	6	6	6			
역행	4	3	3	3	2	2	2	1	1		10	9	9	8	8	7	7	7	6	6	6	5	5	5	4	4	4			
월											01													12						
日	17	16	15	14	13	12	11	10	9	8	7	6	5	4	3	2	1	31	30	29	28	27	26	25	24	23	22	21	20	19
일진	己巳	戊辰	丁卯	丙寅	乙丑	甲子	癸亥	壬戌	辛酉	庚申	己未	戊午	丁巳	丙辰	乙卯	甲寅	癸丑	壬子	辛亥	庚戌	己酉	戊申	丁未	丙午	乙巳	甲辰	癸卯	壬寅	辛丑	庚子
요일	일	토	금	목	수	화	월	일	토	금	목	수	화	월	일	토	금	목	수	화	월	일	토	금	목	수	화	월	일	토

12月小(乙丑)소한

절기: 입춘 (18)   대한 (4)

음력	29	28	27	26	25	24	23	22	21	20	19	18	17	16	15	14	13	12	11	10	9	8	7	6	5	4	3	2	1
순행	6	7	7	7	8	8	8	9	9	9		1	1	1	2	2	2	3	3	3	4	4	4	5	5	6	6		
역행	4	3	3	3	2	2	2	1	1	1		9	9	9	8	8	8	7	7	7	6	6	6	5	5	5	4		
월											02													01					
日	15	14	13	12	11	10	9	8	7	6	5	4	3	2	1	31	30	29	28	27	26	25	24	23	22	21	20	19	18
일진	戊戌	丁酉	丙申	乙未	甲午	癸巳	壬辰	辛卯	庚寅	己丑	戊子	丁亥	丙戌	乙酉	甲申	癸未	壬午	辛巳	庚辰	己卯	戊寅	丁丑	丙子	乙亥	甲戌	癸酉	壬申	辛未	庚午
요일	월	일	토	금	목	수	화	월	일	토	금	목	수	화	월	일	토	금	목	수	화	월	일	토	금	목	수	화	월

식신이 長生이면 의·식·주가 풍부하다.

상문 : 巳　대장군 : 北
조객 : 丑　삼 재 : 申子辰
삼살 : 西

己卯年

서기 1999년
단기 4332년

1月大(丙寅)입춘

절기	경칩 / 우수
음력	30 29 28 27 26 25 24 23 22 21 20 **19** 18 17 16 15 14 13 12 11 10 9 8 7 6 5 **4** 3 2 1
순행(대운)	6 7 7 7 8 8 8 9 9 9 10　1 1 1 1 2 2 2 3 3 3 4 4 4 5 5 5 6 6
역행(대운)	4 3 3 3 2 2 2 1 1 1 1　10 9 9 9 8 8 8 7 7 7 6 6 6 5 5 5 4
월(음양력)	**03** ... **02**
일	17 16 15 14 13 12 11 10 9 8 7 6 5 4 3 2 1 28 27 26 25 24 23 22 21 20 19 18 17 16
일진	戊 丁 丙 乙 甲 癸 壬 辛 庚 己 戊 丁 丙 乙 甲 癸 壬 辛 庚 己 戊 丁 丙 乙 甲 癸 壬 辛 庚 己
	辰 卯 寅 丑 子 亥 戌 酉 申 未 午 巳 辰 卯 寅 丑 子 亥 戌 酉 申 未 午 巳 辰 卯 寅 丑 子 亥
요일	수 화 월 일 토 금 목 수 화 월 일 토 금 목 수 화 월 일 토 금 목 수 화 월 일 토 금 목 수 화

2月小(丁卯)경칩

절기	청명 / 춘분
음력	29 28 27 26 25 24 23 22 21 20 **19** 18 17 16 15 14 13 12 11 10 9 8 7 6 5 **4** 3 2 1
순행(대운)	7 7 8 8 8 9 9 9 10 10　1 1 1 1 2 2 2 3 3 3 4 4 4 5 5 5 6 6
역행(대운)	3 3 3 2 2 2 1 1 1　10 9 9 9 8 8 8 7 7 7 6 6 6 5 5 5 4 4
월(음양력)	**04** ... **03**
일	15 14 13 12 11 10 9 8 7 6 5 4 3 2 1 31 30 29 28 27 26 25 24 23 22 21 20 19 18
일진	丁 丙 乙 甲 癸 壬 辛 庚 己 戊 丁 丙 乙 甲 癸 壬 辛 庚 己 戊 丁 丙 乙 甲 癸 壬 辛 庚 己
	酉 申 未 午 巳 辰 卯 寅 丑 子 亥 戌 酉 申 未 午 巳 辰 卯 寅 丑 子 亥 戌 酉 申 未 午 巳
요일	목 수 화 월 일 토 금 목 수 화 월 일 토 금 목 수 화 월 일 토 금 목 수 화 월 일 토 금 목

3月小(戊辰)청명

절기	입하 / 곡우
음력	29 28 27 26 25 24 23 22 **21** 20 19 18 17 16 15 14 13 12 11 10 9 8 7 6 **5** 4 3 2 1
순행(대운)	8 8 8 9 9 9 10 10　1 1 1 2 2 2 3 3 3 4 4 4 5 5 5 6 6 6 7
역행(대운)	3 2 2 2 1 1 1　10 9 9 9 8 8 8 7 7 7 6 6 6 5 5 5 4 4 4
월(음양력)	**05** ... **04**
일	14 13 12 11 10 9 8 7 6 5 4 3 2 1 30 29 28 27 26 25 24 23 22 21 20 19 18 17 16
일진	丙 乙 甲 癸 壬 辛 庚 己 戊 丁 丙 乙 甲 癸 壬 辛 庚 己 戊 丁 丙 乙 甲 癸 壬 辛 庚 己 戊
	寅 丑 子 亥 戌 酉 申 未 午 巳 辰 卯 寅 丑 子 亥 戌 酉 申 未 午 巳 辰 卯 寅 丑 子 亥 戌
요일	금 목 수 화 월 일 토 금 목 수 화 월 일 토 금 목 수 화 월 일 토 금 목 수 화 월 일 토 금

4月大(己巳)입하

절기	망종 / 소만
음력	30 29 28 27 26 25 24 **23** 22 21 20 19 18 17 16 15 14 13 12 11 10 9 8 **7** 6 5 4 3 2 1
순행(대운)	8 8 9 9 10　1 1 1 2 2 2 3 3 3 4 4 4 5 5 5 6 6 6 7
역행(대운)	2 2 2 1 1 1　10 9 9 9 8 8 8 7 7 7 6 6 6 5 5 5 4
월(음양력)	**06** ... **05**
일	13 12 11 10 9 8 7 6 5 4 3 2 1 31 30 29 28 27 26 25 24 23 22 21 20 19 18 17 16 15
일진	丙 乙 甲 癸 壬 辛 庚 己 戊 丁 丙 乙 甲 癸 壬 辛 庚 己 戊 丁 丙 乙 甲 癸 壬 辛 庚 己 戊 丁
	申 未 午 巳 辰 卯 寅 丑 子 亥 戌 酉 申 未 午 巳 辰 卯 寅 丑 子 亥 戌 酉 申 未 午 巳 辰 卯
요일	일 토 금 목 수 화 월 일 토 금 목 수 화 월 일 토 금 목 수 화 월 일 토 금 목 수 화 월 일 토

5月小(庚午)망종

절기	소서 / 하지
음력	29 28 27 26 25 **24** 23 22 21 20 19 18 17 16 15 14 13 12 11 10 **9** 8 7 6 5 4 3 2 1
순행(대운)	9 9 10 10 10　1 1 1 2 2 3 3 3 4 4 4 5 5 5 6 6 6 7 7 7 8
역행(대운)	2 1 1 1　10 10 9 9 8 8 8 7 7 7 6 6 6 5 5 5 4 4 4
월(음양력)	**07** ... **06**
일	12 11 10 9 8 7 6 5 4 3 2 1 31 30 29 28 27 26 25 24 23 22 21 20 19 18 17 16 15 14
일진	乙 甲 癸 壬 辛 庚 己 戊 丁 丙 乙 甲 癸 壬 辛 庚 己 戊 丁 丙 乙 甲 癸 壬 辛 庚 己 戊 丁 丙
	丑 子 亥 戌 酉 申 未 午 巳 辰 卯 寅 丑 子 亥 戌 酉 申 未 午 巳 辰 卯 寅 丑 子 亥 戌 酉 申
요일	월 일 토 금 목 수 화 월 일 토 금 목 수 화 월 일 토 금 목 수 화 월 일 토 금 목 수 화 월 일

6月小(辛未)소서

절기	입추 / 대서
음력	29 28 **27** 26 25 24 23 22 21 20 19 18 17 16 15 14 13 12 **11** 10 9 8 7 6 5 4 3 2 1
순행(대운)	10 10　1 1 1 2 2 2 3 3 3 4 4 5 5 5 6 6 6 7 7 7 8 8 8 9
역행(대운)	1 1　10 10 10 9 9 9 8 8 8 7 7 7 6 6 6 5 5 5 4 4 4 3 3 3 2
월(음양력)	**08** ... **07**
일	10 9 8 7 6 5 4 3 2 1 31 30 29 28 27 26 25 24 23 22 21 20 19 18 17 16 15 14 13
일진	甲 癸 壬 辛 庚 己 戊 丁 丙 乙 甲 癸 壬 辛 庚 己 戊 丁 丙 乙 甲 癸 壬 辛 庚 己 戊 丁 丙
	午 巳 辰 卯 寅 丑 子 亥 戌 酉 申 未 午 巳 辰 卯 寅 丑 子 亥 戌 酉 申 未 午 巳 辰 卯 寅
요일	화 월 일 토 금 목 수 화 월 일 토 금 목 수 화 월 일 토 금 목 수 화 월 일 토 금 목 수 화

사주 내 地支속에 화개살이 많으면 예술가 팔자이다.

7月大(壬申)입추

절기		백로																처서												
음력	30	29	28	27	26	25	24	23	22	21	20	19	18	17	16	15	14	13	12	11	10	9	8	7	6	5	4	3	2	1
순행	10		1	1	1	1	2	2	2	3	3	3	4	4	4	5	5	5	6	6	6	7	7	7	8	8	8	9	9	9
역행	1		10	10	9	9	9	8	8	8	7	7	7	6	6	6	5	5	5	4	4	4	3	3	3	2	2	2	1	1
월									09																					08
일	9	8	7	6	5	4	3	2	1	31	30	29	28	27	26	25	24	23	22	21	20	19	18	17	16	15	14	13	12	11
일진	甲子	癸亥	壬戌	辛酉	庚申	己未	戊午	丁巳	丙辰	乙卯	甲寅	癸丑	壬子	辛亥	庚戌	己酉	戊申	丁未	丙午	乙巳	甲辰	癸卯	壬寅	辛丑	庚子	己亥	戊戌	丁酉	丙申	乙未
요일	목	수	화	월	일	토	금	목	수	화	월	일	토	금	목	수	화	월	일	토	금	목	수	화	월	일	토	금	목	수

8月小(癸酉)백로

절기															추분														
음력	29	28	27	26	25	24	23	22	21	20	19	18	17	16	15	14	13	12	11	10	9	8	7	6	5	4	3	2	1
순행	1	1	1	1	2	2	2	3	3	3	4	4	4	5	5	5	6	6	6	7	7	7	8	8	8	9	9	9	10
역행	10	10	9	9	9	8	8	8	7	7	7	6	6	6	5	5	5	4	4	4	3	3	3	2	2	2	1	1	1
월								10																					09
일	8	7	6	5	4	3	2	1	30	29	28	27	26	25	24	23	22	21	20	19	18	17	16	15	14	13	12	11	10
일진	癸巳	壬辰	辛卯	庚寅	己丑	戊子	丁亥	丙戌	乙酉	甲申	癸未	壬午	辛巳	庚辰	己卯	戊寅	丁丑	丙子	乙亥	甲戌	癸酉	壬申	辛未	庚午	己巳	戊辰	丁卯	丙寅	乙丑
요일	금	목	수	화	월	일	토	금	목	수	화	월	일	토	금	목	수	화	월	일	토	금	목	수	화	월	일	토	금

9月大(甲戌)한로

절기															상강															한로
음력	30	29	28	27	26	25	24	23	22	21	20	19	18	17	16	15	14	13	12	11	10	9	8	7	6	5	4	3	2	1
순행	1	1	1	2	2	2	3	3	3	4	4	4	5	5	5	6	6	6	7	7	7	8	8	8	9	9	9	10	10	10
역행	10	9	9	9	8	8	8	7	7	7	6	6	6	5	5	5	4	4	4	3	3	3	2	2	2	1	1	1	1	1
월							11																							10
일	7	6	5	4	3	2	1	31	30	29	28	27	26	25	24	23	22	21	20	19	18	17	16	15	14	13	12	11	10	9
일진	癸亥	壬戌	辛酉	庚申	己未	戊午	丁巳	丙辰	乙卯	甲寅	癸丑	壬子	辛亥	庚戌	己酉	戊申	丁未	丙午	乙巳	甲辰	癸卯	壬寅	辛丑	庚子	己亥	戊戌	丁酉	丙申	乙未	甲午
요일	일	토	금	목	수	화	월	일	토	금	목	수	화	월	일	토	금	목	수	화	월	일	토	금	목	수	화	월	일	토

10月大(乙亥)입동

절기	대설														소설															입동
음력	30	29	28	27	26	25	24	23	22	21	20	19	18	17	16	15	14	13	12	11	10	9	8	7	6	5	4	3	2	1
순행		1	1	1	1	2	2	2	3	3	3	4	4	4	5	5	5	6	6	6	7	7	7	8	8	8	9	9	9	9
역행		9	9	9	8	8	8	7	7	7	6	6	6	5	5	5	4	4	4	3	3	3	2	2	2	1	1	1	1	
월							12																							11
일	7	6	5	4	3	2	1	30	29	28	27	26	25	24	23	22	21	20	19	18	17	16	15	14	13	12	11	10	9	8
일진	癸巳	壬辰	辛卯	庚寅	己丑	戊子	丁亥	丙戌	乙酉	甲申	癸未	壬午	辛巳	庚辰	己卯	戊寅	丁丑	丙子	乙亥	甲戌	癸酉	壬申	辛未	庚午	己巳	戊辰	丁卯	丙寅	乙丑	甲子
요일	화	월	일	토	금	목	수	화	월	일	토	금	목	수	화	월	일	토	금	목	수	화	월	일	토	금	목	수	화	월

11月大(丙子)대설

절기	소한															동지														
음력	30	29	28	27	26	25	24	23	22	21	20	19	18	17	16	15	14	13	12	11	10	9	8	7	6	5	4	3	2	1
순행		1	1	1	1	2	2	2	3	3	3	4	4	4	5	5	5	6	6	6	7	7	7	8	8	8	9	9	9	10
역행		10	9	9	9	8	8	8	7	7	7	6	6	6	5	5	5	4	4	4	3	3	3	2	2	2	1	1	1	1
월						01																								12
일	6	5	4	3	2	1	31	30	29	28	27	26	25	24	23	22	21	20	19	18	17	16	15	14	13	12	11	10	9	8
일진	癸亥	壬戌	辛酉	庚申	己未	戊午	丁巳	丙辰	乙卯	甲寅	癸丑	壬子	辛亥	庚戌	己酉	戊申	丁未	丙午	乙巳	甲辰	癸卯	壬寅	辛丑	庚子	己亥	戊戌	丁酉	丙申	乙未	甲午
요일	목	수	화	월	일	토	금	목	수	화	월	일	토	금	목	수	화	월	일	토	금	목	수	화	월	일	토	금	목	수

12月小(丁丑)소한

절기	입춘														대한														
음력	29	28	27	26	25	24	23	22	21	20	19	18	17	16	15	14	13	12	11	10	9	8	7	6	5	4	3	2	1
순행	1	1	1	1	2	2	2	3	3	3	4	4	4	5	5	5	6	6	6	7	7	7	8	8	8	9	9	9	9
역행	9	9	9	8	8	8	7	7	7	6	6	6	5	5	5	4	4	4	3	3	3	2	2	2	1	1	1	1	1
월				02																									01
일	4	3	2	1	31	30	29	28	27	26	25	24	23	22	21	20	19	18	17	16	15	14	13	12	11	10	9	8	7
일진	壬辰	辛卯	庚寅	己丑	戊子	丁亥	丙戌	乙酉	甲申	癸未	壬午	辛巳	庚辰	己卯	戊寅	丁丑	丙子	乙亥	甲戌	癸酉	壬申	辛未	庚午	己巳	戊辰	丁卯	丙寅	乙丑	甲子
요일	금	목	수	화	월	일	토	금	목	수	화	월	일	토	금	목	수	화	월	일	토	금	목	수	화	월	일	토	금

비견·겁재가 養이면 형제들이 온순하다.

상문 : 午　대장군 : 北
조객 : 寅　삼　재 : 申子辰
삼살 : 南

庚辰年

서기 2000년
단기 4333년

1月大(戊寅)입춘 — 절기 : 경칩 / 우수

절기	음력 30	29	28	27	26	25	24	23	22	21	20	19	18	17	16	15	14	13	12	11	10	9	8	7	6	5	4	3	2	1
순행	1	1	1	2	2	2	3	3	4	4	5	5	6	6	7	7	8	8	9	9	10									
역행	10	9	9	9	8	8	8	7	7	7	6	6	5	5	5	4	4	3	3	3	2	2	2	1	1	1				
월	03																											02		
일(양력)	5	4	3	2	1	29	28	27	26	25	24	23	22	21	20	19	18	17	16	15	14	13	12	11	10	9	8	7	6	5
일진	壬戌	辛酉	庚申	己未	戊午	丁巳	丙辰	乙卯	甲寅	癸丑	壬子	辛亥	庚戌	己酉	戊申	丁未	丙午	乙巳	甲辰	癸卯	壬寅	辛丑	庚子	己亥	戊戌	丁酉	丙申	乙未	甲午	癸巳
요일	일	토	금	목	수	화	월	일	토	금	목	수	화	월	일	토	금	목	수	화	월	일	토	금	목	수	화	월	일	토

2月大(己卯)경칩 — 절기 : 청명 / 춘분

절기	음력 30	29	28	27	26	25	24	23	22	21	20	19	18	17	16	15	14	13	12	11	10	9	8	7	6	5	4	3	2	1
순행	1	1	1	2	2	2	3	3	3	4	4	5	5	6	6	7	7	7	8	8	9	9	9	10						
역행																5	5	4	4	4	3	3	2	2	2	1	1	1		
월	04																									03				
일(양력)	4	3	2	1	31	30	29	28	27	26	25	24	23	22	21	20	19	18	17	16	15	14	13	12	11	10	9	8	7	6
일진	壬辰	辛卯	庚寅	己丑	戊子	丁亥	丙戌	乙酉	甲申	癸未	壬午	辛巳	庚辰	己卯	戊寅	丁丑	丙子	乙亥	甲戌	癸酉	壬申	辛未	庚午	己巳	戊辰	丁卯	丙寅	乙丑	甲子	癸亥
요일	화	월	일	토	금	목	수	화	월	일	토	금	목	수	화	월	일	토	금	목	수	화	월	일	토	금	목	수	화	월

3月小(庚辰)청명 — 절기 : 곡우

절기	음력 29	28	27	26	25	24	23	22	21	20	19	18	17	16	15	14	13	12	11	10	9	8	7	6	5	4	3	2	1
순행	1	1	1	2	2	2	3	3	3	4	4	5	5	6	6	7	7	7	8	8	9	9	10	10					
역행	10	9	9	9	8	8	7	7	6	6	6	5	5	4	4	4	3	3	2	2	2	1	1	1					
월	05																								04				
일(양력)	3	2	1	30	29	28	27	26	25	24	23	22	21	20	19	18	17	16	15	14	13	12	11	10	9	8	7	6	5
일진	辛酉	庚申	己未	戊午	丁巳	丙辰	乙卯	甲寅	癸丑	壬子	辛亥	庚戌	己酉	戊申	丁未	丙午	乙巳	甲辰	癸卯	壬寅	辛丑	庚子	己亥	戊戌	丁酉	丙申	乙未	甲午	癸巳
요일	수	화	월	일	토	금	목	수	화	월	일	토	금	목	수	화	월	일	토	금	목	수	화	월	일	토	금	목	수

4月小(辛巳)입하 — 절기 : 소만 / 입하

절기	음력 29	28	27	26	25	24	23	22	21	20	19	18	17	16	15	14	13	12	11	10	9	8	7	6	5	4	3	2	1
순행	1	2	2	2	3	3	3	4	4	5	5	5	6	6	7	7	7	8	8	9	9	9	10	10	10				1
역행	9	9	8	8	8	7	7	6	6	6	5	5	4	4	4	3	3	3	2	2	2	1	1	1	1				10
월	06																								05				
일(양력)	1	31	30	29	28	27	26	25	24	23	22	21	20	19	18	17	16	15	14	13	12	11	10	9	8	7	6	5	4
일진	庚寅	己丑	戊子	丁亥	丙戌	乙酉	甲申	癸未	壬午	辛巳	庚辰	己卯	戊寅	丁丑	丙子	乙亥	甲戌	癸酉	壬申	辛未	庚午	己巳	戊辰	丁卯	丙寅	乙丑	甲子	癸亥	壬戌
요일	목	수	화	월	일	토	금	목	수	화	월	일	토	금	목	수	화	월	일	토	금	목	수	화	월	일	토	금	목

5月大(壬午)망종 — 절기 : 하지 / 망종

절기	음력 30	29	28	27	26	25	24	23	22	21	20	19	18	17	16	15	14	13	12	11	10	9	8	7	6	5	4	3	2	1
순행	2	2	3	3	3	4	4	5	5	5	6	6	7	7	7	8	8	8	9	9	10	10	10					1	1	1
역행	9	8	8	8	7	7	6	6	6	5	5	4	4	4	3	3	3	2	2	2	1	1	1					10	10	9
월	07																									06				
일(양력)	1	30	29	28	27	26	25	24	23	22	21	20	19	18	17	16	15	14	13	12	11	10	9	8	7	6	5	4	3	2
일진	庚申	己未	戊午	丁巳	丙辰	乙卯	甲寅	癸丑	壬子	辛亥	庚戌	己酉	戊申	丁未	丙午	乙巳	甲辰	癸卯	壬寅	辛丑	庚子	己亥	戊戌	丁酉	丙申	乙未	甲午	癸巳	壬辰	辛卯
요일	토	금	목	수	화	월	일	토	금	목	수	화	월	일	토	금	목	수	화	월	일	토	금	목	수	화	월	일	토	금

6月小(癸未)소서 — 절기 : 대서 / 소서

절기	음력 29	28	27	26	25	24	23	22	21	20	19	18	17	16	15	14	13	12	11	10	9	8	7	6	5	4	3	2	1
순행	3	3	4	4	4	5	5	5	6	6	7	7	7	8	8	9	9	9	10	10				1	1	1	2	2	
역행	8	7	7	7	6	6	5	5	4	4	4	3	3	2	2	2	1	1	1				10	10	10	9			
월																											07		
일(양력)	30	29	28	27	26	25	24	23	22	21	20	19	18	17	16	15	14	13	12	11	10	9	8	7	6	5	4	3	2
일진	己丑	戊子	丁亥	丙戌	乙酉	甲申	癸未	壬午	辛巳	庚辰	己卯	戊寅	丁丑	丙子	乙亥	甲戌	癸酉	壬申	辛未	庚午	己巳	戊辰	丁卯	丙寅	乙丑	甲子	癸亥	壬戌	辛酉
요일	일	토	금	목	수	화	월	일	토	금	목	수	화	월	일	토	금	목	수	화	월	일	토	금	목	수	화	월	일

사주 내 地支속에 화개살이 공망살을 맞으면 승려(스님)팔자이다.

7月小(甲申) 입추

절기	처서(24)																					입추(8)							
음력	29	28	27	26	25	24	23	22	21	20	19	18	17	16	15	14	13	12	11	10	9	8	7	6	5	4	3	2	1
순행	3	4	4	4	5	5	5	6	6	6	7	7	7	8	8	8	9	9	9	10	10		1	1	1	1	2	2	2
역행	7	7	6	6	6	5	5	5	4	4	4	3	3	3	2	2	2	1	1	1	1		10	10	9	9	9	8	8
월																						08	07						
일	28	27	26	25	24	23	22	21	20	19	18	17	16	15	14	13	12	11	10	9	8	7	6	5	4	3	2	1	31
일진	戊午	丁巳	丙辰	乙卯	甲寅	癸丑	壬子	辛亥	庚戌	己酉	戊申	丁未	丙午	乙巳	甲辰	癸卯	壬寅	辛丑	庚子	己亥	戊戌	丁酉	丙申	乙未	甲午	癸巳	壬辰	辛卯	庚寅
요일	월	일	토	금	목	수	화	월	일	토	금	목	수	화	월	일	토	금	목	수	화	월	일	토	금	목	수	화	월

8月大(乙酉) 백로

절기	추분(26)																				백로(10)									
음력	30	29	28	27	26	25	24	23	22	21	20	19	18	17	16	15	14	13	12	11	10	9	8	7	6	5	4	3	2	1
순행	4	4	4	5	5	5	6	6	6	7	7	7	8	8	8	9	9	9	10	10		1	1	1	1	2	2	2	3	3
역행	7	6	6	6	5	5	5	4	4	4	3	3	3	2	2	2	1	1	1	1		10	10	9	9	9	8	8	8	7
월																					09		08							
일	27	26	25	24	23	22	21	20	19	18	17	16	15	14	13	12	11	10	9	8	7	6	5	4	3	2	1	31	30	29
일진	戊子	丁亥	丙戌	乙酉	甲申	癸未	壬午	辛巳	庚辰	己卯	戊寅	丁丑	丙子	乙亥	甲戌	癸酉	壬申	辛未	庚午	己巳	戊辰	丁卯	丙寅	乙丑	甲子	癸亥	壬戌	辛酉	庚申	己未
요일	수	화	월	일	토	금	목	수	화	월	일	토	금	목	수	화	월	일	토	금	목	수	화	월	일	토	금	목	수	화

9月小(丙戌) 한로

절기	상강(26)																		한로(11)									
음력	29	28	27	26	25	24	23	22	21	20	19	18	17	16	15	14	13	12	11	10	9	8	7	6	5	4	3	2	1
순행	4	4	5	5	5	6	6	6	7	7	7	8	8	8	9	9	9	10		1	1	1	2	2	2	3	3	3	
역행	6	6	5	5	5	4	4	4	3	3	3	2	2	2	1	1	1	1		10	10	9	9	9	8	8	8	7	
월																			10		09								
일	26	25	24	23	22	21	20	19	18	17	16	15	14	13	12	11	10	9	8	7	6	5	4	3	2	1	30	29	28
일진	丁巳	丙辰	乙卯	甲寅	癸丑	壬子	辛亥	庚戌	己酉	戊申	丁未	丙午	乙巳	甲辰	癸卯	壬寅	辛丑	庚子	己亥	戊戌	丁酉	丙申	乙未	甲午	癸巳	壬辰	辛卯	庚寅	己丑
요일	목	수	화	월	일	토	금	목	수	화	월	일	토	금	목	수	화	월	일	토	금	목	수	화	월	일	토	금	목

10月大(丁亥) 입동

절기	소설(27)																		입동(12)											
음력	30	29	28	27	26	25	24	23	22	21	20	19	18	17	16	15	14	13	12	11	10	9	8	7	6	5	4	3	2	1
순행	4	4	5	5	5	6	6	6	7	7	7	8	8	8	9	9	9	10		1	1	1	2	2	2	3	3	3	3	4
역행	6	6	5	5	5	4	4	4	3	3	3	2	2	2	1	1	1		10	9	9	9	8	8	8	7	7	7		
월																			11		10									
일	25	24	23	22	21	20	19	18	17	16	15	14	13	12	11	10	9	8	7	6	5	4	3	2	1	31	30	29	28	27
일진	丁亥	丙戌	乙酉	甲申	癸未	壬午	辛巳	庚辰	己卯	戊寅	丁丑	丙子	乙亥	甲戌	癸酉	壬申	辛未	庚午	己巳	戊辰	丁卯	丙寅	乙丑	甲子	癸亥	壬戌	辛酉	庚申	己未	戊午
요일	토	금	목	수	화	월	일	토	금	목	수	화	월	일	토	금	목	수	화	월	일	토	금	목	수	화	월	일	토	금

11月大(戊子) 대설

절기	동지(27)																		대설(12)											
음력	30	29	28	27	26	25	24	23	22	21	20	19	18	17	16	15	14	13	12	11	10	9	8	7	6	5	4	3	2	1
순행	4	4	5	5	5	6	6	6	7	7	7	8	8	8	9	9	9		1	1	1	2	2	2	3	3	3	3	4	
역행	6	6	5	5	5	4	4	4	3	3	3	2	2	2	1	1	1		10	9	9	9	8	8	8	7	7	7		
월																			12		11									
일	25	24	23	22	21	20	19	18	17	16	15	14	13	12	11	10	9	8	7	6	5	4	3	2	1	30	29	28	27	26
일진	丁巳	丙辰	乙卯	甲寅	癸丑	壬子	辛亥	庚戌	己酉	戊申	丁未	丙午	乙巳	甲辰	癸卯	壬寅	辛丑	庚子	己亥	戊戌	丁酉	丙申	乙未	甲午	癸巳	壬辰	辛卯	庚寅	己丑	戊子
요일	월	일	토	금	목	수	화	월	일	토	금	목	수	화	월	일	토	금	목	수	화	월	일	토	금	목	수	화	월	일

12月大(己丑) 소한

절기	대한(26)																		소한(11)									
음력	29	28	27	26	25	24	23	22	21	20	19	18	17	16	15	14	13	12	11	10	9	8	7	6	5	4	3	2	1
순행	4	4	5	5	5	6	6	6	7	7	7	8	8	8	9	9	9	10		1	1	1	2	2	2	3	3	3	
역행	6	6	5	5	5	4	4	4	3	3	3	2	2	2	1	1	1		9	9	9	8	8	8	7	7	7	6	
월																			01		12								
일	23	22	21	20	19	18	17	16	15	14	13	12	11	10	9	8	7	6	5	4	3	2	1	31	30	29	28	27	26
일진	丙戌	乙酉	甲申	癸未	壬午	辛巳	庚辰	己卯	戊寅	丁丑	丙子	乙亥	甲戌	癸酉	壬申	辛未	庚午	己巳	戊辰	丁卯	丙寅	乙丑	甲子	癸亥	壬戌	辛酉	庚申	己未	戊午
요일	화	월	일	토	금	목	수	화	월	일	토	금	목	수	화	월	일	토	금	목	수	화	월	일	토	금	목	수	화

일주에 편관이 있으면 남·녀간에 변태적인 이성관계를 즐긴다.

상문 : 未   대장군 : 東
조객 : 卯   삼 재 : 亥卯未
삼살 : 東

辛巳年

서기 2001년
단기 4334년

1月大(庚寅) 입춘

	우수 … 입춘		절 기
음력	30 29 28 27 **26** 25 24 23 22 21 20 19 18 17 16 15 14 13 **12** 11 10 9 8 7 6 5 4 3 2 1		음 력
순행(대설)	4 4 4 5 5 6 6 6 7 7 7 8 8 8 9 9 9 1 1 1 1 2 2 2 3 3 3 4		순행
역행	6 6 5 5 5 4 4 4 3 3 3 2 2 2 1 1 1 10 9 9 9 8 8 8 7 7 7 6		역행
월	02 … 01		월
일(양력)	22 21 20 19 18 17 16 15 14 13 12 11 10 9 8 7 6 5 4 3 2 1 31 30 29 28 27 26 25 24		일
일진(천간)	丙 乙 甲 癸 壬 辛 庚 己 戊 丁 丙 乙 甲 癸 壬 辛 庚 己 戊 丁 丙 乙 甲 癸 壬 辛 庚 己 戊 丁		일 진
일진(지지)	辰 卯 寅 丑 子 亥 戌 酉 申 未 午 巳 辰 卯 寅 丑 子 亥 戌 酉 申 未 午 巳 辰 卯 寅 丑 子 亥		
요일	목 수 화 월 일 토 금 목 수 화 월 일 토 금 수 화 월 일 토 금 목 수 화 월 일 토 금 목 수		요 일

2月大(辛卯) 경칩

	춘분 … 경칩		절 기
음력	30 29 28 27 **26** 25 24 23 22 21 20 19 18 17 16 15 14 13 **11** 10 9 8 7 6 5 4 3 2 1		음 력
순행(대설)	4 4 5 5 5 6 6 6 7 7 7 8 8 8 9 9 9 10 10 1 1 1 1 2 2 2 3 3 3		순행
역행	6 6 5 5 5 4 4 4 3 3 3 2 2 2 1 1 1 9 9 9 8 8 8 7 7 7		역행
월	03 … 02		월
일(양력)	24 23 22 21 20 19 18 17 16 15 14 13 12 11 10 9 8 7 6 5 4 3 2 1 28 27 26 25 24 23		일
일진(천간)	丙 乙 甲 癸 壬 辛 庚 己 戊 丁 丙 乙 甲 癸 壬 辛 庚 己 戊 丁 丙 乙 甲 癸 壬 辛 庚 己 戊 丁		일 진
일진(지지)	戌 酉 申 未 午 巳 辰 卯 寅 丑 子 亥 戌 酉 申 未 午 巳 辰 卯 寅 丑 子 亥 戌 酉 申 未 午 巳		
요일	토 금 목 수 화 월 일 토 금 목 수 화 월 일 토 금 수 화 월 일 토 금 목 수 화 월 일 토 금		요 일

3月大(壬辰) 청명

	곡우 … 청명		절 기
음력	30 29 28 **27** 26 25 24 23 22 21 20 19 18 17 16 15 14 13 **12** 11 10 9 8 7 6 5 4 3 2 1		음 력
순행(대설)	4 4 5 5 5 6 6 6 7 7 7 8 8 8 9 9 9 10 1 1 1 1 2 2 2 3 3 3 4		순행
역행	6 5 5 5 4 4 4 3 3 3 2 2 2 1 1 1 10 10 9 9 9 8 8 8 7 7 7		역행
월	04 … 03		월
일(양력)	23 22 21 20 19 18 17 16 15 14 13 12 11 10 9 8 7 6 5 4 3 2 1 31 30 29 28 27 26 25		일
일진(천간)	丙 乙 甲 癸 壬 辛 庚 己 戊 丁 丙 乙 甲 癸 壬 辛 庚 己 戊 丁 丙 乙 甲 癸 壬 辛 庚 己 戊 丁		일 진
일진(지지)	辰 卯 寅 丑 子 亥 戌 酉 申 未 午 巳 辰 卯 寅 丑 子 亥 戌 酉 申 未 午 巳 辰 卯 寅 丑 子 亥		
요일	일 토 금 목 수 화 월 일 토 금 목 수 화 월 일 토 금 수 화 월 일 토 금 목 수 화 월 일 토		요 일

4月小(癸巳) 입하

	소만 … 입하		절 기
음력	29 **28** 27 26 25 24 23 22 21 20 19 18 17 16 15 14 13 **12** 11 10 9 8 7 6 5 4 3 2 1		음 력
순행(대설)	5 5 5 6 6 6 7 7 7 8 8 8 9 9 9 10 10 1 1 1 1 2 2 2 3 3 3 4 4		순행
역행	6 5 5 5 4 4 4 3 3 3 2 2 2 1 1 1 10 10 9 9 9 8 8 8 7 7 7 6 6		역행
월	05 … 04		월
일(양력)	22 21 20 19 18 17 16 15 14 13 12 11 10 9 8 7 6 5 4 3 2 1 30 29 28 27 26 25 24		일
일진(천간)	乙 甲 癸 壬 辛 庚 己 戊 丁 丙 乙 甲 癸 壬 辛 庚 己 戊 丁 丙 乙 甲 癸 壬 辛 庚 己 戊 丁		일 진
일진(지지)	酉 申 未 午 巳 辰 卯 寅 丑 子 亥 戌 酉 申 未 午 巳 辰 卯 寅 丑 子 亥 戌 酉 申 未 午 巳		
요일	화 월 일 토 금 목 수 화 월 일 토 금 목 수 화 월 일 토 금 목 수 화 월 일 토 금 목 수 화		요 일

윤4月小

	망종		절 기
음력	29 28 27 26 25 24 23 22 21 20 19 18 17 16 15 **14** 13 12 11 10 9 8 7 6 5 4 3 2 1		음 력
순행(대설)	6 6 6 7 7 8 8 8 9 9 9 10 10 1 1 1 1 2 2 3 3 3 4 4 4		순행
역행	5 5 5 4 4 4 3 3 3 2 2 2 1 1 1 10 10 9 9 8 8 8 7 7 7 6 6		역행
월	06 … 05		월
일(양력)	20 19 18 17 16 15 14 13 12 11 10 9 8 7 6 5 4 3 2 1 31 30 29 28 27 26 25 24 23		일
일진(천간)	甲 癸 壬 辛 庚 己 戊 丁 丙 乙 甲 癸 壬 辛 庚 己 戊 丁 丙 乙 甲 癸 壬 辛 庚 己 戊 丁 丙		일 진
일진(지지)	寅 丑 子 亥 戌 酉 申 未 午 巳 辰 卯 寅 丑 子 亥 戌 酉 申 未 午 巳 辰 卯 寅 丑 子 亥 戌		
요일	수 화 월 일 토 금 목 수 화 월 일 토 금 목 수 화 월 일 토 금 목 수 화 월 일 토 금 목 수		요 일

5月大(甲午) 망종

	소서 … 하지		절 기
음력	30 29 28 27 26 25 24 23 22 21 20 19 18 **17** 16 15 14 13 12 11 10 9 8 7 6 5 4 3 2 1		음 력
순행(대설)	6 6 7 7 7 8 8 8 9 9 9 10 10 1 1 1 1 2 2 3 3 3 4 4 4 5 5 5		순행
역행	4 4 4 3 3 3 2 2 2 1 1 1 10 10 10 9 9 8 8 8 7 7 7 6 6 6 5 5		역행
월	07 … 06		월
일(양력)	20 19 18 17 16 15 14 13 12 11 10 9 8 7 6 5 4 3 2 1 30 29 28 27 26 25 24 23 22 21		일
일진(천간)	甲 癸 壬 辛 庚 己 戊 丁 丙 乙 甲 癸 壬 辛 庚 己 戊 丁 丙 乙 甲 癸 壬 辛 庚 己 戊 丁 丙 乙		일 진
일진(지지)	申 未 午 巳 辰 卯 寅 丑 子 亥 戌 酉 申 未 午 巳 辰 卯 寅 丑 子 亥 戌 酉 申 未 午 巳 辰 卯		
요일	금 목 수 화 월 일 토 금 목 수 화 월 일 토 금 목 수 화 월 일 토 금 목 수 화 월 일 토 금 목		요 일

사주 내에 財가 역마살에 해당하면 장사꾼 팔자이다.

6月小乙未소서

절기										입추																	대서		
음력	29	28	27	26	25	24	23	22	21	20	19	**18**	17	16	15	14	13	12	11	10	9	8	7	6	5	4	**3**	2	1
순행	7	7	7	8	8	8	9	9	9	10	10		1	1	1	1	2	2	2	3	3	3	4	4	4	5	5	5	
역행	4	3	3	3	2	2	2	1	1	1	1		10	10	9	9	9	8	8	8	7	7	7	6	6	6	5	5	5
월												08																	07
일	18	17	16	15	14	13	12	11	10	9	8	7	6	5	4	3	2	1	31	30	29	28	27	26	25	24	23	22	21
일진	癸丑	壬子	辛亥	庚戌	己酉	戊申	丁未	丙午	乙巳	甲辰	癸卯	壬寅	辛丑	庚子	己亥	戊戌	丁酉	丙申	乙未	甲午	癸巳	壬辰	辛卯	庚寅	己丑	戊子	丁亥	丙戌	乙酉
요일	토	금	목	수	화	월	일	토	금	목	수	화	월	일	토	금	목	수	화	월	일	토	금	목	수	화	월	일	토

7月小丙申입추

절기										백로															처서				
음력	29	28	27	26	25	24	23	22	21	**20**	19	18	17	16	15	14	13	12	11	10	9	8	7	6	**5**	4	3	2	1
순행	7	8	8	8	9	9	10	10		1	1	1	1	2	2	2	3	3	3	4	4	4	5	5	5	6	6	6	6
역행	3	3	2	2	2	1	1	1		10	10	9	9	9	8	8	8	7	7	7	6	6	6	5	5	5	4	4	4
월										09															08				
일	16	15	14	13	12	11	10	9	8	7	6	5	4	3	2	1	31	30	29	28	27	26	25	24	23	22	21	20	19
일진	壬午	辛巳	庚辰	己卯	戊寅	丁丑	丙子	乙亥	甲戌	癸酉	壬申	辛未	庚午	己巳	戊辰	丁卯	丙寅	乙丑	甲子	癸亥	壬戌	辛酉	庚申	己未	戊午	丁巳	丙辰	乙卯	甲寅
요일	일	토	금	목	수	화	월	일	토	금	목	수	화	월	일	토	금	목	수	화	월	일	토	금	목	수	화	월	일

8月大丁酉백로

절기								한로															추분							
음력	30	29	28	27	26	25	24	23	**22**	21	20	19	18	17	16	15	14	13	12	11	10	9	8	**7**	6	5	4	3	2	1
순행	7	8	8	8	9	9	9	10		1	1	1	1	2	2	2	3	3	3	4	4	4	5	5	5	6	6	6	7	7
역행	3	2	2	2	1	1	1	1		10	10	9	9	9	8	8	8	7	7	7	6	6	6	5	5	5	4	4	4	3
월										10														09						
일	16	15	14	13	12	11	10	9	8	7	6	5	4	3	2	1	30	29	28	27	26	25	24	23	22	21	20	19	18	17
일진	壬子	辛亥	庚戌	己酉	戊申	丁未	丙午	乙巳	甲辰	癸卯	壬寅	辛丑	庚子	己亥	戊戌	丁酉	丙申	乙未	甲午	癸巳	壬辰	辛卯	庚寅	己丑	戊子	丁亥	丙戌	乙酉	甲申	癸未
요일	화	월	일	토	금	목	수	화	월	일	토	금	목	수	화	월	일	토	금	목	수	화	월	일	토	금	목	수	화	월

9月小戊戌한로

절기							입동																상강						
음력	29	28	27	26	25	24	**23**	22	21	20	19	18	17	16	15	14	13	12	11	10	9	8	**7**	6	5	4	3	2	1
순행	8	8	8	9	9	9		1	1	1	1	2	2	2	3	3	3	4	4	4	5	5	5	6	6	6	7	7	7
역행	2	2	2	1	1	1		10	9	9	9	8	8	8	7	7	7	6	6	6	5	5	5	4	4	4	3	3	3
월								11															10						
일	14	13	12	11	10	9	8	7	6	5	4	3	2	1	31	30	29	28	27	26	25	24	23	22	21	20	19	18	17
일진	辛巳	庚辰	己卯	戊寅	丁丑	丙子	乙亥	甲戌	癸酉	壬申	辛未	庚午	己巳	戊辰	丁卯	丙寅	乙丑	甲子	癸亥	壬戌	辛酉	庚申	己未	戊午	丁巳	丙辰	乙卯	甲寅	癸丑
요일	수	화	월	일	토	금	목	수	화	월	일	토	금	목	수	화	월	일	토	금	목	수	화	월	일	토	금	목	수

10月大己亥입동

절기								대설															소설							
음력	30	29	28	27	26	25	24	**23**	22	21	20	19	18	17	16	15	14	13	12	11	10	9	**8**	7	6	5	4	3	2	1
순행	7	8	8	8	9	9	9		1	1	1	2	2	2	3	3	3	4	4	4	5	5	5	6	6	6	7	7	7	
역행	2	2	2	1	1	1		10	9	9	9	8	8	8	7	7	7	6	6	6	5	5	5	4	4	4	3	3	3	
월									12														11							
일	14	13	12	11	10	9	8	7	6	5	4	3	2	1	30	29	28	27	26	25	24	23	22	21	20	19	18	17	16	15
일진	辛亥	庚戌	己酉	戊申	丁未	丙午	乙巳	甲辰	癸卯	壬寅	辛丑	庚子	己亥	戊戌	丁酉	丙申	乙未	甲午	癸巳	壬辰	辛卯	庚寅	己丑	戊子	丁亥	丙戌	乙酉	甲申	癸未	壬午
요일	금	목	수	화	월	일	토	금	목	수	화	월	일	토	금	목	수	화	월	일	토	금	목	수	화	월	일	토	금	목

11月小庚子대설

절기							소한															동지							
음력	29	28	27	26	25	24	23	**22**	21	20	19	18	17	16	15	14	13	12	11	10	9	**8**	7	6	5	4	3	2	1
순행	8	8	8	9	9	10		1	1	1	2	2	2	3	3	4	4	4	5	5	5	6	6	6	7	7	7		
역행	2	2	2	1	1	1		9	9	9	8	8	7	7	7	6	6	6	5	5	5	4	4	4	3	3	3		
월								01														12							
일	12	11	10	9	8	7	6	5	4	3	2	1	31	30	29	28	27	26	25	24	23	22	21	20	19	18	17	16	15
일진	庚辰	己卯	戊寅	丁丑	丙子	乙亥	甲戌	癸酉	壬申	辛未	庚午	己巳	戊辰	丁卯	丙寅	乙丑	甲子	癸亥	壬戌	辛酉	庚申	己未	戊午	丁巳	丙辰	乙卯	甲寅	癸丑	壬子
요일	토	금	목	수	화	월	일	토	금	목	수	화	월	일	토	금	목	수	화	월	일	토	금	목	수	화	월	일	토

12月大辛丑소한

절기								입춘															대한							
음력	30	29	28	27	26	25	24	**23**	22	21	20	19	18	17	16	15	14	13	12	11	10	9	**8**	7	6	5	4	3	2	1
순행	8	8	8	9	9	10		1	1	1	2	2	2	3	3	4	4	4	5	5	5	6	6	6	7	7	7			
역행	2	2	2	1	1	1		10	9	9	9	8	8	7	7	7	6	6	6	5	5	5	4	4	4	3	3			
월								02															01							
일	11	10	9	8	7	6	5	4	3	2	1	31	30	29	28	27	26	25	24	23	22	21	20	19	18	17	16	15	14	13
일진	庚戌	己酉	戊申	丁未	丙午	乙巳	甲辰	癸卯	壬寅	辛丑	庚子	己亥	戊戌	丁酉	丙申	乙未	甲午	癸巳	壬辰	辛卯	庚寅	己丑	戊子	丁亥	丙戌	乙酉	甲申	癸未	壬午	辛巳
요일	월	일	토	금	목	수	화	월	일	토	금	목	수	화	월	일	토	금	목	수	화	월	일	토	금	목	수	화	월	일

일주가 壬戌이면 남자는 무관직이 좋고, 여자는 남편이 위태롭고 고집쟁이다.

상문 : 申   대장군 : 東
조객 : 辰   삼 재 : 亥卯未
삼살 : 北

壬午年

서기 2002년
단기 4335년

1月大(壬寅)입춘

절기							경칩															우수							
음력	30	29	28	27	26	25	24	**23**	22	21	20	19	18	17	16	15	14	13	12	11	10	9	**8**	7	6	5	4	3	2	1
순행	8	8	8					1	1	1	1	2	2	2	3	3	3	4	4	4	5	5	5	6	6	6	7	7	7	7
역행	2	2	2	1	1	1	1	10	9	9	9	8	8	8	7	7	7	6	6	6	5	5	5	4	4	4	3	3	3	3
월																		**03**											**02**	
일	13	12	11	10	9	8	7	6	5	4	3	2	1	28	27	26	25	24	23	22	21	20	19	18	17	16	15	14	13	12
일진	庚辰	己卯	戊寅	丁丑	丙子	乙亥	甲戌	癸酉	壬申	辛未	庚午	己巳	戊辰	丁卯	丙寅	乙丑	甲子	癸亥	壬戌	辛酉	庚申	己未	戊午	丁巳	丙辰	乙卯	甲寅	癸丑	壬子	辛亥
요일	수	화	월	일	토	금	목	수	화	월	일	토	금	목	수	화	월	일	토	금	목	수	화	월	일	토	금	목	수	화

2月大(癸卯)경칩

절기							청명															춘분							
음력	30	29	28	27	26	25	24	**23**	22	21	20	19	18	17	16	15	14	13	12	11	10	9	**8**	7	6	5	4	3	2	1
순행	8	8	9	9	9	10	10		1	1	1	1	2	2	2	3	3	3	4	4	4	5	5	5	6	6	6	7	7	7
역행	2	2	1	1	1			10	9	9	9	8	8	8	7	7	7	6	6	6	5	5	5	4	4	4	3	3	3	3
월																		**04**											**03**	
일	12	11	10	9	8	7	6	5	4	3	2	1	31	30	29	28	27	26	25	24	23	22	21	20	19	18	17	16	15	14
일진	庚戌	己酉	戊申	丁未	丙午	乙巳	甲辰	癸卯	壬寅	辛丑	庚子	己亥	戊戌	丁酉	丙申	乙未	甲午	癸巳	壬辰	辛卯	庚寅	己丑	戊子	丁亥	丙戌	乙酉	甲申	癸未	壬午	辛巳
요일	금	목	수	화	월	일	토	금	목	수	화	월	일	토	금	목	수	화	월	일	토	금	목	수	화	월	일	토	금	목

3月小(甲辰)청명

절기						입하																곡우							
음력	29	28	27	26	25	**24**	23	22	21	20	19	18	17	16	15	14	13	12	11	10	9	**8**	7	6	5	4	3	2	1
순행	9	9	9	10	10		1	1	1	1	2	2	2	3	3	3	4	4	4	5	5	5	6	6	6	7	7	7	8
역행	2	1	1	1	1		10	10	9	9	9	8	8	8	7	7	7	6	6	6	5	5	5	4	4	4	3	3	3
월																		**05**											**04**
일	11	10	9	8	7	6	5	4	3	2	1	30	29	28	27	26	25	24	23	22	21	20	19	18	17	16	15	14	13
일진	己卯	戊寅	丁丑	丙子	乙亥	甲戌	癸酉	壬申	辛未	庚午	己巳	戊辰	丁卯	丙寅	乙丑	甲子	癸亥	壬戌	辛酉	庚申	己未	戊午	丁巳	丙辰	乙卯	甲寅	癸丑	壬子	辛亥
요일	토	금	목	수	화	월	일	토	금	목	수	화	월	일	토	금	목	수	화	월	일	토	금	목	수	화	월	일	토

4月大(乙巳)입하

절기				망종																	소만								
음력	30	29	28	27	**26**	25	24	23	22	21	20	19	18	17	16	15	14	13	12	11	**10**	9	8	7	6	5	4	3	2	1
순행	9	9	10	10		1	1	1	2	2	2	3	3	3	4	4	4	5	5	5		6	6	6	7	7	7	8	8	8
역행	1	1	1	1		10	9	9	9	8	8	8	7	7	7	6	6	6	5	5		4	4	4	3	3	3	2	2	2
월																			**06**											**05**
일	10	9	8	7	6	5	4	3	2	1	31	30	29	28	27	26	25	24	23	22	21	20	19	18	17	16	15	14	13	12
일진	己酉	戊申	丁未	丙午	乙巳	甲辰	癸卯	壬寅	辛丑	庚子	己亥	戊戌	丁酉	丙申	乙未	甲午	癸巳	壬辰	辛卯	庚寅	己丑	戊子	丁亥	丙戌	乙酉	甲申	癸未	壬午	辛巳	庚辰
요일	월	일	토	금	목	수	화	월	일	토	금	목	수	화	월	일	토	금	목	수	화	월	일	토	금	목	수	화	월	일

5月小(丙午)망종

절기		소서																	하지										
음력	29	**28**	27	26	25	24	23	22	21	20	19	18	17	16	15	14	13	12	**11**	10	9	8	7	6	5	4	3	2	1
순행	10	10		1	1	1	1	2	2	2	3	3	3	4	4	4	5	5		6	6	6	7	7	7	8	8	8	9
역행	1	1		10	10	9	9	9	8	8	8	7	7	7	6	6	6	5		5	4	4	4	3	3	3	2	2	2
월																	**07**											**06**	
일	9	8	7	6	5	4	3	2	1	30	29	28	27	26	25	24	23	22	21	20	19	18	17	16	15	14	13	12	11
일진	戊寅	丁丑	丙子	乙亥	甲戌	癸酉	壬申	辛未	庚午	己巳	戊辰	丁卯	丙寅	乙丑	甲子	癸亥	壬戌	辛酉	庚申	己未	戊午	丁巳	丙辰	乙卯	甲寅	癸丑	壬子	辛亥	庚戌
요일	화	월	일	토	금	목	수	화	월	일	토	금	목	수	화	월	일	토	금	목	수	화	월	일	토	금	목	수	화

6月大(丁未)소서

절기	입추																대서													
음력	30	**29**	28	27	26	25	24	23	22	21	20	19	18	17	16	15	**14**	13	12	11	10	9	8	7	6	5	4	3	2	1
순행	1	1	1	1	2	2	2	3	3	3	4	4	4	5	5	5		6	6	6	7	7	7	8	8	8	9	9	9	10
역행		10	10	10	9	9	9	8	8	8	7	7	7	6	6	6		5	5	5	4	4	4	3	3	3	2	2	2	1
월																**08**													**07**	
일	8	7	6	5	4	3	2	1	31	30	29	28	27	26	25	24	23	22	21	20	19	18	17	16	15	14	13	12	11	10
일진	戊申	丁未	丙午	乙巳	甲辰	癸卯	壬寅	辛丑	庚子	己亥	戊戌	丁酉	丙申	乙未	甲午	癸巳	壬辰	辛卯	庚寅	己丑	戊子	丁亥	丙戌	乙酉	甲申	癸未	壬午	辛巳	庚辰	己卯
요일	목	수	화	월	일	토	금	목	수	화	월	일	토	금	목	수	화	월	일	토	금	목	수	화	월	일	토	금	목	수

사주 내에 寅·巳·申 三刑을 잘 갖추고 있으면 판·검사 팔자이다.

7月 小 (戊申) 입추 — 처서

절기														처서															
음력	29	28	27	26	25	24	23	22	21	20	19	18	17	16	**15**	14	13	12	11	10	9	8	7	6	5	4	3	2	1
순행	1	1	1	2	2	2	3	3	3	4	4	4	5	5	5	6	6	6	7	7	7	8	8	8	9	9	9	10	10
역행	10	9	9	9	8	8	8	7	7	7	6	6	6	5	5	5	4	4	4	3	3	3	2	2	2	1	1	1	1
월					09																				08				
일	6	5	4	3	2	1	31	30	29	28	27	26	25	24	23	22	21	20	19	18	17	16	15	14	13	12	11	10	9
일진	丁丑	丙子	乙亥	甲戌	癸酉	壬申	辛未	庚午	己巳	戊辰	丁卯	丙寅	乙丑	甲子	癸亥	壬戌	辛酉	庚申	己未	戊午	丁巳	丙辰	乙卯	甲寅	癸丑	壬子	辛亥	庚戌	己酉
요일	금	목	수	화	월	일	토	금	목	수	화	월	일	토	금	목	수	화	월	일	토	금	목	수	화	월	일	토	금

8月 小 (己酉) 백로 — 추분

절기													추분													백로			
음력	29	28	27	26	25	24	23	22	21	20	19	18	**17**	16	15	14	13	12	11	10	9	8	7	6	5	4	3	2	1
순행	1	1	2	2	2	3	3	3	4	4	4	5	5	6	6	6	7	7	7	8	8	8	9	9	9	10			1
역행	9	9	8	8	8	7	7	7	6	6	6	5	5	4	4	4	3	3	3	2	2	2	1	1	1	1			10
월					10																				09				
일	5	4	3	2	1	30	29	28	27	26	25	24	23	22	21	20	19	18	17	16	15	14	13	12	11	10	9	8	7
일진	丙午	乙巳	甲辰	癸卯	壬寅	辛丑	庚子	己亥	戊戌	丁酉	丙申	乙未	甲午	癸巳	壬辰	辛卯	庚寅	己丑	戊子	丁亥	丙戌	乙酉	甲申	癸未	壬午	辛巳	庚辰	己卯	戊寅
요일	토	금	목	수	화	월	일	토	금	목	수	화	월	일	토	금	목	수	화	월	일	토	금	목	수	화	월	일	토

9月 大 (庚戌) 한로 — 상강

절기														상강													한로			
음력	30	29	28	27	26	25	24	23	22	21	20	19	**18**	17	16	15	14	13	12	11	10	9	8	7	6	5	4	3	2	1
순행	1	1	2	2	2	3	3	3	4	4	4	5	5	6	6	6	7	7	7	8	8	8	9	9	9				1	1
역행	9	9	8	8	8	7	7	7	6	6	6	5	5	4	4	4	3	3	3	2	2	2	1	1	1				10	9
월						11																					10			
일	4	3	2	1	31	30	29	28	27	26	25	24	23	22	21	20	19	18	17	16	15	14	13	12	11	10	9	8	7	6
일진	丙子	乙亥	甲戌	癸酉	壬申	辛未	庚午	己巳	戊辰	丁卯	丙寅	乙丑	甲子	癸亥	壬戌	辛酉	庚申	己未	戊午	丁巳	丙辰	乙卯	甲寅	癸丑	壬子	辛亥	庚戌	己酉	戊申	丁未
요일	월	일	토	금	목	수	화	월	일	토	금	목	수	화	월	일	토	금	목	수	화	월	일	토	금	목	수	화	월	일

10月 小 (辛亥) 입동 — 소설

절기													소설													입동			
음력	29	28	27	26	25	24	23	22	21	20	19	**18**	17	16	15	14	13	12	11	10	9	8	7	6	5	4	3	2	1
순행	1	2	2	2	3	3	3	4	4	4	5	5	5	6	6	6	7	7	7	8	8	8	9	9	9	10		1	1
역행	9	8	8	8	7	7	7	6	6	6	5	5	5	4	4	4	3	3	3	2	2	2	1	1	1	1		10	9
월						12																					11		
일	3	2	1	30	29	28	27	26	25	24	23	22	21	20	19	18	17	16	15	14	13	12	11	10	9	8	7	6	5
일진	乙巳	甲辰	癸卯	壬寅	辛丑	庚子	己亥	戊戌	丁酉	丙申	乙未	甲午	癸巳	壬辰	辛卯	庚寅	己丑	戊子	丁亥	丙戌	乙酉	甲申	癸未	壬午	辛巳	庚辰	己卯	戊寅	丁丑
요일	화	월	일	토	금	목	수	화	월	일	토	금	목	수	화	월	일	토	금	목	수	화	월	일	토	금	목	수	화

11月 大 (壬子) 대설 — 동지

절기												동지															대설			
음력	30	29	28	27	26	25	24	23	22	21	20	**19**	18	17	16	15	14	13	12	11	10	9	8	7	6	5	4	3	2	1
순행	1	2	2	2	3	3	3	4	4	4	5	5	5	6	6	6	7	7	7	8	8	8	9	9	9	10		1	1	1
역행	9	8	8	8	7	7	7	6	6	6	5	5	5	4	4	4	3	3	3	2	2	2	1	1	1			10	9	9
월	01																											12		
일	2	1	31	30	29	28	27	26	25	24	23	22	21	20	19	18	17	16	15	14	13	12	11	10	9	8	7	6	5	4
일진	乙亥	甲戌	癸酉	壬申	辛未	庚午	己巳	戊辰	丁卯	丙寅	乙丑	甲子	癸亥	壬戌	辛酉	庚申	己未	戊午	丁巳	丙辰	乙卯	甲寅	癸丑	壬子	辛亥	庚戌	己酉	戊申	丁未	丙午
요일	목	수	화	월	일	토	금	목	수	화	월	일	토	금	목	수	화	월	일	토	금	목	수	화	월	일	토	금	목	수

12月 小 (癸丑) 소한 — 대한

절기												대한													소한				
음력	29	28	27	26	25	24	23	22	21	20	19	**18**	17	16	15	14	13	12	11	10	9	8	7	6	5	4	3	2	1
순행	1	2	2	2	3	3	3	4	4	4	5	5	5	6	6	6	7	7	7	8	8	8	9	9	9			1	1
역행	8	8	8	7	7	7	6	6	6	5	5	5	4	4	4	3	3	3	2	2	2	1	1	1			10	9	9
월																										01			
일	31	30	29	28	27	26	25	24	23	22	21	20	19	18	17	16	15	14	13	12	11	10	9	8	7	6	5	4	3
일진	甲辰	癸卯	壬寅	辛丑	庚子	己亥	戊戌	丁酉	丙申	乙未	甲午	癸巳	壬辰	辛卯	庚寅	己丑	戊子	丁亥	丙戌	乙酉	甲申	癸未	壬午	辛巳	庚辰	己卯	戊寅	丁丑	丙子
요일	금	목	수	화	월	일	토	금	목	수	화	월	일	토	금	목	수	화	월	일	토	금	목	수	화	월	일	토	금

사주 내에 子·午·沖 사주에 말더듬이 많다.

상문 : 酉 대장군 : 東
조객 : 巳 삼 재 : 亥卯未
삼살 : 西

癸未年

서기 **2003**년
단기 **4336**년

1月大(甲寅)입춘

절기: 우수 / 입춘

음력	30	29	28	27	26	25	24	23	22	21	20	19	18	17	16	15	14	13	12	11	10	9	8	7	6	5	4	3	2	1
순행	1	2	2	2	3	3	3	4	4	4	5	5	5	6	6	6	7	7	7	8	8	8	9	9	9	10		1	1	1
역행	9	8	8	8	7	7	7	6	6	6	5	5	5	4	4	4	3	3	3	2	2	2	1	1	1		9	9	9	
월	03																										02			
일	2	1	31	30	29	28	27	26	25	24	23	22	21	20	19	18	17	16	15	14	13	12	11	10	9	8	7	6	5	4
일진(干)	甲	癸	壬	辛	庚	己	戊	丁	丙	乙	甲	癸	壬	辛	庚	己	戊	丁	丙	乙	甲	癸	壬	辛	庚	己	戊	丁	丙	乙
일진(支)	戌	酉	申	未	午	巳	辰	卯	寅	丑	子	亥	戌	酉	申	未	午	巳	辰	卯	寅	丑	子	亥	戌	酉	申	未	午	巳
요일	일	토	금	목	수	화	월	일	토	금	목	수	화	월	일	토	금	목	수	화	월	일	토	금	목	수	화	월	일	토

2月大(乙卯)경칩

절기: 춘분 / 경칩

음력	30	29	28	27	26	25	24	23	22	21	20	19	18	17	16	15	14	13	12	11	10	9	8	7	6	5	4	3	2	1
순행	1	2	2	2	3	3	3	4	4	4	5	5	5	6	6	6	7	7	7	8	8	8	9	9	9	10		1	1	1
역행	8	8	8	7	7	7	6	6	6	5	5	5	4	4	4	3	3	3	2	2	2	1	1	1		9	9	9		
월	04																										03			
일	1	31	30	29	28	27	26	25	24	23	22	21	20	19	18	17	16	15	14	13	12	11	10	9	8	7	6	5	4	3
일진(干)	甲	癸	壬	辛	庚	己	戊	丁	丙	乙	甲	癸	壬	辛	庚	己	戊	丁	丙	乙	甲	癸	壬	辛	庚	己	戊	丁	丙	乙
일진(支)	辰	卯	寅	丑	子	亥	戌	酉	申	未	午	巳	辰	卯	寅	丑	子	亥	戌	酉	申	未	午	巳	辰	卯	寅	丑	子	亥
요일	화	월	일	토	금	목	수	화	월	일	토	금	목	수	화	월	일	토	금	목	수	화	월	일	토	금	목	수	화	월

3月小(丙辰)청명

절기: 곡우 / 청명

음력	29	28	27	26	25	24	23	22	21	20	19	18	17	16	15	14	13	12	11	10	9	8	7	6	5	4	3	2	1
순행	2	2	3	3	3	4	4	4	5	5	6	6	6	7	7	7	8	8	8	9	9	10	10		1	1	1		
역행	8	8	7	7	7	6	6	6	5	5	4	4	4	3	3	3	2	2	2	1	1	1		10	9	9			
월																								04					
일	30	29	28	27	26	25	24	23	22	21	20	19	18	17	16	15	14	13	12	11	10	9	8	7	6	5	4	3	2
일진(干)	癸	壬	辛	庚	己	戊	丁	丙	乙	甲	癸	壬	辛	庚	己	戊	丁	丙	乙	甲	癸	壬	辛	庚	己	戊	丁	丙	乙
일진(支)	酉	申	未	午	巳	辰	卯	寅	丑	子	亥	戌	酉	申	未	午	巳	辰	卯	寅	丑	子	亥	戌	酉	申	未	午	巳
요일	수	화	월	일	토	금	목	수	화	월	일	토	금	목	수	화	월	일	토	금	목	수	화	월	일	토	금	목	수

4月大(丁巳)입하

절기: 소만 / 입하

음력	30	29	28	27	26	25	24	23	22	21	20	19	18	17	16	15	14	13	12	11	10	9	8	7	6	5	4	3	2	1
순행	2	3	3	3	4	4	4	5	5	5	6	6	6	7	7	7	8	8	8	9	9	10	10		1	1	1	1		
역행	8	8	7	7	7	6	6	6	5	5	5	4	4	4	3	3	3	2	2	2	1	1	1		10	9	9			
월																								05						
일	30	29	28	27	26	25	24	23	22	21	20	19	18	17	16	15	14	13	12	11	10	9	8	7	6	5	4	3	2	1
일진(干)	癸	壬	辛	庚	己	戊	丁	丙	乙	甲	癸	壬	辛	庚	己	戊	丁	丙	乙	甲	癸	壬	辛	庚	己	戊	丁	丙	乙	甲
일진(支)	卯	寅	丑	子	亥	戌	酉	申	未	午	巳	辰	卯	寅	丑	子	亥	戌	酉	申	未	午	巳	辰	卯	寅	丑	子	亥	戌
요일	금	목	수	화	월	일	토	금	목	수	화	월	일	토	금	목	수	화	월	일	토	금	목	수	화	월	일	토	금	목

5月大(戊午)망종

절기: 하지 / 망종

음력	30	29	28	27	26	25	24	23	22	21	20	19	18	17	16	15	14	13	12	11	10	9	8	7	6	5	4	3	2	1
순행	3	3	4	4	4	5	5	5	6	6	6	7	7	7	8	8	8	9	9	10	10		1	1	1	1	2	2		
역행	8	7	7	7	6	6	5	5	5	4	4	4	3	3	3	2	2	2	1	1	1		10	10	9	9	8			
월																						06	05							
일	29	28	27	26	25	24	23	22	21	20	19	18	17	16	15	14	13	12	11	10	9	8	7	6	5	4	3	2	1	31
일진(干)	癸	壬	辛	庚	己	戊	丁	丙	乙	甲	癸	壬	辛	庚	己	戊	丁	丙	乙	甲	癸	壬	辛	庚	己	戊	丁	丙	乙	甲
일진(支)	酉	申	未	午	巳	辰	卯	寅	丑	子	亥	戌	酉	申	未	午	巳	辰	卯	寅	丑	子	亥	戌	酉	申	未	午	巳	辰
요일	토	금	목	수	화	월	일	토	금	목	수	화	월	일	토	금	목	수	화	월	일	토	금	목	수	화	월	일	토	금

6月小(己未)소서

절기: 대서 / 소서

음력	28	27	26	25	24	23	22	21	20	19	18	17	16	15	14	13	12	11	10	9	8	7	6	5	4	3	2	1
순행	4	4	5	5	5	6	6	6	7	7	7	8	8	9	9	9	10	10	10		1	1	1	2	2	2		
역행	7	7	6	6	5	5	5	4	4	4	3	3	2	2	2	1	1	1		10	10	9	9	8	8			
월																						07	06					
일	28	27	26	25	24	23	22	21	20	19	18	17	16	15	14	13	12	11	10	9	8	7	6	5	4	3	1	30
일진(干)	壬	辛	庚	己	戊	丁	丙	乙	甲	癸	壬	辛	庚	己	戊	丁	丙	乙	甲	癸	壬	辛	庚	己	戊	丁	丙	乙
일진(支)	寅	丑	子	亥	戌	酉	申	未	午	巳	辰	卯	寅	丑	子	亥	戌	酉	申	未	午	巳	辰	卯	寅	丑	子	亥
요일	월	일	토	금	목	수	화	월	일	토	금	목	수	화	월	일	토	금	목	수	화	월	일	토	금	목	수	화

사주에 土가 雪氣를 많이 당하면 小農八字에 불과하다.

만세력

7月小庚申 (입추)

절기: 처서 / 입추

음력	30	29	28	27	26	25	24	23	22	21	20	19	18	17	16	15	14	13	12	11	10	9	8	7	6	5	4	3	2	1
순행	4	4	5	5	5	6	6	6	7	7	7	8	8	9	9	9	10	10			1	1	1	2	2	2	3	3	3	3
역행	6	6	6	5	5	5	4	4	4	3	3	3	2	2	2	1	1	1			10	10	10	9	9	9	8	8	8	7
월													08							07										
일	27	26	25	24	23	22	21	20	19	18	17	16	15	14	13	12	11	10	9	8	7	6	5	4	3	2	1	31	30	29
일진	壬申	辛未	庚午	己巳	戊辰	丁卯	丙寅	乙丑	甲子	癸亥	壬戌	辛酉	庚申	己未	戊午	丁巳	丙辰	乙卯	甲寅	癸丑	壬子	辛亥	庚戌	己酉	戊申	丁未	丙午	乙巳	甲辰	癸卯
요일	수	화	월	일	토	금	목	수	화	월	일	토	금	목	수	화	월	일	토	금	목	수	화	월	일	토	금	목	수	화

8月小辛酉 (백로)

절기: 추분 / 백로

음력	29	28	27	26	25	24	23	22	21	20	19	18	17	16	15	14	13	12	11	10	9	8	7	6	5	4	3	2	1
순행	5	5	5	6	6	6	7	7	7	8	8	8	9	9	9	10	10		1	1	1	1	2	2	2	3	3	3	4
역행	6	5	5	5	4	4	4	3	3	3	2	2	2	1	1	1		10	10	9	9	9	8	8	8	7	7	7	
월														09						08									
일	25	24	23	22	21	20	19	18	17	16	15	14	13	12	11	10	9	8	7	6	5	4	3	2	1	31	30	29	28
일진	辛丑	庚子	己亥	戊戌	丁酉	丙申	乙未	甲午	癸巳	壬辰	辛卯	庚寅	己丑	戊子	丁亥	丙戌	乙酉	甲申	癸未	壬午	辛巳	庚辰	己卯	戊寅	丁丑	丙子	乙亥	甲戌	癸酉
요일	목	수	화	월	일	토	금	목	수	화	월	일	토	금	목	수	화	월	일	토	금	목	수	화	월	일	토	금	목

9月小壬戌 (한로)

절기: 상강 / 한로

음력	29	28	27	26	25	24	23	22	21	20	19	18	17	16	15	14	13	12	11	10	9	8	7	6	5	4	3	2	1
순행	5	5	6	6	6	7	7	7	8	8	8	9	9	9	10	14		1	1	1	2	2	2	3	3	3	4	4	4
역행	5	5	4	4	4	3	3	3	2	2	2	1	1	1		10	10	9	9	9	8	8	8	7	7	7	6	6	6
월														10				09											
일	24	23	22	21	20	19	18	17	16	15	14	13	12	11	10	9	8	7	6	5	4	3	2	1	30	29	28	27	26
일진	庚午	己巳	戊辰	丁卯	丙寅	乙丑	甲子	癸亥	壬戌	辛酉	庚申	己未	戊午	丁巳	丙辰	乙卯	甲寅	癸丑	壬子	辛亥	庚戌	己酉	戊申	丁未	丙午	乙巳	甲辰	癸卯	壬寅
요일	금	목	수	화	월	일	토	금	목	수	화	월	일	토	금	목	수	화	월	일	토	금	목	수	화	월	일	토	금

10月大癸亥 (입동)

절기: 소설 / 입동

음력	30	29	28	27	26	25	24	23	22	21	20	19	18	17	16	15	14	13	12	11	10	9	8	7	6	5	4	3	2	1
순행	5	5	5	6	6	6	7	7	7	8	8	9	9	9	15		1	1	1	2	2	2	3	3	3	4	4	4	5	
역행	5	5	4	4	4	3	3	3	2	2	2	1	1	1		10	9	9	9	8	8	8	7	7	7	6	6	6	5	
월													11							10										
일	23	22	21	20	19	18	17	16	15	14	13	12	11	10	9	8	7	6	5	4	3	2	1	31	30	29	28	27	26	25
일진	庚子	己亥	戊戌	丁酉	丙申	乙未	甲午	癸巳	壬辰	辛卯	庚寅	己丑	戊子	丁亥	丙戌	乙酉	甲申	癸未	壬午	辛巳	庚辰	己卯	戊寅	丁丑	丙子	乙亥	甲戌	癸酉	壬申	辛未
요일	인	토	그	목	↑	회	일	노	틈	속	수	화	월	일	토	금	목	수	화	월	일	토	금	목	수	화	월	일	토	

11月小甲子 (대설)

절기: 동지 / 대설

음력	29	28	27	26	25	24	23	22	21	20	19	18	17	16	15	14	13	12	11	10	9	8	7	6	5	4	3	2	1
순행	5	5	6	6	6	7	7	7	8	8	8	9	9	10		14	1	1	1	2	2	2	3	3	3	4	4	4	4
역행	5	5	4	4	4	3	3	3	2	2	2	1	1	1		9	9	9	8	8	8	7	7	7	6	6	6	5	
월													12							11									
일	22	21	20	19	18	17	16	15	14	13	12	11	10	9	8	7	6	5	4	3	2	1	30	29	28	27	26	25	24
일진	己巳	戊辰	丁卯	丙寅	乙丑	甲子	癸亥	壬戌	辛酉	庚申	己未	戊午	丁巳	丙辰	乙卯	甲寅	癸丑	壬子	辛亥	庚戌	己酉	戊申	丁未	丙午	乙巳	甲辰	癸卯	壬寅	辛丑
요일	월	일	토	금	목	수	화	월	일	토	금	목	수	화	월	일	토	금	목	수	화	월	일	토	금	목	수	화	월

12月大乙丑 (소한)

절기: 대한 / 소한

음력	30	29	28	27	26	25	24	23	22	21	20	19	18	17	16	15	14	13	12	11	10	9	8	7	6	5	4	3	2	1
순행	5	5	5	6	6	6	7	7	7	8	8	8	9	9	15		1	1	1	2	2	2	3	3	3	4	4	4	5	
역행	5	5	4	4	4	3	3	3	2	2	2	1	1	1		10	9	9	9	8	8	8	7	7	7	6	6	6	5	
월															01									12						
일	21	20	19	18	17	16	15	14	13	12	11	10	9	8	7	6	5	4	3	2	1	31	30	29	28	27	26	25	24	23
일진	己亥	戊戌	丁酉	丙申	乙未	甲午	癸巳	壬辰	辛卯	庚寅	己丑	戊子	丁亥	丙戌	乙酉	甲申	癸未	壬午	辛巳	庚辰	己卯	戊寅	丁丑	丙子	乙亥	甲戌	癸酉	壬申	辛未	庚午
요일	수	화	월	일	토	금	목	수	화	월	일	토	금	목	수	화	월	일	토	금	목	수	화	월	일	토	금	목	수	화

사주에 인수만 있고 관이 없으면, 춤추고 노래하는 것을 좋아한다.

상문 : 戌   대장군 : 南
조객 : 午   삼 재 : 寅午戌
삼살 : 南

甲申年

서기 2004년
단기 4337년

1月小(丙寅)입춘

절기	우수															입춘													
음력	29	28	27	26	25	24	23	22	21	20	19	18	17	16	15	14	13	12	11	10	9	8	7	6	5	4	3	2	1
월	02																											01	
일	19	18	17	16	15	14	13	12	11	10	9	8	7	6	5	4	3	2	1	31	30	29	28	27	26	25	24	23	22
일진	戊辰	丁卯	丙寅	乙丑	甲子	癸亥	壬戌	辛酉	庚申	己未	戊午	丁巳	丙辰	乙卯	甲寅	癸丑	壬子	辛亥	庚戌	己酉	戊申	丁未	丙午	乙巳	甲辰	癸卯	壬寅	辛丑	庚子
요일	목	수	화	월	일	토	금	목	수	화	월	일	토	금	목	수	화	월	일	토	금	목	수	화	월	일	토	금	목

2月大(丁卯)경칩

절기	춘분											경칩																		
음력	30	29	28	27	26	25	24	23	22	21	20	19	18	17	16	15	14	13	12	11	10	9	8	7	6	5	4	3	2	1
월	03																												02	
일	20	19	18	17	16	15	14	13	12	11	10	9	8	7	6	5	4	3	2	1	29	28	27	26	25	24	23	22	21	20
일진	戊戌	丁酉	丙申	乙未	甲午	癸巳	壬辰	辛卯	庚寅	己丑	戊子	丁亥	丙戌	乙酉	甲申	癸未	壬午	辛巳	庚辰	己卯	戊寅	丁丑	丙子	乙亥	甲戌	癸酉	壬申	辛未	庚午	己巳
요일	토	금	목	수	화	월	일	토	금	목	수	화	월	일	토	금	목	수	화	월	일	토	금	목	수	화	월	일	토	금

윤2月小

절기												청명																		
음력	29	28	27	26	25	24	23	22	21	20	19	18	17	16	15	14	13	12	11	10	9	8	7	6	5	4	3	2	1	
월	04																									03				
일	18	17	16	15	14	13	12	11	10	9	8	7	6	5	4	3	2	1	31	30	29	28	27	26	25	24	23	22	21	
일진	丁卯	丙寅	乙丑	甲子	癸亥	壬戌	辛酉	庚申	己未	戊午	丁巳	丙辰	乙卯	甲寅	癸丑	壬子	辛亥	庚戌	己酉	戊申	丁未	丙午	乙巳	甲辰	癸卯	壬寅	辛丑	庚子	己亥	
요일	일	토	금	목	수	화	월	일	토	금	목	수	화	월	일	토	금	목	수	화	월	일	토	금	목	수	화	월	일	

3月大(戊辰)청명

절기												입하															곡우			
음력	30	29	28	27	26	25	24	23	22	21	20	19	18	17	16	15	14	13	12	11	10	9	8	7	6	5	4	3	2	1
월	05																											04		
일	18	17	16	15	14	13	12	11	10	9	8	7	6	5	4	3	2	1	30	29	28	27	26	25	24	23	22	21	20	19
일진	丁酉	丙申	乙未	甲午	癸巳	壬辰	辛卯	庚寅	己丑	戊子	丁亥	丙戌	乙酉	甲申	癸未	壬午	辛巳	庚辰	己卯	戊寅	丁丑	丙子	乙亥	甲戌	癸酉	壬申	辛未	庚午	己巳	戊辰
요일	화	월	일	토	금	목	수	화	월	일	토	금	목	수	화	월	일	토	금	목	수	화	월	일	토	금	목	수	화	월

4月大(己巳)입하

절기												망종															소만			
음력	30	29	28	27	26	25	24	23	22	21	20	19	18	17	16	15	14	13	12	11	10	9	8	7	6	5	4	3	2	1
월	06																											05		
일	17	16	15	14	13	12	11	10	9	8	7	6	5	4	3	2	1	31	30	29	28	27	26	25	24	23	22	21	20	19
일진	丁卯	丙寅	乙丑	甲子	癸亥	壬戌	辛酉	庚申	己未	戊午	丁巳	丙辰	乙卯	甲寅	癸丑	壬子	辛亥	庚戌	己酉	戊申	丁未	丙午	乙巳	甲辰	癸卯	壬寅	辛丑	庚子	己亥	戊戌
요일	목	수	화	월	일	토	금	목	수	화	월	일	토	금	목	수	화	월	일	토	금	목	수	화	월	일	토	금	목	수

5月小(庚午)망종

절기									소서																하지					
음력	29	28	27	26	25	24	23	22	21	20	19	18	17	16	15	14	13	12	11	10	9	8	7	6	5	4	3	2	1	
월	07																									06				
일	16	15	14	13	12	11	10	9	8	7	6	5	4	3	2	1	30	29	28	27	26	25	24	23	22	21	20	19	18	
일진	丙申	乙未	甲午	癸巳	壬辰	辛卯	庚寅	己丑	戊子	丁亥	丙戌	乙酉	甲申	癸未	壬午	辛巳	庚辰	己卯	戊寅	丁丑	丙子	乙亥	甲戌	癸酉	壬申	辛未	庚午	己巳	戊辰	
요일	금	목	수	화	월	일	토	금	목	수	화	월	일	토	금	목	수	화	월	일	토	금	목	수	화	월	일	토	금	

사주에 土가 왕하면 大農八字이다.

6月大(辛未)소서

절기	입추								대서																					
음력	30	29	28	27	26	25	24	23	22	21	20	19	18	17	16	15	14	13	12	11	10	9	8	7	6	5	4	3	2	1
순행	8	8	8	9	9	9	10	10			1	1	1	1	2	2	2	3	3	3	4	4	4	5	5	5	6	6	6	7
역행	3	2	2	1	1	1	1			10	10	9	9	9	8	8	8	7	7	7	6	6	6	5	5	5	4	4	4	3
월 양력												08																		07
일	15	14	13	12	11	10	9	8	7	6	5	4	3	2	1	31	30	29	28	27	26	25	24	23	22	21	20	19	18	17
일진	丙	乙	甲	癸	壬	辛	庚	己	戊	丁	丙	乙	甲	癸	壬	辛	庚	己	戊	丁	丙	乙	甲	癸	壬	辛	庚	己	戊	丁
	寅	丑	子	亥	戌	酉	申	未	午	巳	辰	卯	寅	丑	子	亥	戌	酉	申	未	午	巳	辰	卯	寅	丑	子	亥	戌	酉
요일	일	토	금	목	수	화	월	일	토	금	목	수	화	월	일	토	금	목	수	화	월	일	토	금	목	수	화	월	일	토

7月小(壬申)입추

절기	백로						처서																						
음력	29	28	27	26	25	24	23	22	21	20	19	18	17	16	15	14	13	12	11	10	9	8	7	6	5	4	3	2	1
순행	8	9	9	9	10	10		1	1	1	1	2	2	2	3	3	3	4	4	4	5	5	5	6	6	6	7	7	7
역행	2	2	1	1	1	1		10	9	9	9	8	8	8	7	7	7	6	6	6	5	5	5	4	4	4	3	3	3
월 양력							09																						08
일	13	12	11	10	9	8	7	6	5	4	3	2	1	31	30	29	28	27	26	25	24	23	22	21	20	19	18	17	16
일진	乙	甲	癸	壬	辛	庚	己	戊	丁	丙	乙	甲	癸	壬	辛	庚	己	戊	丁	丙	乙	甲	癸	壬	辛	庚	己	戊	丁
	未	午	巳	辰	卯	寅	丑	子	亥	戌	酉	申	未	午	巳	辰	卯	寅	丑	子	亥	戌	酉	申	未	午	巳	辰	卯
요일	월	일	토	금	목	수	화	월	일	토	금	목	수	화	월	일	토	금	목	수	화	월	일	토	금	목	수	화	월

8月大(癸酉)백로

절기	한로						추분																							
음력	30	29	28	27	26	25	24	23	22	21	20	19	18	17	16	15	14	13	12	11	10	9	8	7	6	5	4	3	2	1
순행	8	9	9	9	10		1	1	1	1	2	2	2	3	3	3	4	4	4	5	5	5	6	6	6	7	7	7	8	8
역행	2	1	1	1	1		10	10	9	9	9	8	8	8	7	7	7	6	6	6	5	5	5	4	4	4	3	3	3	2
월 양력							10																							09
일	13	12	11	10	9	8	7	6	5	4	3	2	1	30	29	28	27	26	25	24	23	22	21	20	19	18	17	16	15	14
일진	乙	甲	癸	壬	辛	庚	己	戊	丁	丙	乙	甲	癸	壬	辛	庚	己	戊	丁	丙	乙	甲	癸	壬	辛	庚	己	戊	丁	丙
	丑	子	亥	戌	酉	申	未	午	巳	辰	卯	寅	丑	子	亥	戌	酉	申	未	午	巳	辰	卯	寅	丑	子	亥	戌	酉	申
요일	수	화	월	일	토	금	목	수	화	월	일	토	금	목	수	화	월	일	토	금	목	수	화	월	일	토	금	목	수	화

9月小(甲戌)한로

절기	입동						상강																						
음력	29	28	27	26	25	24	23	22	21	20	19	18	17	16	15	14	13	12	11	10	9	8	7	6	5	4	3	2	1
순행	9	9	9	10		1	1	1	1	2	2	2	3	3	3	4	4	4	5	5	5	6	6	6	7	7	7	8	8
역행	1	1	1	1		10	9	9	9	8	8	8	7	7	7	6	6	6	5	5	5	4	4	4	3	3	3	2	2
월 양력							11																						10
일	11	10	9	8	7	6	5	4	3	2	1	31	30	29	28	27	26	25	24	23	22	21	20	19	18	17	16	15	14
일진	甲	癸	壬	辛	庚	己	戊	丁	丙	乙	甲	癸	壬	辛	庚	己	戊	丁	丙	乙	甲	癸	壬	辛	庚	己	戊	丁	丙
	午	巳	辰	卯	寅	丑	子	亥	戌	酉	申	未	午	巳	辰	卯	寅	丑	子	亥	戌	酉	申	未	午	巳	辰	卯	寅
요일	목	수	화	월	일	토	금	목	수	화	월	일	토	금	목	수	화	월	일	토	금	목	수	화	월	일	토	금	목

10月大(乙亥)입동

절기	대설						소설																							
음력	30	29	28	27	26	25	24	23	22	21	20	19	18	17	16	15	14	13	12	11	10	9	8	7	6	5	4	3	2	1
순행	8	9	9	9		1	1	1	2	2	2	3	3	3	4	4	4	5	5	5	6	6	6	7	7	7	8	8	8	8
역행	1	1	1	1		10	9	9	8	8	8	7	7	7	6	6	6	5	5	5	4	4	4	3	3	3	2	2	2	2
월 양력							12																							11
일	11	10	9	8	7	6	5	4	3	2	1	30	29	28	27	26	25	24	23	22	21	20	19	18	17	16	15	14	13	12
일진	甲	癸	壬	辛	庚	己	戊	丁	丙	乙	甲	癸	壬	辛	庚	己	戊	丁	丙	乙	甲	癸	壬	辛	庚	己	戊	丁	丙	乙
	子	亥	戌	酉	申	未	午	巳	辰	卯	寅	丑	子	亥	戌	酉	申	未	午	巳	辰	卯	寅	丑	子	亥	戌	酉	申	未
요일	토	금	목	수	화	월	일	토	금	목	수	화	월	일	토	금	목	수	화	월	일	토	금	목	수	화	월	일	토	금

11月小(丙子)대설

절기	소한						동지																						
음력	29	28	27	26	25	24	23	22	21	20	19	18	17	16	15	14	13	12	11	10	9	8	7	6	5	4	3	2	1
순행	9	9	9	10		1	1	1	2	2	2	3	3	3	4	4	4	5	5	5	6	6	6	7	7	7	8	8	8
역행	1	1	1	1		9	9	9	8	8	8	7	7	7	6	6	6	5	5	5	4	4	4	3	3	3	2	2	2
월 양력							01																						12
일	9	8	7	6	5	4	3	2	1	31	30	29	28	27	26	25	24	23	22	21	20	19	18	17	16	15	14	13	12
일진	癸	壬	辛	庚	己	戊	丁	丙	乙	甲	癸	壬	辛	庚	己	戊	丁	丙	乙	甲	癸	壬	辛	庚	己	戊	丁	丙	乙
	巳	辰	卯	寅	丑	子	亥	戌	酉	申	未	午	巳	辰	卯	寅	丑	子	亥	戌	酉	申	未	午	巳	辰	卯	寅	丑
요일	일	토	금	목	수	화	월	일	토	금	목	수	화	월	일	토	금	목	수	화	월	일	토	금	목	수	화	월	일

12月大(丁丑)소한

절기	입춘						대한																							
음력	30	29	28	27	26	25	24	23	22	21	20	19	18	17	16	15	14	13	12	11	10	9	8	7	6	5	4	3	2	1
순행	8	9	9	9		1	1	1	2	2	2	3	3	3	4	4	4	5	5	5	6	6	6	7	7	7	8	8	8	9
역행	1	1	1	1		10	9	9	8	8	8	7	7	7	6	6	6	5	5	5	4	4	4	3	3	3	2	2	2	1
월 양력							02																							01
일	8	7	6	5	4	3	2	1	31	30	29	28	27	26	25	24	23	22	21	20	19	18	17	16	15	14	13	12	11	10
일진	癸	壬	辛	庚	己	戊	丁	丙	乙	甲	癸	壬	辛	庚	己	戊	丁	丙	乙	甲	癸	壬	辛	庚	己	戊	丁	丙	乙	甲
	亥	戌	酉	申	未	午	巳	辰	卯	寅	丑	子	亥	戌	酉	申	未	午	巳	辰	卯	寅	丑	子	亥	戌	酉	申	未	午
요일	화	월	일	토	금	목	수	화	월	일	토	금	목	수	화	월	일	토	금	목	수	화	월	일	토	금	목	수	화	월

사주 내 乙(木) 일주는 바람 잘 피고 노래를 잘한다.

상문 : 亥　대장군 : 南
조객 : 未　삼 재 : 寅午戌
삼살 : 東

乙酉年

서기 2005년
단기 4338년

1月小(戊寅)입춘 — 절기: 경칩 / 우수

음력	29	28	27	26	25	24	23	22	21	20	19	18	17	16	15	14	13	12	11	10	9	8	7	6	5	4	3	2	1
순행	9	9	10		25	1	1	1	1	2	2	3	3	3	4	4	4	5	5	5	6	6	6	7	7	7	8	8	8
역행	1	1	1			9	9	9	8	8	8	7	7	7	6	6	6	5	5	5	4	4	4	3	3	3	2	2	2
월				03																									02
일	9	8	7	6	5	4	3	2	1	28	27	26	25	24	23	22	21	20	19	18	17	16	15	14	13	12	11	10	9
일진	壬辰	辛卯	庚寅	己丑	戊子	丁亥	丙戌	乙酉	甲申	癸未	壬午	辛巳	庚辰	己卯	戊寅	丁丑	丙子	乙亥	甲戌	癸酉	壬申	辛未	庚午	己巳	戊辰	丁卯	丙寅	乙丑	甲子
요일	수	화	월	일	토	금	목	수	화	월	일	토	금	목	수	화	월	일	토	금	목	수	화	월	일	토	금	목	수

2月大(己卯)경칩 — 절기: 청명 / 춘분

음력	30	29	28	27	26	25	24	23	22	21	20	19	18	17	16	15	14	13	12	11	10	9	8	7	6	5	4	3	2	1
순행	9	9	10		1	1	1	1	2	2	2	3	3	3	4	4	4	5	5	5	6	6	6	7	7	7	8	8	8	9
역행	1	1	1		10	10	9	9	9	8	8	8	7	7	7	6	6	6	5	5	5	4	4	4	3	3	3	2	2	2
월				04																										03
일	8	7	6	5	4	3	2	1	31	30	29	28	27	26	25	24	23	22	21	20	19	18	17	16	15	14	13	12	11	10
일진	壬戌	辛酉	庚申	己未	戊午	丁巳	丙辰	乙卯	甲寅	癸丑	壬子	辛亥	庚戌	己酉	戊申	丁未	丙午	乙巳	甲辰	癸卯	壬寅	辛丑	庚子	己亥	戊戌	丁酉	丙申	乙未	甲午	癸巳
요일	금	목	수	화	월	일	토	금	목	수	화	월	일	토	금	목	수	화	월	일	토	금	목	수	화	월	일	토	금	목

3月小(庚辰)청명 — 절기: 입하 / 곡우

음력	29	28	27	26	25	24	23	22	21	20	19	18	17	16	15	14	13	12	11	10	9	8	7	6	5	4	3	2	1
순행	10	10		1	1	1	2	2	2	3	3	3	4	4	4	5	5	5	6	6	7	7	7	8	8	9	9	9	10
역행	1	1		10	9	9	9	8	8	8	7	7	7	6	6	6	5	5	5	4	4	4	3	3	2	2	2	1	1
월					05																								04
일	7	6	5	4	3	2	1	30	29	28	27	26	25	24	23	22	21	20	19	18	17	16	15	14	13	12	11	10	9
일진	辛卯	庚寅	己丑	戊子	丁亥	丙戌	乙酉	甲申	癸未	壬午	辛巳	庚辰	己卯	戊寅	丁丑	丙子	乙亥	甲戌	癸酉	壬申	辛未	庚午	己巳	戊辰	丁卯	丙寅	乙丑	甲子	癸亥
요일	토	금	목	수	화	월	일	토	금	목	수	화	월	일	토	금	목	수	화	월	일	토	금	목	수	화	월	일	토

4月大(辛巳)입하 — 절기: 망종 / 소만

음력	30	29	28	27	26	25	24	23	22	21	20	19	18	17	16	15	14	13	12	11	10	9	8	7	6	5	4	3	2	1
순행	10		1	1	1	1	2	2	3	3	3	4	4	4	5	5	5	6	6	6	7	7	7	8	8	9	9	9	10	10
역행	1		10	10	9	9	9	8	8	8	7	7	7	6	6	6	5	5	5	4	4	4	3	3	3	2	2	2	1	1
월		06																												05
일	6	5	4	3	2	1	31	30	29	28	27	26	25	24	23	22	21	20	19	18	17	16	15	14	13	12	11	10	9	8
일진	辛酉	庚申	己未	戊午	丁巳	丙辰	乙卯	甲寅	癸丑	壬子	辛亥	庚戌	己酉	戊申	丁未	丙午	乙巳	甲辰	癸卯	壬寅	辛丑	庚子	己亥	戊戌	丁酉	丙申	乙未	甲午	癸巳	壬辰
요일	월	일	토	금	목	수	화	월	일	토	금	목	수	화	월	일	토	금	목	수	화	월	일	토	금	목	수	화	월	일

5月小(壬午)망종 — 절기: 하지

음력	29	28	27	26	25	24	23	22	21	20	19	18	17	16	15	14	13	12	11	10	9	8	7	6	5	4	3	2	1
순행	1	1	1	2	2	2	3	3	3	4	4	4	5	5	5	6	6	7	7	7	8	8	8	9	9	9	10	10	
역행	10	10	9	9	8	8	8	7	7	7	6	6	6	5	5	5	4	4	4	3	3	3	2	2	2	1	1	1	
월		07																											06
일	5	4	3	2	1	30	29	28	27	26	25	24	23	22	21	20	19	18	17	16	15	14	13	12	11	10	9	8	7
일진	庚寅	己丑	戊子	丁亥	丙戌	乙酉	甲申	癸未	壬午	辛巳	庚辰	己卯	戊寅	丁丑	丙子	乙亥	甲戌	癸酉	壬申	辛未	庚午	己巳	戊辰	丁卯	丙寅	乙丑	甲子	癸亥	壬戌
요일	화	월	일	토	금	목	수	화	월	일	토	금	목	수	화	월	일	토	금	목	수	화	월	일	토	금	목	수	화

6月大(癸未)소서 — 절기: 대서 / 소서

음력	30	29	28	27	26	25	24	23	22	21	20	19	18	17	16	15	14	13	12	11	10	9	8	7	6	5	4	3	2	1
순행	1	1	1	2	2	2	3	3	3	4	4	4	5	5	6	6	6	7	7	8	8	8	9	9	10	10				1
역행	9	9	9	8	8	8	7	7	7	6	6	6	5	5	4	4	4	3	3	2	2	2	1	1	1					10
월		08																												07
일	4	3	2	1	31	30	29	28	27	26	25	24	23	22	21	20	19	18	17	16	15	14	13	12	11	10	9	8	7
일진	庚申	己未	戊午	丁巳	丙辰	乙卯	甲寅	癸丑	壬子	辛亥	庚戌	己酉	戊申	丁未	丙午	乙巳	甲辰	癸卯	壬寅	辛丑	庚子	己亥	戊戌	丁酉	丙申	乙未	甲午	癸巳	壬辰
요일	목	수	화	월	일	토	금	목	수	화	월	일	토	금	목	수	화	월	일	토	금	목	수	화	월	일	토	금	목

집에 창문이 많으면 지출이 많다

7月 大 甲申 / 입추

절기: 처서 (음력 19일) · 입추 (음력 3일)

음력	30	29	28	27	26	25	24	23	22	21	20	19	18	17	16	15	14	13	12	11	10	9	8	7	6	5	4	3	2	1
순행	1	2	2	2	3	3	3	4	4	4	5	5	5	6	6	6	7	7	7	8	8	8	9	9	9	10	10		1	1
역행	9	9	8	8	8	7	7	7	6	6	6	5	5	5	4	4	4	3	3	3	2	2	2	1	1	1			10	10
월(09/08)			09																											08
일	3	2	1	31	30	29	28	27	26	25	24	23	22	21	20	19	18	17	16	15	14	13	12	11	10	9	8	7	6	5
일진	庚寅	己丑	戊子	丁亥	丙戌	乙酉	甲申	癸未	壬午	辛巳	庚辰	己卯	戊寅	丁丑	丙子	乙亥	甲戌	癸酉	壬申	辛未	庚午	己巳	戊辰	丁卯	丙寅	乙丑	甲子	癸亥	壬戌	辛酉
요일	토	금	목	수	화	월	일	토	금	목	수	화	월	일	토	금	목	수	화	월	일	토	금	목	수	화	월	일	토	금

8月 小 乙酉 / 백로

절기: 추분 (음력 20일) · 백로 (음력 4일)

음력	29	28	27	26	25	24	23	22	21	20	19	18	17	16	15	14	13	12	11	10	9	8	7	6	5	4	3	2	1
순행	2	2	3	3	3	4	4	4	5	5	5	6	6	6	7	7	7	8	8	8	9	9	9	10	10		1	1	1
역행	8	8	8	7	7	7	6	6	6	5	5	5	4	4	4	3	3	3	2	2	2	1	1	1			10	10	9
월(10/09)	10																												09
일	2	1	30	29	28	27	26	25	24	23	22	21	20	19	18	17	16	15	14	13	12	11	10	9	8	7	6	5	4
일진	己未	戊午	丁巳	丙辰	乙卯	甲寅	癸丑	壬子	辛亥	庚戌	己酉	戊申	丁未	丙午	乙巳	甲辰	癸卯	壬寅	辛丑	庚子	己亥	戊戌	丁酉	丙申	乙未	甲午	癸巳	壬辰	辛卯
요일	일	토	금	목	수	화	월	일	토	금	목	수	화	월	일	토	금	목	수	화	월	일	토	금	목	수	화	월	일

9月 大 丙戌 / 한로

절기: 상강 (음력 21일) · 한로 (음력 6일)

음력	30	29	28	27	26	25	24	23	22	21	20	19	18	17	16	15	14	13	12	11	10	9	8	7	6	5	4	3	2	1
순행	2	2	3	3	3	4	4	4	5	5	5	6	6	6	7	7	7	8	8	8	9	9	9	10			1	1	1	1
역행	8	8	7	7	7	6	6	6	5	5	5	4	4	4	3	3	3	2	2	2	1	1	1			10	10	9	9	9
월(11/10)	11																													10
일	1	31	30	29	28	27	26	25	24	23	22	21	20	19	18	17	16	15	14	13	12	11	10	9	8	7	6	5	4	3
일진	己丑	戊子	丁亥	丙戌	乙酉	甲申	癸未	壬午	辛巳	庚辰	己卯	戊寅	丁丑	丙子	乙亥	甲戌	癸酉	壬申	辛未	庚午	己巳	戊辰	丁卯	丙寅	乙丑	甲子	癸亥	壬戌	辛酉	庚申
요일	화	월	일	토	금	목	수	화	월	일	토	금	목	수	화	월	일	토	금	목	수	화	월	일	토	금	목	수	화	월

10月 大 丁亥 / 입동

절기: 소설 (음력 21일) · 입동 (음력 6일)

음력	30	29	28	27	26	25	24	23	22	21	20	19	18	17	16	15	14	13	12	11	10	9	8	7	6	5	4	3	2	1
순행	2	2	3	3	3	4	4	4	5	5	5	6	6	6	7	7	7	8	8	8	9	9	9	10			1	1	1	2
역행	8	8	7	7	7	6	6	6	5	5	5	4	4	4	3	3	3	2	2	2	1	1	1			10	10	9	9	8
월(12/11)	12																													11
일	1	30	29	28	27	26	25	24	23	22	21	20	19	18	17	16	15	14	13	12	11	10	9	8	7	6	5	4	3	2
일진	己未	戊午	丁巳	丙辰	乙卯	甲寅	癸丑	壬子	辛亥	庚戌	己酉	戊申	丁未	丙午	乙巳	甲辰	癸卯	壬寅	辛丑	庚子	己亥	戊戌	丁酉	丙申	乙未	甲午	癸巳	壬辰	辛卯	庚寅
요일	목	수	화	월	일	토	금	목	수	화	월	일	토	금	목	수	화	월	일	토	금	목	수	화	월	일	토	금	목	수

11月 小 戊子 / 대설

절기: 동지 (음력 21일) · 대설 (음력 6일)

음력	29	28	27	26	25	24	23	22	21	20	19	18	17	16	15	14	13	12	11	10	9	8	7	6	5	4	3	2	1
순행	2	2	3	3	3	4	4	4	5	5	5	6	6	6	7	7	7	8	8	8	9	9	9			1	1	1	2
역행	8	7	7	7	6	6	6	5	5	5	4	4	4	3	3	3	2	2	2	1	1	1			10	9	9	9	8
월(12)																													12
일	30	29	28	27	26	25	24	23	22	21	20	19	18	17	16	15	14	13	12	11	10	9	8	7	6	5	4	3	2
일진	戊子	丁亥	丙戌	乙酉	甲申	癸未	壬午	辛巳	庚辰	己卯	戊寅	丁丑	丙子	乙亥	甲戌	癸酉	壬申	辛未	庚午	己巳	戊辰	丁卯	丙寅	乙丑	甲子	癸亥	壬戌	辛酉	庚申
요일	금	목	수	화	월	일	토	금	목	수	화	월	일	토	금	목	수	화	월	일	토	금	목	수	화	월	일	토	금

12月 小 己丑 / 소한

절기: 대한 (음력 21일) · 소한 (음력 6일)

음력	29	28	27	26	25	24	23	22	21	20	19	18	17	16	15	14	13	12	11	10	9	8	7	6	5	4	3	2	1
순행	2	3	3	3	4	4	4	5	5	5	6	6	6	7	7	7	8	8	8	9	9	9	10			1	1	1	2
역행	8	7	7	7	6	6	6	5	5	5	4	4	4	3	3	3	2	2	2	1	1	1			10	9	9	9	8
월(01/12)																											01	12	31
일	28	27	26	25	24	23	22	21	20	19	18	17	16	15	14	13	12	11	10	9	8	7	6	5	4	3	2	1	31
일진	丁巳	丙辰	乙卯	甲寅	癸丑	壬子	辛亥	庚戌	己酉	戊申	丁未	丙午	乙巳	甲辰	癸卯	壬寅	辛丑	庚子	己亥	戊戌	丁酉	丙申	乙未	甲午	癸巳	壬辰	辛卯	庚寅	己丑
요일	토	금	목	수	화	월	일	토	금	목	수	화	월	일	토	금	목	수	화	월	일	토	금	목	수	화	월	일	토

사주와 상관없이 남녀가 모두 예쁘면 자식이 귀하다.

상문 : 子 대장군 : 南
조객 : 申 삼 재 : 寅午戌
삼살 : 北

丙戌年

서기 2006년
단기 4339년

1月大(庚寅)입춘

우수 ┄ 입춘

절기	음력	순행(묘운)	역행(묘운)	월(양둔)	일	일진	요일
	30	2	8		27	丁亥	월
	29	3	7		26	丙戌	일
	28	3	7		25	乙酉	토
	27	3	7		24	甲申	금
	26	4	6		23	癸未	목
	25	4	6		22	壬午	수
	24	4	6		21	辛巳	화
	23	5	5		20	庚辰	월
	22	5	5		19	己卯	일
	21	5	5		18	戊寅	토
	20	6	5		17	丁丑	금
	19	6	4		16	丙子	목
	18	6	4		15	乙亥	수
	17	7	4		14	甲戌	화
	16	7	3		13	癸酉	월
	15	7	3		12	壬申	일
	14	8	3		11	辛未	토
	13	8	2		10	庚午	금
	12	8	2		9	己巳	목
	11	9	2		8	戊辰	수
	10	9	1		7	丁卯	화
	9	9	1	02	6	丙寅	월
	8	10	1		5	乙丑	일
	7		10		4	甲子	토
	6	1	9		3	癸亥	금
	5	1	9		2	壬戌	목
	4	1	9		1	辛酉	수
	3	1	8	01	31	庚申	화
	2	2	8		30	己未	월
	1	2	8		29	戊午	일

2月小(辛卯)경칩

춘분 ┄ 경칩

절기	음력	순행(묘운)	역행(묘운)	월(양둔)	일	일진	요일
	29	3	7		28	丙辰	화
	28	3	7		27	乙卯	월
	27	3	6		26	甲寅	일
	26	4	6		25	癸丑	토
	25	4	6		24	壬子	금
	24	4	5		23	辛亥	목
	23	5	5		22	庚戌	수
	22	5	5		21	己酉	화
	21	5	5		20	戊申	월
	20	6	4		19	丁未	일
	19	6	4		18	丙午	토
	18	6	4		17	乙巳	금
	17	7	3		16	甲辰	목
	16	7	3		15	癸卯	수
	15	7	3		14	壬寅	화
	14	8	2		13	辛丑	월
	13	8	2		12	庚子	일
	12	8	2		11	己亥	토
	11	9	1		10	戊戌	금
	10	9	1		9	丁酉	목
	9	9	1		8	丙申	수
	8	10	10	03	7	乙未	화
	7		9		6	甲午	월
	6	1	9		5	癸巳	일
	5	1	9		4	壬辰	토
	4	1	8		3	辛卯	금
	3	1	8	02	2	庚寅	목
	2	2	8		1	己丑	수
	1	2	8		28	戊子	화

3月大(壬辰)청명

곡우 ┄ 청명

절기	음력	순행(묘운)	역행(묘운)	월(양둔)	일	일진	요일
	30	3	7		27	丙戌	목
	29	3	7		26	乙酉	수
	28	4	7		25	甲申	화
	27	4	6		24	癸未	월
	26	4	6		23	壬午	일
	25	5	6		22	辛巳	토
	24	5	5		21	庚辰	금
	23	5	5		20	己卯	목
	22	6	5		19	戊寅	수
	21	6	4		18	丁丑	화
	20	6	4		17	丙子	월
	19	7	4		16	乙亥	일
	18	7	3		15	甲戌	토
	17	7	3		14	癸酉	금
	16	8	3		13	壬申	목
	15	8	2		12	辛未	수
	14	8	2		11	庚午	화
	13	9	2		10	己巳	월
	12	9	1		9	戊辰	일
	11	10	1		8	丁卯	토
	10	10	1		7	丙寅	금
	9		10	04	6	乙丑	목
	8	1	9		5	甲子	수
	7	1	9		4	癸亥	화
	6	1	9		3	壬戌	월
	5	1	8		2	辛酉	일
	4	2	8	03	1	庚申	토
	3	2	8		31	己未	금
	2	2	8		30	戊午	목
	1				29	丁巳	수

4月小(癸巳)입하

소만 ┄ 입하

절기	음력	순행(묘운)	역행(묘운)	월(양둔)	일	일진	요일
	29	4	7		26	乙卯	금
	28	4	6		25	甲寅	목
	27	4	6		24	癸丑	수
	26	5	6		23	壬子	화
	25	5	5		22	辛亥	월
	24	5	5		21	庚戌	일
	23	6	5		20	己酉	토
	22	6	4		19	戊申	금
	21	6	4		18	丁未	목
	20	7	4		17	丙午	수
	19	7	3		16	乙巳	화
	18	7	3		15	甲辰	월
	17	8	3		14	癸卯	일
	16	8	2		13	壬寅	토
	15	8	2		12	辛丑	금
	14	9	2		11	庚子	목
	13	9	1		10	己亥	수
	12	9	1		9	戊戌	화
	11	10	1		8	丁酉	월
	10	10	1		7	丙申	일
	9		10	05	6	乙未	토
	8	1	9		5	甲午	금
	7	1	9		4	癸巳	목
	6	1	9		3	壬辰	수
	5	1	8		2	辛卯	화
	4		8	04	1	庚寅	월
	3		8		30	己丑	일
	2		7		29	戊子	토
	1		7		28	丁亥	금

5月大(甲午)망종

하지 ┄ 망종

절기	음력	순행(묘운)	역행(묘운)	월(양둔)	일	일진	요일
	30	4	6		25	乙酉	일
	29	5	6		24	甲申	토
	28	5	6		23	癸未	금
	27	5	5		22	壬午	목
	26	6	5		21	辛巳	수
	25	6	5		20	庚辰	화
	24	6	4		19	己卯	월
	23	7	4		18	戊寅	일
	22	7	4		17	丁丑	토
	21	7	3		16	丙子	금
	20	8	3		15	乙亥	목
	19	8	3		14	甲戌	수
	18	8	2		13	癸酉	화
	17	9	2		12	壬申	월
	16	9	2		11	辛未	일
	15	9	1		10	庚午	토
	14	10	1		9	己巳	금
	13	10	1		8	戊辰	목
	12	11	1		7	丁卯	수
	11		10	06	6	丙寅	화
	10	1	9		5	乙丑	월
	9	1	9		4	甲子	일
	8	1	9		3	癸亥	토
	7	1	8		2	壬戌	금
	6	2	8	05	1	辛酉	목
	5	2	8		31	庚申	수
	4	2	7		30	己未	화
	3	3	7		29	戊午	월
	2	3	7		28	丁巳	일
	1	3			27	丙辰	토

6月小(乙未)소서

대서 ┄ 소서

절기	음력	순행(묘운)	역행(묘운)	월(양둔)	일	일진	요일
	29	5	6		24	甲寅	월
	28	5	5		23	癸丑	일
	27	5	5		22	壬子	토
	26	6	5		21	辛亥	금
	25	6	4		20	庚戌	목
	24	6	4		19	己酉	수
	23	7	4		18	戊申	화
	22	7	3		17	丁未	월
	21	7	3		16	丙午	일
	20	8	3		15	乙巳	토
	19	8	2		14	甲辰	금
	18	8	2		13	癸卯	목
	17	9	2		12	壬寅	수
	16	9	1		11	辛丑	화
	15	10	1		10	庚子	월
	14	10	1		9	己亥	일
	13	10	10		8	戊戌	토
	12		9	07	7	丁酉	금
	11	1	9		6	丙申	목
	10	1	9		5	乙未	수
	9	1	8		4	甲午	화
	8	1	8		3	癸巳	월
	7	2	8		2	壬辰	일
	6	2	7	06	1	辛卯	토
	5	2	7		31	庚寅	금
	4	3	7		30	己丑	목
	3	3			29	戊子	수
	2	3			28	丁亥	화
	1	4			27	丙戌	월

사주에 乙·己·癸가 있으면 수족(손발)이 상하든가 눈병이 있다.

7月大(丙申)입추

절기	처서														입추															
음력	30	29	28	27	26	25	24	23	22	21	20	19	18	17	16	15	14	13	12	11	10	9	8	7	6	5	4	3	2	1
순행	5	6	6	6	6	7	7	7	8	8	8	9	9	9	10	10	1	1	1	1	2	2	2	3	3	3	4	4	4	5
역행	5	5	4	4	4	3	3	3	2	2	2	1	1	1		10	10	10	9	9	9	8	8	8	7	7	7	6	6	
월													08												07					
일	23	22	21	20	19	18	17	16	15	14	13	12	11	10	9	8	7	6	5	4	3	2	1	31	30	29	28	27	26	25
일진	甲申	癸未	壬午	辛巳	庚辰	己卯	戊寅	丁丑	丙子	乙亥	甲戌	癸酉	壬申	辛未	庚午	己巳	戊辰	丁卯	丙寅	乙丑	甲子	癸亥	壬戌	辛酉	庚申	己未	戊午	丁巳	丙辰	乙卯
요일	수	화	월	일	토	금	목	수	화	월	일	토	금	목	수	화	월	일	토	금	목	수	화	월	일	토	금	목	수	화

윤7月小

절기												백로																	
음력	29	28	27	26	25	24	23	22	21	20	19	18	17	16	15	14	13	12	11	10	9	8	7	6	5	4	3	2	1
순행	6	6	6	7	7	7	8	8	8	9	9	9	10		1	1	1	1	2	2	2	3	3	3	4	4	4	5	5
역행	4	4	4	3	3	3	2	2	2	1	1	1		10	10	9	9	9	8	8	8	7	7	7	6	6	6	5	5
월									09												08								
일	21	20	19	18	17	16	15	14	13	12	11	10	9	8	7	6	5	4	3	2	1	31	30	29	28	27	26	25	24
일진	癸丑	壬子	辛亥	庚戌	己酉	戊申	丁未	丙午	乙巳	甲辰	癸卯	壬寅	辛丑	庚子	己亥	戊戌	丁酉	丙申	乙未	甲午	癸巳	壬辰	辛卯	庚寅	己丑	戊子	丁亥	丙戌	乙酉
요일	목	수	화	월	일	토	금	목	수	화	월	일	토	금	목	수	화	월	일	토	금	목	수	화	월	일	토	금	목

8月大(丁酉)백로

절기														한로												추분				
음력	30	29	28	27	26	25	24	23	22	21	20	19	18	17	16	15	14	13	12	11	10	9	8	7	6	5	4	3	2	1
순행	6	6	6	7	7	7	8	8	8	9	9	9	10		1	1	1	1	2	2	2	3	3	3	4	4	4	5	5	5
역행	4	4	4	3	3	3	2	2	2	1	1	1		10	10	9	9	9	8	8	8	7	7	7	6	6	6	5	5	5
월												10										09								
일	21	20	19	18	17	16	15	14	13	12	11	10	9	8	7	6	5	4	3	2	1	30	29	28	27	26	25	24	23	22
일진	癸未	壬午	辛巳	庚辰	己卯	戊寅	丁丑	丙子	乙亥	甲戌	癸酉	壬申	辛未	庚午	己巳	戊辰	丁卯	丙寅	乙丑	甲子	癸亥	壬戌	辛酉	庚申	己未	戊午	丁巳	丙辰	乙卯	甲寅
요일	토	금	목	수	화	월	일	토	금	목	수	화	월	일	토	금	목	수	화	월	일	토	금	목	수	화	월	일	토	금

9月大(戊戌)한로

절기													입동													상강			
음력	30	29	28	27	26	25	24	23	22	21	20	19	18	17	16	15	14	13	12	11	10	9	8	7	6	5	4	3	2	1
순행	6	6	7	7	7	8	8	8	9	9	9	10		1	1	1	1	2	2	2	3	3	3	4	4	4	5	5	5
역행	4	4	3	3	3	2	2	2	1	1	1		10	10	9	9	9	8	8	8	7	7	7	6	6	6	5	5	5
월											11											10							
일	20	19	18	17	16	15	14	13	12	11	10	9	8	7	6	5	4	3	2	1	31	30	29	28	27	26	25	24	23	22
일진	癸丑	壬子	辛亥	庚戌	己酉	戊申	丁未	丙午	乙巳	甲辰	癸卯	壬寅	辛丑	庚子	己亥	戊戌	丁酉	丙申	乙未	甲午	癸巳	壬辰	辛卯	庚寅	己丑	戊子	丁亥	丙戌	乙酉	甲申
요일	월	일	토	금	목	수	화	월	일	토	금	목	수	화	월	일	토	금	목	수	화	월	일	토	금	목	수	화	월	일

10月小(己亥)입동

절기												대설													소설			
음력	29	28	27	26	25	24	23	22	21	20	19	18	17	16	15	14	13	12	11	10	9	8	7	6	5	4	3	2	1
순행	6	6	7	7	7	8	8	8	9	9	10		1	1	1	1	2	2	2	3	3	3	4	4	4	5	5	5
역행	4	4	3	3	3	2	2	2	1	1		10	10	9	9	9	8	8	8	7	7	7	6	6	6	5	5	5
월										12											11							
일	19	18	17	16	15	14	13	12	11	10	9	8	7	6	5	4	3	2	1	30	29	28	27	26	25	24	23	22	21
일진	壬午	辛巳	庚辰	己卯	戊寅	丁丑	丙子	乙亥	甲戌	癸酉	壬申	辛未	庚午	己巳	戊辰	丁卯	丙寅	乙丑	甲子	癸亥	壬戌	辛酉	庚申	己未	戊午	丁巳	丙辰	乙卯	甲寅
요일	화	월	일	토	금	목	수	화	월	일	토	금	목	수	화	월	일	토	금	목	수	화	월	일	토	금	목	수	화

11月大(庚子)대설

절기													소한													동지			
음력	30	29	28	27	26	25	24	23	22	21	20	19	18	17	16	15	14	13	12	11	10	9	8	7	6	5	4	3	2	1
순행	6	6	6	7	7	7	8	8	8	9	9	10		1	1	1	1	2	2	2	3	3	3	4	4	4	5	5	5
역행	4	4	3	3	3	2	2	2	1	1	1		10	10	9	9	9	8	8	8	7	7	7	6	6	6	5	5	4
월										01											12							
일	18	17	16	15	14	13	12	11	10	9	8	7	6	5	4	3	2	1	31	30	29	28	27	26	25	24	23	22	21	20
일진	壬子	辛亥	庚戌	己酉	戊申	丁未	丙午	乙巳	甲辰	癸卯	壬寅	辛丑	庚子	己亥	戊戌	丁酉	丙申	乙未	甲午	癸巳	壬辰	辛卯	庚寅	己丑	戊子	丁亥	丙戌	乙酉	甲申	癸未
요일	수	화	월	일	토	금	목	수	화	월	일	토	금	목	수	화	월	일	토	금	목	수	화	월	일	토	금	목	수	화

12月大(辛丑)소한

절기													입춘													대한			
음력	30	29	28	27	26	25	24	23	22	21	20	19	18	17	16	15	14	13	12	11	10	9	8	7	6	5	4	3	2	1
순행	6	6	6	7	7	7	8	8	8	9	9	10		1	1	1	1	2	2	2	3	3	3	4	4	4	5	5	5
역행	4	4	3	3	3	2	2	2	1	1	1		10	10	9	9	9	8	8	8	7	7	7	6	6	6	5	5	4
월										02											01							
일	17	16	15	14	13	12	11	10	9	8	7	6	5	4	3	2	1	31	30	29	28	27	26	25	24	23	22	21	20	19
일진	壬午	辛巳	庚辰	己卯	戊寅	丁丑	丙子	乙亥	甲戌	癸酉	壬申	辛未	庚午	己巳	戊辰	丁卯	丙寅	乙丑	甲子	癸亥	壬戌	辛酉	庚申	己未	戊午	丁巳	丙辰	乙卯	甲寅	癸丑
요일	토	금	목	수	화	월	일	토	금	목	수	화	월	일	토	금	목	수	화	월	일	토	금	목	수	화	월	일	토	금

사주 내에 癸亥 일주는 머리가 총명하다.

상문 : 丑 대장군 : 酉
조객 : 酉 삼 재 : 巳酉丑
삼살 : 酉

丁亥年

서기 2007년
단기 4340년

1月小(壬寅)입춘

절기	경칩													우수		
음력	29 28 27 26 25 24 23 22 21 20 19 18 **17** 16 15 14 13 12 11 10 9 8 7 6 5 4 3 **2** 1															
순행 묘운	6 6 7 7 7 8 8 8 9 9 10 1 1 1 1 2 2 2 3 3 3 4 4 5 5 5 5															
역행 묘운	4 4 3 3 3 2 2 2 1 1 1 10 9 9 9 8 8 8 7 7 7 6 6 6 5 5 5															
월 음양	03 02															
일	18 17 16 15 14 13 12 11 10 9 8 7 6 5 4 3 2 1 28 27 26 25 24 23 22 21 20 19 18															
일진	辛 庚 己 戊 丁 丙 乙 甲 癸 壬 辛 庚 己 戊 丁 丙 乙 甲 癸 壬 辛 庚 己 戊 丁 丙 乙 甲 癸															
	亥 戌 酉 申 未 午 巳 辰 卯 寅 丑 子 亥 戌 酉 申 未 午 巳 辰 卯 寅 丑 子 亥 戌 酉 申 未															
요일	일 토 금 목 수 화 월 일 토 금 목 수 화 일 일 토 금 목 수 화 월 일 토 금 목 수 화 월 일															

2月小(癸卯)경칩

절기	청명												춘분			
음력	29 28 27 26 25 24 23 22 21 20 19 **18** 17 16 15 14 13 12 11 10 9 8 7 6 5 4 **3** 2 1															
순행 묘운	7 7 7 8 8 8 9 9 9 10 10 1 1 1 2 2 2 3 3 3 4 4 4 5 5 5 6															
역행 묘운	4 3 3 3 2 2 2 1 1 1 10 9 9 9 8 8 8 7 7 7 6 6 6 5 5 5 4															
월 음양	04 03															
일	16 15 14 13 12 11 10 9 8 7 6 5 4 3 2 1 31 30 29 28 27 26 25 24 23 22 21 20 19															
일진	庚 己 戊 丁 丙 乙 甲 癸 壬 辛 庚 己 戊 丁 丙 乙 甲 癸 壬 辛 庚 己 戊 丁 丙 乙 甲 癸 壬															
	辰 卯 寅 丑 子 亥 戌 酉 申 未 午 巳 辰 卯 寅 丑 子 亥 戌 酉 申 未 午 巳 辰 卯 寅 丑 子															
요일	월 일 토 금 목 수 화 월 일 토 금 목 수 화 일 월 일 토 금 목 수 화 월 일 토 금 목 수 화															

3月大(甲辰)청명

절기	입하												곡우			
음력	30 29 28 27 26 25 24 23 22 21 **20** 19 18 17 16 15 14 13 12 11 10 9 8 7 6 5 **4** 3 2 1															
순행 묘운	7 7 8 8 8 9 9 9 10 10 1 1 1 2 2 2 3 3 3 4 4 4 5 5 5 6 6															
역행 묘운	3 3 3 2 2 2 1 1 1 10 10 9 9 9 8 8 8 7 7 7 6 6 6 5 5 5 4															
월 음양	05 04															
일	16 15 14 13 12 11 10 9 8 7 6 5 4 3 2 1 30 29 28 27 26 25 24 23 22 21 20 19 18 17															
일진	庚 己 戊 丁 丙 乙 甲 癸 壬 辛 庚 己 戊 丁 丙 乙 甲 癸 壬 辛 庚 己 戊 丁 丙 乙 甲 癸 壬 辛															
	戌 酉 申 未 午 巳 辰 卯 寅 丑 子 亥 戌 酉 申 未 午 巳 辰 卯 寅 丑 子 亥 戌 酉 申 未 午 巳															
요일	수 화 월 일 토 금 목 수 화 월 일 토 금 목 수 화 월 일 토 금 목 수 화 월 일 토 금 목 수 화															

4月小(乙巳)입하

절기	망종												소만			
음력	29 28 27 26 25 24 23 22 **21** 20 19 18 17 16 15 14 13 12 11 10 9 8 7 6 5 4 3 2 1															
순행 묘운	8 8 8 9 9 10 10 1 1 1 2 2 2 3 3 3 4 4 4 5 5 5 6 6 6 7 7															
역행 묘운	3 2 2 2 1 1 1 10 9 9 9 8 8 8 7 7 7 6 6 6 5 5 5 4 4 4 3															
월 음양	06 05															
일	14 13 12 11 10 9 8 7 6 5 4 3 2 1 31 30 29 28 27 26 25 24 23 22 21 20 19 18 17															
일진	己 戊 丁 丙 乙 甲 癸 壬 辛 庚 己 戊 丁 丙 乙 甲 癸 壬 辛 庚 己 戊 丁 丙 乙 甲 癸 壬 辛															
	卯 寅 丑 子 亥 戌 酉 申 未 午 巳 辰 卯 寅 丑 子 亥 戌 酉 申 未 午 巳 辰 卯 寅 丑 子 亥															
요일	목 수 화 월 일 토 금 목 수 화 월 일 토 금 목 수 화 월 일 토 금 목 수 화 월 일 토 금 목															

5月小(丙午)망종

절기	소서												하지			
음력	29 28 27 26 25 24 **23** 22 21 20 19 18 17 16 15 14 13 12 11 10 9 **8** 7 6 5 4 3 2 1															
순행 묘운	9 9 9 10 10 10 1 1 1 2 2 2 3 3 4 4 4 5 5 6 6 6 7 7 7															
역행 묘운	2 2 1 1 1 10 9 9 9 8 8 8 7 7 6 6 6 5 5 4 4 4 3 3 3															
월 음양	07 06															
일	13 12 11 10 9 8 7 6 5 4 3 2 1 30 29 28 27 26 25 24 23 22 21 20 19 18 17 16 15															
일진	戊 丁 丙 乙 甲 癸 壬 辛 庚 己 戊 丁 丙 乙 甲 癸 壬 辛 庚 己 戊 丁 丙 乙 甲 癸 壬 辛 庚															
	申 未 午 巳 辰 卯 寅 丑 子 亥 戌 酉 申 未 午 巳 辰 卯 寅 丑 子 亥 戌 酉 申 未 午 巳 辰															
요일	금 목 수 화 월 일 토 금 목 수 화 월 일 토 금 목 수 화 월 일 토 금 목 수 화 월 일 토 금															

6月大(丁未)소서

절기	입추												대서			
음력	30 29 28 27 **26** 25 24 23 22 21 20 19 18 17 16 15 14 13 12 11 **10** 9 8 7 6 5 4 3 2 1															
순행 묘운	9 9 10 10 1 1 10 10 1 2 2 2 3 3 3 4 4 4 5 5 5 6 6 6 7 7 7															
역행 묘운	1 1 1 10 10 10 9 9 8 8 8 7 7 7 6 6 6 5 5 5 4 4 4 3 3 3 2															
월 음양	08 07															
일	12 11 10 9 8 7 6 5 4 3 2 1 31 30 29 28 27 26 25 24 23 22 21 20 19 18 17 16 15 14															
일진	戊 丁 丙 乙 甲 癸 壬 辛 庚 己 戊 丁 丙 乙 甲 癸 壬 辛 庚 己 戊 丁 丙 乙 甲 癸 壬 辛 庚 己															
	寅 丑 子 亥 戌 酉 申 未 午 巳 辰 卯 寅 丑 子 亥 戌 酉 申 未 午 巳 辰 卯 寅 丑 子 亥 戌 酉															
요일	일 토 금 목 수 화 월 일 토 금 목 수 화 월 일 토 금 목 수 화 월 일 토 금 목 수 화 월 일 토															

사주에 乙이 3개 있으면 예술인 팔자이다.

7月小戊申입추

절기: 백로 … 처서

음력	29	28	27	26	25	24	23	22	21	20	19	18	17	16	15	14	13	12	11	10	9	8	7	6	5	4	3	2	1
순행	10	10		1	1	1	1	2	2	2	3	3	3	4	4	4	5	5	5	6	6	6	7	7	7	8	8	8	9
역행	1	1		10	10	9	9	9	8	8	8	7	7	7	6	6	6	5	5	5	4	4	4	3	3	3	2	2	2
월										09																08			
일	10	9	8	7	6	5	4	3	2	1	31	30	29	28	27	26	25	24	23	22	21	20	19	18	17	16	15	14	13
일진	丁未	丙午	乙巳	甲辰	癸卯	壬寅	辛丑	庚子	己亥	戊戌	丁酉	丙申	乙未	甲午	癸巳	壬辰	辛卯	庚寅	己丑	戊子	丁亥	丙戌	乙酉	甲申	癸未	壬午	辛巳	庚辰	己卯
요일	월	일	토	금	목	수	화	월	일	토	금	목	수	화	월	일	토	금	목	수	화	월	일	토	금	목	수	화	월

8月大己酉백로

절기: 한로 … 추분

음력	30	29	28	27	26	25	24	23	22	21	20	19	18	17	16	15	14	13	12	11	10	9	8	7	6	5	4	3	2	1
순행	10		1	1	1	2	2	2	3	3	3	4	4	4	5	5	5	6	6	6	7	7	7	8	8	8	9	9	9	
역행	1		10	10	9	9	9	8	8	8	7	7	7	6	6	6	5	5	5	4	4	4	3	3	3	2	2	2	1	
월										10															09					
일	10	9	8	7	6	5	4	3	2	1	30	29	28	27	26	25	24	23	22	21	20	19	18	17	16	15	14	13	12	11
일진	丁丑	丙子	乙亥	甲戌	癸酉	壬申	辛未	庚午	己巳	戊辰	丁卯	丙寅	乙丑	甲子	癸亥	壬戌	辛酉	庚申	己未	戊午	丁巳	丙辰	乙卯	甲寅	癸丑	壬子	辛亥	庚戌	己酉	戊申
요일	수	화	월	일	토	금	목	수	화	월	일	토	금	목	수	화	월	일	토	금	목	수	화	월	일	토	금	목	수	화

9月大庚戌한로

절기: 입동 … 상강

음력	30	29	28	27	26	25	24	23	22	21	20	19	18	17	16	15	14	13	12	11	10	9	8	7	6	5	4	3	2	1
순행	9		1	1	1	2	2	2	3	3	3	4	4	4	5	5	5	6	6	6	7	7	7	8	8	8	9	9	9	
역행	1		10	9	9	9	8	8	8	7	7	7	6	6	6	5	5	5	4	4	4	3	3	3	2	2	2	1	1	
월										11															10					
일	9	8	7	6	5	4	3	2	1	31	30	29	28	27	26	25	24	23	22	21	20	19	18	17	16	15	14	13	12	11
일진	丁未	丙午	乙巳	甲辰	癸卯	壬寅	辛丑	庚子	己亥	戊戌	丁酉	丙申	乙未	甲午	癸巳	壬辰	辛卯	庚寅	己丑	戊子	丁亥	丙戌	乙酉	甲申	癸未	壬午	辛巳	庚辰	己卯	戊寅
요일	금	목	수	화	월	일	토	금	목	수	화	월	일	토	금	목	수	화	월	일	토	금	목	수	화	월	일	토	금	목

10月大辛亥입동

절기: 대설 … 소설

음력	30	29	28	27	26	25	24	23	22	21	20	19	18	17	16	15	14	13	12	11	10	9	8	7	6	5	4	3	2	1
순행	9	10		1	1	1	2	2	2	3	3	3	4	4	4	5	5	5	6	6	6	7	7	7	8	8	8	9	9	
역행	1	1		10	9	9	9	8	8	8	7	7	7	6	6	6	5	5	5	4	4	4	3	3	3	2	2	2	1	
월										12															11					
일	9	8	7	6	5	4	3	2	1	30	29	28	27	26	25	24	23	22	21	20	19	18	17	16	15	14	13	12	11	10
일진	丁丑	丙子	乙亥	甲戌	癸酉	壬申	辛未	庚午	己巳	戊辰	丁卯	丙寅	乙丑	甲子	癸亥	壬戌	辛酉	庚申	己未	戊午	丁巳	丙辰	乙卯	甲寅	癸丑	壬子	辛亥	庚戌	己酉	戊申
요일	일	토	금	목	수	화	월	일	토	금	목	수	화	월	일	토	금	목	수	화	월	일	토	금	목	수	화	월	일	토

11月小壬子대설

절기: 소한 … 동지

음력	29	28	27	26	25	24	23	22	21	20	19	18	17	16	15	14	13	12	11	10	9	8	7	6	5	4	3	2	1
순행	9		1	1	1	2	2	2	3	3	3	4	4	4	5	5	5	6	6	6	7	7	7	8	8	8	9	9	9
역행	1		10	9	9	9	8	8	8	7	7	7	6	6	6	5	5	5	4	4	4	3	3	3	2	2	2	1	1
월										01															12				
일	7	6	5	4	3	2	1	31	30	29	28	27	26	25	24	23	22	21	20	19	18	17	16	15	14	13	12	11	10
일진	丙午	乙巳	甲辰	癸卯	壬寅	辛丑	庚子	己亥	戊戌	丁酉	丙申	乙未	甲午	癸巳	壬辰	辛卯	庚寅	己丑	戊子	丁亥	丙戌	乙酉	甲申	癸未	壬午	辛巳	庚辰	己卯	戊寅
요일	월	일	토	금	목	수	화	월	일	토	금	목	수	화	월	일	토	금	목	수	화	월	일	토	금	목	수	화	월

12月大癸丑소한

절기: 입춘 … 대한

음력	30	29	28	27	26	25	24	23	22	21	20	19	18	17	16	15	14	13	12	11	10	9	8	7	6	5	4	3	2	1
순행	9	10		1	1	1	2	2	2	3	3	3	4	4	4	5	5	5	6	6	6	7	7	7	8	8	8	9	9	
역행	1	1		9	9	9	8	8	8	7	7	7	6	6	6	5	5	5	4	4	4	3	3	3	2	2	2	1	1	
월										02															01					
일	6	5	4	3	2	1	31	30	29	28	27	26	25	24	23	22	21	20	19	18	17	16	15	14	13	12	11	10	9	8
일진	丙子	乙亥	甲戌	癸酉	壬申	辛未	庚午	己巳	戊辰	丁卯	丙寅	乙丑	甲子	癸亥	壬戌	辛酉	庚申	己未	戊午	丁巳	丙辰	乙卯	甲寅	癸丑	壬子	辛亥	庚戌	己酉	戊申	丁未
요일	수	화	월	일	토	금	목	수	화	월	일	토	금	목	수	화	월	일	토	금	목	수	화	월	일	토	금	목	수	화

일지에 식신이나 상관이 있고 官과 합하고 있으면 처녀몸으로 잉태한다.

상문 : 寅   대장군 : 西
조객 : 戌   삼 재 : 巳酉丑
삼살 : 南

戊子年

서기 2008년
단기 4341년

1月大(甲寅)입춘

절기	경칩															우수													
음력	30	29	**28**	27	26	25	24	23	22	21	20	19	18	17	16	15	14	**13**	12	11	10	9	8	7	6	5	4	3	2	1
순행	9	10	1	1	1	1	2	2	2	3	3	3	4	4	4	5	5	5	6	6	6	7	7	7	8	8	8	9	9	
역행	1	1	10	9	9	9	8	8	8	7	7	7	6	6	6	5	5	5	4	4	4	3	3	3	2	2	2	1	1	
월/양력	7	6	5	4	3	2	1	29	28	27	26	25	24	23	22	21	20	19	18	17	16	15	14	13	12	11	10	9	8	7
일진	丙午	乙巳	甲辰	癸卯	壬寅	辛丑	庚子	己亥	戊戌	丁酉	丙申	乙未	甲午	癸巳	壬辰	辛卯	庚寅	己丑	戊子	丁亥	丙戌	乙酉	甲申	癸未	壬午	辛巳	庚辰	己卯	戊寅	丁丑
요일	금	목	수	화	월	일	토	금	목	수	화	월	일	토	금	목	수	화	월	일	토	금	목	수	화	월	일	토	금	목

(월: 03 / 02)

2月小(乙卯)경칩

절기	청명																춘분												
음력	29	**28**	27	26	25	24	23	22	21	20	19	18	17	16	15	14	13	**12**	11	10	9	8	7	6	5	4	3	2	1
순행	10	1	1	1	1	2	2	2	3	3	3	4	4	4	5	5	5	6	6	6	7	7	7	8	8	8	9	9	9
역행	1	10	9	9	9	8	8	8	7	7	7	6	6	6	5	5	5	4	4	4	3	3	3	2	2	2	1	1	1
월/양력	5	4	3	2	1	31	30	29	28	27	26	25	24	23	22	21	20	19	18	17	16	15	14	13	12	11	10	9	8
일진	乙亥	甲戌	癸酉	壬申	辛未	庚午	己巳	戊辰	丁卯	丙寅	乙丑	甲子	癸亥	壬戌	辛酉	庚申	己未	戊午	丁巳	丙辰	乙卯	甲寅	癸丑	壬子	辛亥	庚戌	己酉	戊申	丁未
요일	토	금	목	수	화	월	일	토	금	목	수	화	월	일	토	금	목	수	화	월	일	토	금	목	수	화	월	일	토

(월: 04 / 03)

3月小(丙辰)청명

절기															곡우														
음력	29	28	27	26	25	24	23	22	21	20	19	18	17	16	**15**	14	13	12	11	10	9	8	7	6	5	4	3	2	1
순행	1	1	1	1	2	2	2	3	3	3	4	4	4	5	5	5	6	6	6	7	7	7	8	8	8	9	9	9	10
역행	10	10	9	9	9	8	8	8	7	7	7	6	6	6	5	5	5	4	4	4	3	3	3	2	2	2	1	1	1
월/양력	4	3	2	1	30	29	28	27	26	25	24	23	22	21	20	19	18	17	16	15	14	13	12	11	10	9	8	7	6
일진	甲辰	癸卯	壬寅	辛丑	庚子	己亥	戊戌	丁酉	丙申	乙未	甲午	癸巳	壬辰	辛卯	庚寅	己丑	戊子	丁亥	丙戌	乙酉	甲申	癸未	壬午	辛巳	庚辰	己卯	戊寅	丁丑	丙子
요일	일	토	금	목	수	화	월	일	토	금	목	수	화	월	일	토	금	목	수	화	월	일	토	금	목	수	화	월	일

(월: 05 / 04)

4月大(丁巳)입하

절기														소만														입하		
음력	30	29	28	27	26	25	24	23	22	21	20	19	18	**17**	16	15	14	13	12	11	10	9	8	7	6	5	4	3	2	1
순행	1	1	2	2	2	3	3	3	4	4	4	5	5	5	6	6	6	7	7	7	8	8	8	9	9	9	10	10	10	
역행	10	9	9	9	8	8	8	7	7	7	6	6	6	5	5	5	4	4	4	3	3	3	2	2	2	1	1	1	10	
월/양력	3	2	1	31	30	29	28	27	26	25	24	23	22	21	20	19	18	17	16	15	14	13	12	11	10	9	8	7	6	5
일진	甲戌	癸酉	壬申	辛未	庚午	己巳	戊辰	丁卯	丙寅	乙丑	甲子	癸亥	壬戌	辛酉	庚申	己未	戊午	丁巳	丙辰	乙卯	甲寅	癸丑	壬子	辛亥	庚戌	己酉	戊申	丁未	丙午	乙巳
요일	화	월	일	토	금	목	수	화	월	일	토	금	목	수	화	월	일	토	금	목	수	화	월	일	토	금	목	수	화	월

(월: 06 / 05)

5月小(戊午)망종

절기												하지															망종		
음력	29	28	27	26	25	24	23	22	21	20	19	**18**	17	16	15	14	13	12	11	10	9	8	7	6	5	4	3	2	1
순행	2	2	2	3	3	4	4	4	5	5	5	6	6	6	7	7	7	8	8	8	9	9	9	10	10	10	1		
역행	9	9	8	8	8	7	7	7	6	6	6	5	5	5	4	4	4	3	3	3	2	2	2	1	1	1	10		
월/양력	2	1	30	29	28	27	26	25	24	23	22	21	20	19	18	17	16	15	14	13	12	11	10	9	8	7	6	5	4
일진	癸卯	壬寅	辛丑	庚子	己亥	戊戌	丁酉	丙申	乙未	甲午	癸巳	壬辰	辛卯	庚寅	己丑	戊子	丁亥	丙戌	乙酉	甲申	癸未	壬午	辛巳	庚辰	己卯	戊寅	丁丑	丙子	乙亥
요일	수	화	월	일	토	금	목	수	화	월	일	토	금	목	수	화	월	일	토	금	목	수	화	월	일	토	금	목	수

(월: 07 / 06)

6月小(己未)소서

절기									대서																			소서		
음력	29	28	27	26	25	24	23	22	21	**20**	19	18	17	16	15	14	13	12	11	10	9	8	7	6	5	4	3	2	1
순행	2	3	3	3	4	4	5	5	5	6	6	6	7	7	7	8	8	8	9	9	9	10	10	1	1	1	1		
역행	8	8	7	7	7	6	6	5	5	5	4	4	4	3	3	3	2	2	2	1	1	1	10	10	10	9			
월/양력	31	30	29	28	27	26	25	24	23	22	21	20	19	18	17	16	15	14	13	12	11	10	9	8	7	6	5	4	3
일진	壬申	辛未	庚午	己巳	戊辰	丁卯	丙寅	乙丑	甲子	癸亥	壬戌	辛酉	庚申	己未	戊午	丁巳	丙辰	乙卯	甲寅	癸丑	壬子	辛亥	庚戌	己酉	戊申	丁未	丙午	乙巳	甲辰
요일	목	수	화	월	일	토	금	목	수	화	월	일	토	금	목	수	화	월	일	토	금	목	수	화	월	일	토	금	목

(월: 07)

신약사주에 편관이 강하면 시모와 남편이 공모하여 나를 구박한다.

7月大(庚申)입추

절기	처서							입추							
음력	30 29 28 27 26 25 24 23 22 21 20 19 18 17 16 15 14 13 12 11 10 9 8 7 6 5 4 3 2 1

순행	3 3 3 4 4 4 5 5 5 6 6 6 7 7 7 8 8 9 9 9 10 10 1 1 1 1 2 2
역행	8 7 7 7 6 6 6 5 5 5 4 4 4 3 3 3 2 2 2 1 1 1 10 10 9 9 9 8
월	08
일	30 29 28 27 26 25 24 23 22 21 20 19 18 17 16 15 14 13 12 11 10 9 8 7 6 5 4 3 2 1
일진	壬寅 辛丑 庚子 己亥 戊戌 丁酉 丙申 乙未 甲午 癸巳 壬辰 辛卯 庚寅 己丑 戊子 丁亥 丙戌 乙酉 甲申 癸未 壬午 辛巳 庚辰 己卯 戊寅 丁丑 丙子 乙亥 甲戌 癸酉
요일	토 금 목 수 화 월 일 토 금 목 수 화 월 일 토 금 목 수 화 월 일 토 금 목 수 화 월 일 토 금

8月小(辛酉)백로

절기	추분	백로
음력	29 28 27 26 25 24 23 22 21 20 19 18 17 16 15 14 13 12 11 10 9 8 7 6 5 4 3 2 1	

순행	3 4 4 4 5 5 5 6 6 6 7 7 7 8 8 8 9 9 9 10 10 1 1 1 1 2 2 2
역행	7 7 6 6 6 5 5 5 4 4 4 3 3 3 2 2 2 1 1 1 10 10 9 9 9 8
월	09 08
일	28 27 26 25 24 23 22 21 20 19 18 17 16 15 14 13 12 11 10 9 8 7 6 5 4 3 2 1 31
일진	辛未 庚午 己巳 戊辰 丁卯 丙寅 乙丑 甲子 癸亥 壬戌 辛酉 庚申 己未 戊午 丁巳 丙辰 乙卯 甲寅 癸丑 壬子 辛亥 庚戌 己酉 戊申 丁未 丙午 乙巳 甲辰 癸卯
요일	일 토 금 목 수 화 월 일 토 금 목 수 화 월 일 토 금 목 수 화 월 일 토 금 목 수 화 월 일

9月大(壬戌)한로

절기	상강	한로
음력	30 29 28 27 26 25 24 23 22 21 20 19 18 17 16 15 14 13 12 11 10 9 8 7 6 5 4 3 2 1	

순행	3 4 4 4 5 5 5 6 6 6 7 7 7 8 8 8 9 9 9 10 1 1 1 1 2 2 2 3 3
역행	7 6 6 6 5 5 5 4 4 4 3 3 3 2 2 2 1 1 1 10 10 9 9 9 8 8 7
월	10 09
일	28 27 26 25 24 23 22 21 20 19 18 17 16 15 14 13 12 11 10 9 8 7 6 5 4 3 2 1 30 29
일진	辛丑 庚子 己亥 戊戌 丁酉 丙申 乙未 甲午 癸巳 壬辰 辛卯 庚寅 己丑 戊子 丁亥 丙戌 乙酉 甲申 癸未 壬午 辛巳 庚辰 己卯 戊寅 丁丑 丙子 乙亥 甲戌 癸酉 壬申
요일	화 월 일 토 금 목 수 화 월 일 토 금 목 수 화 월 일 토 금 목 수 화 월 일 토 금 목 수 화 월

10月大(癸亥)입동

절기	소설	입동
음력	30 29 28 27 26 25 24 23 22 21 20 19 18 17 16 15 14 13 12 11 10 9 8 7 6 5 4 3 2 1	

순행	3 4 4 4 5 5 5 6 6 6 7 7 7 8 8 8 9 9 9 10 1 1 1 2 2 2 3 3
역행	7 6 6 6 5 5 5 4 4 4 3 3 3 2 2 2 1 1 1 10 9 9 9 8 8 7
월	11 10
일	27 26 25 24 23 22 21 20 19 18 17 16 15 14 13 12 11 10 9 8 7 6 5 4 3 2 1 31 30 29
일진	辛未 庚午 己巳 戊辰 丁卯 丙寅 乙丑 甲子 癸亥 壬戌 辛酉 庚申 己未 戊午 丁巳 丙辰 乙卯 甲寅 癸丑 壬子 辛亥 庚戌 己酉 戊申 丁未 丙午 乙巳 甲辰 癸卯 壬寅
요일	목 수 화 월 일 토 금 목 수 화 월 일 토 금 목 수 화 월 일 토 금 목 수 화 월 일 토 금 목 수

11月小(甲子)대설

절기	동지	대설
음력	29 28 27 26 25 24 23 22 21 20 19 18 17 16 15 14 13 12 11 10 9 8 7 6 5 4 3 2 1	

순행	3 4 4 4 5 5 5 6 6 6 7 7 7 8 8 8 9 9 9 1 1 1 2 2 2 3 3
역행	6 6 6 5 5 5 4 4 4 3 3 3 2 2 1 1 1 10 9 9 8 8 7 7
월	12 11
일	26 25 24 23 22 21 20 19 18 17 16 15 14 13 12 11 10 9 8 7 6 5 4 3 2 1 30 29 28
일진	庚子 己亥 戊戌 丁酉 丙申 乙未 甲午 癸巳 壬辰 辛卯 庚寅 己丑 戊子 丁亥 丙戌 乙酉 甲申 癸未 壬午 辛巳 庚辰 己卯 戊寅 丁丑 丙子 乙亥 甲戌 癸酉 壬申
요일	금 목 수 화 월 일 토 금 목 수 화 월 일 토 금 목 수 화 월 일 토 금 목 수 화 월 일 토 금

12月大(乙丑)소한

절기	대한	소한
음력	30 29 28 27 26 25 24 23 22 21 20 19 18 17 16 15 14 13 12 11 10 9 8 7 6 5 4 3 2 1	

순행	3 4 4 5 5 5 6 6 6 7 7 7 8 8 8 9 9 9 10 1 1 1 2 2 2 3 3
역행	7 6 6 5 5 5 4 4 4 3 3 3 2 2 2 1 1 1 10 9 9 8 8 7 7
월	01 12
일	25 24 23 22 21 20 19 18 17 16 15 14 13 12 11 10 9 8 7 6 5 4 3 2 1 31 30 29 28 27
일진	庚午 己巳 戊辰 丁卯 丙寅 乙丑 甲子 癸亥 壬戌 辛酉 庚申 己未 戊午 丁巳 丙辰 乙卯 甲寅 癸丑 壬子 辛亥 庚戌 己酉 戊申 丁未 丙午 乙巳 甲辰 癸卯 壬寅 辛丑
요일	일 토 금 목 수 화 월 일 토 금 목 수 화 월 일 토 금 목 수 화 월 일 토 금 목 수 화 월 일 토

일지에 재와 다른 주에 官이 合하고 있으면 총각이 자식을 낳는다.

상문 : 卯　대장군 : 西
조객 : 亥　삼 재 : 巳酉丑
삼살 : 東

1月大(丙寅) 입춘

절기	우수																													입춘
음력	30	29	28	27	26	25	24	23	22	21	20	19	18	17	16	15	14	13	12	11	10	9	8	7	6	5	4	3	2	1
순행	3	3	4	4	4	5	5	6	6	6	7	7	7	8	8	8	9	9				1	1	1	2	2	2	3	3	7
역행	7	6	6	6	5	5	5	4	4	4	3	3	3	2	2	2	1	1	1			10	9	9	9	8	8	8	7	7
월/양력 일	24	23	22	21	20	19	18	17	16	15	14	13	12	11	10	9	8	7	6	5	4	3	2	1(02)	31	30	29	28	27	26(01)
일진	庚子	己亥	戊戌	丁酉	丙申	乙未	甲午	癸巳	壬辰	辛卯	庚寅	己丑	戊子	丁亥	丙戌	乙酉	甲申	癸未	壬午	辛巳	庚辰	己卯	戊寅	丁丑	丙子	乙亥	甲戌	癸酉	壬申	辛未
요일	화	월	일	토	금	목	수	화	월	일	토	금	목	수	화	월	일	토	금	목	수	화	월	일	토	금	목	수	화	월

2月大(丁卯) 경칩

절기	춘분																				경칩									
음력	30	29	28	27	26	25	24	23	22	21	20	19	18	17	16	15	14	13	12	11	10	9	8	7	6	5	4	3	2	1
순행	3	4	4	4	5	5	6	6	6	7	7	7	8	8	8	9	9	9	10	10		1	1	1	1	2	2	2	3	3
역행																					10	9	9	9	9	8	8	8	7	7
월/양력 일	26	25	24	23	22	21	20	19	18	17	16	15	14	13	12	11	10	9	8	7	6	5	4	3	2	1(03)	28	27	26	25(02)
일진	庚午	己巳	戊辰	丁卯	丙寅	乙丑	甲子	癸亥	壬戌	辛酉	庚申	己未	戊午	丁巳	丙辰	乙卯	甲寅	癸丑	壬子	辛亥	庚戌	己酉	戊申	丁未	丙午	乙巳	甲辰	癸卯	壬寅	辛丑
요일	목	수	화	월	일	토	금	목	수	화	월	일	토	금	목	수	화	월	일	토	금	목	수	화	월	일	토	금	목	수

3月小(戊辰) 청명

절기	곡우																			청명									
음력	29	28	27	26	25	24	23	22	21	20	19	18	17	16	15	14	13	12	11	10	9	8	7	6	5	4	3	2	1
순행	4	4	5	5	6	6	6	7	7	7	8	8	8	9	9	9	10				1	1	1	2	2	2	3	3	3
역행	6	6	5	5	5	4	4	4	3	3	3	2	2	2	1	1	1			10	10	9	9	9	8	8	8	7	7
월/양력 일	24	23	22	21	20	19	18	17	16	15	14	13	12	11	10	9	8	7	6	5	4	3	2	1(04)	31	30	29	28	27(03)
일진	己亥	戊戌	丁酉	丙申	乙未	甲午	癸巳	壬辰	辛卯	庚寅	己丑	戊子	丁亥	丙戌	乙酉	甲申	癸未	壬午	辛巳	庚辰	己卯	戊寅	丁丑	丙子	乙亥	甲戌	癸酉	壬申	辛未
요일	금	목	수	화	월	일	토	금	목	수	화	월	일	토	금	목	수	화	월	일	토	금	목	수	화	월	일	토	금

4月小(己巳) 입하

절기	소만																		입하										
음력	29	28	27	26	25	24	23	22	21	20	19	18	17	16	15	14	13	12	11	10	9	8	7	6	5	4	3	2	1
순행	4	5	5	5	6	6	6	7	7	7	8	8	8	9	9	9	10	10		1	1	1	1	2	2	2	3	3	3
역행	6	5	5	5	4	4	4	3	3	3	2	2	2	1	1	1			10	10	9	9	9	8	8	8	7	7	6
월/양력 일	22	21	20	19	18	17	16	15	14	13	12	11	10	9	8	7	6	5	4	3	2	1(05)	30	29	28	27	26	25	24(04)
일진	戊辰	丁卯	丙寅	乙丑	甲子	癸亥	壬戌	辛酉	庚申	己未	戊午	丁巳	丙辰	乙卯	甲寅	癸丑	壬子	辛亥	庚戌	己酉	戊申	丁未	丙午	乙巳	甲辰	癸卯	壬寅	辛丑	庚子
요일	토	금	목	수	화	월	일	토	금	목	수	화	월	일	토	금	목	수	화	월	일	토	금	목	수	화	월	일	토

5月大(庚午) 망종

절기	하지																	망종											
음력	30	29	28	27	26	25	24	23	22	21	20	19	18	17	16	15	14	13	12	11	10	9	8	7	6	5	4	3	2	1
순행	5	5	6	6	7	7	7	8	8	8	9	9	10	10	10		1		1	1	1	2	2	2	3	3	3	4	4	4
역행	6	5	5	4	4	4	3	3	3	2	2	2	1	1	1			10	9	9	9	8	8	8	7	7	7	6	6	6
월/양력 일	22	21	20	19	18	17	16	15	14	13	12	11	10	9	8	7	6	5	4	3	2	1(06)	31	30	29	28	27	26	25	24(05)
일진	戊戌	丁酉	丙申	乙未	甲午	癸巳	壬辰	辛卯	庚寅	己丑	戊子	丁亥	丙戌	乙酉	甲申	癸未	壬午	辛巳	庚辰	己卯	戊寅	丁丑	丙子	乙亥	甲戌	癸酉	壬申	辛未	庚午	己巳
요일	월	일	토	금	목	수	화	월	일	토	금	목	수	화	월	일	토	금	목	수	화	월	일	토	금	목	수	화	월	일

윤5月小

절기															소서														
음력	29	28	27	26	25	24	23	22	21	20	19	18	17	16	15	14	13	12	11	10	9	8	7	6	5	4	3	2	1
순행	6	6	6	7	7	8	8	8	9	9	9	10	10			1	1	1	1	2	2	2	3	3	3	4	4	4	4
역행	5	4	4	4	3	3	2	2	2	1	1	1			10	9	9	9	8	8	8	7	7	7	6	6	6	5	5
월/양력 일	21	20	19	18	17	16	15	14	13	12	11	10	9	8	7	6	5	4	3	2	1(07)	31	30	29	28	27	26	25	24	23(06)
일진	丁卯	丙寅	乙丑	甲子	癸亥	壬戌	辛酉	庚申	己未	戊午	丁巳	丙辰	乙卯	甲寅	癸丑	壬子	辛亥	庚戌	己酉	戊申	丁未	丙午	乙巳	甲辰	癸卯	壬寅	辛丑	庚子	己亥
요일	토	금	목	수	화	월	일	토	금	목	수	화	월	일	토	금	목	수	화	월	일	토	금	목	수	화	월	일	토

사주에 인수가 많고 財가 없으면 노름꾼이다.

6月小辛未 소서 — 절기: 입추 / 대서

음력	29	28	27	26	25	24	23	22	21	20	19	18	17	16	15	14	13	12	11	10	9	8	7	6	5	4	3	2	1
순행(대운)	6	7	7	7	8	8	8	9	9	9	10	10		1	1	1	1	2	2	2	3	3	3	4	4	4	5	5	5
역행(대운)	4	4	3	3	3	2	2	2	1	1	1		10	10	9	9	9	8	8	8	7	7	7	6	6	6	5	5	
월(양력)												08																	07
일	19	18	17	16	15	14	13	12	11	10	9	8	7	6	5	4	3	2	1	31	30	29	28	27	26	25	24	23	22
일진	丙申	乙未	甲午	癸巳	壬辰	辛卯	庚寅	己丑	戊子	丁亥	丙戌	乙酉	甲申	癸未	壬午	辛巳	庚辰	己卯	戊寅	丁丑	丙子	乙亥	甲戌	癸酉	壬申	辛未	庚午	己巳	戊辰
요일	수	화	월	일	토	금	목	수	화	월	일	토	금	목	수	화	월	일	토	금	목	수	화	월	일	토	금	목	수

7月大壬申 입추 — 절기: 백로 / 처서

음력	30	29	28	27	26	25	24	23	22	21	20	19	18	17	16	15	14	13	12	11	10	9	8	7	6	5	4	3	2	1
순행(대운)	7	7	7	8	8	8	9	9	9	10	10		1	1	1	1	2	2	2	3	3	3	4	4	4	5	5	5	6	6
역행(대운)	4	3	3	3	2	2	2	1	1	1		10	10	9	9	9	8	8	8	7	7	7	6	6	6	5	5	5	4	4
월(양력)											09																			08
일	18	17	16	15	14	13	12	11	10	9	8	7	6	5	4	3	2	1	31	30	29	28	27	26	25	24	23	22	21	20
일진	丙寅	乙丑	甲子	癸亥	壬戌	辛酉	庚申	己未	戊午	丁巳	丙辰	乙卯	甲寅	癸丑	壬子	辛亥	庚戌	己酉	戊申	丁未	丙午	乙巳	甲辰	癸卯	壬寅	辛丑	庚子	己亥	戊戌	丁酉
요일	금	목	수	화	월	일	토	금	목	수	화	월	일	토	금	목	수	화	월	일	토	금	목	수	화	월	일	토	금	목

8月小癸酉 백로 — 절기: 한로 / 추분

음력	29	28	27	26	25	24	23	22	21	20	19	18	17	16	15	14	13	12	11	10	9	8	7	6	5	4	3	2	1
순행(대운)	7	7	8	8	8	9	9	9	10		1	1	1	1	2	2	2	3	3	3	4	4	4	5	5	5	6	6	6
역행(대운)	3	3	2	2	2	1	1	1		10	10	9	9	9	8	8	8	7	7	7	6	6	6	5	5	5	4	4	4
월(양력)										10																			09
일	17	16	15	14	13	12	11	10	9	8	7	6	5	4	3	2	1	31	30	29	28	27	26	25	24	23	22	21	20
일진	乙未	甲午	癸巳	壬辰	辛卯	庚寅	己丑	戊子	丁亥	丙戌	乙酉	甲申	癸未	壬午	辛巳	庚辰	己卯	戊寅	丁丑	丙子	乙亥	甲戌	癸酉	壬申	辛未	庚午	己巳	戊辰	丁卯
요일	토	금	목	수	화	월	일	토	금	목	수	화	월	일	토	금	목	수	화	월	일	토	금	목	수	화	월	일	토

9月大甲戌 한로 — 절기: 입동 / 상강

음력	30	29	28	27	26	25	24	23	22	21	20	19	18	17	16	15	14	13	12	11	10	9	8	7	6	5	4	3	2	1
순행(대운)	3	3	3	2	2	1	1	1		10	1	1	1	2	2	2	3	3	3	4	4	4	5	5	5	6	6	6	7	
역행(대운)	3	3	2	2	2	1	1	1		10	9	9	9	8	8	8	7	7	7	6	6	6	5	5	5	4	4	4	3	
월(양력)											11																			10
일	16	15	14	13	12	11	10	9	8	7	6	5	4	3	2	1	31	30	29	28	27	26	25	24	23	22	21	20	19	18
일진	乙丑	甲子	癸亥	壬戌	辛酉	庚申	己未	戊午	丁巳	丙辰	乙卯	甲寅	癸丑	壬子	辛亥	庚戌	己酉	戊申	丁未	丙午	乙巳	甲辰	癸卯	壬寅	辛丑	庚子	己亥	戊戌	丁酉	丙申
요일	월	일	토	금	목	수	화	월	일	토	금	목	수	화	월	일	토	금	목	수	화	월	일	토	금	목	수	화	월	일

10月小乙亥 입동 — 절기: 대설 / 소설

음력	29	28	27	26	25	24	23	22	21	20	19	18	17	16	15	14	13	12	11	10	9	8	7	6	5	4	3	2	1
순행(대운)	7	7	8	8	8	9	9	9		1	1	1	1	2	2	2	3	3	3	4	4	4	5	5	5	6	6	6	7
역행(대운)	3	3	2	2	2	1	1	1		9	9	9	9	8	8	8	7	7	7	6	6	6	5	5	5	4	4	4	3
월(양력)										12																			11
일	15	14	13	12	11	10	9	8	7	6	5	4	3	2	1	31	30	29	28	27	26	25	24	23	22	21	20	19	18
일진	甲午	癸巳	壬辰	辛卯	庚寅	己丑	戊子	丁亥	丙戌	乙酉	甲申	癸未	壬午	辛巳	庚辰	己卯	戊寅	丁丑	丙子	乙亥	甲戌	癸酉	壬申	辛未	庚午	己巳	戊辰	丁卯	丙寅
요일	화	월	일	토	금	목	수	화	월	일	토	금	목	수	화	월	일	토	금	목	수	화	월	일	토	금	목	수	화

11月大丙子 대설 — 절기: 소한 / 동지

음력	30	29	28	27	26	25	24	23	22	21	20	19	18	17	16	15	14	13	12	11	10	9	8	7	6	5	4	3	2	1
순행(대운)	7	7	8	8	8	9	9	9	10		1	1	1	2	2	2	3	3	3	4	4	4	5	5	5	6	6	6	7	
역행(대운)	3	3	2	2	2	1	1	1		9	9	9	8	8	8	7	7	7	6	6	6	5	5	5	4	4	4	3		
월(양력)											01																			12
일	14	13	12	11	10	9	8	7	6	5	4	3	2	1	31	30	29	28	27	26	25	24	23	22	21	20	19	18	17	16
일진	甲子	癸亥	壬戌	辛酉	庚申	己未	戊午	丁巳	丙辰	乙卯	甲寅	癸丑	壬子	辛亥	庚戌	己酉	戊申	丁未	丙午	乙巳	甲辰	癸卯	壬寅	辛丑	庚子	己亥	戊戌	丁酉	丙申	乙未
요일	목	수	화	월	일	토	금	목	수	화	월	일	토	금	목	수	화	월	일	토	금	목	수	화	월	일	토	금	목	수

12月大丁丑 소한 — 절기: 입춘 / 대한

음력	30	29	28	27	26	25	24	23	22	21	20	19	18	17	16	15	14	13	12	11	10	9	8	7	6	5	4	3	2	1
순행(대운)	7	7	8	8	8	9	9	9	10		1	1	1	2	2	2	3	3	3	4	4	4	5	5	5	6	6	6	7	
역행(대운)	3	3	2	2	2	1	1	1		9	9	9	8	8	8	7	7	7	6	6	6	5	5	5	4	4	4	3		
월(양력)											02																			01
일	13	12	11	10	9	8	7	6	5	4	3	2	1	31	30	29	28	27	26	25	24	23	22	21	20	19	18	17	16	15
일진	甲午	癸巳	壬辰	辛卯	庚寅	己丑	戊子	丁亥	丙戌	乙酉	甲申	癸未	壬午	辛巳	庚辰	己卯	戊寅	丁丑	丙子	乙亥	甲戌	癸酉	壬申	辛未	庚午	己巳	戊辰	丁卯	丙寅	乙丑
요일	토	금	목	수	화	월	일	토	금	목	수	화	월	일	토	금	목	수	화	월	일	토	금	목	수	화	월	일	토	금

일지와 식신이 슴하고 있으면 처갓집 장모를 모시고 산다.

상문 : 辰 대장군 : 北
조객 : 子 삼 재 : 申子辰
삼살 : 北

庚寅年

서기 2010년
단기 4343년

1月大(戊寅)입춘

절기 : 경칩 / 우수

음력	30	29	28	27	26	25	24	23	22	21	20	19	18	17	16	15	14	13	12	11	10	9	8	7	6	5	4	3	2	1
순행	7	7	8	8	8	9	9	9	10		1	1	1	2	2	2	3	3	3	4	4	4	5	5	5	6	6	6	7	
역행	3	3	2	2	2	1	1	1			10	9	9	9	8	8	8	7	7	7	6	6	6	5	5	5	4	4	4	3
월(양력)			03																						02					
일	15	14	13	12	11	10	9	8	7	6	5	4	3	2	1	28	27	26	25	24	23	22	21	20	19	18	17	16	15	14
일진	甲子	癸亥	壬戌	辛酉	庚申	己未	戊午	丁巳	丙辰	乙卯	甲寅	癸丑	壬子	辛亥	庚戌	己酉	戊申	丁未	丙午	乙巳	甲辰	癸卯	壬寅	辛丑	庚子	己亥	戊戌	丁酉	丙申	乙未
요일	월	일	토	금	목	수	화	월	일	토	금	목	수	화	월	일	토	금	목	수	화	월	일	토	금	목	수	화	월	일

2月小(己卯)경칩

절기 : 청명 / 춘분

음력	29	28	27	26	25	24	23	22	21	20	19	18	17	16	15	14	13	12	11	10	9	8	7	6	5	4	3	2	1
순행	7	8	8	8	9	9	9	10		1	1	1	2	2	2	3	3	3	4	4	4	5	5	5	6	6	6	7	
역행	3	2	2	2	1	1	1			10	9	9	9	8	8	8	7	7	7	6	6	6	5	5	5	4	4	4	
월(양력)			04																				03						
일	13	12	11	10	9	8	7	6	5	4	3	2	1	31	30	29	28	27	26	25	24	23	22	21	20	19	18	17	16
일진	癸巳	壬辰	辛卯	庚寅	己丑	戊子	丁亥	丙戌	乙酉	甲申	癸未	壬午	辛巳	庚辰	己卯	戊寅	丁丑	丙子	乙亥	甲戌	癸酉	壬申	辛未	庚午	己巳	戊辰	丁卯	丙寅	乙丑
요일	화	월	일	토	금	목	수	화	월	일	토	금	목	수	화	월	일	토	금	목	수	화	월	일	토	금	목	수	화

3月大(庚辰)청명

절기 : 입하 / 곡우

음력	30	29	28	27	26	25	24	23	22	21	20	19	18	17	16	15	14	13	12	11	10	9	8	7	6	5	4	3	2	1
순행	8	8	9	9	10	10			1	1	1	2	2	2	3	3	3	4	4	4	5	5	5	6	6	6	7	7		
역행	3	2	2	2	1	1	1			10	9	9	9	8	8	8	7	7	7	6	6	6	5	5	5	4	4	4	3	
월(양력)			05																				04							
일	13	12	11	10	9	8	7	6	5	4	3	2	1	30	29	28	27	26	25	24	23	22	21	20	19	18	17	16	15	14
일진	癸亥	壬戌	辛酉	庚申	己未	戊午	丁巳	丙辰	乙卯	甲寅	癸丑	壬子	辛亥	庚戌	己酉	戊申	丁未	丙午	乙巳	甲辰	癸卯	壬寅	辛丑	庚子	己亥	戊戌	丁酉	丙申	乙未	甲午
요일	목	수	화	월	일	토	금	목	수	화	월	일	토	금	목	수	화	월	일	토	금	목	수	화	월	일	토	금	목	수

4月小(辛巳)입하

절기 : 망종 / 소만

음력	29	28	27	26	25	24	23	22	21	20	19	18	17	16	15	14	13	12	11	10	9	8	7	6	5	4	3	2	1
순행	9	9	9	10	10		1	1	1	2	2	2	3	3	4	4	4	5	5	5	6	6	6	7	7	7	8		
역행	2	1	1	1	1		10	9	9	9	8	8	8	7	7	6	6	6	5	5	5	4	4	4	3	3	3	2	
월(양력)			06																			05							
일	11	10	9	8	7	6	5	4	3	2	1	31	30	29	28	27	26	25	24	23	22	21	20	19	18	17	16	15	14
일진	壬辰	辛卯	庚寅	己丑	戊子	丁亥	丙戌	乙酉	甲申	癸未	壬午	辛巳	庚辰	己卯	戊寅	丁丑	丙子	乙亥	甲戌	癸酉	壬申	辛未	庚午	己巳	戊辰	丁卯	丙寅	乙丑	甲子
요일	금	목	수	화	월	일	토	금	목	수	화	월	일	토	금	목	수	화	월	일	토	금	목	수	화	월	일	토	금

5月大(壬午)망종

절기 : 소서 / 하지

음력	30	29	28	27	26	25	24	23	22	21	20	19	18	17	16	15	14	13	12	11	10	9	8	7	6	5	4	3	2	1
순행	9	9	10	10		1	1	1	1	2	2	3	3	4	4	4	5	5	6	6	7	7	7	8	8	8				
역행	1	1	1		10	9	9	9	8	8	7	7	6	6	5	5	5	4	4	4	3	3	3	2	2	2				
월(양력)			07																			06								
일	11	10	9	8	7	6	5	4	3	2	1	30	29	28	27	26	25	24	23	22	21	20	19	18	17	16	15	14	13	12
일진	壬戌	辛酉	庚申	己未	戊午	丁巳	丙辰	乙卯	甲寅	癸丑	壬子	辛亥	庚戌	己酉	戊申	丁未	丙午	乙巳	甲辰	癸卯	壬寅	辛丑	庚子	己亥	戊戌	丁酉	丙申	乙未	甲午	癸巳
요일	토	금	목	수	화	월	일	토	금	목	수	화	월	일	토	금	목	수	화	월	일	토	금	목	수	화	월	일	토	금

6月小(癸未)소서

절기 : 입추 / 대서

음력	29	28	27	26	25	24	23	22	21	20	19	18	17	16	15	14	13	12	11	10	9	8	7	6	5	4	3	2	1
순행	10	10		1	1	1	2	2	2	3	3	4	4	5	5	5	6	6	7	7	7	8	8	9	9	9			
역행	1	1		10	9	9	9	8	8	8	7	7	6	6	5	5	5	4	4	4	3	3	3	2	2	2			
월(양력)			08																			07								
일	9	8	7	6	5	4	3	2	1	31	30	29	28	27	26	25	24	23	22	21	20	19	18	17	16	15	14	13	12
일진	辛卯	庚寅	己丑	戊子	丁亥	丙戌	乙酉	甲申	癸未	壬午	辛巳	庚辰	己卯	戊寅	丁丑	丙子	乙亥	甲戌	癸酉	壬申	辛未	庚午	己巳	戊辰	丁卯	丙寅	乙丑	甲子	癸亥
요일	월	일	토	금	목	수	화	월	일	토	금	목	수	화	월	일	토	금	목	수	화	월	일	토	금	목	수	화	월

사주에 비견·겁재가 많고 식신·상관이 없으면 도박꾼이다.

7月小甲申입추 (절기: 처서)

음력	29	28	27	26	25	24	23	22	21	20	19	18	17	16	15	**14**	13	12	11	10	9	8	7	6	5	4	3	2	1
순행(대운)	1	1	1	2	2	2	3	3	3	4	4	4	5	5	5	6	6	6	7	7	7	8	8	8	9	9	9	1	1
역행(대운)	10	10	10	9	9	9	8	8	8	7	7	7	6	6	6	5	5	5	4	4	4	3	3	3	2	2	2	1	1
월(양력)						09																				08			
일	7	6	5	4	3	2	1	31	30	29	28	27	26	25	24	23	22	21	20	19	18	17	16	15	14	13	12	11	10
일진	庚	己	戊	丁	丙	乙	甲	癸	壬	辛	庚	己	戊	丁	丙	乙	甲	癸	壬	辛	庚	己	戊	丁	丙	乙	甲	癸	壬
	申	未	午	巳	辰	卯	寅	丑	子	亥	戌	酉	申	未	午	巳	辰	卯	寅	丑	子	亥	戌	酉	申	未	午	巳	辰
요일	화	월	일	토	금	목	수	화	월	일	토	금	목	수	화	월	일	토	금	목	수	화	월	일	토	금	목	수	화

8月大乙酉백로 (절기: 추분 / 백로)

음력	30	29	28	27	26	25	24	23	22	21	20	19	18	17	**16**	15	14	13	12	11	10	9	8	7	6	5	4	3	2	1
순행(대운)	1	1	1	1	2	2	2	3	3	3	4	4	4	5	5	5	6	6	6	7	7	7	8	8	8	9	9	9	9	10
역행(대운)	10	9	9	9	8	8	8	7	7	7	6	6	6	5	5	5	4	4	4	3	3	3	2	2	2	1	1	1	1	1
월(양력)							10																	09						
일	7	6	5	4	3	2	1	30	29	28	27	26	25	24	23	22	21	20	19	18	17	16	15	14	13	12	11	10	9	8
일진	庚	己	戊	丁	丙	乙	甲	癸	壬	辛	庚	己	戊	丁	丙	乙	甲	癸	壬	辛	庚	己	戊	丁	丙	乙	甲	癸	壬	辛
	寅	丑	子	亥	戌	酉	申	未	午	巳	辰	卯	寅	丑	子	亥	戌	酉	申	未	午	巳	辰	卯	寅	丑	子	亥	戌	酉
요일	목	수	화	월	일	토	금	목	수	화	월	일	토	금	목	수	화	월	일	토	금	목	수	화	월	일	토	금	목	수

9月小丙戌한로 (절기: 상강 / 한로)

음력	29	28	27	26	25	24	23	22	21	20	19	18	17	**16**	15	14	13	12	11	10	9	8	7	6	5	4	3	2	1
순행(대운)	1	1	1	2	2	2	3	3	3	4	4	4	5	5	5	6	6	6	7	7	7	8	8	8	9	9	9	1	1
역행(대운)	9	9	9	8	8	8	7	7	7	6	6	6	5	5	5	4	4	4	3	3	3	2	2	2	1	1	1	1	1
월(양력)						11																			10				
일	5	4	3	2	1	31	30	29	28	27	26	25	24	23	22	21	20	19	18	17	16	15	14	13	12	11	10	9	8
일진	己	戊	丁	丙	乙	甲	癸	壬	辛	庚	己	戊	丁	丙	乙	甲	癸	壬	辛	庚	己	戊	丁	丙	乙	甲	癸	壬	辛
	未	午	巳	辰	卯	寅	丑	子	亥	戌	酉	申	未	午	巳	辰	卯	寅	丑	子	亥	戌	酉	申	未	午	巳	辰	卯
요일	금	목	수	화	월	일	토	금	목	수	화	월	일	토	금	목	수	화	월	일	토	금	목	수	화	월	일	토	금

10月大丁亥입동 (절기: 소설 / 입동)

음력	30	29	28	27	26	25	24	23	22	21	20	19	18	**17**	16	15	14	13	12	11	10	9	8	7	6	5	4	3	2	1
순행(대운)	1	1	1	2	2	2	3	3	3	4	4	4	5	5	5	6	6	6	7	7	7	8	8	8	9	9	9	10	1	1
역행(대운)	9	9	8	8	8	7	7	7	6	6	6	5	5	5	4	4	4	3	3	3	2	2	2	1	1	1	1	1	10	
월(양력)				12																					11					
일	5	4	3	2	1	30	29	28	27	26	25	24	23	22	21	20	19	18	17	16	15	14	13	12	11	10	9	8	7	6
일진	己	戊	丁	丙	乙	甲	癸	壬	辛	庚	己	戊	丁	丙	乙	甲	癸	壬	辛	庚	己	戊	丁	丙	乙	甲	癸	壬	辛	庚
	丑	子	亥	戌	酉	申	未	午	巳	辰	卯	寅	丑	子	亥	戌	酉	申	未	午	巳	辰	卯	寅	丑	子	亥	戌	酉	申
요일	일	토	금	목	수	화	월	일	토	금	목	수	화	월	일	토	금	목	수	화	월	일	토	금	목	수	화	월	일	토

11月小戊子대설 (절기: 동지 / 대설)

음력	30	29	28	27	26	25	24	23	22	21	20	19	**18**	17	16	15	14	13	12	11	10	9	8	7	6	5	4	3	2	1
순행(대운)	1	1	2	2	2	3	3	3	4	4	4	5	5	5	6	6	6	7	7	7	8	8	8	9	9	9	10	1	1
역행(대운)	9	9	8	8	8	7	7	7	6	6	6	5	5	5	4	4	4	3	3	3	2	2	2	1	1	1	1	1	10
월(양력)			01																						12					
일	3	2	1	31	30	29	28	27	26	25	24	23	22	21	20	19	18	17	16	15	14	13	12	11	10	9	8	7	6
일진	戊	丁	丙	乙	甲	癸	壬	辛	庚	己	戊	丁	丙	乙	甲	癸	壬	辛	庚	己	戊	丁	丙	乙	甲	癸	壬	辛	庚
	午	巳	辰	卯	寅	丑	子	亥	戌	酉	申	未	午	巳	辰	卯	寅	丑	子	亥	戌	酉	申	未	午	巳	辰	卯	寅
요일	월	일	토	금	목	수	화	월	일	토	금	목	수	화	월	일	토	금	목	수	화	월	일	토	금	목	수	화	월

12月大己丑소한 (절기: 대한 / 소한)

음력	30	29	28	27	26	25	24	23	22	21	20	19	18	**17**	16	15	14	13	12	11	10	9	8	7	6	5	4	**3**	2	1
순행(대운)	1	1	1	2	2	2	3	3	3	4	4	4	5	5	5	6	6	6	7	7	7	8	8	8	9	9	9	1	1
역행(대운)	9	9	8	8	8	7	7	7	6	6	6	5	5	5	4	4	4	3	3	3	2	2	2	1	1	1	1	10	9
월(양력)	02																										01			
일	2	1	31	30	29	28	27	26	25	24	23	22	21	20	19	18	17	16	15	14	13	12	11	10	9	8	7	6	5	4
일진	戊	丁	丙	乙	甲	癸	壬	辛	庚	己	戊	丁	丙	乙	甲	癸	壬	辛	庚	己	戊	丁	丙	乙	甲	癸	壬	辛	庚	己
	子	亥	戌	酉	申	未	午	巳	辰	卯	寅	丑	子	亥	戌	酉	申	未	午	巳	辰	卯	寅	丑	子	亥	戌	酉	申	未
요일	수	화	월	일	토	금	목	수	화	월	일	토	금	목	수	화	월	일	토	금	목	수	화	월	일	토	금	목	수	화

여자 사주에 官이 약하고 水가 많으면 남편이 익사할 위험이 있다.

상문 : 巳 대장군 : 北
조객 : 丑 삼 재 : 申子辰
삼살 : 西

辛卯年

서기 2011년
단기 4344년

1月大(庚寅)입춘

절기		우수																							입춘					
음력	30	29	28	27	26	25	24	23	22	21	20	19	18	17	16	15	14	13	12	11	10	9	8	7	6	5	4	3	2	1
순행	1	1	2	2	2	3	3	3	4	4	4	5	5	5	6	6	6	7	7	7	8	8	8	9	9	9	10			1
역행	9	9	8	8	8	7	7	7	6	6	6	5	5	5	4	4	4	3	3	3	2	2	2	1	1	1				10
월	03																												02	
일	4	3	2	1	28	27	26	25	24	23	22	21	20	19	18	17	16	15	14	13	12	11	10	9	8	7	6	5	4	3
일진	戊午	丁巳	丙辰	乙卯	甲寅	癸丑	壬子	辛亥	庚戌	己酉	戊申	丁未	丙午	乙巳	甲辰	癸卯	壬寅	辛丑	庚子	己亥	戊戌	丁酉	丙申	乙未	甲午	癸巳	壬辰	辛卯	庚寅	己丑
요일	금	목	수	화	월	일	토	금	목	수	화	월	일	토	금	목	수	화	월	일	토	금	목	수	화	월	일	토	금	목

2月小(辛卯)경칩

절기		춘분																						경칩					
음력	29	28	27	26	25	24	23	22	21	20	19	18	17	16	15	14	13	12	11	10	9	8	7	6	5	4	3	2	1
순행	1	1	2	2	2	3	3	3	4	4	4	5	5	6	6	6	7	7	7	8	8	8	9	9	9	10			1
역행	9	9	8	8	8	7	7	6	6	6	5	5	5	4	4	4	3	3	3	2	2	2	1	1	1				10
월	04																												03
일	2	1	31	30	29	28	27	26	25	24	23	22	21	20	19	18	17	16	15	14	13	12	11	10	9	8	7	6	5
일진	丁亥	丙戌	乙酉	甲申	癸未	壬午	辛巳	庚辰	己卯	戊寅	丁丑	丙子	乙亥	甲戌	癸酉	壬申	辛未	庚午	己巳	戊辰	丁卯	丙寅	乙丑	甲子	癸亥	壬戌	辛酉	庚申	己未
요일	토	금	목	수	화	월	일	토	금	목	수	화	월	일	토	금	목	수	화	월	일	토	금	목	수	화	월	일	토

3月大(壬辰)청명

절기		곡우																							청명					
음력	30	29	28	27	26	25	24	23	22	21	20	19	18	17	16	15	14	13	12	11	10	9	8	7	6	5	4	3	2	1
순행	1	2	2	2	3	3	3	4	4	4	5	5	5	6	6	6	7	7	7	8	8	8	9	9	10	10		1	1	1
역행	9	9	8	8	8	7	7	7	6	6	5	5	5	4	4	4	3	3	3	2	2	2	1	1	1			10	9
월	05																												04	
일	2	1	30	29	28	27	26	25	24	23	22	21	20	19	18	17	16	15	14	13	12	11	10	9	8	7	6	5	4	3
일진	丁巳	丙辰	乙卯	甲寅	癸丑	壬子	辛亥	庚戌	己酉	戊申	丁未	丙午	乙巳	甲辰	癸卯	壬寅	辛丑	庚子	己亥	戊戌	丁酉	丙申	乙未	甲午	癸巳	壬辰	辛卯	庚寅	己丑	戊子
요일	월	일	토	금	목	수	화	월	일	토	금	목	수	화	월	일	토	금	목	수	화	월	일	토	금	목	수	화	월	일

4月大(癸巳)입하

절기		소만																								입하					
음력	30	29	28	27	26	25	24	23	22	21	20	19	18	17	16	15	14	13	12	11	10	9	8	7	6	5	4	3	2	1
순행	2	2	3	3	3	4	4	4	5	5	5	6	6	6	7	7	7	8	8	9	9	9	10	10		1	1	1	1
역행	9	8	8	8	7	7	7	6	6	6	5	5	5	4	4	4	3	3	3	2	2	2	1	1			10	9	9
월	06																												05	
일	1	31	30	29	28	27	26	25	24	23	22	21	20	19	18	17	16	15	14	13	12	11	10	9	8	7	6	5	4	3
일진	丁亥	丙戌	乙酉	甲申	癸未	壬午	辛巳	庚辰	己卯	戊寅	丁丑	丙子	乙亥	甲戌	癸酉	壬申	辛未	庚午	己巳	戊辰	丁卯	丙寅	乙丑	甲子	癸亥	壬戌	辛酉	庚申	己未	戊午
요일	수	화	월	일	토	금	목	수	화	월	일	토	금	목	수	화	월	일	토	금	목	수	화	월	일	토	금	목	수	화

5月小(甲午)망종

절기		하지																						망종					
음력	29	28	27	26	25	24	23	22	21	20	19	18	17	16	15	14	13	12	11	10	9	8	7	6	5	4	3	2	1
순행	2	3	3	3	4	4	4	5	5	5	6	6	7	7	7	8	8	8	9	9	9	10			1	1	1	1
역행	8	8	7	7	7	6	6	6	5	5	4	4	4	3	3	3	2	2	2	1	1	1			10	10	9	9
월																													06
일	30	29	28	27	26	25	24	23	22	21	20	19	18	17	16	15	14	13	12	11	10	9	8	7	6	5	4	3	2
일진	丙辰	乙卯	甲寅	癸丑	壬子	辛亥	庚戌	己酉	戊申	丁未	丙午	乙巳	甲辰	癸卯	壬寅	辛丑	庚子	己亥	戊戌	丁酉	丙申	乙未	甲午	癸巳	壬辰	辛卯	庚寅	己丑	戊子
요일	목	수	화	월	일	토	금	목	수	화	월	일	토	금	목	수	화	월	일	토	금	목	수	화	월	일	토	금	목

6月大(乙未)소서

절기			대서																				소서						
음력	30	29	28	27	26	25	24	23	22	21	20	19	18	17	16	15	14	13	12	11	10	9	8	7	6	5	4	3	2	1
순행	3	3	4	4	4	5	5	5	6	6	7	7	7	8	8	8	9	9	10	10	10			1	1	1	1	2	2
역행	8	7	7	7	6	6	6	5	5	4	4	4	3	3	3	2	2	2	1	1			10	10	9	9	9	8
월																												07		
일	30	29	28	27	26	25	24	23	22	21	20	19	18	17	16	15	14	13	12	11	10	9	8	7	6	5	4	3	2	1
일진	丙戌	乙酉	甲申	癸未	壬午	辛巳	庚辰	己卯	戊寅	丁丑	丙子	乙亥	甲戌	癸酉	壬申	辛未	庚午	己巳	戊辰	丁卯	丙寅	乙丑	甲子	癸亥	壬戌	辛酉	庚申	己未	戊午	丁巳
요일	토	금	목	수	화	월	일	토	금	목	수	화	월	일	토	금	목	수	화	월	일	토	금	목	수	화	월	일	토	금

일주가 火일이고 수가 있는데, 財가 刑·冲이 되면 남편은 주정뱅이다.

7月小(丙申)입추

절기	처서																				입주								
음력	29	28	27	26	25	24	23	22	21	20	19	18	17	16	15	14	13	12	11	10	9	8	7	6	5	4	3	2	1
순행	4	4	4	5	5	5	6	6	6	7	7	7	8	8	8	9	9	9	10	10		1	1	1	1	2	2	2	3
역행	7	6	6	6	5	5	5	5	4	4	4	3	3	3	2	2	2	1	1	1	1	10	10	10	9	9	9	8	8
월																				08	07								
일	28	27	26	25	24	23	22	21	20	19	18	17	16	15	14	13	12	11	10	9	8	7	6	5	4	3	2	1	31
일진	乙卯	甲寅	癸丑	壬子	辛亥	庚戌	己酉	戊申	丁未	丙午	乙巳	甲辰	癸卯	壬寅	辛丑	庚子	己亥	戊戌	丁酉	丙申	乙未	甲午	癸巳	壬辰	辛卯	庚寅	己丑	戊子	丁亥
요일	일	토	금	목	수	화	월	일	토	금	목	수	화	월	일	토	금	목	수	화	월	일	토	금	목	수	화	월	일

8月小(丁酉)백로

절기	추분																	백로											
음력	29	28	27	26	25	24	23	22	21	20	19	18	17	16	15	14	13	12	11	10	9	8	7	6	5	4	3	2	1
순행	4	5	5	5	6	6	6	7	7	7	8	8	8	9	9	10	10		1	1	1	1	2	2	2	3	3	3	
역행	6	6	5	5	5	4	4	4	3	3	3	2	2	2	1	1	1	1	10	10	9	9	9	8	8	8	7	7	
월																			09										
일	26	25	24	23	22	21	20	19	18	17	16	15	14	13	12	11	10	9	8	7	6	5	4	3	2	1	31	30	29
일진	甲申	癸未	壬午	辛巳	庚辰	己卯	戊寅	丁丑	丙子	乙亥	甲戌	癸酉	壬申	辛未	庚午	己巳	戊辰	丁卯	丙寅	乙丑	甲子	癸亥	壬戌	辛酉	庚申	己未	戊午	丁巳	丙辰
요일	월	일	토	금	목	수	화	월	일	토	금	목	수	화	월	일	토	금	목	수	화	월	일	토	금	목	수	화	요

9月大(戊戌)한로

절기	상강																	한로												
음력	30	29	28	27	26	25	24	23	22	21	20	19	18	17	16	15	14	13	12	11	10	9	8	7	6	5	4	3	2	1
순행	4	5	5	5	6	6	6	7	7	7	8	8	8	9	9	9		1	1	1	2	2	2	3	3	3	4	4		
역행	6	5	5	5	4	4	4	3	3	3	2	2	2	1	1	1	10	10	9	9	9	8	8	8	7	7	7	6		
월																		10											09	
일	26	25	24	23	22	21	20	19	18	17	16	15	14	13	12	11	10	9	8	7	6	5	4	3	2	1	30	29	28	27
일진	甲寅	癸丑	壬子	辛亥	庚戌	己酉	戊申	丁未	丙午	乙巳	甲辰	癸卯	壬寅	辛丑	庚子	己亥	戊戌	丁酉	丙申	乙未	甲午	癸巳	壬辰	辛卯	庚寅	己丑	戊子	丁亥	丙戌	乙酉
요일	수	화	월	일	토	금	목	수	화	월	일	토	금	목	수	화	월	일	토	금	목	수	화	월	일	토	금	목	수	화

10月小(己亥)입동

절기	소설																	입동											
음력	29	28	27	26	25	24	23	22	21	20	19	18	17	16	15	14	13	12	11	10	9	8	7	6	5	4	3	2	1
순행	4	5	5	5	6	6	6	7	7	7	8	8	8	9	9	9		1	1	1	2	2	2	3	3	3	4	4	
역행	5	5	4	4	4	3	3	3	2	2	2	1	1	1	10	10	9	9	9	8	8	8	7	7	7	6	6		
월																		11											10
일	24	23	22	21	20	19	18	17	16	15	14	13	12	11	10	9	8	7	6	5	4	3	2	1	31	30	29	28	27
일진	癸未	壬午	辛巳	庚辰	己卯	戊寅	丁丑	丙子	乙亥	甲戌	癸酉	壬申	辛未	庚午	己巳	戊辰	丁卯	丙寅	乙丑	甲子	癸亥	壬戌	辛酉	庚申	己未	戊午	丁巳	丙辰	乙卯
요일	목	수	화	월	일	토	금	목	수	화	월	일	토	금	목	수	화	월	일	토	금	목	수	화	월	일	토	금	목

11月大(庚子)대설

절기	동지																	대설												
음력	30	29	28	27	26	25	24	23	22	21	20	19	18	17	16	15	14	13	12	11	10	9	8	7	6	5	4	3	2	1
순행	4	5	5	5	6	6	6	7	7	7	8	8	8	9	9	9	10		1	1	1	2	2	2	3	3	3	4	4	
역행	6	5	5	5	4	4	4	3	3	3	2	2	2	1	1	1		9	9	9	8	8	8	7	7	7	6	6		
월																		12											11	
일	24	23	22	21	20	19	18	17	16	15	14	13	12	11	10	9	8	7	6	5	4	3	2	1	30	29	28	27	26	25
일진	癸丑	壬子	辛亥	庚戌	己酉	戊申	丁未	丙午	乙巳	甲辰	癸卯	壬寅	辛丑	庚子	己亥	戊戌	丁酉	丙申	乙未	甲午	癸巳	壬辰	辛卯	庚寅	己丑	戊子	丁亥	丙戌	乙酉	甲申
요일	토	금	목	수	화	월	일	토	금	목	수	화	월	일	토	금	목	수	화	월	일	토	금	목	수	화	월	일	토	금

12月小(辛丑)소한

절기	대한																	소한											
음력	29	28	27	26	25	24	23	22	21	20	19	18	17	16	15	14	13	12	11	10	9	8	7	6	5	4	3	2	1
순행	4	5	5	5	6	6	7	7	8	8	8	9	9	9	10		1	1	1	2	2	2	3	3	3	4	4		
역행	5	5	4	4	4	3	3	2	2	2	1	1	1	10		9	9	9	8	8	8	7	7	7	6	6			
월																		01											12
일	22	21	20	19	18	17	16	15	14	13	12	11	10	9	8	7	6	5	4	3	2	1	31	30	29	28	27	26	25
일진	壬午	辛巳	庚辰	己卯	戊寅	丁丑	丙子	乙亥	甲戌	癸酉	壬申	辛未	庚午	己巳	戊辰	丁卯	丙寅	乙丑	甲子	癸亥	壬戌	辛酉	庚申	己未	戊午	丁巳	丙辰	乙卯	甲寅
요일	일	토	금	목	수	화	월	일	토	금	목	수	화	월	일	토	금	목	수	화	월	일	토	금	목	수	화	월	일

인수가 용신인 여자는 친정을 갔다오면 화가 풀린다.

상문 : 午　　대장군 : 北
조객 : 寅　　삼 재 : 申子辰
삼살 : 南

壬辰年

서기 2012년
단기 4345년

1月大(壬寅)입춘

절기	우수															입춘														
음력	30	29	28	27	26	25	24	23	22	21	20	19	18	17	16	15	14	13	12	11	10	9	8	7	6	5	4	3	2	1
순행	4	5	5	5	6	6	6	7	7	7	8	8	8	9	9	9	10		1	1	1	1	2	2	2	3	3	3	4	4
역행	6	5	5	5	4	4	4	3	3	3	2	2	2	1	1	1		9	9	9	8	8	8	7	7	7	6	6	6	
월	02																				01									
일	21	20	19	18	17	16	15	14	13	12	11	10	9	8	7	6	5	4	3	2	1	31	30	29	28	27	26	25	24	23
일진	壬子	辛亥	庚戌	己酉	戊申	丁未	丙午	乙巳	甲辰	癸卯	壬寅	辛丑	庚子	己亥	戊戌	丁酉	丙申	乙未	甲午	癸巳	壬辰	辛卯	庚寅	己丑	戊子	丁亥	丙戌	乙酉	甲申	癸未
요일	화	월	일	토	금	목	수	화	월	일	토	금	목	수	화	월	일	토	금	목	수	화	월	일	토	금	목	수	화	월

2月小(癸卯)경칩

절기	춘분															경칩													
음력	29	28	27	26	25	24	23	22	21	20	19	18	17	16	15	14	13	12	11	10	9	8	7	6	5	4	3	2	1
순행	5	5	5	6	6	6	7	7	7	8	8	8	9	9	9	10		1	1	1	1	2	2	2	3	3	3	4	4
역행	5	5	5	4	4	4	3	3	3	2	2	2	1	1	1		10	9	9	9	8	8	8	7	7	7	6	6	6
월	03																			02									
일	21	20	19	18	17	16	15	14	13	12	11	10	9	8	7	6	5	4	3	2	1	29	28	27	26	25	24	23	22
일진	辛巳	庚辰	己卯	戊寅	丁丑	丙子	乙亥	甲戌	癸酉	壬申	辛未	庚午	己巳	戊辰	丁卯	丙寅	乙丑	甲子	癸亥	壬戌	辛酉	庚申	己未	戊午	丁巳	丙辰	乙卯	甲寅	癸丑
요일	수	화	월	일	토	금	목	수	화	월	일	토	금	목	수	화	월	일	토	금	목	수	화	월	일	토	금	목	수

3月大(甲辰)청명

절기	곡우															청명														
음력	30	29	28	27	26	25	24	23	22	21	20	19	18	17	16	15	14	13	12	11	10	9	8	7	6	5	4	3	2	1
순행	5	5	6	6	6	7	7	7	8	8	8	9	9	9	10	10		1	1	1	2	2	2	3	3	3	4	4	4	5
역행	5	5	5	4	4	4	3	3	3	2	2	2	1	1	1		10	9	9	9	8	8	8	7	7	7	6	6	6	5
월	04																				03									
일	20	19	18	17	16	15	14	13	12	11	10	9	8	7	6	5	4	3	2	1	31	30	29	28	27	26	25	24	23	22
일진	辛亥	庚戌	己酉	戊申	丁未	丙午	乙巳	甲辰	癸卯	壬寅	辛丑	庚子	己亥	戊戌	丁酉	丙申	乙未	甲午	癸巳	壬辰	辛卯	庚寅	己丑	戊子	丁亥	丙戌	乙酉	甲申	癸未	壬午
요일	금	목	수	화	월	일	토	금	목	수	화	월	일	토	금	목	수	화	월	일	토	금	목	수	화	월	일	토	금	목

윤3月大

절기															입하															
음력	30	29	28	27	26	25	24	23	22	21	20	19	18	17	16	15	14	13	12	11	10	9	8	7	6	5	4	3	2	1
순행	5	6	6	6	7	7	7	8	8	8	9	9	10	10		1	1	1	2	2	2	3	3	3	4	4	4	5	5	
역행	5	4	4	4	3	3	3	2	2	2	1	1	1		10	9	9	9	8	8	8	7	7	7	6	6	6	5	5	
월	05																				04									
일	20	19	18	17	16	15	14	13	12	11	10	9	8	7	6	5	4	3	2	1	31	30	29	28	27	26	25	24	23	22
일진	辛巳	庚辰	己卯	戊寅	丁丑	丙子	乙亥	甲戌	癸酉	壬申	辛未	庚午	己巳	戊辰	丁卯	丙寅	乙丑	甲子	癸亥	壬戌	辛酉	庚申	己未	戊午	丁巳	丙辰	乙卯	甲寅	癸丑	壬子
요일	일	토	금	목	수	화	월	일	토	금	목	수	화	월	일	토	금	목	수	화	월	일	토	금	목	수	화	월	일	토

4月大(乙巳)입하

절기														망종																소만
음력	30	29	28	27	26	25	24	23	22	21	20	19	18	17	16	15	14	13	12	11	10	9	8	7	6	5	4	3	2	1
순행	6	6	7	7	7	8	8	8	9	9	10	10		1	1	1	2	2	2	3	3	3	4	4	4	5	5	5		
역행	5	4	4	4	3	3	3	2	2	2	1	1		10	10	9	9	9	8	8	8	7	7	7	6	6	6	5		
월	06																			05										
일	19	18	17	16	15	14	13	12	11	10	9	8	7	6	5	4	3	2	1	31	30	29	28	27	26	25	24	23	22	21
일진	辛亥	庚戌	己酉	戊申	丁未	丙午	乙巳	甲辰	癸卯	壬寅	辛丑	庚子	己亥	戊戌	丁酉	丙申	乙未	甲午	癸巳	壬辰	辛卯	庚寅	己丑	戊子	丁亥	丙戌	乙酉	甲申	癸未	壬午
요일	화	월	일	토	금	목	수	화	월	일	토	금	목	수	화	월	일	토	금	목	수	화	월	일	토	금	목	수	화	월

5月小(丙午)망종

절기											소서																	하지	
음력	29	28	27	26	25	24	23	22	21	20	19	18	17	16	15	14	13	12	11	10	9	8	7	6	5	4	3	2	1
순행	7	7	7	8	8	9	9	9	10	10		1	1	1	1	2	2	2	3	3	3	4	4	4	5	5	5	6	
역행	4	3	3	3	2	2	2	1	1	1		10	10	9	9	9	8	8	8	7	7	7	6	6	6	5	5	5	
월	07																			06									
일	18	17	16	15	14	13	12	11	10	9	8	7	6	5	4	3	2	1	30	29	28	27	26	25	24	23	22	21	20
일진	庚辰	己卯	戊寅	丁丑	丙子	乙亥	甲戌	癸酉	壬申	辛未	庚午	己巳	戊辰	丁卯	丙寅	乙丑	甲子	癸亥	壬戌	辛酉	庚申	己未	戊午	丁巳	丙辰	乙卯	甲寅	癸丑	壬子
요일	수	화	월	일	토	금	목	수	화	월	일	토	금	목	수	화	월	일	토	금	목	수	화	월	일	토	금	목	수

사주에 상관과 정관이 있고, 財가 없으면 여자는 임신 후 남편을 미워한다.

각 월별 만세력 표 (오른쪽 세로 월건 표기 포함)

6月大(丁未)소서 / 대서

절기: 입추 … 대서

음력	30	29	28	27	26	25	24	23	22	21	20	19	18	17	16	15	14	13	12	11	10	9	8	7	6	5	4	3	2	1
순행	7	7	8	8	8	9	9	9	10	10		1	1	1	1	2	2	2	3	3	3	4	4	4	5	5	5	6	6	6
역행	3	3	3	2	2	2	1	1	1	1		10	10	9	9	9	8	8	8	7	7	7	6	6	6	5	5	5	4	4
양력(월)													08														07			
일	17	16	15	14	13	12	11	10	9	8	7	6	5	4	3	2	1	31	30	29	28	27	26	25	24	23	22	21	20	19
일진	庚戌	己酉	戊申	丁未	丙午	乙巳	甲辰	癸卯	壬寅	辛丑	庚子	己亥	戊戌	丁酉	丙申	乙未	甲午	癸巳	壬辰	辛卯	庚寅	己丑	戊子	丁亥	丙戌	乙酉	甲申	癸未	壬午	辛巳
요일	목	수	화	월	일	토	금	목	수	화	월	일	토	금	목	수	화	월	일	토	금	목	수	화	월	일	토	금	목	수

7月小(戊申)입추

절기: 백로 … 처서

음력	29	28	27	26	25	24	23	22	21	20	19	18	17	16	15	14	13	12	11	10	9	8	7	6	5	4	3	2	1
순행	8	8	9	9	9	10		1	1	1	1	2	2	2	3	3	3	4	4	4	5	5	5	6	6	6	6	7	
역행	3	2	2	2	1	1	1		10	10	9	9	9	8	8	8	7	7	7	6	6	6	5	5	5	5	4		
양력(월)									09																	08			
일	15	14	13	12	11	10	9	8	7	6	5	4	3	2	1	31	30	29	28	27	26	25	24	23	22	21	20	19	18
일진	己卯	戊寅	丁丑	丙子	乙亥	甲戌	癸酉	壬申	辛未	庚午	己巳	戊辰	丁卯	丙寅	乙丑	甲子	癸亥	壬戌	辛酉	庚申	己未	戊午	丁巳	丙辰	乙卯	甲寅	癸丑	壬子	辛亥
요일	토	금	목	수	화	월	일	토	금	목	수	화	월	일	토	금	목	수	화	월	일	토	금	목	수	화	월	일	토

8月小(己酉)백로

절기: 한로 … 추분

음력	29	28	27	26	25	24	23	22	21	20	19	18	17	16	15	14	13	12	11	10	9	8	7	6	5	4	3	2	1
순행	8	8	9	9	9	10		1	1	1	1	2	2	2	3	3	3	4	4	4	5	5	5	6	6	6	7	7	7
역행	2	2	1	1	1	1		10	10	9	9	9	8	8	8	7	7	7	6	6	6	5	5	5	4	4	4		
양력(월)								10																	09				
일	14	13	12	11	10	9	8	7	6	5	4	3	2	1	30	29	28	27	26	25	24	23	22	21	20	19	18	17	16
일진	戊申	丁未	丙午	乙巳	甲辰	癸卯	壬寅	辛丑	庚子	己亥	戊戌	丁酉	丙申	乙未	甲午	癸巳	壬辰	辛卯	庚寅	己丑	戊子	丁亥	丙戌	乙酉	甲申	癸未	壬午	辛巳	庚辰
요일	일	토	금	목	수	화	월	일	토	금	목	수	화	월	일	토	금	목	수	화	월	일	토	금	목	수	화	월	일

9月大(庚戌)한로

절기: 입동 … 상강

음력	30	29	28	27	26	25	24	23	22	21	20	19	18	17	16	15	14	13	12	11	10	9	8	7	6	5	4	3	2	1
순행	8	8	9	9	9	10		1	1	1	1*	2	2	2	3	3	3	4	4	4	5	5	5	6	6	6	7	7	7	8
역행	2	2	1	1	1	1		10	9	9	9	8	8	8	7	7	7	6	6	6	5	5	5	4	4	4	3	3	3	2
양력(월)									11																	10				
일	13	12	11	10	9	8	7	6	5	4	3	2	1	31	30	29	28	27	26	25	24	23	22	21	20	19	18	17	16	15
일진	戊寅	丁丑	丙子	乙亥	甲戌	癸酉	壬申	辛未	庚午	己巳	戊辰	丁卯	丙寅	乙丑	甲子	癸亥	壬戌	辛酉	庚申	己未	戊午	丁巳	丙辰	乙卯	甲寅	癸丑	壬子	辛亥	庚戌	己酉
요일	화	월	일	토	금	목	수	화	월	일	토	금	목	수	화	월	일	토	금	목	수	화	월	일	토	금	목	수	화	월

10月小(辛亥)입동

절기: 대설 … 소설

음력	29	28	27	26	25	24	23	22	21	20	19	18	17	16	15	14	13	12	11	10	9	8	7	6	5	4	3	2	1
순행	8	8	9	9	9		1	1	1	1	2	2	2	3	3	3	4	4	4	5	5	5	6	6	6	7	7	7	8
역행	2	1	1	1	1		10	9	9	9	8	8	8	7	7	7	6	6	6	5	5	5	4	4	4	3	3	3	2
양력(월)								12																	11				
일	12	11	10	9	8	7	6	5	4	3	2	1	30	29	28	27	26	25	24	23	22	21	20	19	18	17	16	15	14
일진	丁未	丙午	乙巳	甲辰	癸卯	壬寅	辛丑	庚子	己亥	戊戌	丁酉	丙申	乙未	甲午	癸巳	壬辰	辛卯	庚寅	己丑	戊子	丁亥	丙戌	乙酉	甲申	癸未	壬午	辛巳	庚辰	己卯
요일	수	화	월	일	토	금	목	수	화	월	일	토	금	목	수	화	월	일	토	금	목	수	화	월	일	토	금	목	수

11月大(壬子)대설

절기: 소한 … 동지

음력	30	29	28	27	26	25	24	23	22	21	20	19	18	17	16	15	14	13	12	11	10	9	8	7	6	5	4	3	2	1
순행	8	8	9	9	9	10		1	1	1	2	2	2	3	3	3	4	4	4	5	5	5	6	6	6	7	7	7	8	
역행	2	2	1	1	1	1		9	9	9	8	8	8	7	7	7	6	6	6	5	5	5	4	4	4	3	3	3	2	
양력(월)									01																	12				
일	11	10	9	8	7	6	5	4	3	2	1	31	30	29	28	27	26	25	24	23	22	21	20	19	18	17	16	15	14	13
일진	丁丑	丙子	乙亥	甲戌	癸酉	壬申	辛未	庚午	己巳	戊辰	丁卯	丙寅	乙丑	甲子	癸亥	壬戌	辛酉	庚申	己未	戊午	丁巳	丙辰	乙卯	甲寅	癸丑	壬子	辛亥	庚戌	己酉	戊申
요일	금	목	수	화	월	일	토	금	목	수	화	월	일	토	금	목	수	화	월	일	토	금	목	수	화	월	일	토	금	목

12月小(癸丑)소한

절기: 입춘 … 대한

음력	29	28	27	26	25	24	23	22	21	20	19	18	17	16	15	14	13	12	11	10	9	8	7	6	5	4	3	2	1
순행	8	8	9	9	9	10		1	1	1	2	2	2	3	3	3	4	4	4	5	5	5	6	6	6	7	7	7	8
역행	2	1	1	1	1		10	9	9	9	8	8	8	7	7	7	6	6	6	5	5	5	4	4	4	3	3	3	2
양력(월)								02																	01				
일	9	8	7	6	5	4	3	2	1	31	30	29	28	27	26	25	24	23	22	21	20	19	18	17	16	15	14	13	12
일진	丙午	乙巳	甲辰	癸卯	壬寅	辛丑	庚子	己亥	戊戌	丁酉	丙申	乙未	甲午	癸巳	壬辰	辛卯	庚寅	己丑	戊子	丁亥	丙戌	乙酉	甲申	癸未	壬午	辛巳	庚辰	己卯	戊寅
요일	월	일	토	금	목	수	화	월	일	토	금	목	수	화	월	일	토	금	목	수	화	월	일	토	금	목	수	화	월

재와 인수가 沖·원진이면 고부간에 만나기만 하면 싸운다.

상문 : 未 대장군 : 東
조객 : 卯 삼 재 : 亥卯未
삼살 : 東

癸巳年

서기 2013년
단기 4346년

1月大(甲寅) 입춘

절기	경칩																					우수								
음력	30	29	28	27	26	25	24	23	22	21	20	19	18	17	16	15	14	13	12	11	10	9	8	7	6	5	4	3	2	1
순행	8	9	9	10	10		1	1	1	1	2	2	2	3	3	3	4	4	4	5	5	5	6	6	6	7	7	7	8	8
역행	2	2	1	1	1	1	9	9	9	8	8	8	7	7	7	6	6	5	5	5	4	4	4	3	3	3	2	2	2	
월																			03											02
일	11	10	9	8	7	6	5	4	3	2	1	28	27	26	25	24	23	22	21	20	19	18	17	16	15	14	13	12	11	10
일진	丙子	乙亥	甲戌	癸酉	壬申	辛未	庚午	己巳	戊辰	丁卯	丙寅	乙丑	甲子	癸亥	壬戌	辛酉	庚申	己未	戊午	丁巳	丙辰	乙卯	甲寅	癸丑	壬子	辛亥	庚戌	己酉	戊申	丁未
요일	월	일	토	금	목	수	화	월	일	토	금	목	수	화	월	일	토	금	목	수	화	월	일	토	금	목	수	화	월	일

2月小(乙卯) 경칩

절기	청명																				춘분								
음력	29	28	27	26	25	24	23	22	21	20	19	18	17	16	15	14	13	12	11	10	9	8	7	6	5	4	3	2	1
순행	9	9	9	10		1	1	1	1	2	2	2	3	3	4	4	4	5	5	5	6	6	6	7	7	7	8	8	8
역행	1	1	1	1		10	10	9	9	9	8	8	8	7	6	6	6	5	5	5	4	4	4	3	3	3	2	2	2
월										04																			03
일	9	8	7	6	5	4	3	2	1	31	30	29	28	27	26	25	24	23	22	21	20	19	18	17	16	15	14	13	12
일진	乙巳	甲辰	癸卯	壬寅	辛丑	庚子	己亥	戊戌	丁酉	丙申	乙未	甲午	癸巳	壬辰	辛卯	庚寅	己丑	戊子	丁亥	丙戌	乙酉	甲申	癸未	壬午	辛巳	庚辰	己卯	戊寅	丁丑
요일	화	월	일	토	금	목	수	화	월	일	토	금	목	수	화	월	일	토	금	목	수	화	월	일	토	금	목	수	화

3月大(丙辰) 청명

절기	입하																			곡우										
음력	30	29	28	27	26	25	24	23	22	21	20	19	18	17	16	15	14	13	12	11	10	9	8	7	6	5	4	3	2	1
순행	9	9	10	10		1	1	1	1	2	2	2	3	3	3	4	4	4	5	5	5	6	6	6	7	7	7	8	8	8
역행	1	1	1	1		10	9	9	9	8	8	8	7	7	7	6	6	6	5	5	4	4	4	3	3	3	2	2	2	2
월									05																					04
일	9	8	7	6	5	4	3	2	1	30	29	28	27	26	25	24	23	22	21	20	19	18	17	16	15	14	13	12	11	10
일진	乙亥	甲戌	癸酉	壬申	辛未	庚午	己巳	戊辰	丁卯	丙寅	乙丑	甲子	癸亥	壬戌	辛酉	庚申	己未	戊午	丁巳	丙辰	乙卯	甲寅	癸丑	壬子	辛亥	庚戌	己酉	戊申	丁未	丙午
요일	목	수	화	월	일	토	금	목	수	화	월	일	토	금	목	수	화	월	일	토	금	목	수	화	월	일	토	금	목	수

4月大(丁巳) 입하

절기	망종																			소만										
음력	30	29	28	27	26	25	24	23	22	21	20	19	18	17	16	15	14	13	12	11	10	9	8	7	6	5	4	3	2	1
순행	10	10	10		1	1	1	2	2	2	3	3	3	4	4	4	5	5	5	6	6	6	7	7	7	8	8	8	9	9
역행	1	1	1		10	9	9	9	8	8	8	7	7	7	6	6	6	5	5	5	4	4	4	3	3	3	2	2	2	1
월									06																					05
일	8	7	6	5	4	3	2	1	31	30	29	28	27	26	25	24	23	22	21	20	19	18	17	16	15	14	13	12	11	10
일진	乙巳	甲辰	癸卯	壬寅	辛丑	庚子	己亥	戊戌	丁酉	丙申	乙未	甲午	癸巳	壬辰	辛卯	庚寅	己丑	戊子	丁亥	丙戌	乙酉	甲申	癸未	壬午	辛巳	庚辰	己卯	戊寅	丁丑	丙子
요일	토	금	목	수	화	월	일	토	금	목	수	화	월	일	토	금	목	수	화	월	일	토	금	목	수	화	월	일	토	금

5月小(戊午) 망종

절기	소서															하지													
음력	29	28	27	26	25	24	23	22	21	20	19	18	17	16	15	14	13	12	11	10	9	8	7	6	5	4	3	2	1
순행		1	1	1	1	2	2	3	3	3	4	4	4	5	5	5		6	6	7	7	7	8	8	8	9	9	9	9
역행		10	10	10	9	9	8	8	8	7	7	7	6	6	6	5		5	4	4	4	3	3	3	2	2	2	1	1
월									07																				06
일	7	6	5	4	3	2	1	30	29	28	27	26	25	24	23	22	21	20	19	18	17	16	15	14	13	12	11	10	9
일진	甲戌	癸酉	壬申	辛未	庚午	己巳	戊辰	丁卯	丙寅	乙丑	甲子	癸亥	壬戌	辛酉	庚申	己未	戊午	丁巳	丙辰	乙卯	甲寅	癸丑	壬子	辛亥	庚戌	己酉	戊申	丁未	丙午
요일	일	토	금	목	수	화	월	일	토	금	목	수	화	월	일	토	금	목	수	화	월	일	토	금	목	수	화	월	일

6月大(己未) 소서

절기															대서															
음력	30	29	28	27	26	25	24	23	22	21	20	19	18	17	16	15	14	13	12	11	10	9	8	7	6	5	4	3	2	1
순행	1	1	1	1	2	2	2	3	3	4	4	4	5	5		5	6	6	6	7	7	7	8	8	8	9	9	9	10	10
역행	10	10	9	9	9	8	8	8	7	7	6	6	6	5		5	4	4	4	3	3	3	2	2	2	1	1	1	1	1
월									08																					07
일	6	5	4	3	2	1	31	30	29	28	27	26	25	24	23	22	21	20	19	18	17	16	15	14	13	12	11	10	9	8
일진	甲辰	癸卯	壬寅	辛丑	庚子	己亥	戊戌	丁酉	丙申	乙未	甲午	癸巳	壬辰	辛卯	庚寅	己丑	戊子	丁亥	丙戌	乙酉	甲申	癸未	壬午	辛巳	庚辰	己卯	戊寅	丁丑	丙子	乙亥
요일	화	월	일	토	금	목	수	화	월	일	토	금	목	수	화	월	일	토	금	목	수	화	월	일	토	금	목	수	화	월

사주에 인수가 刑·沖을 맞으면 그릇을 잘 깬다.

7月小(庚申)입추

절기											처서																입추	
음력	29	28	27	26	25	24	23	22	21	20	19	18	17	16	15	14	13	12	11	10	9	8	7	6	5	4	3	2	1
순행	1	1	2	2	2	3	3	3	4	4	5	5	6	6	6	7	7	7	8	8	8	9	9	9	10	10			
역행	9	9	9	8	8	8	7	7	7	6	6	6	5	5	5	4	4	4	3	3	3	2	2	2	1	1	1		
월	09																										08		
일	4	3	2	1	31	30	29	28	27	26	25	24	23	22	21	20	19	18	17	16	15	14	13	12	11	10	9	8	7
일진	癸酉	壬申	辛未	庚午	己巳	戊辰	丁卯	丙寅	乙丑	甲子	癸亥	壬戌	辛酉	庚申	己未	戊午	丁巳	丙辰	乙卯	甲寅	癸丑	壬子	辛亥	庚戌	己酉	戊申	丁未	丙午	乙巳
요일	수	화	월	일	토	금	목	수	화	월	일	토	금	목	수	화	월	일	토	금	목	수	화	월	일	토	금	목	수

8月大(辛酉)백로

절기											주분															백로			
음력	30	29	28	27	26	25	24	23	22	21	20	19	18	17	16	15	14	13	12	11	10	9	8	7	6	5	4	3	2	1
순행	1	2	2	2	3	3	3	4	4	4	5	5	5	6	6	7	7	7	8	8	8	9	9	9	10	10			1	1
역행	9	9	8	8	8	7	7	7	6	6	6	5	5	5	4	4	4	3	3	3	2	2	2	1	1	1			10	10
월	10																										09			
일	4	3	2	1	30	29	28	27	26	25	24	23	22	21	20	19	18	17	16	15	14	13	12	11	10	9	8	7	6	5
일진	癸卯	壬寅	辛丑	庚子	己亥	戊戌	丁酉	丙申	乙未	甲午	癸巳	壬辰	辛卯	庚寅	己丑	戊子	丁亥	丙戌	乙酉	甲申	癸未	壬午	辛巳	庚辰	己卯	戊寅	丁丑	丙子	乙亥	甲戌
요일	금	목	수	화	월	일	토	금	목	수	화	월	일	토	금	목	수	화	월	일	토	금	목	수	화	월	일	토	금	목

9月小(壬戌)한로

절기											상강															한로		
음력	29	28	27	26	25	24	23	22	21	20	19	18	17	16	15	14	13	12	11	10	9	8	7	6	5	4	3	2	1
순행	2	2	2	3	3	3	4	4	5	5	5	6	6	7	7	7	8	8	8	9	9	10			1	1	1		
역행	8	8	8	7	7	7	6	6	6	5	5	5	4	4	4	3	3	3	2	2	2	1	1	1			10	10	9
월	11																										10		
일	2	1	31	30	29	28	27	26	25	24	23	22	21	20	19	18	17	16	15	14	13	12	11	10	9	8	7	6	5
일진	壬申	辛未	庚午	己巳	戊辰	丁卯	丙寅	乙丑	甲子	癸亥	壬戌	辛酉	庚申	己未	戊午	丁巳	丙辰	乙卯	甲寅	癸丑	壬子	辛亥	庚戌	己酉	戊申	丁未	丙午	乙巳	甲辰
요일	토	금	목	수	화	월	일	토	금	목	수	화	월	일	토	금	목	수	화	월	일	토	금	목	수	화	월	일	토

10月大(癸亥)입동

절기											소설															입동			
음력	30	29	28	27	26	25	24	23	22	21	20	19	18	17	16	15	14	13	12	11	10	9	8	7	6	5	4	3	2	1
순행	2	2	2	3	3	4	4	4	5	5	6	6	6	7	7	7	8	8	9	9	9	10			1	1	1	1		
역행	8	8	7	7	7	6	6	6	5	5	5	4	4	3	3	3	2	2	2	1	1	1			10	9	9			
월	12																										11			
일	2	1	30	29	28	27	26	25	24	23	22	21	20	19	18	17	16	15	14	13	12	11	10	9	8	7	6	5	4	3
일진	壬寅	辛丑	庚子	己亥	戊戌	丁酉	丙申	乙未	甲午	癸巳	壬辰	辛卯	庚寅	己丑	戊子	丁亥	丙戌	乙酉	甲申	癸未	壬午	辛巳	庚辰	己卯	戊寅	丁丑	丙子	乙亥	甲戌	癸酉
요일	월	일	토	금	목	수	화	월	일	토	금	목	수	화	월	일	토	금	목	수	화	월	일	토	금	목	수	화	월	일

11月小(甲子)대설

절기										동지															대설			
음력	29	28	27	26	25	24	23	22	21	20	19	18	17	16	15	14	13	12	11	10	9	8	7	6	5	4	3	2	1
순행	2	2	2	3	3	4	4	4	5	5	6	6	6	7	7	7	8	8	9	9			1	1	1				
역행	8	8	7	7	7	6	6	6	5	5	5	4	4	3	3	3	2	2	2	1	1	1			10	9	9	9	
월																									12				
일	31	30	29	28	27	26	25	24	23	22	21	20	19	18	17	16	15	14	13	12	11	10	9	8	7	6	5	4	3
일진	辛未	庚午	己巳	戊辰	丁卯	丙寅	乙丑	甲子	癸亥	壬戌	辛酉	庚申	己未	戊午	丁巳	丙辰	乙卯	甲寅	癸丑	壬子	辛亥	庚戌	己酉	戊申	丁未	丙午	乙巳	甲辰	癸卯
요일	화	월	일	토	금	목	수	화	월	일	토	금	목	수	화	월	일	토	금	목	수	화	월	일	토	금	목	수	화

12月大(乙丑)소한

절기											대한															소한			
음력	30	29	28	27	26	25	24	23	22	21	20	19	18	17	16	15	14	13	12	11	10	9	8	7	6	5	4	3	2	1
순행	2	2	2	3	3	4	4	4	5	5	6	6	6	7	7	7	8	8	9	9	10			1	1	1				
역행	8	8	7	7	7	6	6	6	5	5	5	4	4	3	3	3	2	2	2	1	1	1			10	9	9			
월	01																													
일	30	29	28	27	26	25	24	23	22	21	20	19	18	17	16	15	14	13	12	11	10	9	8	7	6	5	4	3	2	1
일진	辛丑	庚子	己亥	戊戌	丁酉	丙申	乙未	甲午	癸巳	壬辰	辛卯	庚寅	己丑	戊子	丁亥	丙戌	乙酉	甲申	癸未	壬午	辛巳	庚辰	己卯	戊寅	丁丑	丙子	乙亥	甲戌	癸酉	壬申
요일	목	수	화	월	일	토	금	목	수	화	월	일	토	금	목	수	화	월	일	토	금	목	수	화	월	일	토	금	목	수

사주에 財가 약하고 인수가 강하면 며느리를 못살게 볶는다.

상문 : 申 대장군 : 東
조객 : 辰 삼 재 : 亥卯未
삼살 : 北

甲午年

1月小(丙寅)입춘

절기	우수(20)	입춘(5)

음력	29 28 27 26 25 24 23 22 21 **20** 19 18 17 16 15 14 13 12 11 10 9 8 7 6 **5** 4 3 2 1
순행(대운)	2 2 3 3 3 4 4 4 5 5 6 6 6 7 7 7 8 8 8 9 9 9 10 · · 1 1 1 1
역행(대운)	8 8 7 7 7 6 6 6 5 5 5 4 4 4 3 3 3 2 2 2 1 1 1 · · 10 9 9 9
월(양력)	02 01
일(양력)	28 27 26 25 24 23 22 21 20 19 18 17 16 15 14 13 12 11 10 9 8 7 6 5 4 3 2 1 31
일진	庚 己 戊 丁 丙 乙 甲 癸 壬 辛 庚 己 戊 丁 丙 乙 甲 癸 壬 辛 庚 己 戊 丁 丙 乙 甲 癸 壬
	午 巳 辰 卯 寅 丑 子 亥 戌 酉 申 未 午 巳 辰 卯 寅 丑 子 亥 戌 酉 申 未 午 巳 辰 卯 寅
요일	금 목 수 화 월 일 토 금 목 수 화 월 일 토 금 목 수 화 월 일 토 금 목 수 화 월 일 토 금

2月大(丁卯)경칩

절기	춘분(21)	경칩(6)

음력	30 29 28 27 26 25 24 23 22 **21** 20 19 18 17 16 15 14 13 12 11 10 9 8 7 6 **5** 4 3 2 1
순행(대운)	2 2 3 3 3 4 4 4 5 5 5 6 6 6 7 7 7 8 8 8 9 9 9 10 · · 1 1 1 1 2
역행(대운)	8 8 7 7 7 6 6 6 5 5 5 4 4 4 3 3 3 2 2 2 1 1 1 · · 10 9 9 9 8
월(양력)	03
일(양력)	30 29 28 27 26 25 24 23 22 21 20 19 18 17 16 15 14 13 12 11 10 9 8 7 6 5 4 3 2 1
일진	庚 己 戊 丁 丙 乙 甲 癸 壬 辛 庚 己 戊 丁 丙 乙 甲 癸 壬 辛 庚 己 戊 丁 丙 乙 甲 癸 壬 辛
	子 亥 戌 酉 申 未 午 巳 辰 卯 寅 丑 子 亥 戌 酉 申 未 午 巳 辰 卯 寅 丑 子 亥 戌 酉 申 未
요일	일 토 금 목 수 화 월 일 토 금 목 수 화 월 일 토 금 목 수 화 월 일 토 금 목 수 화 월 일 토

3月小(戊辰)청명

절기	곡우(22)	청명(6)

음력	29 28 27 26 25 24 23 **22** 21 20 19 18 17 16 15 14 13 12 11 10 9 8 7 **6** 5 4 3 2 1
순행(대운)	2 3 3 3 4 4 4 5 5 6 6 6 7 7 7 8 8 8 9 9 9 10 · · 1 1 1 1 2
역행(대운)	8 7 7 7 6 6 6 5 5 5 4 4 4 3 3 3 2 2 2 1 1 1 · · 10 9 9 9 8
월(양력)	04 31
일(양력)	28 27 26 25 24 23 22 21 20 19 18 17 16 15 14 13 12 11 10 9 8 7 6 5 4 3 2 1 31
일진	己 戊 丁 丙 乙 甲 癸 壬 辛 庚 己 戊 丁 丙 乙 甲 癸 壬 辛 庚 己 戊 丁 丙 乙 甲 癸 壬 辛
	巳 辰 卯 寅 丑 子 亥 戌 酉 申 未 午 巳 辰 卯 寅 丑 子 亥 戌 酉 申 未 午 巳 辰 卯 寅 丑
요일	월 일 토 금 목 수 화 월 일 토 금 목 수 화 월 일 토 금 목 수 화 월 일 토 금 목 수 화 월

4月大(己巳)입하

절기	소만(23)	입하(7)

음력	30 29 28 27 26 25 24 **23** 22 21 20 19 18 17 16 15 14 13 12 11 10 9 8 **7** 6 5 4 3 2 1
순행(대운)	3 3 4 4 4 5 5 5 6 6 6 7 7 7 8 8 8 9 9 10 10 10 · · 1 1 1 1 2 2
역행(대운)	8 7 7 7 6 6 6 5 5 5 4 4 4 3 3 3 2 2 2 1 1 1 · · 10 9 9 9 8 8
월(양력)	05 04
일(양력)	28 27 26 25 24 23 22 21 20 19 18 17 16 15 14 13 12 11 10 9 8 7 6 5 4 3 2 1 30 29
일진	己 戊 丁 丙 乙 甲 癸 壬 辛 庚 己 戊 丁 丙 乙 甲 癸 壬 辛 庚 己 戊 丁 丙 乙 甲 癸 壬 辛 庚
	亥 戌 酉 申 未 午 巳 辰 卯 寅 丑 子 亥 戌 酉 申 未 午 巳 辰 卯 寅 丑 子 亥 戌 酉 申 未 午
요일	수 화 월 일 토 금 목 수 화 월 일 토 금 목 수 화 월 일 토 금 목 수 화 월 일 토 금 목 수 화

5月小(庚午)망종

절기	하지(24)	망종(9)

음력	29 28 27 26 25 **24** 23 22 21 20 19 18 17 16 15 14 13 12 11 10 **9** 8 7 6 5 4 3 2 1
순행(대운)	4 4 4 5 5 5 6 6 6 7 7 7 8 8 9 9 9 10 10 · · 1 1 1 1 2 2 2 3
역행(대운)	7 6 6 6 5 5 5 4 4 4 3 3 3 2 2 2 1 1 1 · · 10 10 9 9 9 8 8 8
월(양력)	06 05
일(양력)	26 25 24 23 22 21 20 19 18 17 16 15 14 13 12 11 10 9 8 7 6 5 4 3 2 1 31 30 29
일진	戊 丁 丙 乙 甲 癸 壬 辛 庚 己 戊 丁 丙 乙 甲 癸 壬 辛 庚 己 戊 丁 丙 乙 甲 癸 壬 辛 庚
	辰 卯 寅 丑 子 亥 戌 酉 申 未 午 巳 辰 卯 寅 丑 子 亥 戌 酉 申 未 午 巳 辰 卯 寅 丑 子
요일	목 수 화 월 일 토 금 목 수 화 월 일 토 금 목 수 화 월 일 토 금 목 수 화 월 일 토 금 목

6月大(辛未)소서

절기	대서(27)	소서(11)

음력	30 29 28 **27** 26 25 24 23 22 21 20 19 18 17 16 15 14 13 12 **11** 10 9 8 7 6 5 4 3 2 1
순행(대운)	4 4 5 5 5 6 6 6 7 7 7 8 8 8 9 9 10 10 · · 1 1 1 2 2 2 3 3 3
역행(대운)	6 6 5 5 5 4 4 4 3 3 3 2 2 2 1 1 1 · · 10 10 9 9 9 8 8 8 7 7
월(양력)	07 06
일(양력)	26 25 24 23 22 21 20 19 18 17 16 15 14 13 12 11 10 9 8 7 6 5 4 3 2 1 30 29 28 27
일진	戊 丁 丙 乙 甲 癸 壬 辛 庚 己 戊 丁 丙 乙 甲 癸 壬 辛 庚 己 戊 丁 丙 乙 甲 癸 壬 辛 庚 己
	戌 酉 申 未 午 巳 辰 卯 寅 丑 子 亥 戌 酉 申 未 午 巳 辰 卯 寅 丑 子 亥 戌 酉 申 未 午 巳
요일	토 금 목 수 화 월 일 토 금 목 수 화 월 일 토 금 목 수 화 월 일 토 금 목 수 화 월 일 토 금

사주에 財가 약한데 食神·傷官을 돕는 것이 없으면 처가가 패망한다.

7月小(壬申)임주

절기	처서																	입주											
음력	29	28	27	26	25	24	23	22	21	20	19	18	17	16	15	14	13	12	11	10	9	8	7	6	5	4	3	2	1
순행	5	5	6	6	6	7	7	7	8	8	8	9	9	9	10	10	10		1	1	1	1	2	2	2	3	3	3	4
역행	6	5	5	5	4	4	4	3	3	3	2	2	2	1	1	1	1		10	10	9	9	9	8	8	8	7	7	7
월													08									07							
일	24	23	22	21	20	19	18	17	16	15	14	13	12	11	10	9	8	7	6	5	4	3	2	1	31	30	29	28	27
일진	丁	丙	乙	甲	癸	壬	辛	庚	己	戊	丁	丙	乙	甲	癸	壬	辛	庚	己	戊	丁	丙	乙	甲	癸	壬	辛	庚	己
	卯	寅	丑	子	亥	戌	酉	申	未	午	巳	辰	卯	寅	丑	子	亥	戌	酉	申	未	午	巳	辰	卯	寅	丑	子	亥
요일	일	토	금	목	수	화	월	일	토	금	목	수	화	월	일	토	금	목	수	화	월	일	토	금	목	수	화	월	일

8月大(癸酉)백로

절기	추분														백로															
음력	30	29	28	27	26	25	24	23	22	21	20	19	18	17	16	15	14	13	12	11	10	9	8	7	6	5	4	3	2	1
순행	5	5	6	6	6	7	7	7	8	8	8	9	9	9	10		1	1	1	1	2	2	2	3	3	3	4	4	4	5
역행	5	5	4	4	4	3	3	3	2	2	2	1	1	1	1		10	10	10	9	9	9	8	8	8	7	7	7	6	6
월														09							08									
일	23	22	21	20	19	18	17	16	15	14	13	12	11	10	9	8	7	6	5	4	3	2	1	31	30	29	28	27	26	25
일진	丁	丙	乙	甲	癸	壬	辛	庚	己	戊	丁	丙	乙	甲	癸	壬	辛	庚	己	戊	丁	丙	乙	甲	癸	壬	辛	庚	己	戊
	酉	申	未	午	巳	辰	卯	寅	丑	子	亥	戌	酉	申	未	午	巳	辰	卯	寅	丑	子	亥	戌	酉	申	未	午	巳	辰
요일	화	월	일	토	금	목	수	화	월	일	토	금	목	수	화	월	일	토	금	목	수	화	월	일	토	금	목	수	화	월

9月大(甲戌)한로

절기	상강														한로															
음력	30	29	28	27	26	25	24	23	22	21	20	19	18	17	16	15	14	13	12	11	10	9	8	7	6	5	4	3	2	1
순행	5	5	6	6	6	7	7	7	8	8	8	9	9	9	10		1	1	1	1	2	2	2	3	3	3	4	4	4	5
역행	5	5	4	4	4	3	3	3	2	2	2	1	1	1	1		10	9	9	9	8	8	8	7	7	7	6	6	6	5
월														10							09									
일	23	22	21	20	19	18	17	16	15	14	13	12	11	10	9	8	7	6	5	4	3	2	1	30	29	28	27	26	25	24
일진	丁	丙	乙	甲	癸	壬	辛	庚	己	戊	丁	丙	乙	甲	癸	壬	辛	庚	己	戊	丁	丙	乙	甲	癸	壬	辛	庚	己	戊
	卯	寅	丑	子	亥	戌	酉	申	未	午	巳	辰	卯	寅	丑	子	亥	戌	酉	申	未	午	巳	辰	卯	寅	丑	子	亥	戌
요일	목	수	화	월	일	토	금	목	수	화	월	일	토	금	목	수	화	월	일	토	금	목	수	화	월	일	토	금	목	수

윤9月小

절기															입동															
음력		29	28	27	26	25	24	23	22	21	20	19	18	17	16	15	14	13	12	11	10	9	8	7	6	5	4	3	2	1
순행		5	6	6	6	7	7	7	8	8	8	9	9	9	10		1	1	1	1	2	2	2	3	3	3	4	4	4	5
역행		5	4	4	4	3	3	3	2	2	2	1	1	1	1		10	9	9	9	8	8	8	7	7	7	6	6	6	5
월															11						10									
일		21	20	19	18	17	16	15	14	13	12	11	10	9	8	7	6	5	4	3	2	1	31	30	29	28	27	26	25	24
일진		丙	乙	甲	癸	壬	辛	庚	己	戊	丁	丙	乙	甲	癸	壬	辛	庚	己	戊	丁	丙	乙	甲	癸	壬	辛	庚	己	戊
		申	未	午	巳	辰	卯	寅	丑	子	亥	戌	酉	申	未	午	巳	辰	卯	寅	丑	子	亥	戌	酉	申	未	午	巳	辰
요일		금	목	수	화	월	일	토	금	목	수	화	월	일	토	금	목	수	화	월	일	토	금	목	수	화	월	일	토	금

10月大(乙亥)외입동

절기	대설													소설																
음력	30	29	28	27	26	25	24	23	22	21	20	19	18	17	16	15	14	13	12	11	10	9	8	7	6	5	4	3	2	1
순행	5	6	6	6	7	7	7	8	8	8	9	9	9	10		1	1	1	1	2	2	2	3	3	3	4	4	4	5	5
역행	5	4	4	4	3	3	3	2	2	2	1	1	1	1		10	9	9	9	8	8	8	7	7	7	6	6	6	5	5
월														12						11										
일	21	20	19	18	17	16	15	14	13	12	11	10	9	8	7	6	5	4	3	2	1	30	29	28	27	26	25	24	23	22
일진	丙	乙	甲	癸	壬	辛	庚	己	戊	丁	丙	乙	甲	癸	壬	辛	庚	己	戊	丁	丙	乙	甲	癸	壬	辛	庚	己	戊	丁
	寅	丑	子	亥	戌	酉	申	未	午	巳	辰	卯	寅	丑	子	亥	戌	酉	申	未	午	巳	辰	卯	寅	丑	子	亥	戌	酉
요일	일	토	금	목	수	화	월	일	토	금	목	수	화	월	일	토	금	목	수	화	월	일	토	금	목	수	화	월	일	토

11月小(丙子)대설

절기														소한													동지			
음력		29	28	27	26	25	24	23	22	21	20	19	18	17	16	15	14	13	12	11	10	9	8	7	6	5	4	3	2	1
순행		5	6	6	6	7	7	7	8	8	8	9	9	9		1	1	1	1	2	2	2	3	3	3	4	4	4	5	5
역행		4	4	4	3	3	3	2	2	2	1	1	1	1		10	9	9	9	8	8	8	7	7	7	6	6	6	5	5
월														01												12				
일		19	18	17	16	15	14	13	12	11	10	9	8	7	6	5	4	3	2	1	31	30	29	28	27	26	25	24	23	22
일진		乙	甲	癸	壬	辛	庚	己	戊	丁	丙	乙	甲	癸	壬	辛	庚	己	戊	丁	丙	乙	甲	癸	壬	辛	庚	己	戊	丁
		未	午	巳	辰	卯	寅	丑	子	亥	戌	酉	申	未	午	巳	辰	卯	寅	丑	子	亥	戌	酉	申	未	午	巳	辰	卯
요일		월	일	토	금	목	수	화	월	일	토	금	목	수	화	월	일	토	금	목	수	화	월	일	토	금	목	수	화	월

12月大(丁丑)소한

절기														입춘													대한			
음력	30	29	28	27	26	25	24	23	22	21	20	19	18	17	16	15	14	13	12	11	10	9	8	7	6	5	4	3	2	1
순행	5	6	6	7	7	7	8	8	8	9	9	9	10		1	1	1	1	2	2	2	3	3	3	4	4	4	5	5	5
역행	5	4	4	3	3	3	2	2	2	1	1	1	1		9	9	9	8	8	8	7	7	7	6	6	6	5	5	5	
월														02												01				
일	18	17	16	15	14	13	12	11	10	9	8	7	6	5	4	3	2	1	31	30	29	28	27	26	25	24	23	22	21	20
일진	乙	甲	癸	壬	辛	庚	己	戊	丁	丙	乙	甲	癸	壬	辛	庚	己	戊	丁	丙	乙	甲	癸	壬	辛	庚	己	戊	丁	丙
	丑	子	亥	戌	酉	申	未	午	巳	辰	卯	寅	丑	子	亥	戌	酉	申	未	午	巳	辰	卯	寅	丑	子	亥	戌	酉	申
요일	목	수	화	월	일	토	금	목	수	화	월	일	토	금	목	수	화	월	일	토	금	목	수	화	월	일	토	금	목	수

사주에 財가 많고 인수가 약하면 며느리가 시어머니를 못살게 볶는다.

상문 : 酉　대장군 : 東
조객 : 巳　삼　재 : 亥卯未
삼살 : 酉

乙未年

서기 2015년
단기 4348년

1月小(戊寅)입춘

절기	경칩																										우수	
음력	29	28	27	26	25	24	23	22	21	20	19	18	17	16	15	14	13	12	11	10	9	8	7	6	5	4	3	2	1
순행	6	6	6	7	7	7	8	8	8	9	9	9	10		1	1	1	1	2	2	2	3	3	3	4	4	4	5	
역행	4	4	4	3	3	3	2	2	2	1	1	1		10	9	9	9	8	8	8	7	7	7	6	6	6	5	5	
월				03																				02					
일	19	18	17	16	15	14	13	12	11	10	9	8	7	6	5	4	3	2	1	28	27	26	25	24	23	22	21	20	19
일진	甲午	癸巳	壬辰	辛卯	庚寅	己丑	戊子	丁亥	丙戌	乙酉	甲申	癸未	壬午	辛巳	庚辰	己卯	戊寅	丁丑	丙子	乙亥	甲戌	癸酉	壬申	辛未	庚午	己巳	戊辰	丁卯	丙寅
요일	목	수	화	월	일	토	금	목	수	화	월	일	토	금	목	수	화	월	일	토	금	목	수	화	월	일	토	금	목

2月大(己卯)경칩

절기	청명																										춘분		
음력	30	29	28	27	26	25	24	23	22	21	20	19	18	17	16	15	14	13	12	11	10	9	8	7	6	5	4	3	2	1
순행	6	6	7	7	7	8	8	8	9	9	9	10		1	1	1	1	2	2	2	3	3	3	4	4	4	5	5	5	
역행	4	4	3	3	3	2	2	2	1	1	1		10	9	9	9	8	8	8	7	7	7	6	6	6	5	5	5		
월				04																				03						
일	18	17	16	15	14	13	12	11	10	9	8	7	6	5	4	3	2	1	31	30	29	28	27	26	25	24	23	22	21	20
일진	甲子	癸亥	壬戌	辛酉	庚申	己未	戊午	丁巳	丙辰	乙卯	甲寅	癸丑	壬子	辛亥	庚戌	己酉	戊申	丁未	丙午	乙巳	甲辰	癸卯	壬寅	辛丑	庚子	己亥	戊戌	丁酉	丙申	乙未
요일	토	금	목	수	화	월	일	토	금	목	수	화	월	일	토	금	목	수	화	월	일	토	금	목	수	화	월	일	토	금

3月小(庚辰)청명

절기	입하																										곡우		
음력	29	28	27	26	25	24	23	22	21	20	19	18	17	16	15	14	13	12	11	10	9	8	7	6	5	4	3	2	1
순행	7	7	7	8	8	8	9	9	9	10		1	1	1	1	2	2	2	3	3	3	4	4	4	5	5	5		
역행	4	3	3	3	2	2	2	1	1	1		10	9	9	9	8	8	8	7	7	7	6	6	6	5	5	5		
월				05																				04					
일	17	16	15	14	13	12	11	10	9	8	7	6	5	4	3	2	1	30	29	28	27	26	25	24	23	22	21	20	19
일진	癸巳	壬辰	辛卯	庚寅	己丑	戊子	丁亥	丙戌	乙酉	甲申	癸未	壬午	辛巳	庚辰	己卯	戊寅	丁丑	丙子	乙亥	甲戌	癸酉	壬申	辛未	庚午	己巳	戊辰	丁卯	丙寅	乙丑
요일	일	토	금	목	수	화	월	일	토	금	목	수	화	월	일	토	금	목	수	화	월	일	토	금	목	수	화	월	일

4月小(辛巳)입하

절기	망종																									소만			
음력	29	28	27	26	25	24	23	22	21	20	19	18	17	16	15	14	13	12	11	10	9	8	7	6	5	4	3	2	1
순행	7	8	8	8	9	9	9	10	10		1	1	1	1	2	2	2	3	3	3	4	4	4	5	5	5			
역행	3	3	2	2	2	1	1	1		10	10	9	9	9	8	8	8	7	7	7	6	6	6	5	5	5	4		
월				06																				05					
일	15	14	13	12	11	10	9	8	7	6	5	4	3	2	1	31	30	29	28	27	26	25	24	23	22	21	20	19	18
일진	壬戌	辛酉	庚申	己未	戊午	丁巳	丙辰	乙卯	甲寅	癸丑	壬子	辛亥	庚戌	己酉	戊申	丁未	丙午	乙巳	甲辰	癸卯	壬寅	辛丑	庚子	己亥	戊戌	丁酉	丙申	乙未	甲午
요일	월	일	토	금	목	수	화	월	일	토	금	목	수	화	월	일	토	금	목	수	화	월	일	토	금	목	수	화	월

5月大(壬午)망종

절기	소서																						하지						
음력	30	29	28	27	26	25	24	23	22	21	20	19	18	17	16	15	14	13	12	11	10	9	8	7	6	5	4	3	2	1
순행	8	8	9	9	10	10	10		1	1	1	1	2	2	2	3	3	3	4	4	4	5	5	5	6	6	6	7		
역행	3	2	2	1	1	1		10	10	10	9	9	9	8	8	8	7	7	7	6	6	6	5	5	5	4	4	4		
월				07																				06						
일	15	14	13	12	11	10	9	8	7	6	5	4	3	2	1	30	29	28	27	26	25	24	23	22	21	20	19	18	17	16
일진	壬辰	辛卯	庚寅	己丑	戊子	丁亥	丙戌	乙酉	甲申	癸未	壬午	辛巳	庚辰	己卯	戊寅	丁丑	丙子	乙亥	甲戌	癸酉	壬申	辛未	庚午	己巳	戊辰	丁卯	丙寅	乙丑	甲子	癸亥
요일	수	화	월	일	토	금	목	수	화	월	일	토	금	목	수	화	월	일	토	금	목	수	화	월	일	토	금	목	수	화

6月小(癸未)소서

절기	입추																						대서						
음력	29	28	27	26	25	24	23	22	21	20	19	18	17	16	15	14	13	12	11	10	9	8	7	6	5	4	3	2	1
순행	9	9	9	10	10		1	1	1	1	2	2	2	3	3	3	4	4	4	5	5	5	6	6	6	7	7	7	
역행	2	1	1	1		10	10	10	9	9	9	8	8	8	7	7	7	6	6	6	5	5	5	4	4	4	3		
월				08																				07					
일	13	12	11	10	9	8	7	6	5	4	3	2	1	31	30	29	28	27	26	25	24	23	22	21	20	19	18	17	16
일진	辛酉	庚申	己未	戊午	丁巳	丙辰	乙卯	甲寅	癸丑	壬子	辛亥	庚戌	己酉	戊申	丁未	丙午	乙巳	甲辰	癸卯	壬寅	辛丑	庚子	己亥	戊戌	丁酉	丙申	乙未	甲午	癸巳
요일	금	목	수	화	월	일	토	금	목	수	화	월	일	토	금	목	수	화	월	일	토	금	목	수	화	월	일	토	금

일주나 시주에 인수와 도화가 함께 있으면 처갓집을 도와줄 팔자다.

7月大(甲申) 입추

절기	백로																				처서									
음력	30	29	28	27	26	25	24	23	22	21	20	19	18	17	16	15	14	13	12	11	10	9	8	7	6	5	4	3	2	1
순행	9	9	9	10		1	1	1	1	2	2	2	3	3	3	4	4	4	5	5	5	6	6	6	7	7	7	8	8	8
역행	1	1	1	1		10	10	9	9	9	8	8	8	7	7	7	6	6	6	5	5	5	4	4	4	3	3	3	2	2
월										09																		08		
일	12	11	10	9	8	7	6	5	4	3	2	1	31	30	29	28	27	26	25	24	23	22	21	20	19	18	17	16	15	14
일진	辛卯	庚寅	己丑	戊子	丁亥	丙戌	乙酉	甲申	癸未	壬午	辛巳	庚辰	己卯	戊寅	丁丑	丙子	乙亥	甲戌	癸酉	壬申	辛未	庚午	己巳	戊辰	丁卯	丙寅	乙丑	甲子	癸亥	壬戌
요일	토	금	목	수	화	월	일	토	금	목	수	화	월	일	토	금	목	수	화	월	일	토	금	목	수	화	월	일	토	금

8月大(乙酉) 백로

절기	한로																			추분										
음력	30	29	28	27	26	25	24	23	22	21	20	19	18	17	16	15	14	13	12	11	10	9	8	7	6	5	4	3	2	1
순행	9	9	10	10		1	1	1	1	2	2	2	3	3	3	4	4	4	5	5	5	6	6	6	7	7	7	8	8	8
역행	1	1	1	1		10	10	9	9	9	8	8	8	7	7	7	6	6	6	5	5	5	4	4	4	3	3	3	2	2
월										10																		09		
일	12	11	10	9	8	7	6	5	4	3	2	1	30	29	28	27	26	25	24	23	22	21	20	19	18	17	16	15	14	13
일진	辛酉	庚申	己未	戊午	丁巳	丙辰	乙卯	甲寅	癸丑	壬子	辛亥	庚戌	己酉	戊申	丁未	丙午	乙巳	甲辰	癸卯	壬寅	辛丑	庚子	己亥	戊戌	丁酉	丙申	乙未	甲午	癸巳	壬辰
요일	월	일	토	금	목	수	화	월	일	토	금	목	수	화	월	일	토	금	목	수	화	월	일	토	금	목	수	화	월	일

9月大(丙戌) 한로

절기	입동																		상강											
음력	30	29	28	27	26	25	24	23	22	21	20	19	18	17	16	15	14	13	12	11	10	9	8	7	6	5	4	3	2	1
순행	9	9	9		1	1	1	1	2	2	2	3	3	3	4	4	4	5	5	5	6	6	6	7	7	7	8	8	8	9
역행	1	1	1		10	10	9	9	9	8	8	8	7	7	7	6	6	6	5	5	5	4	4	4	3	3	3	2	2	2
월										11																		10		
일	11	10	9	8	7	6	5	4	3	2	1	31	30	29	28	27	26	25	24	23	22	21	20	19	18	17	16	15	14	13
일진	辛卯	庚寅	己丑	戊子	丁亥	丙戌	乙酉	甲申	癸未	壬午	辛巳	庚辰	己卯	戊寅	丁丑	丙子	乙亥	甲戌	癸酉	壬申	辛未	庚午	己巳	戊辰	丁卯	丙寅	乙丑	甲子	癸亥	壬戌
요일	수	화	월	일	토	금	목	수	화	월	일	토	금	목	수	화	월	일	토	금	목	수	화	월	일	토	금	목	수	화

10月小(丁亥) 입동

절기	대설																	소설											
음력	29	28	27	26	25	24	23	22	21	20	19	18	17	16	15	14	13	12	11	10	9	8	7	6	5	4	3	2	1
순행	9	9	10		1	1	1	1	2	2	3	3	3	4	4	4	5	5	5	6	6	6	7	7	7	8	8	8	
역행	1	1	1		10	10	9	9	9	8	8	8	7	7	7	6	6	6	5	5	5	4	4	4	3	3	3	2	1
월										12																		11	
일	10	9	8	7	6	5	4	3	2	1	30	29	28	27	26	25	24	23	22	21	20	19	18	17	16	15	14	13	12
일진	庚申	己未	戊午	丁巳	丙辰	乙卯	甲寅	癸丑	壬子	辛亥	庚戌	己酉	戊申	丁未	丙午	乙巳	甲辰	癸卯	壬寅	辛丑	庚子	己亥	戊戌	丁酉	丙申	乙未	甲午	癸巳	壬辰
요일	목	수	화	월	일	토	금	목	수	화	월	일	토	금	목	수	화	월	일	토	금	목	수	화	월	일	토	금	목

11月大(戊子) 대설

절기	소한																	동지												
음력	30	29	28	27	26	25	24	23	22	21	20	19	18	17	16	15	14	13	12	11	10	9	8	7	6	5	4	3	2	1
순행	9	9	9		1	1	1	1	2	2	3	3	3	4	4	4	5	5	5	6	6	6	7	7	7	8	8	8	9	
역행	1	1	1		10	9	9	9	8	8	8	7	7	7	6	6	6	5	5	5	4	4	4	3	3	3	2	2	1	
월										01																		12		
일	9	8	7	6	5	4	3	2	1	31	30	29	28	27	26	25	24	23	22	21	20	19	18	17	16	15	14	13	12	11
일진	庚寅	己丑	戊子	丁亥	丙戌	乙酉	甲申	癸未	壬午	辛巳	庚辰	己卯	戊寅	丁丑	丙子	乙亥	甲戌	癸酉	壬申	辛未	庚午	己巳	戊辰	丁卯	丙寅	乙丑	甲子	癸亥	壬戌	辛酉
요일	토	금	목	수	화	월	일	토	금	목	수	화	월	일	토	금	목	수	화	월	일	토	금	목	수	화	월	일	토	금

12月小(己丑) 소한

절기	입춘																	대한											
음력	29	28	27	26	25	24	23	22	21	20	19	18	17	16	15	14	13	12	11	10	9	8	7	6	5	4	3	2	1
순행	9	9	10		1	1	1	2	2	2	3	3	3	4	4	4	5	5	6	6	6	7	7	7	8	8	8	9	9
역행	1	1	1		9	9	9	8	8	8	7	7	6	6	6	5	5	5	4	4	4	3	3	3	2	2	2	1	1
월										02																		01	
일	7	6	5	4	3	2	1	31	30	29	28	27	26	25	24	23	22	21	20	19	18	17	16	15	14	13	12	11	10
일진	己未	戊午	丁巳	丙辰	乙卯	甲寅	癸丑	壬子	辛亥	庚戌	己酉	戊申	丁未	丙午	乙巳	甲辰	癸卯	壬寅	辛丑	庚子	己亥	戊戌	丁酉	丙申	乙未	甲午	癸巳	壬辰	辛卯
요일	일	토	금	목	수	화	월	일	토	금	목	수	화	월	일	토	금	목	수	화	월	일	토	금	목	수	화	월	일

사주 내 日柱가 약하면 단명할 팔자이다.

상문 : 戌   대장군 : 南
조객 : 午   삼 재 : 寅午戌
삼살 : 南

丙申年

서기 2016년
단기 4349년

1月大(庚寅) 입춘

항목	30	29	28	27	26	25	24	23	22	21	20	19	18	17	16	15	14	13	12	11	10	9	8	7	6	5	4	3	2	1
절기				경칩															우수											
음력	30	29	28	27	26	25	24	23	22	21	20	19	18	17	16	15	14	13	12	11	10	9	8	7	6	5	4	3	2	1
순행	9	9	10		1	1	1	1	2	2	2	3	3	3	4	4	4	5	5	5	6	6	6	7	7	7	8	8	8	9
역행	1	1	1		10	9	9	9	8	8	8	7	7	7	6	6	6	5	5	5	4	4	4	3	3	3	2	2	2	1
월								03																						02
일	8	7	6	5	4	3	2	1	29	28	27	26	25	24	23	22	21	20	19	18	17	16	15	14	13	12	11	10	9	8
일진	己丑	戊子	丁亥	丙戌	乙酉	甲申	癸未	壬午	辛巳	庚辰	己卯	戊寅	丁丑	丙子	乙亥	甲戌	癸酉	壬申	辛未	庚午	己巳	戊辰	丁卯	丙寅	乙丑	甲子	癸亥	壬戌	辛酉	庚申
요일	화	월	일	토	금	목	수	화	월	일	토	금	목	수	화	월	일	토	금	목	수	화	월	일	토	금	목	수	화	월

2月小(辛卯) 경칩

항목	29	28	27	26	25	24	23	22	21	20	19	18	17	16	15	14	13	12	11	10	9	8	7	6	5	4	3	2	1
절기			청명															춘분											
음력	29	28	27	26	25	24	23	22	21	20	19	18	17	16	15	14	13	12	11	10	9	8	7	6	5	4	3	2	1
순행	10	10		1	1	1	1	2	2	2	3	3	3	4	4	4	5	5	5	6	6	6	7	7	7	8	8	8	9
역행	1	1		10	9	9	9	8	8	8	7	7	7	6	6	6	5	5	5	4	4	4	3	3	3	2	2	2	1
월						04															03								
일	6	5	4	3	2	1	31	30	29	28	27	26	25	24	23	22	21	20	19	18	17	16	15	14	13	12	11	10	9
일진	戊午	丁巳	丙辰	乙卯	甲寅	癸丑	壬子	辛亥	庚戌	己酉	戊申	丁未	丙午	乙巳	甲辰	癸卯	壬寅	辛丑	庚子	己亥	戊戌	丁酉	丙申	乙未	甲午	癸巳	壬辰	辛卯	庚寅
요일	수	화	월	일	토	금	목	수	화	월	일	토	금	목	수	화	월	일	토	금	목	수	화	월	일	토	금	목	수

3月大(壬辰) 청명

항목	30	29	28	27	26	25	24	23	22	21	20	19	18	17	16	15	14	13	12	11	10	9	8	7	6	5	4	3	2	1
절기		입하															곡우													
음력	30	29	28	27	26	25	24	23	22	21	20	19	18	17	16	15	14	13	12	11	10	9	8	7	6	5	4	3	2	1
순행	10		1	1	1	1	2	2	2	3	3	3	4	4	4	5	5	5	6	6	6	7	7	7	8	8	8	9	9	9
역행	1		10	9	9	9	8	8	8	7	7	7	6	6	6	5	5	5	4	4	4	3	3	3	2	2	2	1	1	1
월						05																		04						
일	6	5	4	3	2	1	30	29	28	27	26	25	24	23	22	21	20	19	18	17	16	15	14	13	12	11	10	9	8	7
일진	戊子	丁亥	丙戌	乙酉	甲申	癸未	壬午	辛巳	庚辰	己卯	戊寅	丁丑	丙子	乙亥	甲戌	癸酉	壬申	辛未	庚午	己巳	戊辰	丁卯	丙寅	乙丑	甲子	癸亥	壬戌	辛酉	庚申	己未
요일	금	목	수	화	월	일	토	금	목	수	화	월	일	토	금	목	수	화	월	일	토	금	목	수	화	월	일	토	금	목

4月小(癸巳) 입하

항목	29	28	27	26	25	24	23	22	21	20	19	18	17	16	15	14	13	12	11	10	9	8	7	6	5	4	3	2	1
절기																소만													
음력	29	28	27	26	25	24	23	22	21	20	19	18	17	16	15	14	13	12	11	10	9	8	7	6	5	4	3	2	1
순행	1	1	1	1	2	2	2	3	3	3	4	4	4	5	5	5	6	6	6	7	7	7	8	8	8	9	9	9	10
역행	10	10	9	9	9	8	8	8	7	7	7	6	6	6	5	5	5	4	4	4	3	3	3	2	2	2	1	1	1
월				06																						05			
일	4	3	2	1	31	30	29	28	27	26	25	24	23	22	21	20	19	18	17	16	15	14	13	12	11	10	9	8	7
일진	丁巳	丙辰	乙卯	甲寅	癸丑	壬子	辛亥	庚戌	己酉	戊申	丁未	丙午	乙巳	甲辰	癸卯	壬寅	辛丑	庚子	己亥	戊戌	丁酉	丙申	乙未	甲午	癸巳	壬辰	辛卯	庚寅	己丑
요일	토	금	목	수	화	월	일	토	금	목	수	화	월	일	토	금	목	수	화	월	일	토	금	목	수	화	월	일	토

5月小(甲午) 망종

항목	29	28	27	26	25	24	23	22	21	20	19	18	17	16	15	14	13	12	11	10	9	8	7	6	5	4	3	2	1
절기													하지																망종
음력	29	28	27	26	25	24	23	22	21	20	19	18	17	16	15	14	13	12	11	10	9	8	7	6	5	4	3	2	1
순행	1	1	2	2	2	3	3	3	4	4	4	5	5	5	6	6	6	7	7	7	8	8	8	9	9	9	10	10	
역행	9	9	9	8	8	8	7	7	7	6	6	6	5	5	5	4	4	4	3	3	3	2	2	2	1	1	1	1	
월			07																						06				
일	3	2	1	30	29	28	27	26	25	24	23	22	21	20	19	18	17	16	15	14	13	12	11	10	9	8	7	6	5
일진	丙戌	乙酉	甲申	癸未	壬午	辛巳	庚辰	己卯	戊寅	丁丑	丙子	乙亥	甲戌	癸酉	壬申	辛未	庚午	己巳	戊辰	丁卯	丙寅	乙丑	甲子	癸亥	壬戌	辛酉	庚申	己未	戊午
요일	일	토	금	목	수	화	월	일	토	금	목	수	화	월	일	토	금	목	수	화	월	일	토	금	목	수	화	월	일

6月大(乙未) 소서

항목	30	29	28	27	26	25	24	23	22	21	20	19	18	17	16	15	14	13	12	11	10	9	8	7	6	5	4	3	2	1
절기												대서															소서			
음력	30	29	28	27	26	25	24	23	22	21	20	19	18	17	16	15	14	13	12	11	10	9	8	7	6	5	4	3	2	1
순행	2	2	2	3	3	3	4	4	4	5	5	5	6	6	6	7	7	7	8	8	8	9	9	9	10	10		1	1	1
역행	9	9	8	8	8	7	7	7	6	6	6	5	5	5	4	4	4	3	3	3	2	2	2	1	1	1		10	10	10
월		08																												07
일	2	1	31	30	29	28	27	26	25	24	23	22	21	20	19	18	17	16	15	14	13	12	11	10	9	8	7	6	5	4
일진	丙辰	乙卯	甲寅	癸丑	壬子	辛亥	庚戌	己酉	戊申	丁未	丙午	乙巳	甲辰	癸卯	壬寅	辛丑	庚子	己亥	戊戌	丁酉	丙申	乙未	甲午	癸巳	壬辰	辛卯	庚寅	己丑	戊子	丁亥
요일	화	월	일	토	금	목	수	화	월	일	토	금	목	수	화	월	일	토	금	목	수	화	월	일	토	금	목	수	화	월

財가 식신 또는 상관과 合이된 사주는 처갓집을 도와준다.

7月小(丙申)입추

절 기	처서									입추																			
음력	29	28	27	26	25	24	23	22	21	20	19	18	17	16	15	14	13	12	11	10	9	8	7	6	5	4	3	2	1
순행	2	3	3	3	4	4	4	5	5	5	6	6	6	7	7	7	8	8	8	9	9	9	10	10			1	1	1	1
역행	8	8	7	7	7	6	6	6	5	5	5	4	4	4	3	3	3	2	2	2	1	1	1			10	10	9	9
월																									08				
일	31	30	29	28	27	26	25	24	23	22	21	20	19	18	17	16	15	14	13	12	11	10	9	8	7	6	5	4	3
일 진	乙酉	甲申	癸未	壬午	辛巳	庚辰	己卯	戊寅	丁丑	丙子	乙亥	甲戌	癸酉	壬申	辛未	庚午	己巳	戊辰	丁卯	丙寅	乙丑	甲子	癸亥	壬戌	辛酉	庚申	己未	戊午	丁巳
요 일	수	화	월	일	토	금	목	수	화	월	일	토	금	목	수	화	월	일	토	금	목	수	화	월	일	토	금	목	수

8月大(丁酉)백로

절 기	추분									백로																				
음력	30	29	28	27	26	25	24	23	22	21	20	19	18	17	16	15	14	13	12	11	10	9	8	7	6	5	4	3	2	1
순행	3	3	3	4	4	4	5	5	5	6	6	6	7	7	7	8	8	8	9	9	9	10	10			1	1	1	2	2
역행	8	7	7	7	6	6	6	5	5	5	4	4	4	3	3	3	2	2	2	1	1	1			10	10	9	9	9	8
월																										09				
일	30	29	28	27	26	25	24	23	22	21	20	19	18	17	16	15	14	13	12	11	10	9	8	7	6	5	4	3	2	1
일 진	乙卯	甲寅	癸丑	壬子	辛亥	庚戌	己酉	戊申	丁未	丙午	乙巳	甲辰	癸卯	壬寅	辛丑	庚子	己亥	戊戌	丁酉	丙申	乙未	甲午	癸巳	壬辰	辛卯	庚寅	己丑	戊子	丁亥	丙戌
요 일	금	목	수	화	월	일	토	금	목	수	화	월	일	토	금	목	수	화	월	일	토	금	목	수	화	월	일	토	금	목

9月大(戊戌)한로

절 기	상강									한로																				
음력	30	29	28	27	26	25	24	23	22	21	20	19	18	17	16	15	14	13	12	11	10	9	8	7	6	5	4	3	2	1
순행	3	3	4	4	4	5	5	5	6	6	6	7	7	7	8	8	8	9	9	9			1	1	1	1	2	2	2	
역행	7	7	6	6	6	5	5	5	4	4	4	3	3	3	2	2	2	1	1	1			10	10	9	9	9	8	8	
월																										10				
일	30	29	28	27	26	25	24	23	22	21	20	19	18	17	16	15	14	13	12	11	10	9	8	7	6	5	4	3	2	1
일 진	乙酉	甲申	癸未	壬午	辛巳	庚辰	己卯	戊寅	丁丑	丙子	乙亥	甲戌	癸酉	壬申	辛未	庚午	己巳	戊辰	丁卯	丙寅	乙丑	甲子	癸亥	壬戌	辛酉	庚申	己未	戊午	丁巳	丙辰
요 일	일	토	금	목	수	화	월	일	토	금	목	수	화	월	일	토	금	목	수	화	월	일	토	금	목	수	화	월	일	토

10月小(乙亥)입동

절 기	소설						입동																							
음력	29	28	27	26	25	24	23	22	21	20	19	18	17	16	15	14	13	12	11	10	9	8	7	6	5	4	3	2	1	
순행	3	3	4	4	4	5	5	5	6	6	6	7	7	7	8	8	8	9	9	10			1	1	1	1	2	2	2	
역행	7	7	6	6	6	5	5	5	4	4	4	3	3	3	2	2	2	1	1	1			10	9	9	9	8	8	8	
월																									11	10				
일	28	27	26	25	24	23	22	21	20	19	18	17	16	15	14	13	12	11	10	9	8	7	6	5	4	3	2	1	31	
일 진	甲寅	癸丑	壬子	辛亥	庚戌	己酉	戊申	丁未	丙午	乙巳	甲辰	癸卯	壬寅	辛丑	庚子	己亥	戊戌	丁酉	丙申	乙未	甲午	癸巳	壬辰	辛卯	庚寅	己丑	戊子	丁亥	丙戌	
요 일	월	일	토	금	목	수	화	월	일	토	금	목	수	화	월	일	토	금	목	수	화	월	일	토	금	목	수	화	월	

11月大(丙子)대설

절 기	동지									대설																				
음력	30	29	28	27	26	25	24	23	22	21	20	19	18	17	16	15	14	13	12	11	10	9	8	7	6	5	4	3	2	1
순행	3	3	3	4	4	5	5	5	6	6	6	7	7	7	8	8	8	9	9			1	1	1	1	2	2	2	2	3
역행	7	7	6	6	6	5	5	5	4	4	4	3	3	3	2	2	2	1	1			10	9	9	9	8	8	8	8	7
월																				12		11								
일	28	27	26	25	24	23	22	21	20	19	18	17	16	15	14	13	12	11	10	9	8	7	6	5	4	3	2	1	30	29
일 진	甲申	癸未	壬午	辛巳	庚辰	己卯	戊寅	丁丑	丙子	乙亥	甲戌	癸酉	壬申	辛未	庚午	己巳	戊辰	丁卯	丙寅	乙丑	甲子	癸亥	壬戌	辛酉	庚申	己未	戊午	丁巳	丙辰	乙卯
요 일	수	화	월	일	토	금	목	수	화	월	일	토	금	목	수	화	월	일	토	금	목	수	화	월	일	토	금	목	수	화

12月大(辛丑)소한

절 기	대한							소한																						
음력	30	29	28	27	26	25	24	23	22	21	20	19	18	17	16	15	14	13	12	11	10	9	8	7	6	5	4	3	2	1
순행	3	3	3	4	4	5	5	6	6	6	7	7	7	8	8	8	9	9	9			1	1	1	1	2	2	2	2	
역행	7	7	6	6	6	5	5	5	4	4	4	3	3	3	2	2	2	1	1			9	9	9	8	8	8	7	7	
월																		01		12										
일	27	26	25	24	23	22	21	20	19	18	17	16	15	14	13	12	11	10	9	8	7	6	5	4	3	2	1	31	30	29
일 진	甲寅	癸丑	壬子	辛亥	庚戌	己酉	戊申	丁未	丙午	乙巳	甲辰	癸卯	壬寅	辛丑	庚子	己亥	戊戌	丁酉	丙申	乙未	甲午	癸巳	壬辰	辛卯	庚寅	己丑	戊子	丁亥	丙戌	乙酉
요 일	금	목	수	화	월	일	토	금	목	수	화	월	일	토	금	목	수	화	월	일	토	금	목	수	화	월	일	토	금	목

신약 사주 내에 官이 너무 왕해도 가난하고 빈천하다.

상문 : 亥　대장군 : 南
조객 : 未　삼 재 : 寅午戌
삼살 : 東

丁酉年

서기 2017년
단기 4350년

1月小(壬寅)입춘 — 절기: 우수 / 입춘

절기	우수	입춘
음력	29 28 27 26 25 24 23 **22** 21 20 19 18 17 16 15 14 13 12 11 10 9 **8** 7 6 5 4 3 2 1	
대 순행	3 3 3 4 4 4 5 5 5 6 6 6 7 7 7 8 8 8 9 9 9 　 1 1 1 1 2 2 2	
대 역행	7 7 6 6 6 5 5 5 4 4 4 3 3 3 2 2 2 1 1 1 　 10 9 9 9 8 8 8	
양 월	02 ‥ 01	
양 일	25 24 23 22 21 20 19 18 17 16 15 14 13 12 11 10 9 8 7 6 5 4 3 2 1 31 30 29 28	
일진	癸 壬 辛 庚 己 戊 丁 丙 乙 甲 癸 壬 辛 庚 己 戊 丁 丙 乙 甲 癸 壬 辛 庚 己 戊 丁 丙 乙	
일진	未 午 巳 辰 卯 寅 丑 子 亥 戌 酉 申 未 午 巳 辰 卯 寅 丑 子 亥 戌 酉 申 未 午 巳 辰 卯	
요일	토 금 목 수 화 월 일 토 금 목 수 화 월 일 토 금 목 수 화 월 일 토 금 목 수 화 월 일 토	

2月大(癸卯)경칩 — 절기: 춘분 / 경칩

절기	춘분 / 경칩
음력	30 29 28 27 26 25 24 **23** 22 21 20 19 18 17 16 15 14 13 12 11 10 **9** 8 7 6 5 4 3 2 1
대 순행	3 3 3 4 4 4 5 5 5 6 6 6 7 7 7 8 8 8 9 9 10 　 1 1 1 1 2 2 2
대 역행	7 7 6 6 6 5 5 5 4 4 4 3 3 3 2 2 2 1 1 1 　 10 9 9 9 8 8 8
양 월	03 ‥ 02
양 일	27 26 25 24 23 22 21 20 19 18 17 16 15 14 13 12 11 10 9 8 7 6 5 4 3 2 1 28 27 26
일진	癸 壬 辛 庚 己 戊 丁 丙 乙 甲 癸 壬 辛 庚 己 戊 丁 丙 乙 甲 癸 壬 辛 庚 己 戊 丁 丙 乙 甲
일진	丑 子 亥 戌 酉 申 未 午 巳 辰 卯 寅 丑 子 亥 戌 酉 申 未 午 巳 辰 卯 寅 丑 子 亥 戌 酉 申
요일	월 일 토 금 목 수 화 월 일 토 금 목 수 화 월 일 토 금 목 수 화 월 일 토 금 목 수 화 월 일

3月小(甲辰)청명 — 절기: 곡우 / 청명

절기	곡우 / 청명
음력	29 28 27 26 25 **24** 23 22 21 20 19 18 17 16 15 14 13 12 11 10 9 **8** 7 6 5 4 3 2 1
대 순행	3 4 4 4 5 5 5 6 6 6 7 7 7 8 8 8 9 9 9 10 　 1 1 1 1 2 2 2
대 역행	7 7 6 6 6 5 5 5 4 4 4 3 3 3 2 2 2 1 1 1 　 10 9 9 9 8 8 8
양 월	04 ‥ 03
양 일	25 24 23 22 21 20 19 18 17 16 15 14 13 12 11 10 9 8 7 6 5 4 3 2 1 31 30 29 28
일진	壬 辛 庚 己 戊 丁 丙 乙 甲 癸 壬 辛 庚 己 戊 丁 丙 乙 甲 癸 壬 辛 庚 己 戊 丁 丙 乙 甲
일진	午 巳 辰 卯 寅 丑 子 亥 戌 酉 申 未 午 巳 辰 卯 寅 丑 子 亥 戌 酉 申 未 午 巳 辰 卯 寅
요일	화 월 일 토 금 목 수 화 월 일 토 금 목 수 화 월 일 토 금 목 수 화 월 일 토 금 목 수 화

4月大(乙巳)입하 — 절기: 소만 / 입하

절기	소만 / 입하
음력	30 29 28 27 **26** 25 24 23 22 21 20 19 18 17 16 15 14 13 12 11 **10** 9 8 7 6 5 4 3 2 1
대 순행	4 4 4 5 5 5 6 6 6 7 7 7 8 8 8 9 9 9 10 10 　 1 1 1 2 2 2 3
대 역행	7 6 6 6 5 5 5 4 4 4 3 3 3 2 2 2 1 1 1 　 10 10 9 9 9 8 8 8
양 월	05 ‥ 04
양 일	25 24 23 22 21 20 19 18 17 16 15 14 13 12 11 10 9 8 7 6 5 4 3 2 1 30 29 28 27 26
일진	壬 辛 庚 己 戊 丁 丙 乙 甲 癸 壬 辛 庚 己 戊 丁 丙 乙 甲 癸 壬 辛 庚 己 戊 丁 丙 乙 甲 癸
일진	子 亥 戌 酉 申 未 午 巳 辰 卯 寅 丑 子 亥 戌 酉 申 未 午 巳 辰 卯 寅 丑 子 亥 戌 酉 申 未
요일	목 수 화 월 일 토 금 목 수 화 월 일 토 금 목 수 화 월 일 토 금 목 수 화 월 일 토 금 목 수

5月小(丙午)망종 — 절기: 하지 / 망종

절기	하지 / 망종
음력	29 28 **27** 26 25 24 23 22 21 20 19 18 17 16 15 14 13 **12** 11 10 9 8 7 6 5 4 3 2 1
대 순행	5 5 5 6 6 6 7 7 7 8 8 8 9 9 10 10 　 1 1 1 2 2 2 3 3 3
대 역행	5 5 5 4 4 4 3 3 3 2 2 2 1 1 1 　 10 10 9 9 9 8 8 7
양 월	06 ‥ 05
양 일	23 22 21 20 19 18 17 16 15 14 13 12 11 10 9 8 7 6 5 4 3 2 1 31 30 29 28 27 26
일진	辛 庚 己 戊 丁 丙 乙 甲 癸 壬 辛 庚 己 戊 丁 丙 乙 甲 癸 壬 辛 庚 己 戊 丁 丙 乙 甲 癸
일진	巳 辰 卯 寅 丑 子 亥 戌 酉 申 未 午 巳 辰 卯 寅 丑 子 亥 戌 酉 申 未 午 巳 辰 卯 寅 丑
요일	금 목 수 화 월 일 토 금 목 수 화 월 일 토 금 목 수 화 월 일 토 금 목 수 화 월 일 토 금

윤5月小 — 절기: 소서

절기	소서
음력	29 28 27 26 25 24 23 22 21 20 19 18 17 16 15 **14** 13 12 11 10 9 8 7 6 5 4 3 2 1
대 순행	5 6 6 6 7 7 7 8 8 8 9 9 10 10 　 1 1 1 2 2 2 3 3 3 4 4 4
대 역행	5 5 4 4 4 3 3 3 2 2 2 1 1 1 　 10 10 9 9 9 8 8 8 7 7 6
양 월	07 ‥ 06
양 일	22 21 20 19 18 17 16 15 14 13 12 11 10 9 8 7 6 5 4 3 2 1 30 29 28 27 26 25 24
일진	庚 己 戊 丁 丙 乙 甲 癸 壬 辛 庚 己 戊 丁 丙 乙 甲 癸 壬 辛 庚 己 戊 丁 丙 乙 甲 癸 壬
일진	戌 酉 申 未 午 巳 辰 卯 寅 丑 子 亥 戌 酉 申 未 午 巳 辰 卯 寅 丑 子 亥 戌 酉 申 未 午
요일	토 금 목 수 화 월 일 토 금 목 수 화 월 일 토 금 목 수 화 월 일 토 금 목 수 화 월 일 토

인수와 재가 刑殺을 맞으면 어린 여자를 좋아한다.

6月大(丁未)소서 — 절기: 대서 (음력 1), 입추 (음력 16)

음력	30	29	28	27	26	25	24	23	22	21	20	19	18	17	**16**	15	14	13	12	11	10	9	8	7	6	5	4	3	2	1
순행	6	6	6	7	7	7	8	8	8	9	9	9	10	10		1	1	1	1	2	2	2	3	3	3	4	4	4	5	5
역행	5	5	4	4	4	3	3	3	2	2	2	1	1	1		10	10	9	9	9	8	8	8	7	7	7	6	6	6	5
월																					08									07
일	21	20	19	18	17	16	15	14	13	12	11	10	9	8	7	6	5	4	3	2	1	31	30	29	28	27	26	25	24	23
일진	庚	己	戊	丁	丙	乙	甲	癸	壬	辛	庚	己	戊	丁	丙	乙	甲	癸	壬	辛	庚	己	戊	丁	丙	乙	甲	癸	壬	辛
	辰	卯	寅	丑	子	亥	戌	酉	申	未	午	巳	辰	卯	寅	丑	子	亥	戌	酉	申	未	午	巳	辰	卯	寅	丑	子	亥
요일	일	토	금	목	수	화	월	일	토	금	목	수	화	월	일	토	금	목	수	화	월	일	토	금	목	수	화	월	일	토

7月小(戊申)입추 — 절기: 처서 (음력 1), 백로 (음력 17)

음력	29	28	27	26	25	24	23	22	21	20	19	18	**17**	16	15	14	13	12	11	10	9	8	7	6	5	4	3	2	1
순행	7	7	7	8	8	8	9	9	9	10	10			1	1	1	1	2	2	2	3	3	3	4	4	4	5	5	5
역행	4	4	3	3	3	2	2	2	1	1	1			10	10	9	9	9	8	8	8	7	7	7	6	6	6	5	5
월																			09										08
일	19	18	17	16	15	14	13	12	11	10	9	8	7	6	5	4	3	2	1	31	30	29	28	27	26	25	24	23	22
일진	己	戊	丁	丙	乙	甲	癸	壬	辛	庚	己	戊	丁	丙	乙	甲	癸	壬	辛	庚	己	戊	丁	丙	乙	甲	癸	壬	辛
	酉	申	未	午	巳	辰	卯	寅	丑	子	亥	戌	酉	申	未	午	巳	辰	卯	寅	丑	子	亥	戌	酉	申	未	午	巳
요일	월	일	토	금	목	수	화	월	일	토	금	목	수	화	월	일	토	금	목	수	화	월	일	토	금	목	수	화	월

8月大(己酉)백로 — 절기: 추분 (음력 1), 한로 (음력 19)

음력	30	29	28	27	26	25	24	23	22	21	20	**19**	18	17	16	15	14	13	12	11	10	9	8	7	6	5	4	3	2	1
순행	6	7	7	7	8	8	8	9	9	9	10		1	1	1	2	2	2	3	3	3	4	4	4	5	5	5	5	6	6
역행	4	3	3	3	2	2	2	1	1	1			10	10	9	9	9	8	8	8	7	7	7	6	6	6	5	5	5	4
월													10																	09
일	19	18	17	16	15	14	13	12	11	10	9	8	7	6	5	4	3	2	1	30	29	28	27	26	25	24	23	22	21	20
일진	己	戊	丁	丙	乙	甲	癸	壬	辛	庚	己	戊	丁	丙	乙	甲	癸	壬	辛	庚	己	戊	丁	丙	乙	甲	癸	壬	辛	庚
	卯	寅	丑	子	亥	戌	酉	申	未	午	巳	辰	卯	寅	丑	子	亥	戌	酉	申	未	午	巳	辰	卯	寅	丑	子	亥	戌
요일	수	화	월	일	토	금	목	수	화	월	일	토	금	목	수	화	월	일	토	금	목	수	화	월	일	토	금	목	수	화

9月小(庚戌)한로 — 절기: 상강 (음력 1), 입동 (음력 19)

음력	29	28	27	26	25	24	23	22	21	20	**19**	18	17	16	15	14	13	12	11	10	9	8	7	6	5	4	3	2	1
순행	7	7	8	8	8	9	9	9	10	10		1	1	1	2	2	2	3	3	3	4	4	4	5	5	5	6	6	6
역행	3	3	2	2	2	1	1	1				10	9	9	9	8	8	8	7	7	7	6	6	6	5	5	5	4	4
월												11																	10
일	17	16	15	14	13	12	11	10	9	8	7	6	5	4	3	2	1	31	30	29	28	27	26	25	24	23	22	21	20
일진	戊	丁	丙	乙	甲	癸	壬	辛	庚	己	戊	丁	丙	乙	甲	癸	壬	辛	庚	己	戊	丁	丙	乙	甲	癸	壬	辛	庚
	申	未	午	巳	辰	卯	寅	丑	子	亥	戌	酉	申	未	午	巳	辰	卯	寅	丑	子	亥	戌	酉	申	未	午	巳	辰
요일	목	수	화	월	일	토	금	목	수	화	월	일	토	금	목	수	화	월	일	토	금	목	수	화	월	일	토	금	목

10月大(辛亥)입동 — 절기: 소설 (음력 1), 대설 (음력 20)

음력	30	29	28	27	26	25	24	23	22	21	**20**	19	18	17	16	15	14	13	12	11	10	9	8	7	6	5	4	3	2	1
순행	6	7	7	7	8	8	8	9	9	9		1	1	1	2	2	2	3	3	3	4	4	4	5	5	5	6	6	6	6
역행	6	3	3	2	2	2	1	1	1			10	9	9	9	8	8	8	7	7	7	6	6	6	5	5	5	4	4	4
월													12																	11
일	17	16	15	14	13	12	11	10	9	8	7	6	5	4	3	2	1	30	29	28	27	26	25	24	23	22	21	20	19	18
일진	戊	丁	丙	乙	甲	癸	壬	辛	庚	己	戊	丁	丙	乙	甲	癸	壬	辛	庚	己	戊	丁	丙	乙	甲	癸	壬	辛	庚	己
	寅	丑	子	亥	戌	酉	申	未	午	巳	辰	卯	寅	丑	子	亥	戌	酉	申	未	午	巳	辰	卯	寅	丑	子	亥	戌	酉
요일	토	금	목	수	화	월	일	토	금	목	수	화	월	일	토	금	목	수	화	월	일	토	금	목	수	화	월	일	토	금

11月大(壬子)대설 — 절기: 동지 (음력 1), 소한 (음력 19)

음력	30	29	28	27	26	25	24	23	22	21	20	**19**	18	17	16	15	14	13	12	11	10	9	8	7	6	5	4	3	2	1
순행	6	7	7	7	8	8	8	9	9	9	10		1	1	1	2	2	2	3	3	3	4	4	4	5	5	5	6	6	6
역행	4	3	3	2	2	2	1	1	1				10	9	9	9	8	8	8	7	7	7	6	6	6	5	5	5	4	4
월																01														12
일	16	15	14	13	12	11	10	9	8	7	6	5	4	3	2	1	31	30	29	28	27	26	25	24	23	22	21	20	19	18
일진	戊	丁	丙	乙	甲	癸	壬	辛	庚	己	戊	丁	丙	乙	甲	癸	壬	辛	庚	己	戊	丁	丙	乙	甲	癸	壬	辛	庚	己
	申	未	午	巳	辰	卯	寅	丑	子	亥	戌	酉	申	未	午	巳	辰	卯	寅	丑	子	亥	戌	酉	申	未	午	巳	辰	卯
요일	월	일	토	금	목	수	화	월	일	토	금	목	수	화	월	일	토	금	목	수	화	월	일	토	금	목	수	화	월	일

12月大(癸丑)소한 — 절기: 대한 (음력 1), 입춘 (음력 19)

음력	30	29	28	27	26	25	24	23	22	21	20	**19**	18	17	16	15	14	13	12	11	10	9	8	7	6	5	4	3	2	1
순행	6	7	7	7	8	8	8	9	9	9	10		1	1	1	2	2	2	3	3	3	4	4	4	5	5	5	6	6	6
역행	4	3	3	2	2	2	1	1	1				10	9	9	9	8	8	8	7	7	7	6	6	6	5	5	5	4	4
월															02															01
일	15	14	13	12	11	10	9	8	7	6	5	4	3	2	1	31	30	29	28	27	26	25	24	23	22	21	20	19	18	17
일진	戊	丁	丙	乙	甲	癸	壬	辛	庚	己	戊	丁	丙	乙	甲	癸	壬	辛	庚	己	戊	丁	丙	乙	甲	癸	壬	辛	庚	己
	寅	丑	子	亥	戌	酉	申	未	午	巳	辰	卯	寅	丑	子	亥	戌	酉	申	未	午	巳	辰	卯	寅	丑	子	亥	戌	酉
요일	수	화	월	일	토	금	목	수	화	월	일	토	금	목	수	화	월	일	토	금	목	수	화	월	일	토	금	목	수	화

신왕 사주에 財가 암장되여 있으면 지독한 노랭이 알부자이다.

상문 : 子　대장군 : 南
조객 : 申　삼 재 : 寅午戌
삼살 : 北

戊戌年

서기 2018년
단기 4351년

1月小(甲寅)입춘

절기	경칩											우수																
음력	29	28	27	26	25	24	23	22	21	20	19	18	17	16	15	14	13	12	11	10	9	8	7	6	5	4	3	2	1
순행 묘운	7	7	7	8	8	8	9	9	9	10		1	1	1	1	2	2	2	3	3	3	4	4	4	5	5	5	4	
역행 묘운	3	3	3	2	2	2	1	1	1		10	9	9	9	8	8	8	7	7	7	6	6	6	5	5	5	4		
월 응윤											03																02		
일	16	15	14	13	12	11	10	9	8	7	6	5	4	3	2	1	28	27	26	25	24	23	22	21	20	19	18	17	16
일진	丁未	丙午	乙巳	甲辰	癸卯	壬寅	辛丑	庚子	己亥	戊戌	丁酉	丙申	乙未	甲午	癸巳	壬辰	辛卯	庚寅	己丑	戊子	丁亥	丙戌	乙酉	甲申	癸未	壬午	辛巳	庚辰	己卯
요일	금	목	수	화	월	일	토	금	목	수	화	월	일	토	금	목	수	화	월	일	토	금	목	수	화	월	일	토	금

2月大(乙卯)경칩

절기	청명										춘분																			
음력	30	29	28	27	26	25	24	23	22	21	20	19	18	17	16	15	14	13	12	11	10	9	8	7	6	5	4	3	2	1
순행 묘운	7	7	7	8	8	8	9	9	9	10		1	1	1	2	2	2	3	3	3	4	4	4	5	5	5	6	6	6	
역행 묘운	3	3	3	2	2	2	1	1	1		10	9	9	9	8	8	8	7	7	7	6	6	6	5	5	5	4	4	4	
월 응윤											04																03			
일	15	14	13	12	11	10	9	8	7	6	5	4	3	2	1	31	30	29	28	27	26	25	24	23	22	21	20	19	18	17
일진	丁丑	丙子	乙亥	甲戌	癸酉	壬申	辛未	庚午	己巳	戊辰	丁卯	丙寅	乙丑	甲子	癸亥	壬戌	辛酉	庚申	己未	戊午	丁巳	丙辰	乙卯	甲寅	癸丑	壬子	辛亥	庚戌	己酉	戊申
요일	일	토	금	목	수	화	월	일	토	금	목	수	화	월	일	토	금	목	수	화	월	일	토	금	목	수	화	월	일	토

3月小(丙辰)청명

절기	입하									곡우																			
음력	29	28	27	26	25	24	23	22	21	20	19	18	17	16	15	14	13	12	11	10	9	8	7	6	5	4	3	2	1
순행 묘운	8	8	8	9	9	9	10	10		1	1	1	1	2	2	2	3	3	3	4	4	4	5	5	5	6	6	6	
역행 묘운	3	3	2	2	2	1	1	1		10	9	9	9	8	8	8	7	7	7	6	6	6	5	5	5	4	4	4	
월 응윤										05																	04		
일	14	13	12	11	10	9	8	7	6	5	4	3	2	1	30	29	28	27	26	25	24	23	22	21	20	19	18	17	16
일진	丙午	乙巳	甲辰	癸卯	壬寅	辛丑	庚子	己亥	戊戌	丁酉	丙申	乙未	甲午	癸巳	壬辰	辛卯	庚寅	己丑	戊子	丁亥	丙戌	乙酉	甲申	癸未	壬午	辛巳	庚辰	己卯	戊寅
요일	월	일	토	금	목	수	화	월	일	토	금	목	수	화	월	일	토	금	목	수	화	월	일	토	금	목	수	화	월

4月大(丁巳)입하

절기	망종													소만																
음력	30	29	28	27	26	25	24	23	22	21	20	19	18	17	16	15	14	13	12	11	10	9	8	7	6	5	4	3	2	1
순행 묘운	8	8	9	9	9	10	10		1	1	1	2	2	2	3	3	3	4	4	4	5	5	5	6	6	6	7	7	7	
역행 묘운	2	2	2	1	1	1		10	10	9	9	9	8	8	8	7	7	7	6	6	6	5	5	5	4	4	4	3	3	
월 응윤									06																		05			
일	13	12	11	10	9	8	7	6	5	4	3	2	1	31	30	29	28	27	26	25	24	23	22	21	20	19	18	17	16	15
일진	丙子	乙亥	甲戌	癸酉	壬申	辛未	庚午	己巳	戊辰	丁卯	丙寅	乙丑	甲子	癸亥	壬戌	辛酉	庚申	己未	戊午	丁巳	丙辰	乙卯	甲寅	癸丑	壬子	辛亥	庚戌	己酉	戊申	丁未
요일	수	화	월	일	토	금	목	수	화	월	일	토	금	목	수	화	월	일	토	금	목	수	화	월	일	토	금	목	수	화

5月小(戊午)망종

절기	소서										하지																		
음력	29	28	27	26	25	24	23	22	21	20	19	18	17	16	15	14	13	12	11	10	9	8	7	6	5	4	3	2	1
순행 묘운	9	9	9	10	10		1	1	1	1	2	2	2	3	3	3	4	4	4	5	5	5	6	6	6	7	7	7	8
역행 묘운	2	1	1	1		10	10	9	9	9	8	8	8	7	7	7	6	6	6	5	5	5	4	4	4	3	3	3	2
월 응윤									07																		06		
일	12	11	10	9	8	7	6	5	4	3	2	1	30	29	28	27	26	25	24	23	22	21	20	19	18	17	16	15	14
일진	乙巳	甲辰	癸卯	壬寅	辛丑	庚子	己亥	戊戌	丁酉	丙申	乙未	甲午	癸巳	壬辰	辛卯	庚寅	己丑	戊子	丁亥	丙戌	乙酉	甲申	癸未	壬午	辛巳	庚辰	己卯	戊寅	丁丑
요일	목	수	화	월	일	토	금	목	수	화	월	일	토	금	목	수	화	월	일	토	금	목	수	화	월	일	토	금	목

6月小(己未)소서

절기	입추										대서																		
음력	29	28	27	26	25	24	23	22	21	20	19	18	17	16	15	14	13	12	11	10	9	8	7	6	5	4	3	2	1
순행 묘운	10	10	10		1	1	1	1	2	2	2	3	3	3	4	4	4	5	5	5	6	6	6	7	7	7	8	8	8
역행 묘운	1	1	1		10	9	9	9	8	8	8	7	7	7	6	6	6	5	5	5	4	4	4	3	3	3	2	2	2
월 응윤									08																		07		
일	10	9	8	7	6	5	4	3	2	1	31	30	29	28	27	26	25	24	23	22	21	20	19	18	17	16	15	14	13
일진	甲戌	癸酉	壬申	辛未	庚午	己巳	戊辰	丁卯	丙寅	乙丑	甲子	癸亥	壬戌	辛酉	庚申	己未	戊午	丁巳	丙辰	乙卯	甲寅	癸丑	壬子	辛亥	庚戌	己酉	戊申	丁未	丙午
요일	금	목	수	화	월	일	토	금	목	수	화	월	일	토	금	목	수	화	월	일	토	금	목	수	화	월	일	토	금

土日生으로 신왕 팔자는 어린 여자를 좋아한다.

만세력

7月大(庚申)입추

절기	백로(30)																	처서(13)												
음력	30	29	28	27	26	25	24	23	22	21	20	19	18	17	16	15	14	13	12	11	10	9	8	7	6	5	4	3	2	1
순행	10	1	1	1	1	2	2	2	3	3	3	4	4	4	5	5	5	6	6	6	7	7	7	8	8	8	9	9	9	
역행	1	10	10	10	9	9	9	8	8	8	7	7	7	6	6	6	5	5	5	4	4	4	3	3	3	2	2	2	1	
월	09																													08
일	9	8	7	6	5	4	3	2	1	31	30	29	28	27	26	25	24	23	22	21	20	19	18	17	16	15	14	13	12	11
일진	甲辰	癸卯	壬寅	辛丑	庚子	己亥	戊戌	丁酉	丙申	乙未	甲午	癸巳	壬辰	辛卯	庚寅	己丑	戊子	丁亥	丙戌	乙酉	甲申	癸未	壬午	辛巳	庚辰	己卯	戊寅	丁丑	丙子	乙亥
요일	일	토	금	목	수	화	월	일	토	금	목	수	화	월	일	토	금	목	수	화	월	일	토	금	목	수	화	월	일	토

8月小(辛酉)백로

절기	한로(29)															추분(14)													
음력	29	28	27	26	25	24	23	22	21	20	19	18	17	16	15	14	13	12	11	10	9	8	7	6	5	4	3	2	1
순행	1	1	1	2	2	2	3	3	3	4	4	4	5	5	5	6	6	6	7	7	7	8	8	8	9	9	9		
역행	10	9	9	9	8	8	8	7	7	7	6	6	6	5	5	5	4	4	4	3	3	3	2	2	2	1	1		
월	10																												09
일	8	7	6	5	4	3	2	1	30	29	28	27	26	25	24	23	22	21	20	19	18	17	16	15	14	13	12	11	10
일진	癸酉	壬申	辛未	庚午	己巳	戊辰	丁卯	丙寅	乙丑	甲子	癸亥	壬戌	辛酉	庚申	己未	戊午	丁巳	丙辰	乙卯	甲寅	癸丑	壬子	辛亥	庚戌	己酉	戊申	丁未	丙午	乙巳
요일	일	토	금	목	수	화	월	일	토	금	목	수	화	월	일	토	금	목	수	화	월	일	토	금	목	수	화	월	

9月大(壬戌)한로

절기	입동(30)															상강(15)														
음력	30	29	28	27	26	25	24	23	22	21	20	19	18	17	16	15	14	13	12	11	10	9	8	7	6	5	4	3	2	1
순행	1	1	1	1	2	2	2	3	3	3	4	4	4	5	5	5	6	6	6	7	7	7	8	8	8	9	9	9		10
역행	10	9	9	9	8	8	8	7	7	7	6	6	6	5	5	5	4	4	4	3	3	3	2	2	2	1	1	1		1
월	11																													10
일	7	6	5	4	3	2	1	31	30	29	28	27	26	25	24	23	22	21	20	19	18	17	16	15	14	13	12	11	10	9
일진	癸卯	壬寅	辛丑	庚子	己亥	戊戌	丁酉	丙申	乙未	甲午	癸巳	壬辰	辛卯	庚寅	己丑	戊子	丁亥	丙戌	乙酉	甲申	癸未	壬午	辛巳	庚辰	己卯	戊寅	丁丑	丙子	乙亥	甲戌
요일	수	화	월	일	토	금	목	수	화	월	일	토	금	목	수	화	월	일	토	금	목	수	화	월	일	토	금	목	수	화

10月小(癸亥)입동

절기															소설(15)														
음력	29	28	27	26	25	24	23	22	21	20	19	18	17	16	15	14	13	12	11	10	9	8	7	6	5	4	3	2	1
순행	1	1	1	2	2	2	3	3	3	4	4	4	5	5	5	6	6	6	7	7	7	8	8	8	9	9	9		10
역행	10	9	9	9	8	8	8	7	7	7	6	6	6	5	5	5	4	4	4	3	3	3	2	2	2	1	1		1
월	12																												11
일	6	5	4	3	2	1	30	29	28	27	26	25	24	23	22	21	20	19	18	17	16	15	14	13	12	11	10	9	8
일진	壬申	辛未	庚午	己巳	戊辰	丁卯	丙寅	乙丑	甲子	癸亥	壬戌	辛酉	庚申	己未	戊午	丁巳	丙辰	乙卯	甲寅	癸丑	壬子	辛亥	庚戌	己酉	戊申	丁未	丙午	乙巳	甲辰
요일	목	수	화	월	일	토	금	목	수	화	월	일	토	금	목	수	화	월	일	토	금	목	수	화	월	일	토	금	목

11月大(甲子)대설

절기															동지(16)															대설
음력	30	29	28	27	26	25	24	23	22	21	20	19	18	17	16	15	14	13	12	11	10	9	8	7	6	5	4	3	2	1
순행	1	1	1	2	2	2	3	3	3	4	4	4	5	5	5	6	6	6	7	7	7	8	8	8	9	9	9			
역행	10	9	9	9	8	8	7	7	7	6	6	6	5	5	4	4	4	3	3	3	2	2	2	1	1	1				
월	01																													12
일	5	4	3	2	1	31	30	29	28	27	26	25	24	23	22	21	20	19	18	17	16	15	14	13	12	11	10	9	8	7
일진	壬寅	辛丑	庚子	己亥	戊戌	丁酉	丙申	乙未	甲午	癸巳	壬辰	辛卯	庚寅	己丑	戊子	丁亥	丙戌	乙酉	甲申	癸未	壬午	辛巳	庚辰	己卯	戊寅	丁丑	丙子	乙亥	甲戌	癸酉
요일	토	금	목	수	화	월	일	토	금	목	수	화	월	일	토	금	목	수	화	월	일	토	금	목	수	화	월	일	토	금

12月大(乙丑)소한

절기	입춘(30)															대한(15)														소한
음력	30	29	28	27	26	25	24	23	22	21	20	19	18	17	16	15	14	13	12	11	10	9	8	7	6	5	4	3	2	1
순행	1	1	1	2	2	2	3	3	3	4	4	4	5	5	5	6	6	6	7	7	7	8	8	8	9	9	9			
역행	9	9	9	8	8	8	7	7	7	6	6	6	5	5	5	4	4	4	3	3	3	2	2	2	1	1	1			
월	02																													01
일	4	3	2	1	31	30	29	28	27	26	25	24	23	22	21	20	19	18	17	16	15	14	13	12	11	10	9	8	7	6
일진	壬申	辛未	庚午	己巳	戊辰	丁卯	丙寅	乙丑	甲子	癸亥	壬戌	辛酉	庚申	己未	戊午	丁巳	丙辰	乙卯	甲寅	癸丑	壬子	辛亥	庚戌	己酉	戊申	丁未	丙午	乙巳	甲辰	癸卯
요일	월	일	토	금	목	수	화	월	일	토	금	목	수	화	월	일	토	금	목	수	화	월	일	토	금	목	수	화	월	일

신왕 사주에 財가 없어도 식신·상관운을 만나면 큰 부자가 된다.

상문 : 丑　대장군 : 西
조객 : 酉　삼 재 : 巳酉丑
삼살 : 西

己亥年

서기 2019년
단기 4352년

1月大(丙寅)입춘 — 절기 경칩 / 우수

절기	경칩														우수															
음력	30	29	28	27	26	25	24	23	22	21	20	19	18	17	15	14	13	12	11	10	9	8	7	6	5	4	3	2	1	
순행	1	1	1	1	2	2	2	3	3	3	4	4	4	5	5	5	6	6	6	7	7	7	8	8	8	9	9	9	10	10
역행	10	9	9	9	8	8	8	7	7	7	6	6	6	5	5	5	4	4	4	3	3	3	2	2	2	1	1	1		
월					03																							02		
일	6	5	4	3	2	1	28	27	26	25	24	23	22	21	20	19	18	17	16	15	14	13	12	11	10	9	8	7	6	
일진(천간)	壬	辛	庚	己	戊	丁	丙	乙	甲	癸	壬	辛	庚	己	戊	丁	丙	乙	甲	癸	壬	辛	庚	己	戊	丁	丙	乙	甲	癸
일진(지지)	寅	丑	子	亥	戌	酉	申	未	午	巳	辰	卯	寅	丑	子	亥	戌	酉	申	未	午	巳	辰	卯	寅	丑	子	亥	戌	酉
요일	수	화	월	일	토	금	목	수	화	월	일	토	금	목	수	화	월	일	토	금	목	수	화	월	일	토	금	목	수	화

2月小(丁卯)경칩 — 절기 춘분

절기															춘분														
음력	29	28	27	26	25	24	23	22	21	20	19	18	17	16	15	14	13	12	11	10	9	8	7	6	5	4	3	2	1
순행	1	1	1	2	2	2	3	3	3	4	4	4	5	5	5	6	6	6	7	7	7	8	8	8	9	9	9	10	10
역행	10	9	9	9	8	8	8	7	7	7	6	6	6	5	5	5	4	4	4	3	3	3	2	2	2	1	1	1	
월				04																						03			
일	4	3	2	1	31	30	29	28	27	26	25	24	23	22	21	20	19	18	17	16	15	14	13	12	11	10	9	8	7
일진(천간)	辛	庚	己	戊	丁	丙	乙	甲	癸	壬	辛	庚	己	戊	丁	丙	乙	甲	癸	壬	辛	庚	己	戊	丁	丙	乙	甲	癸
일진(지지)	未	午	巳	辰	卯	寅	丑	子	亥	戌	酉	申	未	午	巳	辰	卯	寅	丑	子	亥	戌	酉	申	未	午	巳	辰	卯
요일	목	수	화	월	일	토	금	목	수	화	월	일	토	금	목	수	화	월	일	토	금	목	수	화	월	일	토	금	목

3月大(戊辰)청명 — 절기 곡우 / 청명

절기														곡우													청명			
음력	30	29	28	27	26	25	24	23	22	21	20	19	18	17	16	15	14	13	12	11	10	9	8	7	6	5	4	3	2	1
순행	1	1	1	2	2	2	3	3	3	4	4	4	5	5	5	6	6	6	7	7	7	8	8	8	9	9	9	10	10	
역행	10	9	9	9	8	8	8	7	7	7	6	6	6	5	5	5	4	4	4	3	3	3	2	2	2	1	1	1		
월					05																						04			
일	4	3	2	1	30	29	28	27	26	25	24	23	22	21	20	19	18	17	16	15	14	13	12	11	10	9	8	7	6	5
일진(천간)	辛	庚	己	戊	丁	丙	乙	甲	癸	壬	辛	庚	己	戊	丁	丙	乙	甲	癸	壬	辛	庚	己	戊	丁	丙	乙	甲	癸	壬
일진(지지)	丑	子	亥	戌	酉	申	未	午	巳	辰	卯	寅	丑	子	亥	戌	酉	申	未	午	巳	辰	卯	寅	丑	子	亥	戌	酉	申
요일	토	금	목	수	화	월	일	토	금	목	수	화	월	일	토	금	목	수	화	월	일	토	금	목	수	화	월	일	토	금

4月小(己巳)입하 — 절기 소만 / 입하

절기													소만											입하					
음력	29	28	27	26	25	24	23	22	21	20	19	18	17	16	15	14	13	12	11	10	9	8	7	6	5	4	3	2	1
순행	1	2	2	2	3	3	3	4	4	4	5	5	5	6	6	6	7	7	7	8	8	8	9	9	9	10	10		1
역행	9	9	8	8	8	7	7	7	6	6	6	5	5	5	4	4	4	3	3	3	2	2	2	1	1	1		
월			06																							05			
일	2	1	31	30	29	28	27	26	25	24	23	22	21	20	19	18	17	16	15	14	13	12	11	10	9	8	7	6	5
일진(천간)	庚	己	戊	丁	丙	乙	甲	癸	壬	辛	庚	己	戊	丁	丙	乙	甲	癸	壬	辛	庚	己	戊	丁	丙	乙	甲	癸	壬
일진(지지)	午	巳	辰	卯	寅	丑	子	亥	戌	酉	申	未	午	巳	辰	卯	寅	丑	子	亥	戌	酉	申	未	午	巳	辰	卯	寅
요일	일	토	금	목	수	화	월	일	토	금	목	수	화	월	일	토	금	목	수	화	월	일	토	금	목	수	화	월	일

5月大(庚午)망종 — 절기 하지 / 망종

절기										하지											망종									
음력	30	29	28	27	26	25	24	23	22	20	19	18	17	16	15	14	13	12	11	10	9	8	7	6	5	4	3	2	1	
순행	2	2	2	3	3	4	4	4	5	5	5	6	6	6	7	7	7	8	8	8	9	9	9	10	10		1	1	1	
역행	9	8	8	8	7	7	7	6	6	6	5	5	5	4	4	4	3	3	3	2	2	2	1	1	1		10	10	9	
월		07																								06			
일	2	1	30	29	28	27	26	25	24	23	22	21	20	19	18	17	16	15	14	13	12	11	10	9	8	7	6	5	4	3
일진(천간)	庚	己	戊	丁	丙	乙	甲	癸	壬	辛	庚	己	戊	丁	丙	乙	甲	癸	壬	辛	庚	己	戊	丁	丙	乙	甲	癸	壬	辛
일진(지지)	子	亥	戌	酉	申	未	午	巳	辰	卯	寅	丑	子	亥	戌	酉	申	未	午	巳	辰	卯	寅	丑	子	亥	戌	酉	申	未
요일	화	월	일	토	금	목	수	화	월	일	토	금	목	수	화	월	일	토	금	목	수	화	월	일	토	금	목	수	화	월

6月小(辛未)소서 — 절기 대서 / 소서

절기							대서													소서								
음력	29	28	27	26	25	24	23	22	21	20	19	18	17	16	15	14	13	12	11	10	9	8	7	6	5	4	3	2
순행	3	3	3	4	4	5	5	5	6	6	6	7	7	7	8	8	8	9	9	9	10	10		1	1	1	1	
역행	8	8	7	7	7	6	6	6	5	5	5	4	4	4	3	3	3	2	2	2	1	1	1		10	10	9	
월																										07		
일	31	30	29	28	27	26	25	24	23	22	21	20	19	18	17	16	15	14	13	12	11	10	9	8	7	6	5	4
일진(천간)	己	戊	丁	丙	乙	甲	癸	壬	辛	庚	己	戊	丁	丙	乙	甲	癸	壬	辛	庚	己	戊	丁	丙	乙	甲	癸	壬
일진(지지)	巳	辰	卯	寅	丑	子	亥	戌	酉	申	未	午	巳	辰	卯	寅	丑	子	亥	戌	酉	申	未	午	巳	辰	卯	寅
요일	수	화	월	일	토	금	목	수	화	월	일	토	금	목	수	화	월	일	토	금	목	수	화	월	일	토	금	목

남자 사주에 子·午·卯·酉가 있고 이중 어느 하나가 財에 해당하면 어린 여자를 좋아한다.

7月小(壬申)입추

절기					처서																입추							
음력	29	28	27	26	25	24	**23**	22	21	20	19	18	17	16	15	14	13	12	11	10	9	**8**	7	6	5	4	3	2	1
순행	3	4	4	4	5	5	5	6	6	6	7	7	7	8	8	8	9	9	9	10	10		1	1	1	1	2	2	2
역행	7	7	6	6	6	5	5	5	5	4	4	4	3	3	3	2	2	2	1	1	1		10	10	10	9	9	9	8
월/양력																						08							
일	29	28	27	26	25	24	23	22	21	20	19	18	17	16	15	14	13	12	11	10	9	8	7	6	5	4	3	2	1
일진	戊戌	丁酉	丙申	乙未	甲午	癸巳	壬辰	辛卯	庚寅	己丑	戊子	丁亥	丙戌	乙酉	甲申	癸未	壬午	辛巳	庚辰	己卯	戊寅	丁丑	丙子	乙亥	甲戌	癸酉	壬申	辛未	庚午
요일	목	수	화	월	일	토	금	목	수	화	월	일	토	금	목	수	화	월	일	토	금	목	수	화	월	일	토	금	목

8月大(癸酉)백로

절기					추분																백로									
음력	30	29	28	27	**25**	24	23	22	21	20	19	18	17	16	15	14	13	12	11	**10**	9	8	7	6	5	4	3	2	1	
순행	3	4	4	4	5	5	5	6	6	6	7	7	7	8	8	8	9	9	10		1	1	1	1	2	2	2	3	3	
역행	7	6	6	6	5	5	5	5	4	4	4	3	3	3	2	2	2	1	1		10	10	9	9	9	8	8	8	7	
월/양력																			09				08							
일	28	27	26	25	24	23	22	21	20	19	18	17	16	15	14	13	12	11	10	9	8	7	6	5	4	3	2	1	31	30
일진	戊辰	丁卯	丙寅	乙丑	甲子	癸亥	壬戌	辛酉	庚申	己未	戊午	丁巳	丙辰	乙卯	甲寅	癸丑	壬子	辛亥	庚戌	己酉	戊申	丁未	丙午	乙巳	甲辰	癸卯	壬寅	辛丑	庚子	己亥
요일	토	금	목	수	화	월	일	토	금	목	수	화	월	일	토	금	목	수	화	월	일	토	금	목	수	화	월	일	토	금

9月小(甲戌)한로

절기			상강																한로										
음력	29	28	**26**	25	24	23	22	21	20	19	18	17	16	15	14	13	12	11	**10**	9	8	7	6	5	4	3	2	1	
순행	4	4	5	5	5	6	6	7	7	7	8	8	8	9	9	9	10	10		1	1	1	1	2	2	2	3	3	
역행	6	6	5	5	5	4	4	3	3	3	2	2	2	1	1	1	10		10	9	9	9	8	8	8	7	7	7	
월/양력																		10			09								
일	27	26	25	24	23	22	21	20	19	18	17	16	15	14	13	12	11	10	9	8	7	6	5	4	3	2	1	30	29
일진	丁酉	丙申	乙未	甲午	癸巳	壬辰	辛卯	庚寅	己丑	戊子	丁亥	丙戌	乙酉	甲申	癸未	壬午	辛巳	庚辰	己卯	戊寅	丁丑	丙子	乙亥	甲戌	癸酉	壬申	辛未	庚午	己巳
요일	일	토	금	목	수	화	월	일	토	금	목	수	화	월	일	토	금	목	수	화	월	일	토	금	목	수	화	월	일

10月大(乙亥)입동

절기				소설															입동											
음력	30	29	28	**26**	25	24	23	22	21	20	19	18	17	16	15	14	13	**12**	11	10	9	8	7	6	5	4	3	2	1	
순행	4	4	4	5	5	6	6	6	7	7	7	8	8	8	9	9	9		1	1	1	2	2	2	3	3	3	4		
역행	6	6	6	5	5	4	4	4	3	3	3	2	2	2	1	1	1		10	10	9	9	9	8	8	8	7	7	7	
월/양력																		11			10									
일	26	25	24	23	22	21	20	19	18	17	16	15	14	13	12	11	10	9	8	7	6	5	4	3	2	1	31	30	29	28
일진	丁卯	丙寅	乙丑	甲子	癸亥	壬戌	辛酉	庚申	己未	戊午	丁巳	丙辰	乙卯	甲寅	癸丑	壬子	辛亥	庚戌	己酉	戊申	丁未	丙午	乙巳	甲辰	癸卯	壬寅	辛丑	庚子	己亥	戊戌
요일	화	월	일	토	금	목	수	화	월	일	토	금	목	수	화	월	일	토	금	목	수	화	월	일	토	금	목	수	화	월

11月小(丙子)대설

절기				동지														대설											
음력	29	28	27	**26**	25	24	23	22	21	20	19	18	17	16	15	14	13	12	**11**	10	9	8	7	6	5	4	3	2	1
순행	4	4	5	5	5	6	6	7	7	7	8	8	8	9	9	10		1	1	1	1	2	2	2	3	3	3	4	
역행	6	6	5	5	5	4	4	3	3	3	2	2	2	1	1	9		9	9	8	8	8	7	7	7	6		
월/양력																	12			11									
일	25	24	23	22	21	20	19	18	17	16	15	14	13	12	11	10	9	8	7	6	5	4	3	2	1	30	29	28	27
일진	丙申	乙未	甲午	癸巳	壬辰	辛卯	庚寅	己丑	戊子	丁亥	丙戌	乙酉	甲申	癸未	壬午	辛巳	庚辰	己卯	戊寅	丁丑	丙子	乙亥	甲戌	癸酉	壬申	辛未	庚午	己巳	戊辰
요일	수	화	월	일	토	금	목	수	화	월	일	토	금	목	수	화	월	일	토	금	목	수	화	월	일	토	금	목	수

12月大(丁丑)소한

절기				대한														소한												
음력	30	29	28	27	**26**	25	24	23	22	21	20	19	18	17	16	15	14	13	**12**	11	10	9	8	7	6	5	4	3	2	1
순행	4	4	4	5	5	6	6	6	7	7	7	8	8	9	9	9		1	1	1	2	2	2	3	3	3	4		
역행	6	6	5	5	5	4	4	4	3	3	3	2	2	1	1	1		10	9	9	9	8	8	8	7	7	6		
월/양력																	01			12										
일	24	23	22	21	20	19	18	17	16	15	14	13	12	11	10	9	8	7	6	5	4	3	2	1	31	30	29	28	27	26
일진	丙寅	乙丑	甲子	癸亥	壬戌	辛酉	庚申	己未	戊午	丁巳	丙辰	乙卯	甲寅	癸丑	壬子	辛亥	庚戌	己酉	戊申	丁未	丙午	乙巳	甲辰	癸卯	壬寅	辛丑	庚子	己亥	戊戌	丁酉
요일	금	목	수	화	월	일	토	금	목	수	화	월	일	토	금	목	수	화	월	일	토	금	목	수	화	월	일	토	금	목

사주 내에 공망살이 없으면 일생을 허송세월 한다.

상문 : 寅　대장군 : 西
조객 : 戌　삼　재 : 巳酉丑
삼살 : 南

庚子年

서기 2020년
단기 4353년

1月大(戊寅)입춘

절기				우수															입춘										
음력	30	29	28	27	**26**	25	24	23	22	21	20	19	18	17	16	15	14	13	12	**11**	10	9	8	7	6	5	4	3	2	1
순행	4	4	5	5	5	6	6	6	7	7	7	8	8	8	9	9	9				1	1	1	1	2	2	2	3	3	3
역행	6	6	6	5	5	5	5	4	4	4	3	3	3	2	2	2	1	1	1	1	9	9	9	8	8	8	7	7	7	6
월																			02											01
일	23	22	21	20	19	18	17	16	15	14	13	12	11	10	9	8	7	6	5	4	3	2	1	31	30	29	28	27	26	25
일진	丙申	乙未	甲午	癸巳	壬辰	辛卯	庚寅	己丑	戊子	丁亥	丙戌	乙酉	甲申	癸未	壬午	辛巳	庚辰	己卯	戊寅	丁丑	丙子	乙亥	甲戌	癸酉	壬申	辛未	庚午	己巳	戊辰	丁卯
요일	일	토	금	목	수	화	월	일	토	금	목	수	화	월	일	토	금	목	수	화	월	일	토	금	목	수	화	월	일	토

2月大(己卯)경칩

절기			춘분															경칩											
음력	29	28	27	**26**	25	24	23	22	21	20	19	18	17	16	15	14	13	12	**11**	10	9	8	7	6	5	4	3	2	1
순행	4	4	5	5	6	6	6	7	7	7	8	8	8	9	9	9				1	1	1	1	2	2	2	3	3	3
역행	6	6	5	5	5	4	4	4	3	3	3	2	2	2	1	1	1			10	9	9	9	8	8	8	7	7	7
월																			03										02
일	23	22	21	20	19	18	17	16	15	14	13	12	11	10	9	8	7	6	5	4	3	2	1	29	28	27	26	25	24
일진	乙丑	甲子	癸亥	壬戌	辛酉	庚申	己未	戊午	丁巳	丙辰	乙卯	甲寅	癸丑	壬子	辛亥	庚戌	己酉	戊申	丁未	丙午	乙巳	甲辰	癸卯	壬寅	辛丑	庚子	己亥	戊戌	丁酉
요일	월	일	토	금	목	수	화	월	일	토	금	목	수	화	월	일	토	금	목	수	화	월	일	토	금	목	수	화	월

3月大(庚辰)청명

절기				곡우														청명												
음력	30	29	28	**27**	26	25	24	23	22	21	20	19	18	17	16	15	14	13	**12**	11	10	9	8	7	6	5	4	3	2	1
순행	4	5	5	5	6	6	6	7	7	7	8	8	8	9	9	9	10			1	1	1	1	2	2	2	3	3	3	3
역행	6	6	5	5	5	4	4	4	3	3	3	2	2	2	1	1	1			10	9	9	9	8	8	8	7	7	7	6
월																			04											03
일	22	21	20	19	18	17	16	15	14	13	12	11	10	9	8	7	6	5	4	3	2	1	31	30	29	28	27	26	25	24
일진	乙未	甲午	癸巳	壬辰	辛卯	庚寅	己丑	戊子	丁亥	丙戌	乙酉	甲申	癸未	壬午	辛巳	庚辰	己卯	戊寅	丁丑	丙子	乙亥	甲戌	癸酉	壬申	辛未	庚午	己巳	戊辰	丁卯	丙寅
요일	수	화	월	일	토	금	목	수	화	월	일	토	금	목	수	화	월	일	토	금	목	수	화	월	일	토	금	목	수	화

4月大(辛巳)입하

절기			소만															입하												
음력	30	29	**28**	27	26	25	24	23	22	21	20	19	18	17	16	15	14	**13**	12	11	10	9	8	7	6	5	4	3	2	1
순행	5	5	5	6	6	6	7	7	7	8	8	8	9	9	9	10	10		1	1	1	1	2	2	2	3	3	3	4	4
역행	6	5	5	5	4	4	4	3	3	3	2	2	2	1	1	1	1		10	9	9	9	8	8	8	7	7	7	6	6
월																			05											04
일	22	21	20	19	18	17	16	15	14	13	12	11	10	9	8	7	6	5	4	3	2	1	30	29	28	27	26	25	24	23
일진	乙丑	甲子	癸亥	壬戌	辛酉	庚申	己未	戊午	丁巳	丙辰	乙卯	甲寅	癸丑	壬子	辛亥	庚戌	己酉	戊申	丁未	丙午	乙巳	甲辰	癸卯	壬寅	辛丑	庚子	己亥	戊戌	丁酉	丙申
요일	금	목	수	화	월	일	토	금	목	수	화	월	일	토	금	목	수	화	월	일	토	금	목	수	화	월	일	토	금	목

윤4月小

절기															망종														
음력	29	28	27	26	25	24	23	22	21	20	19	18	17	16	15	**14**	13	12	11	10	9	8	7	6	5	4	3	2	1
순행	6	6	6	7	7	7	8	8	8	9	9	9	10	10	10		1	1	1	1	2	2	2	3	3	3	4	4	4
역행	5	5	4	4	4	3	3	3	2	2	2	1	1	1	1		10	9	9	9	8	8	8	7	7	7	6	6	6
월																	06												05
일	20	19	18	17	16	15	14	13	12	11	10	9	8	7	6	5	4	3	2	1	31	30	29	28	27	26	25	24	23
일진	甲午	癸巳	壬辰	辛卯	庚寅	己丑	戊子	丁亥	丙戌	乙酉	甲申	癸未	壬午	辛巳	庚辰	己卯	戊寅	丁丑	丙子	乙亥	甲戌	癸酉	壬申	辛未	庚午	己巳	戊辰	丁卯	丙寅
요일	토	금	목	수	화	월	일	토	금	목	수	화	월	일	토	금	목	수	화	월	일	토	금	목	수	화	월	일	토

5月大(壬午)망종

절기														소서																하지
음력	30	29	28	27	26	25	24	23	22	21	20	19	18	**17**	16	15	14	13	12	11	10	9	8	7	6	5	4	3	2	**1**
순행	6	6	7	7	7	8	8	8	9	9	9	10	10	10		1	1	1	1	2	2	2	3	3	3	4	4	4	5	5
역행	4	4	4	3	3	3	2	2	2	1	1	1	1		10	10	9	9	9	8	8	8	7	7	7	6	6	6	5	5
월															07															06
일	20	19	18	17	16	15	14	13	12	11	10	9	8	7	6	5	4	3	2	1	30	29	28	27	26	25	24	23	22	21
일진	甲子	癸亥	壬戌	辛酉	庚申	己未	戊午	丁巳	丙辰	乙卯	甲寅	癸丑	壬子	辛亥	庚戌	己酉	戊申	丁未	丙午	乙巳	甲辰	癸卯	壬寅	辛丑	庚子	己亥	戊戌	丁酉	丙申	乙未
요일	월	일	토	금	목	수	화	월	일	토	금	목	수	화	월	일	토	금	목	수	화	월	일	토	금	목	수	화	월	일

신왕 사주에 財와 食이 많은 사람은 바람둥이 팔자이다.

6月小(癸未)소서

- 절기: 입추 … 대서
- 음력: 29 28 27 26 25 24 23 22 21 20 19 **18** 17 16 15 14 13 12 11 10 9 8 7 6 5 4 3 **2** 1
- 순행: 7 7 7 8 8 8 9 9 9 10 10 1 1 1 1 2 2 2 3 3 3 4 4 4 5 5 5
- 역행: 4 3 3 3 2 2 2 1 1 1 10 10 9 9 9 8 8 8 7 7 7 6 6 6 5 5 5
- 월(양력): 08 … 07
- 일: 18 17 16 15 14 13 12 11 10 9 8 7 6 5 4 3 2 1 31 30 29 28 27 26 25 24 23 22 21
- 일진: 癸巳 壬辰 辛卯 庚寅 己丑 戊子 丁亥 丙戌 乙酉 甲申 癸未 壬午 辛巳 庚辰 己卯 戊寅 丁丑 丙子 乙亥 甲戌 癸酉 壬申 辛未 庚午 己巳 戊辰 丁卯 丙寅 乙丑
- 요일: 화 월 일 토 금 목 수 화 월 일 토 금 목 수 화 월 일 토 금 목 수 화 월 일 토 금 목 수 화

7月小(甲申)입추

- 절기: 백로 … 처서
- 음력: 29 28 27 26 25 24 23 22 21 **20** 19 18 17 16 15 14 13 12 11 10 9 8 7 6 **5** 4 3 2 1
- 순행: 7 8 8 8 9 9 9 10 10 1 1 1 1 2 2 2 3 3 3 4 4 4 5 5 5 6 6 6
- 역행: 3 3 2 2 2 1 1 1 10 10 9 9 9 8 8 8 7 7 7 6 6 6 5 5 5 4 4 4
- 월(양력): 09 … 08
- 일: 16 15 14 13 12 11 10 9 8 7 6 5 4 3 2 1 31 30 29 28 27 26 25 24 23 22 21 20 19
- 일진: 壬戌 辛酉 庚申 己未 戊午 丁巳 丙辰 乙卯 甲寅 癸丑 壬子 辛亥 庚戌 己酉 戊申 丁未 丙午 乙巳 甲辰 癸卯 壬寅 辛丑 庚子 己亥 戊戌 丁酉 丙申 乙未 甲午
- 요일: 수 화 월 일 토 금 목 수 화 월 일 토 금 목 수 화 월 일 토 금 목 수 화 월 일 토 금 목 수

8月大(乙酉)백로

- 절기: 한로 … 추분
- 음력: 30 29 28 27 26 25 24 23 **22** 21 20 19 18 17 16 15 14 13 12 11 10 9 8 7 **6** 5 4 3 2 1
- 순행: 7 8 8 8 9 9 9 10 1 1 1 2 2 2 3 3 3 4 4 4 5 5 5 6 6 6 7 7
- 역행: 3 2 2 2 1 1 1 10 10 9 9 9 8 8 8 7 7 7 6 6 6 5 5 5 4 4 4 3
- 월(양력): 10 … 09
- 일: 16 15 14 13 12 11 10 9 8 7 6 5 4 3 2 1 30 29 28 27 26 25 24 23 22 21 20 19 18 17
- 일진: 壬辰 辛卯 庚寅 己丑 戊子 丁亥 丙戌 乙酉 甲申 癸未 壬午 辛巳 庚辰 己卯 戊寅 丁丑 丙子 乙亥 甲戌 癸酉 壬申 辛未 庚午 己巳 戊辰 丁卯 丙寅 乙丑 甲子 癸亥
- 요일: 금 목 수 화 월 일 토 금 목 수 화 월 일 토 금 목 수 화 월 일 토 금 목 수 화 월 일 토 금 목

9月小(丙戌)한로

- 절기: 입동 … 상강
- 음력: 29 28 27 26 25 24 23 **22** 21 20 19 18 17 16 15 14 13 12 11 10 9 8 **7** 6 5 4 3 2 1
- 순행: 8 8 8 9 9 9 10 1 1 1 1 2 2 2 3 3 3 4 4 4 5 5 5 6 6 6 7 7
- 역행: 2 2 2 1 1 1 10 10 9 9 9 8 8 8 7 7 7 6 6 6 5 5 5 4 4 4 3
- 월(양력): 11 … 10
- 일: 14 13 12 11 10 9 8 7 6 5 4 3 2 1 31 30 29 28 27 26 25 24 23 22 21 20 19 18 17
- 일진: 辛酉 庚申 己未 戊午 丁巳 丙辰 乙卯 甲寅 癸丑 壬子 辛亥 庚戌 己酉 戊申 丁未 丙午 乙巳 甲辰 癸卯 壬寅 辛丑 庚子 己亥 戊戌 丁酉 丙申 乙未 甲午 癸巳
- 요일: 토 금 목 수 화 월 일 토 금 목 수 화 월 일 토 금 목 수 화 월 일 토 금 목 수 화 월 일 토

10月大(丁亥)입동

- 절기: 대설 … 소설
- 음력: 30 29 28 27 26 25 24 **23** 21 20 19 18 17 16 15 14 13 12 11 10 9 **8** 7 6 5 4 3 2 1
- 순행: 7 8 8 8 9 9 9 1 1 1 1 2 2 2 3 3 3 4 4 4 5 5 5 6 6 6 7 7 7
- 역행: 2 2 2 1 1 1 10 10 9 9 9 8 8 8 7 7 7 6 6 6 5 5 5 4 4 4 3
- 월(양력): 12 … 11
- 일: 14 13 12 11 10 9 8 7 6 5 4 3 2 1 30 29 28 27 26 25 24 23 22 21 20 19 18 17 16 15
- 일진: 辛卯 庚寅 己丑 戊子 丁亥 丙戌 乙酉 甲申 癸未 壬午 辛巳 庚辰 己卯 戊寅 丁丑 丙子 乙亥 甲戌 癸酉 壬申 辛未 庚午 己巳 戊辰 丁卯 丙寅 乙丑 甲子 癸亥 壬戌
- 요일: 월 일 토 금 목 수 화 월 일 토 금 목 수 화 월 일 토 금 목 수 화 월 일 토 금 목 수 화 월 일

11月小(戊子)대설

- 절기: 소한 … 동지
- 음력: 29 28 27 26 25 24 23 **22** 21 20 19 18 17 16 15 14 13 12 11 10 9 **8** 7 6 5 4 3 2 1
- 순행: 7 8 8 8 9 9 9 1 1 1 1 2 2 2 3 3 3 4 4 4 5 5 5 6 6 6 7 7
- 역행: 2 2 2 1 1 1 9 9 9 8 8 8 7 7 7 6 6 6 5 5 5 4 4 4 3 3
- 월(양력): 01 … 12
- 일: 12 11 10 9 8 7 6 5 4 3 2 1 31 30 29 28 27 26 25 24 23 22 21 20 19 18 17 16 15
- 일진: 庚申 己未 戊午 丁巳 丙辰 乙卯 甲寅 癸丑 壬子 辛亥 庚戌 己酉 戊申 丁未 丙午 乙巳 甲辰 癸卯 壬寅 辛丑 庚子 己亥 戊戌 丁酉 丙申 乙未 甲午 癸巳 壬辰
- 요일: 화 월 일 토 금 목 수 화 월 일 토 금 목 수 화 월 일 토 금 목 수 화 월 일 토 금 목 수 화

12月大(己丑)소한

- 절기: 입춘 … 대한
- 음력: 30 29 28 27 26 25 24 **22** 21 20 19 18 17 16 15 14 13 12 11 10 9 **8** 7 6 5 4 3 2 1
- 순행: 7 8 8 8 9 9 9 10 1 1 1 1 2 2 2 3 3 3 4 4 4 5 5 5 6 6 6 7 7
- 역행: 3 2 2 2 1 1 1 9 9 9 8 8 8 7 7 7 6 6 6 5 5 5 4 4 4 3 3
- 월(양력): 02 … 01
- 일: 11 10 9 8 7 6 5 4 3 2 1 31 30 29 28 27 26 25 24 23 22 21 20 19 18 17 16 15 14 13
- 일진: 庚寅 己丑 戊子 丁亥 丙戌 乙酉 甲申 癸未 壬午 辛巳 庚辰 己卯 戊寅 丁丑 丙子 乙亥 甲戌 癸酉 壬申 辛未 庚午 己巳 戊辰 丁卯 丙寅 乙丑 甲子 癸亥 壬戌 辛酉
- 요일: 목 수 화 월 일 토 금 목 수 화 월 일 토 금 목 수 화 월 일 토 금 목 수 화 월 일 토 금 목 수

편재격 사주가 왕하지만 않으면 큰 부자가 된다.

상문 : 卯　　대장군 : 西
조객 : 亥　　삼　재 : 巳酉丑
삼살 : 東

辛丑年

서기 2021년 / 단기 4354년

1月 小(庚寅) 입춘

절기: 경칩(음력 22) … 우수(음력 7)

음력	29	28	27	26	25	24	23	22	21	20	19	18	17	16	15	14	13	12	11	10	9	8	7	6	5	4	3	2	1
순행	8	8	8	9	9	9			1	1	1	1	2	2	2	3	3	3	4	4	4	5		5	5	6	6	7	7
역행	2	2	2	1	1	1			10	9	9	9	8	8	8	7	7	7	6	6	6	5		5	5	4	4	3	3
월								03															02						
일	12	11	10	9	8	7	6	5	4	3	2	1	28	27	26	25	24	23	22	21	20	19	18	17	16	15	14	13	12
일진	己	戊	丁	丙	乙	甲	癸	壬	辛	庚	己	戊	丁	丙	乙	甲	癸	壬	辛	庚	己	戊	丁	丙	乙	甲	癸	壬	辛
	未	午	巳	辰	卯	寅	丑	子	亥	戌	酉	申	未	午	巳	辰	卯	寅	丑	子	亥	戌	酉	申	未	午	巳	辰	卯
요일	금	목	수	화	월	일	토	금	목	수	화	월	일	토	금	목	수	화	월	일	토	금	목	수	화	월	일	토	금

2月 大(辛卯) 경칩

절기: 청명(음력 23) … 춘분(음력 8)

음력	30	29	28	27	26	25	24	23	22	21	20	19	18	17	16	15	14	13	12	11	10	9	8	7	6	5	4	3	2	1
순행	8	8	9	9	9	10	10		1	1	1	1	2	2	2	3	3	3	4	4	4	5		5	5	6	6	6	7	7
역행	2	2	1	1	1	1			10	9	9	9	8	8	8	7	7	7	6	6	6	5		5	5	4	4	4	3	3
월								04															03							
일	11	10	9	8	7	6	5	4	3	2	1	31	30	29	28	27	26	25	24	23	22	21	20	19	18	17	16	15	14	13
일진	己	戊	丁	丙	乙	甲	癸	壬	辛	庚	己	戊	丁	丙	乙	甲	癸	壬	辛	庚	己	戊	丁	丙	乙	甲	癸	壬	辛	庚
	丑	子	亥	戌	酉	申	未	午	巳	辰	卯	寅	丑	子	亥	戌	酉	申	未	午	巳	辰	卯	寅	丑	子	亥	戌	酉	申
요일	일	토	금	목	수	화	월	일	토	금	목	수	화	월	일	토	금	목	수	화	월	일	토	금	목	수	화	월	일	토

3月 大(壬辰) 청명

절기: 입하(음력 24) … 곡우(음력 9)

음력	30	29	28	27	26	25	24	23	22	21	20	19	18	17	16	15	14	13	12	11	10	9	8	7	6	5	4	3	2	1
순행	8	9	9	9	10	10		1	1	1	1	2	2	2	3	3	3	4	4	4	5		5	5	6	6	6	7	7	7
역행	2	2	1	1	1	1		10	9	9	9	8	8	8	7	7	7	6	6	6	5		5	5	4	4	4	3	3	3
월							05															04								
일	11	10	9	8	7	6	5	4	3	2	1	30	29	28	27	26	25	24	23	22	21	20	19	18	17	16	15	14	13	12
일진	己	戊	丁	丙	乙	甲	癸	壬	辛	庚	己	戊	丁	丙	乙	甲	癸	壬	辛	庚	己	戊	丁	丙	乙	甲	癸	壬	辛	庚
	未	午	巳	辰	卯	寅	丑	子	亥	戌	酉	申	未	午	巳	辰	卯	寅	丑	子	亥	戌	酉	申	未	午	巳	辰	卯	寅
요일	화	월	일	토	금	목	수	화	월	일	토	금	목	수	화	월	일	토	금	목	수	화	월	일	토	금	목	수	화	월

4月 小(癸巳) 입하

절기: 망종(음력 25) … 소만(음력 10)

음력	29	28	27	26	25	24	23	22	21	20	19	18	17	16	15	14	13	12	11	10	9	8	7	6	5	4	3	2	1
순행	9	10	10	10		1	1	1	2	2	2	3	3	3	4	4	4	5	5		5	6	6	6	7	7	8	8	8
역행	1	1	1	1		10	9	9	9	8	8	8	7	7	7	6	6	6	5		5	5	4	4	4	3	3	3	2
월					06															05									
일	9	8	7	6	5	4	3	2	1	31	30	29	28	27	26	25	24	23	22	21	20	19	18	17	16	15	14	13	12
일진	戊	丁	丙	乙	甲	癸	壬	辛	庚	己	戊	丁	丙	乙	甲	癸	壬	辛	庚	己	戊	丁	丙	乙	甲	癸	壬	辛	庚
	子	亥	戌	酉	申	未	午	巳	辰	卯	寅	丑	子	亥	戌	酉	申	未	午	巳	辰	卯	寅	丑	子	亥	戌	酉	申
요일	수	화	월	일	토	금	목	수	화	월	일	토	금	목	수	화	월	일	토	금	목	수	화	월	일	토	금	목	수

5月 大(甲午) 망종

절기: 소서(음력 28) … 하지(음력 12)

음력	30	29	28	27	26	25	24	23	22	21	20	19	18	17	16	15	14	13	12	11	10	9	8	7	6	5	4	3	2	1
순행	10	10		1	1	1	2	2	2	3	3	3	4	4	4	5	5		6	6	6	7	7	7	8	8	8	9	9	9
역행	1	1		10	10	10	9	9	9	8	8	8	7	7	7	6	6		5	5	5	4	4	4	3	3	3	2	2	2
월			07															06												
일	9	8	7	6	5	4	3	2	1	30	29	28	27	26	25	24	23	22	21	20	19	18	17	16	15	14	13	12	11	10
일진	戊	丁	丙	乙	甲	癸	壬	辛	庚	己	戊	丁	丙	乙	甲	癸	壬	辛	庚	己	戊	丁	丙	乙	甲	癸	壬	辛	庚	己
	午	巳	辰	卯	寅	丑	子	亥	戌	酉	申	未	午	巳	辰	卯	寅	丑	子	亥	戌	酉	申	未	午	巳	辰	卯	寅	丑
요일	금	목	수	화	월	일	토	금	목	수	화	월	일	토	금	목	수	화	월	일	토	금	목	수	화	월	일	토	금	목

6月 小(乙未) 소서

절기: 입추(음력 29) … 대서(음력 13)

음력	29	28	27	26	25	24	23	22	21	20	19	18	17	16	15	14	13	12	11	10	9	8	7	6	5	4	3	2	1
순행		1	1	1	2	2	2	3	3	4	4	4	5	5	6	6		6	7	7	7	8	8	9	9	9	10	10	10
역행		1	1	1	10	10	9	9	9	8	8	8	7	7	6	6		5	5	4	4	4	3	3	3	2	2	2	1
월	08																07												
일	7	6	5	4	3	2	1	31	30	29	28	27	26	25	24	23	22	21	20	19	18	17	16	15	14	13	12	11	10
일진	丁	丙	乙	甲	癸	壬	辛	庚	己	戊	丁	丙	乙	甲	癸	壬	辛	庚	己	戊	丁	丙	乙	甲	癸	壬	辛	庚	己
	亥	戌	酉	申	未	午	巳	辰	卯	寅	丑	子	亥	戌	酉	申	未	午	巳	辰	卯	寅	丑	子	亥	戌	酉	申	未
요일	토	금	목	수	화	월	일	토	금	목	수	화	월	일	토	금	목	수	화	월	일	토	금	목	수	화	월	일	토

사주에 도화살·목욕살이 있으면 색정을 밝히는 사람이다.

처서

절기	30	29	28	27	26	25	24	23	22	21	20	19	18	17	**16**	15	14	13	12	11	10	9	8	7	6	5	4	3	2	1
음력															처서															
순행(대운)	1	1	1	1	2	2	2	3	3	3	4	4	4	5	5	5	6	6	6	7	7	7	8	8	8	9	9	9	10	10
역행(대운)	10	10	9	9	9	8	8	8	7	7	7	6	6	6	5	5	5	4	4	4	3	3	3	2	2	2	1	1	1	1
월(양력)						09																								08
일(양력)	6	5	4	3	2	1	31	30	29	28	27	26	25	24	23	22	21	20	19	18	17	16	15	14	13	12	11	10	9	8
일진(천간)	丁	丙	乙	甲	癸	壬	辛	庚	己	戊	丁	丙	乙	甲	癸	壬	辛	庚	己	戊	丁	丙	乙	甲	癸	壬	辛	庚	己	戊
일진(지지)	巳	辰	卯	寅	丑	子	亥	戌	酉	申	未	午	巳	辰	卯	寅	丑	子	亥	戌	酉	申	未	午	巳	辰	卯	寅	丑	子
요일	월	일	토	금	목	수	화	월	일	토	금	목	수	화	월	일	토	금	목	수	화	월	일	토	금	목	수	화	월	일

추분

절기	29	28	27	26	25	24	23	22	21	20	19	18	**17**	16	15	14	13	12	11	10	9	8	7	6	5	4	3	2	1
음력													추분																백로
순행(대운)	1	1	2	2	2	3	3	3	4	4	4	5	5	5	6	6	6	7	7	7	8	8	8	9	9	9	10	10	
역행(대운)	9	9	9	8	8	8	7	7	7	6	6	6	5	5	5	4	4	4	3	3	3	2	2	2	1	1	1	1	
월(양력)								10																					09
일(양력)	5	4	3	2	1	30	29	28	27	26	25	24	23	22	21	20	19	18	17	16	15	14	13	12	11	10	9	8	7
일진(천간)	丙	乙	甲	癸	壬	辛	庚	己	戊	丁	丙	乙	甲	癸	壬	辛	庚	己	戊	丁	丙	乙	甲	癸	壬	辛	庚	己	戊
일진(지지)	戌	酉	申	未	午	巳	辰	卯	寅	丑	子	亥	戌	酉	申	未	午	巳	辰	卯	寅	丑	子	亥	戌	酉	申	未	午
요일	화	월	일	토	금	목	수	화	월	일	토	금	목	수	화	월	일	토	금	목	수	화	월	일	토	금	목	수	화

상강

절기	30	29	28	27	26	25	24	23	22	21	20	19	**18**	17	16	15	14	13	12	11	10	9	8	7	6	5	4	3	2	1
음력													상강															한로		
순행(대운)	1	1	2	2	2	3	3	3	4	4	4	5	5	5	6	6	6	7	7	7	8	8	8	9	9	9	10		1	1
역행(대운)	9	9	8	8	8	7	7	7	6	6	6	5	5	5	4	4	4	3	3	3	2	2	2	1	1	1	1		10	10
월(양력)				11																										10
일(양력)	4	3	2	1	31	30	29	28	27	26	25	24	23	22	21	20	19	18	17	16	15	14	13	12	11	10	9	8	7	6
일진(천간)	丙	乙	甲	癸	壬	辛	庚	己	戊	丁	丙	乙	甲	癸	壬	辛	庚	己	戊	丁	丙	乙	甲	癸	壬	辛	庚	己	戊	丁
일진(지지)	辰	卯	寅	丑	子	亥	戌	酉	申	未	午	巳	辰	卯	寅	丑	子	亥	戌	酉	申	未	午	巳	辰	卯	寅	丑	子	亥
요일	목	수	화	월	일	토	금	목	수	화	월	일	토	금	목	수	화	월	일	토	금	목	수	화	월	일	토	금	목	수

소설

절기	29	28	27	26	25	24	23	22	21	20	19	**18**	17	16	15	14	13	12	11	10	9	8	7	6	5	4	**3**	2	1
음력												소설															입동		
순행(대운)	1	2	2	2	3	3	3	4	4	4	5	5	5	6	6	6	7	7	7	8	8	8	9	9	9	10		1	1
역행(대운)	9	8	8	8	7	7	7	6	6	6	5	5	5	4	4	4	3	3	3	2	2	2	1	1	1	1		10	9
월(양력)			12																										11
일(양력)	3	2	1	30	29	28	27	26	25	24	23	22	21	20	19	18	17	16	15	14	13	12	11	10	9	8	7	6	5
일진(천간)	乙	甲	癸	壬	辛	庚	己	戊	丁	丙	乙	甲	癸	壬	辛	庚	己	戊	丁	丙	乙	甲	癸	壬	辛	庚	己	戊	丁
일진(지지)	酉	申	未	午	巳	辰	卯	寅	丑	子	亥	戌	酉	申	未	午	巳	辰	卯	寅	丑	子	亥	戌	酉	申	未	午	巳
요일	일	토	금	목	수	화	월	일	토	금	목	수	화	월	일	토	금	목	수	화	월	일	토	금	목	수	화	월	금

동지

절기	30	29	28	27	26	25	24	23	22	21	20	**19**	18	17	16	15	14	13	12	11	10	9	8	7	6	5	**4**	3	2	1
음력												동지															대설			
순행(대운)	1	1	2	2	2	3	3	3	4	4	4	5	5	5	6	6	6	7	7	7	8	8	8	9	9	9		1	1	1
역행(대운)	9	8	8	8	7	7	7	6	6	6	5	5	5	4	4	4	3	3	3	2	2	2	1	1	1		10	9	9	
월(양력)	01																													12
일(양력)	2	1	31	30	29	28	27	26	25	24	23	22	21	20	19	18	17	16	15	14	13	12	11	10	9	8	7	6	5	4
일진(천간)	乙	甲	癸	壬	辛	庚	己	戊	丁	丙	乙	甲	癸	壬	辛	庚	己	戊	丁	丙	乙	甲	癸	壬	辛	庚	己	戊	丁	丙
일진(지지)	卯	寅	丑	子	亥	戌	酉	申	未	午	巳	辰	卯	寅	丑	子	亥	戌	酉	申	未	午	巳	辰	卯	寅	丑	子	亥	戌
요일	일	토	금	목	수	화	월	일	토	금	목	수	화	월	일	토	금	목	수	화	월	일	토	금	목	수	화	월	일	토

대한

절기	29	28	27	26	25	24	23	22	21	20	19	**18**	17	16	15	14	13	12	11	10	9	8	7	6	5	4	**3**	2	1
음력												대한															소한		
순행(대운)	1	2	2	2	3	3	3	4	4	4	5	5	5	6	6	6	7	7	7	8	8	8	9	9	9	10		1	1
역행(대운)	9	8	8	8	7	7	7	6	6	6	5	5	5	4	4	4	3	3	3	2	2	2	1	1	1	1			9
월(양력)																													01
일(양력)	31	30	29	28	27	26	25	24	23	22	21	20	19	18	17	16	15	14	13	12	11	10	9	8	7	6	5	4	3
일진(천간)	甲	癸	壬	辛	庚	己	戊	丁	丙	乙	甲	癸	壬	辛	庚	己	戊	丁	丙	乙	甲	癸	壬	辛	庚	己	戊	丁	丙
일진(지지)	申	未	午	巳	辰	卯	寅	丑	子	亥	戌	酉	申	未	午	巳	辰	卯	寅	丑	子	亥	戌	酉	申	未	午	巳	辰
요일	월	일	토	금	목	수	화	월	일	토	금	목	수	화	월	일	토	금	목	수	화	월	일	토	금	목	수	화	월

사주에 상관이 많으면 반드시 첫 자식을 잃는다.

상문 : 辰   대장군 : 北
조객 : 子   삼 재 : 申子辰
삼살 : 北

壬寅年

서기 2022년
단기 4355년

1月大 壬寅월 입춘

절기: 우수(음력 19) / 입춘(음력 4)

음력	30	29	28	27	26	25	24	23	22	21	20	19	18	17	16	15	14	13	12	11	10	9	8	7	6	5	4	3	2	1
순행	1	1	2	2	2	3	3	3	4	4	4	5	5	5	6	6	6	7	7	7	8	8	8	9	9	9		1	1	1
역행	9	8	8	8	7	7	7	6	6	6	5	5	5	6	6	6	4	3	3	3	2	2	2	1	1	1	1		10	9
월	03																										02			
일	2	1	28	27	26	25	24	23	22	21	20	19	18	17	16	15	14	13	12	11	10	9	8	7	6	5	4	3	2	1
일진	甲寅	癸丑	壬子	辛亥	庚戌	己酉	戊申	丁未	丙午	乙巳	甲辰	癸卯	壬寅	辛丑	庚子	己亥	戊戌	丁酉	丙申	乙未	甲午	癸巳	壬辰	辛卯	庚寅	己丑	戊子	丁亥	丙戌	乙酉
요일	수	화	월	일	토	금	목	수	화	월	일	토	금	목	수	화	월	일	토	금	목	수	화	월	일	토	금	목	수	화

2月小 癸卯월 경칩

절기: 춘분(음력 19) / 경칩(음력 3)

음력	29	28	27	26	25	24	23	22	21	20	19	18	17	16	15	14	13	12	11	10	9	8	7	6	5	4	3	2	1
순행	2	2	3	3	3	4	4	4	5	5	6	6	6	7	7	7	8	8	8	9	9	10	10			1	1
역행	9	8	8	8	7	7	7	6	6	5	5	5	4	4	4	3	3	2	2	2	1	1	1	1			
월																											03
일	31	30	29	28	27	26	25	24	23	22	21	20	19	18	17	16	15	14	13	12	11	10	9	8	7	6	5	4	3
일진	癸未	壬午	辛巳	庚辰	己卯	戊寅	丁丑	丙子	乙亥	甲戌	癸酉	壬申	辛未	庚午	己巳	戊辰	丁卯	丙寅	乙丑	甲子	癸亥	壬戌	辛酉	庚申	己未	戊午	丁巳	丙辰	乙卯
요일	목	수	화	월	일	토	금	목	수	화	월	일	토	금	목	수	화	월	일	토	금	목	수	화	월	일	토	금	목

3月大 甲辰월 청명

절기: 곡우(음력 20) / 청명(음력 5)

음력	30	29	28	27	26	25	24	23	22	21	20	19	18	17	16	15	14	13	12	11	10	9	8	7	6	5	4	3	2	1
순행	2	2	3	3	3	4	4	4	5	5	5	6	6	6	7	7	7	8	8	9	9	10			1	1	1			
역행	8	8	8	7	7	7	6	6	6	5	5	5	4	4	4	3	3	2	2	2	1	1	1		10	10	9			
월																										04				
일	30	29	28	27	26	25	24	23	22	21	20	19	18	17	16	15	14	13	12	11	10	9	8	7	6	5	4	3	2	1
일진	癸丑	壬子	辛亥	庚戌	己酉	戊申	丁未	丙午	乙巳	甲辰	癸卯	壬寅	辛丑	庚子	己亥	戊戌	丁酉	丙申	乙未	甲午	癸巳	壬辰	辛卯	庚寅	己丑	戊子	丁亥	丙戌	乙酉	甲申
요일	토	금	목	수	화	월	일	토	금	목	수	화	월	일	토	금	목	수	화	월	일	토	금	목	수	화	월	일	토	금

4月小 乙巳월 입하

절기: 소만(음력 21) / 입하(음력 5)

음력	29	28	27	26	25	24	23	22	21	20	19	18	17	16	15	14	13	12	11	10	9	8	7	6	5	4	3	2	1
순행	3	3	4	4	4	5	5	5	6	6	6	7	7	8	8	8	9	9	9	10	10			1	1	1			
역행	8	8	7	7	7	6	6	6	5	5	5	4	4	3	3	3	2	2	2	1	1	1							
월																									05				
일	29	28	27	26	25	24	23	22	21	20	19	18	17	16	15	14	13	12	11	10	9	8	7	6	5	4	3	2	1
일진	壬午	辛巳	庚辰	己卯	戊寅	丁丑	丙子	乙亥	甲戌	癸酉	壬申	辛未	庚午	己巳	戊辰	丁卯	丙寅	乙丑	甲子	癸亥	壬戌	辛酉	庚申	己未	戊午	丁巳	丙辰	乙卯	甲寅
요일	일	토	금	목	수	화	월	일	토	금	목	수	화	월	일	토	금	목	수	화	월	일	토	금	목	수	화	월	일

5月大 丙午월 망종

절기: 하지(음력 23) / 망종(음력 8)

음력	30	29	28	27	26	25	24	23	22	21	20	19	18	17	16	15	14	13	12	11	10	9	8	7	6	5	4	3	2	1
순행	3	3	4	4	5	5	5	6	6	6	7	7	7	8	8	9	9	9	10	10		1	1	1	1	2	2	2		
역행	7	7	7	6	6	6	5	5	4	4	4	3	3	2	2	2	1	1	1		10	10	9	9	8					
월																					06	05								
일	28	27	26	25	24	23	22	21	20	19	18	17	16	15	14	13	12	11	10	9	8	7	6	5	4	3	2	1	31	30
일진	壬子	辛亥	庚戌	己酉	戊申	丁未	丙午	乙巳	甲辰	癸卯	壬寅	辛丑	庚子	己亥	戊戌	丁酉	丙申	乙未	甲午	癸巳	壬辰	辛卯	庚寅	己丑	戊子	丁亥	丙戌	乙酉	甲申	癸未
요일	월	일	토	금	목	수	화	월	일	토	금	목	수	화	월	일	토	금	목	수	화	월	일	토	금	목	수	화	월	일

6月大 丁未월 소서

절기: 대서(음력 25) / 소서(음력 9)

음력	30	29	28	27	26	25	24	23	22	21	20	19	18	17	16	15	14	13	12	11	10	9	8	7	6	5	4	3	2	1
순행	3	4	4	4	5	5	5	6	6	6	7	7	7	8	8	9	9	9	10	10		1	1	1	2	2	2	3		
역행	7	7	6	6	6	5	5	5	4	4	4	3	3	2	2	2	1	1	1		10	9	9	8	8					
월																					07	06								
일	28	27	26	25	24	23	22	21	20	19	18	17	16	15	14	13	12	11	10	9	8	7	6	5	4	3	2	1	30	29
일진	壬午	辛巳	庚辰	己卯	戊寅	丁丑	丙子	乙亥	甲戌	癸酉	壬申	辛未	庚午	己巳	戊辰	丁卯	丙寅	乙丑	甲子	癸亥	壬戌	辛酉	庚申	己未	戊午	丁巳	丙辰	乙卯	甲寅	癸丑
요일	목	수	화	월	일	토	금	목	수	화	월	일	토	금	목	수	화	월	일	토	금	목	수	화	월	일	토	금	목	수

사주에 財가 약한 사람은 부인이 홀쭉하고 야위다.

7月小(庚申)입추

절기: 처서 · 입추

절기			처서																입추									
음력	29	28	27	26	25	24	23	22	21	20	19	18	17	16	15	14	13	12	11	10	9	8	7	6	5	4	3	2	1
순행	4	5	5	5	6	6	6	7	7	7	8	8	8	9	9	9	10	10	10	1	1	1	1	2	2	2	3	3	3
역행	6	6	6	5	5	5	5	4	4	4	3	3	3	2	2	2	1	1	1	10	10	9	9	9	8	8	8	7	7
월(양력)																		08						07					
일	26	25	24	23	22	21	20	19	18	17	16	15	14	13	12	11	10	9	8	7	6	5	4	3	2	1	31	30	29
일진	辛亥	庚戌	己酉	戊申	丁未	丙午	乙巳	甲辰	癸卯	壬寅	辛丑	庚子	己亥	戊戌	丁酉	丙申	乙未	甲午	癸巳	壬辰	辛卯	庚寅	己丑	戊子	丁亥	丙戌	乙酉	甲申	癸未
요일	금	목	수	화	월	일	토	금	목	수	화	월	일	토	금	목	수	화	월	일	토	금	목	수	화	월	일	토	금

8月大(己酉)백로

절기: 추분 · 백로

절기			추분															백로											
음력	30	29	28	27	26	25	24	23	22	21	20	19	18	17	16	15	14	13	12	11	10	9	8	7	6	5	4	3	2	1
순행	4	5	5	5	6	6	6	7	7	7	8	8	8	9	9	9	10	1	1	1	1	2	2	2	3	3	3	4	4	4
역행	6	5	5	5	5	4	4	4	3	3	3	2	2	2	1	1	1	10	10	9	9	9	8	8	8	7	7	7	7	7
월(양력)																			09					08						
일	25	24	23	22	21	20	19	18	17	16	15	14	13	12	11	10	9	8	7	6	5	4	3	2	1	31	30	29	28	27
일진	辛巳	庚辰	己卯	戊寅	丁丑	丙子	乙亥	甲戌	癸酉	壬申	辛未	庚午	己巳	戊辰	丁卯	丙寅	乙丑	甲子	癸亥	壬戌	辛酉	庚申	己未	戊午	丁巳	丙辰	乙卯	甲寅	癸丑	壬子
요일	일	토	금	목	수	화	월	일	토	금	목	수	화	월	일	토	금	목	수	화	월	일	토	금	목	수	화	월	일	토

9月小(庚戌)한로

절기: 상강 · 한로

절기			상강															한로											
음력	29	28	27	26	25	24	23	22	21	20	19	18	17	16	15	14	13	12	11	10	9	8	7	6	5	4	3	2	1
순행	5	5	5	6	6	6	7	7	7	8	8	8	9	9	9	10	1	1	1	1	2	2	2	3	3	3	4	4	4
역행	5	5	5	4	4	4	3	3	3	2	2	2	1	1	1	10	9	9	9	8	8	8	7	7	7	6	6	6	6
월(양력)																		10						09					
일	24	23	22	21	20	19	18	17	16	15	14	13	12	11	10	9	8	7	6	5	4	3	2	1	30	29	28	27	26
일진	庚戌	己酉	戊申	丁未	丙午	乙巳	甲辰	癸卯	壬寅	辛丑	庚子	己亥	戊戌	丁酉	丙申	乙未	甲午	癸巳	壬辰	辛卯	庚寅	己丑	戊子	丁亥	丙戌	乙酉	甲申	癸未	壬午
요일	월	일	토	금	목	수	화	월	일	토	금	목	수	화	월	일	토	금	목	수	화	월	일	토	금	목	수	화	월

10月大(辛亥)입동

절기: 소설 · 입동

절기			소설														입동													
음력	30	29	28	27	26	25	24	23	22	21	20	19	18	17	16	15	14	13	12	11	10	9	8	7	6	5	4	3	2	1
순행	5	5	5	6	6	6	7	7	7	8	8	8	9	9	9	10	1	1	1	2	2	2	3	3	3	4	4	4	4	4
역행	5	5	4	4	4	3	3	3	2	2	2	1	1	1	10	9	9	9	8	8	8	7	7	7	6	6	6	6	6	6
월(양력)																		11						10						
일	23	22	21	20	19	18	17	16	15	14	13	12	11	10	9	8	7	6	5	4	3	2	1	31	30	29	28	27	26	25
일진	庚辰	己卯	戊寅	丁丑	丙子	乙亥	甲戌	癸酉	壬申	辛未	庚午	己巳	戊辰	丁卯	丙寅	乙丑	甲子	癸亥	壬戌	辛酉	庚申	己未	戊午	丁巳	丙辰	乙卯	甲寅	癸丑	壬子	辛亥
요일	수	화	월	일	토	금	목	수	화	월	일	토	금	목	수	화	월	일	토	금	목	수	화	월	일	토	금	목	수	화

11月小(壬子)대설

절기: 동지 · 대설

절기		동지														대설													
음력	29	28	27	26	25	24	23	22	21	20	19	18	17	16	15	14	13	12	11	10	9	8	7	6	5	4	3	2	1
순행	5	5	6	6	6	7	7	7	8	8	8	9	9	9	10	1	1	1	1	2	2	2	3	3	3	4	4	4	4
역행	5	5	4	4	4	3	3	3	2	2	2	1	1	1	10	9	9	9	8	8	8	7	7	7	6	6	6	6	6
월(양력)																	12						11						
일	22	21	20	19	18	17	16	15	14	13	12	11	10	9	8	7	6	5	4	3	2	1	30	29	28	27	26	25	24
일진	己酉	戊申	丁未	丙午	乙巳	甲辰	癸卯	壬寅	辛丑	庚子	己亥	戊戌	丁酉	丙申	乙未	甲午	癸巳	壬辰	辛卯	庚寅	己丑	戊子	丁亥	丙戌	乙酉	甲申	癸未	壬午	辛巳
요일	목	수	화	월	일	토	금	목	수	화	월	일	토	금	목	수	화	월	일	토	금	목	수	화	월	일	토	금	목

12月大(癸丑)소한

절기: 대한 · 소한

절기		대한														소한														
음력	30	29	28	27	26	25	24	23	22	21	20	19	18	17	16	15	14	13	12	11	10	9	8	7	6	5	4	3	2	1
순행	5	5	5	6	6	6	7	7	7	8	8	8	9	9	9	1	1	1	2	2	2	3	3	3	4	4	4	4	5	5
역행	5	5	4	4	4	3	3	3	2	2	2	1	1	1	10	9	9	9	8	8	8	7	7	7	6	6	6	6	5	5
월(양력)																	01						12							
일	21	20	19	18	17	16	15	14	13	12	11	10	9	8	7	6	5	4	3	2	1	31	30	29	28	27	26	25	24	23
일진	己卯	戊寅	丁丑	丙子	乙亥	甲戌	癸酉	壬申	辛未	庚午	己巳	戊辰	丁卯	丙寅	乙丑	甲子	癸亥	壬戌	辛酉	庚申	己未	戊午	丁巳	丙辰	乙卯	甲寅	癸丑	壬子	辛亥	庚戌
요일	토	금	목	수	화	월	일	토	금	목	수	화	월	일	토	금	목	수	화	월	일	토	금	목	수	화	월	일	토	금

사주 내 일지에서 시지를 沖하면 부자지간에 싸움이 많다.

상문 : 巳 대장군 : 北
조객 : 丑 삼 재 : 申子辰
삼살 : 西

癸卯年

서기 2023년

단기 4356년

																														절 기	

우수 / 입춘

29	28	27	26	25	24	23	22	21	20	19	18	17	16	15	14	13	12	11	10	9	8	7	6	5	4	3	2	1		음력
5	5	6	6	6	7	7	7	8	8	8	9	9	10		1	1	1	2	2	2	3	3	3	4	4	4		순행
5	5	4	4	4	3	3	3	2	2	2	1	1	1		9	9	9	8	8	8	7	7	7	6	6	6	5	역행

02 / 01 월

19	18	17	16	15	14	13	12	11	10	9	8	7	6	5	4	3	2	1	31	30	29	28	27	26	25	24	23	22	일
戊	丁	丙	乙	甲	癸	壬	辛	庚	己	戊	丁	丙	乙	甲	癸	壬	辛	庚	己	戊	丁	丙	乙	甲	癸	壬	辛	庚	일진
申	未	午	巳	辰	卯	寅	丑	子	亥	戌	酉	申	未	午	巳	辰	卯	寅	丑	子	亥	戌	酉	申	未	午	巳	辰	
토	금	목	수	화	월	일	토	금	목	수	화	월	일	토	금	목	수	화	월	일	토	금	목	수	화	월	일	일	요일

1月小(甲寅)입춘

춘분 / 경칩

30	29	28	27	26	25	24	23	22	21	20	19	18	17	16	15	14	13	12	11	10	9	8	7	6	5	4	3	2	1	음력
5	5	6	6	6	7	7	7	8	8	8	9	9	10		1	1	1	2	2	2	3	3	3	4	4	4		순행
5	5	4	4	4	3	3	3	2	2	2	1	1		10	9	9	9	8	8	8	7	7	7	6	6	6		역행

03 / 02 월

21	20	19	18	17	16	15	14	13	12	11	10	9	8	7	6	5	4	3	2	1	28	27	26	25	24	23	22	21	20	일
戊	丁	丙	乙	甲	癸	壬	辛	庚	己	戊	丁	丙	乙	甲	癸	壬	辛	庚	己	戊	丁	丙	乙	甲	癸	壬	辛	庚	己	일진
寅	丑	子	亥	戌	酉	申	未	午	巳	辰	卯	寅	丑	子	亥	戌	酉	申	未	午	巳	辰	卯	寅	丑	子	亥	戌	酉	요일
화	월	일	토	금	목	수	화	월	일	토	금	목	수	화	월	일	토	금	목	수	화	월	일	토	금	목	수	화	수	

2月大(乙卯)경칩

청명

29	28	27	26	25	24	23	22	21	20	19	18	17	16	15	14	13	12	11	10	9	8	7	6	5	4	3	2	1	음력
6	6	6	7	7	7	8	8	8	9	9	9	10		1	1	1	1	2	2	2	3	3	3	4	4	4		순행
5	4	4	4	3	3	3	2	2	2	1	1	1		10	9	9	9	8	8	8	7	7	7	6	6	6		역행

04 / 03 월

19	18	17	16	15	14	13	12	11	10	9	8	7	6	5	4	3	2	1	31	30	29	28	27	26	25	24	23	22	일
丁	丙	乙	甲	癸	壬	辛	庚	己	戊	丁	丙	乙	甲	癸	壬	辛	庚	己	戊	丁	丙	乙	甲	癸	壬	辛	庚	己	일진
未	午	巳	辰	卯	寅	丑	子	亥	戌	酉	申	未	午	巳	辰	卯	寅	丑	子	亥	戌	酉	申	未	午	巳	辰	卯	
수	화	월	일	토	금	목	수	화	월	일	토	금	목	수	화	월	일	토	금	목	수	화	월	일	토	금	목	수	요일

윤2月小

입하 / 곡우

30	29	28	27	26	25	24	23	22	21	20	19	18	17	16	15	14	13	12	11	10	9	8	7	6	5	4	3	2	1	음력
6	6	7	7	7	8	8	8	9	9	9	10	10		1	1	1	2	2	2	3	3	3	4	4	4	5	5	5		순행
4	4	4	3	3	3	2	2	2	1	1	1		10	9	9	9	8	8	8	7	7	7	6	6	6	5	5	5		역행

05 / 04 월

19	18	17	16	15	14	13	12	11	10	9	8	7	6	5	4	3	2	1	30	29	28	27	26	25	24	23	22	21	20	일
丁	丙	乙	甲	癸	壬	辛	庚	己	戊	丁	丙	乙	甲	癸	壬	辛	庚	己	戊	丁	丙	乙	甲	癸	壬	辛	庚	己	戊	일진
丑	子	亥	戌	酉	申	未	午	巳	辰	卯	寅	丑	子	亥	戌	酉	申	未	午	巳	辰	卯	寅	丑	子	亥	戌	酉	申	
금	목	수	화	월	일	토	금	목	수	화	월	일	토	금	목	수	화	월	일	토	금	목	수	화	월	일	토	금	목	요일

3月大(丙辰)청명

망종 / 소만

29	28	27	26	25	24	23	22	21	20	19	18	17	16	15	14	13	12	11	10	9	8	7	6	5	4	3	2	1	음력
7	7	7	8	8	8	9	9	9	10	10		1	1	1	2	2	2	3	3	3	4	4	4	5	5	5		순행
4	3	3	3	2	2	2	1	1	1		10	10	9	9	9	8	8	8	7	7	7	6	6	6	5	5	5		역행

06 / 05 월

17	16	15	14	13	12	11	10	9	8	7	6	5	4	3	2	1	30	29	28	27	26	25	24	23	22	21	20	일
丙	乙	甲	癸	壬	辛	庚	己	戊	丁	丙	乙	甲	癸	壬	辛	庚	己	戊	丁	丙	乙	甲	癸	壬	辛	庚	己	일진
午	巳	辰	卯	寅	丑	子	亥	戌	酉	申	未	午	巳	辰	卯	寅	丑	子	亥	戌	酉	申	未	午	巳	辰	卯	寅	
토	금	목	수	화	월	일	토	금	목	수	화	월	일	토	금	목	수	화	월	일	토	금	목	수	화	월	일	요일

4月小(丁巳)입하

소서 / 하지

30	29	28	27	26	25	24	23	22	21	20	19	18	17	16	15	14	13	12	11	10	9	8	7	6	5	4	3	2	1	음력
7	8	8	8	9	9	9	10	10		1	1	1	2	2	2	3	3	3	4	4	4	5	5	5	6	6	6		순행
3	3	3	2	2	2	1	1	1		10	10	9	9	9	8	8	8	7	7	7	6	6	6	5	5	5		역행

07 / 06 월

17	16	15	14	13	12	11	10	9	8	7	6	5	4	3	2	1	30	29	28	27	26	25	24	23	22	21	20	일
丙	乙	甲	癸	壬	辛	庚	己	戊	丁	丙	乙	甲	癸	壬	辛	庚	己	戊	丁	丙	乙	甲	癸	壬	辛	庚	己	戊	丁	일진
子	亥	戌	酉	申	未	午	巳	辰	卯	寅	丑	子	亥	戌	酉	申	未	午	巳	辰	卯	寅	丑	子	亥	戌	酉	申	未	
월	일	토	금	목	수	화	월	일	토	금	목	수	화	월	일	토	금	목	수	화	월	일	토	금	목	수	화	월	요일

5月大(戊午)망종

사주에 官이 약하거나 없는 사람은 그의 아내가 홀쭉하다.

6月小(己未) 소서

절기: 입추 (음력 22), 대서 (음력 6)

음력	29	28	27	26	25	24	23	22	21	20	19	18	17	16	15	14	13	12	11	10	9	8	7	6	5	4	3	2	1
순행	8	8	9	9	9	10	10		1	1	1	1	2	2	2	3	3	3	4	4	4	5	5	5	6	6	6	7	7
역행	2	2	2	1	1	1	1		10	10	10	9	9	9	8	8	8	7	7	7	6	6	6	5	5	5	4	4	4
월															08														07
일	15	14	13	12	11	10	9	8	7	6	5	4	3	2	1	31	30	29	28	27	26	25	24	23	22	21	20	19	18
일진	乙巳	甲辰	癸卯	壬寅	辛丑	庚子	己亥	戊戌	丁酉	丙申	乙未	甲午	癸巳	壬辰	辛卯	庚寅	己丑	戊子	丁亥	丙戌	乙酉	甲申	癸未	壬午	辛巳	庚辰	己卯	戊寅	丁丑
요일	화	월	일	토	금	목	수	화	월	일	토	금	목	수	화	월	일	토	금	목	수	화	월	일	토	금	목	수	화

7月大(庚申) 입추

절기: 백로 (음력 24), 처서 (음력 8)

음력	30	29	28	27	26	25	24	23	22	21	20	19	18	17	16	15	14	13	12	11	10	9	8	7	6	5	4	3	2	1
순행	8	8	9	9	9	10		1	1	1	1	2	2	2	3	3	3	4	4	4	5	5	5	6	6	6	6	7	7	7
역행	2	2	1	1	1	1		10	10	10	9	9	9	8	8	8	7	7	7	6	6	6	5	5	5	4	4	4	3	3
월																	09													08
일	14	13	12	11	10	9	8	7	6	5	4	3	2	1	31	30	29	28	27	26	25	24	23	22	21	20	19	18	17	16
일진	乙亥	甲戌	癸酉	壬申	辛未	庚午	己巳	戊辰	丁卯	丙寅	乙丑	甲子	癸亥	壬戌	辛酉	庚申	己未	戊午	丁巳	丙辰	乙卯	甲寅	癸丑	壬子	辛亥	庚戌	己酉	戊申	丁未	丙午
요일	목	수	화	월	일	토	금	목	수	화	월	일	토	금	목	수	화	월	일	토	금	목	수	화	월	일	토	금	목	수

8月大(辛酉) 백로

절기: 한로 (음력 24), 추분 (음력 8)

음력	30	29	28	27	26	25	24	23	22	21	20	19	18	17	16	15	14	13	12	11	10	9	8	7	6	5	4	3	2	1
순행	8	9	9	9	10	10		1	1	1	1	2	2	2	3	3	3	4	4	4	5	5	5	6	6	6	7	7	7	8
역행	2	2	1	1	1	1		10	10	9	9	9	8	8	8	7	7	7	6	6	6	5	5	5	4	4	4	3	3	3
월																	10													09
일	14	13	12	11	10	9	8	7	6	5	4	3	2	1	30	29	28	27	26	25	24	23	22	21	20	19	18	17	16	15
일진	乙巳	甲辰	癸卯	壬寅	辛丑	庚子	己亥	戊戌	丁酉	丙申	乙未	甲午	癸巳	壬辰	辛卯	庚寅	己丑	戊子	丁亥	丙戌	乙酉	甲申	癸未	壬午	辛巳	庚辰	己卯	戊寅	丁丑	丙子
요일	토	금	목	수	화	월	일	토	금	목	수	화	월	일	토	금	목	수	화	월	일	토	금	목	수	화	월	일	토	금

9月小(壬戌) 한로

절기: 입동 (음력 25), 상강 (음력 10)

음력	29	28	27	26	25	24	23	22	21	20	19	18	17	16	15	14	13	12	11	10	9	8	7	6	5	4	3	2	1
순행	8	9	9		1	1	1	1	2	2	2	3	3	3	4	4	4	5	5	5	6	6	6	7	7	7	8	8	8
역행	1	1	1		10	10	9	9	9	8	8	8	7	7	7	6	6	6	5	5	5	4	4	4	3	3	3	3	2
월																	11												10
일	12	11	10	9	8	7	6	5	4	3	2	1	31	30	29	28	27	26	25	24	23	22	21	20	19	18	17	16	15
일진	甲戌	癸酉	壬申	辛未	庚午	己巳	戊辰	丁卯	丙寅	乙丑	甲子	癸亥	壬戌	辛酉	庚申	己未	戊午	丁巳	丙辰	乙卯	甲寅	癸丑	壬子	辛亥	庚戌	己酉	戊申	丁未	丙午
요일	일	토	금	목	수	화	월	일	토	금	목	수	화	월	일	토	금	목	수	화	월	일	토	금	목	수	화	월	일

10月大(癸亥) 입동

절기: 대설 (음력 25), 소설 (음력 10)

음력	30	29	28	27	26	25	24	23	22	21	20	19	18	17	16	15	14	13	12	11	10	9	8	7	6	5	4	3	2	1
순행	8	9	9	9		1	1	1	1	2	2	2	3	3	3	4	4	4	5	5	5	6	6	6	7	7	7	8	8	8
역행	2	1	1	1		10	10	9	9	9	8	8	8	7	7	7	6	6	6	5	5	5	4	4	4	3	3	2	2	2
월																		12												11
일	12	11	10	9	8	7	6	5	4	3	2	1	30	29	28	27	26	25	24	23	22	21	20	19	18	17	16	15	14	13
일진	甲辰	癸卯	壬寅	辛丑	庚子	己亥	戊戌	丁酉	丙申	乙未	甲午	癸巳	壬辰	辛卯	庚寅	己丑	戊子	丁亥	丙戌	乙酉	甲申	癸未	壬午	辛巳	庚辰	己卯	戊寅	丁丑	丙子	乙亥
요일	화	월	일	토	금	목	수	화	월	일	토	금	목	수	화	월	일	토	금	목	수	화	월	일	토	금	목	수	화	월

11月小(甲子) 대설

절기: 소한 (음력 25), 동지 (음력 10)

음력	29	28	27	26	25	24	23	22	21	20	19	18	17	16	15	14	13	12	11	10	9	8	7	6	5	4	3	2	1
순행	8	9	9	9		1	1	1	1	2	2	2	3	3	3	4	4	4	5	5	5	6	6	6	7	7	7	8	8
역행	1	1	1	1		10	10	9	9	9	8	8	8	7	7	7	6	6	6	5	5	5	4	4	4	3	3	2	2
월																	01												12
일	10	9	8	7	6	5	4	3	2	1	31	30	29	28	27	26	25	24	23	22	21	20	19	18	17	16	15	14	13
일진	癸酉	壬申	辛未	庚午	己巳	戊辰	丁卯	丙寅	乙丑	甲子	癸亥	壬戌	辛酉	庚申	己未	戊午	丁巳	丙辰	乙卯	甲寅	癸丑	壬子	辛亥	庚戌	己酉	戊申	丁未	丙午	乙巳
요일	수	화	월	일	토	금	목	수	화	월	일	토	금	목	수	화	월	일	토	금	목	수	화	월	일	토	금	목	수

12月大(乙丑) 소한

절기: 입춘 (음력 25), 대한 (음력 10)

음력	30	29	28	27	26	25	24	23	22	21	20	19	18	17	16	15	14	13	12	11	10	9	8	7	6	5	4	3	2	1
순행	8	9	9	9		1	1	1	1	2	2	2	3	3	3	4	4	4	5	5	5	6	6	6	7	7	7	8	8	8
역행	2	1	1	1		9	9	9	8	8	8	7	7	7	6	6	6	5	5	5	4	4	4	3	3	3	3	2	2	2
월																	02													01
일	9	8	7	6	5	4	3	2	1	31	30	29	28	27	26	25	24	23	22	21	20	19	18	17	16	15	14	13	12	11
일진	癸卯	壬寅	辛丑	庚子	己亥	戊戌	丁酉	丙申	乙未	甲午	癸巳	壬辰	辛卯	庚寅	己丑	戊子	丁亥	丙戌	乙酉	甲申	癸未	壬午	辛巳	庚辰	己卯	戊寅	丁丑	丙子	乙亥	甲戌
요일	금	목	수	화	월	일	토	금	목	수	화	월	일	토	금	목	수	화	월	일	토	금	목	수	화	월	일	토	금	목

사주 내 시지가 일지를 沖하면 불효자식을 둔다.

상문 : 午 대장군 : 北
조객 : 寅 삼 재 : 申子辰
삼살 : 南

甲辰年

서기 2024년
단기 4357년

1月小(丙寅)입춘

절기	경칩																	우수											
음력	29	28	27	26	25	24	23	22	21	20	19	18	17	16	15	14	13	12	11	10	9	8	7	6	5	4	3	2	1
순행	9	9	9	10		1	1	1	1	2	2	3	3	3	4	4	5	5	6	6	7	7	8	8					
역행	1	1	1			10	9	9	9	8	8	8	7	7	7	6	6	6	5	5	5	4	4	4	3	3	2	2	
월(양력)						03																					02		
일	9	8	7	6	5	4	3	2	1	29	28	27	26	25	24	23	22	21	20	19	18	17	16	15	14	13	12	11	10
일진	壬申	辛未	庚午	己巳	戊辰	丁卯	丙寅	乙丑	甲子	癸亥	壬戌	辛酉	庚申	己未	戊午	丁巳	丙辰	乙卯	甲寅	癸丑	壬子	辛亥	庚戌	己酉	戊申	丁未	丙午	乙巳	甲辰
요일	토	금	목	수	화	월	일	토	금	목	수	화	월	일	토	금	목	수	화	월	일	토	금	목	수	화	월	일	토

2月大(丁卯)경칩

절기	청명																	춘분												
음력	30	29	28	27	26	25	24	23	22	21	20	19	18	17	16	15	14	13	12	11	10	9	8	7	6	5	4	3	2	1
순행	9	9	10	10		1	1	1	1	2	2	3	3	3	4	4	5	5	5	6	6	7	7	7	8	8				
역행	1	1	1			10	9	9	9	8	8	8	7	7	7	6	6	6	5	5	5	4	4	4	3	3	2	2		
월(양력)						04																					03			
일	8	7	6	5	4	3	2	1	31	30	29	28	27	26	25	24	23	22	21	20	19	18	17	16	15	14	13	12	11	10
일진	壬寅	辛丑	庚子	己亥	戊戌	丁酉	丙申	乙未	甲午	癸巳	壬辰	辛卯	庚寅	己丑	戊子	丁亥	丙戌	乙酉	甲申	癸未	壬午	辛巳	庚辰	己卯	戊寅	丁丑	丙子	乙亥	甲戌	癸酉
요일	월	일	토	금	목	수	화	월	일	토	금	목	수	화	월	일	토	금	목	수	화	월	일	토	금	목	수	화	월	일

3月小(戊辰)청명

절기	입하																	곡우											
음력	29	28	27	26	25	24	23	22	21	20	19	18	17	16	15	14	13	12	11	10	9	8	7	6	5	4	3	2	1
순행	10	10		1	1	1	1	2	2	2	3	3	4	4	4	5	5	5	6	6	7	7	7	8	8	8	9		
역행	1	1			10	10	9	9	9	8	8	8	7	7	6	6	6	5	5	5	4	4	4	3	3	3	2	2	2
월(양력)						05																					04		
일	7	6	5	4	3	2	1	30	29	28	27	26	25	24	23	22	21	20	19	18	17	16	15	14	13	12	11	10	
일진	辛未	庚午	己巳	戊辰	丁卯	丙寅	乙丑	甲子	癸亥	壬戌	辛酉	庚申	己未	戊午	丁巳	丙辰	乙卯	甲寅	癸丑	壬子	辛亥	庚戌	己酉	戊申	丁未	丙午	乙巳	甲辰	癸卯
요일	화	월	일	토	금	목	수	화	월	일	토	금	목	수	화	월	일	토	금	목	수	화	월	일	토	금	목	수	화

4月小(己巳)입하

절기	망종																	소만											
음력	29	28	27	26	25	24	23	22	21	20	19	18	17	16	15	14	13	12	11	10	9	8	7	6	5	4	3	2	1
순행		1	1	1	1	2	2	3	3	3	4	4	4	5	5	6	6	6	7	7	7	8	8	9	9	9		
역행		10	10	9	9	9	8	8	8	7	7	6	6	6	5	5	4	4	4	3	3	3	2	2	2	1	1	1
월(양력)						06																					05		
일	5	4	3	2	1	31	30	29	28	27	26	25	24	23	22	21	20	19	18	17	16	15	14	13	12	11	10	9	8
일진	庚子	己亥	戊戌	丁酉	丙申	乙未	甲午	癸巳	壬辰	辛卯	庚寅	己丑	戊子	丁亥	丙戌	乙酉	甲申	癸未	壬午	辛巳	庚辰	己卯	戊寅	丁丑	丙子	乙亥	甲戌	癸酉	壬申
요일	수	화	월	일	토	금	목	수	화	월	일	토	금	목	수	화	월	일	토	금	목	수	화	월	일	토	금	목	수

5月大(庚午)망종

절기	소서														하지															
음력	30	29	28	27	26	25	24	23	22	21	20	19	18	17	16	15	14	13	12	11	10	9	8	7	6	5	4	3	2	1
순행	1	1	1	2	2	3	3	3	4	4	4	5	5	6	6	6	7	7	7	8	8	9	9	9	10	10		
역행	10	10	9	9	8	8	8	7	7	6	6	6	5	5	5	4	4	4	3	3	3	2	2	2	1	1	1	1
월(양력)						07																					06		
일	5	4	3	2	1	30	29	28	27	26	25	24	23	22	21	20	19	18	17	16	15	14	13	12	11	10	9	8	7	6
일진	庚午	己巳	戊辰	丁卯	丙寅	乙丑	甲子	癸亥	壬戌	辛酉	庚申	己未	戊午	丁巳	丙辰	乙卯	甲寅	癸丑	壬子	辛亥	庚戌	己酉	戊申	丁未	丙午	乙巳	甲辰	癸卯	壬寅	辛丑
요일	금	목	수	화	월	일	토	금	목	수	화	월	일	토	금	목	수	화	월	일	토	금	목	수	화	월	일	토	금	목

6月小(辛未)소서

절기														대서										소서					
음력	29	28	27	26	25	24	23	22	21	20	19	18	17	16	15	14	13	12	11	10	9	8	7	6	5	4	3	2	1
순행	1	2	2	2	3	3	4	4	4	5	5	6	6	6	7	7	7	8	8	9	9	9	10	10	10		
역행	9	9	9	8	8	7	7	7	6	6	6	5	5	4	4	4	3	3	3	2	2	2	1	1	1		
월(양력)						08																					07		
일	3	2	1	31	30	29	28	27	26	25	24	23	22	21	20	19	18	17	16	15	14	13	12	11	10	9	8	7	6
일진	己亥	戊戌	丁酉	丙申	乙未	甲午	癸巳	壬辰	辛卯	庚寅	己丑	戊子	丁亥	丙戌	乙酉	甲申	癸未	壬午	辛巳	庚辰	己卯	戊寅	丁丑	丙子	乙亥	甲戌	癸酉	壬申	辛未
요일	토	금	목	수	화	월	일	토	금	목	수	화	월	일	토	금	목	수	화	월	일	토	금	목	수	화	월	일	토

사주에 식신, 상관이 왕하면 그의 아내는 뚱뚱하다.

7月大(壬申)입추

절기											처서															입추			
음력	30	29	28	27	26	25	24	23	22	21	20	19	18	17	16	15	14	13	12	11	10	9	8	7	6	5	4	3	2	1
순행	2	2	2	3	3	3	4	4	4	5	5	5	6	6	6	7	7	7	8	8	8	9	9	9	10	10			1	1	1
역행	9	8	8	8	7	7	7	6	6	6	5	5	5	4	4	4	3	3	3	2	2	2	1	1	1			10	10	10
월	09																													08
일	2	1	31	30	29	28	27	26	25	24	23	22	21	20	19	18	17	16	15	14	13	12	11	10	9	8	7	6	5	4
일진	己巳	戊辰	丁卯	丙寅	乙丑	甲子	癸亥	壬戌	辛酉	庚申	己未	戊午	丁巳	丙辰	乙卯	甲寅	癸丑	壬子	辛亥	庚戌	己酉	戊申	丁未	丙午	乙巳	甲辰	癸卯	壬寅	辛丑	庚子
요일	월	일	토	금	목	수	화	월	일	토	금	목	수	화	월	일	토	금	목	수	화	월	일	토	금	목	수	화	월	일

8月大(癸酉)백로

절기											추분															백로			
음력	30	29	28	27	26	25	24	23	22	21	20	19	18	17	16	15	14	13	12	11	10	9	8	7	6	5	4	3	2	1
순행	2	2	3	3	3	4	4	4	5	5	5	6	6	6	7	7	7	8	8	8	9	9	10	10			1	1	1	1
역행	8	8	7	7	7	6	6	6	5	5	5	4	4	4	3	3	3	2	2	2	1	1	1			10	10	9	9	
월	10																													09
일	2	1	30	29	28	27	26	25	24	23	22	21	20	19	18	17	16	15	14	13	12	11	10	9	8	7	6	5	4	3
일진	己亥	戊戌	丁酉	丙申	乙未	甲午	癸巳	壬辰	辛卯	庚寅	己丑	戊子	丁亥	丙戌	乙酉	甲申	癸未	壬午	辛巳	庚辰	己卯	戊寅	丁丑	丙子	乙亥	甲戌	癸酉	壬申	辛未	庚午
요일	수	화	월	일	토	금	목	수	화	월	일	토	금	목	수	화	월	일	토	금	목	수	화	월	일	토	금	목	수	화

9月小(甲戌)한로

절기									상강														한로					
음력	29	28	27	26	25	24	23	22	21	20	19	18	17	16	15	14	13	12	11	10	9	8	7	6	5	4	3	2	1
순행		2	3	3	3	4	4	4	5	5	5	6	6	6	7	7	7	8	8	8	9	9	9			1	1	1	1
역행		8	7	7	7	6	6	5	5	5	4	4	4	3	3	3	2	2	2	1	1	1			10	10	9	9	9
월																													10
일	31	30	29	28	27	26	25	24	23	22	21	20	19	18	17	16	15	14	13	12	11	10	9	8	7	6	5	4	3
일진	戊辰	丁卯	丙寅	乙丑	甲子	癸亥	壬戌	辛酉	庚申	己未	戊午	丁巳	丙辰	乙卯	甲寅	癸丑	壬子	辛亥	庚戌	己酉	戊申	丁未	丙午	乙巳	甲辰	癸卯	壬寅	辛丑	庚子
요일	목	수	화	월	일	토	금	목	수	화	월	일	토	금	목	수	화	월	일	토	금	목	수	화	월	일	토	금	목

10月大(乙亥)입동

절기									소설															입동					
음력	30	29	28	27	26	25	24	23	22	21	20	19	18	17	16	15	14	13	12	11	10	9	8	7	6	5	4	3	2	1
순행	2	3	3	3	4	4	4	5	5	5	6	6	6	7	7	7	8	8	8	9	9	9			1	1	1	1	2	2
역행	8	7	7	7	6	6	6	5	5	5	4	4	4	3	3	3	2	2	2	1	1	1			10	9	9	8	8	
월																														11
일	30	29	28	27	26	25	24	23	22	21	20	19	18	17	16	15	14	13	12	11	10	9	8	7	6	5	4	3	2	1
일진	戊戌	丁酉	丙申	乙未	甲午	癸巳	壬辰	辛卯	庚寅	己丑	戊子	丁亥	丙戌	乙酉	甲申	癸未	壬午	辛巳	庚辰	己卯	戊寅	丁丑	丙子	乙亥	甲戌	癸酉	壬申	辛未	庚午	己巳
요일	토	금	목	수	화	월	일	토	금	목	수	화	월	일	토	금	목	수	화	월	일	토	금	목	수	화	월	일	토	금

11月大(丙子)대설

절기									동지															대설					
음력	30	29	28	27	26	25	24	23	22	21	20	19	18	17	16	15	14	13	12	11	10	9	8	7	6	5	4	3	2	1
순행	2	2	3	3	4	4	4	5	5	5	6	6	6	7	7	7	8	8	8	9	9	9			1	1	1	1	2	2
역행	8	7	7	7	6	6	5	5	5	4	4	4	3	3	3	2	2	2	1	1	1			10	9	9	8	8		
월																														12
일	30	29	28	27	26	25	24	23	22	21	20	19	18	17	16	15	14	13	12	11	10	9	8	7	6	5	4	3	2	1
일진	戊辰	丁卯	丙寅	乙丑	甲子	癸亥	壬戌	辛酉	庚申	己未	戊午	丁巳	丙辰	乙卯	甲寅	癸丑	壬子	辛亥	庚戌	己酉	戊申	丁未	丙午	乙巳	甲辰	癸卯	壬寅	辛丑	庚子	己亥
요일	월	일	토	금	목	수	화	월	일	토	금	목	수	화	월	일	토	금	목	수	화	월	일	토	금	목	수	화	월	일

12月小(丁丑)소한

절기									대한														소한					
음력	29	28	27	26	25	24	23	22	21	20	19	18	17	16	15	14	13	12	11	10	9	8	7	6	5	4	3	2	1
순행		2	2	3	3	4	4	5	5	6	6	6	7	7	8	8	8	9	9	9			1	1	1	1	2		
역행		8	7	7	6	6	5	5	4	4	4	3	3	3	2	2	2	1	1	1			10	9	9	8			
월																										01	12		
일	28	27	26	25	24	23	22	21	20	19	18	17	16	15	14	13	12	11	10	9	8	7	6	5	4	3	2	1	31
일진	丁酉	丙申	乙未	甲午	癸巳	壬辰	辛卯	庚寅	己丑	戊子	丁亥	丙戌	乙酉	甲申	癸未	壬午	辛巳	庚辰	己卯	戊寅	丁丑	丙子	乙亥	甲戌	癸酉	壬申	辛未	庚午	己巳
요일	화	월	일	토	금	목	수	화	월	일	토	금	목	수	화	월	일	토	금	목	수	화	월	일	토	금	목	수	화

여자 사주 내 陽이 많으면 아들, 陰이 많으면 딸이 많다.

상문 : 未　대장군 : 東
조객 : 卯　삼　재 : 亥卯未
삼살 : 東

乙巳年

서기 2025년
단기 4358년

1月 大(戊寅)입춘

	우수																	입춘								절 기
30 29 28 27 26 25 24 23 22 **21** 20 19 18 17 16 15 14 13 12 11 10 9 8 7 **6** 5 4 3 2 1	음력
2 3 3 3 4 4 4 5 5 5 6 6 6 7 7 7 8 8 8 9 9 9 10 　 1 1 1 1 1 2	순행
8 8 7 7 7 6 6 6 5 5 5 4 4 4 3 3 3 2 2 2 1 1 1 9 9 9 8 8	역행
02 　 01	월
27 26 25 24 23 22 21 20 19 18 17 16 15 14 13 12 11 10 9 8 7 6 5 4 3 2 1 31 30 29	일
丁 丙 乙 甲 癸 壬 辛 庚 己 戊 丁 丙 乙 甲 癸 壬 辛 庚 己 戊 丁 丙 乙 甲 癸 壬 辛 庚 己 戊	일 진
卯 寅 丑 子 亥 戌 酉 申 未 午 巳 辰 卯 寅 丑 子 亥 戌 酉 申 未 午 巳 辰 卯 寅 丑 子 亥 戌	
목 수 화 월 일 토 금 목 수 화 월 일 토 금 목 수 화 월 일 토 금 목 수 화 월 일 토 금 목 수	요 일

2月 小(己卯)경칩

	춘분																		경칩							절 기
29 28 27 26 25 24 23 22 **21** 20 19 18 17 16 15 14 13 12 11 10 9 8 **7** 6 5 4 3 2 1	음력
2 3 3 3 4 4 4 5 5 5 6 6 6 7 7 7 8 8 8 9 9 9 10 　 1 1 1	순행
10 9 9 9 8	역행
03 02	월
28 27 26 25 24 23 22 21 20 19 18 17 16 15 14 13 12 11 10 9 8 7 6 5 4 3 2 1 28	일
丙 乙 甲 癸 壬 辛 庚 己 戊 丁 丙 乙 甲 癸 壬 辛 庚 己 戊 丁 丙 乙 甲 癸 壬 辛 庚 己 戊	일 진
申 未 午 巳 辰 卯 寅 丑 子 亥 戌 酉 申 未 午 巳 辰 卯 寅 丑 子 亥 戌 酉 申 未 午 巳	
금 목 수 화 월 일 토 금 목 수 화 월 일 토 금 목 수 화 월 일 토 금 목 수 화 월 일 토 금	요 일

3月 大(庚辰)청명

	곡우																	청명								절 기
30 29 28 27 26 25 24 **23** 22 21 20 19 18 17 16 15 14 13 12 11 10 9 8 **7** 6 5 4 3 2 1	음력
3 3 4 4 4 5 5 5 6 6 6 7 7 7 8 8 8 9 9 9 10 10 　 1 1 1 1 2	순행
8 7 7 7 6 6 6 5 5 5 4 4 4 3 3 3 2 2 2 1 1 1 10 9 9 9 8	역행
04 03	월
27 26 25 24 23 22 21 20 19 18 17 16 15 14 13 12 11 10 9 8 7 6 5 4 3 2 1 31 30 29	일
丙 乙 甲 癸 壬 辛 庚 己 戊 丁 丙 乙 甲 癸 壬 辛 庚 己 戊 丁 丙 乙 甲 癸 壬 辛 庚 己 戊 丁	일 진
寅 丑 子 亥 戌 酉 申 未 午 巳 辰 卯 寅 丑 子 亥 戌 酉 申 未 午 巳 辰 卯 寅 丑 子 亥 戌 酉	
일 토 금 목 수 화 월 일 토 금 목 수 화 월 일 토 금 목 수 화 월 일 토 금 목 수 화 월 일 토	요 일

4月 小(辛巳)입하

	소만																	입하								절 기
29 28 27 26 25 **24** 23 22 21 20 19 18 17 16 15 14 13 12 11 10 9 **8** 7 6 5 4 3 2 1	음력
3 4 4 4 5 5 5 6 6 6 7 7 7 8 8 8 9 9 9 10 10 　 1 1 1 1 2 2	순행
7 7 6 6 6 5 5 5 4 4 4 3 3 3 2 2 2 1 1 1 10 9 9 9 8	역행
05 04	월
26 25 24 23 22 21 20 19 18 17 16 15 14 13 12 11 10 9 8 7 6 5 4 3 2 1 30 29 28	일
乙 甲 癸 壬 辛 庚 己 戊 丁 丙 乙 甲 癸 壬 辛 庚 己 戊 丁 丙 乙 甲 癸 壬 辛 庚 己 戊 丁	일 진
未 午 巳 辰 卯 寅 丑 子 亥 戌 酉 申 未 午 巳 辰 卯 寅 丑 子 亥 戌 酉 申 未 午 巳 辰 卯	
월 일 토 금 목 수 화 월 일 토 금 목 수 화 월 일 토 금 목 수 화 월 일 토 금 목 수 화 월	요 일

5月 小(壬午)망종

	하지																		망종							절 기
29 28 27 **26** 25 24 23 22 21 20 19 18 17 16 15 14 13 12 11 **10** 9 8 7 6 5 4 3 2 1	음력
4 4 5 5 5 6 6 6 7 7 7 8 8 8 9 9 9 10 10 　 1 1 1 1 2 2 2 3	순행
6 6 5 5 5 4 4 4 3 3 3 2 2 2 1 1 1 10 9 9 9 8 8 8 7	역행
06 05	월
24 23 22 21 20 19 18 17 16 15 14 13 12 11 10 9 8 7 6 5 4 3 2 1 31 30 29 28 27	일
甲 癸 壬 辛 庚 己 戊 丁 丙 乙 甲 癸 壬 辛 庚 己 戊 丁 丙 乙 甲 癸 壬 辛 庚 己 戊 丁 丙	일 진
子 亥 戌 酉 申 未 午 巳 辰 卯 寅 丑 子 亥 戌 酉 申 未 午 巳 辰 卯 寅 丑 子 亥 戌 酉 申	
화 월 일 토 금 목 수 화 월 일 토 금 목 수 화 월 일 토 금 목 수 화 월 일 토 금 목 수 화	요 일

6月 大(癸未)소서

	대서																소서									절 기
30 29 **28** 27 26 25 24 23 22 21 20 19 18 17 16 15 14 **13** 12 11 10 9 8 7 6 5 4 3 2 1	음력
5 5 5 6 6 6 7 7 7 8 8 8 9 9 9 10 10 　 1 1 1 1 2 2 2 3 3 3 4	순행
6 5 5 5 4 4 4 3 3 3 2 2 2 1 1 1 10 9 9 9 8 8 8 7 7	역행
07 06	월
24 23 22 21 20 19 18 17 16 15 14 13 12 11 10 9 8 7 6 5 4 3 2 1 31 30 29 28 27 26 25	일
甲 癸 壬 辛 庚 己 戊 丁 丙 乙 甲 癸 壬 辛 庚 己 戊 丁 丙 乙 甲 癸 壬 辛 庚 己 戊 丁 丙 乙	일 진
午 巳 辰 卯 寅 丑 子 亥 戌 酉 申 未 午 巳 辰 卯 寅 丑 子 亥 戌 酉 申 未 午 巳 辰 卯 寅 丑	
목 수 화 월 일 토 금 목 수 화 월 일 토 금 목 수 화 월 일 토 금 목 수 화 월 일 토 금 목 수	요 일

사주에 官이 왕하면 역시 그의 아내는 똥똥하다.

음6月小

절기: 입추 (음력 14), 처서

월: 08 … 07

음력	29	28	27	26	25	24	23	22	21	20	19	18	17	16	15	14	13	12	11	10	9	8	7	6	5	4	3	2	1
음력(하)	22	21	20	19	18	17	16	15	14	13	12	11	10	9	8	7	6	5	4	3	2	1	31	30	29	28	27	26	25
천간	癸	壬	辛	庚	己	戊	丁	丙	乙	甲	癸	壬	辛	庚	己	戊	丁	丙	乙	甲	癸	壬	辛	庚	己	戊	丁	丙	乙
지지	亥	戌	酉	申	未	午	巳	辰	卯	寅	丑	子	亥	戌	酉	申	未	午	巳	辰	卯	寅	丑	子	亥	戌	酉	申	未
요일	금	목	수	화	월	일	토	금	목	수	화	월	일	토	금	목	수	화	월	일	토	금	목	수	화	월	일	토	금

순행: 5 6 6 7 7 7 8 8 8 9 9 9 10 10 / 1 1 1 1 2 2 2 3 3 3 4 4 4 5
역행: 5 5 4 4 4 3 3 3 2 2 2 1 1 1 / 10 10 9 9 9 8 8 8 7 7 7 6 6

7月大(甲申)입추

절기: 백로 (음력 16), 처서

월: 09 … 08

음력	30	29	28	27	26	25	24	23	22	21	20	19	18	17	16	15	14	13	12	11	10	9	8	7	6	5	4	3	2	1
음력(하)	21	20	19	18	17	16	15	14	13	12	11	10	9	8	7	6	5	4	3	2	1	31	30	29	28	27	26	25	24	23
천간	癸	壬	辛	庚	己	戊	丁	丙	乙	甲	癸	壬	辛	庚	己	戊	丁	丙	乙	甲	癸	壬	辛	庚	己	戊	丁	丙	乙	甲
지지	巳	辰	卯	寅	丑	子	亥	戌	酉	申	未	午	巳	辰	卯	寅	丑	子	亥	戌	酉	申	未	午	巳	辰	卯	寅	丑	子
요일	일	토	금	목	수	화	월	일	토	금	목	수	화	월	일	토	금	목	수	화	월	일	토	금	목	수	화	월	일	토

순행: 6 6 6 7 7 7 8 8 8 9 9 9 10 10 / 1 1 1 1 2 2 2 3 3 3 4 4 4 5 5
역행: 5 4 4 4 3 3 3 2 2 2 1 1 1 / 10 10 9 9 9 8 8 8 7 7 7 6 6 5 5

8月小(乙酉)백로

절기: 한로 (음력 17), 추분

월: 10 … 09

음력	29	28	27	26	25	24	23	22	21	20	19	18	17	16	15	14	13	12	11	10	9	8	7	6	5	4	3	2	1
음력(하)	20	19	18	17	16	15	14	13	12	11	10	9	8	7	6	5	4	3	2	1	30	29	28	27	26	25	24	23	22
천간	壬	辛	庚	己	戊	丁	丙	乙	甲	癸	壬	辛	庚	己	戊	丁	丙	乙	甲	癸	壬	辛	庚	己	戊	丁	丙	乙	甲
지지	戌	酉	申	未	午	巳	辰	卯	寅	丑	子	亥	戌	酉	申	未	午	巳	辰	卯	寅	丑	子	亥	戌	酉	申	未	午
요일	월	일	토	금	목	수	화	월	일	토	금	목	수	화	월	일	토	금	목	수	화	월	일	토	금	목	수	화	월

순행: 6 7 7 7 8 8 8 9 9 9 / 1 1 1 1 2 2 2 3 3 3 4 4 4 5 5
역행: 4 4 3 3 3 2 2 2 1 1 1 / 10 9 9 9 8 8 8 7 7 7 6 6 6 5 5

9月大(丙戌)한로

절기: 입동 (음력 18), 상강

월: 11 … 10

음력	30	29	28	27	26	25	24	23	22	21	20	19	18	17	16	15	14	13	12	11	10	9	8	7	6	5	4	3	2	1
음력(하)	19	18	17	16	15	14	13	12	11	10	9	8	7	6	5	4	3	2	1	30	29	28	27	26	25	24	23	22	21
천간	壬	辛	庚	己	戊	丁	丙	乙	甲	癸	壬	辛	庚	己	戊	丁	丙	乙	甲	癸	壬	辛	庚	己	戊	丁	丙	乙	甲	癸
지지	辰	卯	寅	丑	子	亥	戌	酉	申	未	午	巳	辰	卯	寅	丑	子	亥	戌	酉	申	未	午	巳	辰	卯	寅	丑	子	亥
요일	수	화	월	일	토	금	목	수	화	월	일	토	금	목	수	화	월	일	토	금	목	수	화	월	일	토	금	목	수	화

순행: 6 6 7 7 7 8 8 8 9 9 9 10 / 1 1 1 2 2 2 3 3 3 3 4 4 4 5 5 5
역행: 4 4 3 3 3 2 2 2 1 1 1 / 10 9 9 9 8 8 8 7 7 7 6 6 6 5 5 5

10月大(丁亥)입동

절기: 대설 (음력 18), 소설

월: 12 … 11

음력	30	29	28	27	26	25	24	23	22	21	20	19	18	17	16	15	14	13	12	11	10	9	8	7	6	5	4	3	2	1
음력(하)	19	18	17	16	15	14	13	12	11	10	9	8	7	6	5	4	3	2	1	30	29	28	27	26	25	24	23	22	21	20
천간	壬	辛	庚	己	戊	丁	丙	乙	甲	癸	壬	辛	庚	己	戊	丁	丙	乙	甲	癸	壬	辛	庚	己	戊	丁	丙	乙	甲	癸
지지	戌	酉	申	未	午	巳	辰	卯	寅	丑	子	亥	戌	酉	申	未	午	巳	辰	卯	寅	丑	子	亥	戌	酉	申	未	午	巳
요일	금	목	수	화	월	일	토	금	목	수	화	월	일	토	금	목	수	화	월	일	토	금	목	수	화	월	일	토	금	목

순행: 6 6 7 7 7 8 8 8 9 9 9 / 1 1 1 2 2 2 3 3 3 4 4 4 5 5 5 6
역행: 4 4 3 3 3 2 2 2 1 1 1 / 10 9 9 9 8 8 8 7 7 7 6 6 6 5 5 5 4

11月大(戊子)대설

절기: 소한 (음력 18), 동지

월: 01 … 12

음력	30	29	28	27	26	25	24	23	22	21	20	19	18	17	16	15	14	13	12	11	10	9	8	7	6	5	4	3	2	1
음력(하)	18	17	16	15	14	13	12	11	10	9	8	7	6	5	4	3	2	1	30	29	28	27	26	25	24	23	22	21	20	19
천간	壬	辛	庚	己	戊	丁	丙	乙	甲	癸	壬	辛	庚	己	戊	丁	丙	乙	甲	癸	壬	辛	庚	己	戊	丁	丙	乙	甲	癸
지지	辰	卯	寅	丑	子	亥	戌	酉	申	未	午	巳	辰	卯	寅	丑	子	亥	戌	酉	申	未	午	巳	辰	卯	寅	丑	子	亥
요일	일	토	금	목	수	화	월	일	토	금	목	수	화	월	일	토	금	목	수	화	월	일	토	금	목	수	화	월	일	토

순행: 6 6 7 7 7 8 8 8 9 9 10 / 1 1 1 2 2 2 3 3 3 4 4 4 5 5 5 6
역행: 4 4 3 3 3 2 2 2 1 1 1 / 9 9 9 8 8 8 7 7 7 6 6 6 5 5 5 4

12月小(己丑)소한

절기: 입춘 (음력 17), 대한

월: 02 … 01

음력	29	28	27	26	25	24	23	22	21	20	19	18	17	16	15	14	13	12	11	10	9	8	7	6	5	4	3	2	1
음력(하)	16	15	14	13	12	11	10	9	8	7	6	5	4	3	2	1	31	30	29	28	27	26	25	24	23	22	21	20	19
천간	辛	庚	己	戊	丁	丙	乙	甲	癸	壬	辛	庚	己	戊	丁	丙	乙	甲	癸	壬	辛	庚	己	戊	丁	丙	乙	甲	癸
지지	酉	申	未	午	巳	辰	卯	寅	丑	子	亥	戌	酉	申	未	午	巳	辰	卯	寅	丑	子	亥	戌	酉	申	未	午	巳
요일	월	일	토	금	목	수	화	월	일	토	금	목	수	화	월	일	토	금	목	수	화	월	일	토	금	목	수	화	월

순행: 6 6 7 7 8 8 8 9 9 9 / 1 1 1 2 2 2 3 3 3 4 4 4 5 5 5
역행: 4 4 3 3 2 2 2 1 1 1 / 10 9 9 8 8 8 7 7 7 6 6 6 5 5 5

사주 내 자식자리에 刑·沖이나 공망살을 맞으면 자식 때문에 속 썩는다.

상문 : 申   대장군 : 東
조객 : 辰   삼 재 : 亥卯未
삼살 : 北

丙午年

서기 2026년
단기 4359년

1月大(庚寅)입춘

절기		경칩																								우수			
음력	30	29	28	27	26	25	24	23	22	21	20	19	18	**17**	16	15	14	13	12	11	10	9	8	7	6	5	4	**3**	2	1
순행(음둔)	6	6	7	7	7	8	8	8	9	9	9	10	10		1	1	1	1	2	2	2	3	3	3	4	4	4	5	5	5
역행(양둔)	4	4	4	3	3	3	2	2	2	1	1	1	1		9	9	9	8	8	8	7	7	7	6	6	6	5	5	5	
월														03														02		
일(월度)	18	17	16	15	14	13	12	11	10	9	8	7	6	5	4	3	2	1	28	27	26	25	24	23	22	21	20	19	18	17
일진	辛卯	庚寅	己丑	戊子	丁亥	丙戌	乙酉	甲申	癸未	壬午	辛巳	庚辰	己卯	戊寅	丁丑	丙子	乙亥	甲戌	癸酉	壬申	辛未	庚午	己巳	戊辰	丁卯	丙寅	乙丑	甲子	癸亥	壬戌
요일	수	화	월	일	토	금	목	수	화	월	일	토	금	목	수	화	월	일	토	금	목	수	화	월	일	토	금	목	수	화

2月小(辛卯)경칩

절기	청명																							춘분			
음력	29	28	27	26	25	24	23	22	21	20	19	**18**	17	16	15	14	13	12	11	10	9	8	7	6	5	4	3	**2**	1
순행(음둔)	6	7	7	7	8	8	8	9	9	9	10		1	1	1	1	2	2	2	3	3	3	4	4	4	5	5	5	5
역행(양둔)	4	3	3	3	2	2	2	1	1	1	1		10	9	9	9	8	8	8	7	7	7	6	6	6	5	5	5	
월												04															03	
일	16	15	14	13	12	11	10	9	8	7	6	5	4	3	2	1	31	30	29	28	27	26	25	24	23	22	21	20	19
일진	庚申	己未	戊午	丁巳	丙辰	乙卯	甲寅	癸丑	壬子	辛亥	庚戌	己酉	戊申	丁未	丙午	乙巳	甲辰	癸卯	壬寅	辛丑	庚子	己亥	戊戌	丁酉	丙申	乙未	甲午	癸巳	壬辰
요일	목	수	화	월	일	토	금	목	수	화	월	일	토	금	목	수	화	월	일	토	금	목	수	화	월	일	토	금	목

3月大(壬辰)청명

절기		입하																					곡우			
음력	30	29	28	27	26	25	24	23	22	21	20	**19**	18	17	16	15	14	13	12	11	10	9	8	7	6	5	**4**	3	2	1
순행(음둔)	7	7	8	8	8	9	9	9	10	10		1	1	1	1	2	2	2	3	3	3	4	4	4	5	5	5			
역행(양둔)	4	3	3	3	2	2	2	1	1	1		10	9	9	9	8	8	8	7	7	7	6	6	6	5	5	5			
월											05																04			
일	16	15	14	13	12	11	10	9	8	7	6	5	4	3	2	1	31	30	29	28	27	26	25	24	23	22	21	20	19	18
일진	庚寅	己丑	戊子	丁亥	丙戌	乙酉	甲申	癸未	壬午	辛巳	庚辰	己卯	戊寅	丁丑	丙子	乙亥	甲戌	癸酉	壬申	辛未	庚午	己巳	戊辰	丁卯	丙寅	乙丑	甲子	癸亥	壬戌	辛酉
요일	토	금	목	수	화	월	일	토	금	목	수	화	월	일	토	금	목	수	화	월	일	토	금	목	수	화	월	일	토	금

4月小(癸巳)입하

절기	망종																							소만			
음력	29	28	27	26	25	24	23	22	**21**	20	19	18	17	16	15	14	13	12	11	10	9	8	7	6	**5**	4	3	2	1
순행(음둔)	8	8	8	9	9	10	10		1	1	1	2	2	2	3	3	3	4	4	4	5	5	5	6	6	6	7	7	7
역행(양둔)	3	2	2	2	1	1	1		10	9	9	8	8	8	7	7	7	6	6	6	5	5	5	4	4	4	3	3	3
월								06																	05				
일	14	13	12	11	10	9	8	7	6	5	4	3	2	1	31	30	29	28	27	26	25	24	23	22	21	20	19	18	17
일진	己未	戊午	丁巳	丙辰	乙卯	甲寅	癸丑	壬子	辛亥	庚戌	己酉	戊申	丁未	丙午	乙巳	甲辰	癸卯	壬寅	辛丑	庚子	己亥	戊戌	丁酉	丙申	乙未	甲午	癸巳	壬辰	辛卯
요일	일	토	금	목	수	화	월	일	토	금	목	수	화	월	일	토	금	목	수	화	월	일	토	금	목	수	화	월	일

5月小(甲午)망종

절기	소서																						하지			
음력	29	28	27	26	25	24	**23**	22	21	20	19	18	17	16	15	14	13	12	11	10	9	8	**7**	6	5	4	3	2	1
순행(음둔)	8	9	9	9	10	10		1	1	1	1	2	2	2	3	3	3	4	4	4	5	5	5	6	6	6	7	7	7
역행(양둔)	2	2	1	1	1		10	10	9	9	9	8	8	8	7	7	7	6	6	6	5	5	5	4	4	4	3	3	
월							07																06						
일	13	12	11	10	9	8	7	6	5	4	3	2	1	30	29	28	27	26	25	24	23	22	21	20	19	18	17	16	15
일진	戊子	丁亥	丙戌	乙酉	甲申	癸未	壬午	辛巳	庚辰	己卯	戊寅	丁丑	丙子	乙亥	甲戌	癸酉	壬申	辛未	庚午	己巳	戊辰	丁卯	丙寅	乙丑	甲子	癸亥	壬戌	辛酉	庚申
요일	월	일	토	금	목	수	화	월	일	토	금	목	수	화	월	일	토	금	목	수	화	월	일	토	금	목	수	화	월

6月大(乙未)소서

절기		입추																			대서			
음력	30	29	28	27	26	**25**	24	23	22	21	20	19	18	17	16	15	14	13	12	11	**10**	9	8	7	6	5	4	3	2	1
순행(음둔)	9	9	9	10	10		1	1	1	2	2	2	3	3	4	4	4	5	5	5	6	6	6	7	7	7	8	8	8	8
역행(양둔)	2	1	1	1	1		10	10	9	9	9	8	8	8	7	7	7	6	6	6	5	5	5	4	4	4	3	3	3	
월						08															07									
일	12	11	10	9	8	7	6	5	4	3	2	1	31	30	29	28	27	26	25	24	23	22	21	20	19	18	17	16	15	14
일진	戊午	丁巳	丙辰	乙卯	甲寅	癸丑	壬子	辛亥	庚戌	己酉	戊申	丁未	丙午	乙巳	甲辰	癸卯	壬寅	辛丑	庚子	己亥	戊戌	丁酉	丙申	乙未	甲午	癸巳	壬辰	辛卯	庚寅	己丑
요일	수	화	월	일	토	금	목	수	화	월	일	토	금	목	수	화	월	일	토	금	목	수	화	월	일	토	금	목	수	화

재와 건록살과 도화살이 있으면 처로 인하여 부자가 된다.

7月小(丙申)입추

절기	백로(26), 처서(11)
음력	29 28 27 **26** 25 24 23 22 21 20 19 18 17 16 15 14 13 12 **11** 10 9 8 7 6 5 4 3 2 1
순행	9 10 10 · 1 1 1 1 2 2 2 3 3 3 4 4 4 5 5 5 6 6 6 7 7 7 8 8 8
역행	1 1 1 · 10 10 9 9 9 8 8 8 7 7 7 6 6 6 5 5 5 4 4 4 3 3 3 2 2 2
월	09 … 08
양력(일)	10 9 8 7 6 5 4 3 2 1 31 30 29 28 27 26 25 24 23 22 21 20 19 18 17 16 15 14 13
일진(천간)	丁 丙 乙 甲 癸 壬 辛 庚 己 戊 丁 丙 乙 甲 癸 壬 辛 庚 己 戊 丁 丙 乙 甲 癸 壬 辛 庚 己
일진(지지)	亥 戌 酉 申 未 午 巳 辰 卯 寅 丑 子 亥 戌 酉 申 未 午 巳 辰 卯 寅 丑 子 亥 戌 酉 申 未
요일	목 수 화 월 일 토 금 목 수 화 월 일 토 금 목 수 화 월 일 토 금 목 수 화 월 일 토 금 목

8月大(丁酉)백로

절기	한로(28), 추분(13)
음력	30 29 **28** 27 26 25 24 23 22 21 20 19 18 17 16 15 14 **13** 12 11 10 9 8 7 6 5 4 3 2 1
순행	9 10 · 1 1 1 1 2 2 2 3 3 3 4 4 4 5 5 5 6 6 6 7 7 7 8 8 8 9 9
역행	1 1 · 10 10 9 9 9 8 8 8 7 7 7 6 6 6 5 5 5 4 4 4 3 3 3 2 2 2 1
월	10 … 09
양력(일)	10 9 8 7 6 5 4 3 2 1 30 29 28 27 26 25 24 23 22 21 20 19 18 17 16 15 14 13 12 11
일진(천간)	丁 丙 乙 甲 癸 壬 辛 庚 己 戊 丁 丙 乙 甲 癸 壬 辛 庚 己 戊 丁 丙 乙 甲 癸 壬 辛 庚 己 戊
일진(지지)	巳 辰 卯 寅 丑 子 亥 戌 酉 申 未 午 巳 辰 卯 寅 丑 子 亥 戌 酉 申 未 午 巳 辰 卯 寅 丑 子
요일	토 금 목 수 화 월 일 토 금 목 수 화 월 일 토 금 목 수 화 월 일 토 금 목 수 화 월 일 토 금

9月小(戊戌)한로

절기	입동(28), 상강(13)
음력	29 **28** 27 26 25 24 23 22 21 20 19 18 17 16 15 14 **13** 12 11 10 9 8 7 6 5 4 3 2 1
순행	10 · 1 1 1 1 2 2 2 3 3 3 4 4 4 5 5 5 6 6 6 7 7 7 8 8 8 9 9
역행	1 · 10 9 9 9 8 8 8 7 7 7 6 6 6 5 5 5 4 4 4 3 3 3 2 2 2 1 1
월	11 … 10
양력(일)	8 7 6 5 4 3 2 1 31 30 29 28 27 26 25 24 23 22 21 20 19 18 17 16 15 14 13 12 11
일진(천간)	丙 乙 甲 癸 壬 辛 庚 己 戊 丁 丙 乙 甲 癸 壬 辛 庚 己 戊 丁 丙 乙 甲 癸 壬 辛 庚 己 戊
일진(지지)	戌 酉 申 未 午 巳 辰 卯 寅 丑 子 亥 戌 酉 申 未 午 巳 辰 卯 寅 丑 子 亥 戌 酉 申 未 午
요일	일 토 금 목 수 화 월 일 토 금 목 수 화 월 일 토 금 목 수 화 월 일 토 금 목 수 화 월 일

10月大(己亥)입동

절기	대설(29), 소설(14)
음력	30 **29** 28 27 26 25 24 23 22 21 20 19 18 17 16 15 **14** 13 12 11 10 9 8 7 6 5 4 3 2 1
순행	9 · 1 1 1 2 2 2 3 3 3 4 4 4 5 5 5 6 6 6 7 7 7 8 8 8 9 9 9
역행	1 · 10 9 9 9 8 8 8 7 7 7 6 6 6 5 5 5 4 4 4 3 3 3 2 2 2 1 1
월	12 … 11
양력(일)	8 7 6 5 4 3 2 1 30 29 28 27 26 25 24 23 22 21 20 19 18 17 16 15 14 13 12 11 10 9
일진(천간)	丙 乙 甲 癸 壬 辛 庚 己 戊 丁 丙 乙 甲 癸 壬 辛 庚 己 戊 丁 丙 乙 甲 癸 壬 辛 庚 己 戊 丁
일진(지지)	辰 卯 寅 丑 子 亥 戌 酉 申 未 午 巳 辰 卯 寅 丑 子 亥 戌 酉 申 未 午 巳 辰 卯 寅 丑 子 亥
요일	화 월 일 토 금 목 수 화 월 일 토 금 목 수 화 월 일 토 금 목 수 화 월 일 토 금 목 수 화 월

11月大(庚子)대설

절기	소한(28), 동지(14)
음력	30 29 **28** 27 26 25 24 23 22 21 20 19 18 17 16 15 **14** 13 12 11 10 9 8 7 6 5 4 3 2 1
순행	9 10 · 1 1 1 2 2 2 3 3 3 4 4 4 5 5 5 6 6 6 7 7 7 8 8 9 9
역행	1 1 · 9 9 9 8 8 8 7 7 7 6 6 6 5 5 5 4 4 4 3 3 3 2 2 2 1 1
월	01 … 12
양력(일)	7 6 5 4 3 2 1 31 30 29 28 27 26 25 24 23 22 21 20 19 18 17 16 15 14 13 12 11 10 9
일진(천간)	丙 乙 甲 癸 壬 辛 庚 己 戊 丁 丙 乙 甲 癸 壬 辛 庚 己 戊 丁 丙 乙 甲 癸 壬 辛 庚 己 戊 丁
일진(지지)	戌 酉 申 未 午 巳 辰 卯 寅 丑 子 亥 戌 酉 申 未 午 巳 辰 卯 寅 丑 子 亥 戌 酉 申 未 午 巳
요일	목 수 화 월 일 토 금 목 수 화 월 일 토 금 목 수 화 월 일 토 금 목 수 화 월 일 토 금 목 수

12月大(辛丑)소한

절기	입춘(28), 대한(13)
음력	30 29 **28** 27 26 25 24 23 22 21 20 19 18 17 16 15 14 **13** 12 11 10 9 8 7 6 5 4 3 2 1
순행	9 10 · 1 1 1 2 2 2 3 3 3 4 4 4 5 5 5 6 6 6 7 7 7 8 8 8 9 9
역행	1 1 · 10 9 9 9 8 8 8 7 7 7 6 6 6 5 5 5 4 4 4 3 3 3 2 2 2 1
월	02 … 01
양력(일)	6 5 4 3 2 1 31 30 29 28 27 26 25 24 23 22 21 20 19 18 17 16 15 14 13 12 11 10 9 8
일진(천간)	丙 乙 甲 癸 壬 辛 庚 己 戊 丁 丙 乙 甲 癸 壬 辛 庚 己 戊 丁 丙 乙 甲 癸 壬 辛 庚 己 戊 丁
일진(지지)	辰 卯 寅 丑 子 亥 戌 酉 申 未 午 巳 辰 卯 寅 丑 子 亥 戌 酉 申 未 午 巳 辰 卯 寅 丑 子 亥
요일	토 금 목 수 화 월 일 토 금 목 수 화 월 일 토 금 목 수 화 월 일 토 금 목 수 화 월 일 토 금

사주 내 상관이 있고 財와 암합하면 남편을 내 집으로 데려와서 산다.

상문 : 酉   대장군 : 東
조객 : 巳   삼 재 : 亥卯未
삼살 : 西

丁未年

서기 2027년
단기 4360년

1月小(壬寅)입춘 — 절기: 경칩 / 우수

절 기	음 력	순행	역행	월	일진	요일

음력: 29 28 27 26 25 24 23 22 21 20 19 18 17 16 15 14 13 12 11 10 9 8 7 6 5 4 3 2 1
순행: 10 1 1 1 1 1 2 2 2 3 3 3 4 4 5 5 5 6 6 7 7 8 8 8 9 9
역행: 1 10 9 9 9 8 8 8 7 7 6 6 6 5 5 4 4 4 3 3 3 2 2 2 1 1
월: 03 … 02
일: 7 6 5 4 3 2 1 28 27 26 25 24 23 22 21 20 19 18 17 16 15 14 13 12 11 10 9 8 7
일진(천간): 乙 甲 癸 壬 辛 庚 己 戊 丁 丙 乙 甲 癸 壬 辛 庚 己 戊 丁 丙 乙 甲 癸 壬 辛 庚 己 戊 丁
일진(지지): 酉 申 未 午 巳 辰 卯 寅 子 亥 戌 酉 申 未 午 巳 辰 卯 丑 子 亥 戌 酉 未 午 巳
요일: 일 토 금 목 수 화 월 일 토 금 목 수 화 월 일 토 금 목 수 화 월 일 토 금 목 수 화 월 일

2月大(癸卯)경칩 — 절기: 청명 / 춘분

음력: 30 29 28 27 26 25 24 23 22 21 20 19 18 17 16 15 14 13 12 11 10 9 8 7 6 5 4 3 2 1
순행: 10 1 1 1 1 2 2 2 3 3 3 4 4 4 5 5 6 6 6 7 7 7 8 8 9 9 9
역행: 1 10 9 9 9 8 8 8 7 7 6 6 5 5 5 4 4 3 3 3 2 2 2 1 1
월: 04 … 03
일: 6 5 4 3 2 1 31 30 29 28 27 26 25 24 23 22 21 20 19 18 17 16 15 14 13 12 11 10 9 8
일진(천간): 乙 甲 癸 壬 辛 庚 己 戊 丁 丙 乙 甲 癸 壬 辛 庚 己 戊 丁 丙 乙 甲 癸 壬 辛 庚 己 戊 丁 丙
일진(지지): 卯 寅 丑 亥 戌 酉 申 未 午 巳 辰 卯 寅 子 亥 戌 酉 申 未 午 巳 辰 卯 丑 子 亥 戌
요일: 화 월 일 토 금 목 수 화 월 일 토 금 목 수 화 월 일 토 금 목 수 화 월 일 토 금 목 수 화

3月小(甲辰)경칩 — 절기: 곡우

음력: 29 28 27 26 25 24 23 22 21 20 19 18 17 16 15 14 13 12 11 10 9 8 7 6 5 4 3 2 1
순행: 1 1 1 2 2 2 3 3 4 4 4 5 5 6 6 6 7 7 8 8 8 9 9 9 10
역행: 10 10 9 9 8 8 8 7 7 6 6 5 5 5 4 4 3 3 3 2 2 2 1 1 1
월: 05 … 04
일: 5 4 3 2 1 30 29 28 27 26 25 24 23 22 21 20 19 18 17 16 15 14 13 12 11 10 9 8 7
일진(천간): 甲 癸 壬 辛 庚 己 戊 丁 丙 乙 甲 癸 壬 辛 庚 己 戊 丁 丙 乙 甲 癸 壬 辛 庚 己 戊 丁 丙
일진(지지): 申 未 午 巳 辰 卯 寅 子 亥 戌 酉 申 未 午 巳 辰 卯 丑 子 亥 戌 酉 未 午 巳 辰
요일: 수 화 월 일 토 금 목 수 화 월 일 토 금 목 수 화 월 일 토 금 목 수 화 월 일 토 금 목 수

4月大(乙巳)입하 — 절기: 소만 / 입하

음력: 30 29 28 27 26 25 24 23 22 21 20 19 18 17 16 15 14 13 12 11 10 9 8 7 6 5 4 3 2 1
순행: 1 1 2 2 2 3 3 3 4 4 5 5 5 6 6 7 7 7 8 8 9 9 9 10 10
역행: 10 9 9 8 8 8 7 7 7 6 6 5 5 4 4 4 3 3 2 2 2 1 1 1
월: 06 … 05
일: 4 3 2 1 31 30 29 28 27 26 25 24 23 22 21 20 19 18 17 16 15 14 13 12 11 10 9 8 7 6
일진(천간): 甲 癸 壬 辛 庚 己 戊 丁 丙 乙 甲 癸 壬 辛 庚 己 戊 丁 丙 乙 甲 癸 壬 辛 庚 己 戊 丁 丙 乙
일진(지지): 寅 丑 子 戌 酉 申 未 午 巳 辰 卯 寅 子 亥 戌 酉 申 未 午 巳 辰 卯 寅 子 亥 戌 酉
요일: 금 목 수 화 월 일 토 금 목 수 화 월 일 토 금 목 수 화 월 일 토 금 목 수 화 월 일 토 금 목

5月小(丙午)망종 — 절기: 하지 / 망종

음력: 29 28 27 26 25 24 23 22 21 20 19 18 17 16 15 14 13 12 11 10 9 8 7 6 5 4 3 2 1
순행: 1 2 2 2 3 3 4 4 4 5 5 6 6 6 7 7 7 8 8 9 9 10 10
역행: 9 9 8 8 7 7 7 6 6 6 5 5 4 4 4 3 3 3 2 2 2 1 1 1 10
월: 07 … 06
일: 3 2 1 30 29 28 27 26 25 24 23 22 21 20 19 18 17 16 15 14 13 12 11 10 9 8 7 6 5
일진(천간): 癸 壬 辛 庚 己 戊 丁 丙 乙 甲 癸 壬 辛 庚 己 戊 丁 丙 乙 甲 癸 壬 辛 庚 己 戊 丁 丙 乙
일진(지지): 未 午 巳 辰 卯 寅 子 亥 戌 酉 申 未 午 巳 辰 卯 丑 子 亥 戌 酉 未 午 巳 辰 卯
요일: 토 금 목 수 화 월 일 토 금 목 수 화 월 일 토 금 목 수 화 월 일 토 금 목 수 화 월 일 토

6月小(丁未)소서 — 절기: 대서 / 소서

음력: 29 28 27 26 25 24 23 22 21 20 19 18 17 16 15 14 13 12 11 10 9 8 7 6 5 4 3 2 1
순행: 2 3 3 3 4 4 5 5 5 6 6 7 7 7 8 8 9 9 10 10 10
역행: 8 8 7 7 7 6 6 5 5 5 4 4 3 3 3 2 2 2 1 1 1 10 10 9
월: 08 … 07
일: 1 31 30 29 28 27 26 25 24 23 22 21 20 19 18 17 16 15 14 13 12 11 10 9 8 7 6 5 4
일진(천간): 壬 辛 庚 己 戊 丁 丙 乙 甲 癸 壬 辛 庚 己 戊 丁 丙 乙 甲 癸 壬 辛 庚 己 戊 丁 丙 乙 甲
일진(지지): 子 亥 戌 酉 申 未 午 巳 辰 卯 寅 子 亥 戌 酉 申 未 午 巳 辰 卯 寅 子 亥 戌 酉 申
요일: 일 토 금 목 수 화 월 일 토 금 목 수 화 월 일 토 금 목 수 화 월 일 토 금 목 수 화 월 일

재가 희신이나 용신이면 처의 덕이 크다.

7月大(戊申)입추

절기								처서																입추					
음력	30	29	28	27	26	25	24	22	21	20	19	18	17	16	15	14	13	12	11	10	9	8	7	6	5	4	3	2	1
순행	3	3	3	4	4	4	5	5	5	6	6	6	7	7	7	8	8	8	9	9	9	10	10		1	1	1	1	2	2
역행	8	7	7	7	6	6	6	5	5	5	4	4	4	3	3	3	2	2	2	1	1	1		10	10	10	9	9	9
월/응																								08						
일	31	30	29	28	27	26	25	24	23	22	21	20	19	18	17	16	15	14	13	12	11	10	9	8	7	6	5	4	3	2
일진	壬午	辛巳	庚辰	己卯	戊寅	丁丑	丙子	乙亥	甲戌	癸酉	壬申	辛未	庚午	己巳	戊辰	丁卯	丙寅	乙丑	甲子	癸亥	壬戌	辛酉	庚申	己未	戊午	丁巳	丙辰	乙卯	甲寅	癸丑
요일	화	월	일	토	금	목	수	화	월	일	토	금	목	수	화	월	일	토	금	목	수	화	월	일	토	금	목	수	화	월

8月小(己酉)백로

절기						추분														백로							
음력	29	28	27	26	25	24	23	22	21	20	19	18	17	16	15	14	13	12	11	10	9	8	7	6	5	4	3	2	1
순행	3	3	4	4	4	5	5	5	6	6	6	7	7	7	8	8	8	9	9	9	10		1	1	1	1	2	2	2
역행	7	7	6	6	6	5	5	5	4	4	4	3	3	3	2	2	2	1	1	1		10	10	9	9	9	9	8	8
월/응																						09							
일	29	28	27	26	25	24	23	22	21	20	19	18	17	16	15	14	13	12	11	10	9	8	7	6	5	4	3	2	1
일진	辛亥	庚戌	己酉	戊申	丁未	丙午	乙巳	甲辰	癸卯	壬寅	辛丑	庚子	己亥	戊戌	丁酉	丙申	乙未	甲午	癸巳	壬辰	辛卯	庚寅	己丑	戊子	丁亥	丙戌	乙酉	甲申	癸未
요일	수	화	월	일	토	금	목	수	화	월	일	토	금	목	수	화	월	일	토	금	목	수	화	월	일	토	금	목	수

9月小(庚戌)한로

절기					상강													한로								
음력	29	28	27	26	25	24	23	22	21	20	19	18	17	16	15	14	13	12	11	10	9	8	7	6	5	4	3	2	1
순행	4	4	4	5	5	5	6	6	6	7	7	7	8	8	8	9	9	9	10	10		1	1	1	1	2	2	2	3
역행	7	6	6	6	5	5	5	4	4	4	3	3	3	2	2	2	1	1	1		10	9	9	9	8	8	8	7	7
월/응																				10	09								
일	28	27	26	25	24	23	22	21	20	19	18	17	16	15	14	13	12	11	10	9	8	7	6	5	4	3	2	1	30
일진	庚辰	己卯	戊寅	丁丑	丙子	乙亥	甲戌	癸酉	壬申	辛未	庚午	己巳	戊辰	丁卯	丙寅	乙丑	甲子	癸亥	壬戌	辛酉	庚申	己未	戊午	丁巳	丙辰	乙卯	甲寅	癸丑	壬子
요일	목	수	화	월	일	토	금	목	수	화	월	일	토	금	목	수	화	월	일	토	금	목	수	화	월	일	토	금	목

10月大(辛亥)입동

절기					소설													입동								
음력	30	29	28	27	26	25	24	23	22	21	20	19	18	17	16	15	14	13	12	11	10	9	8	7	6	5	4	3	2	1
순행	3	4	4	4	5	5	5	6	6	6	7	7	7	8	8	8	9	9	9		1	1	1	2	2	2	3	3	3
역행	6	6	6	5	5	5	4	4	4	3	3	3	2	2	2	1	1	1		10	10	9	9	9	8	8	8	7	7
월/응																			11		10								
일	27	26	25	24	23	22	21	20	19	18	17	16	15	14	13	12	11	10	9	8	7	6	5	4	3	2	1	31	30	29
일진	庚戌	己酉	戊申	丁未	丙午	乙巳	甲辰	癸卯	壬寅	辛丑	庚子	己亥	戊戌	丁酉	丙申	乙未	甲午	癸巳	壬辰	辛卯	庚寅	己丑	戊子	丁亥	丙戌	乙酉	甲申	癸未	壬午	辛巳
요일	토	금	목	수	화	월	일	토	금	목	수	화	월	일	토	금	목	수	화	월	일	토	금	목	수	화	월	일	토	금

11月大(壬子)대설

절기					동지													대설								
음력	30	29	28	27	26	25	24	23	22	21	20	19	18	17	16	15	14	13	12	11	10	9	8	7	6	5	4	3	2	1
순행	3	4	4	4	5	5	5	6	6	6	7	7	7	8	8	8	9	9	9	10		1	1	1	2	2	2	3	3	3
역행	7	6	6	6	5	5	5	4	4	4	3	3	3	2	2	2	1	1	1		9	9	9	8	8	8	7	7	7
월/응																			12		11								
일	27	26	25	24	23	22	21	20	19	18	17	16	15	14	13	12	11	10	9	8	7	6	5	4	3	2	1	30	29	28
일진	庚辰	己卯	戊寅	丁丑	丙子	乙亥	甲戌	癸酉	壬申	辛未	庚午	己巳	戊辰	丁卯	丙寅	乙丑	甲子	癸亥	壬戌	辛酉	庚申	己未	戊午	丁巳	丙辰	乙卯	甲寅	癸丑	壬子	辛亥
요일	월	일	토	금	목	수	화	월	일	토	금	목	수	화	월	일	토	금	목	수	화	월	일	토	금	목	수	화	월	일

12月大(癸丑)소한

절기						대한												소한								
음력	30	29	28	27	26	25	24	23	22	21	20	19	18	17	16	15	14	13	12	11	10	9	8	7	6	5	4	3	2	1
순행	3	3	4	4	4	5	5	5	6	6	6	7	7	7	8	8	8	9		1	1	1	2	2	2	3	3	3
역행	7	6	6	6	5	5	5	4	4	4	3	3	3	2	2	2	1	10		10	9	9	9	8	8	8	7	7
월/응																			01		12								
일	26	25	24	23	22	21	20	19	18	17	16	15	14	13	12	11	10	9	8	7	6	5	4	3	2	1	31	30	29	28
일진	庚戌	己酉	戊申	丁未	丙午	乙巳	甲辰	癸卯	壬寅	辛丑	庚子	己亥	戊戌	丁酉	丙申	乙未	甲午	癸巳	壬辰	辛卯	庚寅	己丑	戊子	丁亥	丙戌	乙酉	甲申	癸未	壬午	辛巳
요일	수	화	월	일	토	금	목	수	화	월	일	토	금	목	수	화	월	일	토	금	목	수	화	월	일	토	금	목	수	화

사주 내 편재격 사주는 성질이 불같이 급하다.

상문 : 戌　대장군 : 南
조객 : 午　삼　재 : 寅午戌
삼살 : 南

戊申年

서기 2028년

단기 4361년

1月小(甲寅)입춘

절기	우수															입춘													
음력	29	28	27	26	25	24	23	22	21	20	19	18	17	16	15	14	13	12	11	10	9	8	7	6	5	4	3	2	1
순행 묘순	3	4	4	4	5	5	5	6	6	6	7	7	7	8	8	8	9	9	9	10		1	1	1	2	2	2	3	
역행	7	6	6	6	5	5	5	4	4	4	3	3	3	2	2	2	1	1	1		9	9	9	8	8	8	7	7	
월 응달																		02											01
일	24	23	22	21	20	19	18	17	16	15	14	13	12	11	10	9	8	7	6	5	4	3	2	1	31	30	29	28	27
일진	己	戊	丁	丙	乙	甲	癸	壬	辛	庚	己	戊	丁	丙	乙	甲	癸	壬	辛	庚	己	戊	丁	丙	乙	甲	癸	壬	辛
	卯	寅	丑	子	亥	戌	酉	申	未	午	巳	辰	卯	寅	丑	子	亥	戌	酉	申	未	午	巳	辰	卯	寅	丑	子	亥
요일	목	수	화	월	일	토	금	목	수	화	월	일	토	금	목	수	화	월	일	토	금	목	수	화	월	일	토	금	목

2月大(乙卯)경칩

절기	춘분															경칩														
음력	30	29	28	27	26	25	24	23	22	21	20	19	18	17	16	15	14	13	12	11	10	9	8	7	6	5	4	3	2	1
순행 묘순	3	4	4	4	5	5	6	6	6	7	7	7	8	8	8	9	9	10		1	1	1	2	2	2	3	3			
역행	7	6	6	6	5	5	5	4	4	4	3	3	3	2	2	2	1	1	10	9	9	9	8	8	8	7	7			
월 응달																			03											02
일	25	24	23	22	21	20	19	18	17	16	15	14	13	12	11	10	9	8	7	6	5	4	3	2	1	29	28	27	26	25
일진	己	戊	丁	丙	乙	甲	癸	壬	辛	庚	己	戊	丁	丙	乙	甲	癸	壬	辛	庚	己	戊	丁	丙	乙	甲	癸	壬	辛	庚
	酉	申	未	午	巳	辰	卯	寅	丑	子	亥	戌	酉	申	未	午	巳	辰	卯	寅	丑	子	亥	戌	酉	申	未	午	巳	辰
요일	토	금	목	수	화	월	일	토	금	목	수	화	월	일	토	금	목	수	화	월	일	토	금	목	수	화	월	일	토	금

3月大(丙辰)청명

절기	곡우															청명														
음력	30	29	28	27	26	25	24	23	22	21	20	19	18	17	16	15	14	13	12	11	10	9	8	7	6	5	4	3	2	1
순행 묘순	4	4	4	5	5	5	6	6	6	7	7	7	8	8	8	9	9	10		1	1	1	2	2	2	3	3			
역행	7	6	6	6	5	5	5	4	4	4	3	3	2	2	2	1	1	1	10	9	9	9	8	8	8	7	7			
월 응달																		04											03	
일	24	23	22	21	20	19	18	17	16	15	14	13	12	11	10	9	8	7	6	5	4	3	2	1	31	30	29	28	27	26
일진	己	戊	丁	丙	乙	甲	癸	壬	辛	庚	己	戊	丁	丙	乙	甲	癸	壬	辛	庚	己	戊	丁	丙	乙	甲	癸	壬	辛	庚
	卯	寅	丑	子	亥	戌	酉	申	未	午	巳	辰	卯	寅	丑	子	亥	戌	酉	申	未	午	巳	辰	卯	寅	丑	子	亥	戌
요일	월	일	토	금	목	수	화	월	일	토	금	목	수	화	월	일	토	금	목	수	화	월	일	토	금	목	수	화	월	일

4月小(丁巳)입하

절기	소만															입하													
음력	29	28	27	26	25	24	23	22	21	20	19	18	17	16	15	14	13	12	11	10	9	8	7	6	5	4	3	2	1
순행 묘순	4	5	5	5	6	6	6	7	7	7	8	8	8	9	9	10	10		1	1	1	2	2	2	3	3	3		
역행	6	6	5	5	5	4	4	4	3	3	3	2	2	2	1	1	1	10	9	9	9	8	8	8	7	7	7		
월 응달																		05										04	
일	23	22	21	20	19	18	17	16	15	14	13	12	11	10	9	8	7	6	5	4	3	2	1	30	29	28	27	26	25
일진	戊	丁	丙	乙	甲	癸	壬	辛	庚	己	戊	丁	丙	乙	甲	癸	壬	辛	庚	己	戊	丁	丙	乙	甲	癸	壬	辛	庚
	申	未	午	巳	辰	卯	寅	丑	子	亥	戌	酉	申	未	午	巳	辰	卯	寅	丑	子	亥	戌	酉	申	未	午	巳	辰
요일	화	월	일	토	금	목	수	화	월	일	토	금	목	수	화	월	일	토	금	목	수	화	월	일	토	금	목	수	화

5月大(戊午)망종

절기	하지															망종														
음력	30	29	28	27	26	25	24	23	22	21	20	19	18	17	16	15	14	13	12	11	10	9	8	7	6	5	4	3	2	1
순행 묘순	5	5	5	6	6	6	7	7	7	8	8	8	9	9	9	10	10		1	1	1	2	2	2	3	3	3	4	4	
역행	6	5	5	5	4	4	4	3	3	3	2	2	2	1	1	1		10	9	9	9	8	8	8	7	7	7	6	6	
월 응달																		06											05	
일	22	21	20	19	18	17	16	15	14	13	12	11	10	9	8	7	6	5	4	3	2	1	31	30	29	28	27	26	25	24
일진	戊	丁	丙	乙	甲	癸	壬	辛	庚	己	戊	丁	丙	乙	甲	癸	壬	辛	庚	己	戊	丁	丙	乙	甲	癸	壬	辛	庚	己
	寅	丑	子	亥	戌	酉	申	未	午	巳	辰	卯	寅	丑	子	亥	戌	酉	申	未	午	巳	辰	卯	寅	丑	子	亥	戌	酉
요일	목	수	화	월	일	토	금	목	수	화	월	일	토	금	목	수	화	월	일	토	금	목	수	화	월	일	토	금	목	수

윤5月小

절기																소서													
음력	29	28	27	26	25	24	23	22	21	20	19	18	17	16	15	14	13	12	11	10	9	8	7	6	5	4	3	2	1
순행 묘순	6	6	6	7	7	7	8	8	8	9	9	10	10		1	1	1	2	2	2	3	3	3	4	4	4			
역행	5	5	4	4	4	3	3	3	2	2	1	1	1		10	10	9	9	9	8	8	8	7	7	7	6	6		
월 응달																	07											06	
일	21	20	19	18	17	16	15	14	13	12	11	10	9	8	7	6	5	4	3	2	1	30	29	28	27	26	25	24	23
일진	丁	丙	乙	甲	癸	壬	辛	庚	己	戊	丁	丙	乙	甲	癸	壬	辛	庚	己	戊	丁	丙	乙	甲	癸	壬	辛	庚	己
	未	午	巳	辰	卯	寅	丑	子	亥	戌	酉	申	未	午	巳	辰	卯	寅	丑	子	亥	戌	酉	申	未	午	巳	辰	卯
요일	금	목	수	화	월	일	토	금	목	수	화	월	일	토	금	목	수	화	월	일	토	금	목	수	화	월	일	토	금

일지에 원진살이 있으면 부부싸움이 많다.

6月小(己未)소서

절기	입추(17)	대서(1)
음력	29 28 27 26 25 24 23 22 21 20 19 18 **17** 16 15 14 13 12 11 10 9 8 7 6 5 4 3 2 1	
순행	6 7 7 7 8 8 8 9 9 9 10 10 1 1 1 1 2 2 2 3 3 3 4 4 4 5	
역행	4 4 3 3 3 2 2 2 1 1 1 10 10 10 9 9 9 8 8 8 7 7 7 6 6 6 5	
월	08 07	
일	19 18 17 16 15 14 13 12 11 10 9 8 7 6 5 4 3 2 1 31 30 29 28 27 26 25 24 23 22	
일진	丙乙甲癸壬辛庚己戊丁丙乙甲癸壬辛庚己戊丁丙乙甲癸壬辛庚己戊	
	子亥戌酉申未午巳辰卯寅丑子亥戌酉申未午巳辰卯寅丑子亥戌酉申	
요일	토금목수화월일토금목수화월일토금목수화월일토금목수화월일토	

7月大(庚申)입추

절기	백로(19)	처서(3)
음력	30 29 28 27 26 25 24 23 22 21 20 **19** 18 17 16 15 14 13 12 11 10 9 8 7 6 5 4 3 2 1	
순행	7 7 7 8 8 8 9 9 9 10 1 1 1 2 2 2 3 3 3 4 4 4 5 5 5 6 6 6	
역행	4 3 3 3 2 2 2 1 1 1 10 10 9 9 9 8 8 8 7 7 7 6 6 6 5 5 5 4	
월	09 08	
일	18 17 16 15 14 13 12 11 10 9 8 7 6 5 4 3 2 1 31 30 29 28 27 26 25 24 23 22 21 20	
일진	丙乙甲癸壬辛庚己戊丁丙乙甲癸壬辛庚己戊丁丙乙甲癸壬辛庚己戊丁	
	午巳辰卯寅丑子亥戌酉申未午巳辰卯寅丑子亥戌酉申未午巳辰卯寅丑	
요일	월일토금목수화월일토금목수화월일토금목수화월일토금목수화월일	

8月小(辛酉)백로

절기	한로(20)	추분(4)
음력	29 28 27 26 25 24 23 22 21 **20** 19 18 17 16 15 14 13 12 11 10 9 8 7 6 5 4 3 2 1	
순행	7 7 8 8 8 9 9 9 10 1 1 1 1 2 2 2 3 3 3 4 4 4 5 5 5 6 6	
역행	3 3 2 2 2 1 1 1 10 10 9 9 9 8 8 8 7 7 7 6 6 6 5 5 5 4 4 4	
월	10 09	
일	17 16 15 14 13 12 11 10 9 8 7 6 5 4 3 2 1 30 29 28 27 26 25 24 23 22 21 20 19	
일진	乙甲癸壬辛庚己戊丁丙乙甲癸壬辛庚己戊丁丙乙甲癸壬辛庚己戊丁	
	亥戌酉申未午巳辰卯寅丑子亥戌酉申未午巳辰卯寅丑子亥戌酉申未	
요일	화월일토금목수화월일토금목수화월일토금목수화월일토금목수화	

9月小(壬戌)한로

절기	입동(21)	상강(5)
음력	29 28 27 26 25 24 23 22 **21** 20 19 18 17 16 15 14 13 12 11 10 9 8 7 6 5 4 3 2 1	
순행	7 7 8 8 8 9 9 9 1 1 1 1 2 2 2 3 3 4 4 4 5 5 5 6 6 6 7	
역행	3 2 2 2 1 1 1 10 9 9 9 8 8 8 7 7 7 6 6 6 5 5 5 4 4 4 3	
월	11 10	
일	15 14 13 12 11 10 9 8 7 6 5 4 3 2 1 31 30 29 28 27 26 25 24 23 22 21 20 19 18	
일진	甲癸壬辛庚己戊丁丙乙甲癸壬辛庚己戊丁丙乙甲癸壬辛庚己戊丁丙	
	辰卯寅丑子亥戌酉申未午巳辰卯寅丑子亥戌酉申未午巳辰卯寅丑子	
요일	수화월일토금목수화월일토금목수화월일토금목수화월일토금목수	

10月大(癸亥)입동

절기	대설(21)	소설(6)
음력	30 29 28 27 26 25 24 23 22 **21** 20 19 18 17 16 15 14 13 12 11 10 9 8 7 6 5 4 3 2 1	
순행	7 7 8 8 8 9 9 9 10 1 1 1 2 2 2 3 3 4 4 4 5 5 5 6 6 6 7	
역행	3 3 2 2 2 1 1 1 10 9 9 9 8 8 8 7 7 6 6 6 5 5 5 4 4 4 3	
월	12 11	
일	15 14 13 12 11 10 9 8 7 6 5 4 3 2 1 30 29 28 27 26 25 24 23 22 21 20 19 18 17 16	
일진	甲癸壬辛庚己戊丁丙乙甲癸壬辛庚己戊丁丙乙甲癸壬辛庚己戊丁丙乙	
	戌酉申未午巳辰卯寅丑子亥戌酉申未午巳辰卯寅丑子亥戌酉申未午巳	
요일	금목수화월일토금목수화월일토금목수화월일토금목수화월일토금목	

11月大(甲子)대설

절기	소한(21)	동지(6)
음력	30 29 28 27 26 25 24 23 22 **21** 20 19 18 17 16 15 14 13 12 11 10 9 8 7 6 5 4 3 2 1	
순행	7 7 7 8 8 8 9 9 9 1 1 1 1 2 2 2 3 3 4 4 4 5 5 5 6 6 7	
역행	3 3 2 2 2 1 1 1 10 9 9 9 8 8 8 7 7 7 6 6 6 5 5 5 4 4 4 3	
월	01 12	
일	14 13 12 11 10 9 8 7 6 5 4 3 2 1 30 29 28 27 26 25 24 23 22 21 20 19 18 17 16	
일진	甲癸壬辛庚己戊丁丙乙甲癸壬辛庚己戊丁丙乙甲癸壬辛庚己戊丁丙乙	
	辰卯寅丑子亥戌酉申未午巳辰卯寅丑子亥戌酉申未午巳辰卯寅丑子	
요일	토금목수화월일토금목수화월일토금목수화월일토금목수화월일토	

12月小(乙丑)소한

절기	입춘(20)	대한(6)
음력	29 28 27 26 25 24 23 22 21 **20** 19 18 17 16 15 14 13 12 11 10 9 8 7 6 5 4 3 2 1	
순행	7 7 8 8 8 9 9 9 10 1 1 1 1 2 2 2 3 3 4 4 4 5 5 5 6 6 7	
역행	3 3 2 2 2 1 1 1 9 9 9 8 8 7 7 7 6 6 6 5 5 5 4 4 4 3	
월	02 01	
일	12 11 10 9 8 7 6 5 4 3 2 1 31 30 29 28 27 26 25 24 23 22 21 20 19 18 17 16 15	
일진	癸壬辛庚己戊丁丙乙甲癸壬辛庚己戊丁丙乙甲癸壬辛庚己戊丁丙乙甲	
	酉申未午巳辰卯寅丑子亥戌酉申未午巳辰卯寅丑子亥戌酉申未午巳辰	
요일	월일토금목수화월일토금목수화월일토금목수화월일토금목수화월	

흔히 종아격 사주에 자식이 없는 무자식 팔자이다.

상문 : 亥　대장군 : 南
조객 : 未　삼 재 : 寅午戌
삼살 : 東

己酉年

서기 2029년
단기 4362년

1月大(丙寅)입춘

절기: 경칩 / 우수

절기									경칩														우수						
음력	30	29	28	27	26	25	24	23	22	21	20	19	18	17	16	15	14	13	12	11	10	9	8	7	6	5	4	3	2	1
순행	7	7	8	8	7	6	6	5	5	4		1	1	1	1	2	2	3	3	4	4	5	5	6	6	6	7			
역행	3	3	2	2	2	1	1	1	1		10	9	9	9	8	8	8	7	7	7	6	6	6	5	5	5	4	4	4	3
월										03															02					
일	14	13	12	11	10	9	8	7	6	5	4	3	2	1	28	27	26	25	24	23	22	21	20	19	18	17	16	15	14	13
일진	癸卯	壬寅	辛丑	庚子	己亥	戊戌	丁酉	丙申	乙未	甲午	癸巳	壬辰	辛卯	庚寅	己丑	戊子	丁亥	丙戌	乙酉	甲申	癸未	壬午	辛巳	庚辰	己卯	戊寅	丁丑	丙子	乙亥	甲戌
요일	수	화	월	일	토	금	목	수	화	월	일	토	금	목	수	화	월	일	토	금	목	수	화	월	일	토	금	목	수	화

2月大(丁卯)경칩

절기: 청명 / 춘분

절기								청명														춘분								
음력	30	29	28	27	26	25	24	23	22	21	20	19	18	17	16	15	14	13	12	11	10	9	8	7	6	5	4	3	2	1
순행	7	8	8	8	9	9	9	10	10		1	1	1	1	2	2	2	3	3	3	4	4		5	5	5	6	6	6	7
역행	3	3	2	2	2	1	1	1		10	9	9	9	8	8	8	7	7	7	6	6		5	5	5	4	4	4	3	
월								04														03									
일	13	12	11	10	9	8	7	6	5	4	3	2	1	31	30	29	28	27	26	25	24	23	22	21	20	19	18	17	16	15
일진	癸酉	壬申	辛未	庚午	己巳	戊辰	丁卯	丙寅	乙丑	甲子	癸亥	壬戌	辛酉	庚申	己未	戊午	丁巳	丙辰	乙卯	甲寅	癸丑	壬子	辛亥	庚戌	己酉	戊申	丁未	丙午	乙巳	甲辰
요일	금	목	수	화	월	일	토	금	목	수	화	월	일	토	금	목	수	화	월	일	토	금	목	수	화	월	일	토	금	목

3月小(戊辰)청명

절기: 입하 / 곡우

절기							입하													곡우									
음력	29	28	27	26	25	24	23	22	21	20	19	18	17	16	15	14	13	12	11	10	9	8	7	6	5	4	3	2	1
순행	8	8	9	9	9	10	10		1	1	1	1	2	2	2	3	3	4	4	4	5	5	5	6	6	6	7	7	
역행	2	2	2	1	1	1		10	10	9	9	8	8	8	7	7	7	6	6		6	5	5	4	4	4	3		
월							05													04										
일	12	11	10	9	8	7	6	5	4	3	2	1	30	29	28	27	26	25	24	23	22	21	20	19	18	17	16	15	14
일진	壬寅	辛丑	庚子	己亥	戊戌	丁酉	丙申	乙未	甲午	癸巳	壬辰	辛卯	庚寅	己丑	戊子	丁亥	丙戌	乙酉	甲申	癸未	壬午	辛巳	庚辰	己卯	戊寅	丁丑	丙子	乙亥	甲戌
요일	토	금	목	수	화	월	일	토	금	목	수	화	월	일	토	금	목	수	화	월	일	토	금	목	수	화	월	일	토

4月大(己巳)입하

절기: 망종 / 소만

절기						망종															소만									
음력	30	29	28	27	26	25	24	23	22	21	20	19	18	17	16	15	14	13	12	11	10	9	8	7	6	5	4	3	2	1
순행	9	9	10	10	10		1	1	1	2	2	2	3	3	3	4	4	5	5	5		6	6	6	7	7	7	8	8	
역행	2	2	1	1	1		10	10	9	9	8	8	8	7	7	7	6	6	6	5		5	5	4	4	4	3	3		
월						06															05									
일	11	10	9	8	7	6	5	4	3	2	1	31	30	29	28	27	26	25	24	23	22	21	20	19	18	17	16	15	14	13
일진	壬申	辛未	庚午	己巳	戊辰	丁卯	丙寅	乙丑	甲子	癸亥	壬戌	辛酉	庚申	己未	戊午	丁巳	丙辰	乙卯	甲寅	癸丑	壬子	辛亥	庚戌	己酉	戊申	丁未	丙午	乙巳	甲辰	癸卯
요일	월	일	토	금	목	수	화	월	일	토	금	목	수	화	월	일	토	금	목	수	화	월	일	토	금	목	수	화	월	일

5月大(庚午)망종

절기: 소서 / 하지

절기				소서															하지											
음력	30	29	28	27	26	25	24	23	22	21	20	19	18	17	16	15	14	13	12	11	10	9	8	7	6	5	4	3	2	1
순행	9	9	10	10		1	1	1	1	2	2	3	3	3	4	4	4	5	5		6	6	6	7	7	7	8	8	8	
역행	1	1	1		10	10	9	9	8	8	8	7	7	6	6	6	5	5		5	4	4	4	3	3	3	2			
월				07															06											
일	11	10	9	8	7	6	5	4	3	2	1	31	30	29	28	27	26	25	24	23	22	21	20	19	18	17	16	15	14	13	12
일진	壬寅	辛丑	庚子	己亥	戊戌	丁酉	丙申	乙未	甲午	癸巳	壬辰	辛卯	庚寅	己丑	戊子	丁亥	丙戌	乙酉	甲申	癸未	壬午	辛巳	庚辰	己卯	戊寅	丁丑	丙子	乙亥	甲戌	癸酉
요일	수	화	월	일	토	금	목	수	화	월	일	토	금	목	수	화	월	일	토	금	목	수	화	월	일	토	금	목	수	화

6月小(辛未)소서

절기: 입추 / 대서

절기			입추														대서												
음력	29	28	27	26	25	24	23	22	21	20	19	18	17	16	15	14	13	12	11	10	9	8	7	6	5	4	3	2	1
순행	10	10		1	1	1	2	2	2	3	3	4	4	4	5	5	5		6	6	6	7	7	7	8	8	8		
역행	1	1		10	10	9	9	8	8	8	7	7	6	6	6	5	5		5	4	4	4	3	3	3	2	2		
월			08														07												
일	9	8	7	6	5	4	3	2	1	31	30	29	28	27	26	25	24	23	22	21	20	19	18	17	16	15	14	13	12
일진	辛未	庚午	己巳	戊辰	丁卯	丙寅	乙丑	甲子	癸亥	壬戌	辛酉	庚申	己未	戊午	丁巳	丙辰	乙卯	甲寅	癸丑	壬子	辛亥	庚戌	己酉	戊申	丁未	丙午	乙巳	甲辰	癸卯
요일	목	수	화	월	일	토	금	목	수	화	월	일	토	금	목	수	화	월	일	토	금	목	수	화	월	일	토	금	목

일지에 刑冲을 맞으면 부부싸움이 많다.

7月小壬申일주

절기: 백로(백로) … 처서(처서)

절기	백로	처서

음력	29	28	27	26	25	24	23	22	21	20	19	18	17	16	15	14	13	12	11	10	9	8	7	6	5	4	3	2	1
순행	1	1	1	2	2	2	3	3	3	4	4	4	5	5	5	6	6	6	7	7	7	8	8	8	9	9	9		
역행		10	10	9	9	9	8	8	8	7	7	7	6	6	6	5	5	5	4	4	4	3	3	3	2	2	2	1	1
월	09																												08
일	7	6	5	4	3	2	1	31	30	29	28	27	26	25	24	23	22	21	20	19	18	17	16	15	14	13	12	11	10
일진	庚子	己亥	戊戌	丁酉	丙申	乙未	甲午	癸巳	壬辰	辛卯	庚寅	己丑	戊子	丁亥	丙戌	乙酉	甲申	癸未	壬午	辛巳	庚辰	己卯	戊寅	丁丑	丙子	乙亥	甲戌	癸酉	壬申
요일	금	목	수	화	월	일	토	금	목	수	화	월	일	토	금	목	수	화	월	일	토	금	목	수	화	월	일	토	금

8月大癸酉백로

절기: 추분(추분)

음력	30	29	28	27	26	25	24	23	22	21	20	19	18	17	16	15	14	13	12	11	10	9	8	7	6	5	4	3	2	1
순행	1	1	1	2	2	2	3	3	3	4	4	4	5	5	5	6	6	6	7	7	7	8	8	8	9	9	9	10	10	10
역행	10	10	9	9	9	8	8	8	7	7	7	6	6	6	5	5	5	4	4	4	3	3	3	2	2	2	1	1	1	1
월	10																													09
일	7	6	5	4	3	2	1	30	29	28	27	26	25	24	23	22	21	20	19	18	17	16	15	14	13	12	11	10	9	8
일진	庚午	己巳	戊辰	丁卯	丙寅	乙丑	甲子	癸亥	壬戌	辛酉	庚申	己未	戊午	丁巳	丙辰	乙卯	甲寅	癸丑	壬子	辛亥	庚戌	己酉	戊申	丁未	丙午	乙巳	甲辰	癸卯	壬寅	辛丑
요일	일	토	금	목	수	화	월	일	토	금	목	수	화	월	일	토	금	목	수	화	월	일	토	금	목	수	화	월	일	토

9月小甲戌한로

절기: 상강(상강) … 한로(한로)

음력	29	28	27	26	25	24	23	22	21	20	19	18	17	16	15	14	13	12	11	10	9	8	7	6	5	4	3	2	1
순행		1	1	1	2	2	2	3	3	3	4	4	4	5	5	5	6	6	6	7	7	7	8	8	8	9	9	9	10
역행		9	9	8	8	8	7	7	7	6	6	6	5	5	5	4	4	4	3	3	3	2	2	2	1	1	1	1	
월	11																												10
일	5	4	3	2	1	31	30	29	28	27	26	25	24	23	22	21	20	19	18	17	16	15	14	13	12	11	10	9	8
일진	己亥	戊戌	丁酉	丙申	乙未	甲午	癸巳	壬辰	辛卯	庚寅	己丑	戊子	丁亥	丙戌	乙酉	甲申	癸未	壬午	辛巳	庚辰	己卯	戊寅	丁丑	丙子	乙亥	甲戌	癸酉	壬申	辛未
요일	월	일	토	금	목	수	화	월	일	토	금	목	수	화	월	일	토	금	목	수	화	월	일	토	금	목	수	화	월

10月小乙亥입동

절기: 소설(소설) … 입동(입동)

음력	29	28	27	26	25	24	23	22	21	20	19	18	17	16	15	14	13	12	11	10	9	8	7	6	5	4	3	2	1
순행	1	1	2	2	2	3	3	3	4	4	4	5	5	5	6	6	6	7	7	7	8	8	8	9	9	9	10	10	
역행	9	8	8	8	7	7	6	6	6	5	5	5	4	4	4	3	3	3	2	2	2	1	1	1	1				10
월	12																											11	
일	4	3	2	1	30	29	28	27	26	25	24	23	22	21	20	19	18	17	16	15	14	13	12	11	10	9	8	7	6
일진	戊辰	丁卯	丙寅	乙丑	甲子	癸亥	壬戌	辛酉	庚申	己未	戊午	丁巳	丙辰	乙卯	甲寅	癸丑	壬子	辛亥	庚戌	己酉	戊申	丁未	丙午	乙巳	甲辰	癸卯	壬寅	辛丑	庚子
요일	화	월	일	토	금	목	수	화	월	일	토	금	목	수	화	월	일	토	금	목	수	화	월	일	토	금	목	수	화

11月大丙子대설

절기: 동지(동지) … 대설(대설)

음력	30	29	28	27	26	25	24	23	22	21	20	19	18	17	16	15	14	13	12	11	10	9	8	7	6	5	4	3	2	1
순행	1	1	1	2	2	2	3	3	3	4	4	4	5	5	6	6	6	7	7	7	8	8	8	9	9	9	10	10	10	
역행	9	8	8	8	7	7	6	6	6	5	5	5	4	4	4	3	3	2	2	2	1	1	1	1				10	9	
월	01																												12	
일	3	2	1	31	30	29	28	27	26	25	24	23	22	21	20	19	18	17	16	15	14	13	12	11	10	9	8	7	6	5
일진	戊戌	丁酉	丙申	乙未	甲午	癸巳	壬辰	辛卯	庚寅	己丑	戊子	丁亥	丙戌	乙酉	甲申	癸未	壬午	辛巳	庚辰	己卯	戊寅	丁丑	丙子	乙亥	甲戌	癸酉	壬申	辛未	庚午	己巳
요일	목	수	화	월	일	토	금	목	수	화	월	일	토	금	목	수	화	월	일	토	금	목	수	화	월	일	토	금	목	수

12月大丁丑소한

절기: 대한(대한) … 소한(소한)

음력	30	29	28	27	26	25	24	23	22	21	20	19	18	17	16	15	14	13	12	11	10	9	8	7	6	5	4	3	2	1
순행	1	1	1	2	2	3	3	4	4	5	5	5	6	6	6	7	7	7	8	8	8	9	9	9	10					
역행	9	9	8	8	8	7	7	6	6	6	5	5	5	4	4	4	3	3	3	2	2	2	1	1	1	1				9
월	02																													01
일	2	1	31	30	29	28	27	26	25	24	23	22	21	20	19	18	17	16	15	14	13	12	11	10	9	8	7	6	5	4
일진	戊辰	丁卯	丙寅	乙丑	甲子	癸亥	壬戌	辛酉	庚申	己未	戊午	丁巳	丙辰	乙卯	甲寅	癸丑	壬子	辛亥	庚戌	己酉	戊申	丁未	丙午	乙巳	甲辰	癸卯	壬寅	辛丑	庚子	己亥
요일	토	금	목	수	화	월	일	토	금	목	수	화	월	일	토	금	목	수	화	월	일	토	금	목	수	화	월	일	토	금

여자 사주에 官이 약하고 비견·겁재가 많으면, 남편 말을 거역하고 거짓과 속이는 기질이 있다.

상문 : 子　대장군 : 南
조객 : 申　삼　재 : 寅午戌
삼살 : 北

庚戌年

서기 2030년
단기 4363년

1月小(戊寅)입춘

절기	우수																	입춘											
음력	29	28	27	26	25	24	23	22	21	20	19	18	17	16	15	14	13	12	11	10	9	8	7	6	5	4	3	2	1
순행	1	1	1	1	2	2	2	3	3	3	4	4	4	5	5	5	6	6	6	7	7	7	8	8	8	9	9	9	1
역행	9	9	8	8	8	7	7	7	6	6	6	5	5	5	4	4	4	3	3	3	2	2	2	1	1	1	1	1	10
월	03																											02	
일	3	2	1	28	27	26	25	24	23	22	21	20	19	18	17	16	15	14	13	12	11	10	9	8	7	6	5	4	3
일진	丁酉	丙申	乙未	甲午	癸巳	壬辰	辛卯	庚寅	己丑	戊子	丁亥	丙戌	乙酉	甲申	癸未	壬午	辛巳	庚辰	己卯	戊寅	丁丑	丙子	乙亥	甲戌	癸酉	壬申	辛未	庚午	己巳
요일	일	토	금	목	수	화	월	일	토	금	목	수	화	월	일	토	금	목	수	화	월	일	토	금	목	수	화	월	일

2月大(己卯)경칩

절기		춘분												경칩																
음력	30	29	28	27	26	25	24	23	22	21	20	19	18	17	16	15	14	13	12	11	10	9	8	7	6	5	4	3	2	1
순행	1	1	2	2	2	3	3	4	4	4	5	5	5	6	6	6	7	7	8	8	8	9	9	9	10	10	1			
역행	9	9	9	8	8	8	7	7	7	6	6	6	5	5	5	4	4	4	3	3	3	2	2	2	1	1	1			
월	04																											03		
일	2	1	31	30	29	28	27	26	25	24	23	22	21	20	19	18	17	16	15	14	13	12	11	10	9	8	7	6	5	4
일진	丁卯	丙寅	乙丑	甲子	癸亥	壬戌	辛酉	庚申	己未	戊午	丁巳	丙辰	乙卯	甲寅	癸丑	壬子	辛亥	庚戌	己酉	戊申	丁未	丙午	乙巳	甲辰	癸卯	壬寅	辛丑	庚子	己亥	戊戌
요일	화	월	일	토	금	목	수	화	월	일	토	금	목	수	화	월	일	토	금	목	수	화	월	일	토	금	목	수	화	월

3月小(庚辰)청명

절기		곡우											청명																
음력	29	28	27	26	25	24	23	22	21	20	19	18	17	16	15	14	13	12	11	10	9	8	7	6	5	4	3	2	1
순행	1	2	2	2	3	3	4	4	4	5	5	6	6	6	7	7	7	8	8	8	9	9	10						
역행	9	8	8	8	7	7	6	6	6	5	5	4	4	4	3	3	3	2	2	2	1	1	1				10	10	
월	05																										04		
일	1	30	29	28	27	26	25	24	23	22	21	20	19	18	17	16	15	14	13	12	11	10	9	8	7	6	5	4	3
일진	丙申	乙未	甲午	癸巳	壬辰	辛卯	庚寅	己丑	戊子	丁亥	丙戌	乙酉	甲申	癸未	壬午	辛巳	庚辰	己卯	戊寅	丁丑	丙子	乙亥	甲戌	癸酉	壬申	辛未	庚午	己巳	戊辰
요일	수	화	월	일	토	금	목	수	화	월	일	토	금	목	수	화	월	일	토	금	목	수	화	월	일	토	금	목	수

4月大(辛巳)입하

절기		소만									입하																			
음력	30	29	28	27	26	25	24	23	22	21	20	19	18	17	16	15	14	13	12	11	10	9	8	7	6	5	4	3	2	1
순행	2	2	2	3	3	4	4	4	5	5	6	6	6	7	7	7	8	8	9	9	10	10			1	1	1			
역행	9	8	8	8	7	7	7	6	6	6	5	5	5	4	4	4	3	3	3	2	2	2	1	1	1		10	9		
월																										05				
일	31	30	29	28	27	26	25	24	23	22	21	20	19	18	17	16	15	14	13	12	11	10	9	8	7	6	5	4	3	2
일진	丙寅	乙丑	甲子	癸亥	壬戌	辛酉	庚申	己未	戊午	丁巳	丙辰	乙卯	甲寅	癸丑	壬子	辛亥	庚戌	己酉	戊申	丁未	丙午	乙巳	甲辰	癸卯	壬寅	辛丑	庚子	己亥	戊戌	丁酉
요일	금	목	수	화	월	일	토	금	목	수	화	월	일	토	금	목	수	화	월	일	토	금	목	수	화	월	일	토	금	목

5月大(壬午)망종

절기		하지								망종																				
음력	30	29	28	27	26	25	24	23	22	21	20	19	18	17	16	15	14	13	12	11	10	9	8	7	6	5	4	3	2	1
순행	2	3	3	3	4	4	5	5	5	6	6	7	7	7	8	8	8	9	9	10	10			1	1	1	1			
역행	8	8	7	7	7	6	6	6	5	5	4	4	4	3	3	3	2	2	2	1	1	1		10	10	9	9			
월																										06				
일	30	29	28	27	26	25	24	23	22	21	20	19	18	17	16	15	14	13	12	11	10	9	8	7	6	5	4	3	2	1
일진	丙申	乙未	甲午	癸巳	壬辰	辛卯	庚寅	己丑	戊子	丁亥	丙戌	乙酉	甲申	癸未	壬午	辛巳	庚辰	己卯	戊寅	丁丑	丙子	乙亥	甲戌	癸酉	壬申	辛未	庚午	己巳	戊辰	丁卯
요일	일	토	금	목	수	화	월	일	토	금	목	수	화	월	일	토	금	목	수	화	월	일	토	금	목	수	화	월	일	토

6月小(癸未)소서

절기		대서															소서												
음력	29	28	27	26	25	24	23	22	21	20	19	18	17	16	15	14	13	12	11	10	9	8	7	6	5	4	3	2	1
순행	3	3	4	4	5	5	5	6	6	7	7	7	8	8	9	9	10	10			1	1	1	1	2				
역행	7	7	6	6	5	5	5	4	4	3	3	3	2	2	1	1			10	10	9	9	9	8					
월																									07				
일	29	28	27	26	25	24	23	22	21	20	19	18	17	16	15	14	13	12	11	10	9	8	7	6	5	4	3	2	1
일진	乙丑	甲子	癸亥	壬戌	辛酉	庚申	己未	戊午	丁巳	丙辰	乙卯	甲寅	癸丑	壬子	辛亥	庚戌	己酉	戊申	丁未	丙午	乙巳	甲辰	癸卯	壬寅	辛丑	庚子	己亥	戊戌	丁酉
요일	월	일	토	금	목	수	화	월	일	토	금	목	수	화	월	일	토	금	목	수	화	월	일	토	금	목	수	화	월

비견·겁재가 재와 암합되면 형수·계수와 같이 사는 팔자이다.

7月大(甲申)입추

절기						처서											입추													
음력	30	29	28	27	26	25	24	23	22	21	20	19	18	17	16	15	14	13	12	11	10	9	8	7	6	5	4	3	2	1
대운 순행	3	4	4	4	5	5	5	6	6	6	7	7	7	8	8	8	9	9	9	10	10		1	1	1	1	2	2	2	3
대운 역행	7	7	6	6	6	5	5	5	4	4	4	3	3	3	2	2	2	1	1	1		10	10	9	9	9	8	8	8	
양력 월																												08	07	
양력 일	28	27	26	25	24	23	22	21	20	19	18	17	16	15	14	13	12	11	10	9	8	7	6	5	4	3	2	1	31	30
일진	乙	甲	癸	壬	辛	庚	己	戊	丁	丙	乙	甲	癸	壬	辛	庚	己	戊	丁	丙	乙	甲	癸	壬	辛	庚	己	戊	丁	丙
	未	午	巳	辰	卯	寅	丑	子	亥	戌	酉	申	未	午	巳	辰	卯	寅	丑	子	亥	戌	酉	申	未	午	巳	辰	卯	寅
요일	수	화	월	일	토	금	목	수	화	월	일	토	금	목	수	화	월	일	토	금	목	수	화	월	일	토	금	목	수	화

8月小(乙酉)백로

절기			추분												백로														
음력	29	28	27	26	25	24	23	22	21	20	19	18	17	16	15	14	13	12	11	10	9	8	7	6	5	4	3	2	1
대운 순행	4	4	5	5	5	6	6	6	7	7	7	8	8	8	9	9	9	10	10		1	1	1	1	2	2	2	3	3
대운 역행	6	6	5	5	5	4	4	4	3	3	3	2	2	2	1	1	1	10	10		9	9	9	8	8	8	7	7	7
양력 월																										09	08		
양력 일	26	25	24	23	22	21	20	19	18	17	16	15	14	13	12	11	10	9	8	7	6	5	4	3	2	1	31	30	29
일진	甲	癸	壬	辛	庚	己	戊	丁	丙	乙	甲	癸	壬	辛	庚	己	戊	丁	丙	乙	甲	癸	壬	辛	庚	己	戊	丁	丙
	子	亥	戌	酉	申	未	午	巳	辰	卯	寅	丑	子	亥	戌	酉	申	未	午	巳	辰	卯	寅	丑	子	亥	戌	酉	申
요일	목	수	화	월	일	토	금	목	수	화	월	일	토	금	목	수	화	월	일	토	금	목	수	화	월	일	토	금	목

9月大(丙戌)한로

절기					상강													한로												
음력	30	29	28	27	26	25	24	23	22	21	20	19	18	17	16	15	14	13	12	11	10	9	8	7	6	5	4	3	2	1
대운 순행	4	4	5	5	5	6	6	6	7	7	7	8	8	8	9	9	9	10		1	1	1	2	2	2	3	3	3	3	4
대운 역행	6	6	5	5	5	4	4	4	3	3	3	2	2	2	1	1	1	10		10	9	9	9	8	8	8	7	7	7	7
양력 월																					10		09							
양력 일	26	25	24	23	22	21	20	19	18	17	16	15	14	13	12	11	10	9	8	7	6	5	4	3	2	1	30	29	28	27
일진	甲	癸	壬	辛	庚	己	戊	丁	丙	乙	甲	癸	壬	辛	庚	己	戊	丁	丙	乙	甲	癸	壬	辛	庚	己	戊	丁	丙	乙
	午	巳	辰	卯	寅	丑	子	亥	戌	酉	申	未	午	巳	辰	卯	寅	丑	子	亥	戌	酉	申	未	午	巳	辰	卯	寅	丑
요일	토	금	목	수	화	월	일	토	금	목	수	화	월	일	토	금	목	수	화	월	일	토	금	목	수	화	월	일	토	금

10月小(丁亥)입동

절기			소설															입동											
음력	29	28	27	26	25	24	23	22	21	20	19	18	17	16	15	14	13	12	11	10	9	8	7	6	5	4	3	2	1
대운 순행	4	5	5	5	6	6	6	7	7	7	8	8	8	9	9	9	10		1	1	1	2	2	2	3	3	3	3	4
대운 역행	6	5	5	5	4	4	4	3	3	3	2	2	2	1	1	1	10		10	9	9	9	8	8	8	7	7	7	6
양력 월																			11		10								
양력 일	24	23	22	21	20	19	18	17	16	15	14	13	12	11	10	9	8	7	6	5	4	3	2	1	31	30	29	28	27
일진	癸	壬	辛	庚	己	戊	丁	丙	乙	甲	癸	壬	辛	庚	己	戊	丁	丙	乙	甲	癸	壬	辛	庚	己	戊	丁	丙	乙
	亥	戌	酉	申	未	午	巳	辰	卯	寅	丑	子	亥	戌	酉	申	未	午	巳	辰	卯	寅	丑	子	亥	戌	酉	申	未
요일	일	토	금	목	수	화	월	일	토	금	목	수	화	월	일	토	금	목	수	화	월	일	토	금	목	수	화	월	일

11月大(戊子)대설

절기		동지																대설												
음력	30	29	28	27	26	25	24	23	22	21	20	19	18	17	16	15	14	13	12	11	10	9	8	7	6	5	4	3	2	1
대운 순행	4	4	5	5	5	6	6	6	7	7	7	8	8	8	9	9	9		1	1	1	2	2	2	3	3	3	3	4	4
대운 역행	6	5	5	5	4	4	4	3	3	3	2	2	2	1	1	1	10		10	9	9	8	8	8	7	7	7	6	6	6
양력 월																			12		11									
양력 일	24	23	22	21	20	19	18	17	16	15	14	13	12	11	10	9	8	7	6	5	4	3	2	1	30	29	28	27	26	25
일진	癸	壬	辛	庚	己	戊	丁	丙	乙	甲	癸	壬	辛	庚	己	戊	丁	丙	乙	甲	癸	壬	辛	庚	己	戊	丁	丙	乙	甲
	巳	辰	卯	寅	丑	子	亥	戌	酉	申	未	午	巳	辰	卯	寅	丑	子	亥	戌	酉	申	未	午	巳	辰	卯	寅	丑	子
요일	화	월	일	토	금	목	수	화	월	일	토	금	목	수	화	월	일	토	금	목	수	화	월	일	토	금	목	수	화	월

12月小(己丑)소한

절기			대한															소한											
음력	29	28	27	26	25	24	23	22	21	20	19	18	17	16	15	14	13	12	11	10	9	8	7	6	5	4	3	2	1
대운 순행	4	5	5	5	6	6	6	7	7	7	8	8	8	9	9	9	10		1	1	1	2	2	2	3	3	3	3	4
대운 역행	6	5	5	5	4	4	4	3	3	3	2	2	2	1	1	1	10		10	9	9	8	8	8	7	7	7	6	6
양력 월																			01		12								
양력 일	22	21	20	19	18	17	16	15	14	13	12	11	10	9	8	7	6	5	4	3	2	1	31	30	29	28	27	26	25
일진	壬	辛	庚	己	戊	丁	丙	乙	甲	癸	壬	辛	庚	己	戊	丁	丙	乙	甲	癸	壬	辛	庚	己	戊	丁	丙	乙	甲
	戌	酉	申	未	午	巳	辰	卯	寅	丑	子	亥	戌	酉	申	未	午	巳	辰	卯	寅	丑	子	亥	戌	酉	申	未	午
요일	수	화	월	일	토	금	목	수	화	월	일	토	금	목	수	화	월	일	토	금	목	수	화	월	일	토	금	목	수

남자 사주에 官이없고 식신·상관이 왕하면 불효자식을 둔다.

상문 : 丑　대장군 : 西
조객 : 酉　삼 재 : 巳酉丑
삼살 : 西

辛亥年

서기 2031년
단기 4364년

1月大(庚寅)입춘

절기												우수												입춘						
음력	30	29	28	27	26	25	24	23	22	21	20	19	18	17	16	15	14	13	12	11	10	9	8	7	6	5	4	3	2	1
순행 대설	4	5	5	5	5	4	4	4	3	3	3	2	2	2	1	1	1	10	1	1	1	1	2	2	2	3	3	3	4	4
역행 대설	6	5	5	5	4	4	4	3	3	3	2	2	2	1	1	1	1		10	9	9	9	8	8	8	7	7	7	6	6
월/양력												02																	01	
일	21	20	19	18	17	16	15	14	13	12	11	10	9	8	7	6	5	4	3	2	1	31	30	29	28	27	26	25	24	23
일진	壬	辛	庚	己	戊	丁	丙	乙	甲	癸	壬	辛	庚	己	戊	丁	丙	乙	甲	癸	壬	辛	庚	己	戊	丁	丙	乙	甲	癸
	辰	卯	寅	丑	子	亥	戌	酉	申	未	午	巳	辰	卯	寅	丑	子	亥	戌	酉	申	未	午	巳	辰	卯	寅	丑	子	亥
요일	금	목	수	화	월	일	토	금	목	수	화	월	일	토	금	목	수	화	월	일	토	금	목	수	화	월	일	토	금	목

2月小(辛卯)경칩

절기												춘분							경칩										
음력	29	28	27	26	25	24	23	22	21	20	19	18	17	16	15	14	13	12	11	10	9	8	7	6	5	4	3	2	1
순행 대설	5	5	5	6	6	6	7	7	7	8	8	8	9	9	9	10	13	1	1	1	2	2	2	3	3	3	4	4	
역행 대설	5	5	5	4	4	4	3	3	3	2	2	2	1	1	1		10	9	9	9	8	8	8	7	7	7	6	6	
월/양력												03													02				
일	22	21	20	19	18	17	16	15	14	13	12	11	10	9	8	7	6	5	4	3	2	1	28	27	26	25	24	23	22
일진	辛	庚	己	戊	丁	丙	乙	甲	癸	壬	辛	庚	己	戊	丁	丙	乙	甲	癸	壬	辛	庚	己	戊	丁	丙	乙	甲	癸
	酉	申	未	午	巳	辰	卯	寅	丑	子	亥	戌	酉	申	未	午	巳	辰	卯	寅	丑	子	亥	戌	酉	申	未	午	巳
요일	토	금	목	수	화	월	일	토	금	목	수	화	월	일	토	금	목	수	화	월	일	토	금	목	수	화	월	일	토

3月大(壬辰)청명

절기			곡우														청명													
음력	30	29	28	27	26	25	24	23	22	21	20	19	18	17	16	15	14	13	12	11	10	9	8	7	6	5	4	3	2	1
순행 대설	5	5	6	6	6	7	7	7	8	8	8	9	9	10	10	14	1	1	1	2	2	2	3	3	3	4	4			
역행 대설	5	5	5	4	4	4	3	3	3	2	2	2	1	1	1		10	9	9	9	8	8	8	7	7	7	6	6		
월/양력												04												03						
일	21	20	19	18	17	16	15	14	13	12	11	10	9	8	7	6	5	4	3	2	1	31	30	29	28	27	26	25	24	23
일진	辛	庚	己	戊	丁	丙	乙	甲	癸	壬	辛	庚	己	戊	丁	丙	乙	甲	癸	壬	辛	庚	己	戊	丁	丙	乙	甲	癸	壬
	卯	寅	丑	子	亥	戌	酉	申	未	午	巳	辰	卯	寅	丑	子	亥	戌	酉	申	未	午	巳	辰	卯	寅	丑	子	亥	戌
요일	월	일	토	금	목	수	화	월	일	토	금	목	수	화	월	일	토	금	목	수	화	월	일	토	금	목	수	화	월	일

윤3月小

절기												입하																	
음력	29	28	27	26	25	24	23	22	21	20	19	18	17	16	15	14	13	12	11	10	9	8	7	6	5	4	3	2	1
순행 대설	6	6	6	7	7	7	8	8	8	9	9	10	10	15	1	1	1	2	2	2	3	3	3	4	4				
역행 대설	5	4	4	4	3	3	3	2	2	2	1	1	1		10	9	9	9	8	8	8	7	7	7	6	6			
월/양력												05												04					
일	20	19	18	17	16	15	14	13	12	11	10	9	8	7	6	5	4	3	2	1	30	29	28	27	26	25	24	23	22
일진	庚	己	戊	丁	丙	乙	甲	癸	壬	辛	庚	己	戊	丁	丙	乙	甲	癸	壬	辛	庚	己	戊	丁	丙	乙	甲	癸	壬
	申	未	午	巳	辰	卯	寅	丑	子	亥	戌	酉	申	未	午	巳	辰	卯	寅	丑	子	亥	戌	酉	申	未	午	巳	辰
요일	화	월	일	토	금	목	수	화	월	일	토	금	목	수	화	월	일	토	금	목	수	화	월	일	토	금	목	수	화

4月大(癸巳)입하

절기													망종															소만	
음력	30	29	28	27	26	25	24	23	22	21	20	19	18	17	16	15	14	13	12	11	10	9	8	7	6	5	4	3	2	1
순행 대설	6	6	7	7	7	8	8	8	9	9	9	10	17	1	1	1	2	2	2	3	3	3	4	4	4	5				1
역행 대설	4	4	3	3	3	2	2	2	1	1	1		10	10	9	9	9	8	8	8	7	7	7	6	6	6	5	5		
월/양력												06												05						
일	19	18	17	16	15	14	13	12	11	10	9	8	7	6	5	4	3	2	1	31	30	29	28	27	26	25	24	23	22	21
일진	庚	己	戊	丁	丙	乙	甲	癸	壬	辛	庚	己	戊	丁	丙	乙	甲	癸	壬	辛	庚	己	戊	丁	丙	乙	甲	癸	壬	辛
	寅	丑	子	亥	戌	酉	申	未	午	巳	辰	卯	寅	丑	子	亥	戌	酉	申	未	午	巳	辰	卯	寅	丑	子	亥	戌	酉
요일	목	수	화	월	일	토	금	목	수	화	월	일	토	금	목	수	화	월	일	토	금	목	수	화	월	일	토	금	목	수

5月小(甲午)망종

절기												소서																하지	
음력	29	28	27	26	25	24	23	22	21	20	19	18	17	16	15	14	13	12	11	10	9	8	7	6	5	4	3	2	1
순행 대설	7	7	8	8	8	9	9	10	10	18	1	1	1	2	2	2	3	3	3	4	4	4	5	5	5				2
역행 대설	4	3	3	3	2	2	2	1	1	1		10	9	9	9	8	8	8	7	7	7	6	6	6	5	5	5		
월/양력												07												06					
일	18	17	16	15	14	13	12	11	10	9	8	7	6	5	4	3	2	1	31	30	29	28	27	26	25	24	23	22	21
일진	己	戊	丁	丙	乙	甲	癸	壬	辛	庚	己	戊	丁	丙	乙	甲	癸	壬	辛	庚	己	戊	丁	丙	乙	甲	癸	壬	辛
	未	午	巳	辰	卯	寅	丑	子	亥	戌	酉	申	未	午	巳	辰	卯	寅	丑	子	亥	戌	酉	申	未	午	巳	辰	卯
요일	금	목	수	화	월	일	토	금	목	수	화	월	일	토	금	목	수	화	월	일	토	금	목	수	화	월	일	토	금

남자 사주에 재가 역마에 해당하고 刑·沖을 맞으면 아내가 가출한다.

만세력 표 (6月 ~ 12月)

6月大(乙未) 소서 — 절기: 입추 / 대서

음력	30	29	28	27	26	25	24	23	22	**21**	20	19	18	17	16	15	14	13	12	11	10	9	8	7	6	**5**	4	3	2	1
순행	7	8	8	8	9	9	9	10	10		1	1	1	1	2	2	2	3	3	3	4	4	5	5	5	6	6	6	7	
역행	3	3	2	2	2	1	1	1	1		10	10	10	9	9	9	8	8	8	7	7	6	6	6	5	5	5	4		
월															08															07
일	17	16	15	14	13	12	11	10	9	8	7	6	5	4	3	2	1	31	30	29	28	27	26	25	24	23	22	21	20	19
일진	己丑	戊子	丁亥	丙戌	乙酉	甲申	癸未	壬午	辛巳	庚辰	己卯	戊寅	丁丑	丙子	乙亥	甲戌	癸酉	壬申	辛未	庚午	己巳	戊辰	丁卯	丙寅	乙丑	甲子	癸亥	壬戌	辛酉	庚申
요일	일	토	금	목	수	화	월	일	토	금	목	수	화	월	일	토	금	목	수	화	월	일	토	금	목	수	화	월	일	토

7月大(丙申) 입추 — 절기: 백로 / 처서

음력	30	29	28	27	26	25	24	23	**22**	21	20	19	18	17	16	15	14	13	12	11	10	9	8	7	**6**	5	4	3	2	1
순행	7	8	8	8	9	9	9	10		1	1	1	1	2	2	2	3	3	3	4	4	5	5	5	6	6	6	7		
역행	3	2	2	2	1	1	1	1		10	10	9	9	9	8	8	8	7	7	7	6	6	6	5	5	5	4	4	3	
월															09															08
일	16	15	14	13	12	11	10	9	8	7	6	5	4	3	2	1	31	30	29	28	27	26	25	24	23	22	21	20	19	18
일진	己未	戊午	丁巳	丙辰	乙卯	甲寅	癸丑	壬子	辛亥	庚戌	己酉	戊申	丁未	丙午	乙巳	甲辰	癸卯	壬寅	辛丑	庚子	己亥	戊戌	丁酉	丙申	乙未	甲午	癸巳	壬辰	辛卯	庚寅
요일	화	월	일	토	금	목	수	화	월	일	토	금	목	수	화	월	일	토	금	목	수	화	월	일	토	금	목	수	화	월

8月小(丁酉) 백로 — 절기: 한로 / 추분

음력	29	28	27	26	25	24	**23**	22	21	20	19	18	17	16	15	14	13	12	11	10	9	8	7	**6**	5	4	3	2	1
순행	8	8	9	9	9	10	10		1	1	1	1	2	2	2	3	3	3	4	4	5	5	5	6	6	6	7	7	
역행	2	2	1	1	1	1		10	10	9	9	9	8	8	8	7	7	7	6	6	6	5	5	5	4	4	4	3	
월												10																	09
일	15	14	13	12	11	10	9	8	7	6	5	4	3	2	1	30	29	28	27	26	25	24	23	22	21	20	19	18	17
일진	戊子	丁亥	丙戌	乙酉	甲申	癸未	壬午	辛巳	庚辰	己卯	戊寅	丁丑	丙子	乙亥	甲戌	癸酉	壬申	辛未	庚午	己巳	戊辰	丁卯	丙寅	乙丑	甲子	癸亥	壬戌	辛酉	庚申
요일	수	화	월	일	토	금	목	수	화	월	일	토	금	목	수	화	월	일	토	금	목	수	화	월	일	토	금	목	수

9月大(戊戌) 한로 — 절기: 입동 / 상강

음력	30	29	28	27	26	25	**24**	23	22	21	20	19	18	17	16	15	14	13	12	11	10	9	**8**	7	6	5	4	3	2	1
순행	8	8	8	9	9	9		1	1	1	1	2	2	2	3	3	3	4	4	5	5	5	6	6	6	7	7	7	8	
역행	2	2	1	1	1	1		10	10	9	9	9	8	8	8	7	7	6	6	6	5	5	5	4	4	4	3	3	3	
월												11																		10
일	14	13	12	11	10	9	8	7	6	5	4	3	2	1	31	30	29	28	27	26	25	24	23	22	21	20	19	18	17	16
일진	戊午	丁巳	丙辰	乙卯	甲寅	癸丑	壬子	辛亥	庚戌	己酉	戊申	丁未	丙午	乙巳	甲辰	癸卯	壬寅	辛丑	庚子	己亥	戊戌	丁酉	丙申	乙未	甲午	癸巳	壬辰	辛卯	庚寅	己丑
요일	금	목	수	화	월	일	토	금	목	수	화	월	일	토	금	목	수	화	월	일	토	금	목	수	화	월	일	토	금	목

10月小(己亥) 입동 — 절기: 대설 / 소설

음력	29	28	27	26	25	24	**23**	22	21	20	19	18	17	16	15	14	13	12	11	10	9	**8**	7	6	5	4	3	2	1
순행	8	8	8	9	9	10		1	1	1	1	2	2	2	3	3	4	4	4	5	5	5	6	6	6	7	7	7	
역행	2	2	1	1	1	1		9	9	9	8	8	8	7	7	6	6	6	5	5	4	4	4	3	3	3	3	2	
월												12																	11
일	13	12	11	10	9	8	7	6	5	4	3	2	1	31	30	29	28	27	26	25	24	23	22	21	20	19	18	17	16
일진	丁亥	丙戌	乙酉	甲申	癸未	壬午	辛巳	庚辰	己卯	戊寅	丁丑	丙子	乙亥	甲戌	癸酉	壬申	辛未	庚午	己巳	戊辰	丁卯	丙寅	乙丑	甲子	癸亥	壬戌	辛酉	庚申	己未
요일	토	금	목	수	화	월	일	토	금	목	수	화	월	일	토	금	목	수	화	월	일	토	금	목	수	화	월	일	토

11月大(庚子) 대설 — 절기: 소한 / 동지

음력	30	29	28	27	26	25	**24**	23	22	21	20	19	18	17	16	15	14	13	12	11	10	9	**8**	7	6	5	4	3	2	1
순행	8	8	8	9	9	9		1	1	1	1	2	2	2	3	3	4	4	4	5	5	5	6	6	6	7	7	7	8	
역행	2	2	1	1	1	1		10	9	9	9	8	8	8	7	7	6	6	6	5	5	5	4	4	4	3	3	3	2	
월												01																		12
일	12	11	10	9	8	7	6	5	4	3	2	1	31	30	29	28	27	26	25	24	23	22	21	20	19	18	17	16	15	14
일진	丁巳	丙辰	乙卯	甲寅	癸丑	壬子	辛亥	庚戌	己酉	戊申	丁未	丙午	乙巳	甲辰	癸卯	壬寅	辛丑	庚子	己亥	戊戌	丁酉	丙申	乙未	甲午	癸巳	壬辰	辛卯	庚寅	己丑	戊子
요일	월	일	토	금	목	수	화	월	일	토	금	목	수	화	월	일	토	금	목	수	화	월	일	토	금	목	수	화	월	일

12月小(辛丑) 소한 — 절기: 입춘 / 대한

음력	29	28	27	26	25	24	**23**	22	21	20	19	18	17	16	15	14	13	12	11	10	9	**8**	7	6	5	4	3	2	1
순행	8	8	9	9	9	10		1	1	1	1	2	2	2	3	3	4	4	4	5	5	5	6	6	6	7	7	7	8
역행	2	2	1	1	1	1		9	9	9	8	8	8	7	7	6	6	6	5	5	5	4	4	4	3	3	3	2	
월												02																	01
일	10	9	8	7	6	5	4	3	2	1	31	30	29	28	27	26	25	24	23	22	21	20	19	18	17	16	15	14	13
일진	丙戌	乙酉	甲申	癸未	壬午	辛巳	庚辰	己卯	戊寅	丁丑	丙子	乙亥	甲戌	癸酉	壬申	辛未	庚午	己巳	戊辰	丁卯	丙寅	乙丑	甲子	癸亥	壬戌	辛酉	庚申	己未	戊午
요일	화	월	일	토	금	목	수	화	월	일	토	금	목	수	화	월	일	토	금	목	수	화	월	일	토	금	목	수	화

남자 사주에 官이 왕하면 똑똑한 자식을 둔다.

상문 : 寅　대장군 : 西
조객 : 戌　삼　재 : 巳酉丑
삼살 : 南

壬子年

서기 2032년
단기 4365년

1月大(壬寅)입춘

	경칩												우수												절기
30	29	28	27	26	25	24	23	22	21	20	19	18	17	16	15	14	13	12	11	10	9	8	7	6	음력
8	8	9	9	9			1	1	1	1	2	2	2	3	3	3	4	4	4	5	5	5	5	5	순행
2	2	1	1	1	1		10	9	9	9	8	8	8	7	7	7	6	6	5	5	5	4	4	3	역행
11	10	9	8	7	6	5	4	3	2	03	29	28	27	26	25	24	23	22	21	20	19	18	17	16	월/양력
丙	乙	甲	癸	壬	辛	庚	己	戊	丁	丙	乙	甲	癸	壬	辛	庚	己	戊	丁	丙	乙	甲	癸	壬	일진
辰	卯	寅	丑	子	亥	戌	酉	申	午	巳	辰	卯	寅	丑	子	亥	戌	酉	申	午	巳	辰	卯	寅	
목	수	화	월	일	토	금	목	수	화	월	일	토	금	수	화	월	일	토	금	목	수	화	월	일	요일

2月小(癸卯)경칩

	청명												춘분											절기
29	28	27	26	25	24	23	22	21	20	19	18	17	16	15	14	13	12	11	10	9	8	7	6	음력
9	9	9	10	10		1	1	1	1	2	2	2	3	3	3	4	4	4	5	5	6	6	6	순행
2	1	1	1	1		10	9	9	9	8	8	8	7	7	7	6	6	5	5	5	4	4	3	역행
9	8	7	6	5	4	3	2	1	31	30	29	28	27	26	25	24	23	22	21	20	19	18	17	월/양력
乙	甲	癸	壬	辛	庚	己	戊	丁	丙	乙	甲	癸	壬	辛	庚	己	戊	丁	丙	乙	甲	癸	壬	일진
酉	申	未	午	巳	辰	卯	寅	丑	子	亥	戌	酉	申	未	午	巳	辰	卯	寅	丑	子	亥	戌	
금	목	수	화	월	일	토	금	목	수	화	월	일	토	금	목	수	화	월	일	토	금	목	수	요일

3月小(甲辰)청명

	입하												곡우										절기
29	28	27	26	25	24	23	22	21	20	19	18	17	16	15	14	13	12	11	10	9	8	7	음력
9	10	10		1	1	1	1	2	2	2	3	3	4	4	4	5	5	6	6	6	7	7	순행
1	1	1		10	10	9	9	9	8	8	8	7	7	6	6	5	5	5	4	4	3	3	역행
8	7	6	5	4	3	2	1	30	29	28	27	26	25	24	23	22	21	20	19	18	17	16	월/양력
甲	癸	壬	辛	庚	己	戊	丁	丙	乙	甲	癸	壬	辛	庚	己	戊	丁	丙	乙	甲	癸	壬	일진
寅	丑	子	亥	戌	酉	申	未	午	巳	辰	卯	寅	丑	子	亥	戌	酉	申	未	午	巳	辰	
토	금	목	수	화	월	일	토	금	목	수	화	월	일	토	금	목	수	화	월	일	토	금	요일

4月大(乙巳)입하

	망종												소만											절기
30	29	28	27	26	25	24	23	22	21	20	19	18	17	16	15	14	13	12	11	10	9	8	7	음력
10	10		1	1	1	1	2	2	2	3	3	3	4	5	5	6	6	7	7	8	8	8	9	순행
1	1		10	10	9	9	9	8	8	7	7	7	6	5	5	4	4	3	3	2	2	2	1	역행
7	6	5	4	3	2	1	31	30	29	28	27	26	25	24	23	22	21	20	19	18	17	16	15	월/양력
甲	癸	壬	辛	庚	己	戊	丁	丙	乙	甲	癸	壬	辛	庚	己	戊	丁	丙	乙	甲	癸	壬	辛	일진
申	未	午	巳	辰	卯	寅	丑	子	亥	戌	酉	申	未	午	巳	辰	卯	寅	丑	子	亥	戌	酉	
월	일	토	금	목	수	화	월	일	토	금	목	수	화	월	일	토	금	목	수	화	월	일	토	요일

5月小(丙午)망종

	소서												하지										절기
29	28	27	26	25	24	23	22	21	20	19	18	17	16	15	14	13	12	11	10	9	8	7	음력
	1	1	1	1	2	2	2	3	3	3	4	4	5	5	6	6	7	7	8	8	9	9	순행
	10	10	9	9	9	8	8	8	7	7	6	6	5	5	4	4	3	3	2	2	2	1	역행
6	5	4	3	2	1	30	29	28	27	26	25	24	23	22	21	20	19	18	17	16	15	14	월/양력
癸	壬	辛	庚	己	戊	丁	丙	乙	甲	癸	壬	辛	庚	己	戊	丁	丙	乙	甲	癸	壬	辛	일진
丑	子	亥	戌	酉	申	未	午	巳	辰	卯	寅	丑	子	亥	戌	酉	申	未	午	巳	辰	卯	
화	월	일	토	금	목	수	화	월	일	토	금	목	수	화	월	일	토	금	목	수	화	월	요일

6月大(丁未)소서

													대서										절기
30	29	28	27	26	25	24	23	22	21	20	19	18	17	16	15	14	13	12	11	10	9	8	음력
1	1	1	2	2	2	3	3	3	4	4	5	5	6	6	7	7	8	8	8	9	9	10	순행
10	10	9	9	8	8	8	7	7	6	6	5	5	4	4	3	3	2	2	2	1	1	1	역행
5	4	3	2	1	31	30	29	28	27	26	25	24	23	22	21	20	19	18	17	16	15	14	월/양력
癸	壬	辛	庚	己	戊	丁	丙	乙	甲	癸	壬	辛	庚	己	戊	丁	丙	乙	甲	癸	壬	辛	일진
未	午	巳	辰	卯	寅	丑	子	亥	戌	酉	申	未	午	巳	辰	卯	寅	丑	子	亥	戌	酉	
목	수	화	월	일	토	금	목	수	화	월	일	토	금	목	수	화	월	일	토	금	목	수	요일

신약사주에 재가 강한 사람은 가권을 아내가 쥐게 된다.

7月大(戊申)입추

절기													처서													입추			
음력	30	29	28	27	26	25	24	23	22	21	20	19	18	17	16	15	14	13	12	11	10	9	8	7	6	5	4	3	2	1
순행	1	1	2	2	2	3	3	3	4	4	4	5	5	6	6	6	7	7	7	8	8	8	9	9	9	10	10			1
역행	9	9	9	8	8	8	7	7	7	6	6	6	5	5	5	4	4	4	3	3	3	2	2	2	1	1	1			10
월	09																										08			
일	4	3	2	1	31	30	29	28	27	26	25	24	23	22	21	20	19	18	17	16	15	14	13	12	11	10	9	8	7	6
일진	癸丑	壬子	辛亥	庚戌	己酉	戊申	丁未	丙午	乙巳	甲辰	癸卯	壬寅	辛丑	庚子	己亥	戊戌	丁酉	丙申	乙未	甲午	癸巳	壬辰	辛卯	庚寅	己丑	戊子	丁亥	丙戌	乙酉	甲申
요일	토	금	목	수	화	월	일	토	금	목	수	화	월	일	토	금	목	수	화	월	일	토	금	목	수	화	월	일	토	금

8月小(己酉)백로

절기											추분															백로		
음력	29	28	27	26	25	24	23	22	21	20	19	18	17	16	15	14	13	12	11	10	9	8	7	6	5	4	3	2	1
순행	2	2	2	3	3	3	4	4	4	5	5	6	6	6	7	7	7	8	8	9	9	9	10	10			1	1
역행	9	8	8	8	7	7	7	6	6	5	5	5	4	4	4	3	3	3	2	2	2	1	1	1			10	10
월				10																				09				
일	3	2	1	30	29	28	27	26	25	24	23	22	21	20	19	18	17	16	15	14	13	12	11	10	9	8	7	6	5
일진	壬午	辛巳	庚辰	己卯	戊寅	丁丑	丙子	乙亥	甲戌	癸酉	壬申	辛未	庚午	己巳	戊辰	丁卯	丙寅	乙丑	甲子	癸亥	壬戌	辛酉	庚申	己未	戊午	丁巳	丙辰	乙卯	甲寅
요일	일	토	금	목	수	화	월	일	토	금	목	수	화	월	일	토	금	목	수	화	월	일	토	금	목	수	화	월	일

9月大(庚戌)한로

절기											상강														한로					
음력	30	29	28	27	26	25	24	23	22	21	20	19	18	17	16	15	14	13	12	11	10	9	8	7	6	5	4	3	2	1
순행	2	2	2	3	3	3	4	4	4	5	5	6	6	6	7	7	7	8	8	8	9	9	9	10		1	1	1	1	
역행	8	8	8	7	7	7	6	6	6	5	5	5	4	4	4	3	3	3	2	2	2	1	1	1		10	10	9	9	
월	11																								10					
일	2	1	31	30	29	28	27	26	25	24	23	22	21	20	19	18	17	16	15	14	13	12	11	10	9	8	7	6	5	4
일진	壬子	辛亥	庚戌	己酉	戊申	丁未	丙午	乙巳	甲辰	癸卯	壬寅	辛丑	庚子	己亥	戊戌	丁酉	丙申	乙未	甲午	癸巳	壬辰	辛卯	庚寅	己丑	戊子	丁亥	丙戌	乙酉	甲申	癸未
요일	화	월	일	토	금	목	수	화	월	일	토	금	목	수	화	월	일	토	금	목	수	화	월	일	토	금	목	수	화	월

10月大(壬亥)입동

절기											소설														입동					
음력	30	29	28	27	26	25	24	23	22	21	20	19	18	17	16	15	14	13	12	11	10	9	8	7	6	5	4	3	2	1
순행	1	2	2	2	3	3	3	4	4	4	5	5	6	6	6	7	7	7	8	8	8	9	9	9		1	1	1	1	
역행	8	8	8	7	7	7	6	6	6	5	5	5	4	4	4	3	3	3	2	2	2	1	1	1		1	1	9	9	
월	12																								11					
일	2	1	30	29	28	27	26	25	24	23	22	21	20	19	18	17	16	15	14	13	12	11	10	9	8	7	6	5	4	3
일진	壬午	辛巳	庚辰	己卯	戊寅	丁丑	丙子	乙亥	甲戌	癸酉	壬申	辛未	庚午	己巳	戊辰	丁卯	丙寅	乙丑	甲子	癸亥	壬戌	辛酉	庚申	己未	戊午	丁巳	丙辰	乙卯	甲寅	癸丑
요일	목	수	화	월	일	토	금	목	수	화	월	일	토	금	목	수	화	월	일	토	금	목	수	화	월	일	토	금	목	수

11月小(壬子)대설

절기											동지														대설			
음력	29	28	27	26	25	24	23	22	21	20	19	18	17	16	15	14	13	12	11	10	9	8	7	6	5	4	3	2	1
순행	2	2	2	3	3	3	4	4	4	5	5	6	6	6	7	7	8	8	8	9	9	9			1	1	1
역행	8	8	8	7	7	7	6	6	5	5	5	4	4	4	3	3	3	2	2	2	1	1	1			9	9
월																									12			
일	31	30	29	28	27	26	25	24	23	22	21	20	19	18	17	16	15	14	13	12	11	10	9	8	7	6	5	4	3
일진	辛亥	庚戌	己酉	戊申	丁未	丙午	乙巳	甲辰	癸卯	壬寅	辛丑	庚子	己亥	戊戌	丁酉	丙申	乙未	甲午	癸巳	壬辰	辛卯	庚寅	己丑	戊子	丁亥	丙戌	乙酉	甲申	癸未
요일	금	목	수	화	월	일	토	금	목	수	화	월	일	토	금	목	수	화	월	일	토	금	목	수	화	월	일	토	금

12月大(癸丑)소한

절기											대한														소한					
음력	30	29	28	27	26	25	24	23	22	21	20	19	18	17	16	15	14	13	12	11	10	9	8	7	6	5	4	3	2	1
순행	1	2	2	2	3	3	3	4	4	4	5	5	6	6	6	7	7	7	8	8	8	9	9		1	1	1	1		
역행	8	8	8	7	7	7	6	6	6	5	5	5	4	4	4	3	3	3	2	2	2	1	1		9	9				
월																									01					
일	30	29	28	27	26	25	24	23	22	21	20	19	18	17	16	15	14	13	12	11	10	9	8	7	6	5	4	3	2	1
일진	辛巳	庚辰	己卯	戊寅	丁丑	丙子	乙亥	甲戌	癸酉	壬申	辛未	庚午	己巳	戊辰	丁卯	丙寅	乙丑	甲子	癸亥	壬戌	辛酉	庚申	己未	戊午	丁巳	丙辰	乙卯	甲寅	癸丑	壬子
요일	일	토	금	목	수	화	월	일	토	금	목	수	화	월	일	토	금	목	수	화	월	일	토	금	목	수	화	월	일	토

사주 내 일주가 약하고 官이 많아도 자식이 없거나 귀하다.

상문 : 卯　대장군 : 西
조객 : 亥　삼　재 : 巳酉丑
삼살 : 東

癸丑年

서기 2033년
단기 4366년

1月小(甲寅)입춘

절기	우수										입춘							
음력	29	28	27	26	25	24	23	22	21	20	**19**	18	17	16	15	14	13	12	11	10	9	8	7	6	5	**4**	3	2	1
순행(묘)	2	2	2	3	3	3	4	4	4	5	5	5	6	6	6	7	7	7	8	8	8	9	9	9	10		1	1	1
역행	8	8	8	7	7	7	6	6	6	5	5	5	4	4	4	3	3	3	2	2	2	1	1	1			9	9	9
월/양력																										02	01		
일	28	27	26	25	24	23	22	21	20	19	18	17	16	15	14	13	12	11	10	9	8	7	6	5	4	3	2	1	31
일진	庚	己	戊	丁	丙	乙	甲	癸	壬	辛	庚	己	戊	丁	丙	乙	甲	癸	壬	辛	庚	己	戊	丁	丙	乙	甲	癸	壬
	戌	酉	申	未	午	巳	辰	卯	寅	丑	子	亥	戌	酉	申	未	午	巳	辰	卯	寅	丑	子	亥	戌	酉	申	未	午
요일	월	일	토	금	목	수	화	월	일	토	금	목	수	화	월	일	토	금	목	수	화	월	일	토	금	목	수	화	월

2月大(乙卯)경칩

절기	춘분										경칩							
음력	30	29	28	27	26	25	24	23	22	21	20	**19**	18	17	16	15	14	13	12	11	10	9	8	7	6	5	**4**	3	2	1
순행(묘)	2	2	2	3	3	3	4	4	4	5	5	5	6	6	6	7	7	7	8	8	9	9	9	10		1	1	1	1
역행	8	8	8	7	7	7	6	6	6	5	5	4	4	4	3	3	3	2	2	2	1	1	1		10	9	9	9	
월/양력																											03		
일	30	29	28	27	26	25	24	23	22	21	20	19	18	17	16	15	14	13	12	11	10	9	8	7	6	5	4	3	2	1
일진	庚	己	戊	丁	丙	乙	甲	癸	壬	辛	庚	己	戊	丁	丙	乙	甲	癸	壬	辛	庚	己	戊	丁	丙	乙	甲	癸	壬	辛
	辰	卯	寅	丑	子	亥	戌	酉	申	未	午	巳	辰	卯	寅	丑	子	亥	戌	酉	申	未	午	巳	辰	卯	寅	丑	子	亥
요일	수	화	월	일	토	금	목	수	화	월	일	토	금	목	수	화	월	일	토	금	목	수	화	월	일	토	금	목	수	화

3月小(丙辰)청명

절기	곡우								청명							
음력	29	28	27	26	25	24	23	22	**21**	20	19	18	17	16	15	14	13	12	11	10	9	8	7	6	**5**	4	3	2	1
순행(묘)	2	3	3	3	4	4	4	5	5	6	6	6	7	7	7	8	8	9	9	10		1	1	1	1
역행	8	8	7	7	6	6	6	5	5	5	4	4	3	3	3	2	2	2	1	1	1	10	9	9	9
월/양력																											04	03	
일	28	27	26	25	24	23	22	21	20	19	18	17	16	15	14	13	12	11	10	9	8	7	6	5	4	3	2	1	31
일진	己	戊	丁	丙	乙	甲	癸	壬	辛	庚	己	戊	丁	丙	乙	甲	癸	壬	辛	庚	己	戊	丁	丙	乙	甲	癸	壬	辛
	酉	申	未	午	巳	辰	卯	寅	丑	子	亥	戌	酉	申	未	午	巳	辰	卯	寅	丑	子	亥	戌	酉	申	未	午	巳
요일	목	수	화	월	일	토	금	목	수	화	월	일	토	금	목	수	화	월	일	토	금	목	수	화	월	일	토	금	목

4月小(丁巳)입하

절기	소만						입하							
음력	29	28	27	26	25	24	**23**	22	21	20	19	18	17	16	15	14	13	12	11	10	9	**8**	7	6	5	4	3	2	1
순행(묘)	3	3	4	4	4	5	5	5	6	6	7	7	7	8	8	9	9	9	10		1	1	1	1	2
역행	7	7	6	6	6	5	5	5	4	4	3	3	3	2	2	1	1	1		10	10	9	9	9	8
월/양력																										05	04	
일	27	26	25	24	23	22	21	20	19	18	17	16	15	14	13	12	11	10	9	8	7	6	5	4	3	2	1	30	29
일진	戊	丁	丙	乙	甲	癸	壬	辛	庚	己	戊	丁	丙	乙	甲	癸	壬	辛	庚	己	戊	丁	丙	乙	甲	癸	壬	辛	庚
	寅	丑	子	亥	戌	酉	申	未	午	巳	辰	卯	寅	丑	子	亥	戌	酉	申	未	午	巳	辰	卯	寅	丑	子	亥	戌
요일	금	목	수	화	월	일	토	금	목	수	화	월	일	토	금	목	수	화	월	일	토	금	목	수	화	월	일	토	금

5月大(戊午)망종

절기	하지					망종						
음력	30	29	28	27	26	**25**	24	23	22	21	20	19	18	17	16	15	14	13	12	11	10	**9**	8	7	6	5	4	3	2	1
순행(묘)	4	4	5	5	5	6	6	6	7	7	7	8	8	9	9	10	10		1	1	1	1	2	2	2	3
역행	7	7	6	5	5	5	4	4	4	3	3	3	2	2	1	1	1		10	10	9	9	9	8	8	8
월/양력																									06	05	
일	26	25	24	23	22	21	20	19	18	17	16	15	14	13	12	11	10	9	8	7	6	5	4	3	2	1	31	30	29	28
일진	戊	丁	丙	乙	甲	癸	壬	辛	庚	己	戊	丁	丙	乙	甲	癸	壬	辛	庚	己	戊	丁	丙	乙	甲	癸	壬	辛	庚	己
	申	未	午	巳	辰	卯	寅	丑	子	亥	戌	酉	申	未	午	巳	辰	卯	寅	丑	子	亥	戌	酉	申	未	午	巳	辰	卯
요일	일	토	금	목	수	화	월	일	토	금	목	수	화	월	일	토	금	목	수	화	월	일	토	금	목	수	화	월	일	토

6月小(己未)소서

절기	대서				소서						
음력	29	28	27	**26**	25	24	23	22	21	20	19	18	17	16	15	14	13	12	**11**	10	9	8	7	6	5	4	3	2	1
순행(묘)	4	5	5	5	6	6	7	7	7	8	8	9	9	10	10		1	1	1	1	2	2	2	3	3
역행	6	6	5	5	5	4	4	3	3	3	2	2	1	1	1		10	10	9	9	9	8	8	8	7
월/양력																								07	06	
일	25	24	23	22	21	20	19	18	17	16	15	14	13	12	11	10	9	8	7	6	5	4	3	2	1	30	29	28	27
일진	丁	丙	乙	甲	癸	壬	辛	庚	己	戊	丁	丙	乙	甲	癸	壬	辛	庚	己	戊	丁	丙	乙	甲	癸	壬	辛	庚	己
	丑	子	亥	戌	酉	申	未	午	巳	辰	卯	寅	丑	子	亥	戌	酉	申	未	午	巳	辰	卯	寅	丑	子	亥	戌	酉
요일	월	일	토	금	목	수	화	월	일	토	금	목	수	화	월	일	토	금	목	수	화	월	일	토	금	목	수	화	월

정재보다 편재가 강한 사람은 공처가 팔자이다.

7月大(庚申) 입추 — 절기: 처서 / 입추

절기	처서 … 입추
음력	30 29 28 27 26 25 24 23 22 21 20 19 18 17 16 15 14 **13** 12 11 10 9 8 7 6 5 4 3 2 1
순행(대운)	5 5 5 6 6 6 7 7 7 8 8 8 9 9 9 10 10 · 1 1 1 1 2 2 2 3 3 3 4 4
역행(대운)	6 5 5 5 4 4 4 3 3 3 2 2 2 1 1 1 · 10 10 9 9 9 8 8 8 7 7 7 6
월	**08** … **07**
일	24 23 22 21 20 19 18 17 16 15 14 13 12 11 10 9 8 7 6 5 4 3 2 1 31 30 29 28 27 26
일진(천간)	丁 丙 乙 甲 癸 壬 辛 庚 己 戊 丁 丙 乙 甲 癸 壬 辛 庚 己 戊 丁 丙 乙 甲 癸 壬 辛 庚 己 戊
일진(지지)	未 午 巳 辰 卯 寅 丑 子 亥 戌 酉 申 未 午 巳 辰 卯 寅 丑 子 亥 戌 酉 申 未 午 巳 辰 卯 寅
요일	수 화 월 일 금 목 수 화 월 일 토 금 목 수 화 월 일 토 금 목 수 화 월 일 토 금 목 수 화

8月小(辛酉) 백로 — 절기: 백로

절기	백로
음력	29 28 27 26 25 24 23 22 21 20 19 18 17 16 15 **14** 13 12 11 10 9 8 7 6 5 4 3 2 1
순행(대운)	5 6 6 6 7 7 7 8 8 8 9 9 10 · 1 1 1 1 2 2 2 3 3 3 4 4
역행(대운)	5 5 4 4 4 3 3 3 2 2 2 1 1 1 · 10 9 9 9 8 8 8 7 7 7 6 6
월	**09** … **08**
일	22 21 20 19 18 17 16 15 14 13 12 11 10 9 8 7 6 5 4 3 2 1 31 30 29 28 27 26 25
일진(천간)	丙 乙 甲 癸 壬 辛 庚 己 戊 丁 丙 乙 甲 癸 壬 辛 庚 己 戊 丁 丙 乙 甲 癸 壬 辛 庚 己 戊
일진(지지)	子 亥 戌 酉 申 未 午 巳 辰 卯 寅 丑 子 亥 戌 酉 申 未 午 巳 辰 卯 寅 丑 子 亥 戌 酉 申
요일	목 수 화 월 일 토 금 목 수 화 월 일 토 금 목 수 화 월 일 토 금 목 수 화 월 일 토 금 목

9月大(壬戌) 한로 — 절기: 한로 / 추분

절기	한로 … 추분
음력	30 29 28 27 26 25 24 23 22 21 20 19 18 17 **16** 15 14 13 12 11 10 9 8 7 6 5 4 3 2 1
순행(대운)	5 6 6 6 7 7 7 8 8 8 9 9 9 10 · 1 1 1 2 2 2 3 3 3 4 4 4 5 5
역행(대운)	5 4 4 4 3 3 3 2 2 2 1 1 1 · 10 9 9 9 8 8 8 7 7 7 6 6 6 5
월	**10** … **09**
일	22 21 20 19 18 17 16 15 14 13 12 11 10 9 8 7 6 5 4 3 2 1 30 29 28 27 26 25 24 23
일진(천간)	丙 乙 甲 癸 壬 辛 庚 己 戊 丁 丙 乙 甲 癸 壬 辛 庚 己 戊 丁 丙 乙 甲 癸 壬 辛 庚 己 戊 丁
일진(지지)	午 巳 辰 卯 寅 丑 子 亥 戌 酉 申 未 午 巳 辰 卯 寅 丑 子 亥 戌 酉 申 未 午 巳 辰 卯 寅 丑
요일	토 금 목 수 화 월 일 토 금 목 수 화 월 일 토 금 목 수 화 월 일 토 금 목 수 화 월 일 토 금

10月大(癸亥) 입동 — 절기: 입동 / 상강

절기	입동 … 상강
음력	30 29 28 27 26 25 24 23 22 21 20 19 18 17 **16** 15 14 13 12 11 10 9 8 7 6 5 4 3 2 1
순행(대운)	5 6 6 6 7 7 7 8 8 8 9 9 10 · 1 1 1 2 2 2 3 3 3 4 4 4 5 5
역행(대운)	5 4 4 4 3 3 3 2 2 2 1 1 1 · 10 9 9 9 8 8 8 7 7 7 6 6 6 5
월	**11** … **10**
일	21 20 19 18 17 16 15 14 13 12 11 10 9 8 7 6 5 4 3 2 1 31 30 29 28 27 26 25 24 23
일진(천간)	丙 乙 甲 癸 壬 辛 庚 己 戊 丁 丙 乙 甲 癸 壬 辛 庚 己 戊 丁 丙 乙 甲 癸 壬 辛 庚 己 戊 丁
일진(지지)	子 亥 戌 酉 申 未 午 巳 辰 卯 寅 丑 子 亥 戌 酉 申 未 午 巳 辰 卯 寅 丑 子 亥 戌 酉 申 未
요일	월 일 토 금 목 수 화 월 일 토 금 목 수 화 월 일 토 금 목 수 화 월 일 토 금 목 수 화 월 일

11月大(甲子) 대설 — 절기: 동지 / 대설 / 소설

절기	동지 … 대설 … 소설
음력	30 29 28 27 26 25 24 23 22 21 20 19 18 17 **16** 15 14 13 12 11 10 9 8 7 6 5 4 3 2 1
순행(대운)	5 5 6 6 6 7 7 7 8 8 8 9 9 9 · 1 1 1 2 2 2 3 3 3 4 4 4 5 5 5
역행(대운)	5 5 4 4 4 3 3 3 2 2 2 1 1 · 10 9 9 9 8 8 8 7 7 7 6 6 6 5 5 5
월	**12** … **11**
일	21 20 19 18 17 16 15 14 13 12 11 10 9 8 7 6 5 4 3 2 1 31 30 29 28 27 26 25 24 23 22
일진(천간)	丙 乙 甲 癸 壬 辛 庚 己 戊 丁 丙 乙 甲 癸 壬 辛 庚 己 戊 丁 丙 乙 甲 癸 壬 辛 庚 己 戊 丁
일진(지지)	午 巳 辰 卯 寅 丑 子 亥 戌 酉 申 未 午 巳 辰 卯 寅 丑 子 亥 戌 酉 申 未 午 巳 辰 卯 寅 丑
요일	수 화 월 일 토 금 목 수 화 월 일 토 금 목 수 화 월 일 토 금 목 수 화 월 일 토 금 목 수 화

윤11月小 — 절기: 소한

절기	소한
음력	29 28 27 26 25 24 23 22 21 20 19 18 17 16 **15** 14 13 12 11 10 9 8 7 6 5 4 3 2 1
순행(대운)	5 6 6 6 7 7 7 8 8 8 9 9 9 10 · 1 1 1 2 2 2 3 3 3 4 4 4 5 5
역행(대운)	5 4 4 4 3 3 3 2 2 2 1 1 1 · 9 9 9 8 8 8 7 7 7 6 6 6 5 5 5
월	**01** … **12**
일	19 18 17 16 15 14 13 12 11 10 9 8 7 6 5 4 3 2 1 31 30 29 28 27 26 25 24 23 22
일진(천간)	乙 甲 癸 壬 辛 庚 己 戊 丁 丙 乙 甲 癸 壬 辛 庚 己 戊 丁 丙 乙 甲 癸 壬 辛 庚 己 戊 丁
일진(지지)	亥 戌 酉 申 未 午 巳 辰 卯 寅 丑 子 亥 戌 酉 申 未 午 巳 辰 卯 寅 丑 子 亥 戌 酉 申 未
요일	목 수 화 월 일 토 금 목 수 화 월 일 토 금 목 수 화 월 일 토 금 목 수 화 월 일 토 금 목

12月大(乙丑) 소한 — 절기: 우수 / 입춘 / 대한

절기	우수 … 입춘 … 대한
음력	30 29 28 27 26 25 24 23 22 21 20 19 18 17 **16** 15 14 13 12 11 10 9 8 7 6 5 4 3 2 1
순행(대운)	5 5 6 6 6 7 7 7 8 8 8 9 9 9 10 · 1 1 1 2 2 2 3 3 3 4 4 4 5 5
역행(대운)	5 4 4 4 3 3 3 2 2 2 1 1 1 · 10 9 9 9 8 8 8 7 7 7 6 6 6 5 5
월	**02** … **01**
일	18 17 16 15 14 13 12 11 10 9 8 7 6 5 4 3 2 1 31 30 29 28 27 26 25 24 23 22 21 20
일진(천간)	乙 甲 癸 壬 辛 庚 己 戊 丁 丙 乙 甲 癸 壬 辛 庚 己 戊 丁 丙 乙 甲 癸 壬 辛 庚 己 戊 丁 丙
일진(지지)	巳 辰 卯 寅 丑 子 亥 戌 酉 申 未 午 巳 辰 卯 寅 丑 子 亥 戌 酉 申 未 午 巳 辰 卯 寅 丑 子
요일	토 금 목 수 화 월 일 토 금 목 수 화 월 일 토 금 목 수 화 월 일 토 금 목 수 화 월 일 토 금

사주 내에 일주가 왕하고 상관이 많고 인수가 없으면 자식 두기가 어렵다.

상문 : 辰　　대장군 : 北
조객 : 子　　삼　재 : 申子辰
삼살 : 北

甲寅年

서기 2034년
단기 4367년

1月小(丙寅)입춘

															경칩														절기
음력	29	28	27	26	25	24	23	22	21	20	19	18	17	16	**15**	14	13	12	11	10	9	8	7	6	5	4	3	2	1
순행	6	6	6	7	7	7	8	8	8	9	9	10	10		1	1	1	1	2	2	2	3	3	3	4	4	4	5	
역행	5	4	4	4	3	3	3	2	2	2	1	1	1		9	9	9	8	8	8	7	7	7	6	6	6	5		
월															03												02		
일	19	18	17	16	15	14	13	12	11	10	9	8	7	6	5	4	3	2	1	28	27	26	25	24	23	22	21	20	19
일진	甲戌	癸酉	壬申	辛未	庚午	己巳	戊辰	丁卯	丙寅	乙丑	甲子	癸亥	壬戌	辛酉	庚申	己未	戊午	丁巳	丙辰	乙卯	甲寅	癸丑	壬子	辛亥	庚戌	己酉	戊申	丁未	丙午
요일	일	토	금	목	수	화	월	일	토	금	목	수	화	월	일	토	금	목	수	화	월	일	토	금	목	수	화	월	일

2月大(丁卯)경칩

														청명													춘분			절기
음력	30	29	28	27	26	25	24	23	22	21	20	19	18	17	16	15	14	13	12	11	10	9	8	7	6	5	4	3	2	1
월														04													03			
일	18	17	16	15	14	13	12	11	10	9	8	7	6	5	4	3	2	1	31	30	29	28	27	26	25	24	23	22	21	20
일진	甲辰	癸卯	壬寅	辛丑	庚子	己亥	戊戌	丁酉	丙申	乙未	甲午	癸巳	壬辰	辛卯	庚寅	己丑	戊子	丁亥	丙戌	乙酉	甲申	癸未	壬午	辛巳	庚辰	己卯	戊寅	丁丑	丙子	乙亥
요일	화	월	일	토	금	목	수	화	월	일	토	금	목	수	화	월	일	토	금	목	수	화	월	일	토	금	목	수	화	월

3月小(戊辰)청명

													입하													곡우			절기
음력	29	28	27	26	25	24	23	22	21	20	19	18	**17**	16	15	14	13	12	11	10	9	8	7	6	5	4	3	2	1
월															05												04		
일	17	16	15	14	13	12	11	10	9	8	7	6	5	4	3	2	1	30	29	28	27	26	25	24	23	22	21	20	19
일진	癸酉	壬申	辛未	庚午	己巳	戊辰	丁卯	丙寅	乙丑	甲子	癸亥	壬戌	辛酉	庚申	己未	戊午	丁巳	丙辰	乙卯	甲寅	癸丑	壬子	辛亥	庚戌	己酉	戊申	丁未	丙午	乙巳
요일	수	화	월	일	토	금	목	수	화	월	일	토	금	목	수	화	월	일	토	금	목	수	화	월	일	토	금	목	수

4月小(己巳)입하

											망종														소만				절기
음력	29	28	27	26	25	24	23	22	21	20	**19**	18	17	16	15	14	13	12	11	10	9	8	7	6	5	4	3	2	1
월															06												05		
일	15	14	13	12	11	10	9	8	7	6	5	4	3	2	1	31	30	29	28	27	26	25	24	23	22	21	20	19	18
일진	壬寅	辛丑	庚子	己亥	戊戌	丁酉	丙申	乙未	甲午	癸巳	壬辰	辛卯	庚寅	己丑	戊子	丁亥	丙戌	乙酉	甲申	癸未	壬午	辛巳	庚辰	己卯	戊寅	丁丑	丙子	乙亥	甲戌
요일	목	수	화	월	일	토	금	목	수	화	월	일	토	금	목	수	화	월	일	토	금	목	수	화	월	일	토	금	목

5月大(庚午)망종

							소서																하지						절기
음력	30	29	28	27	26	25	24	23	**22**	21	20	19	18	17	16	15	14	13	12	11	10	9	8	7	**6**	5	4	3	2	1
월															07											06				
일	15	14	13	12	11	10	9	8	7	6	5	4	3	2	1	30	29	28	27	26	25	24	23	22	21	20	19	18	17	16
일진	壬申	辛未	庚午	己巳	戊辰	丁卯	丙寅	乙丑	甲子	癸亥	壬戌	辛酉	庚申	己未	戊午	丁巳	丙辰	乙卯	甲寅	癸丑	壬子	辛亥	庚戌	己酉	戊申	丁未	丙午	乙巳	甲辰	癸卯
요일	토	금	목	수	화	월	일	토	금	목	수	화	월	일	토	금	목	수	화	월	일	토	금	목	수	화	월	일	토	금

6月小(辛未)소서

						입추																대서							절기
음력	29	28	27	26	25	24	**23**	22	21	20	19	18	17	16	15	14	13	12	11	10	9	**8**	7	6	5	4	3	2	1
월														08												07			
일	13	12	11	10	9	8	7	6	5	4	3	2	1	31	30	29	28	27	26	25	24	23	22	21	20	19	18	17	16
일진	辛丑	庚子	己亥	戊戌	丁酉	丙申	乙未	甲午	癸巳	壬辰	辛卯	庚寅	己丑	戊子	丁亥	丙戌	乙酉	甲申	癸未	壬午	辛巳	庚辰	己卯	戊寅	丁丑	丙子	乙亥	甲戌	癸酉
요일	토	금	목	수	화	월	일	토	금	목	수	화	월	일	토	금	목	수	화	월	일	토	금	목	수	화	월	일	토

庚日生 사주에 戊寅·戊辰이 있으면 부자 팔자이다.

7月大(壬申)입추

절기: **백로** / **처서**

음력	30	29	28	27	26	25	24	23	22	21	20	19	18	17	16	15	14	13	12	11	10	9	8	7	6	5	4	3	2	1
순행	9	9	9	10	10	1	1	1	1	2	2	2	3	3	3	4	4	4	5	5	5	6	6	6	7	7	7	8	8	8
역행	2	1	1	1	1	10	10	9	9	9	8	8	8	7	7	7	6	6	6	5	5	5	4	4	4	3	3	3	2	
월																			09											08
일	12	11	10	9	8	7	6	5	4	3	2	1	31	30	29	28	27	26	25	24	23	22	21	20	19	18	17	16	15	14
일진	辛未	庚午	己巳	戊辰	丁卯	丙寅	乙丑	甲子	癸亥	壬戌	辛酉	庚申	己未	戊午	丁巳	丙辰	乙卯	甲寅	癸丑	壬子	辛亥	庚戌	己酉	戊申	丁未	丙午	乙巳	甲辰	癸卯	壬寅
요일	화	월	일	토	금	목	수	화	월	일	토	금	목	수	화	월	일	토	금	목	수	화	월	일	토	금	목	수	화	월

8月小(癸酉)백로

절기: **한로** / **추분**

음력	29	28	27	26	25	24	23	22	21	20	19	18	17	16	15	14	13	12	11	10	9	8	7	6	5	4	3	2	1
순행	9	9	10	1	1	1	1	2	2	2	3	3	3	4	4	4	5	5	5	6	6	6	7	7	7	8	8	8	
역행	1	1	1	10	9	9	9	8	8	8	7	7	7	6	6	6	5	5	5	4	4	4	3	3	3	2	2		
월																			10										09
일	11	10	9	8	7	6	5	4	3	2	1	30	29	28	27	26	25	24	23	22	21	20	19	18	17	16	15	14	13
일진	庚子	己亥	戊戌	丁酉	丙申	乙未	甲午	癸巳	壬辰	辛卯	庚寅	己丑	戊子	丁亥	丙戌	乙酉	甲申	癸未	壬午	辛巳	庚辰	己卯	戊寅	丁丑	丙子	乙亥	甲戌	癸酉	壬申
요일	수	화	월	일	토	금	목	수	화	월	일	토	금	목	수	화	월	일	토	금	목	수	화	월	일	토	금	목	수

9月大(甲戌)한로

절기: **입동** / **상강**

음력	30	29	28	27	26	25	24	23	22	21	20	19	18	17	16	15	14	13	12	11	10	9	8	7	6	5	4	3	2	1
순행	9	9	10	1	1	1	1	2	2	2	3	3	3	4	4	4	5	5	5	6	6	6	7	7	7	8	8	8	9	
역행	1	1	1	10	9	9	9	8	8	8	7	7	7	6	6	6	5	5	5	4	4	4	3	3	3	2	2	2	1	
월																			11											10
일	10	9	8	7	6	5	4	3	2	1	31	30	29	28	27	26	25	24	23	22	21	20	19	18	17	16	15	14	13	12
일진	庚午	己巳	戊辰	丁卯	丙寅	乙丑	甲子	癸亥	壬戌	辛酉	庚申	己未	戊午	丁巳	丙辰	乙卯	甲寅	癸丑	壬子	辛亥	庚戌	己酉	戊申	丁未	丙午	乙巳	甲辰	癸卯	壬寅	辛丑
요일	금	목	수	화	월	일	토	금	목	수	화	월	일	토	금	목	수	화	월	일	토	금	목	수	화	월	일	토	금	목

10月大(乙亥)입동

절기: **대설** / **소설**

음력	30	29	28	27	26	25	24	23	22	21	20	19	18	17	16	15	14	13	12	11	10	9	8	7	6	5	4	3	2	1
순행	9	9	9	1	1	1	2	2	2	3	3	3	4	4	4	5	5	5	6	6	6	7	7	7	8	8	8	9	9	
역행	1	1	1	10	9	9	9	8	8	8	7	7	7	6	6	6	5	5	5	4	4	4	3	3	3	2	2	2	1	
월																			12											11
일	10	9	8	7	6	5	4	3	2	1	30	29	28	27	26	25	24	23	22	21	20	19	18	17	16	15	14	13	12	11
일진	庚子	己亥	戊戌	丁酉	丙申	乙未	甲午	癸巳	壬辰	辛卯	庚寅	己丑	戊子	丁亥	丙戌	乙酉	甲申	癸未	壬午	辛巳	庚辰	己卯	戊寅	丁丑	丙子	乙亥	甲戌	癸酉	壬申	辛未
요일	일	토	금	목	수	화	월	일	토	금	목	수	화	월	일	토	금	목	수	화	월	일	토	금	목	수	화	월	일	토

11月大(丙子)대설

절기: **소한** / **동지**

음력	30	29	28	27	26	25	24	23	22	21	20	19	18	17	16	15	14	13	12	11	10	9	8	7	6	5	4	3	2	1
순행	9	9	9	10	1	1	1	2	2	2	3	3	3	4	4	4	5	5	5	6	6	6	7	7	7	8	8	8	9	
역행	1	1	1	1	9	9	9	8	8	8	7	7	7	6	6	6	5	5	5	4	4	4	3	3	3	2	2	2	1	
월																			01											12
일	9	8	7	6	5	4	3	2	1	31	30	29	28	27	26	25	24	23	22	21	20	19	18	17	16	15	14	13	12	11
일진	庚午	己巳	戊辰	丁卯	丙寅	乙丑	甲子	癸亥	壬戌	辛酉	庚申	己未	戊午	丁巳	丙辰	乙卯	甲寅	癸丑	壬子	辛亥	庚戌	己酉	戊申	丁未	丙午	乙巳	甲辰	癸卯	壬寅	辛丑
요일	화	월	일	토	금	목	수	화	월	일	토	금	목	수	화	월	일	토	금	목	수	화	월	일	토	금	목	수	화	월

12月小(丁丑)소한

절기: **입춘** / **대한**

음력	29	28	27	26	25	24	23	22	21	20	19	18	17	16	15	14	13	12	11	10	9	8	7	6	5	4	3	2	1
순행	9	9	10	1	1	1	2	2	2	3	3	3	4	4	4	5	5	5	6	6	6	7	7	7	8	8	8	9	
역행	1	1	1	10	9	9	8	8	8	7	7	7	6	6	6	5	5	5	4	4	4	3	3	3	2	2	2	1	
월																			02										01
일	7	6	5	4	3	2	1	31	30	29	28	27	26	25	24	23	22	21	20	19	18	17	16	15	14	13	12	11	10
일진	己亥	戊戌	丁酉	丙申	乙未	甲午	癸巳	壬辰	辛卯	庚寅	己丑	戊子	丁亥	丙戌	乙酉	甲申	癸未	壬午	辛巳	庚辰	己卯	戊寅	丁丑	丙子	乙亥	甲戌	癸酉	壬申	辛未
요일	수	화	월	일	토	금	목	수	화	월	일	토	금	목	수	화	월	일	토	금	목	수	화	월	일	토	금	목	수

사주 내 일주가 왕하고 인수가 많고 財가 없으면 역시 자식 두기가 어렵다.

상문 : 巳   대장군 : 北
조객 : 丑   삼 재 : 申子辰
삼살 : 酉

乙卯年

서기 2035년
단기 4368년

1月大(戊寅)입춘

절기	경칩																		우수											
음력	30	29	28	**27**	26	25	24	23	22	21	20	19	18	17	16	15	14	13	**12**	11	10	9	8	7	6	5	4	3	2	1
순행	9	9	10	1	1	1	1	2	2	2	3	3	3	4	4	4	5	5	5	6	6	6	7	7	7	8	8	8	9	9
역행	1	1	1	10	9	9	9	8	8	8	7	7	7	6	6	6	5	5	5	4	4	4	3	3	3	2	2	2	1	1
월							03																							02
일	9	8	7	6	5	4	3	2	1	28	27	26	25	24	23	22	21	20	19	18	17	16	15	14	13	12	11	10	9	
일진	己巳	戊辰	丁卯	乙丑	甲子	癸亥	壬戌	辛酉	庚申	己未	戊午	丁巳	丙辰	甲寅	癸丑	壬子	辛亥	庚戌	己酉	戊申	丁未	丙午	甲辰	癸卯	壬寅	辛丑	庚子			
요일	금	목	수	화	월	일	토	금	목	수	화	월	일	토	금	목	수	화	월	일	토	금	목	수	화	월	일	토	금	

2月小(己卯)경칩

절기	청명																	춘분											
음력	29	28	27	26	25	24	23	22	21	20	19	18	17	16	15	14	13	**12**	11	10	9	8	7	6	5	4	3	2	1
순행	10	10	1	1	1	1	2	2	2	3	3	3	4	4	4	5	5	5	6	6	6	7	7	7	8	8	8	9	9
역행	1	1	10	9	9	9	8	8	8	7	7	7	6	6	6	5	5	5	4	4	4	3	3	3	2	2	2	1	1
월						04																					03		
일	7	6	5	4	3	2	1	31	30	29	28	27	26	25	24	23	22	21	20	19	18	17	16	15	14	13	12	11	10
일진	戊戌	丁酉	丙申	乙未	甲午	癸巳	壬辰	辛卯	庚寅	己丑	戊子	丁亥	丙戌	乙酉	甲申	癸未	壬午	辛巳	庚辰	己卯	戊寅	丁丑	丙子	乙亥	甲戌	癸酉	壬申	辛未	庚午
요일	토	금	목	수	화	월	일	토	금	목	수	화	월	일	토	금	목	수	화	월	일	토	금	목	수	화	월	일	토

3月大(庚辰)청명

절기	입하																곡우													
음력	30	**29**	28	27	26	25	24	23	22	21	20	19	18	17	16	15	14	**13**	12	11	10	9	8	7	6	5	4	3	2	1
순행	10		1	1	1	1	2	2	2	3	3	3	4	4	4	5	5	6	6	6	7	7	7	8	8	8	9	9	9	10
역행	1		10	10	9	9	9	8	8	8	7	7	7	6	6	5	5	5	4	4	4	3	3	3	2	2	2	1	1	1
월							05																				04			
일	7	6	5	4	3	2	1	30	29	28	27	26	25	24	23	22	21	20	19	18	17	16	15	14	13	12	11	10	9	8
일진	戊辰	丁卯	丙寅	乙丑	甲子	癸亥	壬戌	辛酉	庚申	己未	戊午	丁巳	丙辰	乙卯	甲寅	癸丑	壬子	辛亥	庚戌	己酉	戊申	丁未	丙午	乙巳	甲辰	癸卯	壬寅	辛丑	庚子	己亥
요일	월	일	토	금	목	수	화	월	일	토	금	목	수	화	월	일	토	금	목	수	화	월	일	토	금	목	수	화	월	일

4月小(辛巳)입하

절기															소만														
음력	29	28	27	26	25	24	23	22	21	20	19	18	17	16	15	**14**	13	12	11	10	9	8	7	6	5	4	3	2	1
순행	1	1	1	1	2	2	2	3	3	3	4	4	4	5	5	5	6	6	6	7	7	7	8	8	8	9	9	9	10
역행	10	10	10	9	9	9	8	8	8	7	7	6	6	6	5	5	5	4	4	4	3	3	3	2	2	2	1	1	10
월						06																				05			
일	5	4	3	2	1	31	30	29	28	27	26	25	24	23	22	21	20	19	18	17	16	15	14	13	12	11	10	9	8
일진	丁酉	丙申	乙未	甲午	癸巳	壬辰	辛卯	庚寅	己丑	戊子	丁亥	丙戌	乙酉	甲申	癸未	壬午	辛巳	庚辰	己卯	戊寅	丁丑	丙子	乙亥	甲戌	癸酉	壬申	辛未	庚午	己巳
요일	화	월	일	토	금	목	수	화	월	일	토	금	목	수	화	월	일	토	금	목	수	화	월	일	토	금	목	수	화

5月大(壬午)망종

절기													하지															망종
음력	29	28	27	26	25	24	23	22	21	20	19	18	17	**16**	15	14	13	12	11	10	9	8	7	6	5	4	3	1
순행	1	1	2	2	2	3	3	3	4	4	4	5	5	5	6	6	7	7	7	8	8	8	9	9	9	10	10	1
역행	9	9	9	8	8	8	7	7	7	6	6	6	5	5	4	4	4	3	3	3	2	2	2	1	1	1	10	10
월						07																				06		
일	4	3	2	1	30	29	28	27	26	25	24	23	22	21	20	19	18	17	16	15	14	13	12	11	10	9	8	7
일진	丙寅	乙丑	甲子	癸亥	壬戌	辛酉	庚申	己未	戊午	丁巳	丙辰	乙卯	甲寅	癸丑	壬子	辛亥	庚戌	己酉	戊申	丁未	丙午	乙巳	甲辰	癸卯	壬寅	辛丑	庚子	己亥
요일	수	화	월	일	토	금	목	수	화	월	일	토	금	목	수	화	월	일	토	금	목	수	화	월	일	토	금	수

6月大(癸未)소서

절기											대서															소서				
음력	30	29	28	27	26	25	24	23	22	21	20	**19**	18	17	16	15	14	13	12	11	10	9	8	7	6	5	**3**	2	1	
순행	2	2	2	3	3	3	4	4	4	5	5	6	6	6	7	7	7	8	8	9	9	9	10	10	1	1	1	1		
역행	9	9	8	8	8	7	7	7	6	6	5	5	4	4	4	3	3	3	2	2	2	1	1	1	10	10		10	10	
월			08																							07				
일	3	2	1	31	30	29	28	27	26	25	24	23	22	21	20	19	18	17	16	15	14	13	12	11	10	9	8	7	6	
일진	丙申	乙未	甲午	癸巳	壬辰	辛卯	庚寅	己丑	戊子	丁亥	丙戌	乙酉	甲申	癸未	壬午	辛巳	庚辰	己卯	戊寅	丁丑	丙子	乙亥	甲戌	癸酉	壬申	辛未	庚午	己巳	戊辰	丁卯
요일	금	목	수	화	월	일	토	금	목	수	화	월	일	토	금	목	수	화	월	일	토	금	목	수	화	월	일	토	금	

己日生 사주에 丁亥가 있으면 부자 팔자이다.

절기: 처서 / 입추

음력	29	28	27	26	25	24	23	22	21	20	19	18	17	16	15	14	13	12	11	10	9	8	7	6	5	4	3	2	1
순행(대운)	2	3	3	3	4	4	4	5	5	5	6	6	6	7	7	7	8	8	8	9	9	9	10	10			1	1	1
역행(대운)	8	8	7	7	7	6	6	6	5	5	5	4	4	4	3	3	3	2	2	2	1	1	1			10	10	10	9
월(양력)	09																												08
일(양력)	1	31	30	29	28	27	26	25	24	23	22	21	20	19	18	17	16	15	14	13	12	11	10	9	8	7	6	5	4
일진	乙丑	甲子	癸亥	壬戌	辛酉	庚申	己未	戊午	丁巳	丙辰	乙卯	甲寅	癸丑	壬子	辛亥	庚戌	己酉	戊申	丁未	丙午	乙巳	甲辰	癸卯	壬寅	辛丑	庚子	己亥	戊戌	丁酉
요일	토	금	목	수	화	월	일	토	금	목	수	화	월	일	토	금	목	수	화	월	일	토	금	목	수	화	월	일	토

절기: 추분 / 백로 — 8月小(乙酉)

음력	29	28	27	26	25	24	23	22	21	20	19	18	17	16	15	14	13	12	11	10	9	8	7	6	5	4	3	2	1
순행(대운)	3	3	3	4	4	4	5	5	5	6	6	6	7	7	7	8	8	8	9	9	9	10		1	1	1	1	2	2
역행(대운)	7	7	7	6	6	6	5	5	5	4	4	4	3	3	3	2	2	2	1	1	1		10	10	9	9	9	9	8
월(양력)																													09
일(양력)	30	29	28	27	26	25	24	23	22	21	20	19	18	17	16	15	14	13	12	11	10	9	8	7	6	5	4	3	2
일진	甲午	癸巳	壬辰	辛卯	庚寅	己丑	戊子	丁亥	丙戌	乙酉	甲申	癸未	壬午	辛巳	庚辰	己卯	戊寅	丁丑	丙子	乙亥	甲戌	癸酉	壬申	辛未	庚午	己巳	戊辰	丁卯	丙寅
요일	일	토	금	목	수	화	월	일	토	금	목	수	화	월	일	토	금	목	수	화	월	일	토	금	목	수	화	월	일

절기: 상강 / 한로 — 9月大(丙戌)

음력	30	29	28	27	26	25	24	23	22	21	20	19	18	17	16	15	14	13	12	11	10	9	8	7	6	5	4	3	2	1
순행(대운)	3	3	3	4	4	4	5	5	5	6	6	6	7	7	7	8	8	8	9	9	9	10		1	1	1	1	2	2	2
역행(대운)	7	7	7	6	6	6	5	5	5	4	4	4	3	3	3	2	2	2	1	1	1		10	9	9	9	8	8	8	8
월(양력)	10																													
일(양력)	30	29	28	27	26	25	24	23	22	21	20	19	18	17	16	15	14	13	12	11	10	9	8	7	6	5	4	3	2	1
일진	甲子	癸亥	壬戌	辛酉	庚申	己未	戊午	丁巳	丙辰	乙卯	甲寅	癸丑	壬子	辛亥	庚戌	己酉	戊申	丁未	丙午	乙巳	甲辰	癸卯	壬寅	辛丑	庚子	己亥	戊戌	丁酉	丙申	乙未
요일	화	월	일	토	금	목	수	화	월	일	토	금	목	수	화	월	일	토	금	목	수	화	월	일	토	금	목	수	화	월

절기: 소설 / 입동 — 10月大(丁亥)

음력	30	29	28	27	26	25	24	23	22	21	20	19	18	17	16	15	14	13	12	11	10	9	8	7	6	5	4	3	2	1
순행(대운)	3	3	3	4	4	4	5	5	5	6	6	6	7	7	7	8	8	8	9	9	9	10		1	1	1	1	2	2	2
역행(대운)	7	7	7	6	6	6	5	5	5	4	4	4	3	3	3	2	2	2	1	1	1		10	9	9	9	8	8	8	8
월(양력)																													11	10
일(양력)	29	28	27	26	25	24	23	22	21	20	19	18	17	16	15	14	13	12	11	10	9	8	7	6	5	4	3	2	1	31
일진	甲午	癸巳	壬辰	辛卯	庚寅	己丑	戊子	丁亥	丙戌	乙酉	甲申	癸未	壬午	辛巳	庚辰	己卯	戊寅	丁丑	丙子	乙亥	甲戌	癸酉	壬申	辛未	庚午	己巳	戊辰	丁卯	丙寅	乙丑
요일	목	수	화	월	일	토	금	목	수	화	월	일	토	금	목	수	화	월	일	토	금	목	수	화	월	일	토	금	목	수

절기: 동지 / 대설 — 11月小(戊子)

음력	30	29	28	27	26	25	24	23	22	21	20	19	18	17	16	15	14	13	12	11	10	9	8	7	6	5	4	3	2	1
순행(대운)	3	3	4	4	4	5	5	5	6	6	6	7	7	7	8	8	8	9	9	9	10		1	1	1	1	2	2	2	
역행(대운)	7	7	6	6	6	5	5	5	4	4	4	3	3	3	2	2	2	1	1	1		10	9	9	9	8	8	8	8	
월(양력)																													12	11
일(양력)	28	27	26	25	24	23	22	21	20	19	18	17	16	15	14	13	12	11	10	9	8	7	6	5	4	3	2	1	30	
일진	癸亥	壬戌	辛酉	庚申	己未	戊午	丁巳	丙辰	乙卯	甲寅	癸丑	壬子	辛亥	庚戌	己酉	戊申	丁未	丙午	乙巳	甲辰	癸卯	壬寅	辛丑	庚子	己亥	戊戌	丁酉	丙申	乙未	
요일	금	목	수	화	월	일	토	금	목	수	화	월	일	토	금	목	수	화	월	일	토	금	목	수	화	월	일	토	금	

절기: 대한 / 소한 — 12月大(己丑)

음력	30	29	28	27	26	25	24	23	22	21	20	19	18	17	16	15	14	13	12	11	10	9	8	7	6	5	4	3	2	1
순행(대운)	3	3	3	4	4	4	5	5	5	6	6	6	7	7	7	8	8	8	9	9	9		1	1	1	2	2	2	3	
역행(대운)	7	7	6	6	6	5	5	5	4	4	4	3	3	3	2	2	2	1	1	1		10	9	9	9	8	8	8		
월(양력)																													01	12
일(양력)	27	26	25	24	23	22	21	20	19	18	17	16	15	14	13	12	11	10	9	8	7	6	5	4	3	2	1	31	30	29
일진	癸巳	壬辰	辛卯	庚寅	己丑	戊子	丁亥	丙戌	乙酉	甲申	癸未	壬午	辛巳	庚辰	己卯	戊寅	丁丑	丙子	乙亥	甲戌	癸酉	壬申	辛未	庚午	己巳	戊辰	丁卯	丙寅	乙丑	甲子
요일	일	토	금	목	수	화	월	일	토	금	목	수	화	월	일	토	금	목	수	화	월	일	토	금	목	수	화	월	일	토

사주 내 官과 財가 약하고 비견·겁재가 많으면 남편을 속이는 기질이 있다.

상문 : 午   대장군 : 北
조객 : 寅   삼 재 : 申子辰
삼살 : 南

丙辰年

서기 2036년
단기 4369년

절기																															
우수							입춘																							절 기	
30	29	28	27	26	25	24	23	22	21	20	19	18	17	16	15	14	13	12	11	10	9	8	7	6	5	4	3	2	1	음 력	1月大(庚寅)입춘
3	3	3	4	4	4	5	5	5	6	6	6	7	7	7	8	8	8	9	9	9	10			1	1	1	2	2	2	순행	대설
7	7	7	6	6	6	5	5	5	4	4	4	3	3	3	2	2	2	1	1	1			9	9	9	9	8	8	8	역행	소설
																		02									01			월	일
26	25	24	23	22	21	20	19	18	17	16	15	14	13	12	11	10	9	8	7	6	5	4	3	2	1	31	30	29	28	일	일
癸	壬	辛	庚	己	戊	丁	丙	乙	甲	癸	壬	辛	庚	己	戊	丁	丙	乙	甲	癸	壬	辛	庚	己	戊	丁	丙	乙	甲	일 진	
亥	戌	酉	申	未	午	巳	辰	卯	寅	丑	子	亥	戌	酉	申	未	午	巳	辰	卯	寅	丑	子	亥	戌	酉	申	未	午		
화	월	일	토	금	목	수	화	월	일	토	금	목	수	화	월	일	토	금	목	수	화	월	일	토	금	목	수	화	월	요 일	

춘분							경칩																							절 기	
30	29	28	27	26	25	24	23	22	21	20	19	18	17	16	15	14	13	12	11	10	9	8	7	6	5	4	3	2	1	음 력	2月大(辛卯)경칩
3	3	4	4	4	5	5	5	6	6	6	7	7	7	8	8	8	9	9	9	10			1	1	1	2	2	2		순행	대설
7	7	6	6	6	5	5	5	4	4	4	3	3	3	2	2	2	1	1	1			10	9	9	9	8	8	8		역행	소설
																			03								02			월	일
27	26	25	24	23	22	21	20	19	18	17	16	15	14	13	12	11	10	9	8	7	6	5	4	3	2	1	29	28	27	일	일
癸	壬	辛	庚	己	戊	丁	丙	乙	甲	癸	壬	辛	庚	己	戊	丁	丙	乙	甲	癸	壬	辛	庚	己	戊	丁	丙	乙	甲	일 진	
巳	辰	卯	寅	丑	子	亥	戌	酉	申	未	午	巳	辰	卯	寅	丑	子	亥	戌	酉	申	未	午	巳	辰	卯	寅	丑	子		
목	수	화	월	일	토	금	목	수	화	월	일	토	금	목	수	화	월	일	토	금	목	수	화	월	일	토	금	목	수	요 일	

곡우							청명																						절 기	
29	28	27	26	25	24	23	22	21	20	19	18	17	16	15	14	13	12	11	10	9	8	7	6	5	4	3	2	1	음 력	3月小(壬辰)청명
	3	4	4	4	5	5	5	6	6	6	7	7	7	8	8	8	9	9	9	10	10			1	1	1	2	2	순행	대설
	7	7	6	6	6	5	5	5	4	4	4	3	3	3	2	2	2	1	1	1			10	9	9	9	8	8	역행	소설
																		04								03			월	일
	25	24	23	22	21	20	19	18	17	16	15	14	13	12	11	10	9	8	7	6	5	4	3	2	1	31	30	29	일	일
	壬	辛	庚	己	戊	丁	丙	乙	甲	癸	壬	辛	庚	己	戊	丁	丙	乙	甲	癸	壬	辛	庚	己	戊	丁	丙	乙	일 진	
	戌	酉	申	未	午	巳	辰	卯	寅	丑	子	亥	戌	酉	申	未	午	巳	辰	卯	寅	丑	子	亥	戌	酉	申	未		
	금	목	수	화	월	일	토	금	목	수	화	월	일	토	금	목	수	화	월	일	토	금	목	수	화	월	일	토	요 일	

소만							입하																							절 기	
30	29	28	27	26	25	24	23	22	21	20	19	18	17	16	15	14	13	12	11	10	9	8	7	6	5	4	3	2	1	음 력	4月大(癸巳)입하
4	4	4	5	5	5	6	6	6	7	7	7	8	8	8	9	9	9	10	10			1	1	1	2	2	2	3		순행	대설
7	6	6	6	5	5	5	4	4	4	3	3	3	2	2	2	1	1	1			10	10	9	9	9	8	8	8	7	역행	소설
																		05								04				월	일
25	24	23	22	21	20	19	18	17	16	15	14	13	12	11	10	9	8	7	6	5	4	3	2	1	30	29	28	27	26	일	일
壬	辛	庚	己	戊	丁	丙	乙	甲	癸	壬	辛	庚	己	戊	丁	丙	乙	甲	癸	壬	辛	庚	己	戊	丁	丙	乙	甲	癸	일 진	
辰	卯	寅	丑	子	亥	戌	酉	申	未	午	巳	辰	卯	寅	丑	子	亥	戌	酉	申	未	午	巳	辰	卯	寅	丑	子	亥		
일	토	금	목	수	화	월	일	토	금	목	수	화	월	일	토	금	목	수	화	월	일	토	금	목	수	화	월	일	토	요 일	

하지								망종																						절 기	
	29	28	27	26	25	24	23	22	21	20	19	18	17	16	15	14	13	12	11	10	9	8	7	6	5	4	3	2	1	음 력	5月小(甲午)망종
	4	5	5	5	6	6	6	7	7	7	8	8	8	9	9	9	10	10			1	1	1	2	2	2	3	3	3	순행	대설
	6	6	5	5	5	4	4	4	3	3	3	2	2	2	1	1	1			10	10	9	9	9	8	8	8	7	7	역행	소설
																		06								05				월	일
	23	22	21	20	19	18	17	16	15	14	13	12	11	10	9	8	7	6	5	4	3	2	1	31	30	29	28	27	26	일	일
	辛	庚	己	戊	丁	丙	乙	甲	癸	壬	辛	庚	己	戊	丁	丙	乙	甲	癸	壬	辛	庚	己	戊	丁	丙	乙	甲	癸	일 진	
	酉	申	未	午	巳	辰	卯	寅	丑	子	亥	戌	酉	申	未	午	巳	辰	卯	寅	丑	子	亥	戌	酉	申	未	午	巳		
	월	일	토	금	목	수	화	월	일	토	금	목	수	화	월	일	토	금	목	수	화	월	일	토	금	목	수	화	월	요 일	

대서								소서																						절 기	
	29	28	27	26	25	24	23	22	21	20	19	18	17	16	15	14	13	12	11	10	9	8	7	6	5	4	3	2	1	음 력	6月大(乙未)소서
	5	6	6	6	7	7	7	8	8	8	9	9	9	10	10	10			1	1	1	2	2	2	3	3	3	4	4	순행	대설
	5	5	4	4	4	3	3	3	2	2	2	1	1	1			10	10	9	9	9	8	8	8	7	7	7	6	6	역행	소설
																		07								06				월	일
	22	21	20	19	18	17	16	15	14	13	12	11	10	9	8	7	6	5	4	3	2	1	30	29	28	27	26	25	24	일	일
	庚	己	戊	丁	丙	乙	甲	癸	壬	辛	庚	己	戊	丁	丙	乙	甲	癸	壬	辛	庚	己	戊	丁	丙	乙	甲	癸	壬	일 진	
	寅	丑	子	亥	戌	酉	申	未	午	巳	辰	卯	寅	丑	子	亥	戌	酉	申	未	午	巳	辰	卯	寅	丑	子	亥	戌		
	화	월	일	토	금	목	수	화	월	일	토	금	목	수	화	월	일	토	금	목	수	화	월	일	토	금	목	수	화	요 일	

戊日生 사주에 丙子·丙辰·丙申이 있으면 부자 팔자이다.

윤6月大

절기														입추															
음력	30	29	28	27	26	25	24	23	22	21	20	19	18	17	**16**	15	14	13	12	11	10	9	8	7	6	5	4	3	2	1
순행	6	6	6	7	7	7	8	8	8	9	9	9	10	10		1	1	1	1	2	2	2	3	3	3	4	4	4	5	5
역행	5	4	4	4	3	3	3	2	2	2	1	1	1			10	10	10	9	9	9	8	8	8	7	7	7	6	6	6
월																				08								07		
일	21	20	19	18	17	16	15	14	13	12	11	10	9	8	7	6	5	4	3	2	1	31	30	29	28	27	26	25	24	23
일진	庚申	己未	戊午	丁巳	丙辰	乙卯	甲寅	癸丑	壬子	辛亥	庚戌	己酉	戊申	丁未	丙午	乙巳	甲辰	癸卯	壬寅	辛丑	庚子	己亥	戊戌	丁酉	丙申	乙未	甲午	癸巳	壬辰	辛卯
요일	목	수	화	월	일	토	금	목	수	화	월	일	토	금	목	수	화	월	일	토	금	목	수	화	월	일	토	금	목	수

7月小(丙申)입추

절기												백로																처서
음력	29	28	27	26	25	24	23	22	21	20	19	18	**17**	16	15	14	13	12	11	10	9	8	7	6	5	4	3	2	**1**
순행	6	7	7	7	8	8	8	9	9	9	10	10		1	1	1	1	2	2	2	3	3	3	4	4	4	5	5	5
역행	4	4	3	3	3	2	2	2	1	1	1			10	10	9	9	9	8	8	8	7	7	7	6	6	6	5	5
월										09									08										
일	19	18	17	16	15	14	13	12	11	10	9	8	7	6	5	4	3	2	1	31	30	29	28	27	26	25	24	23	22
일진	己丑	戊子	丁亥	丙戌	乙酉	甲申	癸未	壬午	辛巳	庚辰	己卯	戊寅	丁丑	丙子	乙亥	甲戌	癸酉	壬申	辛未	庚午	己巳	戊辰	丁卯	丙寅	乙丑	甲子	癸亥	壬戌	辛酉
요일	금	목	수	화	월	일	토	금	목	수	화	월	일	토	금	목	수	화	월	일	토	금	목	수	화	월	일	토	금

8月小(丁酉)백로

절기										한로																	추분	
음력	29	28	27	26	25	24	23	22	21	20	**19**	18	17	16	15	14	13	12	11	10	9	8	7	6	5	4	**3**	2	1
순행	7	7	7	8	8	8	9	9	9	10		1	1	1	1	2	2	2	3	3	3	4	4	4	5	5	5	6	6
역행	3	3	3	2	2	2	1	1	1			10	10	9	9	9	8	8	8	7	7	7	6	6	6	5	5	5	4
월									10									09										
일	18	17	16	15	14	13	12	11	10	9	8	7	6	5	4	3	2	1	31	30	29	28	27	26	25	24	23	22	21	20
일진	戊午	丁巳	丙辰	乙卯	甲寅	癸丑	壬子	辛亥	庚戌	己酉	戊申	丁未	丙午	乙巳	甲辰	癸卯	壬寅	辛丑	庚子	己亥	戊戌	丁酉	丙申	乙未	甲午	癸巳	壬辰	辛卯	庚寅
요일	토	금	목	수	화	월	일	토	금	목	수	화	월	일	토	금	목	수	화	월	일	토	금	목	수	화	월	일	토

9月大(戊戌)한로

절기											입동																상강			
음력	30	29	28	27	26	25	24	23	22	21	**20**	19	18	17	16	15	14	13	12	11	10	9	8	7	6	5	**4**	3	2	1
순행	6	7	7	7	8	8	8	9	9	9		1	1	1	1	2	2	2	3	3	3	4	4	4	5	5	5	6	6	6
역행	3	3	3	2	2	2	1	1	1			10	9	9	9	8	8	8	7	7	7	6	6	6	5	5	5	4	4	4
월										11									10										
일	17	16	15	14	13	12	11	10	9	8	7	6	5	4	3	2	1	31	30	29	28	27	26	25	24	23	22	21	20	19
일진	戊子	丁亥	丙戌	乙酉	甲申	癸未	壬午	辛巳	庚辰	己卯	戊寅	丁丑	丙子	乙亥	甲戌	癸酉	壬申	辛未	庚午	己巳	戊辰	丁卯	丙寅	乙丑	甲子	癸亥	壬戌	辛酉	庚申	己未
요일	월	일	토	금	목	수	화	월	일	토	금	목	수	화	월	일	토	금	목	수	화	월	일	토	금	목	수	화	월	일

10月大(己亥)입동

절기												대설															소설			
음력	30	29	28	27	26	25	24	23	22	21	20	**19**	18	17	16	15	14	13	12	11	10	9	8	7	6	5	**4**	3	2	1
순행	6	7	7	7	8	8	8	9	9	9	10		1	1	1	1	2	2	2	3	3	3	4	4	4	5	5	5	6	6
역행	3	3	3	2	2	2	1	1	1			10	10	9	9	9	8	8	8	7	7	7	6	6	6	5	5	5	4	4
월											12								11										
일	17	16	15	14	13	12	11	10	9	8	7	6	5	4	3	2	1	31	30	29	28	27	26	25	24	23	22	21	20	19	18
일진	戊午	丁巳	丙辰	乙卯	甲寅	癸丑	壬子	辛亥	庚戌	己酉	戊申	丁未	丙午	乙巳	甲辰	癸卯	壬寅	辛丑	庚子	己亥	戊戌	丁酉	丙申	乙未	甲午	癸巳	壬辰	辛卯	庚寅	己丑
요일	수	화	월	일	토	금	목	수	화	월	일	토	금	목	수	화	월	일	토	금	목	수	화	월	일	토	금	목	수	화

11月小(庚子)대설

절기											소한															동지			
음력	29	28	27	26	25	24	23	22	21	20	**19**	18	17	16	15	14	13	12	11	10	9	8	7	6	5	**4**	3	2	1
순행	6	7	7	7	8	8	8	9	9	9		1	1	1	1	2	2	2	3	3	3	4	4	4	5	5	6	6	6
역행	3	3	3	2	2	2	1	1	1			10	9	9	9	8	8	8	7	7	7	6	6	6	5	5	5	4	4
월										01								12										
일	15	14	13	12	11	10	9	8	7	6	5	4	3	2	1	31	30	29	28	27	26	25	24	23	22	21	20	19	18
일진	丁亥	丙戌	乙酉	甲申	癸未	壬午	辛巳	庚辰	己卯	戊寅	丁丑	丙子	乙亥	甲戌	癸酉	壬申	辛未	庚午	己巳	戊辰	丁卯	丙寅	乙丑	甲子	癸亥	壬戌	辛酉	庚申	己未
요일	목	수	화	월	일	토	금	목	수	화	월	일	토	금	목	수	화	월	일	토	금	목	수	화	월	일	토	금	목

12月大(辛丑)소한

절기											입춘															대한			
음력	30	29	28	27	26	25	24	23	22	21	**19**	18	17	16	15	14	13	12	11	10	9	8	7	6	**5**	4	3	2	1
순행	6	7	7	7	8	8	8	9	9	9		1	1	1	1	2	2	2	3	3	3	4	4	4	5	5	5	6	6
역행	3	3	3	2	2	2	1	1	1			9	9	9	8	8	8	7	7	7	6	6	6	5	5	5	4	4	4
월										02								01										
일	14	13	12	11	10	9	8	7	6	5	4	3	2	1	31	30	29	28	27	26	25	24	23	22	21	20	19	18	17	16
일진	丁巳	丙辰	乙卯	甲寅	癸丑	壬子	辛亥	庚戌	己酉	戊申	丁未	丙午	乙巳	甲辰	癸卯	壬寅	辛丑	庚子	己亥	戊戌	丁酉	丙申	乙未	甲午	癸巳	壬辰	辛卯	庚寅	己丑	戊子
요일	토	금	목	수	화	월	일	토	금	목	수	화	월	일	토	금	목	수	화	월	일	토	금	목	수	화	월	일	토	금

여자사주에 寅·巳·申·亥가 모두 있으면 음란하다.

상문 : 未　대장군 : 東
조객 : 卯　삼 재 : 亥卯未
삼살 : 東

丁巳年

서기 2037년
단기 4370년

1月 大(壬寅) 입춘

절기: 경칩(음력 19), 우수(음력 4)

음력	30	29	28	27	26	25	24	23	22	21	20	19	18	17	16	15	14	13	12	11	10	9	8	7	6	5	4	3	2	1
월																03														02
일	16	15	14	13	12	11	10	9	8	7	6	5	4	3	2	1	28	27	26	25	24	23	22	21	20	19	18	17	16	15
일진	丁亥	丙戌	乙酉	甲申	癸未	壬午	辛巳	庚辰	己卯	戊寅	丁丑	丙子	乙亥	甲戌	癸酉	壬申	辛未	庚午	己巳	戊辰	丁卯	丙寅	乙丑	甲子	癸亥	壬戌	辛酉	庚申	己未	戊午
요일	월	일	토	금	목	수	화	월	일	토	금	목	수	화	월	일	토	금	목	수	화	월	일	토	금	목	수	화	월	일

순행: 6 7 7 7 8 8 8 … 1 1 1 … 1 9 9 9 … 2 2 8 8 8 7 7 7 6 6 6 5 5 5 4
역행: 4 3 3 3 2 2 2 1 1 1 … 10 9 9 9 8 8 8 7 7 7 6 6 6 5 5 5 4

2月 大(癸卯) 경칩

절기: 청명(음력 19), 춘분(음력 4)

음력	30	29	28	27	26	25	24	23	22	21	20	19	18	17	16	15	14	13	12	11	10	9	8	7	6	5	4	3	2	1
월															04															03
일	15	14	13	12	11	10	9	8	7	6	5	4	3	2	1	31	30	29	28	27	26	25	24	23	22	21	20	19	18	17
일진	丁巳	丙辰	乙卯	甲寅	癸丑	壬子	辛亥	庚戌	己酉	戊申	丁未	丙午	乙巳	甲辰	癸卯	壬寅	辛丑	庚子	己亥	戊戌	丁酉	丙申	乙未	甲午	癸巳	壬辰	辛卯	庚寅	己丑	戊子
요일	수	화	월	일	토	금	목	수	화	월	일	토	금	목	수	화	월	일	토	금	목	수	화	월	일	토	금	목	수	화

순행: 7 7 7 8 8 8 9 9 10 10 … 1 1 1 1 2 2 2 3 3 4 4 5 5 6 6
역행: 3 3 3 2 2 2 1 1 1 … 10 10 9 9 9 8 8 8 7 7 7 6 6 6 5 5 5 4

3月 小(甲辰) 청명

절기: 입하(음력 20), 곡우(음력 5)

음력	29	28	27	26	25	24	23	22	21	20	19	18	17	16	15	14	13	12	11	10	9	8	7	6	5	4	3	2	1
월														05															04
일	14	13	12	11	10	9	8	7	6	5	4	3	2	1	30	29	28	27	26	25	24	23	22	21	20	19	18	17	16
일진	丙戌	乙酉	甲申	癸未	壬午	辛巳	庚辰	己卯	戊寅	丁丑	丙子	乙亥	甲戌	癸酉	壬申	辛未	庚午	己巳	戊辰	丁卯	丙寅	乙丑	甲子	癸亥	壬戌	辛酉	庚申	己未	戊午
요일	목	수	화	월	일	토	금	목	수	화	월	일	토	금	목	수	화	월	일	토	금	목	수	화	월	일	토	금	목

순행: 7 8 8 8 9 9 10 10 … 1 1 1 1 2 2 2 3 3 4 4 5 5 6 6
역행: 3 3 2 2 2 1 1 1 … 10 10 9 9 9 8 8 8 7 7 7 6 6 6 5 5 5 4

4月 大(乙巳) 입하

절기: 망종(음력 22), 소만(음력 6)

음력	30	29	28	27	26	25	24	23	22	21	20	19	18	17	16	15	14	13	12	11	10	9	8	7	6	5	4	3	2	1
월													06																	05
일	13	12	11	10	9	8	7	6	5	4	3	2	1	31	30	29	28	27	26	25	24	23	22	21	20	19	18	17	16	15
일진	丙辰	乙卯	甲寅	癸丑	壬子	辛亥	庚戌	己酉	戊申	丁未	丙午	乙巳	甲辰	癸卯	壬寅	辛丑	庚子	己亥	戊戌	丁酉	丙申	乙未	甲午	癸巳	壬辰	辛卯	庚寅	己丑	戊子	丁亥
요일	토	금	목	수	화	월	일	토	금	목	수	화	월	일	토	금	목	수	화	월	일	토	금	목	수	화	월	일	토	금

순행: 8 8 9 9 10 10 … 1 1 1 1 2 2 2 3 3 4 4 5 5 6 6 7 7 8
역행: 3 2 2 2 1 1 1 … 10 10 9 9 9 8 8 8 7 7 7 6 6 6 5 5 5 4 4 4 3 3

5月 小(丙午) 망종

절기: 소서(음력 24), 하지(음력 8)

음력	29	28	27	26	25	24	23	22	21	20	19	18	17	16	15	14	13	12	11	10	9	8	7	6	5	4	3	2	1
월													07																06
일	12	11	10	9	8	7	6	5	4	3	2	1	30	29	28	27	26	25	24	23	22	21	20	19	18	17	16	15	14
일진	乙酉	甲申	癸未	壬午	辛巳	庚辰	己卯	戊寅	丁丑	丙子	乙亥	甲戌	癸酉	壬申	辛未	庚午	己巳	戊辰	丁卯	丙寅	乙丑	甲子	癸亥	壬戌	辛酉	庚申	己未	戊午	丁巳
요일	일	토	금	목	수	화	월	일	토	금	목	수	화	월	일	토	금	목	수	화	월	일	토	금	목	수	화	월	일

순행: 9 9 10 10 … 1 1 1 1 2 2 2 3 3 4 4 5 5 6 6 7 7 8
역행: 2 1 1 … 10 10 9 9 9 8 8 8 7 7 7 6 6 6 5 5 5 4 4 4 3 3 3

6月 小(丁未) 소서

절기: 입추(음력 26), 대서(음력 10)

음력	29	28	27	26	25	24	23	22	21	20	19	18	17	16	15	14	13	12	11	10	9	8	7	6	5	4	3	2	1
월										08																			07
일	10	9	8	7	6	5	4	3	2	1	31	30	29	28	27	26	25	24	23	22	21	20	19	18	17	16	15	14	13
일진	甲寅	癸丑	壬子	辛亥	庚戌	己酉	戊申	丁未	丙午	乙巳	甲辰	癸卯	壬寅	辛丑	庚子	己亥	戊戌	丁酉	丙申	乙未	甲午	癸巳	壬辰	辛卯	庚寅	己丑	戊子	丁亥	丙戌
요일	월	일	토	금	목	수	화	월	일	토	금	목	수	화	월	일	토	금	목	수	화	월	일	토	금	목	수	화	월

순행: 9 10 10 … 1 1 1 1 2 2 2 3 3 4 4 5 5 6 6 7 7 8 8
역행: 1 1 … 10 10 9 9 9 8 8 8 7 7 7 6 6 6 5 5 5 4 4 4 3 3 3 2 2

丁日生 사주에 乙巳·乙酉가 있으면 부자 팔자이다.

7月大(戊申)입추

절기	백로															처서														
음력	30	29	28	27	26	25	24	23	22	21	20	19	18	17	16	15	14	13	12	11	10	9	8	7	6	5	4	3	2	1
순행	10	10		1	1	1	1	2	2	2	3	3	3	4	4	4	5	5	6	6	6	7	7	7	8	8	8	9	9	9
역행	1	1		10	10	9	9	9	8	8	8	7	7	7	6	6	6	5	5	5	4	4	4	3	3	3	2	2	2	1
월	09																													08
일	9	8	7	6	5	4	3	2	1	31	30	29	28	27	26	25	24	23	22	21	20	19	18	17	16	15	14	13	12	11
일진	甲申	癸未	壬午	辛巳	庚辰	己卯	戊寅	丁丑	丙子	乙亥	甲戌	癸酉	壬申	辛未	庚午	己巳	戊辰	丁卯	丙寅	乙丑	甲子	癸亥	壬戌	辛酉	庚申	己未	戊午	丁巳	丙辰	乙卯
요일	수	화	월	일	토	금	목	수	화	월	일	토	금	목	수	화	월	일	토	금	목	수	화	월	일	토	금	목	수	화

8月小(己酉)백로

절기	한로														추분														
음력	29	28	27	26	25	24	23	22	21	20	19	18	17	16	15	14	13	12	11	10	9	8	7	6	5	4	3	2	1
순행	1	1	1	1	2	2	2	3	3	3	4	4	4	5	5	5	6	6	6	7	7	7	8	8	8	9	9	9	
역행	10	10	9	9	9	8	8	8	7	7	7	6	6	6	5	5	5	4	4	4	3	3	3	2	2	2	1	1	
월	10																												09
일	8	7	6	5	4	3	2	1	30	29	28	27	26	25	24	23	22	21	20	19	18	17	16	15	14	13	12	11	10
일진	癸丑	壬子	辛亥	庚戌	己酉	戊申	丁未	丙午	乙巳	甲辰	癸卯	壬寅	辛丑	庚子	己亥	戊戌	丁酉	丙申	乙未	甲午	癸巳	壬辰	辛卯	庚寅	己丑	戊子	丁亥	丙戌	乙酉
요일	목	수	화	월	일	토	금	목	수	화	월	일	토	금	목	수	화	월	일	토	금	목	수	화	월	일	토	금	목

9月小(庚戌)한로

절기													상강																
음력	29	28	27	26	25	24	23	22	21	20	19	18	17	16	15	14	13	12	11	10	9	8	7	6	5	4	3	2	1
순행	1	1	1	1	2	2	2	3	3	3	4	4	4	5	5	5	6	6	6	7	7	7	8	8	8	9	9	9	10
역행	10	9	9	9	8	8	8	7	7	7	6	6	6	5	5	5	4	4	4	3	3	3	2	2	2	1	1	1	1
월	11																												10
일	6	5	4	3	2	1	31	30	29	28	27	26	25	24	23	22	21	20	19	18	17	16	15	14	13	12	11	10	9
일진	壬午	辛巳	庚辰	己卯	戊寅	丁丑	丙子	乙亥	甲戌	癸酉	壬申	辛未	庚午	己巳	戊辰	丁卯	丙寅	乙丑	甲子	癸亥	壬戌	辛酉	庚申	己未	戊午	丁巳	丙辰	乙卯	甲寅
요일	금	목	수	화	월	일	토	금	목	수	화	월	일	토	금	목	수	화	월	일	토	금	목	수	화	월	일	토	금

10月大(辛亥)입동

절기													소설																입동	
음력	30	29	28	27	26	25	24	23	22	21	20	19	18	17	16	15	14	13	12	11	10	9	8	7	6	5	4	3	2	1
순행	1	1	1	2	2	2	3	3	3	4	4	4	5	5	5	6	6	6	7	7	7	8	8	8	9	9	9	9	10	
역행	10	9	9	9	8	8	8	7	7	7	6	6	6	5	5	5	4	4	4	3	3	3	2	2	2	1	1	1	1	
월	12																													11
일	6	5	4	3	2	1	30	29	28	27	26	25	24	23	22	21	20	19	18	17	16	15	14	13	12	11	10	9	8	7
일진	壬子	辛亥	庚戌	己酉	戊申	丁未	丙午	乙巳	甲辰	癸卯	壬寅	辛丑	庚子	己亥	戊戌	丁酉	丙申	乙未	甲午	癸巳	壬辰	辛卯	庚寅	己丑	戊子	丁亥	丙戌	乙酉	甲申	癸未
요일	일	토	금	목	수	화	월	일	토	금	목	수	화	월	일	토	금	목	수	화	월	일	토	금	목	수	화	월	일	토

11月小(壬子)대설

절기													동지															대설	
음력	29	28	27	26	25	24	23	22	21	20	19	18	17	16	15	14	13	12	11	10	9	8	7	6	5	4	3	2	1
순행	1	1	1	2	2	2	3	3	3	4	4	4	5	5	5	6	6	6	7	7	7	8	8	8	9	9	9	9	1
역행	9	9	9	8	8	8	7	7	7	6	6	6	5	5	5	4	4	4	3	3	3	2	2	2	1	1	1	1	
월	01																												12
일	4	3	2	1	31	30	29	28	27	26	25	24	23	22	21	20	19	18	17	16	15	14	13	12	11	10	9	8	7
일진	辛巳	庚辰	己卯	戊寅	丁丑	丙子	乙亥	甲戌	癸酉	壬申	辛未	庚午	己巳	戊辰	丁卯	丙寅	乙丑	甲子	癸亥	壬戌	辛酉	庚申	己未	戊午	丁巳	丙辰	乙卯	甲寅	癸丑
요일	월	일	토	금	목	수	화	월	일	토	금	목	수	화	월	일	토	금	목	수	화	월	일	토	금	목	수	화	월

12月大(癸丑)소한

절기													대한																소한	
음력	30	29	28	27	26	25	24	23	22	21	20	19	18	17	16	15	14	13	12	11	10	9	8	7	6	5	4	3	2	1
순행	1	1	1	2	2	2	3	3	3	4	4	4	5	5	5	6	6	6	7	7	7	8	8	8	9	9	9	10		
역행	10	9	9	9	8	8	8	7	7	7	6	6	6	5	5	5	4	4	4	3	3	3	2	2	2	1	1	1	1	
월	02																													01
일	3	2	1	31	30	29	28	27	26	25	24	23	22	21	20	19	18	17	16	15	14	13	12	11	10	9	8	7	6	5
일진	辛亥	庚戌	己酉	戊申	丁未	丙午	乙巳	甲辰	癸卯	壬寅	辛丑	庚子	己亥	戊戌	丁酉	丙申	乙未	甲午	癸巳	壬辰	辛卯	庚寅	己丑	戊子	丁亥	丙戌	乙酉	甲申	癸未	壬午
요일	수	화	월	일	토	금	목	수	화	월	일	토	금	목	수	화	월	일	토	금	목	수	화	월	일	토	금	목	수	화

남·여 모두 사주 내에 辰·戌·丑·未가 있으면 부부싸움이 잦다.

상문 : 申 대장군 : 東
조객 : 辰 삼 재 : 亥卯未
삼살 : 北

戊午年

서기 2038년
단기 4371년

1月大(甲寅)입춘

절기	경칩	…	우수	…	입춘

음력	30	29	28	27	26	25	24	23	22	21	20	19	18	17	16	15	14	13	12	11	10	9	8	7	6	5	4	3	2	1
순행	1	1	1	1	2	2	2	3	3	3	4	4	4	5	5	5	5	6	6	6	7	7	7	8	8	8	9	9	9	
역행	9	9	9	8	8	8	7	7	7	6	6	6	5	5	5	4	4	4	3	3	3	2	2	2	1	1	1			
월					03																									02
일(양력)	5	4	3	2	1	28	27	26	25	24	23	22	21	20	19	18	17	16	15	14	13	12	11	10	9	8	7	6	5	4
일진	辛	庚	己	戊	丁	丙	乙	甲	癸	壬	辛	庚	己	戊	丁	丙	乙	甲	癸	壬	辛	庚	己	戊	丁	丙	乙	甲	癸	壬
	巳	辰	卯	寅	丑	子	亥	戌	酉	申	未	午	巳	辰	卯	寅	丑	子	亥	戌	酉	申	未	午	巳	辰	卯	寅	丑	子
요일	금	목	수	화	월	일	토	금	목	수	화	월	일	토	금	목	수	화	월	일	토	금	목	수	화	월	일	토	금	목

2月大(乙卯)경칩

절기	…	춘분	…	경칩

음력	30	29	28	27	26	25	24	23	22	21	20	19	18	17	16	15	14	13	12	11	10	9	8	7	6	5	4	3	2	1
순행	1	1	1	1	2	2	2	3	3	3	4	4	4	5	5	5	6	6	6	7	7	7	8	8	8	9	9	9	10	10
역행	10	10	9	9	9	8	8	8	7	7	7	6	6	6	5	5	5	4	4	4	3	3	3	2	2	2	1	1	1	1
월					04																									03
일(양력)	4	3	2	1	31	30	29	28	27	26	25	24	23	22	21	20	19	18	17	16	15	14	13	12	11	10	9	8	7	6
일진	辛	庚	己	戊	丁	丙	乙	甲	癸	壬	辛	庚	己	戊	丁	丙	乙	甲	癸	壬	辛	庚	己	戊	丁	丙	乙	甲	癸	壬
	亥	戌	酉	申	未	午	巳	辰	卯	寅	丑	子	亥	戌	酉	申	未	午	巳	辰	卯	寅	丑	子	亥	戌	酉	申	未	午
요일	일	토	금	목	수	화	월	일	토	금	목	수	화	월	일	토	금	목	수	화	월	일	토	금	목	수	화	월	일	토

3月大(丙辰)청명

절기	…	곡우	…	청명

음력	29	28	27	26	25	24	23	22	21	20	19	18	17	16	15	14	13	12	11	10	9	8	7	6	5	4	3	2	1
순행	1	1	1	2	2	2	3	3	3	4	4	4	5	5	5	6	6	6	7	7	7	8	8	8	9	9	9	10	
역행	9	9	9	8	8	8	7	7	7	6	6	6	5	5	5	4	4	4	3	3	3	2	2	2	1	1	1	1	
월					05																								04
일(양력)	3	2	1	30	29	28	27	26	25	24	23	22	21	20	19	18	17	16	15	14	13	12	11	10	9	8	7	6	5
일진	庚	己	戊	丁	丙	乙	甲	癸	壬	辛	庚	己	戊	丁	丙	乙	甲	癸	壬	辛	庚	己	戊	丁	丙	乙	甲	癸	壬
	辰	卯	寅	丑	子	亥	戌	酉	申	未	午	巳	辰	卯	寅	丑	子	亥	戌	酉	申	未	午	巳	辰	卯	寅	丑	子
요일	월	일	토	금	목	수	화	월	일	토	금	목	수	화	월	일	토	금	목	수	화	월	일	토	금	목	수	화	월

4月大(丁巳)입하

절기	…	소만	…	입하

음력	30	29	28	27	26	25	24	23	22	21	20	19	18	17	16	15	14	13	12	11	10	9	8	7	6	5	4	3	2	1
순행	1	1	2	2	2	3	3	3	4	4	4	5	5	5	6	6	6	7	7	7	8	8	8	9	9	9	10	10		
역행	9	9	8	8	8	7	7	7	6	6	6	5	5	5	4	4	4	3	3	3	2	2	2	1	1	1				
월			06																									05		
일(양력)	2	1	31	30	29	28	27	26	25	24	23	22	21	20	19	18	17	16	15	14	13	12	11	10	9	8	7	6	5	4
일진	庚	己	戊	丁	丙	乙	甲	癸	壬	辛	庚	己	戊	丁	丙	乙	甲	癸	壬	辛	庚	己	戊	丁	丙	乙	甲	癸	壬	辛
	戌	酉	申	未	午	巳	辰	卯	寅	丑	子	亥	戌	酉	申	未	午	巳	辰	卯	寅	丑	子	亥	戌	酉	申	未	午	巳
요일	수	화	월	일	토	금	목	수	화	월	일	토	금	목	수	화	월	일	토	금	목	수	화	월	일	토	금	목	수	화

5月大(戊午)망종

절기	…	하지	…	망종

음력	29	28	27	26	25	24	23	22	21	20	19	18	17	16	15	14	13	12	11	10	9	8	7	6	5	4	3	2	1
순행	2	2	3	3	3	4	4	4	5	5	5	6	6	6	7	7	7	8	8	8	9	9	9	10	10	10	1	1	
역행	9	8	8	8	7	7	7	6	6	6	5	5	5	4	4	4	3	3	3	2	2	2	1	1	1	1	10	10	
월			07																									06	
일(양력)	1	30	29	28	27	26	25	24	23	22	21	20	19	18	17	16	15	14	13	12	11	10	9	8	7	6	5	4	3
일진	己	戊	丁	丙	乙	甲	癸	壬	辛	庚	己	戊	丁	丙	乙	甲	癸	壬	辛	庚	己	戊	丁	丙	乙	甲	癸	壬	辛
	卯	寅	丑	子	亥	戌	酉	申	未	午	巳	辰	卯	寅	丑	子	亥	戌	酉	申	未	午	巳	辰	卯	寅	丑	子	亥
요일	목	수	화	월	일	토	금	목	수	화	월	일	토	금	목	수	화	월	일	토	금	목	수	화	월	일	토	금	목

6月大(己未)소서

절기	…	대서	…	소서

음력	30	29	28	27	26	25	24	23	22	21	20	19	18	17	16	15	14	13	12	11	10	9	8	7	6	5	4	3	2	1
순행	2	3	3	3	4	4	4	5	5	5	6	6	6	7	7	7	8	8	8	9	9	9	10	10		1	1	1	2	
역행	8	8	7	7	7	6	6	6	5	5	5	4	4	4	3	3	3	2	2	2	1	1	1	10		10	10	9	8	
월																														07
일(양력)	31	30	29	28	27	26	25	24	23	22	21	20	19	18	17	16	15	14	13	12	11	10	9	8	7	6	5	4	3	2
일진	己	戊	丁	丙	乙	甲	癸	壬	辛	庚	己	戊	丁	丙	乙	甲	癸	壬	辛	庚	己	戊	丁	丙	乙	甲	癸	壬	辛	庚
	酉	申	未	午	巳	辰	卯	寅	丑	子	亥	戌	酉	申	未	午	巳	辰	卯	寅	丑	子	亥	戌	酉	申	未	午	巳	辰
요일	토	금	목	수	화	월	일	토	금	목	수	화	월	일	토	금	목	수	화	월	일	토	금	목	수	화	월	일	토	금

丙日生 사주에 甲申이 있으면 부자 팔자이다.

7月小庚申 (음력)

절기	처서															입추														

절기: 처서 / 입추

음력	29	28	27	26	25	24	23	22	21	20	19	18	17	16	15	14	13	12	11	10	9	8	7	6	5	4	3	2	1
순행	3	3	4	4	4	5	5	5	6	6	6	7	7	7	8	8	8	9	9	9	10	10		1	1	1	1	2	2
역행	7	7	7	6	6	6	5	5	5	4	4	4	3	3	3	2	2	2	1	1	1		10	10	9	9	9	8
월(양력)																						08							
일(양력)	29	28	27	26	25	24	23	22	21	20	19	18	17	16	15	14	13	12	11	10	9	8	7	6	5	4	3	2	1
일진	戊寅	丁丑	丙子	乙亥	甲戌	癸酉	壬申	辛未	庚午	己巳	戊辰	丁卯	丙寅	乙丑	甲子	癸亥	壬戌	辛酉	庚申	己未	戊午	丁巳	丙辰	乙卯	甲寅	癸丑	壬子	辛亥	庚戌
요일	일	토	금	목	수	화	월	일	토	금	목	수	화	월	일	토	금	목	수	화	월	일	토	금	목	수	화	월	일

8月大辛酉 (음력)

절기: 추분 / 백로

음력	30	29	28	27	26	25	24	23	22	21	20	19	18	17	16	15	14	13	12	11	10	9	8	7	6	5	4	3	2	1
순행	3	4	4	4	5	5	5	6	6	6	7	7	7	8	8	9	9	9	10	10		1	1	1	2	2	2	3		
역행	7	7	6	6	6	5	5	5	4	4	4	3	3	3	2	2	2	1	1	1		10	10	9	9	8	8	8		
월																					09									
일	28	27	26	25	24	23	22	21	20	19	18	17	16	15	14	13	12	11	10	9	8	7	6	5	4	3	2	1	31	30
일진	戊申	丁未	丙午	乙巳	甲辰	癸卯	壬寅	辛丑	庚子	己亥	戊戌	丁酉	丙申	乙未	甲午	癸巳	壬辰	辛卯	庚寅	己丑	戊子	丁亥	丙戌	乙酉	甲申	癸未	壬午	辛巳	庚辰	己卯
요일	화	월	일	토	금	목	수	화	월	일	토	금	목	수	화	월	일	토	금	목	수	화	월	일	토	금	목	수	화	월

9月小壬戌 (음력)

절기: 상강 / 한로

음력	29	28	27	26	25	24	23	22	21	20	19	18	17	16	15	14	13	12	11	10	9	8	7	6	5	4	3	2	1
순행	4	4	4	5	5	5	6	6	6	7	7	7	8	8	8	9	9	9	10		1	1	1	2	2	2	3	3	
역행	6	6	6	5	5	5	4	4	4	3	3	3	2	2	2	1	1	1	10		10	9	9	9	8	8	8	7	
월																			10	09									
일	27	26	25	24	23	22	21	20	19	18	17	16	15	14	13	12	11	10	9	8	7	6	5	4	3	2	1	30	29
일진	丁丑	丙子	乙亥	甲戌	癸酉	壬申	辛未	庚午	己巳	戊辰	丁卯	丙寅	乙丑	甲子	癸亥	壬戌	辛酉	庚申	己未	戊午	丁巳	丙辰	乙卯	甲寅	癸丑	壬子	辛亥	庚戌	己酉
요일	수	화	월	일	토	금	목	수	화	월	일	토	금	목	수	화	월	일	토	금	목	수	화	월	일	토	금	목	수

10月小癸亥 (음력)

절기: 소설 / 입동

음력	29	28	27	26	25	24	23	22	21	20	19	18	17	16	15	14	13	12	11	10	9	8	7	6	5	4	3	2	1
순행	4	5	5	5	6	6	6	7	7	7	8	8	9	9	9	10		1	1	1	2	2	2	3	3	3			
역행	6	5	5	5	4	4	4	3	3	3	2	2	1	1	1	10		10	9	9	9	8	8	8	7	7			
월																11										10			
일	25	24	23	22	21	20	19	18	17	16	15	14	13	12	11	10	9	8	7	6	5	4	3	2	1	31	30	29	28
일진	丙午	乙巳	甲辰	癸卯	壬寅	辛丑	庚子	己亥	戊戌	丁酉	丙申	乙未	甲午	癸巳	壬辰	辛卯	庚寅	己丑	戊子	丁亥	丙戌	乙酉	甲申	癸未	壬午	辛巳	庚辰	己卯	戊寅
요일	목	수	화	월	일	토	금	목	수	화	월	일	토	금	목	수	화	월	일	토	금	목	수	화	월	일	토	금	목

11月大甲子 (음력)

절기: 동지 / 대설

음력	30	29	28	27	26	25	24	23	22	21	20	19	18	17	16	15	14	13	12	11	10	9	8	7	6	5	4	3	2	1
순행	4	4	5	5	5	6	6	6	7	7	7	8	8	9	9	9		1	1	1	2	2	2	3	3	3	4			
역행	6	6	5	5	5	4	4	4	3	3	3	2	2	1	1	1		10	9	9	9	8	8	8	7	7	6			
월																12										11				
일	25	24	23	22	21	20	19	18	17	16	15	14	13	12	11	10	9	8	7	6	5	4	3	2	1	30	29	28	27	26
일진	丙子	乙亥	甲戌	癸酉	壬申	辛未	庚午	己巳	戊辰	丁卯	丙寅	乙丑	甲子	癸亥	壬戌	辛酉	庚申	己未	戊午	丁巳	丙辰	乙卯	甲寅	癸丑	壬子	辛亥	庚戌	己酉	戊申	丁未
요일	토	금	목	수	화	월	일	토	금	목	수	화	월	일	토	금	목	수	화	월	일	토	금	목	수	화	월	일	토	금

12月小乙丑 (음력)

절기: 대한 / 소한

음력	29	28	27	26	25	24	23	22	21	20	19	18	17	16	15	14	13	12	11	10	9	8	7	6	5	4	3	2	1
순행	4	4	5	5	5	6	6	6	7	7	7	8	8	9	9	9	10		1	1	1	2	2	2	3	3	3		
역행	6	6	5	5	5	4	4	4	3	3	3	2	2	1	1	1		10	9	9	9	8	8	8	7	7			
월																01										12			
일	23	22	21	20	19	18	17	16	15	14	13	12	11	10	9	8	7	6	5	4	3	2	1	31	30	29	28	27	26
일진	乙巳	甲辰	癸卯	壬寅	辛丑	庚子	己亥	戊戌	丁酉	丙申	乙未	甲午	癸巳	壬辰	辛卯	庚寅	己丑	戊子	丁亥	丙戌	乙酉	甲申	癸未	壬午	辛巳	庚辰	己卯	戊寅	丁丑
요일	일	토	금	목	수	화	월	일	토	금	목	수	화	월	일	토	금	목	수	화	월	일	토	금	목	수	화	월	일

사주에 子·午·卯·酉가 있으면 간부와 눈이 맞아 가출한다.

상문 : 酉 대장군 : 東
조객 : 巳 삼 재 : 亥卯未
삼살 : 西

己未年

서기 2039년
단기 4372년

측면 표기 : 1月大(丙寅)입춘 · 2月大(丁卯)경칩 · 3月小(戊辰)청명 · 4月大(己巳)입하 · 5月大(庚午)망종 · 윤5月小

1月大(丙寅) — 절기 : 우수 / 입춘

절기														입춘															
음력	30	29	28	27	26	25	24	23	22	21	20	19	18	17	16	15	14	13	12	11	10	9	8	7	6	5	4	3	2	1
월													02																	01
일	22	21	20	19	18	17	16	15	14	13	12	11	10	9	8	7	6	5	4	3	2	1	31	30	29	28	27	26	25	24
일진(천간)	乙	甲	癸	壬	辛	庚	己	戊	丁	丙	乙	甲	癸	壬	辛	庚	己	戊	丁	丙	乙	甲	癸	壬	辛	庚	己	戊	丁	丙
일진(지지)	亥	戌	酉	申	未	午	巳	辰	卯	寅	丑	子	亥	戌	酉	申	未	午	巳	辰	卯	寅	丑	子	亥	戌	酉	申	未	午
요일	화	월	일	토	금	목	수	화	월	일	토	금	목	수	화	월	일	토	금	목	수	화	월	일	토	금	목	수	화	월

2月大(丁卯) — 절기 : 춘분 / 경칩

절기														경칩															
음력	30	29	28	27	26	25	24	23	22	21	20	19	18	17	16	15	14	13	12	11	10	9	8	7	6	5	4	3	2	1
월													03																	02
일	24	23	22	21	20	19	18	17	16	15	14	13	12	11	10	9	8	7	6	5	4	3	2	1	28	27	26	25	24	23
일진(천간)	乙	甲	癸	壬	辛	庚	己	戊	丁	丙	乙	甲	癸	壬	辛	庚	己	戊	丁	丙	乙	甲	癸	壬	辛	庚	己	戊	丁	丙
일진(지지)	巳	辰	卯	寅	丑	子	亥	戌	酉	申	未	午	巳	辰	卯	寅	丑	子	亥	戌	酉	申	未	午	巳	辰	卯	寅	丑	子
요일	목	수	화	월	일	토	금	목	수	화	월	일	토	금	목	수	화	월	일	토	금	목	수	화	월	일	토	금	목	수

3月小(戊辰) — 절기 : 곡우 / 청명

절기														청명															
음력	29	28	27	26	25	24	23	22	21	20	19	18	17	16	15	14	13	12	11	10	9	8	7	6	5	4	3	2	1
월													04																03
일	22	21	20	19	18	17	16	15	14	13	12	11	10	9	8	7	6	5	4	3	2	1	31	30	29	28	27	26	25
일진(천간)	甲	癸	壬	辛	庚	己	戊	丁	丙	乙	甲	癸	壬	辛	庚	己	戊	丁	丙	乙	甲	癸	壬	辛	庚	己	戊	丁	丙
일진(지지)	戌	酉	申	未	午	巳	辰	卯	寅	丑	子	亥	戌	酉	申	未	午	巳	辰	卯	寅	丑	子	亥	戌	酉	申	未	午
요일	금	목	수	화	월	일	토	금	목	수	화	월	일	토	금	목	수	화	월	일	토	금	목	수	화	월	일	토	금

4月大(己巳) — 절기 : 소만 / 입하

절기																입하														
음력	30	29	28	27	26	25	24	23	22	21	20	19	18	17	16	15	14	13	12	11	10	9	8	7	6	5	4	3	2	1
월														05																04
일	22	21	20	19	18	17	16	15	14	13	12	11	10	9	8	7	6	5	4	3	2	1	30	29	28	27	26	25	24
일진(천간)	甲	癸	壬	辛	庚	己	戊	丁	丙	乙	甲	癸	壬	辛	庚	己	戊	丁	丙	乙	甲	癸	壬	辛	庚	己	戊	丁	丙
일진(지지)	辰	卯	寅	丑	子	亥	戌	酉	申	未	午	巳	辰	卯	寅	丑	子	亥	戌	酉	申	未	午	巳	辰	卯	寅	丑	子
요일	일	토	금	목	수	화	월	일	토	금	목	수	화	월	일	토	금	목	수	화	월	일	토	금	목	수	화	월	일

5月大(庚午) — 절기 : 하지 / 망종

절기																망종														
음력	30	29	28	27	26	25	24	23	22	21	20	19	18	17	16	15	14	13	12	11	10	9	8	7	6	5	4	3	2	1
월														06																05
일	21	20	19	18	17	16	15	14	13	12	11	10	9	8	7	6	5	4	3	2	1	31	30	29	28	27	26	25	24	23
일진(천간)	甲	癸	壬	辛	庚	己	戊	丁	丙	乙	甲	癸	壬	辛	庚	己	戊	丁	丙	乙	甲	癸	壬	辛	庚	己	戊	丁	丙	乙
일진(지지)	戌	酉	申	未	午	巳	辰	卯	寅	丑	子	亥	戌	酉	申	未	午	巳	辰	卯	寅	丑	子	亥	戌	酉	申	未	午	巳
요일	화	월	일	토	금	목	수	화	월	일	토	금	목	수	화	월	일	토	금	목	수	화	월	일	토	금	목	수	화	월

윤5月小 — 절기 : 소서

절기															소서														
음력	29	28	27	26	25	24	23	22	21	20	19	18	17	16	15	14	13	12	11	10	9	8	7	6	5	4	3	2	1
월														07															06
일	20	19	18	17	16	15	14	13	12	11	10	9	8	7	6	5	4	3	2	1	30	29	28	27	26	25	24	23	22
일진(천간)	癸	壬	辛	庚	己	戊	丁	丙	乙	甲	癸	壬	辛	庚	己	戊	丁	丙	乙	甲	癸	壬	辛	庚	己	戊	丁	丙
일진(지지)	卯	寅	丑	子	亥	戌	酉	申	未	午	巳	辰	卯	寅	丑	子	亥	戌	酉	申	未	午	巳	辰	卯	寅	丑	子	亥
요일	수	화	월	일	토	금	목	수	화	월	일	토	금	목	수	화	월	일	토	금	목	수	화	월	일	토	금	목	수

乙日生 사주에 癸丑·癸未가 있으면 부자 팔자이다.

6月小辛未小서 (소서 · 대서)

구분												입추															대서			
음력	30	29	28	27	26	25	24	23	22	21	20	19	18	17	16	15	14	13	12	11	10	9	8	7	6	5	4	3	2	1
순행	7	7	7	8	8	8	9	9	9	10	10		1	1	1	1	2	2	2	3	3	3	4	4	4	5	5	5	6	6
역행	4	3	3	3	2	2	2	1	1	1			10	10	10	9	9	9	8	8	8	7	7	7	6	6	6	5	5	5
양력(월)												08																07		
일	19	18	17	16	15	14	13	12	11	10	9	8	7	6	5	4	3	2	1	31	30	29	28	27	26	25	24	23	22	21
일진	癸	壬	辛	庚	己	戊	丁	丙	乙	甲	癸	壬	辛	庚	己	戊	丁	丙	乙	甲	癸	壬	辛	庚	己	戊	丁	丙	乙	甲
	酉	申	未	午	巳	辰	卯	寅	丑	子	亥	戌	酉	申	未	午	巳	辰	卯	寅	丑	子	亥	戌	酉	申	未	午	巳	辰
요일	금	목	수	화	월	일	토	금	목	수	화	월	일	토	금	목	수	화	월	일	토	금	목	수	화	월	일	토	금	목

7月小壬申입추 (백로 · 처서)

구분											백로																처서		
음력	29	28	27	26	25	24	23	22	21	20	19	18	17	16	15	14	13	12	11	10	9	8	7	6	5	4	3	2	1
순행	7	7	8	8	8	9	9	9	10		1	1	1	1	2	2	2	3	3	3	4	4	4	5	5	5	6		
역행	3	3	2	2	2	1	1	1			10	10	9	9	9	8	8	8	7	7	7	6	6	6	5	5	5		4
양력(월)										09																	08		
일	17	16	15	14	13	12	11	10	9	8	7	6	5	4	3	2	1	31	30	29	28	27	26	25	24	23	22	21	20
일진	壬	辛	庚	己	戊	丁	丙	乙	甲	癸	壬	辛	庚	己	戊	丁	丙	乙	甲	癸	壬	辛	庚	己	戊	丁	丙	乙	甲
	寅	丑	子	亥	戌	酉	申	未	午	巳	辰	卯	寅	丑	子	亥	戌	酉	申	未	午	巳	辰	卯	寅	丑	子	亥	戌
요일	토	금	목	수	화	월	일	토	금	목	수	화	월	일	토	금	목	수	화	월	일	토	금	목	수	화	월	일	토

8月大癸酉백로 (한로 · 추분)

구분											한로													추분						
음력	30	29	28	27	26	25	24	23	22	21	20	19	18	17	16	15	14	13	12	11	10	9	8	7	6	5	4	3	2	1
순행	7	8	8	8	9	9	9	10		1	1	1	1	2	2	2	3	3	3	4	4	4	5	5	5	6	6	6	6	7
역행	3	3	2	2	2	1	1	1		10	10	10	9	9	9	8	8	8	7	7	7	6	6	6	5	5	5	4	4	4
양력(월)											10														09					
일	17	16	15	14	13	12	11	10	9	8	7	6	5	4	3	2	1	30	29	28	27	26	25	24	23	22	21	20	19	18
일진	壬	辛	庚	己	戊	丁	丙	乙	甲	癸	壬	辛	庚	己	戊	丁	丙	乙	甲	癸	壬	辛	庚	己	戊	丁	丙	乙	甲	癸
	申	未	午	巳	辰	卯	寅	丑	子	亥	戌	酉	申	未	午	巳	辰	卯	寅	丑	子	亥	戌	酉	申	未	午	巳	辰	卯
요일	월	일	토	금	목	수	화	월	일	토	금	목	수	화	월	일	토	금	목	수	화	월	일	토	금	목	수	화	월	일

9月小甲戌한로 (입동 · 상강)

구분									입동															상강					
음력	29	28	27	26	25	24	23	22	21	20	19	18	17	16	15	14	13	12	11	10	9	8	7	6	5	4	3	2	1
순행	7	8	8	8	9	9	10		1	1	1	1	2	2	2	3	3	3	4	4	4	5	5	5	6	6	6	6	7
역행	3	2	2	2	1	1	1		10	9	9	9	8	8	8	7	7	7	6	6	6	5	5	5	4	4	4	4	3
양력(월)									11															10					
일	15	14	13	12	11	10	9	8	7	6	5	4	3	2	1	31	30	29	28	27	26	25	24	23	22	21	20	19	18
일진	辛	庚	己	戊	丁	丙	乙	甲	癸	壬	辛	庚	己	戊	丁	丙	乙	甲	癸	壬	辛	庚	己	戊	丁	丙	乙	甲	癸
	丑	子	亥	戌	酉	申	未	午	巳	辰	卯	寅	丑	子	亥	戌	酉	申	未	午	巳	辰	卯	寅	丑	子	亥	戌	酉
요일	화	월	일	토	금	목	수	화	월	일	토	금	목	수	화	월	일	토	금	목	수	화	월	일	토	금	목	수	화

10月大乙亥입동 (대설 · 소설)

구분								대설															소설						
음력	30	29	28	27	26	25	24	23	22	21	20	19	18	17	16	15	14	13	12	11	10	9	8	7	6	5	4	3	2	1
순행	7	8	8	8	9	9	10		1	1	1	1	2	2	2	3	3	3	4	4	4	5	5	5	6	6	6	6	7	7
역행	3	2	2	2	1	1	1		10	9	9	9	8	8	8	7	7	7	6	6	6	5	5	5	4	4	4	4	3	3
양력(월)									12														11							
일	15	14	13	12	11	10	9	8	7	6	5	4	3	2	1	30	29	28	27	26	25	24	23	22	21	20	19	18	17	16
일진	辛	庚	己	戊	丁	丙	乙	甲	癸	壬	辛	庚	己	戊	丁	丙	乙	甲	癸	壬	辛	庚	己	戊	丁	丙	乙	甲	癸	壬
	未	午	巳	辰	卯	寅	丑	子	亥	戌	酉	申	未	午	巳	辰	卯	寅	丑	子	亥	戌	酉	申	未	午	巳	辰	卯	寅
요일	목	수	화	월	일	토	금	목	수	화	월	일	토	금	목	수	화	월	일	토	금	목	수	화	월	일	토	금	목	수

11月小丙子대설 (소한 · 동지)

구분								소한															동지						
음력	29	28	27	26	25	24	23	22	21	20	19	18	17	16	15	14	13	12	11	10	9	8	7	6	5	4	3	2	1
순행	7	8	8	8	9	9	9		1	1	1	1	2	2	2	3	3	3	4	4	4	5	5	5	6	6	6	7	7
역행	2	2	2	1	1	1			10	9	9	9	8	8	8	7	7	7	6	6	6	5	5	5	4	4	4	3	3
양력(월)								01															12						
일	13	12	11	10	9	8	7	6	5	4	3	2	1	31	30	29	28	27	26	25	24	23	22	21	20	19	18	17	16
일진	庚	己	戊	丁	丙	乙	甲	癸	壬	辛	庚	己	戊	丁	丙	乙	甲	癸	壬	辛	庚	己	戊	丁	丙	乙	甲	癸	壬
	子	亥	戌	酉	申	未	午	巳	辰	卯	寅	丑	子	亥	戌	酉	申	未	午	巳	辰	卯	寅	丑	子	亥	戌	酉	申
요일	금	목	수	화	월	일	토	금	목	수	화	월	일	토	금	목	수	화	월	일	토	금	목	수	화	월	일	토	금

12月小丁丑소한 (입춘 · 대한)

구분								입춘															대한						
음력	29	28	27	26	25	24	23	22	21	20	19	18	17	16	15	14	13	12	11	10	9	8	7	6	5	4	3	2	1
순행	8	8	8	9	9	10			1	1	1	2	2	2	3	3	3	4	4	4	5	5	5	6	6	6	7	7	7
역행	2	2	2	1	1	1			9	9	9	8	8	8	7	7	7	6	6	6	5	5	5	4	4	4	3	3	3
양력(월)								02															01						
일	11	10	9	8	7	6	5	4	3	2	1	31	30	29	28	27	26	25	24	23	22	21	20	19	18	17	16	15	14
일진	己	戊	丁	丙	乙	甲	癸	壬	辛	庚	己	戊	丁	丙	乙	甲	癸	壬	辛	庚	己	戊	丁	丙	乙	甲	癸	壬	辛
	巳	辰	卯	寅	丑	子	亥	戌	酉	申	未	午	巳	辰	卯	寅	丑	子	亥	戌	酉	申	未	午	巳	辰	卯	寅	丑
요일	토	금	목	수	화	월	일	토	금	목	수	화	월	일	토	금	목	수	화	월	일	토	금	목	수	화	월	일	토

여자 사주에 상관과 도화살이 같이 있으면 기생 팔자이다.

상문 : 戌　대장군 : 南
조객 : 午　삼　재 : 寅午戌
삼살 : 南

庚申年

서기 2040년
단기 4373년

1月大(戊寅)입춘 — 절기: 우수, 경칩

	30	29	28	27	26	25	24	23	22	21	20	19	18	17	16	15	14	13	12	11	10	9	8	7	6	5	4	3	2	1
음력	30	29	28	27	26	25	24	23	22	21	20	19	18	17	16	15	14	13	12	11	10	9	8	7	6	5	4	3	2	1
순행	8	8	8	9	9	9	10		1	1	1	1	2	2	2	3	3	4	4	5	5	6	6	6	7	7	7			
역행	2	2	2	1	1	1	1		10	9	9	9	8	8	8	7	7	7	6	6	6	5	5	5	4	4	3	3		
월(음/양)								03															02							
일	12	11	10	9	8	7	6	5	4	3	2	1	29	28	27	26	25	24	23	22	21	20	19	18	17	16	15	14	13	12
일진	己亥	戊戌	丁酉	丙申	乙未	甲午	癸巳	壬辰	辛卯	庚寅	己丑	戊子	丁亥	丙戌	乙酉	甲申	癸未	壬午	辛巳	庚辰	己卯	戊寅	丁丑	丙子	乙亥	甲戌	癸酉	壬申	辛未	庚午
요일	월	일	토	금	목	수	화	월	일	토	금	목	수	화	월	일	토	금	목	수	화	월	일	토	금	목	수	화	월	일

2月大(己卯)경칩 — 절기: 청명, 춘분

	29	28	27	26	25	24	23	22	21	20	19	18	17	16	15	14	13	12	11	10	9	8	7	6	5	4	3	2	1
음력	29	28	27	26	25	24	23	22	21	20	19	18	17	16	15	14	13	12	11	10	9	8	7	6	5	4	3	2	1
순행	8	9	9	9	10		1	1	1	1	2	2	2	3	3	4	4	5	5	5	6	6	6	7	7	7			
역행	2	2	1	1	1	1		10	9	9	9	8	8	8	7	7	7	6	6	6	5	5	4	4	4	3	3		
월(음/양)							04															03							
일	10	9	8	7	6	5	4	3	2	1	31	30	29	28	27	26	25	24	23	22	21	20	19	18	17	16	15	14	13
일진	戊辰	丁卯	丙寅	乙丑	甲子	癸亥	壬戌	辛酉	庚申	己未	戊午	丁巳	丙辰	乙卯	甲寅	癸丑	壬子	辛亥	庚戌	己酉	戊申	丁未	丙午	乙巳	甲辰	癸卯	壬寅	辛丑	庚子
요일	화	월	일	토	금	목	수	화	월	일	토	금	목	수	화	월	일	토	금	목	수	화	월	일	토	금	목	수	화

3月大(庚辰)청명 — 절기: 곡우, 입하

	30	29	28	27	26	25	24	23	22	21	20	19	18	17	16	15	14	13	12	11	10	9	8	7	6	5	4	3	2	1
음력	30	29	28	27	26	25	24	23	22	21	20	19	18	17	16	15	14	13	12	11	10	9	8	7	6	5	4	3	2	1
순행	9	9	9	10	10		1	1	1	1	2	2	2	3	3	4	4	5	5	6	6	6	7	7	7	8	8			
역행	2	1	1	1	1		10	9	9	9	8	8	8	7	7	7	6	6	6	5	5	5	4	4	3	3	3	2		
월(음/양)								05															04							
일	10	9	8	7	6	5	4	3	2	1	30	29	28	27	26	25	24	23	22	21	20	19	18	17	16	15	14	13	12	11
일진	戊戌	丁酉	丙申	乙未	甲午	癸巳	壬辰	辛卯	庚寅	己丑	戊子	丁亥	丙戌	乙酉	甲申	癸未	壬午	辛巳	庚辰	己卯	戊寅	丁丑	丙子	乙亥	甲戌	癸酉	壬申	辛未	庚午	己巳
요일	목	수	화	월	일	토	금	목	수	화	월	일	토	금	목	수	화	월	일	토	금	목	수	화	월	일	토	금	목	수

4月大(辛巳)입하 — 절기: 소만, 망종

	30	29	28	27	26	25	24	23	22	21	20	19	18	17	16	15	14	13	12	11	10	9	8	7	6	5	4	3	2	1
음력	30	29	28	27	26	25	24	23	22	21	20	19	18	17	16	15	14	13	12	11	10	9	8	7	6	5	4	3	2	1
순행	9	9	10	10		1	1	1	1	2	2	2	3	3	4	4	5	5	6	6	6	7	7	7	8	8				
역행	1	1	1	1		10	9	9	9	8	8	8	7	7	7	6	6	6	5	5	5	4	4	4	3	3	2	2		
월(음/양)								06															05							
일	9	8	7	6	5	4	3	2	1	31	30	29	28	27	26	25	24	23	22	21	20	19	18	17	16	15	14	13	12	11
일진	戊辰	丁卯	丙寅	乙丑	甲子	癸亥	壬戌	辛酉	庚申	己未	戊午	丁巳	丙辰	乙卯	甲寅	癸丑	壬子	辛亥	庚戌	己酉	戊申	丁未	丙午	乙巳	甲辰	癸卯	壬寅	辛丑	庚子	己亥
요일	토	금	목	수	화	월	일	토	금	목	수	화	월	일	토	금	목	수	화	월	일	토	금	목	수	화	월	일	토	금

5月小(壬午)망종 — 절기: 소서, 하지

	29	28	27	26	25	24	23	22	21	20	19	18	17	16	15	14	13	12	11	10	9	8	7	6	5	4	3	2	1
음력	29	28	27	26	25	24	23	22	21	20	19	18	17	16	15	14	13	12	11	10	9	8	7	6	5	4	3	2	1
순행	10	10		1	1	1	2	2	2	3	3	4	4	5	5	5	6	6	7	7	7	8	8	8	9				
역행	1	1		10	9	9	9	8	8	8	7	7	6	6	6	5	5	5	4	4	4	3	3	3	2	2	2	1	
월(음/양)							07															06							
일	8	7	6	5	4	3	2	1	30	29	28	27	26	25	24	23	22	21	20	19	18	17	16	15	14	13	12	11	10
일진	丁酉	丙申	乙未	甲午	癸巳	壬辰	辛卯	庚寅	己丑	戊子	丁亥	丙戌	乙酉	甲申	癸未	壬午	辛巳	庚辰	己卯	戊寅	丁丑	丙子	乙亥	甲戌	癸酉	壬申	辛未	庚午	己巳
요일	일	토	금	목	수	화	월	일	토	금	목	수	화	월	일	토	금	목	수	화	월	일	토	금	목	수	화	월	일

6月大(癸未)소서 — 절기: 대서, 입추

	30	29	28	27	26	25	24	23	22	21	20	19	18	17	16	15	14	13	12	11	10	9	8	7	6	5	4	3	2	1
음력	30	29	28	27	26	25	24	23	22	21	20	19	18	17	16	15	14	13	12	11	10	9	8	7	6	5	4	3	2	1
순행	1	1	1	1	2	2	2	3	3	3	4	4	5	5	6	6	6	7	7	7	8	8	8	9	9	9	1			10
역행		10	10	10	9	9	8	8	8	7	7	6	6	6	5	5	4	4	4	3	3	3	2	2	2	1	1	1		
월(음/양)							08															07							
일	7	6	5	4	3	2	1	31	30	29	28	27	26	25	24	23	22	21	20	19	18	17	16	15	14	13	12	11	10	9
일진	丁卯	丙寅	乙丑	甲子	癸亥	壬戌	辛酉	庚申	己未	戊午	丁巳	丙辰	乙卯	甲寅	癸丑	壬子	辛亥	庚戌	己酉	戊申	丁未	丙午	乙巳	甲辰	癸卯	壬寅	辛丑	庚子	己亥	戊戌
요일	화	월	일	토	금	목	수	화	월	일	토	금	목	수	화	월	일	토	금	목	수	화	월	일	토	금	목	수	화	월

甲日生 사주에 甲寅·丙午·壬戌이 있으면 부자 팔자이다.

절기 / 음력 / 순행(대운) / 역행(대운) / 월(양력) / 일(양력) / 일진 / 요일

7月大(甲申)입추

구분	30	29	28	27	26	25	24	23	22	21	20	19	18	17	16	15	14	13	12	11	10	9	8	7	6	5	4	3	2	1
절기																처서														
순행	1	1	1	1	2	2	2	3	3	3	4	4	4	5	5	5	6	6	6	7	7	7	8	8	8	9	9	9	10	10
역행	10	10	9	9	9	8	8	8	7	7	7	6	6	6	5	5	5	4	4	4	3	3	3	2	2	2	1	1	1	1
월						09																								08
일	6	5	4	3	2	1	31	30	29	28	27	26	25	24	23	22	21	20	19	18	17	16	15	14	13	12	11	10	9	8
일진	丁酉	丙申	乙未	甲午	癸巳	壬辰	辛卯	庚寅	己丑	戊子	丁亥	丙戌	乙酉	甲申	癸未	壬午	辛巳	庚辰	己卯	戊寅	丁丑	丙子	乙亥	甲戌	癸酉	壬申	辛未	庚午	己巳	戊辰
요일	목	수	화	월	일	토	금	목	수	화	월	일	토	금	목	수	화	월	일	토	금	목	수	화	월	일	토	금	목	수

8月小(乙酉)백로

구분	29	28	27	26	25	24	23	22	21	20	19	18	17	16	15	14	13	12	11	10	9	8	7	6	5	4	3	2	1
절기														추분															백로
순행	1	1	2	2	2	3	3	3	4	4	4	5	5	5	6	6	6	7	7	7	8	8	8	9	9	9	10	10	
역행	9	9	9	8	8	8	7	7	7	6	6	6	5	5	5	4	4	4	3	3	3	2	2	2	1	1	1		
월					10																								09
일	5	4	3	2	1	30	29	28	27	26	25	24	23	22	21	20	19	18	17	16	15	14	13	12	11	10	9	8	7
일진	丙寅	乙丑	甲子	癸亥	壬戌	辛酉	庚申	己未	戊午	丁巳	丙辰	乙卯	甲寅	癸丑	壬子	辛亥	庚戌	己酉	戊申	丁未	丙午	乙巳	甲辰	癸卯	壬寅	辛丑	庚子	己亥	戊戌
요일	금	목	수	화	월	일	토	금	목	수	화	월	일	토	금	목	수	화	월	일	토	금	목	수	화	월	일	토	금

9月大(丙戌)한로

구분	30	29	28	27	26	25	24	23	22	21	20	19	18	17	16	15	14	13	12	11	10	9	8	7	6	5	4	3	2	1
절기													상강																한로	
순행	1	1	2	2	2	3	3	3	4	4	4	5	5	5	6	6	6	7	7	7	8	8	8	9	9	9	10	10	1	1
역행	9	9	8	8	8	7	7	7	6	6	6	5	5	5	4	4	4	3	3	3	2	2	2	1	1	1			10	10
월						11																								10
일	4	3	2	1	31	30	29	28	27	26	25	24	23	22	21	20	19	18	17	16	15	14	13	12	11	10	9	8	7	6
일진	丙申	乙未	甲午	癸巳	壬辰	辛卯	庚寅	己丑	戊子	丁亥	丙戌	乙酉	甲申	癸未	壬午	辛巳	庚辰	己卯	戊寅	丁丑	丙子	乙亥	甲戌	癸酉	壬申	辛未	庚午	己巳	戊辰	丁卯
요일	일	토	금	목	수	화	월	일	토	금	목	수	화	월	일	토	금	목	수	화	월	일	토	금	목	수	화	월	일	토

10月小(丁亥)입동

구분	29	28	27	26	25	24	23	22	21	20	19	18	17	16	15	14	13	12	11	10	9	8	7	6	5	4	3	2	1
절기												소설															입동		
순행	1	1	2	2	2	3	3	3	4	4	4	5	5	5	6	6	6	7	7	7	8	8	8	9	9	9	10	1	1
역행	9	9	8	8	8	7	7	7	6	6	6	5	5	5	4	4	4	3	3	3	2	2	2	1	1	1		10	9
월			12																										11
일	3	2	1	30	29	28	27	26	25	24	23	22	21	20	19	18	17	16	15	14	13	12	11	10	9	8	7	6	5
일진	乙丑	甲子	癸亥	壬戌	辛酉	庚申	己未	戊午	丁巳	丙辰	乙卯	甲寅	癸丑	壬子	辛亥	庚戌	己酉	戊申	丁未	丙午	乙巳	甲辰	癸卯	壬寅	辛丑	庚子	己亥	戊戌	丁酉
요일	월	일	토	금	목	수	화	월	일	토	금	목	수	화	월	일	토	금	목	수	화	월	일	토	금	목	수	화	월

11月大(戊子)대설

구분	30	29	28	27	26	25	24	23	22	21	20	19	18	17	16	15	14	13	12	11	10	9	8	7	6	5	4	3	2	1
절기													동지															대설		
순행	1	1	2	2	2	3	3	3	4	4	4	5	5	5	6	6	6	7	7	7	8	8	8	9	9	9	10	10	1	1
역행	9	9	8	8	8	7	7	7	6	6	6	5	5	5	4	4	4	3	3	3	2	2	2	1	1	1			9	9
월		01																												12
일	2	1	31	30	29	28	27	26	25	24	23	22	21	20	19	18	17	16	15	14	13	12	11	10	9	8	7	6	5	4
일진	乙未	甲午	癸巳	壬辰	辛卯	庚寅	己丑	戊子	丁亥	丙戌	乙酉	甲申	癸未	壬午	辛巳	庚辰	己卯	戊寅	丁丑	丙子	乙亥	甲戌	癸酉	壬申	辛未	庚午	己巳	戊辰	丁卯	丙寅
요일	수	화	월	일	토	금	목	수	화	월	일	토	금	목	수	화	월	일	토	금	목	수	화	월	일	토	금	목	수	화

12月小(己丑)소한

구분	29	28	27	26	25	24	23	22	21	20	19	18	17	16	15	14	13	12	11	10	9	8	7	6	5	4	3	2	1
절기												대한															소한		
순행	1	1	2	2	2	3	3	3	4	4	4	5	5	5	6	6	6	7	7	7	8	8	8	9	9	9	10	1	1
역행	9	9	8	8	8	7	7	7	6	6	6	5	5	5	4	4	4	3	3	3	2	2	2	1	1	1		10	9
월																													01
일	31	30	29	28	27	26	25	24	23	22	21	20	19	18	17	16	15	14	13	12	11	10	9	8	7	6	5	4	3
일진	甲子	癸亥	壬戌	辛酉	庚申	己未	戊午	丁巳	丙辰	乙卯	甲寅	癸丑	壬子	辛亥	庚戌	己酉	戊申	丁未	丙午	乙巳	甲辰	癸卯	壬寅	辛丑	庚子	己亥	戊戌	丁酉	丙申
요일	목	수	화	월	일	토	금	목	수	화	월	일	토	금	목	수	화	월	일	토	금	목	수	화	월	일	토	금	목

사주 내에 일지에 상관이 있고 타주에 상관이 또 있으면 틀림없는 과부 팔자다.

상문：亥　대장군：南
조객：未　삼　재：寅午戌
삼살：東

辛酉年

서기 2041년
단기 4374년

1月大(丙寅)입춘

절기												우수																입춘	
음력	30	29	28	27	26	25	24	23	22	21	20	19	18	17	16	15	14	13	12	11	10	9	8	7	6	5	4	3	2	1
순행	1	1	2	2	2	3	3	3	4	4	4	5	5	5	6	6	6	7	7	7	8	8	8	9	9	9	10		1	1
역행	9	9	8	8	8	7	7	7	6	6	6	5	5	5	4	4	4	3	3	3	2	2	2	1	1	1			9	9
월	03																											02		
일	2	1	28	27	26	25	24	23	22	21	20	19	18	17	16	15	14	13	12	11	10	9	8	7	6	5	4	3	2	1
일진	甲午	癸巳	壬辰	辛卯	庚寅	己丑	戊子	丁亥	丙戌	乙酉	甲申	癸未	壬午	辛巳	庚辰	己卯	戊寅	丁丑	丙子	乙亥	甲戌	癸酉	壬申	辛未	庚午	己巳	戊辰	丁卯	丙寅	乙丑
요일	토	금	목	수	화	월	일	토	금	목	수	화	월	일	토	금	목	수	화	월	일	토	금	목	수	화	월	일	토	금

2月小(辛卯)경칩

절기												춘분															경칩		
음력	29	28	27	26	25	24	23	22	21	20	19	18	17	16	15	14	13	12	11	10	9	8	7	6	5	4	3	2	1
순행	1	2	2	2	3	3	3	4	4	4	5	5	5	6	6	6	7	7	7	8	8	8	9	9	9			1	1
역행	9	8	8	8	7	7	7	6	6	6	5	5	5	4	4	4	3	3	3	2	2	2	1	1	1			10	9
월																											03		
일	31	30	29	28	27	26	25	24	23	22	21	20	19	18	17	16	15	14	13	12	11	10	9	8	7	6	5	4	3
일진	癸亥	壬戌	辛酉	庚申	己未	戊午	丁巳	丙辰	乙卯	甲寅	癸丑	壬子	辛亥	庚戌	己酉	戊申	丁未	丙午	乙巳	甲辰	癸卯	壬寅	辛丑	庚子	己亥	戊戌	丁酉	丙申	乙未
요일	일	토	금	목	수	화	월	일	토	금	목	수	화	월	일	토	금	목	수	화	월	일	토	금	목	수	화	월	일

3月小(壬辰)청명

절기										곡우														청명					
음력	29	28	27	26	25	24	23	22	21	20	19	18	17	16	15	14	13	12	11	10	9	8	7	6	5	4	3	2	1
순행	2	2	3	3	4	4	4	5	5	6	6	6	7	7	7	8	8	8	9	9	9	10			1	1	1		
역행	8	8	7	7	6	6	6	5	5	4	4	4	3	3	3	2	2	2	1	1	1				10	9			
월																								04					
일	29	28	27	26	25	24	23	22	21	20	19	18	17	16	15	14	13	12	11	10	9	8	7	6	5	4	3	2	1
일진	壬辰	辛卯	庚寅	己丑	戊子	丁亥	丙戌	乙酉	甲申	癸未	壬午	辛巳	庚辰	己卯	戊寅	丁丑	丙子	乙亥	甲戌	癸酉	壬申	辛未	庚午	己巳	戊辰	丁卯	丙寅	乙丑	甲子
요일	월	일	토	금	목	수	화	월	일	토	금	목	수	화	월	일	토	금	목	수	화	월	일	토	금	목	수	화	월

4月大(癸巳)입하

절기													소만													입하				
음력	30	29	28	27	26	25	24	23	22	21	20	19	18	17	16	15	14	13	12	11	10	9	8	7	6	5	4	3	2	1
순행	2	3	3	3	4	4	4	5	5	5	6	6	6	7	7	7	8	8	8	9	9	9	10			1	1	1	1	
역행	8	7	7	7	6	6	6	5	5	5	4	4	4	3	3	3	2	2	2	1	1	1				10	9			
월																										05	04			
일	29	28	27	26	25	24	23	22	21	20	19	18	17	16	15	14	13	12	11	10	9	8	7	6	5	4	3	2	1	30
일진	壬戌	辛酉	庚申	己未	戊午	丁巳	丙辰	乙卯	甲寅	癸丑	壬子	辛亥	庚戌	己酉	戊申	丁未	丙午	乙巳	甲辰	癸卯	壬寅	辛丑	庚子	己亥	戊戌	丁酉	丙申	乙未	甲午	癸巳
요일	수	화	월	일	토	금	목	수	화	월	일	토	금	목	수	화	월	일	토	금	목	수	화	월	일	토	금	목	수	화

5月小(甲午)망종

절기								하지																	망종				
음력	29	28	27	26	25	24	23	22	21	20	19	18	17	16	15	14	13	12	11	10	9	8	7	6	5	4	3	2	1
순행	3	4	4	4	5	5	6	6	6	7	7	7	8	8	8	9	9	9	10	10			1	1	1	1	2		
역행	7	7	6	6	5	5	5	4	4	4	3	3	3	2	2	2	1	1	1				10	10	9	9	8		
월																							06		05				
일	27	26	25	24	23	22	21	20	19	18	17	16	15	14	13	12	11	10	9	8	7	6	5	4	3	2	1	31	30
일진	辛卯	庚寅	己丑	戊子	丁亥	丙戌	乙酉	甲申	癸未	壬午	辛巳	庚辰	己卯	戊寅	丁丑	丙子	乙亥	甲戌	癸酉	壬申	辛未	庚午	己巳	戊辰	丁卯	丙寅	乙丑	甲子	癸亥
요일	목	수	화	월	일	토	금	목	수	화	월	일	토	금	목	수	화	월	일	토	금	목	수	화	월	일	토	금	목

6月大(乙未)소서

절기					대서											소서														
음력	30	29	28	27	26	25	24	23	22	21	20	19	18	17	16	15	14	13	12	11	10	9	8	7	6	5	4	3	2	1
순행	4	4	4	5	5	5	6	6	7	7	7	8	8	8	9	9	9	10	10			1	1	1	2	2	2	3	3	
역행	7	6	6	6	5	5	5	4	4	3	3	3	2	2	2	1	1	1				10	10	9	9	8	8	7	7	
월																									07		06			
일	27	26	25	24	23	22	21	20	19	18	17	16	15	14	13	12	11	10	9	8	7	6	5	4	3	2	1	30	29	28
일진	辛酉	庚申	己未	戊午	丁巳	丙辰	乙卯	甲寅	癸丑	壬子	辛亥	庚戌	己酉	戊申	丁未	丙午	乙巳	甲辰	癸卯	壬寅	辛丑	庚子	己亥	戊戌	丁酉	丙申	乙未	甲午	癸巳	壬辰
요일	토	금	목	수	화	월	일	토	금	목	수	화	월	일	토	금	목	수	화	월	일	토	금	목	수	화	월	일	토	금

癸日生 사주에 辛巳·辛未가 있으면 부자 팔자이다.

7月大(丙申)입추

절기: 처서 · 입추

음력	30	29	28	27	26	25	24	23	22	21	20	19	18	17	16	15	14	13	12	11	10	9	8	7	6	5	4	3	2	1
순행	4	4	5	5	5	6	6	6	7	7	7	8	8	8	9	9	9	10	10		1	1	1	1	2	2	2	3	3	3
역행	6	6	6	5	5	5	4	4	4	3	3	3	2	2	2	1	1	1		10	10	9	9	9	8	8	8	7	7	
양력월																				08										07
일	26	25	24	23	22	21	20	19	18	17	16	15	14	13	12	11	10	9	8	7	6	5	4	3	2	1	31	30	29	28
일진(간)	辛	庚	己	戊	丁	丙	乙	甲	癸	壬	辛	庚	己	戊	丁	丙	乙	甲	癸	壬	辛	庚	己	戊	丁	丙	乙	甲	癸	壬
일진(지)	卯	寅	丑	子	亥	戌	酉	申	未	午	巳	辰	卯	寅	丑	子	亥	戌	酉	申	未	午	巳	辰	卯	寅	丑	子	亥	戌
요일	월	토	금	목	수	화	월	일	토	금	목	수	화	월	일	토	금	목	수	화	월	일	토	금	목	수	화	월	일	토

8月小(丁酉)백로

절기: 추분 · 백로

음력	29	28	27	26	25	24	23	22	21	20	19	18	17	16	15	14	13	12	11	10	9	8	7	6	5	4	3	2	1
순행	5	5	5	6	6	6	7	7	7	8	8	8	9	9	9	10	10		1	1	1	1	2	2	2	3	3	3	4
역행	6	5	5	5	4	4	4	3	3	3	2	2	2	1	1	1		10	10	9	9	9	8	8	8	7	7	7	
양력월																		09											08
일	24	23	22	21	20	19	18	17	16	15	14	13	12	11	10	9	8	7	6	5	4	3	2	1	31	30	29	28	27
일진(간)	庚	己	戊	丁	丙	乙	甲	癸	壬	辛	庚	己	戊	丁	丙	乙	甲	癸	壬	辛	庚	己	戊	丁	丙	乙	甲	癸	壬
일진(지)	申	未	午	巳	辰	卯	寅	丑	子	亥	戌	酉	申	未	午	巳	辰	卯	寅	丑	子	亥	戌	酉	申	未	午	巳	辰
요일	화	월	일	토	금	목	수	화	월	일	토	금	목	수	화	월	일	토	금	목	수	화	월	일	토	금	목	수	화

9月大(戊戌)한로

절기: 상강 · 한로

음력	30	29	28	27	26	25	24	23	22	21	20	19	18	17	16	15	14	13	12	11	10	9	8	7	6	5	4	3	2	1
순행	5	5	5	6	6	6	7	7	7	8	8	8	9	9	9		1	1	1	1	2	2	2	3	3	3	4	4	4	
역행	5	5	5	4	4	4	3	3	3	2	2	2	1	1	1		10	10	9	9	9	8	8	8	7	7	7	6	6	
양력월																		10												09
일	24	23	22	21	20	19	18	17	16	15	14	13	12	11	10	9	8	7	6	5	4	3	2	1	30	29	28	27	26	25
일진(간)	庚	己	戊	丁	丙	乙	甲	癸	壬	辛	庚	己	戊	丁	丙	乙	甲	癸	壬	辛	庚	己	戊	丁	丙	乙	甲	癸	壬	辛
일진(지)	寅	丑	子	亥	戌	酉	申	未	午	巳	辰	卯	寅	丑	子	亥	戌	酉	申	未	午	巳	辰	卯	寅	丑	子	亥	戌	酉
요일	목	수	화	월	일	토	금	목	수	화	월	일	토	금	목	수	화	월	일	토	금	목	수	화	월	일	토	금	목	수

10月大(己亥)입동

절기: 소설 · 입동

음력	30	29	28	27	26	25	24	23	22	21	20	19	18	17	16	15	14	13	12	11	10	9	8	7	6	5	4	3	2	1
순행	5	5	5	6	6	6	7	7	7	8	8	8	9	9	9		1	1	1	1	2	2	2	3	3	3	4	4	4	
역행	5	5	5	4	4	4	3	3	3	2	2	2	1	1	1		10	9	9	9	8	8	8	7	7	7	6	6	6	
양력월																		11												10
일	23	22	21	20	19	18	17	16	15	14	13	12	11	10	9	8	7	6	5	4	3	2	1	31	30	29	28	27	26	25
일진(간)	庚	己	戊	丁	丙	乙	甲	癸	壬	辛	庚	己	戊	丁	丙	乙	甲	癸	壬	辛	庚	己	戊	丁	丙	乙	甲	癸	壬	辛
일진(지)	申	未	午	巳	辰	卯	寅	丑	子	亥	戌	酉	申	未	午	巳	辰	卯	寅	丑	子	亥	戌	酉	申	未	午	巳	辰	卯
요일	토	금	목	수	화	월	일	토	금	목	수	화	월	일	토	금	목	수	화	월	일	토	금	목	수	화	월	일	토	금

11月小(庚子)대설

절기: 동지 · 대설

음력	29	28	27	26	25	24	23	22	21	20	19	18	17	16	15	14	13	12	11	10	9	8	7	6	5	4	3	2	1
순행	5	5	5	6	6	6	7	7	7	8	8	8	9	9		1	1	1	1	2	2	2	3	3	3	4	4	4	4
역행	5	5	4	4	4	3	3	3	2	2	2	1	1	1		10	9	9	9	8	8	8	7	7	7	6	6	6	
양력월																	12												11
일	22	21	20	19	18	17	16	15	14	13	12	11	10	9	8	7	6	5	4	3	2	1	31	30	29	28	27	26	25
일진(간)	己	戊	丁	丙	乙	甲	癸	壬	辛	庚	己	戊	丁	丙	乙	甲	癸	壬	辛	庚	己	戊	丁	丙	乙	甲	癸	壬	辛
일진(지)	丑	子	亥	戌	酉	申	未	午	巳	辰	卯	寅	丑	子	亥	戌	酉	申	未	午	巳	辰	卯	寅	丑	子	亥	戌	酉
요일	일	토	금	목	수	화	월	일	토	금	목	수	화	월	일	토	금	목	수	화	월	일	토	금	목	수	화	월	일

12月大(辛丑)소한

절기: 대한 · 소한

음력	30	29	28	27	26	25	24	23	22	21	20	19	18	17	16	15	14	13	12	11	10	9	8	7	6	5	4	3	2	1
순행	5	5	6	6	6	7	7	7	8	8	8	9	9		1	1	1	1	2	2	2	3	3	3	4	4	4	5	5	
역행	5	5	5	4	4	4	3	3	3	2	2	2	1		10	9	9	9	8	8	8	7	7	7	6	6	6	5	5	
양력월																			01											12
일	21	20	19	18	17	16	15	14	13	12	11	10	9	8	7	6	5	4	3	2	1	31	30	29	28	27	26	25	24	23
일진(간)	己	戊	丁	丙	乙	甲	癸	壬	辛	庚	己	戊	丁	丙	乙	甲	癸	壬	辛	庚	己	戊	丁	丙	乙	甲	癸	壬	辛	庚
일진(지)	未	午	巳	辰	卯	寅	丑	子	亥	戌	酉	申	未	午	巳	辰	卯	寅	丑	子	亥	戌	酉	申	未	午	巳	辰	卯	寅
요일	화	월	일	토	금	목	수	화	월	일	토	금	목	수	화	월	일	토	금	목	수	화	월	일	토	금	목	수	화	월

여자 사주에 官이 刑·沖·派·害를 당하면 남편 덕이 전혀 없다.

상문 : 子   대장군 : 南
조객 : 申   삼 재 : 寅午戌
삼살 : 北

壬戌年

서기 2042년
단기 4375년

1月小(壬寅)입춘

절기	우수															입춘													
음력	29	28	27	26	25	24	23	22	21	20	19	18	17	16	15	14	13	12	11	10	9	8	7	6	5	4	3	2	1
순행	5	5	5	6	6	6	7	7	7	8	8	8	9	9			1	1	1	2	2	2	3	3	3	4	4	4	
역행	5	5	4	4	4	3	3	3	2	2	2	1	1	1			10	9	9	9	8	8	8	7	7	7	6	6	
월													02																01
양력일	19	18	17	16	15	14	13	12	11	10	9	8	7	6	5	4	3	2	1	31	30	29	28	27	26	25	24	23	22
일진	戊	丁	丙	乙	甲	癸	壬	辛	庚	己	戊	丁	丙	乙	甲	癸	壬	辛	庚	己	戊	丁	丙	乙	甲	癸	壬	辛	庚
	子	亥	戌	酉	申	未	午	巳	辰	卯	寅	丑	子	亥	戌	酉	申	未	午	巳	辰	卯	寅	丑	子	亥	戌	酉	申
요일	수	화	월	일	토	금	목	수	화	월	일	토	금	목	수	화	월	일	토	금	목	수	화	월	일	토	금	목	수

2月大(癸卯)경칩

절기	춘분															경칩														
음력	30	29	28	27	26	25	24	23	22	21	20	19	18	17	16	15	14	13	12	11	10	9	8	7	6	5	4	3	2	1
순행	5	5	6	6	6	7	7	7	8	8	8	9	9	10	10		1	1	1	1	2	2	2	3	3	3	4	4	4	
역행	5	5	5	4	4	4	3	3	3	2	2	2	1	1	1		10	10	9	9	9	8	8	8	7	7	7	6	6	
월													03															02		
양력일	21	20	19	18	17	16	15	14	13	12	11	10	9	8	7	6	5	4	3	2	1	28	27	26	25	24	23	22	21	20
일진	戊	丁	丙	乙	甲	癸	壬	辛	庚	己	戊	丁	丙	乙	甲	癸	壬	辛	庚	己	戊	丁	丙	乙	甲	癸	壬	辛	庚	己
	午	巳	辰	卯	寅	丑	子	亥	戌	酉	申	未	午	巳	辰	卯	寅	丑	子	亥	戌	酉	申	未	午	巳	辰	卯	寅	丑
요일	금	목	수	화	월	일	토	금	목	수	화	월	일	토	금	목	수	화	월	일	토	금	목	수	화	월	일	토	금	목

윤2月小

절기															청명														
음력	29	28	27	26	25	24	23	22	21	20	19	18	17	16	15	14	13	12	11	10	9	8	7	6	5	4	3	2	1
순행	5	6	6	6	7	7	7	8	8	9	9	9				1	1	1	2	2	2	3	3	3	4	4	4		
역행	5	4	4	4	3	3	3	2	2	2	1	1				10	10	9	9	9	8	8	8	7	7	7	6		
월													04														03		
양력일	19	18	17	16	15	14	13	12	11	10	9	8	7	6	5	4	3	2	1	31	30	29	28	27	26	25	24	23	22
일진	丁	丙	乙	甲	癸	壬	辛	庚	己	戊	丁	丙	乙	甲	癸	壬	辛	庚	己	戊	丁	丙	乙	甲	癸	壬	辛	庚	己
	亥	戌	酉	申	未	午	巳	辰	卯	寅	丑	子	亥	戌	酉	申	未	午	巳	辰	卯	寅	丑	子	亥	戌	酉	申	未
요일	토	금	목	수	화	월	일	토	금	목	수	화	월	일	토	금	목	수	화	월	일	토	금	목	수	화	월	일	토

3月小(甲辰)청명

절기														입하															곡우
음력	29	28	27	26	25	24	23	22	21	20	19	18	17	16	15	14	13	12	11	10	9	8	7	6	5	4	3	2	1
순행	6	6	7	7	7	8	8	8	9	9	10	10	10		1	1	1	2	2	2	3	3	3	4	4	4	5	5	5
역행	4	4	4	3	3	3	2	2	2	1	1	1		10	10	9	9	9	8	8	8	7	7	7	6	6	6	5	5
월													05														04		
양력일	18	17	16	15	14	13	12	11	10	9	8	7	6	5	4	3	2	1	30	29	28	27	26	25	24	23	22	21	20
일진	丙	乙	甲	癸	壬	辛	庚	己	戊	丁	丙	乙	甲	癸	壬	辛	庚	己	戊	丁	丙	乙	甲	癸	壬	辛	庚	己	戊
	辰	卯	寅	丑	子	亥	戌	酉	申	未	午	巳	辰	卯	寅	丑	子	亥	戌	酉	申	未	午	巳	辰	卯	寅	丑	子
요일	일	토	금	목	수	화	월	일	토	금	목	수	화	월	일	토	금	목	수	화	월	일	토	금	목	수	화	월	일

4月大(乙巳)입하

절기													망종														소만		
음력	30	29	28	27	26	25	24	23	22	21	20	19	18	17	16	15	14	13	12	11	10	9	8	7	6	5	4	3	2	1
순행	7	7	8	8	8	9	9	9	10	10	10		1	1	1	2	2	2	3	3	3	4	4	4	5	5	5		
역행	4	4	3	3	3	2	2	2	1	1	1		10	10	9	9	9	8	8	8	7	7	7	6	6	6	5	5	5
월													06														05		
양력일	17	16	15	14	13	12	11	10	9	8	7	6	5	4	3	2	1	31	30	29	28	27	26	25	24	23	22	21	20	19
일진	丙	乙	甲	癸	壬	辛	庚	己	戊	丁	丙	乙	甲	癸	壬	辛	庚	己	戊	丁	丙	乙	甲	癸	壬	辛	庚	己	戊	丁
	戌	酉	申	未	午	巳	辰	卯	寅	丑	子	亥	戌	酉	申	未	午	巳	辰	卯	寅	丑	子	亥	戌	酉	申	未	午	巳
요일	화	월	일	토	금	목	수	화	월	일	토	금	목	수	화	월	일	토	금	목	수	화	월	일	토	금	목	수	화	월

5月小(丙午)망종

절기										소서															하지				
음력	29	28	27	26	25	24	23	22	21	20	19	18	17	16	15	14	13	12	11	10	9	8	7	6	5	4	3	2	1
순행	7	8	8	8	9	9	9	10	10		1	1	1	2	2	2	3	3	3	4	4	4	5	5	5	6	6	6	
역행	3	3	2	2	2	1	1	1		10	10	9	9	9	8	8	8	7	7	7	6	6	6	5	5	5	4	4	4
월														07													06		
양력일	16	15	14	13	12	11	10	9	8	7	6	5	4	3	2	1	30	29	28	27	26	25	24	23	22	21	20	19	18
일진	乙	甲	癸	壬	辛	庚	己	戊	丁	丙	乙	甲	癸	壬	辛	庚	己	戊	丁	丙	乙	甲	癸	壬	辛	庚	己	戊	丁
	卯	寅	丑	子	亥	戌	酉	申	未	午	巳	辰	卯	寅	丑	子	亥	戌	酉	申	未	午	巳	辰	卯	寅	丑	子	亥
요일	수	화	월	일	토	금	목	수	화	월	일	토	금	목	수	화	월	일	토	금	목	수	화	월	일	토	금	목	수

壬日生 사주에 庚午·庚戌이 있으면 부자 팔자이다.

6월大(丁未)소서

절기								입추															대서							
음력	30	29	28	27	26	25	24	23	22	21	20	19	18	17	16	15	14	13	12	11	10	9	8	7	6	5	4	3	2	1
순행	8	8	8	9	9	9	10	10		1	1	1	1	2	2	2	3	3	3	4	4	4	5	5	5	6	6	6	7	7	7
역행	3	2	2	2	1	1	1		10	10	9	9	9	8	8	8	7	7	7	6	6	6	5	5	5	4	4	4	3		
월/양력							08																07								
일	15	14	13	12	11	10	9	8	7	6	5	4	3	2	1	31	30	29	28	27	26	25	24	23	22	21	20	19	18	17
일진	乙	甲	癸	壬	辛	庚	己	戊	丁	丙	乙	甲	癸	壬	辛	庚	己	戊	丁	丙	乙	甲	癸	壬	辛	庚	己	戊	丁	丙
	酉	申	未	午	巳	辰	卯	寅	丑	子	亥	戌	酉	申	未	午	巳	辰	卯	寅	丑	子	亥	戌	酉	申	未	午	巳	辰
요일	금	목	수	화	월	일	토	금	목	수	화	월	일	토	금	목	수	화	월	일	토	금	목	수	화	월	일	토	금	목

7월小(戊申)입추

절기					백로															처서								
음력	29	28	27	26	25	24	23	22	21	20	19	18	17	16	15	14	13	12	11	10	9	8	7	6	5	4	3	2	1
순행	8	9	9	9		1	1	1	1	2	2	2	3	3	3	4	4	4	5	5	5	6	6	6	7	7	7		
역행	2	2	1	1	1		10	10	9	9	9	8	8	8	7	7	7	6	6	6	5	5	5	4	4	4	3	3	
월/양력					09															08									
일	13	12	11	10	9	8	7	6	5	4	3	2	1	31	30	29	28	27	26	25	24	23	22	21	20	19	18	17	16
일진	甲	癸	壬	辛	庚	己	戊	丁	丙	乙	甲	癸	壬	辛	庚	己	戊	丁	丙	乙	甲	癸	壬	辛	庚	己	戊	丁	丙
	寅	丑	子	亥	戌	酉	申	未	午	巳	辰	卯	寅	丑	子	亥	戌	酉	申	未	午	巳	辰	卯	寅	丑	子	亥	戌
요일	토	금	목	수	화	월	일	토	금	목	수	화	월	일	토	금	목	수	화	월	일	토	금	목	수	화	월	일	토

8월大(己酉)백로

절기					한로															추분									
음력	30	29	28	27	26	25	24	23	22	21	20	19	18	17	16	15	14	13	12	11	10	9	8	7	6	5	4	3	2	1
순행	8	9	9	9	10		1	1	1	1	2	2	2	3	3	3	4	4	4	5	5	5	6	6	6	7	7	7	8	
역행	2	1	1	1	10		10	9	9	9	8	8	8	7	7	7	6	6	6	5	5	5	4	4	4	3	3	3	2	
월/양력					10															09										
일	13	12	11	10	9	8	7	6	5	4	3	2	1	30	29	28	27	26	25	24	23	22	21	20	19	18	17	16	15	14
일진	甲	癸	壬	辛	庚	己	戊	丁	丙	乙	甲	癸	壬	辛	庚	己	戊	丁	丙	乙	甲	癸	壬	辛	庚	己	戊	丁	丙	乙
	申	未	午	巳	辰	卯	寅	丑	子	亥	戌	酉	申	未	午	巳	辰	卯	寅	丑	子	亥	戌	酉	申	未	午	巳	辰	卯
요일	월	일	토	금	목	수	화	월	일	토	금	목	수	화	월	일	토	금	목	수	화	월	일	토	금	목	수	화	월	일

9월大(庚戌)한로

절기					입동															상강									
음력	30	29	28	27	26	25	24	23	22	21	20	19	18	17	16	15	14	13	12	11	10	9	8	7	6	5	4	3	2	1
순행	8	9	9	9	10		1	1	1	1	2	2	2	3	3	3	4	4	4	5	5	5	6	6	6	7	7	7	8	
역행	2	1	1	1	1		10	9	9	9	8	8	8	7	7	7	6	6	6	5	5	5	4	4	4	3	3	3	2	2
월/양력					11															10										
일	12	11	10	9	8	7	6	5	4	3	2	1	31	30	29	28	27	26	25	24	23	22	21	20	19	18	17	16	15	14
일진	甲	癸	壬	辛	庚	己	戊	丁	丙	乙	甲	癸	壬	辛	庚	己	戊	丁	丙	乙	甲	癸	壬	辛	庚	己	戊	丁	丙	乙
	寅	丑	子	亥	戌	酉	申	未	午	巳	辰	卯	寅	丑	子	亥	戌	酉	申	未	午	巳	辰	卯	寅	丑	子	亥	戌	酉
요일	화	월	일	토	금	목	수	화	월	일	토	금	목	수	화	월	일	토	금	목	수	화	월	일	토	금	목	수	화	월

10월小(辛亥)입동

절기					대설															소설								
음력	29	28	27	26	25	24	23	22	21	20	19	18	17	16	15	14	13	12	11	10	9	8	7	6	5	4	3	2	1
순행	8	9	9	9		1	1	1	2	2	2	3	3	3	4	4	4	5	5	5	6	6	6	7	7	7	8	8	
역행	1	1	1	1		10	9	9	9	8	8	8	7	7	7	6	6	6	5	5	5	4	4	4	3	3	3	2	2
월/양력					12															11									
일	11	10	9	8	7	6	5	4	3	2	1	31	30	29	28	27	26	25	24	23	22	21	20	19	18	17	16	15	14	13
일진	癸	壬	辛	庚	己	戊	丁	丙	乙	甲	癸	壬	辛	庚	己	戊	丁	丙	乙	甲	癸	壬	辛	庚	己	戊	丁	丙	乙
	未	午	巳	辰	卯	寅	丑	子	亥	戌	酉	申	未	午	巳	辰	卯	寅	丑	子	亥	戌	酉	申	未	午	巳	辰	卯
요일	목	수	화	월	일	토	금	목	수	화	월	일	토	금	목	수	화	월	일	토	금	목	수	화	월	일	토	금	목

11월大(壬子)대설

절기					소한															동지									
음력	30	29	28	27	26	25	24	23	22	21	20	19	18	17	16	15	14	13	12	11	10	9	8	7	6	5	4	3	2	1
순행	8	9	9	9	10		1	1	1	2	2	2	3	3	3	4	4	4	5	5	5	6	6	6	7	7	7	8	8	
역행	2	1	1	1	1		10	9	9	9	8	8	8	7	7	7	6	6	6	5	5	5	4	4	4	3	3	3	2	2
월/양력					01															12										
일	10	9	8	7	6	5	4	3	2	1	31	30	29	28	27	26	25	24	23	22	21	20	19	18	17	16	15	14	13	12
일진	癸	壬	辛	庚	己	戊	丁	丙	乙	甲	癸	壬	辛	庚	己	戊	丁	丙	乙	甲	癸	壬	辛	庚	己	戊	丁	丙	乙	甲
	丑	子	亥	戌	酉	申	未	午	巳	辰	卯	寅	丑	子	亥	戌	酉	申	未	午	巳	辰	卯	寅	丑	子	亥	戌	酉	申
요일	토	금	목	수	화	월	일	토	금	목	수	화	월	일	토	금	목	수	화	월	일	토	금	목	수	화	월	일	토	금

12월大(癸丑)소한

절기					입춘															대한									
음력	30	29	28	27	26	25	24	23	22	21	20	19	18	17	16	15	14	13	12	11	10	9	8	7	6	5	4	3	2	1
순행	8	9	9	9	10		1	1	1	2	2	2	3	3	3	4	4	4	5	5	5	6	6	6	7	7	7	8	8	
역행	2	1	1	1	1		10	9	9	9	8	8	8	7	7	7	6	6	6	5	5	5	4	4	4	3	3	3	2	2
월/양력					02															01										
일	9	8	7	6	5	4	3	2	1	31	30	29	28	27	26	25	24	23	22	21	20	19	18	17	16	15	14	13	12	11
일진	癸	壬	辛	庚	己	戊	丁	丙	乙	甲	癸	壬	辛	庚	己	戊	丁	丙	乙	甲	癸	壬	辛	庚	己	戊	丁	丙	乙	甲
	未	午	巳	辰	卯	寅	丑	子	亥	戌	酉	申	未	午	巳	辰	卯	寅	丑	子	亥	戌	酉	申	未	午	巳	辰	卯	寅
요일	일	토	금	목	수	화	월	일	토	금	목	수	화	월	일	토	금	목	수	화	월	일	토	금	목	수	화	월	일	토

남자 사주에 財가 용신이면 처는 예쁘고 처로 인하여 출세한다.

상문 : 丑　대장군 : 西
조객 : 酉　삼　재 : 巳酉丑
삼살 : 西

癸亥年

서기 2043년
단기 4376년

1月小(甲寅)입춘

절기				경칩															우수									
음력	29	28	27	26	25	24	23	22	21	20	19	18	17	16	15	14	13	12	11	10	9	8	7	6	5	4	3	2	1
순행	9	9	9	10		1	1	1	1	2	2	2	3	3	3	4	4	4	5	5	6	6	6	7	7	7	8	8	
역행	1	1	1	1		10	9	9	9	8	8	8	7	7	7	6	6	6	5	5	5	4	4	4	3	3	3	2	2
월									03																			02	
일	10	9	8	7	6	5	4	3	2	1	28	27	26	25	24	23	22	21	20	19	18	17	16	15	14	13	12	11	10
일진	壬子	辛亥	庚戌	己酉	戊申	丁未	丙午	乙巳	甲辰	癸卯	壬寅	辛丑	庚子	己亥	戊戌	丁酉	丙申	乙未	甲午	癸巳	壬辰	辛卯	庚寅	己丑	戊子	丁亥	丙戌	乙酉	甲申
요일	화	월	일	토	금	목	수	화	월	일	토	금	목	수	화	월	일	토	금	목	수	화	월	일	토	금	목	수	화

2月大(乙卯)경칩

절기					청명														춘분										
음력	30	29	28	27	26	25	24	23	22	21	20	19	18	17	16	15	14	13	12	11	10	9	8	7	6	5	4	3	2	1
순행	9	9	9	10		1	1	1	1	2	2	2	3	3	3	4	4	5	5	5	6	6	6	7	7	7	8	8	8	
역행	1	1	1	1		10	9	9	9	8	8	8	7	7	7	6	6	6	5	5	5	4	4	4	3	3	3	2	2	2
월					04																								03	
일	9	8	7	6	5	4	3	2	1	31	30	29	28	27	26	25	24	23	22	21	20	19	18	17	16	15	14	13	12	11
일진	壬午	辛巳	庚辰	己卯	戊寅	丁丑	丙子	乙亥	甲戌	癸酉	壬申	辛未	庚午	己巳	戊辰	丁卯	丙寅	乙丑	甲子	癸亥	壬戌	辛酉	庚申	己未	戊午	丁巳	丙辰	乙卯	甲寅	癸丑
요일	목	수	화	월	일	토	금	목	수	화	월	일	토	금	목	수	화	월	일	토	금	목	수	화	월	일	토	금	목	수

3月小(丙辰)청명

절기					입하														곡우										
음력	29	28	27	26	25	24	23	22	21	20	19	18	17	16	15	14	13	12	11	10	9	8	7	6	5	4	3	2	1
순행	10	10	10		1	1	1	1	2	2	2	3	3	3	4	4	4	5	5	6	6	6	7	7	7	8	8	8	
역행	1	1	1		10	9	9	9	8	8	8	7	7	7	6	6	6	5	5	5	4	4	4	3	3	3	2	2	2
월				05																								04	
일	8	7	6	5	4	3	2	1	30	29	28	27	26	25	24	23	22	21	20	19	18	17	16	15	14	13	12	11	10
일진	辛亥	庚戌	己酉	戊申	丁未	丙午	乙巳	甲辰	癸卯	壬寅	辛丑	庚子	己亥	戊戌	丁酉	丙申	乙未	甲午	癸巳	壬辰	辛卯	庚寅	己丑	戊子	丁亥	丙戌	乙酉	甲申	癸未
요일	금	목	수	화	월	일	토	금	목	수	화	월	일	토	금	목	수	화	월	일	토	금	목	수	화	월	일	토	금

4月小(丁巳)입하

절기	망종																소만												
음력	29	28	27	26	25	24	23	22	21	20	19	18	17	16	15	14	13	12	11	10	9	8	7	6	5	4	3	2	1
순행	1	1	1	2	2	2	3	3	4	4	4	5	5	5	6	6	6	7	7	7	8	8	8	9	9	9			
역행	10	10	10		9	9	9	8	8	8	7	7	6	6	6	5	5	5	4	4	4	3	3	3	2	2	2	1	1
월				06																								05	
일	6	5	4	3	2	1	31	30	29	28	27	26	25	24	23	22	21	20	19	18	17	16	15	14	13	12	11	10	9
일진	庚辰	己卯	戊寅	丁丑	丙子	乙亥	甲戌	癸酉	壬申	辛未	庚午	己巳	戊辰	丁卯	丙寅	乙丑	甲子	癸亥	壬戌	辛酉	庚申	己未	戊午	丁巳	丙辰	乙卯	甲寅	癸丑	壬子
요일	토	금	목	수	화	월	일	토	금	목	수	화	월	일	토	금	목	수	화	월	일	토	금	목	수	화	월	일	토

5月大(戊午)망종

절기															하지															
음력	30	29	28	27	26	25	24	23	22	21	20	19	18	17	16	15	14	13	12	11	10	9	8	7	6	5	4	3	2	1
순행	1	1	1	1	2	2	2	3	3	3	4	4	4	5	5	6	6	6	7	7	7	8	8	8	9	9	9	10	10	10
역행	10	10	9	9	9	8	8	8	7	7	7	6	6	6	5	5	5	4	4	4	3	3	3	2	2	2	1	1	1	1
월				07																									06	
일	6	5	4	3	2	1	30	29	28	27	26	25	24	23	22	21	20	19	18	17	16	15	14	13	12	11	10	9	8	7
일진	庚戌	己酉	戊申	丁未	丙午	乙巳	甲辰	癸卯	壬寅	辛丑	庚子	己亥	戊戌	丁酉	丙申	乙未	甲午	癸巳	壬辰	辛卯	庚寅	己丑	戊子	丁亥	丙戌	乙酉	甲申	癸未	壬午	辛巳
요일	월	일	토	금	목	수	화	월	일	토	금	목	수	화	월	일	토	금	목	수	화	월	일	토	금	목	수	화	월	일

6月小(己未)소서

절기												대서															소서		
음력	29	28	27	26	25	24	23	22	21	20	19	18	17	16	15	14	13	12	11	10	9	8	7	6	5	4	3	2	1
순행	1	1	2	2	2	3	3	4	4	4	5	5	5	6	6	6	7	7	7	8	8	8	9	9	9	10	10	10	
역행	9	9	9	8	8	7	7	6	6	6	5	5	4	4	4	3	3	3	2	2	2	1	1	1					
월				08																								07	
일	4	3	2	1	31	30	29	28	27	26	25	24	23	22	21	20	19	18	17	16	15	14	13	12	11	10	9	8	7
일진	己卯	戊寅	丁丑	丙子	乙亥	甲戌	癸酉	壬申	辛未	庚午	己巳	戊辰	丁卯	丙寅	乙丑	甲子	癸亥	壬戌	辛酉	庚申	己未	戊午	丁巳	丙辰	乙卯	甲寅	癸丑	壬子	辛亥
요일	토	금	목	수	화	월	일	토	금	목	수	화	월	일	토	금	목	수	화	월	일	토	금	목	수	화	월	일	토

辛日生 사주에 己卯·己亥 있으면 부자 팔자이다.

7月小(庚申)입추

절기											처서															입추		
음력	29	28	27	26	25	24	23	22	21	20	19	18	17	16	15	14	13	12	11	10	9	8	7	6	5	4	3	2	1
순행	2	2	3	3	3	4	4	4	5	5	5	6	6	6	7	7	7	8	8	8	9	9	9	10	10	10		1	1
역행	9	8	8	8	7	7	7	6	6	6	5	5	5	4	4	4	3	3	3	2	2	2	1	1	1			10	10
월		09																										08	
일	2	1	31	30	29	28	27	26	25	24	23	22	21	20	19	18	17	16	15	14	13	12	11	10	9	8	7	6	5
일진	戊申	丁未	丙午	乙巳	甲辰	癸卯	壬寅	辛丑	庚子	己亥	戊戌	丁酉	丙申	乙未	甲午	癸巳	壬辰	辛卯	庚寅	己丑	戊子	丁亥	丙戌	乙酉	甲申	癸未	壬午	辛巳	庚辰
요일	수	화	월	일	토	금	목	수	화	월	일	토	금	목	수	화	월	일	토	금	목	수	화	월	일	토	금	목	수

8月大(辛酉)백로

절기										주분														백로						
음력	30	29	28	27	26	25	24	23	22	21	20	19	18	17	16	15	14	13	12	11	10	9	8	7	6	5	4	3	2	1
순행	2	2	3	3	3	4	4	4	5	5	5	6	6	6	7	7	7	8	8	8	9	9	9	10		1	1	1	1	2
역행	8	8	7	7	7	6	6	6	5	5	5	4	4	4	3	3	3	2	2	2	1	1	1		10	10	10	9	9	9
월		10																										09		
일	2	1	30	29	28	27	26	25	24	23	22	21	20	19	18	17	16	15	14	13	12	11	10	9	8	7	6	5	4	3
일진	戊寅	丁丑	丙子	乙亥	甲戌	癸酉	壬申	辛未	庚午	己巳	戊辰	丁卯	丙寅	乙丑	甲子	癸亥	壬戌	辛酉	庚申	己未	戊午	丁巳	丙辰	乙卯	甲寅	癸丑	壬子	辛亥	庚戌	己酉
요일	금	목	수	화	월	일	토	금	목	수	화	월	일	토	금	목	수	화	월	일	토	금	목	수	화	월	일	토	금	목

9月大(壬戌)한로

절기										상강														한로						
음력	30	29	28	27	26	25	24	23	22	21	20	19	18	17	16	15	14	13	12	11	10	9	8	7	6	5	4	3	2	1
순행	2	2	3	3	3	4	4	4	5	5	5	6	6	6	7	7	7	8	8	8	9	9	9		1	1	1	1	2	2
역행	8	8	7	7	7	6	6	6	5	5	5	4	4	4	3	3	3	2	2	2	1	1	1		10	9	9	9	8	8
월		11																										10		
일	1	31	30	29	28	27	26	25	24	23	22	21	20	19	18	17	16	15	14	13	12	11	10	9	8	7	6	5	4	3
일진	戊申	丁未	丙午	乙巳	甲辰	癸卯	壬寅	辛丑	庚子	己亥	戊戌	丁酉	丙申	乙未	甲午	癸巳	壬辰	辛卯	庚寅	己丑	戊子	丁亥	丙戌	乙酉	甲申	癸未	壬午	辛巳	庚辰	己卯
요일	일	토	금	목	수	화	월	일	토	금	목	수	화	월	일	토	금	목	수	화	월	일	토	금	목	수	화	월	일	토

10月小(癸亥)입동

절기									소설														입동						
음력	29	28	27	26	25	24	23	22	21	20	19	18	17	16	15	14	13	12	11	10	9	8	7	6	5	4	3	2	1
순행	2	3	3	3	4	4	4	5	5	5	6	6	6	7	7	7	8	8	8	9	9	10		1	1	1	1	2	
역행	8	7	7	6	6	6	5	5	5	4	4	4	3	3	3	2	2	2	1	1		10	9	9	9	8			
월																												11	
일	30	29	28	27	26	25	24	23	22	21	20	19	18	17	16	15	14	13	12	11	10	9	8	7	6	5	4	3	2
일진	丁丑	丙子	乙亥	甲戌	癸酉	壬申	辛未	庚午	己巳	戊辰	丁卯	丙寅	乙丑	甲子	癸亥	壬戌	辛酉	庚申	己未	戊午	丁巳	丙辰	乙卯	甲寅	癸丑	壬子	辛亥	庚戌	己酉
요일	월	일	토	금	목	수	화	월	일	토	금	목	수	화	월	일	토	금	목	수	화	월	일	토	금	목	수	화	월

11月大(甲子)대설

절기									동지															대설						
음력	30	29	28	27	26	25	24	23	22	21	20	19	18	17	16	15	14	13	12	11	10	9	8	7	6	5	4	3	2	1
순행	2	3	3	3	4	4	4	5	5	5	6	6	6	7	7	7	8	8	9	9	9	10		1	1	1	1	2	2	
역행	8	7	7	6	6	6	5	5	5	4	4	4	3	3	2	2	2	1	1	1		10	9	9	9	8	8			
월																												12		
일	30	29	28	27	26	25	24	23	22	21	20	19	18	17	16	15	14	13	12	11	10	9	8	7	6	5	4	3	2	1
일진	丁未	丙午	乙巳	甲辰	癸卯	壬寅	辛丑	庚子	己亥	戊戌	丁酉	丙申	乙未	甲午	癸巳	壬辰	辛卯	庚寅	己丑	戊子	丁亥	丙戌	乙酉	甲申	癸未	壬午	辛巳	庚辰	己卯	戊寅
요일	수	화	월	일	토	금	목	수	화	월	일	토	금	목	수	화	월	일	토	금	목	수	화	월	일	토	금	목	수	화

12月大(乙丑)소한

절기										대한														소한						
음력	30	29	28	27	26	25	24	23	22	21	20	19	18	17	16	15	14	13	12	11	10	9	8	7	6	5	4	3	2	1
순행	2	3	3	3	4	4	4	5	5	5	6	6	6	7	7	7	8	8	9	9	9	10		1	1	1	1	2	2	
역행	8	7	7	6	6	5	5	5	4	4	4	3	3	3	2	2	2	1	1	1		10	9	9	9	8	8			
월																											01	12		
일	29	28	27	26	25	24	23	22	21	20	19	18	17	16	15	14	13	12	11	10	9	8	7	6	5	4	3	2	1	31
일진	丁丑	丙子	乙亥	甲戌	癸酉	壬申	辛未	庚午	己巳	戊辰	丁卯	丙寅	乙丑	甲子	癸亥	壬戌	辛酉	庚申	己未	戊午	丁巳	丙辰	乙卯	甲寅	癸丑	壬子	辛亥	庚戌	己酉	戊申
요일	금	목	수	화	월	일	토	금	목	수	화	월	일	토	금	목	수	화	월	일	토	금	목	수	화	월	일	토	금	목

여자 사주에 편관이 암합하고 있으면 사통(간통)할 염려가 있다.

甲子年

서기 2044년
단기 4377년

1月大(丙寅)입춘 — 우수 / 입춘

30	29	28	27	26	25	24	23	22	**21**	20	19	18	17	16	15	14	13	12	11	10	9	8	7	**6**	5	4	3	2	1	절기
																														음력
2	2	3	3	3	4	4	4	5	5	5	6	6	6	7	7	7	8	8	8	9	9	9		6		1	1	1	2	순행
8	8	7	7	7	6	6	6	5	5	5	4	4	4	3	3	3	2	2	2	1	1	1		9		9	9	8	8	역행
																								02				01		월
丁	丙	乙	甲	癸	壬	辛	庚	己	戊	丁	丙	乙	甲	癸	壬	辛	庚	己	戊	丁	丙	乙	甲	癸	壬	辛	庚	己	戊	일진
未	午	巳	辰	卯	寅	丑	子	亥	戌	酉	申	未	午	巳	辰	卯	寅	丑	子	亥	戌	酉	申	未	午	巳	辰	卯	寅	
일	토	금	목	수	화	월	일	토	금	목	수	화	월	일	토	금	목	수	화	월	일	토	금	목	수	화	월	일	토	요일

2月小(丁卯)경칩 — 춘분 / 경칩

29	28	27	26	25	24	23	22	**21**	20	19	18	17	16	15	14	13	12	11	10	9	8	**7**	6	5	4	3	2	1	절기
																													음력
2	3	3	3	4	4	4	5	5	5	6	6	6	7	7	7	8	8	8	9	9	9	10			1	1	1	1	순행
8	7	7	7	6	6	6	5	5	5	4	4	4	3	3	3	2	2	2	1	1	1			10	9	9	9	8	역행
																							03		02				월
丙	乙	甲	癸	壬	辛	庚	己	戊	丁	丙	乙	甲	癸	壬	辛	庚	己	戊	丁	丙	乙	甲	癸	壬	辛	庚	己	戊	일진
子	亥	戌	酉	申	未	午	巳	辰	卯	寅	丑	子	亥	戌	酉	申	未	午	巳	辰	卯	寅	丑	子	亥	戌	酉	申	
월	일	토	금	목	수	화	월	일	토	금	목	수	화	월	일	토	금	목	수	화	월	일	토	금	목	수	화	월	요일

3月大(戊辰)청명 — 곡우 / 청명

30	29	28	27	26	25	24	23	**22**	21	20	19	18	17	16	15	14	13	12	11	10	9	**7**	6	5	4	3	2	1	절기
																													음력
3	3	4	4	4	5	5	5	6	6	6	7	7	7	8	8	8	9	9	10	10			1	1	1	1	2	순행
8	7	7	7	6	6	6	5	5	5	4	4	4	3	3	3	2	2	2	1	1		10	9	9	9	8	8	역행
																						04		03					월
27	26	25	24	23	22	21	20	19	18	17	16	15	14	13	12	11	10	9	8	7	6	5	4	3	2	1	31	30	29	일
丙	乙	甲	癸	壬	辛	庚	己	戊	丁	丙	乙	甲	癸	壬	辛	庚	己	戊	丁	丙	乙	甲	癸	壬	辛	庚	己	戊	丁	일진
午	巳	辰	卯	寅	丑	子	亥	戌	酉	申	未	午	巳	辰	卯	寅	丑	子	亥	戌	酉	申	未	午	巳	辰	卯	寅	丑	
수	화	월	일	토	금	목	수	화	월	일	토	금	목	수	화	월	일	토	금	목	수	화	월	일	토	금	목	수	화	요일

4月小(己巳)입하 — 소만 / 입하

29	28	27	26	25	24	**23**	22	21	20	19	18	17	16	15	14	13	12	11	10	9	**8**	7	6	5	4	3	2	1	절기
																													음력
3	4	4	4	5	5	5	6	6	6	7	7	7	8	8	8	9	9	9	10	10		1	1	1	1	2	2	순행
7	7	6	6	6	5	5	5	4	4	4	3	3	3	2	2	2	1	1	1		10	10	9	9	9	8	8	역행
																						05		04					월
25	24	23	22	21	20	19	18	17	16	15	14	13	12	11	10	9	8	7	6	5	4	3	2	1	30	29	28	일
乙	甲	癸	壬	辛	庚	己	戊	丁	丙	乙	甲	癸	壬	辛	庚	己	戊	丁	丙	乙	甲	癸	壬	辛	庚	己	戊	丁	일진
亥	戌	酉	申	未	午	巳	辰	卯	寅	丑	子	亥	戌	酉	申	未	午	巳	辰	卯	寅	丑	子	亥	戌	酉	申	未	
목	수	화	월	일	토	금	목	수	화	월	일	토	금	목	수	화	월	일	토	금	목	수	화	월	일	토	금	목	요일

5月小(庚午)망종 — 하지 / 망종

29	28	**26**	25	24	23	22	21	20	19	18	17	16	15	14	13	12	11	**10**	9	8	7	6	5	4	3	2	1	절기
																													음력
4	4	5	5	6	6	6	7	7	7	8	8	8	9	9	9	10	10		1	1	1	1	2	2	2	3	3	순행
7	6	5	5	5	4	4	4	3	3	3	2	2	2	1	1	1		10	10	9	9	9	8	8	8	7	7	역행
																		06		05								월
24	23	22	21	20	19	18	17	16	15	14	13	12	11	10	9	8	7	6	5	4	3	2	1	31	30	29	28	27	일
甲	癸	壬	辛	庚	己	戊	丁	丙	乙	甲	癸	壬	辛	庚	己	戊	丁	丙	乙	甲	癸	壬	辛	庚	己	戊	丁	丙	일진
辰	卯	寅	丑	子	亥	戌	酉	申	未	午	巳	辰	卯	寅	丑	子	亥	戌	酉	申	未	午	巳	辰	卯	寅	丑	子	
금	목	수	화	월	일	토	금	목	수	화	월	일	토	금	목	수	화	월	일	토	금	목	수	화	월	일	토	금	요일

6月大(辛未)소서 — 대서 / 소서

30	29	**28**	27	26	25	24	23	22	21	20	19	18	17	16	15	14	13	**12**	11	10	9	8	7	6	5	4	3	2	1	절기
																														음력
5	5	5	6	6	7	7	7	8	8	8	9	9	10	10	10		1	1	1	1	2	2	2	3	3	3	4	순행
6	6	5	5	4	4	4	3	3	3	2	2	2	1	1	1		10	10	9	9	9	8	8	8	7	7	7	역행
															07		06												월
24	23	22	21	20	19	18	17	16	15	14	13	12	11	10	9	8	7	6	5	4	3	2	1	30	29	28	27	26	25	일
甲	癸	壬	辛	庚	己	戊	丁	丙	乙	甲	癸	壬	辛	庚	己	戊	丁	丙	乙	甲	癸	壬	辛	庚	己	戊	丁	丙	乙	일진
戌	酉	申	未	午	巳	辰	卯	寅	丑	子	亥	戌	酉	申	未	午	巳	辰	卯	寅	丑	子	亥	戌	酉	申	未	午	巳	
토	금	목	수	화	월	일	토	금	목	수	화	월	일	토	금	목	수	화	월	일	토	금	목	수	화	월	일	토	금	요일

一支나 時支에 戌이나 亥가 있고 천을귀인이 되면 머리가 비상하다.

7月小(壬申) 입추

절기: 처서 / 입추

음력	29	28	27	26	25	24	23	22	21	20	19	18	17	16	15	14	13	12	11	10	9	8	7	6	5	4	3	2	1
순행	5	6	6	6	7	7	7	8	8	8	9	9	9	10	10		1	1	1	1	2	2	2	3	3	3	4	4	4
역행	5	5	4	4	4	3	3	3	2	2	2	1	1	1	1		10	10	10	9	9	9	8	8	8	7	7	7	6
월	08																						07						
양력(일)	22	21	20	19	18	17	16	15	14	13	12	11	10	9	8	7	6	5	4	3	2	1	31	30	29	28	27	26	25
일진(천간)	癸	壬	辛	庚	己	戊	丁	丙	乙	甲	癸	壬	辛	庚	己	戊	丁	丙	乙	甲	癸	壬	辛	庚	己	戊	丁	丙	乙
일진(지지)	卯	寅	丑	子	亥	戌	酉	申	未	午	巳	辰	卯	寅	丑	子	亥	戌	酉	申	未	午	巳	辰	卯	寅	丑	子	亥
요일	월	일	토	금	목	수	화	월	일	토	금	목	수	화	월	일	토	금	목	수	화	월	일	토	금	목	수	화	월

윤7月小 백로

절기: 백로

음력	29	28	27	26	25	24	23	22	21	20	19	18	17	16	15	14	13	12	11	10	9	8	7	6	5	4	3	2	1
순행	6	6	7	7	7	8	8	8	9	9	10	10		1	1	1	2	2	2	3	3	3	4	4	4	5	5	5	
역행	4	4	4	3	3	3	2	2	2	1	1	1		10	10	9	9	9	8	8	8	7	7	7	6	6	6	5	
월	09																					08							
양력(일)	20	19	18	17	16	15	14	13	12	11	10	9	8	7	6	5	4	3	2	1	31	30	29	28	27	26	25	24	23
일진(천간)	壬	辛	庚	己	戊	丁	丙	乙	甲	癸	壬	辛	庚	己	戊	丁	丙	乙	甲	癸	壬	辛	庚	己	戊	丁	丙	乙	甲
일진(지지)	申	未	午	巳	辰	卯	寅	丑	子	亥	戌	酉	申	未	午	巳	辰	卯	寅	丑	子	亥	戌	酉	申	未	午	巳	辰
요일	화	월	일	토	금	목	수	화	월	일	토	금	목	수	화	월	일	토	금	목	수	화	월	일	토	금	목	수	화

8月大(癸酉) 백로

절기: 한로 / 추분

음력	30	29	28	27	26	25	24	23	22	21	20	19	18	17	16	15	14	13	12	11	10	9	8	7	6	5	4	3	2	1
순행	6	6	7	7	7	8	8	8	9	9	9	10		1	1	1	2	2	2	3	3	3	4	4	4	5	5	5		6
역행	4	4	3	3	3	2	2	2	1	1	1		10	10	9	9	9	8	8	8	7	7	7	6	6	6	5			
월	10																					09								
양력(일)	20	19	18	17	16	15	14	13	12	11	10	9	8	7	6	5	4	3	2	1	30	29	28	27	26	25	24	23	22	21
일진(천간)	壬	辛	庚	己	戊	丁	丙	乙	甲	癸	壬	辛	庚	己	戊	丁	丙	乙	甲	癸	壬	辛	庚	己	戊	丁	丙	乙	甲	癸
일진(지지)	寅	丑	子	亥	戌	酉	申	未	午	巳	辰	卯	寅	丑	子	亥	戌	酉	申	未	午	巳	辰	卯	寅	丑	子	亥	戌	酉
요일	목	수	화	월	일	토	금	목	수	화	월	일	토	금	목	수	화	월	일	토	금	목	수	화	월	일	토	금	목	수

9月小(甲戌) 한로

절기: 입동 / 상강

음력	29	28	27	26	25	24	23	22	21	20	19	18	17	16	15	14	13	12	11	10	9	8	7	6	5	4	3	2	1
순행	6	6	7	7	7	8	8	8	9	9	10		1	1	1	2	2	2	3	3	3	4	4	4	5	5	5		
역행	4	3	3	3	2	2	2	1	1	1		10	9	9	9	8	8	8	7	7	7	6	6	6	5	5	4		
월	11																					10							
양력(일)	18	17	16	15	14	13	12	11	10	9	8	7	6	5	4	3	2	1	31	30	29	28	27	26	25	24	23	22	21
일진(천간)	辛	庚	己	戊	丁	丙	乙	甲	癸	壬	辛	庚	己	戊	丁	丙	乙	甲	癸	壬	辛	庚	己	戊	丁	丙	乙	甲	癸
일진(지지)	未	午	巳	辰	卯	寅	丑	子	亥	戌	酉	申	未	午	巳	辰	卯	寅	丑	子	亥	戌	酉	申	未	午	巳	辰	卯
요일	금	목	수	화	월	일	토	금	목	수	화	월	일	토	금	목	수	화	월	일	토	금	목	수	화	월	일	토	금

10月大(乙亥) 입동

절기: 대설 / 소설

음력	30	29	28	27	26	25	24	23	22	21	20	19	18	17	16	15	14	13	12	11	10	9	8	7	6	5	4	3	2	1
순행	6	6	7	7	7	8	8	8	9	9	9		1	1	1	2	2	2	3	3	3	4	4	4	5	5	5		6	
역행	4	3	3	3	2	2	2	1	1	1		10	9	9	9	8	8	8	7	7	7	6	6	6	5	5	4			
월	12																					11								
양력(일)	18	17	16	15	14	13	12	11	10	9	8	7	6	5	4	3	2	1	30	29	28	27	26	25	24	23	22	21	20	19
일진(천간)	辛	庚	己	戊	丁	丙	乙	甲	癸	壬	辛	庚	己	戊	丁	丙	乙	甲	癸	壬	辛	庚	己	戊	丁	丙	乙	甲	癸	壬
일진(지지)	丑	子	亥	戌	酉	申	未	午	巳	辰	卯	寅	丑	子	亥	戌	酉	申	未	午	巳	辰	卯	寅	丑	子	亥	戌	酉	申
요일	일	토	금	목	수	화	월	일	토	금	목	수	화	월	일	토	금	목	수	화	월	일	토	금	목	수	화	월	일	토

11月大(丙子) 대설

절기: 소한 / 동지

음력	30	29	28	27	26	25	24	23	22	21	20	19	18	17	16	15	14	13	12	11	10	9	8	7	6	5	4	3	2	1
순행	6	6	6	7	7	7	8	8	8	9	9		1	1	1	2	2	2	3	3	3	4	4	4	5	5	5		6	
역행	4	4	3	3	3	2	2	2	1	1	1		10	9	9	9	8	8	8	7	7	7	6	6	6	5	5	4		
월	01																					12								
양력(일)	17	16	15	14	13	12	11	10	9	8	7	6	5	4	3	2	1	31	30	29	28	27	26	25	24	23	22	21	20	19
일진(천간)	辛	庚	己	戊	丁	丙	乙	甲	癸	壬	辛	庚	己	戊	丁	丙	乙	甲	癸	壬	辛	庚	己	戊	丁	丙	乙	甲	癸	壬
일진(지지)	未	午	巳	辰	卯	寅	丑	子	亥	戌	酉	申	未	午	巳	辰	卯	寅	丑	子	亥	戌	酉	申	未	午	巳	辰	卯	寅
요일	화	월	일	토	금	목	수	화	월	일	토	금	목	수	화	월	일	토	금	목	수	화	월	일	토	금	목	수	화	월

12月大(丁丑) 소한

절기: 입춘 / 대한

음력	30	29	28	27	26	25	24	23	22	21	20	19	18	17	16	15	14	13	12	11	10	9	8	7	6	5	4	3	2	1
순행	6	6	6	7	7	7	8	8	8	9	9		1	1	1	2	2	2	3	3	3	4	4	4	5	5	5		6	
역행	4	4	3	3	3	2	2	2	1	1	1		9	9	9	8	8	8	7	7	7	6	6	6	5	5	4			
월	02																					01								
양력(일)	16	15	14	13	12	11	10	9	8	7	6	5	4	3	2	1	31	30	29	28	27	26	25	24	23	22	21	20	19	18
일진(천간)	辛	庚	己	戊	丁	丙	乙	甲	癸	壬	辛	庚	己	戊	丁	丙	乙	甲	癸	壬	辛	庚	己	戊	丁	丙	乙	甲	癸	壬
일진(지지)	丑	子	亥	戌	酉	申	未	午	巳	辰	卯	寅	丑	子	亥	戌	酉	申	未	午	巳	辰	卯	寅	丑	子	亥	戌	酉	申
요일	수	화	월	일	토	금	목	수	화	월	일	토	금	목	수	화	월	일	토	금	목	수	화	월	일	토	금	목	수	화

여자 사주에 子·午·卯·酉가 있고 合이 많으면 천한 여자 팔자이다.

상문 : 卯　대장군 : 西
조객 : 亥　삼　재 : 巳酉丑
삼살 : 東

乙丑年

서기 2045년
단기 4378년

1月大(戊寅)입춘

													경칩													우수				절기
30	29	28	27	26	25	24	23	22	21	20	19	18	17	16	15	14	13	12	11	10	9	8	7	6	5	4	3	2	1	음력
6	6	6	7	7	7	8	8	8						1	1	1		1	1	2	2	2	3	3	3	4	4	5	5	순행
4	4	4	3	3	3	2	2	2	1	1	1			10	9	9	9	8	8	8	7	7	7	6	6	6	5	5	5	역행
												03																02		월
18	17	16	15	14	13	12	11	10	9	8	7	6	5	4	3	2	1	28	27	26	25	24	23	22	21	20	19	18	17	일
辛	庚	己	戊	丁	丙	乙	甲	癸	壬	辛	庚	己	戊	丁	丙	乙	甲	癸	壬	辛	庚	己	戊	丁	丙	乙	甲	癸	壬	일진
未	午	巳	辰	卯	寅	丑	子	亥	戌	酉	申	未	午	巳	辰	卯	寅	丑	子	亥	戌	酉	申	未	午	巳	辰	卯	寅	
토	금	목	수	화	월	일	토	금	목	수	화	월	일	토	금	목	수	화	월	일	토	금	목	수	화	월	일	토	금	요일

2月小(己卯)경칩

													청명													춘분			절기
29	28	27	26	25	24	23	22	21	20	19	18	17	16	15	14	13	12	11	10	9	8	7	6	5	4	3	2	1	음력
6	7	7	7	8	8	8	9	9	10	10			1	1	1	1	2	2	2	3	3	3	4	4	4	5	5	5	순행
4	3	3	3	2	2	2	1	1	1			10	9	9	9	8	8	8	7	7	7	6	6	6	5	5	5		역행
										04															03				월
16	15	14	13	12	11	10	9	8	7	6	5	4	3	2	1	31	30	29	28	27	26	25	24	23	22	21	20	19	일
庚	己	戊	丁	丙	乙	甲	癸	壬	辛	庚	己	戊	丁	丙	乙	甲	癸	壬	辛	庚	己	戊	丁	丙	乙	甲	癸	壬	일진
子	亥	戌	酉	申	未	午	巳	辰	卯	寅	丑	子	亥	戌	酉	申	未	午	巳	辰	卯	寅	丑	子	亥	戌	酉	申	
일	토	금	목	수	화	월	일	토	금	목	수	화	월	일	토	금	목	수	화	월	일	토	금	목	수	화	월	일	요일

3月大(庚辰)청명

										입하															곡우				절기
30	29	28	27	26	25	24	23	22	21	20	19	18	17	16	15	14	13	12	11	10	9	8	7	6	5	4	3	2	1	음력
7	7	7	8	8	8	9	9	9	10	10		1	1	1	1	2	2	2	3	3	3	4	4	4	5	5	5			순행
4	3	3	3	2	2	2	1	1	1		10	9	9	9	8	8	8	7	7	7	6	6	6	5	5	5				역행
										05															04					월
16	15	14	13	12	11	10	9	8	7	6	5	4	3	2	1	30	29	28	27	26	25	24	23	22	21	20	19	18	17	일
庚	己	戊	丁	丙	乙	甲	癸	壬	辛	庚	己	戊	丁	丙	乙	甲	癸	壬	辛	庚	己	戊	丁	丙	乙	甲	癸	壬	辛	일진
午	巳	辰	卯	寅	丑	子	亥	戌	酉	申	未	午	巳	辰	卯	寅	丑	子	亥	戌	酉	申	未	午	巳	辰	卯	寅	丑	
화	월	일	토	금	목	수	화	월	일	토	금	목	수	화	월	일	토	금	목	수	화	월	일	토	금	목	수	화	월	요일

4月小(辛巳)입하

									망종															소만					절기
29	28	27	26	25	24	23	22	21	20	19	18	17	16	15	14	13	12	11	10	9	8	7	6	5	4	3	2	1	음력
8	8	8	9	9	9	10	10			1	1	1	1	2	2	2	3	3	3	4	4	4	5	5	5	6	6	6	순행
3	3	2	2	2	1	1	1			10	9	9	9	8	8	8	7	7	7	6	6	6	5	5	5	4	4	4	역행
									06															05					월
14	13	12	11	10	9	8	7	6	5	4	3	2	1	31	30	29	28	27	26	25	24	23	22	21	20	19	18	17	일
己	戊	丁	丙	乙	甲	癸	壬	辛	庚	己	戊	丁	丙	乙	甲	癸	壬	辛	庚	己	戊	丁	丙	乙	甲	癸	壬	辛	일진
亥	戌	酉	申	未	午	巳	辰	卯	寅	丑	子	亥	戌	酉	申	未	午	巳	辰	卯	寅	丑	子	亥	戌	酉	申	未	
수	화	월	일	토	금	목	수	화	월	일	토	금	목	수	화	월	일	토	금	목	수	화	월	일	토	금	목	수	요일

5月小(壬午)망종

		소서															하지												절기
29	28	27	26	25	24	23	22	21	20	19	18	17	16	15	14	13	12	11	10	9	8	7	6	5	4	3	2	1	음력
8	9	9	9	10	10		1	1	1	1	2	2	2	3	3	3	4	4	4	5	5	5	6	6	6	7	7	7	순행
2	2	1	1	1		10	10	9	9	9	8	8	8	7	7	7	6	6	6	5	5	5	4	4	4	3	3	3	역행
								07															06						월
13	12	11	10	9	8	7	6	5	4	3	2	1	30	29	28	27	26	25	24	23	22	21	20	19	18	17	16	15	일
戊	丁	丙	乙	甲	癸	壬	辛	庚	己	戊	丁	丙	乙	甲	癸	壬	辛	庚	己	戊	丁	丙	乙	甲	癸	壬	辛	庚	일진
辰	卯	寅	丑	子	亥	戌	酉	申	未	午	巳	辰	卯	寅	丑	子	亥	戌	酉	申	未	午	巳	辰	卯	寅	丑	子	
목	수	화	월	일	토	금	목	수	화	월	일	토	금	목	수	화	월	일	토	금	목	수	화	월	일	토	금	목	요일

6月大(癸未)소서·소서

		입추															대서												절기
30	29	28	27	26	25	24	23	22	21	20	19	18	17	16	15	14	13	12	11	10	9	8	7	6	5	4	3	2	1	음력
9	9	9	10	10		1	1	1	1	2	2	2	3	3	3	4	4	4	5	5	5	6	6	6	7	7	7	8	8	순행
2	1	1	1		10	10	9	9	9	8	8	8	7	7	7	6	6	6	5	5	5	4	4	4	3	3	3	2	2	역행
								08															07							월
12	11	10	9	8	7	6	5	4	3	2	1	31	30	29	28	27	26	25	24	23	22	21	20	19	18	17	16	15	14	일
戊	丁	丙	乙	甲	癸	壬	辛	庚	己	戊	丁	丙	乙	甲	癸	壬	辛	庚	己	戊	丁	丙	乙	甲	癸	壬	辛	庚	己	일진
戌	酉	申	未	午	巳	辰	卯	寅	丑	子	亥	戌	酉	申	未	午	巳	辰	卯	寅	丑	子	亥	戌	酉	申	未	午	巳	
토	금	목	수	화	월	일	토	금	목	수	화	월	일	토	금	목	수	화	월	일	토	금	목	수	화	월	일	토	금	요일

편재가 己申인데 편재운을 만나면 사기를 당한다.

백로 / 처서

절기	백로															처서													
음력	29	28	27	**26**	25	24	23	22	21	20	19	18	17	16	15	14	13	12	**11**	10	9	8	7	6	5	4	3	2	1
순행	9	10	10	1	1	1	1	2	2	2	3	3	3	4	4	4	5	5	5	6	6	6	7	7	7	8	8	8	
역행	1	1	1	10	10	9	9	9	8	8	8	7	7	7	6	6	6	5	5	5	4	4	4	3	3	3	2	2	2
월										09																		08	
일	10	9	8	7	6	5	4	3	2	1	31	30	29	28	27	26	25	24	23	22	21	20	19	18	17	16	15	14	13
일진	丁卯	丙寅	乙丑	甲子	癸亥	壬戌	辛酉	庚申	己未	戊午	丁巳	丙辰	乙卯	甲寅	癸丑	壬子	辛亥	庚戌	己酉	戊申	丁未	丙午	乙巳	甲辰	癸卯	壬寅	辛丑	庚子	己亥
요일	토	금	목	수	화	월	일	토	금	목	수	화	월	일	토	금	목	수	화	월	일	토	금	목	수	화	월	일	토

한로 / 추분

절기	한로															추분													
음력	29	**28**	27	26	25	24	23	22	21	20	19	18	17	16	15	14	13	**12**	11	10	9	8	7	6	5	4	3	2	1
순행	10	1	1	1	1	2	2	2	3	3	3	4	4	4	5	5	5	6	6	6	7	7	7	8	8	8	9	9	9
역행	1	10	10	9	9	9	8	8	8	7	7	7	6	6	6	5	5	5	4	4	4	3	3	3	2	2	2	1	1
월										10																		09	
일	9	8	7	6	5	4	3	2	1	30	29	28	27	26	25	24	23	22	21	20	19	18	17	16	15	14	13	12	11
일진	丙申	乙未	甲午	癸巳	壬辰	辛卯	庚寅	己丑	戊子	丁亥	丙戌	乙酉	甲申	癸未	壬午	辛巳	庚辰	己卯	戊寅	丁丑	丙子	乙亥	甲戌	癸酉	壬申	辛未	庚午	己巳	戊辰
요일	월	일	토	금	목	수	화	월	일	토	금	목	수	화	월	일	토	금	목	수	화	월	일	토	금	목	수	화	월

입동 / 상강

절기	입동															상강														
음력	30	**29**	28	27	26	25	24	23	22	21	20	19	18	17	16	15	**14**	13	12	11	10	9	8	7	6	5	4	3	2	1
순행	10	1	1	1	1	2	2	2	3	3	3	4	4	4	5	5	5	6	6	7	7	7	8	8	8	9	9	9		
역행	1	10	9	9	9	8	8	8	7	7	7	6	6	6	5	5	5	4	4	4	3	3	3	2	2	2	1	1	1	1
월										11																		10		
일	8	7	6	5	4	3	2	1	31	30	29	28	27	26	25	24	23	22	21	20	19	18	17	16	15	14	13	12	11	10
일진	丙寅	乙丑	甲子	癸亥	壬戌	辛酉	庚申	己未	戊午	丁巳	丙辰	乙卯	甲寅	癸丑	壬子	辛亥	庚戌	己酉	戊申	丁未	丙午	乙巳	甲辰	癸卯	壬寅	辛丑	庚子	己亥	戊戌	丁酉
요일	수	화	월	일	토	금	목	수	화	월	일	토	금	목	수	화	월	일	토	금	목	수	화	월	일	토	금	목	수	화

대설 / 소설

절기	대설															소설													
음력	**29**	28	27	26	25	24	23	22	21	20	19	18	17	16	15	**14**	13	12	11	10	9	8	7	6	5	4	3	2	1
순행		1	1	1	2	2	2	3	3	3	4	4	4	5	5	5	6	6	7	7	7	8	8	8	9	9	9	9	
역행		10	9	9	9	8	8	8	7	7	7	6	6	6	5	5	5	4	4	4	3	3	3	2	2	2	1	1	1
월										12																		11	
일	7	6	5	4	3	2	1	30	29	28	27	26	25	24	23	22	21	20	19	18	17	16	15	14	13	12	11	10	9
일진	乙未	甲午	癸巳	壬辰	辛卯	庚寅	己丑	戊子	丁亥	丙戌	乙酉	甲申	癸未	壬午	辛巳	庚辰	己卯	戊寅	丁丑	丙子	乙亥	甲戌	癸酉	壬申	辛未	庚午	己巳	戊辰	丁卯
요일	목	수	화	월	일	토	금	목	수	화	월	일	토	금	목	수	화	월	일	토	금	목	수	화	월	일	토	금	목

소한 / 동지

절기	소한															동지														
음력	30	**29**	28	27	26	25	24	23	22	21	20	19	18	17	16	15	**14**	13	12	11	10	9	8	7	6	5	4	3	2	1
순행	10	1	1	1	1	2	2	2	3	3	3	4	4	4	5	5	5	6	6	7	7	7	8	8	8	9	9	9	9	
역행	1	9	9	9	8	8	8	7	7	6	6	6	5	5	5	4	4	4	3	3	3	2	2	2	1	1	1	1	1	
월										01																		12		
일	6	5	4	3	2	1	31	30	29	28	27	26	25	24	23	22	21	20	19	18	17	16	15	14	13	12	11	10	9	8
일진	乙丑	甲子	癸亥	壬戌	辛酉	庚申	己未	戊午	丁巳	丙辰	乙卯	甲寅	癸丑	壬子	辛亥	庚戌	己酉	戊申	丁未	丙午	乙巳	甲辰	癸卯	壬寅	辛丑	庚子	己亥	戊戌	丁酉	丙申
요일	토	금	목	수	화	월	일	토	금	목	수	화	월	일	토	금	목	수	화	월	일	토	금	목	수	화	월	일	토	금

입춘 / 대한

절기	입춘															대한														
음력	30	**29**	28	27	26	25	24	23	22	21	20	19	18	17	16	15	**14**	13	12	11	10	9	8	7	6	5	4	3	2	1
순행	9	1	1	1	1	2	2	2	3	3	3	4	4	4	5	5	5	6	6	7	7	7	8	8	8	9	9	9	9	
역행	1	10	9	9	9	8	8	8	7	7	7	6	6	6	5	5	5	4	4	4	3	3	3	2	2	2	1	1	1	
월										02																		01		
일	5	4	3	2	1	31	30	29	28	27	26	25	24	23	22	21	20	19	18	17	16	15	14	13	12	11	10	9	8	7
일진	乙未	甲午	癸巳	壬辰	辛卯	庚寅	己丑	戊子	丁亥	丙戌	乙酉	甲申	癸未	壬午	辛巳	庚辰	己卯	戊寅	丁丑	丙子	乙亥	甲戌	癸酉	壬申	辛未	庚午	己巳	戊辰	丁卯	丙寅
요일	월	일	토	금	목	수	화	월	일	토	금	목	수	화	월	일	토	금	목	수	화	월	일	토	금	목	수	화	월	일

남자 사주에 財가 주격에 앉으면 처는 색욕이 강하다.

상문 : 辰　대장군 : 北
조객 : 子　삼　재 : 申子辰
삼살 : 北

丙寅年

서기 2046년
단기 4379년

1月大(庚寅)입춘

절기	경칩																	우수												
음력	30	29	28	27	26	25	24	23	22	21	20	19	18	17	16	15	14	13	12	11	10	9	8	7	6	5	4	3	2	1
순행	9	10		1	1	1	1	2	2	2	3	3	3	4	4	4	5	5	5	6	6	6	7	7	7	8	8	8	9	9
역행	1	1		9	9	9	8	8	8	7	7	7	6	6	6	5	5	5	4	4	4	3	3	3	2	2	2	1	1	1
월			03																											02
일	7	6	5	4	3	2	1	28	27	26	25	24	23	22	21	20	19	18	17	16	15	14	13	12	11	10	9	8	7	6
일진	乙丑	甲子	癸亥	壬戌	辛酉	庚申	己未	戊午	丁巳	丙辰	乙卯	甲寅	癸丑	壬子	辛亥	庚戌	己酉	戊申	丁未	丙午	乙巳	甲辰	癸卯	壬寅	辛丑	庚子	己亥	戊戌	丁酉	丙申
요일	수	화	월	일	토	금	목	수	화	월	일	토	금	목	수	화	월	일	토	금	목	수	화	월	일	토	금	목	수	화

2月小(辛卯)경칩

절기	청명																춘분												
음력	29	28	27	26	25	24	23	22	21	20	19	18	17	16	15	14	13	12	11	10	9	8	7	6	5	4	3	2	1
순행		10	1	1	1	1	2	2	2	3	3	4	4	4	5	5	5	6	6	6	7	7	7	8	8	8	9	9	9
역행		1	10	9	9	9	8	8	8	7	7	6	6	6	5	5	5	4	4	4	3	3	3	2	2	2	1	1	1
월			04																										03
일	5	4	3	2	1	31	30	29	28	27	26	25	24	23	22	21	20	19	18	17	16	15	14	13	12	11	10	9	8
일진	甲午	癸巳	壬辰	辛卯	庚寅	己丑	戊子	丁亥	丙戌	乙酉	甲申	癸未	壬午	辛巳	庚辰	己卯	戊寅	丁丑	丙子	乙亥	甲戌	癸酉	壬申	辛未	庚午	己巳	戊辰	丁卯	丙寅
요일	목	수	화	월	일	토	금	목	수	화	월	일	토	금	목	수	화	월	일	토	금	목	수	화	월	일	토	금	목

3月大(壬辰)청명

절기	입하														곡우															
음력	30	29	28	27	26	25	24	23	22	21	20	19	18	17	16	15	14	13	12	11	10	9	8	7	6	5	4	3	2	1
순행	1	1	1	1	2	2	2	3	3	3	4	4	4	5	5	6	6	6	7	7	7	8	8	8	9	9	9	10		
역행	10	10	9	9	9	8	8	8	7	7	7	6	6	6	5	5	4	4	4	3	3	3	2	2	2	1	1	1		
월			05																											04
일	5	4	3	2	1	30	29	28	27	26	25	24	23	22	21	20	19	18	17	16	15	14	13	12	11	10	9	8	7	6
일진	甲子	癸亥	壬戌	辛酉	庚申	己未	戊午	丁巳	丙辰	乙卯	甲寅	癸丑	壬子	辛亥	庚戌	己酉	戊申	丁未	丙午	乙巳	甲辰	癸卯	壬寅	辛丑	庚子	己亥	戊戌	丁酉	丙申	乙未
요일	토	금	목	수	화	월	일	토	금	목	수	화	월	일	토	금	목	수	화	월	일	토	금	목	수	화	월	일	토	금

4月大(癸巳)입하

절기														소만																
음력	30	29	28	27	26	25	24	23	22	21	20	19	18	17	16	15	14	13	12	11	10	9	8	7	6	5	4	3	2	1
순행	1	1	1	2	2	2	3	3	3	4	4	4	5	5	5	6	6	6	7	7	7	8	8	8	9	9	9	10	10	
역행	10	10	9	9	9	8	8	8	7	7	7	6	6	6	5	5	5	4	4	4	3	3	3	2	2	2	1	1	1	
월			06																										05	
일	4	3	2	1	31	30	29	28	27	26	25	24	23	22	21	20	19	18	17	16	15	14	13	12	11	10	9	8	7	6
일진	甲午	癸巳	壬辰	辛卯	庚寅	己丑	戊子	丁亥	丙戌	乙酉	甲申	癸未	壬午	辛巳	庚辰	己卯	戊寅	丁丑	丙子	乙亥	甲戌	癸酉	壬申	辛未	庚午	己巳	戊辰	丁卯	丙寅	乙丑
요일	월	일	토	금	목	수	화	월	일	토	금	목	수	화	월	일	토	금	목	수	화	월	일	토	금	목	수	화	월	일

5月小(甲午)망종

절기															하지														망종
음력	29	28	27	26	25	24	23	22	21	20	19	18	17	16	15	14	13	12	11	10	9	8	7	6	5	4	3	2	1
순행		1	2	2	2	3	3	3	4	4	4	5	5	6	6	6	7	7	7	8	8	8	9	9	9	10	10	10	
역행		9	9	9	8	8	8	7	7	6	6	5	5	5	4	4	4	3	3	3	2	2	2	1	1	1			
월			07																								06		
일	3	2	1	30	29	28	27	26	25	24	23	22	21	20	19	18	17	16	15	14	13	12	11	10	9	8	7	6	5
일진	癸亥	壬戌	辛酉	庚申	己未	戊午	丁巳	丙辰	乙卯	甲寅	癸丑	壬子	辛亥	庚戌	己酉	戊申	丁未	丙午	乙巳	甲辰	癸卯	壬寅	辛丑	庚子	己亥	戊戌	丁酉	丙申	乙未
요일	화	월	일	토	금	목	수	화	월	일	토	금	목	수	화	월	일	토	금	목	수	화	월	일	토	금	목	수	화

6月小(乙未)소서

절기										대서																소서			
음력	29	28	27	26	25	24	23	22	21	20	19	18	17	16	15	14	13	12	11	10	9	8	7	6	5	4	3	2	1
순행	2	2	3	3	3	4	4	4	5	5	5	6	6	6	7	7	7	8	8	8	9	9	9	10	10	10			
역행	8	8	8	7	7	7	6	6	6	5	5	5	4	4	4	3	3	2	2	2	1	1	1			10	10	10	
월	08																									07			
일	1	31	30	29	28	27	26	25	24	23	22	21	20	19	18	17	16	15	14	13	12	11	10	9	8	7	6	5	4
일진	壬辰	辛卯	庚寅	己丑	戊子	丁亥	丙戌	乙酉	甲申	癸未	壬午	辛巳	庚辰	己卯	戊寅	丁丑	丙子	乙亥	甲戌	癸酉	壬申	辛未	庚午	己巳	戊辰	丁卯	丙寅	乙丑	甲子
요일	수	화	월	일	토	금	목	수	화	월	일	토	금	목	수	화	월	일	토	금	목	수	화	월	일	토	금	목	수

편관이 己申인데 편관운을 만나면 강간을 당한다.

절기						처서																입추							
음력	30	29	28	27	26	25	22	21	20	19	18	17	16	15	14	13	12	11	10	9	8	7	6	5	4	3	2	1
순행	2	3	3	3	4	4	4	5	5	5	6	6	6	7	7	7	8	8	8	9	9	9	10		1	1	1	1	2
역행	8	8	7	7	7	6	6	6	5	5	5	4	4	4	3	3	3	2	2	2	1	1	1		10	10	9	9	9
월/양력																							08					
일	31	30	29	28	27	26	25	24	23	22	21	20	19	18	17	16	15	14	13	12	11	10	9	8	7	6	5	4	3	2
일진	壬戌	辛酉	庚申	己未	戊午	丁巳	丙辰	乙卯	甲寅	癸丑	壬子	辛亥	庚戌	己酉	戊申	丁未	丙午	乙巳	甲辰	癸卯	壬寅	辛丑	庚子	己亥	戊戌	丁酉	丙申	乙未	甲午	癸巳
요일	금	목	수	화	월	일	토	금	목	수	화	월	일	토	금	목	수	화	월	일	토	금	목	수	화	월	일	토	금	목

7月大(丙申)입추

절기					주분(추분)															백로					
음력	29	28	27	26	25	24	23	22	21	20	19	18	17	16	15	14	13	12	11	10	9	7	6	5	4	3	2	1
순행	3	3	4	4	4	5	5	5	6	6	6	7	7	7	8	8	8	9	9	10	10		1	1	1	1	2	2
역행	7	7	7	6	6	6	5	5	5	4	4	4	3	3	3	2	2	2	1	1	1		10	10	9	9	9	9
월/양력																							09					
일	29	28	27	26	25	24	23	22	21	20	19	18	17	16	15	14	13	12	11	10	9	8	7	6	5	4	3	2	1
일진	辛卯	庚寅	己丑	戊子	丁亥	丙戌	乙酉	甲申	癸未	壬午	辛巳	庚辰	己卯	戊寅	丁丑	丙子	乙亥	甲戌	癸酉	壬申	辛未	庚午	己巳	戊辰	丁卯	丙寅	乙丑	甲子	癸亥
요일	토	금	목	수	화	월	일	토	금	목	수	화	월	일	토	금	목	수	화	월	일	토	금	목	수	화	월	일	토

8月小(丁酉)백로

절기					상강														한로					
음력	29	28	27	26	25	24	23	22	21	20	19	18	17	16	15	14	13	12	11	10	9	8	7	6	5	4	3	2	1
순행	3	4	4	4	5	5	5	6	6	6	7	7	7	8	8	9	9	9	10		1	1	1	1	2	2	2	3
역행	7	6	6	6	5	5	5	4	4	4	3	3	3	2	2	2	1	1	1		10	10	9	9	9	8	8	8
월/양력																			10	09								
일	28	27	26	25	24	23	22	21	20	19	18	17	16	15	14	13	12	11	10	9	8	7	6	5	4	3	2	1	30
일진	庚申	己未	戊午	丁巳	丙辰	乙卯	甲寅	癸丑	壬子	辛亥	庚戌	己酉	戊申	丁未	丙午	乙巳	甲辰	癸卯	壬寅	辛丑	庚子	己亥	戊戌	丁酉	丙申	乙未	甲午	癸巳	壬辰
요일	일	토	금	목	수	화	월	일	토	금	목	수	화	월	일	토	금	목	수	화	월	일	토	금	목	수	화	월	일

9月小(戊戌)한로

절기					소설													입동						
음력	30	29	28	27	26	25	24	23	22	21	20	19	18	17	16	15	14	13	12	11	10	9	8	7	6	5	4	3	2	1
순행	3	4	4	4	5	5	5	6	6	6	7	7	7	8	8	8	9	9	10		1	1	1	1	2	2	2	3
역행	7	6	6	6	5	5	5	4	4	4	3	3	3	2	2	2	1	1	1		10	9	9	9	8	8	8	7
월/양력																			11	10								
일	27	26	25	24	23	22	21	20	19	18	17	16	15	14	13	12	11	10	9	8	7	6	5	4	3	2	1	31	30	29
일진	庚寅	己丑	戊子	丁亥	丙戌	乙酉	甲申	癸未	壬午	辛巳	庚辰	己卯	戊寅	丁丑	丙子	乙亥	甲戌	癸酉	壬申	辛未	庚午	己巳	戊辰	丁卯	丙寅	乙丑	甲子	癸亥	壬戌	辛酉
요일	화	월	일	토	금	목	수	화	월	일	토	금	목	수	화	월	일	토	금	목	수	화	월	일	토	금	목	수	화	월

10月大(己亥)입동

절기					동지													대설						
음력	29	28	27	26	25	24	23	22	21	20	19	18	17	16	15	14	13	12	11	10	9	8	7	6	5	4	3	2	1
순행	3	4	4	4	5	5	5	6	6	7	7	7	8	8	8	9	9	9	1	1	1	2	2	2	3
역행	6	6	6	5	5	5	4	4	4	3	3	2	2	2	1	1	1		10	9	9	9	8	8	8	7	7
월/양력																		12	11								
일	26	25	24	23	22	21	20	19	18	17	16	15	14	13	12	11	10	9	8	7	6	5	4	3	2	1	30	29	28
일진	己未	戊午	丁巳	丙辰	乙卯	甲寅	癸丑	壬子	辛亥	庚戌	己酉	戊申	丁未	丙午	乙巳	甲辰	癸卯	壬寅	辛丑	庚子	己亥	戊戌	丁酉	丙申	乙未	甲午	癸巳	壬辰	辛卯
요일	수	화	월	일	토	금	목	수	화	월	일	토	금	목	수	화	월	일	토	금	목	수	화	월	일	토	금	목	수

11月小(庚子)대설

절기					대한													소한						
음력	30	29	28	27	26	25	24	23	22	21	20	19	18	17	16	15	14	13	12	11	10	9	8	7	6	5	4	3	2	1
순행	3	4	4	4	5	5	5	6	6	6	7	7	7	8	8	9	9	10		1	1	1	2	2	2	3	3
역행	7	6	6	6	5	5	5	4	4	4	3	3	3	2	2	2	1	1		10	9	9	9	8	8	8	7	7
월/양력																		01	12								
일	25	24	23	22	21	20	19	18	17	16	15	14	13	12	11	10	9	8	7	6	5	4	3	2	1	31	30	29	28	27
일진	己丑	戊子	丁亥	丙戌	乙酉	甲申	癸未	壬午	辛巳	庚辰	己卯	戊寅	丁丑	丙子	乙亥	甲戌	癸酉	壬申	辛未	庚午	己巳	戊辰	丁卯	丙寅	乙丑	甲子	癸亥	壬戌	辛酉	庚申
요일	금	목	수	화	월	일	토	금	목	수	화	월	일	토	금	목	수	화	월	일	토	금	목	수	화	월	일	토	금	목

12月大(辛丑)소한

남자 사주에 겁재도 있고 재도 왕하면 그의 처는 지나친 욕심쟁이다.

상문 : 巳　대장군 : 北
조객 : 丑　삼　재 : 申子辰
삼살 : 西

丁卯年

서기 2047년
단기 4380년

1月大(壬寅)입춘

절기						우수													입춘											
음력	30	29	28	27	26	25	24	23	22	21	20	19	18	17	16	15	14	13	12	11	10	9	8	7	6	5	4	3	2	1
순행	3	4	4	4	5	5	5	5	6	6	6	7	7	7	8	8	8	9	9	9	10	1	1	1	1	2	2	2	3	3
역행		7	6	6	6	5	5	5	4	4	4	3	3	3	2	2	2	1	1	1	10	9	9	9	8	8	8	7	7	
월																				02										01
일	24	23	22	21	20	19	18	17	16	15	14	13	12	11	10	9	8	7	6	5	4	3	2	1	31	30	29	28	27	26
일진	己未	戊午	丁巳	丙辰	乙卯	甲寅	癸丑	壬子	辛亥	庚戌	己酉	戊申	丁未	丙午	乙巳	甲辰	癸卯	壬寅	辛丑	庚子	己亥	戊戌	丁酉	丙申	乙未	甲午	癸巳	壬辰	辛卯	庚寅
요일	일	토	금	목	수	화	월	일	토	금	목	수	화	월	일	토	금	목	수	화	월	일	토	금	목	수	화	월	일	토

2月小(癸卯)경칩

절기					춘분														경칩										
음력	29	28	27	26	25	24	23	22	21	20	19	18	17	16	15	14	13	12	11	10	9	8	7	6	5	4	3	2	1
순행	4	4	4	5	5	5	6	6	6	7	7	7	8	8	9	9	9	10	1	1	1	1	2	2	2	3	3	3	
역행	6	6	6	5	5	5	4	4	4	3	3	3	2	2	1	1	1	10	9	9	9	8	8	8	7	7			
월																		03											02
일	25	24	23	22	21	20	19	18	17	16	15	14	13	12	11	10	9	8	7	6	5	4	3	2	1	28	27	26	25
일진	戊子	丁亥	丙戌	乙酉	甲申	癸未	壬午	辛巳	庚辰	己卯	戊寅	丁丑	丙子	乙亥	甲戌	癸酉	壬申	辛未	庚午	己巳	戊辰	丁卯	丙寅	乙丑	甲子	癸亥	壬戌	辛酉	庚申
요일	월	일	토	금	목	수	화	월	일	토	금	목	수	화	월	일	토	금	목	수	화	월	일	토	금	목	수	화	월

3月大(甲辰)청명

절기						곡우														청명										
음력	30	29	28	27	26	25	24	23	22	21	20	19	18	17	16	15	14	13	12	11	10	9	8	7	6	5	4	3	2	1
순행	4	4	4	5	5	6	6	6	7	7	7	8	8	8	9	9	10	1	1	1	1	2	2	2	3	3				
역행	6	6	6	5	5	4	4	4	3	3	3	2	2	2	1	1	10	9	9	9	8	8	8	7	7					
월																				04										03
일	24	23	22	21	20	19	18	17	16	15	14	13	12	11	10	9	8	7	6	5	4	3	2	1	31	30	29	28	27	26
일진	戊午	丁巳	丙辰	乙卯	甲寅	癸丑	壬子	辛亥	庚戌	己酉	戊申	丁未	丙午	乙巳	甲辰	癸卯	壬寅	辛丑	庚子	己亥	戊戌	丁酉	丙申	乙未	甲午	癸巳	壬辰	辛卯	庚寅	己丑
요일	수	화	월	일	토	금	목	수	화	월	일	토	금	목	수	화	월	일	토	금	목	수	화	월	일	토	금	목	수	화

4月大(乙巳)입하

절기				소만															입하											
음력	30	29	28	27	26	25	24	23	22	21	20	19	18	17	16	15	14	13	12	11	10	9	8	7	6	5	4	3	2	1
순행	4	5	5	5	6	6	6	7	7	7	8	8	8	9	9	10	1	1	1	1	2	2	2	3	3					
역행	6	6	6	5	5	5	4	4	4	3	3	3	2	2	1	1	10	9	9	9	8	8	8	7	7					
월																				05										04
일	24	23	22	21	20	19	18	17	16	15	14	13	12	11	10	9	8	7	6	5	4	3	2	1	30	29	28	27	26	25
일진	戊子	丁亥	丙戌	乙酉	甲申	癸未	壬午	辛巳	庚辰	己卯	戊寅	丁丑	丙子	乙亥	甲戌	癸酉	壬申	辛未	庚午	己巳	戊辰	丁卯	丙寅	乙丑	甲子	癸亥	壬戌	辛酉	庚申	己未
요일	금	목	수	화	월	일	토	금	목	수	화	월	일	토	금	목	수	화	월	일	토	금	목	수	화	월	일	토	금	목

5月小(丙午)망종

절기				하지															망종										
음력	29	28	27	26	25	24	23	22	21	20	19	18	17	16	15	14	13	12	11	10	9	8	7	6	5	4	3	2	1
순행	5	5	6	6	6	7	7	7	8	8	9	9	10	10	1	1	1	1	2	2	3	3	3	4	4				
역행	5	5	4	4	4	3	3	3	2	2	1	1	10	10	9	9	9	8	8	8	7	7							
월																		06											05
일	22	21	20	19	18	17	16	15	14	13	12	11	10	9	8	7	6	5	4	3	2	1	30	29	28	27	26	25	
일진	丁巳	丙辰	乙卯	甲寅	癸丑	壬子	辛亥	庚戌	己酉	戊申	丁未	丙午	乙巳	甲辰	癸卯	壬寅	辛丑	庚子	己亥	戊戌	丁酉	丙申	乙未	甲午	癸巳	壬辰	辛卯	庚寅	己丑
요일	토	금	목	수	화	월	일	토	금	목	수	화	월	일	토	금	목	수	화	월	일	토	금	목	수	화	월	일	토

윤5月大 소서

절기																소서														
음력	30	29	28	27	26	25	24	23	22	21	20	19	18	17	16	15	14	13	12	11	10	9	8	7	6	5	4	3	2	1
순행	5	6	6	7	7	7	8	8	9	9	10	10	1	1	1	1	2	2	3	3	3	4	4	5						
역행	5	4	4	3	3	3	2	2	1	1	10	10	9	9	9	8	8	7	7	7	6	6								
월																				07										06
일	22	21	20	19	18	17	16	15	14	13	12	11	10	9	8	7	6	5	4	3	2	1	30	29	28	27	26	25	24	23
일진	丁亥	丙戌	乙酉	甲申	癸未	壬午	辛巳	庚辰	己卯	戊寅	丁丑	丙子	乙亥	甲戌	癸酉	壬申	辛未	庚午	己巳	戊辰	丁卯	丙寅	乙丑	甲子	癸亥	壬戌	辛酉	庚申	己未	戊午
요일	월	일	토	금	목	수	화	월	일	토	금	목	수	화	월	일	토	금	목	수	화	월	일	토	금	목	수	화	월	일

月支가 寅이나 亡身殺이 있으면 그의 어머니는 재취팔자이다.

만세력 — 월별 일진표

6月小(丁未)소서

절기	입추 … 대서
음력	29 28 27 26 25 24 23 22 21 20 19 18 17 **16** 15 14 13 12 11 10 9 8 7 6 5 4 3 2 1
순행	6 7 7 7 8 8 8 9 9 9 10 10 10 / 1 1 1 1 2 2 2 3 3 3 4 4 4 5 5
역행	4 4 4 3 3 3 2 2 2 1 1 1 1 / 10 10 9 9 9 8 8 8 7 7 7 6 6 6
월	08 … 07
일	20 19 18 17 16 15 14 13 12 11 10 9 8 7 6 5 4 3 2 1 31 30 29 28 27 26 25 24 23
일진	丙乙甲癸壬辛庚己戊丁丙乙甲癸壬辛庚己戊丁丙乙甲癸壬辛庚己戊 辰卯寅丑子亥戌酉申未午巳辰卯寅丑子亥戌酉申未午巳辰卯寅丑子
요일	화 월 일 토 금 목 수 화 월 일 토 금 목 수 화 월 일 토 금 목 수 화 월 일 토 금 목 수 화

7月大(戊申)입추

절기	백로 … 처서
음력	30 29 28 27 26 25 24 23 22 21 20 **19** 18 17 16 15 14 13 12 11 10 9 8 7 6 5 **4** 3 2 1
순행	6 7 7 7 8 8 8 9 9 9 / 1 1 1 1 2 2 2 3 3 3 4 4 4 5 5 6 6
역행	4 3 3 3 2 2 2 1 1 1 / 10 10 10 9 9 9 8 8 8 7 7 7 6 6 6 5 5
월	09 … 08
일	19 18 17 16 15 14 13 12 11 10 9 8 7 6 5 4 3 2 1 31 30 29 28 27 26 25 24 23 22 21
일진	丙乙甲癸壬辛庚己戊丁丙乙甲癸壬辛庚己戊丁丙乙甲癸壬辛庚己戊丁 戌酉申未午巳辰卯寅丑子亥戌酉申未午巳辰卯寅丑子亥戌酉申未午巳
요일	목 수 화 월 일 토 금 목 수 화 월 일 토 금 목 수 화 월 일 토 금 목 수 화 월 일 토 금 목 수

8月小(己酉)백로

절기	한로 … 추분
음력	29 28 27 26 25 24 23 22 21 20 **19** 18 17 16 15 14 13 12 11 10 9 8 7 6 5 **4** 3 2 1
순행	7 7 7 8 8 8 9 9 9 / 1 1 1 2 2 2 3 3 3 4 4 4 5 5 5 6 6
역행	3 3 3 2 2 2 1 1 1 / 10 10 9 9 9 8 8 8 7 7 7 6 6 6 5 5 4
월	10 … 09
일	18 17 16 15 14 13 12 11 10 9 8 7 6 5 4 3 2 1 30 29 28 27 26 25 24 23 22 21 20
일진	乙甲癸壬辛庚己戊丁丙乙甲癸壬辛庚己戊丁丙乙甲癸壬辛庚己戊丁 卯寅丑子亥戌酉申未午巳辰卯寅丑子亥戌酉申未午巳辰卯寅丑子亥
요일	금 목 수 화 월 일 토 금 목 수 화 월 일 토 금 목 수 화 월 일 토 금 목 수 화 월 일 토 금

9月小(庚戌)한로

절기	입동 … 상강
음력	29 28 27 26 25 24 23 22 21 **20** 19 18 17 16 15 14 13 12 11 10 9 8 7 6 **5** 4 3 2 1
순행	7 7 8 8 8 9 9 9 / 1 1 1 2 2 2 3 3 3 4 4 4 5 5 5 6 6 6
역행	3 3 2 2 2 1 1 1 / 10 10 9 9 9 8 8 8 7 7 7 6 6 6 5 5 5 4 4
월	11 … 10
일	16 15 14 13 12 11 10 9 8 7 6 5 4 3 2 1 31 30 29 28 27 26 25 24 23 22 21 20 19
일진	甲癸壬辛庚己戊丁丙乙甲癸壬辛庚己戊丁丙乙甲癸壬辛庚己戊丁丙 申未午巳辰卯寅丑子亥戌酉申未午巳辰卯寅丑子亥戌酉申未午巳辰
요일	토 금 목 수 화 월 일 토 금 목 수 화 월 일 토 금 목 수 화 월 일 토 금 목 수 화 월 일 토

10月大(辛亥)입동

절기	대설 … 소설
음력	30 29 28 27 26 25 24 23 **22** 21 20 19 18 17 16 15 14 13 12 11 10 9 8 7 **6** 5 4 3 2 1
순행	7 7 8 8 8 9 9 9 10 / 1 1 1 2 2 2 3 3 3 4 4 4 5 5 5 6 6 6
역행	3 3 2 2 2 1 1 1 1 / 10 9 9 9 8 8 8 7 7 7 6 6 6 5 5 5 4 4 4
월	12 … 11
일	16 15 14 13 12 11 10 9 8 7 6 5 4 3 2 1 30 29 28 27 26 25 24 23 22 21 20 19 18 17
일진	甲癸壬辛庚己戊丁丙乙甲癸壬辛庚己戊丁丙乙甲癸壬辛庚己戊丁丙乙甲 寅丑子亥戌酉申未午巳辰卯寅丑子亥戌酉申未午巳辰卯寅丑子亥戌酉
요일	월 일 토 금 목 수 화 월 일 토 금 목 수 화 월 일 토 금 목 수 화 월 일 토 금 목 수 화 월 일

11月小(壬子)대설

절기	소한 … 동지
음력	29 28 27 26 25 24 23 22 21 **20** 19 18 17 16 15 14 13 12 11 10 9 8 7 **6** 5 4 3 2 1
순행	7 7 8 8 8 9 9 9 / 1 1 1 2 2 2 3 3 3 4 4 4 5 5 5 6 6 7
역행	3 3 2 2 2 1 1 1 / 10 9 9 9 8 8 8 7 7 7 6 6 6 5 5 5 4 4 3
월	01 … 12
일	14 13 12 11 10 9 8 7 6 5 4 3 2 1 31 30 29 28 27 26 25 24 23 22 21 20 19 18 17
일진	癸壬辛庚己戊丁丙乙甲癸壬辛庚己戊丁丙乙甲癸壬辛庚己戊丁丙乙甲 未午巳辰卯寅丑子亥戌酉申未午巳辰卯寅丑子亥戌酉申未午巳辰卯寅
요일	화 월 일 토 금 목 수 화 월 일 토 금 목 수 화 월 일 토 금 목 수 화 월 일 토 금 목 수 화

12月大(癸丑)소한

절기	입춘 … 대한
음력	30 29 28 27 26 25 24 23 **22** 21 20 19 18 17 16 15 14 13 12 11 10 9 8 **7** 6 5 4 3 2 1
순행	7 7 8 8 8 9 9 9 10 / 1 1 1 2 2 2 3 3 3 4 4 4 5 5 5 6 6 7
역행	3 3 2 2 2 1 1 1 1 / 9 9 9 8 8 8 7 7 7 6 6 6 5 5 5 4 4 3
월	02 … 01
일	13 12 11 10 9 8 7 6 5 4 3 2 1 31 30 29 28 27 26 25 24 23 22 21 20 19 18 17 16 15
일진	癸壬辛庚己戊丁丙乙甲癸壬辛庚己戊丁丙乙甲癸壬辛庚己戊丁丙乙甲癸 丑子亥戌酉申未午巳辰卯寅丑子亥戌酉申未午巳辰卯寅丑子亥戌酉申
요일	목 수 화 월 일 토 금 목 수 화 월 일 토 금 목 수 화 월 일 토 금 목 수 화 월 일 토 금 목 수

남자 사주에 일지에 역마가 있고 재가 있으면, 처는 게으르고 공상가다.

상문 : 午　대장군 : 北
조객 : 寅　삼　재 : 申子辰
삼살 : 南

戊辰年

서기 2048년
단기 4381년

1月火(甲寅)입춘 — 절기 경칩 / 우수

음력	29 28 27 26 25 24 23 22 21 ‖ 20 19 18 17 16 15 14 13 12 11 10 9 8 7 6 5 4 3 2 1
대운 순행	7 8 8 8 9 9 9 ‖ 1 1 1 1 2 2 2 3 3 3 4 4 4 5 5 5 6 6 6 7
대운 역행	3 2 2 2 1 1 1 ‖ 10 9 9 9 8 8 8 7 7 7 6 6 6 5 5 5 4 4 4 3
양력 월	03 … 02
양력 일	13 12 11 10 9 8 7 6 5 4 3 2 1 ‖ 29 28 27 26 25 24 23 22 21 20 19 18 17 16 15 14
일진	壬午 辛巳 庚辰 己卯 戊寅 丁丑 丙子 乙亥 甲戌 癸酉 壬申 辛未 庚午 己巳 戊辰 丁卯 丙寅 乙丑 甲子 癸亥 壬戌 辛酉 庚申 己未 戊午 丁巳 丙辰 乙卯 甲寅
요일	금 목 수 화 월 일 토 금 목 수 화 월 일 토 금 목 수 화 월 일 토 금 목 수 화 월 일 토 금

2月大(乙卯)경칩 — 절기 청명 / 춘분

음력	30 29 28 27 26 25 24 23 22 ‖ 21 20 19 18 17 16 15 14 13 12 11 10 9 8 7 6 5 4 3 2 1
대운 순행	8 8 8 9 9 9 10 10 ‖ 1 1 1 1 2 2 2 3 3 3 4 4 4 5 5 5 6 6 6 7 7
대운 역행	3 2 2 2 1 1 1 ‖ 10 9 9 9 8 8 8 7 7 7 6 6 6 5 5 5 4 4 4 3 3
양력 월	04 … 03
양력 일	12 11 10 9 8 7 6 5 4 3 2 1 ‖ 31 30 29 28 27 26 25 24 23 22 21 20 19 18 17 16 15 14
일진	壬子 辛亥 庚戌 己酉 戊申 丁未 丙午 乙巳 甲辰 癸卯 壬寅 辛丑 庚子 己亥 戊戌 丁酉 丙申 乙未 甲午 癸巳 壬辰 辛卯 庚寅 己丑 戊子 丁亥 丙戌 乙酉 甲申 癸未
요일	일 토 금 목 수 화 월 일 토 금 목 수 화 월 일 토 금 목 수 화 월 일 토 금 목 수 화 월 일 토

3月大(丙辰)청명 — 절기 입하 / 곡우

음력	30 29 28 27 26 25 24 23 ‖ 22 21 20 19 18 17 16 15 14 13 12 11 10 9 8 7 6 5 4 3 2 1
대운 순행	8 8 9 9 9 10 10 ‖ 1 1 1 1 2 2 2 3 3 4 4 4 5 5 5 6 6 6 7 7 7
대운 역행	2 2 1 1 1 ‖ 10 9 9 9 8 8 8 7 7 7 6 6 6 5 5 5 4 4 4 3 3
양력 월	05 … 04
양력 일	12 11 10 9 8 7 6 5 4 3 2 1 ‖ 30 29 28 27 26 25 24 23 22 21 20 19 18 17 16 15 14
일진	壬午 辛巳 庚辰 己卯 戊寅 丁丑 丙子 乙亥 甲戌 癸酉 壬申 辛未 庚午 己巳 戊辰 丁卯 丙寅 乙丑 甲子 癸亥 壬戌 辛酉 庚申 己未 戊午 丁巳 丙辰 乙卯 甲寅 癸丑
요일	화 월 일 토 금 목 수 화 월 일 토 금 목 수 화 월 일 토 금 목 수 화 월 일 토 금 목 수 화 월

4月小(丁巳)입하 — 절기 망종 / 소만

음력	29 28 27 26 25 24 23 22 21 20 ‖ 19 18 17 16 15 14 13 12 11 10 9 8 7 6 5 4 3 2 1
대운 순행	9 9 9 10 10 ‖ 1 1 1 1 2 2 2 3 3 3 4 4 4 5 5 5 6 6 6 7 7 7
대운 역행	2 1 1 1 ‖ 10 9 9 9 8 8 8 7 7 7 6 6 6 5 5 5 4 4 4 3 3
양력 월	06 … 05
양력 일	10 9 8 7 6 5 4 3 2 1 ‖ 31 30 29 28 27 26 25 24 23 22 21 20 19 18 17 16 15 14 13
일진	辛亥 庚戌 己酉 戊申 丁未 丙午 乙巳 甲辰 癸卯 壬寅 辛丑 庚子 己亥 戊戌 丁酉 丙申 乙未 甲午 癸巳 壬辰 辛卯 庚寅 己丑 戊子 丁亥 丙戌 乙酉 甲申 癸未
요일	수 화 월 일 토 금 목 수 화 월 일 토 금 목 수 화 월 일 토 금 목 수 화 월 일 토 금 목 수

5月大(戊午)망종 — 절기 소서 / 하지

음력	30 29 28 27 26 25 24 23 22 21 20 ‖ 19 18 17 16 15 14 13 12 11 10 9 8 7 6 5 4 3 2 1
대운 순행	9 10 10 10 ‖ 1 1 1 1 2 2 2 3 3 4 4 4 5 5 6 6 6 7 7 7 8 8 8
대운 역행	1 1 1 ‖ 10 9 9 9 8 8 8 7 7 7 6 6 6 5 5 5 4 4 4 3 3 2 2
양력 월	07 … 06
양력 일	10 9 8 7 6 5 4 3 2 1 ‖ 30 29 28 27 26 25 24 23 22 21 20 19 18 17 16 15 14 13 12 11
일진	辛巳 庚辰 己卯 戊寅 丁丑 丙子 乙亥 甲戌 癸酉 壬申 辛未 庚午 己巳 戊辰 丁卯 丙寅 乙丑 甲子 癸亥 壬戌 辛酉 庚申 己未 戊午 丁巳 丙辰 乙卯 甲寅 癸丑 壬子
요일	금 목 수 화 월 일 토 금 목 수 화 월 일 토 금 목 수 화 월 일 토 금 목 수 화 월 일 토 금 목

6月大(己未)소서 — 절기 입추 / 대서

음력	30 29 28 27 26 25 24 23 22 21 20 ‖ 19 18 17 16 15 14 13 12 11 10 9 8 7 6 5 4 3 2 1
대운 순행	10 10 ‖ 1 1 1 1 2 2 3 3 3 4 4 4 5 5 6 6 6 7 7 7 8 8 8
대운 역행	1 1 ‖ 10 10 10 9 9 9 8 8 7 7 7 6 6 6 5 5 5 4 4 4 3 3 3 2 2
양력 월	08 … 07
양력 일	9 8 7 6 5 4 3 2 1 ‖ 31 30 29 28 27 26 25 24 23 22 21 20 19 18 17 16 15 14 13 12 11
일진	辛亥 庚戌 己酉 戊申 丁未 丙午 乙巳 甲辰 癸卯 壬寅 辛丑 庚子 己亥 戊戌 丁酉 丙申 乙未 甲午 癸巳 壬辰 辛卯 庚寅 己丑 戊子 丁亥 丙戌 乙酉 甲申 癸未 壬午
요일	일 토 금 목 수 화 월 일 토 금 목 수 화 월 일 토 금 목 수 화 월 일 토 금 목 수 화 월 일 토

인수가 官과 合되고 일지와 합 된 사주는 어머니가 재취로 들어왔다.

만세력

7月小庚申입추 (백로 / 처서)

절기	백로																처서												
음력	29	28	27	26	25	24	23	22	21	20	19	18	17	16	15	14	13	12	11	10	9	8	7	6	5	4	3	2	1
순행	1	1	1	1	2	2	2	3	3	3	4	4	4	5	5	5	6	6	6	7	7	7	8	8	8	9	9	9	9
역행	10	10	9	9	9	8	8	8	7	7	7	6	6	6	5	5	5	4	4	4	3	3	3	2	2	2	1	1	1
월	09																						08						
일	7	6	5	4	3	2	1	31	30	29	28	27	26	25	24	23	22	21	20	19	18	17	16	15	14	13	12	11	10
일진	庚辰	己卯	戊寅	丁丑	丙子	乙亥	甲戌	癸酉	壬申	辛未	庚午	己巳	戊辰	丁卯	丙寅	乙丑	甲子	癸亥	壬戌	辛酉	庚申	己未	戊午	丁巳	丙辰	乙卯	甲寅	癸丑	壬子
요일	월	일	토	금	목	수	화	월	일	토	금	목	수	화	월	일	토	금	목	수	화	월	일	토	금	목	수	화	월

8月大辛酉백로 (한로 / 추분)

절기	한로														추분														
음력	30	29	28	27	26	25	24	23	22	21	20	19	18	17	16	15	14	13	12	11	10	9	8	7	6	5	4	3	2	1
순행	1	1	1	1	2	2	2	3	3	3	4	4	4	5	5	6	6	6	7	7	7	8	8	8	9	9	9	10
역행	10	9	9	9	8	8	8	7	7	7	6	6	6	5	5	4	4	4	3	3	3	2	2	2	1	1	1	1
월	10																						09						
일	7	6	5	4	3	2	1	30	29	28	27	26	25	24	23	22	21	20	19	18	17	16	15	14	13	12	11	10	9	8
일진	庚戌	己酉	戊申	丁未	丙午	乙巳	甲辰	癸卯	壬寅	辛丑	庚子	己亥	戊戌	丁酉	丙申	乙未	甲午	癸巳	壬辰	辛卯	庚寅	己丑	戊子	丁亥	丙戌	乙酉	甲申	癸未	壬午	辛巳
요일	수	화	월	일	토	금	목	수	화	월	일	토	금	목	수	화	월	일	토	금	목	수	화	월	일	토	금	목	수	화

9月小壬戌한로 (상강)

절기															상강														
음력	29	28	27	26	25	24	23	22	21	20	19	18	17	16	15	14	13	12	11	10	9	8	7	6	5	4	3	2	1
순행	1	1	1	2	2	2	3	3	3	4	4	4	5	5	6	6	6	7	7	7	8	8	8	9	9	9	10	10
역행	10	9	9	9	8	8	8	7	7	7	6	6	6	5	5	5	4	4	4	3	3	3	2	2	2	1	1	1	1
월	11																						10						
일	5	4	3	2	1	31	30	29	28	27	26	25	24	23	22	21	20	19	18	17	16	15	14	13	12	11	10	9	8
일진	己卯	戊寅	丁丑	丙子	乙亥	甲戌	癸酉	壬申	辛未	庚午	己巳	戊辰	丁卯	丙寅	乙丑	甲子	癸亥	壬戌	辛酉	庚申	己未	戊午	丁巳	丙辰	乙卯	甲寅	癸丑	壬子	辛亥
요일	목	수	화	월	일	토	금	목	수	화	월	일	토	금	목	수	화	월	일	토	금	목	수	화	월	일	토	금	목

10月大癸亥입동 (소설 / 입동)

절기														소설											입동				
음력	30	29	28	27	26	25	24	23	22	21	20	19	18	17	16	15	14	13	12	11	10	9	8	7	6	5	4	3	2	1
순행	1	1	1	2	2	2	3	3	3	4	4	5	5	6	6	6	7	7	7	8	8	8	9	9	9	1
역행	9	9	9	8	8	7	7	7	6	6	6	5	5	4	4	4	3	3	2	2	2	1	1	1	10
월	12																						11						
일	5	4	3	2	1	30	29	28	27	26	25	24	23	22	21	20	19	18	17	16	15	14	13	12	11	10	9	8	7	6
일진	己酉	戊申	丁未	丙午	乙巳	甲辰	癸卯	壬寅	辛丑	庚子	己亥	戊戌	丁酉	丙申	乙未	甲午	癸巳	壬辰	辛卯	庚寅	己丑	戊子	丁亥	丙戌	乙酉	甲申	癸未	壬午	辛巳	庚辰
요일	토	금	목	수	화	월	일	토	금	목	수	화	월	일	토	금	목	수	화	월	일	토	금	목	수	화	월	일	토	금

11月小甲子대설 (동지 / 대설)

절기													동지												대설				
음력	29	28	27	26	25	24	23	22	21	20	19	18	17	16	15	14	13	12	11	10	9	8	7	6	5	4	3	2	1
순행	1	1	1	2	2	2	3	3	3	4	4	4	5	5	5	6	6	7	7	7	8	8	8	9	9	10
역행	9	9	9	8	8	8	7	7	6	6	6	5	5	5	4	4	4	3	3	3	2	2	2	1	1	1
월	01																						12						
일	3	2	1	31	30	29	28	27	26	25	24	23	22	21	20	19	18	17	16	15	14	13	12	11	10	9	8	7	6
일진	戊寅	丁丑	丙子	乙亥	甲戌	癸酉	壬申	辛未	庚午	己巳	戊辰	丁卯	丙寅	乙丑	甲子	癸亥	壬戌	辛酉	庚申	己未	戊午	丁巳	丙辰	乙卯	甲寅	癸丑	壬子	辛亥	庚戌
요일	일	토	금	목	수	화	월	일	토	금	목	수	화	월	일	토	금	목	수	화	월	일	토	금	목	수	화	월	일

12月小乙丑소한 (대한 / 소한)

절기												대한														소한			
음력	29	28	27	26	25	24	23	22	21	20	19	18	17	16	15	14	13	12	11	10	9	8	7	6	5	4	3	2	1
순행	1	1	1	2	2	2	3	3	3	4	4	4	5	5	5	6	6	6	7	7	7	8	8	9	9	10
역행	9	9	9	8	8	7	7	7	6	6	6	5	5	5	4	4	4	3	3	2	2	2	1	1	1	10
월	02																						01						
일	1	31	30	29	28	27	26	25	24	23	22	21	20	19	18	17	16	15	14	13	12	11	10	9	8	7	6	5	4
일진	丁未	丙午	乙巳	甲辰	癸卯	壬寅	辛丑	庚子	己亥	戊戌	丁酉	丙申	乙未	甲午	癸巳	壬辰	辛卯	庚寅	己丑	戊子	丁亥	丙戌	乙酉	甲申	癸未	壬午	辛巳	庚辰	己卯
요일	월	일	토	금	목	수	화	월	일	토	금	목	수	화	월	일	토	금	목	수	화	월	일	토	금	목	수	화	월

남자 사주에 재가 많고 합이 많으면 여자들에게 정이 많다.

만세력 287

상문 : 未   대장군 : 東
조객 : 卯   삼 재 : 亥卯未
삼살 : 東

己巳年

1月大(丙寅)입춘

절기														우수														입춘		
음력	30	29	28	27	26	25	24	23	22	21	20	19	18	17	16	15	14	13	12	11	10	9	8	7	6	5	4	3	2	1
순행	1	1	1	2	2	2	3	3	3	4	4	4	5	5	5	6	6	6	7	7	7	8	8	8	9	9	9	10		
역행	9	9	9	8	8	8	7	7	7	6	6	6	5	5	5	4	4	4	3	3	3	2	2	2	1	1	1			9
월	03																												02	
일	3	2	1	28	27	26	25	24	23	22	21	20	19	18	17	16	15	14	13	12	11	10	9	8	7	6	5	4	3	2
일진	丁	丙	乙	甲	癸	壬	辛	庚	己	戊	丁	丙	乙	甲	癸	壬	辛	庚	己	戊	丁	丙	乙	甲	癸	壬	辛	庚	己	戊
	丑	子	亥	戌	酉	申	未	午	巳	辰	卯	寅	丑	子	亥	戌	酉	申	未	午	巳	辰	卯	寅	丑	子	亥	戌	酉	申
요일	수	화	월	토	금	목	수	화	월	일	토	금	목	수	화	월	일	토	금	목	수	화	월	일	토	금	목	수	화	월

2月小(丁卯)경칩

절기													춘분														경칩		
음력	29	28	27	26	25	24	23	22	21	20	19	18	17	16	15	14	13	12	11	10	9	8	7	6	5	4	3	2	1
순행	1	1	2	2	2	3	3	3	4	4	4	5	5	5	6	6	6	7	7	7	8	8	8	9	9	9	10		
역행	9	9	8	8	8	7	7	7	6	6	6	5	5	5	4	4	4	3	3	3	2	2	2	1	1	1			10
월	04																											03	
일	1	31	30	29	28	27	26	25	24	23	22	21	20	19	18	17	16	15	14	13	12	11	10	9	8	7	6	5	4
일진	丙	乙	甲	癸	壬	辛	庚	己	戊	丁	丙	乙	甲	癸	壬	辛	庚	己	戊	丁	丙	乙	甲	癸	壬	辛	庚	己	戊
	午	巳	辰	卯	寅	丑	子	亥	戌	酉	申	未	午	巳	辰	卯	寅	丑	子	亥	戌	酉	申	未	午	巳	辰	卯	寅
요일	목	수	화	월	일	토	금	목	수	화	월	일	토	금	목	수	화	월	일	토	금	목	수	화	월	일	토	금	목

3月大(戊辰)청명

절기											곡우															청명			
음력	30	29	28	27	26	25	24	23	22	21	20	19	18	17	16	15	14	13	12	11	10	9	8	7	6	5	4	3	2	1
순행	1	2	2	2	3	3	3	4	4	4	5	5	6	6	6	7	7	7	8	8	9	9	9	10	10		1	1	1	
역행	9	9	8	8	8	7	7	7	6	6	5	5	5	4	4	4	3	3	3	2	2	2	1	1	1				10	9
월	05																												04	
일	1	30	29	28	27	26	25	24	23	22	21	20	19	18	17	16	15	14	13	12	11	10	9	8	7	6	5	4	3	2
일진	丙	乙	甲	癸	壬	辛	庚	己	戊	丁	丙	乙	甲	癸	壬	辛	庚	己	戊	丁	丙	乙	甲	癸	壬	辛	庚	己	戊	丁
	子	亥	戌	酉	申	未	午	巳	辰	卯	寅	丑	子	亥	戌	酉	申	未	午	巳	辰	卯	寅	丑	子	亥	戌	酉	申	未
요일	토	금	목	수	화	월	일	토	금	목	수	화	월	일	토	금	목	수	화	월	일	토	금	목	수	화	월	일	토	금

4月小(己巳)입하

절기											소만														입하				
음력	29	28	27	26	25	24	23	22	21	20	19	18	17	16	15	14	13	12	11	10	9	8	7	6	5	4	3	2	1
순행	2	2	3	3	3	4	4	4	5	5	5	6	6	6	7	7	7	8	8	9	9	9	10	10		1	1	1	2
역행	8	8	8	7	7	6	6	6	5	5	5	4	4	4	3	3	3	2	2	2	1	1	1				10	9	9
월																												05	
일	30	29	28	27	26	25	24	23	22	21	20	19	18	17	16	15	14	13	12	11	10	9	8	7	6	5	4	3	2
일진	乙	甲	癸	壬	辛	庚	己	戊	丁	丙	乙	甲	癸	壬	辛	庚	己	戊	丁	丙	乙	甲	癸	壬	辛	庚	己	戊	丁
	巳	辰	卯	寅	丑	子	亥	戌	酉	申	未	午	巳	辰	卯	寅	丑	子	亥	戌	酉	申	未	午	巳	辰	卯	寅	丑
요일	일	토	금	목	수	화	월	일	토	금	목	수	화	월	일	토	금	목	수	화	월	일	토	금	목	수	화	월	일

5月大(庚午)망종

절기									하지														망종						
음력	30	29	28	27	26	25	24	23	22	21	20	19	18	17	16	15	14	13	12	11	10	9	8	7	6	5	4	3	2	1
순행	3	3	4	4	4	5	5	5	6	6	7	7	7	8	8	9	9	9	10	10	10		1	1	1	2
역행	8	8	7	7	7	6	6	6	5	5	4	4	3	3	3	2	2	2	1	1	1				10	10	9	9
월																									06	05	
일	29	28	27	26	25	24	23	22	21	20	19	18	17	16	15	14	13	12	11	10	9	8	7	6	5	4	3	2	1	31
일진	乙	甲	癸	壬	辛	庚	己	戊	丁	丙	乙	甲	癸	壬	辛	庚	己	戊	丁	丙	乙	甲	癸	壬	辛	庚	己	戊	丁	丙
	亥	戌	酉	申	未	午	巳	辰	卯	寅	丑	子	亥	戌	酉	申	未	午	巳	辰	卯	寅	丑	子	亥	戌	酉	申	未	午
요일	화	월	일	토	금	목	수	화	월	일	토	금	목	수	화	월	일	토	금	목	수	화	월	일	토	금	목	수	화	월

6月大(辛未)소서

절기							대서															소서							
음력	30	29	28	27	26	25	24	23	22	21	20	19	18	17	16	15	14	13	12	11	10	9	8	7	6	5	4	3	2	1
순행	3	4	4	4	5	5	5	6	6	6	7	7	8	8	8	9	9	10	10	10		1	1	1	2	2
역행	7	7	6	6	6	5	5	5	4	4	4	3	3	2	2	2	1	1	1			10	10	10	9	9	8
월																									07	06	
일	29	28	27	26	25	24	23	22	21	20	19	18	17	16	15	14	13	12	11	10	9	8	7	6	5	4	3	2	1	30
일진	乙	甲	癸	壬	辛	庚	己	戊	丁	丙	乙	甲	癸	壬	辛	庚	己	戊	丁	丙	乙	甲	癸	壬	辛	庚	己	戊	丁	丙
	巳	辰	卯	寅	丑	子	亥	戌	酉	申	未	午	巳	辰	卯	寅	丑	子	亥	戌	酉	申	未	午	巳	辰	卯	寅	丑	子
요일	목	수	화	월	일	토	금	목	수	화	월	일	토	금	목	수	화	월	일	토	금	목	수	화	월	일	토	금	목	수

일간이 년간·일지가 년지를 훼해도 조상을 몰라보는 불효자식이 있다.

7月小(壬申) 입추

절기	처서																		입추										
음력	29	28	27	26	25	24	23	22	21	20	19	18	17	16	15	14	13	12	11	10	9	8	7	6	5	4	3	2	1
순행	4	4	4	5	5	5	6	6	6	7	7	7	8	8	8	9	9	9	10	10	1	1	1	1	2	2	2	3	
역행	7	6	6	6	5	5	5	4	4	4	3	3	3	2	2	2	1	1	1	1	10	10	9	9	9	8	8	8	
월(양력)																			08	07									
일	27	26	25	24	23	22	21	20	19	18	17	16	15	14	13	12	11	10	9	8	7	6	5	4	3	2	1	31	30
일진	甲戌	癸酉	壬申	辛未	庚午	己巳	戊辰	丁卯	丙寅	乙丑	甲子	癸亥	壬戌	辛酉	庚申	己未	戊午	丁巳	丙辰	乙卯	甲寅	癸丑	壬子	辛亥	庚戌	己酉	戊申	丁未	丙午
요일	금	목	수	화	월	일	토	금	목	수	화	월	일	토	금	목	수	화	월	일	토	금	목	수	화	월	일	토	금

8月大(癸酉) 백로

절기	추분																		백로											
음력	30	29	28	27	26	25	24	23	22	21	20	19	18	17	16	15	14	13	12	11	10	9	8	7	6	5	4	3	2	1
순행	4	4	5	5	5	6	6	6	7	7	7	8	8	8	9	9	9	10	10	1	1	1	1	2	2	2	3	3	3	
역행	6	6	5	5	5	4	4	4	3	3	3	2	2	2	1	1	1	1	10	10	9	9	9	8	8	8	7	7		
월(양력)																			09	08										
일	26	25	24	23	22	21	20	19	18	17	16	15	14	13	12	11	10	9	8	7	6	5	4	3	2	1	31	30	29	28
일진	甲辰	癸卯	壬寅	辛丑	庚子	己亥	戊戌	丁酉	丙申	乙未	甲午	癸巳	壬辰	辛卯	庚寅	己丑	戊子	丁亥	丙戌	乙酉	甲申	癸未	壬午	辛巳	庚辰	己卯	戊寅	丁丑	丙子	乙亥
요일	일	토	금	목	수	화	월	일	토	금	목	수	화	월	일	토	금	목	수	화	월	일	토	금	목	수	화	월	일	토

9月大(甲戌) 한로

절기	상강																		한로											
음력	30	29	28	27	26	25	24	23	22	21	20	19	18	17	16	15	14	13	12	11	10	9	8	7	6	5	4	3	2	1
순행	4	4	5	5	5	6	6	6	7	7	7	8	8	8	9	9	9	10	1	1	1	2	2	2	3	3	3	4		
역행	6	6	5	5	5	4	4	4	3	3	3	2	2	2	1	1	1	10	10	9	9	9	8	8	8	7	7	7		
월(양력)																			10	09										
일	26	25	24	23	22	21	20	19	18	17	16	15	14	13	12	11	10	9	8	7	6	5	4	3	2	1	30	29	28	27
일진	甲戌	癸酉	壬申	辛未	庚午	己巳	戊辰	丁卯	丙寅	乙丑	甲子	癸亥	壬戌	辛酉	庚申	己未	戊午	丁巳	丙辰	乙卯	甲寅	癸丑	壬子	辛亥	庚戌	己酉	戊申	丁未	丙午	乙巳
요일	화	월	일	토	금	목	수	화	월	일	토	금	목	수	화	월	일	토	금	목	수	화	월	일	토	금	목	수	화	월

10月小(乙亥) 입동

절기	소설																		입동										
음력	29	28	27	26	25	24	23	22	21	20	19	18	17	16	15	14	13	12	11	10	9	8	7	6	5	4	3	2	1
순행	4	5	5	5	6	6	6	7	7	7	8	8	8	9	9	9	10	1	1	1	2	2	2	3	3	3	4		
역행	6	5	5	5	4	4	4	3	3	3	2	2	2	1	1	1	10	10	9	9	9	8	8	8	7	7			
월(양력)																		11	10										
일	24	23	22	21	20	19	18	17	16	15	14	13	12	11	10	9	8	7	6	5	4	3	2	1	31	30	29	28	27
일진	癸卯	壬寅	辛丑	庚子	己亥	戊戌	丁酉	丙申	乙未	甲午	癸巳	壬辰	辛卯	庚寅	己丑	戊子	丁亥	丙戌	乙酉	甲申	癸未	壬午	辛巳	庚辰	己卯	戊寅	丁丑	丙子	乙亥
요일	수	화	월	일	토	금	목	수	화	월	일	토	금	목	수	화	월	일	토	금	목	수	화	월	일	토	금	목	수

11月大(丙子) 대설

절기	동지																	대설												
음력	30	29	28	27	26	25	24	23	22	21	20	19	18	17	16	15	14	13	12	11	10	9	8	7	6	5	4	3	2	1
순행	4	4	5	5	5	6	6	6	7	7	7	8	8	8	9	9	9	1	1	1	2	2	2	3	3	3	4	4		
역행	6	5	5	5	4	4	4	3	3	3	2	2	2	1	1	1	10	9	9	9	8	8	8	7	7	7	6	6		
월(양력)																		12	11											
일	24	23	22	21	20	19	18	17	16	15	14	13	12	11	10	9	8	7	6	5	4	3	2	1	30	29	28	27	26	25
일진	癸酉	壬申	辛未	庚午	己巳	戊辰	丁卯	丙寅	乙丑	甲子	癸亥	壬戌	辛酉	庚申	己未	戊午	丁巳	丙辰	乙卯	甲寅	癸丑	壬子	辛亥	庚戌	己酉	戊申	丁未	丙午	乙巳	甲辰
요일	금	목	수	화	월	일	토	금	목	수	화	월	일	토	금	목	수	화	월	일	토	금	목	수	화	월	일	토	금	목

12月小(丁丑) 소한

절기	대한																	소한											
음력	29	28	27	26	25	24	23	22	21	20	19	18	17	16	15	14	13	12	11	10	9	8	7	6	5	4	3	2	1
순행	4	5	5	5	6	6	6	7	7	7	8	8	8	9	9	9	1	1	1	2	2	2	3	3	3	4			
역행	6	5	5	5	4	4	4	3	3	3	2	2	2	1	1	1	10	9	9	9	8	8	8	7	7				
월(양력)																		01	12										
일	22	21	20	19	18	17	16	15	14	13	12	11	10	9	8	7	6	5	4	3	2	1	31	30	29	28	27	26	25
일진	壬寅	辛丑	庚子	己亥	戊戌	丁酉	丙申	乙未	甲午	癸巳	壬辰	辛卯	庚寅	己丑	戊子	丁亥	丙戌	乙酉	甲申	癸未	壬午	辛巳	庚辰	己卯	戊寅	丁丑	丙子	乙亥	甲戌
요일	토	금	목	수	화	월	일	토	금	목	수	화	월	일	토	금	목	수	화	월	일	토	금	목	수	화	월	일	토

여자 신약 사주에 편관이 많으면 혼전에 정조를 잃기 싶다.

상문 : 申   대장군 : 東
조객 : 辰   삼 재 : 亥卯未
삼살 : 北

庚午年

서기 2050년
단기 4383년

1月大(戊寅)입춘

절기	우수																	입춘												
음력	30	29	28	27	26	25	24	23	22	21	20	19	18	17	16	15	14	13	12	11	10	9	8	7	6	5	4	3	2	1
순행	4	4	5	5	5	6	6	6	7	7	7	8	8	8	9	9			1	1	1	1	2	2	2	3	3	3	4	4
역행	6	5	5	5	4	4	4	3	3	3	2	2	2	1	1	1			10	9	9	9	8	8	8	7	7	7	6	6
월													02															01		
일	21	20	19	18	17	16	15	14	13	12	11	10	9	8	7	6	5	4	3	2	1	31	30	29	28	27	26	25	24	23
일진	壬	辛	庚	己	戊	丁	丙	乙	甲	癸	壬	辛	庚	己	戊	丁	丙	乙	甲	癸	壬	辛	庚	己	戊	丁	丙	乙	甲	癸
	申	未	午	巳	辰	卯	寅	丑	子	亥	戌	酉	申	未	午	巳	辰	卯	寅	丑	子	亥	戌	酉	申	未	午	巳	辰	卯
요일	월	일	토	금	목	수	화	월	일	토	금	목	수	화	월	일	토	금	목	수	화	월	일	토	금	목	수	화	월	일

2月小(己卯)경칩

절기	춘분																	경칩											
음력	29	28	27	26	25	24	23	22	21	20	19	18	17	16	15	14	13	12	11	10	9	8	7	6	5	4	3	2	1
순행	4	5	5	5	6	6	6	7	7	7	8	8	9	9	9	10		1	1	1	1	2	2	2	3	3	3	4	4
역행	5	5	5	4	4	4	3	3	3	2	2	2	1	1	1			9	9	9	8	8	8	7	7	7	6	6	6
월												03															02		
일	22	21	20	19	18	17	16	15	14	13	12	11	10	9	8	7	6	5	4	3	2	1	28	27	26	25	24	23	22
일진	辛	庚	己	戊	丁	丙	乙	甲	癸	壬	辛	庚	己	戊	丁	丙	乙	甲	癸	壬	辛	庚	己	戊	丁	丙	乙	甲	癸
	丑	子	亥	戌	酉	申	未	午	巳	辰	卯	寅	丑	子	亥	戌	酉	申	未	午	巳	辰	卯	寅	丑	子	亥	戌	酉
요일	화	월	일	토	금	목	수	화	월	일	토	금	목	수	화	월	일	토	금	목	수	화	월	일	토	금	목	수	화

3月小(庚辰)청명

절기	곡우																	청명											
음력	29	28	27	26	25	24	23	22	21	20	19	18	17	16	15	14	13	12	11	10	9	8	7	6	5	4	3	2	1
순행	5	5	6	6	6	7	7	7	8	8	9	9	9	10	10			1	1	1	1	2	2	2	3	3	3	4	4
역행	5	5	5	4	4	4	3	3	3	2	2	2	1	1	1			10	9	9	9	8	8	8	7	7	7	6	6
월												04															03		
일	20	19	18	17	16	15	14	13	12	11	10	9	8	7	6	5	4	3	2	1	31	30	29	28	27	26	25	24	23
일진	庚	己	戊	丁	丙	乙	甲	癸	壬	辛	庚	己	戊	丁	丙	乙	甲	癸	壬	辛	庚	己	戊	丁	丙	乙	甲	癸	壬
	午	巳	辰	卯	寅	丑	子	亥	戌	酉	申	未	午	巳	辰	卯	寅	丑	子	亥	戌	酉	申	未	午	巳	辰	卯	寅
요일	수	화	월	일	토	금	목	수	화	월	일	토	금	목	수	화	월	일	토	금	목	수	화	월	일	토	금	목	수

윤3月大

절기															입하															
음력	30	29	28	27	26	25	24	23	22	21	20	19	18	17	16	15	14	13	12	11	10	9	8	7	6	5	4	3	2	1
순행	5	6	6	6	7	7	7	8	8	8	9	9	10	10	10		1	1	1	1	2	2	2	3	3	3	4	4	4	5
역행	5	5	4	4	4	3	3	3	2	2	2	1	1	1			9	9	9	8	8	8	7	7	7	6	6	6	5	5
월												05															04			
일	20	19	18	17	16	15	14	13	12	11	10	9	8	7	6	5	4	3	2	1	30	29	28	27	26	25	24	23	22	21
일진	庚	己	戊	丁	丙	乙	甲	癸	壬	辛	庚	己	戊	丁	丙	乙	甲	癸	壬	辛	庚	己	戊	丁	丙	乙	甲	癸	壬	辛
	子	亥	戌	酉	申	未	午	巳	辰	卯	寅	丑	子	亥	戌	酉	申	未	午	巳	辰	卯	寅	丑	子	亥	戌	酉	申	未
요일	금	목	수	화	월	일	토	금	목	수	화	월	일	토	금	목	수	화	월	일	토	금	목	수	화	월	일	토	금	목

4月小(辛巳)입하

절기	망종															소만													
음력	29	28	27	26	25	24	23	22	21	20	19	18	17	16	15	14	13	12	11	10	9	8	7	6	5	4	3	2	1
순행	6	7	7	7	8	8	8	9	9	10	10	10		1	1	1	2	2	2	3	3	3	4	4	4	5	5	5
역행	4	4	4	3	3	3	2	2	2	1	1	1		10	9	9	9	8	8	8	7	7	7	6	6	6	5	5	5
월												06															05		
일	18	17	16	15	14	13	12	11	10	9	8	7	6	5	4	3	2	1	31	30	29	28	27	26	25	24	23	22	21
일진	己	戊	丁	丙	乙	甲	癸	壬	辛	庚	己	戊	丁	丙	乙	甲	癸	壬	辛	庚	己	戊	丁	丙	乙	甲	癸	壬	辛
	巳	辰	卯	寅	丑	子	亥	戌	酉	申	未	午	巳	辰	卯	寅	丑	子	亥	戌	酉	申	未	午	巳	辰	卯	寅	丑
요일	토	금	목	수	화	월	일	토	금	목	수	화	월	일	토	금	목	수	화	월	일	토	금	목	수	화	월	일	토

5月大(壬午)망종

절기	소서											하지																		
음력	30	29	28	27	26	25	24	23	22	21	20	19	18	17	16	15	14	13	12	11	10	9	8	7	6	5	4	3	2	1
순행	7	7	8	8	8	9	9	9	10	10	10		1	1	1	2	2	2	3	3	3	4	4	4	5	5	5	6	6	6
역행	4	3	3	3	2	2	2	1	1	1		10	9	9	9	8	8	8	7	7	7	6	6	6	5	5	5	5	5
월											07																06			
일	18	17	16	15	14	13	12	11	10	9	8	7	6	5	4	3	2	1	30	29	28	27	26	25	24	23	22	21	20	19
일진	己	戊	丁	丙	乙	甲	癸	壬	辛	庚	己	戊	丁	丙	乙	甲	癸	壬	辛	庚	己	戊	丁	丙	乙	甲	癸	壬	辛	庚
	亥	戌	酉	申	未	午	巳	辰	卯	寅	丑	子	亥	戌	酉	申	未	午	巳	辰	卯	寅	丑	子	亥	戌	酉	申	未	午
요일	월	일	토	금	목	수	화	월	일	토	금	목	수	화	월	일	토	금	목	수	화	월	일	토	금	목	수	화	월	일

년지와 일지가 沖·공망살이 있으면 조상을 몰라보는 불효자식이 있다.

다음은 만세력 표이다. (세로 오른쪽 월 표기: 6月小(癸未)소서 / 7月大(甲申)입추 / 8月大(乙酉)백로 / 9月小(丙戌)한로 / 10月大(丁亥)입동 / 11月大(戊子)대설 / 12月小(己丑)소한)

[절기: 입추 … 대서] (6月小(癸未)소서)

음력	29 28 27 26 25 24 23 22 21 **20** 19 18 17 16 15 14 13 12 11 10 9 8 7 6 5 **4** 3 2 1
순행	7 8 8 8 9 9 9 10 10　1 1 1 1 2 2 2 3 3 3 4 4 4 5 5 5 6 6 6
역행	3 3 2 2 2 1 1 1　10 10 9 9 9 8 8 8 7 7 7 6 6 6 5 5 5 4
월	08 … 07
일	16 15 14 13 12 11 10 9 8 7 6 5 4 3 2 1 31 30 29 28 27 26 25 24 23 22 21 20 19
일진(干)	戊 丁 丙 乙 甲 癸 壬 辛 庚 己 戊 丁 丙 乙 甲 癸 壬 辛 庚 己 戊 丁 丙 乙 甲 癸 壬 辛 庚
일진(支)	辰 卯 寅 丑 子 亥 戌 酉 申 未 午 巳 辰 卯 寅 丑 子 亥 戌 酉 申 未 午 巳 辰 卯 寅 丑 子
요일	화 월 일 토 금 목 수 화 월 일 토 금 목 수 화 월 일 토 금 목 수 화 월 일 토 금 목 수 화

[절기: 백로 … 처서] (7月大(甲申)입추)

음력	30 29 28 27 26 25 24 **23** 22 21 20 19 18 17 16 15 14 13 12 11 10 9 8 **7** 6 5 4 3 2 1
순행	8 8 8 9 9 9 10 10　1 1 1 1 2 2 2 3 3 3 4 4 4 5 5 5 6 6 6 6
역행	3 2 2 2 1 1 1　10 10 9 9 9 8 8 8 7 7 7 6 6 6 5 5 5 4 4 3
월	09 … 08
일	15 14 13 12 11 10 9 8 7 6 5 4 3 2 1 31 30 29 28 27 26 25 24 23 22 21 20 19 18 17
일진(干)	戊 丁 丙 乙 甲 癸 壬 辛 庚 己 戊 丁 丙 乙 甲 癸 壬 辛 庚 己 戊 丁 丙 乙 甲 癸 壬 辛 庚 己
일진(支)	戌 酉 申 未 午 巳 辰 卯 寅 丑 子 亥 戌 酉 申 未 午 巳 辰 卯 寅 丑 子 亥 戌 酉 申 未 午 巳
요일	목 수 화 월 일 토 금 목 수 화 월 일 토 금 목 수 화 월 일 토 금 목 수 화 월 일 토 금 목 수

[절기: 한로 … 추분] (8月大(乙酉)백로)

음력	30 29 28 27 26 25 24 **23** 22 21 20 19 18 17 16 15 14 13 12 11 10 9 8 **7** 6 5 4 3 2 1
순행	8 8 8 9 9 9 10　1 1 1 1 2 2 2 3 3 3 4 4 4 5 5 5 6 6 6 7 7 7
역행	2 2 2 1 1 1　10 10 9 9 9 8 8 8 7 7 7 6 6 6 5 5 5 4 4 3 3
월	10 … 09
일	15 14 13 12 11 10 9 8 7 6 5 4 3 2 1 30 29 28 27 26 25 24 23 22 21 20 19 18 17 16
일진(干)	戊 丁 丙 乙 甲 癸 壬 辛 庚 己 戊 丁 丙 乙 甲 癸 壬 辛 庚 己 戊 丁 丙 乙 甲 癸 壬 辛 庚 己
일진(支)	辰 卯 寅 丑 子 亥 戌 酉 申 未 午 巳 辰 卯 寅 丑 子 亥 戌 酉 申 未 午 巳 辰 卯 寅 丑 子 亥
요일	토 금 목 수 화 월 일 토 금 목 수 화 월 일 토 금 목 수 화 월 일 토 금 목 수 화 월 일 토 금

[절기: 입동 … 상강] (9月小(丙戌)한로)

음력	29 28 27 26 25 24 23 22 21 20 19 18 17 16 15 14 13 12 11 10 **9** 8 7 6 5 4 3 2 1
순행	8 8 9 9 9 10　1 1 1 1 2 2 2 3 3 3 4 4 4 5 5 5 6 6 6 7 7 7
역행	2 2 1 1 1　10 9 9 9 8 8 8 7 7 7 6 6 6 5 5 5 4 4 3 3 3
월	11 … 10
일	13 12 11 10 9 8 7 6 5 4 3 2 1 31 30 29 28 27 26 25 24 23 22 21 20 19 18 17 16
일진(干)	丁 丙 乙 甲 癸 壬 辛 庚 己 戊 丁 丙 乙 甲 癸 壬 辛 庚 己 戊 丁 丙 乙 甲 癸 壬 辛 庚 己
일진(支)	酉 申 未 午 巳 辰 卯 寅 丑 子 亥 戌 酉 申 未 午 巳 辰 卯 寅 丑 子 亥 戌 酉 申 未 午 巳
요일	일 토 금 목 수 화 월 일 토 금 목 수 화 월 일 토 금 목 수 화 월 일 토 금 목 수 화 월 일

[절기: 대설 … 소설] (10月大(丁亥)입동)

음력	30 29 28 27 26 25 **24** 23 22 21 20 19 18 17 16 15 14 13 12 11 10 **9** 8 7 6 5 4 3 2 1
순행	8 8 8 9 9 9 10　1 1 1 1 2 2 2 3 3 4 4 4 5 5 5 6 6 6 7 7 8
역행	2 2 1 1 1　10 9 9 9 8 8 8 7 7 7 6 6 6 5 5 5 4 4 4 3 3 2
월	12 … 11
일	13 12 11 10 9 8 7 6 5 4 3 2 1 30 29 28 27 26 25 24 23 22 21 20 19 18 17 16 15 14
일진(干)	丁 丙 乙 甲 癸 壬 辛 庚 己 戊 丁 丙 乙 甲 癸 壬 辛 庚 己 戊 丁 丙 乙 甲 癸 壬 辛 庚 己 戊
일진(支)	卯 寅 丑 子 亥 戌 酉 申 未 午 巳 辰 卯 寅 丑 子 亥 戌 酉 申 未 午 巳 辰 卯 寅 丑 子 亥 戌
요일	화 월 일 토 금 목 수 화 월 일 토 금 목 수 화 월 일 토 금 목 수 화 월 일 토 금 목 수 화 월

[절기: 소한 … 동지] (11月大(戊子)대설)

음력	30 29 28 27 26 25 24 **23** 22 21 20 19 18 17 16 15 14 13 12 11 10 9 **8** 7 6 5 4 3 2 1
순행	8 8 8 9 9 9 10　1 1 1 1 2 2 2 3 3 3 4 4 4 5 5 5 6 6 6 7 7
역행	2 2 1 1 1　9 9 9 8 8 8 7 7 7 6 6 6 5 5 5 4 4 4 3 3 2
월	01 … 12
일	12 11 10 9 8 7 6 5 4 3 2 1 31 30 29 28 27 26 25 24 23 22 21 20 19 18 17 16 15 14
일진(干)	丁 丙 乙 甲 癸 壬 辛 庚 己 戊 丁 丙 乙 甲 癸 壬 辛 庚 己 戊 丁 丙 乙 甲 癸 壬 辛 庚 己 戊
일진(支)	酉 申 未 午 巳 辰 卯 寅 丑 子 亥 戌 酉 申 未 午 巳 辰 卯 寅 丑 子 亥 戌 酉 申 未 午 巳 辰
요일	목 수 화 월 일 토 금 목 수 화 월 일 토 금 목 수 화 월 일 토 금 목 수 화 월 일 토 금 목 수

[절기: 입춘 … 대한] (12月小(己丑)소한)

음력	29 28 27 26 25 24 **23** 22 21 20 19 18 17 16 15 14 13 12 11 10 9 **8** 7 6 5 4 3 2 1
순행	8 8 9 9 9 10　1 1 1 1 2 2 2 3 3 3 4 4 4 5 5 5 6 6 6 7 7 7
역행	2 2 1 1 1　10 9 9 9 8 8 8 7 7 7 6 6 6 5 5 5 4 4 4 3 3 3
월	02 … 01
일	10 9 8 7 6 5 4 3 2 1 31 30 29 28 27 26 25 24 23 22 21 20 19 18 17 16 15 14 13
일진(干)	丙 乙 甲 癸 壬 辛 庚 己 戊 丁 丙 乙 甲 癸 壬 辛 庚 己 戊 丁 丙 乙 甲 癸 壬 辛 庚 己 戊
일진(支)	寅 丑 子 亥 戌 酉 申 未 午 巳 辰 卯 寅 丑 子 亥 戌 酉 申 未 午 巳 辰 卯 寅 丑 子 亥 戌
요일	금 목 수 화 월 일 토 금 목 수 화 월 일 토 금 목 수 화 월 일 토 금 목 수 화 월 일 토 금

여자 사주에 편인이 많으면 낙태를 자주한다.

제 3 장

부 록

_띠별 운세

과학 역학에서 절대 바꿀 수 없는 사람의 운명은 타고난 띠와 사주, 팔자 그리고 제2의 운명인 자신의 이름은 타고나는 것으로 그 누구도 바꿀 수 없는 불변의 이치이고, 행여 바꾸려 해서도 안 되는 것이다. 태어나면서 정해지는 운명이고 바꿀 수 없는 운명이라는 것은, 일견 정해진 길로만 살아가야 한다는 불합리한 처사로 여겨질 수도 있다. 하지만 지피지기(知彼知己)면 백전백승(百戰百勝)이라 했다. 나의 운명을 알고 있으면 이에 맞춰 스스로의 장점과 단점을 되돌아볼 수 있고, 인생을 살면서 마주하는 수많은 선택의 기로에서 결정적인 도움을 얻을 수도 있다.

주역에서 말하는 운명은 수많은 과학적 철학이 혼재된 학문이기에 일반인들은 쉽게 이해하기 힘들다. 이에 저자는 평생에 걸쳐 얻은 학문적 지식과 수많은 상담 경험을 바탕으로 일반인들도 쉽게 자신의 운명을 알 방법에 대해 고심에 고심을 거듭했다. 스스로의 운명을 궁금해하는 이들이 가장 먼저 해야 할 일은 자신의 띠와 태어난 월, 일, 시를 아는 것이다. 중국 상나라 때부터 지금까지 이어진 십이지는 자신의 운명을 상징하는 가장 기본적인 단위임과 동시에 정체성이다. 필자가 28년간 수많은 사람의 운명을 들여다본바, 각 띠는 기본적인 기운에 해당된다. 그 기질에 따라 오행이 나뉘고 작용하는 특성이 나타나므로 그로 인해 사업, 애정, 가정운이 결정된다. 물론 각 띠에 대한 특성은 개개인에 따라 조금씩 달라질 수 있으니, 더욱 명확한 자신의 운명을 알고 싶다면 전문가와 심도 있는 상담을 해보길 바란다.

🐭 쥐띠의 평생 운세

쥐(子)띠는 수(水)의 기질을 가지고 있으며 음력으로는 11월을 뜻한다. 지장간에는 천간 10간 중에 계(癸)의 기운 즉, 水가 암장되어 있다. 십이지의 12띠 중첫 번째이며 시간은 밤 11시부터 새벽 1시까지를 자시(子時)라 하며 방위에서는 정북쪽을 가리킨다.

쥐띠는 보통 활발한 성격으로 예술 분야에서 뛰어난 잠재력을 보인다. 춤과노래를 즐기며 손재주가 남다른 편으로 내면에 창의적인 면을 간직하고 있다. 부지런하고 도전하는 기질을 갖추었으며, 시작과 끝이 분명해 주변에서는 냉정하다고 여길 수 있다. 규칙이나 질서에 대해서도 분명한 편이어서 법을 준수하며 낮보다는 밤을 좋아하는 성향이다.

단점으로는 이동수가 자주 발생한다는 것. 그리고 타고난 색(色)정의 기운이강하다는 점이다. 색정의 기운 때문에 항상 가정 파탄의 위험이 내재되어 있으며 이성(異性)으로 인한 문제가 도사리고 있어 부부관계가 원만하지 않을 수 있다. 머리보다 가슴, 울화가 먼저 치미는 성격이라 본의 아니게 크고 작은 실수가많은 편. 그렇기에 항상 주변을 살피며 신중히 행동하는 습관을 들여야 한다.

쥐띠의 가정운은 상술했듯, 색(色)만 조심하면 큰 위험은 없다. 타고난 색(色)의 기운이 강한데, 활동력이 강하고 외부 활동을 즐기는 성향으로 인해 만남이잦다. 자신이 지닌 성격 자체가 예민하고 멋을 부리기 좋아하는 특성이 있어 낭비와 허세가 있는 건 단점. 이 단점으로 인해 금전 관리에 소홀할 수 있으니 조심해야 한다. 해당 단점만 개선한다면 가정에 충실할 수 있는 띠다. 가정 안팎의 일을 완벽하게 수행하려는 성질이 있고 능력도 있어서, 여건만 맞는다면 가정을 완벽하고 슬기롭게 다스릴 수 있다. 자식에 대한 애정도 다른 띠에 비해높아서 화목한 가정을 꾸릴 여지가 많은 띠다.

쥐띠의 애정운은 각별하고 지나친 면이 있다. 사랑에 빠지면 물불 안 가리고정열을 발산하는 기질이 있으며, 지고지순한 사랑을 위해 목숨을 던질 정도로적극적인 타입이다. 사랑에 인생을 바칠 정도로 지고지순하지만 이게 집착으로변화하기도 한다. 상대에 대한 집착이 강하고 애정을 갈구하는 성향이라 애정이 충족되지 않으면 더욱 큰 외로움에 몸서리치기도 한다. 사랑하고 있으면서도 자주 불안함을 품으며, 성격이 급해서 지레짐작으로 실수하는 일도 잦다. 자신의 애정이 보답받지 못할 때 큰마음의 상처를 얻을 수 있으니, 되도록 상대에 대한 기대를 낮추는 지혜가 필요할 것이다.

재물운 역시 성격과 비슷하다. 근면 성실한 구석이 많아 재물에 큰 부족함이 없으며 성취하려는 욕구가 강해, 평생 재물이 마를 일은 거의 없다. 절약하며 매사에 효율을 추구하는 성향이지만, 마음이 동하면 한꺼번에 많은 금액을 쓰는 화통함도 지고 있다. 이러한 탓에 본의 아니게 목돈이 나가는 경우가 많으며 순간순간 낭비벽이 생기기도 한다. 몸치장이나 허세를 위해 예기치 않은 지출이 있을 수 있고, 귀가 얇아 지인에게 금전적인 손실을 입을 수 있다. 순간 욱하는 마음이 재물에도 적용되어 투기를 하다가 어렵게 모은 재물을 잃을 수 있으니, 마음이 동할 때도 잠시 기다리는 여유가 필요하다.

쥐띠는 비만을 조심해야 한다. 먹는 것을 좋아하는 미식가 기질이 있고, 맛있는 것은 아껴두었다가 먹는 습관이 있다. 먹고사는 것에는 문제가 없고 남에게 베풀 줄도 알아서 큰 행복감을 느끼며 살겠지만, 자칫 지병이라도 얻게 되면 평생 골머리를 앓을 운명이다. 남자 쥐띠의 경우는 뇌졸중이나 중풍, 심근경색을 조심해야 하며 여자는 각종 암을 조심해야 할 것이다. 쥐(子)띠는 평생 자잘한 사고가 끊이지 않을 운명은 아니지만, 한번 사고가 찾아오면 큰 사고로 이어지는 기운이 작용하기 때문에 매사에 조심해야 한다. 물에 반대되는 화재 사고를 특히 조심해야 하며 물과 인연이 없어 물가 역시 조심해야 한다. 재물과 건강, 모두 평상시에는 순탄하지만 한 번씩 찾아오는 큰 시련을 조심해야 탈이 없다.

🐂 소띠의 평생 운세

소(丑)띠는 오행으로 보면 흙 토(土)의 기질을 가지고 있으며, 음력으로는 12월의 기운이 작용한다. 차가운 겨울, 흙을 의미하며 천간 10간 중에 기(己), 신(辛), 계(癸)의 기운이 암장되어 있다.

소(丑)띠는 기본적으로 행동이 느긋하고 일견 답답해 보이지만, 늘 성실하며 근면하다는 장점이 있다. 어떤 풍파와 어려움이 닥쳐도 꾸준히 하나를 밀고 나가는 뚝심이 있어 주변의 이야기에 크게 휘둘리지 않으나, 이 뚝심이 잘못된 방향으로 자리 잡으면 고집이 되는 경우도 있다. 초년에는 온갖 고생을 하지만 중년이 지나면서 풍요롭게 살아가는 운세 즉, 대기만성형 운세를 지니고 있으며 소가 농사를 상징하는 동물인 만큼 토지에 복이 있는 사주다. 어렵고 힘들더라도 땅에 투자하면 크게 부자가 될 수도 있다.

뚝심은 다른 말로 하면 고집이라고 할 수 있다. 그만큼 자존심도 강해서 주변과 다툼이 잦다. 운세 내에 변화의 기운이 내장된 형국이라 주변에서 유혹의 손길도 많고 방해도 많아서, 뚝심이 있어도 한 가지 분야에서 대성하는 데 어려움이 있다. 여기에 이동수까지 있어서 한 자리에서 하나의 일에 집중하기가 쉽지 않은 운세다. 정감이 많은 건 장점이나, 너무 정이 많아 맺고 끊음이 분명하지 못하다. 이 탓에 가까운 지인들이 답답해하는 경우가 많고, 본인도 우유부단한 성격으로 인해 스트레스를 많이 받는다.

본인은 말년에 대성할 기운이나, 태어난 년과 월주에 축(丑)의 기운이 남아 있으면 부모님이 심한 가난 속에서 살아갈 운명이라, 어린 시절이 결코 부유하지는 않다. 가정운의 경우 소(丑)띠들은 내성적이고 근면한 성격으로 큰 굴곡 없이 무난한 가정을 유지하며 살아간다. 하지만 정이 많고 솔직하여 주변에 친구들이 너무 많은 것이 단점. 왕성한 기운이 색정 기운으로 작용하기라도 하면 가정에 파란과 불화가 찾아올 수 있으니 조심해야 한다. 사주학에서 보자면 일주에 축(丑)일주가 있다면 부부간에 이별 혹은 질병에 시달릴 우려가 있다.

건강운 역시 가정운과 마찬가지로 큰 굴곡이 없다. 다만, 소가 되새김질을 하며 위에 음식을 저장해두듯, 소(丑)띠생 역시 음식을 좋아하여 체질적으로는 비만할 수 있다. 그러나 소화를 잘 시켜 건강한 편이며, 음식복도 충만해 평생 먹고사는 데 큰 문제는 없다. 다만 탈이 나도 겉으로 티를 내지 않고 미련할 정도로 혼자 인내하는 편이니, 조금만 아파도 병원에 가는 습관을 기르길 권한다. 사고운은 낙상 사고를 조심해야 한다. 평소에 자잘한 사고는 감지되지 않으나, 한번 사고가 나면 큰 사고로 이어져 생명에 위험을 초래할 수 있다. 띠 자체에 낙상 사고가 예견되니, 높은 산이나, 건물을 조심하는 것이 좋다.

남자 소(丑)띠생의 경우에는 예능적 끼가 많은 편이다. 기본적으로 성격이 순박한 데다 재능이 많아서, 끈기만 발휘되면 방송이나 연예, 예술계에서 크게 성공할 운세다. 하지만 진정한 운세는 자신이 개척하는 것. 운세만 믿고 허세와 탐욕을 부리면 결코 끝까지 나아가지 못하니, 노력을 게을리하면 안 된다.

대체로 통통 튀는 성격이지만, 간혹, 진짜 소처럼 어질고 순박하여 아무것도 할 줄 모르는 소(丑)띠 남자도 존재한다. 흔히 말하는 것처럼 일복을 타고난 것인데, 삶에 즐거움을 느끼지 못하고 매사에 심드렁하여 남들이 시키는 대로 일만 하는 유형이다. 이들은 능력은 충만하나 세상사에 큰 관심이 없고, 본인도 하고 싶은 일이 없는 사람들이다. 소(丑)띠생 중에서도 특히 이런 성격의 소유자는 내조해줄 부인만 잘 만나면 크게 대성할 운세다. 그래서 소(丑)띠 남자는 결혼할 때 필히 궁합을 보고 자신의 능력을 살려줄 배필을 만나야 한다.

궁합을 보자면 소(丑)띠 남자에게는 닭(酉)띠 여자가 좋은 배우자다. 닭(酉)띠들이 가지고 있는 특유의 봉사정신과 지혜가 소(丑)띠의 묵직함과 어우러져 어떤 어려움도 쉽게 이겨낼 힘이 되어주는 경우가 많다. 소(丑)띠 남자가 강력한 엔진을 가진 자동차라면 닭(酉)띠 여자는 자동차가 가야 할 방향을 알려주는 이정표 역할을 한다고 할 수 있다. 그래서 역학에서는 "소(丑)띠 남자는 닭(酉)띠 여자를 만나기만 해도 인생의 절반은 성공한 것이다."라는 말이 우스갯소리처럼 전해져오기도 한다.

강력한 엔진을 가진 자동차라고 비유했을 정도로 소(丑)띠 남자는 열정과 힘이 넘치고 활발한 성격이다. 평소에는 이러한 기질이 숨겨져 있을지라도 한번 화가 나면 황소처럼 불같은 기운이 뿜어져 나오므로 스트레스를 피하고 자신의 행동에 관리에 힘써야 한다. 매년 음력 6월에 각종 사건·사고로부터 각별히 조심해야 하며 새로운 일을 시작하거나 금전을 투자하는 등 큰일은 합의 기운이 작용하는 음력 2월과 10월을 기일로 잡는 게 좋다.

소(丑)띠 여자는 일견 겉과 속이 다르다고 느낄 정도로 양면의 성질을 모두 지니고 있다. 봄의 기운을 품고 있어 포근한 성격이지만, 간혹 너무하다 싶을 정도로 독해지기도 한다. 타인에게는 너그럽고 개방적이며 자유를 존중해주지만, 스스로에게는 단호하게 보수적이며 철저한 잣대를 드러내는 깐깐한 성격이다. 기본적으로 개방적인 성향이지만 말이 많거나 가볍지 않고, 침묵의 와중에 자신의 존재감을 드러내기에 집단에서 알게 모르게 영향력을 가지고 있는 경우가 많다. 인간적인 배려심은 물론이고 책임감도 투철하기에 큰언니나 엄마처럼 상대를 보듬어 안는 리더십이 있다.

애초에 정이 많은 편이지만, 스스로에게는 곧은 기준이 있는 성격이라 평소 스트레스가 많을 수 있다. 믿음을 쉽게 주는 편이라 사기를 당할 위험도 있으며, 큰일을 시작하기보다는 작은 일에 집착하는 소심함이 단점으로 지적된다. 역마의 기운이 작용하면 이동수가 자주 발생할 가능성도 있다. 매년 음력 6월에는 건강과 사업 모두에서 주의를 기울여야 하며 금전 투자나 사업은 2월, 8월에 시작하는 것이 좋다.

🐯 범띠의 평생 운세

범(寅)띠의 오행은 나무 목(木)이다. 12띠 중 세 번째를 의미하는데, 하루 중 오전 새벽 3시부터 오전 5시까지를 인시(寅時)라고 하며 이 시간이 범(寅)띠에 해당한다. 양의 기운을 가지고 있는 범(寅)띠는 월별로 보면 음력 정월, 계절로 보면 이른 봄 절기상으로 보면 정월 입춘과 2월 경칩 전날까지를 말한다.

범(寅)띠는 만화 속 히어로 같은 기질을 지니고 있다. 쉽게 말해 정의파라고 할 수 있는데, 체질적으로 상대방을 속이거나 계략을 꾸미질 못하며 거짓말을 싫어하고 정직을 인생의 신념으로 삼는 이가 많다. 인생 전반을 낙천적으로 살아가며 매사에 열정을 가지고 임하는 것은 물론, 새로운 일을 만나도 과감히 도전하는 기질을 가지고 있다. 모험심과 명예욕이 강하지만 사고방식이 독특한 면이 있어 다른 사람이 보기에 황당하다고 여길 행동을 종종 하곤 한다.

범(寅)띠는 크게 무리하지만 않으면 평생 건강하게 살 수 있는 운세다. 몸에 해로운 음식을 꺼리는 경향이 있어 비만이 드물고, 식탐이 없으면 보통으로 건강한 삶을 유지할 수 있다. 다만 운동이 부족할 경우 골다공증이나 뼈에 문제가 발생할 수 있으니, 평소 가볍게라도 운동을 해주는 것이 좋다. 일평생 사고운이 많이 작용하지는 않으나, 한번 사고가 나면 크게 다쳐 생명이 위험할 수 있다. 특히 물로 인한 사고가 운세에 포함되어 있으니, 물가에서는 항상 조심하고 잘 살펴 사고에 대비해야 한다.

다음으로 간략하게 각 띠와 관련된 궁합에 대해 살펴보겠다. 먼저 쥐(子)띠와는 무난한 관계를 유지할 수 있다. 서로 부딪치는 일이 적고 트러블도 없지만 반대로 좋은 관계가 유지되는 것도 아니다. 특별히 좋지도, 나쁘지도 않은 궁합이라 서로 일정 거리를 두고 평범하게 유지되는 관계라 할 수 있다.

범(寅)띠는 소(丑)띠와는 상극이다. 서로 경쟁심리가 충만해 있어 사소한 오해도 큰 다툼으로 번질 수 있으며 한번 발생한 다툼은 원만하게 해결이 되지 않고 복잡하고 지저분하게 발전할 가능성이 크니, 소(丑)띠와는 큰일을 도모하지 않는 편이 좋다. 범(寅)띠끼리는 서로 같은 기운이 발생하기에 오히려 좋은 관계다. 심한 적대감도 감지되지 않으며 서로 상대의 기분을 맞춰주려 노력하기에 큰 다툼은 없을 것으로 보인다. 범(寅)띠 자체가 도전적인 성질을 취하고 있기에 목표가 같다면 행운의 결실을 맺을 수도 있다.

토끼(卯)띠와는 크게 연관되는 운세가 없다. 마냥 좋다고 할 수도 없지만, 그렇다고 불화가 일어나거나 충돌이 예견되는 운세도 아니라 쥐(子)띠와 마찬가지로 적당히 거리를 유지하는 지혜가 필요할 것이다. 범(寅)띠에게 용(辰)띠는 서로의 단점을 보완해주는 좋은 파트너가 될 수 있다. 서로 적극적으로 협력한다면 무엇이든 성공할 수 있을 궁합으로 특히 사업운에서 우호적인 면이 두드러지고 서로 충돌 없이 나아갈 수 있는 관계다. 다만 서로 기가 세기 때문에 직책과 서열은 명확하고 신중하게 결정해야 할 것이다.

뱀(巳)띠와는 궁합이 좋지 않다. 서로가 서로를 의심하는 일이 많으며 관계가 깊어져도 진심으로 신뢰하기는 어렵다. 뱀(巳)띠와 범(寅)띠는 되도록 마주치지 말고, 부득불 마주쳐야 해도 거리를 유지하는 지혜가 필요하다. 말(午)띠와는 서로 삼합의 기운이 작용하므로 사업이나 금전 관계가 순항한다. 남녀 궁합도 좋아서 결혼하면 평생 화목하고 행복한 가정을 꾸릴 수 있다. 말(午)띠와 범(寅)띠는 무엇을 해도 이심전심 마음이 통하며 기운이 상호보완적이니 깊은 관계를 유지하는 것이 좋다.

양(未)띠와는 단거리 경주처럼 인간관계를 맺는 게 좋다. 처음에는 서로에게 호감을 느끼고 좋은 관계가 유지되지만 애초에 기질 자체가 상생의 기운이 적으므로 유대감이 오래가지 못한다. 길게 사귀면 사귈수록 서로 불만이 쌓여 안 좋은 결과로 마무리될 가능성이 크다. 원숭이(申)띠와는 궁합 자체가 마주 보는 형국으로 완전히 대극점을 이룬다. 성격도 충돌하고, 서로 경쟁심도 그득하여 한곳을 바라보질 못하고 상대의 경쟁심만을 자극할 수 있다. 서로에게 이득 되는 게 없으니, 원숭이(申)띠와는 깊은 인연을 피하는 것이 좋다.

닭(酉)띠와는 큰 연이 없다. 서로 무관심하며 불통의 기운이 안에 스며들어 있어 유대감을 쌓으려다 충돌하는 경우가 생길 수 있다. 북풍이 부는 것처럼 냉담한 관계가 이어질 수 있으니, 아예 정을 통하지 않는 것이 바람직하다. 개(戌)띠와 범(寅)띠는 삼합의 기운이 발생하므로 천생연분이라고 할 수 있다. 이성이라면 최고의 궁합이고, 친구끼리 동업을 하거나 금전 거래를 할 경우에도 소통에 무리가 없고, 크게 성공할 수 있는 궁합이다. 마지막 돼지(亥)띠와는 서로 평온하고 안전한 관계다. 이성 간이라면 애정 관계가 원만하며 어려운 일이 닥쳐도 협력하여 헤쳐나갈 수 있으니 좋은 궁합이고, 동성 간이라도 쉽게 틀어지지 않고 협력하는 기운이 충만해 좋은 관계라고 할 수 있다.

 토끼띠의 평생 운세

토끼(卯)띠는 나무 목(木)의 성격을 지닌 띠로 작은 나무의 기질을 품고 있다. 오전 5시부터 오전 7시까지를 묘시라고 하여 토끼(卯)띠의 시간으로 보고 있으며 음의 기운을 지닌 띠다. 월로 보면 음력 2월, 계절과 절기상으로 보면 2월 경칩날부터 3월 청명 전날까지를 의미하니, 이른 봄, 늦은 겨울을 의미한다고 볼 수 있다.

토끼(卯)띠는 마음이 온순하고 순수한 면이 있어 예술적인 감각이 뛰어나고 다른 사람의 감정에 공감하는 능력이 탁월하다. 예술가적 기질이 다분하여 하나에 꽂히면 깊이 집중하여 큰 성과를 이룰 수 있지만, 자칫 자신의 능력을 과

신하여 오만해질 가능성도 있다. 가슴속에 있는 말을 삼키고 혼자 삭이는 성격이라 주변에서 답답해할 수 있으며, 본인 스스로도 그 스트레스로 예민해지는 경우도 많다.

토끼(卯)띠는 식탐이 없고, 육식보다는 채식을 선호하는 체질이라 급성질환에서는 비교적 안전한 편이다. 만약 토끼(卯)띠면서 육식을 좋아하는 이라면 대장에 문제가 발생할 수 있고, 변비로 고생할 수도 있으니, 항시 주의해야 한다. 토끼(卯)띠는 소심하고 섬세한 성격인 탓에 큰 사고와는 연이 없다. 다만 생애 전체에 화재운이 녹아 있으니, 평생 불을 각별히 조심하는 것이 좋다.

그렇다면 토끼(卯)띠는 어떤 사람을 곁에 두어야 인생에 도움이 될까? 각 띠와의 전체적인 궁합에 대해 살펴보겠다. 먼저 쥐(子)띠와는 자, 묘 형살에 해당이 되어 궁합이 좋지 않다. 성격이나 가치관 차이로 서로 부딪쳐 큰 트러블이 발생할 가능성이 크며 관재수도 있다. 하지만 이 관재수만 피하면 서로 존중하며 믿음의 마음이 스며들 수 있으니, 쥐(子)띠와 일을 도모하려 한다면 관재수를 조심해야 할 것이다. 소(丑)띠와 토끼(卯)띠는 서로가 서로를 견제하고 경계하는 형국이다. 알아서 조심하는 사이기에 크게 발전할 일도 없고, 극단적으로 틀어질 일도 없다. 조심만 하면 서로 원만하고 평범한 관계가 이어질 것이다. 범(寅)띠와는 궁합이 좋지 않다. 양측이 모두 의심하는 마음을 품고 있어 믿음이 없고, 소통의 문이 작아 대화도 원활하지 않다. 범띠와 토끼(卯)띠는 되도록 함께하는 일이 없이 각자의 길을 가는 것이 서로에게 좋다. 같은 토끼(卯)띠와는 정겨운 사이가 될 수 있다. 협동하는 기운이 많고, 성질상 앞다투어 배려하는 마음이 충만하니, 평화로운 인간관계가 조성될 수 있다.

용(辰)띠와는 좋은 쪽으로든 나쁜 쪽으로든 성격이 양극단으로 치닫도록 작용한다. 좋은 쪽으로 작용이 되면 상호 간에 최고의 시너지가 나지만, 충돌할 경우 돌이킬 수 없는 관계가 될 수도 있다. 다만 좋은 쪽 기운이 조금 더 많기에 서로 배려하는 마음만 가지면 큰 불만 없이 행복할 수 있을 것이다. 뱀(巳)띠와는 서로가 서로를 이용한다는 분석이 나왔다. 하나의 목적을 위해 동업을 한다면 성공은 하겠지만, 인간적인 교류가 원만하지는 않아서 마음은 힘들 수 있다. 말(午)띠와는 상극 중의 상극이다. 오행으로 보면 쇠와 나무 즉, 금극목에 관계가 성립하며 항상 마주 보며 비웃는 기운이 충만하고 사사건건 충돌하는 기운이 작용하여 깊은 유대관계를 쌓을 틈이 없다. 모든 면에서 불화가 일어나고, 기운 자체가 극과 극으로 반대되기에 서로 떨어져 관계를 맺지 않는 것이 가장 바람직한 관계라고 하겠다. 양(未)띠와는 삼합의 기운이 일어나 서로가 서로를 이해하고 동조하는 궁합이다. 양(未)띠와 일을 도모하면 번영과 큰 성공이 보장되니 하찮은 일이라도 함께하길 바란다.

원숭이(申)띠와의 궁합은 딱히 좋지 않다. 성격의 차이도 있으며 운세 자체에 적대심과 경쟁의 마음이 깃들어 있어 자신도 모르는 새에 시기와 질투가 팽배할 수 있다. 불신과 질투의 마음만 극복하면 좋은 파트너가 될 수 있겠지만 결코 쉽지는 않을 것이다. 닭(酉)띠와는 묘-유-충이 성립하므로 서로 예민한 사이다. 상대의 작은 행동 하나하나에도 이상하게 신경이 쓰이며 마음에 들지 않을 수 있다. 작은 다툼이 많은데, 이를 잘 해결하지 못하면 큰 싸움으로 번질 수 있다. 토끼(卯)띠와 닭(酉)띠 모두가 상대를 업신여겨 자신이 주도권을 가지려 하는 경향이 있으니, 이를 잘 해결해야 원만한 관계가 될 수 있다. 개(戌)띠와는 깊은 신뢰감으로 묶인 사이다. 어떤 일도 믿고 맡길 수 있을 정도로 상호 신뢰가 깊어질 가능성이 많은 운세이기에 사업을 같이하면 크게 성공할 것이며 배우자로서도 평생의 좋은 배필이 될 수 있을 것이다. 마지막 돼지(亥)띠와는 서로 삼합의 기운이 작용하여 상호 긍정의 힘이 어우러지는 궁합이다. 화합하면 큰 공감을 얻게 되고, 좋은 기운이 지속적으로 발생하니 주변에 돼지(亥)띠 지인이 있다면 깊은 관계를 맺기를 권한다.

 용띠의 평생 운세

용(辰)띠는 오행으로 보면 흙 토(土). 크고 우람한 산과 장벽 같은 흙의 성격을 지니고 있다. 하루 중 새벽 7시부터 아침 9시까지의 시간을 진시(辰時)라고 하여 용(辰)띠의 시간으로 본다. 양의 기운을 가지고 있는 용(辰)띠는 음력 3월의 기운이 작용하며 절기상으로는 3월 경칩날부터 4월 입하 전날까지를 의미한다.

용(辰)띠는 난세에는 영웅, 평상시에는 범인이 되는 성격을 지니고 있다. 내면에 품은 기 자체가 세고, 한번 결심한 것은 어떤 어려움이 있어도 끝까지 관철해나가는 돌파력도 지니고 있다. 기본적으로 넉넉한 마음을 보유하고 있지만, 상대가 소심하고 인색한 사람이라는 판단이 서면 대놓고 무시하거나 거만해지는 경향이 있다. 어렵고 힘든 상황 속에서 고난을 이겨내며 재능이 만개하는 기질이라 안정적인 환경에서는 성공하기가 힘들다. 모험심은 물론이고 낭만과 순수함에 대한 로망이 있기에 큰 꿈을 꾸는 이들이 많다. 자신에 대한 확신과 자신감이 충만해 있어 자칫 오만해지기 쉽다는 게 단점. 너무 꿈이 많고 무엇이든 해낼 수 있다는 자신만만한 마음 덕에 하나의 목적을 끝까지 달성하기 어렵다.

난세에 영웅이 될 수 있는 운세를 지닌 용(辰)띠, 다른 띠들과의 궁합은 어떨까? 먼저 쥐(子)띠와는 훌륭한 조화를 이룬다. 배우자나 연인으로 만나면 평생을 아무런 평지풍파 없이 행복하게 살 수 있으며 동업을 해도 금전적으로 큰 이득을 볼 수 있는 관계이니 쥐(子)띠와는 무슨 일이든 함께하는 것이 좋다. 소(丑)띠와는 인간적인 교류가 원만하다는 분석이 나왔다. 서로를 존중하고 배려하기 때문에 큰 다툼이 일어나지 않으며 목표만 공유할 수 있다면 시너지가 크니, 동행할 것을 권한다. 범(寅)띠와도 기본적으로 적극적이고 협조적인 기운이 발생하기에 성공적인 관계로 이어질 가능성이 크다. 다만, 용(辰)띠 음력 5월생과 범(寅)띠 음력 11월생은 서로 생각과 기질이 너무 달라 자주 다툼이 일어날 수 있다. 다행인 것은 기본적인 띠 궁합이 괜찮기에 서로 진심 어린 대화를 통해 양보하는 미덕을 발휘한다면 어느 정도의 성공은 보장된다. 토끼(卯)띠와는 서로가 견제하는 궁합이다. 하지만 그 견제의 정도가 심하지는 않아 함께하지 못할 정도는 아니기에 초창기에만 반짝 협조하여 빠르게 이익을 챙기고 각자의 길을 걸어가는 것이 서로에게 좋다.

용(辰)띠끼리의 궁합은 역학에서 진-진-형-충이라고 하여 충돌과 마찰이 끊이지 않는 관계다. 오래 인연을 이어가면 이어 갈수록 다툼이 잦아지며 오래될 경우 관재에 휘말려 법정까지 갈 수 있을 정도로 서로의 운세가 맞지 않는다. 이성관계에서도 서로 밀어내는 형국이라 배우자로는 좋지 않은 것으로 분석된다. 뱀(巳)띠와 용(辰)띠는 상호 이해하고 협동하는 기운이 성행한다. 바탕에 믿음이 깔려 있어 사업 파트너로서도 믿을 만하며 배우자의 연을 맺어도 가정이 화목할 것이다. 말(午)띠와는 아주 편안한 관계다. 서로를 믿고 존경하는 마음이 기저에 내포되어 있어 어지간한 문제는 대화로 해결이 되며 마지막은 항상 위로와 격려로 마무리된다. 다만 서로 자기주장이 강해 주도권 경쟁은 조금 있을 수 있으니, 조심하길 바란다. 양(未)띠와는 냉탕과 온탕을 오가는 복잡한 관계다. 사업을 같이하게 되면 처음에는 영혼의 단짝인 것처럼 마음이 잘 맞겠지만, 사업이 커지면 냉담해지고 서로 부딪치는 일이 많으니 원망이 많아질 수 있다. 연인이나 배우자로 마주하면 늘 아쉬움이 남는 궁합이라 상대에게 만족하지 못할 것이다.

용(辰)띠와 원숭이(申)띠는 삼합의 기운이 표출하여 아주 훌륭한 조화를 자랑한다. 동업하거나 사업의 파트너로 만나면 좋은 동반자의 기운이 발생해 크게 대성할 것이며 애정관계에 있어서도 만사형통하는 운세다. 단, 삼재에는 굉장히 취약하기에 삼재가 들어 있는 해에는 가정적으로 문제가 생길 수 있으니 조심해야 한다. 닭(酉)띠와의 궁합 역시 최고다. 한번 제대로 인연을 맺으면 죽을 때까지 큰 불만 없이 지속되는 기운이 발생한다. 닭(酉)띠와 용(辰)띠가 함께하면 마음먹은 것은 모두 할 수 있을 정도로 큰 성공과 행복, 번영을 약속하는 궁합이다. 배우자로 만난다면 그 자손이 나라의 큰 인물이 될 수 있다는 해석도 나왔다.

용(辰)띠와 개(戌)띠는 역학에서 말하는 진(辰) 술(戌)-충(沖)에 해당하여 서로를 원수로 여기는 사이다. 애초에 믿음이 없고 심한 적대감만 가득하여 상대를 이해하지 못하며 이로 인해 충돌이 잦다. 부부의 연은 물론이고, 친구로도 두면 크게 싸울 궁합이라 인생에서 서로 외면하고 살아가는 것이 가장 좋다고 하겠다. 돼지(亥)띠와 용(辰)띠는 순행의 기운이 작용한다. 모든 일이 이치에 맞도록 순조롭게 풀리며 화합을 이루게 되니 만사가 형통하다. 양보하는 마음이 가득하여 동일한 목표만 잘 설정해주면 큰 성공과 부를 이룰 수 있는 조합이다.

🐍 뱀띠의 평생 운세

뱀(巳)띠는 오행상으로 화(火) 즉, 작은 불의 성격을 지니고 있다. 12띠 중 여섯 번째 띠에 해당하며 하루 중 오전 9시부터 11시까지를 말한다. 이 시각을 사시(巳時)라고 부르기도 한다. 뱀(巳)띠는 음의 기운을 가지고 있는데, 음력 4월에 그 기운이 가장 충만하다. 날짜로는 4월 입하날부터 5월 망종 전날까지다.

뱀(巳)띠는 내면에 현명함과 의지를 모두 품고 있는 기질이다. 됨됨이가 바르고 비범하며 한번 시작한 일은 어떤 어려움을 만나더라도 스스로 의지를 다지며 끝까지 나아가는 성향을 지니고 있다. 타고난 머리가 뛰어나 슬기로운 데다가 의지력까지 남달라 어떤 일이든 쉽게 포기하는 법이 없다. 기본적으로는 강인한 정력과 패기로 어떤 어려움이든 정면으로 헤쳐나가는 편이지만, 도저히 답이 보이지 않는 장애물을 만났을 때는 슬기롭게 넘어가는 지혜를 발휘하기도 한다. 자신의 능력에 대한 확신이 대단하여 본능적으로 남을 잘 믿지 않으며 세심한 부분에서 짜증을 내거나 상대에게 실망할 수 있다. 신경질적인 기질이 있어 살가운 사이에서도 갑자기 외면하는 경우가 왕왕 있어 까다로운 성격이라 하겠다. 의심이 많은 편이지만, 한번 믿기 시작한 상대나 대상에게는 완전히 몸과 마음을 모두 바치는 기질이다. 따라서 종교에 잘못 심취하면 모든 것을 올인하여 크게 낭패를 볼 수 있다.

남녀 모두가 순종적인 마음을 지니고 있어 될 수 있는 한 양보하고 배려하며 살아간다. 정력이 활발하며 외도가 있을 수 있지만, 그것도 한때에 그치고 밤이 되면 집으로 돌아가는 귀향 본능이 있어 가정에 큰 풍파는 없을 것이다. 뱀(巳)띠 해에는 무난한 운세이며 소(丑)띠 해에는 뜻밖의 행운이 기다릴 수 있다. 뱀(巳)띠에게 가장 운세가 좋은 해는 닭(酉)띠 해로 이때 사업, 결혼, 일을 도모하면 무엇이든 크게 성공할 수 있다. 반대로 돼지(亥)띠 해와 범(寅)띠 해에는 운세가 영 좋지 못하니, 새로운 일은 피하고 운신을 삼가는 것이 좋다.

그렇다면 뱀(巳)띠와 각 띠의 궁합은 어떨까? 간략하게 살펴보겠다. 먼저 쥐(子)띠하고는 서로 좋은 면만 보는 상생의 관계라 할 수 있다. 뱀이 쥐를 잡아먹는 형국이라 생각할 수 있지만, 과학역술의 측면에서는 완전히 정반대의 분석이 나왔는데, 뱀(巳)띠와 쥐(子)띠는 서로 매력을 느끼며 상호 협조하고 협력하는 기운이 생동하는 궁합이라고 할 수 있다. 사업을 도모해도 좋으며 인간관계를 맺어도 믿을 수 있는 사이가 될 수 있는 궁합이다. 소(丑)띠와는 삼합의 기운이 작용하여 원만한 짝을 이루는 형국이라 궁합이 좋다고 할 수 있다. 서로를 이해하고 용서할 줄 아는 배려심과 지혜로움이 양쪽에 가득하여 분란이 없는 상태가 오래갈 것이다. 장기적으로 사업을 같이해도 좋으며 배우자로도 좋은 인연이다.

뱀(巳)띠와 범(寅)띠는 서로가 서로를 의심하는 인연이다. 한때 잠시 좋은 감정을 가졌다고 해도 오래도록 유지할 수는 없는 운세로 갈등이 물밑에서 왕성히 활동하기에 나쁜 감정이 끊이지 않을 것이다. 사업을 해도 금방 헤어지게 될 것이며 특히 남녀 관계에서는 불상사가 일어날 수 있으니, 무관심의 마음으로 지나치는 것이 상책이다. 토끼(卯)띠와의 궁합은 무난하다. 서로 도와주고 덕을 주고받는 운세로 상대에게 큰 매력을 느끼지는 못하지만 미워하거나 원망하는 기운은 없다. 노력하기에 따라 좋은 관계로 발전할 수도 있으니, 사업적으로는 충분히 동행할 만한 궁합이다.

뱀(巳)띠와 용(辰)띠는 서로를 이해하고 협조하는 기운이 작용한다. 연인이나 배우자로는 최적의 기운이며 믿음의 기운이 순환하고 있어 사업을 해도 크게 성공할 수 있다. 금전 관계 역시 어느 한쪽이 큰 욕심을 내는 일 없이 만족하기에 좋은 기운이 가득하다. 뱀(巳)띠와 뱀(巳)띠는 서로 상대의 성격을 이해하고 배려하는 마음이 두텁다. 같은 목표를 공유한다면 협동하여 수월하게 목표를 달성할 수 있으며 평생 다툼이 없고, 분쟁의 기운이 없어 동반자로 최적의 인연이라 할 수 있다. 말(午)띠와는 사업운, 애정운이 조금씩 차이가 난다. 사업적으로는 서로 견제하는 마음이 작용하여 갈등이 생길 수 있고, 심하면 대립하는 마음으로 인해 크게 싸울 수 있다. 반면 배우자로 만나게 되면 배려와 순응의 기운이 샘솟아 정겹고 편안한 기운이 생동하는 것으로 분석된다. 다만, 이때도 둘의 기운이 충돌하는 경우가 있으니 살면서 크고 작은 어려움을 극복해나가야 한다.

양(未)띠와 뱀(巳)띠는 포근하고 온화한 기운이 감싸고 있다. 어떤 일을 해도 서로 원만하게 해결하려는 기운이 작용해서 다툼이 없고 마음속에 나쁜 감정이 일어나지 않으니, 같은 목표를 공유한다면 좋은 결과를 얻을 수 있다. 원숭이

(申)띠와는 협조적인 마음이 절로 일어나지는 않는 관계라 조화롭다고 할 수는 없는 인연이다. 서로가 이해와 협조를 바탕으로 잘 화합한다면 어느 정도의 성과를 거둘 수 있겠으나, 화합이 원만하게 이뤄지지 않았을 경우에는 반대의 기운이 작용하여 다툼과 갈등으로 점철될 수 있는 궁합이다. 닭(酉)띠와는 삼합의 기운이 작용하여 배우자로서는 천생연분이라고 할 수 있다. 믿음과 이해를 바탕으로 서로를 끌어안는 형국이라 어떤 경우에도 어울리는 조화를 자랑하니, 뱀(巳)띠와 닭(酉)띠의 만남은 어떤 식으로든 결실을 맺을 것이다.

뱀(巳)띠와 개(戌)띠는 봉사의 마음으로 연결되어 있다. 서로가 양보하는 마음이 가득하여 쉽게 관계가 틀어지지 않으며 공동 목표가 있는 관계라면 함께 기운을 북돋아주며 어떤 어려움도 극복하여 크게 성공할 운세다. 사업을 함께하면 성공이 보장되니 꼭 함께하길 바란다. 마지막으로 뱀(巳)띠와 돼지(亥)띠는 명리학에서 상충관계라 말하는 인연이다. 가까이하거나 깊은 유대관계를 맺을수록 상대에 대한 이해심이 부족해져 본의 아니게 불편해질 수 있는 관계다. 서로 표현을 못 할 뿐, 내면에 갈등과 분노의 마음을 품고 있어 불편한 결과가 예상된다. 다만 뱀(巳)띠 중 음력 2월, 5월생과 돼지(亥)띠 7월, 11월생은 연분의 기운이 생동하므로 배우자로 적합한 인연이 될 수 있다.

말띠의 평생 운세

말(午)띠는 오행 중 태양 같은 큰 불(火)의 성격을 지니고 있다. 오전 11시부터 오후 1시까지가 말(午)띠의 시간으로 오시(午時)라 부른다. 양의 기운을 가지고 있는 말(午)띠는 음력 5월, 절기상으로 망종날부터 음력 6월, 소서 전날까지를 의미한다. 방향은 정남쪽을 가리키며 별자리는 쌍둥이좌에 해당된다.

말(午)띠는 밝고 개방적인 성격으로 많은 사람이 모여 떠들썩한 상황을 즐기는 기질이 있다. 사람에 대한 정이 깊고 의리가 있으며 불의를 참지 못하는 성품도 보여준다. 마치 태양과 같은 기질이라고 할 수 있는데, 마음에 한 점 부끄럼이 없고, 언제나 정열적인 인생을 살아나가기에 인생을 낙천적으로 바라본다. 경주마들이 앞으로 질주하는 것처럼 목표를 정하면 뒤를 돌아보지 않고 오직 앞만 바라보는 기질로 상대를 속이거나 간계를 꾸밀 줄 모른다. 가정을 꾸릴 때도 이런 성품이 그대로 반영되어 확실한 중심을 잡아 가정을 끌고 나가며, 본인의 마음대로 가정이 나아가지 않을 때는 불안감을 느끼는 일이 많다. 목표의식이 뚜렷하고 나아가는 길도 확실히 정립하는 편이지만, 지구력이 부족해 시작은 거창하나 끝에 가서는 흐지부지되는 경우가 많다. 거기다 사람과 주목받는 걸 좋아해서 낭비벽이 있는 편이며 유흥에도 취약하다.

  그렇다면 말(午)띠생이 주의해야 할 인연 혹은 꼭 잡아야 할 인연은 누구일까? 띠별로 궁합을 살펴보았다. 먼저 쥐(子)띠와는 자오(子午) 상충살이 작용하여 서로 부딪치고 다투는 일이 많다. 근간에 적대감이 깔려 있어 결코 좋은 인연이 될 수 없으며 경쟁심이 가득해 어떤 식으로든 연을 맺지 않는 것이 현명하다. 말(午)띠생에게 쥐(子)띠 해는 힘겨운 한 해가 예상된다. 남녀 간에는 다툼이 발생할 수 있으며 관재수와 관형의 기운까지 흐르니 쥐(子)띠 해에는 거동을 삼가는 것이 좋다. 소(丑)띠와 말(午)띠는 원진살이 작용하여 서로 미워하고 시기하는 사이라 할 수 있다. 사소한 일에도 질투심이 쉽게 일어나며 이로 인해 작은 오해와 다툼이 잦은 궁합이다. 갈등이 쌓여 해결하기 힘들 만큼 큰 싸움으로 번지는 경우도 많으니, 애초에 깊게 연을 맺지 않는 것이 좋다. 말(午)띠에게 소(丑)띠 해는 무난한 한 해가 된다. 금전운도 무난해서 노력한 만큼 벌 수 있고, 사업도 큰 변동은 없을 것이다. 다만 자식을 비롯해 손아랫사람에게 갑작스레 사고나 사건이 발생할 수 있으니, 주의해야 한다.

  범(寅)띠와는 삼합의 기운이 흐르기에 무슨 일을 해도 좋은 결과가 보장된다. 사업을 하면 성공할 것이며 결혼을 하면 백년해로할 수 있다. 상호우호적이고 서로의 단점을 보완해주기에 좋은 인간관계가 성립될 수 있다. 말(午)띠에게 범(寅)띠 해는 여러모로 행복한 해가 된다. 원하는 대로 모든 일이 잘 풀릴 것이며 소통이 원활하고 특히 기술을 동반한 사업이 있다면 크게 성공할 수 있다. 다만 음주로 인해 주변의 좋은 인연을 잃을 염려가 있으니, 술을 조심해야 한다. 토끼(卯)띠와 말(午)띠는 서로 마주 보는 형국으로 항상 의심의 마음이 발생하고 적대감이 작용하는 관계다. 사업이나 애정, 어느 면에서도 화합을 기대할 수 없으니 그저 멀리서 바라보는 것이 가장 좋은 관계라 하겠다. 토끼(卯)띠 해에 말(午)띠의 기운은 원만하다. 토끼띠 해에 투자를 목적으로 사업을 전개한다면 어느 정도의 수익을 얻을 수 있고, 사랑을 원한다면 좋은 인연을 만날 수도 있다. 딱 하나 주의해야 할 것은 관재수로 사건·사고만 조심한다면 성공적인 토끼(卯)띠 해를 보낼 수 있을 것이다.

용(辰)띠와는 아주 편안한 관계다. 서로 존경하는 마음이 작용하기에 큰 다툼이 없다. 간혹 주도권 경쟁이 벌어질 수 있으나, 이 역시 대화로 원만하게 해결할 수 있기에 큰 문제는 아니다. 용(辰)띠 해는 말(午)띠에게 복잡한 한 해가 될 수 있다. 말(午)띠가 가지고 있는 강한 기운이 용(辰)띠의 기운을 짓누르기에 1년의 기운이 불안정하다. 건강 쪽으로 문제가 발생할 수 있기에 조심해야 하지만 주변 사람들과의 인연을 잘 다져놓으면 어려움을 생각보다 쉽게 극복할 수 있다. 뱀(巳)띠와 말(午)띠는 서로가 무관심한 사이로 분석이 되었다. 얼굴을 직접 마주하기 어려운 운세로 멀리서 바라보고 응원할 때는 큰 문제가 없지만, 가까운 곳에서 함께 일을 도모하면 크게 낭패를 볼 수 있는 궁합이다. 뱀(巳)띠 해는 말(午)띠에게 바쁜 1년이 될 것으로 보인다. 노력한 만큼 결과를 보장받지는 못하지만, 끊임없이 골치 아픈 일들이 터져 나와 정신없는 한 해가 된다. 친구나 연인 등 가까운 인연들과 문제가 발생할 수 있다는 운세도 있으니 미리 조심하도록 하자.

말(午)띠와 말(午)띠는 최악의 궁합이라고 할 수 있다. 말과 말이 만나면 서로 자신이 최고라고 생각하여 경쟁심리가 발동하므로 셀 수 없이 많은 갈등이 일어난다. 양보와 배려의 마음이 없고, 한 번 일어난 사건·사고는 큰일로 번져 많은 걸 잃게 되니 애초에 말(午)띠와는 가까이하지 않는 것이 좋다. 말(午)띠 해는 말(午)띠에게 행복한 기운이 흐르는 1년이다. 하고자 하는 일이 있다면 생각보다 수월하게 성취하게 되고, 기운을 거스르지만 않는다면 무엇이 되었든 좋은 결과를 얻을 수 있다. 양(未)띠와는 합의 기운이 흐르고 서로 신선한 힘이 맥동하니 좋은 인연이라 할 수 있겠다. 사업을 같이하면 원만하게 성공할 것이고, 연인이 되어도 오래도록 행복할 수 있다. 양(未)띠 해는 말(午)띠에게 평범하고 무난한 한 해다. 어려운 일이나 장애물은 발생하지 않고 혹시라도 장거리 여행을 하게 된다면 큰 행운이 있을 수 있는, 행운의 해라고 할 수 있다.

말(午)띠와 원숭이(申)띠는 그 기운이 동일한 방향으로 흐른다. 협력하는 힘이 내장되어 있어 기본적으로 나쁜 인연은 아니지만, 서로의 관심사나 추구하는 바가 워낙 다르기에 좋은 시너지는 없는 것으로 분석되었다. 불편하지는 않지만, 그렇다고 유대감을 느끼기도 어려운, 애매한 관계라고 할 수 있다. 말(午)띠생에게 원숭이(申)띠 해는 금전이 찾아오는 해다. 갑작스러운 이익이나 소득을 얻을 수 있으며 좋은 기운이 작용해 계획한 일이 순조롭게 풀리고 많은 돈을 만질 수 있는 해로 분석이 되었다. 말(午)띠와 닭(酉)띠는 가운데 커다란 벽 하나가 가로놓인 것 같은 불통의 궁합이다. 서로 친밀한 관계를 유지하기 어려우며 냉정한 기운이 작용해서 의사소통이 원활하지 않다. 되도록 인연을 맺지 않길 추천하나 부득이한 경우라면 최대한 용서와 배려의 마음을 가지는 것이 큰 불화를 막는 길이다. 닭(酉)띠 해는 말(午)띠에게 좋은 기운이 가득한 해다. 사업은 성공을 하고, 금전적으로도 만족한 성과를 얻을 수 있다. 거기다 식구가 늘어나는 경사도 맞이할 수 있는 해다. 주변 인연과 사사로운 다툼이 많을 수 있으나, 그 화 또한 금방 사라지기에 1년 내내 행복한 기분을 만끽할 수 있을 것이다.

개(戌)띠와는 삼합의 기운이 발생하므로 행복한 사이가 계속된다. 동업을 한다면 둘 모두가 큰 이득을 얻을 수 있고, 사랑을 한다면 늘 즐거운 사이가 계속될 수 있다. 궁합이 좋은 만큼 개(戌)띠 해 역시 말(午)띠에게 좋은 기운이 가득한 시기다. 실업자는 취업을 할 수 있을 것이고, 시험이나 자격증을 준비하는 이들은 합격의 기쁨을 누릴 수 있다. 가까운 사람이 관재수에 휘말릴 수 있다는 위험이 존재하긴 하지만 그것만 조심하면 주변으로부터 존경의 마음을 얻을 수 있는 시기다. 마지막, 말(午)띠와 돼지(亥)띠는 무난한 궁합이다. 큰 다툼이나 갈등이 없이 서로 평온하고 안정적인 관계가 이어지기에 사업은 물론 금전 관계도 원만하다. 연인이라면 물 흐르듯 자연스럽게 인연을 이어갈 수 있을 것이다. 좋은 궁합과 반대로 돼지(亥)띠 해는 말(午)띠에게 장애물이 가득한 해다. 계획을 방해하는 기운이 곳곳에 서려 있기에 매사에 언행을 조심해야 한다. 어려움이 많긴 하지만 대부분은 본인이 지혜롭게 대처하면 피해 갈 수 있는 것들이라 조심, 또 조심하길 당부한다.

🐑 양띠의 평생 운세

양(未)띠는 오행 중 흙 토(土). 그중에서도 작은 흙의 성질을 가지고 있으며 12 띠 중 여덟 번째 띠다. 하루 중 오후 1시부터 오후 3시까지를 미시(未時)라고 하여 양(未)띠의 시간으로 정해 놓았다. 음(陰)의 기운을 품고 있는 띠로 월로 보자면 음력 6월, 소서부터 음력 7월 입추 전까지를 의미한다. 방향은 남남서쪽을 가리키며 서양 별자리로 보자면 게좌이다.

양(未)띠는 인정이 많고 부드러운 성격이다. 어린아이 같은 순수함과 성인군자 같은 넓은 마음을 가지고 있으며 다툼을 싫어하고, 갈등이 생기면 본인이 먼저 양보하는 타입이다. 재물에 대한 욕심은 거의 없으며 봉사정신도 투철하여 뭇사람들의 존경을 한 몸에 받는다. 본인뿐만 아니라 부모의 덕까지 받아 마치 역사 속 성인과 같은 자비심을 가지고 있는데, 본인도 이를 낭만이라 여기고 자유롭게 살아가는 운세다. 수많은 사람의 존경과 칭송을 한 몸에 받는 양(未)띠지만 내면에는 겁이 많아 새로운 일이나 경쟁에 도전하지를 못한다. 그리고 주변에 자기주장이 강한 지인이 있다면 의견 충돌을 싫어해 그 사람의 의견에 전적으로 동의하며 수동적으로 끌려가는 경향이 있다. 남의 손에 의해 모든 일이 진행되다 보니 크게 성공하지 못하며 겉으로는 싫은 소리 하지 않고 따라가지만, 내면에서는 불평불만이 많아 화가 쌓일 수도 있다. 어려움이 닥치면 부정적인 생각을 먼저 하며 은근히 매사에 까다로운 것도 단점이다. 양(未)띠생은 평생 살면서 되도록 자신의 주장을 강하게 피력하고, 매사 긍정적인 사고방식을 가지는 지혜가 필요하다.

그렇다면 양(未)띠와 어울리는 운세를 가진 띠는 누구이며 악연으로 맺어진 띠는 무엇일까? 먼저 쥐(子)띠와는 사소한 오해가 쌓여 그리 좋지 않은 인연이다. 심하게 갈등이 표출되지는 않지만 서로 기운이 딱 맞아떨어지는 부분이 있는 것도 아니라 적대감을 느껴 안 좋은 관계로 발전할 가능성이 크다. 쥐(子)띠와는 좋지 않은 궁합이지만, 쥐(子)띠 해는 양(未)띠에게 최적의 해다. 갑자기 횡재할 수 있는 행운의 기운이 충만해 있으며 특히 남녀의 기운이 어우러져 풍족한 생활로 이어질 가능성이 다분하다. 가정은 두루 평안할 것이며 사회적으로도 크게 성공할 수 있는 시기다. 양(未)띠와 소(丑)띠는 상충살이 작용한다. 양측이 서로에게 경쟁하는 마음을 품고 있으며 매사 충돌하게 되니 어떤 일도 함께 하기가 쉽지 않다. 협동, 협조의 기운이 전혀 없기 때문에 조화는 꿈도 꾸지 못한다. 오로지 무관심으로 일관하며 참고 살아가는 것만이 최선의 방법이라고 할 수 있다. 소(丑)띠 해 역시 양(未)띠와는 궁합이 좋지 않다. 계획한 모든 일이 힘들게 진행되며 가족이나 지인들과도 크고 작은 오해가 계속되어 고생할 운세다. 큰 소득은 없고, 오히려 방탕한 생활이 이어질 수 있으니 미리 조심하는 것이 좋을 것이다.

범(寅)띠와는 직접적으로 대립하는 일은 없다. 하지만 꾸준한 관계가 가능할 정도로 인연이 깊지도 않다. 이해가 부족하고 서로 마음이 맞지 않으니 만약 계속 인연을 이어간다면 가까운 시기에 필히 큰 다툼이 일어날 수 있다. 범(寅)띠 해는 양(未)띠에게 행운의 1년이다. 하고자 마음먹은 일에 행운이 따라 쉽게 성취할 수 있고, 생각지 못한 이로운 일이 벌어질 수 있다. 하지만 여기에 실패의 기운이 교차되고 있어 행운이 불행으로 바뀔 수도 있으니, 다가오는 행운을 주의 깊게 살펴야 할 것이다. 토끼(卯)띠와 양(未)띠는 서로 삼합의 기운이 발생하며 사업이나 연인, 양쪽 관계 모두에서 애정의 기운이 강하게 작용하는 궁합이다. 바라보는 것만으로 친밀감을 강하게 느끼기 때문에 어떤 관계를 맺어도 크게 성공하는 운세다. 토끼(卯)띠 해는 양(未)띠에게 여러모로 이득이 되는 해다. 재물에 집중하면 많은 양의 금전을 얻을 수 있고, 사랑에 몰두하면 상대로부터 깊이 사랑받을 수 있다. 다만 이미 가정이 있는 경우 불화가 발생할 수 있고, 본인에게 질병이 발생할 수도 있으니, 이 부분은 유념하는 것이 좋다.

양(未)띠와 용(辰)띠는 믿음으로 끈끈하게 묶인 사이다. 서로가 믿음을 가지고 상대를 대하며 어떤 일을 해도 이심전심, 같은 마음이 통하기에 성공이 보장되는 궁합이다. 양(未)띠에게 용(辰)띠 해는 마음이 들끓는 해다. 분쟁의 기운이 어느 정도 있으며 불화의 운세가 있지만, 그 정도가 심하지는 않아 그저 기분이 찜찜한 정도다. 오히려 투자나 도박, 투기를 하면 일정량의 이득을 얻을 수 있으며, 굳게 마음을 먹으면 큰 덕도 얻을 수 있다는 분석이 나왔다. 뱀(巳)띠와는 마음이 잘 통하는 관계다. 말하지 않아도 서로의 기운이나 마음이 조화를 이루어 합리적인 관계가 형성될 수 있다. 큰 분쟁이 없으며 계속 인연을 이어가면 어떤 식으로든 좋은 결과를 얻을 수 있다. 뱀(巳)띠 해는 양(未)띠에게 새로운 시작을 의미하는 해다. 지쳐있던 마음이 새롭게 맥동하며 멀어진 인연은 다시 가까워질 수 있다. 예기치 못하게 도움을 주는 귀인을 만날 수 있으며 사업을 하면 목적을 달성할 수도 있는 시기다.

양(未)띠와 말(午)띠는 미덕의 기운이 작용한다. 인간관계에서는 양측이 관심을 가지고 색다른 매력을 느끼며 함께 사업을 하면 크게 성공할 수 있다. 연인으로 만나도 행복의 힘이 가득하여 백년해로할 수 있다. 조화와 성공이 보장되니 필히 만나야 할 인연이라고 하겠다. 말(午)띠 해 역시 축복이 가득하다. 그동안 골머리를 쓰게 만들었던 오랜 고민이 해결될 것이며 사업과 가정이 두루 평안하니, 웃음이 끊이질 않는다. 전염병이나 작은 아픔의 기운이 서려 있긴 하지만, 말 그대로 미미하여 크게 신경 쓸 바는 아니다. 양(未)띠와 양(未)띠는 같은 합의 기운이 흐르므로 성격이 잘 맞고 경쟁심이 없다. 목표만 공유되고, 같은 쪽을 바라볼 수만 있다면 사업으로 크게 성공할 수 있으니, 절친한 친구 하나쯤은 사귀어두는 것이 좋다. 양(未)띠에게 양(未)띠 해는 그리 좋지 못한 1년이다. 여러 군데에서 응원의 목소리와 도움의 손길이 뻗어와 도움을 주지만 이 도움을 뛰어넘을 만큼 골치 아픈 문제들이 연달아 터져 나와 기대했던 성과는 거둘 수 없을 것이다.

원숭이(申)띠와 양(未)띠 사이에는 무관심한 기운이 가득하다. 기질상 공통점이 거의 없으며 서로 매력을 느끼지 못하니 가까이하지 않는 것이 상책이다. 반면에 원숭이(申)띠 해는 양(未)띠에게 긍정적인 기운이 많은 해다. 모든 일이 바라던 방향으로 수월하게 해결될 수 있다. 아프던 사람은 병이 나을 수 있고, 사업을 하는 이는 원하던 바를 이룰 수 있다. 모든 면에서 만족할 수 있는 결과가 나올 테니, 이 시기에 일을 도모하면 좋다. 닭(酉)띠와 양(未)띠에게는 서로 침묵하는 기운이 흐른다. 의사소통이 원활하지 않으며 서로에게 큰 관심이 없기에 자주 부딪칠 수 있다. 한쪽이 무조건 참고 인내하면 관계가 지속될 수 있으나 결코 바람직한 관계는 아니니, 되도록 인연을 맺지 않는 것이 좋다. 양띠에게 닭(酉)띠 해는 여러 일이 많이 발생하는 한 해다. 기본적으로 좋은 기운이 작용해 즐거운 일이 많겠지만, 그만큼 안 좋은 사건·사고도 잦다. 낭비벽이 발현되어 큰돈이 지출될 수 있으며, 가정에 소홀하면 분쟁이 발생할 가능성도 큰 시기다.

개(戌)띠와의 궁합은 최악이다. 이해심은 물론이고, 어느 한쪽이 양보하려는 마음도 가지지 않아 어울릴 수가 없는 궁합이다. 물과 기름처럼 조화롭지 않아 결코 섞일 수 없는 운세다. 개(戌)띠 해에 양(未)띠는 고민이 많을 것으로 보인다. 목표를 향한 마음과 도전의식은 충만하지만, 마음이 앞서 고통을 겪을 수 있다. 장거리 여행, 해외여행은 삼가는 것이 좋고, 새로운 도전도 가급적 피하는 것이 바람직하다. 개(戌)띠 해에는 마음을 내려놓고 낙천적인 생각으로 무장하는 지혜를 발휘해보자. 돼지(亥)띠와 양(未)띠는 삼합의 기운이 충만해 서로 평온하고 안정적인 관계가 유지된다. 다툼이 없고, 믿음이 충만하기에 서로가 서로를 이해하는 인연이다. 돼지(亥)띠 해는 양(未)띠에게 휴식을 취하는 시기다. 회복의 기운이 흐르니, 과거를 청산하고 평화로운 마음으로 휴식을 취하는 것이 좋다. 재물도 적당히 취할 수 있으며 조화로운 하루가 이어져 계획한 일을 성취할 수 있다. 다만 한 가지 주의할 점은 가정이 불안하고, 결심이 흔들리면 자신이 가정의 행복이나, 연인과의 관계를 단절시키는 계기가 될 수 있으니 유념하길 바란다.

🐵 원숭이띠의 평생 운세

원숭이(申)띠는 쇠 금(金), 무쇠같이 큰 쇠의 기질을 오행으로 가지고 있는 띠다. 잔나비띠라고도 부르는데, 오후 3시부터 오후 5시를 신시라고 하여 원숭이(申)띠의 시간으로 지정해두었다. 양(陽)의 기운을 품고 있는 원숭이(申)띠는 음력 7월 입추부터 음력 8월 백로까지를 뜻한다. 해당되는 방향은 서남서쪽이며 별자리로는 사자좌를 뜻한다.

원숭이(申)띠는 밝고 활동적이며 마음이 개방적인 이들이 많다. 움직이는 걸 좋아하고, 사람 사귀는 걸 꺼리지 않아 사교적인 기질이며 통솔력도 강해 어느 집단을 가도 리더로 기능할 수 있는 잠재력을 지니고 있다. 본인의 기질 자체에 긍정적인 면이 많고 다른 사람의 마음을 헤아리는 감수성이 풍부하여 공감대를 형성하는 능력이 뛰어나다. 하지만 끈기와 의지가 부족하여 어려움 앞에서는 한없이 작아지는 편이다. 모든 어려움을 임기응변으로 넘기다 보면 어느새 거짓말쟁이가 되어있는 경우도 왕왕 존재한다. 관심 있는 분야가 너무 많아 산만한 편이며, 숲을 보기보다는 나무 하나에 집중하다가 기회를 놓치고 후회할 수 있다. 성적으로도 끼가 다분하여 불화를 야기할 수 있으며, 이 기운이 강하게 작용하면 노후에 이별을 하고 외롭게 살아갈 수 있다.

그렇다면 원숭이띠와 각 띠의 인연은 구체적으로 어떻게 작용하는 걸까? 차례대로 살펴보자. 원숭이(申)띠와 쥐(子)띠의 경우, 삼합의 기운이 어우러져 상대에게 강한 친근감을 느끼며 공존하는 마음이 가득하다. 특히 이성으로 만나면 서로 배려하고 양보하며 평생을 행복하게 살아갈 것으로 분석된다. 쥐(子)띠 해 역시 원숭이(申)띠에게 행복한 한 해다. 뜻밖의 목돈이 들어올 수 있으며 직장에서는 승진이 보장되고, 사업은 성공할 수 있다. 급전이 필요할 때도 생각보다 수월하게 돈을 융통할 수 있어 큰 어려움이 없는 한 해가 될 것이다. 소(丑)띠와는 마치 장벽에 가로막힌 것처럼 의사소통이 원활하게 이뤄지지 않는다. 서로가 거리를 재고, 상대의 기분만 생각하다가 일을 그르치는 경우가 많으며 호탕하게 다가가질 못한다. 서로 절제하고 지켜보는 마음만 품는 것이 가장 바람직하다 하겠다. 소(丑)띠 해는 원숭이(申)띠에게 행운이 따르는 해다. 자금의 흐름이 급격히 좋아져 모든 일이 수월하게 진행된다. 사업이나 직장생활로 골머리를 앓던 이는 문제가 갑작스럽게 해결되며 행운과 같은 목돈이 들어올 운세가 작용하는 해다.

범(寅)띠와 원숭이(申)띠는 상충의 관계로 매사 심하게 충돌하는 형국이다. 이해와 배려의 마음이 부족하여 사소한 갈등도 크게 부각되는 관계로 경쟁심이 가득해 결코 조화될 수 없는 궁합이다. 함께 일을 도모하기보다는 스쳐 지나가는 것이 서로에게 좋을 것이다. 궁합과 마찬가지로 범(寅)띠 해는 원숭이(申)띠에게 불안과 고민이 가득한 해다. 범(寅)띠 해가 되면 원숭이(申)띠는 알 수 없는 불안감과 고민으로 밤잠을 설칠 수 있다. 문제의 원인을 알지 못하니, 주변 사람들에게 공격성을 드러내기 쉬우며 최악의 경우 현실에서 도피하려는 일이 발생할 수도 있다. 지인에게 금전적으로 이용당할 가능성도 있으며 사업, 자영업을 시작하면 반드시 어려움을 겪으니, 이 시기에는 언행을 조심하는 것이 좋다. 토끼(卯)띠와는 서로 마주 보며 언성을 높이는 형국이다. 오해와 갈등으로 점철된 관계인데, 이해하는 마음이 부족한 데다가 생각과 사고방식 자체가 달라 도무지 섞일 수가 없는 기운이다. 애정관계에서도 방해하는 힘이 곳곳에 산재해 있으니, 토끼(卯)띠와 원숭이띠는 가까이하지 않고, 멀리서 안부만을 전하는 것이 좋다고 하겠다. 원숭이(申)띠는 토끼(卯)띠 해에 행복할 가능성이 크다. 막혔던 기운이 뚫리고 여유가 넘쳐 모든 일이 순조롭게 풀린다. 주변 사람들로부터 많은 도움을 받을 수 있으며 새로운 사업을 시작하거나, 직장을 옮겨도 쉽게 적응할 수 있는 여유 있는 한 해가 예상된다.

용(辰)띠와 원숭이(申)띠는 삼합의 기운이 작용하여 큰 충돌 없이 아주 편안한 관계다. 또한, 서로 사랑하고 이해하는 마음이 충만하여 어떤 인연을 맺어도 좋은 궁합이다. 사업을 함께한다면 크게 성공할 것이고, 직장에서 같은 팀으로 만나도 좋은 성과를 이룰 수 있다. 연인으로서도 기운이 좋아 백년해로가 보장된다. 궁합은 좋지만 용(辰)띠 해는 원숭이(申)띠에게 조심스러운 해다. 전반적으로 자금흐름이 좋지 못하여 모아났던 목돈을 지출할 일이 많으며 주변에서 돈을 빼먹는 일이 왕왕 있을 수 있다. 크고 작은 근심거리가 끊이지 않아 1년 내내 불안한 마음을 감출 길 없을 것이다. 그나마 다행인 것은 특별한 기술직, 전문직에 종사하는 이들은 자신의 기술이 크게 향상되는 행운을 맞이할 수 있다는 것이다. 뱀(巳)띠생과는 의심으로 점철된 관계다. 서로에게 큰 매력을 느끼지 못하는데, 신뢰가 쌓이기도 어려운 사이라 같은 길을 가면 반드시 크고 작은 문제가 발생할 수 있다. 굳이 함께 일을 도모해야 한다면 양보와 배려의 마음을 억지로라도 가지는 것이 좋다. 뱀띠 해에 원숭이(申)띠는 바쁘게 움직일 일이 많다. 주변 지인들의 도움으로 일에 있어 성취를 얻을 수 있는 경우가 많아지며 직장인이라면 상사로부터 관심의 기운이 발생해 행운을 얻을 것이다. 다만 가정에는 작은 불화의 기운이 흐르고 있으니, 말을 조심해야 한다. 특히 크고 작은 시시비비가 많을 텐데, 여기에 일일이 대응하고 관심을 쏟다 보면 손해를 볼 수 있으니, 담대하게 넘기는 결단이 필요하다.

말(午)띠와 원숭이(申)띠는 친밀한 기운이 풍족하다. 보고만 있어도 마음이 잘 통하며 서로에게 유리한 기운이 좋게 작용하여 도모하는 일 모두 큰 성공을 거둘 수 있다. 양보하는 마음이 자연스럽게 내장되어 있어 어지간한 어려움은 상호 합의하에 헤쳐나갈 힘이 있다. 말(午)띠 해에 원숭이(申)띠는 평온하고 여유로운 시기를 보내게 된다. 전체적으로 행운의 기운이 흐르기에 성과가 보장되며 사건·사고 없는 평온한 1년이 될 것이다. 연인과도 사랑의 기운이 충만하여 혼사가 진행될 수 있으며 결혼을 했다면 임신 소식이 있거나, 식구가 늘어나는 경사가 있을 수 있다. 양(未)띠와 원숭이(申)띠는 서로 강한 기운을 지니고 있어 충돌하는 사이가 될 수 있다. 이해하려는 노력도 없고, 그러한 기운도 부족해 얼굴만 마주치면 부딪치는 사이로 가정을 이루면 불협화음으로 매일 고생하는 것으로 분석되었다. 양(未)띠와 원숭이(申)띠는 되도록 마주치지 않는 것이 서로에게 최선이라고 하겠다. 양(未)띠 해는 원숭이띠에게 평범한 해다. 본인의 노력 여하에 따라서 바쁘게 지낼 수도 있고, 여유롭게 지낼 수도 있다. 기본적으로 금전운이 풍족해 노력한 것보다 더욱 많은 보상을 받을 수 있는 시기인데, 연인과의 애정운도 좋아 새로운 만남이 있을 수 있고, 연인과의 관계가 더욱 깊어질 수도 있다. 가정에 충실하면 금방 사그라들 정도로 약한 불화의 기운이 감돌고 있으니 참고하기 바란다.

원숭이(申)띠와 원숭이(申)띠는 서로 협력하는 기운이 흐르고 같은 곳을 바라보는 기운이 작용한다. 사업이나 애정, 어느 분야에서건 우호적인 기운이 가득하여 불화가 있을 수 없으며 편안한 사이가 지속될 수 있는 궁합이다. 원숭이(申)띠 해에는 갑작스러운 사업으로 인해 소득을 올릴 수 있고, 뜻밖에 횡재하는 행운을 얻을 수도 있다. 주변 사람들이 말없이 도와주어 모든 일이 순조롭게 풀리며, 친한 지인들과 큰 덕을 쌓는 시기로 분석이 되었다. 다만 일에 열중하다가 건강을 해치는 일이 있을 수 있으니 유념하기 바란다. 닭(酉)띠와의 궁합은 불통이라는 말로 표현할 수 있다. 기본적으로 의사소통에 문제가 있는데, 하루가 멀다고 장애가 발생해 불통을 더욱 부추긴다. 협동심이 부족하고 진심을 표현해도 상대가 받아주질 않으니, 깊은 관계를 맺을 수가 없다. 닭(酉)띠 해에 원숭이띠는 자금의 흐름이 원만해지고, 추진하는 사업도 순조롭게 진행될 것이다. 큰 사건·사고 없는 평범한 시기이나 일적으로는 주변 지인들의 도움으로 어느 정도의 성공이 보장된다. 다만 외부 활동에 집중하다 보면 가정에 분쟁이 발생할 수 있으니 이 부분은 조심해야 한다.

개(戌)띠와 원숭이(申)띠는 긍정적인 기운이 작용하여 우호적인 관계다. 서로 존경심이 우러나오고, 적대감도 없어 최적의 궁합이라고 할 수 있다. 함께 사업을 하면 서로의 기운이 시너지를 얻어 모두가 이익을 얻을 수 있으며 사랑의 연을 맺으면 분란 없이 행복한 생활을 영위할 수 있다. 개(戌)띠와의 궁합은 좋지만, 개(戌)띠 해는 원숭이(申)띠에게 힘겨운 한 해가 되는 것으로 분석했다. 계획한 일들은 계속해서 틀어질 것이고, 무수한 약속은 계속 깨진다. 목돈을 투자한 사업이 있으면 실망할 수 있으며 친구와 금전 거래를 한 경우, 뒤늦게 후회할 일이 발생하니, 개(戌)띠 해에는 경거망동하지 말기 바란다. 돼지(亥)띠와 원숭이(申)띠는 아주 좋은 기운이 작용하는 궁합이다. 서로 관심을 가지고 지켜보며 믿음을 가지고 있기에 안정적인 관계가 지속된다. 특히 연인과의 사이에서는 믿음이 더욱 배가되어 좋은 관계로 발전할 여지가 많다. 돼지(亥)띠 해는 원숭이(申)띠에게 방해를 하는 기운이 가득하여 이득이 없는 시기가 될 것이다. 왕성하게 활동은 하겠지만, 결실을 맺지는 못할 것이며, 관재수가 있어 친구나 지인과의 사이에서 법적인 분쟁이 있을 수 있다. 분쟁에서는 승소할 가능성이 높지만, 그 과정에서 가해지는 정신적인 고통과 금전 손실은 평생 감당해야 하는 것이니, 이 시기에는 언행을 조심하며 새로운 사업을 자중하는 것이 좋다.

 닭띠의 평생 운세

닭(酉)띠의 오행은 쇠 금(金), 그중에서도 작은 쇠의 성격을 지니고 있다. 열 번째 띠로 하루 중 오후 5시부터 오후 7시까지를 의미하며 유시(酉時)라 부른다. 음(陰)의 기운이 충만한 띠로 절기로 보자면 음력 8월, 백로(白露)날부터 음력 9월 한로(寒露) 전날까지다. 동서남북 방위상으로 보자면 정서쪽을 가리키며 별자리로는 처녀좌에 해당이 된다.

닭(酉)띠는 전형적인 참모형 성품이다. 비상한 머리를 지니고 있으며, 지략이 끊임없이 샘솟아 어디서나 지혜로운 능력을 곧잘 발휘한다. 사물을 창조하거나 분석하는 데도 뛰어난 재능을 가지고 있어 예술가로도 성공할 가능성이 있다. 담력이 강한 데다가 주도면밀한 구석이 있다. 여기에 사회현상을 읽어 미래를 예측하는 통찰력도 갖추고 있어 자주 리더로 추대되며 주변 사람들로부터 능력을 인정받는 경우가 많다. 머리가 뛰어난 이들이 그렇듯, 성격이 날카로운 면이 있으며 모든 일을 체계적으로 진행하고자 하는 욕망이 있다. 맺고 끊는 결단력이 아주 강해 실수를 거의 하지 않으며 남을 품는 도량도 지니고 있어 지능형 리더로 안성맞춤인 성품이다. 하지만 타고난 지능을 제대로 활용하지 못하면 이도 저도 아닌 애매한 성공을 거두게 될 수 있다. 잘되면 크게 대성하겠지만, 안되면 바닥을 헤매는 기운이 평생 운세에 드러나 있다. 그리고 내면에 부정적인 사고방식이 가득하며 자기중심적이라 갈등을 스스로 일으키는 면도 있다. 자신에게 조금이라도 해가 되는 일이라면 일단 부정적으로 보는 경향이 있으며 이기적이고 고집이 세서 의견을 고치는 경우도 많지 않다는 점 또한 단점으로 지적된다.

리더 아니면 트러블메이커, 양극단으로 치달을 가능성이 큰 닭띠의 궁합은 어떠할까? 먼저 쥐(子)띠와는 심한 갈등이 작용하는 관계다. 평소 적대감을 강하게 느끼기에 사소한 오해도 큰 문제로 발생할 여지가 많다. 서로 연을 맺지 않고 견제하며 살아가는 것이 최선이다. 쥐띠 해에 닭(酉)띠는 어렵고 힘든 시기를 보낸다. 금전적으로 고통이 따를 뿐 아니라 본인의 낭비벽까지 작용해서 주머니가 가벼워질 것이다. 가까운 사람들과 손재수가 보이므로 인간관계에서도 시련을 겪을 가능성이 크다. 신경 쓸 일이 많다 보니 건강도 악화되어 여러모로 최악의 1년이 될 수 있다. 소(丑)띠생과는 삼합의 기운이 작용하여 최적의 궁합을 자랑한다. 함께 같은 생각과 비전을 공유하며 믿음이 바탕이 되었기에 결속이 굳건하다. 의사소통에도 전혀 문제가 없으니, 소(丑)띠와 연을 맺으면 적어도 인간관계에서는 곤란을 겪을 일이 없을 것이다. 소(丑)띠 해 역시 좋은 기운이 가득하다. 실타래처럼 얽혀서 답이 안 보이던 상황이 원만하게 해결될 것이며 부족하던 재물도 넉넉해질 수 있다. 특히 이성과의 관계에 회복의 기운이 보이니 걸리는 것이 있다면 이 시기에 해결하기 바란다. 날카로운 물체에 찔리거나 베여 피를 흘리는 운세도 동시에 분석이 된다. 작은 수술이 있을 수도 있으나, 워낙 1년의 기운이 좋으니 잘 이겨낼 수 있을 것이다.

범(寅)띠와 닭(酉)띠는 개인의 노력 여하에 따라 운세가 많이 달라진다. 서로 직접적으로 대립이 있는 운세는 아니지만, 의사소통에 장애가 있어 작은 문제라도 크게 불거져 불쾌해질 수 있다. 노력하면 개선이 가능하겠지만, 애초에 기운 자체가 조화롭지 않아 차갑고 냉랭한 관계가 지속될 수 있다. 범(寅)띠 해는 닭(酉)띠에게 가을과 같은 해다. 하고자 하는 일에 행운이 따르는 것은 물론 풍족한 결실이 예정되어 있어 만족스러운 1년이 될 것이다. 능력을 인정받아 주위로부터 덕이 들어올 수 있지만, 크고 작은 사고들이 도사리고 있으니, 너무 들뜨지 말고 차분하게 행운을 즐기는 침착함이 필요하다. 토끼(卯)띠와는 심하게 견제하는 관계다. 양측 모두 양보하려는 마음이나 이해심이 부족하여 분열과 불화가 일상이며 충돌도 잦다. 사업을 해도 마음이 맞지 않아 고생하겠으나, 연인이 되면 문제는 더욱 심각해져 서로에게 심한 상처를 남길 수 있다. 토끼(卯)띠 해 역시 닭(酉)띠와는 어울리지 않는다. 토끼(卯)띠 해는 얻는 것보다 잃는 것이 많은 해로 금전적인 손실과 지출이 생각보다 훨씬 많을 것으로 예상된다. 혼자 사업을 꾸려나가면 그 손해를 온전히 홀로 감당해야 하지만 주위의 도움을 얻어 공동사업을 하면 손해가 어느 정도는 무마될 수 있다.

용(辰)띠와는 조화의 기운이 생동한다. 기질상 서로를 깊이 이해할 수 있으며 믿음을 가지고 융합하는 사이가 될 수 있다. 같은 목표를 공유할 경우 두 사람이 한 사람이 된 것처럼 손발이 잘 맞아 큰 성공을 거둘 수 있다. 한번 인연을 맺으면 오래도록 서로에게 도움이 될 수 있는 궁합이니 주위에 용(辰)띠 지인 한둘 쯤은 꼭 만들어 두자. 용(辰)띠 해에는 활기찬 기운이 맥동하므로 사업이 성공하고 번창할 수 있다. 닭(酉)띠에게는 무난하고 평온한 1년으로 집안에 식구가 늘어나고 혼사가 진행될 수 있을 정도로 좋은 해다. 뱀(巳)띠와도 삼합의 기운이 작용, 조화로운 관계가 이어진다. 마음이 잘 맞으며 서로의 일을 합리적으로 이해할 수 있어 갈등이나 분쟁이 성립되질 않는다. 믿음과 협조의 기운이 팽배하니, 무엇을 함께해도 중간 이상의 성적은 거둘 수 있는 것으로 분석된다. 뱀(巳)띠 해는 닭(酉)띠에게 최고의 행운이 가득한 해다. 하고자 했던 일, 계획한 일은 모두 순조롭게 풀릴 것이며 자금도 원활하게 융통된다. 미래에 대한 불안한 마음이 있었다면 이 역시 발전적인 방향으로 변화를 맞이할 수 있으며 도움을 주는 좋은 귀인을 만나 계획한 목적을 달성할 수 있다. 다만 헛소문에 마음의 상처를 입을 수 있고, 장거리 여행 시 소중한 물품을 잃어버릴 수 있다는 점은 염두에 두기 바란다.

말(午)띠와 닭(酉)띠는 불신이 팽배한 관계다. 상호 간에 믿음과 존경심이 부족한 탓도 있겠지만, 애초에 둘의 궁합 앞에 너무나 많은 장애물들이 발생할 운세다. 끊임없이 발생하는 갈등에서 상호 협조가 잘 이뤄지지 않으면 돌이킬 수 없을 만큼 사이가 소원해질 수 있다. 하지만 반대로 많은 대화를 통해 믿음과 존경의 마음만 가질 수 있다면 문제의 대부분은 원만하게 극복할 수 있으니, 말(午)띠와 닭(酉)띠는 소통의 마음을 품고 연을 맺는 것이 좋다. 닭(酉)띠는 말띠해에 온갖 시련을 겪을 수 있다. 가정에는 안정적인 기운이 들어와 있으나, 주변 지인들과의 관계에서 문제가 발생할 가능성이 크다. 사회적인 활동 자체가 어려우며 온갖 장애물과 시련 탓에 몸과 마음이 지치는 해다. 주변 지인들로부터 도움은커녕 비난을 받을 수 있으며 여러 사람과 타협해야 하는 사건이 발생할 수 있다. 양(未)띠와는 애초에 좋은 관계가 되기 어려운 궁합이다. 어쩔 수 없이 깊은 관계를 맺어야 한다면 두 번, 세 번 생각할 정도로 신중하게 처신해야 하며, 특히 연인으로서의 인연은 결국 파국으로 치달을 수밖에 없는 운세라고 할 정도로 과하게 좋지 않다. 궁합이 나쁜 것과는 별개로 양(未)띠 해의 사회적인 흐름은 나쁘지 않다. 닭(酉)띠에게 좋은 우호적인 기운이 1년 내내 흐르며 보호적인 힘도 충만해 기쁨과 성공을 모두 얻을 수 있는 시기다. 실업자나 구직자는 원하는 직장을 얻을 수 있으며 가정은 화목하고 안정적이다. 직장인에게는 승진의 기회가 오는 가능성 가득한 1년이라고 할 수 있다.

원숭이(申)띠와는 서로 무관심의 기운이 흐른다. 특별히 나쁘지도 딱히 좋지도 않은 형식적인 힘이 양측을 휘감고 있다. 관심이 없어 이해와 배려의 마음도 결여된 상태인데, 이는 곧 불통으로 이어질 수 있다. 다행인 점은 평소에는 무관심한 사이라도 앞을 가로막는 장애물이 나타났을 때는 서로 적극적으로 협조하는 기운이 발현해 문제를 해결할 가능성이 크다는 것이다. 닭(酉)띠에게 원숭이띠 해는 손해가 가득한 해다. 금전적으로 어려움을 겪을 가능성이 크고, 진행하는 사업에는 장애가 발생할 수 있다. 남의 말이나 소문, 잘못된 정보로 인해 피해를 보는 일이 예정되어 있으니 소문을 조심해야 한다. 문제는 온전히 자신의 힘으로 극복해야 하니 원숭이(申)띠 해에는 조용히 침묵하고 지나가는 것이 현명하다. 닭(酉)띠와 닭(酉)띠는 유유(酉酉)충이라 하여 서로 충돌하는 기운이 강하다. 주도권 경쟁이 치열하고 자신이 우위를 차지하기 위해 잦은 싸움이 발생할 수 있다. 서로 이해심이 부족하고 답답해하기에 불편한 사이가 될 가능성이 크다. 다행히 근간에는 공손한 마음이 흐르고 있기에 큰 싸움으로 번지지는 않을 것이다. 닭(酉)띠 해는 행운이 찾아올 것이다. 도움을 주는 우호적인 지인을 만나 어려움이 해소될 것이며, 금전적인 이익도 성취할 수 있다. 여유와 평안이 가득한 한 해지만 갑작스레 사고가 발생할 수도 있으니, 조심해야 한다.

개(戌)띠와는 심적 고통이 큰 사이다. 서로 견제하고 부딪치는 기운이 강해 갈등이 자주 발생한다. 천만다행인 점은 양측이 상처를 주지 않기 위해 서로 인내하고 참는다는 것. 하지만 이 또한 오래 지속되면 마음의 부담으로 다가올 수 있기에 결코 바람직한 관계는 아니다. 서로 절제하며 가벼운 인연만을 맺는 것이 좋다고 하겠다. 닭(酉)띠에게 개(戌)띠 해는 즐겁고 행복한 시기를 선사할 것이다. 해외여행이나 장거리 여행의 기회가 찾아올 것이며, 사회적으로 잃어버렸던 권력을 되찾을 수 있다. 3대 관운이 삭용하니, 시기만 잘 댁힌다면 높은 지위에 오를 호기라 하겠다. 다만 성공했다고 요란하게 뻐기고 다니면 화를 부르니 자중하는 모습이 중요하다. 마지막 돼지(亥)띠와는 이해하는 기운이 충만하다. 미덕의 마음이 가득하고 서로가 배려를 생활화해 평온하고 안정적인 관계가 이어진다. 성격은 부딪치고 안 맞는 부분도 있지만 하나의 공통된 일을 성취하기 위해서는 기꺼이 협조하는 기운이 작용하여 우호적인 관계로 발전할 수 있다. 닭(酉)띠에게 돼지(亥)띠 해는 괴로운 한 해가 된다. 갑작스레 골치 아픈 일이 발생하며 계획했던 일은 예상치 못하게 틀어질 것이다. 가정에는 불화가, 연인과는 이별이, 친구와 결별이 이어지는 등 여러모로 시련이 가득한 1년이 계속된다. 친구의 조언도 마음의 상처로 남을 수 있으니 조용히 인내하는 것이 최선이다.

개띠의 평생 운세

개(戌)띠의 오행은 흙 토(土)로 큰 흙을 의미한다. 하루 중 오후 7시부터 오후 9시까지를 말하는데, 이를 술시(戌時)하고 한다. 양(陽)의 기질을 내포한 띠로 절기상으로 보면 음력 9월 한로(寒露)날부터 음력 10월 입동(立冬) 전날까지를 말한다. 동서남북 방위상으로는 서북서를 뜻하고, 별자리는 천칭좌에 해당된다.

개(戌)띠는 천성적으로 성격이 밝고 솔직하며 명랑, 쾌활하여 많은 사람이 좋아하는 성품이다. 인정이 많은 데다 평범하고 소박한 걸 좋아하여 대중의 관심을 한 몸에 받는 기질이다. 재물이나 물건에 큰 욕심을 내지 않는 편이지만, 한번 자신이 옳다고 생각한 신념이나 가치를 위해서는 끊임없이 도전하고 시도하는 끈기도 갖추고 있다. 필요할 때는 옆에서 보기에 무모하다 싶을 정도로 용감한 모습을 보이는데, 주로 자신에게 해가 되거나 자신의 영역에 누군가가 침범했을 때 이러한 성향을 보인다. 단점으로는 너무 쾌활하고 바깥 활동에 심취하면 가정에 소홀할 수 있다는 것이다. 거기다 한번 꽂힌 부분에서는 양보나 타협의 여지가 없다시피 할 정도로 고집이 세다는 것도 단점으로 지적된다.

사람들과 원만한 관계를 유지하는 개(戌)띠지만 상대에 따라 최적의 궁합과 최악의 궁합이 존재한다. 각 띠와의 관계는 어떻게 되는지, 자세히 살펴보자. 먼저 쥐(子)띠와는 서로 믿음의 마음을 가지고 있어 좋은 관계를 유지할 수 있다. 갈등이 생겨도 상대를 능히 용서할 수 있으며 적극적으로 협조하는 기운이 작용해 큰 문제로 번지지 않는다. 쥐(子)띠 해는 개(戌)띠에게 자연스러운 성공을 보장한다. 사업이나 투자에서 큰 이익이 나는 시기로 분석이 되었으나 가정과 자신의 건강에 불안한 기운이 싹트고 있으니 각별히 조심해야 한다. 소(丑)띠와 개(戌)띠는 불편한 사이다. 이해심이 부족하며 소통에도 장애가 발생하기 쉬워 원활하게 관계를 맺기가 어렵다. 기질상 애초에 어울리지 않는 운세기에 깊은 관계는 맺지 않는 것이 서로에게 좋다. 소(丑)띠 해는 개(戌)띠에게 여러모로 골치 아픈 해가 될 것으로 보인다. 가까운 지인들과 오해가 발생해 서로를 비난하고 공격할 수 있으며 이러한 갈등이 금전 지출로까지 이어질 수 있다. 개(戌)띠 입장에서는 갈등이 일어날 여지를 아예 피하는 것이 좋을 것이다.

범(寅)띠와 개(戌)띠는 삼합의 기운이 흐르는 행운의 관계다. 사업을 함께하면 마음이 통하여 크게 성공할 것이며 연인으로 만나도 서로 사랑하고 아껴주어 평생 행복할 대단히 좋은 궁합이다. 범(寅)띠와는 무엇을 도모해도 성공이 보장된다고 할 정도로 흥하는 기운이 흐르고 있다. 범(寅)띠 해 역시 행복이 보장된 시기다. 갈등은 해결되고, 원하는 대로 의사소통이 이뤄진다. 연인과의 애정운도 가득하여 부부간의 문제도 일거에 해소될 수 있다. 다만 법적으로 다툼이 있을 수 있어 법원을 오갈지도 모르니 웬만하면 다른 사람의 갈등에 끼어들지 않는 것이 좋다. 토끼(卯)띠와는 위로와 보답하는 기운이 충만하다. 신뢰를 바탕으로 형성된 관계는 번영과 행복을 가져다주며 부부 사이에는 사랑이 가득하니 마음이 넉넉할 것이다. 개(戌)띠는 토끼(卯)띠 해에 모든 기운이 순조롭게 흘러 뭘 해도 잘 풀린다. 사업적으로 계획했던 일을 시행해도 좋으며 이성 간의 문제도 마음먹은 대로 수월하게 해결된다. 다른 사람을 지휘할 일이 있을 것이며 잃었던 명예가 있다면 이 역시 수월하게 회복할 수 있다.

용(辰)띠와 개(戌)띠는 사사건건 대립하는 기운을 가지고 있다. 사소한 일에서도 갈등이 발생하는 굉장히 피곤한 관계로 믿음이 없고 이해할 생각도 없으니, 서로 깊게 연을 맺지 않는 것이 좋다. 용(辰)띠 해에는 불안한 기운이 충만하다. 하고자 하는 일에 경쟁자가 많아져 어려움을 겪게 되며 현재의 위치를 위협하는 경쟁자도 우후죽순처럼 늘어날 것이다. 이들에게 약점이 들키면 금전적으로나 정신직으로나 많은 고통이 따를 수 있으니 기동을 조심하는 게 좋을 것이다. 뱀(巳)띠와는 원진살이 작용한다. 아무 이유 없이 서로를 미워하기에 얼굴을 마주하는 것도 괴로울 것이다. 무관심이 극에 달해 아예 없는 사람 취급하는 경우도 있으니 개(戌)띠와 뱀(巳)띠는 서로 가까운 관계로 발전하기가 힘들다. 뱀(巳)띠 해에는 사업운이 순조롭게 잘 흐르는 것으로 분석이 된다. 개(戌)띠는 굉장히 바쁜 한 해를 보낼 것이며 사업은 큰 문제 없이 지속된다. 일이 잘 풀리니 가정이나 연인과의 관계 역시 여유를 가지게 되어 최고의 행복을 누리는 1년이 될 것이다. 말(午)띠와 개(戌)띠는 삼합의 기운이 작용하여 모든 일이 순탄하게 작용한다. 기질이나 성품의 궁합이 최고에 가까워 어떤 인연으로 만나도 화합과 결속이 보장된다. 사업을 함께하면 만족스럽게 성공할 것이며 연인으로 만나면 신뢰와 사랑이 바탕이 되는 좋은 짝이 될 것이다.

말(午)띠 해에 개(戌)띠는 주위 사람으로부터 사랑과 존경을 받게 된다. 기운 자체가 나쁘지 않아 사업은 원만할 것이며 해외여행이나 장거리 여행을 다녀올 수도 있다. 다만 관재수에 휘말려 재판을 받는 일이 있을 수도 있으니, 유념하기 바란다. 양(未)띠와 개(戌)띠는 양측이 모두 인내하고 참는 기운이 가득한 것으로 나타났다. 서로에게 관심이 부족할 뿐만 아니라 관계를 이어나갈 필요성도 느끼지 못해 노력하지 않는다. 다툼을 싫어해 상대의 단점을 눈감아주긴 하지만 딱 거기까지. 관계를 발전시키려는 노력이 전무하여 좋은 인연이 되기는 힘들다. 개(戌)띠는 양(未)띠 해에 걱정과 불안을 느끼는 것으로 분석이 되었다. 양(未)띠 해의 기운 자체는 개(戌)띠에게 평범하고 무난한 편이지만 구설수로 인해 말다툼이 발생할 수 있으니, 참고하여 언행을 조심하는 것이 좋다.

원숭이(申)띠와는 견원지간이라고 하여 궁합이 좋지 않다는 생각이 지배적이지만, 실제로는 서로 협력하고 존경하는 기운이 가득하다. 상호 유대감도 깊고, 기질도 잘 어울려 조화로운 운세다. 사업을 함께하면 성공할 수 있고, 연인으로 만나면 행복할 것이다. 원숭이(申)띠 해는 개(戌)띠에게 수익이 크게 올라가는 행복한 시기다. 사업에서 좋은 성과를 얻을 수 있고, 집안에도 경사스러운 일이 발생할 수 있다. 특히 땅에서 좋은 기운이 올라오니 부동산 쪽 수입이 늘어날 것이다. 하지만 과도한 투자는 큰 지출로 이어져 심신에 영향을 줄 수 있으니 신중히 분석하여 꼭 필요한 투자만 진행하는 것이 바람직하다. 닭(酉)띠와 개(戌)띠 사이에는 차갑고 냉철한 북풍의 기운이 흐르고 있다. 서로에게 적대감이 가득하여 의사소통에 문제가 있고, 크게 관심을 두지 않아 좋은 인연이 되기 힘들다. 개(戌)띠는 닭(酉)띠 해에 금전적인 문제도 겪을 것으로 분석이 된다. 금전적으로 신용에 타격을 입을 수 있으며 직장인이라면 상사와 크고 작은 시비가 발생해 인간고를 겪게 된다. 여러모로 복잡하고 착잡한 감정이 가득한 한 해가 될 것이니 마음을 굳게 먹고 자중하는 것이 최선이다.

개(戌)띠와 개(戌)띠는 서로 협력하고 우호적인 기운이 발생하는 관계다. 친구로 만나면 마음을 공유하는 관포지교(管鮑之交)를 맺을 수 있고 사업을 함께하면 큰 이익을 얻을 수 있다. 연인과도 마치 친구처럼 편안하고 깊은 애정의 기운이 작용하여 즐거운 사이가 유지된다. 개(戌)띠 해에는 승진운과 시험운이 충만하다. 직장인은 승진의 기회가 찾아올 것이고, 자격증이나 시험을 앞둔 이들 역시 좋은 결과가 예상된다. 마지막 돼지(亥)띠와는 무난한 인간관계로 큰 다툼이나 갈등은 없는 것으로 나타났다. 서로 주도권을 주장하지도 않고 존중과 이해를 바탕에 두어서 사업을 함께하면 성공할 수 있다. 연인으로 연을 맺어도 상생의 기운이 발생해 좋은 짝이 될 수 있을 것이다. 개(戌)띠는 돼지(亥)띠 해에 노력한 만큼 결실을 얻을 것이다. 종종 기대하지 않은 일에서 소득을 얻는 일도 있겠으나, 이를 기대하고 노력하지 않으면 어떤 이득도 얻지 못하니 주의하기 바란다. 이성과의 관계에서도 원만한 기운이 작용해 좋은 관계로 발전할 수 있으니 참고 바란다.

🐷 돼지띠의 평생 운세

돼지(亥)띠는 해년생이라고 하여 오행은 물(水)의 기운을 품고 있다. 맑고 깨끗한 작은 물을 의미하는데 밤 9시부터 밤 11시까지에 해당이 되며 해시(亥時)라 부른다. 음(陰)의 기운을 가지고 있는데 월로 보면 음력 10월이고, 계절로 따지면 가을을 의미한다. 절기상으로 보면 음력 10월 입동(立冬)날부터 음력 11월 대설(大雪) 전날까지를 가리킨다. 해당되는 방위는 북북서쪽이며 별자리로 보면 전갈좌에 해당된다.

돼지(亥)띠는 성격이 밝고 정직하며 내면에 강한 성품을 지니고 있다. 기본적으로 개방적인 성격으로 좋은 유대관계를 지니고 있으며 친구들의 고민 상담은 물론 중재자 역할까지 도맡아 하므로 큰 누나, 혹은 큰 형 같은 포지션을 가지고 있다. 상대가 잘못을 저질러도 미덕의 마음을 바탕으로 용서할 줄 아는 대인배 기질도 보인다. 동정심이 많고 감수성이 풍부하여 자선사업이나 자원봉사를 즐기는 성품이다. 화를 내는 법이 없고, 알고도 속아주는 경우가 많아 많은 사람이 이용하기 쉽다고 착각하지만 영리한 지혜가 있으므로 절대 그냥 당하는 법이 없다. 단점으로는 한 가지 일을 결정하는 데 망설이고 주저하는 경향이 있다는 것이다. 빠른 판단이 필요할 때도 최대한 주변 여건과 환경을 고려하느라 신중히 결정한다. 이 탓에 새로운 일에 도전하길 꺼리는 편이다. 게다가 평소에는 말수가 적지만, 한번 입이 열리면 상대가 정신없을 정도로 마구 말을 해 불필요한 오해를 낳기도 한다.

　너그럽고 인자하지만 신중한 돼지(亥)띠의 인간관계 궁합은 어떻게 될까? 간략히 살펴보자. 먼저 쥐(子)띠와는 긍정의 부합이 되는 기운이 작용한다. 둘 다 성격이 모난 곳 없고 원만하여 쉽게 조화를 이루며 상대를 긍정하고 이해하는 힘이 가득하여 평화로운 관계가 이어진다. 인간관계 궁합은 좋지만 쥐(子)띠 해는 돼지(亥)띠에게 힘든 해가 될 수 있다. 사업이나 직장에서 안 좋은 기운이 흐르니 하는 일이 복잡하게 얽힐 것이다. 이성 관계도 크고 작은 다툼이 발생해 감정이 상할 일이 많다. 타인과 금전 거래를 하거나 동업을 할 경우, 돈을 잃거나 사람을 잃을 수 있으니, 쥐(子)띠 해는 피해서 진행하는 게 좋다. 소(丑)띠와 돼지(亥)띠는 단거리 인연이라고 할 수 있다. 기본적으로 양측에 크게 불안한 기운이나 불화의 씨앗이 싹튼 건 아니라 평범한 관계가 계속되지만, 이 관계가 오래 지속되지는 못한다. 적당히 관심을 가지고, 큰 갈등도 발생하지 않으니 인연을 맺어 나쁠 건 없지만 평생을 함께해야 할 인연을 맺는 건 조금 신중해야 할 것이다. 돼지(亥)띠는 소(丑)띠 해에 다시없는 행운을 얻을 운세다. 자신이 가진 능력과 기술을 최대로 발휘할 수 있으며 미래에 대한 확신이 없었다면 구체적인 미래의 모습이 보일 수도 있다. 다만 가정과 연인 사이가 안 좋아질 수 있으니, 이 부분은 조금 더 세심하게 관리하는 것이 좋다.

　범(寅)띠와는 상호 조화와 동감의 마음이 흐르는 것으로 분석이 된다. 합의 기운이 흘러 동업, 금전 거래 등 무슨 일을 해도 행운의 결실을 맺을 수 있다. 이성 간이라면 궁합은 더욱 좋아져 결혼을 해도 좋은 궁합이다. 범(寅)띠 해에 돼지(亥)띠는 금전적으로 어려움을 겪을 것으로 보인다. 들어오는 돈은 막힐 것이며 관재수도 있어 벌금이나 소송료가 부담으로 다가올 것이다. 주변에서 도와주는 기운도 모두 막혀있어 이 어려움은 온전히 홀로 견뎌야 하기에 어느 때보다 힘겨운 한 해가 될 것이다. 토끼(卯)띠와는 삼합의 기운이 작용해 긍정과 화합하는 힘이 넘쳐난다. 서로의 기운이 조화를 이뤄 크게 시너지를 내며 의사소통은 원활하며 큰 충돌은 없는 운세다. 같은 목표를 공유한다면 기운은 더욱 배가되어 무엇을 해도 성공할 수 있을 테니, 주변에 토끼띠 지인이 있다면 더욱 살뜰히 챙기는 게 좋겠다. 토끼(卯)띠 해 역시 삼합의 기운이 작용한다. 투자를 하면 넉넉한 수익을 얻을 수 있고, 무슨 일을 시작해도 큰 어려움 없이 순조롭게 진행이 된다. 가정에도 평온하고 행복한 기운이 흐르기에 특별한 일이 없다면 돼지(亥)띠에게 토끼(卯)띠 해는 어느 때보다 만족스러운 한 해로 기억될 것이다.

용(辰)띠와는 믿음과 협조가 바탕이 된다. 자잘한 갈등이 발생할 수는 있으나 근간에 상대를 격려하고 배려하는 마음이 가득하기에 대화를 조금만 하면 금방 원만하게 해결될 수 있다. 연인으로 만나도 서로 주고받는 마음이 풍요롭게 작용하고 사랑이 충만하기에 서로 절제하는 미덕만 갖춘다면 오래도록 행복한 사랑을 이어갈 수 있다. 돼지(亥)띠에게 용(辰)띠 해는 활기차고 기쁨이 가득한 한 해로 기억될 가능성이 크다. 검은 구름 사이로 햇볕이 비추는 운세로 그동안 막혔던 문제가 너무도 손쉽게 풀릴 것이며 주변 사람에게 존경과 칭송을 받는 등 여러모로 행운이 함께하는 시기다. 다만 자신이나 가족들에게 건강상의 문제가 있을 수 있으니 미리 대비하여 건강을 챙기기 바란다. 뱀(巳)띠와 돼지(亥)띠는 상충살(相沖殺)이 작용하여 인간관계에 어려움이 내장되어 있다. 성품이 완전히 반대되고, 기질도 어울리지 않아 조화를 이루지 못한다. 특히 연인으로 만나게 되면 냉정한 기운이 발생해 양측이 모두 이해심이 부족하고 의사소통이 어려울 수 있다. 첫인상이 좋을지라도 결국은 적대적인 관계로 발전할 여지가 많으니 서로 깊이 연을 맺지 않는 것이 좋다. 뱀(巳)띠 해 역시 돼지(亥)띠에게는 그리 좋지 않다. 노력한 만큼 결과가 따라오지 못하고 마음이 붕 떠서 한 가지 일에 집중하기 힘들다. 부동산이나 재산을 잃을 수 있다는 분석이 있으며 관재수 역시 보인다. 연인 간에는 방탕의 기운이 보이니 외도로 인해 이별할 수도 있다. 뱀(巳)띠 해는 돼지(亥)띠에게 여러모로 좋지 못한 기운이 가득하니 각별히 주의하기 바란다.

말(午)띠와 돼지(亥)띠는 서로 안정적인 기운을 주고받는 관계다. 서로에게 큰 관심을 가지거나 매력을 느끼지도 않지만, 그렇다고 적대감을 품는 것도 아니라 개개인의 노력에 따라 관계가 달라진다고 할 수 있다. 근간에 다툼이나 불안감의 기운은 느껴지지 않기에 노력한다면 깊은 관계로 발전할 수도 있다. 말(午)

띠 해에 돼지(亥)띠는 하는 일에서 모종의 성과를 얻을 것이며 행복한 기운을 만끽할 수 있다. 연인 사이에서는 축복의 기운이 작용하여 좋은 관계가 오래도록 이어질 것이며 사업은 번창할 가능성이 크다. 다만 방해하는 기운이 일부 작용해 금전이 흩어질 우려가 있으니, 금전 관리를 철저히 하는 지혜를 발휘해야 한다. 양(未)띠와 돼지(亥)띠는 삼합의 기운으로 인해 평온하고 안정적인 관계가 이어진다. 다툼이나 갈등이 거의 없으며 일부 불만이 있어도 원만하게 대화로 풀 수 있고, 서로를 금방 이해해 문제가 오래 지속되지 않는다. 애정 관계도 성격이 잘 맞을 뿐 아니라 우호적인 기운이 충만해 큰 다툼은 거의 없을 궁합이다. 양(未)띠 해, 돼지띠에게는 회복의 기운이 작용한다. 과거에 힘들었던 일이 모두 해결이 되며 자금도 원활하게 흘러갈 것이다. 결자해지(結者解之)라 하여 과거의 안 좋은 기운이 모두 끊어지니 새로운 시작을 하기에 최적의 시기라 하겠다. 사업, 연애, 결혼 등 시작을 알리는 일은 무엇이든 좋은 때다.

원숭이(申)띠와는 큰 이슈나 불만이 없는 안정적인 관계다. 서로에게 관심의 마음이 작용하여 이심전심으로 마음이 통하니, 의견이 통하지 않는 적이 거의 없다. 연인과의 관계에서도 믿음이 가득하여 시련을 만나도 협동하여 헤쳐나갈 수 있을 정도로 좋은 궁합이다. 돼지(亥)띠에게 원숭이(申)띠 해는 유난히 바쁜 한 해가 될 것이다. 방해하는 기운이 사방에서 들이닥쳐 괴롭게 할 수 있다. 문제를 해결하려 열심히 움직이기는 하나, 실속이 없으며 법정으로까지 갈등이 번져나갈 우려가 있다. 특히 친한 친구나 친척과의 사이가 심하게 틀어지는 것으로 분석되며 지인들의 감언이설로 인해 가정이나 연인과의 관계 역시 불편해질 수 있다. 원숭이(申)띠해에는 남의 말에 귀 기울이지 말고 자신의 판단을 믿길 바란다. 닭(酉)띠와 돼지(亥)띠는 의사소통에 문제가 있다. 성격도 맞지 않아 친밀한 관계를 유지하기 어려운데, 근간에 냉정한 기운이 강하게 작용해 진심이 전해지지 않는 경우가 많다. 굳이 닭(酉)띠와 연을 맺어야 한다면 최대한 용서하고 배려하여 문제의 씨앗을 만들어내지 않는 것이 좋다. 닭(酉)띠 해에 돼지(亥)띠는 자신의 내면에서 생긴 문제로 고통을 받을 것으로 보인다. 발전하는 기운이 저하되고, 주변에서 성장을 방해하는 기운이 강하게 작용하는데, 이로 인해 돼지띠는 자기에게 자신감을 잃고, 자괴감에 빠질 수 있다. 다행히 연인이나 가정과의 관계는 원만하니, 사랑하는 이들에게 힘을 얻어 어려움을 잘 이겨내길 바란다.

개(戌)띠와는 존경심을 바탕으로 한 좋은 기운이 넘실댄다. 서로 양보하는 미덕을 발휘하여 쓸데없이 주도권을 내세우지 않기 때문에 좋은 관계가 지속될 것이다. 서로의 장점은 배가시켜주고, 단점은 보완해주니 최적의 궁합이라고 할 수 있다. 상생의 기운이 가득해 인생의 동반자로도 좋지만, 동업을 해도 서로 넉넉한 이득을 얻을 수 있으니, 어떤 식으로든 함께하는 것이 서로에게 좋다. 개(戌)띠 해에 돼지(亥)띠는 많은 어려움을 겪는 것으로 분석되었다. 노력한 만큼 이득을 얻지 못해 실망할 것이며 하는 일마다 장애가 따르고 시련이 가득할 수 있다. 게다가 가까운 사람이 관재수에 휘말려 재판을 받을 수 있으니 마음을 굳게 먹어야 한다. 돼지(亥)띠와 돼지(亥)띠는 해, 해충이 되어 서로 성격적으로 충돌하는 궁합이다. 주도권 다툼이 치열하여 조화를 이루지 못하는데, 한번 분쟁이 일어나면 그 화가 주변까지 크게 번질 우려가 있다. 심하면 가정 파탄으로까지 이어질 수 있을 만큼 대립의 기운이 강하게 작용하니, 돼지(亥)띠와 돼지(亥)띠는 되도록 인간적인 관계를 맺지 않는 것이 좋다. 인간관계 궁합은 최악이지만, 돼지(亥)띠 해에는 안정적인 기운이 작용하여 이익이 보장되는 시기다. 사업체나 직장에서 방해하는 기운이 전혀 없으므로 평온하고 고요한 1년을 보낼 수 있을 것이다. 다만 고질적인 질병이나 만성 질환이 악화될 수 있으니, 건강 관리에 각별히 신경 쓰길 바란다.

1. 일주(日柱)의 특성

일주(日柱)란 태어날 때 타고난 년(年), 월(月), 일(日), 시(時)의 주(柱) 중에 태어난 날의 두 글자를 뜻한다. 태어난 일자를 기준으로 총 60가지의 일주(日柱)가 존재하는데 이 일주(日柱)를 일반인이 단기간에 이해하기란 결코 쉽지 않다. 하지만 일주의 특성을 나타내는 오행(五行)이라는 말은 대중적인 단어가 되어 이해하기가 쉬울 것이다.

태어난 날의 일진 중, 천간에 해당하는 오행(五行) 기운이 곧 그 사람의 기운이라고 한다. 타고난 혈액형이 바뀌지 않는 것처럼 자신이 지닌 오행(五行) 역시 죽을 때까지 변하지 않는다. 오행(五行)은 서로 영향을 주며, 화합하는 기운과 대립하는 기운이 혼재되어 있다. 그렇기에 자신의 일주가 어떤 오행(五行)을 타고났는지를 알고, 그에 맞는 최적의 오행(五行)은 무엇인지를 아는 것이 중요하다.

간략하게 자신의 일주 특성과 오행(五行)을 알 방법이 시중에 많이 나와 있으나, 정확하지는 않으니 자신의 일주(日柱)와 오행(五行)을 정확하게 분석하고 싶은 이는 상담을 통해 확인하기 바란다.

2. 목(木) 일주(日柱)의 특성

목(木) 일주(日柱)로 태어난 사람은 매사에 진심을 다하며 해야 할 일을 뒤로 미루거나 멈추는 법이 없다. 상승 욕구가 강하고 승부욕도 강해 무슨 일을 하든 1등을 해야 한다는 강박관념에 사로잡힌 경우가 많다.

목(木) 일주(日柱)로 태어났으면서 생월이 음력으로 1, 2, 3월인 이는 사주(四柱)에 토(土)가 적당히 있어야 하며 화(火)는 반드시 존재해야 할 운명이다. 허나, 만약에 토(土)가 지나치게 많으면 오히려 하는 일에 늦어지고, 갖가지 어려움이 발생할 수 있으니, 항상 조심해야 한다.

목(木) 일주(日柱)에 음력 4, 5, 6월생은 사주(四柱)에 목이 너무 많을 경우 좋지 않은 영향을 받는다. 경쟁의 마음이 강해 성취를 얻기 힘든 데다가 어느 하나도 결실을 맺지 못하며, 설혹 결실을 얻더라도 실속이 없어 크게 실망할 가능성이 크다. 수(水)와 화(火)는 적당히 들어 있으면 목(木)과 통명이 되어 지혜롭고 총명한 기운이 발현해 남다른 재주로 발현되지만, 사주(四柱)에 금(金)이 부족할 경우에는 관운이 약해진다. 남자는 자식과 친숙하지 못할 것이고, 여성은 이성과의 관계가 약해져 평생 외로울 수 있다.

목(木) 일주(日柱)에 음력 7, 8, 9월생은 사주(四柱)에 반드시 화(火)가 들어 있어야 평생 근심이 없다. 반면 10, 11, 12월생은 사주에 금(金)이 있어야 직장이나 사업이 탄탄하며 성공할 수 있다. 여자의 경우에는 금(金)의 기운으로 남편과 평생 좋은 인연을 이어갈 수 있을 것이다.

목(木) 오행(五行)으로 타고난 사람에게 행운의 숫자는 3과 8이니 일상에서 숫자와 관계된 일을 결정해야 할 때는 참고하면 좋다. 목(木) 오행(五行)의 종류는 큰 나무를 의미하는 갑(甲)목과 작은 나무를 뜻하는 을(乙)목이 있는데, 갑(甲)목은 청색이 좋으며, 을(乙)목은 녹색을 의미한다.

3. 화(火) 일주의 특성

화(火)의 오행(五行), 병(丙)화나 정(丁)화의 일주(日柱)로 태어난 이들인데 예의가 바르고 매사에 겸손한 것이 특징이다. 성격이 급하여 화를 잘 내는 경향이 있긴 하나, 자신의 잘못을 쉽게 인정하고 화가 오래가지 않아서 뒤끝은 없다. 이들은 사주(四柱)에 물을 의미하는 수(水)가 반드시 필요하며, 만약 토(土)의 기운이 많이 내포되어 있으면 화의 기운을 가로막게 되어 어둡게 되니, 발전하지 못하고 늦어지는 경우가 있을 것이다.

화(火) 일주(日柱)에 음력 1, 2, 3월생은 서로 살려주는 토(土)의 기운이 필요하다. 기본적으로 강한 기운을 품고 있어 강한 불의 기운보다는 따뜻한 화(火)의 기운이 적당히 있는 것이 좋고, 물의 기운 역시 일정 부분 있으면 조화로운 생을 살아갈 수 있다.

화(火) 일주(日柱)에 음력 4, 5, 6월생은 자연으로 들어오는 따뜻한 봄의 기운이 작용한다. 이 탓에 강렬한 화(火)의 힘은 없는 것이 좋다. 수(水)의 오행(五行)을 어느 정도 품고 있다면 직업으로 교육계, 상담직 같은 전문 직업이 잘 어울린다. 남녀 모두 대인관계를 잘 이어나갈 소질이 다분하기에 관련 직업을 가지면 크게 성공할 수 있다.

음력 7, 8, 9월생 중 화 일주(日柱)를 지닌 이들은 사주(四柱)에 목(木)의 기운이 반드시 내재되어 있어야 한다. 그리 해야만 자신뿐만 아니라 부모가 덕이 있고, 평생 먹고사는 걱정에서 자유로울 수 있다.

마지막으로 화(火) 일주(日柱)에 음력 10, 11, 12월생 역시 사주(四柱)에 목(木)의 기운을 품고 있어야만 기쁨과 즐거움이 가득한 행복을 맛볼 수 있다.

화(火)의 오행(五行)을 타고난 사람에게 행운의 숫자로 작용하는 것은 2와 7이며 천간 중에서는 크고 뜨거운 불을 의미하는 병화, 촛불처럼 은은한 빛을 뜻하는 작은 불, 정화가 있다. 두 가지 일주(日柱)뿐만 아니라 화의 오행(五行)을 품고 있는 모든 이들에게는 흰색이나 밝은 색이 마음을 안정시키는 작용을 하니, 색을 고를 일이 있다면 참고하기 바란다.

4. 토(土) 일주의 특성

토(土)의 오행(五行), 토(土) 일주(日柱)를 타고난 이들은 고집이 세고 놀랄 정도로 자존심이 강하다는 특징을 가지고 있다. 이 고집이 좋은 쪽으로 발현되면 불의를 싫어하는 정의로운 성격이 되지만, 자칫, 아집이 강한 고집불통의 성격으로 구현될 수도 있다. 토 일주의 사주(四柱)에는 진(辰)토와 미(未)토가 있는데, 이들은 만물을 성장시키는 작용을 하여 모든 일을 순조롭게 풀리도록 도와주는 기운이 내재되어 있다. 술(戌)토와 축(丑)토는 만물의 기운을 보관하고 간직하는 역할을 하여 여유롭고 풍족한 삶을 보장한다고 할 수 있다.

사주(四柱) 내에 토(土)가 적당히 생조하면 수명이 길고 장수할 가능성이 크다. 반면에 만약 토(土) 일주(日柱)의 사주에 목(木)이 없다면 민둥산이 된 격으로 일상에서 외롭고 답답한 일이 계속 반복되어 어려움이 클 것이다.

토(土) 일주(日柱)에 음력 1, 2, 3월생은 사주(四柱)상, 겨울을 의미하므로 적당한 양의 화(火)가 필요하다. 그래야 흙이 옥토의 역할을 하여 만물이 소생하는 데 큰 도움을 준다. 화(火)만 내재되어 있다면 평생 넉넉한 생활을 할 운명이다.

음력 4, 5, 6월생 중 토(土) 일주를 지닌 이들은 사주(四柱)에 수(水)가 적당히 있어야 한다. 그래야 습한 기운이 보존되어 여유로운 생활을 이어나갈 수 있다. 거기에 금(金)의 기운이 꼭 필요하다. 금(金)의 기운이 없을 경우, 피부에 큰 영향이 있을 것이고, 소장이나 대장에 문제가 생길 수 있다. 특히 여자의 경우에는 건토가 되어 자식을 낳고, 양육하는 데 큰 심력이 소모될 것이다. 거기다 남편의 무능함으로 불만이 많아지고, 이별을 할 수도 있다. 자식을 편안하게 키우며 행복한 가정생활을 유지하고 싶다면 금의 오행(五行)이 꼭 사주(四柱)에 꼭 들어 있어야 한다.

토(土) 일주(日柱)에 음력 7, 8, 9월생은 반대로 사주(四柱)에 화(火)가 반드시 들어 있어야 한다. 사주(四柱)에 화가 있다면 지쳐 있는 몸과 마음을 촉촉이 적셔주는 격이라 아주 바람직하다. 반대로 물(水)은 많지 않은 것이 좋다.

음력 10, 11, 12월생의 경우를 보자. 이들은 사주(四柱) 내에 목(木)의 기운과 화(火)가 있으면 학문과 지혜가 충만하여 입신양면할 수 있다. 무슨 일이든 크게 성공할 수 있으니, 걱정이 없는 사주이다. 여기에 수(水)까지 들어 있으면 재물도 풍성하여 일생을 부자로 살 수 있는 최고의 사주(四柱)라 하겠다.

토(土)의 오행(五行)으로 태어난 이들에게 행운의 숫자는 5와 10이다. 그리고 사주(四柱)로 무토(戊土)와 기토(己土)가 있는데, 여기에 담긴 고유한 행운의 색깔은 검은색이다. 일상에서 검은색과 5, 10을 주변에 둔다면 큰 횡액이나 재난을 피해 갈 수 있을 것이다.

5. 금(金) 일주의 특성

금(金)의 오행(五行)은 즉, 경금(庚金)이나 신금(辛金)의 일주(日柱)를 타고난 이들인데 보편적으로 성품이 곧고 차가운 기질을 가지고 있다. 자기 생각을 강하게 주장하는 경우가 많아 주변 사람과 갈등이 자주 발생할 수 있다. 금(金)의 일주(日柱)를 타고난 이들의 사주에는 화(火)가 있는 것이 좋다. 쇠가 불 속에서 제련되듯, 화(火)의 기운이 금의 성질을 다독여주기 때문이다. 화(火)가 사주(四柱)에 약하다면 하는 일마다 장애가 따르고 융합이 어려운 경우가 많을 것이다. 사주에 목(木), 화(火)가 적당히 있으면 모든 일이 순조롭게 이뤄져 부유한 삶을 살 수 있으며 여성의 경우 수(水)의 기운이 있어야 자식과 직업이 안정되어 원만한 삶을 살아나갈 수 있다.

금(金) 일주(日柱)에 음력 1, 2, 3월생에게는 화(火)의 기운이 꼭 필요하며 두텁게 주변을 감싸주는 토(土)의 기운도 요긴하게 쓰인다. 화(火)와 토(土)가 충족하면 인생 전체가 풍족할 수 있으나 수(水)의 기운이 많을 경우 잔병치레가 많고, 재난이 많아 힘든 인생을 살게 된다. 하지만 수(水)의 기운이 적당하면 재물과 관운이 살아나니, 출세하여 행복한 삶을 살 수 있을 것이다.

음력 4, 5, 6월생 중 금 일주(日柱)를 타고난 이들에게는 토(土)가 적당히 필요하다. 너무 많을 경우 흙 속에 금(金)이 파묻힌 형국으로 좋지 못한 영향이 예상된다. 일생에 지병으로 고생할 수 있으며 심한 경우 수술을 하거나 큰 흉터가 생길 수 있어 몸 관리에 만전을 기해야 한다. 화(火)의 기운을 만나야만 무언가 만들어지는 사주(四柱)로 이를 "등령했다"라고 표현하기도 한다.

금(金) 일주에 음력 7, 8, 9월생은 사주(四柱) 내에 수(水)와 목(木)이 많을 경우 내면에 있는 자신감이 크게 뻗어 안하무인 격인 성품으로 발현될 수 있다. 무슨 분야에서든 자기가 최고라고 생각하는 과대망상증의 기운이 살아나는 데다가 없는 것도 있는 척, 모르면서 아는 척하는 허세도 심해져 대인관계가 나빠질 가능성이 크다.

음력 10, 11, 12월생 중 금 일주로(日柱) 태어난 이들에게는 화(火)와 토(土)가 중요하다. 이 두 오행(五行)이 적당히 들어 있으면 관운도 좋고, 학문의 도 역시 넓어 교수나 교사로 살아갈 것이며, 학문적으로도 대성할 수 있다.

금(金)의 일주(日柱)로 태어난 사람에게 행운의 숫자는 4와 9이며 색은 파란색이다. 이 숫자와 색들을 주변에 항상 존재하게 한다면 행운이 따를 것이니 참고하기 바란다.

6. 수(水) 일주의 특성

수(水)의 오행(五行)은 즉, 임수(壬水)나 계수(癸水)의 일주(日柱)로 태어난 이들은 머리가 아주 총명하며 두뇌 회전이 빠르고 영리한 편이다. 거기다 성품 자체가 너그럽고 이해하는 마음이 남다르기에 어떤 위기에서도 침착한 편이며 아무리 힘든 일에서도 어떻게든 해결책을 찾아내 문제를 타개해 낸다. 지식 욕구가 있고 모든 일을 최대한 객관적으로 보는 경향이 있으니 해결사나 법관이 어울린다.

수(水)의 일주를 타고난 이들은 사주(四柱) 내에 금(金)이 있으면 좋으며 만약 금이 없다면 흐르는 수맥이 끊어지는 것과 같아 오히려 성격이 반대로 작용할 가능성이 크다. 기본적으로 수(水)가 있는 오행(五行)이 좋지만, 너무 많으면 말이 청산유수와 같고, 겉만 번지르르하여 한량처럼 살아갈 수 있다. 다시 말해 수(水)의 일주(日柱)를 타고난 이들은 금(金)과 수(水)가 적당히 들어 있어야 온유하고 따뜻한 생을 살아간다는 것이다. 화(火)의 오행(五行)과도 작용하는 기운이 좋다. 화(火)가 내재되어 있으면 남녀 모두 부유하게 살아가며, 특히 남자는 부인의 덕으로 풍족한 삶을 영위한다. 반대로 여성의 경우에는 토의 기운이 들어와 있으면 남편의 덕으로 살아가며 화목한 가정이 유지된다.

수(水)의 일주(日柱)를 타고난 이들 중 음력 1, 2, 3월생은 사주에 목(木)의 기운이 있는 경우, 노력한 것보다 후한 공을 받을 가능성이 크다. 토(土)의 기운이 있으면 관운이 좋아 정치인이나 공직자 생활로 성공할 수 있지만, 반대로 토(土)가 없다면 정신이 산만해 용두사미처럼 시작은 창대하나 끝이 없는 형국이 된다.

음력 4, 5, 6월생 중 수의 일주(日柱)를 타고난 이들은 사주(四柱) 내에 금(金)이 꼭 들어 있어야 자식들이 고생을 안 한다. 반면에 목(木)이 너무 많으면 목(木)이 물을 다 빨아들여버리기에 물(水)이 고갈되어 살아가는 데 어려움을 일상처럼 느낄 수 있다. 화(火)가 많을 경우에는 건강상에 이상이 발생한다. 남자의 경우 비뇨기 계통이나 하복부에 질환이 나타나고 여자의 경우에는 비만과 여성 질환에 취약함이 나타날 수 있다.

수(水)의 일주(日柱)를 타고난 음력 7, 8, 9월생의 사주(四柱)를 보자. 이들은 사주(四柱) 내에 목(木)과 화(火)가 적당히 들어 있어야 한다. 목(木)이 적당히 있으면 여자는 자식과 인연이 두터우며 아들이 입신양명하여 고위 관료로 성장할 가능성이 있다. 화(火)가 적당히 들어 있는 경우에는 남녀 모두가 재물이 풍성하며 급여를 보장받아 아주 행복한 삶을 살 수 있다.

마지막으로 음력 10, 11, 12월생 중 수(水)의 일주(日柱)를 타고난 이들은 추운 겨울에 태어났기에 사주에 화(火)가 적당히 들어 있어야 따뜻한 생이 유지된다. 게다가 토(土)의 기운이 적당히 조절해준다면 남자는 자식이 출세할 것이며, 여자는 남편과 조화를 이뤄 행복한 생활을 이어나갈 수 있다.

수(水)의 일주(日柱)로 태어난 사람에게 행운의 숫자는 1과 6이며 행운의 숫자는 녹색과 노란색이다. 주변에 이들 색과 숫자를 분배해 놓으면 심적인 안정감을 얻을 수 있는 것은 물론이고, 재물도 크게 번성할 수 있으니 참고하여 행복한 생을 보내길 바란다.

두 번째 저작을 마무리하며

고대 동북아시아에서 비롯된 역학은 이름에 배울 학(學)이 들어가 있듯, 하나의 학문으로 인정된 공부의 일환이다. 그리고 이 학문을 풀이하여 분석하는 방법이 바로 역술이다. 하지만 오늘날 대한민국에서는 역학을 점과 미신의 일환으로 보는 경향이 있다. 무려 4,000년 넘게 전래되며 그 유효성을 입증한 학문인데 말이다.

물론 당연히 시대의 흐름에 맞게 변화되고 해석이 달라져야 하는 부분은 존재하기에, 역학 역시 오랜 시간에 거쳐 조금씩 수정되며 전해져 왔다. 하지만 그 원류가 되는 역술의 근본은 크게 달라진 점이 없음에도 과거에는 정설로 받아들여진 역학이 미신으로 치부되는 작금의 상황이 항상 개탄스러웠다.

이에 저자는 28년간 나를 찾아온 10만 명의 고객들이 남긴 데이터를 바탕으로 사람의 운명과 역학의 상관관계에 대해 과학적인 분석을 시작했다. 수많은 임상 데이터를 통해 과학적인 증명을 얻으려 한 것이다. 단순히 역학에만 집중한 것이 아니라 같은 분야 다른 학문과의 통합, 교류를 위해 성명학, 관상학, 풍수지리학, 손금분석사, 심리학 등을 공부하며 공부를 쌓아나갔다.

다양한 학문적 지식에 고객들과의 상담에서 얻은 빅데이터를 접목한 시도는 지금껏 역술계에서 한 번도 행해지지 않은 역학계 최초로 신선한 도전이었다. 과학과 역술의 만남을 추구한 시도는 마침내 언론계에서 시행한 역술학 발표회 행사에서 확실한 결실을 얻었고, 사람들은 새로운 개념을 정립한 저자를 "대한민국 과학 역술인 제1호"라고 불러주었다. 과학 역술의 체계를 정립하기 위해서 수많은 고객을 만났고 각 분야의 다양한 지식을 쌓기 위한 공부 끝에 내가 얻은 최후의 결론은 명리학술과 만세력은 결국 과학이라는 진리를 탄생시킨 것이다.

역학은 지구상에서 살아가는 모든 생명체의 존재라면 누구나 피할 수 없는 우주의 법칙이자 자연의 질서다. 이를 과학적으로 해명한 나의 시도가 바로 과학역술인으로 칭호를 받은 것이다. 제1집 《역술여행》은 내가 과학역술인으로 불리게 된 파란만장한 인생 여정과 역학의 가장 기본이 되는 일부 이론적인 내용만을 간략하게 기술하였다. 하지만 제2집에서는 이렇게 완성된 과학역술학의 신비한 이론을 많은 전문가와 역학에 관심 있는 젊은 세대에게 전달하고자 이 책을 서술한 것이다.

　앞으로 좀 더 구체적이고 명확한 학술의 근본을 토착시키기 위해서 끊임없이 학문과 학술에 연구하여 고통스럽고 힘들게 살아가는 모든 이들에게 조금이라도 위안이 될 수 있기를 희망하며 제2집 《현대과학 역술학의 정해론·만세력》을 마무리하고자 한다.

지은이 천띠

현대과학 역술학의 정해론·만세력

1판 1쇄 발행 2023년 5월 31일
지은이 유병국

교정·편집 윤혜원   **마케팅·지원** 김혜지
펴낸곳 (주)하움출판사   **펴낸이** 문현광

이메일 haum1000@naver.com   **홈페이지** haum.kr
블로그 blog.naver.com/haum1000   **인스타** @haum1007

ISBN 979-11-6440-338-7(13180)

좋은 책을 만들겠습니다.
하움출판사는 독자 여러분의 의견에 항상 귀 기울이고 있습니다.
파본은 구입처에서 교환해 드립니다.